HARPER COLLINS

SPANISH-
ENGLISH

ENGLISH-
SPANISH

SPANISH DICTIONARY

HarperPaperbacks
A Division of HarperCollins*Publishers*

HarperPaperbacks *A Division of* HarperCollins*Publishers*
10 East 53rd Street, New York, N.Y. 10022

This book was published in Great Britain in 1990 by William Collins Sons & Co. Ltd.

First HarperPaperbacks printing: August 1991

Printed in the United States of America

HarperPaperbacks and colophon are trademarks of HarperCollins*Publishers*

20 19 18 17 16

INTRODUCTION

This dictionary of Spanish and English is designed to provide the user with wide-ranging and up-to-date coverage of the two languages, and is ideal for both school and reference use.

A special feature of HarperCollins dictionaries is the comprehensive "signposting" of meanings on both sides of the dictionary, guiding the user to the appropriate translation for a given context. We hope you will find this dictionary easy and pleasant to consult for all your study and reference needs.

ABREVIATURAS | ABBREVIATIONS

adjetivo, locución adjetiva	**a**	adjective, adjectival phrase
abreviatura	**ab(b)r**	abbreviation
adverbio, locución adverbial	**ad**	adverb, adverbial phrase
administración, lengua administrativa	**ADMIN**	administration
agricultura	**AGR**	agriculture
América Latina	**AM**	Latin America
anatomía	**ANAT**	anatomy
arquitectura	**ARQ, ARCH**	architecture
astrología, astronomía	**ASTRO**	astrology, astronomy
el automóvil	**AUT(O)**	the motor car and motoring
aviación, viajes aéreos	**AVIAT**	flying, air travel
biología	**BIO(L)**	biology
botánica, flores	**BOT**	botany
inglés británico	**Brit**	British English
química	**CHEM**	chemistry
lengua familiar (! vulgar)	**col(!)**	colloquial usage (! particularly offensive)
comercio, finanzas, banca	**COM(M)**	commerce, finance, banking
informática	**COMPUT**	computers
conjunción	**conj**	conjunction
construcción	**CONSTR**	building
compuesto	**cpd**	compound element
cocina	**CULIN**	cookery
economía	**ECON**	economics
electricidad, electrónica	**ELEC**	electricity, electronics
enseñanza, sistema escolar y universitario	**ESCOL**	schooling, schools and universities
España	**Esp**	Spain
especialmente	**esp**	especially
exclamación, interjección	**excl**	exclamation, interjection
femenino	**f**	feminine
lengua familiar (! vulgar)	**fam(!)**	colloquial usage (! particularly offensive)
ferrocarril	**FERRO**	railways
uso figurado	**fig**	figurative use
fotografía	**FOTO**	photography
(verbo inglés) del cual la partícula es inseparable	**fus**	(phrasal verb) where the particle is inseparable
generalmente	**gen**	generally
geografía, geología	**GEO**	geography, geology
geometría	**GEOM**	geometry
infinitivo	**inf**	infinitive
informática	**INFORM**	computers
invariable	**inv**	invariable
irregular	**irg**	irregular
lo jurídico	**JUR**	law
América Latina	**LAm**	Latin America
gramática, lingüística	**LING**	grammar, linguistics
masculino	**m**	masculine

ABREVIATURAS		ABBREVIATIONS
matemáticas	**MAT(H)**	mathematics
medicina	**MED**	medical term, medicine
masculino/femenino	**m/f**	masculine/feminine
lo militar, ejército	**MIL**	military matters
música	**MUS**	music
sustantivo, nombre	**n**	noun
navegación, náutica	**NAUT**	sailing, navigation
sustantivo numérico	**num**	numeral noun
complemento	**obj**	(grammatical) object
	o.s.	oneself
peyorativo	**pey, pej**	derogatory, pejorative
fotografía	**PHOT**	photography
fisiología	**PHYSIOL**	physiology
plural	**pl**	plural
política	**POL**	politics
participio de pasado	**pp**	past participle
prefijo	**pref**	prefix
preposición	**prep**	preposition
pronombre	**pron**	pronoun
psicología, psiquiatría	**PSICO, PSYCH**	psychology, psychiatry
	pt	past tense
sustantivo no empleado en el plural	**q**	collective (uncountable) noun, not used in plural
química	**QUIM**	chemistry
ferrocarril	**RAIL**	railways
religión, lo eclesiástico	**REL**	religion, church service
	sb	somebody
enseñanza, sistema escolar y universitario	**SCOL**	schooling, schools and universities
singular	**sg**	singular
España	**Sp**	Spain
	sth	something
sujeto	**su(b)j**	(grammatical) subject
subjuntivo	**subjun**	subjunctive
sufijo	**suff**	suffix
tauromaquia	**TAUR**	bullfighting
también	**tb**	also
técnica, tecnología	**TEC(H)**	technical term, technology
telecomunicaciones	**TELEC, TEL**	telecommunications
televisión	**TV**	television
imprenta, tipografía	**TIP, TYP**	typography, printing
inglés norteamericano	**US**	American English
verbo	**vb**	verb
verbo intransitivo	**vi**	intransitive verb
verbo pronominal	**vr**	reflexive verb
verbo transitivo	**vt**	transitive verb
zoología, animales	**ZOOL**	zoology
marca registrada	®	registered trademark
indica un equivalente cultural	≈	introduces a cultural equivalent

Consonants

b	[b, ß]	*b*oda, *b*om*b*a, la*b*or	see notes on *v* below
c	[k]	*c*aja	*c* before *a, o* or *u* is pronounced as in *c*at
ce, ci	[θe, θi]	*ce*ro *ci*elo	*c* before *e* or *i* is pronounced as in *th*in
ch	[tʃ]	*ch*iste	*ch* is pronounced as *ch* in *ch*air
d	[d, ð]	*d*anés ciu*dad*	at the beginning of a phrase or after *l* or *n, d* is pronounced as in English. In any other position it is pronounced like *th* in *th*e
g	[g, ɣ]	*g*afas pa*g*a	*g* before *a, o* or *u* is pronounced as in *g*ap, if at the beginning of a phrase or after *n*. In other positions the sound is softened
ge, gi	[xe, xi]	*ge*nte *gi*rar	*g* before *e* or *i* is pronounced similar to *ch* in Scottish lo*ch*
h		*h*aber	*h* is always silent in Spanish
j	[x]	*j*ugar	*j* is pronounced similar to *ch* in Scottish lo*ch*
ll	[ʎ]	ta*ll*e	*ll* is pronounced like the *lli* in mi*lli*on
ñ	[ɲ]	ni*ñ*o	*ñ* is pronounced like the *ni* in o*ni*on
q	[k]	*q*ue	*q* is pronounced as *k* in *k*ing
r, rr	[r, rr]	quita*r* ga*rr*a	*r* is always pronounced in Spanish, unlike the silent *r* in dance*r*. *rr* is trilled, like a Scottish *r*
s	[s]	quizá*s* i*s*la	*s* is usually pronounced as in pa*ss*, but before *b, d, g, l, m* or *n* it is pronounced as in ro*s*e
v	[b, ß]	*v*ía di*v*idir	Spanish *v* and *b* are pronounced in the same way. At the beginning of a phrase or after *m* or *n* they are pronounced as *b* in *b*oy. In any other position the sound is softened and the lips do not meet
z	[θ]	tena*z*	*z* is pronounced as *th* in *th*in

f, k, l, m, n, p, t and x are pronounced as in English.

Vowels

a	[a]	p*a*ta	not as long as *a* in f*a*r. When followed by a consonant in the same syllable (i.e. in a closed syllable), as in am*a*nte, the *a* is short, as in b*a*t
e	[e]	m*e*	like *e* in th*ey*. In a closed syllable, as in g*e*nte, the *e* is short as in p*e*t
i	[i]	p*i*no	as in m*ea*n or mach*i*ne
o	[o]	l*o*	as in l*o*cal. In a closed syllable, as in contr*o*l, the *o* is short as in c*o*t
u	[u]	l*u*nes	as in r*u*le. It is silent after *q*, and in *gue*, *gui*, unless marked *güe*, *güi* e.g. anti*güe*dad, when it is pronounced like *w* in *w*olf

Semivowels

i, y	[j]	b*i*en h*i*elo *y*unta	pronounced like *y* in *y*es
u	[w]	h*u*evo f*u*ente anti*gü*edad	unstressed *u* between consonant and vowel is pronounced like *w* in *w*ell. See also notes on *u* above

Diphthongs

ai, ay	[ai]	b*ai*le	as *i* in r*i*de
au	[au]	*au*to	as *ou* in sh*ou*t
ei, ey	[ei]	bu*ey*	as *ey* in gr*ey*
eu	[eu]	d*eu*da	both elements pronounced independently [e]+[u]
oi, oy	[oi]	h*oy*	as *oy* in t*oy*

Stress

The rules of stress in Spanish are as follows:

(a) when a word ends in a vowel or in *n* or *s*, the second last syllable is stressed: pat*a*ta, pat*a*tas, c*o*me, c*o*men
(b) when a word ends in a consonant other than *n* or *s*, the stress falls on the last syllable: par*e*d, habl*a*r
(c) when the rules set out in a and b are not applied, an acute accent appears over the stressed vowel: com*ú*n, geograf*í*a, ingl*é*s

In the phonetic transcription, the symbol ['] precedes the syllable on which the stress falls.

Vocales y diptongos

	Ejemplo inglés	*Ejemplo español/explicación*
ɑ:	f*a*ther	Entre *a* de padre y *o* de noche
ʌ	b*u*t, c*o*me	*a* muy breve
æ	m*a*n, c*a*t	Con los labios en la posición de *e* en pena se pronuncia el sonido *a* parecido a la *a* de c*a*rro
ə	fath*er*, *a*go	Vocal neutra parecida a una *e* u *o* casi mudas
ə:	b*ir*d, h*ear*d	Entre *e* abierta, y *o* cerrada, sonido alargado
ɛ	g*e*t, b*e*d	Como en p*e*rro
ɪ	*i*t, b*i*g	Más breve que en s*i*
i:	t*ea*, s*ee*	Como en f*i*no
ɔ	h*o*t, w*a*sh	Como en t*o*rre
ɔ:	s*aw*, *a*ll	Como en p*o*r
u	p*u*t, b*oo*k	Sonido breve, más cerrado que b*u*rro
u:	t*oo*, y*ou*	Sonido largo, como en *u*no
aɪ	fl*y*, h*igh*	Como en fr*ai*le
au	h*ow*, h*ou*se	Como en p*au*sa
ɛə	th*ere*, b*ear*	Casi como en v*ea*, pero el segundo elemento es la vocal neutra [ə]
eɪ	d*ay*, ob*ey*	*e* cerrada seguida por una *i* débil
ɪə	h*ere*, h*ear*	Como en man*ía*, mezclándose el sonido *a* con la vocal neutra [ə]
əu	g*o*, n*o*te	[ə] seguido por una breve *u*
ɔɪ	b*oy*, *oi*l	Como en v*oy*
uə	p*oor*, s*ure*	*u* bastante larga más la vocal neutra [ə]

Consonantes

	Ejemplo inglés	*Ejemplo español/explicación*
b	*b*ig, lo*bb*y	Como en tum*b*a
d	mend*ed*	Como en con*d*e, an*d*ar
g	*g*o, *g*et, bi*g*	Como en *g*rande, *g*ol
dʒ	*g*in, *j*u*dge*	Como en la *ll* andaluza y en *G*eneralitat (catalán)
ŋ	si*ng*	Como en ví*n*culo
h	*h*ouse, *h*e	Como la jota hispanoamericana
j	*y*oung, *y*es	Como en *y*a
k	*c*ome, mo*ck*	Como en *c*aña, Escocia
r	*r*ed, t*r*ead	Se pronuncia con la punta de la lengua hacia atrás y sin hacerla vibrar
s	*s*and, ye*s*	Como en ca*s*a, *s*esión
z	ro*s*e, *z*ebra	Como en de*s*de, mi*s*mo
ʃ	*sh*e, ma*ch*ine	Como en *ch*ambre (francés), ro*x*o (portugués)
tʃ	*ch*in, ri*ch*	Como en *ch*ocolate
v	*v*alley	Como en f, pero se retiran los dientes superiores vibrándolos contra el labio inferior
w	*w*ater, *wh*ich	Como en la *u* de h*u*evo, p*u*ede
ʒ	vi*s*ion	Como en *j*ournal (francés)
θ	*th*ink, my*th*	Como en re*c*eta, *z*apato
ð	*th*is, *th*e	Como en la *d* de habla*d*o, verda*d*

p, f, m, n, l, t iguales que en español
El signo * indica que la r final escrita apenas se pronuncia en inglés británico cuando la palabra siguiente empieza con vocal. El signo ['] indica la sílaba acentuada.

ESPAÑOL - INGLÉS
SPANISH - ENGLISH

A

a [a] *prep* (*a + el = al*) **1** (*dirección*) to; **fueron ~ Madrid/Grecia** they went to Madrid/Greece; **me voy ~ casa** I'm going home
2 (*distancia*): **está ~ 15 km de aquí** it's 15 kms from here
3 (*posición*): **estar ~ la mesa** to be at table; **al lado de** next to, beside; *ver tb* **puerta**
4 (*tiempo*): **~ las 10/~ medianoche** at 10/midnight; **~ la mañana siguiente** the following morning; **~ los pocos días** after a few days; **estamos ~ 9 de julio** it's the ninth of July; **~ los 24 años** at the age of 24; **al año/~ la semana** (*AM*) a year/week later
5 (*manera*): **~ la francesa** the French way; **~ caballo** on horseback; **~ oscuras** in the dark
6 (*medio, instrumento*): **~ lápiz** in pencil; **~ mano** by hand; **cocina ~ gas** gas stove
7 (*razón*): **~ 30 ptas el kilo** at 30 pesetas a kilo; **~ más de 50 km/h** at more than 50 kms per hour
8 (*dativo*): **se lo di ~ él** I gave it to him; **vi al policía** I saw the policeman; **se lo compré ~ él** I bought it from him
9 (*tras ciertos verbos*): **voy ~ verle** I'm going to see him; **empezó ~ trabajar** he started working *o* to work
10 (+ *infinitivo*): **al verle, le reconocí inmediatamente** when I saw him I recognized him at once; **el camino ~ recorrer** the distance we (*etc*) have to travel; **¡~ callar!** keep quiet!; **¡~ comer!** let's eat!

abad, esa [a'ßað, 'ðesa] *nm/f* abbot/abbess; **~ía** *nf* abbey.

abajo [a'ßaxo] *ad* (*situación*) (down) below, underneath; (*en edificio*) downstairs; (*dirección*) down, downwards; **~ de** *prep* below, under; **el piso de ~** the downstairs flat; **la parte de ~** the lower part; **¡~ el gobierno!** down with the government!; **cuesta/río ~** downhill/downstream; **de arriba ~** from top to bottom; **el ~ firmante** the undersigned; **más ~** lower *o* further down.

abalorios [aßa'lorjos] *nmpl* (*chucherías*) trinkets.

abalanzarse [aßalan'θarse] *vr*: **~ sobre** *o* **contra** to throw o.s. at.

abanderado [aßande'raðo] *nm* standard bearer.

abandonado, a [aßando'naðo, a] *a* derelict; (*desatendido*) abandoned; (*desierto*) deserted; (*descuidado*) neglected.

abandonar [aßando'nar] *vt* to leave; (*persona*) to abandon, desert; (*cosa*) to abandon, leave behind; (*descuidar*) to neglect; (*renunciar a*) to give up; (*INFORM*) to quit; **~se** *vr*: **~se a** to abandon o.s. to; **abandono** *nm* (*acto*) desertion, abandonment; (*estado*) abandon, neglect; (*renuncia*) withdrawal, retirement; **ganar por ~** to win by default.

abanicar [aßani'kar] *vt* to fan; **abanico** *nm* fan; (*NAUT*) derrick.

abaratar [aßara'tar] *vt* to lower the price of // *vi*, **~se** *vr* to go *o* come down in price.

abarcar [aßar'kar] *vt* to include, embrace; (*AM*) to monopolize.

abarrotado, a [aßarro'taðo, a] *a* packed.

abarrote [aßa'rrote] *nm* packing; **~s** *nmpl* (*AM*) groceries, provisions; **~ro, a** *nm/f* (*AM*) grocer.

abastecer [aßaste'θer] *vt* to supply; **abastecimiento** *nm* supply.

abasto [a'ßasto] *nm* supply; (*abundancia*) abundance; **no dar ~ a** to be unable to cope with.

abatido, a [aßa'tiðo, a] *a* dejected, downcast.

abatimiento [aßati'mjento] *nm* (*depresión*) dejection, depression.

abatir [aßa'tir] *vt* (*muro*) to demolish; (*pájaro*) to shoot *o* bring down; (*fig*) to depress; **~se** *vr* to get depressed; **~se sobre** to swoop *o* pounce on.

abdicación [aßðika'θjon] *nf* abdication.

abdicar [aßði'kar] *vi* to abdicate.

abdomen [aß'ðomen] *nm* abdomen.

abecedario [aßeθe'ðarjo] *nm* alphabet.

abedul [aße'ðul] *nm* birch.

abeja [a'ßexa] *nf* bee.

abejorro [aße'xorro] *nm* bumblebee.

aberración [aßerra'θjon] *nf* aberration.

abertura [aßer'tura] *nf* = **apertura**.

abeto [a'ßeto] *nm* fir.

abierto, a *pp de* **abrir** // [a'ßjerto, a] *a* open; (*AM*) generous.

abigarrado, a [aßiɣa'rraðo, a] *a* multi-coloured.

abismal [aßis'mal] *a* (*fig*) vast, enormous.

abismar [aßis'mar] *vt* to humble, cast down; **~se** *vr* to sink; **~se en** (*fig*) to be plunged into.

abismo [a'ßismo] *nm* abyss.

abjurar [aßxu'rar] *vi*: ~ **de** to abjure, forswear.
ablandar [aßlan'dar] *vt* to soften // *vi*, ~**se** *vr* to get softer.
abnegación [aßneɤa'θjon] *nf* self-denial.
abnegado, a [aßne'ɤaðo, a] *a* self-sacrificing.
abocado, a [aßo'kaðo, a] *a*: **verse ~ al desastre** to be heading for disaster.
abochornar [aßotʃor'nar] *vt* to embarrass; ~**se** *vr* to get flustered; (*BOT*) to wilt.
abofetear [aßofete'ar] *vt* to slap (in the face).
abogacía [aßoɤa'θia] *nf* legal profession; (*ejercicio*) practice of the law.
abogado, a [aßo'ɤaðo, a] *nm/f* lawyer; (*notario*) solicitor; (*en tribunal*) barrister (*Brit*), attorney (*US*); ~ **defensor** defence lawyer *o* attorney (*US*).
abogar [aßo'ɤar] *vi*: ~ **por** to plead for; (*fig*) to advocate.
abolengo [aßo'lengo] *nm* ancestry, lineage.
abolición [aßoli'θjon] *nf* abolition.
abolir [aßo'lir] *vt* to abolish; (*cancelar*) to cancel.
abolladura [aßoʎa'ðura] *nf* dent.
abollar [aßo'ʎar] *vt* to dent.
abominable [aßomi'naßle] *a* abominable.
abominación [aßomina'θjon] *nf* abomination.
abonado, a [aßo'naðo, a] *a* (*deuda*) paid(-up) // *nm/f* subscriber.
abonar [aßo'nar] *vt* (*deuda*) to settle; (*terreno*) to fertilize; (*idea*) to endorse; ~**se** *vr* to subscribe; **abono** *nm* payment; fertilizer; subscription.
abordar [aßor'ðar] *vt* (*barco*) to board; (*asunto*) to broach.
aborigen [aßo'rixen] *nm/f* aborigine.
aborrecer [aßorre'θer] *vt* to hate, loathe.
abortar [aßor'tar] *vi* (*malparir*) to have a miscarriage; (*deliberadamente*) to have an abortion; **aborto** *nm* miscarriage; abortion.
abotagado, a [aßota'ɤaðo, a] *a* swollen.
abotonar [aßoto'nar] *vt* to button (up), do up.
abovedado, a [aßoße'ðaðo, a] *a* vaulted, domed.
abrasar [aßra'sar] *vt* to burn (up); (*AGR*) to dry up, parch.
abrazadera [aßraθa'ðera] *nf* bracket.
abrazar [aßra'θar] *vt* to embrace, hug.
abrazo [a'ßraθo] *nm* embrace, hug; **un ~** (*en carta*) with best wishes.
abrebotellas [aßreßo'teʎas] *nm inv* bottle opener.
abrecartas [aßre'kartas] *nm inv* letter opener.
abrelatas [aßre'latas] *nm inv* tin (*Brit*) *o* can opener.
abreviar [aßre'ßjar] *vt* to abbreviate; (*texto*) to abridge; (*plazo*) to reduce;
abreviatura *nf* abbreviation.
abridor [aßri'ðor] *nm* bottle opener; (*de latas*) tin (*Brit*) *o* can opener.
abrigar [aßri'ɤar] *vt* (*proteger*) to shelter; (*suj*: *ropa*) to keep warm; (*fig*) to cherish.
abrigo [a'ßriɤo] *nm* (*prenda*) coat, overcoat; (*lugar protegido*) shelter.
abril [a'ßril] *nm* April.
abrillantar [aßriʎan'tar] *vt* to polish.
abrir [a'ßrir] *vt* to open (up) // *vi* to open; ~**se** *vr* to open (up); (*extenderse*) to open out; (*cielo*) to clear; ~**se paso** to find *o* force a way through.
abrochar [aßro'tʃar] *vt* (*con botones*) to button (up); (*zapato, con broche*) to do up.
abrumar [aßru'mar] *vt* to overwhelm; (*sobrecargar*) to weigh down.
abrupto, a [a'ßrupto, a] *a* abrupt; (*empinado*) steep.
absceso [aßs'θeso] *nm* abscess.
absentismo [aßsen'tismo] *nm* absenteeism.
absolución [aßsolu'θjon] *nf* (*REL*) absolution; (*JUR*) acquittal.
absoluto, a [aßso'luto, a] *a* absolute; **en ~** *ad* not at all.
absolver [aßsol'ßer] *vt* to absolve; (*JUR*) to pardon; (: *acusado*) to acquit.
absorbente [aßsor'ßente] *a* absorbent; (*interesante*) absorbing.
absorber [aßsor'ßer] *vt* to absorb; (*embeber*) to soak up.
absorción [aßsor'θjon] *nf* absorption; (*COM*) takeover.
absorto, a *pp de* **absorber** // [aß'sorto, a] *a* absorbed, engrossed.
abstemio, a [aßs'temjo, a] *a* teetotal.
abstención [aßsten'θjon] *nf* abstention.
abstenerse [aßste'nerse] *vr*: ~ (**de**) to abstain *o* refrain (from).
abstinencia [aßsti'nenθja] *nf* abstinence; (*ayuno*) fasting.
abstracción [aßstrak'θjon] *nf* abstraction.
abstracto, a [aß'strakto, a] *a* abstract.
abstraer [aßstra'er] *vt* to abstract; ~**se** *vr* to be *o* become absorbed.
abstraído, a [aßstra'iðo, a] *a* absent-minded.
absuelto [aß'swelto] *pp de* **absolver**.
absurdo, a [aß'surðo, a] *a* absurd.
abuelo, a [a'ßwelo, a] *nm/f* grandfather/mother; ~**s** *nmpl* grandparents.
abulia [a'ßulja] *nf* lethargy.
abultado, a [aßul'taðo, a] *a* bulky.
abultar [aßul'tar] *vt* to enlarge; (*aumentar*) to increase; (*fig*) to exaggerate // *vi* to be bulky.
abundancia [aßun'danθja] *nf*: **una ~ de** plenty of; **abundante** *a* abundant, plentiful; **abundar** *vi* to abound, be plentiful.
aburguesarse [aßurɤe'sarse] *vr* to

become middle-class.
aburrido, a [aβu'rriðo, a] *a* (*hastiado*) bored; (*que aburre*) boring; **aburrimiento** *nm* boredom, tedium.
aburrir [aβu'rrir] *vt* to bore; **~se** *vr* to be bored, get bored.
abusar [aβu'sar] *vi* to go too far; **~ de** to abuse; **abuso** *nm* abuse.
abusivo, a [aβu'siβo, a] *a* (*precio*) exorbitant.
abyecto, a [aβ'jekto, a] *a* wretched, abject.
A.C. *abr* (= *Año de Cristo*) A.D.
a/c *abr* (= *al cuidado de*) c/o.
acá [a'ka] *ad* (*lugar*) here; **¿de cuándo ~?** since when?
acabado, a [aka'βaðo, a] *a* finished, complete; (*perfecto*) perfect; (*agotado*) worn out; (*fig*) masterly // *nm* finish.
acabar [aka'βar] *vt* (*llevar a su fin*) to finish, complete; (*consumir*) to use up; (*rematar*) to finish off // *vi* to finish, end; **~se** *vr* to finish, stop; (*terminarse*) to be over; (*agotarse*) to run out; **~ con** to put an end to; **~ de llegar** to have just arrived; **~ por hacer** to end (up) by doing; **¡se acabó!** it's all over!; (*¡basta!*) that's enough!
acabóse [aka'βose] *nm*: **esto es el ~** this is the last straw.
academia [aka'ðemja] *nf* academy; **académico, a** *a* academic.
acaecer [akae'θer] *vi* to happen, occur.
acalorado, a [akalo'raðo, a] *a* (*discusión*) heated.
acalorarse [akalo'rarse] *vr* (*fig*) to get heated.
acampar [akam'par] *vi* to camp.
acanalar [akana'lar] *vt* to groove; (*ondular*) to corrugate.
acantilado [akanti'laðo] *nm* cliff.
acaparar [akapa'rar] *vt* to monopolize; (*acumular*) to hoard.
acariciar [akari'θjar] *vt* to caress; (*esperanza*) to cherish.
acarrear [akarre'ar] *vt* to transport; (*fig*) to cause, result in.
acaso [a'kaso] *ad* perhaps, maybe // *nm* chance; **(por) si ~** (just) in case.
acatamiento [akata'mjento] *nm* respect; (*de la ley*) observance.
acatar [aka'tar] *vt* to respect, obey.
acatarrarse [akata'rrarse] *vr* to catch a cold.
acaudalado, a [akauða'laðo, a] *a* well-off.
acaudillar [akauði'ʎar] *vt* to lead, command.
acceder [akθe'ðer] *vi*: **~ a** (*petición etc*) to agree to; (*tener acceso a*) to have access to; (*INFORM*) to access.
accesible [akθe'siβle] *a* accessible.
acceso [ak'θeso] *nm* access, entry; (*camino*) access, approach; (*MED*) attack, fit.
accesorio, a [akθe'sorjo, a] *a, nm* accessory.
accidentado, a [akθiðen'taðo, a] *a* uneven; (*montañoso*) hilly; (*azaroso*) eventful // *nm/f* accident victim.
accidental [akθiðen'tal] *a* accidental; **accidentarse** *vr* to have an accident.
accidente [akθi'ðente] *nm* accident.
acción [ak'θjon] *nf* action; (*acto*) action, act; (*COM*) share; (*JUR*) action, lawsuit; **~ ordinaria/preferente** ordinary/preference share; **accionar** *vt* to work, operate; (*INFORM*) to drive.
accionista [akθjo'nista] *nm/f* shareholder, stockholder.
acebo [a'θeβo] *nm* holly; (*árbol*) holly tree.
acechanza [aθe'tʃanθa] *nf* = **acecho**.
acechar [aθe'tʃar] *vt* to spy on; (*aguardar*) to lie in wait for; **acecho** *nm*: **estar al acecho (de)** to lie in wait (for).
aceitar [aθei'tar] *vt* to oil, lubricate.
aceite [a'θeite] *nm* oil; (*de oliva*) olive oil; **~ra** *nf* oilcan; **aceitoso, a** *a* oily.
aceituna [aθei'tuna] *nf* olive.
acelerador [aθelera'ðor] *nm* accelerator.
acelerar [aθele'rar] *vt* to accelerate.
acelga [a'θelɣa] *nf* chard, beet.
acento [a'θento] *nm* accent; (*acentuación*) stress.
acentuar [aθen'twar] *vt* to accent; to stress; (*fig*) to accentuate.
acepción [aθep'θjon] *nf* meaning.
aceptable [aθep'taβle] *a* acceptable.
aceptación [aθepta'θjon] *nf* acceptance; (*aprobación*) approval.
aceptar [aθep'tar] *vt* to accept; (*aprobar*) to approve.
acequia [a'θekja] *nf* irrigation ditch.
acera [a'θera] *nf* pavement (*Brit*), sidewalk (*US*).
acerado, a [aθe'raðo, a] *a* steel; (*afilado*) sharp; (*fig*: *duro*) steely; (: *mordaz*) biting.
acerbo, a [a'θerβo, a] *a* bitter; (*fig*) harsh.
acerca [a'θerka]: **~ de** *prep* about, concerning.
acercar [aθer'kar] *vt* to bring *o* move nearer; **~se** *vr* to approach, come near.
acerico [aθe'riko] *nm* pincushion.
acero [a'θero] *nm* steel.
acérrimo, a [a'θerrimo, a] *a* (*partidario*) staunch; (*enemigo*) bitter.
acertado, a [aθer'taðo, a] *a* correct; (*apropiado*) apt; (*sensato*) sensible.
acertar [aθer'tar] *vt* (*blanco*) to hit; (*solución*) to get right; (*adivinar*) to guess // *vi* to get it right, be right; **~ a** to manage to; **~ con** to happen *o* hit on.
acertijo [aθer'tixo] *nm* riddle, puzzle.
acervo [a'θerβo] *nm* heap; **~ común** undivided estate.
aciago, a [a'θjaɣo, a] *a* ill-fated, fateful.

acicalar [aθika'lar] *vt* to polish; (*persona*) to dress up; ~se *vr* to get dressed up.
acicate [aθi'kate] *nm* spur.
acidez [aθi'ðeθ] *nf* acidity.
ácido, a ['aθiðo, a] *a* sour, acid // *nm* acid.
acierto *etc vb ver* **acertar** // [a'θjerto] *nm* success; (*buen paso*) wise move; (*solución*) solution; (*habilidad*) skill, ability.
aclamación [aklama'θjon] *nf* acclamation; (*aplausos*) applause.
aclamar [akla'mar] *vt* to acclaim; (*aplaudir*) to applaud.
aclaración [aklara'θjon] *nf* clarification, explanation.
aclarar [akla'rar] *vt* to clarify, explain; (*ropa*) to rinse // *vi* to clear up; ~se *vr* (*explicarse*) to understand; ~se **la garganta** to clear one's throat.
aclaratorio, a [aklara'torjo, a] *a* explanatory.
aclimatación [aklimata'θjon] *nf* acclimatization; **aclimatar** *vt* to acclimatize; **aclimatarse** *vr* to become acclimatized.
acné [ak'ne] *nm* acne.
acobardar [akoβar'ðar] *vt* to intimidate.
acodarse [ako'ðarse] *vr*: ~ **en** to lean on.
acogedor, a [akoxe'ðor, a] *a* welcoming; (*hospitalario*) hospitable.
acoger [ako'xer] *vt* to welcome; (*abrigar*) to shelter; ~se *vr* to take refuge.
acogida [ako'xiða] *nf* reception; refuge.
acolchar [akol'tʃar] *vt* to pad; (*fig*) to cushion.
acometer [akome'ter] *vt* to attack; (*emprender*) to undertake; **acometida** *nf* attack, assault.
acomodado, a [akomo'ðaðo, a] *a* (*persona*) well-to-do.
acomodador, a [akomoða'ðor, a] *nm/f* usher(ette).
acomodar [akomo'ðar] *vt* to adjust; (*alojar*) to accommodate; ~se *vr* to conform; (*instalarse*) to install o.s.; (*adaptarse*): ~se **(a)** to adapt (to).
acomodaticio, a [akomoða'tiθjo, a] *a* (*pey*) accommodating, obliging; (*manejable*) pliable.
acompañar [akompa'ɲar] *vt* to accompany; (*documentos*) to enclose.
acondicionar [akondiθjo'nar] *vt* to arrange, prepare; (*pelo*) to condition.
acongojar [akongo'xar] *vt* to distress, grieve.
aconsejar [akonse'xar] *vt* to advise, counsel; ~se *vr*: ~se **con** to consult.
acontecer [akonte'θer] *vi* to happen, occur; **acontecimiento** *nm* event.
acopio [a'kopjo] *nm* store, stock.
acoplamiento [akopla'mjento] *nm* coupling, joint; **acoplar** *vt* to fit; (*ELEC*) to connect; (*vagones*) to couple.
acorazado, a [akora'θaðo, a] *a* armour-plated, armoured // *nm* battleship.
acordar [akor'ðar] *vt* (*resolver*) to agree, resolve; (*recordar*) to remind; ~se *vr* to agree; ~se **(de algo)** to remember sth; **acorde** *a* (*MUS*) harmonious; **acorde con** (*medidas etc*) in keeping with // *nm* chord.
acordeón [akorðe'on] *nm* accordion.
acordonado, a [akorðo'naðo, a] *a* (*calle*) cordoned-off.
acorralar [akorra'lar] *vt* to round up, corral.
acortar [akor'tar] *vt* to shorten; (*duración*) to cut short; (*cantidad*) to reduce; ~se *vr* to become shorter.
acosar [ako'sar] *vt* to pursue relentlessly; (*fig*) to hound, pester.
acostar [akos'tar] *vt* (*en cama*) to put to bed; (*en suelo*) to lay down; (*barco*) to bring alongside; ~se *vr* to go to bed; to lie down.
acostumbrado, a [akostum'braðo, a] *a* usual; ~ **a** used to.
acostumbrar [akostum'brar] *vt*: ~ **a uno a algo** to get sb used to sth // *vi*: ~ **(a) hacer** to be in the habit of doing; ~se *vr*: ~se **a** to get used to.
acotación [akota'θjon] *nf* marginal note; (*GEO*) elevation mark; (*de límite*) boundary mark; (*TEATRO*) stage direction.
ácrata ['akrata] *a, nm/f* anarchist.
acre ['akre] *a* (*sabor*) sharp, bitter; (*olor*) acrid; (*fig*) biting // *nm* acre.
acrecentar [akreθen'tar] *vt* to increase, augment.
acreditar [akreði'tar] *vt* (*garantizar*) to vouch for, guarantee; (*autorizar*) to authorize; (*dar prueba de*) to prove; (*COM*: *abonar*) to credit; (*embajador*) to accredit; ~se *vr* to become famous.
acreedor, a [akree'ðor, a] *a*: ~ **a** worthy of // *nm/f* creditor.
acribillar [akriβi'ʎar] *vt*: ~ **a balazos** to riddle with bullets.
acrimonia [akri'monja], **acritud** [akri'tuð] *nf* acrimony.
acróbata [a'kroβata] *nm/f* acrobat.
acta ['akta] *nf* certificate; (*de comisión*) minutes *pl*, record; ~ **de nacimiento/de matrimonio** birth/marriage certificate; ~ **notarial** affidavit.
actitud [akti'tuð] *nf* attitude; (*postura*) posture.
activar [akti'βar] *vt* to activate; (*acelerar*) to speed up.
actividad [aktiβi'ðað] *nf* activity.
activo, a [ak'tiβo, a] *a* active; (*vivo*) lively // *nm* (*COM*) assets *pl*.
acto ['akto] *nm* act, action; (*ceremonia*) ceremony; (*TEATRO*) act; **en el** ~ immediately.
actor [ak'tor] *nm* actor; (*JUR*) plaintiff // *a*: **parte** ~a prosecution.
actriz [ak'triθ] *nf* actress.

actuación [aktwa'θjon] *nf* action; (*comportamiento*) conduct, behaviour; (*JUR*) proceedings *pl*; (*desempeño*) performance.

actual [ak'twal] *a* present(-day), current; **~idad** *nf* present; **~idades** *nfpl* news *sg*; **en la ~idad** at present; (*hoy día*) nowadays.

actualizar [aktwali'θar] *vt* to update, modernize.

actualmente [aktwal'mente] *ad* at present; (*hoy día*) nowadays.

actuar [ak'twar] *vi* (*obrar*) to work, operate; (*actor*) to act, perform // *vt* to work, operate; **~ de** to act as.

actuario, a [ak'twarjo, a] *nm/f* clerk; (*COM*) actuary.

acuarela [akwa'rela] *nf* watercolour.

acuario [a'kwarjo] *nm* aquarium; **A~** Aquarius.

acuartelar [akwarte'lar] *vt* (*MIL*: *disciplinar*) to confine to barracks.

acuático, a [a'kwatiko, a] *a* aquatic.

acuciar [aku'θjar] *vt* to urge on.

acuclillarse [akukli'ʎarse] *vr* to crouch down.

acuchillar [akutʃi'ʎar] *vt* (*TEC*) to plane (down), smooth.

acudir [aku'ðir] *vi* (*asistir*) to attend; (*ir*) to go; **~ a** (*fig*) to turn to; **~ en ayuda de** to go to the aid of.

acuerdo *etc vb ver* **acordar** // [a'kwerðo] *nm* agreement; **¡de ~!** agreed!; **de ~ con** (*persona*) in agreement with; (*acción, documento*) in accordance with; **estar de ~** to be agreed, agree.

acumular [akumu'lar] *vt* to accumulate, collect.

acuñar [aku'ɲar] *vt* (*moneda*) to mint; (*frase*) to coin.

acuoso, a [a'kwoso, a] *a* watery.

acurrucarse [akurru'karse] *vr* to crouch; (*ovillarse*) to curl up.

acusación [akusa'θjon] *nf* accusation; **acusar** *vt* to accuse; (*revelar*) to reveal; (*denunciar*) to denounce.

acuse [a'kuse] *nm*: **~ de recibo** acknowledgement of receipt.

acústico, a [a'kustiko, a] *a* acoustic // *nf* (*de una sala etc*) acoustics *pl*.

achacar [atʃa'kar] *vt* to attribute.

achacoso, a [atʃa'koso, a] *a* sickly.

achantar [atʃan'tar] *vt* (*fam*) to scare, frighten; **~se** *vr* to back down.

achaque *etc vb ver* **achacar** // [a'tʃake] *nm* ailment.

achicar [atʃi'kar] *vt* to reduce; (*humillar*) to humiliate; (*NAUT*) to bale out.

achicoria [atʃi'korja] *nf* chicory.

achicharrar [atʃitʃa'rrar] *vt* to scorch, burn.

adagio [a'ðaxjo] *nm* adage; (*MUS*) adagio.

adaptación [aðapta'θjon] *nf* adaptation.

adaptador [aðapta'ðor] *nm* (*ELEC*) adapter.

adaptar [aðap'tar] *vt* to adapt; (*acomodar*) to fit.

adecuado, a [aðe'kwaðo, a] *a* (*apto*) suitable; (*oportuno*) appropriate.

adecuar [aðe'kwar] *vt* to adapt; to make suitable.

a. de J.C. *abr* (= *antes de Jesucristo*) B.C.

adelantado, a [aðelan'taðo, a] *a* advanced; (*reloj*) fast; **pagar por ~** to pay in advance.

adelantamiento [aðelanta'mjento] *nm* advance, advancement; (*AUTO*) overtaking.

adelantar [aðelan'tar] *vt* to move forward; (*avanzar*) to advance; (*acelerar*) to speed up; (*AUTO*) to overtake // *vi*, **~se** *vr* to go forward, advance.

adelante [aðe'lante] *ad* forward(s), ahead // *excl* come in!; **de hoy en ~** from now on; **más ~** later on; (*más allá*) further on.

adelanto [aðe'lanto] *nm* advance; (*mejora*) improvement; (*progreso*) progress.

adelgazar [aðelɣa'θar] *vt* to thin (down) // *vi* to get thin; (*con régimen*) to slim down, lose weight.

ademán [aðe'man] *nm* gesture; **ademanes** *nmpl* manners; **en ~ de** as if to.

además [aðe'mas] *ad* besides; (*por otra parte*) moreover; (*también*) also; **~ de** besides, in addition to.

adentrarse [aðen'trarse] *vr*: **~ en** to go into, get inside; (*penetrar*) to penetrate (into).

adentro [a'ðentro] *ad* inside, in; **mar ~** out at sea; **tierra ~** inland.

adepto, a [a'ðepto, a] *nm/f* supporter.

aderezar [aðere'θar] *vt* (*ensalada*) to dress; (*comida*) to season; **aderezo** *nm* dressing; seasoning.

adeudar [aðeu'ðar] *vt* to owe; **~se** *vr* to run into debt.

adherirse [aðe'rirse] *vr*: **~ a** to adhere to; (*partido*) to join.

adhesión [aðe'sjon] *nf* adhesion; (*fig*) adherence.

adición [aði'θjon] *nf* addition.

adicionar [aðiθjo'nar] *vt* to add.

adicto, a [a'ðikto, a] *a*: **~ a** addicted to; (*dedicado*) devoted to // *nm/f* supporter, follower; (*toxicómano etc*) addict.

adiestrar [aðjes'trar] *vt* to train, teach; (*conducir*) to guide, lead; **~se** *vr* to practise; (*enseñarse*) to train o.s.

adinerado, a [aðine'raðo, a] *a* wealthy.

adiós [a'ðjos] *excl* (*para despedir*[illegible]) goodbye!, cheerio!; (*al pasar*) hell[illegible]

aditivo [aði'tiβo] *nm* additive.

adivinanza [aðiβi'nanθa] *nf* [illegible] **adivinar** *vt* to prophesy; [illegible] guess; **adivino, a** *nm/*[illegible]

adj *abr* (= *adjunto*) [illegible]

adjetivo [aðxe'tiβo] *nm* adjective.

adjudicación [aðxuðika'θjon] *nf* award; adjudication.

adjudicar [aðxuði'kar] *vt* to award; **~se** *vr*: **~se algo** to appropriate sth.

adjuntar [aðxun'tar] *vt* to attach, enclose; **adjunto, a** *a* attached, enclosed // *nm/f* assistant.

administración [aðministra'θjon] *nf* administration; (*dirección*) management; **administrador, a** *nm/f* administrator; manager(ess).

administrar [aðminis'trar] *vt* to administer; **administrativo, a** *a* administrative.

admirable [aðmi'raβle] *a* admirable.

admiración [aðmira'θjon] *nf* admiration; (*asombro*) wonder; (*LING*) exclamation mark.

admirar [aðmi'rar] *vt* to admire; (*extrañar*) to surprise; **~se** *vr* to be surprised.

admisible [aðmi'siβle] *a* admissible.

admisión [aðmi'sjon] *nf* admission; (*reconocimiento*) acceptance.

admitir [aðmi'tir] *vt* to admit; (*aceptar*) to accept.

admonición [aðmoni'θjon] *nf* warning.

adobar [aðo'βar] *vt* (*CULIN*) to season.

adobe [a'ðoβe] *nm* adobe, sun-dried brick.

adoctrinar [aðoktri'nar] *vt*: **~ en** to indoctrinate with.

adolecer [aðole'θer] *vi*: **~ de** to suffer from.

adolescente [aðoles'θente] *nm/f* adolescent, teenager.

adonde [a'ðonðe] *conj* (to) where.

adónde [a'ðonde] *ad* = **dónde**.

adopción [aðop'θjon] *nf* adoption.

adoptar [aðop'tar] *vt* to adopt.

adoptivo, a [aðop'tiβo, a] *a* (*padres*) adoptive; (*hijo*) adopted.

adoquín [aðo'kin] *nm* paving stone.

adorar [aðo'rar] *vt* to adore.

adormecer [aðorme'θer] *vt* to put to sleep; **~se** *vr* to become sleepy; (*dormirse*) to fall asleep.

adornar [aðor'nar] *vt* to adorn.

adorno [a'ðorno] *nm* adornment; (*decoración*) decoration.

adosado, a [aðo'saðo, a] *a*: **casa adosada** semi-detached house.

adquiero *etc vb ver* **adquirir**.

adquirir [aðki'rir] *vt* to acquire, obtain.

adquisición [aðkisi'θjon] *nf* acquisition.

adrede [a'ðreðe] *ad* on purpose.

adscribir [aðskri'βir] *vt* to appoint.

adscrito *pp de* **adscribir**.

aduana [a'ðwana] *nf* customs *pl*.

aduanero, a [aðwa'nero, a] *a* customs *cpd* // *nm/f* customs officer.

aducir [aðu'θir] *vt* to adduce; (*dar como prueba*) to offer as proof.

adueñarse [aðwe'ɲarse] *vr*: **~ de** to take [illegible]sion of.

adulación [aðula'θjon] *nf* flattery.

adular [aðu'lar] *vt* to flatter.

adulterar [aðulte'rar] *vt* to adulterate // *vi* to commit adultery.

adulterio [aðul'terjo] *nm* adultery.

adúltero, a [a'ðultero, a] *a* adulterous // *nm/f* adulterer/adulteress.

adulto, a [a'ðulto, a] *a, nm/f* adult.

adusto, a [a'ðusto, a] *a* stern; (*austero*) austere.

advenedizo, a [aðβene'ðiθo, a] *nm/f* upstart.

advenimiento [aðβeni'mjento] *nm* arrival; (*al trono*) accession.

adverbio [að'βerβjo] *nm* adverb.

adversario, a [aðβer'sarjo, a] *nm/f* adversary.

adversidad [aðβersi'ðað] *nf* adversity; (*contratiempo*) setback.

adverso, a [að'βerso, a] *a* adverse.

advertencia [aðβer'tenθja] *nf* warning; (*prefacio*) preface, foreword.

advertir [aðβer'tir] *vt* to notice; (*avisar*): **~ a uno de** to warn sb about *o* of.

Adviento [að'βjento] *nm* Advent.

advierto *etc*, **advirtiendo** *etc vb ver* **advertir**.

adyacente [aðja'θente] *a* adjacent.

aéreo, a [a'ereo, a] *a* aerial.

aerobic [ae'roβik] *nm* aerobics *sg*.

aerodeslizador [aeroðesliθa'ðor], **aerodeslizante** [aeroðesli'θante] *nm* hovercraft.

aeromozo, a [aero'moθo, a] *nm/f* (*AM*) air steward(ess).

aeronáutica [aero'nautika] *nf* aeronautics *sg*.

aeronave [aero'naβe] *nm* spaceship.

aeroplano [aero'plano] *nm* aeroplane.

aeropuerto [aero'pwerto] *nm* airport.

aerosol [aero'sol] *nm* aerosol.

afabilidad [afaβili'ðað] *nf* friendliness; **afable** *a* affable.

afamado, a [afa'maðo, a] *a* famous.

afán [a'fan] *nm* hard work; (*deseo*) desire.

afanar [afa'nar] *vt* to harass; (*fam*) to pinch; **~se** *vr*: **~se por hacer** to strive to do; **afanoso, a** *a* (*trabajo*) hard; (*trabajador*) industrious.

afear [afe'ar] *vt* to disfigure.

afección [afek'θjon] *nf* (*MED*) disease.

afectación [afekta'θjon] *nf* affectation; **afectado, a** *a* affected; **afectar** *vt* to affect.

afectísimo, a [afek'tisimo, a] *a* affectionate; **~ suyo** yours truly.

afectivo, a [afek'tiβo, a] *a* (*problema etc*) emotional.

afecto [a'fekto] *nm* affection; **tenerle ~ a uno** to be fond of sb.

afectuoso, a [afek'twoso, a] *a* affectionate.

afeitar [afei'tar] *vt* to shave; **~se** *vr* to shave.

afeminado, a [afemi'naðo, a] *a* effeminate.
aferrado, a [afe'rraðo, a] *a* stubborn.
aferrar [afe'rrar] *vt* to grasp; (*barco*) to moor // *vi* to moor.
Afganistán [afɣanis'tan] *nm* Afghanistan.
afianzamiento [afjanθa'mjento] *nm* strengthening; security; **afianzar** *vt* to strengthen; to secure; **afianzarse** *vr* to become established.
afición [afi'θjon] *nf* fondness, liking; **la ~** the fans *pl*; **pinto por ~** I paint as a hobby; **aficionado, a** *a* keen, enthusiastic; (*no profesional*) amateur; **ser ~ a algo** to be very keen on *o* fond of sth // *nm/f* enthusiast, fan; amateur.
aficionar [afiθjo'nar] *vt*: **~ a uno a algo** to make sb like sth; **~se** *vr*: **~se a algo** to grow fond of sth.
afiche [a'fitʃe] *nm* (*AM*) poster.
afilado, a [afi'laðo, a] *a* sharp.
afilar [afi'lar] *vt* to sharpen.
afiliarse [afi'ljarse] *vr* to affiliate.
afín [a'fin] *a* (*parecido*) similar; (*conexo*) related.
afinar [afi'nar] *vt* (*TEC*) to refine; (*MUS*) to tune // *vi* to play/sing in tune.
afincarse [afin'karse] *vr* to settle.
afinidad [afini'ðað] *nf* affinity; (*parentesco*) relationship; **por ~** by marriage.
afirmación [afirma'θjon] *nf* affirmation; **afirmar** *vt* to affirm, state; (*reforzar*) to strengthen; **afirmativo, a** *a* affirmative.
aflicción [aflik'θjon] *nf* affliction; (*dolor*) grief.
afligir [afli'xir] *vt* to afflict; (*apenar*) to distress; **~se** *vr* to grieve.
aflojar [aflo'xar] *vt* to slacken; (*desatar*) to loosen, undo; (*relajar*) to relax // *vi* to drop; (*bajar*) to go down; **~se** *vr* to relax.
aflorar [aflo'rar] *vi* to come to the surface, emerge.
afluente [aflu'ente] *a* flowing // *nm* tributary.
afluir [aflu'ir] *vi* to flow.
afmo, a *abr* (= *afectísimo*(*a*) *suyo*(*a*)) Yours.
afónico, a [a'foniko, a] *a*: **estar ~** to have a sore throat; to have lost one's voice.
aforo [a'foro] *nm* (*de teatro etc*) capacity.
afortunado, a [afortu'naðo, a] *a* fortunate, lucky.
afrancesado, a [afranθe'saðo, a] *a* francophile; (*pey*) Frenchified.
afrenta [a'frenta] *nf* affront, insult; (*deshonra*) dishonour, shame.
África ['afrika] *nf* Africa; **~ del Sur** South Africa; **africano, a** *a*, *nm/f* African.
afrontar [afron'tar] *vt* to confront; (*poner cara a cara*) to bring face to face.
afuera [a'fwera] *ad* out, outside; **~s** *nfpl* outskirts.
agachar [aɣa'tʃar] *vt* to bend, bow; **~se** *vr* to stoop, bend.
agalla [a'ɣaʎa] *nf* (*ZOOL*) gill; **~s** *nfpl* (*MED*) tonsillitis *sg*; (*ANAT*) tonsils; **tener ~s** (*fam*) to have guts.
agarradera [aɣarra'ðera] *nf* (*AM*), **agarradero** [aɣarra'ðero] *nm* handle; **~s** *npl* pull *sg*, influence *sg*.
agarrado, a [aɣa'rraðo, a] *a* mean, stingy.
agarrar [aɣa'rrar] *vt* to grasp, grab; (*AM*) to take, catch; (*recoger*) to pick up // *vi* (*planta*) to take root; **~se** *vr* to hold on (tightly).
agarrotar [aɣarro'tar] *vt* (*lío*) to tie tightly; (*persona*) to squeeze tightly; (*reo*) to garrotte; **~se** *vr* (*motor*) to seize up; (*MED*) to stiffen.
agasajar [aɣasa'xar] *vt* to treat well, fête.
agencia [a'xenθja] *nf* agency; **~ inmobiliaria** estate (*Brit*) *o* real estate (*US*) agent's (office); **~ matrimonial** marriage bureau; **~ de viajes** travel agency.
agenciarse [axen'θjarse] *vr* to obtain, procure.
agenda [a'xenda] *nf* diary.
agente [a'xente] *nm* agent; (*de policía*) policeman; **~ femenino** policewoman; **~ inmobiliario** estate agent (*Brit*), realtor (*US*); **~ de bolsa** stockbroker; **~ de seguros** insurance agent.
ágil ['axil] *a* agile, nimble; **agilidad** *nf* agility, nimbleness.
agitación [axita'θjon] *nf* (*de mano etc*) shaking, waving; (*de líquido etc*) stirring; (*fig*) agitation.
agitar [axi'tar] *vt* to wave, shake; (*líquido*) to stir; (*fig*) to stir up, excite; **~se** *vr* to get excited; (*inquietarse*) to get worried *o* upset.
aglomeración [aɣlomera'θjon] *nf*: **~ de tráfico/gente** traffic jam/mass of people.
aglomerar [aɣlome'rar] *vt*, **aglomerarse** *vr* to crowd together.
agnóstico, a [aɣ'nostiko, a] *a*, *nm/f* agnostic.
agobiar [aɣo'βjar] *vt* to weigh down; (*oprimir*) to oppress; (*cargar*) to burden.
agolparse [aɣol'parse] *vr* to crowd together.
agonía [aɣo'nia] *nf* death throes *pl*; (*fig*) agony, anguish.
agonizante [aɣoni'θante] *a* dying.
agonizar [aɣoni'θar] *vi* (*tb*: **estar agonizando**) to be dying.
agosto [a'ɣosto] *nm* August.
agotado, a [aɣo'taðo, a] *a* (*persona*) exhausted; (*libros*) out of print; (*acabado*) finished; (*COM*) sold out.
agotador, a [aɣota'ðor, a] *a* exhausting.
agotamiento [aɣota'mjento] *nm* exhaustion.

agotar [aɣo'tar] *vt* to exhaust; (*consumir*) to drain; (*recursos*) to use up, deplete; **~se** *vr* to be exhausted; (*acabarse*) to run out; (*libro*) to go out of print.

agraciado, a [aɣra'θjaðo, a] *a* (*atractivo*) attractive; (*en sorteo etc*) lucky.

agraciar [aɣra'θjar] *vt* (*JUR*) to pardon; (*con premio*) to reward.

agradable [aɣra'ðaßle] *a* pleasant, nice.

agradar [aɣra'ðar] *vt*: **él me agrada** I like him.

agradecer [aɣraðe'θer] *vt* to thank; (*favor etc*) to be grateful for; **agradecido, a** *a* grateful; **¡muy ~!** thanks a lot!; **agradecimiento** *nm* thanks *pl*; gratitude.

agradezco *etc vb ver* **agradecer**.

agrado [a'ɣraðo] *nm*: **ser de tu** *etc* **~** to be to your *etc* liking.

agrandar [aɣran'dar] *vt* to enlarge; (*fig*) to exaggerate; **~se** *vr* to get bigger.

agrario, a [a'ɣrarjo, a] *a* agrarian, land *cpd*; (*política*) agricultural, farming.

agravante [aɣra'ßante] *a* aggravating // *nf*: **con la ~ de que ...** with the further difficulty that ...

agravar [aɣra'ßar] *vt* (*pesar sobre*) to make heavier; (*irritar*) to aggravate; **~se** *vr* to worsen, get worse.

agraviar [aɣra'ßjar] *vt* to offend; (*ser injusto con*) to wrong; **~se** *vr* to take offence; **agravio** *nm* offence; wrong; (*JUR*) grievance.

agredir [aɣre'ðir] *vt* to attack.

agregado [aɣre'ɣaðo] *nm* aggregate; (*persona*) attaché.

agregar [aɣre'ɣar] *vt* to gather; (*añadir*) to add; (*persona*) to appoint.

agresión [aɣre'sjon] *nf* aggression.

agresivo, a [aɣre'sißo, a] *a* aggressive.

agriar [a'ɣrjar] *vt* to (turn) sour; **~se** *vr* to turn sour.

agrícola [a'ɣrikola] *a* farming *cpd*, agricultural.

agricultor, a [aɣrikul'tor, a] *nm/f* farmer.

agricultura [aɣrikul'tura] *nf* agriculture, farming.

agridulce [aɣri'ðulθe] *a* bittersweet; (*CULIN*) sweet and sour.

agrietarse [aɣrje'tarse] *vr* to crack; (*piel*) to chap.

agrimensor, a [aɣrimen'sor, a] *nm/f* surveyor.

agrio, a ['aɣrjo, a] *a* bitter.

agronomía [aɣrono'mia] *nf* agronomy, agriculture.

agropecuario, a [aɣrope'kwarjo, a] *a* farming *cpd*, agricultural.

agrupación [aɣrupa'θjon] *nf* group; (*acto*) grouping.

agrupar [aɣru'par] *vt* to group.

agua ['aɣwa] *nf* water; (*NAUT*) wake; (*ARQ*) slope of a roof; **~s** *nfpl* (*de piedra*) water *sg*, sparkle *sg*; (*MED*) water *sg*, urine *sg*; (*NAUT*) waters; **~s abajo/arriba** downstream/upstream; **~ bendita/destilada/potable** holy/distilled/drinking water; **~ caliente** hot water; **~ corriente** running water; **~ de colonia** eau de cologne; **~ mineral (con/sin gas)** (fizzy/non-fizzy) mineral water; **~s jurisdiccionales** territorial waters; **~s mayores** excrement *sg*.

aguacate [aɣwa'kate] *nm* avocado pear.

aguacero [aɣwa'θero] *nm* (heavy) shower, downpour.

aguado, a [a'ɣwaðo, a] *a* watery, watered down // *nf* (*AGR*) watering place; (*NAUT*) water supply; (*ARTE*) watercolour.

aguafiestas [aɣwa'fjestas] *nm/f inv* spoilsport, killjoy.

aguafuerte [aɣwa'fwerte] *nm o f* etching.

aguamanil [aɣwama'nil] *nm* (*jofaina*) washbasin.

aguanieve [aɣwa'njeße] *nf* sleet.

aguantar [aɣwan'tar] *vt* to bear, put up with; (*sostener*) to hold up // *vi* to last; **~se** *vr* to restrain o.s.; **aguante** *nm* (*paciencia*) patience; (*resistencia*) endurance.

aguar [a'ɣwar] *vt* to water down.

aguardar [aɣwar'ðar] *vt* to wait for.

aguardiente [aɣwar'ðjente] *nm* brandy, liquor.

aguarrás [aɣwa'rras] *nm* turpentine.

agudeza [aɣu'ðeθa] *nf* sharpness; (*ingenio*) wit.

agudizar [aɣuði'θar] *vt* (*crisis*) to make worse; **~se** *vr* to get worse.

agudo, a [a'ɣuðo, a] *a* sharp; (*voz*) high-pitched, piercing; (*dolor, enfermedad*) acute.

agüero [a'ɣwero] *nm*: **buen/mal ~** good/bad omen.

aguijar [aɣi'xar] *vt* to goad; (*incitar*) to urge on // *vi* to hurry along.

aguijón [aɣi'xon] *nm* sting; (*fig*) spur; **aguijonear** *vt* = **aguijar**.

águila ['aɣila] *nf* eagle; (*fig*) genius.

aguileño, a [aɣi'leɲo, a] *a* (*nariz*) aquiline; (*rostro*) sharp-featured.

aguinaldo [aɣi'naldo] *nm* Christmas box.

aguja [a'ɣuxa] *nf* needle; (*de reloj*) hand; (*ARQ*) spire; (*TEC*) firing-pin; **~s** *nfpl* (*ZOOL*) ribs; (*FERRO*) points.

agujerear [aɣuxere'ar] *vt* to make holes in.

agujero [aɣu'xero] *nm* hole.

agujetas [aɣu'xetas] *nfpl* stitch *sg*; (*rigidez*) stiffness *sg*.

aguzar [aɣu'θar] *vt* to sharpen; (*fig*) to incite.

ahí [a'i] *ad* there; **de ~ que** so that, with the result that; **~ llega** here he comes; **por ~** that way; (*allá*) over there; **200 o por ~** 200 or so.

ahijado, a [ai'xaðo, a] *nm/f* godson/daughter.
ahínco [a'inko] *nm* earnestness.
ahíto, a [a'ito, a] *a*: **estoy ~** I'm full up.
ahogar [ao'ɣar] *vt* to drown; (*asfixiar*) to suffocate, smother; (*fuego*) to put out; **~se** *vr* (*en el agua*) to drown; (*por asfixia*) to suffocate.
ahogo [a'oɣo] *nm* breathlessness; (*fig*) financial difficulty.
ahondar [aon'dar] *vt* to deepen, make deeper; (*fig*) to study thoroughly // *vi*: **~ en** to study thoroughly.
ahora [a'ora] *ad* now; (*hace poco*) a moment ago, just now; (*dentro de poco*) in a moment; **~ voy** I'm coming; **~ mismo** right now; **~ bien** now then; **por ~** for the present.
ahorcar [aor'kar] *vt* to hang; **~se** *vr* to hang o.s.
ahorita [ao'rita] *ad* (*fam*) right now.
ahorrar [ao'rrar] *vt* (*dinero*) to save; (*esfuerzos*) to save, avoid; **ahorro** *nm* (*acto*) saving; (*frugalidad*) thrift; **ahorros** *nmpl* savings.
ahuecar [awe'kar] *vt* to hollow (out); (*voz*) to deepen; **~se** *vr* to give o.s. airs.
ahumar [au'mar] *vt* to smoke, cure; (*llenar de humo*) to fill with smoke // *vi* to smoke; **~se** *vr* to fill with smoke.
ahuyentar [aujen'tar] *vt* to drive off, frighten off; (*fig*) to dispel.
airado, a [ai'raðo, a] *a* angry; **airar** *vt* to anger; **airarse** *vr* to get angry.
aire ['aire] *nm* air; (*viento*) wind; (*corriente*) draught; (*MUS*) tune; **~s** *nmpl*: **darse ~s** to give o.s. airs; **al ~ libre** in the open air; **~ acondicionado** air conditioning; **airoso, a** *a* windy; draughty; (*fig*) graceful.
aislado, a [ais'laðo, a] *a* isolated; (*incomunicado*) cut-off; (*ELEC*) insulated.
aislar [ais'lar] *vt* to isolate; (*ELEC*) to insulate.
ajar [a'xar] *vt* to spoil; (*fig*) to abuse.
ajardinado, a [axarði'naðo, a] *a* landscaped.
ajedrez [axe'ðreθ] *nm* chess.
ajeno, a [a'xeno, a] *a* (*que pertenece a otro*) somebody else's; **~ a** foreign to; **~ de** free from, devoid of.
ajetreado, a [axetre'aðo, a] *a* busy.
ajetreo [axe'treo] *nm* bustle.
ají [a'xi] *nm* chili, red pepper; (*salsa*) chili sauce.
ajo ['axo] *nm* garlic.
ajorca [a'xorka] *nf* bracelet.
ajuar [a'xwar] *nm* household furnishings *pl*; (*de novia*) trousseau; (*de niño*) layette.
ajustado, a [axus'taðo, a] *a* (*tornillo*) tight; (*cálculo*) right; (*ropa*) tight (-fitting); (*DEPORTE*: *resultado*) close.
ajustar [axus'tar] *vt* (*adaptar*) to adjust; (*encajar*) to fit; (*TEC*) to engage; (*IMPRENTA*) to make up; (*apretar*) to tighten; (*concertar*) to agree (on); (*reconciliar*) to reconcile; (*cuenta, deudas*) to settle // *vi* to fit.
ajuste [a'xuste] *nm* adjustment; (*COSTURA*) fitting; (*acuerdo*) compromise; (*de cuenta*) settlement.
al [al] = **a** + **el**, *ver* **a**.
ala ['ala] *nf* wing; (*de sombrero*) brim; (*futbolista*) winger.
alabanza [ala'βanθa] *nf* praise.
alabar [ala'βar] *vt* to praise.
alacena [ala'θena] *nf* kitchen cupboard (*Brit*), kitchen closet (*US*).
alacrán [ala'kran] *nm* scorpion.
alado, a [a'laðo, a] *a* winged.
alambique [alam'bike] *nm* still.
alambrada [alam'braða] *nf*, **alambrado** [alam'braðo] *nm* wire fence; (*red*) wire netting.
alambre [a'lambre] *nm* wire; **~ de púas** barbed wire; **alambrista** *nm/f* tightrope walker.
alameda [ala'meða] *nf* (*plantío*) poplar grove; (*lugar de paseo*) avenue, boulevard.
álamo ['alamo] *nm* poplar; **~ temblón** aspen.
alano [a'lano] *nm* mastiff.
alarde [a'larðe] *nm* show, display; **hacer ~ de** to boast of.
alargador [alarɣa'ðor] *nm* (*ELEC*) extension lead.
alargar [alar'ɣar] *vt* to lengthen, extend; (*paso*) to hasten; (*brazo*) to stretch out; (*cuerda*) to pay out; (*conversación*) to spin out; **~se** *vr* to get longer.
alarido [ala'riðo] *nm* shriek.
alarma [a'larma] *nf* alarm.
alarmante [alar'mante] *a* alarming.
alazán [ala'θan] *nm* sorrel.
alba ['alβa] *nf* dawn.
albacea [alβa'θea] *nm/f* executor/executrix.
albahaca [al'βaka] *nf* basil.
Albania [al'βanja] *nf* Albania.
albañal [alβa'ɲal] *nm* drain, sewer.
albañil [alβa'ɲil] *nm* bricklayer; (*cantero*) mason.
albarán [alβa'ran] *nm* (*COM*) delivery note, invoice.
albaricoque [alβari'koke] *nm* apricot.
albedrío [alβe'ðrio] *nm*: **libre ~** free will.
alberca [al'βerka] *nf* reservoir; (*AM*) swimming pool.
albergar [alβer'ɣar] *vt* to shelter.
albergue *etc vb ver* **albergar** // [al'βerɣe] *nm* shelter, refuge; **~ de juventud** youth hostel.
albóndiga [al'βondiɣa] *nf* meatball.
albor [al'βor] *nm* whiteness; (*amanecer*) dawn; **~ada** *nf* dawn; (*diana*) reveille; **~ear** *vi* to dawn.
albornoz [alβor'noθ] *nm* (*de los árabes*) burnous; (*para el baño*) bathrobe.

alborotar [alβoro'tar] *vi* to make a row // *vt* to agitate, stir up; ~se *vr* to get excited; (*mar*) to get rough; **alboroto** *nm* row, uproar.
alborozar [alβoro'θar] *vt* to gladden; ~se *vr* to rejoice.
alborozo [alβo'roθo] *nm* joy.
albricias [al'βriθjas] *nfpl*: ¡~! good news!
álbum ['alβum] (*pl* ~s, ~es) *nm* album; ~ **de recortes** scrapbook.
albumen [al'βumen] *nm* egg white, albumen.
alcachofa [alka'tʃofa] *nf* artichoke.
alcalde, esa [al'kalde, esa] *nm/f* mayor(ess).
alcaldía [alkal'dia] *nf* mayoralty; (*lugar*) mayor's office.
alcance *etc vb ver* **alcanzar** // [al'kanθe] *nm* reach; (COM) adverse balance.
alcancía [alkan'θia] *nf* money box.
alcantarilla [alkanta'riʎa] *nf* (*de aguas cloacales*) sewer; (*en la calle*) gutter.
alcanzar [alkan'θar] *vt* (*algo*: *con la mano, el pie*) to reach; (*alguien*: *en el camino etc*) to catch up (with); (*autobús*) to catch; (*suj*: *bala*) to hit, strike // *vi* (*ser suficiente*) to be enough; ~ **a hacer** to manage to do.
alcaparra [alka'parra] *nf* caper.
alcatraz [alka'traθ] *nm* gannet.
alcayata [alka'jata] *nf* hook.
alcázar [al'kaθar] *nm* fortress; (NAUT) quarter-deck.
alcoba [al'koβa] *nf* bedroom.
alcohol [al'kol] *nm* alcohol; ~ **metílico** methylated spirits *pl* (*Brit*), wood alcohol (*US*); **alcohólico, a** *a, nm/f* alcoholic.
alcoholímetro [alko'limetro] *nm* Breathalyser ® (*Brit*), drunkometer (*US*).
alcoholismo [alko'lismo] *nm* alcoholism.
alcornoque [alkor'noke] *nm* cork tree; (*fam*) idiot.
aldaba [al'daβa] *nf* (door) knocker.
aldea [al'dea] *nf* village; **~no, a** *a* village *cpd* // *nm/f* villager.
ale ['ale] *excl* come on!, let's go!
aleación [alea'θjon] *nf* alloy.
aleatorio, a [alea'torjo, a] *a* random.
aleccionar [alekθjo'nar] *vt* to instruct; (*adiestrar*) to train.
alegación [aleɣa'θjon] *nf* allegation; **alegar** *vt* to allege; (JUR) to plead // *vi* (*AM*) to argue.
alegato [ale'ɣato] *nm* (JUR) allegation; (*AM*) argument.
alegoría [aleɣo'ria] *nf* allegory.
alegrar [ale'ɣrar] *vt* (*causar alegría*) to cheer (up); (*fuego*) to poke; (*fiesta*) to liven up; ~se *vr* (*fam*) to get merry *o* tight; **~se de** to be glad about.
alegre [a'leɣre] *a* happy, cheerful; (*fam*) merry, tight; (*chiste*) risqué, blue; **alegría** *nf* happiness; merriment.
alejamiento [alexa'mjento] *nm* removal; (*distancia*) remoteness.
alejar [ale'xar] *vt* to remove; (*fig*) to estrange; ~se *vr* to move away.
alemán, ana [ale'man, ana] *a, nm/f* German // *nm* (LING) German.
Alemania [ale'manja] *nf*: ~ **Occidental/Oriental** West/East Germany.
alentador, a [alenta'ðor, a] *a* encouraging.
alentar [alen'tar] *vt* to encourage.
alergia [a'lerxja] *nf* allergy.
alero [a'lero] *nm* (*de tejado*) eaves *pl*; (*de carruaje*) mudguard.
alerta [a'lerta] *a, nm* alert.
aleta [a'leta] *nf* (*de pez*) fin; (*de ave*) wing; (*de foca*, DEPORTE) flipper; (AUTO) mudguard.
aletargar [aletar'ɣar] *vt* to make drowsy; (*entumecer*) to make numb; ~se *vr* to grow drowsy; to become numb.
aletear [alete'ar] *vi* to flutter.
alevín [ale'βin], **alevino** [ale'βino] *nm* fry, young fish.
alevosía [aleβo'sia] *nf* treachery.
alfabeto [alfa'βeto] *nm* alphabet.
alfalfa [al'falfa] *nf* alfalfa, lucerne.
alfarería [alfare'ria] *nf* pottery; (*tienda*) pottery shop; **alfarero, a** *nm/f* potter.
alféizar [al'feiθar] *nm* window-sill.
alférez [al'fereθ] *nm* (MIL) second lieutenant; (NAUT) ensign.
alfil [al'fil] *nm* (AJEDREZ) bishop.
alfiler [alfi'ler] *nm* pin; (*broche*) clip; (*pinza*) clothes peg.
alfiletero [alfile'tero] *nm* needlecase.
alfombra [al'fombra] *nf* carpet; (*más pequeña*) rug; **alfombrar** *vt* to carpet; **alfombrilla** *nf* rug, mat.
alforja [al'forxa] *nf* saddlebag.
alforza [al'forθa] *nf* pleat.
algarabía [alɣara'βia] *nf* (*fam*) gibberish.
algarrobo [alɣa'rroβo] *nm* carob tree.
algas ['alɣas] *nfpl* seaweed.
algazara [alɣa'θara] *nf* din, uproar.
álgebra ['alxeβra] *nf* algebra.
álgido, a ['alxiðo] *a* icy, chilly; (*momento etc*) crucial, decisive.
algo ['alɣo] *pron* something; anything // *ad* somewhat, rather; ¿~ **más**? anything else?; (*en tienda*) is that all?; **por ~ será** there must be some reason for it.
algodón [alɣo'ðon] *nm* cotton; (*planta*) cotton plant; ~ **de azúcar** candy floss (*Brit*), cotton candy (*US*); ~ **hidrófilo** cotton wool (*Brit*), absorbent cotton (*US*).
algodonero, a [alɣoðo'nero, a] *a* cotton *cpd* // *nm/f* cotton grower // *nm* cotton plant.
alguacil [alɣwa'θil] *nm* bailiff; (TAUR) mounted official.
alguien ['alɣjen] *pron* someone, somebody; (*en frases interrogativas*) anyone, anybody.
alguno, a [al'ɣuno, a] *a* (*delante de nm*:

algún) some; (*después de n*): **no tiene talento alguno** he has no talent, he doesn't have any talent // *pron* (*alguien*) someone, somebody; **algún que otro libro** some book or other; **algún día iré** I'll go one *o* some day; **sin interés ~** without the slightest interest; **~ que otro** an occasional one; **~s piensan** some (people) think.

alhaja [a'laxa] *nf* jewel; (*tesoro*) precious object, treasure.

alhelí [ale'li] *nm* wallflower, stock.

aliado, a [a'ljaðo, a] *a* allied.

alianza [a'ljanθa] *nf* alliance; (*anillo*) wedding ring.

aliar [a'ljar] *vt* to ally; **~se** *vr* to form an alliance.

alias ['aljas] *ad* alias.

alicates [ali'kates] *nmpl* pliers; **~ de uñas** nail clippers.

aliciente [ali'θjente] *nm* incentive; (*atracción*) attraction.

alienación [aljena'θjon] *nf* alienation.

aliento [a'ljento] *nm* breath; (*respiración*) breathing; **sin ~** breathless.

aligerar [alixe'rar] *vt* to lighten; (*reducir*) to shorten; (*aliviar*) to alleviate; (*mitigar*) to ease; (*paso*) to quicken.

alimaña [ali'maɲa] *nf* pest.

alimentación [alimenta'θjon] *nf* (*comida*) food; (*acción*) feeding; (*tienda*) grocer's (shop); **alimentador** *nm*: **alimentador de papel** sheet-feeder; **alimentar** *vt* to feed; (*nutrir*) to nourish; **alimentarse** *vr* to feed.

alimenticio, a [alimen'tiθjo, a] *a* food *cpd*; (*nutritivo*) nourishing, nutritious.

alimento [ali'mento] *nm* food; (*nutrición*) nourishment; **~s** *nmpl* (*JUR*) alimony *sg*.

alineación [alinea'θjon] *nf* alignment; (*DEPORTE*) line-up.

alinear [aline'ar] *vt* to align; **~se** *vr* (*DEPORTE*) to line up; **~se en** to fall in with.

aliñar [ali'ɲar] *vt* (*CULIN*) to season; **aliño** *nm* (*CULIN*) dressing.

alisar [ali'sar] *vt* to smooth.

aliso [a'liso] *nm* alder.

alistarse [alis'tarse] *vr* to enlist; (*inscribirse*) to enrol.

aliviar [ali'ßjar] *vt* (*carga*) to lighten; (*persona*) to relieve; (*dolor*) to relieve, alleviate.

alivio [a'lißjo] *nm* alleviation, relief.

aljibe [al'xiße] *nm* cistern.

alma ['alma] *nf* soul; (*persona*) person; (*TEC*) core.

almacén [alma'θen] *nm* (*depósito*) warehouse, store; (*MIL*) magazine; (*AM*) shop; **(grandes) almacenes** *nmpl* department store *sg*; **almacenaje** *nm* storage; **almacenaje secundaria** (*INFORM*) backing storage.

almacenar [almaθe'nar] *vt* to store, put in storage; (*proveerse*) to stock up with; **almacenero** *nm* warehouseman; (*AM*) shopkeeper.

almanaque [alma'nake] *nm* almanac.

almeja [al'mexa] *nf* clam.

almendra [al'mendra] *nf* almond; **almendro** *nm* almond tree.

almiar [al'mjar] *nm* haystack.

almíbar [al'mißar] *nm* syrup.

almidón [almi'ðon] *nm* starch; **almidonar** *vt* to starch.

almirantazgo [almiran'taθɣo] *nm* admiralty.

almirante [almi'rante] *nm* admiral.

almirez [almi'reθ] *nm* mortar.

almizcle [al'miθkle] *nm* musk.

almohada [almo'aða] *nf* pillow; (*funda*) pillowcase; **almohadilla** *nf* cushion; (*TEC*) pad; (*AM*) pincushion.

almohadón [almoa'ðon] *nm* large pillow; bolster.

almorranas [almo'rranas] *nfpl* piles, haemorrhoids.

almorzar [almor'θar] *vt*: **~ una tortilla** to have an omelette for lunch // *vi* to (have) lunch.

almuerzo *etc vb ver* **almorzar** // [al'mwerθo] *nm* lunch.

alocado, a [alo'kaðo, a] *a* crazy.

alojamiento [aloxa'mjento] *nm* lodging(s) (*pl*); (*viviendas*) housing.

alojar [alo'xar] *vt* to lodge; **~se** *vr* to lodge, stay.

alondra [a'londra] *nf* lark, skylark.

alpargata [alpar'ɣata] *nf* rope-soled sandal, espadrille.

Alpes ['alpes] *nmpl*: **los ~** the Alps.

alpinismo [alpi'nismo] *nm* mountaineering, climbing; **alpinista** *nm/f* mountaineer, climber.

alpiste [al'piste] *nm* birdseed.

alquería [alke'ria] *nf* farmhouse.

alquilar [alki'lar] *vt* (*suj*: *propietario*: *inmuebles*) to let, rent (out); (: *coche*) to hire out; (: *TV*) to rent (out); (*suj*: *alquilador*: *inmuebles*, *TV*) to rent; (: *coche*) to hire; **'se alquila casa'** 'house to let (*Brit*) *o* to rent' (*US*).

alquiler [alki'ler] *nm* renting; letting; hiring; (*arriendo*) rent; hire charge; **~ de automóviles** car hire; **de ~** for hire.

alquimia [al'kimja] *nf* alchemy.

alquitrán [alki'tran] *nm* tar.

alrededor [alreðe'ðor] *ad* around, about; **~es** *nmpl* surroundings; **~ de** *prep* around, about; **mirar a su ~** to look (round) about one.

alta ['alta] *nf ver* **alto**.

altanería [altane'ria] *nf* haughtiness, arrogance; **altanero, a** *a* arrogant, haughty.

altar [al'tar] *nm* altar.

altavoz [alta'ßoθ] *nm* loudspeaker; (*amplificador*) amplifier.

alteración [altera'θjon] *nf* alteration;

(*alboroto*) disturbance.
alterar [alte'rar] *vt* to alter; to disturb; ~se *vr* (*persona*) to get upset.
altercado [alter'kaðo] *nm* argument.
alternar [alter'nar] *vt* to alternate // *vi*, ~se *vr* to alternate; (*turnar*) to take turns; ~ con to mix with; **alternativo, a** *a* alternative; (*alterno*) alternating // *nf* alternative; (*elección*) choice; **alterno, a** *a* alternate; (*ELEC*) alternating.
Alteza [al'teθa] *nf* (*tratamiento*) Highness.
altibajos [alti'βaxos] *nmpl* ups and downs.
altiplanicie [altipla'niθje] *nf*, **altiplano** [alti'plano] *nm* high plateau.
altisonante [altiso'nante] *a* high-flown, high-sounding.
altitud [alti'tuð] *nf* height; (*AVIAT, GEO*) altitude.
altivez [alti'βeθ] *nf* haughtiness, arrogance; **altivo, a** *a* haughty, arrogant.
alto, a ['alto, a] *a* high; (*persona*) tall; (*sonido*) high, sharp; (*noble*) high, lofty // *nm* halt; (*MUS*) alto; (*GEO*) hill; (*AM*) pile // *ad* (*de sitio*) high; (*de sonido*) loud, loudly // *nf* (certificate of) discharge // *excl* halt!; **la pared tiene 2 metros de ~** the wall is 2 metres high; **en alta mar** on the high seas; **en voz alta** in a loud voice; **las altas horas de la noche** the small *o* wee hours; **en lo ~ de** at the top of; **pasar por ~** to overlook; **dar de alta** to discharge.
altoparlante [altopar'lante] *nm* (*AM*) loudspeaker.
altura [al'tura] *nf* height; (*NAUT*) depth; (*GEO*) latitude; **la pared tiene 1.80 de ~** the wall is 1 metre 80cm high; **a estas ~s** at this stage; **a estas ~s del año** at this time of the year.
alubia [a'luβja] *nf* French bean, kidney bean.
alucinación [aluθina'θjon] *nf* hallucination; **alucinar** *vi* to hallucinate // *vt* to deceive; (*fascinar*) to fascinate.
alud [a'luð] *nm* avalanche; (*fig*) flood.
aludir [alu'ðir] *vi*: ~ **a** to allude to; **darse por aludido** to take the hint.
alumbrado [alum'braðo] *nm* lighting; **alumbramiento** *nm* lighting; (*MED*) childbirth, delivery.
alumbrar [alum'brar] *vt* to light (up) // *vi* (*MED*) to give birth.
aluminio [alu'minjo] *nm* aluminium (*Brit*), aluminum (*US*).
alumno, a [a'lumno, a] *nm/f* pupil, student.
alunizar [aluni'θar] *vi* to land on the moon.
alusión [alu'sjon] *nf* allusion.
alusivo, a [alu'siβo, a] *a* allusive.
aluvión [alu'βjon] *nm* alluvium; (*fig*) flood.
alverja [al'βerxa] *nf* (*AM*) pea.
alza ['alθa] *nf* rise; (*MIL*) sight.
alzada [al'θaða] *nf* (*de caballos*) height; (*JUR*) appeal.
alzamiento [alθa'mjento] *nm* (*aumento*) rise, increase; (*acción*) lifting, raising; (*mejor postura*) higher bid; (*rebelión*) rising; (*COM*) fraudulent bankruptcy.
alzar [al'θar] *vt* to lift (up); (*precio, muro*) to raise; (*cuello de abrigo*) to turn up; (*AGR*) to gather in; (*IMPRENTA*) to gather; ~se *vr* to get up, rise; (*rebelarse*) to revolt; (*COM*) to go fraudulently bankrupt; (*JUR*) to appeal.
allá [a'ʎa] *ad* (*lugar*) there; (*por ahí*) over there; (*tiempo*) then; ~ **abajo** down there; **más ~** further on; **más ~ de** beyond; **¡~ tú!** that's your problem!
allanamiento [aʎana'mjento] *nm*: ~ **de morada** burglary.
allanar [aʎa'nar] *vt* to flatten, level (out); (*igualar*) to smooth (out); (*fig*) to subdue; (*JUR*) to burgle, break into; ~se *vr* to fall down; ~se **a** to submit to, accept.
allegado, a [aʎe'ɣaðo, a] *a* near, close // *nm/f* relation.
allí [a'ʎi] *ad* there; ~ **mismo** right there; **por ~** over there; (*por ese camino*) that way.
ama ['ama] *nf* lady of the house; (*dueña*) owner; (*institutriz*) governess; (*madre adoptiva*) foster mother; ~ **de casa** housewife; ~ **de cría** *o* **de leche** wet-nurse; ~ **de llaves** housekeeper.
amabilidad [amaβili'ðað] *nf* kindness; (*simpatía*) niceness; **amable** *a* kind; nice; **es Vd muy ~** that's very kind of you.
amaestrado, a [amaes'traðo, a] *a* (*animal: en circo etc*) performing.
amaestrar [amaes'trar] *vt* to train.
amagar [ama'ɣar] *vt, vi* to threaten; (*DEPORTE, MIL*) to feint; **amago** *nm* threat; (*gesto*) threatening gesture; (*MED*) symptom.
amalgama [amal'ɣama] *nf* amalgam; **amalgamar** *vt* to amalgamate; (*combinar*) to combine, mix.
amamantar [amaman'tar] *vt* to suckle, nurse.
amanecer [amane'θer] *vi* to dawn // *nm* dawn; **el niño amaneció afiebrado** the child woke up with a fever.
amanerado, a [amane'raðo, a] *a* affected.
amansar [aman'sar] *vt* to tame; (*persona*) to subdue; ~se *vr* (*persona*) to calm down.
amante [a'mante] *a*: ~ **de** fond of // *nm/f* lover.
amapola [ama'pola] *nf* poppy.
amar [a'mar] *vt* to love.
amarar [ama'rar] *vi* (*avión*) to land (on the sea).

amargado, a [amar'ɣaðo, a] *a* bitter.
amargar [amar'ɣar] *vt* to make bitter; (*fig*) to embitter; **~se** *vr* to become embittered.
amargo, a [a'marɣo, a] *a* bitter; **amargura** *nf* bitterness.
amarillento, a [amari'ʎento, a] *a* yellowish; (*tez*) sallow; **amarillo, a** *a, nm* yellow.
amarrar [ama'rrar] *vt* to moor; (*sujetar*) to tie up.
amarras [a'marras] *nfpl*: **soltar ~** to set sail.
amartillar [amarti'ʎar] *vt* (*fusil*) to cock.
amasar [ama'sar] *vt* (*masa*) to knead; (*mezclar*) to mix, prepare; (*confeccionar*) to concoct; **amasijo** *nm* kneading; mixing; (*fig*) hotchpotch.
amateur ['amatur] *nm/f* amateur.
amatista [ama'tista] *nf* amethyst.
amazona [ama'θona] *nf* horsewoman; **A~s** *nm*: **el A~s** the Amazon.
ambages [am'baxes] *nmpl*: **sin ~** in plain language.
ámbar ['ambar] *nm* amber.
ambición [ambi'θjon] *nf* ambition; **ambicionar** *vt* to aspire to; **ambicioso, a** *a* ambitious.
ambidextro, a [ambi'ðekstro, a] *a* ambidextrous.
ambientación [ambjenta'θjon] *nf* (*CINE, TEATRO etc*) setting; (*RADIO*) sound effects.
ambiente [am'bjente] *nm* (*tb fig*) atmosphere; (*medio*) environment.
ambigüedad [ambiɣwe'ðað] *nf* ambiguity; **ambiguo, a** *a* ambiguous.
ámbito ['ambito] *nm* (*campo*) field; (*fig*) scope.
ambos, as ['ambos, as] *apl, pron pl* both.
ambulancia [ambu'lanθja] *nf* ambulance.
ambulante [ambu'lante] *a* travelling *cpd*, itinerant.
ambulatorio [ambula'torio] *nm* state health-service clinic.
ameba [a'meβa] *nf* amoeba.
amedrentar [ameðren'tar] *vt* to scare.
amén [a'men] *excl* amen; **~ de** besides.
amenaza [ame'naθa] *nf* threat.
amenazar [amena'θar] *vt* to threaten // *vi*: **~ con hacer** to threaten to do.
amenguar [amen'ɣwar] *vt* to diminish; (*fig*) to dishonour.
amenidad [ameni'ðað] *nf* pleasantness.
ameno, a [a'meno, a] *a* pleasant.
América [a'merika] *nf* America; **~ del Norte/del Sur** North/South America; **~ Central/Latina** Central/Latin America; **americano, a** *a, nm/f* American // *nf* coat, jacket.
amerizar [ameri'θar] *vi* (*avión*) to land (on the sea).
ametralladora [ametraʎa'ðora] *nf* machine gun.
amianto [a'mjanto] *nm* asbestos.
amigable [ami'ɣaβle] *a* friendly.
amígdala [a'miɣðala] *nf* tonsil; **amigdalitis** *nf* tonsillitis.
amigo, a [a'miɣo, a] *a* friendly // *nm/f* friend; (*amante*) lover; **ser ~ de algo** to be fond of sth; **ser muy ~s** to be close friends.
amilanar [amila'nar] *vt* to scare; **~se** *vr* to get scared.
aminorar [amino'rar] *vt* to diminish; (*reducir*) to reduce; **~ la marcha** to slow down.
amistad [amis'tað] *nf* friendship; **~es** *nfpl* friends; **amistoso, a** *a* friendly.
amnesia [am'nesja] *nf* amnesia.
amnistía [amnis'tia] *nf* amnesty.
amo ['amo] *nm* owner; (*jefe*) boss.
amodorrarse [amoðo'rrarse] *vr* to get sleepy.
amolar [amo'lar] *vt* (*perseguir*) to annoy.
amoldar [amol'dar] *vt* to mould; (*adaptar*) to adapt.
amonestación [amonesta'θjon] *nf* warning; **amonestaciones** *nfpl* marriage banns.
amonestar [amones'tar] *vt* to warn; (*REL*) to publish the banns of.
amontonar [amonto'nar] *vt* to collect, pile up; **~se** *vr* to crowd together; (*acumularse*) to pile up.
amor [a'mor] *nm* love; (*amante*) lover; **hacer el ~** to make love.
amoratado, a [amora'taðo, a] *a* purple.
amordazar [amorða'θar] *vt* to muzzle; (*fig*) to gag.
amorfo, a [a'morfo, a] *a* amorphous, shapeless.
amorío [amo'rio] *nm* (*fam*) love affair.
amoroso, a [amo'roso, a] *a* affectionate, loving.
amortajar [amorta'xar] *vt* to shroud.
amortiguador [amortigwa'ðor] *nm* shock absorber; (*parachoques*) bumper; **~es** *nmpl* (*AUTO*) suspension *sg*.
amortiguar [amorti'ɣwar] *vt* to deaden; (*ruido*) to muffle; (*color*) to soften.
amortización [amortiθa'θjon] *nf* (*de deuda*) repayment; (*de bono*) redemption.
amotinar [amoti'nar] *vt* to stir up, incite (to riot); **~se** *vr* to mutiny.
amparar [ampa'rar] *vt* to protect; **~se** *vr* to seek protection; (*de la lluvia etc*) to shelter; **amparo** *nm* help, protection; **al amparo de** under the protection of.
amperio [am'perjo] *nm* ampère, amp.
ampliación [amplja'θjon] *nf* enlargement; (*extensión*) extension; **ampliar** *vt* to enlarge; to extend.
amplificación [amplifika'θjon] *nf* enlargement; **amplificador** *nm* amplifier.
amplificar [amplifi'kar] *vt* to amplify.
amplio, a ['ampljo, a] *a* spacious; (*de falda etc*) full; (*extenso*) extensive; (*ancho*) wide; **amplitud** *nf* spacious-

ness; extent; (*fig*) amplitude.
ampolla [am'poʎa] *nf* blister; (*MED*) ampoule.
ampuloso, a [ampu'loso, a] *a* bombastic, pompous.
amputar [ampu'tar] *vt* to cut off, amputate.
amueblar [amwe'ßlar] *vt* to furnish.
amurallar [amura'ʎar] *vt* to wall up *o* in.
anacronismo [anakro'nismo] *nm* anachronism.
ánade ['anaðe] *nm* duck.
anadear [anaðe'ar] *vi* to waddle.
anales [a'nales] *nmpl* annals.
analfabetismo [analfaße'tismo] *nm* illiteracy; **analfabeto, a** *a, nm/f* illiterate.
analgésico [anal'xesiko] *nm* painkiller, analgesic.
análisis [a'nalisis] *nm inv* analysis.
analista [ana'lista] *nm/f* (*gen*) analyst.
analizar [anali'θar] *vt* to analyse.
analogía [analo'xia] *nf* analogy.
analógico, a [ana'loxiko, a] *a* (*INFORM*) analog; (*reloj*) analogue (*Brit*), analog (*US*).
análogo, a [a'naloɣo, a] *a* analogous, similar (*a* to).
ananá(s) [ana'na(s)] *nm* pineapple.
anaquel [ana'kel] *nm* shelf.
anarquía [anar'kia] *nf* anarchy; **anarquismo** *nm* anarchism; **anarquista** *nm/f* anarchist.
anatomía [anato'mia] *nf* anatomy.
anca ['anka] *nf* rump, haunch; **~s** *nfpl* (*fam*) behind *sg*.
anciano, a [an'θjano, a] *a* old, aged // *nm/f* old man/woman // *nm/f* elder.
ancla ['ankla] *nf* anchor; **~dero** *nm* anchorage; **anclar** *vi* to (drop) anchor.
ancho, a ['antʃo, a] *a* wide; (*falda*) full; (*fig*) liberal // *nm* width; (*FERRO*) gauge; **ponerse ~** to get conceited; **estar a sus anchas** to be at one's ease.
anchoa [an'tʃoa] *nf* anchovy.
anchura [an'tʃura] *nf* width; (*extensión*) wideness.
andaderas [anda'ðeras] *nfpl* baby walker *sg*.
andadura [anda'ðura] *nf* gait; (*de caballo*) pace.
Andalucía [andalu'θia] *nf* Andalusia; **andaluz, a** *a, nm/f* Andalusian.
andamio [an'damjo], **andamiaje** [anda'mjaxe] *nm* scaffold(ing).
andar [an'dar] *vt* to go, cover, travel // *vi* to go, walk, travel; (*funcionar*) to go, work; (*estar*) to be // *nm* walk, gait, pace; **~se** *vr* to go away; **~ a pie/a caballo/en bicicleta** to go on foot/on horseback/by bicycle; **~ haciendo algo** to be doing sth; **¡anda!**, (*sorpresa*) go on!; **anda por** *o* **en los 40** he's about 40.
andariego, a [anda'rjeɣo, a] *a* (*itinerante*) wandering.
andén [an'den] *nm* (*FERRO*) platform; (*NAUT*) quayside; (*AM*: *de la calle*) pavement (*Brit*), sidewalk (*US*).
Andes ['andes] *nmpl*: **los ~** the Andes.
Andorra [an'dorra] *nf* Andorra.
andrajo [an'draxo] *nm* rag; **~so, a** *a* ragged.
andurriales [andu'rrjales] *nmpl* wilds *npl*.
anduve, anduviera *etc vb ver* **andar**.
anécdota [a'nekðota] *nf* anecdote, story.
anegar [ane'ɣar] *vt* to flood; (*ahogar*) to drown; **~se** *vr* to drown; (*hundirse*) to sink.
anejo, a [a'nexo, a] *a, nm* = **anexo**.
anemia [a'nemja] *nf* anaemia.
anestésico [anes'tesiko] *nm* anaesthetic.
anexar [anek'sar] *vt* to annex; (*documento*) to attach; **anexión** *nf*, **anexionamiento** *nm* annexation; **anexo, a** *a* attached // *nm* annexe.
anfibio, a [an'fißjo, a] *a* amphibious // *nm* amphibian.
anfiteatro [anfite'atro] *nm* amphitheatre; (*TEATRO*) dress circle.
anfitrión, ona [anfi'trjon, ona] *nm/f* host(ess).
ángel ['anxel] *nm* angel; **~ de la guarda** guardian angel; **tener ~** to be charming; **angélico, a, angelical** *a* angelic(al).
angina [an'xina] *nf* (*MED*) inflammation of the throat; **~ de pecho** angina; **tener ~s** to have tonsillitis.
anglicano, a [angli'kano, a] *a, nm/f* Anglican.
angosto, a [an'gosto, a] *a* narrow.
anguila [an'gila] *nf* eel; **~s** *nfpl* (*NAUT*) slipway *sg*.
angula [an'gula] *nf* elver, baby eel.
ángulo ['angulo] *nm* angle; (*esquina*) corner; (*curva*) bend.
angustia [an'gustja] *nf* anguish; **angustiar** *vt* to distress, grieve.
anhelante [ane'lante] *a* eager; (*deseoso*) longing.
anhelar [ane'lar] *vt* to be eager for; to long for, desire // *vi* to pant, gasp; **anhelo** *nm* eagerness; desire.
anidar [ani'ðar] *vi* to nest.
anillo [a'niʎo] *nm* ring; **~ de boda** wedding ring.
ánima ['anima] *nf* soul; **las ~s** the Angelus (bell) *sg*.
animación [anima'θjon] *nf* liveliness; (*vitalidad*) life; (*actividad*) activity; bustle.
animado, a [ani'maðo, a] *a* lively; (*vivaz*) animated; **animador, a** *nm/f* (*TV*) host(ess), compère; (*DEPORTE*) cheerleader.
animadversión [animaðßer'sjon] *nf* ill-will, antagonism.
animal [ani'mal] *a* animal; (*fig*) stupid // *nm* animal; (*fig*) fool; (*bestia*) brute.
animar [ani'mar] *vt* (*BIO*) to animate,

give life to; (*fig*) to liven up, brighten up, cheer up; (*estimular*) to stimulate; ~se *vr* to cheer up; to feel encouraged; (*decidirse*) to make up one's mind.
ánimo ['animo] *nm* (*alma*) soul; (*mente*) mind; (*valentía*) courage // *excl* cheer up!
animoso, a [ani'moso, a] *a* brave; (*vivo*) lively.
aniquilar [aniki'lar] *vt* to annihilate, destroy.
anís [a'nis] *nm* aniseed; (*licor*) anisette.
aniversario [anißer'sarjo] *nm* anniversary.
anoche [a'notʃe] *ad* last night; **antes de** ~ the night before last.
anochecer [anotʃe'θer] *vi* to get dark // *nm* nightfall, dark; **al** ~ at nightfall.
anodino, a [ano'ðino, a] *a* dull, anodyne.
anomalía [anoma'lia] *nf* anomaly.
anonimato [anoni'mato] *nm* anonymity.
anónimo, a [a'nonimo, a] *a* anonymous; (COM) limited // *nm* (*carta*) anonymous letter; (: *maliciosa*) poison-pen letter.
anormal [anor'mal] *a* abnormal.
anotación [anota'θjon] *nf* note; annotation.
anotar [ano'tar] *vt* to note down; (*comentar*) to annotate.
anquilosamiento [ankilosa'mjento] *nm* (*fig*) paralysis; stagnation.
ansia ['ansja] *nf* anxiety; (*añoranza*) yearning; **ansiar** *vt* to long for.
ansiedad [ansje'ðað] *nf* anxiety.
ansioso, a [an'sjoso, a] *a* anxious; (*anhelante*) eager; ~ **de** *o* **por algo** greedy for sth.
antagónico, a [anta'ɣoniko, a] *a* antagonistic; (*opuesto*) contrasting; **antagonista** *nm/f* antagonist.
antaño [an'taɲo] *ad* long ago, formerly.
Antártico [an'tartiko] *nm*: **el** ~ the Antarctic.
ante ['ante] *prep* before, in the presence of; (*encarado con*) faced with // *nm* (*piel*) suede; ~ **todo** above all.
anteanoche [antea'notʃe] *ad* the night before last.
anteayer [antea'jer] *ad* the day before yesterday.
antebrazo [ante'ßraθo] *nm* forearm.
antecedente [anteθe'ðente] *a* previous // *nm* antecedent; ~s *nmpl* record *sg*; background *sg*.
anteceder [anteθe'ðer] *vt* to precede, go before.
antecesor, a [anteθe'sor, a] *nm/f* predecessor.
antedicho, a [ante'ðitʃo, a] *a* aforementioned.
antelación [antela'θjon] *nf*: **con** ~ in advance.
antemano [ante'mano]: **de** ~ *ad* beforehand, in advance.
antena [an'tena] *nf* antenna; (*de televisión etc*) aerial.
anteojo [ante'oxo] *nm* eyeglass; ~s *nmpl* (*AM*) glasses, spectacles.
antepasados [antepa'saðos] *nmpl* ancestors.
antepecho [ante'petʃo] *nm* guardrail, parapet; (*repisa*) ledge, sill.
anteponer [antepo'ner] *vt* to place in front; (*fig*) to prefer.
anteproyecto [antepro'jekto] *nm* preliminary sketch; (*fig*) blueprint.
anterior [ante'rjor] *a* preceding, previous; ~**idad** *nf*: **con** ~**idad a** prior to, before.
antes ['antes] *ad* (*con prioridad*) before // *prep*: ~ **de** before // *conj*: ~ **de ir/de que te vayas** before going/before you go; ~ **bien** (but) rather; **dos días** ~ two days before *o* previously; **no quiso venir** ~ she didn't want to come any earlier; **tomo el avión** ~ **que el barco** I take the plane rather than the boat; ~ **que yo** before me; **lo** ~ **posible** as soon as possible; **cuanto** ~ **mejor** the sooner the better.
antesala [ante'sala] *nf* anteroom.
antiaéreo, a [antia'ereo, a] *a* anti-aircraft.
antibalas [anti'ßalas] *a inv*: **chaleco** ~ bullet-proof jacket.
antibiótico [anti'ßjotiko] *nm* antibiotic.
anticiclón [antiθi'klon] *nm* anticyclone.
anticipación [antiθipa'θjon] *nf* anticipation; **con 10 minutos de** ~ 10 minutes early.
anticipado, a [antiθi'paðo, a] *a* (in) advance.
anticipar [antiθi'par] *vt* to anticipate; (*adelantar*) to bring forward; (COM) to advance; ~**se** *vr*: ~**se a su época** to be ahead of one's time.
anticipo [anti'θipo] *nm* (COM) advance.
anticonceptivo, a [antikonθep'tißo, a] *a, nm* contraceptive.
anticongelante [antikonxe'lante] *nm* antifreeze.
anticuado, a [anti'kwaðo, a] *a* out-of-date, old-fashioned; (*desusado*) obsolete.
anticuario [anti'kwarjo] *nm* antique dealer.
anticuerpo [anti'kwerpo] *nm* (MED) antibody.
antídoto [an'tiðoto] *nm* antidote.
antiestético, a [anties'tetiko, a] *a* unsightly.
antifaz [anti'faθ] *nm* mask; (*velo*) veil.
antigualla [anti'ɣwaʎa] *nf* antique; (*reliquia*) relic.
antiguamente [antiɣwa'mente] *ad* formerly; (*hace mucho tiempo*) long ago.
antigüedad [antiɣwe'ðað] *nf* antiquity; (*artículo*) antique; (*rango*) seniority.
antiguo, a [an'tiɣwo, a] *a* old, ancient; (*que fue*) former.
antílope [an'tilope] *nm* antelope.
antillano, a [anti'ʎano, a] *a, nm/f* West

Indian.

Antillas [an'tiʎas] *nfpl*: las ~ the West Indies.

antinatural [antinatu'ral] *a* unnatural.

antipatía [antipa'tia] *nf* antipathy, dislike; **antipático, a** *a* disagreeable, unpleasant.

antirrobo [anti'rroβo] *a inv* (*alarma etc*) anti-theft.

antisemita [antise'mita] *a* anti-Semitic // *nm/f* anti-Semite.

antiséptico, a [anti'septiko, a] *a* antiseptic // *nm* antiseptic.

antítesis [an'titesis] *nf inv* antithesis.

antojadizo, a [antoxa'ðiθo, a] *a* capricious.

antojarse [anto'xarse] *vr* (*desear*): **se me antoja comprarlo** I have a mind to buy it; (*pensar*): **se me antoja que** I have a feeling that.

antojo [an'toxo] *nm* caprice, whim; (*rosa*) birthmark; (*lunar*) mole.

antología [antolo'xia] *nf* anthology.

antorcha [an'tortʃa] *nf* torch.

antro ['antro] *nm* cavern.

antropófago, a [antro'pofaɣo, a] *a, nm/f* cannibal.

antropología [antropolo'xia] *nf* anthropology.

anual [a'nwal] *a* annual; **~idad** [anwali'ðað] *nf* annuity.

anuario [a'nwarjo] *nm* yearbook.

anudar [anu'ðar] *vt* to knot, tie; (*unir*) to join; **~se** *vr* to get tied up.

anulación [anula'θjon] *nf* annulment; (*cancelación*) cancellation.

anular [anu'lar] *vt* (*contrato*) to annul, cancel; (*ley*) to revoke, repeal; (*suscripción*) to cancel // *nm* ring finger.

anunciación [anunθja'θjon] *nf* announcement; **A~** (REL) Annunciation.

anunciante [anun'θjante] *nm/f* (COM) advertiser.

anunciar [anun'θjar] *vt* to announce; (*proclamar*) to proclaim; (COM) to advertise.

anuncio [a'nunθjo] *nm* announcement; (*señal*) sign; (COM) advertisement; (*cartel*) poster.

anzuelo [an'θwelo] *nm* hook; (*para pescar*) fish hook.

añadidura [aɲaði'ðura] *nf* addition, extra; **por ~** besides, in addition.

añadir [aɲa'ðir] *vt* to add.

añejo, a [a'ɲexo, a] *a* old; (*vino*) mellow.

añicos [a'ɲikos] *nmpl*: **hacer ~** to smash, shatter.

añil [a'ɲil] *nm* (BOT, *color*) indigo.

año ['aɲo] *nm* year; **¡Feliz A~ Nuevo!** Happy New Year!; **tener 15 ~s** to be 15 (years old); **los ~s 80** the eighties; **~ bisiesto/escolar** leap/school year; **el ~ que viene** next year.

añoranza [aɲo'ranθa] *nf* nostalgia; (*anhelo*) longing.

apabullar [apaβu'ʎar] *vt* (*tb fig*) to crush, squash.

apacentar [apaθen'tar] *vt* to pasture, graze.

apacible [apa'θiβle] *a* gentle, mild.

apaciguar [apaθi'ɣwar] *vt* to pacify, calm (down).

apadrinar [apaðri'nar] *vt* to sponsor, support; (REL) to be godfather to.

apagado, a [apa'ɣaðo, a] *a* (*volcán*) extinct; (*color*) dull; (*voz*) quiet; (*sonido*) muted, muffled; (*persona: apático*) listless; **estar ~** (*fuego, luz*) to be out; (RADIO, TV *etc*) to be off.

apagar [apa'ɣar] *vt* to put out; (ELEC, RADIO, TV) to turn off; (*sonido*) to silence, muffle; (*sed*) to quench.

apagón [apa'ɣon] *nm* blackout; power cut.

apalabrar [apala'βrar] *vt* to agree to; (*contratar*) to engage.

apalear [apale'ar] *vt* to beat, thrash; (AGR) to winnow.

apañar [apa'ɲar] *vt* to pick up; (*asir*) to take hold of, grasp; (*reparar*) to mend, patch up; **~se** *vr* to manage, get along.

aparador [apara'ðor] *nm* sideboard; (*escaparate*) shop window.

aparato [apa'rato] *nm* apparatus; (*máquina*) machine; (*doméstico*) appliance; (*boato*) ostentation; **~ de facsímil** facsimile (machine), fax; **~so, a** *a* showy, ostentatious.

aparcamiento [aparka'mjento] *nm* car park (*Brit*), parking lot (*US*).

aparcar [apar'kar] *vt, vi* to park.

aparear [apare'ar] *vt* (*objetos*) to pair, match; (*animales*) to mate; **~se** *vr* to make a pair; to mate.

aparecer [apare'θer] *vi*, **aparecerse** *vr* to appear.

aparejado, a [apare'xaðo, a] *a* fit, suitable; **llevar** *o* **traer ~** to involve.

aparejo [apa'rexo] *nm* preparation; harness; rigging; (*de poleas*) block and tackle.

aparentar [aparen'tar] *vt* (*edad*) to look; (*fingir*): **~ tristeza** to pretend to be sad.

aparente [apa'rente] *a* apparent; (*adecuado*) suitable.

aparezco *etc vb ver* **aparecer**.

aparición [apari'θjon] *nf* appearance; (*de libro*) publication; (*espectro*) apparition.

apariencia [apa'rjenθja] *nf* (outward) appearance; **en ~** outwardly, seemingly.

apartado, a [apar'taðo, a] *a* separate; (*lejano*) remote // *nm* (*tipográfico*) paragraph; **~ (de correos)** post office box.

apartamento [aparta'mento] *nm* apartment, flat (*Brit*).

apartamiento [aparta'mjento] *nm* separation; (*aislamiento*) remoteness, isolation; (AM) apartment, flat (*Brit*).

apartar [apar'tar] *vt* to separate; (*quitar*)

to remove; (*MINEROLOGÍA*) to extract; **~se** *vr* to separate, part; (*irse*) to move away; to keep away.

aparte [a'parte] *ad* (*separadamente*) separately; (*además*) besides // *nm* aside; (*tipográfico*) new paragraph.

apasionado, a [apasjo'naðo, a] *a* passionate; biassed, prejudiced.

apasionar [apasjo'nar] *vt* to excite; **le apasiona el fútbol** she's crazy about football; **~se** *vr* to get excited.

apatía [apa'tia] *nf* apathy.

apático, a [a'patiko, a] *a* apathetic.

apátrida [a'patrida] *a* stateless.

Apdo *abr* (= *Apartado* (*de Correos*)) PO Box.

apeadero [apea'ðero] *nm* halt, stop, stopping place.

apearse [ape'arse] *vr* (*jinete*) to dismount; (*bajarse*) to get down *o* out; (*AUTO, FERRO*) to get off *o* out.

apechugar [apetʃu'ɣar] *vr*: **~ con algo** to face up to sth.

apedrear [apeðre'ar] *vt* to stone.

apegarse [ape'ɣarse] *vr*: **~se a** to become attached to; **apego** *nm* attachment, devotion.

apelación [apela'θjon] *nf* appeal.

apelar [ape'lar] *vi* to appeal; **~ a** (*fig*) to resort to.

apellidar [apeʎi'ðar] *vt* to call, name; **~se** *vr*: **se apellida Pérez** her (sur)name's Pérez.

apellido [ape'ʎiðo] *nm* surname.

apenar [ape'nar] *vt* to grieve, trouble; (*AM*: *avergonzar*) to embarrass; **~se** *vr* to grieve; (*AM*) to be embarrassed.

apenas [a'penas] *ad* scarcely, hardly // *conj* as soon as, no sooner.

apéndice [a'pendiθe] *nm* appendix; **apendicitis** *nf* appendicitis.

apercibirse [aperθi'βirse] *vr*: **~ de** to notice.

aperitivo [aperi'tiβo] *nm* (*bebida*) aperitif; (*comida*) appetizer.

apero [a'pero] *nm* (*AGR*) implement; **~s** *nmpl* farm equipment *sg*.

apertura [aper'tura] *nf* opening; (*POL*) liberalization.

apesadumbrar [apesaðum'brar] *vt* to grieve, sadden; **~se** *vr* to distress o.s.

apestar [apes'tar] *vt* to infect // *vi*: **~ (a)** to stink (of).

apetecer [apete'θer] *vt*: **¿te apetece una tortilla?** do you fancy an omelette?; **apetecible** *a* desirable; (*comida*) appetizing.

apetito [ape'tito] *nm* appetite; **~so, a** *a* appetizing; (*fig*) tempting.

apiadarse [apja'ðarse] *vr*: **~ de** to take pity on.

ápice ['apiθe] *nm* apex; (*fig*) whit, iota.

apilar [api'lar] *vt* to pile *o* heap up; **~se** *vr* to pile up.

apiñarse [api'ɲarse] *vr* to crowd *o* press together.

apio ['apjo] *nm* celery.

apisonadora [apisona'ðora] *nf* (*máquina*) steamroller.

aplacar [apla'kar] *vt* to placate; **~se** *vr* to calm down.

aplanar [apla'nar] *vt* to smooth, level; (*allanar*) to roll flat, flatten.

aplastar [aplas'tar] *vt* to squash (flat); (*fig*) to crush.

aplatanarse [aplata'narse] *vr* to get lethargic.

aplaudir [aplau'ðir] *vt* to applaud.

aplauso [a'plauso] *nm* applause; (*fig*) approval, acclaim.

aplazamiento [aplaθa'mjento] *nm* postponement.

aplazar [apla'θar] *vt* to postpone, defer.

aplicación [aplika'θjon] *nf* application; (*esfuerzo*) effort.

aplicado, a [apli'kaðo, a] *a* diligent, hard-working.

aplicar [apli'kar] *vt* (*ejecutar*) to apply; **~se** *vr* to apply o.s.

aplique *etc vb ver* **aplicar** // [a'plike] *nm* wall light.

aplomo [a'plomo] *nm* aplomb, self-assurance.

apocado, a [apo'kaðo, a] *a* timid.

apocamiento [apoka'mjento] *nm* timidity; (*depresión*) depression.

apocarse [apo'karse] *vr* to feel small *o* humiliated.

apodar [apo'ðar] *vt* to nickname.

apoderado [apoðe'raðo] *nm* agent, representative.

apoderar [apoðe'rar] *vt* to authorize, empower; (*JUR*) to grant (a) power of attorney to; **~se** *vr*: **~se de** to take possession of.

apodo [a'poðo] *nm* nickname.

apogeo [apo'xeo] *nm* peak, summit.

apolillarse [apoli'ʎarse] *vr* to get motheaten.

apología [apolo'xia] *nf* eulogy; (*defensa*) defence.

apoltronarse [apoltro'narse] *vr* to get lazy.

apoplejía [apople'xia] *nf* apoplexy, stroke.

apoquinar [apoki'nar] *vt* (*fam*) to fork out, cough up.

aporrear [aporre'ar] *vt* to beat (up).

aportar [apor'tar] *vt* to contribute // *vi* to reach port; **~se** *vr* (*AM*) to arrive, come.

aposentar [aposen'tar] *vt* to lodge, put up; **aposento** *nm* lodging; (*habitación*) room.

apósito [a'posito] *nm* (*MED*) dressing.

apostar [apos'tar] *vt* to bet, stake; (*tropas etc*) to station, post // *vi* to bet.

apostilla [apos'tiʎa] *nf* note, comment.

apóstol [a'postol] *nm* apostle.

apóstrofo [a'postrofo] *nm* apostrophe.

apostura [apos'tura] *nf* neatness; (*elegancia*) elegance.
apoyar [apo'jar] *vt* to lean, rest; (*fig*) to support, back; **~se** *vr*: **~se en** to lean on; **apoyo** *nm* (*gen*) support; backing, help.
apreciable [apre'θjaßle] *a* considerable; (*fig*) esteemed.
apreciación [apreθja'θjon] *nf* appreciation; (*COM*) valuation.
apreciar [apre'θjar] *vt* to evaluate, assess; (*COM*) to appreciate, value.
aprecio [a'preθjo] *nm* valuation, estimate; (*fig*) appreciation.
aprehender [apreen'der] *vt* to apprehend, detain; **aprehensión** *nf* detention, capture.
apremiante [apre'mjante] *a* urgent, pressing.
apremiar [apre'mjar] *vt* to compel, force // *vi* to be urgent, press; **apremio** *nm* urgency.
aprender [apren'der] *vt, vi* to learn.
aprendiz, a [apren'diθ, a] *nm/f* apprentice; (*principiante*) learner; **~aje** *nm* apprenticeship.
aprensión [apren'sjon] *nm* apprehension, fear; **aprensivo, a** *a* apprehensive.
apresar [apre'sar] *vt* to seize; (*capturar*) to capture.
aprestar [apres'tar] *vt* to prepare, get ready; (*TEC*) to prime, size; **~se** *vr* to get ready.
apresurado, a [apresu'raðo, a] *a* hurried, hasty; **apresuramiento** *nm* hurry, haste.
apresurar [apresu'rar] *vt* to hurry, accelerate; **~se** *vr* to hurry, make haste.
apretado, a [apre'taðo, a] *a* tight; (*escritura*) cramped.
apretar [apre'tar] *vt* to squeeze; (*TEC*) to tighten; (*presionar*) to press together, pack // *vi* to be too tight.
apretón [apre'ton] *nm* squeeze; **~ de manos** handshake.
aprieto [a'prjeto] *nm* squeeze; (*dificultad*) difficulty, jam; **estar en un ~** to be in a fix.
aprisa [a'prisa] *ad* quickly, hurriedly.
aprisionar [aprisjo'nar] *vt* to imprison.
aprobación [aproßa'θjon] *nf* approval.
aprobar [apro'ßar] *vt* to approve (of); (*examen, materia*) to pass // *vi* to pass.
apropiación [apropja'θjon] *nf* appropriation.
apropiado, a [apro'pjaðo, a] *a* appropriate.
apropiarse [apro'pjarse] *vr*: **~ de** to appropriate.
aprovechado, a [aproße'tʃaðo, a] *a* industrious, hardworking; (*económico*) thrifty; (*pey*) unscrupulous; **aprovechamiento** *nm* use; exploitation.
aprovechar [aproße'tʃar] *vt* to use; (*explotar*) to exploit; (*experiencia*) to profit from; (*oferta, oportunidad*) to take advantage of // *vi* to progress, improve; **~se** *vr*: **~se de** to make use of; to take advantage of; **¡que aproveche!** enjoy your meal!
aproximación [aproksima'θjon] *nf* approximation; (*de lotería*) consolation prize; **aproximado, a** *a* approximate.
aproximar [aproksi'mar] *vt* to bring nearer; **~se** *vr* to come near, approach.
apruebo *etc vb ver* **aprobar.**
aptitud [apti'tuð] *nf* aptitude.
apto, a ['apto, a] *a* suitable.
apuesto, a [a'pwesto, a] *a* neat, elegant // *nf* bet, wager.
apuntador [apunta'ðor] *nm* prompter.
apuntalar [apunta'lar] *vt* to prop up.
apuntar [apun'tar] *vt* (*con arma*) to aim at; (*con dedo*) to point at *o* to; (*anotar*) to note (down); (*TEATRO*) to prompt; **~se** *vr* (*DEPORTE*: *tanto, victoria*) to score; (*ESCOL*) to enrol.
apunte [a'punte] *nm* note.
apuñalar [apuɲa'lar] *vt* to stab.
apurado, a [apu'raðo, a] *a* needy; (*difícil*) difficult; (*peligroso*) dangerous; (*AM*) hurried, rushed.
apurar [apu'rar] *vt* (*agotar*) to drain; (*recursos*) to use up; (*molestar*) to annoy; **~se** *vr* (*preocuparse*) to worry; (*darse prisa*) to hurry.
apuro [a'puro] *nm* (*aprieto*) fix, jam; (*escasez*) want, hardship; (*vergüenza*) embarrassment; (*AM*) haste, urgency.
aquejado, a [ake'xaðo, a] *a*: **~ de** (*MED*) afflicted by.
aquel, aquella, aquellos, as [a'kel, a'keʎa, a'keʎos, as] *a* that; (*pl*) those.
aquél, aquélla, aquéllos, as [a'kel, a'keʎa, a'keʎos, as] *pron* that (one); (*pl*) those (ones).
aquello [a'keʎo] *pron* that, that business.
aquí [a'ki] *ad* (*lugar*) here; (*tiempo*) now; **~ arriba** up here; **~ mismo** right here; **~ yace** here lies; **de ~ a siete días** a week from now.
aquietar [akje'tar] *vt* to quieten (down), calm (down).
ara ['ara] *nf*: **en ~s de** for the sake of.
árabe ['araße] *a, nm/f* Arab // *nm* (*LING*) Arabic.
Arabia [a'raßja] *nf*: **~ Saudi** *o* **Saudita** Saudi Arabia.
arado [a'raðo] *nm* plough.
Aragón [ara'ɣon] *nm* Aragon; **aragonés, esa** *a, nm/f* Aragonese.
arancel [aran'θel] *nm* tariff, duty; **~ de aduanas** customs (duty).
arandela [aran'dela] *nf* (*TEC*) washer.
araña [a'raɲa] *nf* (*ZOOL*) spider; (*lámpara*) chandelier.
arañar [ara'ɲar] *vt* to scratch.
arañazo [ara'ɲaθo] *nm* scratch.
arar [a'rar] *vt* to plough, till.
arbitraje [arßi'traxe] *nm* arbitration.

arbitrar [arβi'trar] *vt* to arbitrate in; (*DEPORTE*) to referee // *vi* to arbitrate.
arbitrariedad [arβitrarje'ðað] *nf* arbitrariness; (*acto*) arbitrary act; **arbitrario, a** *a* arbitrary.
arbitrio [ar'βitrjo] *nm* free will; (*JUR*) adjudication, decision.
árbitro ['arβitro] *nm* arbitrator; (*DEPORTE*) referee; (*TENIS*) umpire.
árbol ['arβol] *nm* (*BOT*) tree; (*NAUT*) mast; (*TEC*) axle, shaft; **arbolado, a** *a* wooded; (*camino etc*) tree-lined // *nm* woodland.
arboladura [arβola'ðura] *nf* rigging.
arbolar [arβo'lar] *vt* to hoist, raise.
arboleda [arβo'leða] *nf* grove, plantation.
arbusto [ar'βusto] *nm* bush, shrub.
arca ['arka] *nf* chest, box.
arcada [ar'kaða] *nf* arcade; (*de puente*) arch, span; ~s *nfpl* retching *sg*.
arcaico, a [ar'kaiko, a] *a* archaic.
arce ['arθe] *nm* maple tree.
arcén [ar'θen] *nm* (*de autopista*) hard shoulder; (*de carretera*) verge.
arcilla [ar'θiʎa] *nf* clay.
arco ['arko] *nm* arch; (*MAT*) arc; (*MIL, MUS*) bow; ~ **iris** rainbow.
archipiélago [artʃi'pjelaɣo] *nm* archipelago.
archivador [artʃiβa'ðor] *nm* filing cabinet.
archivar [artʃi'βar] *vt* to file (away); **archivo** *nm* file, archive(s) (*pl*).
arder [ar'ðer] *vi* to burn; **estar que arde** (*persona*) to fume.
ardid [ar'ðið] *nm* ploy, trick.
ardiente [ar'ðjente] *a* burning, ardent.
ardilla [ar'ðiʎa] *nf* squirrel.
ardor [ar'ðor] *nm* (*calor*) heat; (*fig*) ardour; ~ **de estómago** heartburn.
arduo, a ['arðwo, a] *a* arduous.
área ['area] *nf* area; (*DEPORTE*) penalty area.
arena [a'rena] *nf* sand; (*de una lucha*) arena.
arenal [are'nal] *nm* (*arena movediza*) quicksand.
arengar [aren'gar] *vt* to harangue.
arenisca [are'niska] *nf* sandstone; (*cascajo*) grit.
arenoso, a [are'noso, a] *a* sandy.
arenque [a'renke] *nm* herring.
arete [a'rete] *nm* earring.
argamasa [arɣa'masa] *nf* mortar, plaster.
Argel [ar'xel] *nm* Algiers; **~ia** *nf* Algeria; **argelino, a** *a, nm/f* Algerian.
Argentina [arxen'tina] *nf*: **(la) A~** Argentina.
argentino, a [arxen'tino, a] *a* Argentinian; (*de plata*) silvery // *nm/f* Argentinian.
argolla [ar'ɣoʎa] *nf* (large) ring.
argot [ar'ɣo] (*pl* **~s**) *nm* slang.
argucia [ar'ɣuθja] *nf* subtlety, sophistry.
argüir [ar'ɣwir] *vt* to deduce; (*discutir*) to argue; (*indicar*) to indicate, imply; (*censurar*) to reproach // *vi* to argue
argumentación [arɣumenta'θjon] *nf* (line of) argument.
argumentar [arɣumen'tar] *vt, vi* to argue.
argumento [arɣu'mento] *nm* argument; (*razonamiento*) reasoning; (*de novela etc*) plot; (*CINE, TV*) storyline.
aria ['arja] *nf* aria.
aridez [ari'ðeθ] *nf* aridity, dryness.
árido, a ['ariðo, a] *a* arid, dry; ~s *nmpl* dry goods.
Aries ['arjes] *nm* Aries.
ariete [a'rjete] *nm* battering ram.
ario, a ['arjo, a] *a* Aryan.
arisco, a [a'risko, a] *a* surly; (*insociable*) unsociable.
aristócrata [aris'tokrata] *nm/f* aristocrat.
aritmética [arit'metika] *nf* arithmetic.
arma ['arma] *nf* arm; ~s *nfpl* arms; ~ **blanca** blade, knife; (*espada*) sword; ~ **de fuego** firearm; **~s cortas** small arms.
armadillo [arma'ðiʎo] *nm* armadillo.
armado, a [ar'maðo, a] *a* armed; (*TEC*) reinforced // *nf* armada; (*flota*) fleet.
armadura [arma'ðura] *nf* (*MIL*) armour; (*TEC*) framework; (*ZOOL*) skeleton; (*FÍSICA*) armature.
armamento [arma'mento] *nm* armament; (*NAUT*) fitting-out.
armar [ar'mar] *vt* (*soldado*) to arm; (*máquina*) to assemble; (*navío*) to fit out; **~la, ~ un lío** to start a row, kick up a fuss.
armario [ar'marjo] *nm* wardrobe.
armatoste [arma'toste] *nm* (*mueble*) monstrosity; (*máquina*) contraption.
armazón [arma'θon] *nf o m* body, chassis; (*de mueble etc*) frame; (*ARQ*) skeleton.
armería [arme'ria] *nf* (*museo*) military museum; (*tienda*) gunsmith's.
armiño [ar'miɲo] *nm* stoat; (*piel*) ermine.
armisticio [armis'tiθjo] *nm* armistice.
armonía [armo'nia] *nf* harmony.
armónica [ar'monika] *nf* harmonica.
armonioso, a [armo'njoso, a] *a* harmonious.
armonizar [armoni'θar] *vt* to harmonize; (*diferencias*) to reconcile // *vi*: ~ **con** (*fig*) to be in keeping with; (*colores*) to tone in with, blend.
arnés [ar'nes] *nm* armour; **arneses** *nmpl* harness *sg*.
aro ['aro] *nm* ring; (*tejo*) quoit; (*AM*: *pendiente*) earring.
aroma [a'roma] *nm* aroma, scent.
aromático, a [aro'matiko, a] *a* aromatic.
arpa ['arpa] *nf* harp.
arpía [ar'pia] *nf* shrew.
arpillera [arpi'ʎera] *nf* sacking, sackcloth.

arpón [ar'pon] *nm* harpoon.
arquear [arke'ar] *vt* to arch, bend; **~se** *vr* to arch, bend; **arqueo** *nm* (*gen*) arching; (NAUT) tonnage.
arqueología [arkeolo'xia] *nf* archaeology; **arqueólogo, a** *nm/f* archaeologist.
arquero [ar'kero] *nm* archer, bowman.
arquetipo [arke'tipo] *nm* archetype.
arquitecto [arki'tekto] *nm* architect; **arquitectura** *nf* architecture.
arrabal [arra'ßal] *nm* suburb; (*AM*) slum; **~es** *nmpl* outskirts.
arraigado, a [arrai'ɣaðo, a] *a* deep-rooted; (*fig*) established.
arraigar [arrai'ɣar] *vt* to establish // *vi*, **~se** *vr* to take root; (*persona*) to settle.
arrancar [arran'kar] *vt* (*sacar*) to extract, pull out; (*arrebatar*) to snatch (away); (INFORM) to boot; (*fig*) to extract // *vi* (AUTO, *máquina*) to start; (*ponerse en marcha*) to get going; ~ **de** to stem from.
arranque *etc vb ver* **arrancar** // [a'rranke] *nm* sudden start; (AUTO) start; (*fig*) fit, outburst.
arras ['arras] *nfpl* pledge *sg*, security *sg*.
arrasar [arra'sar] *vt* (*aplanar*) to level, flatten; (*destruir*) to demolish.
arrastrado, a [arras'traðo, a] *a* poor, wretched; (*AM*) servile.
arrastrar [arras'trar] *vt* to drag (along); (*fig*) to drag down, degrade; (*suj*: *agua, viento*) to carry away // *vi* to drag, trail on the ground; **~se** *vr* to crawl; (*fig*) to grovel; **llevar algo arrastrado** to drag sth along.
arrastre [a'rrastre] *nm* drag, dragging.
arrayán [arra'jan] *nm* myrtle.
arre ['arre] *excl* gee up!
arrear [arre'ar] *vt* to drive on, urge on // *vi* to hurry along.
arrebatado, a [arreßa'taðo, a] *a* rash, impetuous; (*repentino*) sudden, hasty.
arrebatar [arreßa'tar] *vt* to snatch (away), seize; (*fig*) to captivate; **~se** *vr* to get carried away, get excited.
arrebato [arre'ßato] *nm* fit of rage, fury; (*éxtasis*) rapture.
arreglado, a [arre'ɣlaðo, a] *a* (*ordenado*) neat, orderly; (*moderado*) moderate, reasonable.
arreglar [arre'ɣlar] *vt* (*poner orden*) to tidy up; (*algo roto*) to fix, repair; (*problema*) to solve; **~se** *vr* to reach an understanding; **arreglárselas** (*fam*) to get by, manage.
arreglo [a'rreɣlo] *nm* settlement; (*orden*) order; (*acuerdo*) agreement; (MUS) arrangement, setting.
arremangar [arreman'gar] *vt* to roll up, turn up; **~se** *vr* to roll up one's sleeves.
arremeter [arreme'ter] *vt* to attack, assault.
arrendador, a [arrenda'ðor, a] *nm/f* landlord/lady.
arrendamiento [arrenda'mjento] *nm* letting; (*alquilar*) hiring; (*contrato*) lease; (*alquiler*) rent; **arrendar** *vt* to let, lease; to rent; **arrendatario, a** *nm/f* tenant.
arreo [a'rreo] *nm* adornment; **~s** *nmpl* harness *sg*, trappings.
arrepentimiento [arrepenti'mjento] *nm* regret, repentance.
arrepentirse [arrepen'tirse] *vr* to repent; ~ **de** to regret.
arrestar [arres'tar] *vt* to arrest; (*encarcelar*) to imprison; **arresto** *nm* arrest; (MIL) detention; (*audacia*) boldness, daring; **arresto domiciliario** house arrest.
arriar [a'rrjar] *vt* (*velas*) to haul down; (*bandera*) to lower, strike; (*un cable*) to pay out.
arriba [a'rrißa] ♦ 1 *ad* (*posición*) above; **desde ~** from above; **~ de todo** at the very top, right on top; **Juan está ~** Juan is upstairs; **lo ~ mencionado** the aforementioned
2 (*dirección*): **calle ~** up the street
3: **de ~ abajo** from top to bottom; **mirar a uno de ~ abajo** to look sb up and down
4: **para ~**: **de 5000 pesetas para ~** from 5000 pesetas up(wards)
♦ *a*: **de ~**: **el piso de ~** the upstairs flat (*Brit*) *o* apartment; **la parte de ~** the top *o* upper part
♦ *prep*: **~ de** (*AM*) above; **~ de 200 pesetas** more than 200 pesetas
♦ *excl*: **¡~!** up!; **¡manos ~!** hands up!; **¡~ España!** long live Spain!
arribar [arri'ßar] *vi* to put into port; (*llegar*) to arrive.
arribista [arri'ßista] *nm/f* parvenu(e), upstart.
arriendo *etc vb ver* **arrendar** // [a'rrjendo] *nm* = **arrendamiento**.
arriero [a'rrjero] *nm* muleteer.
arriesgado, a [arrjes'ɣaðo, a] *a* (*peligroso*) risky; (*audaz*) bold, daring.
arriesgar [arrjes'ɣar] *vt* to risk; (*poner en peligro*) to endanger; **~se** *vr* to take a risk.
arrimar [arri'mar] *vt* (*acercar*) to bring close; (*poner de lado*) to set aside; **~se** *vr* to come close *o* closer; **~se a** to lean on.
arrinconar [arrinko'nar] *vt* (*colocar*) to put in a corner; (*enemigo*) to corner; (*fig*) to put on one side; (*abandonar*) to push aside.
arrobado, a [arro'ßaðo, a] *a* entranced, enchanted.
arrodillarse [arroði'ʎarse] *vr* to kneel (down).
arrogancia [arro'ɣanθja] *nf* arrogance; **arrogante** *a* arrogant.
arrojar [arro'xar] *vt* to throw, hurl; (*humo*) to emit, give out; (COM) to yield, produce; **~se** *vr* to throw *o* hurl

o.s.
arrojo [a'rroxo] *nm* daring.
arrollador, a [arroʎa'ðor, a] *a* crushing, overwhelming.
arrollar [arro'ʎar] *vt* (*AUTO etc*) to run over, knock down; (*DEPORTE*) to crush.
arropar [arro'par] *vt* to cover, wrap up; **~se** *vr* to wrap o.s. up.
arrostrar [arros'trar] *vt* to face (up to); **~se** *vr*: **~se con uno** to face up to sb.
arroyo [a'rrojo] *nm* stream; (*de la calle*) gutter.
arroz [a'rroθ] *nm* rice; **~ con leche** rice pudding.
arruga [a'rruɣa] *nf* fold; (*de cara*) wrinkle; (*de vestido*) crease.
arrugar [arru'ɣar] *vt* to fold; to wrinkle; to crease; **~se** *vr* to get creased.
arruinar [arrwi'nar] *vt* to ruin, wreck; **~se** *vr* to be ruined, go bankrupt.
arrullar [arru'ʎar] *vi* to coo // *vt* to lull to sleep.
arrumaco [arru'mako] *nm* (*caricia*) caress; (*halago*) piece of flattery.
arsenal [arse'nal] *nm* naval dockyard; (*MIL*) arsenal.
arsénico [ar'seniko] *nm* arsenic.
arte ['arte] *nm* (*gen m en sg y siempre f en pl*) art; (*maña*) skill, guile; **~s** *nfpl* arts.
artefacto [arte'fakto] *nm* appliance; (*ARQUEOLOGÍA*) artefact.
arteria [ar'terja] *nf* artery.
artesanía [artesa'nia] *nf* craftsmanship; (*artículos*) handicrafts *pl*; **artesano, a** *nm/f* artisan, craftsman/woman.
ártico, a ['artiko, a] *a* Arctic // *nm*: **el Á~** the Arctic.
articulación [artikula'θjon] *nf* articulation; (*MED, TEC*) joint; **articulado, a** *a* articulated; jointed.
articular [artiku'lar] *vt* to articulate; to join together.
artículo [ar'tikulo] *nm* article; (*cosa*) thing, article; **~s** *nmpl* goods.
artífice [ar'tifiθe] *nm/f* artist, craftsman/woman; (*fig*) architect.
artificial [artifi'θjal] *a* artificial.
artificio [arti'fiθjo] *nm* art, skill; (*artesanía*) craftsmanship; (*astucia*) cunning.
artillería [artiʎe'ria] *nf* artillery.
artillero [arti'ʎero] *nm* artilleryman, gunner.
artimaña [arti'maɲa] *nf* trap, snare; (*astucia*) cunning.
artista [ar'tista] *nm/f* (*pintor*) artist, painter; (*TEATRO*) artist, artiste; **artístico, a** *a* artistic.
artritis [ar'tritis] *nf* arthritis.
arveja [ar'βexa] *nf* (*AM*) pea.
arzobispo [arθo'βispo] *nm* archbishop.
as [as] *nm* ace.
asa ['asa] *nf* handle; (*fig*) lever.
asado [a'saðo] *nm* roast (meat); (*AM*) barbecue.
asador [asa'ðor] *nm* spit.
asadura [asa'ðura] *nf* entrails *pl*, offal.
asalariado, a [asala'rjaðo, a] *a* paid, salaried // *nm/f* wage earner.
asaltador, a [asalta'ðor, a], **asaltante** [asal'tante] *nm/f* assailant.
asaltar [asal'tar] *vt* to attack, assault; (*fig*) to assail; **asalto** *nm* attack, assault; (*DEPORTE*) round.
asamblea [asam'blea] *nf* assembly; (*reunión*) meeting.
asar [a'sar] *vt* to roast.
asbesto [as'βesto] *nm* asbestos.
ascendencia [asθen'denθja] *nf* ancestry; (*AM*) ascendancy; **de ~ francesa** of French origin.
ascender [asθen'der] *vi* (*subir*) to ascend, rise; (*ser promovido*) to gain promotion // *vt* to promote; **~ a** to amount to; **ascendiente** *nm* influence // *nm/f* ancestor.
ascensión [asθen'sjon] *nf* ascent; **la A~** (*REL*) the Ascension.
ascenso [as'θenso] *nm* ascent; (*promoción*) promotion.
ascensor [asθen'sor] *nm* lift (*Brit*), elevator (*US*).
ascético, a [as'θetiko, a] *a* ascetic.
asco ['asko] *nm*: **¡qué ~!** how revolting *o* disgusting; **el ajo me da ~** I hate *o* loathe garlic; **estar hecho un ~** to be filthy.
ascua ['askwa] *nf* ember; **estar en ~s** to be on tenterhooks.
aseado, a [ase'aðo, a] *a* clean; (*arreglado*) tidy; (*pulcro*) smart.
asear [ase'ar] *vt* to clean, wash; to tidy (up).
asediar [ase'ðjar] *vt* (*MIL*) to besiege, lay siege to; (*fig*) to chase, pester; **asedio** *nm* siege; (*COM*) run.
asegurado, a [aseɣu'raðo, a] *a* insured; **asegurador, a** *nm/f* insurer.
asegurar [aseɣu'rar] *vt* (*consolidar*) to secure, fasten; (*dar garantía de*) to guarantee; (*preservar*) to safeguard; (*afirmar, dar por cierto*) to assure, affirm; (*tranquilizar*) to reassure; (*tomar un seguro*) to insure; **~se** *vr* to assure o.s., make sure.
asemejarse [aseme'xarse] *vr* to be alike; **~ a** to be like, resemble.
asentado, a [asen'taðo, a] *a* established, settled.
asentar [asen'tar] *vt* (*sentar*) to seat, sit down; (*poner*) to place, establish; (*alisar*) to level, smooth down *o* out; (*anotar*) to note down // *vi* to be suitable, suit.
asentir [asen'tir] *vi* to assent, agree; **~ con la cabeza** to nod (one's head).
aseo [a'seo] *nm* cleanliness; **~s** *nmpl* toilet *sg* (*Brit*), cloakroom *sg* (*Brit*), restroom *sg* (*US*).

aséptico, a [a'septiko, a] *a* germ-free, free from infection.
asequible [ase'kiβle] *a* (*precio*) reasonable; (*meta*) attainable; (*persona*) approachable.
aserradero [aserra'ðero] *nm* sawmill; **aserrar** *vt* to saw.
aserrín [ase'rrin] *nm* sawdust.
asesinar [asesi'nar] *vt* to murder; (*POL*) to assassinate; **asesinato** *nm* murder; assassination.
asesino, a [ase'sino, a] *nm/f* murderer, killer; (*POL*) assassin.
asesor, a [ase'sor, a] *nm/f* adviser, consultant.
asesorar [aseso'rar] *vt* (*JUR*) to advise, give legal advice to; (*COM*) to act as consultant to; **~se** *vr*: **~se con** *o* **de** to take advice from, consult; **~ía** *nf* (*cargo*) consultancy; (*oficina*) consultant's office.
asestar [ases'tar] *vt* (*golpe*) to deal, strike; (*arma*) to aim; (*tiro*) to fire.
asfalto [as'falto] *nm* asphalt.
asfixia [as'fiksja] *nf* asphyxia, suffocation.
asfixiar [asfik'sjar] *vt* to asphyxiate, suffocate; **~se** *vr* to be asphyxiated, suffocate.
asgo *etc vb ver* **asir**.
así [a'si] *ad* (*de esta manera*) in this way, like this, thus; (*aunque*) although; (*tan pronto como*) as soon as; **~ que** so; **~ como** as well as; **~ y todo** even so; **¿no es ~?** isn't it?, didn't you? *etc*; **~ de grande** this big.
Asia ['asja] *nf* Asia; **asiático, a** *a, nm/f* Asian, Asiatic.
asidero [asi'ðero] *nm* handle.
asiduidad [asiðwi'ðað] *nf* assiduousness; **asiduo, a** *a* assiduous; (*frecuente*) frequent // *nm/f* regular (customer).
asiento [a'sjento] *nm* (*mueble*) seat, chair; (*de coche, en tribunal etc*) seat; (*localidad*) seat, place; (*fundamento*) site; **~ delantero/trasero** front/back seat.
asignación [asiɣna'θjon] *nf* (*atribución*) assignment; (*reparto*) allocation; (*sueldo*) salary; **~ (semanal)** pocket money.
asignar [asiɣ'nar] *vt* to assign, allocate.
asignatura [asiɣna'tura] *nf* subject; course.
asilado, a [asi'laðo, a] *nm/f* inmate; (*POL*) refugee.
asilo [a'silo] *nm* (*refugio*) asylum, refuge; (*establecimiento*) home, institution; **~ político** political asylum.
asimilación [asimila'θjon] *nf* assimilation.
asimilar [asimi'lar] *vt* to assimilate.
asimismo [asi'mismo] *ad* in the same way, likewise.
asir [a'sir] *vt* to seize, grasp.
asistencia [asis'tenθja] *nf* audience; (*MED*) attendance; (*ayuda*) assistance;
asistente *nm/f* assistant; **los ~s** those present.
asistido, a [asis'tiðo, a] *a*: **~ por ordenador** computer-assisted.
asistir [asis'tir] *vt* to assist, help // *vi*: **~ a** to attend, be present at.
asma ['asma] *nf* asthma.
asno ['asno] *nm* donkey; (*fig*) ass.
asociación [asoθja'θjon] *nf* association; (*COM*) partnership; **asociado, a** *a* associate // *nm/f* associate; (*COM*) partner.
asociar [aso'θjar] *vt* to associate.
asolar [aso'lar] *vt* to destroy.
asolear [asole'ar] *vt* to put in the sun; **~se** *vr* to sunbathe.
asomar [aso'mar] *vt* to show, stick out // *vi* to appear; **~se** *vr* to appear, show up; **~ la cabeza por la ventana** to put one's head out of the window.
asombrar [asom'brar] *vt* to amaze, astonish; **~se** *vr* (*sorprenderse*) to be amazed; (*asustarse*) to get a fright; **asombro** *nm* amazement, astonishment; (*susto*) fright; **asombroso, a** *a* astonishing, amazing.
asomo [a'somo] *nm* hint, sign.
aspa ['aspa] *nf* (*cruz*) cross; (*de molino*) sail; **en ~** X-shaped.
aspaviento [aspa'βjento] *nm* exaggerated display of feeling; (*fam*) fuss.
aspecto [as'pekto] *nm* (*apariencia*) look, appearance; (*fig*) aspect.
aspereza [aspe'reθa] *nf* roughness; (*agrura*) sourness; (*de carácter*) surliness; **áspero, a** *a* rough; bitter, sour; harsh.
aspersión [asper'sjon] *nf* sprinkling.
aspiración [aspira'θjon] *nf* breath, inhalation; (*MUS*) short pause; **aspiraciones** *nfpl* aspirations.
aspiradora [aspira'ðora] *nf* vacuum cleaner, Hoover ®.
aspirante [aspi'rante] *nm/f* (*candidato*) candidate; (*DEPORTE*) contender.
aspirar [aspi'rar] *vt* to breathe in // *vi*: **~ a** to aspire to.
aspirina [aspi'rina] *nf* aspirin.
asquear [aske'ar] *vt* to sicken // *vi* to be sickening; **~se** *vr* to feel disgusted; **asqueroso, a** *a* disgusting, sickening.
asta ['asta] *nf* lance; (*arpón*) spear; (*mango*) shaft, handle; (*ZOOL*) horn; **a media ~** at half mast.
astado, a [as'taðo, a] *a* horned // *nm* bull.
asterisco [aste'risko] *nm* asterisk.
astilla [as'tiʎa] *nf* splinter; (*pedacito*) chip; **~s** *nfpl* firewood *sg*.
astillero [asti'ʎero] *nm* shipyard.
astringente [astrin'xente] *a, nm* astringent.
astro ['astro] *nm* star.
astrología [astrolo'xia] *nf* astrology; **as-**

trólogo, a *nm/f* astrologer.
astronauta [astro'nauta] *nm/f* astronaut.
astronave [astro'naβe] *nm* spaceship.
astronomía [astrono'mia] *nf* astronomy; **astrónomo, a** *nm/f* astronomer.
astucia [as'tuθja] *nf* astuteness; (*ardid*) clever trick; **astuto, a** *a* astute; (*taimado*) cunning.
asueto [a'sweto] *nm* holiday; (*tiempo libre*) time off *q*.
asumir [asu'mir] *vt* to assume.
asunción [asun'θjon] *nf* assumption; (REL): **A~** Assumption.
asunto [a'sunto] *nm* (*tema*) matter, subject; (*negocio*) business.
asustar [asus'tar] *vt* to frighten; **~se** *vr* to be/become frightened.
atacar [ata'kar] *vt* to attack.
atadura [ata'ðura] *nf* bond, tie.
atajo [a'taxo] *nm* short cut; (DEPORTE) tackle.
atañer [ata'ɲer] *vi*: **~ a** to concern.
ataque *etc vb ver* **atacar** // [a'take] *nm* attack; **~ cardíaco** heart attack.
atar [a'tar] *vt* to tie, tie up.
atardecer [atarðe'θer] *vi* to get dark // *nm* evening; (*crepúsculo*) dusk.
atareado, a [atare'aðo, a] *a* busy.
atascar [atas'kar] *vt* to clog up; (*obstruir*) to jam; (*fig*) to hinder; **~se** *vr* to stall; (*cañería*) to get blocked up; **atasco** *nm* obstruction; (AUTO) traffic jam.
ataúd [ata'uð] *nm* coffin.
ataviar [ata'βjar] *vt* to deck, array; **~se** *vr* to dress up.
atavío [ata'βio] *nm* attire, dress; **~s** *nmpl* finery *sg*.
atemorizar [atemori'θar] *vt* to frighten, scare; **~se** *vr* to get scared.
Atenas [a'tenas] *n* Athens.
atención [aten'θjon] *nf* attention; (*bondad*) kindness // *excl* (be) careful!, look out!
atender [aten'der] *vt* to attend to, look after // *vi* to pay attention.
atenerse [ate'nerse] *vr*: **~ a** to abide by, adhere to.
atentado [aten'taðo] *nm* crime, illegal act; (*asalto*) assault; **~ contra la vida de uno** attempt on sb's life.
atentamente [atenta'mente] *ad*: **Le saluda ~** Yours faithfully.
atentar [aten'tar] *vi*: **~ a** *o* **contra** to commit an outrage against.
atento, a [a'tento, a] *a* attentive, observant; (*cortés*) polite, thoughtful.
atenuante [ate'nwante] *a* attenuating, extenuating.
atenuar [ate'nwar] *vt* to attenuate; (*disminuir*) to lessen, minimize.
ateo, a [a'teo, a] *a* atheistic // *nm/f* atheist.
aterciopelado, a [aterθjope'laðo, a] *a* velvety.
aterido, a [ate'riðo, a] *a*: **~ de frío** frozen stiff.
aterrador, a [aterra'ðor, a] *a* frightening.
aterrar [ate'rrar] *vt* to frighten; to terrify; **~se** *vr* to be frightened; to be terrified.
aterrizaje [aterri'θaxe] *nm* (AVIAT) landing.
aterrizar [aterri'θar] *vi* to land.
aterrorizar [aterrori'θar] *vt* to terrify.
atesorar [ateso'rar] *vt* to hoard, store up.
atestado, a [ates'taðo, a] *a* packed // *nm* (JUR) affidavit.
atestar [ates'tar] *vt* to pack, stuff; (JUR) to attest, testify to.
atestiguar [atesti'ɣwar] *vt* to testify to, bear witness to.
atiborrar [atiβo'rrar] *vt* to fill, stuff; **~se** *vr* to stuff o.s.
ático ['atiko] *nm* attic; **~ de lujo** penthouse (flat (*Brit*) *o* apartment).
atildar [atil'dar] *vt* to criticize; **~se** *vr* to spruce o.s. up.
atinado, a [ati'naðo, a] *a* (*sensato*) wise; (*correcto*) right, correct.
atisbar [atis'βar] *vt* to spy on; (*echar una ojeada*) to peep at.
atizar [ati'θar] *vt* to poke; (*horno etc*) to stoke; (*fig*) to stir up, rouse.
atlántico, a [at'lantiko, a] *a* Atlantic // *nm*: **el (océano) A~** the Atlantic (Ocean).
atlas ['atlas] *nm* atlas.
atleta [at'leta] *nm* athlete; **atlético, a** *a* athletic; **atletismo** *nm* athletics *sg*.
atmósfera [at'mosfera] *nf* atmosphere.
atolondramiento [atolondra'mjento] *nm* bewilderment; (*insensatez*) silliness.
atollar [ato'ʎar] *vi*, **atollarse** *vr* to get stuck; (*fig*) to get into a jam.
atómico, a [a'tomiko, a] *a* atomic.
atomizador [atomiθa'ðor] *nm* atomizer; (*de perfume*) spray.
átomo ['atomo] *nm* atom.
atónito, a [a'tonito, a] *a* astonished, amazed.
atontado, a [aton'taðo, a] *a* stunned; (*bobo*) silly, daft.
atontar [aton'tar] *vt* to stun; **~se** *vr* to become confused.
atormentar [atormen'tar] *vt* to torture; (*molestar*) to torment; (*acosar*) to plague, harass.
atornillar [atorni'ʎar] *vt* to screw on *o* down.
atracador, a [atraka'ðor, a] *nm/f* robber.
atracar [atra'kar] *vt* (NAUT) to moor; (*robar*) to hold up, rob // *vi* to moor; **~se** *vr*: **~se (de)** to stuff o.s. (with).
atracción [atrak'θjon] *nf* attraction.
atraco [a'trako] *nm* holdup, robbery.
atractivo, a [atrak'tiβo, a] *a* attractive // *nm* attraction; (*belleza*) attractiveness.
atraer [atra'er] *vt* to attract.
atragantarse [atraɣan'tarse] *vr*: **~ (con)**

to choke (on); **se me ha atragantado el chico** I can't stand the boy.
atrancar [atran'kar] *vt* (*puerta*) to bar, bolt.
atrapar [atra'par] *vt* to trap; (*resfriado etc*) to catch.
atrás [a'tras] *ad* (*movimiento*) back(wards); (*lugar*) behind; (*tiempo*) previously; **ir hacia ~** to go back(wards); to go to the rear; **estar ~** to be behind *o* at the back.
atrasado, a [atra'saðo, a] *a* slow; (*pago*) overdue, late; (*país*) backward.
atrasar [atra'sar] *vi* to be slow; **~se** *vr* to remain behind; (*tren*) to be *o* run late; **atraso** *nm* slowness; lateness, delay; (*de país*) backwardness; **atrasos** *nmpl* arrears.
atravesar [atraβe'sar] *vt* (*cruzar*) to cross (over); (*traspasar*) to pierce; to go through; (*poner al través*) to lay *o* put across; **~se** *vr* to come in between; (*intervenir*) to interfere.
atravieso *etc vb ver* **atravesar**.
atrayente [atra'jente] *a* attractive.
atreverse [atre'βerse] *vr* to dare; (*insolentarse*) to be insolent; **atrevido, a** *a* daring; insolent; **atrevimiento** *nm* daring; insolence.
atribución [atriβu'θjon] *nf*: **atribuciones** (*POL*) powers; (*ADMIN*) responsibilities.
atribuir [atriβu'ir] *vt* to attribute; (*funciones*) to confer.
atribular [atriβu'lar] *vt* to afflict, distress.
atributo [atri'βuto] *nm* attribute.
atrocidad [atroθi'ðað] *nf* atrocity, outrage.
atropellar [atrope'ʎar] *vt* (*derribar*) to knock over *o* down; (*empujar*) to push (aside); (*AUTO*) to run over, run down; (*agraviar*) to insult; **~se** *vr* to act hastily; **atropello** *nm* (*AUTO*) accident; (*empujón*) push; (*agravio*) wrong; (*atrocidad*) outrage.
atroz [a'troθ] *a* atrocious, awful.
atto, a *abr* = **atento**.
atuendo [a'twendo] *nm* attire.
atún [a'tun] *nm* tuna.
aturdir [atur'ðir] *vt* to stun; (*de ruido*) to deafen; (*fig*) to dumbfound, bewilder.
atusar [atu'sar] *vt* to smooth (down).
audacia [au'ðaθja] *nf* boldness, audacity; **audaz** *a* bold, audacious.
audible [au'ðiβle] *a* audible.
audición [auði'θjon] *nf* hearing; (*TEATRO*) audition.
audiencia [au'ðjenθja] *nf* audience; **A~** (*JUR*) High Court.
auditor [auði'tor] *nm* (*JUR*) judge-advocate; (*COM*) auditor.
auditorio [auði'torjo] *nm* audience; (*sala*) auditorium.
auge ['auxe] *nm* boom; (*clímax*) climax.
augurar [auɣu'rar] *vt* to predict; (*presagiar*) to portend.
augurio [au'ɣurjo] *nm* omen.
aula ['aula] *nf* classroom; (*en universidad etc*) lecture room.
aullar [au'ʎar] *vi* to howl, yell.
aullido [au'ʎiðo] *nm* howl, yell.
aumentar [aumen'tar] *vt* to increase; (*precios*) to put up; (*producción*) to step up; (*con microscopio, anteojos*) to magnify // *vi*, **~se** *vr* to increase, be on the increase; **aumento** *nm* increase; rise.
aun [a'un] *ad* even; **~ así** even so; **~ más** even *o* yet more.
aún [a'un] *ad*: **~ está aquí** he's still here; **~ no lo sabemos** we don't know yet; **¿no ha venido ~?** hasn't she come yet?
aunque [a'unke] *conj* though, although, even though.
aúpa [a'upa] *excl* come on!
aureola [aure'ola] *nf* halo.
auricular [auriku'lar] *nm* (*TEL*) earpiece, receiver; **~es** *nmpl* headphones.
aurora [au'rora] *nf* dawn.
auscultar [auskul'tar] *vt* (*MED*: *pecho*) to listen to, sound.
ausencia [au'senθja] *nf* absence.
ausentarse [ausen'tarse] *vr* to go away; (*por poco tiempo*) to go out.
ausente [au'sente] *a* absent.
auspicios [aus'piθjos] *nmpl* auspices; (*protección*) protection *sg*.
austeridad [austeri'ðað] *nf* austerity; **austero, a** *a* austere.
austral [aus'tral] *a* southern // *nm monetary unit of Argentina*.
Australia [aus'tralja] *nf* Australia; **australiano, a** *a, nm/f* Australian.
Austria ['austrja] *nf* Austria; **austríaco, a** *a, nm/f* Austrian.
autenticar [autenti'kar] *vt* to authenticate; **auténtico, a** *a* authentic.
auto ['auto] *nm* (*JUR*) edict, decree; (: *orden*) writ; (*AUTO*) car; **~s** *nmpl* (*JUR*) proceedings; (: *acta*) court record *sg*.
autoadhesivo [autoaðe'siβo] *a* self-adhesive; (*sobre*) self-sealing.
autobiografía [autoβjoɣra'fia] *nf* autobiography.
autobús [auto'βus] *nm* bus.
autocar [auto'kar] *nm* coach (*Brit*), (passenger) bus (*US*).
autóctono, a [au'toktono, a] *a* native, indigenous.
autodefensa [autoðe'fensa] *nf* self-defence.
autodeterminación [autoðetermina'θjon] *nf* self-determination.
autoescuela [autoes'kwela] *nf* driving school.
autógrafo [au'toɣrafo] *nm* autograph.
automación [automa'θjon] *nf* = **automatización**.
autómata [au'tomata] *nm* automaton.
automático, a [auto'matiko, a] *a* automatic // *nm* press stud.

automatización [automatiθa'θjon] *nf* automation.
automotor, triz [automo'tor, 'triθ] *a* self-propelled // *nm* diesel train.
automóvil [auto'moßil] *nm* (motor) car (*Brit*), automobile (*US*); **automovilismo** *nm* (*actividad*) motoring; (*DEPORTE*) (sports)car racing; **automovilista** *nm/f* motorist, driver; **automovilístico, a** *a* (*industria*) car *cpd*.
autonomía [autono'mia] *nf* autonomy; **autónomo, a, autonómico, a** (*Esp POL*) *a* autonomous.
autopista [auto'pista] *nf* motorway (*Brit*), freeway (*US*).
autopsia [au'topsja] *nf* autopsy, post-mortem.
autor, a [au'tor, a] *nm/f* author.
autoridad [autori'ðað] *nf* authority; **autoritario, a** *a* authoritarian.
autorización [autoriθa'θjon] *nf* authorization; **autorizado, a** *a* authorized; (*aprobado*) approved.
autorizar [autori'θar] *vt* to authorize; (*aprobar*) to approve.
autorretrato [autorre'trato] *nm* self-portrait.
autoservicio [autoser'ßiθjo] *nm* (*tienda*) self-service shop (*Brit*) *o* store (*US*); (*restaurante*) self-service restaurant.
autostop [auto'stop] *nm* hitch-hiking; **hacer ~** to hitch-hike; **~ista** *nm/f* hitch-hiker.
autosuficiencia [autosufi'θjenθja] *nf* self-sufficiency.
autovía [auto'ßia] *nf* ≈ A-road (*Brit*), state highway (*US*).
auxiliar [auksi'ljar] *vt* to help // *nm/f* assistant; **auxilio** *nm* assistance, help; **primeros auxilios** first aid *sg*.
Av *abr* (= *Avenida*) Av(e).
aval [a'ßal] *nm* guarantee; (*persona*) guarantor.
avalancha [aßa'lantʃa] *nf* avalanche.
avance [a'ßanθe] *nm* advance; (*pago*) advance payment; (*CINE*) trailer.
avanzar [aßan'θar] *vt, vi* to advance.
avaricia [aßa'riθja] *nf* avarice, greed; **avaricioso, a** *a* avaricious, greedy.
avaro, a [a'ßaro, a] *a* miserly, mean // *nm/f* miser.
avasallar [aßasa'ʎar] *vt* to subdue, subjugate.
Avda *abr* (= *Avenida*) Av(e).
ave ['aße] *nf* bird; **~ de rapiña** bird of prey.
avecinarse [aßeθi'narse] *vr* (*tormenta, fig*) to be on the way.
avellana [aße'ʎana] *nf* hazelnut; **avellano** *nm* hazel tree.
avemaría [aßema'ria] *nm* Hail Mary, Ave Maria.
avena [a'ßena] *nf* oats *pl*.
avenida [aße'niða] *nf* (*calle*) avenue.
avenir [aße'nir] *vt* to reconcile; **~se** *vr* to come to an agreement, reach a compromise.
aventajado, a [aßenta'xaðo, a] *a* outstanding.
aventajar [aßenta'xar] *vt* (*sobrepasar*) to surpass, outstrip.
aventar [aßen'tar] *vt* to fan, blow; (*grano*) to winnow.
aventura [aßen'tura] *nf* adventure; **aventurado, a** *a* risky; **aventurero, a** *a* adventurous.
avergonzar [aßerɣon'θar] *vt* to shame; (*desconcertar*) to embarrass; **~se** *vr* to be ashamed; to be embarrassed.
avería [aße'ria] *nf* (*TEC*) breakdown, fault.
averiado, a [aße'rjaðo, a] *a* broken down; '**~**' 'out of order'.
averiguación [aberiɣwa'θjon] *nf* investigation; (*descubrimiento*) ascertainment.
averiguar [aßeri'ɣwar] *vt* to investigate; (*descubrir*) to find out, ascertain.
aversión [aßer'sjon] *nf* aversion, dislike.
avestruz [aßes'truθ] *nm* ostrich.
aviación [aßja'θjon] *nf* aviation; (*fuerzas aéreas*) air force.
aviador, a [aßja'ðor, a] *nm/f* aviator, airman/woman.
aviar [a'ßjar] *vt* to prepare; **estar aviado** (*fig*) to be in a mess.
avicultura [aßikul'tura] *nf* poultry farming.
avidez [aßi'ðeθ] *nf* avidity, eagerness; **ávido, a** *a* avid, eager.
avinagrado, a [aßina'ɣraðo, a] *a* sour, acid.
avinagrarse [aßina'ɣrarse] *vr* to go *o* turn sour.
avío [a'ßio] *nm* preparation; **~s** *nmpl* gear *sg*, kit *sg*.
avión [a'ßjon] *nm* aeroplane; (*ave*) martin; **~ de reacción** jet (plane).
avioneta [aßjo'neta] *nf* light aircraft.
avisar [aßi'sar] *vt* (*advertir*) to warn, notify; (*informar*) to tell; (*aconsejar*) to advise, counsel; **aviso** *nm* warning; (*noticia*) notice.
avispa [a'ßispa] *nf* wasp.
avispado, a [aßis'paðo, a] *a* sharp, clever.
avispero [aßis'pero] *nm* wasp's nest.
avispón [aßis'pon] *nm* hornet.
avistar [aßis'tar] *vt* to sight, spot.
avituallar [aßitwa'ʎar] *vt* to supply with food.
avivar [aßi'ßar] *vt* to strengthen, intensify; **~se** *vr* to revive, acquire new life.
axila [ak'sila] *nf* armpit.
axioma [ak'sjoma] *nm* axiom.
ay [ai] *excl* (*dolor*) ow!, ouch!; (*aflicción*) oh!, oh dear!; **¡~ de mí!** poor me!
aya ['aja] *nf* governess; (*niñera*) nanny.

ayer [a'jer] *ad, nm* yesterday; **antes de ~** the day before yesterday.
ayo ['ajo] *nm* tutor.
ayote [a'jote] *nm* (*AM*) pumpkin.
ayuda [a'juða] *nf* help, assistance // *nm* page; **ayudante, a** *nm/f* assistant, helper; (*ESCOL*) assistant; (*MIL*) adjutant.
ayudar [aju'ðar] *vt* to help, assist.
ayunar [aju'nar] *vi* to fast; **ayunas** *nfpl*: **estar en ayunas** (*no haber comido*) to be fasting; (*ignorar*) to be in the dark; **ayuno** *nm* fasting.
ayuntamiento [ajunta'mjento] *nm* (*consejo*) town (*o* city) council; (*edificio*) town (*o* city) hall.
azabache [aθa'ßatʃe] *nm* jet.
azada [a'θaða] *nf* hoe.
azafata [aθa'fata] *nf* air stewardess.
azafrán [aθa'fran] *nm* saffron.
azahar [aθa'ar] *nm* orange/lemon blossom.
azar [a'θar] *nm* (*casualidad*) chance, fate; (*desgracia*) misfortune, accident; **por ~** by chance; **al ~** at random.
azogue [a'θoɤe] *nm* mercury.
azoramiento [aθora'mjento] *nm* alarm; (*confusión*) confusion.
azorar [aθo'rar] *vt* to alarm; **~se** *vr* to get alarmed.
Azores [a'θores] *nfpl*: **las ~** the Azores.
azotar [aθo'tar] *vt* to whip, beat; (*pegar*) to spank; **azote** *nm* (*látigo*) whip; (*latigazo*) lash, stroke; (*en las nalgas*) spank; (*calamidad*) calamity.
azotea [aθo'tea] *nf* (flat) roof.
azteca [aθ'teka] *a, nm/f* Aztec.
azúcar [a'θukar] *nm* sugar; **azucarado, a** *a* sugary, sweet.
azucarero, a [aθuka'rero, a] *a* sugar *cpd* // *nm* sugar bowl.
azucena [aθu'θena] *nf* white lily.
azufre [a'θufre] *nm* sulphur.
azul [a'θul] *a, nm* blue.
azulejo [aθu'lexo] *nm* tile.
azuzar [aθu'θar] *vt* to incite, egg on.

B

B.A. *abr* (= *Buenos Aires*) B.A.
baba ['baßa] *nf* spittle, saliva; **babear** *vi* to drool, slaver.
babel [ba'ßel] *nm o f* bedlam.
babero [ba'ßero] *nm* bib.
babor [ba'ßor] *nm* port (side).
baboso, a [ba'ßoso, a] *a* (*AM fam*) silly.
babucha [ba'ßutʃa] *nf* slipper.
baca ['baka] *nf* (*AUTO*) luggage *o* roof rack.
bacalao [baka'lao] *nm* cod(fish).
bacinica [baθi'nika] *nf*, **bacinilla** [baθi'niʎa] *nf* chamber pot.
bacteria [bak'terja] *nf* bacterium, germ.
báculo ['bakulo] *nm* stick, staff.
bache ['batʃe] *nm* pothole, rut; (*fig*) bad patch.
bachillerato [batʃiʎe'rato] *nm* (*ESCOL*) school-leaving examination (*Brit*), bachelor's degree (*US*), baccalaureate (*US*).
bagaje [ba'ɤaxe] *nm* baggage, luggage.
bagatela [baɤa'tela] *nf* trinket, trifle.
Bahama [ba'ama]: **las (Islas) ~** the Bahamas.
bahía [ba'ia] *nf* bay.
bailar [bai'lar] *vt, vi* to dance; **~ín, ina** *nm/f* (ballet) dancer; **baile** *nm* dance; (*formal*) ball.
baja ['baxa] *nf ver* **bajo**.
bajada [ba'xaða] *nf* descent; (*camino*) slope; (*de aguas*) ebb.
bajamar [baxa'mar] *nf* low tide.
bajar [ba'xar] *vi* to go down, come down; (*temperatura, precios*) to drop, fall // *vt* (*cabeza*) to bow, bend; (*escalera*) to go down, come down; (*precio, voz*) to lower; (*llevar abajo*) to take down; **~se** *vr* to get out of; to get off; **~ de** (*coche*) to get out of; (*autobus*) to get off.
bajeza [ba'xeθa] *nf* baseness *q*; (*una ~*) vile deed.
bajío [ba'xio] *nm* shoal, sandbank; (*AM*) lowlands *pl*.
bajo, a ['baxo, a] *a* (*mueble, número, precio*) low; (*piso*) ground; (*de estatura*) small, short; (*color*) pale; (*sonido*) faint, soft, low; (*voz: en tono*) deep; (*metal*) base; (*humilde*) low, humble // *ad*, (*hablar*) softly, quietly; (*volar*) low // *prep* under, below, underneath // *nm* (*MUS*) bass // *nf* drop, fall; (*MIL*) casualty; **~ la lluvia** in the rain; **dar de baja** (*soldado*) to discharge; (*empleado*) to dismiss, sack.
bajón [ba'xon] *nm* fall, drop.
bala ['bala] *nf* bullet.
baladí [bala'ði] *a* trivial.
baladronada [balaðro'naða] *nf* (*dicho*) boast, brag; (*hecho*) piece of bravado.
balance [ba'lanθe] *nm* (*COM*) balance; (: *libro*) balance sheet; (: *cuenta general*) stocktaking.
balancear [balanθe'ar] *vt* to balance // *vi*, **~se** *vr* to swing (to and fro); (*vacilar*) to hesitate; **balanceo** *nm* swinging.
balanza [ba'lanθa] *nf* scales *pl*, balance; **~ comercial** balance of trade; **~ de pagos** balance of payments; (*ASTROLOGIA*) **B~** Libra.
balar [ba'lar] *vi* to bleat.
balaustrada [balaus'traða] *nf* balustrade; (*pasamanos*) banisters *pl*.
balazo [ba'laθo] *nm* (*golpe*) shot; (*herida*) bullet wound.
balbucear [balßuθe'ar] *vi, vt* to stammer, stutter; **balbuceo** *nm* stammering, stuttering.
balbucir [balßu'θir] *vi, vt* to stammer, stutter.

balcón [bal'kon] *nm* balcony.
baldar [bal'dar] *vt* to cripple.
balde ['balde] *nm* bucket, pail; **de ~** *ad* (for) free, for nothing; **en ~** *ad* in vain.
baldío, a [bal'dio, a] *a* uncultivated; (*terreno*) waste // *nm* waste land.
baldosa [bal'dosa] *nf* (*azulejo*) floor tile; (*grande*) flagstone.
Baleares [bale'ares] *nfpl*: **las (Islas) ~** the Balearic Islands.
balido [ba'liðo] *nm* bleat, bleating.
balín [ba'lin] *nm* pellet; **balines** *nmpl* buckshot *sg*.
balística [ba'listika] *nf* ballistics *pl*.
baliza [ba'liθa] *nf* (AVIAT) beacon; (NAUT) buoy.
balneario, a [balne'arjo, a] *a*: **estación balnearia** (bathing) resort // *nm* spa, health resort.
balón [ba'lon] *nm* ball.
baloncesto [balon'θesto] *nm* basketball.
balonmano [balon'mano] *nm* handball.
balonvolea [balombo'lea] *nm* volleyball.
balsa ['balsa] *nf* raft; (BOT) balsa wood.
bálsamo ['balsamo] *nm* balsam, balm.
baluarte [ba'lwarte] *nm* bastion, bulwark.
ballena [ba'ʎena] *nf* whale.
ballesta [ba'ʎesta] *nf* crossbow; (AUTO) spring.
ballet [ba'le] *nm* ballet.
bambolear [bambole'ar] *vi*, **bambolearse** *vr* to swing, sway; (*silla*) to wobble; **bamboleo** *nm* swinging, swaying; wobbling.
bambú [bam'bu] *nm* bamboo.
banana [ba'nana] *nf* (*AM*) banana; **banano** *nm* (*AM*) banana tree.
banca ['banka] *nf* (*asiento*) bench; (COM) banking.
bancario, a [ban'karjo, a] *a* banking *cpd*, bank *cpd*.
bancarrota [banka'rrota] *nf* bankruptcy; **hacer ~** to go bankrupt.
banco ['banko] *nm* bench; (ESCOL) desk; (COM) bank; (GEO) stratum; **~ de crédito/de ahorros** credit/savings bank; **~ de arena** sandbank; **~ de hielo** iceberg.
banda ['banda] *nf* band; (*pandilla*) gang; (NAUT) side, edge; **la B~ Oriental** Uruguay; **~ sonora** soundtrack.
bandada [ban'daða] *nf* (*de pájaros*) flock; (*de peces*) shoal.
bandeja [ban'dexa] *nf* tray.
bandera [ban'dera] *nf* (*de tela*) flag; (*estandarte*) banner.
banderilla [bande'riʎa] *nf* banderilla.
banderín [bande'rin] *nm* pennant, small flag.
banderola [bande'rola] *nf* banderole; (MIL) pennant.
bandido [ban'diðo] *nm* bandit.
bando ['bando] *nm* (*edicto*) edict, proclamation; (*facción*) faction; **los ~s** the banns.
bandolero [bando'lero] *nm* bandit, brigand.
banquero [ban'kero] *nm* banker.
banqueta [ban'keta] *nf* stool; (*AM*: *en la calle*) pavement (*Brit*), sidewalk (*US*).
banquete [ban'kete] *nm* banquet; (*para convidados*) formal dinner.
banquillo [ban'kiʎo] *nm* (JUR) dock, prisoner's bench; (*banco*) bench; (*para los pies*) footstool.
bañador [baɲa'ðor] *nm* swimming costume (*Brit*), bathing suit (*US*).
bañar [ba'ɲar] *vt* to bath, bathe; (*objeto*) to dip; (*de barniz*) to coat; **~se** *vr* (*en el mar*) to bathe, swim; (*en la bañera*) to bath, have a bath.
bañera [ba'ɲera] *nf* bath(tub).
bañero [ba'ɲero] *nm* lifeguard.
bañista [ba'ɲista] *nm/f* bather.
baño ['baɲo] *nm* (*en bañera*) bath; (*en río*) dip, swim; (*cuarto*) bathroom; (*bañera*) bath(tub); (*capa*) coating.
baptista [bap'tista] *nm/f* Baptist.
baqueta [ba'keta] *nf* (MUS) drumstick.
bar [bar] *nm* bar.
barahúnda [bara'unda] *nf* uproar, hubbub.
baraja [ba'raxa] *nf* pack (of cards); **barajar** *vt* (*naipes*) to shuffle; (*fig*) to jumble up.
baranda [ba'randa], **barandilla** [baran'diʎa] *nf* rail, railing.
baratija [bara'tixa] *nf* trinket.
baratillo [bara'tiʎo] *nm* (*tienda*) junkshop; (*subasta*) bargain sale; (*conjunto de cosas*) secondhand goods *pl*.
barato, a [ba'rato, a] *a* cheap // *ad* cheap, cheaply.
baraúnda [bara'unda] *nf* = **barahúnda**.
barba ['barβa] *nf* (*mentón*) chin; (*pelo*) beard.
barbacoa [barβa'koa] *nf* (*parrilla*) barbecue; (*carne*) barbecued meat.
barbaridad [barβari'ðað] *nf* barbarity; (*acto*) barbarism; (*atrocidad*) outrage; **una ~** (*fam*) loads *pl*; **¡qué ~!** (*fam*) how awful!
barbarie [bar'βarje] *nf*, **barbarismo** [barβa'rismo] *nm* barbarism, savagery; (*crueldad*) barbarity.
bárbaro, a ['barβaro, a] *a* barbarous, cruel; (*grosero*) rough, uncouth // *nm/f* barbarian // *ad*: **lo pasamos ~** (*fam*) we had a great time; **¡qué ~!** (*fam*) how marvellous!; **un éxito ~** (*fam*) a terrific success; **es un tipo ~** (*fam*) he's a great bloke.
barbecho [bar'βetʃo] *nm* fallow land.
barbero [bar'βero] *nm* barber, hairdresser.
barbilampiño [barβilam'piɲo] *a* clean-shaven, smooth-faced; (*fig*) inexperienced.
barbilla [bar'βiʎa] *nf* chin, tip of the chin.
barbo ['barβo] *nm*: **~ de mar** red mullet.

barbotar [barβo'tar], **barbotear** [barβote'ar] *vt, vi* to mutter, mumble.
barbudo, a [bar'βuðo, a] *a* bearded.
barca ['barka] *nf* (small) boat; ~ pesquera fishing boat; ~ de pasaje ferry; **~za** *nf* barge; ~za de desembarco landing craft.
Barcelona [barθe'lona] *nf* Barcelona.
barcelonés, esa [barθelo'nes, esa] *a* of *o* from Barcelona.
barco ['barko] *nm* boat; (*buque*) ship; ~ de carga cargo boat.
barítono [ba'ritono] *nm* baritone.
barman ['barman] *nm* barman.
Barna. *abr* = **Barcelona**.
barniz [bar'niθ] *nm* varnish; (*en la loza*) glaze; (*fig*) veneer; **~ar** *vt* to varnish; (*loza*) to glaze.
barómetro [ba'rometro] *nm* barometer.
barquero [bar'kero] *nm* boatman.
barquillo [bar'kiʎo] *nm* cone, cornet.
barra ['barra] *nf* bar, rod; (*de un bar, café*) bar; (*de pan*) French loaf; (*palanca*) lever; ~ **de carmín** *o* **de labios** lipstick.
barraca [ba'rraka] *nf* hut, cabin.
barranca [ba'rranka] *nf* ravine, gully; **barranco** *nm* ravine; (*fig*) difficulty.
barrena [ba'rrena] *nf* drill; **barrenar** *vt* to drill (through), bore; **barreno** *nm* large drill.
barrer [ba'rrer] *vt* to sweep; (*quitar*) to sweep away.
barrera [ba'rrera] *nf* barrier.
barriada [ba'rrjaða] *nf* quarter, district.
barricada [barri'kaða] *nf* barricade.
barrido [ba'rriðo] *nm*, **barrida** [ba'rriða] *nf* sweep, sweeping.
barriga [ba'rriɣa] *nf* belly; (*panza*) paunch; **barrigón, ona, barrigudo, a** *a* potbellied.
barril [ba'rril] *nm* barrel, cask.
barrio ['barrjo] *nm* (*vecindad*) area, neighborhood (*US*); (*en las afueras*) suburb; ~ **chino** red-light district.
barro ['barro] *nm* (*lodo*) mud; (*objetos*) earthenware; (*MED*) pimple.
barroco, a [ba'rroko, a] *a, nm* baroque.
barrote [ba'rrote] *nm* (*de ventana*) bar.
barruntar [barrun'tar] *vt* (*conjeturar*) to guess; (*presentir*) to suspect; **barrunto** *nm* guess; suspicion.
bartola [bar'tola]: **a la ~** *ad*: **tirarse a la ~** to take it easy, be lazy.
bártulos ['bartulos] *nmpl* things, belongings.
barullo [ba'ruʎo] *nm* row, uproar.
basamento [basa'mento] *nm* base, plinth.
basar [ba'sar] *vt* to base; ~se *vr*: ~se en to be based on.
basca ['baska] *nf* nausea.
báscula ['baskula] *nf* (platform) scales *pl*.
base ['base] *nf* base; **a ~ de** on the basis of; (*mediante*) by means of; ~ **de datos** (*INFORM*) database.
básico, a ['basiko, a] *a* basic.
basílica [ba'silika] *nf* basilica.
bastante [bas'tante] ♦ *a* **1** (*suficiente*) enough; ~ **dinero** enough *o* sufficient money; ~**s libros** enough books
2 (*valor intensivo*): ~ **gente** quite a lot of people; **tener ~ calor** to be rather hot
♦ *ad*: ~ **bueno/malo** quite good/rather bad; ~ **rico** pretty rich; **(lo) ~ inteligente (como) para hacer algo** clever enough *o* sufficiently clever to do sth.
bastar [bas'tar] *vi* to be enough *o* sufficient; ~se *vr* to be self-sufficient; ~ **para** to be enough to; **¡basta!** (that's) enough!
bastardilla [bastar'ðiʎa] *nf* italics *pl*.
bastardo, a [bas'tarðo, a] *a, nm/f* bastard.
bastidor [basti'ðor] *nm* frame; (*de coche*) chassis; (*TEATRO*) wing; **entre ~es** (*fig*) behind the scenes.
basto, a ['basto, a] *a* coarse, rough; **~s** *nmpl* (*NAIPES*) ≈ clubs.
bastón [bas'ton] *nm* stick, staff; (*para pasear*) walking stick.
basura [ba'sura] *nf* rubbish (*Brit*), garbage (*US*).
basurero [basu'rero] *nm* (*hombre*) dustman (*Brit*), garbage man (*US*); (*lugar*) dump; (*cubo*) (rubbish) bin (*Brit*), trash can (*US*).
bata ['bata] *nf* (*gen*) dressing gown; (*cubretodo*) smock, overall; (*MED, TEC etc*) lab(oratory) coat.
batalla [ba'taʎa] *nf* battle; **de ~** for everyday use.
batallar [bata'ʎar] *vi* to fight.
batallón [bata'ʎon] *nm* battalion.
batata [ba'tata] *nf* (*AM*) sweet potato.
bate ['bate] *nm* bat; **~ador** *nm* (*AM*) batter, batsman.
batería [bate'ria] *nf* battery; (*MUS*) drums *pl*; ~ **de cocina** kitchen utensils *pl*.
batido, a [ba'tiðo, a] *a* (*camino*) beaten, well-trodden // *nm* (*CULIN*): ~ **(de leche)** milk shake.
batidora [bati'ðora] *nf* beater, mixer; ~ **eléctrica** food mixer, blender.
batir [ba'tir] *vt* to beat, strike; (*vencer*) to beat, defeat; (*revolver*) to beat, mix; ~se *vr* to fight; ~ **palmas** to clap, applaud.
batuta [ba'tuta] *nf* baton; **llevar la ~** (*fig*) to be the boss, be in charge.
baúl [ba'ul] *nm* trunk; (*AUTO*) boot (*Brit*), trunk (*US*).
bautismo [bau'tismo] *nm* baptism, christening.
bautizar [bauti'θar] *vt* to baptize, christen; (*fam*: *diluir*) to water down; **bautizo** *nm* baptism, christening.

bayeta [ba'jeta] *nf* floorcloth.
bayo, a ['bajo, a] *a* bay // *nf* berry.
bayoneta [bajo'neta] *nf* bayonet.
baza ['baθa] *nf* trick; **meter ~** to butt in.
bazar [ba'θar] *nm* bazaar.
bazofia [ba'θofja] *nf* pigswill (*Brit*), hogwash (*US*); (*libro etc*) trash.
beato, a [be'ato, a] *a* blessed; (*piadoso*) pious.
bebé [be'ße] *nm* baby.
bebedero [beße'ðero] *nm* (*para animales*) drinking trough.
bebedizo, a [beße'ðiθo, a] *a* drinkable // *nm* potion.
bebedor, a [beße'ðor, a] *a* hard-drinking.
beber [be'ßer] *vt, vi* to drink.
bebida [be'ßiða] *nf* drink.
beca ['beka] *nf* grant, scholarship.
befarse [be'farse] *vr*: **~ de algo** to scoff at sth.
beldad [bel'dað] *nf* beauty.
Belén [be'len] *nm* Bethlehem; **b~** *nm* (*de navidad*) nativity scene, crib.
belga ['belɣa] *a, nm/f* Belgian.
Bélgica ['belxika] *nf* Belgium.
Belice [be'liθe] *nm* Belize.
bélico, a ['beliko, a] *a* (*actitud*) warlike; **belicoso, a** *a* (*guerrero*) warlike; (*agresivo*) aggressive, bellicose.
beligerante [beliɣe'rante] *a* belligerent.
bellaco, a [be'ʎako, a] *a* sly, cunning // *nm* villain, rogue; **bellaquería** *nf* (*acción*) dirty trick; (*calidad*) wickedness.
belleza [be'ʎeθa] *nf* beauty.
bello, a ['beʎo, a] *a* beautiful, lovely; **Bellas Artes** Fine Art.
bellota [be'ʎota] *nf* acorn.
bemol [be'mol] *nm* (MUS) flat; **esto tiene ~es** (*fam*) this is a tough one.
bencina [ben'θina] *nf* (*AM*: *gasolina*) petrol (*Brit*), gasoline (*US*).
bendecir [bende'θir] *vt* to bless.
bendición [bendi'θjon] *nf* blessing.
bendito, a [ben'dito, a] *pp de* **bendecir** // *a* holy; (*afortunado*) lucky; (*feliz*) happy; (*sencillo*) simple // *nm/f* simple soul.
benedictino, a [beneðik'tino, a] *a, nm* Benedictine.
beneficencia [benefi'θenθja] *nf* charity.
beneficiar [benefi'θjar] *vt* to benefit, be of benefit to; **~se** *vr* to benefit, profit; **~io, a** *nm/f* beneficiary.
beneficio [bene'fiθjo] *nm* (*bien*) benefit, advantage; (*ganancia*) profit, gain; **~so, a** *a* beneficial.
benéfico, a [be'nefiko, a] *a* charitable.
beneplácito [bene'plaθito] *nm* approval, consent.
benevolencia [beneßo'lenθja] *nf* benevolence, kindness; **benévolo, a** *a* benevolent, kind.
benigno, a [be'niɣno, a] *a* kind; (*suave*) mild; (MED: *tumor*) benign, non-malignant.
beodo, a [be'oðo, a] *a* drunk.
berenjena [beren'xena] *nf* aubergine (*Brit*), eggplant (*US*).
Berlín [ber'lin] *n* Berlin; **berlinés, esa** *a* of *o* from Berlin // *nm/f* Berliner.
bermejo, a [ber'mexo, a] *a* red.
berrear [berre'ar] *vi* to bellow, low.
berrido [be'rriðo] *nm* bellow(ing).
berrinche [be'rrintʃe] *nm* (*fam*) temper, tantrum.
berro ['berro] *nm* watercress.
berza ['berθa] *nf* cabbage.
besamel [besa'mel] *nf* (CULIN) white sauce, bechamel sauce.
besar [be'sar] *vt* to kiss; (*fig*: *tocar*) to graze; **~se** *vr* to kiss (one another); **beso** *nm* kiss.
bestia ['bestja] *nf* beast, animal; (*fig*) idiot; **~ de carga** beast of burden.
bestial [bes'tjal] *a* bestial; (*fam*) terrific; **~idad** *nf* bestiality; (*fam*) stupidity.
besugo [be'suɣo] *nm* sea bream; (*fam*) idiot.
besuquear [besuke'ar] *vt* to cover with kisses; **~se** *vr* to kiss and cuddle.
betún [be'tun] *nm* shoe polish; (QUÍMICA) bitumen.
biberón [biße'ron] *nm* feeding bottle.
Biblia ['bißlja] *nf* Bible.
bibliografía [bißljoɣra'fia] *nf* bibliography.
biblioteca [bißljo'teka] *nf* library; (*mueble*) bookshelves *pl*; **~ de consulta** reference library; **~rio, a** *nm/f* librarian.
B.I.C. *nf abr* (= *Brigada de Investigación Criminal*) CID (*Brit*), FBI (*US*).
bicarbonato [bikarßo'nato] *nm* bicarbonate.
bici ['biθi] *nf* (*fam*) bike.
bicicleta [biθi'kleta] *nf* bicycle, cycle.
bicho ['bitʃo] *nm* (*animal*) small animal; (*sabandija*) bug, insect; (TAUR) bull.
bidé [bi'ðe] *nm* bidet.
bien [bjen] ♦ *nm* **1** (*bienestar*) good; **te lo digo por tu ~** I'm telling you for your own good; **el ~ y el mal** good and evil
2 (*posesión*): **~es** goods; **~es de consumo** consumer goods; **~es inmuebles** *o* **raíces/~es muebles** real estate *sg*/personal property *sg*
♦ *ad* **1** (*de manera satisfactoria, correcta etc*) well; **trabaja/come ~** she works/eats well; **contestó ~** he answered correctly; **me siento ~** I feel fine; **no me siento ~** I don't feel very well; **se está ~ aquí** it's nice here
2 (*frases*): **hiciste ~ en llamarme** you were right to call me
3 (*valor intensivo*) very; **un cuarto ~ caliente** a nice warm room; **~ se ve que ...** it's quite clear that ...

4: **estar ~**: **estoy muy bien aquí** I feel very happy here; **está bien que vengan** it's alright for them to come; **¡está bien! lo haré** oh alright, I'll do it
5 (*de buena gana*): **yo ~ que iría pero** ... I'd gladly go but ...
♦ *excl*: **¡~!** (*aprobación*) O.K!; **¡muy ~!** well done!
♦ *a inv* (*matiz despectivo*): **niño ~** rich kid; **gente ~** posh people
♦ *conj* **1**: **~ ... ~**: **~ en coche ~ en tren** either by car or by train
2: **no ~** (*esp AM*): **no ~ llegue te llamaré** as soon as I arrive I'll call you
3: **si ~** even though; *ver tb* **más**.
bienal [bje'nal] *a* biennial.
bienaventurado, a [bjenaßentu'raðo, a] *a* (*feliz*) happy, fortunate.
bienestar [bjenes'tar] *nm* well-being, welfare.
bienhechor, a [bjene'tʃor, a] *a* beneficent // *nm/f* benefactor/benefactress.
bienvenida [bjembe'niða] *nf* welcome; **dar la ~ a uno** to welcome sb.
bienvenido [bjembe'niðo] *excl* welcome!
bife ['bife] *nm* (*AM*) steak.
bifurcación [bifurka'θjon] *nf* fork.
bigamia [bi'ɣamja] *nf* bigamy; **bígamo, a** *a* bigamous // *nm/f* bigamist.
bigote [bi'ɣote] *nm* moustache; **bigotudo, a** *a* with a big moustache.
bikini [bi'kini] *nm* bikini; (*CULIN*) toasted ham and cheese sandwich.
bilingüe [bi'lingwe] *a* bilingual.
billar [bi'ʎar] *nm* billiards *sg*; (*lugar*) billiard hall; (*mini-casino*) amusement arcade.
billete [bi'ʎete] *nm* ticket; (*de banco*) banknote (*Brit*), bill (*US*); (*carta*) note; **~ sencillo, ~ de ida solamente/de ida y vuelta** single (*Brit*) *o* one-way (*US*) ticket/return (*Brit*) *o* round-trip (*US*) ticket; **~ de 20 libras** £20 note.
billetera [biʎe'tera] *nf*, **billetero** [biʎe'tero] *nm* wallet.
billón [bi'ʎon] *nm* billion.
bimensual [bimen'swal] *a* twice monthly.
bimotor [bimo'tor] *a* twin-engined // *nm* twin-engined plane.
binóculo [bi'nokulo] *nm* pince-nez.
biografía [bjoɣra'fia] *nf* biography; **biógrafo, a** *nm/f* biographer.
biología [bjolo'xia] *nf* biology; **biológico, a** *a* biological; **biólogo, a** *nm/f* biologist.
biombo ['bjombo] *nm* (folding) screen.
biopsia [bi'opsja] *nf* biopsy.
birlar [bir'lar] *vt* (*fam*) to pinch.
Birmania [bir'manja] *nf* Burma.
bis [bis] *excl* encore! // *ad*: **viven en el 27 ~** they live at 27a.
bisabuelo, a [bisa'ßwelo, a] *nm/f* great-grandfather/mother.
bisagra [bi'saɣra] *nf* hinge.
bisbisar [bisßi'sar], **bisbisear** [bisßise'ar] *vt* to mutter, mumble.
bisiesto [bi'sjesto] *a*: **año ~** leap year.
bisnieto, a [bis'njeto, a] *nm/f* great-grandson/daughter.
bisonte [bi'sonte] *nm* bison.
bistec [bis'tek], **bisté** [bis'te] *nm* steak.
bisturí [bistu'ri] *nm* scalpel.
bisutería [bisute'ria] *nf* imitation *o* costume jewellery.
bit [bit] *nm* (*INFORM*) bit.
bizcar [biθ'kar] *vi* to squint.
bizco, a ['biθko, a] *a* cross-eyed.
bizcocho [biθ'kotʃo] *nm* (*CULIN*) sponge cake.
bizquear [biθke'ar] *vi* to squint.
blanco, a ['blanko, a] *a* white // *nm/f* white man/woman, white // *nm* (*color*) white; (*en texto*) blank; (*MIL, fig*) target // *nf* (*MUS*) minim; **en ~** blank; **noche en ~** sleepless night; **estar sin ~** to be broke.
blancura [blan'kura] *nf* whiteness.
blandir [blan'dir] *vt* to brandish.
blando, a ['blando, a] *a* soft; (*tierno*) tender, gentle; (*carácter*) mild; (*fam*) cowardly; **blandura** *nf* softness; tenderness; mildness.
blanquear [blanke'ar] *vt* to whiten; (*fachada*) to whitewash; (*paño*) to bleach // *vi* to turn white; **blanquecino, a** *a* whitish.
blasfemar [blasfe'mar] *vi* to blaspheme, curse; **blasfemia** *nf* blasphemy.
blasón [bla'son] *nm* coat of arms; (*fig*) honour; **blasonar** *vt* to emblazon // *vi* to boast, brag.
bledo ['bleðo] *nm*: **me importa un ~** I couldn't care less.
blindado, a [blin'daðo, a] *a* (*MIL*) armour-plated; (*antibala*) bullet-proof; **coche** (*Esp*) *o* **carro** (*AM*) **~** armoured car.
blindaje [blin'daxe] *nm* armour, armour-plating.
bloc [blok] (*pl* **~s**) *nm* writing pad.
bloque ['bloke] *nm* block; (*POL*) bloc; **~ de cilindros** cylinder block.
bloquear [bloke'ar] *vt* to blockade; **bloqueo** *nm* blockade; (*COM*) freezing, blocking.
blusa ['blusa] *nf* blouse.
boato [bo'ato] *nm* show, ostentation.
bobada [bo'ßaða], **bobería** [boße'ria] *nf* foolish action; foolish statement; **decir bobadas** to talk nonsense.
bobina [bo'ßina] *nf* (*TEC*) bobbin; (*FOTO*) spool; (*ELEC*) coil.
bobo, a ['boßo, a] *a* (*tonto*) daft, silly; (*cándido*) naïve // *nm/f* fool, idiot // *nm* (*TEATRO*) clown, funny man.
boca ['boka] *nf* mouth; (*de crustáceo*) pincer; (*de cañón*) muzzle; (*entrada*) mouth, entrance; **~s** *nfpl* (*de río*) mouth *sg*; **~ abajo/arriba** face down/up; **a ~jarro** point-blank; **se me hace agua la**

~ my mouth is watering.
bocacalle [boka'kaʎe] *nf* (entrance to a) street; **la primera** ~ the first turning *o* street.
bocadillo [boka'ðiʎo] *nm* sandwich.
bocado [bo'kaðo] *nm* mouthful, bite; (*de caballo*) bridle; ~ **de Adán** Adam's apple.
bocanada [boka'naða] *nf* (*de vino*) mouthful, swallow; (*de aire*) gust, puff.
bocazas [bo'kaθas] *nm inv* (*fam*) bigmouth.
boceto [bo'θeto] *nm* sketch, outline.
bocina [bo'θina] *nf* (*MUS*) trumpet; (*AUTO*) horn; (*para hablar*) megaphone.
bocha ['botʃa] *nf* bowl; ~s *nfpl* bowls *sg*.
bochinche [bo'tʃintʃe] *nm* (*fam*) uproar.
bochorno [bo'tʃorno] *nm* (*vergüenza*) embarrassment; (*calor*): **hace** ~ it's very muggy; **~so, a** *a* muggy; embarrassing.
boda ['boða] *nf* (*tb*: ~s) wedding, marriage; (*fiesta*) wedding reception; **~s de plata/de oro** silver/golden wedding.
bodega [bo'ðeɣa] *nf* (*de vino*) (wine) cellar; (*depósito*) storeroom; (*de barco*) hold.
bodegón [boðe'ɣon] *nm* (*ARTE*) still life.
bofe ['bofe] *nm* (*tb*: ~s: *de res*) lights.
bofetada [bofe'taða] *nf*, **bofetón** [bofe'ton] *nm* slap (in the face).
boga ['boɣa] *nf*: **en** ~ (*fig*) in vogue.
bogar [bo'ɣar] *vi* (*remar*) to row; (*navegar*) to sail.
Bogotá [boɣo'ta] *n* Bogotá; **bogotano, a** *a* of *o* from Bogotá.
bohemio, a [bo'emjo, a] *a*, *nm/f* Bohemian.
boicot [boi'kot] (*pl* ~s) *nm* boycott; **~ear** *vt* to boycott; **~eo** *nm* boycott.
boina ['boina] *nf* beret.
bola ['bola] *nf* ball; (*canica*) marble; (*NAIPES*) (grand) slam; (*betún*) shoe polish; (*mentira*) tale, story; ~s *nfpl* (*AM*) bolas *sg*; ~ **de billar** billiard ball; ~ **de nieve** snowball.
bolchevique [boltʃe'ßike] *a*, *nm/f* Bolshevik.
boleadoras [bolea'ðoras] *nfpl* (*AM*) bolas *sg*.
bolera [bo'lera] *nf* skittle *o* bowling alley.
boleta [bo'leta] *nf* (*AM*: *billete*) ticket; (: *permiso*) pass, permit.
boletería [bolete'ria] *nf* (*AM*) ticket office.
boletín [bole'tin] *nm* bulletin; (*periódico*) journal, review; ~ **escolar** (*Esp*) school report; ~ **de noticias** news bulletin; ~ **de pedido** application form; ~ **de precios** price list; ~ **de prensa** press release.
boleto [bo'leto] *nm* ticket.
boli ['boli] *nm* (*fam*) Biro ®, pen.
boliche [bo'litʃe] *nm* (*bola*) jack; (*juego*) bowls *sg*; (*lugar*) bowling alley.
bolígrafo [bo'liɣrafo] *nm* ball-point pen, Biro ®.
bolívar [bo'lißar] *nm monetary unit of Venezuela*.
Bolivia [bo'lißja] *nf* Bolivia; **boliviano, a** *a*, *nm/f* Bolivian.
bolo ['bolo] *nm* skittle; (*píldora*) (large) pill; (**juego de**) ~s *nmpl* skittles *sg*.
bolsa ['bolsa] *nf* (*cartera*) purse; (*saco*) bag; (*AM*) pocket; (*ANAT*) cavity, sac; (*COM*) stock exchange; (*MINERÍA*) pocket; ~ **de agua caliente** hot water bottle; ~ **de aire** air pocket; ~ **de papel** paper bag; ~ **de plástico** plastic bag.
bolsillo [bol'siʎo] *nm* pocket; (*cartera*) purse; **de** ~ pocket(-size).
bolsista [bol'sista] *nm/f* stockbroker.
bolso ['bolso] *nm* (*bolsa*) bag; (*de mujer*) handbag.
bollo ['boʎo] *nm* (*pan*) roll; (*bulto*) bump, lump; (*abolladura*) dent.
bomba ['bomba] *nf* (*MIL*) bomb; (*TEC*) pump // *a* (*fam*): **noticia** ~ bombshell // *ad* (*fam*): **pasarlo** ~ to have a great time; ~ **atómica/de humo/de retardo** atomic/smoke/time bomb; ~ **de gasolina** petrol pump.
bombardear [bombarðe'ar] *vt* to bombard; (*MIL*) to bomb; **bombardeo** *nm* bombardment; bombing.
bombardero [bombar'ðero] *nm* bomber.
bombear [bombe'ar] *vt* (*agua*) to pump (out *o* up); (*MIL*) to bomb; **~se** *vr* to warp.
bombero [bom'bero] *nm* fireman.
bombilla [bom'biʎa] *nf* (*Esp*) (light) bulb.
bombín [bom'bin] *nm* bowler hat.
bombo ['bombo] *nm* (*MUS*) bass drum; (*TEC*) drum.
bombón [bom'bon] *nm* chocolate.
bonachón, ona [bona'tʃon, ona] *a* good-natured, easy-going.
bonaerense [bonae'rense] *a* of *o* from Buenos Aires.
bonanza [bo'nanθa] *nf* (*NAUT*) fair weather; (*fig*) bonanza; (*MINERÍA*) rich pocket *o* vein.
bondad [bon'dað] *nf* goodness, kindness; **tenga la** ~ **de** (please) be good enough to; **~oso, a** *a* good, kind.
bonito, a [bo'nito, a] *a* pretty; (*agradable*) nice // *nm* (*atún*) tuna (fish).
bono ['bono] *nm* voucher; (*FINANZAS*) bond.
bonobús [bono'ßus] *nm* (*Esp*) bus pass.
boquear [boke'ar] *vi* to gasp.
boquerón [boke'ron] *nm* (*pez*) (kind of) anchovy; (*agujero*) large hole.
boquete [bo'kete] *nm* gap, hole.
boquiabierto, a [bokia'ßjerto, a] *a*: **quedar** ~ to be amazed *o* flabbergasted.
boquilla [bo'kiʎa] *nf* (*para riego*) nozzle; (*para cigarro*) cigarette holder; (*MUS*) mouthpiece.
borbollar [borßo'ʎar], **borbollear**

[borβoʎe'ar], **borbotar** [borβo'tar] *vi* to bubble.
borbotón [borβo'ton] *nm*: salir a borbotones to gush out.
bordado [bor'ðaðo] *nm* embroidery.
bordar [bor'ðar] *vt* to embroider.
borde ['borðe] *nm* edge, border; (*de camino etc*) side; (*en la costura*) hem; al ~ de (*fig*) on the verge *o* brink of; ser ~ (*Esp*: *fam*) to be a pain (in the neck); **~ar** *vt* to border.
bordillo [bor'ðiʎo] *nm* kerb (*Brit*), curb (*US*).
bordo ['borðo] *nm* (NAUT) side; **a ~** on board.
borinqueño, a [borin'kenjo, a] *a, nm/f* Puerto Rican.
borra ['borra] *nf* (*pelusa*) fluff; (*sedimento*) sediment.
borrachera [borra'tʃera] *nf* (*ebriedad*) drunkenness; (*orgía*) spree, binge.
borracho, a [bo'rratʃo, a] *a* drunk // *nm/f* (*que bebe mucho*) drunkard, drunk; (*temporalmente*) drunk, drunk man/woman.
borrador [borra'ðor] *nm* (*escritura*) first draft, rough sketch; (*cuaderno*) scribbling pad; (*goma*) rubber (*Brit*), eraser.
borrajear [borraxe'ar] *vt, vi* to scribble.
borrar [bo'rrar] *vt* to erase, rub out.
borrasca [bo'rraska] *nf* storm.
borrico, a [bo'rriko, a] *nm/f* donkey/she-donkey; (*fig*) stupid man/woman.
borrón [bo'rron] *nm* (*mancha*) stain.
borroso, a [bo'rroso, a] *a* vague, unclear; (*escritura*) illegible.
bosque ['boske] *nm* wood; (*grande*) forest.
bosquejar [boske'xar] *vt* to sketch; **bosquejo** *nm* sketch.
bosta ['bosta] *nf* dung; (*abono*) manure.
bostezar [boste'θar] *vi* to yawn; **bostezo** *nm* yawn.
bota ['bota] *nf* (*calzado*) boot; (*saco*) leather wine bottle.
botánico, a [bo'taniko, a] *a* botanical // *nm/f* botanist // *nf* botany.
botar [bo'tar] *vt* to throw, hurl; (NAUT) to launch; (*fam*) to throw out // *vi* to bounce.
bote ['bote] *nm* (*salto*) bounce; (*golpe*) thrust; (*vasija*) tin, can; (*embarcación*) boat; de ~ en ~ packed, jammed full; ~ salvavidas lifeboat; **~ de la basura** (*AM*) dustbin (*Brit*), trashcan (*US*).
botella [bo'teʎa] *nf* bottle.
botica [bo'tika] *nf* chemist's (shop) (*Brit*), pharmacy; **~rio, a** *nm/f* chemist (*Brit*), pharmacist.
botijo [bo'tixo] *nm* (earthenware) jug.
botín [bo'tin] *nm* (*calzado*) half boot; (*polaina*) spat; (MIL) booty.
botiquín [boti'kin] *nm* (*armario*) medicine cabinet; (*portátil*) first-aid kit.
botón [bo'ton] *nm* button; (BOT) bud; (*de florete*) tip; ~ de oro buttercup.
botones [bo'tones] *nm inv* bellboy (*Brit*), bellhop (*US*).
bóveda ['boβeða] *nf* (ARQ) vault.
boxeador [boksea'ðor] *nm* boxer.
boxeo [bok'seo] *nm* boxing.
boya ['boja] *nf* (NAUT) buoy; (*flotador*) float.
bozal [bo'θal] *nm* (*de caballo*) halter; (*de perro*) muzzle.
bracear [braθe'ar] *vi* (*agitar los brazos*) to wave one's arms.
bracero [bra'θero] *nm* labourer; (*en el campo*) farmhand.
bracete [bra'θete]: de ~ *ad* arm in arm.
braga ['braɣa] *nf* (*cuerda*) sling, rope; (*de bebé*) nappy (*Brit*), diaper (*US*); **~s** *nfpl* (*de mujer*) panties, knickers (*Brit*).
bragueta [bra'ɣeta] *nf* fly, flies *pl*.
braille [breil] *nm* braille.
bramar [bra'mar] *vi* to bellow, roar; **bramido** *nm* bellow, roar.
brasa ['brasa] *nf* live *o* hot coal.
brasero [bra'sero] *nm* brazier.
Brasil [bra'sil] *nm*: **(el) ~** Brazil; **brasileño, a** *a, nm/f* Brazilian.
bravata [bra'βata] *nf* boast.
braveza [bra'βeθa] *nf* (*valor*) bravery; (*ferocidad*) ferocity.
bravío, a [bra'βio, a] *a* wild; (*feroz*) fierce.
bravo, a ['braβo, a] *a* (*valiente*) brave; (*bueno*) fine, splendid; (*feroz*) ferocious; (*salvaje*) wild; (*mar etc*) rough, stormy // *excl* bravo!; **bravura** *nf* bravery; ferocity; (*pey*) boast.
braza ['braθa] *nf* fathom; **nadar a la ~** to swim (the) breast-stroke.
brazada [bra'θaða] *nf* stroke.
brazado [bra'θaðo] *nm* armful.
brazalete [braθa'lete] *nm* (*pulsera*) bracelet; (*banda*) armband.
brazo ['braθo] *nm* arm; (ZOOL) foreleg; (BOT) limb, branch; **luchar a ~ partido** to fight hand-to-hand; **ir del ~** to walk arm in arm.
brea ['brea] *nf* pitch, tar.
brebaje [bre'βaxe] *nm* potion.
brecha ['bretʃa] *nf* (*hoyo, vacío*) gap, opening; (MIL, *fig*) breach.
brega ['breɣa] *nf* (*lucha*) struggle; (*trabajo*) hard work.
breve ['breβe] *a* short, brief // *nf* (MUS) breve; **~dad** *nf* brevity, shortness.
brezal [bre'θal] *nm* moor(land), heath; **brezo** *nm* heather.
bribón, ona [bri'βon, ona] *a* idle, lazy // *nm/f* (*vagabundo*) vagabond; (*pícaro*) rascal, rogue.
bricolaje [briko'laxe] *nm* do-it-yourself, DIY.
brida ['briða] *nf* bridle, rein; (TEC) clamp; **a toda ~** at top speed.
bridge [britʃ] *nm* bridge.
brigada [bri'ɣaða] *nf* (*unidad*) brigade;

(*trabajadores*) squad, gang // *nm* ≈ staff-sergeant, sergeant-major.
brillante [bri'ʎante] *a* brilliant // *nm* diamond.
brillar [bri'ʎar] *vi* (*tb fig*) to shine; (*joyas*) to sparkle.
brillo ['briʎo] *nm* shine; (*brillantez*) brilliance; (*fig*) splendour; sacar ~ a to polish.
brincar [brin'kar] *vi* to skip about, hop about, jump about; **está que brinca** he's hopping mad.
brinco ['brinko] *nm* jump, leap.
brindar [brin'dar] *vi*: ~ a *o* **por** to drink (a toast) to // *vt* to offer, present.
brindis ['brindis] *nm* toast; (*TAUR*) (ceremony of) dedication.
brío ['brio] *nm* spirit, dash; **brioso, a** *a* spirited, dashing.
brisa ['brisa] *nf* breeze.
británico, a [bri'taniko, a] *a* British // *nm/f* Briton, British person.
brocal [bro'kal] *nm* rim.
brocha ['brotʃa] *nf* (large) paintbrush; ~ de afeitar shaving brush.
broche ['brotʃe] *nm* brooch.
broma ['broma] *nf* joke; **en** ~ in fun, as a joke; **bromear** *vi* to joke.
bromista [bro'mista] *a* fond of joking // *nm/f* joker, wag.
bronca ['bronka] *nf* row; **echar una** ~ **a uno** to tick sb off.
bronce ['bronθe] *nm* bronze; **~ado, a** *a* bronze; (*por el sol*) tanned // *nm* (sun)tan; (*TEC*) bronzing.
broncearse [bronθe'arse] *vr* to get a suntan.
bronco, a ['bronko, a] *a* (*manera*) rude, surly; (*voz*) harsh.
bronquitis [bron'kitis] *nf* bronchitis.
brotar [bro'tar] *vi* (*BOT*) to sprout; (*aguas*) to gush (forth); (*MED*) to break out.
brote ['brote] *nm* (*BOT*) shoot; (*MED, fig*) outbreak.
bruces ['bruθes]: **de** ~ *ad*: **caer** *o* **dar de** ~ to fall headlong, fall flat.
bruja ['bruxa] *nf* witch; **brujería** *nf* witchcraft.
brujo ['bruxo] *nm* wizard, magician.
brújula ['bruxula] *nf* compass.
bruma ['bruma] *nf* mist; **brumoso, a** *a* misty.
bruñido [bru'ɲiðo] *nm* polish; **bruñir** *vt* to polish.
brusco, a ['brusko, a] *a* (*súbito*) sudden; (*áspero*) brusque.
Bruselas [bru'selas] *n* Brussels.
brutal [bru'tal] *a* brutal.
brutalidad [brutali'ðað] *nf* brutality.
bruto, a ['bruto, a] *a* (*idiota*) stupid; (*bestial*) brutish; (*peso*) gross; **en** ~ raw, unworked.
Bs.As. *abr* (= *Buenos Aires*) B.A.
bucal [bu'kal] *a* oral; **por vía** ~ orally.
bucear [buθe'ar] *vi* to dive // *vt* to explore; **buceo** *nm* diving; (*fig*) investigation.
bucle ['bukle] *nm* curl.
budismo [bu'ðismo] *nm* Buddhism.
buen [bwen] *am ver* **bueno.**
buenamente [bwena'mente] *ad* (*fácilmente*) easily; (*voluntariamente*) willingly.
buenaventura [bwenaβen'tura] *nf* (*suerte*) good luck; (*adivinación*) fortune.
bueno, a ['bweno, a] ♦ *a* (*antes de nmsg*: **buen**) **1** (*excelente etc*) good; **es un libro** ~ *o* **es un buen libro** it's a good book; **hace** ~, **hace buen tiempo** the weather is *o* it is fine; **el** ~ **de Paco** good old Paco; **fue muy** ~ **conmigo** he was very nice *o* kind to me
2 (*apropiado*): **ser bueno/a para** to be good for; **creo que vamos por buen camino** I think we're on the right track
3 (*irónico*): **le di un buen rapapolvo** I gave him a good *o* real ticking off; **¡buen conductor estás hecho!** some *o* a fine driver you are!; **¡estaría** ~ **que ...!** a fine thing it would be if ...!
4 (*atractivo, sabroso*): **está bueno este bizcocho** this sponge is delicious; **Carmen está muy buena** Carmen is looking good
5 (*saludos*): **¡buen día!, ¡buenos días!** good morning!; **¡buenas (tardes)!** (good) afternoon!; (*más tarde*) (good) evening!; **¡buenas noches!** good night!
6 (*otras locuciones*): **estar de buenas** to be in a good mood; **por las buenas o por las malas** by hook or by crook; **de buenas a primeras** all of a sudden
♦ *excl*: **¡~!** all right!; ~, **¿y qué?** well, so what?
Buenos Aires *nm* Buenos Aires.
buey [bwei] *nm* ox.
búfalo ['bufalo] *nm* buffalo.
bufanda [bu'fanda] *nf* scarf.
bufar [bu'far] *vi* to snort.
bufete [bu'fete] *nm* (*despacho de abogado*) lawyer's office.
buffer ['bufer] *nm* (*INFORM*) buffer.
bufón [bu'fon, ona] *nm* clown.
buhardilla [buar'ðiʎa] *nf* (*desván*) attic.
búho ['buo] *nm* owl; (*fig*) hermit, recluse.
buhonero [buo'nero] *nm* pedlar.
buitre ['bwitre] *nm* vulture.
bujía [bu'xia] *nf* (*vela*) candle; (*ELEC*) candle (power); (*AUTO*) spark plug.
bula ['bula] *nf* (papal) bull.
bulbo ['bulβo] *nm* bulb.
bulevar [bule'βar] *nm* boulevard.
Bulgaria [bul'ɣarja] *nf* Bulgaria; **búlgaro, a** *a, nm/f* Bulgarian.
bulto ['bulto] *nm* (*paquete*) package; (*fardo*) bundle; (*tamaño*) size, bulkiness; (*MED*) swelling, lump; (*silueta*)

vague shape; (*estatua*) bust, statue.
bulla ['buʎa] *nf* (*ruido*) uproar; (*de gente*) crowd.
bullicio [bu'ʎiθjo] *nm* (*ruido*) uproar; (*movimiento*) bustle.
bullir [bu'ʎir] *vi* (*hervir*) to boil; (*burbujear*) to bubble; (*mover*) to move, stir.
buñuelo [bu'ɲwelo] *nm* ≈ doughnut (*Brit*), donut (*US*); (*fruta de sartén*) fritter.
BUP [bup] *nm abr* (*Esp* = *Bachillerato Unificado Polivalente*) *secondary education and leaving certificate for 14-17 age group.*
buque ['buke] *nm* ship, vessel.
burbuja [bur'βuxa] *nf* bubble; **burbujear** *vi* to bubble.
burdel [bur'ðel] *nm* brothel.
burdo, a ['burðo, a] *a* coarse, rough.
burgués, esa [bur'ɣes, esa] *a* middle-class, bourgeois; **burguesía** *nf* middle class, bourgeoisie.
burla ['burla] *nf* (*mofa*) gibe; (*broma*) joke; (*engaño*) trick.
burladero [burla'ðero] *nm* (bullfighter's) refuge.
burlador, a [burla'ðor, a] *a* mocking // *nm/f* (*bromista*) joker // *nm* (*libertino*) seducer.
burlar [bur'lar] *vt* (*engañar*) to deceive; (*seducir*) to seduce // *vi*, **~se** *vr* to joke; **~se de** to make fun of.
burlesco, a [bur'lesko, a] *a* burlesque.
burlón, ona [bur'lon, ona] *a* mocking.
burocracia [buro'kraθja] *nf* civil service; (*pey*) bureaucracy.
burócrata [bu'rokrata] *nm/f* civil servant; (*pey*) bureaucrat.
buromática [buro'matika] *nf* office automation.
burro, a ['burro] *nm/f* donkey/she-donkey; (*fig*) ass, idiot.
bursátil [bur'satil] *a* stock-exchange *cpd*.
bus [bus] *nm* bus.
busca ['buska] *nf* search, hunt // *nm* (TEL) bleeper; **en ~ de** in search of.
buscapleitos [buska'pleitos] *nm/f inv* troublemaker.
buscar [bus'kar] *vt* to look for, search for, seek // *vi* to look, search, seek; **se busca secretaria** secretary wanted.
buscón, ona [bus'kon, ona] *a* thieving // *nm* petty thief // *nf* whore.
busilis [bu'silis] *nm* (*fam*) snag.
busque *etc vb ver* **buscar**.
búsqueda ['buskeða] *nf* = **busca**.
busto ['busto] *nm* (ANAT, ARTE) bust.
butaca [bu'taka] *nf* armchair; (*de cine, teatro*) stall, seat.
butano [bu'tano] *nm* butane (gas).
buzo ['buθo] *nm* diver.
buzón [bu'θon] *nm* (*en puerta*) letter box; (*en la calle*) pillar box.

C

C. *abr* (= *centígrado*) C; (= *compañía*) Co.
c. *abr* (= *capítulo*) ch.
C/ *abr* (= *calle*) St.
c.a. *abr* (= *corriente alterna*) AC.
cabal [ka'βal] *a* (*exacto*) exact; (*correcto*) right, proper; (*acabado*) finished, complete; **~es** *nmpl*: **estar en sus ~es** to be in one's right mind.
cabalgadura [kaβalɣa'ðura] *nf* mount, horse.
cabalgar [kaβal'ɣar] *vt, vi* to ride.
cabalgata [kaβal'ɣata] *nf* procession.
caballa [ka'βaʎa] *nf* mackerel.
caballeresco, a [kaβaʎe'resko, a] *a* noble, chivalrous.
caballería [kaβaʎe'ria] *nf* mount; (MIL) cavalry.
caballeriza [kaβaʎe'riθa] *nf* stable; **caballerizo** *nm* groom, stableman.
caballero [kaβa'ʎero] *nm* (*hombre galante*) gentleman; (*de la orden de caballería*) knight; (*trato directo*) sir.
caballerosidad [kaβaʎerosi'ðað] *nf* chivalry.
caballete [kaβa'ʎete] *nm* (ARTE) easel; (TEC) trestle.
caballito [kaβa'ʎito] *nm* (*caballo pequeño*) small horse, pony; **~s** *nmpl* (*en verbena*) roundabout *sg*, merry-go-round.
caballo [ka'βaʎo] *nm* horse; (AJEDREZ) knight; (NAIPES) queen; **~ de vapor** *o* **de fuerza** horsepower.
cabaña [ka'βaɲa] *nf* (*casita*) hut, cabin.
cabaré, cabaret [kaβa're] (*pl* **cabarés, cabarets**) *nm* cabaret.
cabecear [kaβeθe'ar] *vt, vi* to nod.
cabecera [kaβe'θera] *nf* head; (*de distrito*) chief town; (IMPRENTA) headline.
cabecilla [kaβe'θiʎa] *nm/f* ringleader.
cabellera [kaβe'ʎera] *nf* (head of) hair; (*de cometa*) tail.
cabello [ka'βeʎo] *nm* (*tb*: **~s**) hair *sg*.
caber [ka'βer] *vi* (*entrar*) to fit, go; **caben 3 más** there's room for 3 more.
cabestrillo [kaβes'triʎo] *nm* sling.
cabestro [ka'βestro] *nm* halter.
cabeza [ka'βeθa] *nf* head; (POL) chief, leader; **~da** *nf* (*golpe*) butt; **dar ~das** to nod off.
cabida [ka'βiða] *nf* space.
cabildo [ka'βildo] *nm* (*de iglesia*) chapter; (POL) town council.
cabina [ka'βina] *nf* cabin; (*de camión*) cab; **~ telefónica** telephone box (*Brit*) *o* booth.
cabizbajo, a [kaβiθ'βaxo, a] *a* crestfallen, dejected.
cable ['kaβle] *nm* cable.
cabo ['kaβo] *nm* (*de objeto*) end,

extremity; (*MIL*) corporal; (*NAUT*) rope, cable; (*GEO*) cape; **al ~ de 3 días** after 3 days.
cabra ['kaβra] *nf* goat.
cabré *etc vb ver* **caber**.
cabrío, a [ka'βrio, a] *a* goatish; **macho ~** (he-)goat, billy goat.
cabriola [ka'βrjola] *nf* caper.
cabritilla [kaβri'tiʎa] *nf* kid, kidskin.
cabrito [ka'βrito] *nm* kid.
cabrón [ka'βron] *nm* cuckold; (*fam!*) bastard (*!*).
cacahuete [kaka'wete] *nm* (*Esp*) peanut.
cacao [ka'kao] *nm* cocoa; (*BOT*) cacao.
cacarear [kakare'ar] *vi* (*persona*) to boast; (*gallina*) to crow.
cacería [kaθe'ria] *nf* hunt.
cacerola [kaθe'rola] *nf* pan, saucepan.
cacique [ka'θike] *nm* chief, local ruler; (*POL*) local party boss; **caciquismo** *nm system of dominance by the local boss.*
caco ['kako] *nm* pickpocket.
cacto ['kakto] *nm*, **cactus** ['kaktus] *nm inv* cactus.
cacharro [ka'tʃarro] *nm* earthenware pot; **~s** *nmpl* pots and pans.
cachear [katʃe'ar] *vt* to search, frisk.
cachemir [katʃe'mir] *nm* cashmere.
cacheo [ka'tʃeo] *nm* searching, frisking.
cachete [ka'tʃete] *nm* (*ANAT*) cheek; (*bofetada*) slap (in the face).
cachimba [ka'tʃimba] *nf* pipe.
cachiporra [katʃi'porra] *nf* truncheon.
cachivache [katʃi'βatʃe] *nm* (*trasto*) piece of junk; **~s** *nmpl* junk *sg*.
cacho ['katʃo, a] *nm* (small) bit; (*AM*: *cuerno*) horn.
cachondeo [katʃon'deo] *nm* (*fam*) farce, joke.
cachondo, a [ka'tʃondo, a] *a* (*ZOOL*) on heat; (*fam*) randy, sexy; (*gracioso*) funny.
cachorro, a [ka'tʃorro, a] *nm/f* (*perro*) pup, puppy; (*león*) cub.
cada ['kaða] *a inv* each; (*antes de número*) every; **~ día** each day, every day; **~ dos días** every other day; **~ uno/a** each one, every one; **~ vez más** more and more; **uno de ~ diez** one out of every ten.
cadalso [ka'ðalso] *nm* scaffold.
cadáver [ka'ðaβer] *nm* (dead) body, corpse.
cadena [ka'ðena] *nf* chain; (*TV*) channel; **trabajo en ~** assembly line work.
cadencia [ka'ðenθja] *nf* cadence, rhythm.
cadera [ka'ðera] *nf* hip.
cadete [ka'ðete] *nm* cadet.
caducar [kaðu'kar] *vi* to expire; **caduco, a** *a* expired; (*persona*) very old.
C.A.E. *abr* (= *cóbrese al entregar*) COD.
caer [ka'er] *vi*, **caerse** *vr* to fall (down); **me cae bien/mal** I get on well with him/I can't stand him; **~ en la cuenta** to catch on; **su cumpleaños cae en viernes** her birthday falls on a Friday.
café [ka'fe] (*pl* ~s) *nm* (*bebida, planta*) coffee; (*lugar*) café // *a* (*color*) brown; **~ con leche** white coffee; **~ solo** black coffee; **cafetal** *nm* coffee plantation.
cafetería [kafete'ria] *nf* (*gen*) café.
cafetero, a [kafe'tero, a] *a* coffee *cpd*; **ser muy ~** to be a coffee addict // *nf* coffee pot.
cagar [ka'ɣar] *vt* (*fam!*) to shit (*!*); to bungle, mess up // *vi* to have a shit (*!*).
caída [ka'iða] *nf* fall; (*declive*) slope; (*disminución*) fall, drop.
caiga *etc vb ver* **caer**.
caimán [kai'man] *nm* alligator.
caja ['kaxa] *nf* box; (*para reloj*) case; (*de ascensor*) shaft; (*COM*) cashbox; (*donde se hacen los pagos*) cashdesk; (: *en supermercado*) checkout, till; **~ de ahorros** savings bank; **~ de cambios** gearbox; **~ fuerte**, **~ de caudales** safe, strongbox.
cajero, a [ka'xero, a] *nm/f* cashier.
cajetilla [kaxe'tiʎa] *nf* (*de cigarrillos*) packet.
cajón [ka'xon] *nm* big box; (*de mueble*) drawer.
cal [kal] *nf* lime.
cala ['kala] *nf* (*GEO*) cove, inlet; (*de barco*) hold.
calabacín [kalaβa'θin] *nm* (*BOT*) baby marrow; (: *más pequeño*) courgette (*Brit*), zucchini (*US*).
calabacita [kalaβa'θita] *nf* (*AM*) courgette (*Brit*), zucchini (*US*).
calabaza [kala'βaθa] *nf* (*BOT*) pumpkin.
calabozo [kala'βoθo] *nm* (*cárcel*) prison; (*celda*) cell.
calado, a [ka'laðo, a] *a* (*prenda*) lace *cpd* // *nm* (*NAUT*) draught // *nf* (*de cigarrillo*) puff.
calamar [kala'mar] *nm* squid.
calambre [ka'lambre] *nm* (*tb*: **~s**) cramp.
calamidad [kalami'ðað] *nf* calamity, disaster.
calamina [kala'mina] *nf* calamine.
calaña [ka'laɲa] *nf* model, pattern.
calar [ka'lar] *vt* to soak, drench; (*penetrar*) to pierce, penetrate; (*comprender*) to see through; (*vela, red*) to lower; **~se** *vr* (*AUTO*) to stall; **~se las gafas** to stick one's glasses on.
calavera [kala'βera] *nf* skull.
calcañal [kalka'ɲal], **calcañar** [kalka'ɲar], **calcaño** [kal'kaɲo] *nm* heel.
calcar [kal'kar] *vt* (*reproducir*) to trace; (*imitar*) to copy.
calceta [kal'θeta] *nf* (knee-length) stocking; **hacer ~** to knit.
calcetín [kalθe'tin] *nm* sock.
calcinar [kalθi'nar] *vt* to burn, blacken.
calcio ['kalθjo] *nm* calcium.
calco ['kalko] *nm* tracing.
calcomanía [kalkoma'nia] *nf* transfer.

calculadora [kalkula'ðora] *nf* calculator.
calcular [kalku'lar] *vt* (*MAT*) to calculate, compute; ~ **que** ... to reckon that ...; **cálculo** *nm* calculation.
caldear [kalde'ar] *vt* to warm (up), heat (up).
caldera [kal'dera] *nf* boiler.
calderilla [kalde'riʎa] *nf* (*moneda*) small change.
caldero [kal'dero] *nm* small boiler.
caldo ['kaldo] *nm* stock; (*consomé*) consommé.
calefacción [kalefak'θjon] *nf* heating; ~ **central** central heating.
calendario [kalen'darjo] *nm* calendar.
calentador [kalenta'ðor] *nm* heater.
calentar [kalen'tar] *vt* to heat (up); **~se** *vr* to heat up, warm up; (*fig*: *discusión etc*) to get heated.
calentura [kalen'tura] *nf* (*MED*) fever, (high) temperature.
calibrar [kali'ßrar] *vt* to gauge, measure; **calibre** *nm* (*de cañón*) calibre, bore; (*diámetro*) diameter; (*fig*) calibre.
calidad [kali'ðað] *nf* quality; **de ~** quality *cpd*; **en ~ de** in the capacity of, as.
cálido, a ['kaliðo, a] *a* hot; (*fig*) warm.
caliente *etc vb ver* **calentar** // [ka'ljente] *a* hot; (*fig*) fiery; (*disputa*) heated; (*fam*: *cachondo*) randy.
calificación [kalifika'θjon] *nf* qualification; (*de alumno*) grade, mark.
calificar [kalifi'kar] *vt* to qualify; (*alumno*) to grade, mark; **~ de** to describe as.
calizo, a [ka'liθo, a] *a* lime *cpd* // *nf* limestone.
calma ['kalma] *nf* calm; (*pachorra*) slowness.
calmante [kal'mante] *nm* sedative, tranquillizer.
calmar [kal'mar] *vt* to calm, calm down // *vi* (*tempestad*) to abate; (*mente etc*) to become calm.
calmoso, a [kal'moso, a] *a* calm, quiet.
calor [ka'lor] *nm* heat; (~ *agradable*) warmth.
caloría [kalo'ria] *nf* calorie.
calorífero, a [kalo'rifero, a] *a* heat-producing, heat-giving // *nm* heating system.
calumnia [ka'lumnja] *nf* calumny, slander; **calumnioso, a** *a* slanderous.
caluroso, a [kalu'roso, a] *a* hot; (*sin exceso*) warm; (*fig*) enthusiastic.
calvario [kal'ßarjo] *nm* stations *pl* of the cross.
calvicie [kal'ßiθje] *nf* baldness.
calvo, a ['kalßo, a] *a* bald; (*terreno*) bare, barren; (*tejido*) threadbare // *nf* bald patch; (*en bosque*) clearing.
calza ['kalθa] *nf* wedge, chock.
calzado, a [kal'θaðo, a] *a* shod // *nm* footwear // *nf* roadway, highway.
calzador [kalθa'ðor] *nm* shoehorn.
calzar [kal'θar] *vt* (*zapatos etc*) to wear; (*un mueble*) to put a wedge under; **~se** *vr*: **~se los zapatos** to put on one's shoes; **¿qué (número) calza?** what size do you take?
calzón [kal'θon] *nm* (*tb*: **calzones** *nmpl*) shorts *pl*; (*AM*: *de hombre*) pants, (: *de mujer*) panties.
calzoncillos [kalθon'θiʎos] *nmpl* underpants.
callado, a [ka'ʎaðo, a] *a* quiet.
callar [ka'ʎar] *vt* (*asunto delicado*) to keep quiet about, say nothing about; (*persona, opinión*) to silence // *vi*, **~se** *vr* to keep quiet, be silent; **¡cállate!** be quiet!, shut up!
calle ['kaʎe] *nf* street; (*DEPORTE*) lane; ~ **arriba/abajo** up/down the street; ~ **de un solo sentido** one-way street.
calleja [ka'ʎexa] *nf* alley, narrow street; **callejear** *vi* to wander (about) the streets; **callejero, a** *a* street *cpd* // *nm* street map; **callejón** *nm* alley, passage; **callejón sin salida** cul-de-sac; **callejuela** *nf* side-street, alley.
callista [ka'ʎista] *nm/f* chiropodist.
callo ['kaʎo] *nm* callus; (*en el pie*) corn; **~s** *nmpl* (*CULIN*) tripe *sg*; **~so, a** *a* horny, rough.
cama ['kama] *nf* bed; (*GEO*) stratum; ~ **individual/de matrimonio** single/double bed.
camada [ka'maða] *nf* litter; (*de personas*) gang, band.
camafeo [kama'feo] *nm* cameo.
cámara ['kamara] *nf* chamber; (*habitación*) room; (*sala*) hall; (*CINE*) cine camera; (*fotográfica*) camera; ~ **de aire** inner tube.
camarada [kama'raða] *nm* comrade, companion.
camarera [kama'rera] *nf* (*en restaurante*) waitress; (*en casa, hotel*) maid.
camarero [kama'rero] *nm* waiter.
camarilla [kama'riʎa] *nf* (*clan*) clique; (*POL*) lobby.
camarín [kama'rin] *nm* dressing room.
camarón [kama'ron] *nm* shrimp.
camarote [kama'rote] *nm* cabin.
cambiable [kam'bjaßle] *a* (*variable*) changeable, variable; (*intercambiable*) interchangeable.
cambiante [kam'bjante] *a* variable.
cambiar [kam'bjar] *vt* to change; (*dinero*) to exchange // *vi* to change; **~se** *vr* (*mudarse*) to move; (*de ropa*) to change; ~ **de idea** to change one's mind; ~ **de ropa** to change (one's clothes).
cambiazo [kam'bjaθo] *nm*: **dar el ~ a uno** to swindle sb.
cambio ['kambjo] *nm* change; (*trueque*) exchange; (*COM*) rate of exchange; (*oficina*) bureau de change; (*dinero menudo*) small change; **en ~** on the other hand; (*en lugar de*) instead; **~ de**

divisas foreign exchange; ~ **de velocidades** gear lever; ~ **de vía** points *pl*.
cambista [kam'bista] *nm* (*COM*) exchange broker.
camelar [kame'lar] *vt* (*con mujer*) to flirt with; (*persuadir*) to cajole.
camello [ka'meʎo] *nm* camel; (*fam: traficante*) pusher.
camilla [ka'miʎa] *nf* (*MED*) stretcher.
caminante [kami'nante] *nm/f* traveller.
caminar [kami'nar] *vi* (*marchar*) to walk, go; (*viajar*) to travel, journey // *vt* (*recorrer*) to cover, travel.
caminata [kami'nata] *nf* long walk; (*por el campo*) hike.
camino [ka'mino] *nm* way, road; (*sendero*) track; **a medio** ~ halfway (there); **en el** ~ on the way, en route; ~ **de** on the way to; ~ **particular** private road.
camión [ka'mjon] *nm* lorry (*Brit*), truck (*US*); **camionero, a** *nm/f* lorry *o* truck driver.
camioneta [kamjo'neta] *nf* van, light truck.
camisa [ka'misa] *nf* shirt; (*BOT*) skin; ~ **de dormir** nightdress; ~ **de fuerza** straitjacket; **camisería** *nf* outfitter's (shop).
camiseta [kami'seta] *nf* (*prenda*) tee-shirt; (: *ropa interior*) vest; (*de deportista*) top.
camisón [kami'son] *nm* nightdress, nightgown.
camorra [ka'morra] *nf*: **armar** *o* **buscar** ~ to look for trouble, kick up a fuss.
campamento [kampa'mento] *nm* camp.
campana [kam'pana] *nf* bell; ~**da** *nf* peal; ~**rio** *nm* belfry.
campanilla [kampa'niʎa] *nf* small bell.
campaña [kam'paɲa] *nf* (*MIL, POL*) campaign.
campechano, a [kampe'tʃano, a] *a* (*franco*) open.
campeón, ona [kampe'on, ona] *nm/f* champion; **campeonato** *nm* championship.
campesino, a [kampe'sino, a] *a* country *cpd*, rural; (*gente*) peasant *cpd* // *nm/f* countryman/woman; (*agricultor*) farmer.
campestre [kam'pestre] *a* country *cpd*, rural.
camping ['kampin] *nm* camping; (*lugar*) campsite; **ir de** *o* **hacer** ~ to go camping.
campiña [kam'piɲa] *nf* countryside.
campo ['kampo] *nm* (*fuera de la ciudad*) country, countryside; (*AGR, ELEC*) field; (*de fútbol*) pitch; (*de golf*) course; (*MIL*) camp.
camposanto [kampo'santo] *nm* cemetery.
camuflaje [kamu'flaxe] *nm* camouflage.
cana ['kana] *nf ver* **cano.**
Canadá [kana'ða] *nm* Canada; **canadiense** *a, nm/f* Canadian // *nf* fur-lined jacket.
canal [ka'nal] *nm* canal; (*GEO*) channel, strait; (*de televisión*) channel; (*de tejado*) gutter; ~ **de Panamá** Panama Canal; ~**izar** *vt* to channel.
canalón [kana'lon] *nm* (*conducto vertical*) drainpipe; (*del tejado*) gutter.
canalla [ka'naʎa] *nf* rabble, mob // *nm* swine.
canapé [kana'pe] (*pl* ~**s**) *nm* sofa, settee; (*CULIN*) canapé.
Canarias [ka'narjas] *nfpl*: (**las Islas**) ~ the Canary Islands, the Canaries.
canario, a [ka'narjo, a] *a, nm/f* (native) of the Canary Isles // *nm* (*ZOOL*) canary.
canasta [ka'nasta] *nf* (round) basket; **canastilla** [-'tiʎa] *nf* small basket; (*de niño*) layette.
canasto [ka'nasto] *nm* large basket.
cancela [kan'θela] *nf* gate.
cancelación [kanθela'θjon] *nf* cancellation.
cancelar [kanθe'lar] *vt* to cancel; (*una deuda*) to write off.
cáncer ['kanθer] *nm* (*MED*) cancer; **C**~ (*ASTROLOGÍA*) Cancer.
canciller [kanθi'ʎer] *nm* chancellor.
canción [kan'θjon] *nf* song; ~ **de cuna** lullaby; **cancionero** *nm* song book.
cancha ['kantʃa] *nf* (*de baloncesto, tenis etc*) court; (*AM: de fútbol*) pitch.
candado [kan'daðo] *nm* padlock.
candela [kan'dela] *nf* candle.
candelero [kande'lero] *nm* (*para vela*) candlestick; (*de aceite*) oil lamp.
candente [kan'dente] *a* red-hot; (*fig: tema*) burning.
candidato, a [kandi'ðato, a] *nm/f* candidate.
candidez [kandi'ðeθ] *nf* (*sencillez*) simplicity; (*simpleza*) naiveté; **cándido, a** *a* simple; naive.
candil [kan'dil] *nm* oil lamp; ~**ejas** [-'lexas] *nfpl* (*TEATRO*) footlights.
candor [kan'dor] *nm* (*sinceridad*) frankness; (*inocencia*) innocence.
canela [ka'nela] *nf* cinnamon.
cangrejo [kan'grexo] *nm* crab.
canguro [kan'guro] *nm* kangaroo; **hacer de** ~ to babysit.
caníbal [ka'nißal] *a, nm/f* cannibal.
canica [ka'nika] *nf* marble.
canijo, a [ka'nixo, a] *a* frail, sickly.
canino, a [ka'nino, a] *a* canine // *nm* canine (tooth).
canjear [kanxe'ar] *vt* to exchange.
cano, a ['kano, a] *a* grey-haired, white-haired // *nf* white *o* grey hair; **tener canas** to be going grey.
canoa [ka'noa] *nf* canoe.
canon ['kanon] *nm* canon; (*pensión*) rent; (*COM*) tax.

canónigo [ka'noniɣo] *nm* canon.
canonizar [kanoni'θar] *vt* to canonize.
cansado, a [kan'saðo, a] *a* tired, weary; (*tedioso*) tedious, boring.
cansancio [kan'sanθjo] *nm* tiredness, fatigue.
cansar [kan'sar] *vt* (*fatigar*) to tire, tire out; (*aburrir*) to bore; (*fastidiar*) to bother; **~se** *vr* to tire, get tired; (*aburrirse*) to get bored.
cantábrico, a [kan'taßriko, a] *a* Cantabrian; **mar C~** ≈ Bay of Biscay.
cantante [kan'tante] *a* singing // *nm/f* singer.
cantar [kan'tar] *vt* to sing // *vi* to sing; (*insecto*) to chirp; (*rechinar*) to squeak // *nm* (*acción*) singing; (*canción*) song; (*poema*) poem.
cántara ['kantara] *nf* large pitcher.
cántaro ['kantaro] *nm* pitcher, jug; **llover a ~s** to rain cats and dogs.
cante ['kante] *nm*: **~ jondo** flamenco singing.
cantera [kan'tera] *nf* quarry.
cantidad [kanti'ðað] *nf* quantity, amount.
cantilena [kanti'lena] *nf* = **cantinela**.
cantimplora [kantim'plora] *nf* (*frasco*) water bottle, canteen.
cantina [kan'tina] *nf* canteen; (*de estación*) buffet.
cantinela [kanti'nela] *nf* ballad, song.
canto ['kanto] *nm* singing; (*canción*) song; (*borde*) edge, rim; (*de un cuchillo*) back; **~ rodado** boulder.
cantor, a [kan'tor, a] *nm/f* singer.
canturrear [kanturre'ar] *vi* to sing softly.
canuto [ka'nuto] *nm* (*tubo*) small tube; (*fam*: *droga*) joint.
caña ['kaɲa] *nf* (*BOT*: *tallo*) stem, stalk; (*carrizo*) reed; (*vaso*) tumbler; (*de cerveza*) glass of beer; (*ANAT*) shinbone; **~ de azúcar** sugar cane; **~ de pescar** fishing rod.
cañada [ka'ɲaða] *nf* (*entre dos montañas*) gully, ravine; (*camino*) cattle track.
cáñamo ['kaɲamo] *nm* hemp.
caño ['kaɲo] *nm* (*tubo*) tube, pipe; (*de albañal*) sewer; (*MUS*) pipe; (*de fuente*) jet.
cañón [ka'ɲon] *nm* (*MIL*) cannon; (*de fusil*) barrel; (*GEO*) canyon, gorge.
cañonera [kaɲo'nera] *nf* (*tb*: **lancha ~**) gunboat.
caoba [ka'oßa] *nf* mahogany.
caos ['kaos] *nm* chaos.
cap. *abr* (= *capítulo*) ch.
capa ['kapa] *nf* cloak, cape; (*GEO*) layer, stratum; **so ~ de** under the pretext of.
capacidad [kapaθi'ðað] *nf* (*medida*) capacity; (*aptitud*) capacity, ability.
capacitación [kapaθita'θjon] *nf* training.
capar [ka'par] *vt* to castrate, geld.
caparazón [kapara'θon] *nm* shell.
capataz [kapa'taθ] *nm* foreman.
capaz [ka'paθ] *a* able, capable; (*amplio*) capacious, roomy.
capcioso, a [kap'θjoso, a] *a* wily, deceitful.
capellán [kape'ʎan] *nm* chaplain; (*sacerdote*) priest.
caperuza [kape'ruθa] *nf* hood.
capilla [ka'piʎa] *nf* chapel.
capital [kapi'tal] *a* capital // *nm* (*COM*) capital // *nf* (*ciudad*) capital; **~ social** share capital.
capitalismo [kapita'lismo] *nm* capitalism; **capitalista** *a*, *nm/f* capitalist.
capitalizar [kapitali'θar] *vt* to capitalize.
capitán [kapi'tan] *nm* captain.
capitanear [kapitane'ar] *vt* to captain.
capitolio [kapi'toljo] *nm* capitol.
capitulación [kapitula'θjon] *nf* (*rendición*) capitulation, surrender; (*acuerdo*) agreement, pact; **capitulaciones (matrimoniales)** *nfpl* marriage contract *sg*.
capitular [kapitu'lar] *vi* to come to terms, make an agreement.
capítulo [ka'pitulo] *nm* chapter.
capó [ka'po] *nm* (*AUTO*) bonnet.
capón [ka'pon] *nm* (*gallo*) capon.
caporal [kapo'ral] *nm* chief, leader.
capota [ka'pota] *nf* (*de mujer*) bonnet; (*AUTO*) hood (*Brit*), top (*US*).
capote [ka'pote] *nm* (*abrigo*: *de militar*) greatcoat; (: *de torero*) cloak.
Capricornio [kapri'kornjo] *nm* Capricorn.
capricho [ka'pritʃo] *nm* whim, caprice; **~so, a** *a* capricious.
cápsula ['kapsula] *nf* capsule.
captar [kap'tar] *vt* (*comprender*) to understand; (*RADIO*) to pick up; (*atención, apoyo*) to attract.
captura [kap'tura] *nf* capture; (*JUR*) arrest; **capturar** *vt* to capture; to arrest.
capucha [ka'putʃa] *nf* hood, cowl.
capullo [ka'puʎo] *nm* (*BOT*) bud; (*ZOOL*) cocoon; (*fam*) idiot.
caqui ['kaki] *nm* khaki.
cara ['kara] *nf* (*ANAT*, *de moneda*) face; (*aspecto*) appearance; (*de disco*) side; (*fig*) boldness; **~ a** *ad* facing; **de ~** opposite, facing; **dar la ~** to face the consequences; **¿~ o cruz?** heads or tails?; **¡qué ~ más dura!** what a nerve!
carabina [kara'ßina] *nf* carbine, rifle; (*persona*) chaperone.
Caracas [ka'rakas] *n* Caracas.
caracol [kara'kol] *nm* (*ZOOL*) snail; (*concha*) (sea) shell.
caracolear [karakole'ar] *vi* (*caballo*) to prance about.
carácter [ka'rakter] (*pl* **caracteres**) *nm* character; **tener buen/mal ~** to be good natured/bad tempered.
característico, a [karakte'ristiko, a] *a* characteristic // *nf* characteristic.

caracterizar [karakteri'θar] *vt* (*distinguir*) to characterize, typify; (*honrar*) to confer (a) distinction on.
caradura [kara'ðura] *nm/f*: es un ~ he's got a nerve.
carajo [ka'raxo] *nm* (*fam!*): ¡~! shit! (!).
caramba [ka'ramba] *excl* good gracious!
carámbano [ka'rambano] *nm* icicle.
caramelo [kara'melo] *nm* (*dulce*) sweet; (*azúcar fundida*) caramel.
carapacho [kara'patʃo] *nm* shell, carapace.
caraqueño, a [kara'keɲo, a] *a, nm/f* of *o* from Caracas.
carátula [ka'ratula] *nf* (*careta, máscara*) mask; (*TEATRO*): **la** ~ the stage.
caravana [kara'βana] *nf* caravan; (*fig*) group; (*AUTO*) tailback.
carbón [kar'βon] *nm* coal; **papel** ~ carbon paper; **carboncillo** *nm* (*ARTE*) charcoal; **carbonero, a** *nm/f* coal merchant; **carbonilla** [-'niʎa] *nf* coal dust.
carbonizar [karβoni'θar] *vt* to carbonize; (*quemar*) to char.
carbono [kar'βono] *nm* carbon.
carburador [karβura'ðor] *nm* carburettor.
carcajada [karka'xaða] *nf* (loud) laugh, guffaw.
cárcel ['karθel] *nf* prison, jail; (*TEC*) clamp; **carcelero, a** *a* prison *cpd* // *nm/f* warder.
carcomer [karko'mer] *vt* to bore into, eat into; (*fig*) to undermine; **~se** *vr* to become worm-eaten; (*fig*) to decay; **carcomido, a** *a* worm-eaten; (*fig*) rotten.
cardenal [karðe'nal] *nm* (*REL*) cardinal; (*MED*) bruise.
cárdeno, a ['karðeno, a] *a* purple; (*lívido*) livid.
cardíaco, a [kar'ðiako, a] *a* cardiac, heart *cpd*.
cardinal [karði'nal] *a* cardinal.
cardo ['karðo] *nm* thistle.
carear [kare'ar] *vt* to bring face to face; (*comparar*) to compare; **~se** *vr* to come face to face, meet.
carecer [kare'θer] *vi*: ~ **de** to lack, be in need of.
carencia [ka'renθja] *nf* lack; (*escasez*) shortage; (*MED*) deficiency.
carente [ka'rente] *a*: ~ **de** lacking in, devoid of.
carestía [kares'tia] *nf* (*escasez*) scarcity, shortage; (*COM*) high cost.
careta [ka'reta] *nf* mask.
carga ['karɣa] *nf* (*peso, ELEC*) load; (*de barco*) cargo, freight; (*MIL*) charge; (*obligación, responsabilidad*) duty, obligation.
cargado, a [kar'ɣaðo, a] *a* loaded; (*ELEC*) live; (*café, té*) strong; (*cielo*) overcast.
cargamento [karɣa'mento] *nm* (*acción*) loading; (*mercancías*) load, cargo.
cargar [kar'ɣar] *vt* (*barco, arma*) to load; (*ELEC*) to charge; (*COM: algo en cuenta*) to charge; (*INFORM*) to load // *vi* (*MIL: enemigo*) to charge; (*AUTO*) to load (up); (*inclinarse*) to lean; ~ **con** to pick up, carry away; (*peso, fig*) to shoulder, bear; **~se** *vr* (*fam: estropear*) to break; (*: matar*) to bump off.
cargo ['karɣo] *nm* (*puesto*) post, office; (*responsabilidad*) duty, obligation; (*fig*) weight, burden; (*JUR*) charge; **hacerse ~ de** to take charge of *o* responsibility for.
carguero [kar'ɣero] *nm* freighter, cargo boat; (*avión*) freight plane.
Caribe [ka'riβe] *nm*: **el ~** the Caribbean; **del ~** Caribbean.
caribeño, a [kari'βeɲo, a] *a* Caribbean.
caricatura [karika'tura] *nf* caricature.
caricia [ka'riθja] *nf* caress.
caridad [kari'ðað] *nf* charity.
caries ['karjes] *nf inv* (*MED*) tooth decay.
cariño [ka'riɲo] *nm* affection, love; (*caricia*) caress; (*en carta*) love...; **~so, a** *a* affectionate.
caritativo, a [karita'tiβo, a] *a* charitable.
cariz [ka'riθ] *nm*: **tener** *o* **tomar buen/mal ~** to look good/bad.
carmesí [karme'si] *a, nm* crimson.
carmín [kar'min] *nm* lipstick.
carnal [kar'nal] *a* carnal; **primo ~** first cousin.
carnaval [karna'βal] *nm* carnival.
carne ['karne] *nf* flesh; (*CULIN*) meat; ~ **de cerdo/cordero/ternera/vaca** pork/lamb/veal/beef.
carné [kar'ne] *nm*: ~ **de conducir** driving licence (*Brit*), driver's license (*US*); ~ **de identidad** identity card.
carnero [kar'nero] *nm* sheep, ram; (*carne*) mutton.
carnet [kar'ne(t)] *nm* = **carné**.
carnicería [karniθe'ria] *nf* butcher's (shop); (*fig: matanza*) carnage, slaughter.
carnicero, a [karni'θero, a] *a* carnivorous // *nm/f* (*tb fig*) butcher; (*carnívoro*) carnivore.
carnívoro, a [kar'niβoro, a] *a* carnivorous.
carnoso, a [kar'noso, a] *a* beefy, fat.
caro, a ['karo, a] *a* dear; (*COM*) dear, expensive // *ad* dear, dearly.
carpa ['karpa] *nf* (*pez*) carp; (*de circo*) big top; (*AM: de camping*) tent.
carpeta [kar'peta] *nf* folder, file.
carpintería [karpinte'ria] *nf* carpentry, joinery; **carpintero** *nm* carpenter.
carraspera [karras'pera] *nf* hoarseness.
carrera [ka'rrera] *nf* (*acción*) run(ning); (*espacio recorrido*) run; (*certamen*) race; (*trayecto*) course; (*profesión*) career; (*ESCOL*) course.

carreta [ka'rreta] *nf* wagon, cart.
carrete [ka'rrete] *nm* reel, spool; (*TEC*) coil.
carretera [karre'tera] *nf* (main) road, highway; ~ **de circunvalación** ring road; ~ **nacional** ≈ A road (*Brit*), state highway (*US*).
carretilla [karre'tiʎa] *nf* trolley; (*AGR*) (wheel)barrow.
carril [ka'rril] *nm* furrow; (*de autopista*) lane; (*FERRO*) rail.
carrillo [ka'rriʎo] *nm* (*ANAT*) cheek; (*TEC*) pulley.
carrizo [ka'rriθo] *nm* reed.
carro ['karro] *nm* cart, wagon; (*MIL*) tank; (*AM*: *coche*) car.
carrocería [karroθe'ria] *nf* bodywork, coachwork.
carroña [ka'rroɲa] *nf* carrion *q*.
carrusel [karru'sel] *nm* merry-go-round, roundabout.
carta ['karta] *nf* letter; (*CULIN*) menu; (*naipe*) card; (*mapa*) map; (*JUR*) document; ~ **de crédito** credit card; ~ **certificada** registered letter; ~ **marítima** chart; ~ **verde** (*AUTO*) green card.
cartel [kar'tel] *nm* (*anuncio*) poster, placard; (*ESCOL*) wall chart; (*COM*) cartel; **~era** *nf* hoarding, billboard; (*en periódico etc*) entertainments guide; '**en ~era**' 'showing'.
cartera [kar'tera] *nf* (*de bolsillo*) wallet; (*de colegial, cobrador*) satchel; (*de señora*) handbag; (*para documentos*) briefcase; (*COM*) portfolio; **ocupa la ~ de Agricultura** she is Minister of Agriculture.
carterista [karte'rista] *nm/f* pickpocket.
cartero [kar'tero] *nm* postman.
cartilla [kar'tiʎa] *nf* primer, first reading book; ~ **de ahorros** savings book.
cartón [kar'ton] *nm* cardboard.
cartucho [kar'tutʃo] *nm* (*MIL*) cartridge.
casa ['kasa] *nf* house; (*hogar*) home; (*edificio*) building; (*COM*) firm, company; ~ **consistorial** town hall; ~ **de huéspedes** boarding house; ~ **de socorro** first aid post.
casadero, a [kasa'ðero, a] *a* of marrying age.
casado, a [ka'saðo, a] *a* married // *nm/f* married man/woman.
casamiento [kasa'mjento] *nm* marriage, wedding.
casar [ka'sar] *vt* to marry; (*JUR*) to quash, annul; **~se** *vr* to marry, get married.
cascabel [kaska'βel] *nm* (small) bell.
cascada [kas'kaða] *nf* waterfall.
cascanueces [kaska'nweθes] *nm inv* nutcrackers.
cascar [kas'kar] *vt*, **cascarse** *vr* to crack, split, break (open).
cáscara ['kaskara] *nf* (*de huevo, fruta seca*) shell; (*de fruta*) skin; (*de limón*) peel.
casco ['kasko] *nm* (*de bombero, soldado*) helmet; (*NAUT*: *de barco*) hull; (*ZOOL*: *de caballo*) hoof; (*botella*) empty bottle; (*de ciudad*): **el ~ antiguo** the old part; **el ~ urbano** the town centre.
cascote [kas'kote] *nm* rubble.
caserío [kase'rio] *nm* hamlet; (*casa*) country house.
casero, a [ka'sero, a] *a* (*pan etc*) homemade // *nm/f* (*propietario*) landlord/lady; (*COM*) house agent; **ser muy ~** to be home-loving; '**comida casera**' 'home cooking'.
caseta [ka'seta] *nf* hut; (*para bañista*) cubicle; (*de feria*) stall.
casete [ka'sete] *nm o f* cassette.
casi ['kasi] *ad* almost, nearly; ~ **nada** hardly anything; ~ **nunca** hardly ever, almost never; ~ **te caes** you almost fell.
casilla [ka'siʎa] *nf* (*casita*) hut, cabin; (*TEATRO*) box office; (*AJEDREZ*) square; (*para cartas*) pigeonhole.
casino [ka'sino] *nm* club; (*de juego*) casino.
caso ['kaso] *nm* case; **en ~ de...** in case of...; **el ~ es que** the fact is that; **en ese ~** in that case; **hacer ~ a** to pay attention to; **hacer** *o* **venir al ~** to be relevant.
caspa ['kaspa] *nf* dandruff.
cassette [ka'sete] *nm o f* = **casete**.
casta ['kasta] *nf* caste; (*raza*) breed; (*linaje*) lineage.
castaña [kas'taɲa] *nf* chestnut.
castañetear [kastaɲete'ar] *vi* (*dientes*) to chatter.
castaño, a [kas'taɲo, a] *a* chestnut (-coloured), brown // *nm* chestnut tree.
castañuelas [kasta'ɲwelas] *nfpl* castanets.
castellano, a [kaste'ʎano, a] *a* Castilian // *nm* (*LING*) Castilian, Spanish.
castidad [kasti'ðað] *nf* chastity, purity.
castigar [kasti'ɣar] *vt* to punish; (*DEPORTE*) to penalize; (*afligir*) to afflict; **castigo** *nm* punishment; (*DEPORTE*) penalty.
Castilla [kas'tiʎa] *nf* Castille.
castillo [kas'tiʎo] *nm* castle.
castizo, a [kas'tiθo, a] *a* (*LING*) pure; (*de buena casta*) purebred, pedigree.
casto, a ['kasto, a] *a* chaste, pure.
castor [kas'tor] *nm* beaver.
castrar [kas'trar] *vt* to castrate.
casual [ka'swal] *a* chance, accidental; **~idad** *nf* chance, accident; (*combinación de circunstancias*) coincidence; **¡qué ~idad!** what a coincidence!
cataclismo [kata'klismo] *nm* cataclysm.
catador, a [kata'ðor, a] *nm/f* wine taster.
catalán, ana [kata'lan, ana] *a*, *nm/f* Catalan // *nm* (*LING*) Catalan.
catalizador [kataliθa'ðor] *nm* catalyst.
catálogo [ka'taloɣo] *nm* catalogue.

Cataluña [kata'luɲa] *nf* Catalonia.
catar [ka'tar] *vt* to taste, sample.
catarata [kata'rata] *nf* (GEO) waterfall; (MED) cataract.
catarro [ka'tarro] *nm* catarrh; (*constipado*) cold.
catástrofe [ka'tastrofe] *nf* catastrophe.
catedral [kate'ðral] *nf* cathedral.
catedrático, a [kate'ðratiko, a] *nm/f* professor.
categoría [kateɤo'ria] *nf* category; (*rango*) rank, standing; (*calidad*) quality; de ~ (*hotel*) top-class.
categórico, a [kate'ɤoriko, a] *a* categorical.
catolicismo [katoli'θismo] *nm* Catholicism.
católico, a [ka'toliko, a] *a, nm/f* Catholic.
catorce [ka'torθe] *num* fourteen.
cauce ['kauθe] *nm* (*de río*) riverbed; (*fig*) channel.
caución [kau'θjon] *nf* bail; **caucionar** *vt* (JUR) to bail, go bail for.
caucho ['kautʃo] *nm* rubber; (*AM*: *llanta*) tyre.
caudal [kau'ðal] *nm* (*de río*) volume, flow; (*fortuna*) wealth; (*abundancia*) abundance; **~oso, a** *a* (*río*) large; (*persona*) wealthy, rich.
caudillo [kau'ðiʎo] *nm* leader, chief.
causa ['kausa] *nf* cause; (*razón*) reason; (JUR) lawsuit, case; **a ~ de** because of.
causar [kau'sar] *vt* to cause.
cautela [kau'tela] *nf* caution, cautiousness; **cauteloso, a** *a* cautious, wary.
cautivar [kauti'ßar] *vt* to capture; (*fig*) to captivate.
cautiverio [kauti'ßerjo] *nm*, **cautividad** [kautißi'ðað] *nf* captivity.
cautivo, a [kau'tißo, a] *a, nm/f* captive.
cauto, a ['kauto, a] *a* cautious, careful.
cava ['kaßa] *nm champagne-type wine.*
cavar [ka'ßar] *vt* to dig.
caverna [ka'ßerna] *nf* cave, cavern.
cavidad [kaßi'ðað] *nf* cavity.
cavilar [kaßi'lar] *vt* to ponder.
cayado [ka'jaðo] *nm* (*de pastor*) crook; (*de obispo*) crozier.
cayendo *etc vb ver* **caer**.
caza ['kaθa] *nf* (*acción*: *gen*) hunting; (: *con fusil*) shooting; (*una* ~) hunt, chase; (*animales*) game // *nm* (AVIAT) fighter.
cazador, a [kaθa'ðor, a] *nm/f* hunter // *nf* jacket.
cazar [ka'θar] *vt* to hunt; (*perseguir*) to chase; (*prender*) to catch.
cazo ['kaθo] *nm* saucepan.
cazuela [ka'θwela] *nf* (*vasija*) pan; (*guisado*) casserole.
cebada [θe'ßaða] *nf* barley.
cebar [θe'ßar] *vt* (*animal*) to fatten (up); (*anzuelo*) to bait; (MIL, TEC) to prime.
cebo ['θeßo] *nm* (*para animales*) feed, food; (*para peces, fig*) bait; (*de arma*) charge.
cebolla [θe'ßoʎa] *nf* onion; **cebollín** *nm* spring onion.
cebra ['θeßra] *nf* zebra.
cecear [θeθe'ar] *vi* to lisp; **ceceo** *nm* lisp.
cedazo [θe'ðaθo] *nm* sieve.
ceder [θe'ðer] *vt* to hand over, give up, part with // *vi* (*renunciar*) to give in, yield; (*disminuir*) to diminish, decline; (*romperse*) to give way.
cedro ['θeðro] *nm* cedar.
cédula ['θeðula] *nf* certificate, document.
CEE *nf abr* (= *Comunidad Económica Europea*) EEC.
cegar [θe'ɤar] *vt* to blind; (*tubería etc*) to block up, stop up // *vi* to go blind; **~se** *vr*: **~se (de)** to be blinded (by).
ceguera [θe'ɤera] *nf* blindness.
ceja ['θexa] *nf* eyebrow.
cejar [θe'xar] *vi* (*fig*) to back down.
celada [θe'laða] *nf* ambush, trap.
celador, a [θela'ðor, a] *nm/f* (*de edificio*) watchman; (*de museo etc*) attendant.
celda ['θelda] *nf* cell.
celebración [θeleßra'θjon] *nf* celebration.
celebrar [θele'ßrar] *vt* to celebrate; (*alabar*) to praise // *vi* to be glad; **~se** *vr* to occur, take place.
célebre ['θelebre] *a* famous.
celebridad [θeleßri'ðað] *nf* fame; (*persona*) celebrity.
celeste [θe'leste] *a* sky-blué; (ASTRO) celestial, heavenly.
celestial [θeles'tjal] *a* celestial, heavenly.
celibato [θeli'ßato] *nm* celibacy.
célibe ['θeliße] *a, nm/f* celibate.
celo ['θelo] *nm* zeal; (REL) fervour; (ZOOL): **en ~** on heat; **~s** *nmpl* jealousy *sg*; **tener ~s** to be jealous.
celofán [θelo'fan] *nm* cellophane.
celoso, a [θe'loso, a] *a* (*envidioso*) jealous; (*trabajador*) zealous; (*desconfiado*) suspicious.
celta ['θelta] *a* Celtic // *nm/f* Celt.
célula ['θelula] *nf* cell.
celuloide [θelu'loiðe] *nm* celluloid.
cementerio [θemen'terjo] *nm* cemetery, graveyard.
cemento [θe'mento] *nm* cement; (*hormigón*) concrete; (*AM*: *cola*) glue.
cena ['θena] *nf* evening meal, dinner.
cenagal [θena'ɤal] *nm* bog, quagmire.
cenar [θe'nar] *vt* to have for dinner // *vi* to have dinner.
cenicero [θeni'θero] *nm* ashtray.
cenit [θe'nit] *nm* zenith.
ceniza [θe'niθa] *nf* ash, ashes *pl*.
censo ['θenso] *nm* census; **~ electoral** electoral roll.
censura [θen'sura] *nf* (POL) censorship; (*moral*) censure, criticism.
censurar [θensu'rar] *vt* (*idea*) to censure; (*cortar*: *película*) to censor.
centella [θen'teʎa] *nf* spark.

centellear [θenteʎe'ar] *vi* (*metal*) to gleam; (*estrella*) to twinkle; (*fig*) to sparkle; **centelleo** *nm* gleam(ing); twinkling; sparkling.
centenar [θente'nar] *nm* hundred.
centenario, a [θente'narjo, a] *a* centenary; hundred-year-old // *nm* centenary.
centésimo, a [θen'tesimo, a] *a* hundredth.
centígrado [θen'tiɣraðo] *a* centigrade.
centímetro [θen'timetro] *nm* centimetre (*Brit*), centimeter (*US*).
céntimo ['θentimo] *nm* cent.
centinela [θenti'nela] *nm* sentry, guard.
centollo [θen'toʎo] *nm* spider crab.
central [θen'tral] *a* central // *nf* head office; (TEC) plant; (TEL) exchange; ~ **nuclear** nuclear power station.
centralización [θentraliθa'θjon] *nf* centralization.
centralizar [θentrali'θar] *vt* to centralize.
centrar [θen'trar] *vt* to centre.
céntrico, a ['θentriko, a] *a* central.
centrista [θen'trista] *a* centre *cpd*.
centro ['θentro] *nm* centre; ~ **comercial** shopping centre; ~ **juvenil** youth club.
centroamericano, a [θentroameri'kano, a] *a, nm/f* Central American.
ceñir [θe'ɲir] *vt* (*rodear*) to encircle, surround; (*ajustar*) to fit (tightly); (*apretar*) to tighten.
ceño ['θeɲo] *nm* frown, scowl; **fruncir el** ~ to frown, knit one's brow.
CEOE *nf abr* (*Esp* = *Confederación Española de Organizaciones Empresariales*) ≈ CBI (*Brit*), employers' organization.
cepillar [θepi'ʎar] *vt* to brush; (*madera*) to plane (down).
cepillo [θe'piʎo] *nm* brush; (*para madera*) plane.
cera ['θera] *nf* wax.
cerámica [θe'ramika] *nf* ceramics *sg*, pottery.
cerca ['θerka] *nf* fence // *ad* near, nearby, close; ~**s** *nmpl* foreground *sg*; ~ **de** *prep* near, close to.
cercanía [θerka'nia] *nf* nearness, closeness; ~**s** *nfpl* outskirts, suburbs.
cercano, a [θer'kano, a] *a* close, near.
cercar [θer'kar] *vt* to fence in; (*rodear*) to surround.
cerciorar [θerθjo'rar] *vt* (*asegurar*) to assure; ~**se** *vr* (*descubrir*) to find out; (*asegurarse*) to make sure.
cerco ['θerko] *nm* (AGR) enclosure; (*AM*) fence; (MIL) siege.
cerdo ['θerðo] *nm* pig.
cereal [θere'al] *nm* cereal; ~**es** *nmpl* cereals, grain *sg*.
cerebro [θe'reβro] *nm* brain; (*fig*) brains *pl*.
ceremonia [θere'monja] *nf* ceremony; **ceremonial** *a, nm* ceremonial; **ceremonioso, a** *a* ceremonious; (*cumplido*) formal.
cereza [θe'reθa] *nf* cherry.
cerilla [θe'riʎa] *nf* (*fósforo*) match.
cernerse [θer'nerse] *vr* to hover.
cernidor [θerni'ðor] *nm* sieve.
cero ['θero] *nm* nothing, zero.
cerrado, a [θe'rraðo, a] *a* closed, shut; (*con llave*) locked; (*tiempo*) cloudy, overcast; (*curva*) sharp; (*acento*) thick, broad.
cerradura [θerra'ðura] *nf* (*acción*) closing; (*mecanismo*) lock.
cerrajero [θerra'xero] *nm* locksmith.
cerrar [θe'rrar] *vt* to close, shut; (*paso, carretera*) to close; (*grifo*) to turn off; (*cuenta, negocio*) to close // *vi* to close, shut; (*la noche*) to come down; ~**se** *vr* to close, shut; ~ **con llave** to lock; ~ **un trato** to strike a bargain.
cerro ['θerro] *nm* hill.
cerrojo [θe'rroxo] *nm* (*herramienta*) bolt; (*de puerta*) latch.
certamen [θer'tamen] *nm* competition, contest.
certero, a [θer'tero, a] *a* (*gen*) accurate.
certeza [θer'teθa], **certidumbre** [θerti'ðumbre] *nf* certainty.
certificado [θertifi'kaðo] *nm* certificate.
certificar [θertifi'kar] *vt* (*asegurar, atestar*) to certify.
cervatillo [θerβa'tiʎo] *nm* fawn.
cervecería [θerβeθe'ria] *nf* (*fábrica*) brewery; (*bar*) public house, pub.
cerveza [θer'βeθa] *nf* beer.
cesación [θesa'θjon] *nf* cessation, suspension.
cesante [θe'sante] *a* redundant.
cesantía [θesan'tia] *nf* unemployment.
cesar [θe'sar] *vi* to cease, stop // *vt* (*funcionario*) to remove from office.
cese ['θese] *nm* (*de trabajo*) dismissal; (*de pago*) suspension.
césped ['θespeð] *nm* grass, lawn.
cesta ['θesta] *nf* basket.
cesto ['θesto] *nm* (large) basket, hamper.
cetro ['θetro] *nm* sceptre.
cfr *abr* (= *confróntese*) cf.
ch... *ver bajo la letra* CH, *después de* C.
Cía *abr* (= *compañía*) Co.
cianuro [θja'nuro] *nm* cyanide.
cicatriz [θika'triθ] *nf* scar; ~**ar** *vt* to heal; ~**arse** *vr* to heal (up), form a scar.
ciclismo [θi'klismo] *nm* cycling.
ciclo ['θiklo] *nm* cycle.
ciclón [θi'klon] *nm* cyclone.
ciego, a ['θjeɣo, a] *a* blind // *nm/f* blind man/woman.
cielo ['θjelo] *nm* sky; (REL) heaven; ¡~**s**! good heavens!
ciempiés [θjem'pjes] *nm inv* centipede.
cien [θjen] *num ver* **ciento**.
ciénaga ['θjenaɣa] *nf* marsh, swamp.
ciencia ['θjenθja] *nf* science; ~**s** *nfpl*

(*ESCOL*) science *sg*; **~-ficción** *nf* science fiction.
cieno ['θjeno] *nm* mud, mire.
científico, a [θjen'tifiko, a] *a* scientific // *nm/f* scientist.
ciento ['θjento], **cien** *num* hundred; **pagar al 10 por ~** to pay at 10 per cent.
cierne ['θjerne] *nm*: **en ~** in blossom.
cierre *etc vb ver* **cerrar** // ['θjerre] *nm* closing, shutting; (*con llave*) locking; **~ de cremallera** zip (fastener).
cierro *etc vb ver* **cerrar**.
cierto, a ['θjerto, a] *a* sure, certain; (*un tal*) a certain; (*correcto*) right, correct; **~ hombre** a certain man; **ciertas personas** certain *o* some people; **sí, es ~** yes, that's correct.
ciervo ['θjerβo] *nm* (*ZOOL*) deer; (: *macho*) stag.
cierzo ['θjerθo] *nm* north wind.
cifra ['θifra] *nf* number, numeral; (*cantidad*) number, quantity; (*secreta*) code.
cifrar [θi'frar] *vt* to code, write in code; (*resumir*) to abridge.
cigala [θi'ɣala] *nf* Norway lobster.
cigarra [θi'ɣarra] *nf* cicada.
cigarrera [θiɣa'rrera] *nf* cigar case.
cigarrillo [θiɣa'rriʎo] *nm* cigarette.
cigarro [θi'ɣarro] *nm* cigarette; (*puro*) cigar.
cigüeña [θi'ɣweɲa] *nf* stork.
cilíndrico, a [θi'lindriko, a] *a* cylindrical.
cilindro [θi'lindro] *nm* cylinder.
cima ['θima] *nf* (*de montaña*) top, peak; (*de árbol*) top; (*fig*) height.
címbalo ['θimbalo] *nm* cymbal.
cimbrar [θim'brar], **cimbrear** [θimbre'ar] *vt* to brandish; **~se** *vr* to sway.
cimentar [θimen'tar] *vt* to lay the foundations of; (*fig*: *fundar*) to found.
cimiento [θi'mjento] *nm* foundation.
cinc [θink] *nm* zinc.
cincel [θin'θel] *nm* chisel; **~ar** *vt* to chisel.
cinco ['θinko] *num* five.
cincuenta [θin'kwenta] *num* fifty.
cine ['θine] *nm* cinema.
cineasta [θine'asta] *nm/f* (*director de cine*) film director.
cinematográfico, a [θinemato'ɣrafiko, a] *a* cine-, film *cpd*.
cínico, a ['θiniko, a] *a* cynical // *nm/f* cynic.
cinismo [θi'nismo] *nm* cynicism.
cinta ['θinta] *nf* band, strip; (*de tela*) ribbon; (*película*) reel; (*de máquina de escribir*) ribbon; **~ adhesiva** sticky tape; **~ magnetofónica** tape; **~ métrica** tape measure.
cinto ['θinto] *nm* belt.
cintura [θin'tura] *nf* waist.
cinturón [θintu'ron] *nm* belt; **~ de seguridad** safety belt.
ciprés [θi'pres] *nm* cypress (tree).
circo ['θirko] *nm* circus.
circuito [θir'kwito] *nm* circuit.
circulación [θirkula'θjon] *nf* circulation; (*AUTO*) traffic.
circular [θirku'lar] *a*, *nf* circular // *vi*, *vt* to circulate // *vi* (*AUTO*) to drive; **'circule por la derecha'** 'keep (to the) right'.
círculo ['θirkulo] *nm* circle.
circuncidar [θirkunθi'dar] *vt* to circumcise.
circundar [θirkun'dar] *vt* to surround.
circunferencia [θirkunfe'renθja] *nf* circumference.
circunscribir [θirkunskri'βir] *vt* to circumscribe; **~se** *vr* to be limited.
circunscripción [θirkunskrip'θjon] *nf* division; (*POL*) constituency.
circunspecto, a [θirkuns'pekto, a] *a* circumspect, cautious.
circunstancia [θirkuns'tanθja] *nf* circumstance.
circunstante [θirkuns'tante] *nm/f* onlooker, bystander.
cirio ['θirjo] *nm* (wax) candle.
ciruela [θi'rwela] *nf* plum; **~ pasa** prune.
cirugía [θiru'xia] *nf* surgery; **~ estética** *o* **plástica** plastic surgery.
cirujano [θiru'xano] *nm* surgeon.
cisne ['θisne] *nm* swan.
cisterna [θis'terna] *nf* cistern, tank.
cita ['θita] *nf* appointment, meeting; (*de novios*) date; (*referencia*) quotation.
citación [θita'θjon] *nf* (*JUR*) summons *sg*.
citar [θi'tar] *vt* (*gen*) to make an appointment with; (*JUR*) to summons; (*un autor, texto*) to quote; **~se** *vr*: **se citaron en el cine** they arranged to meet at the cinema.
cítricos ['θitrikos] *nmpl* citrus fruit(s).
ciudad [θju'ðað] *nf* town; (*más grande*) city; **~anía** *nf* citizenship; **~ano, a** *nm/f* citizen.
cívico, a ['θiβiko, a] *a* civic.
civil [θi'βil] *a* civil // *nm* (*guardia*) policeman.
civilización [θiβiliθa'θjon] *nf* civilization.
civilizar [θiβili'θar] *vt* to civilize.
civismo [θi'βismo] *nm* public spirit.
cizaña [θi'θaɲa] *nf* (*fig*) discord.
cl. *abr* (= *centilitro*) cl.
clamar [kla'mar] *vt* to clamour for, cry out for // *vi* to cry out, clamour.
clamor [kla'mor] *nm* (*grito*) cry, shout; (*fig*) clamour, protest.
clandestino, a [klandes'tino, a] *a* clandestine; (*POL*) underground.
clara ['klara] *nf* (*de huevo*) egg white.
claraboya [klara'βoja] *nf* skylight.
clarear [klare'ar] *vi* (*el día*) to dawn; (*el cielo*) to clear up, brighten up; **~se** *vr* to be transparent.
clarete [kla'rete] *nm* rosé (wine).
claridad [klari'ðað] *nf* (*del día*) brightness; (*de estilo*) clarity.

clarificar [klarifi'kar] *vt* to clarify.
clarín [kla'rin] *nm* bugle.
clarinete [klari'nete] *nm* clarinet.
clarividencia [klariβi'ðenθja] *nf* clairvoyance; (*fig*) far-sightedness.
claro, a ['klaro, a] *a* clear; (*luminoso*) bright; (*color*) light; (*evidente*) clear, evident; (*poco espeso*) thin // *nm* (*en bosque*) clearing // *ad* clearly // *excl* of course!
clase ['klase] *nf* class; ~ **alta/media/obrera** upper/middle/working class.
clásico, a ['klasiko, a] *a* classical; (*fig*) classic.
clasificación [klasifika'θjon] *nf* classification; (DEPORTE) league (table).
clasificar [klasifi'kar] *vt* to classify.
claudia ['klauðja] *nf* greengage.
claudicar [klauði'kar] *vi* (*fig*) to back down.
claustro ['klaustro] *nm* cloister.
cláusula ['klausula] *nf* clause.
clausura [klau'sura] *nf* closing, closure; **clausurar** *vt* (*congreso etc*) to bring to a close.
clavar [kla'βar] *vt* (*clavo*) to hammer in; (*cuchillo*) to stick, thrust; (*tablas etc*) to nail (together).
clave ['klaβe] *nf* key; (MUS) clef.
clavel [kla'βel] *nm* carnation.
clavícula [kla'βikula] *nf* collar bone.
clavija [kla'βixa] *nf* peg, dowel, pin; (ELEC) plug.
clavo ['klaβo] *nm* (*de metal*) nail; (BOT) clove.
claxon ['klakson] (*pl* ~s) *nm* horn.
clemencia [kle'menθja] *nf* mercy, clemency.
cleptómano, a [klep'tomano, a] *nm/f* kleptomaniac.
clerical [kleri'kal] *a* clerical.
clérigo ['kleriɣo] *nm* clergyman.
clero ['klero] *nm* clergy.
cliché [kli'tʃe] *nm* cliché; (FOTO) negative.
cliente, a ['kljente, a] *nm/f* client, customer.
clientela [kljen'tela] *nf* clientele, customers *pl*.
clima ['klima] *nm* climate.
climatizado, a [klimati'θaðo, a] *a* air-conditioned.
clínica ['klinika] *nf* clinic; (*particular*) private hospital.
clip [klip] (*pl* ~s) *nm* paper clip.
clorhídrico, a [klo'ridriko, a] *a* hydrochloric.
club [klub] (*pl* ~s *o* ~es) *nm* club; ~ **de jóvenes** youth club.
cm *abr* (= *centímetro, centímetros*) cm.
C.N.T. *abr* (*Esp*) = *Confederación Nacional de Trabajo.*
coacción [koak'θjon] *nf* coercion, compulsion.
coagular [koaɣu'lar] *vt*, **coagularse** *vr* (*leche, sangre*) to clot; **coágulo** *nm* clot.
coalición [koali'θjon] *nf* coalition.
coartada [koar'taða] *nf* alibi.
coartar [koar'tar] *vt* to limit, restrict.
coba ['koβa] *nf*: **dar ~ a uno** to soft-soap sb.
cobarde [ko'βarðe] *a* cowardly // *nm* coward; **cobardía** *nf* cowardice.
cobaya [ko'βaja] *nf*, **cobayo** [ko'βajo] *nm* guinea pig.
cobertizo [koβer'tiθo] *nm* shelter.
cobertor [koβer'tor] *nm* bedspread.
cobertura [koβer'tura] *nf* cover.
cobija [ko'βixa] *nf* (*AM*) blanket.
cobijar [koβi'xar] *vt* (*cubrir*) to cover; (*abrigar*) to shelter; **cobijo** *nm* shelter.
cobra ['koβra] *nf* cobra.
cobrador, a [koβra'ðor, a] *nm/f* (*de autobús*) conductor/conductress; (*de impuestos, gas*) collector.
cobrar [ko'βrar] *vt* (*cheque*) to cash; (*sueldo*) to collect, draw; (*objeto*) to recover; (*precio*) to charge; (*deuda*) to collect // *vi* to draw one's pay; ~**se** *vr* to recover, get well; **cóbrese al entregar** cash on delivery (COD).
cobre ['koβre] *nm* copper; ~**s** *nmpl* brass instruments.
cobro ['koβro] *nm* (*de cheque*) cashing; (*pago*) payment; **presentar al ~** to cash.
Coca-Cola ['koka'kola] *nf* ® Coca-Cola ®.
cocaína [koka'ina] *nf* cocaine.
cocción [kok'θjon] *nf* (CULIN) cooking; (: *el hervir*) boiling.
cocear [koθe'ar] *vi* to kick.
cocer [ko'θer] *vt, vi* to cook; (*en agua*) to boil; (*en horno*) to bake.
cocido [ko'θiðo] *nm* stew.
cocina [ko'θina] *nf* kitchen; (*aparato*) cooker, stove; (*acto*) cookery; ~ **eléctrica/de gas** electric/gas cooker; ~ **francesa** French cuisine; **cocinar** *vt, vi* to cook.
cocinero, a [koθi'nero, a] *nm/f* cook.
coco ['koko] *nm* coconut; ~**tero** *nm* coconut palm.
cocodrilo [koko'ðrilo] *nm* crocodile.
coche ['kotʃe] *nm* (AUTO) car (*Brit*), automobile (*US*); (*de tren, de caballos*) coach, carriage; (*para niños*) pram (*Brit*), baby carriage (*US*); ~ **celular** Black Maria, prison van; ~ **fúnebre** hearse; **coche-cama** (*pl* **coches-camas**) *nm* (FERRO) sleeping car, sleeper.
cochera [ko'tʃera] *nf* garage; (*de autobuses, trenes*) depot.
coche restaurante (*pl* **coches restaurante**) *nm* (FERRO) dining car, diner.
cochino, a [ko'tʃino, a] *a* filthy, dirty // *nm/f* pig.
codazo [ko'ðaθo] *nm*: **dar un ~ a uno** to nudge sb.
codear [koðe'ar] *vi* to elbow, nudge; ~**se**

vr: ~se con to rub shoulders with.
codicia [ko'ðiθja] *nf* greed; (*fig*) lust; **codiciar** *vt* to covet; **codicioso, a** *a* covetous.
código ['koðiɣo] *nm* code; ~ **de barras** bar code; ~ **civil** common law.
codillo [ko'ðiʎo] *nm* (ZOOL) knee; (TEC) elbow (joint).
codo ['koðo] *nm* (ANAT, *de tubo*) elbow; (ZOOL) knee.
codorniz [koðor'niθ] *nf* quail.
coerción [koer'θjon] *nf* coercion.
coetáneo, a [koe'taneo, a] *a*, *nm/f* contemporary.
coexistir [koe(k)sis'tir] *vi* to coexist.
cofradía [kofra'ðia] *nf* brotherhood, fraternity.
coger [ko'xer] *vt* (*Esp*) to take (hold of); (*objeto caído*) to pick up; (*frutas*) to pick, harvest; (*resfriado, ladrón, pelota*) to catch // *vi*: ~ **por el buen camino** to take the right road; ~**se** *vr* (*el dedo*) to catch; ~**se a algo** to get hold of sth.
cogollo [ko'ɣoʎo] *nm* (*de lechuga*) heart.
cogote [ko'ɣote] *nm* back *o* nape of the neck.
cohabitar [koaβi'tar] *vi* to live together, cohabit.
cohecho [ko'etʃo] *nm* (*acción*) bribery; (*soborno*) bribe.
coherente [koe'rente] *a* coherent.
cohesión [koe'sjon] *nm* cohesion.
cohete [ko'ete] *nm* rocket.
cohibido, a [koi'βiðo, a] *a* (PSICO) inhibited; (*tímido*) shy.
cohibir [koi'βir] *vt* to restrain, restrict.
coima [ko'ima] *nf* (*AM*) bribe.
coincidencia [koinθi'ðenθja] *nf* coincidence.
coincidir [koinθi'ðir] *vi* (*en idea*) to coincide, agree; (*en lugar*) to coincide.
coito ['koito] *nm* intercourse, coitus.
coja *etc vb ver* **coger**.
cojear [koxe'ar] *vi* (*persona*) to limp, hobble; (*mueble*) to wobble, rock.
cojera [ko'xera] *nf* lameness; (*andar cojo*) limp.
cojín [ko'xin] *nm* cushion; **cojinete** *nm* small cushion, pad; (TEC) ball bearing.
cojo, a *etc vb ver* **coger** // ['koxo, a] *a* (*que no puede andar*) lame, crippled; (*mueble*) wobbly // *nm/f* lame person, cripple.
cojón [ko'xon] *nm*: **¡cojones!** (*fam!*) shit! (*!*); **cojonudo, a** *a* (*fam*) great, fantastic.
col [kol] *nf* cabbage; ~**es de Bruselas** Brussels sprouts.
cola ['kola] *nf* tail; (*de gente*) queue; (*lugar*) end, last place; (*para pegar*) glue, gum; **hacer** ~ to queue (up).
colaborador, a [kolaβora'ðor, a] *nm/f* collaborator.
colaborar [kolaβo'rar] *vi* to collaborate.
colada [ko'laða] *nf*: **hacer la** ~ to do the washing.
colador [kola'ðor] *nm* (*de té*) strainer; (*para verduras etc*) colander.
colapso [ko'lapso] *nm* collapse; ~ **nervioso** nervous breakdown.
colar [ko'lar] *vt* (*líquido*) to strain off; (*metal*) to cast // *vi* to ooze, seep (through); ~**se** *vr* to jump the queue; ~**se en** to get into without paying; (*fiesta*) to gatecrash.
colateral [kolate'ral] *nm* collateral.
colcha ['koltʃa] *nf* bedspread.
colchón [kol'tʃon] *nm* mattress.
colchoneta [koltʃo'neta] *nf* (*en gimnasio*) mattress.
colear [kole'ar] *vi* (*perro*) to wag its tail.
colección [kolek'θjon] *nf* collection; **coleccionar** *vt* to collect; **coleccionista** *nm/f* collector.
colecta [ko'lekta] *nf* collection.
colectivo, a [kolek'tiβo, a] *a* collective, joint // *nm* (*AM*) (small) bus.
colector [kolek'tor] *nm* collector; (*sumidero*) sewer.
colega [ko'leɣa] *nm/f* colleague.
colegial, a [kole'xjal, a] *nm/f* schoolboy/girl.
colegio [ko'lexjo] *nm* college; (*escuela*) school; (*de abogados etc*) association.
colegir [kole'xir] *vt* (*juntar*) to collect, gather; (*deducir*) to infer, conclude.
cólera ['kolera] *nf* (*ira*) anger; (MED) cholera; **colérico, a** [ko'leriko, a] *a* irascible, bad-tempered.
colesterol [koleste'rol] *nm* cholesterol.
coleta [ko'leta] *nf* pigtail.
colgante [kol'ɣante] *a* hanging // *nm* (*joya*) pendant.
colgar [kol'ɣar] *vt* to hang (up); (*ropa*) to hang out // *vi* to hang; (*teléfono*) to hang up.
coliflor [koli'flor] *nf* cauliflower.
colilla [ko'liʎa] *nf* cigarette end, butt.
colina [ko'lina] *nf* hill.
colindante [kolin'dante] *a* adjacent, neighbouring.
colindar [kolin'dar] *vi* to adjoin, be adjacent.
colisión [koli'sjon] *nf* collision; ~ **de frente** head-on crash.
colmado, a [kol'maðo, a] *a* full.
colmar [kol'mar] *vt* to fill to the brim; (*fig*) to fulfil, realize.
colmena [kol'mena] *nf* beehive.
colmillo [kol'miʎo] *nm* (*diente*) eye tooth; (*de elefante*) tusk; (*de perro*) fang.
colmo ['kolmo] *nm* height, summit; **¡es el** ~**!** it's the limit!
colocación [koloka'θjon] *nf* (*acto*) placing; (*empleo*) job, position; (*situación*) place, position.
colocar [kolo'kar] *vt* to place, put, position; (*dinero*) to invest; (*poner en*

empleo) to find a job for; ~se *vr* to get a job.
Colombia [ko'lombja] *nf* Colombia; **colombiano, a** *a, nm/f* Colombian.
colonia [ko'lonja] *nf* colony; (*de casas*) housing estate; (*agua de* ~) cologne.
colonización [koloniθa'θjon] *nf* colonization; **colonizador, a** [koloniθa'ðor, a] *a* colonizing // *nm/f* colonist, settler.
colonizar [koloni'θar] *vt* to colonize.
coloquio [ko'lokjo] *nm* conversation; (*congreso*) conference.
color [ko'lor] *nm* colour.
colorado, a [kolo'raðo, a] *a* (*rojo*) red; (*chiste*) rude.
colorante [kolo'rante] *nm* colouring.
colorar [kolo'rar] *vt* to colour; (*teñir*) to dye.
colorear [kolore'ar] *vt* to colour.
colorete [kolo'rete] *nm* blusher.
colorido [kolo'riðo] *nm* colouring.
columna [ko'lumna] *nf* column; (*pilar*) pillar; (*apoyo*) support.
columpiar [kolum'pjar] *vt*, **columpiarse** *vr* to swing; **columpio** *nm* swing.
collar [ko'ʎar] *nm* necklace; (*de perro*) collar.
coma ['koma] *nf* comma // *nm* (MED) coma.
comadre [ko'maðre] *nf* (*madrina*) godmother; (*vecina*) neighbour; (*chismosa*) gossip; **~ar** *vi* to gossip.
comandancia [koman'danθja] *nf* command.
comandante [koman'dante] *nm* commandant.
comandar [koman'dar] *vt* to command.
comarca [ko'marka] *nf* region.
comba ['komba] *nf* (*curva*) curve; (*cuerda*) skipping rope; **saltar a la ~** to skip.
combar [kom'bar] *vt* to bend, curve.
combate [kom'bate] *nm* fight; (*fig*) battle; **combatiente** *nm* combatant.
combatir [komba'tir] *vt* to fight, combat.
combinación [kombina'θjon] *nf* combination; (QUÍMICA) compound; (*bebida*) cocktail; (*plan*) scheme, setup; (*prenda*) slip.
combinar [kombi'nar] *vt* to combine.
combustible [kombus'tiβle] *nm* fuel.
combustión [kombus'tjon] *nf* combustion.
comedia [ko'meðja] *nf* comedy; (TEATRO) play, drama.
comediante [kome'ðjante] *nm/f* (comic) actor/actress.
comedido, a [kome'ðiðo, a] *a* moderate.
comedor, a [kome'ðor, a] *nm/f* (*persona*) glutton // *nm* (*habitación*) dining room; (*restaurante*) restaurant; (*cantina*) canteen.
comensal [komen'sal] *nm/f* fellow guest (*o* diner).
comentar [komen'tar] *vt* to comment on; (*fam*) to discuss.
comentario [komen'tarjo] *nm* comment, remark; (*literario*) commentary; ~s *nmpl* gossip *sg*.
comentarista [komenta'rista] *nm/f* commentator.
comenzar [komen'θar] *vt, vi* to begin, start, commence; ~ **a hacer algo** to begin *o* start doing sth.
comer [ko'mer] *vt* to eat; (DAMAS, AJEDREZ) to take, capture // *vi* to eat; (*almorzar*) to have lunch; ~se *vr* to eat up.
comercial [komer'θjal] *a* commercial; (*relativo al negocio*) business *cpd*.
comerciante [komer'θjante] *nm/f* trader, merchant.
comerciar [komer'θjar] *vi* to trade, do business.
comercio [ko'merθjo] *nm* commerce, trade; (*negocio*) business; (*fig*) dealings *pl*.
comestible [komes'tiβle] *a* eatable, edible; ~s *nmpl* food *sg*, foodstuffs.
cometa [ko'meta] *nm* comet // *nf* kite.
cometer [kome'ter] *vt* to commit.
cometido [kome'tiðo] *nm* (*misión*) task, assignment; (*deber*) commitment.
comezón [kome'θon] *nf* itch, itching.
comicios [ko'miθjos] *nmpl* elections.
cómico, a ['komiko, a] *a* comic(al) // *nm/f* comedian; (*de teatro*) (comic) actor/actress.
comida [ko'miða] *nf* (*alimento*) food; (*almuerzo, cena*) meal; (*de mediodía*) lunch.
comidilla [komi'ðiʎa] *nf*: **ser la ~ de la ciudad** to be the talk of the town.
comienzo *etc vb ver* **comenzar** // [ko'mjenθo] *nm* beginning, start.
comilona [komi'lona] *nf* (*fam*) blow-out.
comillas [ko'miʎas] *nfpl* quotation marks.
comino [ko'mino] *nm*: **(no) me importa un ~** I don't give a damn.
comisaría [komisa'ria] *nf* (*de policía*) police station; (MIL) commissariat.
comisario [komi'sarjo] *nm* (MIL *etc*) commissary; (POL) commissar.
comisión [komi'sjon] *nf* commission.
comité [komi'te] (*pl* ~s) *nm* committee.
como ['komo] *ad* as; (*tal* ~) like; (*aproximadamente*) about, approximately // *conj* (*ya que, puesto que*) as, since; (*en cuanto*) as soon as; **¡~ no!** of course!; **~ no lo haga hoy** unless he does it today; **~ si** as if; **es tan alto ~ ancho** it is as high as it is wide.
cómo ['komo] *ad* how?, why? // *excl* what?, I beg your pardon? // *nm*: **el ~ y el porqué** the whys and wherefores.
cómoda ['komoða] *nf* chest of drawers.
comodidad [komoði'ðað] *nf* comfort; **venga a su ~** come at your convenience.
comodín [komo'ðin] *nm* joker.

cómodo, a ['komoðo, a] *a* comfortable; (*práctico, de fácil uso*) convenient.
compacto, a [kom'pakto, a] *a* compact.
compadecer [kompaðe'θer] *vt* to pity, be sorry for; **~se** *vr*: **~se de** to pity, be *o* feel sorry for.
compadre [kom'paðre] *nm* (*padrino*) godfather; (*amigo*) friend, pal.
compañero, a [kompa'ɲero, a] *nm/f* companion; (*novio*) boy/girlfriend; **~ de clase** classmate.
compañía [kompa'ɲia] *nf* company.
comparación [kompara'θjon] *nf* comparison; **en ~ con** in comparison with.
comparar [kompa'rar] *vt* to compare.
comparativo, a [kompara'tiβo, a] *a* comparative.
comparecer [kompare'θer] *vi* to appear (in court).
comparsa [kom'parsa] *nm/f* (TEATRO) extra.
compartimiento [komparti'mjento] *nm* (FERRO) compartment.
compartir [kompar'tir] *vt* to divide (up), share (out).
compás [kom'pas] *nm* (MUS) beat, rhythm; (MAT) compasses *pl*; (NAUT *etc*) compass.
compasión [kompa'sjon] *nf* compassion, pity.
compasivo, a [kompa'siβo, a] *a* compassionate.
compatibilidad [kompatiβili'ðað] *nf* compatibility.
compatible [kompa'tiβle] *a* compatible.
compatriota [kompa'trjota] *nm/f* compatriot, fellow countryman/woman.
compendiar [kompen'djar] *vt* to summarize; (*libro*) to abridge; **compendio** *nm* summary; abridgement.
compensación [kompensa'θjon] *nf* compensation.
compensar [kompen'sar] *vt* to compensate.
competencia [kompe'tenθja] *nf* (*incumbencia*) domain, field; (JUR, *habilidad*) competence; (*rivalidad*) competition.
competente [kompe'tente] *a* (JUR, *persona*) competent; (*conveniente*) suitable.
competición [kompeti'θjon] *nf* competition.
competir [kompe'tir] *vi* to compete.
compilar [kompi'lar] *vt* to compile.
complacencia [kompla'θenθja] *nf* (*placer*) pleasure; (*tolerancia excesiva*) complacency.
complacer [kompla'θer] *vt* to please; **~se** *vr* to be pleased.
complaciente [kompla'θjente] *a* kind, obliging, helpful.
complejo, a [kom'plexo, a] *a, nm* complex.
complementario, a [komplemen'tarjo, a] *a* complementary.
completar [komple'tar] *vt* to complete.
completo, a [kom'pleto, a] *a* complete; (*perfecto*) perfect; (*lleno*) full // *nm* full complement.
complicado, a [kompli'kaðo, a] *a* complicated; **estar ~ en** to be mixed up in.
complicar [kompli'kar] *vt* to complicate.
cómplice ['kompliθe] *nm/f* accomplice.
complot [kom'plo(t)] (*pl* **~s**) *nm* plot; (*conspiración*) conspiracy.
componer [kompo'ner] *vt* to make up, put together; (MUS, LITERATURA, IMPRENTA) to compose; (*algo roto*) to mend, repair; (*arreglar*) to arrange; **~se** *vr*: **~se de** to consist of; **componérselas para hacer algo** to manage to do sth.
comportamiento [komporta'mjento] *nm* behaviour, conduct.
comportarse [kompor'tarse] *vr* to behave.
composición [komposi'θjon] *nf* composition.
compositor, a [komposi'tor, a] *nm/f* composer.
compostura [kompos'tura] *nf* (*composición*) composition; (*reparación*) mending, repair; (*acuerdo*) agreement; (*actitud*) composure.
compra ['kompra] *nf* purchase; **~s** *nfpl* purchases, shopping *sg*; **ir de ~s** to go shopping; **comprador, a** *nm/f* buyer, purchaser.
comprar [kom'prar] *vt* to buy, purchase.
comprender [kompren'der] *vt* to understand; (*incluir*) to comprise, include.
comprensión [kompren'sjon] *nf* understanding; (*totalidad*) comprehensiveness; **comprensivo, a** *a* comprehensive; (*actitud*) understanding.
compresa [kom'presa] *nf*: **~ higiénica** sanitary towel (*Brit*) *o* napkin (*US*).
comprimido, a [kompri'miðo, a] *a* compressed // *nm* (MED) pill, tablet.
comprimir [kompri'mir] *vt* to compress; (*fig*) to control.
comprobante [kompro'βante] *nm* proof; (COM) voucher; **~ de recibo** receipt.
comprobar [kompro'βar] *vt* to check; (*probar*) to prove; (TEC) to check, test.
comprometer [komprome'ter] *vt* to compromise; (*exponer*) to endanger; **~se** *vr* to compromise o.s.; (*involucrarse*) to get involved.
compromiso [kompro'miso] *nm* (*obligación*) obligation; (*cometido*) commitment; (*convenio*) agreement; (*dificultad*) awkward situation.
compuesto, a [kom'pwesto, a] *a*: **~ de** composed of, made up of // *nm* compound.
computador [komputa'ðor] *nm*, **computadora** [komputa'ðora] *nf* computer;

~ central mainframe computer; ~ personal personal computer.
cómputo ['komputo] *nm* calculation.
comulgar [komul'ɣar] *vi* to receive communion.
común [ko'mun] *a* common // *nm*: el ~ the community.
comunicación [komunika'θjon] *nf* communication; (*informe*) report.
comunicado [komuni'kado] *nm* announcement; ~ **de prensa** press release.
comunicar [komuni'kar] *vt, vi,* **comunicarse** *vr* to communicate; **está comunicando** (TEL) the line's engaged (*Brit*) *o* busy (*US*); **comunicativo, a** *a* communicative.
comunidad [komuni'ðað] *nf* community.
comunión [komu'njon] *nf* communion.
comunismo [komu'nismo] *nm* communism; **comunista** *a, nm/f* communist.
con [kon] ♦ *prep* **1** (*medio, compañía*) with; **comer ~ cuchara** to eat with a spoon; **atar algo ~ cuerda** to tie sth up with string; **pasear ~ uno** to go for a walk with sb
2 (*a pesar de*): **~ todo, merece nuestros respetos** all the same, he deserves our respect
3 (*para ~*): **es muy bueno para ~ los niños** he's very good with (the) children
4 (*infin*): **~ llegar tan tarde se quedó sin comer** by arriving so late he missed out on eating
♦ *conj*: **~ que**: **será suficiente ~ que le escribas** it will be sufficient if you write to her.
conato [ko'nato] *nm* attempt; ~ **de robo** attempted robbery.
concebir [konθe'ßir] *vt, vi* to conceive.
conceder [konθe'ðer] *vt* to concede.
concejal, a [konθe'xal, a] *nm/f* town councillor.
concejo [kon'θexo] *nm* council.
concentración [konθentra'θjon] *nf* concentration.
concentrar [konθen'trar] *vt,* **concentrarse** *vr* to concentrate.
concepción [konθep'θjon] *nf* conception.
concepto [kon'θepto] *nm* concept.
concertar [konθer'tar] *vt* (MUS) to harmonize; (*acordar*: *precio*) to agree; (: *tratado*) to conclude; (*trato*) to arrange, fix up; (*combinar*: *esfuerzos*) to coordinate; (*reconciliar*: *personas*) to reconcile // *vi* to harmonize, be in tune.
concesión [konθe'sjon] *nf* concession.
concesionario [konθesjo'narjo] *nm* (licensed) dealer, agent.
conciencia [kon'θjenθja] *nf* conscience; **tener/tomar ~ de** to be/become aware of; **tener la ~ limpia/tranquila** to have a clear conscience.
concienciar [konθjen'θjar] *vt* to make aware; **~se** *vr* to become aware.
concienzudo, a [konθjen'θuðo, a] *a* conscientious.
concierto *etc vb ver* **concertar** // [kon'θjerto] *nm* concert; (*obra*) concerto.
conciliar [konθi'ljar] *vt* to reconcile.
concilio [kon'θiljo] *nm* council.
conciso, a [kon'θiso, a] *a* concise.
conciudadano, a [konθjuða'ðano, a] *nm/f* fellow citizen.
concluir [konklu'ir] *vt, vi,* **concluirse** *vr* to conclude.
conclusión [konklu'sjon] *nf* conclusion.
concluyente [konklu'jente] *a* (*prueba, información*) conclusive.
concordar [konkor'ðar] *vt* to reconcile // *vi* to agree, tally.
concordia [kon'korðja] *nf* harmony.
concretar [konkre'tar] *vt* to make concrete, make more specific; **~se** *vr* to become more definite.
concreto, a [kon'kreto, a] *a, nm* (AM) concrete; **en ~** (*en resumen*) to sum up; (*específicamente*) specifically; **no hay nada en ~** there's nothing definite.
concurrencia [konku'rrenθja] *nf* turnout.
concurrido, a [konku'rriðo, a] *a* (*calle*) busy; (*local, reunión*) crowded.
concurrir [konku'rrir] *vi* (*juntarse*: *ríos*) to meet, come together; (: *personas*) to gather, meet.
concursante [konkur'sante] *nm/f* competitor.
concurso [kon'kurso] *nm* (*de público*) crowd; (ESCOL, DEPORTE, *competencia*) competition; (*ayuda*) help, cooperation.
concha ['kontʃa] *nf* shell.
conde ['konde] *nm* count; **condal** *a*: **la ciudad condal** Barcelona.
condecoración [kondekora'θjon] *nf* (MIL) medal.
condecorar [kondeko'rar] *vt* (MIL) to decorate.
condena [kon'dena] *nf* sentence.
condenación [kondena'θjon] *nf* condemnation; (REL) damnation.
condenar [konde'nar] *vt* to condemn; (JUR) to convict; **~se** *vr* (JUR) to confess (one's guilt); (REL) to be damned.
condensar [konden'sar] *vt* to condense.
condesa [kon'desa] *nf* countess.
condescender [kondesθen'der] *vi* to acquiesce, comply.
condición [kondi'θjon] *nf* condition; **condicional** *a* conditional.
condicionar [kondiθjo'nar] *vt* (*acondicionar*) to condition; **~ algo a** to make sth conditional on.
condimento [kondi'mento] *nm* seasoning.
condolerse [kondo'lerse] *vr* to sympathize.
condón [kon'don] *nm* condom.
conducir [kondu'θir] *vt* to take, convey; (AUTO) to drive // *vi* to drive; (*fig*) to lead; **~se** *vr* to behave.

conducta [kon'dukta] *nf* conduct, behaviour.
conducto [kon'dukto] *nm* pipe, tube; (*fig*) channel.
conductor, a [konduk'tor, a] *a* leading, guiding // *nm* (FÍSICA) conductor; (*de vehículo*) driver.
conduje *etc vb ver* **conducir.**
conduzco *etc vb ver* **conducir.**
conectado, a [konek'taðo, a] *a* (INFORM) on-line.
conectar [konek'tar] *vt* to connect (up); (*enchufar*) plug in.
conejo [ko'nexo] *nm* rabbit.
conexión [konek'sjon] *nf* connection.
confección [confe(k)'θjon] *nf* preparation; (*industria*) clothing industry.
confeccionar [konfekθjo'nar] *vt* to make (up).
confederación [konfeðera'θjon] *nf* confederation.
conferencia [konfe'renθja] *nf* conference; (*lección*) lecture; (TEL) call.
conferir [konfe'rir] *vt* to award.
confesar [konfe'sar] *vt* to confess, admit.
confesión [konfe'sjon] *nf* confession.
confesionario [konfesjo'narjo] *nm* confessional.
confeti [kon'feti] *nm* confetti.
confiado, a [kon'fjaðo, a] *a* (*crédulo*) trusting; (*seguro*) confident; (*presumido*) conceited, vain.
confianza [kon'fjanθa] *nf* trust; (*aliento, confidencia*) confidence; (*familiaridad*) intimacy, familiarity; (*pey*) vanity, conceit.
confiar [kon'fjar] *vt* to entrust // *vi* to trust.
confidencia [konfi'ðenθja] *nf* confidence.
confidencial [konfiðen'θjal] *a* confidential.
confidente [konfi'ðente] *nm/f* confidant/e; (*policial*) informer.
configurar [konfiɣu'rar] *vt* to shape, form.
confín [kon'fin] *nm* limit; **~es** *nmpl* confines, limits.
confinar [konfi'nar] *vi* to confine; (*desterrar*) to banish.
confirmar [konfir'mar] *vt* to confirm.
confiscar [konfis'kar] *vt* to confiscate.
confite [kon'fite] *nm* sweet (*Brit*), candy (*US*).
confitería [konfite'ria] *nf* confectionery; (*tienda*) confectioner's (shop).
confitura [konfi'tura] *nf* jam.
conflictivo, a [konflik'tiβo, a] *a* (*asunto, propuesta*) controversial; (*país, situación*) troubled.
conflicto [kon'flikto] *nm* conflict; (*fig*) clash.
confluir [kon'flwir] *vi* (*ríos*) to meet; (*gente*) to gather.
conformar [konfor'mar] *vt* to shape, fashion // *vi* to agree; **~se** *vr* to conform; (*resignarse*) to resign o.s.
conforme [kon'forme] *a* alike, similar; (*de acuerdo*) agreed, in agreement // *ad* as // *excl* agreed! // *nm* agreement // *prep*: ~ a in accordance with.
conformidad [konformi'ðað] *nf* (*semejanza*) similarity; (*acuerdo*) agreement; (*resignación*) resignation; **conformista** *a, nm/f* conformist.
confortable [konfor'taβle] *a* comfortable.
confortar [konfor'tar] *vt* to comfort.
confrontar [konfron'tar] *vt* to confront; (*dos personas*) to bring face to face; (*cotejar*) to compare // *vi* to border.
confundir [konfun'dir] *vt* (*borrar*) to blur; (*equivocar*) to mistake, confuse; (*mezclar*) to mix; (*turbar*) to confuse; **~se** *vr* (*hacerse borroso*) to become blurred; (*turbarse*) to get confused; (*equivocarse*) to make a mistake; (*mezclarse*) to mix.
confusión [konfu'sjon] *nf* confusion.
confuso, a [kon'fuso, a] *a* confused.
congelado, a [konxe'laðo, a] *a* frozen; **~s** *nmpl* frozen food(s); **congelador** *nm*, **congeladora** *nf* (*aparato*) freezer, deep freeze.
congelar [konxe'lar] *vt* to freeze; **~se** *vr* (*sangre, grasa*) to congeal.
congeniar [konxe'njar] *vi* to get on (*Brit*) o along (*US*) well.
congestionar [konxestjo'nar] *vt* to congest; **~se** *vr*: **se le congestionó la cara** his face became flushed.
congoja [kon'goxa] *nf* distress, grief.
congraciarse [kongra'θjarse] *vr* to ingratiate o.s.
congratular [kongratu'lar] *vt* to congratulate.
congregación [kongreɣa'θjon] *nf* congregation.
congregar [kongre'ɣar] *vt*, **congregarse** *vr* to gather together.
congresista [kongre'sista] *nm/f* delegate, congressman/woman.
congreso [kon'greso] *nm* congress.
conjetura [konxe'tura] *nf* guess; **conjeturar** *vt* to guess.
conjugar [konxu'ɣar] *vt* to combine, fit together; (LING) to conjugate.
conjunción [konxun'θjon] *nf* conjunction.
conjunto, a [kon'xunto, a] *a* joint, united // *nm* whole; (MUS) band; **en ~** as a whole.
conjurar [konxu'rar] *vt* (REL) to exorcise; (*fig*) to ward off // *vi* to plot.
conmemoración [konmemora'θjon] *nf* commemoration.
conmemorar [konmemo'rar] *vt* to commemorate.
conmigo [kon'miɣo] *pron* with me.
conminar [konmi'nar] *vt* to threaten.
conmoción [konmo'θjon] *nf* shock; (*fig*) upheaval; **~ cerebral** (MED) concussion.
conmovedor, a [konmoβe'ðor, a] *a*

touching, moving; (*emocionante*) exciting.
conmover [konmo'ßer] *vt* to shake, disturb; (*fig*) to move.
conmutador [konmuta'ðor] *nm* switch; (*AM* TEL: *centralita*) switchboard; (: *central*) telephone exchange.
cono ['kono] *nm* cone.
conocedor, a [konoθe'ðor, a] *a* expert, knowledgeable // *nm/f* expert.
conocer [kono'θer] *vt* to know; (*por primera vez*) to meet, get to know; (*entender*) to know about; (*reconocer*) to recognize; **~se** *vr* (*una persona*) to know o.s.; (*dos personas*) to (get to) know each other.
conocido, a [kono'θiðo, a] *a* (well-) known // *nm/f* acquaintance.
conocimiento [konoθi'mjento] *nm* knowledge; (MED) consciousness; **~s** *nmpl* (*personas*) acquaintances; (*saber*) knowledge *sg*.
conozco *etc vb ver* **conocer**.
conque ['konke] *conj* and so, so then.
conquista [kon'kista] *nf* conquest; **conquistador, a** *a* conquering // *nm* conqueror.
conquistar [konkis'tar] *vt* to conquer.
consagrar [konsa'ɣrar] *vt* (REL) to consecrate; (*fig*) to devote.
consciente [kons'θjente] *a* conscious.
consecución [konseku'θjon] *nf* acquisition; (*de fin*) attainment.
consecuencia [konse'kwenθja] *nf* consequence, outcome; (*firmeza*) consistency.
consecuente [konse'kwente] *a* consistent.
consecutivo, a [konseku'tißo, a] *a* consecutive.
conseguir [konse'ɣir] *vt* to get, obtain; (*sus fines*) to attain.
consejero, a [konse'xero, a] *nm/f* adviser, consultant; (POL) councillor.
consejo [kon'sexo] *nm* advice; (POL) council.
consenso [kon'senso] *nm* consensus.
consentimiento [konsenti'mjento] *nm* consent.
consentir [konsen'tir] *vt* (*permitir, tolerar*) to consent to; (*mimar*) to pamper, spoil; (*aguantar*) to put up with // *vi* to agree, consent; **~ que uno haga algo** to allow sb to do sth.
conserje [kon'serxe] *nm* caretaker; (*portero*) porter.
conservación [konserßa'θjon] *nf* conservation; (*de alimentos, vida*) preservation.
conservador, a [konserßa'ðor, a] *a* (POL) conservative // *nm/f* conservative.
conservante [konser'ßante] *nm* preservative.
conservar [konser'ßar] *vt* to conserve, keep; (*alimentos, vida*) to preserve; **~se** *vr* to survive.
conservas [kon'serßas] *nfpl* canned food(s).
conservatorio [konserßa'torjo] *nm* (MUS) conservatoire.
considerable [konsiðe'raßle] *a* considerable.
consideración [konsiðera'θjon] *nf* consideration; (*estimación*) respect.
considerado, a [konsiðe'raðo, a] *a* (*atento*) considerate; (*respetado*) respected.
considerar [konsiðe'rar] *vt* to consider.
consigna [kon'siɣna] *nf* (*orden*) order, instruction; (*para equipajes*) left-luggage office.
consigo *etc vb ver* **conseguir** // [kon'siɣo] *pron* (*m*) with him; (*f*) with her; (*Vd.*) with you; (*reflexivo*) with o.s.
consiguiendo *etc vb ver* **conseguir**.
consiguiente [konsi'ɣjente] *a* consequent; **por ~** and so, therefore, consequently.
consistente [konsis'tente] *a* consistent; (*sólido*) solid, firm; (*válido*) sound.
consistir [konsis'tir] *vi*: **~ en** (*componerse de*) to consist of; (*ser resultado de*) to be due to.
consola [kon'sola] *nf* control panel.
consolación [konsola'θjon] *nf* consolation.
consolar [konso'lar] *vt* to console.
consolidar [konsoli'ðar] *vt* to consolidate.
consomé [konso'me] (*pl* **~s**) *nm* consommé, clear soup.
consonante [konso'nante] *a* consonant, harmonious // *nf* consonant.
consorcio [kon'sorθjo] *nm* consortium.
conspiración [konspira'θjon] *nf* conspiracy.
conspirador, a [konspira'ðor, a] *nm/f* conspirator.
conspirar [konspi'rar] *vi* to conspire.
constancia [kon'stanθja] *nf* constancy; **dejar ~ de** to put on record.
constante [kons'tante] *a*, *nf* constant.
constar [kons'tar] *vi* (*evidenciarse*) to be clear *o* evident; **~ de** to consist of.
constatar [konsta'tar] *vt* (*controlar*) to check; (*observar*) to note.
consternación [konsterna'θjon] *nf* consternation.
constipado, a [konsti'paðo, a] *a*: **estar ~** to have a cold // *nm* cold.
constitución [konstitu'θjon] *nf* constitution; **constitucional** *a* constitutional.
constituir [konstitu'ir] *vt* (*formar, componer*) to constitute, make up; (*fundar, erigir, ordenar*) to constitute, establish.
constitutivo, a [konstitu'tißo, a] *a* constitutive, constituent.
constituyente [konstitu'jente] *a* constituent.

constreñir [konstre'ɲir] *vt* (*restringir*) to restrict.
construcción [konstruk'θjon] *nf* construction, building.
constructor, a [konstruk'tor, a] *nm/f* builder.
construir [konstru'ir] *vt* to build, construct.
construyendo *etc vb ver* **construir**.
consuelo [kon'swelo] *nm* consolation, solace.
cónsul ['konsul] *nm* consul; **consulado** *nm* consulate.
consulta [kon'sulta] *nf* consultation; (MED): **horas de ~** surgery hours.
consultar [konsul'tar] *vt* to consult.
consultorio [konsul'torjo] *nm* (MED) surgery.
consumar [konsu'mar] *vt* to complete, carry out; (*crimen*) to commit; (*sentencia*) to carry out.
consumición [konsumi'θjon] *nf* consumption; (*bebida*) drink; (*comida*) food; **~ mínima** cover charge.
consumidor, a [konsumi'ðor, a] *nm/f* consumer.
consumir [konsu'mir] *vt* to consume; **~se** *vr* to be consumed; (*persona*) to waste away.
consumismo [konsu'mismo] *nm* consumerism.
consumo [kon'sumo] *nm* consumption.
contabilidad [kontaβili'ðað] *nf* accounting, book-keeping; (*profesión*) accountancy; **contable** *nm/f* accountant.
contacto [kon'takto] *nm* contact; (AUTO) ignition.
contado, a [kon'taðo, a] *a*: **~s** (*escasos*) numbered, scarce, few // *nm*: **pagar al ~** to pay (in) cash.
contador [konta'ðor] *nm* (*aparato*) meter; (*AM*: *contante*) accountant.
contagiar [konta'xjar] *vt* (*enfermedad*) to pass on, transmit; (*persona*) to infect; **~se** *vr* to become infected.
contagio [kon'taxjo] *nm* infection; **contagioso, a** *a* infectious; (*fig*) catching.
contaminación [kontamina'θjon] *nf* contamination; (*polución*) pollution.
contaminar [kontami'nar] *vt* to contaminate; (*aire, agua*) to pollute.
contante [kon'tante] *a*: **dinero ~ (y sonante)** cash.
contar [kon'tar] *vt* (*páginas, dinero*) to count; (*anécdota, chiste etc*) to tell // *vi* to count; **~ con** to rely on, count on.
contemplación [kontempla'θjon] *nf* contemplation.
contemplar [kontem'plar] *vt* to contemplate; (*mirar*) to look at.
contemporáneo, a [kontempo'raneo, a] *a, nm/f* contemporary.
contendiente [konten'djente] *nm/f* contestant.
contenedor [kontene'ðor] *nm* container.
contener [konte'ner] *vt* to contain, hold; (*retener*) to hold back, contain; **~se** *vr* to control *o* restrain o.s.
contenido, a [konte'niðo, a] *a* (*moderado*) restrained; (*risa etc*) suppressed // *nm* contents *pl*, content.
contentar [konten'tar] *vt* (*satisfacer*) to satisfy; (*complacer*) to please; **~se** *vr* to be satisfied.
contento, a [kon'tento, a] *a* contented, content; (*alegre*) pleased; (*feliz*) happy.
contestación [kontesta'θjon] *nf* answer, reply.
contestador [kontesta'ðor] *nm*: **~ automático** answering machine.
contestar [kontes'tar] *vt* to answer, reply; (JUR) to corroborate, confirm.
contexto [kon'te(k)sto] *nm* context.
contienda [kon'tjenda] *nf* contest.
contigo [kon'tiɣo] *pron* with you.
contiguo, a [kon'tiɣwo, a] *a* (*de al lado*) next; (*vecino*) adjacent, adjoining.
continente [konti'nente] *a, nm* continent.
contingencia [kontin'xenθja] *nf* contingency; (*riesgo*) risk; **contingente** *a, nm* contingent.
continuación [kontinwa'θjon] *nf* continuation; **a ~** then, next.
continuar [konti'nwar] *vt* to continue, go on with // *vi* to continue, go on; **~ hablando** to continue talking *o* to talk.
continuidad [kontinwi'ðað] *nf* continuity.
continuo, a [kon'tinwo, a] *a* (*sin interrupción*) continuous; (*acción perseverante*) continual.
contorno [kon'torno] *nm* outline; (GEO) contour; **~s** *nmpl* neighbourhood *sg*, surrounding area *sg*.
contorsión [kontor'sjon] *nf* contortion.
contra ['kontra] *prep, ad* against // *nm inv* con // *nf*: **la C~** (*Nicaragua*) the Contras *pl*.
contraataque [kontraa'take] *nm* counter-attack.
contrabajo [kontra'βaxo] *nm* double bass.
contrabandista [kontraβan'dista] *nm/f* smuggler.
contrabando [kontra'βando] *nm* (*acción*) smuggling; (*mercancías*) contraband.
contracción [kontrak'θjon] *nf* contraction.
contrachapado [kontratʃa'paðo] *nm* plywood.
contradecir [kontraðe'θir] *vt* to contradict.
contradicción [kontraðik'θjon] *nf* contradiction.
contradictorio, a [kontraðik'torjo, a] *a* contradictory.
contraer [kontra'er] *vt* to contract; (*limitar*) to restrict; **~se** *vr* to contract; (*limitarse*) to limit o.s.

contragolpe [kontra'ɣolpe] *nm* backlash.
contraluz [kontra'luθ] *nf*: a ~ against the light.
contramaestre [kontrama'estre] *nm* foreman.
contrapartida [kontrapar'tiða] *nf*: como ~ (de) in return (for).
contrapelo [kontra'pelo]: a ~ *ad* the wrong way.
contrapesar [kontrape'sar] *vt* to counterbalance; (*fig*) to offset; **contrapeso** *nm* counterweight.
contraproducente [kontraproðu'θente] *a* counterproductive.
contrariar [kontra'rjar] *vt* (*oponerse*) to oppose; (*poner obstáculo*) to impede; (*enfadar*) to vex.
contrariedad [kontrarje'ðað] *nf* (*oposición*) opposition; (*obstáculo*) obstacle, setback; (*disgusto*) vexation, annoyance.
contrario, a [kon'trarjo, a] *a* contrary; (*persona*) opposed; (*sentido, lado*) opposite // *nm/f* enemy, adversary; (*DEPORTE*) opponent; **al/por el ~** on the contrary; **de lo ~** otherwise.
contrarrestar [kontrarres'tar] *vt* to counteract.
contrasentido [kontrasen'tiðo] *nm*: **es un ~ que él ...** it doesn't make sense for him to ....
contraseña [kontra'seɲa] *nf* (*INFORM*) password.
contrastar [kontras'tar] *vt* to resist // *vi* to contrast.
contraste [kon'traste] *nm* contrast.
contratar [kontra'tar] *vt* (*firmar un acuerdo para*) to contract for; (*empleados, obreros*) to hire, engage; **~se** *vr* to sign on.
contratiempo [kontra'tjempo] *nm* setback.
contratista [kontra'tista] *nm/f* contractor.
contrato [kon'trato] *nm* contract.
contravenir [kontraβe'nir] *vi*: **~ a** to contravene, violate.
contraventana [kontraβen'tana] *nf* shutter.
contribución [kontriβu'θjon] *nf* (*municipal etc*) tax; (*ayuda*) contribution.
contribuir [kontriβu'ir] *vt, vi* to contribute; (*COM*) to pay (in taxes).
contribuyente [kontriβu'jente] *nm/f* (*COM*) taxpayer; (*que ayuda*) contributor.
control [kon'trol] *nm* control; (*inspección*) inspection, check; **~ador, a** *nm/f* controller; **controlador aéreo** air-traffic controller.
controlar [kontro'lar] *vt* to control; (*inspeccionar*) to inspect, check.
controversia [kontro'βersja] *nf* controversy.
contundente [kontun'dente] *a* (*instrumento*) blunt; (*argumento, derrota*) overwhelming.
contusión [kontu'sjon] *nf* bruise.
convalecencia [konβale'θenθja] *nf* convalescence.
convalecer [konβale'θer] *vi* to convalesce, get better.
convaleciente [konβale'θjente] *a, nm/f* convalescent.
convalidar [konβali'ðar] *vt* (*título*) to recognize.
convencer [konβen'θer] *vt* to convince; (*persuadir*) to persuade.
convencimiento [konβenθi'mjento] *nm* (*acción*) convincing; (*persuasión*) persuasion; (*certidumbre*) conviction.
convención [konβen'θjon] *nf* convention.
conveniencia [konβe'njenθja] *nf* suitability; (*conformidad*) agreement; (*utilidad, provecho*) usefulness; **~s** *nfpl* conventions; (*COM*) property *sg*.
conveniente [konβe'njente] *a* suitable; (*útil*) useful.
convenio [kon'βenjo] *nm* agreement, treaty.
convenir [konβe'nir] *vi* (*estar de acuerdo*) to agree; (*ser conveniente*) to suit, be suitable.
convento [kon'βento] *nm* convent.
convenza *etc vb ver* **convencer**.
converger [konβer'xer], **convergir** [konβer'xir] *vi* to converge.
conversación [konβersa'θjon] *nf* conversation.
conversar [konβer'sar] *vi* to talk, converse.
conversión [konβer'sjon] *nf* conversion.
convertir [konβer'tir] *vt* to convert.
convicción [konβik'θjon] *nf* conviction.
convicto, a [kon'βikto, a] *a* convicted, found guilty; (*condenado*) condemned.
convidado, a [konβi'ðaðo, a] *nm/f* guest.
convidar [konβi'ðar] *vt* to invite.
convincente [konβin'θente] *a* convincing.
convite [kon'βite] *nm* invitation; (*banquete*) banquet.
convivencia [konβi'βenθja] *nf* coexistence, living together.
convocar [konβo'kar] *vt* to summon, call (together).
convulsión [konβul'sjon] *nf* convulsion.
conyugal [konju'ɣal] *a* conjugal; **cónyuge** ['konjuxe] *nm/f* spouse.
coñac [ko'ɲak] (*pl* **~s**) *nm* cognac, brandy.
coño ['koɲo] *excl* (*fam!*: *enfado*) shit! (*!*); (: *sorpresa*) bloody hell! (*!*).
cooperación [koopera'θjon] *nf* cooperation.
cooperar [koope'rar] *vi* to cooperate.
cooperativa [koopera'tiβa] *nf* cooperative.
coordinadora [koorðina'ðora] *nf* (*comité*) coordinating committee.

coordinar [koorðiˈnar] *vt* to coordinate.
copa [ˈkopa] *nf* cup; (*vaso*) glass; (*de árbol*) top; (*de sombrero*) crown; ~s *nfpl* (NAIPES) ≈ hearts; **(tomar una) ~** (to have a) drink.
copia [ˈkopja] *nf* copy; **~ de respaldo** *o* **seguridad** (INFORM) back-up copy; **copiar** *vt* to copy.
copioso, a [koˈpjoso, a] *a* copious, plentiful.
copla [ˈkopla] *nf* verse; (*canción*) (popular) song.
copo [ˈkopo] *nm*: **~ de nieve** snowflake; **~s de maíz** cornflakes.
copropietarios [kopropjeˈtarjos] *nmpl* joint owners.
coqueta [koˈketa] *a* flirtatious, coquettish; **coquetear** *vi* to flirt.
coraje [koˈraxe] *nm* courage; (*ánimo*) spirit; (*ira*) anger.
coral [koˈral] *a* choral // *nf* (MUS) choir // *nm* (ZOOL) coral.
coraza [koˈraθa] *nf* (*armadura*) armour; (*blindaje*) armour-plating.
corazón [koraˈθon] *nm* heart.
corazonada [koraθoˈnaða] *nf* impulse; (*presentimiento*) hunch.
corbata [korˈβata] *nf* tie.
corchete [korˈtʃete] *nm* catch, clasp.
corcho [ˈkortʃo] *nm* cork; (PESCA) float.
cordel [korˈðel] *nm* cord, line.
cordero [korˈðero] *nm* lamb.
cordial [korˈðjal] *a* cordial; **~idad** *nf* warmth, cordiality.
cordillera [korðiˈʎera] *nf* range (of mountains).
Córdoba [ˈkorðoβa] *n* Cordova.
cordón [korˈðon] *nm* (*cuerda*) cord, string; (*de zapatos*) lace; (MIL *etc*) cordon.
corneta [korˈneta] *nf* bugle.
coro [ˈkoro] *nm* chorus; (*conjunto de cantores*) choir.
corona [koˈrona] *nf* crown; (*de flores*) garland; **~ción** *nf* coronation; **coronar** *vt* to crown.
coronel [koroˈnel] *nm* colonel.
coronilla [koroˈniʎa] *nf* (ANAT) crown (of the head).
corporación [korporaˈθjon] *nf* corporation.
corporal [korpoˈral] *a* corporal, bodily.
corpulento, a [korpuˈlento a] *a* (*persona*) heavily-built.
corral [koˈrral] *nm* farmyard.
correa [koˈrrea] *nf* strap; (*cinturón*) belt; (*de perro*) lead, leash.
corrección [korrekˈθjon] *nf* correction; (*reprensión*) rebuke; **correccional** *nm* reformatory.
correcto, a [koˈrrekto, a] *a* correct; (*persona*) well-mannered.
corredizo, a [korreˈðiθo, a] *a* (*puerta etc*) sliding.
corredor, a [korreˈðor, a] *a* running // *nm* (*pasillo*) corridor; (*balcón corrido*) gallery; (COM) agent, broker // *nm/f* (DEPORTE) runner.
corregir [korreˈxir] *vt* (*error*) to correct; (*amonestar, reprender*) to rebuke, reprimand; **~se** *vr* to reform.
correo [koˈrreo] *nm* post, mail; (*persona*) courier; **C~s** Post Office *sg*; **~ aéreo** airmail.
correr [koˈrrer] *vt* to run; (*viajar*) to cover, travel; (*cortinas*) to draw; (*cerrojo*) to shoot // *vi* to run; (*líquido*) to run, flow; **~se** *vr* to slide, move; (*colores*) to run.
correspondencia [korresponˈdenθja] *nf* correspondence; (FERRO) connection.
corresponder [korresponˈder] *vi* to correspond; (*convenir*) to be suitable; (*pertenecer*) to belong; (*tocar*) to concern; **~se** *vr* (*por escrito*) to correspond; (*amarse*) to love one another.
correspondiente [korresponˈdjente] *a* corresponding.
corresponsal [korresponˈsal] *nm/f* correspondent.
corrido, a [koˈrriðo, a] *a* (*avergonzado*) abashed // *nf* (*de toros*) bullfight; **3 noches corridas** 3 nights running; **un kilo ~** a good kilo.
corriente [koˈrrjente] *a* (*agua*) running; (*fig*) flowing; (*dinero etc*) current; (*común*) ordinary, normal // *nf* current // *nm* current month; **~ eléctrica** electric current.
corrija *etc vb ver* **corregir**.
corrillo [koˈrriʎo] *nm* ring, circle (of people); (*fig*) clique.
corro [ˈkorro] *nm* ring, circle (of people).
corroborar [korroβoˈrar] *vt* to corroborate.
corroer [korroˈer] *vt* to corrode; (GEO) to erode.
corromper [korromˈper] *vt* (*madera*) to rot; (*fig*) to corrupt.
corrosivo, a [korroˈsiβo, a] *a* corrosive.
corrupción [korrupˈθjon] *nf* rot, decay; (*fig*) corruption.
corsé [korˈse] *nm* corset.
cortacésped [kortaˈθespeð] *nm* lawn mower.
cortado, a [korˈtaðo, a] *a* (*gen*) cut; (*leche*) sour; (*confuso*) confused; (*desconcertado*) embarrassed // *nm* coffee (with a little milk).
cortar [korˈtar] *vt* to cut; (*suministro*) to cut off; (*un pasaje*) to cut out // *vi* to cut; **~se** *vr* (*turbarse*) to become embarrassed; (*leche*) to turn, curdle; **~se el pelo** to have one's hair cut.
cortaúñas [kortaˈuɲas] *nm inv* nail clippers *pl*.
corte [ˈkorte] *nm* cut, cutting; (*de tela*) piece, length; **las C~s** the Spanish Parliament; **~ y confección** dressmaking; **~ de luz** power cut.

cortedad [korte'ðað] *nf* shortness; (*fig*) bashfulness, timidity.
cortejar [korte'xar] *vt* to court.
cortejo [kor'texo] *nm* entourage; ~ **fúnebre** funeral procession.
cortés [kor'tes] *a* courteous, polite.
cortesía [korte'sia] *nf* courtesy.
corteza [kor'teθa] *nf* (*de árbol*) bark; (*de pan*) crust.
cortina [kor'tina] *nf* curtain.
corto, a ['korto, a] *a* (*breve*) short; (*tímido*) bashful; ~ **de luces** not very bright; ~ **de vista** short-sighted; **estar** ~ **de fondos** to be short of funds; **~circuito** *nm* short circuit.
corvo, a ['korβo, a] *a* curved.
cosa ['kosa] *nf* thing; (*asunto*) affair; ~ **de** about; **eso es** ~ **mía** that's my business.
cosecha [ko'setʃa] *nf* (AGR) harvest; (*de vino*) vintage.
cosechar [kose'tʃar] *vt* to harvest, gather (in).
coser [ko'ser] *vt* to sew.
cosmético, a [kos'metiko, a] *a, nm* cosmetic.
cosquillas [kos'kiʎas] *nfpl*: **hacer** ~ to tickle; **tener** ~ to be ticklish.
costa ['kosta] *nf* (GEO) coast; **C~ Brava** Costa Brava; **C~ Cantábrica** Cantabrian Coast; **C~ del Sol** Costa del Sol; **a toda** ~ at any price.
costado [kos'taðo] *nm* side.
costal [kos'tal] *nm* sack.
costar [kos'tar] *vt* (*valer*) to cost; (*necesitar*) to require, need; **me cuesta hablarle** I find it hard to talk to him.
Costa Rica *nf* Costa Rica; **costarricense, costarriqueño, a** *a, nm/f* Costa Rican.
coste ['koste] *nm* = **costo**.
costear [koste'ar] *vt* to pay for.
costilla [kos'tiʎa] *nf* rib; (CULIN) cutlet.
costo ['kosto] *nm* cost, price; ~ **de la vida** cost of living; **~so, a** *a* costly, expensive.
costra ['kostra] *nf* (*corteza*) crust; (MED) scab.
costumbre [kos'tumbre] *nf* custom, habit.
costura [kos'tura] *nf* sewing, needlework; (*zurcido*) seam.
costurera [kostu'rera] *nf* dressmaker.
costurero [kostu'rero] *nm* sewing box *o* case.
cotejar [kote'xar] *vt* to compare.
cotidiano, a [koti'ðjano, a] *a* daily, day to day.
cotización [kotiθa'θjon] *nf* (COM) quotation, price; (*de club*) dues *pl*.
cotizar [koti'θar] *vt* (COM) to quote, price; **~se** *vr*: **~se a** to sell at, fetch; (BOLSA) to stand at, be quoted at.
coto ['koto] *nm* (*terreno cercado*) enclosure; (*de caza*) reserve.
cotorra [ko'torra] *nf* parrot.
COU [kou] *nm abr* (*Esp*) = *Curso de Orientación Universitaria.*
coyote [ko'jote] *nm* coyote, prairie wolf.
coyuntura [kojun'tura] *nf* (ANAT) joint; (*fig*) juncture, occasion.
coz [koθ] *nf* kick.
cráneo ['kraneo] *nm* skull, cranium.
cráter ['krater] *nm* crater.
creación [krea'θjon] *nf* creation.
creador, a [krea'ðor, a] *a* creative // *nm/f* creator.
crear [kre'ar] *vt* to create, make.
crecer [kre'θer] *vi* to grow; (*precio*) to rise.
creces ['kreθes]: **con** ~ *ad* amply, fully.
crecido, a [kre'θiðo, a] *a* (*persona, planta*) full-grown; (*cantidad*) large.
creciente [kre'θjente] *a* growing; (*cantidad*) increasing; (*luna*) crescent // *nm* crescent.
crecimiento [kreθi'mjento] *nm* growth; (*aumento*) increase.
credenciales [kreðen'θjales] *nfpl* credentials.
crédito ['kreðito] *nm* credit.
credo ['kreðo] *nm* creed.
crédulo, a ['kreðulo, a] *a* credulous.
creencia [kre'enθja] *nf* belief.
creer [kre'er] *vt, vi* to think, believe; **~se** *vr* to believe o.s. (to be); ~ **en** to believe in; **¡ya lo creo!** I should think so!
creíble [kre'iβle] *a* credible, believable.
creído, a [kre'iðo, a] *a* (*engreído*) conceited.
crema ['krema] *nf* cream; (*natillas*) custard.
cremallera [krema'ʎera] *nf* zip (fastener).
crepitar [krepi'tar] *vi* to crackle.
crepúsculo [kre'puskulo] *nm* twilight, dusk.
crespo, a ['krespo, a] *a* (*pelo*) curly.
crespón [kres'pon] *nm* crêpe.
cresta ['kresta] *nf* (GEO, ZOOL) crest.
creyendo *vb ver* **creer**.
creyente [kre'jente] *nm/f* believer.
creyó *etc vb ver* **creer**.
crezco *etc vb ver* **crecer**.
cría *etc vb ver* **criar** // ['kria] *nf* (*de animales*) rearing, breeding; (*animal*) young; *ver tb* **crío**.
criadero [kria'ðero] *nm* nursery; (ZOOL) breeding place.
criado, a [kri'aðo, a] *nm* servant // *nf* servant, maid.
criador [kria'ðor] *nm* breeder.
crianza [kri'anθa] *nf* rearing, breeding; (*fig*) breeding.
criar [kri'ar] *vt* (*amamantar*) to suckle, feed; (*educar*) to bring up; (*producir*) to grow, produce; (*animales*) to breed.
criatura [kria'tura] *nf* creature; (*niño*) baby, (small) child.
criba ['kriβa] *nf* sieve; **cribar** *vt* to sieve.

crimen ['krimen] *nm* crime.
criminal [krimi'nal] *a, nm/f* criminal.
crin [krin] *nf* (*tb*: ~es *nfpl*) mane.
crío, a ['krio, a] *nm/f* (*fam*) kid.
crisis ['krisis] *nf inv* crisis; ~ **nerviosa** nervous breakdown.
crispar [kris'par] *vt* (*músculo*) to tense (up); (*nervios*) to set on edge.
cristal [kris'tal] *nm* crystal; (*de ventana*) glass, pane; (*lente*) lens; **~ino, a** *a* crystalline; (*fig*) clear // *nm* lens of the eye; **~izar** *vt, vi* to crystallize.
cristiandad [kristjan'daδ] *nf* Christendom.
cristianismo [kristja'nismo] *nm* Christianity.
cristiano, a [kris'tjano, a] *a, nm/f* Christian.
Cristo ['kristo] *nm* (*Dios*) Christ; (*crucifijo*) crucifix.
criterio [kri'terjo] *nm* criterion; (*juicio*) judgement.
criticar [kriti'kar] *vt* to criticize.
crítico, a ['kritiko, a] *a* critical // *nm/f* critic // *nf* criticism.
croar [kro'ar] *vi* to croak.
cromo ['kromo] *nm* chrome.
crónico, a ['kroniko, a] *a* chronic // *nf* chronicle, account.
cronómetro [kro'nometro] *nm* (DEPORTE) stopwatch.
cruce *etc vb ver* **cruzar** // ['kruθe] *nm* crossing; (*de carreteras*) crossroads.
crucificar [kruθifi'kar] *vt* to crucify.
crucifijo [kruθi'fixo] *nm* crucifix.
crucigrama [kruθi'ɣrama] *nm* crossword (puzzle).
crudo, a ['kruδo, a] *a* raw; (*no maduro*) unripe; (*petróleo*) crude; (*rudo, cruel*) cruel // *nm* crude (oil).
cruel [krwel] *a* cruel; **~dad** *nf* cruelty.
crujido [kru'xiδo] *nm* (*de madera etc*) creak.
crujiente [kru'xjente] *a* (*galleta etc*) crunchy.
crujir [kru'xir] *vi* (*madera etc*) to creak; (*dedos*) to crack; (*dientes*) to grind; (*nieve, arena*) to crunch.
cruz [kruθ] *nf* cross; (*de moneda*) tails *sg*.
cruzado, a [kru'θaδo, a] *a* crossed // *nm* crusader // *nf* crusade.
cruzar [kru'θar] *vt* to cross; **~se** *vr* (*líneas etc*) to cross; (*personas*) to pass each other.
Cruz Roja *nf* Red Cross.
cuaderno [kwa'δerno] *nm* notebook; (*de escuela*) exercise book; (NAUT) logbook.
cuadra ['kwaδra] *nf* (*caballeriza*) stable; (*AM*) block.
cuadrado, a [kwa'δraδo, a] *a* square // *nm* (MAT) square.
cuadrar [kwa'δrar] *vt* to square // *vi*: ~ **con** to square with, tally with; **~se** *vr* (*soldado*) to stand to attention.
cuadrilátero [kwaδri'latero] *nm* (DEPORTE) boxing ring; (GEOM) quadrilateral.
cuadrilla [kwa'δriʎa] *nf* party, group.
cuadro ['kwaδro] *nm* square; (ARTE) painting; (TEATRO) scene; (*diagrama*) chart; (DEPORTE, MED) team; (POL) executive; **tela a ~s** checked (*Brit*) *o* chequered (*US*) material.
cuádruplo, a ['kwaδruplo, a], **cuádruple** ['kwaδruple] *a* quadruple.
cuajar [kwa'xar] *vt* to thicken; (*leche*) to curdle; (*sangre*) to congeal; (*adornar*) to adorn; (CULIN) to set; **~se** *vr* to curdle; to congeal; to set; (*llenarse*) to fill up.
cual [kwal] *ad* like, as // *pron*: **el** ~ *etc* which; (*persona: sujeto*) who; (: *objeto*) whom // *a* such as; **cada** ~ each one; **tal** ~ just as it is.
cuál [kwal] *pron interr* which (one).
cualesquier(a) [kwales'kjer(a)] *pl de* **cualquier(a)**.
cualidad [kwali'δaδ] *nf* quality.
cualquier [kwal'kjer], *pl* **cualesquier(a)** *a* (*indefinido*) any; ~ **día de éstos** any day now; (*después de n*: **~a**): **no es un hombre ~a** he isn't an ordinary man, he isn't just anybody; *pron*: **~a: eso ~a lo sabe hacer** anybody can do that; **es un ~a** he's a nobody.
cuando ['kwando] *ad* when; (*aún si*) if, even if // *conj* (*puesto que*) since // *prep*: **yo, ~ niño...** when I was a child...; ~ **no sea así** even if it is not so; ~ **más** at (the) most; ~ **menos** at least; ~ **no** if not, otherwise; **de ~ en ~** from time to time.
cuándo ['kwando] *ad* when; **¿desde ~?, ¿de ~ acá?** since when?
cuantioso, a [kwan'tjoso, a] *a* substantial.
cuanto, a ['kwanto, a] ♦ *a* **1** (*todo*): **tiene todo ~ desea** he's got everything he wants; **le daremos ~s ejemplares necesite** we'll give him as many copies as *o* all the copies he needs; **~s hombres la ven** all the men who see her
2: **unos ~s**: **había unos ~s periodistas** there were (quite) a few journalists
3 (+ *más*): ~ **más vino bebes peor te sentirás** the more wine you drink the worse you'll feel
♦ *pron*: **tiene ~ desea** he has everything he wants; **tome ~/~s quiera** take as much/many as you want
♦ *ad*: **en ~**: **en ~ profesor** as a teacher; **en ~ a mí** as for me; *ver tb* **antes**
♦ *conj* **1**: ~ **más gana menos gasta** the more he earns the less he spends; ~ **más joven se es más se es confiado** the younger you are the more trusting you are
2: **en ~**: **en ~ llegue/llegué** as soon as I arrive/arrived
cuánto, a ['kwanto, a] *a* (*exclamación*)

what a lot of; (*interr: sg*) how much?; (: *pl*) how many? // *pron, ad* how; (*interr: sg*) how much?; (: *pl*) how many?; ¡**~a gente**! what a lot of people!; ¿**~ cuesta**? how much does it cost?; ¿**a ~s estamos**? what's the date?; **Señor no sé ~s** Mr. So-and-So.
cuarenta [kwa'renta] *num* forty.
cuarentena [kwaren'tena] *nf* quarantine.
cuaresma [kwa'resma] *nf* Lent.
cuartear [kwarte'ar] *vt* to quarter; (*dividir*) to divide up; **~se** *vr* to crack, split.
cuartel [kwar'tel] *nm* (*de ciudad*) quarter, district; (*MIL*) barracks *pl*; **~ general** headquarters *pl*.
cuarteto [kwar'teto] *nm* quartet.
cuarto, a ['kwarto, a] *a* fourth // *nm* (*MAT*) quarter, fourth; (*habitación*) room // *nf* (*MAT*) quarter, fourth; (*palmo*) span; **~ de baño** bathroom; **~ de estar** living room; **~ de hora** quarter (of an) hour; **~ de kilo** quarter kilo.
cuatro ['kwatro] *num* four.
cuba ['kuβa] *nf* cask, barrel.
Cuba ['kuβa] *nf* Cuba; **cubano, a** *a, nm/f* Cuban.
cúbico, a ['kuβiko, a] *a* cubic.
cubierto, a *pp de* **cubrir** // [ku'βjerto, a] *a* covered // *nm* cover; (*en la mesa*) place; **~s** *nmpl* cutlery *sg* // *nf* cover, covering; (*neumático*) tyre; (*NAUT*) deck; **a ~ de** covered with *o* in.
cubil [ku'βil] *nm* den; **~ete** *nm* (*en juegos*) cup.
cubo ['kuβo] *nm* cube; (*balde*) bucket, tub; (*TEC*) drum.
cubrecama [kuβre'kama] *nm* bedspread.
cubrir [ku'βrir] *vt* to cover; **~se** *vr* (*cielo*) to become overcast.
cucaracha [kuka'ratʃa] *nf* cockroach.
cuco, a ['kuko, a] *a* pretty; (*astuto*) sharp // *nm* cuckoo.
cucurucho [kuku'rutʃo] *nm* cornet.
cuchara [ku'tʃara] *nf* spoon; (*TEC*) scoop; **~da** *nf* spoonful; **~dita** *nf* teaspoonful.
cucharita [kutʃa'rita] *nf* teaspoon.
cucharón [kutʃa'ron] *nm* ladle.
cuchichear [kutʃitʃe'ar] *vi* to whisper.
cuchilla [ku'tʃiʎa] *nf* (large) knife; (*de arma blanca*) blade; **~ de afeitar** razor blade.
cuchillo [ku'tʃiʎo] *nm* knife.
cuchitril [kutʃi'tril] *nm* hovel; (*habitación etc*) pigsty.
cuello ['kweʎo] *nm* (*ANAT*) neck; (*de vestido, camisa*) collar.
cuenca ['kwenka] *nf* (*ANAT*) eye socket; (*GEO*) bowl, deep valley.
cuenta *etc vb ver* **contar** // ['kwenta] *nf* (*cálculo*) count, counting; (*en café, restaurante*) bill; (*COM*) account; (*de collar*) bead; (*fig*) account; **a fin de ~s** in the end; **caer en la ~** to catch on; **darse ~ de** to realize; **tener en ~** to bear in mind; **echar ~s** to take stock; **~ corriente/de ahorros** current/savings account; **~kilómetros** *nm inv* ≈ milometer; (*de velocidad*) speedometer.
cuento *etc vb ver* **contar** // ['kwento] *nm* story.
cuerda ['kwerða] *nf* rope; (*hilo*) string; (*de reloj*) spring; **dar ~ a un reloj** to wind up a clock.
cuerdo, a ['kwerðo, a] *a* sane; (*prudente*) wise, sensible.
cuerno ['kwerno] *nm* horn.
cuero ['kwero] *nm* (*ZOOL*) skin, hide; (*TEC*) leather; **en ~s** stark naked; **~ cabelludo** scalp.
cuerpo ['kwerpo] *nm* body.
cuervo ['kwerβo] *nm* crow.
cuesta *etc vb ver* **costar** // ['kwesta] *nf* slope; (*en camino etc*) hill; **~ arriba/abajo** uphill/downhill; **a ~s** on one's back.
cueste *etc vb ver* **costar**.
cuestión [kwes'tjon] *nf* matter, question, issue; (*riña*) quarrel, dispute.
cueva ['kweβa] *nf* cave.
cuidado [kwi'ðaðo] *nm* care, carefulness; (*preocupación*) care, worry // *excl* careful!, look out!
cuidadoso, a [kwiða'ðoso, a] *a* careful; (*preocupado*) anxious.
cuidar [kwi'ðar] *vt* (*MED*) to care for; (*ocuparse de*) to take care of, look after // *vi*: **~ de** to take care of, look after; **~se** *vr* to look after o.s.; **~se de hacer algo** to take care to do sth.
culata [ku'lata] *nf* (*de fusil*) butt.
culebra [ku'leβra] *nf* snake.
culinario, a [kuli'narjo, a] *a* culinary, cooking *cpd*.
culminación [kulmina'θjon] *nf* culmination.
culo ['kulo] *nm* bottom, backside; (*de vaso, botella*) bottom.
culpa ['kulpa] *nf* fault; (*JUR*) guilt; **por ~ de** because of, through; **tener la ~ (de)** to be to blame (for); **~bilidad** *nf* guilt; **~ble** *a* guilty // *nm/f* culprit.
culpar [kul'par] *vt* to blame; (*acusar*) to accuse.
cultivar [kulti'βar] *vt* to cultivate.
cultivo [kul'tiβo] *nm* (*acto*) cultivation; (*plantas*) crop.
culto, a ['kulto, a] *a* (*cultivado*) cultivated; (*que tiene cultura*) cultured, educated // *nm* (*homenaje*) worship; (*religión*) cult.
cultura [kul'tura] *nf* culture.
cumbre ['kumbre] *nf* summit, top.
cumpleaños [kumple'aɲos] *nm inv* birthday.
cumplido, a [kum'pliðo, a] *a* complete, perfect; (*abundante*) plentiful; (*cortés*) courteous // *nm* compliment; **visita de ~** courtesy call.

cumplidor, a [kumpli'ðor, a] *a* reliable.
cumplimentar [kumplimen'tar] *vt* to congratulate.
cumplimiento [kumpli'mjento] *nm* (*de un deber*) fulfilment; (*acabamiento*) completion.
cumplir [kum'plir] *vt* (*orden*) to carry out, obey; (*promesa*) to carry out, fulfil; (*condena*) to serve; (*años*) to reach, attain // *vi*: ~ **con** (*deberes*) to carry out, fulfil; **~se** *vr* (*plazo*) to expire; **hoy cumple dieciocho años** he is eighteen today.
cúmulo ['kumulo] *nm* heap.
cuna ['kuna] *nf* cradle, cot.
cundir [kun'dir] *vi* (*noticia, rumor, pánico*) to spread; (*rendir*) to go a long way.
cuneta [ku'neta] *nf* ditch.
cuña ['kuɲa] *nf* wedge.
cuñado, a [ku'ɲaðo, a] *nm/f* brother/sister-in-law.
cuota ['kwota] *nf* (*parte proporcional*) share; (*cotización*) fee, dues *pl*.
cupe, cupiera *etc vb ver* **caber**.
cupo *vb ver* **caber** // ['kupo] *nm* quota.
cupón [ku'pon] *nm* coupon.
cúpula ['kupula] *nf* dome.
cura ['kura] *nf* (*curación*) cure; (*método curativo*) treatment // *nm* priest.
curación [kura'θjon] *nf* cure; (*acción*) curing.
curar [ku'rar] *vt* (*MED*: *herida*) to treat, dress; (: *enfermo*) to cure; (*CULIN*) to cure, salt; (*cuero*) to tan // *vi*, **~se** *vr* to get well, recover.
curiosear [kurjose'ar] *vt* to glance at, look over // *vi* to look round, wander round; (*explorar*) to poke about.
curiosidad [kurjosi'ðað] *nf* curiosity.
curioso, a [ku'rjoso, a] *a* curious // *nm/f* bystander, onlooker.
currante [ku'rrante] *nm/f* (*fam*) worker.
currar [ku'rrar], **currelar** [kurre'lar] *vi* (*fam*) to work; **curro** *nm* (*fam*) work, job.
currícolo [ku'rrikolo], **currículum** [ku'rrikulum] *nm* curriculum vitae.
cursi ['kursi] *a* (*fam*) pretentious; (: *amanerado*) affected.
cursiva [kur'siβa] *nf* italics *pl*.
curso ['kurso] *nm* course; **en** ~ (*año*) current; (*proceso*) going on, under way.
cursor [kur'sor] *nm* (*INFORM*) cursor.
curtido, a [kur'tiðo, a] *a* (*cara etc*) weather-beaten; (*fig*: *persona*) experienced.
curtir [kur'tir] *vt* (*cuero etc*) to tan.
curvo, a ['kurβo, a] *a* (*gen*) curved; (*torcido*) bent // *nf* (*gen*) curve, bend.
cúspide ['kuspiðe] *nf* (*GEO*) peak; (*fig*) top.
custodia [kus'toðja] *nf* safekeeping; custody; **custodiar** *vt* (*conservar*) to take care of; (*vigilar*) to guard.
custodio [kus'toðjo] *nm* guardian, keeper.
cutícula [ku'tikula] *nf* cuticle.
cutis ['kutis] *nm inv* skin, complexion.
cutre ['kutre] *a* (*fam*: *lugar*) grotty; (: *persona*) naff.
cuyo, a ['kujo, a] *pron* (*de quien*) whose; (*de que*) whose, of which; **en ~ caso** in which case.
C.V. *abr* (= *caballos de vapor*) H.P.

CH

chabacano, a [tʃaβa'kano, a] *a* vulgar, coarse.
chabola [tʃa'βola] *nf* shack; **~s** *nfpl* shanty town *sg*.
chacal [tʃa'kal] *nm* jackal.
chacra ['tʃakra] *nf* (*AM*) smallholding.
chacha ['tʃatʃa] *nf* (*fam*) maid.
cháchara ['tʃatʃara] *nf* chatter; **estar de** ~ to chatter away.
chafar [tʃa'far] *vt* (*aplastar*) to crush; (*arruinar*) to ruin.
chal [tʃal] *nm* shawl.
chalado, a [tʃa'lado, a] *a* (*fam*) crazy.
chalé, chalet [tʃa'le] (*pl* **chalés, chalets**) *nm* villa, ≈ detached house.
chaleco [tʃa'leko] *nm* waistcoat, vest (*US*); ~ **salvavidas** life jacket.
chalupa [tʃa'lupa] *nf* launch, boat.
champán [tʃam'pan], **champaña** [tʃam'paɲa] *nm* champagne.
champiñón [tʃampi'ɲon] *nm* mushroom.
champú [tʃam'pu] (*pl* **champúes, champús**) *nm* shampoo.
chamuscar [tʃamus'kar] *vt* to scorch, sear, singe.
chance ['tʃanθe] *nm* (*AM*) chance.
chancho, a ['tʃantʃo, a] *nm/f* (*AM*) pig.
chanchullo [tʃan'tʃuʎo] *nm* (*fam*) fiddle.
chantaje [tʃan'taxe] *nm* blackmail.
chapa ['tʃapa] *nf* (*de metal*) plate, sheet; (*de madera*) board, panel; (*AM AUTO*) number (*Brit*) o license (*US*) plate.
chaparrón [tʃapa'rron] *nm* downpour, cloudburst.
chapotear [tʃapote'ar] *vt* to sponge down // *vi* (*fam*) to splash about.
chapucero, a [tʃapu'θero, a] *a* rough, crude // *nm/f* bungler.
chapurrear [tʃapurre'ar] *vt* (*idioma*) to speak badly.
chapuza [tʃa'puθa] *nf* botched job.
chaqueta [tʃa'keta] *nf* jacket.
charca ['tʃarka] *nf* pond, pool.
charco ['tʃarko] *nm* pool, puddle.
charcutería [tʃarkute'ria] *nf* (*tienda*) *shop selling chiefly pork meat products*; (*productos*) cooked pork meats *pl*.
charla ['tʃarla] *nf* talk, chat; (*conferencia*) lecture.
charlar [tʃar'lar] *vi* to talk, chat.
charlatán, ana [tʃarla'tan, ana] *nm/f* chatterbox; (*estafador*) trickster.

charol [tʃa'rol] *nm* varnish; (*cuero*) patent leather.
chascarrillo [tʃaska'rriʎo] *nm* (*fam*) funny story.
chasco ['tʃasko] *nm* (*broma*) trick, joke; (*desengaño*) disappointment.
chasis ['tʃasis] *nm inv* chassis.
chasquear [tʃaske'ar] *vt* (*látigo*) to crack; (*lengua*) to click; **chasquido** *nm* (*de lengua*) click; (*de látigo*) crack.
chatarra [tʃa'tarra] *nf* scrap (metal).
chato, a ['tʃato, a] *a* flat; (*nariz*) snub.
chaval, a [tʃa'ßal, a] *nm/f* kid, lad/lass.
checo(e)slovaco, a [tʃeko(e)slo'ßako, a] *a, nm/f* Czech, Czechoslovak.
Checo(e)slovaquia [tʃeko(e)slo'ßakja] *nf* Czechoslovakia.
cheque ['tʃeke] *nm* cheque (*Brit*), check (*US*); ~ **de viajero** traveller's cheque (*Brit*), traveler's check (*US*).
chequeo [tʃe'keo] *nm* (MED) check-up; (AUTO) service.
chequera [tʃe'kera] *nf* (*AM*) chequebook (*Brit*), checkbook (*US*).
chicano, a [tʃi'kano, a] *a nm/f* chicano.
chicle ['tʃikle] *nm* chewing gum.
chico, a ['tʃiko, a] *a* small, little // *nm/f* (*niño*) child; (*muchacho*) boy/girl.
chícharo ['tʃitʃaro] *nm* (*AM*) pea.
chicharrón [tʃitʃa'rron] *nm* (pork) crackling.
chichón [tʃi'tʃon] *nm* bump, lump.
chiflado, a [tʃi'flaðo, a] *a* crazy.
chiflar [tʃi'flar] *vt* to hiss, boo.
chile ['tʃile] *nm* chilli pepper.
Chile ['tʃile] *nm* Chile; **chileno, a** *a, nm/f* Chilean.
chillar [tʃi'ʎar] *vi* (*persona*) to yell, scream; (*animal salvaje*) to howl; (*cerdo*) to squeal; (*puerta*) to creak.
chillido [tʃi'ʎiðo] *nm* (*de persona*) yell, scream; (*de animal*) howl; (*de frenos*) screech(ing).
chillón, ona [tʃi'ʎon, ona] *a* (*niño*) noisy; (*color*) loud, gaudy.
chimenea [tʃime'nea] *nf* chimney; (*hogar*) fireplace.
China ['tʃina] *nf*: (**la**) ~ China.
chinche ['tʃintʃe] *nf* (*insecto*) (bed)bug; (TEC) drawing pin (*Brit*), thumbtack (*US*) // *nm/f* nuisance, pest.
chincheta [tʃin'tʃeta] *nf* drawing pin (*Brit*), thumbtack (*US*).
chino, a ['tʃino, a] *a, nm/f* Chinese // *nm* (LING) Chinese.
Chipre ['tʃipre] *nf* Cyprus; **chipriota, chipriote** *a, nm/f* Cypriot.
chiquito, a [tʃi'kito, a] *a* very small, tiny // *nm/f* kid.
chiripa [tʃi'ripa] *nf* fluke.
chirriar [tʃi'rrjar] *vi* (*goznes etc*) to creak, squeak; (*pájaros*) to chirp, sing.
chirrido [tʃi'rriðo] *nm* creak(ing), squeak(ing); (*de pájaro*) chirp(ing).
chis [tʃis] *excl* sh!
chisme ['tʃisme] *nm* (*habladurías*) piece of gossip; (*fam*: *objeto*) thingummyjig.
chismoso, a [tʃis'moso, a] *a* gossiping // *nm/f* gossip.
chispa ['tʃispa] *nf* spark; (*fig*) sparkle; (*ingenio*) wit; (*fam*) drunkenness.
chispeante [tʃispe'ante] *a* sparkling.
chispear [tʃispe'ar] *vi* to spark; (*lloviznar*) to drizzle.
chisporrotear [tʃisporrote'ar] *vi* (*fuego*) to throw out sparks; (*leña*) to crackle; (*aceite*) to hiss, splutter.
chiste ['tʃiste] *nm* joke, funny story.
chistoso, a [tʃis'toso, a] *a* (*gracioso*) funny, amusing; (*bromista*) witty.
chivo, a ['tʃißo, a] *nm/f* (billy-/nanny-) goat; ~ **expiatorio** scapegoat.
chocante [tʃo'kante] *a* startling; (*extraño*) odd; (*ofensivo*) shocking.
chocar [tʃo'kar] *vi* (*coches etc*) to collide, crash // *vt* to shock; (*sorprender*) to startle; ~ **con** to collide with; (*fig*) to run into, run up against; **¡chócala!** (*fam*) put it there!
chocolate [tʃoko'late] *a, nm* chocolate.
chochear [tʃotʃe'ar] *vi* to dodder, be senile.
chocho, a ['tʃotʃo, a] *a* doddering, senile; (*fig*) soft, doting.
chófer ['tʃofer], **chofer** [tʃo'fer] *nm* driver.
chollo ['tʃoʎo] *nm* (*fam*) bargain, snip.
choque *etc vb ver* **chocar** // ['tʃoke] *nm* (*impacto*) impact; (*golpe*) jolt; (AUTO) crash; (*fig*) conflict.
chorizo [tʃo'riθo] *nm hard pork sausage*, (type of) salami.
chorrear [tʃorre'ar] *vi* to gush (out), spout (out); (*gotear*) to drip, trickle.
chorro ['tʃorro] *nm* jet; (*fig*) stream.
choza ['tʃoθa] *nf* hut, shack.
chubasco [tʃu'ßasko] *nm* squall.
chuleta [tʃu'leta] *nf* chop, cutlet.
chulo ['tʃulo] *nm* (*pícaro*) rascal; (*rufián*) pimp.
chupado, a [tʃu'paðo, a] *a* (*delgado*) skinny, gaunt.
chupete [tʃu'pete] *nm* dummy (*Brit*), pacifier (*US*).
chupar [tʃu'par] *vt* to suck; (*absorber*) to absorb; ~**se** *vr* to grow thin.
churro, a ['tʃurro, a] *a* coarse // *nm* (type of) fritter.
chusco, a ['tʃusko, a] *a* funny.
chusma ['tʃusma] *nf* rabble, mob.
chutar [tʃu'tar] *vi* (DEPORTE) to shoot (at goal).

D

D. *abr* (= *Don*) Esq.
Da. *abr* = **Doña.**
dactilógrafo, a [dakti'loɣrafo, a] *nm/f* typist.

dádiva ['daðiβa] *nf* (*donación*) donation; (*regalo*) gift; **dadivoso, a** *a* generous.
dado, a ['daðo, a] *pp de* **dar** // *nm* die; ~**s** *nmpl* dice; ~ **que** *conj* given that.
daltónico, a [dal'toniko, a] *a* colour-blind.
dama ['dama] *nf* (*gen*) lady; (*AJEDREZ*) queen; ~**s** *nfpl* (*juego*) draughts.
damasco [da'masko] *nm* damask.
damnificar [damnifi'kar] *vt* to harm; (*persona*) to injure.
danés, esa [da'nes, esa] *a* Danish // *nm/f* Dane.
danzar [dan'θar] *vt*, *vi* to dance.
dañar [da'ɲar] *vt* (*objeto*) to damage; (*persona*) to hurt; ~**se** *vr* (*objeto*) to get damaged.
dañino, a [da'ɲino, a] *a* harmful.
daño ['daɲo] *nm* (*a un objeto*) damage; (*a una persona*) harm, injury; ~**s y perjuicios** (*JUR*) damages; **hacer ~ a** to damage; (*persona*) to hurt, injure; **hacerse ~** to hurt o.s.
dar [dar] ♦ *vt* **1** (*gen*) to give; (*obra de teatro*) to put on; (*film*) to show; (*fiesta*) to hold; ~ **algo a uno** to give sb sth *o* sth to sb; ~ **de beber a uno** to give sb a drink
2 (*producir*: *intereses*) to yield; (*fruta*) to produce
3 (*locuciones + n*): **da gusto escucharle** it's a pleasure to listen to him; *ver tb* **paseo** *y otros n*
4 (+ *n*: = *perífrasis de verbo*): **me da pena/asco** it frightens/sickens me
5 (*considerar*): ~ **algo por descontado/entendido** to take sth for granted/as read; ~ **algo por concluido** to consider sth finished
6 (*hora*): **el reloj dio las 6** the clock struck 6 (o'clock)
7: **me da lo mismo** it's all the same to me; *ver tb* **igual, más**
♦ *vi* **1**: ~ **con**: **dimos con él dos horas más tarde** we came across him two hours later; **al final di con la solución** I eventually came up with the answer
2: ~ **en**: ~ **en** (*blanco, suelo*) to hit; **el sol me da en la cara** the sun is shining (right) on my face
3: ~ **de sí** (*zapatos etc*) to stretch, give
♦ ~**se** *vr* **1**: ~**se por vencido** to give up
2 (*ocurrir*): **se han dado muchos casos** there have been a lot of cases
3: ~**se a**: **se ha dado a la bebida** he's taken to drinking
4: **se me dan bien/mal las ciencias** I'm good/bad at science
5: **dárselas de**: **se las da de experto** he fancies himself *o* poses as an expert.
dardo ['darðo] *nm* dart.
dársena ['darsena] *nf* dock.
datar [da'tar] *vi*: ~ **de** to date from.
dátil ['datil] *nm* date.
dato ['dato] *nm* fact, piece of information.
dcha. *abr* (= *derecha*) r.h.
d. de J.C. *abr* (= *después de Jesucristo*) A.D.
de [de] *prep* (*de + el = del*) **1** (*posesión*) of; **la casa ~ Isabel/mis padres** Isabel's/my parents' house; **es ~ ellos** it's theirs
2 (*origen, distancia, con números*) from; **soy ~ Gijón** I'm from Gijón; ~ **8 a 20** from 8 to 20; **salir del cine** to go out of *o* leave the cinema; ~ ... **en** ... from ... to ...; ~ **2 en 2** 2 by 2, 2 at a time
3 (*valor descriptivo*): **una copa ~ vino** a glass of wine; **la mesa ~ la cocina** the kitchen table; **un billete ~ 1000 pesetas** a 1000 peseta note; **un niño ~ tres años** a three-year-old (child); **una máquina ~ coser** a sewing machine; **ir vestido ~ gris** to be dressed in grey; **la niña del vestido azul** the girl in the blue dress; **trabaja ~ profesora** she works as a teacher; ~ **lado** sideways; ~ **atrás/delante** rear/front
4 (*hora, tiempo*): **a las 8 ~ la mañana** at 8 o'clock in the morning; ~ **día/noche** by day/night; ~ **hoy en ocho días** a week from now; ~ **niño era gordo** as a child he was fat
5 (*comparaciones*): **más/menos ~ cien personas** more/less than a hundred people; **el más caro ~ la tienda** the most expensive in the shop; **menos/más ~ lo pensado** less/more than expected
6 (*causa*): **del calor** from the heat; ~ **puro tonto** out of sheer stupidity
7 (*tema*) about; **clases ~ inglés** English classes; **¿sabes algo ~ él?** do you know anything about him?; **un libro ~ física** a physics book
8 (*adjetivo + de + infin*): **fácil ~ entender** easy to understand
9 (*oraciones pasivas*): **fue respetado ~ todos** he was loved by all
10 (*condicional + infin*) if; ~ **ser posible** if possible; ~ **no terminarlo hoy** if I *etc* don't finish it today.
dé *vb ver* **dar**.
deambular [deambu'lar] *vi* to stroll, wander.
debajo [de'βaxo] *ad* underneath; ~ **de** below, under; **por ~ de** beneath.
debate [de'βate] *nm* debate; **debatir** *vt* to debate.
deber [de'βer] *nm* duty // *vt* to owe // *vi*: **debe (de)** it must, it should; ~**es** *nmpl* (*ESCOL*) homework; **debo hacerlo** I must do it; **debe de ir** he should go; ~**se** *vr*: ~**se a** to be owing *o* due to.
debido, a [de'βiðo, a] *a* proper, just; ~ **a** due to, because of.
débil ['deβil] *a* (*persona, carácter*) weak; (*luz*) dim; **debilidad** *nf* weakness; dimness.
debilitar [deβili'tar] *vt* to weaken; ~**se** *vr* to grow weak.

debutar [deβu'tar] *vi* to make one's debut.
década ['dekaða] *nf* decade.
decadencia [deka'ðenθja] *nf* (*estado*) decadence; (*proceso*) decline, decay.
decaer [deka'er] *vi* (*declinar*) to decline; (*debilitarse*) to weaken.
decaído, a [deka'iðo, a] *a*: **estar ~** (*abatido*) to be down.
decaimiento [dekai'mjento] *nm* (*declinación*) decline; (*desaliento*) discouragement; (*MED*: *estado débil*) weakness.
decano, a [de'kano, a] *nm/f* (*de universidad etc*) dean.
decapitar [dekapi'tar] *vt* to behead.
decena [de'θena] *nf*: **una ~** ten (or so).
decencia [de'θenθja] *nf* (*modestia*) modesty; (*honestidad*) respectability.
decente [de'θente] *a* (*correcto*) seemly, proper; (*honesto*) respectable.
decepción [deθep'θjon] *nf* disappointment.
decepcionar [deθepθjo'nar] *vt* to disappoint.
decidir [deθi'ðir] *vt* (*persuadir*) to convince, persuade; (*resolver*) to decide // *vi* to decide; **~se** *vr*: **~se a** to make up one's mind to.
décimo, a ['deθimo, a] *a* tenth // *nm* tenth.
decir [de'θir] *vt* (*expresar*) to say; (*contar*) to tell; (*hablar*) to speak // *nm* saying; **~se** *vr*: **se dice que** it is said that; **~ para** *o* **entre sí** to say to o.s.; **querer ~** to mean; **¡dígame!** (*TEL*) hello!; (*en tienda*) can I help you?
decisión [deθi'sjon] *nf* (*resolución*) decision; (*firmeza*) decisiveness.
decisivo, a [deθi'siβo, a] *a* decisive.
declamar [dekla'mar] *vt, vi* to declaim.
declaración [deklara'θjon] *nf* (*manifestación*) statement; (*explicación*) explanation.
declarar [dekla'rar] *vt* to declare, state; to explain // *vi* to declare; (*JUR*) to testify; **~se** *vr* to propose.
declinar [dekli'nar] *vt* (*gen*) to decline; (*JUR*) to reject // *vi* (*el día*) to draw to a close.
declive [de'kliβe] *nm* (*cuesta*) slope; (*fig*) decline.
decolorarse [dekolo'rarse] *vr* to become discoloured.
decoración [dekora'θjon] *nf* decoration.
decorado [deko'raðo] *nm* (*CINE, TEATRO*) scenery, set.
decorar [deko'rar] *vt* to decorate; **decorativo, a** *a* ornamental, decorative.
decoro [de'koro] *nm* (*respeto*) respect; (*dignidad*) decency; (*recato*) propriety; **~so, a** *a* (*decente*) decent; (*modesto*) modest; (*digno*) proper.
decrecer [dekre'θer] *vi* to decrease, diminish.
decrépito, a [de'krepito, a] *a* decrepit.
decretar [dekre'tar] *vt* to decree; **decreto** *nm* decree.
dedal [de'ðal] *nm* thimble.
dedicación [deðika'θjon] *nf* dedication; **dedicar** *vt* (*libro*) to dedicate; (*tiempo, dinero*) to devote; (*palabras*: *decir, consagrar*) to dedicate, devote; **dedicatoria** *nf* (*de libro*) dedication.
dedo ['deðo] *nm* finger; **~ (del pie)** toe; **~ pulgar** thumb; **~ índice** index finger; **~ mayor** *o* **cordial** middle finger; **~ anular** ring finger; **~ meñique** little finger; **hacer ~** (*fam*) to hitch (a lift).
deducción [deðuk'θjon] *nf* deduction.
deducir [deðu'θir] *vt* (*concluir*) to deduce, infer; (*COM*) to deduct.
defecto [de'fekto] *nm* defect, flaw; **defectuoso, a** *a* defective, faulty.
defender [defen'der] *vt* to defend.
defensa [de'fensa] *nf* defence // *nm* (*DEPORTE*) defender, back; **defensivo, a** *a* defensive // *nf*: **a la defensiva** on the defensive.
defensor, a [defen'sor, a] *a* defending // *nm/f* (*abogado ~*) defending counsel; (*protector*) protector.
deficiencia [defi'θjenθja] *nf* deficiency.
deficiente [defi'θjente] *a* (*defectuoso*) defective; **~ en** lacking *o* deficient in; **ser un ~ mental** to be mentally handicapped.
déficit ['defiθit] (*pl* **~s**) *nm* deficit.
definir [defi'nir] *vt* (*determinar*) to determine, establish; (*decidir*) to define; (*aclarar*) to clarify; **definitivo, a** *a* definitive; **en definitiva** definitively; (*en resumen*) in short.
deformación [deforma'θjon] *nf* (*alteración*) deformation; (*RADIO etc*) distortion.
deformar [defor'mar] *vt* (*gen*) to deform; **~se** *vr* to become deformed; **deforme** *a* (*informe*) deformed; (*feo*) ugly; (*malhecho*) misshapen.
defraudar [defrau'ðar] *vt* (*decepcionar*) to disappoint; (*estafar*) to cheat; to defraud.
defunción [defun'θjon] *nf* death, demise.
degeneración [dexenera'θjon] *nf* (*de las células*) degeneration; (*moral*) degeneracy.
degenerar [dexene'rar] *vi* to degenerate.
degollar [deɣo'ʎar] *vt* to behead; (*fig*) to slaughter.
degradar [deɣra'ðar] *vt* to debase, degrade; **~se** *vr* to demean o.s.
degustación [deɣusta'θjon] *nf* sampling, tasting.
deificar [deifi'kar] *vt* (*persona*) to deify.
dejadez [dexa'ðeθ] *nf* (*negligencia*) neglect; (*descuido*) untidiness, carelessness; **dejado, a** *a* (*negligente*) careless; (*indolente*) lazy.
dejar [de'xar] *vt* to leave; (*permitir*) to allow, let; (*abandonar*) to abandon, for-

sake; (*beneficios*) to produce, yield // *vi*: ~ de (*parar*) to stop; (*no hacer*) to fail to; **no dejes de comprar un billete** make sure you buy a ticket; ~ **a un lado** to leave *o* set aside.

dejo ['dexo] *nm* (LING) accent.

del [del] = **de** + **el**, *ver* **de**.

delantal [delan'tal] *nm* apron.

delante [de'lante] *ad* in front, (*enfrente*) opposite; (*adelante*) ahead; ~ **de** in front of, before.

delantero, a [delan'tero, a] *a* front // *nm* (DEPORTE) forward, striker // *nf* (*de vestido, casa etc*) front part; (DEPORTE) forward line; **llevar la delantera (a uno)** to be ahead (of sb).

delatar [dela'tar] *vt* to inform on *o* against, betray; **delator, a** *nm/f* informer.

delegación [deleɣa'θjon] *nf* (*acción, delegados*) delegation; (COM: *oficina*) office, branch; ~ **de policía** police station.

delegado, a [dele'ɣaðo, a] *nm/f* delegate; (COM) agent.

delegar [dele'ɣar] *vt* to delegate.

deletrear [deletre'ar] *vt* to spell (out).

deleznable [deleθ'naβle] *a* brittle; (*excusa, idea*) feeble.

delfín [del'fin] *nm* dolphin.

delgadez [delɣa'ðeθ] *nf* thinness, slimness.

delgado, a [del'ɣaðo, a] *a* thin; (*persona*) slim, thin; (*tierra*) poor; (*tela etc*) light, delicate.

deliberación [deliβera'θjon] *nf* deliberation.

deliberar [deliβe'rar] *vt* to debate, discuss.

delicadeza [delika'ðeθa] *nf* (*gen*) delicacy; (*refinamiento, sutileza*) refinement.

delicado, a [deli'kaðo, a] *a* (*gen*) delicate; (*sensible*) sensitive; (*quisquilloso*) touchy.

delicia [de'liθja] *nf* delight.

delicioso, a [deli'θjoso, a] *a* (*gracioso*) delightful; (*exquisito*) delicious.

delincuencia [delin'kwenθja] *nf* delinquency; **delincuente** *nm/f* delinquent; (*criminal*) criminal.

delineante [deline'ante] *nm/f* draughtsman/woman.

delinear [deline'ar] *vt* (*dibujo*) to draw; (*fig, contornos*) to outline.

delinquir [delin'kir] *vi* to commit an offence.

delirante [deli'rante] *a* delirious.

delirar [deli'rar] *vi* to be delirious, rave.

delirio [de'lirjo] *nm* (MED) delirium; (*palabras insensatas*) ravings *pl*.

delito [de'lito] *nm* (*gen*) crime; (*infracción*) offence.

demacrado, a [dema'krado, a] *a*: **estar** ~ to look pale and drawn, be wasted away.

demagogo, a [dema'ɣoɣo, a] *nm/f* demagogue.

demanda [de'manda] *nf* (*pedido*, COM) demand; (*petición*) request; (JUR) action, lawsuit.

demandante [deman'dante] *nm/f* claimant.

demandar [deman'dar] *vt* (*gen*) to demand; (JUR) to sue, file a lawsuit against.

demarcación [demarka'θjon] *nf* (*de terreno*) demarcation.

demás [de'mas] *a*: **los** ~ **niños** the other children, the remaining children // *pron*: **los/las** ~ the others, the rest (of them); **lo** ~ the rest (of it).

demasía [dema'sia] *nf* (*exceso*) excess, surplus; **comer en** ~ to eat to excess.

demasiado, a [dema'sjaðo, a] *a* too, too much; ~**s** too many // *ad* too, too much; **¡es** ~**!** it's too much!; **¡qué** ~**!** (*fam*) great!

demencia [de'menθja] *nf* (*locura*) madness; **demente** *nm/f* lunatic // *a* mad, insane.

democracia [demo'kraθja] *nf* democracy.

demócrata [de'mokrata] *nm/f* democrat; **democrático, a** *a* democratic.

demoler [demo'ler] *vt* to demolish; **demolición** *nf* demolition.

demonio [de'monjo] *nm* devil, demon; **¡**~**s!** hell!, damn!; **¿cómo** ~**s?** how the hell?

demora [de'mora] *nf* delay; **demorar** *vt* (*retardar*) to delay, hold back; (*detener*) to hold up // *vi* to linger, stay on; ~**se** *vr* to be delayed.

demos *vb ver* **dar**.

demostración [demostra'θjon] *nf* (*de teorema*) demonstration; (*de afecto*) show, display.

demostrar [demos'trar] *vt* (*probar*) to prove; (*mostrar*) to show; (*manifestar*) to demonstrate; **demostrativo, a** *a* demonstrative.

demudado, a [demu'ðaðo, a] *a* (*rostro*) pale.

den *vb ver* **dar**.

denegar [dene'ɣar] *vt* (*rechazar*) to refuse; (JUR) to reject.

denigrar [deni'ɣrar] *vt* (*desacreditar, infamar*) to denigrate; (*injuriar*) to insult.

denominación [denomina'θjon] *nf* (*clase*) denomination.

denotar [deno'tar] *vt* (*indicar*) to indicate; (*significar*) to denote.

densidad [densi'ðað] *nf* (FÍSICA) density; (*fig*) thickness.

denso, a ['denso, a] *a* (*apretado*) solid; (*espeso, pastoso*) thick; (*fig*) heavy.

dentadura [denta'ðura] *nf* (set of) teeth *pl*; ~ **postiza** false teeth *pl*.

dentera [den'tera] *nf* (*sensación desagradable*) the shivers *pl*.

dentífrico, a [den'tifriko, a] *a* dental // *nm* toothpaste.
dentista [den'tista] *nm/f* dentist.
dentro ['dentro] *ad* inside // *prep*: ~ de in, inside, within; **mirar por** ~ to look inside; ~ de tres meses within three months.
denuncia [de'nunθja] *nf* (*delación*) denunciation; (*acusación*) accusation; (*de accidente*) report; **denunciar** *vt* to report; (*delatar*) to inform on *o* against.
departamento [departa'mento] *nm* (*sección administrativa*) department, section; (*AM*: *piso*) flat (*Brit*), apartment.
departir [depar'tir] *vi* to converse.
dependencia [depen'denθja] *nf* dependence; (*POL*) dependency; (*COM*) office, section.
depender [depen'der] *vi*: ~ **de** to depend on.
dependienta [depen'djenta] *nf* saleswoman, shop assistant.
dependiente [depen'djente] *a* dependent // *nm* salesman, shop assistant.
depilar [depi'lar] *vt* (*con cera*) to wax; (*cejas*) to pluck; **depilatorio** *nm* hair remover.
deplorable [deplo'raβle] *a* deplorable.
deplorar [deplo'rar] *vt* to deplore.
deponer [depo'ner] *vt* to lay down // *vi* (*JUR*) to give evidence; (*declarar*) to make a statement.
deportar [depor'tar] *vt* to deport.
deporte [de'porte] *nm* sport; **deportista** *a* sports *cpd* // *nm/f* sportsman/woman; **deportivo, a** *a* (*club, periódico*) sports *cpd* // *nm* sports car.
depositante [deposi'tante], **depositador, a** [deposita'ðor, a] *nm/f* depositor.
depositar [deposi'tar] *vt* (*dinero*) to deposit; (*mercaderías*) to put away, store; (*persona*) to confide; ~**se** *vr* to settle; ~**io, a** *nm/f* trustee.
depósito [de'posito] *nm* (*gen*) deposit; (*de mercaderías*) warehouse, store; (*de agua, gasolina etc*) tank.
depravar [depra'βar] *vt* to deprave, corrupt; ~**se** *vr* to become depraved.
depreciar [depre'θjar] *vt* to depreciate, reduce the value of; ~**se** *vr* to depreciate, lose value.
depredador, a [depreða'ðor, a] *a* (*ZOOL*) predatory // *nm* (*ZOOL*) predator.
depresión [depre'sjon] *nf* depression.
deprimido, a [depri'miðo, a] *a* depressed.
deprimir [depri'mir] *vt* to depress; ~**se** *vr* (*persona*) to become depressed.
deprisa [de'prisa] *ad* quickly, hurriedly.
depuración [depura'θjon] *nf* purification; (*POL*) purge; **depurar** *vt* to purify; (*purgar*) to purge.
derecha [de'retʃa] *nf* right(-hand) side; (*POL*) right; **a la** ~ (*estar*) on the right; (*torcer etc*) (to the) right.
derecho, a [de'retʃo, a] *a* right, right-hand // *nm* (*privilegio*) right; (*lado*) right(-hand) side; (*leyes*) law // *ad* straight, directly; ~**s** *nmpl* (*de aduana*) duty *sg*; (*de autor*) royalties; **tener** ~ **a** to have a right to.
deriva [de'riβa] *nf*: **ir** *o* **estar a la** ~ to drift, be adrift.
derivado [deri'βaðo] *nm* (*COM*) by-product.
derivar [deri'βar] *vt* to derive; (*desviar*) to direct // *vi*, ~**se** *vr* to derive, be derived; (*NAUT*) to drift.
derramamiento [derrama'mjento] *nm* (*dispersión*) spilling; ~ **de sangre** bloodshed.
derramar [derra'mar] *vt* to spill; (*verter*) to pour out; (*esparcir*) to scatter; ~**se** *vr* to pour out; ~ **lágrimas** to weep.
derrame [de'rrame] *nm* (*de líquido*) spilling; (*de sangre*) shedding; (*de tubo etc*) overflow; (*pérdida*) leakage; (*MED*) discharge; (*declive*) slope.
derredor [derre'ðor] *ad*: **al** *o* **en** ~ **de** around, about.
derretido, a [derre'tiðo, a] *a* melted; (*metal*) molten.
derretir [derre'tir] *vt* (*gen*) to melt; (*nieve*) to thaw; (*fig*) to squander; ~**se** *vr* to melt.
derribar [derri'βar] *vt* to knock down; (*construcción*) to demolish; (*persona, gobierno, político*) to bring down.
derrocar [derro'kar] *vt* (*gobierno*) to bring down, overthrow.
derrochar [derro'tʃar] *vt* to squander; **derroche** *nm* (*despilfarro*) waste, squandering.
derrota [de'rrota] *nf* (*NAUT*) course; (*MIL, DEPORTE etc*) defeat, rout; **derrotar** *vt* (*gen*) to defeat; **derrotero** *nm* (*rumbo*) course.
derrumbar [derrum'bar] *vt* (*edificio*) to knock down; ~**se** *vr* to collapse.
des *vb ver* **dar**.
desabotonar [desaβoto'nar] *vt* to unbutton, undo // *vi* (*flores*) to bloom; ~**se** *vr* to come undone.
desabrido, a [desa'βriðo, a] *a* (*comida*) insipid, tasteless; (*persona*) rude, surly; (*respuesta*) sharp; (*tiempo*) unpleasant.
desabrochar [desaβro'tʃar] *vt* (*botones, broches*) to undo, unfasten; ~**se** *vr* (*ropa etc*) to come undone.
desacato [desa'kato] *nm* (*falta de respeto*) disrespect; (*JUR*) contempt.
desacertado, a [desaθer'taðo, a] *a* (*equivocado*) mistaken; (*inoportuno*) unwise.
desacierto [desa'θjerto] *nm* mistake, error.
desaconsejado, a [desakonse'xaðo, a] *a*

ill-advised.

desaconsejar [desakonse'xar] *vt* to advise against.

desacorde [desa'korðe] *a* discordant; estar ~ con algo to disagree with sth.

desacreditar [desakreði'tar] *vt* (*desprestigiar*) to discredit, bring into disrepute; (*denigrar*) to run down.

desacuerdo [desa'kwerðo] *nm* (*conflicto*) disagreement, discord; (*error*) error, blunder.

desafiar [desa'fjar] *vt* (*retar*) to challenge; (*enfrentarse a*) to defy.

desafilado, a [desafi'laðo, a] *a* blunt.

desafinado, a [desafi'naðo, a] *a*: **estar ~** to be out of tune.

desafinarse [desafi'narse] *vr* to go out of tune.

desafío *etc vb ver* **desafiar** // [desa'fio] *nm* (*reto*) challenge; (*combate*) duel; (*resistencia*) defiance.

desaforado, a [desafo'raðo, a] *a* (*grito*) ear-splitting; (*comportamiento*) outrageous.

desafortunadamente [desafortunaða'mente] *ad* unfortunately.

desafortunado, a [desafortu'naðo, a] *a* (*desgraciado*) unfortunate, unlucky.

desagradable [desaɤra'ðaβle] *a* (*fastidioso, enojoso*) unpleasant; (*irritante*) disagreeable.

desagradar [desaɤra'ðar] *vi* (*disgustar*) to displease; (*molestar*) to bother.

desagradecido, a [desaɤraðe'θiðo, a] *a* ungrateful.

desagrado [desa'ɤraðo] *nm* (*disgusto*) displeasure; (*contrariedad*) dissatisfaction.

desagraviar [desaɤra'βjar] *vt* to make amends to; **desagravio** *nm* (*satisfacción*) amends; (*compensación*) compensation.

desagüe [des'aɤwe] *nm* (*de un líquido*) drainage; (*cañería*) drainpipe; (*salida*) outlet, drain.

desaguisado, a [desaɤi'saðo, a] *a* illegal // *nm* outrage.

desahogado, a [desao'ɤaðo, a] *a* (*holgado*) comfortable; (*espacioso*) roomy, large.

desahogar [desao'ɤar] *vt* (*aliviar*) to ease, relieve; (*ira*) to vent; **~se** *vr* (*relajarse*) to relax; (*desfogarse*) to let off steam.

desahogo [desa'oɤo] *nm* (*alivio*) relief; (*comodidad*) comfort, ease.

desahuciar [desau'θjar] *vt* (*enfermo*) to give up hope for; (*inquilino*) to evict; **desahucio** *nm* eviction.

desairar [desai'rar] *vt* (*menospreciar*) to slight, snub; (*cosa*) to disregard.

desaire [des'aire] *nm* (*menosprecio*) slight; (*falta de garbo*) unattractiveness.

desajustar [desaxus'tar] *vt* (*desarreglar*) to disarrange; (*desconcertar*) to throw off balance; **~se** *vr* to get out of order; (*aflojarse*) to loosen.

desajuste [desa'xuste] *nm* (*de máquina*) disorder; (*situación*) imbalance.

desalentador, a [desalenta'ðor, a] *a* disheartening.

desalentar [desalen'tar] *vt* (*desanimar*) to discourage.

desaliento *etc vb ver* **desalentar** // [desa'ljento] *nm* discouragement.

desaliño [desa'liɲo] *nm* (*negligencia*) slovenliness.

desalmado, a [desal'maðo, a] *a* (*cruel*) cruel, heartless.

desalojar [desalo'xar] *vt* (*expulsar, echar*) to eject; (*abandonar*) to move out of // *vi* to move out.

desamarrar [desama'rrar] *vt* to untie; (NAUT) to cast off.

desamor [desa'mor] *nm* (*frialdad*) indifference; (*odio*) dislike.

desamparado, a [desampa'raðo, a] *a* (*persona*) helpless; (*lugar*: *expuesto*) exposed; (*desierto*) deserted.

desamparar [desampa'rar] *vt* (*abandonar*) to desert, abandon; (JUR) to leave defenceless; (*barco*) to abandon.

desandar [desan'dar] *vt*: **~ lo andado** *o* **el camino** to retrace one's steps.

desangrar [desan'grar] *vt* to bleed; (*fig*: *persona*) to bleed dry; **~se** *vr* to lose a lot of blood.

desanimado, a [desani'maðo, a] *a* (*persona*) downhearted; (*espectáculo, fiesta*) dull.

desanimar [desani'mar] *vt* (*desalentar*) to discourage; (*deprimir*) to depress; **~se** *vr* to lose heart.

desapacible [desapa'θiβle] *a* (*gen*) unpleasant.

desaparecer [desapare'θer] *vi* (*gen*) to disappear; (*el sol, la luz*) to vanish; **desaparecido, a** *a* missing; **desaparecidos** *nmpl* (*en accidente*) people missing; **desaparición** *nf* disappearance.

desapasionado, a [desapasjo'naðo, a] *a* dispassionate, impartial.

desapego [desa'peɤo] *nm* (*frialdad*) coolness; (*distancia*) detachment.

desapercibido, a [desaperθi'βiðo, a] *a* (*desprevenido*) unprepared; **pasar ~** to go unnoticed.

desaplicado, a [desapli'kaðo, a] *a* slack, lazy.

desaprensivo, a [desapren'siβo, a] *a* unscrupulous.

desaprobar [desapro'βar] *vt* (*reprobar*) to disapprove of; (*condenar*) to condemn; (*no consentir*) to reject.

desaprovechado, a [desaproβe'tʃaðo, a] *a* (*oportunidad, tiempo*) wasted; (*estudiante*) slack.

desaprovechar [desaproβe'tʃar] *vt* to waste.

desarmar [desar'mar] *vt* (*MIL*, *fig*) to disarm; (*TEC*) to take apart, dismantle; **desarme** *nm* disarmament.
desarraigar [desarrai'ɣar] *vt* to uproot; **desarraigo** *nm* uprooting.
desarreglado, a [desarre'ɣlaðo, a] *a* (*desordenado*) disorderly, untidy.
desarreglar [desarre'ɣlar] *vt* (*desordenar*) to disarrange; (*trastocar*) to upset, disturb.
desarreglo [desa'rreɣlo] *nm* (*de casa, persona*) untidiness; (*desorden*) disorder.
desarrollar [desarro'ʎar] *vt* (*gen*) to develop; (*extender*) to unfold; ~**se** *vr* to develop; (*extenderse*) to open (out); (*FOTO*) to develop; **desarrollo** *nm* development.
desarticular [desartiku'lar] *vt* (*hueso*) to dislocate; (*objeto*) to take apart; (*fig*) to break up.
desaseo [desa'seo] *nm* (*suciedad*) slovenliness; (*desarreglo*) untidiness.
desasir [desa'sir] *vt* to loosen; ~**se** *vr* to extricate o.s.; ~**se de** to let go, give up.
desasosegar [desasose'ɣar] *vt* (*inquietar*) to disturb, make uneasy; ~**se** *vr* to become uneasy.
desasosiego *etc vb ver* **desasosegar** // [desaso'sjeɣo] *nm* (*intranquilidad*) uneasiness, restlessness; (*ansiedad*) anxiety.
desastrado, a [desas'traðo, a] *a* (*desaliñado*) shabby; (*sucio*) dirty.
desastre [de'sastre] *nm* disaster; **desastroso, a** *a* disastrous.
desatado, a [desa'taðo, a] *a* (*desligado*) untied; (*violento*) violent, wild.
desatar [desa'tar] *vt* (*nudo*) to untie; (*paquete*) to undo; (*separar*) to detach; ~**se** *vr* (*zapatos*) to come untied; (*tormenta*) to break.
desatascar [desatas'kar] *vt* (*cañería*) to unblock, clear.
desatender [desaten'der] *vt* (*no prestar atención a*) to disregard; (*abandonar*) to neglect.
desatento, a [desa'tento, a] *a* (*distraído*) inattentive; (*descortés*) discourteous.
desatinado, a [desati'naðo, a] *a* foolish, silly; **desatino** *nm* (*idiotez*) foolishness, folly; (*error*) blunder.
desatornillar [desatorni'ʎar] *vt* to unscrew.
desautorizado, a [desautori'θaðo, a] *a* unauthorized.
desautorizar [desautori'θar] *vt* (*oficial*) to deprive of authority; (*informe*) to deny.
desavenencia [desaβe'nenθja] *nf* (*desacuerdo*) disagreement; (*discrepancia*) quarrel.
desaventajado, a [desaβenta'xaðo, a] *a* (*inferior*) inferior; (*poco ventajoso*) disadvantageous.
desayunar [desaju'nar] *vi* to have breakfast // *vt* to have for breakfast; **desayuno** *nm* breakfast.
desazón [desa'θon] *nf* (*angustia*) anxiety; (*fig*) annoyance.
desazonar [desaθo'nar] *vt* (*fig*) to annoy, upset; ~**se** *vr* (*enojarse*) to be annoyed; (*preocuparse*) to worry, be anxious.
desbandarse [desβan'darse] *vr* (*MIL*) to disband; (*fig*) to flee in disorder.
desbarajuste [desβara'xuste] *nm* confusion, disorder.
desbaratar [desβara'tar] *vt* (*deshacer, destruir*) to ruin.
desbloquear [desβloke'ar] *vt* (*negociaciones, tráfico*) to get going again; (*COM*: *cuenta*) to unfreeze.
desbocado, a [desβo'kaðo, a] *a* (*caballo*) runaway.
desbordar [desβor'ðar] *vt* (*sobrepasar*) to go beyond; (*exceder*) to exceed // *vi*, ~**se** *vr* (*río*) to overflow; (*entusiasmo*) to erupt.
descabalgar [deskaβal'ɣar] *vi* to dismount.
descabellado, a [deskaβe'ʎaðo, a] *a* (*disparatado*) wild, crazy.
descabellar [deskaβe'ʎar] *vt* to ruffle; (*TAUR*: *toro*) to give the coup de grace to.
descafeinado, a [deskafei'naðo, a] *a* decaffeinated // *nm* decaffeinated coffee.
descalabro [deska'laβro] *nm* blow; (*desgracia*) misfortune.
descalificar [deskalifi'kar] *vt* to disqualify; (*desacreditar*) to discredit.
descalzar [deskal'θar] *vt* (*zapato*) to take off; **descalzo, a** *a* barefoot(ed); (*fig*) destitute.
descambiar [deskam'bjar] *vt* to exchange.
descaminado, a [deskami'naðo, a] *a* (*equivocado*) on the wrong road; (*fig*) misguided.
descampado [deskam'paðo] *nm* open space.
descansado, a [deskan'saðo, a] *a* (*gen*) rested; (*que tranquiliza*) restful.
descansar [deskan'sar] *vt* (*gen*) to rest // *vi* to rest, have a rest; (*echarse*) to lie down.
descansillo [deskan'siʎo] *nm* (*de escalera*) landing.
descanso [des'kanso] *nm* (*reposo*) rest; (*alivio*) relief; (*pausa*) break; (*DEPORTE*) interval, half time.
descapotable [deskapo'taβle] *nm* (*tb*: **coche** ~) convertible.
descarado, a [deska'raðo, a] *a* (*sin vergüenza*) shameless; (*insolente*) cheeky.
descarga [des'karɣa] *nf* (*ARQ, ELEC, MIL*) discharge; (*NAUT*) unloading.
descargar [deskar'ɣar] *vt* to unload; (*golpe*) to let fly; ~**se** *vr* to unburden

o.s.; **descargo** *nm* (*COM*) receipt; (*JUR*) evidence.
descarnado, a [deskar'naðo, a] *a* scrawny; (*fig*) bare.
descaro [des'karo] *nm* nerve.
descarriar [deska'rrjar] *vt* (*descaminar*) to misdirect; (*fig*) to lead astray; **~se** *vr* (*perderse*) to lose one's way; (*separarse*) to stray; (*pervertirse*) to err, go astray.
descarrilamiento [deskarrila'mjento] *nm* (*de tren*) derailment.
descarrilar [deskarri'lar] *vi* to be derailed.
descartar [deskar'tar] *vt* (*rechazar*) to reject; (*eliminar*) to rule out; **~se** *vr* (*NAIPES*) to discard; **~se de** to shirk.
descascarillado, a [deskaskari'ʎaðo, a] *a* (*paredes*) peeling.
descendencia [desθen'denθja] *nf* (*origen*) origin, descent; (*hijos*) offspring.
descender [desθen'der] *vt* (*bajar*: *escalera*) to go down // *vi* to descend; (*temperatura, nivel*) to fall, drop; **~ de** to be descended from.
descendiente [desθen'djente] *nm/f* descendant.
descenso [des'θenso] *nm* descent; (*de temperatura*) drop.
descifrar [desθi'frar] *vt* to decipher; (*mensaje*) to decode.
descolgar [deskol'ɣar] *vt* (*bajar*) to take down; (*teléfono*) to pick up; **~se** *vr* to let o.s. down.
descolorido, a [deskolo'riðo, a] *a* faded; (*pálido*) pale.
descompaginar [deskompaxi'nar] *vt* (*desordenar*) to disarrange, mess up.
descompasado, a [deskompa'saðo, a] *a* (*sin proporción*) out of all proportion; (*excesivo*) excessive.
descomponer [deskompo'ner] *vt* (*desordenar*) to disarrange, disturb; (*TEC*) to put out of order; (*dividir*) to break down (into parts); (*fig*) to provoke; **~se** *vr* (*corromperse*) to rot, decompose; (*el tiempo*) to change (for the worse); (*TEC*) to break down.
descomposición [deskomposi'θjon] *nf* (*gen*) breakdown; (*de fruta etc*) decomposition.
descompostura [deskompos'tura] *nf* (*TEC*) breakdown; (*desorganización*) disorganization; (*desorden*) untidiness.
descompuesto, a [deskom'pwesto, a] *a* (*corrompido*) decomposed; (*roto*) broken.
descomunal [deskomu'nal] *a* (*enorme*) huge.
desconcertado, a [deskonθer'taðo, a] *a* disconcerted, bewildered.
desconcertar [deskonθer'tar] *vt* (*confundir*) to baffle; (*incomodar*) to upset, put out; **~se** *vr* (*turbarse*) to be upset.
desconchado, a [deskon'tʃaðo, a] *a* (*pintura*) peeling.
desconcierto *etc vb ver* **desconcertar** // [deskon'θjerto] *nm* (*gen*) disorder; (*desorientación*) uncertainty; (*inquietud*) uneasiness.
desconectar [deskonek'tar] *vt* to disconnect.
desconfianza [deskon'fjanθa] *nf* distrust.
desconfiar [deskon'fjar] *vi* to be distrustful; **~ de** to distrust, suspect.
descongelar [deskonxe'lar] *vt* to defrost; (*COM, POL*) to unfreeze.
descongestionar [deskonxestjo'nar] *vt* (*cabeza, tráfico*) to clear.
desconocer [deskono'θer] *vt* (*ignorar*) not to know, be ignorant of; (*no aceptar*) to deny; (*repudiar*) to disown.
desconocido, a [deskono'θiðo, a] *a* unknown // *nm/f* stranger.
desconocimiento [deskonoθi'mjento] *nm* (*falta de conocimientos*) ignorance; (*repudio*) disregard.
desconsiderado, a [deskonsiðe'raðo, a] *a* (*descuidado*) inconsiderate; (*insensible*) thoughtless.
desconsolar [deskonso'lar] *vt* to distress; **~se** *vr* to despair.
desconsuelo *etc vb ver* **desconsolar** // [deskon'swelo] *nm* (*tristeza*) distress; (*desesperación*) despair.
descontado, a [deskon'taðo, a] *a*: **dar por ~ (que)** to take (it) for granted (that).
descontar [deskon'tar] *vt* (*deducir*) to take away, deduct; (*rebajar*) to discount.
descontento, a [deskon'tento, a] *a* dissatisfied // *nm* dissatisfaction, discontent.
descorazonar [deskoraθo'nar] *vt* to discourage, dishearten.
descorchar [deskor'tʃar] *vt* to uncork.
descorrer [desko'rrer] *vt* (*cortinas, cerrojo*) to draw back.
descortés [deskor'tes] *a* (*mal educado*) discourteous; (*grosero*) rude.
descoser [desko'ser] *vt* to unstitch; **~se** *vr* to come apart (at the seams).
descosido, a [desko'siðo, a] *a* (*COSTURA*) unstitched; (*desordenado*) disjointed.
descrédito [des'kreðito] *nm* discredit.
descreído, a [deskre'iðo, a] *a* (*incrédulo*) incredulous; (*falto de fe*) unbelieving.
descremado, a [deskre'maðo, a] *a* skimmed.
describir [deskri'ßir] *vt* to describe; **descripción** [deskrip'θjon] *nf* description.
descrito [des'krito] *pp de* **describir**.
descuartizar [deskwarti'θar] *vt* (*animal*) to cut up.
descubierto, a *pp de* **descubrir** // [desku'ßjerto, a] *a* uncovered, bare; (*persona*) bareheaded // *nm* (*bancario*) overdraft; **al ~** in the open.

descubrimiento [deskuβri'mjento] *nm* (*hallazgo*) discovery; (*revelación*) revelation.

descubrir [desku'βrir] *vt* to discover, find; (*inaugurar*) to unveil; (*vislumbrar*) to detect; (*revelar*) to reveal, show; (*destapar*) to uncover; **~se** *vr* to reveal o.s.; (*quitarse sombrero*) to take off one's hat; (*confesar*) to confess.

descuento *etc vb ver* **descontar** // [des'kwento] *nm* discount.

descuidado, a [deskwi'ðaðo, a] *a* (*sin cuidado*) careless; (*desordenado*) untidy; (*olvidadizo*) forgetful; (*dejado*) neglected; (*desprevenido*) unprepared.

descuidar [deskwi'ðar] *vt* (*dejar*) to neglect; (*olvidar*) to overlook // *vi*, **~se** *vr* (*distraerse*) to be careless; (*estar desaliñado*) to let o.s. go; (*desprevenirse*) to drop one's guard; **¡descuida!** don't worry!; **descuido** *nm* (*dejadez*) carelessness; (*olvido*) negligence.

desde ['desðe] ♦ *prep* **1** (*lugar*) from; **~ Burgos hasta mi casa hay 30 km** it's 30 kms from Burgos to my house

2 (*posición*): **hablaba ~ el balcón** she was speaking from the balcony

3 (*tiempo*: + *ad*, *n*): **~ ahora** from now on; **~ la boda** since the wedding; **~ niño** since I *etc* was a child; **~ 3 años atrás** since 3 years ago

4 (*tiempo*: + *vb*) since; for; **nos conocemos ~ 1978/hace 20 años** we've known each other since 1978/for 20 years; **no le veo ~ 1983/~ hace 5 años** I haven't seen him since 1983/for 5 years

5 (*gama*): **~ los más lujosos hasta los más económicos** from the most luxurious to the most reasonably priced

6: **~ luego (que no)** of course (not)

♦ *conj*: **~ que**: **~ que recuerdo** for as long as *o* ever since I can remember; **~ que llegó no ha salido** he hasn't been out since he arrived.

desdecirse [desðe'θirse] *vr* to retract; **~ de** to go back on.

desdén [des'ðen] *nm* scorn.

desdeñar [desðe'ɲar] *vt* (*despreciar*) to scorn.

desdicha [des'ðitʃa] *nf* (*desgracia*) misfortune; (*infelicidad*) unhappiness; **desdichado, a** *a* (*sin suerte*) unlucky; (*infeliz*) unhappy.

desdoblar [desðo'βlar] *vt* (*extender*) to spread out; (*desplegar*) to unfold.

desear [dese'ar] *vt* to want, desire, wish for.

desecar [dese'kar] *vt*, **desecarse** *vr* to dry up.

desechar [dese'tʃar] *vt* (*basura*) to throw out *o* away; (*ideas*) to reject, discard; **desechos** *nmpl* rubbish *sg*, waste *sg*.

desembalar [desemba'lar] *vt* to unpack.

desembarazado, a [desembara'θaðo, a] *a* (*libre*) clear, free; (*desenvuelto*) free and easy.

desembarazar [desembara'θar] *vt* (*desocupar*) to clear; (*desenredar*) to free; **~se** *vr*: **~se de** to free o.s. of, get rid of.

desembarcar [desembar'kar] *vt* (*mercancías etc*) to unload // *vi*, **~se** *vr* to disembark.

desembocadura [desemboka'ðura] *nf* (*de río*) mouth; (*de calle*) opening.

desembocar [desembo'kar] *vi* to flow into; (*fig*) to result in.

desembolso [desem'bolso] *nm* payment.

desembragar [desembra'ɣar] *vi* to declutch.

desemejanza [deseme'xanθa] *nf* dissimilarity.

desempatar [desempa'tar] *vi* to replay, hold a play-off; **desempate** *nm* (*FÚTBOL*) replay, play-off; (*TENIS*) tie-break(er).

desempeñar [desempe'ɲar] *vt* (*cargo*) to hold; (*papel*) to perform; (*lo empeñado*) to redeem; **~se** *vr* to get out of debt; **~ un papel** (*fig*) to play (a role).

desempeño [desem'peɲo] *nm* redeeming; (*de cargo*) occupation.

desempleado, a [desemple'aðo, a] *nm/f* unemployed person; **desempleo** *nm* unemployment.

desempolvar [desempol'βar] *vt* (*muebles etc*) to dust; (*lo olvidado*) to revive.

desencadenar [desenkaðe'nar] *vt* to unchain; (*ira*) to unleash; **~se** *vr* to break loose; (*tormenta*) to burst; (*guerra*) to break out.

desencajar [desenka'xar] *vt* (*hueso*) to put out of joint; (*mandíbula*) to dislocate; (*mecanismo, pieza*) to disconnect, disengage.

desencanto [desen'kanto] *nm* disillusionment.

desenchufar [desentʃu'far] *vt* to unplug.

desenfadado, a [desenfa'ðaðo, a] *a* (*desenvuelto*) uninhibited; (*descarado*) forward; **desenfado** *nm* (*libertad*) freedom; (*comportamiento*) free and easy manner; (*descaro*) forwardness.

desenfocado, a [desenfo'kaðo, a] *a* (*FOTO*) out of focus.

desenfrenado, a [desenfre'naðo, a] *a* (*descontrolado*) uncontrolled; (*inmoderado*) unbridled; **desenfreno** *nm* (*vicio*) wildness; (*de las pasiones*) lack of self-control.

desenganchar [desengan'tʃar] *vt* (*gen*) to unhook; (*FERRO*) to uncouple.

desengañar [desenga'ɲar] *vt* to disillusion; **~se** *vr* to become disillusioned; **desengaño** *nm* disillusionment; (*decepción*) disappointment.

desenlace [desen'laθe] *nm* outcome.

desenmarañar [desenmara'ɲar] *vt* (*fig*) to unravel.

desenmascarar [desenmaska'rar] *vt* to unmask.
desenredar [desenre'ðar] *vt* (*pelo*) to untangle; (*problema*) to sort out.
desentenderse [desenten'derse] *vr*: ~ de to pretend not to know about; (*apartarse*) to have nothing to do with.
desenterrar [desente'rrar] *vt* to exhume; (*tesoro, fig*) to unearth, dig up.
desentonar [desento'nar] *vi* (MUS) to sing (o play) out of tune; (*color*) to clash.
desentrañar [desentra'ɲar] *vt* (*misterio*) to unravel.
desentumecer [desentume'θer] *vt* (*pierna etc*) to stretch; (DEPORTE) to loosen up.
desenvoltura [desenβol'tura] *nf* (*libertad, gracia*) ease; (*descaro*) free and easy manner.
desenvolver [desenβol'βer] *vt* (*paquete*) to unwrap; (*fig*) to develop; **~se** *vr* (*desarrollarse*) to unfold, develop; (*arreglárselas*) to cope.
deseo [de'seo] *nm* desire, wish; **~so, a** *a*: estar ~so de to be anxious to.
desequilibrado, a [desekili'βraðo, a] *a* unbalanced.
desertar [deser'tar] *vi* to desert.
desértico, a [de'sertiko, a] *a* desert *cpd*.
desesperación [desespera'θjon] *nf* (*impaciencia*) desperation, despair; (*irritación*) fury.
desesperar [desespe'rar] *vt* to drive to despair; (*exasperar*) to drive to distraction // *vi*: ~ de to despair of; **~se** *vr* to despair, lose hope.
desestabilizar [desestaβili'θar] *vt* to destabilize.
desestimar [desesti'mar] *vt* (*menospreciar*) to have a low opinion of; (*rechazar*) to reject.
desfachatez [desfatʃa'teθ] *nf* (*insolencia*) impudence; (*descaro*) rudeness.
desfalco [des'falko] *nm* embezzlement.
desfallecer [desfaʎe'θer] *vi* (*perder las fuerzas*) to become weak; (*desvanecerse*) to faint.
desfasado, a [desfa'saðo, a] *a* (*anticuado*) old-fashioned; **desfase** *nm* (*diferencia*) gap.
desfavorable [desfaβo'raβle] *a* unfavourable.
desfigurar [desfiɣu'rar] *vt* (*cara*) to disfigure; (*cuerpo*) to deform.
desfiladero [desfila'ðero] *nm* gorge.
desfilar [desfi'lar] *vi* to parade; **desfile** *nm* procession.
desfogarse [desfo'ɣarse] *vr* (*fig*) to let off steam.
desgajar [desɣa'xar] *vt* (*arrancar*) to tear off; (*romper*) to break off; **~se** *vr* to come off.
desgana [des'ɣana] *nf* (*falta de apetito*) loss of appetite; (*renuencia*) unwillingness; **~do, a** *a*: estar ~do (*sin apetito*) to have no appetite; (*sin entusiasmo*) to have lost interest.
desgarrador, a [desɣarra'ðor, a] *a* (*fig*) heartrending.
desgarrar [desɣa'rrar] *vt* to tear (up); (*fig*) to shatter; **desgarro** *nm* (*en tela*) tear; (*aflicción*) grief; (*descaro*) impudence.
desgastar [desɣas'tar] *vt* (*deteriorar*) to wear away *o* down; (*estropear*) to spoil; **~se** *vr* to get worn out; **desgaste** *nm* wear (and tear).
desgracia [des'ɣraθja] *nf* misfortune; (*accidente*) accident; (*vergüenza*) disgrace; (*contratiempo*) setback; **por ~** unfortunately.
desgraciado, a [desɣra'θjaðo, a] *a* (*sin suerte*) unlucky, unfortunate; (*miserable*) wretched; (*infeliz*) miserable.
desgreñado, a [desɣre'ɲaðo, a] *a* dishevelled.
deshabitado, a [desaβi'taðo, a] *a* uninhabited.
deshacer [desa'θer] *vt* (*casa*) to break up; (TEC) to take apart; (*enemigo*) to defeat; (*diluir*) to melt; (*contrato*) to break; (*intriga*) to solve; **~se** *vr* (*disolverse*) to melt; (*despedazarse*) to come apart *o* undone; **~se de** to get rid of; **~se en lágrimas** to burst into tears.
deshecho, a [des'etʃo, a] *a* undone; (*roto*) smashed; estar ~ (*persona*) to be shattered.
desheredar [desere'ðar] *vt* to disinherit.
deshidratar [desiðra'tar] *vt* to dehydrate.
deshielo [des'jelo] *nm* thaw.
deshonesto, a [deso'nesto, a] *a* indecent.
deshonra [des'onra] *nf* (*deshonor*) dishonour; (*vergüenza*) shame; **deshonrar** *vt* to dishonour.
deshora [des'ora]: a ~ *ad* at the wrong time.
deshuesar [deswe'sar] *vt* (*carne*) to bone; (*fruta*) to stone.
desierto, a [de'sjerto, a] *a* (*casa, calle, negocio*) deserted // *nm* desert.
designar [desiɣ'nar] *vt* (*nombrar*) to designate; (*indicar*) to fix.
designio [de'siɣnjo] *nm* plan.
desigual [desi'ɣwal] *a* (*terreno*) uneven; (*lucha etc*) unequal.
desilusión [desilu'sjon] *nf* disillusionment; (*decepción*) disappointment; **desilusionar** *vt* to disillusion; to disappoint; desilusionarse *vr* to become disillusioned.
desinfectar [desinfek'tar] *vt* to disinfect.
desinflar [desin'flar] *vt* to deflate.
desintegración [desinteɣra'θjon] *nf* disintegration.
desinterés [desinte'res] *nm* (*objetividad*) disinterestedness; (*altruismo*) unselfishness.

desistir [desis'tir] *vi* (*renunciar*) to stop, desist.

desleal [desle'al] *a* (*infiel*) disloyal; (*COM*: *competencia*) unfair; **~tad** *nf* disloyalty.

desleír [desle'ir] *vt* (*líquido*) to dilute; (*sólido*) to dissolve.

deslenguado, a [deslen'gwaðo, a] *a* (*grosero*) foul-mouthed.

desligar [desli'ɣar] *vt* (*desatar*) to untie, undo; (*separar*) to separate; **~se** *vr* (*de un compromiso*) to extricate o.s.

desliz [des'liθ] *nm* (*fig*) lapse; **~ar** *vt* to slip, slide; **~arse** *vr* (*escurrirse*: *persona*) to slip, slide; (*coche*) to skid; (*aguas mansas*) to flow gently; (*error*) to creep in.

deslucido, a [deslu'θiðo, a] *a* dull; (*torpe*) awkward, graceless; (*deslustrado*) tarnished.

deslumbrar [deslum'brar] *vt* to dazzle.

desmán [des'man] *nm* (*exceso*) outrage; (*abuso de poder*) abuse.

desmandarse [desman'darse] *vr* (*portarse mal*) to behave badly; (*excederse*) to get out of hand; (*caballo*) to bolt.

desmantelar [desmante'lar] *vt* (*deshacer*) to dismantle; (*casa*) to strip.

desmaquillador [desmakiʎa'ðor] *nm* make-up remover.

desmayado, a [desma'jaðo, a] *a* (*sin sentido*) unconscious; (*carácter*) dull; (*débil*) faint, weak.

desmayar [desma'jar] *vi* to lose heart; **~se** *vr* (*MED*) to faint; **desmayo** *nm* (*MED*: *acto*) faint; (: *estado*) unconsciousness; (*depresión*) dejection.

desmedido, a [desme'ðiðo, a] *a* excessive.

desmejorar [desmexo'rar] *vt* (*dañar*) to impair, spoil; (*MED*) to weaken.

desmembrar [desmem'brar] *vt* (*MED*) to dismember; (*fig*) to separate.

desmemoriado, a [desmemo'rjado, a] *a* forgetful.

desmentir [desmen'tir] *vt* (*contradecir*) to contradict; (*refutar*) to deny // *vi*: ~ de to refute; **~se** *vr* to contradict o.s.

desmenuzar [desmenu'θar] *vt* (*deshacer*) to crumble; (*carne*) to chop; (*examinar*) to examine closely.

desmerecer [desmere'θer] *vt* to be unworthy of // *vi* (*deteriorarse*) to deteriorate.

desmesurado, a [desmesu'raðo, a] *a* disproportionate.

desmontar [desmon'tar] *vt* (*deshacer*) to dismantle; (*tierra*) to level // *vi* to dismount.

desmoralizar [desmorali'θar] *vt* to demoralize.

desmoronar [desmoro'nar] *vt* to wear away, erode; **~se** *vr* (*edificio, dique*) to fall into disrepair; (*economía*) to decline.

desnatado, a [desna'taðo, a] *a* skimmed.

desnivel [desni'ßel] *nm* (*de terreno*) unevenness.

desnudar [desnu'ðar] *vt* (*desvestir*) to undress; (*despojar*) to strip; **~se** *vr* (*desvestirse*) to get undressed; **desnudo, a** *a* naked // *nm/f* nude; desnudo de devoid *o* bereft of.

desnutrición [desnutri'θjon] *nf* malnutrition; **desnutrido, a** *a* undernourished.

desobedecer [desoßeðe'θer] *vt, vi* to disobey; **desobediencia** *nf* disobedience.

desocupado, a [desoku'paðo, a] *a* at leisure; (*desempleado*) unemployed; (*deshabitado*) empty, vacant.

desocupar [desoku'par] *vt* to vacate.

desodorante [desoðo'rante] *nm* deodorant.

desolación [desola'θjon] *nf* (*lugar*) desolation; (*fig*) grief.

desolar [deso'lar] *vt* to ruin, lay waste.

desorden [des'orðen] *nm* confusion; (*político*) disorder, unrest.

desorganizar [desorɣani'θar] *vt* (*desordenar*) to disorganize.

desorientar [desorjen'tar] *vt* (*extraviar*) to mislead; (*confundir, desconcertar*) to confuse; **~se** *vr* (*perderse*) to lose one's way.

desovar [deso'ßar] *vi* (*peces*) to spawn; (*insectos*) to lay eggs.

despabilado, a [despaßi'laðo, a] *a* (*despierto*) wide-awake; (*fig*) alert, sharp.

despabilar [despaßi'lar] *vt* (*el ingenio*) to sharpen // *vi*, **~se** *vr* to wake up; (*fig*) to get a move on.

despacio [des'paθjo] *ad* slowly.

despachar [despa'tʃar] *vt* (*negocio*) to do, complete; (*enviar*) to send, dispatch; (*vender*) to sell, deal in; (*billete*) to issue; (*mandar ir*) to send away.

despacho [des'patʃo] *nm* (*oficina*) office; (*de paquetes*) dispatch; (*venta*) sale; (*comunicación*) message.

desparpajo [despar'paxo] *nm* self-confidence; (*pey*) nerve.

desparramar [desparra'mar] *vt* (*esparcir*) to scatter; (*líquido*) to spill.

despavorido, a [despaßo'riðo, a] *a* terrified.

despectivo, a [despek'tißo, a] *a* (*despreciativo*) derogatory; (*LING*) pejorative.

despecho [des'petʃo] *nm* spite; a ~ de in spite of.

despedazar [despeða'θar] *vt* to tear to pieces.

despedida [despe'ðiða] *nf* (*adiós*) farewell; (*de obrero*) sacking.

despedir [despe'ðir] *vt* (*visita*) to see off, show out; (*empleado*) to dismiss; (*inquilino*) to evict; (*objeto*) to hurl; (*olor etc*) to give out *o* off; **~se** *vr*: **~se de** to

say goodbye to.
despegar [despe'ɣar] *vt* to unstick // *vi* (*avión*) to take off; **~se** *vr* to come loose, come unstuck; **despego** *nm* detachment.
despegue *etc vb ver* **despegar** // [des'peɣe] *nm* takeoff.
despeinado, a [despei'naðo, a] *a* dishevelled, unkempt.
despejado, a [despe'xaðo, a] *a* (*lugar*) clear, free; (*cielo*) clear; (*persona*) wide-awake, bright.
despejar [despe'xar] *vt* (*gen*) to clear; (*misterio*) to clear up // *vi* (*el tiempo*) to clear; **~se** *vr* (*tiempo, cielo*) to clear (up); (*misterio*) to become clearer; (*cabeza*) to clear.
despellejar [despeʎe'xar] *vt* (*animal*) to skin.
despensa [des'pensa] *nf* larder.
despeñadero [despeɲa'ðero] *nm* (*GEO*) cliff, precipice.
desperdicio [desper'ðiθjo] *nm* (*despilfarro*) squandering; **~s** *nmpl* (*basura*) rubbish *sg* (*Brit*), garbage *sg* (*US*); (*residuos*) waste *sg*.
desperezarse [despere'θarse] *vr* to stretch (o.s.).
desperfecto [desper'fekto] *nm* (*deterioro*) slight damage; (*defecto*) flaw, imperfection.
despertador [desperta'ðor] *nm* alarm clock.
despertar [desper'tar] *vt* (*persona*) to wake up; (*recuerdos*) to revive; (*sentimiento*) to arouse // *vi*, **~se** *vr* to awaken, wake up // *nm* awakening.
despiadado, a [despja'ðaðo, a] *a* (*ataque*) merciless; (*persona*) heartless.
despido *etc vb ver* **despedir** // [des'piðo] *nm* dismissal, sacking.
despierto, a *etc vb ver* **despertar** // [des'pjerto, a] *a* awake; (*fig*) sharp, alert.
despilfarro [despil'farro] *nm* (*derroche*) squandering; (*lujo desmedido*) extravagance.
despistar [despis'tar] *vt* to throw off the track *o* scent; (*fig*) to mislead, confuse; **~se** *vr* to take the wrong road; (*fig*) to become confused.
desplazamiento [desplaθa'mjento] *nm* displacement.
desplazar [despla'θar] *vt* to move; (*NAUT*) to displace; (*INFORM*) to scroll; (*fig*) to oust; **~se** *vr* (*persona*) to travel.
desplegar [desple'ɣar] *vt* (*tela, papel*) to unfold, open out; (*bandera*) to unfurl; **despliegue** *vb etc ver* **desplegar** // [des'pljeɣe] *nm* display.
desplomarse [desplo'marse] *vr* (*edificio, gobierno, persona*) to collapse.
desplumar [desplu'mar] *vt* (*ave*) to pluck; (*fam*: *estafar*) to fleece.
despoblado, a [despo'βlaðo, a] *a* (*sin habitantes*) uninhabited.
despojar [despo'xar] *vt* (*alguien*: *de sus bienes*) to divest of, deprive of; (*casa*) to strip, leave bare; (*alguien*: *de su cargo*) to strip of.
despojo [des'poxo] *nm* (*acto*) plundering; (*objetos*) plunder, loot; **~s** *nmpl* (*de ave, res*) offal *sg*.
desposado, a [despo'saðo, a] *a, nm/f* newly-wed.
desposeer [despose'er] *vt*: **~ a uno de** (*puesto, autoridad*) to strip sb of.
déspota ['despota] *nm/f* despot.
despreciar [despre'θjar] *vt* (*desdeñar*) to despise, scorn; (*afrentar*) to slight; **desprecio** *nm* scorn, contempt; slight.
desprender [despren'der] *vt* (*separar*) to separate; (*desatar*) to unfasten; (*olor*) to give off; **~se** *vr* (*botón*: *caerse*) to fall off; (: *abrirse*) to unfasten; (*olor, perfume*) to be given off; **~se de** to follow from; **se desprende que** it transpires that.
desprendimiento [desprendi'mjento] *nm* (*gen*) loosening; (*generosidad*) disinterestedness; (*indiferencia*) detachment; (*de gas*) leak; (*de tierra, rocas*) landslide.
despreocupado, a [despreoku'paðo, a] *a* (*sin preocupación*) unworried, nonchalant; (*negligente*) careless.
despreocuparse [despreoku'parse] *vr* to be carefree; **~ de** to have no interest in.
desprestigiar [despresti'xjar] *vt* (*criticar*) to run down; (*desacreditar*) to discredit.
desprevenido, a [despreβe'niðo, a] *a* (*no preparado*) unprepared, unready.
desproporcionado, a [desproporθjo'naðo, a] *a* disproportionate, out of proportion.
después [des'pwes] *ad* afterwards, later; (*próximo paso*) next; **~ de comer** after lunch; **un año ~** a year later; **~ se debatió el tema** next the matter was discussed; **~ de corregido el texto** after the text had been corrected; **~ de todo** after all.
desquite [des'kite] *nm* (*satisfacción*) satisfaction; (*venganza*) revenge.
destacar [desta'kar] *vt* to emphasize, point up; (*MIL*) to detach, detail // *vi*, **~se** *vr* (*resaltarse*) to stand out; (*persona*) to be outstanding *o* exceptional.
destajo [des'taxo] *nm*: **trabajar a ~** to do piecework.
destapar [desta'par] *vt* (*botella*) to open; (*cacerola*) to take the lid off; (*descubrir*) uncover; **~se** *vr* (*revelarse*) to reveal one's true character.
destartalado, a [destarta'laðo, a] *a* (*desordenado*) untidy; (*ruinoso*) tumbledown.
destello [des'teʎo] *nm* (*de estrella*)

twinkle; (*de faro*) signal light.
destemplado, a [destem'plaðo, a] *a* (*MUS*) out of tune; (*voz*) harsh; (*MED*) out of sorts; (*tiempo*) unpleasant, nasty.
desteñir [deste'ɲir] *vt* to fade // *vi*, **~se** *vr* to fade; **esta tela no destiñe** this fabric will not run.
desternillarse [desterni'ʎarse] *vr*: ~ **de risa** to split one's sides laughing.
desterrar [deste'rrar] *vt* (*exilar*) to exile; (*fig*) to banish, dismiss.
destetar [deste'tar] *vt* to wean.
destierro *etc vb ver* **desterrar** // [des'tjerro] *nm* exile.
destilar [desti'lar] *vt* to distil; **destilería** *nf* distillery.
destinar [desti'nar] *vt* (*funcionario*) to appoint, assign; (*fondos*) to set aside (*a* for).
destinatario, a [destina'tarjo, a] *nm/f* addressee.
destino [des'tino] *nm* (*suerte*) destiny; (*de avión, viajero*) destination.
destituir [destitu'ir] *vt* to dismiss.
destornillador [destorniʎa'ðor] *nm* screwdriver.
destornillar [destorni'ʎar] *vt*, **destornillarse** *vr* (*tornillo*) to unscrew.
destreza [des'treθa] *nf* (*habilidad*) skill; (*maña*) dexterity.
destrozar [destro'θar] *vt* (*romper*) to smash, break (up); (*estropear*) to ruin; (*nervios*) to shatter.
destrozo [des'troθo] *nm* (*acción*) destruction; (*desastre*) smashing; **~s** *nmpl* (*pedazos*) pieces; (*daños*) havoc *sg*.
destrucción [destruk'θjon] *nf* destruction.
destruir [destru'ir] *vt* to destroy.
desuso [des'uso] *nm* disuse; **caer en ~** to become obsolete.
desvalido, a [desβa'liðo, a] *a* (*desprotegido*) destitute; (*sin fuerzas*) helpless.
desvalijar [desvali'xar] *vt* (*persona*) to rob; (*casa, tienda*) to burgle; (*coche*) to break into.
desván [des'βan] *nm* attic.
desvanecer [desβane'θer] *vt* (*disipar*) to dispel; (*borrar*) to blur; **~se** *vr* (*humo etc*) to vanish, disappear; (*color*) to fade; (*recuerdo, sonido*) to fade away; (*MED*) to pass out; (*duda*) to be dispelled.
desvanecimiento [desβaneθi'mjento] *nm* (*desaparición*) disappearance; (*de colores*) fading; (*evaporación*) evaporation; (*MED*) fainting fit.
desvariar [desβa'rjar] *vi* (*enfermo*) to be delirious; **desvarío** *nm* delirium.
desvelar [desβe'lar] *vt* to keep awake; **~se** *vr* (*no poder dormir*) to stay awake; (*vigilar*) to be vigilant *o* watchful.
desvencijado, a [desβenθi'xaðo, a] *a* (*silla*) rickety; (*máquina*) broken-down.
desventaja [desβen'taxa] *nf* disadvantage.
desventura [desβen'tura] *nf* misfortune.
desvergonzado, a [desβerɣon'θaðo, a] *a* shameless.
desvergüenza [desβer'ɣwenθa] *nf* (*descaro*) shamelessness; (*insolencia*) impudence; (*mala conducta*) effrontery.
desvestir [desβes'tir] *vt*, **desvestirse** *vr* to undress.
desviación [desβja'θjon] *nf* deviation; (*AUTO*) diversion, detour.
desviar [des'βjar] *vt* to turn aside; (*río*) to alter the course of; (*navío*) to divert, re-route; (*conversación*) to sidetrack; **~se** *vr* (*apartarse del camino*) to turn aside; (: *barco*) to go off course.
desvío *etc vb ver* **desviar** // [des'βio] *nm* (*desviación*) detour, diversion; (*fig*) indifference.
desvirtuar [desβir'twar] *vt*, **desvirtuarse** *vr* to spoil.
desvivirse [desβi'βirse] *vr*: ~ **por** (*anhelar*) to long for, crave for; (*hacer lo posible por*) to do one's utmost for.
detallar [deta'ʎar] *vt* to detail.
detalle [de'taʎe] *nm* detail; (*fig*) gesture, token; **al ~** in detail; (*COM*) retail.
detallista [deta'ʎista] *nm/f* retailer.
detener [dete'ner] *vt* (*gen*) to stop; (*JUR*) to arrest; (*objeto*) to keep; **~se** *vr* to stop; (*demorarse*): **~se en** to delay over, linger over.
detenidamente [deteniða'mente] *ad* (*minuciosamente*) carefully; (*extensamente*) at great length.
detenido, a [dete'niðo, a] *a* (*arrestado*) under arrest; (*minucioso*) detailed // *nm/f* person under arrest, prisoner.
detergente [deter'xente] *nm* detergent.
deteriorar [deterjo'rar] *vt* to spoil, damage; **~se** *vr* to deteriorate; **deterioro** *nm* deterioration.
determinación [determina'θjon] *nf* (*empeño*) determination; (*decisión*) decision.
determinar [determi'nar] *vt* (*plazo*) to fix; (*precio*) to settle; **~se** *vr* to decide.
detestar [detes'tar] *vt* to detest.
detonar [deto'nar] *vi* to detonate.
detrás [de'tras] *ad* behind; (*atrás*) at the back; **~ de** behind.
detrimento [detri'mento] *nm*: **en ~ de** to the detriment of.
deuda ['deuða] *nf* (*condición*) indebtedness, debt; (*cantidad*) debt.
deudor, a [deu'ðor, a] *nm/f* debtor.
devaluación [deβalwa'θjon] *nf* devaluation.
devastar [deβas'tar] *vt* (*destruir*) to devastate.
devengar [deβen'gar] *vt* (*COM*) to accrue, earn.
devoción [deβo'θjon] *nf* devotion.

devolución [deβolu'θjon] *nf* (*reenvío*) return, sending back; (*reembolso*) repayment; (*JUR*) devolution.
devolver [deβol'βer] *vt* to return; (*lo extraviado, lo prestado*) to give back; (*carta al correo*) to send back; (*COM*) to repay, refund; (*visita, la palabra*) to return // *vi* (*fam*) to be sick.
devorar [deβo'rar] *vt* to devour.
devoto, a [de'βoto, a] *a* devout // *nm/f* admirer.
devuelto, devuelva *etc vb ver* **devolver**.
di *vb ver* **dar; decir**.
día ['dia] *nm* day; **¿qué ~ es?** what's the date?; **estar/poner al ~** to be/keep up to date; **el ~ de hoy/de mañana** today/tomorrow; **al ~ siguiente** (on) the following day; **vivir al ~** to live from hand to mouth; **de ~** by day, in daylight; **en pleno ~** in full daylight; **~ festivo** (*Esp*) *o* **feriado** (*AM*) holiday; **~ libre** day off.
diablo ['djaβlo] *nm* devil; **diablura** *nf* prank.
diafragma [dja'fraɣma] *nm* diaphragm.
diagnosis [djaɣ'nosis] *nf inv*, **diagnóstico** [diaɣ'nostiko] *nm* diagnosis.
diagrama [dja'ɣrama] *nm* diagram; **~ de flujo** flowchart.
dialecto [dja'lekto] *nm* dialect.
dialogar [djalo'ɣar] *vi*: **~ con** (*POL*) to hold talks with.
diálogo ['djaloɣo] *nm* dialogue.
diamante [dja'mante] *nm* diamond.
diana ['djana] *nf* (*MIL*) reveille; (*de blanco*) centre, bull's-eye.
diapositiva [djaposi'tiβa] *nf* (*FOTO*) slide, transparency.
diario, a ['djarjo, a] *a* daily // *nm* newspaper; **a ~** daily; **de ~** everyday.
diarrea [dja'rrea] *nf* diarrhoea.
dibujar [diβu'xar] *vt* to draw, sketch; **dibujo** *nm* drawing; **dibujos animados** cartoons.
diccionario [dikθjo'narjo] *nm* dictionary.
dice *etc vb ver* **decir**.
diciembre [di'θjembre] *nm* December.
dictado [dik'taðo] *nm* dictation.
dictador [dikta'ðor] *nm* dictator; **dictadura** *nf* dictatorship.
dictamen [dik'tamen] *nm* (*opinión*) opinion; (*juicio*) judgment; (*informe*) report.
dictar [dik'tar] *vt* (*carta*) to dictate; (*JUR*: *sentencia*) to pronounce; (*decreto*) to issue; (*AM*: *clase*) to give.
dicho, a ['ditʃo, a] *pp de* **decir** // *a*: **en ~s países** in the aforementioned countries // *nm* saying.
diecinueve [djeθi'nweβe] *num* nineteen.
dieciocho [djeθi'otʃo] *num* eighteen.
dieciséis [djeθi'seis] *num* sixteen.
diecisiete [djeθi'sjete] *num* seventeen.
diente ['djente] *nm* (*ANAT, TEC*) tooth; (*ZOOL*) fang; (: *de elefante*) tusk; (*de ajo*) clove; **hablar entre ~s** to mutter, mumble.
diera, dieron *etc vb ver* **dar**.
diesel ['disel] *a*: **motor ~** diesel engine.
dieta ['djeta] *nf* diet.
diez [djeθ] *num* ten.
difamar [difa'mar] *vt* (*JUR*: *hablando*) to slander; (: *por escrito*) to libel.
diferencia [dife'renθja] *nf* difference; **diferenciar** *vt* to differentiate between // *vi* to differ; **diferenciarse** *vr* to differ, be different; (*distinguirse*) to distinguish o.s.
diferente [dife'rente] *a* different.
diferido [dife'riðo] *nm*: **en ~** (*TV etc*) recorded.
difícil [di'fiθil] *a* difficult.
dificultad [difikul'tað] *nf* difficulty; (*problema*) trouble; (*objeción*) objection.
dificultar [difikul'tar] *vt* (*complicar*) to complicate, make difficult; (*estorbar*) to obstruct.
difundir [difun'dir] *vt* (*calor, luz*) to diffuse; (*RADIO, TV*) to broadcast; **~ una noticia** to spread a piece of news; **~se** *vr* to spread (out).
difunto, a [di'funto, a] *a* dead, deceased // *nm/f* deceased (person).
diga *etc vb ver* **decir**.
digerir [dixe'rir] *vt* to digest; (*fig*) to absorb.
digital [dixi'tal] *a* (*INFORM*) digital.
dignarse [diɣ'narse] *vr* to deign to.
digno, a ['diɣno, a] *a* worthy.
digo *etc vb ver* **decir**.
dije *etc vb ver* **decir**.
dilatado, a [dila'taðo, a] *a* dilated; (*período*) long drawn-out; (*extenso*) extensive.
dilatar [dila'tar] *vt* (*cuerpo*) to dilate; (*prolongar*) to prolong; (*aplazar*) to delay.
dilema [di'lema] *nm* dilemma.
diligencia [dili'xenθja] *nf* diligence; (*ocupación*) errand, job; **~s** *nfpl* (*JUR*) formalities; **diligente** *a* diligent.
diluir [dilu'ir] *vt* to dilute.
diluvio [di'luβjo] *nm* deluge, flood.
dimensión [dimen'sjon] *nf* dimension.
diminuto, a [dimi'nuto, a] *a* tiny, diminutive.
dimitir [dimi'tir] *vi* to resign.
dimos *vb ver* **dar**.
Dinamarca [dina'marka] *nf* Denmark; **dinamarqués, esa** *a* Danish // *nm/f* Dane.
dinámico, a [di'namiko, a] *a* dynamic.
dinamita [dina'mita] *nf* dynamite.
dínamo ['dinamo] *nf* dynamo.
dineral [dine'ral] *nm* large sum of money, fortune.
dinero [di'nero] *nm* money; **~ contante, ~ efectivo** cash, ready cash.
dio *vb ver* **dar**.
dios [djos] *nm* god; **¡D~ mío!** (oh,) my

God!

diosa ['djosa] *nf* goddess.

diploma [di'ploma] *nm* diploma.

diplomacia [diplo'maθja] *nf* diplomacy; (*fig*) tact.

diplomado, a [diplo'maðo, a] *a* qualified.

diplomático, a [diplo'matiko, a] *a* diplomatic // *nm/f* diplomat.

diputado, a [dipu'taðo, a] *nm/f* delegate; (POL) ≈ member of parliament (*Brit*), ≈ representative (*US*).

dique ['dike] *nm* dyke.

diré *etc vb ver* **decir**.

dirección [direk'θjon] *nf* direction; (*señas*) address; (AUTO) steering; (*gerencia*) management; (POL) leadership; ~ **única/prohibida** one-way street/no entry.

directo, a [di'rekto, a] *a* direct; (RADIO, TV) live; **transmitir en** ~ to broadcast live.

director, a [direk'tor, a] *a* leading // *nm/f* director; (ESCOL) head(teacher) (*Brit*), principal (*US*); (*gerente*) manager(ess); (PRENSA) editor; ~ **de cine** film director; ~ **general** managing director.

dirigir [diri'xir] *vt* to direct; (*carta*) to address; (*obra de teatro, film*) to direct; (MUS) to conduct; (*comercio*) to manage; **~se** *vr*: **~se a** to go towards, make one's way towards; (*hablar con*) to speak to.

dirija *etc vb ver* **dirigir**.

discernir [disθer'nir] *vt* (*distinguir, discriminar*) to discern.

disciplina [disθi'plina] *nf* discipline.

discípulo, a [dis'θipulo, a] *nm/f* disciple.

disco ['disko] *nm* disc; (DEPORTE) discus; (TEL) dial; (AUTO: *semáforo*) light; (MUS) record; ~ **compacto/de larga duración** compact disc/long-playing record (L.P.); ~ **de freno** brake disc; (INFORM): ~ **flexible/rígido** floppy/hard disk.

disconforme [diskon'forme] *a* differing; **estar** ~ **(con)** to be in disagreement (with).

discordia [dis'korðja] *nf* discord.

discoteca [disko'teka] *nf* disco(theque).

discreción [diskre'θjon] *nf* discretion; (*reserva*) prudence; **comer a** ~ to eat as much as one wishes; **discrecional** *a* (*facultativo*) discretionary.

discrepancia [diskre'panθja] *nf* (*diferencia*) discrepancy; (*desacuerdo*) disagreement.

discreto, a [dis'kreto, a] *a* (*diplomático*) discreet; (*sensato*) sensible; (*reservado*) quiet; (*sobrio*) sober.

discriminación [diskrimina'θjon] *nf* discrimination.

disculpa [dis'kulpa] *nf* excuse; (*pedir perdón*) apology; **pedir ~s a/por** to apologize to/for; **disculpar** *vt* to excuse, pardon; **disculparse** *vr* to excuse o.s.; to apologize.

discurrir [disku'rrir] *vi* (*pensar, reflexionar*) to think, meditate; (*recorrer*) to roam, wander; (*el tiempo*) to pass, flow by.

discurso [dis'kurso] *nm* speech.

discutir [disku'tir] *vt* (*debatir*) to discuss; (*pelear*) to argue about; (*contradecir*) to argue against // *vi* to discuss; (*disputar*) to argue.

disecar [dise'kar] *vt* (*conservar: animal*) to stuff; (*: planta*) to dry.

diseminar [disemi'nar] *vt* to disseminate, spread.

diseño [di'seɲo] *nm* design; (ARTE) drawing.

disfraz [dis'fraθ] *nm* (*máscara*) disguise; (*excusa*) pretext; **~ar** *vt* to disguise; **~arse** *vr*: **~arse de** to disguise o.s. as.

disfrutar [disfru'tar] *vt* to enjoy // *vi* to enjoy o.s.; ~ **de** to enjoy, possess.

disgustar [disɣus'tar] *vt* (*no gustar*) to displease; (*contrariar, enojar*) to annoy, upset; **~se** *vr* to be annoyed; (*dos personas*) to fall out.

disgusto [dis'ɣusto] *nm* (*repugnancia*) disgust; (*contrariedad*) annoyance; (*tristeza*) grief; (*riña*) quarrel; (*avería*) misfortune.

disidente [disi'ðente] *nm* dissident.

disimular [disimu'lar] *vt* (*ocultar*) to hide, conceal // *vi* to dissemble.

disipar [disi'par] *vt* to dispel; (*fortuna*) to squander; **~se** *vr* (*nubes*) to vanish; (*indisciplinarse*) to dissipate.

disminución [disminu'θjon] *nf* decrease, reduction.

disminuir [disminu'ir] *vt* (*acortar*) to decrease; (*achicar*) to diminish; (*estrechar*) to lessen.

disolver [disol'βer] *vt* (*gen*) to dissolve; **~se** *vr* to dissolve; (COM) to go into liquidation.

disparar [dispa'rar] *vt, vi* to shoot, fire.

disparate [dispa'rate] *nm* (*tontería*) foolish remark; (*error*) blunder; **decir ~s** to talk nonsense.

disparo [dis'paro] *nm* shot.

dispensar [dispen'sar] *vt* to dispense; (*disculpar*) to excuse.

dispersar [disper'sar] *vt* to disperse; **~se** *vr* to scatter.

disponer [dispo'ner] *vt* (*arreglar*) to arrange; (*ordenar*) to put in order; (*preparar*) to prepare, get ready // *vi*: ~ **de** to have, own; **~se** *vr*: **~se para** to prepare to, prepare for.

disponible [dispo'niβle] *a* available.

disposición [disposi'θjon] *nf* arrangement, disposition; (*aptitud*) aptitude; (INFORM) layout; **a la** ~ **de** at the disposal of.

dispositivo [disposi'tiβo] *nm* device, mechanism.

dispuesto, a *pp de* disponer // [dis'pwesto, a] *a* (*arreglado*) arranged; (*preparado*) disposed.
disputar [dispu'tar] *vt* (*discutir*) to dispute, question; (*contender*) to contend for // *vi* to argue.
disquete [dis'kete] *nm* floppy disk, diskette.
distancia [dis'tanθja] *nf* distance.
distanciar [distan'θjar] *vt* to space out; ~se *vr* to become estranged.
distante [dis'tante] *a* distant.
diste, disteis *vb ver* **dar.**
distinción [distin'θjon] *nf* distinction; (*elegancia*) elegance; (*honor*) honour.
distinguido, a [distin'giðo, a] *a* distinguished.
distinguir [distin'gir] *vt* to distinguish; (*escoger*) to single out; ~se *vr* to be distinguished.
distinto, a [dis'tinto, a] *a* different; (*claro*) clear.
distracción [distrak'θjon] *nf* distraction; (*pasatiempo*) hobby, pastime; (*olvido*) absent-mindedness, distraction.
distraer [distra'er] *vt* (*atención*) to distract; (*divertir*) to amuse; (*fondos*) to embezzle; ~se *vr* (*entretenerse*) to amuse o.s.; (*perder la concentración*) to allow one's attention to wander.
distraído, a [distra'iðo, a] *a* (*gen*) absent-minded; (*entretenido*) amusing.
distribuir [distriβu'ir] *vt* to distribute.
distrito [dis'trito] *nm* (*sector, territorio*) region; (*barrio*) district.
disturbio [dis'turβjo] *nm* disturbance; (*desorden*) riot.
disuadir [diswa'ðir] *vt* to dissuade.
disuelto [di'swelto] *pp de* **disolver.**
DIU *nm abr* (= *dispositivo intrauterino*) IUD.
diurno, a ['djurno, a] *a* day *cpd.*
divagar [diβa'ɣar] *vi* (*desviarse*) to digress.
diván [di'βan] *nm* divan.
divergencia [diβer'xenθja] *nf* divergence.
diversidad [diβersi'ðað] *nf* diversity, variety.
diversificar [diβersifi'kar] *vt* to diversify.
diversión [diβer'sjon] *nf* (*gen*) entertainment; (*actividad*) hobby, pastime.
diverso, a [di'βerso, a] *a* diverse; **~s** *nmpl* sundries; ~s libros several books.
divertido, a [diβer'tiðo, a] *a* (*chiste*) amusing; (*fiesta etc*) enjoyable.
divertir [diβer'tir] *vt* (*entretener, recrear*) to amuse; ~se *vr* (*pasarlo bien*) to have a good time; (*distraerse*) to amuse o.s.
dividir [diβi'ðir] *vt* (*gen*) to divide; (*separar*) to separate; (*distribuir*) to distribute, share out.
divierta *etc vb ver* **divertir.**
divino, a [di'βino, a] *a* divine.
divirtiendo *etc vb ver* **divertir.**
divisa [di'βisa] *nf* (*emblema, moneda*) emblem, badge; ~s *nfpl* foreign exchange *sg.*
divisar [diβi'sar] *vt* to make out, distinguish.
división [diβi'sjon] *nf* (*gen*) division; (*de partido*) split; (*de país*) partition.
divorciar [diβor'θjar] *vt* to divorce; ~se *vr* to get divorced; **divorcio** *nm* divorce.
divulgar [diβul'ɣar] *vt* (*desparramar*) to spread; (*hacer circular*) to divulge, circulate; ~se *vr* to leak out.
DNI *nm abr* (*Esp*: = *Documento Nacional de Identidad*) *national identity card.*
dobladillo [doβla'ðiʎo] *nm* (*de vestido*) hem; (*de pantalón*: *vuelta*) turn-up (*Brit*), cuff (*US*).
doblar [do'βlar] *vt* to double; (*papel*) to fold; (*caño*) to bend; (*la esquina*) to turn, go round; (*film*) to dub // *vi* to turn; (*campana*) to toll; ~se *vr* (*plegarse*) to fold (up), crease; (*encorvarse*) to bend.
doble ['doβle] *a* double; (*de dos aspectos*) dual; (*fig*) two-faced // *nm* double; ~s *nmpl* (DEPORTE) doubles *sg* // *nm/f* (TEATRO) double, stand-in; **con sentido ~** with a double meaning.
doblegar [doβle'ɣar] *vt* to fold, crease; ~se *vr* to yield.
doce ['doθe] *num* twelve; **~na** *nf* dozen.
docente [do'θente] *a*: **centro/personal ~** teaching establishment/staff.
dócil ['doθil] *a* (*pasivo*) docile; (*obediente*) obedient.
doctor, a [dok'tor, a] *nm/f* doctor.
doctrina [dok'trina] *nf* doctrine, teaching.
documentación [dokumenta'θjon] *nf* documentation, papers *pl.*
documento [doku'mento] *nm* (*certificado*) document; **documental** *a, nm* documentary.
dólar ['dolar] *nm* dollar.
doler [do'ler] *vt, vi* to hurt; (*fig*) to grieve; ~se *vr* (*de su situación*) to grieve, feel sorry; (*de las desgracias ajenas*) to sympathize; **me duele el brazo** my arm hurts.
dolor [do'lor] *nm* pain; (*fig*) grief, sorrow; **~ de cabeza** headache; **~ de estómago** stomachache.
domar [do'mar], **domesticar** [domesti'kar] *vt* to tame.
domiciliación [domiθilia'θjon] *nf*: **~ de pagos** (COM) standing order.
domicilio [domi'θiljo] *nm* home; **~ particular** private residence; **~ social** (COM) head office; **sin ~ fijo** of no fixed abode.
dominante [domi'nante] *a* dominant; (*persona*) domineering.
dominar [domi'nar] *vt* (*gen*) to dominate; (*idiomas*) to be fluent in // *vi* to dominate, prevail; ~se *vr* to control

o.s.
domingo [do'mingo] *nm* Sunday.
dominio [do'minjo] *nm* (*tierras*) domain; (*autoridad*) power, authority; (*de las pasiones*) grip, hold; (*de varios idiomas*) command.
don [don] *nm* (*talento*) gift; ~ **Juan** Gómez Mr Juan Gomez *o* Juan Gomez Esq.
donaire [do'naire] *nm* charm.
donar [do'nar] *vt* to donate.
doncella [don'θeʎa] *nf* (*criada*) maid.
donde ['donde] *ad* where // *prep*: **el coche está allí ~ el farol** the car is over there by the lamppost *o* where the lamppost is; **por ~** through which; **en ~** where, in which.
dónde ['donde] *ad interr* where?; **¿a ~ vas?** where are you going (to)?; **¿de ~ vienes?** where have you come from?; **¿por ~?** where?, whereabouts?
dondequiera [donde'kjera] *ad* anywhere; **por ~** everywhere, all over the place // *conj*: **~ que** wherever.
doña ['doɲa] *nf*: **~ Alicia** Alicia; **~ Victoria Benito** Mrs Victoria Benito.
dorado, a [do'raðo, a] *a* (*color*) golden; (*TEC*) gilt.
dormir [dor'mir] *vt*: **~ la siesta por la tarde** to have an afternoon nap // *vi* to sleep; **~se** *vr* to fall asleep.
dormitar [dormi'tar] *vi* to doze.
dormitorio [dormi'torjo] *nm* bedroom; **~ común** dormitory.
dorsal [dor'sal] *nm* (*DEPORTE*) number.
dos [dos] *num* two.
dosis ['dosis] *nf inv* dose, dosage.
dotado, a [do'taðo, a] *a* gifted; **~ de** endowed with.
dotar [do'tar] *vt* to endow; **dote** *nf* dowry; **dotes** *nfpl* (*talentos*) gifts.
doy *vb ver* **dar**.
drama ['drama] *nm* drama.
dramaturgo [drama'turɣo] *nm* dramatist, playwright.
droga ['droɣa] *nf* drug.
drogadicto, a [droɣa'ðikto, a] *nm/f* drug addict.
droguería [droɣe'ria] *nf* hardware shop (*Brit*) *o* store (*US*).
ducha ['dutʃa] *nf* (*baño*) shower; (*MED*) douche; **ducharse** *vr* to take a shower.
duda ['duða] *nf* doubt; **dudar** *vt*, *vi* to doubt; **dudoso, a** [du'ðoso, a] *a* (*incierto*) hesitant; (*sospechoso*) doubtful.
duela *etc vb ver* **doler**.
duelo *vb ver* **doler** // ['dwelo] *nm* (*combate*) duel; (*luto*) mourning.
duende ['dwende] *nm* imp, goblin.
dueño, a ['dweɲo, a] *nm/f* (*propietario*) owner; (*de pensión, taberna*) landlord/lady; (*empresario*) employer.
duermo *etc vb ver* **dormir**.
dulce ['dulθe] *a* sweet // *ad* gently, softly // *nm* sweet; **~ría** *nf* (*AM*) confectioner's.
dulzura [dul'θura] *nf* sweetness; (*ternura*) gentleness.
duplicar [dupli'kar] *vt* (*hacer el doble de*) to duplicate; **~se** *vr* to double.
duque ['duke] *nm* duke; **~sa** *nf* duchess.
duración [dura'θjon] *nf* duration.
duradero, a [dura'ðero, a] *a* (*tela*) hard-wearing; (*fe, paz*) lasting.
durante [du'rante] *prep* during.
durar [du'rar] *vi* (*permanecer*) to last; (*recuerdo*) to remain.
durazno [du'raθno] *nm* (*AM*: *fruta*) peach; (: *árbol*) peach tree.
durex ['dureks] *nm* (*AM*: *tira adhesiva*) Sellotape ® (*Brit*), Scotch tape ® (*US*).
dureza [du'reθa] *nf* (*calidad*) hardness.
durmiente [dur'mjente] *nm/f* sleeper.
duro, a ['duro, a] *a* hard; (*carácter*) tough // *ad* hard // *nm* (*moneda*) five peseta coin *o* piece.

E

e [e] *conj* and.
E *abr* (= *este*) E.
ebanista [eβa'nista] *nm/f* cabinetmaker.
ébano ['eβano] *nm* ebony.
ebrio, a ['eβrjo, a] *a* drunk.
ebullición [eβuʎi'θjon] *nf* boiling.
eccema [ek'θema] *nf* (*MED*) eczema.
eclesiástico, a [ekle'sjastiko, a] *a* ecclesiastical.
eclipse [e'klipse] *nm* eclipse.
eco ['eko] *nm* echo; **tener ~** to catch on.
ecología [ekolo'xia] *nf* ecology.
economato [ekono'mato] *nm* cooperative store.
economía [ekono'mia] *nf* (*sistema*) economy; (*cualidad*) thrift.
económico, a [eko'nomiko, a] *a* (*barato*) cheap, economical; (*persona*) thrifty; (*COM*: *año etc*) financial; (: *situación*) economic.
economista [ekono'mista] *nm/f* economist.
ecuador [ekwa'ðor] *nm* equator; **(el) E~** Ecuador.
ecuánime [e'kwanime] *a* (*carácter*) level-headed; (*estado*) calm.
ecuatoriano, a [ekwato'rjano, a] *a*, *nm/f* Ecuadorian.
ecuestre [e'kwestre] *a* equestrian.
echar [e'tʃar] *vt* to throw; (*agua, vino*) to pour (out); (*empleado*: *despedir*) to fire, sack; (*hojas*) to sprout; (*cartas*) to post; (*humo*) to emit, give out // *vi*: **~ a correr/llorar** to run off/burst into tears; **~se** *vr* to lie down; **~ llave a** to lock (up); **~ abajo** (*gobierno*) to overthrow; (*edificio*) to demolish; **~ mano a** to lay hands on; **~ una mano a uno** (*ayudar*) to give sb a hand; **~ de menos** to miss.
edad [e'ðað] *nf* age; **¿qué ~ tienes?** how

old are you?; **tiene ocho años de ~** he is eight (years old); **de ~ mediana/avanzada** middle-aged/advanced in years; **la E~ Media** the Middle Ages.

edición [eði'θjon] *nf* (*acto*) publication; (*ejemplar*) edition.

edicto [e'ðikto] *nm* edict, proclamation.

edificio [eði'fiθjo] *nm* building; (*fig*) edifice, structure.

Edimburgo [eðim'burɤo] *nm* Edinburgh.

editar [eði'tar] *vt* (*publicar*) to publish; (*preparar textos*) to edit.

editor, a [eði'tor, a] *nm/f* (*que publica*) publisher; (*redactor*) editor // *a*: **casa ~a** publishing house, publisher; **~ial** *a* editorial // *nm* leading article, editorial; **casa ~ial** publishing house, publisher.

educación [eðuka'θjon] *nf* education; (*crianza*) upbringing; (*modales*) (good) manners *pl*.

educar [eðu'kar] *vt* to educate; (*criar*) to bring up; (*voz*) to train.

EE. UU. *nmpl abr* = **Estados Unidos**.

efectista [efek'tista] *a* sensationalist.

efectivamente [efectiβa'mente] *ad* (*como respuesta*) exactly, precisely; (*verdaderamente*) really; (*de hecho*) in fact.

efectivo, a [efek'tiβo, a] *a* effective; (*real*) actual, real // *nm*: **pagar en ~** to pay (in) cash; **hacer ~ un cheque** to cash a cheque.

efecto [e'fekto] *nm* effect, result; **~s** *nmpl* (*~s personales*) effects; (*bienes*) goods; (*COM*) assets; **en ~** in fact; (*respuesta*) exactly, indeed.

efectuar [efek'twar] *vt* to carry out; (*viaje*) to make.

eficacia [efi'kaθja] *nf* (*de persona*) efficiency; (*de medicamento etc*) effectiveness.

eficaz [efi'kaθ] *a* (*persona*) efficient; (*acción*) effective.

efusivo, a [efu'siβo, a] *a* effusive; **mis más efusivas gracias** my warmest thanks.

EGB *nf abr* (*Esp ESCOL*) = *Educación General Básica*.

egipcio, a [e'xipθjo, a] *a, nm/f* Egyptian.

Egipto [e'xipto] *nm* Egypt.

egoísmo [eɤo'ismo] *nm* egoism.

egoísta [eɤo'ista] *a* egoistical, selfish // *nm/f* egoist.

egregio, a [e'ɤrexjo, a] *a* eminent, distinguished.

Eire ['eire] *nm* Eire.

ej. *abr* (= *ejemplo*) eg.

eje ['exe] *nm* (*GEO, MAT*) axis; (*de rueda*) axle; (*de máquina*) shaft, spindle.

ejecución [exeku'θjon] *nf* execution; (*cumplimiento*) fulfilment; (*actuación*) performance; (*JUR*: *embargo de deudor*) attachment.

ejecutar [exeku'tar] *vt* to execute, carry out; (*matar*) to execute; (*cumplir*) to fulfil; (*MUS*) to perform; (*JUR*: *embargar*) to attach, distrain (on).

ejecutivo, a [exeku'tiβo, a] *a* executive; **el (poder) ~** the executive (power).

ejemplar [exem'plar] *a* exemplary // *nm* example; (*ZOOL*) specimen; (*de libro*) copy; (*de periódico*) number, issue.

ejemplo [e'xemplo] *nm* example; **por ~** for example.

ejercer [exer'θer] *vt* to exercise; (*influencia*) to exert; (*un oficio*) to practise // *vi* (*practicar*) to practise (*de* as); (*tener oficio*) to hold office.

ejercicio [exer'θiθjo] *nm* exercise; (*período*) tenure; **~ comercial** financial year.

ejército [e'xerθito] *nm* army; **entrar en el ~** to join the army, join up.

ejote [e'xote] *nm* (*AM*) green bean.

el, la, los, las, lo [el, la, los, las, lo] ♦ *artículo definido* **1** the; **el libro/la mesa/los estudiantes** the book/table/students

2 (*con n abstracto: no se traduce*): **el amor/la juventud** love/youth

3 (*posesión: se traduce a menudo por a posesivo*): **romperse el brazo** to break one's arm; **levantó la mano** he put his hand up; **se puso el sombrero** she put her hat on

4 (*valor descriptivo*): **tener la boca grande/los ojos azules** to have a big mouth/blue eyes

5 (*con días*) on; **me iré el viernes** I'll leave on Friday; **los domingos suelo ir a nadar** on Sundays I generally go swimming

6 (*lo + a*): **lo difícil/caro** what is difficult/expensive; (= *cuán*): **no se da cuenta de lo pesado que es** he doesn't realise how boring he is

♦ *pron demostrativo* **1**: **mi libro y el de usted** my book and yours; **las de Pepe son mejores** Pepe's are better; **no la(s) blanca(s) sino la(s) gris(es)** not the white one(s) but the grey one(s)

2: **lo de**: **lo de ayer** what happened yesterday; **lo de las facturas** that business about the invoices

♦ *pron relativo*: **el que** *etc* **1** (*indefinido*): **el (los) que quiera(n) que se vaya(n)** anyone who wants to can leave; **llévese el que más le guste** take the one you like best

2 (*definido*): **el que compré ayer** the one I bought yesterday; **los que se van** those who leave

3: **lo que**: **lo que pienso yo/más me gusta** what I think/like most

♦ *conj*: **el que**: **el que lo diga** the fact that he says so; **el que sea tan vago me molesta** his being so lazy bothers me

♦ *excl*: **¡el susto que me diste!** what a fright you gave me!

♦ *pron personal* **1** (*persona*: *m*) him; (:

f) her; (: *pl*) them; **lo/las veo** I can see him/them
2 (*animal, cosa*: *sg*) it; (: *pl*) them; **lo** (*o* **la**) **veo** I can see it; **los** (*o* **las**) **veo** I can see them
3: **lo** (*como sustituto de frase*): **no lo sabía** I didn't know; **ya lo entiendo** I understand now.

él [el] *pron* (*persona*) he; (*cosa*) it; (*después de prep*: *persona*) him; (: *cosa*) it.

elaborar [elaßo'rar] *vt* (*producto*) to make, manufacture; (*preparar*) to prepare; (*madera, metal etc*) to work; (*proyecto etc*) to work on *o* out.

elasticidad [elastiθi'ðað] *nf* elasticity.

elástico, a [e'lastiko, a] *a* elastic; (*flexible*) flexible // *nm* elastic; (*un* ~) elastic band.

elección [elek'θjon] *nf* election; (*selección*) choice, selection.

electorado [elekto'raðo] *nm* electorate, voters *pl*.

electricidad [elektriθi'ðað] *nf* electricity.

electricista [elektri'θista] *nm/f* electrician.

eléctrico, a [e'lektriko, a] *a* electric.

electrizar [elektri'θar] *vt* to electrify.

electro... [elektro] *pref* electro...; **~cución** *nf* electrocution; **~cutar** *vt* to electrocute; **electrodo** *nm* electrode; **~domésticos** *nmpl* (electrical) household appliances; **~imán** *nm* electromagnet; **~magnético, a** *a* electromagnetic.

electrónico, a [elek'troniko, a] *a* electronic // *nf* electronics *sg*.

electrotecnia [elektro'teknja] *nf* electrical engineering; **electrotécnico, a** *nm/f* electrical engineer.

electrotermo [elektro'termo] *nm* immersion heater.

elefante [ele'fante] *nm* elephant.

elegancia [ele'ɣanθja] *nf* elegance, grace; (*estilo*) stylishness.

elegante [ele'ɣante] *a* elegant, graceful; (*estiloso*) stylish, fashionable.

elegía [ele'xia] *nf* elegy.

elegir [ele'xir] *vt* (*escoger*) to choose, select; (*optar*) to opt for; (*presidente*) to elect.

elemental [elemen'tal] *a* (*claro, obvio*) elementary; (*fundamental*) elemental, fundamental.

elemento [ele'mento] *nm* element; (*fig*) ingredient; **~s** *nmpl* elements, rudiments.

elevación [eleßa'θjon] *nf* elevation; (*acto*) raising, lifting; (*de precios*) rise; (GEO *etc*) height, altitude; (*de persona*) loftiness.

elevar [ele'ßar] *vt* to raise, lift (up); (*precio*) to put up; **~se** *vr* (*edificio*) to rise; (*precios*) to go up; (*transportarse, enajenarse*) to get carried away.

eligiendo *etc vb ver* **elegir**.

elija *etc vb ver* **elegir**.

eliminar [elimi'nar] *vt* to eliminate, remove.

eliminatoria [elimina'torja] *nf* heat, preliminary (round).

elite [e'lite] *nf* elite.

elocuencia [elo'kwenθja] *nf* eloquence.

elogiar [elo'xjar] *vt* to praise, eulogize; **elogio** *nm* praise.

elote [e'lote] *nm* (*AM*) corn on the cob.

eludir [elu'ðir] *vt* (*evitar*) to avoid, evade; (*escapar*) to escape, elude.

ella ['eʎa] *pron* (*persona*) she; (*cosa*) it; (*después de prep*: *persona*) her; (: *cosa*) it.

ellas ['eʎas] *pron* (*personas y cosas*) they; (*después de prep*) them.

ello ['eʎo] *pron* it.

ellos ['eʎos] *pron* they; (*después de prep*) them.

emanar [ema'nar] *vi*: ~ **de** to emanate from, come from; (*derivar de*) to originate in.

emancipar [emanθi'par] *vt* to emancipate; **~se** *vr* to become emancipated, free o.s.

embadurnar [embaður'nar] *vt* to smear.

embajada [emba'xaða] *nf* embassy.

embajador, a [embaxa'ðor, a] *nm/f* ambassador/ambassadress.

embalar [emba'lar] *vt* (*envolver*) to parcel, wrap (up); (*envasar*) to package // *vi* to sprint.

embalsamar [embalsa'mar] *vt* to embalm.

embalse [em'balse] *nm* (*presa*) dam; (*lago*) reservoir.

embarazada [embara'θaða] *a* pregnant // *nf* pregnant woman.

embarazar [embara'θar] *vt* to obstruct, hamper; **~se** *vr* (*aturdirse*) to become embarrassed; (*confundirse*) to get into a mess.

embarazo [emba'raθo] *nm* (*de mujer*) pregnancy; (*impedimento*) obstacle, obstruction; (*timidez*) embarrassment.

embarcación [embarka'θjon] *nf* (*barco*) boat, craft; (*acto*) embarkation, boarding.

embarcadero [embarka'ðero] *nm* pier, landing stage.

embarcar [embar'kar] *vt* (*cargamento*) to ship, stow; (*persona*) to embark, put on board; **~se** *vr* to embark, go on board.

embargar [embar'ɣar] *vt* (JUR) to seize, impound.

embarque *etc vb ver* **embarcar** // [em'barke] *nm* shipment, loading.

embaucar [embau'kar] *vt* to trick, fool.

embeber [embe'ßer] *vt* (*absorber*) to absorb, soak up; (*empapar*) to saturate // *vi* to shrink; **~se** *vr*: **~se en la lectura** to be engrossed *o* absorbed in a book.

embellecer [embeʎe'θer] *vt* to embellish,

beautify.

embestida [embes'tiða] *nf* attack, onslaught; (*carga*) charge; **embestir** *vt* to attack, assault; to charge, attack // *vi* to attack.

emblema [em'blema] *nm* emblem.

embobado, a [embo'βaðo, a] *a* (*atontado*) stunned, bewildered.

émbolo ['embolo] *nm* (AUTO) piston.

embolsar [embol'sar] *vt* to pocket, put in one's pocket.

emborrachar [emborra'tʃar] *vt* to make drunk, intoxicate; ~se *vr* to get drunk.

emboscada [embos'kaða] *nf* (*celada*) ambush.

embotar [embo'tar] *vt* to blunt, dull; ~se *vr* (*adormecerse*) to go numb.

embotellamiento [emboteʎa'mjento] *nm* (AUTO) traffic jam.

embotellar [embote'ʎar] *vt* to bottle; ~se *vr* (*circulación*) to get into a jam.

embrague [em'braɣe] *nm* (*tb*: **pedal de ~**) clutch.

embriagar [embrja'ɣar] *vt* (*emborrachar*) to make drunk; (*alegrar*) to delight; ~se *vr* (*emborracharse*) to get drunk.

embriaguez [embrja'ɣeθ] *nf* (*borrachera*) drunkenness.

embrión [em'brjon] *nm* embryo.

embrollar [embro'ʎar] *vt* (*el asunto*) to confuse, complicate; (*persona*) to involve, embroil; ~se *vr* (*confundirse*) to get into a muddle *o* mess.

embrollo [em'broʎo] *nm* (*enredo*) muddle, confusion; (*aprieto*) fix, jam.

embromar [embro'mar] *vt* (*burlarse de*) to tease, make fun of.

embrujado, a [embru'xado, a] *a* bewitched; **casa embrujada** haunted house.

embrutecer [embrute'θer] *vt* (*atontar*) to stupefy; ~se *vr* to be stupefied.

embudo [em'buðo] *nm* funnel.

embuste [em'buste] *nm* trick; (*mentira*) lie; (*hum*) fib; **~ro, a** *a* lying, deceitful // *nm/f* (*tramposo*) cheat; (*mentiroso*) liar; (*hum*) fibber.

embutido [embu'tiðo] *nm* (CULIN) sausage; (TEC) inlay.

embutir [embu'tir] *vt* (TEC) to inlay; (*llenar*) to pack tight, cram.

emergencia [emer'xenθja] *nf* emergency; (*surgimiento*) emergence.

emerger [emer'ɣer] *vi* to emerge, appear.

emigración [emiɣra'θjon] *nf* emigration; (*de pájaros*) migration.

emigrar [emi'ɣrar] *vi* (*personas*) to emigrate; (*pájaros*) to migrate.

eminencia [emi'nenθja] *nf* eminence; **eminente** *a* eminent, distinguished; (*elevado*) high.

emisario [emi'sarjo] *nm* emissary.

emisión [emi'sjon] *nf* (*acto*) emission; (COM *etc*) issue; (RADIO, TV: *acto*) broadcasting; (: *programa*) broadcast, programme (*Brit*), program (*US*).

emisora [emi'sora] *nf* radio *o* broadcasting station.

emitir [emi'tir] *vt* (*olor etc*) to emit, give off; (*moneda etc*) to issue; (*opinión*) to express; (RADIO) to broadcast.

emoción [emo'θjon] *nf* emotion; (*excitación*) excitement; (*sentimiento*) feeling.

emocionante [emoθjo'nante] *a* (*excitante*) exciting, thrilling.

emocionar [emoθjo'nar] *vt* (*excitar*) to excite, thrill; (*conmover*) to move, touch; (*impresionar*) to impress.

emotivo, a [emo'tiβo, a] *a* emotional.

empacar [empa'kar] *vt* (*gen*) to pack; (*en caja*) to bale, crate.

empacho [em'patʃo] *nm* (MED) indigestion; (*fig*) embarrassment.

empadronarse [empaðro'narse] *vr* (POL: *como elector*) to register.

empalagoso, a [empala'ɣoso, a] *a* cloying; (*fig*) tiresome.

empalmar [empal'mar] *vt* to join, connect // *vi* (*dos caminos*) to meet, join; **empalme** *nm* joint, connection; junction; (*de trenes*) connection.

empanada [empa'naða] *nf* pie, pasty.

empantanarse [empanta'narse] *vr* to get swamped; (*fig*) to get bogged down.

empañarse [empa'ɲarse] *vr* (*nublarse*) to get misty, steam up.

empapar [empa'par] *vt* (*mojar*) to soak, saturate; (*absorber*) to soak up, absorb; ~se *vr*: ~se de to soak up.

empapelar [empape'lar] *vt* (*paredes*) to paper.

empaquetar [empake'tar] *vt* to pack, parcel up.

emparedado [empare'ðaðo] *nm* sandwich.

empastar [empas'tar] *vt* (*embadurnar*) to paste; (*diente*) to fill.

empaste [em'paste] *nm* (*de diente*) filling.

empatar [empa'tar] *vi* to draw, tie; **empate** *nm* draw, tie.

empecé, empecemos *vb ver* **empezar**.

empedernido, a [empeðer'niðo, a] *a* hard, heartless; (*fijado*) hardened, inveterate.

empedrado, a [empe'ðraðo, a] *a* paved // *nm* paving.

empedrar [empe'ðrar] *vt* to pave.

empeine [em'peine] *nm* (*de pie, zapato*) instep.

empeñado, a [empe'ɲaðo, a] *a* (*persona*) determined; (*objeto*) pawned.

empeñar [empe'ɲar] *vt* (*objeto*) to pawn, pledge; (*persona*) to compel; ~se *vr* (*obligarse*) to bind o.s., pledge o.s.; (*endeudarse*) to get into debt; ~se en to be set on, be determined to.

empeño [em'peɲo] *nm* (*determinación, insistencia*) determination, insistence; (*cosa prendada*) pledge; **casa de ~s** pawnshop.
empeorar [empeo'rar] *vt* to make worse, worsen // *vi* to get worse, deteriorate.
empequeñecer [empekeɲe'θer] *vt* to dwarf; (*fig*) to belittle.
emperador [empera'ðor] *nm* emperor.
emperatriz [empera'triθ] *nf* empress.
empezar [empe'θar] *vt, vi* to begin, start.
empiece *etc vb ver* **empezar**.
empiezo *etc vb ver* **empezar**.
empinar [empi'nar] *vt* to raise; **~se** *vr* (*persona*) to stand on tiptoe; (*animal*) to rear up; (*camino*) to climb steeply.
empírico, a [em'piriko, a] *a* empirical.
emplasto [em'plasto], **emplaste** [em'plaste] *nm* (*MED*) plaster.
emplazamiento [emplaθa'mjento] *nm* site, location; (*JUR*) summons *sg*.
emplazar [empla'θar] *vt* (*ubicar*) to site, place, locate; (*JUR*) to summons; (*convocar*) to summon.
empleado, a [emple'aðo, a] *nm/f* (*gen*) employee; (*de banco etc*) clerk.
emplear [emple'ar] *vt* (*usar*) to use, employ; (*dar trabajo a*) to employ; **~se** *vr* (*conseguir trabajo*) to be employed; (*ocuparse*) to occupy o.s.
empleo [em'pleo] *nm* (*puesto*) job; (*puestos: colectivamente*) employment; (*uso*) use, employment.
empobrecer [empoβre'θer] *vt* to impoverish; **~se** *vr* to become poor *o* impoverished.
empollar [empo'ʎar] *vt, vi* (*fam*) to swot (up); **empollón, ona** *nm/f* (*fam*) swot.
emporio [em'porjo] *nm* emporium, trading centre; (*AM: gran almacén*) department store.
empotrado, a [empo'traðo, a] *a* (*armario etc*) built-in.
emprender [empren'der] *vt* (*empezar*) to begin, embark on; (*acometer*) to tackle, take on.
empresa [em'presa] *nf* (*de espíritu etc*) enterprise; (*COM*) company, firm; **~rio, a** *nm/f* (*COM*) manager.
empréstito [em'prestito] *nm* (public) loan.
empujar [empu'xar] *vt* to push, shove; **empuje** *nm* thrust; (*presión*) pressure; (*fig*) vigour, drive.
empujón [empu'xon] *nm* push, shove.
empuñar [empu'ɲar] *vt* (*asir*) to grasp, take (firm) hold of.
emular [emu'lar] *vt* to emulate; (*rivalizar*) to rival.
en [en] *prep* **1** (*posición*) in; (: *sobre*) on; **está ~ el cajón** it's in the drawer; **~ Argentina/La Paz** in Argentina/La Paz; **~ la oficina/el colegio** at the office/school; **está ~ el suelo/quinto piso** it's on the floor/the fifth floor
2 (*dirección*) into; **entró ~ el aula** she went into the classroom; **meter algo ~ el bolso** to put sth into one's bag
3 (*tiempo*) in; on; **~ 1605/3 semanas/invierno** in 1605/3 weeks/winter; **~ (el mes de) enero** in (the month of) January; **~ aquella ocasión/aquella época** on that occasion/at that time
4 (*precio*) for; **lo vendió ~ 20 dólares** he sold it for 20 dollars
5 (*diferencia*) by; **reducir/aumentar ~ una tercera parte/un 20 por ciento** to reduce/increase by a third/20 per cent
6 (*manera*): **~ avión/autobús** by plane/bus; **escrito ~ inglés** written in English
7 (*después de vb que indica gastar etc*) on; **han cobrado demasiado ~ dietas** they've charged too much to expenses; **se le va la mitad del sueldo ~ comida** he spends half his salary on food
8 (*tema, ocupación*): **experto ~ la materia** expert on the subject; **trabaja ~ la construcción** he works in the building industry
9 (*a + ~ + infinitivo*): **lento ~ reaccionar** slow to react.
enajenación [enaxena'θjon] *nf*, **enajenamiento** [enaxena'mjento] *nm* alienation; (*fig: distracción*) absentmindedness; (: *embelesamiento*) rapture, trance.
enajenar [enaxe'nar] *vt* to alienate; (*fig*) to carry away.
enamorado, a [enamo'raðo, a] *a* in love // *nm/f* lover.
enamorar [enamo'rar] *vt* to win the love of; **~se** *vr*: **~se de alguien** to fall in love with sb.
enano, a [e'nano, a] *a* tiny // *nm/f* dwarf.
enardecer [enarðe'θer] *vt* (*pasiones*) to fire, inflame; (*persona*) to fill with enthusiasm; **~se** *vr*: **~ por** to get excited about; (*entusiasmarse*) to get enthusiastic about.
encabezamiento [enkaβeθa'mjento] *nm* (*de carta*) heading; (*de periódico*) headline; (*preámbulo*) foreword, preface.
encabezar [enkaβe'θar] *vt* (*movimiento, revolución*) to lead, head; (*lista*) to head, be at the top of; (*carta*) to put a heading to; (*libro*) to entitle.
encadenar [enkaðe'nar] *vt* to chain (together); (*poner grilletes a*) to shackle.
encajar [enka'xar] *vt* (*ajustar*): **~ (en)** to fit (into); (*fam: golpe*) to give, deal; (*entrometer*) to insert // *vi* to fit (well); (*fig: corresponder a*) to match; **~se** *vr*: **~se en un sillón** to squeeze into a chair.
encaje [en'kaxe] *nm* (*labor*) lace.
encalar [enka'lar] *vt* (*pared*) to whitewash.
encallar [enka'ʎar] *vi* (*NAUT*) to run aground.
encaminar [enkami'nar] *vt* to direct,

send; ~se *vr*: ~se a to set out for.
encandilar [enkandi'lar] *vt* to dazzle.
encantado, a [enkan'taðo, a] *a* (*hechizado*) bewitched; (*muy contento*) delighted; ¡~! how do you do!, pleased to meet you.
encantador, a [enkanta'ðor, a] *a* charming, lovely // *nm/f* magician, enchanter/enchantress.
encantar [enkan'tar] *vt* to charm, delight; (*hechizar*) to bewitch, cast a spell on; **encanto** *nm* (*magia*) spell, charm; (*fig*) charm, delight.
encarcelar [enkarθe'lar] *vt* to imprison, jail.
encarecer [enkare'θer] *vt* to put up the price of // *vi*, ~se *vr* to get dearer.
encarecimiento [enkareθi'mjento] *nm* price increase.
encargado, a [enkar'ɣaðo, a] *a* in charge // *nm/f* agent, representative; (*responsable*) person in charge.
encargar [enkar'ɣar] *vt* to entrust; (*recomendar*) to urge, recommend; ~se *vr*: ~se de to look after, take charge of.
encargo [en'karɣo] *nm* (*pedido*) assignment, job; (*responsabilidad*) responsibility; (*recomendación*) recommendation; (COM) order.
encariñarse [enkari'ɲarse] *vr*: ~ con to grow fond of, get attached to.
encarnación [enkarna'θjon] *nf* incarnation, embodiment.
encarnizado, a [enkarni'θaðo, a] *a* (*lucha*) bloody, fierce.
encarrilar [enkarri'lar] *vt* (*tren*) to put back on the rails; (*fig*) to correct, put on the right track.
encasillar [enkasi'ʎar] *vt* (*tb*: *fig*) to pigeonhole; (*actor*) to typecast.
encauzar [enkau'θar] *vt* to channel.
encendedor [enθende'ðor] *nm* lighter.
encender [enθen'der] *vt* (*con fuego*) to light; (*incendiar*) to set fire to; (*luz, radio*) to put on, switch on; (*avivar*: *pasiones*) to inflame; ~se *vr* to catch fire; (*excitarse*) to get excited; (*de cólera*) to flare up; (*el rostro*) to blush.
encendido [enθen'diðo] *nm* (AUTO) ignition.
encerado [enθe'raðo] *nm* (ESCOL) blackboard.
encerar [enθe'rar] *vt* (*suelo*) to wax, polish.
encerrar [enθe'rrar] *vt* (*confinar*) to shut in, shut up; (*comprender, incluir*) to include, contain.
encía [en'θia] *nf* gum.
encienda *etc vb ver* **encender**.
encierro *etc vb ver* **encerrar** // [en'θjerro] *nm* shutting in, shutting up; (*calabozo*) prison.
encima [en'θima] *ad* (*sobre*) above, over; (*además*) besides; ~ de (*en*) on, on top of; (*sobre*) above, over; (*además de*) besides, on top of; **por ~ de** over; **¿llevas dinero ~?** have you (got) any money on you?; **se me vino ~** it got on top of me.
encinta [en'θinta] *a* pregnant.
enclenque [en'klenke] *a* weak, sickly.
encoger [enko'xer] *vt* to shrink, contract; (*fig*: *asustar*) to scare; ~se *vr* to shrink, contract; (*fig*) to cringe; **~se de hombros** to shrug one's shoulders.
encolar [enko'lar] *vt* (*engomar*) to glue, paste; (*pegar*) to stick down.
encolerizar [enkoleri'θar] *vt* to anger, provoke; ~se *vr* to get angry.
encomendar [enkomen'dar] *vt* to entrust, commend; ~se *vr*: ~se a to put one's trust in.
encomiar [enko'mjar] *vt* to praise, pay tribute to.
encomienda *etc vb ver* **encomendar** // [enko'mjenda] *nf* (*encargo*) charge, commission; (*elogio*) tribute; ~ **postal** (*AM*) parcel post.
encono [en'kono] *nm* (*rencor*) rancour, spite.
encontrado, a [enkon'traðo, a] *a* (*contrario*) contrary, conflicting; (*hostil*) hostile.
encontrar [enkon'trar] *vt* (*hallar*) to find; (*inesperadamente*) to meet, run into; ~se *vr* to meet (each other); (*situarse*) to be (situated); (*entrar en conflicto*) to crash, collide; **~se con** to meet; **~se bien (de salud)** to feel well.
encorvar [enkor'βar] *vt* to curve; (*inclinar*) to bend (down); ~se *vr* to bend down, bend over.
encrespar [enkres'par] *vt* (*cabellos*) to curl; (*fig*) to anger, irritate; ~se *vr* (*el mar*) to get rough; (*fig*) to get cross, get irritated.
encrucijada [enkruθi'xaða] *nf* crossroads *sg*; (*empalme*) junction.
encuadernación [enkwaðerna'θjon] *nf* binding.
encuadernador, a [enkwaðerna'ðor, a] *nm/f* bookbinder.
encuadrar [enkwa'ðrar] *vt* (*retrato*) to frame; (*ajustar*) to fit, insert; (*encerrar*) to contain.
encubrir [enku'βrir] *vt* (*ocultar*) to hide, conceal; (*criminal*) to harbour, shelter.
encuentro *etc vb ver* **encontrar** // [en'kwentro] *nm* (*de personas*) meeting; (AUTO *etc*) collision, crash; (DEPORTE) match, game; (MIL) encounter.
encuesta [en'kwesta] *nf* inquiry, investigation; (*sondeo*) (public) opinion poll; ~ **judicial** post mortem.
encumbrado, a [enkum'braðo, a] *a* eminent, distinguished.
encumbrar [enkum'brar] *vt* (*persona*) to exalt; ~se *vr* (*fig*) to become conceited.
encharcado, a [entʃar'kaðo, a] *a* (*terreno*) flooded.

enchufar [entʃu'far] *vt* (ELEC) to plug in; (TEC) to connect, fit together; **enchufe** *nm* (ELEC: *clavija*) plug; (: *toma*) socket; (*de dos tubos*) joint, connection; (*fam: influencia*) contact, connection; (: *puesto*) cushy job.
endeble [en'deβle] *a* (*argumento, excusa, persona*) weak.
endemoniado, a [endemo'njaðo, a] *a* possessed (of the devil); (*travieso*) devilish.
enderezar [endere'θar] *vt* (*poner derecho*) to straighten (out); (: *verticalmente*) to set upright; (*fig*) to straighten *o* sort out; (*dirigir*) to direct; **~se** *vr* to straighten up.
endeudarse [endeu'ðarse] *vr* to get into debt.
endiablado, a [endja'βlaðo, a] *a* devilish, diabolical; (*hum*) mischievous.
endilgar [endil'ɣar] *vt* (*fam*): **~le algo a uno** to lumber sb with sth; **~le un sermón a uno** to lecture sb.
endomingarse [endomin'garse] *vr* to dress up, put on one's best clothes.
endosar [endo'sar] *vt* (*cheque etc*) to endorse.
endulzar [endul'θar] *vt* to sweeten; (*suavizar*) to soften.
endurecer [endure'θer] *vt* to harden; **~se** *vr* to harden, grow hard.
endurecido, a [endure'θiðo, a] *a* (*duro*) hard; (*fig*) hardy, tough; **estar ~ a algo** to be hardened *o* used to sth.
enemigo, a [ene'miɣo, a] *a* enemy, hostile // *nm/f* enemy.
enemistad [enemis'tað] *nf* enmity.
enemistar [enemis'tar] *vt* to make enemies of, cause a rift between; **~se** *vr* to become enemies; (*amigos*) to fall out.
energía [ener'xia] *nf* (*vigor*) energy, drive; (*empuje*) push; (TEC, ELEC) energy, power.
enérgico, a [e'nerxiko, a] *a* (*gen*) energetic; (*voz, modales*) forceful.
energúmeno, a [ener'ɣumeno, a] *nm/f* (*fig fam*) madman/woman.
enero [e'nero] *nm* January.
enfadado, a [enfa'ðaðo, a] *a* angry, annoyed.
enfadar [enfa'ðar] *vt* to anger, annoy; **~se** *vr* to get angry *o* annoyed.
enfado [en'faðo] *nm* (*enojo*) anger, annoyance; (*disgusto*) trouble, bother.
énfasis ['enfasis] *nm* emphasis, stress.
enfático, a [en'fatiko, a] *a* emphatic.
enfermar [enfer'mar] *vt* to make ill // *vi* to fall ill, be taken ill.
enfermedad [enferme'ðað] *nf* illness; **~ venérea** venereal disease.
enfermera [enfer'mera] *nf* nurse.
enfermería [enferme'ria] *nf* infirmary; (*de colegio etc*) sick bay.
enfermero [enfer'mero] *nm* male nurse.
enfermizo, a [enfer'miθo, a] *a* (*persona*) sickly, unhealthy; (*fig*) unhealthy.
enfermo, a [en'fermo, a] *a* ill, sick // *nm/f* invalid, sick person; (*en hospital*) patient.
enflaquecer [enflake'θer] *vt* (*adelgazar*) to make thin; (*debilitar*) to weaken.
enfocar [enfo'kar] *vt* (*foto etc*) to focus; (*problema etc*) to consider, look at.
enfoque *etc vb ver* **enfocar** // [en'foke] *nm* focus.
enfrentar [enfren'tar] *vt* (*peligro*) to face (up to), confront; (*oponer, carear*) to put face to face; **~se** *vr* (*dos personas*) to face *o* confront each other; (DEPORTE: *dos equipos*) to meet; **~se a** *o* **con** to face up to, confront.
enfrente [en'frente] *ad* opposite; **la casa de ~** the house opposite, the house across the street; **~ de** *prep* opposite, facing.
enfriamiento [enfria'mjento] *nm* chilling, refrigeration; (MED) cold, chill.
enfriar [enfri'ar] *vt* (*alimentos*) to cool, chill; (*algo caliente*) to cool down; (*habitación*) to air, freshen; **~se** *vr* to cool down; (MED) to catch a chill; (*amistad*) to cool.
enfurecer [enfure'θer] *vt* to enrage, madden; **~se** *vr* to become furious, fly into a rage; (*mar*) to get rough.
engalanar [engala'nar] *vt* (*adornar*) to adorn; (*ciudad*) to decorate; **~se** *vr* to get dressed up.
enganchar [engan'tʃar] *vt* to hook; (*ropa*) to hang up; (*dos vagones*) to hitch up; (TEC) to couple, connect; (MIL) to recruit; (*fam: persona*) to rope in; **~se** *vr* (MIL) to enlist, join up.
enganche [en'gantʃe] *nm* hook; (TEC) coupling, connection; (*acto*) hooking (up); (MIL) recruitment, enlistment; (AM: *depósito*) deposit.
engañar [enga'ɲar] *vt* to deceive; (*estafar*) to cheat, swindle; **~se** *vr* (*equivocarse*) to be wrong; (*disimular la verdad*) to deceive *o* kid o.s.
engaño [en'gaɲo] *nm* deceit; (*estafa*) trick, swindle; (*error*) mistake, misunderstanding; (*ilusión*) delusion; **~so, a** *a* (*tramposo*) crooked; (*mentiroso*) dishonest, deceitful; (*aspecto*) deceptive; (*consejo*) misleading.
engarzar [engar'θar] *vt* (*joya*) to set, mount; (*fig*) to link, connect.
engatusar [engatu'sar] *vt* (*fam*) to coax.
engendrar [enxen'drar] *vt* to breed; (*procrear*) to beget; (*fig*) to cause, produce; **engendro** *nm* (BIO) foetus; (*fig*) monstrosity; (*idea*) brainchild.
englobar [englo'βar] *vt* (*incluir*) to include, comprise.
engomar [engo'mar] *vt* to glue, stick.
engordar [engor'ðar] *vt* to fatten // *vi* to get fat, put on weight.
engorroso, a [engo'rroso, a] *a* bother-

some, trying.
engranaje [engra'naxe] *nm* (*AUTO*) gear.
engrandecer [engrande'θer] *vt* to enlarge, magnify; (*alabar*) to praise, speak highly of; (*exagerar*) to exaggerate.
engrasar [engra'sar] *vt* (*TEC*: *poner grasa*) to grease; (: *lubricar*) to lubricate, oil; (*manchar*) to make greasy.
engreído, a [engre'iðo, a] *a* vain, conceited.
engrosar [engro'sar] *vt* (*ensanchar*) to enlarge; (*aumentar*) to increase; (*hinchar*) to swell.
enhebrar [ene'βrar] *vt* to thread.
enhorabuena [enora'βwena] *nf* congratulations *pl* // *ad* well and good.
enigma [e'niɣma] *nm* enigma; (*problema*) puzzle; (*misterio*) mystery.
enjabonar [enxaβo'nar] *vt* to soap; (*fam*: *adular*) to soft-soap; (: *regañar*) to tick off.
enjambre [en'xambre] *nm* swarm.
enjaular [enxau'lar] *vt* to (put in a) cage; (*fam*) to jail, lock up.
enjuagar [enxwa'ɣar] *vt* (*ropa*) to rinse (out).
enjuague *etc vb ver* **enjuagar** // [en'xwaɣe] *nm* (*MED*) mouthwash; (*de ropa*) rinse, rinsing.
enjugar [enxu'ɣar] *vt* to wipe (off); (*lágrimas*) to dry; (*déficit*) to wipe out.
enjuiciar [enxwi'θjar] *vt* (*JUR*: *procesar*) to prosecute, try; (*fig*) to judge.
enjuto, a [en'xuto, a] *a* dry, dried up; (*fig*) lean, skinny.
enlace [en'laθe] *nm* link, connection; (*relación*) relationship; (*tb*: ~ **matrimonial**) marriage; (*de carretera, trenes*) connection; ~ **sindical** shop steward.
enlazar [enla'θar] *vt* (*unir con lazos*) to bind together; (*atar*) to tie; (*conectar*) to link, connect; (*AM*) to lasso.
enlodar [enlo'ðar] *vt* to cover in mud; (*fig*: *manchar*) to stain; (: *rebajar*) to debase.
enloquecer [enloke'θer] *vt* to drive mad // *vi*, **~se** *vr* to go mad.
enlutado, a [enlu'taðo, a] *a* (*persona*) in mourning.
enmarañar [enmara'ɲar] *vt* (*enredar*) to tangle (up), entangle; (*complicar*) to complicate; (*confundir*) to confuse; **~se** *vr* (*enredarse*) to become entangled; (*confundirse*) to get confused.
enmarcar [enmar'kar] *vt* (*cuadro*) to frame.
enmascarar [enmaska'rar] *vt* to mask; **~se** *vr* to put on a mask.
enmendar [enmen'dar] *vt* to emend, correct; (*constitución etc*) to amend; (*comportamiento*) to reform; **~se** *vr* to reform, mend one's ways; **enmienda** *nf* correction; amendment; reform.
enmohecerse [enmoe'θerse] *vr* (*metal*) to rust, go rusty; (*muro, plantas*) to get mouldy.
enmudecer [enmuðe'θer] *vi*, **enmudecerse** *vr* (*perder el habla*) to fall silent; (*guardar silencio*) to remain silent.
ennegrecer [enneɣre'θer] *vt* (*poner negro*) to blacken; (*oscurecer*) to darken; **~se** *vr* to turn black; (*oscurecerse*) to get dark, darken.
ennoblecer [ennoβle'θer] *vt* to ennoble.
enojadizo, a [enoxa'ðiθo, a] *a* irritable, short-tempered.
enojar [eno'xar] *vt* (*encolerizar*) to anger; (*disgustar*) to annoy, upset; **~se** *vr* to get angry; to get annoyed.
enojo [e'noxo] *nm* (*cólera*) anger; (*irritación*) annoyance; **~so, a** *a* annoying.
enorgullecerse [enorɣuʎe'θerse] *vr* to be proud; ~ **de** to pride o.s. on, be proud of.
enorme [e'norme] *a* enormous, huge; (*fig*) monstrous; **enormidad** *nf* hugeness, immensity.
enraizar [enrai'θar] *vi* to take root.
enredadera [enreða'ðera] *nf* (*BOT*) creeper, climbing plant.
enredar [enre'ðar] *vt* (*cables, hilos etc*) to tangle (up), entangle; (*situación*) to complicate, confuse; (*meter cizaña*) to sow discord among *o* between; (*implicar*) to embroil, implicate; **~se** *vr* to get entangled, get tangled (up); (*situación*) to get complicated; (*persona*) to get embroiled; (*AM*: *fam*) to meddle.
enredo [en'reðo] *nm* (*maraña*) tangle; (*confusión*) mix-up, confusion; (*intriga*) intrigue.
enrevesado, a [enreβe'saðo, a] *a* (*asunto*) complicated, involved.
enriquecer [enrike'θer] *vt* to make rich, enrich; **~se** *vr* to get rich.
enrojecer [enroxe'θer] *vt* to redden // *vi*, **~se** *vr* (*persona*) to blush.
enrolar [enro'lar] *vt* (*MIL*) to enlist; (*reclutar*) to recruit; **~se** *vr* (*MIL*) to join up; (*afiliarse*) to enrol.
enrollar [enro'ʎar] *vt* to roll (up), wind (up).
enroscar [enros'kar] *vt* (*torcer, doblar*) to coil (round), wind; (*tornillo, rosca*) to screw in; **~se** *vr* to coil, wind.
ensalada [ensa'laða] *nf* salad; **ensaladilla (rusa)** *nf* Russian salad.
ensalzar [ensal'θar] *vt* (*alabar*) to praise, extol; (*exaltar*) to exalt.
ensambladura [ensambla'ðura] *nf*, **ensamblaje** [ensam'blaxe] *nm* assembly; (*TEC*) joint.
ensamblar [ensam'blar] *vt* to assemble.
ensanchar [ensan'tʃar] *vt* (*hacer más ancho*) to widen; (*agrandar*) to enlarge, expand; (*COSTURA*) to let out; **~se** *vr* to get wider, expand; (*pey*) to give o.s.

airs; **ensanche** *nm* (*de calle*) widening; (*de negocio*) expansion.

ensangrentar [ensangren'tar] *vt* to stain with blood.

ensañar [ensa'ɲar] *vt* to enrage; ~**se** *vr*: ~**se con** to treat brutally.

ensartar [ensar'tar] *vt* (*cuentas, perlas etc*) to string (together).

ensayar [ensa'jar] *vt* to test, try (out); (*TEATRO*) to rehearse.

ensayista [ensa'jista] *nm/f* essayist.

ensayo [en'sajo] *nm* test, trial; (*QUÍMICA*) experiment; (*TEATRO*) rehearsal; (*DEPORTE*) try; (*ESCOL, LITERATURA*) essay.

ensenada [ense'naða] *nf* inlet, cove.

enseñanza [ense'ɲanθa] *nf* (*educación*) education; (*acción*) teaching; (*doctrina*) teaching, doctrine.

enseñar [ense'ɲar] *vt* (*educar*) to teach; (*instruir*) to teach, instruct; (*mostrar, señalar*) to show.

enseres [en'seres] *nmpl* belongings.

ensillar [ensi'ʎar] *vt* to saddle (up).

ensimismarse [ensimis'marse] *vr* (*abstraerse*) to become lost in thought; (*estar absorto*) to be lost in thought; (*AM*) to become conceited.

ensordecer [ensorðe'θer] *vt* to deafen // *vi* to go deaf.

ensortijado, a [ensorti'xaðo, a] (*pelo*) curly.

ensuciar [ensu'θjar] *vt* (*manchar*) to dirty, soil; (*fig*) to defile; ~**se** *vr* (*mancharse*) to get dirty; (*fig*) to dirty o.s., wet o.s.

ensueño [en'sweɲo] *nm* (*sueño*) dream, fantasy; (*ilusión*) illusion; (*soñando despierto*) daydream.

entablado [enta'ßlaðo] *nm* (*piso*) floorboards *pl*; (*armazón*) boarding.

entablar [enta'ßlar] *vt* (*recubrir*) to board (up); (*AJEDREZ, DAMAS*) to set up; (*conversación*) to strike up; (*JUR*) to file // *vi* to draw.

entablillar [entaßli'ʎar] *vt* (*MED*) to (put in a) splint.

entallar [enta'ʎar] *vt* (*traje*) to tailor // *vi*: **el traje entalla bien** the suit fits well.

ente ['ente] *nm* (*organización*) body, organization; (*fam*: *persona*) odd character.

entender [enten'der] *vt* (*comprender*) to understand; (*darse cuenta*) to realize; (*querer decir*) to mean // *vi* to understand; (*creer*) to think, believe; ~ **de** to know all about; ~ **algo de** to know a little about; ~ **en** to deal with, have to do with; ~**se** *vr* (*comprenderse*) to be understood; (*2 personas*) to get on together; (*ponerse de acuerdo*) to agree, reach an agreement; ~**se mal** (*2 personas*) to get on badly.

entendido, a [enten'diðo, a] *a* (*comprendido*) understood; (*hábil*) skilled; (*inteligente*) knowledgeable // *nm/f* (*experto*) expert // *excl* agreed!; **entendimiento** *nm* (*comprensión*) understanding; (*inteligencia*) mind, intellect; (*juicio*) judgement.

enterado, a [ente'raðo, a] *a* well-informed; **estar ~ de** to know about, be aware of.

enteramente [entera'mente] *ad* entirely, completely.

enterar [ente'rar] *vt* (*informar*) to inform, tell; ~**se** *vr* to find out, get to know.

entereza [ente'reθa] *nf* (*totalidad*) entirety; (*fig*: *carácter*) strength of mind; (: *honradez*) integrity.

enternecer [enterne'θer] *vt* (*ablandar*) to soften; (*apiadar*) to touch, move; ~**se** *vr* to be touched, be moved.

entero, a [en'tero, a] *a* (*total*) whole, entire; (*fig*: *recto*) honest; (: *firme*) firm, resolute // *nm* (*COM*: *punto*) point; (*AM*: *pago*) payment.

enterrador [enterra'ðor] *nm* gravedigger.

enterrar [ente'rrar] *vt* to bury.

entibiar [enti'ßjar] *vt* (*enfriar*) to cool; (*calentar*) to warm; ~**se** *vr* (*fig*) to cool.

entidad [enti'ðað] *nf* (*empresa*) firm, company; (*organismo*) body; (*sociedad*) society; (*FILOSOFÍA*) entity.

entiendo *etc vb ver* **entender**.

entierro [en'tjerro] *nm* (*acción*) burial; (*funeral*) funeral.

entomología [entomolo'xia] *nf* entomology.

entonación [entona'θjon] *nf* (*LING*) intonation; (*fig*) conceit.

entonar [ento'nar] *vt* (*canción*) to intone; (*colores*) to tone; (*MED*) to tone up // *vi* to be in tune; ~**se** *vr* (*engreírse*) to give o.s. airs.

entonces [en'tonθes] *ad* then, at that time; **desde ~** since then; **en aquel ~** at that time; **(pues) ~** and so.

entornar [entor'nar] *vt* (*puerta, ventana*) to half close, leave ajar; (*los ojos*) to screw up.

entorpecer [entorpe'θer] *vt* (*entendimiento*) to dull; (*impedir*) to obstruct, hinder; (: *tránsito*) to slow down, delay.

entrada [en'traða] *nf* (*acción*) entry, access; (*sitio*) entrance, way in; (*INFORM*) input; (*COM*) receipts *pl*, takings *pl*; (*CULIN*) entrée; (*DEPORTE*) innings *sg*; (*TEATRO*) house, audience; (*para el cine etc*) ticket; (*COM*): ~**s y salidas** income and expenditure; (*TEC*): ~ **de aire** air intake *o* inlet; **de ~** from the outset.

entrado, a [en'traðo, a] *a*: ~ **en años** elderly; **una vez ~ el verano** in the summer(time), when summer comes.

entrante [en'trante] *a* next, coming; **mes/año ~** next month/year.

entraña [en'traɲa] *nf* (*fig*: *centro*) heart, core; (*raíz*) root; ~s *nfpl* (ANAT) entrails; (*fig*) heart *sg*; **entrañable** *a* close, intimate.

entrar [en'trar] *vt* (*introducir*) to bring in; (INFORM) to input // *vi* (*meterse*) to go in, come in, enter; (*comenzar*): ~ diciendo to begin by saying; no me entra I can't get the hang of it.

entre ['entre] *prep* (*dos*) between; (*más de dos*) among(st).

entreabrir [entrea'ßrir] *vt* to half-open, open halfway.

entrecejo [entre'θexo] *nm*: fruncir el ~ to frown.

entrecortado, a [entrekor'taðo, a] *a* (*respiración*) difficult; (*habla*) faltering.

entredicho [entre'ðitʃo] *nm* (JUR) injunction; poner en ~ to cast doubt on; estar en ~ to be banned.

entrega [en'treɣa] *nf* (*de mercancías*) delivery; (*de novela etc*) instalment.

entregar [entre'ɣar] *vt* (*dar*) to hand (over), deliver; ~se *vr* (*rendirse*) to surrender, give in, submit; (*dedicarse*) to devote o.s.

entrelazar [entrela'θar] *vt* to entwine.

entremeses [entre'meses] *nmpl* hors d'œuvres.

entremeter [entreme'ter] *vt* to insert, put in; ~se *vr* to meddle, interfere; **entremetido, a** *a* meddling, interfering.

entremezclar [entremeθ'klar] *vt*, **entremezclarse** *vr* to intermingle.

entrenador, a [entrena'ðor, a] *nm/f* trainer, coach.

entrenarse [entre'narse] *vr* to train.

entrepierna [entre'pjerna] *nf* crotch.

entresacar [entresa'kar] *vt* to pick out, select.

entresuelo [entre'swelo] *nm* mezzanine, entresol.

entretanto [entre'tanto] *ad* meanwhile, meantime.

entretejer [entrete'xer] *vt* to interweave.

entretener [entrete'ner] *vt* (*divertir*) to entertain, amuse; (*detener*) to hold up, delay; (*mantener*) to maintain; ~se *vr* (*divertirse*) to amuse o.s.; (*retrasarse*) to delay, linger; **entretenido, a** *a* entertaining, amusing; **entretenimiento** *nm* entertainment, amusement; (*mantenimiento*) upkeep, maintenance.

entrever [entre'ßer] *vt* to glimpse, catch a glimpse of.

entrevista [entre'ßista] *nf* interview; **entrevistar** *vt* to interview; entrevistarse *vr* to have an interview.

entristecer [entriste'θer] *vt* to sadden, grieve; ~se *vr* to grow sad.

entrometer [entrome'ter] *vt etc* = **entremeter** *etc*.

entroncar [entron'kar] *vi* to be connected *o* related.

entumecer [entume'θer] *vt* to numb, benumb; ~se *vr* (*por el frío*) to go *o* become numb; **entumecido, a** *a* numb, stiff.

enturbiar [entur'ßjar] *vt* (*el agua*) to make cloudy; (*fig*) to confuse; ~se *vr* (*oscurecerse*) to become cloudy; (*fig*) to get confused, become obscure.

entusiasmar [entusjas'mar] *vt* to excite, fill with enthusiasm; (*gustar mucho*) to delight; ~se *vr*: ~se con *o* por to get enthusiastic *o* excited about.

entusiasmo [entu'sjasmo] *nm* enthusiasm; (*excitación*) excitement.

entusiasta [entu'sjasta] *a* enthusiastic // *nm/f* enthusiast.

enumerar [enume'rar] *vt* to enumerate.

enunciación [enunθja'θjon] *nf*, **enunciado** [enun'θjaðo] *nm* enunciation; (*declaración*) declaration, statement.

envainar [enßai'nar] *vt* to sheathe.

envalentonar [enßalento'nar] *vt* to give courage to; ~se *vr* (*pey*: *jactarse*) to boast, brag.

envanecer [enßane'θer] *vt* to make conceited; ~se *vr* to grow conceited.

envasar [enßa'sar] *vt* (*empaquetar*) to pack, wrap; (*enfrascar*) to bottle; (*enlatar*) to can; (*embolsar*) to pocket.

envase [en'ßase] *nm* (*en paquete*) packing, wrapping; (*en botella*) bottling; (*en lata*) canning; (*recipiente*) container; (*paquete*) package; (*botella*) bottle; (*lata*) tin (*Brit*), can.

envejecer [enßexe'θer] *vt* to make old, age // *vi*, ~se *vr* (*volverse viejo*) to grow old; (*parecer viejo*) to age.

envenenar [enßene'nar] *vt* to poison; (*fig*) to embitter.

envergadura [enßerɣa'ðura] *nf* (*fig*) scope, compass.

envés [en'ßes] *nm* (*de tela*) back, wrong side.

enviar [en'ßjar] *vt* to send.

envidia [en'ßiðja] *nf* (*deseo ferviente*) envy; (*celos*) jealousy; **envidiar** *vt* (*desear*) to envy; (*tener celos de*) to be jealous of.

envío [en'ßio] *nm* (*acción*) sending; (*de mercancías*) consignment; (*de dinero*) remittance.

enviudar [enßju'ðar] *vi* to be widowed.

envoltura [enßol'tura] *nf* (*cobertura*) cover; (*embalaje*) wrapper, wrapping.

envolver [enßol'ßer] *vt* to wrap (up); (*cubrir*) to cover; (*enemigo*) to surround; (*implicar*) to involve, implicate.

envuelto [en'ßwelto] *pp de* **envolver**.

enyesar [enje'sar] *vt* (*pared*) to plaster; (MED) to put in plaster.

épico, a ['epiko, a] *a* epic // *nf* epic.

epidemia [epi'ðemja] *nf* epidemic.

epilepsia [epi'lepsja] *nf* epilepsy.

epílogo [e'piloɣo] *nm* epilogue.

episodio [epi'soðjo] *nm* episode.

epístola [e'pistola] *nf* epistle.
época ['epoka] *nf* period, time; (*HISTORIA*) age, epoch; **hacer ~** to be epoch-making.
equidad [eki'ðað] *nf* equity.
equilibrar [ekili'ßrar] *vt* to balance; **equilibrio** *nm* balance, equilibrium; **equilibrista** *nm/f* (*funámbulo*) tightrope walker; (*acróbata*) acrobat.
equipaje [eki'paxe] *nm* luggage; (*avíos*) equipment, kit; **~ de mano** hand luggage.
equipar [eki'par] *vt* (*proveer*) to equip.
equipararse [ekipa'rarse] *vr*: **~ con** to be on a level with.
equipo [e'kipo] *nm* (*conjunto de cosas*) equipment; (*DEPORTE, grupo*) team; (*: de obreros*) shift.
equis ['ekis] *nf inv* (the letter) X.
equitación [ekita'θjon] *nf* (*acto*) riding; (*arte*) horsemanship.
equitativo, a [ekita'tißo, a] *a* equitable, fair.
equivalente [ekißa'lente] *a, nm* equivalent.
equivaler [ekißa'ler] *vi* to be equivalent *o* equal.
equivocación [ekißoka'θjon] *nf* mistake, error.
equivocado, a [ekißo'kaðo, a] *a* wrong, mistaken.
equivocarse [ekißo'karse] *vr* to be wrong, make a mistake; **~ de camino** to take the wrong road.
equívoco, a [e'kißoko, a] *a* (*dudoso*) suspect; (*ambiguo*) ambiguous // *nm* ambiguity; (*malentendido*) misunderstanding.
era *vb ver* ser // ['era] *nf* era, age.
erais *vb ver* **ser**.
éramos *vb ver* **ser**.
eran *vb ver* **ser**.
erario [e'rarjo] *nm* exchequer (*Brit*), treasury.
eras *vb ver* **ser**.
eres *vb ver* **ser**.
erguir [er'ɣir] *vt* to raise, lift; (*poner derecho*) to straighten; **~se** *vr* to straighten up.
erigir [eri'xir] *vt* to erect, build; **~se** *vr*: **~se en** to set o.s. up as.
erizado, a [eri'θaðo, a] *a* bristly.
erizarse [eri'θarse] *vr* (*pelo: de perro*) to bristle; (*: de persona*) to stand on end.
erizo [e'riθo] *nm* (*ZOOL*) hedgehog; (*tb*: **~ de mar**) sea-urchin.
ermitaño, a [ermi'taɲo, a] *nm/f* hermit.
erosionar [erosjo'nar] *vt* to erode.
erótico, a [e'rotiko, a] *a* erotic; **erotismo** *nm* eroticism.
erradicar [erraði'kar] *vt* to eradicate.
errante [e'rrante] *a* wandering, errant.
errar [e'rrar] *vi* (*vagar*) to wander, roam; (*equivocarse*) to be mistaken // *vt*: **~ el camino** to take the wrong road; **~ el tiro** to miss.
erróneo, a [e'rroneo, a] *a* (*equivocado*) wrong, mistaken; (*falso*) false, untrue.
error [e'rror] *nm* error, mistake; (*INFORM*) bug; **~ de imprenta** misprint.
eructar [eruk'tar] *vt* to belch, burp.
erudito, a [eru'ðito, a] *a* erudite, learned.
erupción [erup'θjon] *nf* eruption; (*MED*) rash.
es *vb ver* **ser**.
esa, esas *a demostrativo ver* **ese**.
ésa, ésas *pron ver* **ése**.
esbelto, a [es'ßelto, a] *a* slim, slender.
esbozo [es'ßoθo] *nm* sketch, outline.
escabeche [eska'ßetʃe] *nm* brine; (*de aceitunas etc*) pickle; **en ~** pickled.
escabroso, a [eska'ßroso, a] *a* (*accidentado*) rough, uneven; (*fig*) tough, difficult; (*: atrevido*) risqué.
escabullirse [eskaßu'ʎirse] *vr* to slip away, to clear out.
escafandra [eska'fandra] *nf* (*buzo*) diving suit; (*~ espacial*) space suit.
escala [es'kala] *nf* (*proporción, MUS*) scale; (*de mano*) ladder; (*AVIAT*) stopover; **hacer ~ en** to stop *o* call in at.
escalafón [eskala'fon] *nm* (*escala de salarios*) salary scale, wage scale.
escalar [eska'lar] *vt* to climb, scale.
escalera [eska'lera] *nf* stairs *pl*, staircase; (*escala*) ladder; (*NAIPES*) run; **~ mecánica** escalator; **~ de caracol** spiral staircase.
escalfar [eskal'far] *vt* (*huevos*) to poach.
escalinata [eskali'nata] *nf* staircase.
escalofrío [eskalo'frio] *nm* (*MED*) chill; **~s** *nmpl* (*fig*) shivers; **escalofriante** *a* chilling.
escalón [eska'lon] *nm* step, stair; (*de escalera*) rung.
escalope [eska'lope] *nm* (*CULIN*) escalope.
escama [es'kama] *nf* (*de pez, serpiente*) scale; (*de jabón*) flake; (*fig*) resentment.
escamotear [eskamote'ar] *vt* (*fam: robar*) to lift, swipe; (*hacer desaparecer*) to make disappear.
escampar [eskam'par] *vb impersonal* to stop raining.
escandalizar [eskandali'θar] *vt* to scandalize, shock; **~se** *vr* to be shocked; (*ofenderse*) to be offended.
escándalo [es'kandalo] *nm* scandal; (*alboroto, tumulto*) row, uproar; **escandaloso, a** *a* scandalous, shocking.
escandinavo, a [eskandi'naßo, a] *a, nm/f* Scandinavian.
escaño [es'kaɲo] *nm* bench; (*POL*) seat.
escapar [eska'par] *vi* (*gen*) to escape, run away; (*DEPORTE*) to break away; **~se** *vr* to escape, get away; (*agua, gas*) to leak (out).
escaparate [eskapa'rate] *nm* shop window.

escape [es'kape] *nm* (*de agua, gas*) leak; (*de motor*) exhaust; (*de persona*) escape.
escarabajo [eskara'βaxo] *nm* beetle.
escaramuza [eskara'muθa] *nf* skirmish; (*fig*) brush.
escarbar [eskar'βar] *vt* (*gallina*) to scratch; (*fig*) to inquire into, investigate.
escarcha [es'kartʃa] *nf* frost.
escarlata [eskar'lata] *a inv* scarlet; **escarlatina** *nf* scarlet fever.
escarmentar [eskarmen'tar] *vt* to punish severely // *vi* to learn one's lesson.
escarmiento *etc vb ver* **escarmentar** // [eskar'mjento] *nm* (*ejemplo*) lesson; (*castigo*) punishment.
escarnio [es'karnjo] *nm* mockery; (*injuria*) insult.
escarola [eska'rola] *nf* endive.
escarpado, a [eskar'paðo, a] *a* (*pendiente*) sheer, steep; (*rocas*) craggy.
escasear [eskase'ar] *vi* to be scarce.
escasez [eska'seθ] *nf* (*falta*) shortage, scarcity; (*pobreza*) poverty.
escaso, a [es'kaso, a] *a* (*poco*) scarce; (*raro*) rare; (*ralo*) thin, sparse; (*limitado*) limited.
escatimar [eskati'mar] *vt* (*limitar*) to skimp (on), be sparing with.
escena [es'θena] *nf* scene.
escenario [esθe'narjo] *nm* (*TEATRO*) stage; (*CINE*) set; (*fig*) scene; **escenografía** *nf* set design.
escepticismo [esθepti'θismo] *nm* scepticism; **escéptico, a** *a* sceptical // *nm/f* sceptic.
esclarecer [esklare'θer] *vt* (*iluminar*) to light up, illuminate; (*misterio, problema*) to shed light on.
esclavitud [esklaβi'tuð] *nf* slavery.
esclavizar [esklaβi'θar] *vt* to enslave.
esclavo, a [es'klaβo, a] *nm/f* slave.
esclusa [es'klusa] *nf* (*de canal*) lock; (*compuerta*) floodgate.
escoba [es'koβa] *nf* broom.
escocer [esko'θer] *vi* to burn, sting; **~se** *vr* to chafe, get chafed.
escocés, esa [esko'θes, esa] *a* Scottish // *nm/f* Scotsman/woman, Scot.
Escocia [es'koθja] *nf* Scotland.
escoger [esko'xer] *vt* to choose, pick, select; **escogido, a** *a* chosen, selected; (*calidad*) choice, select.
escolar [esko'lar] *a* school *cpd* // *nm/f* schoolboy/girl, pupil.
escolta [es'kolta] *nf* escort; **escoltar** *vt* to escort.
escombros [es'kombros] *nmpl* (*basura*) rubbish *sg*; (*restos*) debris *sg*.
esconder [eskon'der] *vt* to hide, conceal; **~se** *vr* to hide; **escondite** *nm* hiding place; (*juego*) hide-and-seek; **escondrijo** *nm* hiding place, hideout.
escopeta [esko'peta] *nf* shotgun.
escoria [es'korja] *nf* (*de alto horno*) slag; (*fig*) scum, dregs *pl*.
Escorpio [es'korpjo] *nm* Scorpio.
escorpión [eskor'pjon] *nm* scorpion.
escotado, a [esko'taðo, a] *a* low-cut.
escote [es'kote] *nm* (*de vestido*) low neck; **pagar a ~** to share the expenses.
escotilla [esko'tiʎa] *nf* (*NAUT*) hatch(way).
escozor [esko'θor] *nm* (*dolor*) sting(ing).
escribano, a [eskri'βano, a], **escribiente** [eskri'βjente] *nm/f* clerk.
escribir [eskri'βir] *vt, vi* to write; **~ a máquina** to type; **¿cómo se escribe?** how do you spell it?
escrito, a [es'krito, a] *pp de* **escribir** // *nm* (*documento*) document; (*manuscrito*) text, manuscript; **por ~** in writing.
escritor, a [eskri'tor, a] *nm/f* writer.
escritorio [eskri'torjo] *nm* desk; (*oficina*) office.
escritura [eskri'tura] *nf* (*acción*) writing; (*caligrafía*) (hand)writing; (*JUR: documento*) deed.
escrúpulo [es'krupulo] *nm* scruple; (*minuciosidad*) scrupulousness; **escrupuloso, a** *a* scrupulous.
escrutar [eskru'tar] *vt* to scrutinize, examine; (*votos*) to count.
escrutinio [eskru'tinjo] *nm* (*examen atento*) scrutiny; (*POL: recuento de votos*) count(ing).
escuadra [es'kwaðra] *nf* (*MIL etc*) squad; (*NAUT*) squadron; (*de coches etc*) fleet; **escuadrilla** *nf* (*de aviones*) squadron; (*AM: de obreros*) gang.
escuadrón [eskwa'ðron] *nm* squadron.
escuálido, a [es'kwaliðo, a] *a* skinny, scraggy; (*sucio*) squalid.
escuchar [esku'tʃar] *vt* to listen to // *vi* to listen.
escudilla [esku'ðiʎa] *nf* bowl, basin.
escudo [es'kuðo] *nm* shield.
escudriñar [eskuðri'ɲar] *vt* (*examinar*) to investigate, scrutinize; (*mirar de lejos*) to scan.
escuela [es'kwela] *nf* school; **~ de artes y oficios** (*Esp*) ≈ technical college; **~ normal** teacher training college.
escueto, a [es'kweto, a] *a* plain; (*estilo*) simple.
escuincle [es'kwinkle] *nm/f* (*AM fam*) kid.
esculpir [eskul'pir] *vt* to sculpt; (*grabar*) to engrave; (*tallar*) to carve; **escultor, a** *nm/f* sculptor/tress; **escultura** *nf* sculpture.
escupidera [eskupi'ðera] *nf* spittoon.
escupir [esku'pir] *vt, vi* to spit (out).
escurreplatos [eskurre'platos] *nm inv* plate rack.
escurridizo, a [eskurri'ðiθo, a] *a* slippery.
escurrir [esku'rrir] *vt* (*ropa*) to wring

out; (*verduras, platos*) to drain // *vi* (*los líquidos*) to drip; **~se** *vr* (*secarse*) to drain; (*resbalarse*) to slip, slide; (*escaparse*) to slip away.

ese, esa, esos, esas ['ese, 'esa, 'esos, 'esas] *a demostrativo* (*sg*) that; (*pl*) those.

ése, ésa, ésos, ésas ['ese, 'esa, 'esos, 'esas] *pron* (*sg*) that (one); (*pl*) those (ones); **~... éste...** the former... the latter...; **no me vengas con ésas** don't give me any more of that nonsense.

esencia [e'senθja] *nf* essence; **esencial** *a* essential.

esfera [es'fera] *nf* sphere; (*de reloj*) face; **esférico, a** *a* spherical.

esforzado, a [esfor'θaðo, a] *a* (*enérgico*) energetic, vigorous.

esforzarse [esfor'θarse] *vr* to exert o.s., make an effort.

esfuerzo *etc vb ver* **esforzar** // [es'fwerθo] *nm* effort.

esfumarse [esfu'marse] *vr* (*apoyo, esperanzas*) to fade away.

esgrima [es'ɣrima] *nf* fencing.

esguince [es'ɣinθe] *nm* (MED) sprain.

eslabón [esla'βon] *nm* link.

esmaltar [esmal'tar] *vt* to enamel; **esmalte** *nm* enamel; **esmalte de uñas** nail varnish *o* polish.

esmerado, a [esme'raðo, a] *a* careful, neat.

esmeralda [esme'ralda] *nf* emerald.

esmerarse [esme'rarse] *vr* (*aplicarse*) to take great pains, exercise great care; (*afanarse*) to work hard.

esmero [es'mero] *nm* (great) care.

esnob [es'nob] *a inv* (*persona*) snobbish; (*coche etc*) posh // (*pl* **~s**) *nm/f* snob; **~ismo** *nm* snobbery.

eso ['eso] *pron* that, that thing *o* matter; **~ de su coche** that business about his car; **~ de ir al cine** all that about going to the cinema; **a ~ de las cinco** at about five o'clock; **en ~** thereupon, at that point; **~ es** that's it; **¡~ sí que es vida!** now that is really living!; **por ~ te lo dije** that's why I told you; **y ~ que llovía** in spite of the fact it was raining.

esos ['esos] *a demostrativo ver* **ese**.

ésos ['esos] *pron ver* **ése**.

espabilar [espaβi'lar] *vt*, **espabilarse** *vr* = **despabilar**.

espacial [espa'θjal] *a* (*del espacio*) space *cpd*.

espaciar [espa'θjar] *vt* to space (out).

espacio [es'paθjo] *nm* space; (MUS) interval; (RADIO, TV) programme (*Brit*), program (*US*); **el ~** space; **~so, a** *a* spacious, roomy.

espada [es'paða] *nf* sword; **~s** *nfpl* (NAIPES) spades.

espaguetis [espa'ɣetis] *nmpl* spaghetti *sg*.

espalda [es'palda] *nf* (*gen*) back; **~s** *nfpl* (*hombros*) shoulders; **a ~s de uno** behind sb's back; **tenderse de ~s** to lie (down) on one's back; **volver la ~ a alguien** to cold-shoulder sb.

espaldilla [espal'ðiʎa] *nf* shoulder blade.

espantadizo, a [espanta'ðiθo, a] *a* timid, easily frightened.

espantajo [espan'taxo] *nm*, **espantapájaros** [espanta'paxaros] *nm inv* scarecrow.

espantar [espan'tar] *vt* (*asustar*) to frighten, scare; (*ahuyentar*) to frighten off; (*asombrar*) to horrify, appal; **~se** *vr* to get frightened *o* scared; to be appalled.

espanto [es'panto] *nm* (*susto*) fright; (*terror*) terror; (*asombro*) astonishment; **~so, a** *a* frightening; terrifying; astonishing.

España [es'paɲa] *nf* Spain; **español, a** *a* Spanish // *nm/f* Spaniard // *nm* (LING) Spanish.

esparadrapo [espara'ðrapo] *nm* (sticking) plaster (*Brit*), adhesive tape (*US*).

esparcimiento [esparθi'mjento] *nm* (*dispersión*) spreading; (*derramamiento*) scattering; (*fig*) cheerfulness.

esparcir [espar'θir] *vt* to spread; (*derramar*) to scatter; **~se** *vr* to spread (out); to scatter; (*divertirse*) to enjoy o.s.

espárrago [es'parraɣo] *nm* asparagus.

espasmo [es'pasmo] *nm* spasm.

espátula [es'patula] *nf* spatula.

especia [es'peθja] *nf* spice.

especial [espe'θjal] *a* special; **~idad** *nf* speciality (*Brit*), specialty (*US*).

especie [es'peθje] *nf* (BIO) species; (*clase*) kind, sort; **en ~** in kind.

especificar [espeθifi'kar] *vt* to specify; **específico, a** *a* specific.

espécimen [es'peθimen] (*pl* **especímenes**) *nm* specimen.

espectáculo [espek'takulo] *nm* (*gen*) spectacle; (TEATRO *etc*) show.

espectador, a [espekta'ðor, a] *nm/f* spectator.

espectro [es'pektro] *nm* ghost; (*fig*) spectre.

especular [espeku'lar] *vt, vi* to speculate.

espejismo [espe'xismo] *nm* mirage.

espejo [es'pexo] *nm* mirror; (*fig*) model; **~ retrovisor** rear-view mirror.

espeluznante [espeluθ'nante] *a* horrifying, hair-raising.

espera [es'pera] *nf* (*pausa, intervalo*) wait; (JUR: *plazo*) respite; **en ~ de** waiting for; (*con expectativa*) expecting.

esperanza [espe'ranθa] *nf* (*confianza*) hope; (*expectativa*) expectation; **hay pocas ~s de que venga** there is little prospect of his coming; **esperanzar** *vt* to give hope to.

esperar [espe'rar] *vt* (*aguardar*) to wait for; (*tener expectativa de*) to expect;

(*desear*) to hope for // *vi* to wait; to expect; to hope.
esperma [es'perma] *nf* sperm.
espesar [espe'sar] *vt* to thicken; ~**se** *vr* to thicken, get thicker.
espeso, a [es'peso, a] *a* thick; **espesor** *nm* thickness.
espía [es'pia] *nm/f* spy; **espiar** *vt* (*observar*) to spy on // *vi*: **espiar para** to spy for.
espiga [es'piɣa] *nf* (*BOT*: *de trigo etc*) ear.
espina [es'pina] *nf* thorn; (*de pez*) bone; ~ **dorsal** (*ANAT*) spine.
espinaca [espi'naka] *nf* spinach.
espinazo [espi'naθo] *nm* spine, backbone.
espinilla [espi'niʎa] *nf* (*ANAT*: *tibia*) shin(bone); (*grano*) blackhead.
espino [es'pino] *nm* hawthorn.
espinoso, a [espi'noso, a] *a* (*planta*) thorny, prickly; (*fig*) difficult.
espionaje [espjo'naxe] *nm* spying, espionage.
espiral [espi'ral] *a*, *nf* spiral.
espirar [espi'rar] *vt* to breathe out, exhale.
espiritista [espiri'tista] *a*, *nm/f* spiritualist.
espíritu [es'piritu] *nm* spirit; **espiritual** *a* spiritual.
espita [es'pita] *nf* tap.
espléndido, a [es'plendiðo, a] *a* (*magnífico*) magnificent, splendid; (*generoso*) generous.
esplendor [esplen'dor] *nm* splendour.
espolear [espole'ar] *vt* to spur on.
espoleta [espo'leta] *nf* (*de bomba*) fuse.
espolvorear [espolβore'ar] *vt* to dust, sprinkle.
esponja [es'ponxa] *nf* sponge; (*fig*) sponger; **esponjoso, a** *a* spongy.
espontaneidad [espontanei'ðað] *nf* spontaneity; **espontáneo, a** *a* spontaneous.
esposa [es'posa] *nf* wife; ~**s** *nfpl* handcuffs; **esposar** *vt* to handcuff.
esposo [es'poso] *nm* husband.
espuela [es'pwela] *nf* spur.
espuma [es'puma] *nf* foam; (*de cerveza*) froth, head; (*de jabón*) lather; **espumoso, a** *a* frothy, foamy; (*vino*) sparkling.
esqueje [es'kexe] *nm* (*de planta*) cutting.
esqueleto [eske'leto] *nm* skeleton.
esquema [es'kema] *nm* (*diagrama*) diagram; (*dibujo*) plan; (*plan*) scheme; (*FILOSOFÍA*) schema.
esquí [es'ki] (*pl* ~**s**) *nm* (*objeto*) ski; (*DEPORTE*) skiing; ~ **acúatico** water-skiing; **esquiar** *vi* to ski.
esquilar [eski'lar] *vt* to shear.
esquimal [eski'mal] *a*, *nm/f* Eskimo.
esquina [es'kina] *nf* corner.
esquirol [eski'rol] *nm* blackleg.
esquivar [eski'βar] *vt* to avoid; (*evadir*) to dodge, elude.
esquivo, a [es'kiβo, a] *a* (*tímido*) reserved; (*huraño*) unsociable.
esta ['esta] *a demostrativo ver* **este**.
ésta ['esta] *pron ver* **éste**.
está *vb ver* **estar**.
estabilidad [estaβili'ðað] *nf* stability; **estable** *a* stable.
establecer [estaβle'θer] *vt* to establish; ~**se** *vr* to establish o.s.; (*echar raíces*) to settle (down); **establecimiento** *nm* establishment.
estaca [es'taka] *nf* stake, post; (*de tienda de campaña*) peg.
estacada [esta'kaða] *nf* (*cerca*) fence, fencing; (*palenque*) stockade.
estación [esta'θjon] *nf* station; (*del año*) season; ~ **de autobuses** bus station; ~ **balnearia** seaside resort; ~ **de servicio** service station.
estacionamiento [estaθjona'mjento] *nm* (*AUTO*) parking; (*MIL*) stationing.
estacionar [estaθjo'nar] *vt* (*AUTO*) to park; (*MIL*) to station; ~**io, a** *a* stationary; (*COM*: *mercado*) slack.
estadio [es'taðjo] *nm* (*fase*) stage, phase; (*DEPORTE*) stadium.
estadista [esta'ðista] *nm* (*POL*) statesman; (*ESTADÍSTICA*) statistician.
estadística [esta'ðistika] *nf* (*una* ~) figure, statistic; (*ciencia*) statistics *sg*.
estado [es'taðo] *nm* (*POL*: *condición*) state; ~ **de cuenta** bank statement; ~ **civil** marital status; ~ **mayor** staff; **estar en** ~ to be pregnant; **E~s Unidos** **(EE.UU.)** *nmpl* United States (of America) (USA) *sg*.
estadounidense [estaðouni'ðense] *a* United States *cpd*, American // *nm/f* American.
estafa [es'tafa] *nf* swindle, trick; **estafar** *vt* to swindle, defraud.
estafeta [esta'feta] *nf* (*oficina de correos*) post office; ~ **diplomática** diplomatic bag.
estáis *vb ver* **estar**.
estallar [esta'ʎar] *vi* to burst; (*bomba*) to explode, go off; (*epidemia*, *guerra*, *rebelión*) to break out; ~ **en llanto** to burst into tears; **estallido** *nm* explosion; (*fig*) outbreak.
estampa [es'tampa] *nf* (*impresión*, *imprenta*) print, engraving; (*imagen*, *figura*: *de persona*) appearance.
estampado, a [estam'paðo, a] *a* printed // *nm* (*impresión*: *acción*) printing; (: *efecto*) print; (*marca*) stamping.
estampar [estam'par] *vt* (*imprimir*) to print; (*marcar*) to stamp; (*metal*) to engrave; (*poner sello en*) to stamp; (*fig*) to stamp, imprint.
estampida [estam'piða] *nf* stampede.
estampido [estam'piðo] *nm* bang, report.

estampilla [estam'piʎa] *nf* stamp.
están *vb ver* **estar**.
estancado, a [estan'kaðo, a] *a* stagnant.
estancar [estan'kar] *vt* (*aguas*) to hold up, hold back; (*COM*) to monopolize; (*fig*) to block, hold up; ~se *vr* to stagnate.
estancia [es'tanθja] *nf* (*permanencia*) stay; (*sala*) room; (*AM*) farm, ranch; **estanciero** *nm* (*AM*) farmer, rancher.
estanco, a [es'tanko, a] *a* watertight // *nm* tobacconist's (shop).
estándar [es'tandar] *a*, *nm* standard; **estandarizar** *vt* to standardize.
estandarte [estan'darte] *nm* banner, standard.
estanque [es'tanke] *nm* (*lago*) pool, pond; (*AGR*) reservoir.
estanquero, a [estan'kero, a] *nm/f* tobacconist.
estante [es'tante] *nm* (*armario*) rack, stand; (*biblioteca*) bookcase; (*anaquel*) shelf; (*AM*) prop; **estantería** *nf* shelving, shelves *pl*.
estaño [es'taɲo] *nm* tin.
estar [es'tar] ♦ *vi* **1** (*posición*) to be; **está en la plaza** it's in the square; **¿está Juan?** is Juan in?; **estamos a 30 km de Junín** we're 30 kms from Junin
2 (+ *adjetivo*: *estado*) to be; ~ **enfermo** to be ill; **está muy elegante** he's looking very smart; **¿cómo estás?** how are you keeping?
3 (+ *gerundio*) to be; **estoy leyendo** I'm reading
4 (*uso pasivo*): **está condenado a muerte** he's been condemned to death; **está envasado en ...** it's packed in ...
5 (*con fechas*): **¿a cuántos estamos?** what's the date today?; **estamos a 5 de mayo** it's the 5th of May
6 (*locuciones*): **¿estamos?** (*¿de acuerdo?*) okay?; (*¿listo?*) ready?; **¡ya está bien!** that's enough!
7: ~ **de**: ~ **de vacaciones/viaje** to be on holiday/away *o* on a trip; **está de camarero** he's working as a waiter
8: ~ **para**: **está para salir** he's about to leave; **no estoy para bromas** I'm not in the mood for jokes
9: ~ **por** (*propuesta etc*) to be in favour of; (*persona etc*) to support, side with; **está por limpiar** it still has to be cleaned
10: ~ **sin**: ~ **sin dinero** to have no money; **está sin terminar** it isn't finished yet
♦ *vr*: ~se: **se estuvo en la cama toda la tarde** he stayed in bed all afternoon.
estas ['estas] *a ver* **este**.
éstas ['estas] *pron ver* **éste**.
estatal [esta'tal] *a* state *cpd*.
estático, a [es'tatiko, a] *a* static.
estatua [es'tatwa] *nf* statue.
estatura [esta'tura] *nf* stature, height.
estatuto [esta'tuto] *nm* (*JUR*) statute; (*de ciudad*) bye-law; (*de comité*) rule.
este ['este] *nm* east.
este, esta, estos, estas ['este, 'esta 'estos, 'estas] *a demostrativo* (*sg*) this; (*pl*) these.
éste, ésta, éstos, éstas ['este, 'esta 'estos, 'estas] *pron* (*sg*) this (one); (*pl*) these (ones); **ése... ~...** the former... the latter....
esté *etc vb ver* **estar**.
estela [es'tela] *nf* wake, wash; (*fig*) trail.
estén *etc vb ver* **estar**.
estenografía [estenoɣra'fia] *nf* shorthand.
estera [es'tera] *nf* mat(ting).
estéreo [es'tereo] *a inv*, *nm* stereo; **estereotipo** *nm* stereotype.
estéril [es'teril] *a* sterile, barren; (*fig*) vain, futile.
esterlina [ester'lina] *a*: **libra** ~ pound sterling.
estés *etc vb ver* **estar**.
estético, a [es'tetiko, a] *a* aesthetic // *nf* aesthetics *sg*.
estiércol [es'tjerkol] *nm* dung, manure.
estigma [es'tiɣma] *nm* stigma.
estilar [esti'lar] *vi*, **estilarse** *vr* (*estar de moda*) to be in fashion; (*usarse*) to be used.
estilo [es'tilo] *nm* style; (*TEC*) stylus; (*NATACIÓN*) stroke; **algo por el** ~ something along those lines.
estima [es'tima] *nf* esteem, respect.
estimación [estima'θjon] *nf* (*evaluación*) estimation; (*aprecio, afecto*) esteem, regard.
estimar [esti'mar] *vt* (*evaluar*) to estimate; (*valorar*) to value; (*apreciar*) to esteem, respect; (*pensar, considerar*) to think, reckon.
estimulante [estimu'lante] *a* stimulating // *nm* stimulant.
estimular [estimu'lar] *vt* to stimulate; (*excitar*) to excite.
estímulo [es'timulo] *nm* stimulus; (*ánimo*) encouragement.
estío [es'tio] *nm* summer.
estipulación [estipula'θjon] *nf* stipulation, condition; **estipular** *vt* to stipulate.
estirado, a [esti'raðo, a] *a* (*tenso*) (stretched *o* drawn) tight; (*fig*: *persona*) stiff, pompous.
estirar [esti'rar] *vt* to stretch; (*dinero, suma etc*) to stretch out; ~se *vr* to stretch.
estirón [esti'ron] *nm* pull, tug; (*crecimiento*) spurt, sudden growth; **dar un** ~ (*niño*) to shoot up.
estirpe [es'tirpe] *nf* stock, lineage.
estival [esti'βal] *a* summer *cpd*.
esto ['esto] *pron* this, this thing *o* matter; ~ **de la boda** this business about the wedding.
Estocolmo [esto'kolmo] *nm* Stockholm.
estofa [es'tofa] *nf*: **de baja** ~ poor-

quality.
estofado [esto'faðo] *nm* (*CULIN*) stew.
estofar [esto'far] *vt* (*CULIN*) to stew.
estómago [es'tomaɣo] *nm* stomach; tener ~ to be thick-skinned.
estorbar [estor'ßar] *vt* to hinder, obstruct; (*fig*) to bother, disturb // *vi* to be in the way; **estorbo** *nm* (*molestia*) bother, nuisance; (*obstáculo*) hindrance, obstacle.
estornudar [estornu'ðar] *vi* to sneeze.
estos ['estos] *a demostrativo ver* **este**.
éstos ['estos] *pron ver* **éste**.
estoy *vb ver* **estar**.
estrafalario, a [estrafa'larjo, a] *a* odd, eccentric; (*desarreglado*) slovenly, sloppy.
estrago [es'traɣo] *nm* ruin, destruction; hacer ~s en to wreak havoc among.
estragón [estra'ɣon] *nm* tarragon.
estrangulador, a [estrangula'ðor, a] *nm/f* strangler // *nm* (*TEC*) throttle; (*AUTO*) choke.
estrangulamiento [estrangula'mjento] *nm* (*AUTO*) bottleneck.
estrangular [estrangu'lar] *vt* (*persona*) to strangle; (*MED*) to strangulate.
estraperlo [estra'perlo] *nm* black market.
estratagema [estrata'xema] *nf* (*MIL*) stratagem; (*astucia*) cunning.
estrategia [estra'texja] *nf* strategy; **estratégico, a** *a* strategic.
estratificar [estratifi'kar] *vt* to stratify.
estrato [es'trato] *nm* stratum, layer.
estrechar [estre'tʃar] *vt* (*reducir*) to narrow; (*COSTURA*) to take in; (*persona*) to hug, embrace; **~se** *vr* (*reducirse*) to narrow, grow narrow; (*2 personas*) to embrace; **~ la mano** to shake hands.
estrechez [estre'tʃeθ] *nf* narrowness; (*de ropa*) tightness; (*intimidad*) intimacy; (*COM*) want *o* shortage of money; estrecheces *nfpl* financial difficulties.
estrecho, a [es'tretʃo, a] *a* narrow; (*apretado*) tight; (*íntimo*) close, intimate; (*miserable*) mean // *nm* strait; ~ de miras narrow-minded.
estrella [es'treʎa] *nf* star.
estrellar [estre'ʎar] *vt* (*hacer añicos*) to smash (to pieces); (*huevos*) to fry; **~se** *vr* to smash; (*chocarse*) to crash; (*fracasar*) to fail.
estremecer [estreme'θer] *vt* to shake; **~se** *vr* to shake, tremble; **estremecimiento** *nm* (*temblor*) trembling, shaking.
estrenar [estre'nar] *vt* (*vestido*) to wear for the first time; (*casa*) to move into; (*película, obra de teatro*) to première; **~se** *vr* (*persona*) to make one's début; **estreno** *nm* (*primer uso*) first use; (*CINE etc*) première.
estreñido, a [estre'ɲiðo, a] *a* constipated.
estreñimiento [estreɲi'mjento] *nm* constipation.
estrépito [es'trepito] *nm* noise, racket; (*fig*) fuss; **estrepitoso, a** *a* noisy; (*fiesta*) rowdy.
estría [es'tria] *nf* groove.
estribar [estri'ßar] *vi*: ~ **en** to rest on, be supported by.
estribillo [estri'ßiʎo] *nm* (*LITERATURA*) refrain; (*MUS*) chorus.
estribo [es'trißo] *nm* (*de jinete*) stirrup; (*de coche, tren*) step; (*de puente*) support; (*GEO*) spur; **perder los ~s** to fly off the handle.
estribor [estri'ßor] *nm* (*NAUT*) starboard.
estricnina [estrik'nina] *nf* strychnine.
estricto, a [es'trikto, a] *a* (*riguroso*) strict; (*severo*) severe.
estropajo [estro'paxo] *nm* scourer.
estropear [estrope'ar] *vt* (*arruinar*) to spoil; (*dañar*) to damage; **~se** *vr* (*objeto*) to get damaged; (*persona*: *la piel etc*) to be ruined.
estructura [estruk'tura] *nf* structure.
estruendo [es'trwendo] *nm* (*ruido*) racket, din; (*fig*: *alboroto*) uproar, turmoil.
estrujar [estru'xar] *vt* (*apretar*) to squeeze; (*aplastar*) to crush; (*fig*) to drain, bleed.
estuario [es'twarjo] *nm* estuary.
estuche [es'tutʃe] *nm* box, case.
estudiante [estu'ðjante] *nm/f* student; **estudiantil** *a* student *cpd*.
estudiar [estu'ðjar] *vt* to study.
estudio [es'tuðjo] *nm* study; (*CINE, ARTE, RADIO*) studio; **~s** *nmpl* studies; (*erudición*) learning *sg*; **~so, a** *a* studious.
estufa [es'tufa] *nf* heater, fire.
estupefaciente [estupefa'θjente] *nm* drug, narcotic.
estupefacto, a [estupe'fakto, a] *a* speechless, thunderstruck.
estupendo, a [estu'pendo, a] *a* wonderful, terrific; (*fam*) great; ¡~! that's great!, fantastic!
estupidez [estupi'ðeθ] *nf* (*torpeza*) stupidity; (*acto*) stupid thing (to do).
estúpido, a [es'tupiðo, a] *a* stupid, silly.
estupor [estu'por] *nm* stupor; (*fig*) astonishment, amazement.
estupro [es'tupro] *nm* rape.
estuve *etc vb ver* **estar**.
esvástica [es'ßastika] *nf* swastika.
ETA ['eta] *nf abr* (*Esp*) ETA.
etapa [e'tapa] *nf* (*de viaje*) stage; (*DEPORTE*) leg; (*parada*) stopping place; (*fig*) stage, phase.
etarra [e'tarra] *nm/f* member of ETA.
etc. *abr* (= *etcétera*) etc.
etcétera [et'θetera] *ad* etcetera.
eternidad [eterni'ðað] *nf* eternity; **eterno, a** *a* eternal, everlasting.
ético, a ['etiko, a] *a* ethical // *nf* ethics

pl.

etiqueta [eti'keta] *nf* (*modales*) etiquette; (*rótulo*) label, tag.

Eucaristía [eukaris'tia] *nf* Eucharist.

eufemismo [eufe'mismo] *nm* euphemism.

euforia [eu'forja] *nf* euphoria.

eunuco [eu'nuko] *nm* eunuch.

Europa [eu'ropa] *nf* Europe; **europeo, a** *a, nm/f* European.

éuscaro, a ['euskaro, a] *a* Basque // *nm* (LING) Basque.

Euskadi [eus'kaði] *nm* the Basque Country *o* Provinces *pl*.

euskera [eus'kera] *nm* (LING) Basque.

evacuación [eβakwa'θjon] *nf* evacuation; **evacuar** *vt* to evacuate.

evadir [eβa'ðir] *vt* to evade, avoid; **~se** *vr* to escape.

evaluar [eβa'lwar] *vt* to evaluate.

evangélico, a [eβan'xeliko, a] *a* evangelic(al).

evangelio [eβan'xeljo] *nm* gospel.

evaporar [eβapo'rar] *vt* to evaporate; **~se** *vr* to vanish.

evasión [eβa'sjon] *nf* escape, flight; (*fig*) evasion.

evasivo, a [eβa'siβo, a] *a* evasive, noncommittal // *nf* (*pretexto*) excuse.

evento [e'βento] *nm* event.

eventual [eβen'twal] *a* possible, conditional (upon circumstances); (*trabajador*) casual, temporary.

evidencia [eβi'ðenθja] *nf* evidence, proof; **evidenciar** *vt* (*hacer patente*) to make evident; (*probar*) to prove, show; **evidenciarse** *vr* to be evident.

evidente [eβi'ðente] *a* obvious, clear, evident.

evitar [eβi'tar] *vt* (*evadir*) to avoid; (*impedir*) to prevent.

evocar [eβo'kar] *vt* to evoke, call forth.

evolución [eβolu'θjon] *nf* (*desarrollo*) evolution, development; (*cambio*) change; (MIL) manoeuvre; **evolucionar** *vi* to evolve; to manoeuvre.

ex [eks] *a* ex-; el ~ ministro the former minister, the ex-minister.

exacerbar [eksaθer'βar] *vt* to irritate, annoy.

exactamente [eksakta'mente] *ad* exactly.

exactitud [eksakti'tuð] *nf* exactness; (*precisión*) accuracy; (*puntualidad*) punctuality; **exacto, a** *a* exact; accurate; punctual; ¡exacto! exactly!

exageración [eksaxera'θjon] *nf* exaggeration; **exagerar** *vt, vi* to exaggerate.

exaltado, a [eksal'taðo, a] *a* (*apasionado*) over-excited, worked-up; (*exagerado*) extreme.

exaltar [eksal'tar] *vt* to exalt, glorify; **~se** *vr* (*excitarse*) to get excited *o* worked-up.

examen [ek'samen] *nm* examination.

examinar [eksami'nar] *vt* to examine; **~se** *vr* to be examined, take an examination.

exasperar [eksaspe'rar] *vt* to exasperate; **~se** *vr* to get exasperated, lose patience.

Exca. *abr* = **Excelencia.**

excavadora [ekskaβa'ðora] *nf* excavator.

excavar [ekska'βar] *vt* to excavate.

excedente [eksθe'ðente] *a, nm* excess, surplus.

exceder [eksθe'ðer] *vt* to exceed, surpass; **~se** *vr* (*extralimitarse*) to go too far; (*sobrepasarse*) to excel o.s.

excelencia [eksθe'lenθja] *nf* excellence; E~ Excellency; **excelente** *a* excellent.

excelso, a [eks'θelso, a] *a* lofty, sublime.

excentricidad [eksθentriθi'ðað] *nf* eccentricity; **excéntrico, a** *a, nm/f* eccentric.

excepción [eksθep'θjon] *nf* exception; **excepcional** *a* exceptional.

excepto [eks'θepto] *ad* excepting, except (for).

exceptuar [eksθep'twar] *vt* to except, exclude.

excesivo, a [eksθe'siβo, a] *a* excessive.

exceso [eks'θeso] *nm* (*gen*) excess; (COM) surplus; ~ de equipaje/peso excess luggage/weight.

excitación [eksθita'θjon] *nf* (*sensación*) excitement; (*acción*) excitation.

excitado, a [eksθi'taðo, a] *a* excited; (*emociones*) aroused.

excitar [eksθi'tar] *vt* to excite; (*incitar*) to urge; **~se** *vr* to get excited.

exclamación [eksklama'θjon] *nf* exclamation; **exclamar** *vi* to exclaim.

excluir [ekskl'ir] *vt* to exclude; (*dejar fuera*) to shut out; (*descartar*) to reject; **exclusión** *nf* exclusion.

exclusiva [eksklu'siβa] *nf* (PRENSA) exclusive, scoop; (COM) sole right.

exclusivo, a [eksklu'siβo, a] *a* exclusive; derecho ~ sole *o* exclusive right.

Excmo. *abr* = *excelentísimo.*

excomulgar [ekskomul'ɣar] *vt* (REL) to excommunicate.

excomunión [ekskomu'njon] *nf* excommunication.

excursión [ekskur'sjon] *nf* excursion, outing; **excursionista** *nm/f* (*turista*) sightseer.

excusa [eks'kusa] *nf* excuse; (*disculpa*) apology.

excusar [eksku'sar] *vt* to excuse; (*evitar*) to avoid, prevent; **~se** *vr* (*disculparse*) to apologize.

exento, a [ek'sento, a] *a* exempt.

exequias [ek'sekjas] *nfpl* funeral rites.

exhalar [eksa'lar] *vt* to exhale, breathe out; (*olor etc*) to give off; (*suspiro*) to breathe, heave.

exhausto, a [ek'sausto, a] *a* exhausted.

exhibición [eksiβi'θjon] *nf* exhibition, display, show.

exhibir [eksi'ßir] *vt* to exhibit, display, show.
exhortación [eksorta'θjon] *nf* exhortation; **exhortar** *vt*: **exhortar a** to exhort to.
exigencia [eksi'xenθja] *nf* demand, requirement; **exigente** *a* demanding.
exigir [eksi'xir] *vt* (*gen*) to demand, require; ~ **el pago** to demand payment.
exiliado, a [eksi'ljaðo, a] *a* exiled // *nm/f* exile.
exilio [ek'siljo] *nm* exile.
eximio, a [ek'simjo, a] *a* (*eminente*) distinguished, eminent.
eximir [eksi'mir] *vt* to exempt.
existencia [eksis'tenθja] *nf* existence; ~**s** *nfpl* stock(s) (*pl*).
existir [eksis'tir] *vi* to exist, be.
éxito ['eksito] *nm* (*resultado*) result, outcome; (*triunfo*) success; (*MUS etc*) hit; **tener** ~ to be successful.
exonerar [eksone'rar] *vt* to exonerate; ~ **de una obligación** to free from an obligation.
exorcizar [eksorθi'θar] *vt* to exorcize.
exótico, a [ek'sotiko, a] *a* exotic.
expandir [ekspan'dir] *vt* to expand.
expansión [ekspan'sjon] *nf* expansion.
expatriarse [ekspa'trjarse] *vr* to emigrate; (*POL*) to go into exile.
expectativa [ekspekta'tißa] *nf* (*espera*) expectation; (*perspectiva*) prospect.
expedición [ekspeði'θjon] *nf* (*excursión*) expedition.
expediente [ekspe'ðjente] *nm* expedient; (*JUR*: *procedimento*) action, proceedings *pl*; (: *papeles*) dossier, file, record.
expedir [ekspe'ðir] *vt* (*despachar*) to send, forward; (*pasaporte*) to issue.
expedito, a [ekspe'ðito, a] *a* (*libre*) clear, free.
expendedor, a [ekspende'ðor, a] *nm/f* (*vendedor*) dealer; (*aparato*) (vending) machine; ~ **de cigarrillos** cigarette machine.
expendeduría [ekspendedu'ria] *nf* (*estanco*) tobacconist's (shop).
expensas [eks'pensas] *nfpl*: **a ~ de** at the expense of.
experiencia [ekspe'rjenθja] *nf* experience.
experimentado, a [eksperimen'taðo, a] *a* experienced.
experimentar [eksperimen'tar] *vt* (*en laboratorio*) to experiment with; (*probar*) to test, try out; (*notar, observar*) to experience; (*deterioro, pérdida*) to suffer; **experimento** *nm* experiment.
experto, a [eks'perto, a] *a* expert, skilled // *nm/f* expert.
expiar [ekspi'ar] *vt* to atone for.
expirar [ekspi'rar] *vi* to expire.
explayarse [ekspla'jarse] *vr* (*en discurso*) to speak at length; ~ **con uno** to confide in sb.
explicación [eksplika'θjon] *nf* explanation; **explicar** *vt* to explain; **explicarse** *vr* to explain (o.s.).
explícito, a [eks'pliθito, a] *a* explicit.
explique *etc vb ver* **explicar**.
explorador, a [eksplora'ðor, a] *nm/f* (*pionero*) explorer; (*MIL*) scout // *nm* (*MED*) probe; (*TEC*) (radar) scanner.
explorar [eksplo'rar] *vt* to explore; (*MED*) to probe; (*radar*) to scan.
explosión [eksplo'sjon] *nf* explosion; **explosivo, a** *a* explosive.
explotación [eksplota'θjon] *nf* exploitation; (*de planta etc*) running.
explotar [eksplo'tar] *vt* to exploit; to run, operate // *vi* to explode.
exponer [ekspo'ner] *vt* to expose; (*cuadro*) to display; (*vida*) to risk; (*idea*) to explain; ~**se** *vr*: ~**se a (hacer) algo** to run the risk of (doing) sth.
exportación [eksporta'θjon] *nf* (*acción*) export; (*mercancías*) exports *pl*; **exportar** *vt* to export.
exposición [eksposi'θjon] *nf* (*gen*) exposure; (*de arte*) show, exhibition; (*explicación*) explanation; (*narración*) account, statement.
expresar [ekspre'sar] *vt* to express; **expresión** *nf* expression.
expreso, a *pp de* **expresar** // [eks'preso, a] *a* (*explícito*) express; (*claro*) specific, clear; (*tren*) fast // *nm*: **mandar** ~ to send by express (delivery).
express [eks'pres] *ad* (*AM*): **enviar algo** ~ to send sth special delivery.
exprimidor [eksprimi'ðor] *nm* squeezer.
exprimir [ekspri'mir] *vt* (*fruta*) to squeeze; (*zumo*) to squeeze out.
expropiar [ekspro'pjar] *vt* to expropriate.
expuesto, a [eks'pwesto, a] *a* exposed; (*cuadro etc*) on show, on display.
expulsar [ekspul'sar] *vt* (*echar*) to eject, throw out; (*alumno*) to expel; (*despedir*) to sack, fire; (*DEPORTE*) to send off; **expulsión** *nf* expulsion; sending-off.
exquisito, a [ekski'sito, a] *a* exquisite; (*comida*) delicious.
éxtasis ['ekstasis] *nm* ecstasy.
extender [eksten'der] *vt* to extend; (*los brazos*) to stretch out, hold out; (*mapa, tela*) to spread (out), open (out); (*mantequilla*) to spread; (*certificado*) to issue; (*cheque, recibo*) to make out; (*documento*) to draw up; ~**se** *vr* (*gen*) to extend; (*persona*: *en el suelo*) to stretch out; (*epidemia*) to spread; **extendido, a** *a* (*abierto*) spread out, open; (*brazos*) outstretched; (*prevaleciente*) widespread.
extensión [eksten'sjon] *nf* (*de terreno, mar*) expanse, stretch; (*de tiempo*) length, duration; (*TEL*) extension; **en toda la ~ de la palabra** in every sense of the word.

extenso, a [eks'tenso, a] *a* extensive.
extenuar [ekste'nwar] *vt* (*debilitar*) to weaken.
exterior [ekste'rjor] *a* (*de fuera*) external; (*afuera*) outside, exterior; (*apariencia*) outward; (*deuda, relaciones*) foreign // *nm* (*gen*) exterior, outside; (*aspecto*) outward appearance; (*DEPORTE*) wing(er); (*países extranjeros*) abroad; **en el ~** abroad; **al ~** outwardly, on the surface.
exterminar [ekstermi'nar] *vt* to exterminate; **exterminio** *nm* extermination.
externo, a [eks'terno, a] *a* (*exterior*) external, outside; (*superficial*) outward // *nm/f* day pupil.
extinguir [ekstin'gir] *vt* (*fuego*) to extinguish, put out; (*raza, población*) to wipe out; **~se** *vr* (*fuego*) to go out; (*BIO*) to die out, become extinct.
extinto, a [eks'tinto, a] *a* extinct.
extintor [ekstin'tor] *nm* (fire) extinguisher.
extra ['ekstra] *a inv* (*tiempo*) extra; (*chocolate, vino*) good-quality // *nm/f* extra // *nm* extra; (*bono*) bonus.
extracción [ekstrak'θjon] *nf* extraction; (*en lotería*) draw.
extracto [eks'trakto] *nm* extract.
extraer [ekstra'er] *vt* to extract, take out.
extralimitarse [ekstralimi'tarse] *vr* to go too far.
extranjero, a [ekstran'xero, a] *a* foreign // *nm/f* foreigner // *nm* foreign countries *pl*; **en el ~** abroad.
extrañar [ekstra'ɲar] *vt* (*sorprender*) to find strange *o* odd; (*echar de menos*) to miss; **~se** *vr* (*sorprenderse*) to be amazed, be surprised; (*distanciarse*) to become estranged, grow apart.
extrañeza [ekstra'ɲeθa] *nf* (*rareza*) strangeness, oddness; (*asombro*) amazement, surprise.
extraño, a [eks'traɲo, a] *a* (*extranjero*) foreign; (*raro, sorprendente*) strange, odd.
extraordinario, a [ekstraorði'narjo, a] *a* extraordinary; (*edición, número*) special // *nm* (*de periódico*) special edition; **horas extraordinarias** overtime *sg*.
extrarradio [ekstra'rraðjo] *nm poor suburban area*.
extravagancia [ekstraβa'ɣanθja] *nf* oddness; outlandishness; **extravagante** *a* (*excéntrico*) eccentric; (*estrafalario*) outlandish.
extraviado, a [ekstra'βjaðo, a] *a* lost, missing.
extraviar [ekstra'βjar] *vt* (*persona: desorientar*) to mislead, misdirect; (*perder*) to lose, misplace; **~se** *vr* to lose one's way, get lost; **extravío** *nm* loss; (*fig*) deviation.
extremar [ekstre'mar] *vt* to carry to extremes; **~se** *vr* to do one's utmost make every effort.
extremaunción [ekstremaun'θjon] *n* extreme unction.
extremidad [ekstremi'ðað] *nf* (*punta* extremity; (*fila*) edge; **~es** *nfpl* (*ANAT* extremities.
extremo, a [eks'tremo, a] *a* extreme (*último*) last // *nm* end; (*límite, grad sumo*) extreme; **en último ~** as a last re sort.
extrovertido, a [ekstroβer'tiðo, a] *a* *nm/f* extrovert.
exuberancia [eksuβe'ranθja] *nf* exuber ance; **exuberante** *a* exuberant; (*fig* luxuriant, lush.
eyacular [ejaku'lar] *vt, vi* to ejaculate.

F

f.a.b. *abr* (= *franco a bordo*) f.o.b.
fábrica ['faβrika] *nf* factory; **marca de ~** trademark; **precio de ~** factory price.
fabricación [faβrika'θjon] *n* (*manufactura*) manufacture; (*produc ción*) production; **de ~ casera** home made; **~ en serie** mass production.
fabricante [faβri'kante] *nm/f* manufactur er.
fabricar [faβri'kar] *vt* (*manufacturar*) t manufacture, make; (*construir*) t build; (*cuento*) to fabricate, devise.
fábula ['faβula] *nf* (*cuento*) fable; (*chisme*) rumour; (*mentira*) fib.
facción [fak'θjon] *nf* (*POL*) faction; **facciones** *nfpl* (*del rostro*) features.
fácil ['faθil] *a* (*simple*) easy; (*probable*) likely.
facilidad [faθili'ðað] *nf* (*capacidad*) ease; (*sencillez*) simplicity; (*de palabra*) fluency; **~es** *nfpl* facilities.
facilitar [faθili'tar] *vt* (*hacer fácil*) to make easy; (*proporcionar*) to provide.
fácilmente ['faθilmente] *ad* easily.
facsímil [fak'simil] *nm* facsimile, fax.
factible [fak'tiβle] *a* feasible.
factor [fak'tor] *nm* factor.
factura [fak'tura] *nf* (*cuenta*) bill; (*hechura*) manufacture; **facturar** *v* (*COM*) to invoice, charge for; (*equipaje*) to register (*Brit*), check (*US*).
facultad [fakul'tað] *nf* (*aptitud, ESCOL etc*) faculty; (*poder*) power.
facha ['fatʃa] *nf* (*fam: aspecto*) look; (: *cara*) face.
fachada [fa'tʃaða] *nf* (*ARQ*) façade, front.
faena [fa'ena] *nf* (*trabajo*) work; (*quehacer*) task, job.
fagot [fa'ɣot] (*pl* **~es**) [fa'got] *nm* (*MUS*) bassoon.
faisán [fai'san] *nm* pheasant.
faja ['faxa] *nf* (*para la cintura*) sash; (*de mujer*) corset; (*de tierra*) strip.
fajo ['faxo] *nm* (*de papeles*) bundle; (*de

billetes) wad.
Falange [fa'lanxe] *nf* (POL) Falange.
falda ['falda] *nf* (*prenda de vestir*) skirt.
falo ['falo] *nm* phallus.
falsedad [false'ðað] *nf* falseness; (*hipocresía*) hypocrisy; (*mentira*) falsehood.
falsificar [falsifi'kar] *vt* (*firma etc*) to forge; (*voto etc*) to rig; (*moneda*) to counterfeit.
falso, a ['falso, a] *a* false; (*erróneo*) mistaken; (*documento, moneda etc*) fake; en ~ falsely.
falta ['falta] *nf* (*defecto*) fault, flaw; (*privación*) lack, want; (*ausencia*) absence; (*carencia*) shortage; (*equivocación*) mistake; (DEPORTE) foul; **echar en ~** to miss; **hacer ~ hacer algo** to be necessary to do sth; **me hace falta una pluma** I need a pen.
faltar [fal'tar] *vi* (*escasear*) to be lacking, be wanting; (*ausentarse*) to be absent, be missing; **faltan 2 horas para llegar** there are 2 hours to go till arrival; **~ al respeto a uno** to be disrespectful to sb; **¡no faltaba más!** that's the last straw!
falto, a ['falto, a] *a* (*desposeído*) deficient, lacking; (*necesitado*) poor, wretched.
falla ['faʎa] *nf* (*defecto*) fault, flaw.
fallar [fa'ʎar] *vt* (JUR) to pronounce sentence on // *vi* (*memoria*) to fail; (*motor*) to miss.
fallecer [faʎe'θer] *vi* to pass away, die; **fallecimiento** *nm* decease, demise.
fallido, a [fa'ʎiðo] *a* (*gen*) frustrated, unsuccessful.
fallo ['faʎo] *nm* (JUR) verdict, ruling; (*fracaso*) failure.
fama ['fama] *nf* (*renombre*) fame; (*reputación*) reputation.
famélico, a [fa'meliko, a] *a* starving.
familia [fa'milja] *nf* family.
familiar [fami'ljar] *a* (*relativo a la familia*) family *cpd*; (*conocido, informal*) familiar // *nm* relative, relation; **~idad** *nf* (*gen*) familiarity; (*informalidad*) homeliness; **~izarse** *vr*: **~izarse con** to familiarize o.s. with.
famoso, a [fa'moso, a] *a* (*renombrado*) famous.
fanático, a [fa'natiko, a] *a* fanatical // *nm/f* fanatic; (CINE, DEPORTE) fan; **fanatismo** *nm* fanaticism.
fanfarrón, ona [fanfa'rron, ona] *a* boastful; (*pey*) showy.
fango ['fango] *nm* mud; **~so, a** *a* muddy.
fantasía [fanta'sia] *nf* fantasy, imagination; **joyas de ~** imitation jewellery *sg*.
fantasma [fan'tasma] *nm* (*espectro*) ghost, apparition; (*presumido*) show-off.
fantástico, a [fan'tastiko, a] *a* (*irreal, fam*) fantastic.
farmacéutico, a [farma'θeutiko, a] *a* pharmaceutical // *nm/f* chemist (*Brit*), pharmacist.
farmacia [far'maθja] *nf* chemist's (shop) (*Brit*), pharmacy; **~ de turno** duty chemist.
fármaco ['farmako] *nm* drug.
faro ['faro] *nm* (NAUT: *torre*) lighthouse; (AUTO) headlamp; (*foco*) floodlight; **~s antiniebla** fog lamps; **~s delanteros/traseros** headlights/rear lights.
farol [fa'rol] *nm* lantern, lamp.
farola [fa'rola] *nf* street lamp (*Brit*) *o* light (*US*).
farsa ['farsa] *nf* (*gen*) farce.
farsante [far'sante] *nm/f* fraud, fake.
fascículo [fas'θikulo] *nm* (*de revista*) part, instalment.
fascinar [fasθi'nar] *vt* (*gen*) to fascinate.
fascismo [fas'θismo] *nm* fascism; **fascista** *a, nm/f* fascist.
fase ['fase] *nf* phase.
fastidiar [fasti'ðjar] *vt* (*disgustar*) to annoy, bother; (*estropear*) to spoil; **~se** *vr* (*disgustarse*) to get annoyed *o* cross; **¡que se fastidie!** (*fam*) he'll just have to put up with it!
fastidio [fas'tiðjo] *nm* (*disgusto*) annoyance; **~so, a** *a* (*molesto*) annoying.
fatal [fa'tal] *a* (*gen*) fatal; (*desgraciado*) ill-fated; (*fam*: *malo, pésimo*) awful; **~idad** *nf* (*destino*) fate; (*mala suerte*) misfortune.
fatiga [fa'tiɣa] *nf* (*cansancio*) fatigue, weariness.
fatigar [fati'ɣar] *vt* to tire, weary; **~se** *vr* to get tired.
fatigoso, a [fati'ɣoso, a] *a* (*cansador*) tiring.
fatuo, a ['fatwo, a] *a* (*vano*) fatuous; (*presuntuoso*) conceited.
fauces ['fauθes] *nfpl* jaws, mouth *sg*.
favor [fa'βor] *nm* favour; **estar a ~ de** to be in favour of; **haga el ~ de...** would you be so good as to..., kindly...; **por ~** please; **~able** *a* favourable.
favorecer [faβore'θer] *vt* to favour; (*vestido etc*) to become, flatter; **este peinado le favorece** this hairstyle suits him.
favorito, a [faβo'rito, a] *a, nm/f* favourite.
faz [faθ] *nf* face; **la ~ de la tierra** the face of the earth.
fe [fe] *nf* (REL) faith; (*confianza*) belief; (*documento*) certificate; **prestar ~ a** to believe, credit; **actuar con buena/mala ~** to act in good/bad faith; **dar ~ de** to bear witness to.
fealdad [feal'dað] *nf* ugliness.
febrero [fe'βrero] *nm* February.
fecundar [fekun'dar] *vt* (*generar*) to fertilize, make fertile; **fecundo, a** *a* (*fértil*) fertile; (*fig*) prolific; (*productivo*) productive.

fecha ['fetʃa] *nf* date; ~ **de caducidad, ~ límite de venta** (*de producto alimenticio*) sell-by date; **en ~ próxima** soon; **hasta la ~** to date, so far; **poner ~** to date; **fechar** *vt* to date.

federación [federa'θjon] *nf* federation.

federal [feðe'ral] *a* federal.

felicidad [feliθi'ðað] *nf* (*satisfacción, contento*) happiness; **~es** *nfpl* best wishes, congratulations.

felicitación [feliθita'θjon] *nf*: **¡felicitaciones!** congratulations!

felicitar [feliθi'tar] *vt* to congratulate.

feligrés, esa [feli'ɣres, esa] *nm/f* parishioner.

feliz [fe'liθ] *a* (*contento*) happy; (*afortunado*) lucky.

felpudo [fel'puðo] *nm* doormat.

femenino, a [feme'nino, a] *a, nm* feminine.

feminista [femi'nista] *a, nm/f* feminist.

fenómeno [fe'nomeno] *nm* phenomenon; (*fig*) freak, accident // *a* great // *excl* great!, marvellous!

feo, a ['feo, a] *a* (*gen*) ugly; (*desagradable*) bad, nasty.

féretro ['feretro] *nm* (*ataúd*) coffin; (*sarcófago*) bier.

feria ['ferja] *nf* (*gen*) fair; (*descanso*) holiday, rest day; (*AM*: *mercado*) village market; (: *cambio*) loose *o* small change.

fermentar [fermen'tar] *vi* to ferment.

ferocidad [feroθi'ðað] *nf* fierceness, ferocity.

feroz [fe'roθ] *a* (*cruel*) cruel; (*salvaje*) fierce.

férreo, a ['ferreo, a] *a* iron.

ferretería [ferrete'ria] *nf* (*tienda*) ironmonger's (shop) (*Brit*), hardware store.

ferrocarril [ferroka'rril] *nm* railway.

ferroviario, a [ferro'βjarjo, a] *a* rail *cpd*.

fértil ['fertil] *a* (*productivo*) fertile; (*rico*) rich; **fertilidad** *nf* (*gen*) fertility; (*productividad*) fruitfulness.

fertilizar [fertili'θar] *vt* to fertilize.

fervor [fer'βor] *nm* fervour; **~oso, a** *a* fervent.

festejar [feste'xar] *vt* (*agasajar*) to wine and dine; (*galantear*) to court; (*celebrar*) to celebrate; **festejo** *nm* (*diversión*) entertainment; (*galanteo*) courtship; (*fiesta*) celebration.

festividad [festiβi'ðað] *nf* festivity.

festivo, a [fes'tiβo, a] *a* (*de fiesta*) festive; (*fig*) witty; (*CINE, LITERATURA*) humorous; **día ~** holiday.

fétido, a ['fetiðo, a] *a* (*hediondo*) foul-smelling.

feto ['feto] *nm* foetus.

fiable ['fjaβle] *a* (*persona*) trustworthy; (*máquina*) reliable.

fiador, a [fia'ðor, a] *nm/f* (*JUR*) surety, guarantor; (*COM*) backer; **salir ~ por alguien** to stand bail for sb.

fiambre ['fjambre] *nm* cold meat.

fianza ['fjanθa] *nf* surety; (*JUR*): **libertad bajo ~** release on bail.

fiar [fi'ar] *vt* (*salir garante de*) to guarantee; (*vender a crédito*) to sell on credit; (*secreto*) to confide (*a* to) // *vi* to trust; **~se** *vr* to trust (in), rely on; **~se de uno** to rely on sb.

fibra ['fiβra] *nf* fibre; **~ óptica** optical fibre.

ficción [fik'θjon] *nf* fiction.

ficticio, a [fik'tiθjo, a] *a* (*imaginario*) fictitious; (*falso*) fabricated.

ficha ['fitʃa] *nf* (*TEL*) token; (*en juegos*) counter, marker; (*tarjeta*) (index) card; **fichar** *vt* (*archivar*) to file, index; (*DEPORTE*) to sign; **estar fichado** to have a record; **fichero** *nm* box file; (*INFORM*) file.

fidelidad [fiðeli'ðað] *nf* (*lealtad*) fidelity, loyalty; **alta ~** high fidelity, hi-fi.

fideos [fi'ðeos] *nmpl* noodles.

fiebre ['fjeβre] *nf* (*MED*) fever; (*fig*) fever, excitement; **~ amarilla/del heno** yellow/hay fever; **~ palúdica** malaria; **tener ~** to have a temperature.

fiel [fjel] *a* (*leal*) faithful, loyal; (*fiable*) reliable; (*exacto*) accurate, faithful // *nm*: **los ~es** the faithful.

fieltro ['fjeltro] *nm* felt.

fiero, a ['fjero, a] *a* (*cruel*) cruel; (*feroz*) fierce; (*duro*) harsh // *nf* (*animal feroz*) wild animal *o* beast; (*fig*) dragon // *nm/f* (*fig*) fiend.

fiesta ['fjesta] *nf* party; (*de pueblo*) festival; (*vacaciones, tb*: **~s**) holiday *sg*; (*REL*): **~ de guardar** day of obligation.

figura [fi'ɣura] *nf* (*gen*) figure; (*forma, imagen*) shape, form; (*NAIPES*) face card.

figurar [fiɣu'rar] *vt* (*representar*) to represent; (*fingir*) to figure // *vi* to figure; **~se** *vr* (*imaginarse*) to imagine; (*suponer*) to suppose.

fijador [fixa'ðor] *nm* (*FOTO etc*) fixative; (*de pelo*) gel.

fijar [fi'xar] *vt* (*gen*) to fix; (*estampilla*) to affix, stick (on); (*fig*) to settle (on), decide; **~se** *vr*: **~se en** to notice.

fijo, a ['fixo, a] *a* (*gen*) fixed; (*firme*) firm; (*permanente*) permanent // *ad*: **mirar ~** to stare.

fila ['fila] *nf* row; (*MIL*) rank; (*cadena*) line; **ponerse en ~** to line up, get into line.

filántropo, a [fi'lantropo, a] *nm/f* philanthropist.

filatelia [fila'telja] *nf* philately, stamp collecting.

filete [fi'lete] *nm* (*carne*) fillet steak; (*pescado*) fillet.

filial [fi'ljal] *a* filial // *nf* subsidiary.

Filipinas [fili'pinas] *nfpl*: **las ~** the Philippines; **filipino, a** *a, nm/f*

Philippine.

filmar [fil'mar] *vt* to film, shoot.

filo ['filo] *nm* (*gen*) edge; **sacar ~ a** to sharpen; **al ~ del mediodía** at about midday; **de doble ~** double-edged.

filón [fi'lon] *nm* (*MINERÍA*) vein, lode; (*fig*) goldmine.

filosofía [filoso'fia] *nf* philosophy; **filósofo, a** *nm/f* philosopher.

filtrar [fil'trar] *vt, vi* to filter, strain; **~se** *vr* to filter; (*fig*: *dinero*) to dwindle; **filtro** *nm* (*TEC, utensilio*) filter.

fin [fin] *nm* end; (*objetivo*) aim, purpose; **al ~ y al cabo** when all's said and done; **a ~ de** in order to; **por ~** finally; **en ~** in short; **~ de semana** weekend.

final [fi'nal] *a* final // *nm* end, conclusion // *nf* final; **~idad** *nf* (*propósito*) purpose, intention; **~ista** *nm/f* finalist; **~izar** *vt* to end, finish; (*INFORM*) to log out *o* off // *vi* to end, come to an end.

financiar [finan'θjar] *vt* to finance; **financiero, a** *a* financial // *nm/f* financier.

finca ['finka] *nf* country estate; (*AM*) farm.

fingir [fin'xir] *vt* (*simular*) to simulate, feign; (*pretextar*) to sham, fake // *vi* (*aparentar*) to pretend; **~se** *vr* to pretend to be.

finlandés, esa [finlan'des, esa] *a* Finnish // *nm/f* Finn // *nm* (*LING*) Finnish.

Finlandia [fin'landja] *nf* Finland.

fino, a ['fino, a] *a* fine; (*delgado*) slender; (*de buenas maneras*) polite, refined; (*jerez*) fino, dry.

firma ['firma] *nf* signature; (*COM*) firm, company; **firmar** *vt* to sign.

firme ['firme] *a* firm; (*estable*) stable; (*sólido*) solid; (*constante*) steady; (*decidido*) resolute // *nm* road (surface); **~mente** *ad* firmly; **~za** *nf* firmness; (*constancia*) steadiness; (*solidez*) solidity.

fiscal [fis'kal] *a* fiscal // *nm/f* public prosecutor; **año ~** tax *o* fiscal year.

fisco ['fisko] *nm* (*hacienda*) treasury, exchequer (*Brit*).

fisgar [fis'ɣar] *vt* to pry into.

físico, a ['fisiko, a] *a* physical // *nm* physique // *nm/f* physicist // *nf* physics *sg*.

flaco, a ['flako, a] *a* (*muy delgado*) skinny, thin; (*débil*) weak, feeble.

flagrante [fla'ɣrante] *a* flagrant.

flamante [fla'mante] *a* (*fam*) brilliant; (: *nuevo*) brand-new.

flamenco, a [fla'menko, a] *a* (*de Flandes*) Flemish; (*baile, música*) flamenco // *nm* (*baile, música*) flamenco.

flan [flan] *nm* creme caramel.

flaqueza [fla'keθa] *nf* (*delgadez*) thinness, leanness; (*fig*) weakness.

flash [flaʃ] (*pl* **~s** *o* **~es**) *nm* (*FOTO*) flash.

flauta ['flauta] *nf* (*MUS*) flute.

fleco ['fleko] *nm* fringe.

flecha ['fletʃa] *nf* arrow.

flema ['flema] *nm* phlegm.

flequillo [fle'kiʎo] *nm* (*pelo*) fringe.

flete ['flete] *nm* (*carga*) freight; (*alquiler*) charter; (*precio*) freightage.

flexible [flek'sißle] *a* flexible.

flipper ['fliper] *nm* pinball (machine).

flojera [flo'xera] *nf* (*AM fam*): **me da ~** I can't be bothered.

flojo, a ['floxo, a] *a* (*gen*) loose; (*sin fuerzas*) limp; (*débil*) weak.

flor [flor] *nf* flower; (*piropo*) compliment; **a ~ de** on the surface of; **~ecer** *vi* (*BOT*) to flower, bloom; (*fig*) to flourish; **~eciente** *a* (*BOT*) in flower, flowering; (*fig*) thriving; **~ero** *nm* vase; **~ista** *nm/f* florist.

flota ['flota] *nf* fleet.

flotador [flota'ðor] *nm* (*gen*) float; (*para nadar*) rubber ring.

flotar [flo'tar] *vi* (*gen*) to float; **flote** *nm*: **a flote** afloat; **salir a flote** (*fig*) to get back on one's feet.

fluctuar [fluk'twar] *vi* (*oscilar*) to fluctuate.

fluidez [flui'ðeθ] *nf* fluidity; (*fig*) fluency.

flúido, a ['fluiðo, a] *a, nm* fluid.

fluir [flu'ir] *vi* to flow.

flujo ['fluxo] *nm* flow; **~ y reflujo** ebb and flow; **~ de sangre** (*MED*) loss of blood; **~grama** *nm* flowchart.

foca ['foka] *nf* seal.

foco ['foko] *nm* focus; (*ELEC*) floodlight; (*AM*) (light) bulb.

fogón [fo'ɣon] *nm* (*de cocina*) ring, burner.

fogoso, a [fo'ɣoso, a] *a* spirited.

follaje [fo'ʎaxe] *nm* foliage.

folleto [fo'ʎeto] *nm* pamphlet.

follón [fo'ʎon] *nm* (*fam*: *lío*) mess; (: *conmoción*) fuss; **armar un ~** to kick up a row.

fomentar [fomen'tar] *vt* (*MED*) to foment; **fomento** *nm* (*promoción*) promotion.

fonda ['fonda] *nf* inn.

fondo ['fondo] *nm* (*de mar*) bottom; (*de coche, sala*) back; (*ARTE etc*) background; (*reserva*) fund; **~s** *nmpl* (*COM*) funds, resources; **una investigación a ~** a thorough investigation; **en el ~** at bottom, deep down.

fono ['fono] *nm* (*AM*) telephone number.

fontanería [fontane'ria] *nf* plumbing; **fontanero, a** *nm/f* plumber.

forastero, a [foras'tero, a] *nm/f* stranger.

forcejear [forθexe'ar] *vi* (*luchar*) to struggle.

forjar [for'xar] *vt* to forge.

forma ['forma] *nf* (*figura*) form, shape; (*molde*) mould, pattern; (*MED*) fitness; (*método*) way, means; **las ~s** the con-

ventions; estar en ~ to be fit.
formación [forma'θjon] *nf* (*gen*) formation; (*educación*) education; ~ profesional vocational training.
formal [for'mal] *a* (*gen*) formal; (*fig*: *persona*) serious; (: *de fiar*) reliable; **~idad** *nf* formality; seriousness; **~izar** *vt* (*JUR*) to formalize; (*situación*) to put in order, regularize; **~izarse** *vr* (*situación*) to be put in order, be regularized.
formar [for'mar] *vt* (*componer*) to form, shape; (*constituir*) to make up, constitute; (*ESCOL*) to train, educate; **~se** *vr* (*ESCOL*) to be trained, educated; (*cobrar forma*) to form, take form; (*desarrollarse*) to develop.
formatear [formate'ar] *vt* to format.
formidable [formi'ðaβle] *a* (*temible*) formidable; (*asombroso*) tremendous.
formulario [formu'larjo] *nm* form.
fornido, a [for'niðo, a] *a* well-built.
foro ['foro] *nm* (*gen*) forum; (*JUR*) court.
forrar [fo'rrar] *vt* (*abrigo*) to line; (*libro*) to cover; **forro** *nm* (*de cuaderno*) cover; (*COSTURA*) lining; (*de sillón*) upholstery.
fortalecer [fortale'θer] *vt* to strengthen.
fortaleza [forta'leθa] *nf* (*MIL*) fortress, stronghold; (*fuerza*) strength; (*determinación*) resolution.
fortuito, a [for'twito, a] *a* accidental.
fortuna [for'tuna] *nf* (*suerte*) fortune, (good) luck; (*riqueza*) fortune, wealth.
forzar [for'θar] *vt* (*puerta*) to force (open); (*compeler*) to compel.
forzoso, a [for'θoso, a] *a* necessary.
fosa ['fosa] *nf* (*sepultura*) grave; (*en tierra*) pit; (*MED*) cavity.
fósforo ['fosforo] *nm* (*QUÍMICA*) phosphorus; (*AM*) match.
foso ['foso] *nm* ditch; (*TEATRO*) pit; (*AUTO*): ~ **de reconocimiento** inspection pit.
foto ['foto] *nf* photo, snap(shot); **sacar una** ~ to take a photo *o* picture.
fotocopia [foto'kopja] *nf* photocopy; **fotocopiadora** *nf* photocopier; **fotocopiar** *vt* to photocopy.
fotografía [fotoɤra'fia] *nf* (*ARTE*) photography; (*una* ~) photograph; **fotografiar** *vt* to photograph.
fotógrafo, a [fo'toɤrafo, a] *nm/f* photographer.
fracaso [fra'kaso] *nm* (*desgracia, revés*) failure; **fracasar** *vi* (*gen*) to fail.
fracción [frak'θjon] *nf* fraction; (*POL*) faction; **fraccionamiento** *nm* (*AM*) housing estate.
fractura [frak'tura] *nf* fracture, break.
fragancia [fra'ɤanθja] *nf* (*olor*) fragrance, perfume.
frágil ['fraxil] *a* (*débil*) fragile; (*COM*) breakable.
fragmento [fraɤ'mento] *nm* (*pedazo*) fragment.
fragua ['fraɤwa] *nf* forge; **fraguar** *vt* to forge; (*fig*) to concoct // *vi* to harden.
fraile ['fraile] *nm* (*REL*) friar; (: *monje*) monk.
frambuesa [fram'bwesa] *nf* raspberry.
francés, esa [fran'θes, esa] *a* French // *nm/f* Frenchman/woman // *nm* (*LING*) French.
Francia ['franθja] *nf* France.
franco, a ['franko, a] *a* (*cándido*) frank, open; (*COM*: *exento*) free // *nm* (*moneda*) franc.
francotirador, a [frankotira'ðor, a] *nm/f* sniper.
franela [fra'nela] *nf* flannel.
franja ['franxa] *nf* fringe.
franquear [franke'ar] *vt* (*camino*) to clear; (*carta, paquete postal*) to frank, stamp; (*obstáculo*) to overcome.
franqueo [fran'keo] *nm* postage.
franqueza [fran'keθa] *nf* (*candor*) frankness.
frasco ['frasko] *nm* bottle, flask; ~ **al vacío** (vacuum) flask.
frase ['frase] *nf* sentence; ~ **hecha** set phrase; (*pey*) stock phrase.
fraude ['frauðe] *nm* (*cualidad*) dishonesty; (*acto*) fraud; **fraudulento, a** *a* fraudulent.
frazada [fra'saða] *nf* (*AM*) blanket.
frecuencia [fre'kwenθja] *nf* frequency; **con** ~ frequently, often.
fregadero [freɤa'ðero] *nm* (kitchen) sink.
fregar [fre'ɤar] *vt* (*frotar*) to scrub; (*platos*) to wash (up); (*AM*) to annoy.
fregona [fre'ɤona] *nf* (*utensilio*) mop; (*pey*: *sirvienta*) skivvy.
freír [fre'ir] *vt* to fry.
frenar [fre'nar] *vt* to brake; (*fig*) to check.
frenesí [frene'si] *nm* frenzy; **frenético, a** *a* frantic.
freno ['freno] *nm* (*TEC, AUTO*) brake; (*de cabalgadura*) bit; (*fig*) check.
frente ['frente] *nm* (*ARQ, POL*) front; (*de objeto*) front part // *nf* forehead, brow; ~ **a** in front of; (*en situación opuesta de*) opposite; **al** ~ **de** (*fig*) at the head of; **chocar de** ~ to crash head-on; **hacer** ~ **a** to face up to.
fresa ['fresa] *nf* (*Esp*) strawberry.
fresco, a ['fresko, a] *a* (*nuevo*) fresh; (*frío*) cool; (*descarado*) cheeky // *nm* (*aire*) fresh air; (*ARTE*) fresco; (*AM*: *jugo*) fruit drink // *nm/f* (*fam*): **ser un** ~ to have a nerve; **tomar el** ~ to get some fresh air; **frescura** *nf* freshness; (*descaro*) cheek, nerve; (*calma*) calmness.
frialdad [frial'dað] *nf* (*gen*) coldness; (*indiferencia*) indifference.
fricción [frik'θjon] *nf* (*gen*) friction; (*acto*) rub(bing); (*MED*) massage.
frigidez [frixi'ðeθ] *nf* frigidity.
frigorífico [friɤo'rifiko] *nm* refrigerator.

frijol [fri'xol] *nm* kidney bean.

frío, a *etc vb ver* **freír** // ['frio, a] *a* cold; (*indiferente*) indifferent // *nm* cold; indifference; **tener ~** to be cold.

frito, a ['frito, a] *a* fried; **me trae ~ ese hombre** I'm sick and tired of that man.

frívolo, a ['frißolo, a] *a* frivolous.

frontera [fron'tera] *nf* frontier; **fronterizo, a** *a* frontier *cpd*; (*contiguo*) bordering.

frontón [fron'ton] *nm* (DEPORTE: *cancha*) pelota court; (: *juego*) pelota.

frotar [fro'tar] *vt* to rub; **~se** *vr*: **~se las manos** to rub one's hands.

fructífero, a [fruk'tifero, a] *a* fruitful.

frugal [fru'ɣal] *a* frugal.

fruncir [frun'θir] *vt* to pucker; (COSTURA) to pleat; **~ el ceño** to knit one's brow.

frustrar [frus'trar] *vt* to frustrate.

fruta ['fruta] *nf* fruit; **frutería** *nf* fruit shop; **frutero, a** *a* fruit *cpd* // *nm/f* fruiterer // *nm* fruit bowl.

frutilla [fru'tiʎa] *nf* (*AM*) strawberry.

fue *vb ver* **ser, ir.**

fuego ['fweɣo] *nm* (*gen*) fire; **a ~ lento** on a low flame *o* gas; **¿tienes ~?** have you (got) a light?

fuente ['fwente] *nf* fountain; (*manantial, fig*) spring; (*origen*) source; (*plato*) large dish.

fuera *etc vb ver* **ser, ir** // ['fwera] *ad* out(side); (*en otra parte*) away; (*excepto, salvo*) except, save // *prep*: **~ de** outside; (*fig*) besides; **~ de sí** beside o.s.

fuerte ['fwerte] *a* strong; (*golpe*) hard; (*ruido*) loud; (*comida*) rich; (*lluvia*) heavy; (*dolor*) intense // *ad* strongly; hard; loud(ly).

fuerza *etc vb ver* **forzar** // ['fwerθa] *nf* (*fortaleza*) strength; (TEC, ELEC) power; (*coacción*) force; (MIL: *tb*: **~s**) forces *pl*; **a ~ de** by dint of; **cobrar ~s** to recover one's strength; **tener ~s para** to have the strength to; **a la ~** forcibly, by force; **por ~** of necessity.

fuga ['fuɣa] *nf* (*huida*) flight, escape; (*de gas etc*) leak.

fugarse [fu'ɣarse] *vr* to flee, escape.

fugaz [fu'ɣaθ] *a* fleeting.

fugitivo, a [fuxi'tißo, a] *a, nm/f* fugitive.

fui *vb ver* **ser, ir.**

fulano, a [fu'lano, a] *nm/f* so-and-so, what's-his-name/what's-her-name.

fulgor [ful'ɣor] *nm* brilliance.

fumador, a [fuma'ðor, a] *nm/f* smoker.

fumar [fu'mar] *vt, vi* to smoke; **~se** *vr* (*disipar*) to squander; **~ en pipa** to smoke a pipe.

funambulista [funambu'lista] *nm/f* tightrope walker.

función [fun'θjon] *nf* function; (*de puesto*) duties *pl*; (*espectáculo*) show; **entrar en funciones** to take up one's duties.

funcionar [funθjo'nar] *vi* (*gen*) to function; (*máquina*) to work; **'no funciona'** 'out of order'.

funcionario, a [funθjo'narjo, a] *nm/f* official; (*público*) civil servant.

funda ['funda] *nf* (*gen*) cover; (*de almohada*) pillowcase.

fundación [funda'θjon] *nf* foundation.

fundamental [fundamen'tal] *a* fundamental, basic.

fundamentar [fundamen'tar] *vt* (*poner base*) to lay the foundations of; (*establecer*) to found; (*fig*) to base; **fundamento** *nm* (*base*) foundation.

fundar [fun'dar] *vt* to found; **~se** *vr*: **~se en** to be founded on.

fundición [fundi'θjon] *nf* fusing; (*fábrica*) foundry.

fundir [fun'dir] *vt* (*gen*) to fuse; (*metal*) to smelt, melt down; (*nieve etc*) to melt; (COM) to merge; (*estatua*) to cast; **~se** *vr* (*colores etc*) to merge, blend; (*unirse*) to fuse together; (ELEC: *fusible, lámpara etc*) to fuse, blow; (*nieve etc*) to melt.

fúnebre ['funeßre] *a* funeral *cpd*, funereal.

funeral [fune'ral] *nm* funeral.

furgón [fur'ɣon] *nm* wagon; **furgoneta** *nf* (AUTO, COM) (transit) van (*Brit*), pick-up (truck) (*US*).

furia ['furja] *nf* (*ira*) fury; (*violencia*) violence; **furibundo, a** *a* furious; **furioso, a** *a* (*iracundo*) furious; (*violento*) violent; **furor** *nm* (*cólera*) rage.

furúnculo [fu'runkulo] *nm* boil.

fusible [fu'sißle] *nm* fuse.

fusil [fu'sil] *nm* rifle; **~ar** *vt* to shoot.

fusión [fu'sjon] *nf* (*gen*) melting; (*unión*) fusion; (COM) merger.

fusta ['fusta] *nf* (*látigo*) riding crop.

fútbol ['futßol] *nm* football; **futbolista** *nm* footballer.

fútil ['futil] *a* trifling; **futilidad** *nf* triviality.

futuro, a [fu'turo, a] *a, nm* future.

G

gabán [ga'ßan] *nm* overcoat.

gabardina [gaßar'ðina] *nf* raincoat, gabardine.

gabinete [gaßi'nete] *nm* (POL) cabinet; (*estudio*) study; (*de abogados etc*) office.

gaceta [ga'θeta] *nf* gazette.

gachas ['gatʃas] *nfpl* porridge *sg*.

gafar [ga'far] *vt* to jinx.

gafas ['gafas] *nfpl* glasses; **~ de sol** sunglasses.

gafe ['gafe] *nm* jinx.

gaita ['gaita] *nf* bagpipes *pl*.

gajes ['gaxes] *nmpl*: **los ~ del oficio** occupational hazards.

gajo ['gaxo] *nm* (*de naranja*) segment.

gala ['gala] *nf* (*traje de etiqueta*) full dress; (*fig*: *lo mejor*) cream, flower; **~s** *nfpl* finery *sg*; **estar de ~** to be in one's best clothes; **hacer ~ de** to display, show off.

galán [ga'lan] *nm* lover; (*Don Juan*) ladies' man; (*TEATRO*): **primer ~** leading man.

galante [ga'lante] *a* gallant; **galantear** *vt* (*hacer la corte a*) to court, woo; **galantería** *nf* (*caballerosidad*) gallantry; (*cumplido*) politeness; (*comentario*) compliment.

galápago [ga'lapaɤo] *nm* (*ZOOL*) turtle.

galaxia [ga'laksja] *nf* galaxy.

galera [ga'lera] *nf* (*nave*) galley; (*carro*) wagon; (*IMPRENTA*) galley.

galería [gale'ria] *nf* (*gen*) gallery; (*balcón*) veranda(h); (*pasillo*) corridor.

Gales ['gales] *nm* (*tb*: **País de ~**) Wales; **galés, esa** *a* Welsh // *nm/f* Welshman/woman // *nm* (*LING*) Welsh.

galgo, a ['galɤo, a] *nm/f* greyhound.

galimatías [galima'tias] *nmpl* (*lenguaje*) gibberish *sg*, nonsense *sg*.

galón [ga'lon] *nm* (*MIL*) stripe; (*COSTURA*) braid; (*medida*) gallon.

galopar [galo'par] *vi* to gallop.

gallardía [gaʎar'ðia] *nf* (*galantería*) dash; (*valor*) bravery; (*elegancia*) elegance.

gallego, a [ga'ʎeɤo, a] *a*, *nm/f* Galician.

galleta [ga'ʎeta] *nf* biscuit (*Brit*), cookie (*US*).

gallina [ga'ʎina] *nf* hen // *nm/f* (*fam*: *cobarde*) chicken.

gallo ['gaʎo] *nm* cock, rooster.

gama ['gama] *nf* (*fig*) range.

gamba ['gamba] *nf* prawn (*Brit*), shrimp (*US*).

gamberro, a [gam'berro, a] *nm/f* hooligan, lout.

gamuza [ga'muθa] *nf* chamois.

gana ['gana] *nf* (*deseo*) desire, wish; (*apetito*) appetite; (*voluntad*) will; (*añoranza*) longing; **de buena ~** willingly; **de mala ~** reluctantly; **me da ~s de** I feel like, I want to; **no me da la ~** I don't feel like it; **tener ~s de** to feel like.

ganadería [ganaðe'ria] *nf* (*ganado*) livestock; (*ganado vacuno*) cattle *pl*; (*cría, comercio*) cattle raising.

ganado [ga'naðo] *nm* livestock; **~ lanar** sheep *pl*; **~ mayor** cattle *pl*; **~ porcino** pigs *pl*.

ganador, a [gana'ðor, a] *a* winning // *nm/f* winner.

ganancia [ga'nanθja] *nf* (*lo ganado*) gain; (*aumento*) increase; (*beneficio*) profit; **~s** *nfpl* (*ingresos*) earnings; (*beneficios*) profit *sg*, winnings.

ganar [ga'nar] *vt* (*obtener*) to get, obtain; (*sacar ventaja*) to gain; (*salario etc*) to earn; (*DEPORTE, premio*) to win; (*derrotar a*) to beat; (*alcanzar*) to reach // *vi* (*DEPORTE*) to win; **~se** *vr*: **~se la vida** to earn one's living.

gancho ['gantʃo] *nm* (*gen*) hook; (*colgador*) hanger.

gandul, a [gan'dul, a] *a*, *nm/f* good-for-nothing, layabout.

ganga ['ganga] *nf* (*cosa buena y barata*) bargain; (*buena situación*) cushy job.

gangrena [gan'grena] *nf* gangrene.

gansada [gan'saða] *nf* (*fam*) stupid thing to do.

ganso, a ['ganso, a] *nm/f* (*ZOOL*) goose; (*fam*) idiot.

ganzúa [gan'θua] *nf* skeleton key.

garabatear [garaβate'ar] *vi*, *vt* (*al escribir*) to scribble, scrawl.

garabato [gara'βato] *nm* (*escritura*) scrawl, scribble.

garaje [ga'raxe] *nm* garage.

garante [ga'rante] *a* responsible // *nm/f* guarantor.

garantía [garan'tia] *nf* guarantee.

garantizar [garanti'θar] *vt* (*hacerse responsable de*) to vouch for; (*asegurar*) to guarantee.

garbanzo [gar'βanθo] *nm* chickpea (*Brit*), garbanzo (*US*).

garbo ['garβo] *nm* grace, elegance.

garfio ['garfjo] *nm* grappling iron.

garganta [gar'ɤanta] *nf* (*ANAT*) throat; (*de botella*) neck; **gargantilla** *nf* necklace.

gárgaras ['garɤaras] *nfpl*: **hacer ~** to gargle.

garita [ga'rita] *nf* cabin, hut; (*MIL*) sentry box.

garito [ga'rito] *nm* (*lugar*) gambling house *o* den.

garra ['garra] *nf* (*de gato, TEC*) claw; (*de ave*) talon; (*fam*) hand, paw.

garrafa [ga'rrafa] *nf* carafe, decanter.

garrapata [garra'pata] *nf* tick.

garrapatear [garrapate'ar] *vi*, *vt* = **garabatear**.

garrote [ga'rrote] *nm* (*palo*) stick; (*porra*) cudgel; (*suplicio*) garrotte.

garúa [ga'rua] *nf* (*AM*) drizzle.

garza ['garθa] *nf* heron.

gas [gas] *nm* gas.

gasa ['gasa] *nf* gauze.

gaseoso, a [gase'oso, a] *a* gassy, fizzy // *nf* lemonade, pop (*Brit*).

gasfitero [gasfi'tero] *nm* (*AM*) plumber.

gasoil [ga'soil], **gasóleo** [ga'soleo] *nm* diesel (oil).

gasolina [gaso'lina] *nf* petrol, gas(oline) (*US*); **gasolinera** *nf* petrol (*Brit*) *o* gas (*US*) station.

gastado, a [gas'taðo, a] *a* (*rendido*) spent; (*raído*) worn out; (*usado*: *frase etc*) trite.

gastar [gas'tar] *vt* (*dinero, tiempo*) to spend; (*fuerzas*) to use up; (*desperdiciar*) to waste; (*llevar*) to wear; ~se *vr* to wear out; (*estropearse*) to waste; ~ **bromas** to crack jokes; ¿qué número gastas? what size (shoe) do you take?

gasto ['gasto] *nm* (*desembolso*) expenditure, spending; (*consumo, uso*) use; **~s** *nmpl* (*desembolsos*) expenses; (*cargos*) charges, costs.

gatear [gate'ar] *vi* (*andar a gatas*) to go on all fours.

gatillo [ga'tiʎo] *nm* (*de arma de fuego*) trigger; (*de dentista*) forceps.

gato, a ['gato, a] *nm/f* cat // *nm* (TEC) jack; **andar a gatas** to go on all fours.

gaveta [ga'ßeta] *nf* drawer.

gaviota [ga'ßjota] *nf* seagull.

gay [ge] *a inv, nm* gay, homosexual.

gazapo [ga'θapo] *nm* young rabbit.

gazpacho [gaθ'patʃo] *nm* gazpacho.

gelatina [xela'tina] *nf* jelly; (*polvos etc*) gelatine.

gema ['xema] *nf* gem.

gemelo, a [xe'melo, a] *a, nm/f* twin; **~s** *nmpl* (*de camisa*) cufflinks; **~s de campo** field glasses, binoculars.

Géminis ['xeminis] *nm* Gemini.

gemido [xe'miðo] *nm* (*quejido*) moan, groan; (*aullido*) howl.

gemir [xe'mir] *vi* (*quejarse*) to moan, groan; (*aullar*) to howl.

generación [xenera'θjon] *nf* generation.

general [xene'ral] *a* general // *nm* general; **por lo** *o* **en** ~ in general; **G~itat** *nf Catalan parliament*; **~izar** *vt* to generalize; **~izarse** *vr* to become generalized, spread; **~mente** *ad* generally.

generar [xene'rar] *vt* to generate.

género ['xenero] *nm* (*clase*) kind, sort; (*tipo*) type; (BIO) genus; (LING) gender; (COM) material; ~ **humano** human race.

generosidad [xenerosi'ðað] *nf* generosity; **generoso, a** *a* generous.

genial [xe'njal] *a* inspired; (*idea*) brilliant; (*afable*) genial.

genio ['xenjo] *nm* (*carácter*) nature, disposition; (*humor*) temper; (*facultad creadora*) genius; **de mal ~** bad-tempered.

genitales [xeni'tales] *nmpl* genitals.

gente ['xente] *nf* (*personas*) people *pl*; (*raza*) race; (*nación*) nation; (*parientes*) relatives *pl*.

gentil [xen'til] *a* (*elegante*) graceful; (*encantador*) charming; **~eza** *nf* grace; charm; (*cortesía*) courtesy.

gentío [xen'tio] *nm* crowd, throng.

genuino, a [xe'nwino, a] *a* genuine.

geografía [xeoɤra'fia] *nf* geography.

geología [xeolo'xia] *nf* geology.

geometría [xeome'tria] *nf* geometry.

gerencia [xe'renθja] *nf* management; **gerente** *nm/f* (*supervisor*) manager; (*jefe*) director.

geriatría [xeria'tria] *nf* (MED) geriatrics *sg*.

germen ['xermen] *nm* germ.

germinar [xermi'nar] *vi* to germinate.

gesticulación [xestikula'θjon] *nf* gesticulation; (*mueca*) grimace.

gestión [xes'tjon] *nf* management; (*diligencia, acción*) negotiation; **gestionar** *vt* (*lograr*) to try to arrange; (*llevar*) to manage.

gesto ['xesto] *nm* (*mueca*) grimace; (*ademán*) gesture.

Gibraltar [xißral'tar] *nm* Gibraltar; **gibraltareño, a** *a, nm/f* Gibraltarian.

gigante [xi'ɤante] *a, nm/f* giant.

gilipollas [xili'poʎas] (*col*) *a inv* daft // *nm/f inv* wally.

gimnasia [xim'nasja] *nf* gymnastics *pl*; **gimnasio** *nm* gymnasium; **gimnasta** *nm/f* gymnast.

gimotear [ximote'ar] *vi* to whine, whimper.

ginebra [xi'neßra] *nf* gin.

ginecólogo, a [xine'koloɤo, a] *nm/f* gynaecologist.

gira ['xira] *nf* tour, trip.

girar [xi'rar] *vt* (*dar la vuelta*) to turn (around); (: *rápidamente*) to spin; (COM: *giro postal*) to draw; (*comerciar: letra de cambio*) to issue // *vi* to turn (round); (*rápido*) to spin; (COM) to draw.

girasol [xira'sol] *nm* sunflower.

giratorio, a [xira'torjo, a] *a* (*gen*) revolving; (*puente*) swing.

giro ['xiro] *nm* (*movimiento*) turn, revolution; (LING) expression; (COM) draft; ~ **bancario/postal** bank giro/postal order.

gis [xis] *nm* (AM) chalk.

gitano, a [xi'tano, a] *a, nm/f* gypsy.

glacial [gla'θjal] *a* icy, freezing.

glaciar [gla'θjar] *nm* glacier.

glándula ['glandula] *nf* gland.

globo ['gloßo] *nm* (*esfera*) globe, sphere; (*aerostato, juguete*) balloon.

glóbulo ['gloßulo] *nm* globule; (ANAT) corpuscle.

gloria ['glorja] *nf* glory.

glorieta [glo'rjeta] *nf* (*de jardín*) bower, arbour; (*plazoleta*) roundabout (*Brit*), traffic circle (*US*).

glorificar [glorifi'kar] *vt* (*enaltecer*) to glorify, praise.

glorioso, a [glo'rjoso, a] *a* glorious.

glosa ['glosa] *nf* comment; **glosar** *vt* (*comentar*) to comment on.

glosario [glo'sarjo] *nm* glossary.

glotón, ona [glo'ton, ona] *a* gluttonous, greedy // *nm/f* glutton.

gobernación [goßerna'θjon] *nf* government, governing; G~ (AM ADMIN) Ministry of the Interior; **gobernador, a** *a* governing // *nm/f* governor; **gobernante** *a* governing.

gobernar [goßer'nar] *vt* (*dirigir*) to guide, direct; (POL) to rule, govern // *vi* to govern; (NAUT) to steer.

gobierno *etc vb ver* **gobernar** // [go'ßjerno] *nm* (*POL*) government; (*dirección*) guidance, direction; (*NAUT*) steering.

goce *etc vb ver* **gozar** // ['goθe] *nm* enjoyment.

gol [gol] *nm* goal.

golf [golf] *nm* golf.

golfo, a ['golfo, a] *nm* (*GEO*) gulf // *nm/f* (*fam*: *niño*) urchin; (*gamberro*) lout // *nf* (*fam*: *mujer*) slut, whore.

golondrina [golon'drina] *nf* swallow.

golosina [golo'sina] *nf* titbit; (*dulce*) sweet; **goloso, a** *a* sweet-toothed.

golpe ['golpe] *nm* blow; (*de puño*) punch; (*de mano*) smack; (*de remo*) stroke; (*fig*: *choque*) clash; **no dar ~** to be bone idle; **de un ~** with one blow; **de ~** suddenly; **~ (de estado)** coup (d'état); **golpear** *vt*, *vi* to strike, knock; (*asestar*) to beat; (*de puño*) to punch; (*golpetear*) to tap.

goma ['goma] *nf* (*caucho*) rubber; (*elástico*) elastic; (*una ~*) elastic band; **~ espuma** foam rubber; **~ de pegar** gum, glue.

gordo, a ['gorðo, a] *a* (*gen*) fat; (*persona*) plump; (*fam*) enormous; **el (premio) ~** (*en lotería*) first prize; **gordura** *nf* fat; (*corpulencia*) fatness, stoutness.

gorila [go'rila] *nm* gorilla.

gorjear [gorxe'ar] *vi* to twitter, chirp.

gorra ['gorra] *nf* cap; (*de niño*) bonnet; (*militar*) bearskin; **entrar de ~** (*fam*) to gatecrash; **ir de ~** to sponge.

gorrión [go'rrjon] *nm* sparrow.

gorro ['gorro] *nm* (*gen*) cap; (*de niño, mujer*) bonnet.

gorrón, ona [go'rron, ona] *nm/f* scrounger.

gota ['gota] *nf* (*gen*) drop; (*de sudor*) bead; (*MED*) gout; **gotear** *vi* to drip; (*lloviznar*) to drizzle; **gotera** *nf* leak.

gozar [go'θar] *vi* to enjoy o.s.; **~ de** (*disfrutar*) to enjoy; (*poseer*) to possess.

gozne ['goθne] *nm* hinge.

gozo ['goθo] *nm* (*alegría*) joy; (*placer*) pleasure.

gr. *abr* (= *gramo, gramos*) g.

grabación [graßa'θjon] *nf* recording.

grabado [gra'ßaðo] *nm* print, engraving.

grabadora [graßa'ðora] *nf* tape-recorder.

grabar [gra'ßar] *vt* to engrave; (*discos, cintas*) to record.

gracia ['graθja] *nf* (*encanto*) grace, gracefulness; (*humor*) humour, wit; **¡(muchas) ~s!** thanks (very much)!; **~s a** thanks to; **tener ~** (*chiste etc*) to be funny; **no me hace ~** I am not keen; **gracioso, a** *a* (*divertido*) funny, amusing; (*cómico*) comical // *nm/f* (*TEATRO*) comic character.

grada ['graða] *nf* (*de escalera*) step; (*de anfiteatro*) tier, row; **~s** *nfpl* (*DEPORTE*: *de estadio*) terraces.

gradación [graða'θjon] *nf* gradation.

gradería [graðe'ria] *nf* (*gradas*) (flight of) steps *pl*; (*de anfiteatro*) tiers *pl*, rows *pl*; (*DEPORTE*: *de estadio*) terraces *pl*; **~ cubierta** covered stand.

grado ['graðo] *nm* degree; (*de aceite, vino*) grade; (*grada*) step; (*MIL*) rank; **de buen ~** willingly.

graduación [graðwa'θjon] *nf* (*del alcohol*) proof, strength; (*ESCOL*) graduation; (*MIL*) rank.

gradual [gra'ðwal] *a* gradual.

graduar [gra'ðwar] *vt* (*gen*) to graduate; (*MIL*) to commission; **~se** *vr* to graduate; **~se la vista** to have one's eyes tested.

gráfico, a ['grafiko, a] *a* graphic // *nm* diagram // *nf* graph; **~s** *nmpl* (*INFORM*) graphics.

grajo ['graxo] *nm* rook.

Gral *abr* (= *General*) Gen.

gramática [gra'matika] *nf* grammar.

gramo ['gramo] *nm* gramme (*Brit*), gram (*US*).

gran [gran] *a ver* **grande.**

grana ['grana] *nf* (*BOT*) seedling; (*color, tela*) scarlet.

granada [gra'naða] *nf* pomegranate; (*MIL*) grenade.

Gran Bretaña [-bre'taɲa] *nf* Great Britain.

grande ['grande] (*antes de nmsg*: **gran**) *a* (*de tamaño*) big, large; (*alto*) tall; (*distinguido*) great; (*impresionante*) grand // *nm* grandee; **grandeza** *nf* greatness.

grandioso, a [gran'djoso, a] *a* magnificent, grand.

granel [gra'nel]: **a ~** *ad* (*COM*) in bulk.

granero [gra'nero] *nm* granary, barn.

granito [gra'nito] *nm* (*AGR*) small grain; (*roca*) granite.

granizado [grani'θaðo] *nm* iced drink.

granizar [grani'θar] *vi* to hail; **granizo** *nm* hail.

granja ['granxa] *nf* (*gen*) farm; **granjero, a** *nm/f* farmer.

grano ['grano] *nm* grain; (*semilla*) seed; (*baya*) berry; (*MED*) pimple, spot; **~s** *nmpl* cereals.

granuja [gra'nuxa] *nm/f* rogue; (*golfillo*) urchin.

grapa ['grapa] *nf* staple; (*TEC*) clamp.

grasa ['grasa] *nf* (*gen*) grease; (*de cocina*) fat, lard; (*sebo*) suet; (*mugre*) filth; **grasiento, a** *a* greasy; (*de aceite*) oily.

gratificación [gratifika'θjon] *nf* (*propina*) tip; (*bono*) bonus; (*recompensa*) reward; **gratificar** *vt* to tip; to reward.

gratis ['gratis] *ad* free.

gratitud [grati'tuð] *nf* gratitude.

grato, a ['grato, a] *a* (*agradable*) pleasant, agreeable; (*bienvenido*) welcome.

gratuito, a [gra'twito, a] *a* (*gratis*) free; (*sin razón*) gratuitous.

gravamen [gra'ßamen] *nm* (*carga*) burden; (*impuesto*) tax.

gravar [gra'ßar] *vt* to burden; (*COM*) to tax.

grave ['graße] *a* heavy; (*serio*) grave, serious; **~dad** *nf* gravity.

gravilla [gra'ßiʎa] *nf* gravel.

gravitar [graßi'tar] *vi* to gravitate; ~ sobre to rest on.

gravoso, a [gra'ßoso, a] *a* (*pesado*) burdensome; (*costoso*) costly.

graznar [graθ'nar] *vi* (*cuervo*) to squawk; (*pato*) to quack; (*hablar ronco*) to croak.

Grecia ['greθja] *nf* Greece.

gremio ['gremjo] *nm* (*asociación*) trade, industry.

greña ['greɲa] *nf* (*cabellos*) shock of hair; (*maraña*) tangle.

gresca ['greska] *nf* uproar.

griego, a ['grjeɣo, a] *a, nm/f* Greek.

grieta ['grjeta] *nf* crack.

grifo ['grifo] *nm* tap; (*AM AUTO*) petrol (*Brit*) *o* gas (*US*) station.

grilletes [gri'ʎetes] *nmpl* fetters.

grillo ['griʎo] *nm* (*ZOOL*) cricket; (*BOT*) shoot.

gripe ['gripe] *nf* flu, influenza.

gris [gris] *a* (*color*) grey.

gritar [gri'tar] *vt, vi* to shout, yell; **grito** *nm* shout, yell; (*de horror*) scream.

grosella [gro'seʎa] *nf* (red)currant; ~ **negra** blackcurrant.

grosería [grose'ria] *nf* (*actitud*) rudeness; (*comentario*) vulgar comment; **grosero, a** *a* (*poco cortés*) rude, bad-mannered; (*ordinario*) vulgar, crude.

grosor [gro'sor] *nm* thickness.

grúa ['grua] *nf* (*TEC*) crane; (*de petróleo*) derrick.

grueso, a ['grweso, a] *a* thick; (*persona*) stout // *nm* bulk; **el ~ de** the bulk of.

grulla ['gruʎa] *nf* crane.

grumo ['grumo] *nm* clot, lump.

gruñido [gru'ɲiðo] *nm* grunt; (*fig*) grumble; **gruñir** *vi* (*animal*) to growl; (*fam*) to grumble.

grupa ['grupa] *nf* (*ZOOL*) rump.

grupo ['grupo] *nm* group; (*TEC*) unit, set.

gruta ['gruta] *nf* grotto.

guadaña [gwa'ðaɲa] *nf* scythe.

guagua [gwa'ɣwa] *nf* (*AM*: *niño*) baby; (: *bus*) bus.

guante ['gwante] *nm* glove.

guapo, a ['gwapo, a] *a* good-looking, attractive; (*hombre*) handsome; (*elegante*) smart.

guarda ['gwarða] *nm/f* (*persona*) guard, keeper // *nf* (*acto*) guarding; (*custodia*) custody; **~bosques** *nm inv* gamekeeper; **~costas** *nm inv* coastguard vessel; **~dor, a** *a* protec tive // *nm/f* guardian, protector; **~espaldas** *nm/f inv* bodyguard; **~meta** *nm/f* goalkeeper; **~polvo** *nm* dust cover; (*prenda de vestir*) overalls *pl*; **guardar** *vt* (*gen*) to keep; (*vigilar*) to guard, watch over; (*dinero*: *ahorrar*) to save; ~ **cama** to stay in bed; **guardarse** *vr* (*preservarse*) to protect o.s.; (*evitar*) to avoid; **guardarropa** *nm* (*armario*) wardrobe; (*en establecimiento público*) cloakroom.

guardería [gwarðe'ria] *nf* nursery.

guardia ['gwarðja] *nf* (*MIL*) guard; (*cuidado*) care, custody // *nm/f* guard; (*policía*) policeman/woman; **estar de ~** to be on guard; **montar ~** to mount guard; **G~ Civil** Civil Guard; **G~ Nacional** National Guard.

guardián, ana [gwar'ðjan, ana] *nm/f* (*gen*) guardian, keeper.

guardilla [gwar'ðiʎa] *nf* attic.

guarecer [gware'θer] *vt* (*proteger*) to protect; (*abrigar*) to shelter; **~se** *vr* to take refuge.

guarida [gwa'riða] *nf* (*de animal*) den, lair; (*refugio*) refuge.

guarnecer [gwarne'θer] *vt* (*equipar*) to provide; (*adornar*) to adorn; (*TEC*) to reinforce; **guarnición** *nf* (*de vestimenta*) trimming; (*de piedra*) mount; (*CULIN*) garnish; (*arneses*) harness; (*MIL*) garrison.

guarro, a ['gwarro, a] *nm/f* pig.

guasa ['gwasa] *nf* joke; **guasón, ona** *a* witty; (*bromista*) joking // *nm/f* wit; joker.

Guatemala [gwate'mala] *nf* Guatemala.

gubernativo, a [gußerna'tißo, a] *a* governmental.

guerra ['gerra] *nf* war; (*pelea*) struggle; ~ **civil** civil war; ~ **fría** cold war; **dar ~** to annoy; **guerrear** *vi* to wage war; **guerrero, a** *a* fighting; (*carácter*) warlike // *nm/f* warrior.

guerrilla [ge'rriʎa] *nf* guerrilla warfare; (*tropas*) guerrilla band *o* group.

guía *etc vb ver* **guiar** // ['gia] *nm/f* (*persona*) guide // *nf* (*libro*) guidebook; ~ **de ferrocarriles** railway timetable; ~ **telefónica** telephone directory.

guiar [gi'ar] *vt* to guide, direct; (*AUTO*) to steer; **~se** *vr*: **~se por** to be guided by.

guijarro [gi'xarro] *nm* pebble.

guinda ['ginda] *nf* morello cherry.

guindilla [gin'diʎa] *nf* chilli pepper.

guiñapo [gi'ɲapo] *nm* (*harapo*) rag; (*persona*) reprobate, rogue.

guiñar [gi'ɲar] *vt* to wink.

guión [gi'on] *nm* (*LING*) hyphen, dash; (*CINE*) script; **guionista** *nm/f* scriptwriter.

guirnalda [gir'nalda] *nf* garland.

guisa ['gisa] *nf*: **a ~ de** as, like.

guisado [gi'saðo] *nm* stew.

guisante [gi'sante] *nm* pea.

guisar [gi'sar] *vt, vi* to cook; **guiso** *nm* cooked dish.

guitarra [gi'tarra] *nf* guitar.

gula ['gula] *nf* gluttony, greed.

gusano [gu'sano] *nm* maggot; (*lombriz*) earthworm.

gustar [gus'tar] *vt* to taste, sample // *vi* to please, be pleasing; ~ **de algo** to like *o* enjoy sth; **me gustan las uvas** I like grapes; **le gusta nadar** she likes *o* enjoys swimming.

gusto ['gusto] *nm* (*sentido, sabor*) taste; (*placer*) pleasure; **tiene ~ a menta** it tastes of mint; **tener buen ~** to have good taste; **sentirse a ~** to feel at ease; **mucho ~ (en conocerle)** pleased to meet you; **el ~ es mío** the pleasure is mine; **con ~** willingly, gladly; **~so, a** *a* (*sabroso*) tasty; (*agradable*) pleasant.

gutural [gutu'ral] *a* guttural.

H

ha *vb ver* **haber.**

haba ['aβa] *nf* bean.

Habana [a'βana] *nf*: **la ~** Havana.

habano [a'βano] *nm* Havana cigar.

habéis *vb ver* **haber.**

haber [a'βer] ♦ *vb auxiliar* **1** (*tiempos compuestos*) to have; **he/había comido** I have/had eaten; **antes/después de ~lo visto** before seeing/after seeing *o* having seen it

2: **¡~lo dicho antes!** you should have said so before!

3: **~ de**: **he de hacerlo** I have to do it; **ha de llegar mañana** it should arrive tomorrow

♦ *vb impersonal* **1** (*existencia*: *sg*) there is; (: *pl*) there are; **hay un hermano/dos hermanos** there is one brother/there are two brothers; **¿cuánto hay de aquí a Sucre?** how far is it from here to Sucre?

2 (*obligación*): **hay que hacer algo** something must be done; **hay que apuntarlo para acordarse** you have to write it down to remember

3: **¡hay que ver!** well I never!

4: **¡no hay de** *o* **por** (*AM*) **qué!** don't mention it!, not at all!

5: **¿qué hay?** (*¿qué pasa?*) what's up?, what's the matter?; (*¿qué tal?*) how's it going?

♦ *vr*: **habérselas con uno** to have it out with sb

♦ *vt*: **he aquí unas sugerencias** here are some suggestions; **no hay cintas blancas pero sí las hay rojas** there aren't any white ribbons but there are some red ones

♦ *nm* (*en cuenta*) credit side; **~es** *nmpl* assets; **¿cuánto tengo en el ~?** how much do I have in my account?; **tiene varias novelas en su ~** he has several novels to his credit.

habichuela [aβi'tʃwela] *nf* kidney bean.

hábil ['aβil] *a* (*listo*) clever, smart; (*capaz*) fit, capable; (*experto*) expert; **día ~** working day; **habilidad** *nf* (*gen*) skill, ability; (*inteligencia*) cleverness.

habilitar [aβili'tar] *vt* (*capacitar*) to enable; (*dar instrumentos*) to equip; (*financiar*) to finance.

hábilmente [aβil'mente] *ad* skilfully, expertly.

habitación [aβita'θjon] *nf* (*cuarto*) room; (*casa*) dwelling, abode; (*BIO*: *morada*) habitat; **~ sencilla** *o* **individual** single room; **~ doble** *o* **de matrimonio** double room.

habitante [aβi'tante] *nm/f* inhabitant.

habitar [aβi'tar] *vt* (*residir en*) to inhabit; (*ocupar*) to occupy // *vi* to live.

hábito ['aβito] *nm* habit.

habituar [aβi'twar] *vt* to accustom; **~se** *vr*: **~se a** to get used to.

habla ['aβla] *nf* (*capacidad de hablar*) speech; (*idioma*) language; (*dialecto*) dialect; **perder el ~** to become speechless; **de ~ francesa** French-speaking; **estar al ~** to be in contact; (*TEL*) to be on the line; **¡González al ~!** (*TEL*) González speaking!

hablador, a [aβla'ðor, a] *a* talkative // *nm/f* chatterbox.

habladuría [aβlaðu'ria] *nf* rumour; **~s** *nfpl* gossip *sg*.

hablante [a'βlante] *a* speaking // *nm/f* speaker.

hablar [a'βlar] *vt* to speak, talk // *vi* to speak; **~se** *vr* to speak to each other; **~ con** to speak to; **~ de** to speak of *o* about; **'se habla inglés'** 'English spoken here'.

habré *etc vb ver* **haber.**

hacedor, a [aθe'ðor, a] *nm/f* maker.

hacendado [asen'daðo] *nm* (*AM*) large landowner.

hacendoso, a [aθen'doso, a] *a* industrious.

hacer [a'θer] ♦ *vt* **1** (*fabricar, producir*) to make; (*construir*) to build; **~ una película/un ruido** to make a film/noise; **el guisado lo hice yo** I made *o* cooked the stew

2 (*ejecutar*: *trabajo etc*) to do; **~ la colada** to do the washing; **~ la comida** to do the cooking; **¿qué haces?** what are you doing?; **~ el malo** *o* **el papel del malo** (*TEATRO*) to play the villain

3 (*estudios, algunos deportes*) to do; **~ español/económicas** to do *o* study Spanish/Economics; **~ yoga/gimnasia** to do yoga/go to gym

4 (*transformar, incidir en*): **esto lo hará más difícil** this will make it more difficult; **salir te hará sentir mejor** going out will make you feel better

5 (*cálculo*): **2 y 2 hacen 4** 2 and 2 make

4; éste **hace 100** this one makes 100
6 (+ *subjun*): **esto hará que ganemos** this will make us win; **harás que no quiera venir** you'll stop him wanting to come
7 (*como sustituto de vb*) to do; **él bebió y yo hice lo mismo** he drank and I did likewise
8: **no hace más que criticar** all he does is criticize
♦ *vb semi-auxiliar*: ~ + *infinitivo* 1 (*directo*): **les hice venir** I made *o* had them come; ~ **trabajar a los demás** to get others to work
2 (*por intermedio de otros*): ~ **reparar algo** to get sth repaired
♦ *vi* 1: **haz como que no lo sabes** act as if you don't know
2 (*ser apropiado*): **si os hace** if it's alright with you
3: ~ **de**: ~ **de madre para uno** to be like a mother to sb; (*TEATRO*): ~ **de Otelo** to play Othello
♦ *vb impersonal* 1: **hace calor/frío** it's hot/cold; *ver tb* **bueno, sol, tiempo**
2 (*tiempo*): **hace 3 años** 3 years ago; **hace un mes que voy/no voy** I've been going/I haven't been for a month
3: **¿cómo has hecho para llegar tan rápido?** how did you manage to get here so quickly?
♦ *vr* 1 (*volverse*) to become; **se hicieron amigos** they became friends
2 (*acostumbrarse*): **~se a** to get used to
3: **se hace con huevos y leche** it's made out of eggs and milk; **eso no se hace** that's not done
4 (*obtener*): **~se de** *o* **con algo** to get hold of sth
5 (*fingirse*): **~se el sueco** to turn a deaf ear.

hacia ['aθja] *prep* (*en dirección de*) towards; (*cerca de*) near; (*actitud*) towards; ~ **arriba/abajo** up(wards)/down(wards); ~ **mediodía** about noon.

hacienda [a'θjenda] *nf* (*propiedad*) property; (*finca*) farm; (*AM*) ranch; ~ **pública** public finance; **(Ministerio de) H~** Exchequer (*Brit*), Treasury Department (*US*).

hacha ['atʃa] *nf* axe; (*antorcha*) torch.

hada ['aða] *nf* fairy.

hago *etc vb ver* **hacer**.

Haití [ai'ti] *nm* Haiti.

halagar [ala'ɣar] *vt* (*lisonjear*) to flatter.

halago [a'laɣo] *nm* (*adulación*) flattery; **halagüeño, a** *a* flattering.

halcón [al'kon] *nm* falcon, hawk.

hálito ['alito] *nm* breath.

halterofilia [altero'filja] *nf* weightlifting.

hallar [a'ʎar] *vt* (*gen*) to find; (*descubrir*) to discover; (*toparse con*) to run into; **~se** *vr* to be (situated); **hallazgo** *nm* discovery; (*cosa*) find.

hamaca [a'maka] *nf* hammock.

hambre ['ambre] *nf* hunger; (*carencia*) famine; (*fig*) longing; **tener** ~ to be hungry; **hambriento, a** *a* hungry, starving.

hamburguesa [ambur'ɣesa] *nf* hamburger.

hampón [am'pon] *nm* thug.

han *vb ver* **haber**.

haragán, ana [ara'ɣan, ana] *a, nm/f* good-for-nothing.

harapiento, a [ara'pjento, a] *a* tattered, in rags; **harapo** *nm* rag.

haré *etc vb ver* **hacer**.

harina [a'rina] *nf* flour.

hartar [ar'tar] *vt* to satiate, glut; (*fig*) to tire, sicken; **~se** *vr* (*de comida*) to fill o.s., gorge o.s.; (*cansarse*) to get fed up (*de* with); **hartazgo** *nm* surfeit, glut; **harto, a** *a* (*lleno*) full; (*cansado*) fed up // *ad* (*bastante*) enough; (*muy*) very; **estar harto de** to be fed up with; **hartura** *nf* (*exceso*) surfeit; (*abundancia*) abundance; (*satisfacción*) satisfaction.

has *vb ver* **haber**.

hasta ['asta] *ad* even // *prep* (*alcanzando a*) as far as, up to, down to; (*de tiempo: a tal hora*) till, until; (*antes de*) before // *conj*: ~ **que** until; ~ **luego/el sábado** see you soon/on Saturday.

hastiar [as'tjar] *vt* (*gen*) to weary; (*aburrir*) to bore; **~se** *vr*: **~se de** to get fed up with; **hastío** *nm* weariness; boredom.

hatillo [a'tiʎo] *nm* belongings *pl*, kit; (*montón*) bundle, heap.

hay *vb ver* **haber**.

Haya ['aja] *nf*: **la** ~ The Hague.

haya *etc vb ver* **haber** // ['aja] *nf* beech tree.

haz *vb ver* **hacer** // [aθ] *nm* bundle, bunch; (*rayo: de luz*) beam.

hazaña [a'θaɲa] *nf* feat, exploit.

hazmerreír [aθmerre'ir] *nm inv* laughing stock.

he *vb ver* **haber**.

hebilla [e'βiʎa] *nf* buckle, clasp.

hebra ['eβra] *nf* thread; (*BOT: fibra*) fibre, grain.

hebreo, a [e'βreo, a] *a, nm/f* Hebrew // *nm* (*LING*) Hebrew.

hectárea [ek'tarea] *nf* hectare.

hechizar [etʃi'θar] *vt* to cast a spell on, bewitch.

hechizo [e'tʃiθo] *nm* witchcraft, magic; (*acto de magía*) spell, charm.

hecho, a *pp de* **hacer** // ['etʃo, a] *a* complete; (*maduro*) mature; (*COSTURA*) ready-to-wear // *nm* deed, act; (*dato*) fact; (*cuestión*) matter; (*suceso*) event // *excl* agreed!, done!; **¡bien ~!** well done!; **de ~** in fact, as a matter of fact.

hechura [e'tʃura] *nf* making, creation; (*producto*) product; (*forma*) form, shape; (*de persona*) build; (*TEC*)

craftsmanship.
heder [e'ðer] *vi* to stink, smell; (*fig*) to be unbearable.
hediondo, a [e'ðjondo, a] *a* stinking.
hedor [e'ðor] *nm* stench.
heladera [ela'ðera] *nf* (*AM*: *refrigerador*) refrigerator.
helado, a [e'laðo, a] *a* frozen; (*glacial*) icy; (*fig*) chilly, cold // *nm* ice cream // *nf* frost.
helar [e'lar] *vt* to freeze, ice (up); (*dejar atónito*) to amaze; (*desalentar*) to discourage // *vi*, **~se** *vr* to freeze.
helecho [e'letʃo] *nm* fern.
hélice ['eliθe] *nf* spiral; (TEC) propeller.
helicóptero [eli'koptero] *nm* helicopter.
hembra ['embra] *nf* (BOT, ZOOL) female; (*mujer*) woman; (TEC) nut.
hemorroides [emo'rroiðes] *nfpl* haemorrhoids, piles.
hemos *vb ver* **haber**.
hendidura [endi'ðura] *nf* crack, split; (GEO) fissure.
heno ['eno] *nm* hay.
herbicida [erßi'θiða] *nm* weedkiller.
heredad [ere'ðað] *nf* landed property; (*granja*) farm.
heredar [ere'ðar] *vt* to inherit; **heredero, a** *nm/f* heir/heiress.
hereje [e'rexe] *nm/f* heretic.
herencia [e'renθja] *nf* inheritance.
herido, a [e'riðo, a] *a* injured, wounded // *nm/f* casualty // *nf* wound, injury.
herir [e'rir] *vt* to wound, injure; (*fig*) to offend.
hermanastro, a [erma'nastro, a] *nm/f* stepbrother/sister.
hermandad [erman'dað] *nf* brotherhood.
hermano, a [er'mano, a] *nm/f* brother/sister; ~ **gemelo** twin brother; ~ **político** brother-in-law; **hermana política** sister-in-law.
hermético, a [er'metiko, a] *a* hermetic; (*fig*) watertight.
hermoso, a [er'moso, a] *a* beautiful, lovely; (*estupendo*) splendid; (*guapo*) handsome; **hermosura** *nf* beauty.
héroe ['eroe] *nm* hero.
heroína [ero'ina] *nf* (*mujer*) heroine; (*droga*) heroin.
heroísmo [ero'ismo] *nm* heroism.
herradura [erra'ðura] *nf* horseshoe.
herramienta [erra'mjenta] *nf* tool.
herrería [erre'ria] *nf* smithy; (TEC) forge; **herrero** *nm* blacksmith.
herrumbre [e'rrumbre] *nf* rust.
hervidero [erßi'ðero] *nm* (*fig*) swarm; (POL *etc*) hotbed.
hervir [er'ßir] *vi* to boil; (*burbujear*) to bubble; (*fig*): ~ **de** to teem with; ~ **a fuego lento** to simmer; **hervor** *nm* boiling; (*fig*) ardour, fervour.
heterosexual [eterosek'swal] *a* heterosexual.
hice *etc vb ver* **hacer**.
hidratante [iðra'tante] *a*: **crema** ~ moisturizing cream, moisturizer.
hidráulico, a [i'ðrauliko, a] *a* hydraulic // *nf* hydraulics *sg*.
hidro... [iðro] *pref* hydro..., water-...; **~eléctrico, a** *a* hydroelectric; **~fobia** *nf* hydrophobia, rabies; **hidrógeno** *nm* hydrogen.
hiedra ['jeðra] *nf* ivy.
hiel [jel] *nf* gall, bile; (*fig*) bitterness.
hiela *etc vb ver* **helar**.
hielo ['jelo] *nm* (*gen*) ice; (*escarcha*) frost; (*fig*) coldness, reserve.
hiena ['jena] *nf* hyena.
hierba ['jerßa] *nf* (*pasto*) grass; (CULIN, MED: *planta*) herb; **mala** ~ weed; (*fig*) evil influence; **~buena** *nf* mint.
hierro ['jerro] *nm* (*metal*) iron; (*objeto*) iron object.
hígado ['iɣaðo] *nm* liver.
higiene [i'xjene] *nf* hygiene; **higiénico, a** *a* hygienic.
higo ['iɣo] *nm* fig; **higuera** *nf* fig tree.
hijastro, a [i'xastro, a] *nm/f* stepson/daughter.
hijo, a ['ixo, a] *nm/f* son/daughter, child; **~s** *nmpl* children, sons and daughters; ~ **de papá/mamá** daddy's/mummy's boy; ~ **de puta** (*fam!*) bastard (*!*), son of a bitch (*!*).
hilar [i'lar] *vt* to spin; ~ **fino** to split hairs.
hilera [i'lera] *nf* row, file.
hilo ['ilo] *nm* thread; (BOT) fibre; (*metal*) wire; (*de agua*) trickle, thin stream; (*de luz*) beam, ray.
hilvanar [ilßa'nar] *vt* (COSTURA) to tack (*Brit*), baste (*US*); (*fig*) to do hurriedly.
himno ['imno] *nm* hymn; ~ **nacional** national anthem.
hincapié [inka'pje] *nm*: **hacer ~ en** to emphasize.
hincar [in'kar] *vt* to drive (in), thrust (in); **~se** *vr*: **~se de rodillas** to kneel down.
hincha ['intʃa] *nm/f* (*fam*) fan.
hinchado, a [in'tʃaðo, a] *a* (*gen*) swollen; (*persona*) pompous.
hinchar [in'tʃar] *vt* (*gen*) to swell; (*inflar*) to blow up, inflate; (*fig*) to exaggerate; **~se** *vr* (*inflarse*) to swell up; (*fam*: *llenarse*) to stuff o.s.; **hinchazón** *nf* (MED) swelling; (*altivez*) arrogance.
hinojo [i'noxo] *nm* fennel.
hipermercado [ipermer'kado] *nm* hypermarket, superstore.
hipnotismo [ipno'tismo] *nm* hypnotism; **hipnotizar** *vt* to hypnotize.
hipo ['ipo] *nm* hiccups *pl*.
hipocresía [ipokre'sia] *nf* hypocrisy; **hipócrita** *a* hypocritical // *nm/f* hypocrite.
hipódromo [i'poðromo] *nm* racetrack.
hipopótamo [ipo'potamo] *nm* hippopotamus.

hipoteca [ipo'teka] *nf* mortgage.
hipótesis [i'potesis] *nf inv* hypothesis.
hiriente [i'rjente] *a* offensive, wounding.
hispánico, a [is'paniko, a] *a* Hispanic.
hispano, a [is'pano, a] *a* Hispanic, Spanish, Hispano- // *nm/f* Spaniard; **H~américa** *nf* Spanish *o* Latin America; **~americano, a** *a, nm/f* Spanish *o* Latin American.
histeria [is'terja] *nf* hysteria.
historia [is'torja] *nf* history; (*cuento*) story, tale; ~s *nfpl* (*chismes*) gossip *sg*; **dejarse de ~s** to come to the point; **pasar a la ~** to go down in history; **~dor, a** *nm/f* historian; **historiar** *vt* to chronicle, write the history of; **histórico, a** *a* historical; (*fig*) historic.
historieta [isto'rjeta] *nf* tale, anecdote; (*dibujos*) comic strip.
hito ['ito] *nm* (*fig*) landmark; (*objetivo*) goal, target.
hizo *vb ver* **hacer**.
Hnos *abr* (= *Hermanos*) Bros.
hocico [o'θiko] *nm* snout; (*fig*) grimace.
hockey ['xoki] *nm* hockey; **~ sobre hielo** ice hockey.
hogar [o'ɣar] *nm* fireplace, hearth; (*casa*) home; (*vida familiar*) home life; **~eño, a** *a* home; (*persona*) home-loving.
hoguera [o'ɣera] *nf* (*gen*) bonfire.
hoja ['oxa] *nf* (*gen*) leaf; (*de flor*) petal; (*de papel*) sheet; (*página*) page; **~ de afeitar** razor blade.
hojalata [oxa'lata] *nf* tin(plate).
hojaldre [o'xaldre] *nm* (*CULIN*) puff pastry.
hojear [oxe'ar] *vt* to leaf through, turn the pages of.
hola ['ola] *excl* hello!
Holanda [o'landa] *nf* Holland; **holandés, esa** *a* Dutch // *nm/f* Dutchman/woman // *nm* (*LING*) Dutch.
holgado, a [ol'ɣaðo, a] *a* loose, baggy; (*rico*) well-to-do.
holgar [ol'ɣar] *vi* (*descansar*) to rest; (*sobrar*) to be superfluous; **huelga decir que** it goes without saying that.
holgazán, ana [olɣa'θan, ana] *a* idle, lazy // *nm/f* loafer.
holgura [ol'ɣura] *nf* looseness, bagginess; (*TEC*) play, free movement; (*vida*) comfortable living, luxury.
hollín [o'ʎin] *nm* soot.
hombre ['ombre] *nm* (*gen*) man; (*raza humana*): **el ~** man(kind); (*uno*) man // *excl*: **¡sí ~!** (*claro*) of course!; (*para énfasis*) man, old boy; **~ de negocios** businessman; **~-rana** frogman; **~ de pro** honest man.
hombrera [om'brera] *nf* shoulder strap.
hombro ['ombro] *nm* shoulder.
hombruno, a [om'bruno, a] *a* mannish.
homenaje [ome'naxe] *nm* (*gen*) homage; (*tributo*) tribute.
homicida [omi'θiða] *a* homicidal // *nm/f* murderer; **homicidio** *nm* murder, homicide.
homosexual [omosek'swal] *a, nm/f* homosexual.
hondo, a ['ondo, a] *a* deep; **lo ~** the depth(s) (*pl*), the bottom; **~nada** *nf* hollow, depression; (*cañón*) ravine; (*GEO*) lowland; **hondura** *nf* depth, profundity.
Honduras [on'duras] *nf* Honduras.
hondureño, a [ondu'reɲo, a] *a, nm/f* Honduran.
honestidad [onesti'ðað] *nf* purity, chastity; (*decencia*) decency; **honesto, a** *a* chaste; decent, honest; (*justo*) just.
hongo ['ongo] *nm* (*BOT*: *gen*) fungus; (: *comestible*) mushroom; (: *venenoso*) toadstool.
honor [o'nor] *nm* (*gen*) honour; (*gloria*) glory; **en ~ a la verdad** to be fair; **~able** *a* honourable.
honorario, a [ono'rarjo, a] *a* honorary; **~s** *nmpl* fees.
honra ['onra] *nf* (*gen*) honour; (*renombre*) good name; **~dez** *nf* honesty; (*de persona*) integrity; **~do, a** *a* honest, upright.
honrar [on'rar] *vt* to honour; **~se** *vr*: **~se con algo/de hacer algo** to be honoured by sth/to do sth.
honroso, a [on'roso, a] *a* (*honrado*) honourable; (*respetado*) respectable.
hora ['ora] *nf* (*una ~*) hour; (*tiempo*) time; **¿qué ~ es?** what time is it?; **¿a qué ~?** at what time?; **media ~** half an hour; **a la ~ de recreo** at playtime; **a primera ~** first thing (in the morning); **a última ~** at the last moment; **a altas ~s** in the small hours; **¡a buena ~!** about time, too!; **dar la ~** to strike the hour; **~s de oficina/de trabajo** office/working hours; **~s de visita** visiting times; **~s extras *o* extraordinarias** overtime *sg*; **~s punta** rush hours.
horadar [ora'ðar] *vt* to drill, bore.
horario, a [o'rarjo, a] *a* hourly, hour *cpd* // *nm* timetable; **~ comercial** business hours *pl*.
horca ['orka] *nf* gallows *sg*.
horcajadas [orka'xaðas]: **a ~** *ad* astride.
horchata [or'tʃata] *nf* *cold drink made from tiger nuts and water*, tiger nut milk.
horda ['orða] *nf* horde.
horizontal [oriθon'tal] *a* horizontal.
horizonte [ori'θonte] *nm* horizon.
horma ['orma] *nf* mould.
hormiga [or'miɣa] *nf* ant; **~s** *nfpl* (*MED*) pins and needles.
hormigón [ormi'ɣon] *nm* concrete; **~ armado/pretensado** reinforced/prestressed concrete.
hormigueo [ormi'ɣeo] *nm* (*comezón*) itch; (*fig*) uneasiness.

hormona [or'mona] *nf* hormone.
hornada [or'naða] *nf* batch (of loaves *etc*).
hornillo [or'niʎo] *nm* (*cocina*) portable stove.
horno ['orno] *nm* (CULIN) oven; (TEC) furnace; **alto ~** blast furnace.
horóscopo [o'roskopo] *nm* horoscope.
horquilla [or'kiʎa] *nf* hairpin; (AGR) pitchfork.
horrendo, a [o'rrendo, a] *a* horrendous, frightful.
horrible [o'rriβle] *a* horrible, dreadful.
horripilante [orripi'lante] *a* hair-raising, horrifying.
horror [o'rror] *nm* horror, dread; (*atrocidad*) atrocity; **¡qué ~!** (*fam*) oh, my God!; **~izar** *vt* to horrify, frighten; **~izarse** *vr* to be horrified; **~oso, a** *a* horrifying, ghastly.
hortaliza [orta'liθa] *nf* vegetable.
hortelano, a [orte'lano, a] *nm/f* (market) gardener.
hosco, a ['osko, a] *a* dark; (*persona*) sullen, gloomy.
hospedar [ospe'ðar] *vt* to put up; **~se** *vr* to stay, lodge.
hospital [ospi'tal] *nm* hospital.
hospitalario, a [ospita'larjo, a] *a* (*acogedor*) hospitable; **hospitalidad** *nf* hospitality.
hostal [os'tal] *nm* small hotel.
hostelería [ostele'ria] *nf* hotel business *o* trade.
hostelero, a [oste'lero, a] *nm/f* innkeeper, landlord/lady.
hostia ['ostja] *nf* (REL) host, consecrated wafer; (*fam*: *golpe*) whack, punch // *excl*: **¡~(s)!** (*fam!*) damn!
hostigar [osti'ɣar] *vt* to whip; (*fig*) to harass, pester.
hostil [os'til] *a* hostile; **~idad** *nf* hostility.
hotel [o'tel] *nm* hotel; **~ero, a** *a* hotel *cpd* // *nm/f* hotelier.
hoy [oi] *ad* (*este día*) today; (*la actualidad*) now(adays) // *nm* present time; **~ (en) día** now(adays).
hoyo ['ojo] *nm* hole, pit; **hoyuelo** *nm* dimple.
hoz [oθ] *nf* sickle.
hube *etc vb ver* **haber**.
hucha ['utʃa] *nf* money box.
hueco, a ['weko, a] *a* (*vacío*) hollow, empty; (*resonante*) booming // *nm* hollow, cavity.
huelga *etc vb ver* **holgar** // ['welɣa] *nf* strike; **declararse en ~** to go on strike, come out on strike; **~ de hambre** hunger strike.
huelgo *etc vb ver* **holgar**.
huelguista [wel'ɣista] *nm/f* striker.
huelo *etc vb ver* **oler**.
huella ['weʎa] *nf* (*acto de pisar, pisada*) tread(ing); (*marca del paso*) footprint, footstep; (: *de animal, máquina*) track; **~ digital** fingerprint.
huérfano, a ['werfano, a] *a* orphan(ed) // *nm/f* orphan.
huerta ['werta] *nf* market garden; (*en Murcia y Valencia*) irrigated region.
huerto ['werto] *nm* kitchen garden; (*de árboles frutales*) orchard.
hueso ['weso] *nm* (ANAT) bone; (*de fruta*) stone.
huésped, a ['wespeð, a] *nm/f* (*invitado*) guest; (*habitante*) resident; (*anfitrión*) host(ess).
huesudo, a [we'suðo, a] *a* bony, big-boned.
huevera [we'βera] *nf* eggcup.
huevo ['weβo] *nm* egg; **~ duro/escalfado/frito** (*Esp*) *o* **estrellado** (*AM*)/**pasado por agua** hard-boiled/poached/fried/soft-boiled egg; **~s revueltos** scrambled eggs.
huida [u'iða] *nf* escape, flight.
huidizo, a [ui'ðiθo, a] *a* (*tímido*) shy; (*pasajero*) fleeting.
huir [u'ir] *vi* (*escapar*) to flee, escape; (*evadir*) to avoid; **~se** *vr* (*escaparse*) to escape.
hule ['ule] *nm* (*encerado*) oilskin.
humanidad [umani'ðað] *nf* (*género humano*) man(kind); (*cualidad*) humanity.
humano, a [u'mano, a] *a* (*gen*) human; (*humanitario*) humane // *nm* human; **ser ~** human being.
humareda [uma'reða] *nf* cloud of smoke.
humedad [ume'ðað] *nf* (*del clima*) humidity; (*de pared etc*) dampness; **a prueba de ~** damp-proof; **humedecer** *vt* to moisten, wet; **humedecerse** *vr* to get wet.
húmedo, a ['umeðo, a] *a* (*mojado*) damp, wet; (*tiempo etc*) humid.
humildad [umil'dað] *nf* humility, humbleness; **humilde** *a* humble, modest.
humillación [umiʎa'θjon] *nf* humiliation; **humillante** *a* humiliating.
humillar [umi'ʎar] *vt* to humiliate; **~se** *vr* to humble o.s., grovel.
humo ['umo] *nm* (*de fuego*) smoke; (*gas nocivo*) fumes *pl*; (*vapor*) steam, vapour; **~s** *nmpl* (*fig*) conceit *sg*.
humor [u'mor] *nm* (*disposición*) mood, temper; (*lo que divierte*) humour; **de buen/mal ~** in a good/bad mood; **~ismo** *nm* humour; **~ista** *nm/f* comic; **~ístico, a** *a* funny, humorous.
hundimiento [undi'mjento] *nm* (*gen*) sinking; (*colapso*) collapse.
hundir [un'dir] *vt* to sink; (*edificio, plan*) to ruin, destroy; **~se** *vr* to sink, collapse.
húngaro, a ['ungaro, a] *a, nm/f* Hungarian.
Hungría [un'gria] *nf* Hungary.
huracán [ura'kan] *nm* hurricane.

huraño, a [u'raɲo, a] *a* shy; (*antisocial*) unsociable.
hurgar [ur'ɣar] *vt* to poke, jab; (*remover*) to stir (up); ~se *vr*: ~se (las narices) to pick one's nose.
hurón, ona [u'ron, ona] *nm* (ZOOL) ferret.
hurtadillas [urta'ðiʎas]: a ~ *ad* stealthily, on the sly.
hurtar [ur'tar] *vt* to steal; **hurto** *nm* theft, stealing.
husmear [usme'ar] *vt* (*oler*) to sniff out, scent; (*fam*) to pry into // *vi* to smell bad.
huyo *etc vb ver* **huir**.

I

iba *etc vb ver* **ir**.
ibérico, a [i'ßeriko, a] *a* Iberian.
iberoamericano, a [ißeroameri'kano, a] *a*, *nm/f* Latin American.
íbice ['ißiθe] *nm* ibex.
Ibiza [i'ßiθa] *nf* Ibiza.
iceberg [iθe'ßer] *nm* iceberg.
ícono ['ikono] *nm* ikon, icon.
iconoclasta [ikono'klasta] *a* iconoclastic // *nm/f* iconoclast.
ictericia [ikte'riθja] *nf* jaundice.
ida ['iða] *nf* going, departure; ~ **y vuelta** round trip, return.
idea [i'ðea] *nf* idea; **no tengo la menor ~** I haven't a clue.
ideal [iðe'al] *a*, *nm* ideal; **~ista** *nm/f* idealist; **~izar** *vt* to idealize.
idear [iðe'ar] *vt* to think up; (*aparato*) to invent; (*viaje*) to plan.
ídem ['iðem] *pron* ditto.
idéntico, a [i'ðentiko, a] *a* identical.
identidad [iðenti'ðað] *nf* identity.
identificación [iðentifika'θjon] *nf* identification.
identificar [iðentifi'kar] *vt* to identify; ~se *vr*: **~se con** to identify with.
ideología [iðeolo'xia] *nf* ideology.
idioma [i'ðjoma] *nm* (*gen*) language.
idiota [i'ðjota] *a* idiotic // *nm/f* idiot; **idiotez** *nf* idiocy.
ídolo ['iðolo] *nm* (*tb*: *fig*) idol.
idóneo, a [i'ðoneo, a] *a* suitable.
iglesia [i'ɣlesja] *nf* church.
ignominia [iɣno'minja] *nf* ignominy.
ignorancia [iɣno'ranθja] *nf* ignorance; **ignorante** *a* ignorant, uninformed // *nm/f* ignoramus.
ignorar [iɣno'rar] *vt* not to know, be ignorant of; (*no hacer caso a*) to ignore.
igual [i'ɣwal] *a* (*gen*) equal; (*similar*) like, similar; (*mismo*) (the) same; (*constante*) constant; (*temperatura*) even // *nm/f* equal; ~ **que** like, the same as; **me da** *o* **es ~** I don't care; **son ~es** they're the same; **al ~ que** *prep, conj* like, just like.
igualada [iɣwa'laða] *nf* equaliser.
igualar [iɣwa'lar] *vt* (*gen*) to equalize, make equal; (*allanar, nivelar*) to level (off), even (out); ~se *vr* (*platos de balanza*) to balance out.
igualdad [iɣwal'dað] *nf* equality; (*similaridad*) sameness; (*uniformidad*) uniformity.
igualmente [iɣwal'mente] *ad* equally; (*también*) also, likewise // *excl* the same to you!
ikurriña [iku'rriɲa] *nf* Basque flag.
ilegal [ile'ɣal] *a* illegal.
ilegítimo, a [ile'xitimo, a] *a* illegitimate.
ileso, a [i'leso, a] *a* unhurt.
ilícito, a [i'liθito] *a* illicit.
ilimitado, a [ilimi'taðo, a] *a* unlimited.
ilógico, a [i'loxiko, a] *a* illogical.
iluminación [ilumina'θjon] *nf* illumination; (*alumbrado*) lighting.
iluminar [ilumi'nar] *vt* to illuminate, light (up); (*fig*) to enlighten.
ilusión [ilu'sjon] *nf* illusion; (*quimera*) delusion; (*esperanza*) hope; **hacerse ilusiones** to build up one's hopes; **ilusionado, a** *a* excited.
ilusionista [ilusjo'nista] *nm/f* conjurer.
iluso, a [i'luso, a] *a* easily deceived // *nm/f* dreamer.
ilusorio, a [ilu'sorjo, a] *a* (*de ilusión*) illusory, deceptive; (*esperanza*) vain.
ilustración [ilustra'θjon] *nf* illustration; (*saber*) learning, erudition; **la I~** the Enlightenment; **ilustrado, a** *a* illustrated; learned.
ilustrar [ilus'trar] *vt* to illustrate; (*instruir*) to instruct; (*explicar*) to explain, make clear; ~se *vr* to acquire knowledge.
ilustre [i'lustre] *a* famous, illustrious.
imagen [i'maxen] *nf* (*gen*) image; (*dibujo*) picture.
imaginación [imaxina'θjon] *nf* imagination.
imaginar [imaxi'nar] *vt* (*gen*) to imagine; (*idear*) to think up; (*suponer*) to suppose; ~se *vr* to imagine; **~io, a** *a* imaginary; **imaginativo, a** *a* imaginative.
imán [i'man] *nm* magnet.
imbécil [im'beθil] *nm/f* imbecile, idiot.
imbuir [imbu'ir] *vi* to imbue.
imitación [imita'θjon] *nf* imitation.
imitar [imi'tar] *vt* to imitate; (*parodiar, remedar*) to mimic, ape.
impaciencia [impa'θjenθja] *nf* impatience; **impaciente** *a* impatient; (*nervioso*) anxious.
impacto [im'pakto] *nm* impact.
impar [im'par] *a* odd.
imparcial [impar'θjal] *a* impartial, fair; **~idad** *nf* impartiality, fairness.
impartir [impar'tir] *vt* to impart, give.
impasible [impa'sißle] *a* impassive.
impávido, a [im'paßiðo, a] *a* fearless,

intrepid.

impecable [impe'kaßle] *a* impeccable.

impedimento [impeði'mento] *nm* impediment, obstacle.

impedir [impe'ðir] *vt* (*obstruir*) to impede, obstruct; (*estorbar*) to prevent.

impeler [impe'ler] *vt* to drive, propel; (*fig*) to impel.

impenetrable [impene'traßle] *a* impenetrable; (*fig*) incomprehensible.

imperar [impe'rar] *vi* (*reinar*) to rule, reign; (*fig*) to prevail, reign; (*precio*) to be current.

imperativo, a [impera'tißo, a] *a* (*persona*) imperious; (*urgente*, LING) imperative.

imperceptible [imperθep'tißle] *a* imperceptible.

imperdible [imper'ðißle] *nm* safety pin.

imperdonable [imperðo'naßle] *a* unforgivable, inexcusable.

imperfección [imperfek'θjon] *nf* imperfection.

imperfecto, a [imper'fekto, a] *a* imperfect.

imperial [impe'rjal] *a* imperial; **~ismo** *nm* imperialism.

imperio [im'perjo] *nm* empire; (*autoridad*) rule, authority; (*fig*) pride, haughtiness; **~so, a** *a* imperious; (*urgente*) urgent; (*imperativo*) imperative.

impermeable [imperme'aßle] *a* (*a prueba de agua*) waterproof // *nm* raincoat.

impersonal [imperso'nal] *a* impersonal.

impertérrito, a [imper'territo, a] *a* undaunted.

impertinencia [imperti'nenθja] *nf* impertinence; **impertinente** *a* impertinent.

imperturbable [impertur'ßaßle] *a* imperturbable.

ímpetu ['impetu] *nm* (*impulso*) impetus, impulse; (*impetuosidad*) impetuosity; (*violencia*) violence.

impetuoso, a [impe'twoso, a] *a* impetuous; (*río*) rushing; (*acto*) hasty.

impío, a [im'pio, a] *a* impious, ungodly.

implacable [impla'kaßle] *a* implacable.

implicar [impli'kar] *vt* to implicate, involve; (*entrañar*) to imply.

implícito, a [im'pliθito, a] *a* (*tácito*) implicit; (*sobreentendido*) implied.

implorar [implo'rar] *vt* to beg, implore.

imponente [impo'nente] *a* (*impresionante*) impressive, imposing; (*solemne*) grand.

imponer [impo'ner] *vt* (*gen*) to impose; (*exigir*) to exact, command; **~se** *vr* to assert o.s.; (*prevalecer*) to prevail; **imponible** *a* (COM) taxable.

impopular [impopu'lar] *a* unpopular.

importación [importa'θjon] *nf* (*acto*) importing; (*mercancías*) imports *pl*.

importancia [impor'tanθja] *nf* importance; (*valor*) value, significance; (*extensión*) size, magnitude; **importante** *a* important; valuable, significant.

importar [impor'tar] *vt* (*del extranjero*) to import; (*valer*) to amount to, be worth // *vi* to be important, matter; **me importa un rábano** I don't give a damn; **no importa** it doesn't matter; **¿le importa que fume?** do you mind if I smoke?

importe [im'porte] *nm* (*total*) amount; (*valor*) value.

importunar [importu'nar] *vt* to bother, pester.

imposibilidad [imposißili'ðað] *nf* impossibility; **imposibilitar** *vt* to make impossible, prevent.

imposible [impo'sißle] *a* (*gen*) impossible; (*insoportable*) unbearable, intolerable.

imposición [imposi'θjon] *nf* imposition; (COM: *impuesto*) tax; (: *inversión*) deposit.

impostor, a [impos'tor, a] *nm/f* impostor.

impotencia [impo'tenθja] *nf* impotence; **impotente** *a* impotent, powerless.

impracticable [imprakti'kaßle] *a* (*irrealizable*) impracticable; (*intransitable*) impassable.

imprecar [impre'kar] *vi* to curse.

impreciso, a [impre'θiso, a] *a* imprecise, vague.

impregnar [impreɤ'nar] *vt* to impregnate; **~se** *vr* to become impregnated.

imprenta [im'prenta] *nf* (*acto*) printing; (*aparato*) press; (*casa*) printer's; (*letra*) print.

imprescindible [impresθin'dißle] *a* essential, vital.

impresión [impre'sjon] *nf* (*gen*) impression; (IMPRENTA) printing; (*edición*) edition; (FOTO) print; (*marca*) imprint; **~ digital** fingerprint.

impresionable [impresjo'naßle] *a* (*sensible*) impressionable.

impresionante [impresjo'nante] *a* impressive; (*tremendo*) tremendous; (*maravilloso*) great, marvellous.

impresionar [impresjo'nar] *vt* (*conmover*) to move; (*afectar*) to impress, strike; (*película fotográfica*) to expose; **~se** *vr* to be impressed; (*conmoverse*) to be moved.

impreso, a *pp de* **imprimir** // [im'preso, a] *a* printed **~s** *nmpl*; printed matter; **impresora** *nf* printer.

imprevisto, a [impre'ßisto, a] *a* (*gen*) unforeseen; (*inesperado*) unexpected **~s** *nmpl*; (*gastos*) unforeseen expenses.

imprimir [impri'mir] *vt* to imprint, impress, stamp; (*textos*) to print; (IN-

FORM) to output, print out.
improbable [impro'ßaßle] *a* improbable; (*inverosímil*) unlikely.
improcedente [improθe'ðente] *a* inappropriate.
improductivo, a [improðuk'tißo, a] *a* unproductive.
improperio [impro'perjo] *nm* insult.
impropiedad [impropje'ðað] *nf* impropriety (of language).
impropio, a [im'propjo, a] *a* improper.
improvisación [improßisa'θjon] *nf* improvisation; **improvisado, a** *a* improvised.
improvisar [improßi'sar] *vt* to improvise.
improviso, a [impro'ßiso, a] *a*: **de ~** unexpectedly, suddenly.
imprudencia [impru'ðenθja] *nf* imprudence; (*indiscreción*) indiscretion; (*descuido*) carelessness; **imprudente** *a* imprudent; indiscreet; (*irreflexivo*) unwise.
impúdico, a [im'puðiko, a] *a* shameless; (*lujurioso*) lecherous.
impudor [impu'ðor] *nm* shamelessness; (*lujuria*) lechery.
impuesto, a [im'pwesto, a] *a* imposed // *nm* tax; **~ sobre el valor añadido (IVA)** value added tax (VAT).
impugnar [impuɣ'nar] *vt* to oppose, contest; (*refutar*) to refute, impugn.
impulsar [impul'sar] *vt* = **impeler**.
impulso [im'pulso] *nm* impulse; (*fuerza, empuje*) thrust, drive; (*fig: sentimiento*) urge, impulse.
impune [im'pune] *a* unpunished; **impunidad** *nf* impunity.
impureza [impu'reθa] *nf* impurity; (*fig*) lewdness; **impuro, a** *a* impure; lewd.
imputar [impu'tar] *vt* (*atribuir*) to attribute to; (*cargar*) to impute to.
inacabable [inaka'ßaßle] *a* (*infinito*) endless; (*interminable*) interminable.
inaccesible [inakθe'sißle] *a* inaccessible.
inacción [inak'θjon] *nf* (*gen*) inaction; (*desocupación*) inactivity.
inaceptable [inaθep'taßle] *a* unacceptable.
inactividad [inaktißi'ðað] *nf* inactivity; (COM) dullness; **inactivo, a** *a* inactive.
inadaptación [inaðapta'θjon] *nf* maladjustment.
inadecuado, a [inaðe'kwaðo, a] *a* (*insuficiente*) inadequate; (*inapto*) unsuitable.
inadmisible [inaðmi'sißle] *a* inadmissible.
inadvertido, a [inaðßer'tiðo, a] *a* (*no visto*) unnoticed.
inagotable [inaɣo'taßle] *a* inexhaustible.
inaguantable [inaɣwan'taßle] *a* unbearable.
inalterable [inalte'raßle] *a* immutable, unchangeable.
inanición [inani'θjon] *nf* starvation.
inanimado, a [inani'maðo, a] *a* inanimate.
inapto, a [in'apto] *a* unsuited.
inaudito, a [inau'ðito, a] *a* unheard-of.
inauguración [inauɣura'θjon] *nf* inauguration; (*de exposición*) opening; **inaugurar** *vt* to inaugurate; to open.
I.N.B. *abr* (*Esp* = *Instituto Nacional de Bachillerato*) ≈ comprehensive school (*Brit*), ≈ high school (*US*).
inca ['inka] *nm/f* Inca; **~ico, a** *a* Inca *cpd*.
incalculable [inkalku'laßle] *a* incalculable.
incandescente [inkandes'θente] *a* incandescent.
incansable [inkan'saßle] *a* tireless, untiring.
incapacidad [inkapaθi'ðað] *nf* incapacity; (*incompetencia*) incompetence; **~ física/mental** physical/mental disability.
incapacitar [inkapaθi'tar] *vt* (*inhabilitar*) to incapacitate, render unfit; (*descalificar*) to disqualify.
incapaz [inka'paθ] *a* incapable.
incautación [inkauta'θjon] *nf* confiscation.
incautarse [inkau'tarse] *vr*: **~ de** to seize, confiscate.
incauto, a [in'kauto, a] *a* (*imprudente*) incautious, unwary.
incendiar [inθen'djar] *vt* to set fire to; (*fig*) to inflame; **~se** *vr* to catch fire; **~io, a** *a* incendiary.
incendio [in'θendjo] *nm* fire.
incentivo [inθen'tißo] *nm* incentive.
incertidumbre [inθerti'ðumßre] *nf* (*inseguridad*) uncertainty; (*duda*) doubt.
incesante [inθe'sante] *a* incessant.
incesto [in'θesto] *nm* incest.
incidencia [inθi'ðenθja] *nf* (MAT) incidence.
incidente [inθi'ðente] *nm* incident.
incidir [inθi'ðir] *vi* (*influir*) to influence; (*afectar*) to affect; **~ en un error** to fall into error.
incienso [in'θjenso] *nm* incense.
incierto, a [in'θjerto, a] *a* uncertain.
incineración [inθinera'θjon] *nf* incineration; (*de cadáveres*) cremation.
incinerar [inθine'rar] *vt* to burn; (*cadáveres*) to cremate.
incipiente [inθi'pjente] *a* incipient.
incisión [inθi'sjon] *nf* incision.
incisivo, a [inθi'sißo, a] *a* sharp, cutting; (*fig*) incisive.
incitar [inθi'tar] *vt* to incite, rouse.
incivil [inθi'ßil] *a* rude, uncivil.
inclemencia [inkle'menθja] *nf* (*severidad*) harshness, severity; (*del tiempo*) inclemency.
inclinación [inklina'θjon] *nf* (*gen*) inclination; (*de tierras*) slope, incline; (*de cabeza*) nod, bow; (*fig*) leaning, bent.

inclinar [inkli'nar] *vt* to incline; (*cabeza*) to nod, bow; (*tierras*) to slope; **~se** *vr* to bow; (*encorvarse*) to stoop; **~se a** to take after, resemble; **~se ante** to bow down to; **me inclino a pensar que** I'm inclined to think that.
incluir [inklu'ir] *vt* to include; (*incorporar*) to incorporate; (*meter*) to enclose.
inclusive [inklu'siße] *ad* inclusive // *prep* including.
incluso, a [in'kluso, a] *a* included // *ad* inclusively; (*hasta*) even.
incógnito [in'koɣnito] *nm*: **de ~** incognito.
incoherente [inkoe'rente] *a* incoherent.
incoloro, a [inko'loro, a] *a* colourless.
incólume [in'kolume] *a* (*gen*) safe; (*indemne*) unhurt, unharmed.
incomodar [inkomo'ðar] *vt* to inconvenience; (*molestar*) to bother, trouble; (*fastidiar*) to annoy; **~se** *vr* to put o.s. out; (*fastidiarse*) to get annoyed.
incomodidad [inkomoði'ðað] *nf* inconvenience; (*fastidio, enojo*) annoyance; (*de vivienda*) discomfort.
incómodo, a [in'komoðo, a] *a* (*inconfortable*) uncomfortable; (*molesto*) annoying; (*inconveniente*) inconvenient.
incomparable [inkompa'raßle] *a* incomparable.
incompatible [inkompa'tißle] *a* incompatible.
incompetencia [inkompe'tenθja] *nf* incompetence; **incompetente** *a* incompetent.
incompleto, a [inkom'pleto, a] *a* incomplete, unfinished.
incomprensible [inkompren'sißle] *a* incomprehensible.
incomunicado, a [inkomuni'kaðo, a] *a* (*aislado*) cut off, isolated; (*confinado*) in solitary confinement.
inconcebible [inkonθe'ßißle] *a* inconceivable.
inconcluso, a [inkon'kluso, a] *a* (*inacabado*) unfinished.
incondicional [inkondiθjo'nal] *a* unconditional; (*apoyo*) wholehearted; (*partidario*) staunch.
inconexo, a [inko'nekso, a] *a* (*gen*) unconnected; (*desunido*) disconnected.
inconfundible [inkonfun'dißle] *a* unmistakable.
incongruente [inkon'grwente] *a* incongruous.
inconmensurable [inkonmensu'raßle] *a* immeasurable, vast.
inconsciencia [inkons'θjenθja] *nf* unconsciousness; (*fig*) thoughtlessness; **inconsciente** *a* unconscious; thoughtless.
inconsecuente [inkonse'kwente] *a* inconsistent.
inconsiderado, a [inkonsiðe'raðo, a] *a* inconsiderate.
inconsistente [inkonsis'tente] *a* weak; (*tela*) flimsy.
inconstancia [inkon'stanθja] *nf* (*veleidad*) inconstancy; (*inestabilidad*) unsteadiness; **inconstante** *a* inconstant.
incontable [inkon'taßle] *a* countless, innumerable.
incontestable [inkontes'taßle] *a* unanswerable; (*innegable*) undeniable.
incontinencia [inkonti'nenθja] *nf* incontinence.
inconveniencia [inkonße'njenθja] *nf* unsuitability, inappropriateness; (*descortesía*) impoliteness; **inconveniente** *a* unsuitable; impolite // *nm* obstacle; (*desventaja*) disadvantage; **el inconveniente es que...** the trouble is that...
incorporación [inkorpora'θjon] *nf* incorporation.
incorporar [inkorpo'rar] *vt* to incorporate; **~se** *vr* to sit/stand up.
incorrección [inkorrek'θjon] *nf* (*gen*) incorrectness, inaccuracy; (*descortesía*) bad-mannered behaviour; **incorrecto, a** *a* (*gen*) incorrect, wrong; (*comportamiento*) bad-mannered.
incorregible [inkorre'xißle] *a* incorrigible.
incredulidad [inkreðuli'ðað] *nf* incredulity; (*escepticismo*) scepticism; **incrédulo, a** *a* incredulous, unbelieving; sceptical.
increíble [inkre'ißle] *a* incredible.
incremento [inkre'mento] *nm* increment; (*aumento*) rise, increase.
increpar [inkre'par] *vt* to reprimand.
incruento, a [in'krwento, a] *a* bloodless.
incrustar [inkrus'tar] *vt* to incrust; (*piedras: en joya*) to inlay.
incubar [inku'ßar] *vt* to incubate; (*fig*) to hatch.
inculcar [inkul'kar] *vt* to inculcate.
inculpar [inkul'par] *vt* (*acusar*) to accuse; (*achacar, atribuir*) to charge, blame.
inculto, a [in'kulto, a] *a* (*persona*) uneducated; (*grosero*) uncouth // *nm/f* ignoramus.
incumplimiento [inkumpli'mjento] *nm* non-fulfilment; **~ de contrato** breach of contract.
incurrir [inku'rrir] *vi*: **~ en** to incur; (*crimen*) to commit; **~ en un error** to fall into error.
indagación [indaɣa'θjon] *nf* investigation; (*búsqueda*) search; (JUR) inquest.
indagar [inda'ɣar] *vt* to investigate; to search; (*averiguar*) to ascertain.
indecente [inde'θente] *a* indecent, improper; (*lascivo*) obscene.
indecible [inde'θißle] *a* unspeakable; (*indescriptible*) indescribable.
indeciso, a [inde'θiso, a] *a* (*por decidir*)

undecided; (*vacilante*) hesitant.
indefenso, a [inde'fenso, a] *a* defenceless.
indefinido, a [indefi'niðo, a] *a* indefinite; (*vago*) vague, undefined.
indeleble [inde'leßle] *a* indelible.
indemne [in'demne] *a* (*objeto*) undamaged; (*persona*) unharmed, unhurt.
indemnizar [indemni'θar] *vt* to indemnify; (*compensar*) to compensate.
independencia [indepen'denθja] *nf* independence.
independiente [indepen'djente] *a* (*libre*) independent; (*autónomo*) self-sufficient.
indeterminado, a [indetermi'naðo, a] *a* indefinite; (*desconocido*) indeterminate.
India ['indja] *nf*: la ~ India.
indicación [indika'θjon] *nf* indication; (*señal*) sign; (*sugerencia*) suggestion, hint.
indicador [indika'ðor] *nm* indicator; (*TEC*) gauge, meter.
indicar [indi'kar] *vt* (*mostrar*) to indicate, show; (*termómetro etc*) to read, register; (*señalar*) to point to.
índice ['indiθe] *nm* index; (*catálogo*) catalogue; (*ANAT*) index finger, forefinger.
indicio [in'diθjo] *nm* indication, sign; (*pista*) clue.
indiferencia [indife'renθja] *nf* indifference; (*apatía*) apathy; **indiferente** *a* indifferent.
indígena [in'dixena] *a* indigenous, native // *nm/f* native.
indigencia [indi'xenθja] *nf* poverty, need.
indigestión [indixes'tjon] *nf* indigestion.
indigesto, a [indi'xesto, a] *a* undigested; (*indigestible*) indigestible; (*fig*) turgid.
indignación [indiɣna'θjon] *nf* indignation.
indignar [indiɣ'nar] *vt* to anger, make indignant; **~se** *vr*: **~se por** to get indignant about.
indigno, a [in'diɣno, a] *a* (*despreciable*) low, contemptible; (*inmerecido*) unworthy.
indio, a ['indjo, a] *a, nm/f* Indian.
indirecta [indi'rekta] *nf* insinuation, innuendo; (*sugerencia*) hint.
indirecto, a [indi'rekto, a] *a* indirect.
indiscreción [indiskre'θjon] *nf* (*imprudencia*) indiscretion; (*irreflexión*) tactlessness; (*acto*) gaffe, faux pas.
indiscreto, a [indis'kreto, a] *a* indiscreet.
indiscutible [indisku'tißle] *a* indisputable, unquestionable.
indispensable [indispen'saßle] *a* indispensable, essential.
indisponer [indispo'ner] *vt* to spoil, upset; (*salud*) to make ill; **~se** *vr* to fall ill; **~se con uno** to fall out with sb.
indisposición [indisposi'θjon] *nf* indisposition.
indistinto, a [indis'tinto, a] *a* indistinct; (*vago*) vague.
individual [indißi'ðwal] *a* individual; (*habitación*) single // *nm* (*DEPORTE*) singles *sg*.
individuo, a [indi'ßiðwo, a] *a* individual // *nm* individual.
índole ['indole] *nf* (*naturaleza*) nature; (*clase*) sort, kind.
indolencia [indo'lenθja] *nf* indolence, laziness.
indómito, a [in'domito, a] *a* indomitable.
inducir [indu'θir] *vt* to induce; (*inferir*) to infer; (*persuadir*) to persuade.
indudable [indu'ðaßle] *a* undoubted; (*incuestionable*) unquestionable.
indulgencia [indul'xenθja] *nf* indulgence.
indultar [indul'tar] *vt* (*perdonar*) to pardon, reprieve; (*librar de pago*) to exempt; **indulto** *nm* pardon; exemption.
industria [in'dustrja] *nf* industry; (*habilidad*) skill; **industrial** *a* industrial // *nm* industrialist.
inédito, a [in'eðito, a] *a* (*libro*) unpublished; (*fig*) new.
inefable [ine'faßle] *a* ineffable, indescribable.
ineficaz [inefi'kaθ] *a* (*inútil*) ineffective; (*ineficiente*) inefficient.
ineludible [inelu'ðißle] *a* inescapable, unavoidable.
ineptitud [inepti'tuð] *nf* ineptitude, incompetence; **inepto, a** *a* inept, incompetent.
inequívoco, a [ine'kißoko, a] *a* unequivocal; (*inconfundible*) unmistakable.
inercia [in'erθja] *nf* inertia; (*pasividad*) passivity.
inerme [in'erme] *a* (*sin armas*) unarmed; (*indefenso*) defenceless.
inerte [in'erte] *a* inert; (*inmóvil*) motionless.
inesperado, a [inespe'raðo, a] *a* unexpected, unforeseen.
inestable [ines'taßle] *a* unstable.
inevitable [ineßi'taßle] *a* inevitable.
inexactitud [ineksakti'tuð] *nf* inaccuracy; **inexacto, a** *a* inaccurate; (*falso*) untrue.
inexperto, a [inek'sperto, a] *a* (*novato*) inexperienced.
infalible [infa'lißle] *a* infallible; (*plan*) foolproof.
infame [in'fame] *a* infamous; (*horrible*) dreadful; **infamia** *nf* infamy; (*deshonra*) disgrace.
infancia [in'fanθja] *nf* infancy, childhood.
infante [in'fante] *nm* (*hijo del rey*) infante, prince; (*MIL*) infantryman.
infantería [infante'ria] *nf* infantry.
infantil [infan'til] *a* (*pueril, aniñado*) infantile; (*cándido*) childlike; (*literatura, ropa etc*) children's.
infarto [in'farto] *nm* (*tb*: ~ de

miocardio) heart attack.
infatigable [infati'ɣaβle] *a* tireless, untiring.
infección [infek'θjon] *nf* infection; **infeccioso, a** *a* infectious.
infectar [infek'tar] *vt* to infect; ~se *vr* to become infected.
infeliz [infe'liθ] *a* unhappy, wretched // *nm/f* wretch.
inferior [infe'rjor] *a* inferior; (*situación*) lower // *nm/f* inferior, subordinate.
inferir [infe'rir] *vt* (*deducir*) to infer, deduce; (*causar*) to cause.
infestar [infes'tar] *vt* (*apestar*) to infest; (*fig*) to harass.
infidelidad [infiðeli'ðað] *nf* (*gen*) infidelity, unfaithfulness.
infiel [in'fjel] *a* unfaithful, disloyal; (*erróneo*) inaccurate // *nm/f* infidel, unbeliever.
infierno [in'fjerno] *nm* hell.
ínfimo, a ['infimo, a] *a* (*más bajo*) lowest; (*despreciable*) vile, mean.
infinidad [infini'ðað] *nf* infinity; (*abundancia*) great quantity.
infinito, a [infi'nito, a] *a*, *nm* infinite.
inflación [infla'θjon] *nf* (*hinchazón*) swelling; (*monetaria*) inflation; (*fig*) conceit; **inflacionario, a** *a* inflationary.
inflamar [infla'mar] *vt* to set on fire; (*MED*) to inflame; ~se *vr* to catch fire; (*fig*) to become inflamed.
inflar [in'flar] *vt* (*hinchar*) to inflate, blow up; (*fig*) to exaggerate; ~se *vr* to swell (up); (*fig*) to get conceited.
inflexible [inflek'siβle] *a* inflexible; (*fig*) unbending.
infligir [infli'xir] *vt* to inflict.
influencia [influ'enθja] *nf* influence; **influenciar** *vt* to influence.
influir [influ'ir] *vt* to influence.
influjo [in'fluxo] *nm* influence.
influya *etc vb ver* **influir**.
influyente [influ'jente] *a* influential.
información [informa'θjon] *nf* information; (*noticias*) news *sg*; (*JUR*) inquiry; I~ (*oficina*) Information Office; (*mostrador*) Information Desk; (*TEL*) Directory Enquiries.
informal [infor'mal] *a* (*gen*) informal.
informante [infor'mante] *nm/f* informant.
informar [infor'mar] *vt* (*gen*) to inform; (*revelar*) to reveal, make known // *vi* (*JUR*) to plead; (*denunciar*) to inform; (*dar cuenta de*) to report on; ~se *vr* to find out; ~se de to inquire into.
informática [infor'matika] *nf* computer science, information technology.
informe [in'forme] *a* shapeless // *nm* report.
infortunio [infor'tunjo] *nm* misfortune.
infracción [infrak'θjon] *nf* infraction, infringement.
infranqueable [infranke'aβle] *a* impassable; (*fig*) insurmountable.
infringir [infrin'xir] *vt* to infringe, contravene.
infructuoso, a [infruk'twoso, a] *a* fruitless, unsuccessful.
infundado, a [infun'daðo, a] *a* groundless, unfounded.
infundir [infun'dir] *vt* to infuse, instil.
infusión [infu'sjon] *nf* infusion; ~ de manzanilla camomile tea.
ingeniar [inxe'njar] *vt* to think up, devise; ~se *vr*: ~se para to manage to.
ingeniería [inxenje'ria] *nf* engineering; **ingeniero, a** *nm/f* engineer; **ingeniero de caminos/de sonido** civil engineer/sound engineer.
ingenio [in'xenjo] *nm* (*talento*) talent; (*agudeza*) wit; (*habilidad*) ingenuity, inventiveness; (*TEC*): ~ **azucarero** sugar refinery.
ingenioso, a [inxe'njoso, a] *a* ingenious, clever; (*divertido*) witty.
ingenuidad [inxenwi'ðað] *nf* ingenuousness; (*sencillez*) simplicity; **ingenuo, a** *a* ingenuous.
ingerir [inxe'rir] *vt* to ingest; (*tragar*) to swallow; (*consumir*) to consume.
Inglaterra [ingla'terra] *nf* England.
ingle ['ingle] *nf* groin.
inglés, esa [in'gles, esa] *a* English // *nm/f* Englishman/woman // *nm* (*LING*) English.
ingratitud [ingrati'tuð] *nf* ingratitude; **ingrato, a** *a* (*gen*) ungrateful.
ingrediente [ingre'ðjente] *nm* ingredient.
ingresar [ingre'sar] *vt* (*dinero*) to deposit // *vi* to come in; ~ **en un club** to join a club; ~ **en el hospital** to go into hospital.
ingreso [in'greso] *nm* (*entrada*) entry; (: *en hospital etc*) admission; ~s *nmpl* (*dinero*) income *sg*; (: *COM*) takings *pl*.
inhabitable [inaβi'taβle] *a* uninhabitable.
inhalar [ina'lar] *vt* to inhale.
inherente [ine'rente] *a* inherent.
inhibir [ini'βir] *vt* to inhibit; (*REL*) to restrain.
inhumano, a [inu'mano, a] *a* inhuman.
INI ['ini] *nm abr* (*Esp* = *Instituto Nacional de Industria*) ≈ NEB (*Brit*).
inicial [ini'θjal] *a*, *nf* initial.
iniciar [ini'θjar] *vt* (*persona*) to initiate; (*empezar*) to begin, commence; (*conversación*) to start up.
iniciativa [iniθja'tiβa] *nf* initiative; **la ~ privada** private enterprise.
inicuo, a [in'ikwo, a] *a* iniquitous.
ininterrumpido, a [ininterrum'piðo, a] *a* uninterrupted.
injerencia [inxe'renθja] *nf* interference.
injertar [inxer'tar] *vt* to graft; **injerto** *nm* graft.
injuria [in'xurja] *nf* (*agravio, ofensa*) offence; (*insulto*) insult; **injuriar** *vt* to insult; **injurioso, a** *a* offensive; insulting.

injusticia [inxus'tiθja] *nf* injustice.
injusto, a [in'xusto, a] *a* unjust, unfair.
inmadurez [inmaðu'reθ] *nf* immaturity.
inmediaciones [inmeðja'θjones] *nfpl* neighbourhood *sg*, environs.
inmediato, a [inme'ðjato, a] *a* immediate; (*contiguo*) adjoining; (*rápido*) prompt; (*próximo*) neighbouring, next; de ~ immediately.
inmejorable [inmexo'raßle] *a* unsurpassable; (*precio*) unbeatable.
inmenso, a [in'menso, a] *a* immense, huge.
inmerecido, a [inmere'θiðo, a] *a* undeserved.
inmigración [inmiɤra'θjon] *nf* immigration.
inmiscuirse [inmisku'irse] *vr* to interfere, meddle.
inmobiliario, a [inmoßi'ljarjo, a] *a* real-estate *cpd*, property *cpd* // *nf* estate agency.
inmolar [inmo'lar] *vt* to immolate, sacrifice.
inmoral [inmo'ral] *a* immoral.
inmortal [inmor'tal] *a* immortal; **~izar** *vt* to immortalize.
inmóvil [in'moßil] *a* immobile.
inmueble [in'mweßle] *a*: **bienes ~s** real estate, landed property // *nm* property.
inmundicia [inmun'diθja] *nf* filth; **inmundo, a** *a* filthy.
inmunidad [inmuni'ðað] *nf* immunity.
inmutarse [inmu'tarse] *vr* to turn pale; **no se inmutó** he didn't turn a hair.
innato, a [in'nato, a] *a* innate.
innecesario, a [inneθe'sarjo, a] *a* unnecessary.
innoble [in'noßle] *a* ignoble.
innovación [innoßa'θjon] *nf* innovation.
innovar [inno'ßar] *vt* to introduce.
inocencia [ino'θenθja] *nf* innocence.
inocentada [inoθen'taða] *nf* practical joke.
inocente [ino'θente] *a* (*ingenuo*) naive, innocent; (*inculpable*) innocent; (*sin malicia*) harmless // *nm/f* simpleton.
inodoro [ino'ðoro] *nm* toilet, lavatory (*Brit*).
inofensivo, a [inofen'sißo, a] *a* inoffensive, harmless.
inolvidable [inolßi'ðaßle] *a* unforgettable.
inoperante [inope'rante] *a* ineffective.
inopinado, a [inopi'naðo, a] *a* unexpected.
inoportuno, a [inopor'tuno, a] *a* untimely; (*molesto*) inconvenient.
inoxidable [inoksi'ðaßle] *a*: **acero ~** stainless steel.
inquebrantable [inkeßran'taßle] *a* unbreakable.
inquietar [inkje'tar] *vt* to worry, trouble; **~se** *vr* to worry, get upset; **inquieto, a** *a* anxious, worried; **inquietud** *nf* anxiety, worry.
inquilino, a [inki'lino, a] *nm/f* tenant.
inquirir [inki'rir] *vt* to enquire into, investigate.
insaciable [insa'θjaßle] *a* insatiable.
insalubre [insa'lußre] *a* unhealthy.
inscribir [inskri'ßir] *vt* to inscribe; (*lista*) to list; (*censo*) to register; **~se** *vr* to register; (*ESCOL etc*) to enrol.
inscripción [inskrip'θjon] *nf* inscription; (*ESCOL etc*) enrolment; (*censo*) registration.
insecticida [insekti'θiða] *nm* insecticide.
insecto [in'sekto] *nm* insect.
inseguridad [inseɤuri'ðað] *nf* insecurity.
inseguro, a [inse'ɤuro, a] *a* insecure; (*inconstante*) unsteady; (*incierto*) uncertain.
insensato, a [insen'sato, a] *a* foolish, stupid.
insensibilidad [insensißili'ðað] *nf* (*gen*) insensitivity; (*dureza de corazón*) callousness.
insensible [insen'sißle] *a* (*gen*) insensitive; (*movimiento*) imperceptible; (*sin sentido*) numb.
insertar [inser'tar] *vt* to insert.
inservible [inser'ßißle] *a* useless.
insidioso, a [insi'ðjoso, a] *a* insidious.
insignia [in'siɤnja] *nf* (*señal distintiva*) badge; (*estandarte*) flag.
insignificante [insiɤnifi'kante] *a* insignificant.
insinuar [insi'nwar] *vt* to insinuate, imply; **~se** *vr*: **~se con uno** to ingratiate o.s. with sb.
insípido, a [in'sipiðo, a] *a* insipid.
insistencia [insis'tenθja] *nf* insistence.
insistir [insis'tir] *vi* to insist; **~ en algo** to insist on sth; (*enfatizar*) to stress sth.
insolación [insola'θjon] *nf* (*MED*) sunstroke.
insolencia [inso'lenθja] *nf* insolence; **insolente** *a* insolent.
insólito, a [in'solito, a] *a* unusual.
insoluble [inso'lußle] *a* insoluble.
insolvencia [insol'ßenθja] *nf* insolvency.
insomnio [in'somnjo] *nm* insomnia.
insondable [inson'daßle] *a* bottomless; (*fig*) impenetrable.
insonorizado, a [insonori'θaðo, a] *a* (*cuarto etc*) soundproof.
insoportable [insopor'taßle] *a* unbearable.
insospechado, a [insospe'tʃaðo, a] *a* (*inesperado*) unexpected.
inspección [inspek'θjon] *nf* inspection, check; **inspeccionar** *vt* (*examinar*) to inspect, examine; (*controlar*) to check.
inspector, a [inspek'tor, a] *nm/f* inspector.
inspiración [inspira'θjon] *nf* inspiration.
inspirar [inspi'rar] *vt* to inspire; (*MED*) to inhale; **~se** *vr*: **~se en** to be inspired by.
instalación [instala'θjon] *nf* (*equipo*)

fittings *pl*, equipment; ~ **eléctrica** wiring.

instalar [insta'lar] *vt* (*establecer*) to instal; (*erguir*) to set up, erect; ~**se** *vr* to establish o.s.; (*en una vivienda*) to move into.

instancia [ins'tanθja] *nf* (*JUR*) petition; (*ruego*) request; **en última** ~ as a last resort.

instantáneo, a [instan'taneo, a] *a* instantaneous // *nf* snap(shot); **café** ~ instant coffee.

instante [ins'tante] *nm* instant, moment.

instar [ins'tar] *vt* to press, urge.

instigar [insti'ɣar] *vt* to instigate.

instinto [ins'tinto] *nm* instinct; **por** ~ instinctively.

institución [institu'θjon] *nf* institution, establishment.

instituir [institu'ir] *vt* to establish; (*fundar*) to found; **instituto** *nm* (*gen*) institute; **Instituto Nacional de Enseñanza** (*Esp*) ≈ comprehensive (*Brit*) *o* high (*US*) school.

institutriz [institu'triθ] *nf* governess.

instrucción [instruk'θjon] *nf* instruction.

instructivo, a [instruk'tiβo, a] *a* instructive.

instruir [instru'ir] *vt* (*gen*) to instruct; (*enseñar*) to teach, educate.

instrumento [instru'mento] *nm* (*gen*) instrument; (*herramienta*) tool, implement.

insubordinarse [insuβorði'narse] *vr* to rebel.

insuficiencia [insufi'θjenθja] *nf* (*carencia*) lack; (*inadecuación*) inadequacy; **insuficiente** *a* (*gen*) insufficient; (*ESCOL*: *calificación*) unsatisfactory.

insufrible [insu'friβle] *a* insufferable.

insular [insu'lar] *a* insular.

insultar [insul'tar] *vt* to insult; **insulto** *nm* insult.

insuperable [insupe'raβle] *a* (*excelente*) unsurpassable; (*arduo*) insurmountable.

insurgente [insur'xente] *a*, *nm/f* insurgent.

insurrección [insurrek'θjon] *nf* insurrection, rebellion.

intacto, a [in'takto, a] *a* intact.

intachable [inta'tʃaβle] *a* irreproachable.

integral [inte'ɣral] *a* integral; (*completo*) complete; **pan** ~ wholemeal (*Brit*) *o* wholewheat (*US*) bread.

integrar [inte'ɣrar] *vt* to make up, compose; (*MAT*, *fig*) to integrate.

integridad [inteɣri'ðað] *nf* wholeness; (*carácter*) integrity; **íntegro, a** *a* whole, entire; (*honrado*) honest.

intelectual [intelek'twal] *a*, *nm/f* intellectual.

inteligencia [inteli'xenθja] *nf* intelligence; (*ingenio*) ability; **inteligente** *a* intelligent.

inteligible [inteli'xiβle] *a* intelligible.

intemperie [intem'perje] *nf*: **a la** ~ out in the open, exposed to the elements.

intempestivo, a [intempes'tiβo, a] *a* untimely.

intención [inten'θjon] *nf* (*gen*) intention, purpose; **con segundas intenciones** maliciously; **con** ~ deliberately.

intencionado, a [intenθjo'naðo, a] *a* deliberate; **bien/mal** ~ well-meaning/ill-disposed, hostile.

intensidad [intensi'ðað] *nf* (*gen*) intensity; (*ELEC*, *TEC*) strength; **llover con** ~ to rain hard.

intenso, a [in'tenso, a] *a* intense; (*sentimiento*) profound, deep.

intentar [inten'tar] *vt* (*tratar*) to try, attempt; **intento** *nm* (*intención*) intention, purpose; (*tentativa*) attempt.

intercalar [interka'lar] *vt* to insert.

intercambio [inter'kambjo] *nm* exchange, swap.

interceder [interθe'ðer] *vi* to intercede.

interceptar [interθep'tar] *vt* to intercept.

intercesión [interθe'sjon] *nf* intercession.

interés [inte'res] *nm* (*gen*) interest; (*parte*) share, part; (*pey*) self-interest; **intereses creados** vested interests.

interesado, a [intere'saðo, a] *a* interested; (*prejuiciado*) prejudiced; (*pey*) mercenary, self-seeking.

interesante [intere'sante] *a* interesting.

interesar [intere'sar] *vt*, *vi* to interest, be of interest to; ~**se** *vr*: ~**se en** *o* **por** to take an interest in.

interface [inter'faθe], **interfase** [-'fase] *nm* (*INFORM*) interface.

interferir [interfe'rir] *vt* to interfere with; (*TEL*) to jam // *vi* to interfere.

interfono [inter'fono] *nm* intercom.

interino, a [inte'rino, a] *a* temporary // *nm/f* temporary holder of a post; (*MED*) locum; (*ESCOL*) supply teacher.

interior [inte'rjor] *a* inner, inside; (*COM*) domestic, internal // *nm* interior, inside; (*fig*) soul, mind; **Ministerio del I~** ≈ Home Office (*Brit*), ≈ Department of the Interior (*US*).

interjección [interxek'θjon] *nf* interjection.

interlocutor, a [interloku'tor, a] *nm/f* speaker.

intermediario, a [interme'ðjarjo, a] *nm/f* intermediary.

intermedio, a [inter'meðjo, a] *a* intermediate // *nm* interval.

interminable [intermi'naβle] *a* endless.

intermitente [intermi'tente] *a* intermittent // *nm* (*AUTO*) indicator.

internacional [internaθjo'nal] *a* international.

internado [inter'naðo] *nm* boarding school.

internar [inter'nar] *vt* to intern; (*en un manicomio*) to commit; ~**se** *vr* (*pene-*

trar) to penetrate.

interno, a [in'terno, a] *a* internal, interior; (*POL etc*) domestic // *nm/f* (*alumno*) boarder.

interponer [interpo'ner] *vt* to interpose, put in; ~se *vr* to intervene.

interpretación [interpreta'θjon] *nf* interpretation.

interpretar [interpre'tar] *vt* to interpret; (*TEATRO, MUS*) to perform, play; **intérprete** *nm/f* (*LING*) interpreter, translator; (*MUS, TEATRO*) performer, artist(e).

interrogación [interroɣa'θjon] *nf* interrogation; (*LING*: *tb*: **signo de ~**) question mark.

interrogar [interro'ɣar] *vt* to interrogate, question.

interrumpir [interrum'pir] *vt* to interrupt.

interrupción [interrup'θjon] *nf* interruption.

interruptor [interrup'tor] *nm* (*ELEC*) switch.

intersección [intersek'θjon] *nf* intersection.

interurbano, a [interur'ßano, a] *a*: **llamada interurbana** long-distance call.

intervalo [inter'ßalo] *nm* interval; (*descanso*) break; **a ~s** at intervals, every now and then.

intervenir [interße'nir] *vt* (*controlar*) to control, supervise; (*MED*) to operate on // *vi* (*participar*) to take part, participate; (*mediar*) to intervene.

interventor, a [interßen'tor, a] *nm/f* inspector; (*COM*) auditor.

interviú [inter'ßju] *nf* interview.

intestino [intes'tino] *nm* intestine.

intimar [inti'mar] *vi* to become friendly.

intimidad [intimi'ðað] *nf* intimacy; (*familiaridad*) familiarity; (*vida privada*) private life; (*JUR*) privacy.

íntimo, a ['intimo, a] *a* intimate.

intolerable [intole'raßle] *a* intolerable, unbearable.

intranquilizarse [intrankili'θarse] *vr* to get worried *o* anxious; **intranquilo, a** *a* worried.

intransigente [intransi'xente] *a* intransigent.

intransitable [intransi'taßle] *a* impassable.

intrepidez [intrepi'ðeθ] *nf* courage, bravery; **intrépido, a** *a* intrepid.

intriga [in'triɣa] *nf* intrigue; (*plan*) plot; **intrigar** *vt, vi* to intrigue.

intrincado, a [intrin'kaðo, a] *a* intricate.

intrínseco, a [in'trinseko, a] *a* intrinsic.

introducción [introðuk'θjon] *nf* introduction.

introducir [introðu'θir] *vt* (*gen*) to introduce; (*moneda etc*) to insert; (*INFORM*) to input, enter.

intromisión [intromi'sjon] *nf* interference, meddling.

introvertido, a [introßer'tiðo, a] *a, nm/f* introvert.

intruso, a [in'truso, a] *a* intrusive // *nm/f* intruder.

intuición [intwi'θjon] *nf* intuition.

inundación [inunda'θjon] *nf* flood(ing); **inundar** *vt* to flood; (*fig*) to swamp, inundate.

inusitado, a [inusi'taðo, a] *a* unusual, rare.

inútil [in'util] *a* useless; (*esfuerzo*) vain, fruitless; **inutilidad** *nf* uselessness.

inutilizar [inutili'θar] *vt* to make *o* render useless; ~se *vr* to become useless.

invadir [inßa'ðir] *vt* to invade.

inválido, a [in'ßaliðo, a] *a* invalid // *nm/f* invalid.

invariable [inßa'rjaßle] *a* invariable.

invasión [inßa'sjon] *nf* invasion.

invasor, a [inßa'sor, a] *a* invading // *nm/f* invader.

invención [inßen'θjon] *nf* invention.

inventar [inßen'tar] *vt* to invent.

inventario [inßen'tarjo] *nm* inventory.

inventiva [inßen'tißa] *nf* inventiveness.

inventor, a [inßen'tor, a] *nm/f* inventor.

invernadero [inßerna'ðero] *nm* greenhouse.

inverosímil [inßero'simil] *a* implausible.

inversión [inßer'sjon] *nf* (*COM*) investment.

inverso, a [in'ßerso, a] *a* inverse, opposite; **en el orden ~** in reverse order; **a la inversa** inversely, the other way round.

inversor, a [inßer'sor, a] *nm/f* (*COM*) investor.

invertir [inßer'tir] *vt* (*COM*) to invest; (*volcar*) to turn upside down; (*tiempo etc*) to spend.

investigación [inßestiɣa'θjon] *nf* investigation; (*ESCOL*) research; **~ de mercado** market research.

investigar [inßesti'ɣar] *vt* to investigate; (*ESCOL*) to dc research into.

invicto, a [in'ßikto, a] *a* unconquered.

invierno [in'ßjerno] *nm* winter.

invisible [inßi'sißle] *a* invisible.

invitado, a [inßi'taðo, a] *nm/f* guest.

invitar [inßi'tar] *vt* to invite; (*incitar*) to entice; (*pagar*) to buy, pay for.

invocar [inßo'kar] *vt* to invoke, call on.

inyección [injek'θjon] *nf* injection.

inyectar [injek'tar] *vt* to inject.

ir [ir] ♦ *vi* **1** to go; (*a pie*) to walk; (*viajar*) to travel; **~ caminando** to walk; **fui en tren** I went *o* travelled by train; **¡(ahora) voy!** (I'm just) coming!

2: **~ (a) por**: **~ (a) por el médico** to fetch the doctor

3 (*progresar*: *persona, cosa*) to go; **el trabajo va muy bien** work is going very well; **¿cómo te va?** how are things going?; **me va muy bien** I'm getting on

very well; le fue fatal it went awfully badly for him
4 (*funcionar*): **el coche no va muy bien** the car isn't running very well
5: **te va estupendamente ese color** that colour suits you fantastically well
6 (*locuciones*): **¿vino? - ¡que va!** did he come? - of course not!; **vamos, no llores** come on, don't cry; **¡vaya coche!** what a car!, that's some car!
7: **no vaya a ser: tienes que correr, no vaya a ser que pierdas el tren** you'll have to run so as not to miss the train
8 (+ *pp*): **iba vestido muy bien** he was very well dressed
9: **no me** *etc* **va ni me viene** I *etc* don't care
♦ *vb auxiliar* **1**: ~ **a: voy/iba a hacerlo hoy** I am/was going to do it today
2 (+ *gerundio*): **iba anocheciendo** it was getting dark; **todo se me iba aclarando** everything was gradually becoming clearer to me
3 (+ *pp* = *pasivo*): **van vendidos 300 ejemplares** 300 copies have been sold so far
♦ ~**se** *vr* **1**: **¿por dónde se va al zoológico?** which is the way to the zoo?
2 (*marcharse*) to leave; **ya se habrán ido** they must already have left *o* gone.

ira ['ira] *nf* anger, rage.
iracundo, a [ira'kundo, a] *a* irascible.
Irak [i'rak] *nm* = **Iraq.**
Irán [i'ran] *nm* Iran; **iraní** *a, nm/f* Iranian.
Iraq [i'rak], **Irak** *nm* Iraq; **iraquí** [ira'ki] *a, nm/f* Iraqui.
iris ['iris] *nm* (*arco* ~) rainbow; (*ANAT*) iris.
Irlanda [ir'landa] *nf* Ireland; **irlandés, esa** *a* Irish // *nm/f* Irishman/woman; **los irlandeses** the Irish.
ironía [iro'nia] *nf* irony; **irónico, a** *a* ironic(al).
irreal [irre'al] *a* unreal.
irrecuperable *a* [irrekupe'raßle] irrecoverable, irretrievable.
irreflexión [irreflek'sjon] *nf* thoughtlessness.
irregular [irreɣu'lar] *a* (*gen*) irregular; (*situación*) abnormal.
irremediable [irreme'ðjaßle] *a* irremediable; (*vicio*) incurable.
irresoluto, a [irreso'luto, a] *a* irresolute, hesitant.
irrespetuoso, a [irrespe'twoso, a] *a* disrespectful.
irresponsable [irrespon'saßle] *a* irresponsible.
irrigar [irri'ɣar] *vt* to irrigate.
irrisorio, a [irri'sorjo, a] *a* derisory, ridiculous.
irritar [irri'tar] *vt* to irritate, annoy.
irrupción [irrup'θjon] *nf* irruption; (*invasión*) invasion.
isla ['isla] *nf* island.
islandés, esa [islan'des, esa] *a* Icelandic // *nm/f* Icelander.
Islandia [is'landja] *nf* Iceland.
isleño, a [is'leɲo, a] *a* island *cpd* // *nm/f* islander.
Israel [isra'el] *nm* Israel; **israelí** *a, nm/f* Israeli.
istmo ['istmo] *nm* isthmus.
Italia [i'talja] *nf* Italy; **italiano, a** *a, nm/f* Italian.
itinerario [itine'rarjo] *nm* itinerary, route.
IVA ['ißa] *nm abr ver* **impuesto.**
izar [i'θar] *vt* to hoist.
izdo, a *abr* (= *izquierdo, a*) l.
izquierda [iθ'kjerda] *nf* left; (*POL*) left (wing); **a la** ~ (*estar*) on the left; (*torcer etc*) (to the) left.
izquierdista [iθkjer'ðista] *nm/f* left-winger, leftist.
izquierdo, a [iθ'kjerðo, a] *a* left.

J

jabalí [xaßa'li] *nm* wild boar.
jabalina [xaßa'lina] *nf* javelin.
jabón [xa'ßon] *nm* soap; **jabonar** *vt* to soap.
jaca ['xaka] *nf* pony.
jacinto [xa'θinto] *nm* hyacinth.
jactarse [xak'tarse] *vr* to boast, brag.
jadear [xaðe'ar] *vi* to pant, gasp for breath; **jadeo** *nm* panting, gasping.
jaguar [xa'ɣwar] *nm* jaguar.
jalbegue [xal'ßeɣe] *nm* (*pintura*) whitewash.
jalea [xa'lea] *nf* jelly.
jaleo [xa'leo] *nm* racket, uproar; **armar un** ~ to kick up a racket.
jalón [xa'lon] *nm* (*AM*) tug.
Jamaica [xa'maika] *nf* Jamaica.
jamás [xa'mas] *ad* never; (*sin negación*) ever.
jamón [xa'mon] *nm* ham; ~ **dulce,** ~ **de York** cooked ham; ~ **serrano** cured ham.
Japón [xa'pon] *nm*: **el** ~ Japan; **japonés, esa** *a, nm/f* Japanese.
jaque ['xake] *nm*: ~ **mate** checkmate.
jaqueca [xa'keka] *nf* (very bad) headache, migraine.
jarabe [xa'raße] *nm* syrup.
jarcia ['xarθja] *nf* (*NAUT*) ropes *pl* rigging.
jardín [xar'ðin] *nm* garden; ~ **de (la) infancia** (*Esp*) *o* **de niños** (*AM*) nursery (school); **jardinería** *nf* gardening; **jardinero, a** *nm/f* gardener.
jarra ['xarra] *nf* jar; (*jarro*) jug.
jarro ['xarro] *nm* jug.
jaula ['xaula] *nf* cage.
jauría [xau'ria] *nf* pack of hounds.
J. C. *abr* (= *Jesucristo*) J.C.
jefa ['xefa] *nf* woman head *o* boss.

jefatura [xefa'tura] *nf*: ~ **de policía** police headquarters *sg*.
jefe ['xefe] *nm/f* (*gen*) chief, head; (*patrón*) boss; ~ **de camareros** head waiter; ~ **de cocina** chef; ~ **de estación** stationmaster; ~ **de estado** head of state; ~ **supremo** commander-in-chief; **ser el** ~ (*fig*) to be the boss.
jengibre [xen'xißre] *nm* ginger.
jeque ['xeke] *nm* sheik.
jerarquía [xerar'kia] *nf* (*orden*) hierarchy; (*rango*) rank; **jerárquico, a** *a* hierarchic(al).
jerez [xe'reθ] *nm* sherry.
jerga ['xerɣa] *nf* (*tela*) coarse cloth; (*lenguaje*) jargon.
jerigonza [xeri'ɣonθa] *nf* (*jerga*) jargon, slang; (*galimatías*) nonsense, gibberish.
jeringa [xe'ringa] *nf* syringe; (*AM*) annoyance, bother; ~ **de engrase** grease gun; **jeringar** *vt* (*AM*) to annoy, bother.
jeroglífico [xero'ɣlifiko] *nm* hieroglyphic.
jersé, jersey [xer'sei] (*pl* **jerseys**) *nm* jersey, pullover, jumper.
Jerusalén [xerusa'len] *n* Jerusalem.
Jesucristo [xesu'kristo] *nm* Jesus Christ.
jesuita [xe'swita] *a, nm* Jesuit.
Jesús [xe'sus] *nm* Jesus; ¡~! good heavens!; (*al estornudar*) bless you!
jet ['jet] (*pl* ~**s**) *nm* jet (plane).
jícara ['xikara] *nf* small cup.
jinete, a [xi'nete, a] *nm/f* horseman/woman, rider.
jipijapa [xipi'xapa] *nm* (*AM*) straw hat.
jirafa [xi'rafa] *nf* giraffe.
jirón [xi'ron] *nm* rag, shred.
jocoso, a [xo'koso, a] *a* humorous, jocular.
jofaina [xo'faina] *nf* washbasin.
jornada [xor'naða] *nf* (*viaje de un día*) day's journey; (*camino o viaje entero*) journey; (*día de trabajo*) working day.
jornal [xor'nal] *nm* (day's) wage; ~**ero** *nm* (day) labourer.
joroba [xo'roßa] *nf* hump, hunched back; ~**do, a** *a* hunchbacked // *nm/f* hunchback.
jota ['xota] *nf* (the letter) J; (*danza*) *Aragonese dance*; (*fam*) jot, iota; **no saber ni** ~ to have no idea.
joven ['xoßen] (*pl* **jóvenes**) *a* young // *nm* young man, youth // *nf* young woman, girl.
jovial [xo'ßjal] *a* cheerful, jolly; ~**idad** *nf* cheerfulness, jolliness.
joya ['xoja] *nf* jewel, gem; (*fig*: *persona*) gem; **joyería** *nf* (*joyas*) jewellery; (*tienda*) jeweller's (shop); **joyero** *nm* (*persona*) jeweller; (*caja*) jewel case.
juanete [xwa'nete] *nm* (*del pie*) bunion.
jubilación [xußila'θjon] *nf* (*retiro*) retirement.
jubilado, a [xußi'laðo, a] *a* retired // *nm/f* pensioner (*Brit*), senior citizen.
jubilar [xußi'lar] *vt* to pension off, retire; (*fam*) to discard; ~**se** *vr* to retire.
jubileo [xußi'leo] *nm* jubilee.
júbilo ['xußilo] *nm* joy, rejoicing; **jubiloso, a** *a* jubilant.
judía [xu'ðia] *nf* Jewess; (*CULIN*) bean; ~ **verde** French bean.
judicial [xuði'θjal] *a* judicial.
judío, a [xu'ðio, a] *a* Jewish // *nm/f* Jew(ess).
judo ['juðo] *nm* judo.
juego *etc vb ver* **jugar** // ['xweɣo] *nm* (*gen*) play; (*pasatiempo, partido*) game; (*en casino*) gambling; (*conjunto*) set; **fuera de** ~ (*DEPORTE*: *persona*) offside; (: *pelota*) out of play; **J~s Olímpicos** Olympic Games.
juerga ['xwerɣa] *nf* binge; (*fiesta*) party; **ir de** ~ to go out on a binge.
jueves ['xweßes] *nm inv* Thursday.
juez [xweθ] *nm/f* judge; ~ **de línea** linesman; ~ **de salida** starter.
jugada [xu'ɣaða] *nf* play; **buena** ~ good move/shot/stroke *etc*.
jugador, a [xuɣa'ðor, a] *nm/f* player; (*en casino*) gambler.
jugar [xu'ɣar] *vt, vi* to play; (*en casino*) to gamble; (*apostar*) to bet; ~ **al fútbol** to play football; ~**se** *vr* to gamble (away).
juglar [xu'ɣlar] *nm* minstrel.
jugo ['xuɣo] *nm* (*BOT*) juice; (*fig*) essence, substance; ~ **de fruta** (*AM*) fruit juice; ~**so, a** *a* juicy; (*fig*) substantial, important.
juguete [xu'ɣete] *nm* toy; ~**ar** *vi* to play; ~**ría** *nf* toyshop.
juguetón, ona [xuɣe'ton, ona] *a* playful.
juicio ['xwiθjo] *nm* judgement; (*razón*) sanity, reason; (*opinión*) opinion; **estar fuera de** ~ to be out of one's mind; ~**so, a** *a* wise, sensible.
julio ['xuljo] *nm* July.
junco ['xunko] *nm* rush, reed.
jungla ['xungla] *nf* jungle.
junio ['xunjo] *nm* June.
junta ['xunta] *nf ver* **junto**.
juntar [xun'tar] *vt* to join, unite; (*maquinaria*) to assemble, put together; (*dinero*) to collect; ~**se** *vr* to join, meet; (*reunirse*: *personas*) to meet, assemble; (*arrimarse*) to approach, draw closer; ~**se con uno** to join sb.
junto, a ['xunto, a] *a* joined; (*unido*) united; (*anexo*) near, close; (*contiguo, próximo*) next, adjacent // *ad*: **todo** ~ all at once // *nf* (*asamblea*) meeting, assembly; (*comité, consejo*) board, council, committee; (*articulación*) joint; ~ **a** near (to), next to; ~**s** together.
jurado [xu'raðo] *nm* (*JUR*: *individuo*) juror; (: *grupo*) jury; (*de concurso*: *grupo*) panel (of judges); (: *individuo*) member of a panel.
juramento [xura'mento] *nm* oath; (*maldición*) oath, curse; **prestar** ~ to take the

oath; **tomar ~ a** to swear in, administer the oath to.
jurar [xu'rar] *vt, vi* to swear; **~ en falso** to commit perjury; **jurárselas a uno** to have it in for sb.
jurídico, a [xu'riðiko, a] *a* legal.
jurisdicción [xurisðik'θjon] *nf* (*poder, autoridad*) jurisdiction; (*territorio*) district.
jurisprudencia [xurispru'ðenθja] *nf* jurisprudence.
jurista [xu'rista] *nm/f* jurist.
justamente [xusta'mente] *ad* justly, fairly; (*precisamente*) just, exactly.
justicia [xus'tiθja] *nf* justice; (*equidad*) fairness, justice; **justiciero, a** *a* just, righteous.
justificación [xustifika'θjon] *nf* justification; **justificar** *vt* to justify.
justo, a ['xusto, a] *a* (*equitativo*) just, fair, right; (*preciso*) exact, correct; (*ajustado*) tight // *ad* (*precisamente*) exactly, precisely; (*AM: apenas a tiempo*) just in time.
juvenil [xuβe'nil] *a* youthful.
juventud [xuβen'tuð] *nf* (*adolescencia*) youth; (*jóvenes*) young people *pl*.
juzgado [xuθ'ɣaðo] *nm* tribunal; (*JUR*) court.
juzgar [xuθ'ɣar] *vt* to judge; **a ~ por...** to judge by..., judging by... .

K

kg *abr* (= *kilogramo*) kg.
kilo ['kilo] *nm* kilo // *pref*: **~gramo** *nm* kilogramme; **~metraje** *nm* distance in kilometres, ≈ mileage; **kilómetro** *nm* kilometre; **~vatio** *nm* kilowatt.
kiosco ['kjosko] *nm* = **quiosco.**
km *abr* (= *kilómetro*) km.
kv *abr* (= *kilovatio*) kw.

L

l *abr* (= *litro*) l.
la [la] *artículo definido* the // *pron* her; (*Ud.*) you; (*cosa*) it // *nm* (*MUS*) la; **~ del sombrero rojo** the girl in the red hat; *tb ver* **el**.
laberinto [laβe'rinto] *nm* labyrinth.
labia ['laβja] *nf* fluency; (*pey*) glib tongue.
labial [la'βjal] *a* labial.
labio ['laβjo] *nm* lip.
labor [la'βor] *nf* labour; (*AGR*) farm work; (*tarea*) job, task; (*COSTURA*) needlework; **~able** *a* (*AGR*) workable; **día ~able** working day; **~ar** *vi* to work.
laboratorio [laβora'torjo] *nm* laboratory.
laborioso, a [laβo'rjoso, a] *a* (*persona*) hard-working; (*trabajo*) tough.
laborista [laβo'rista] *a*: **Partido L~** Labour Party.
labrado, a [la'βraðo, a] *a* worked; (*madera*) carved; (*metal*) wrought // *nm* (*AGR*) cultivated field.
labrador, a [laβra'ðor, a] *a* farming *cpd* // *nm/f* farmer.
labranza [la'βranθa] *nf* (*AGR*) cultivation.
labrar [la'βrar] *vt* (*gen*) to work; (*madera etc*) to carve; (*fig*) to cause, bring about.
labriego, a [la'βrjeɣo, a] *nm/f* peasant.
laca ['laka] *nf* lacquer.
lacayo [la'kajo] *nm* lackey.
lacerar [laθe'rar] *vt* to lacerate.
lacio, a ['laθjo, a] *a* (*pelo*) lank, straight.
lacónico, a [la'koniko, a] *a* laconic.
lacrar [la'krar] *vt* (*cerrar*) to seal (with sealing wax); **lacre** *nm* sealing wax.
lacrimoso, a [lakri'moso, a] *a* tearful.
lactar [lak'tar] *vt, vi* to suckle.
lácteo, a ['lakteo, a] *a*: **productos ~s** dairy products.
ladear [laðe'ar] *vt* to tip, tilt // *vi* to tilt; **~se** *vr* to lean.
ladera [la'ðera] *nf* slope.
ladino, a [la'ðino, a] *a* cunning.
lado ['laðo] *nm* (*gen*) side; (*fig*) protection; (*MIL*) flank; **al ~ de** beside; **poner de ~** to put on its side; **poner a un ~** to put aside; **por todos ~s** on all sides, all round (*Brit*).
ladrar [la'ðrar] *vi* to bark; **ladrido** *nm* bark, barking.
ladrillo [la'ðriʎo] *nm* (*gen*) brick; (*azulejo*) tile.
ladrón, ona [la'ðron, ona] *nm/f* thief.
lagar [la'ɣar] *nm* (wine/oil) press.
lagartija [laɣar'tixa] *nf* (small) lizard.
lagarto [la'ɣarto] *nm* (*ZOOL*) lizard.
lago ['laɣo] *nm* lake.
lágrima ['laɣrima] *nf* tear.
laguna [la'ɣuna] *nf* (*lago*) lagoon; (*hueco*) gap.
laico, a ['laiko, a] *a* lay.
lamentable [lamen'taβle] *a* lamentable, regrettable; (*miserable*) pitiful.
lamentar [lamen'tar] *vt* (*sentir*) to regret; (*deplorar*) to lament; **lo lamento mucho** I'm very sorry; **~se** *vr* to lament; **lamento** *nm* lament.
lamer [la'mer] *vt* to lick.
lámina ['lamina] *nf* (*plancha delgada*) sheet; (*para estampar, estampa*) plate; **laminar** *vt* (*en libro*) to laminate.
lámpara ['lampara] *nf* lamp; **~ de alcohol/gas** spirit/gas lamp; **~ de pie** standard lamp.
lamparón [lampa'ron] *nm* grease spot.
lampiño [lam'piɲo] *a* clean-shaven.
lana ['lana] *nf* wool.
lance *vt ver* **lanzar** // ['lanθe] *nm* (*golpe*) stroke; (*suceso*) event, incident.
lancha ['lantʃa] *nf* launch; **~ de pesca** fishing boat; **~ salvavidas/torpedera** lifeboat/torpedo boat.

lanero, a [la'nero, a] *a* woollen.
langosta [lan'gosta] *nf* (*insecto*) locust; (*crustáceo*) lobster; (*fig*) plague; **langostino** *nm* king prawn (*Brit*), crayfish (*US*).
languidecer [langiðe'θer] *vi* to languish; **languidez** *nf* langour; **lánguido, a** *a* (*gen*) languid; (*sin energía*) listless.
lanilla [la'niʎa] *nf* nap.
lanudo, a [la'nuðo, a] *a* woolly.
lanza ['lanθa] *nf* (*arma*) lance, spear.
lanzadera [lanθa'ðera] *nf* shuttle.
lanzamiento [lanθa'mjento] *nm* (*gen*) throwing; (*NAUT, COM*) launch, launching; ~ **de peso** putting the shot.
lanzar [lan'θar] *vt* (*gen*) to throw; (*DEPORTE: pelota*) to bowl; (*NAUT, COM*) to launch; (*JUR*) to evict; **~se** *vr* to throw o.s.
lapa ['lapa] *nf* limpet.
lapicero [lapi'θero] *nm* propelling (*Brit*) *o* mechanical (*US*) pencil; (*AM: bolígrafo*) Biro ®.
lápida ['lapiða] *nf* stone; ~ **mortuoria** headstone; ~ **conmemorativa** memorial stone; **lapidar** *vt* to stone; **lapidario, a** *a, nm* lapidary.
lápiz ['lapiθ] *nm* pencil; ~ **de color** coloured pencil; ~ **de labios** lipstick.
lapón, ona [la'pon, ona] *nm/f* Laplander, Lapp.
Laponia [la'ponja] *nf* Lapland.
lapso ['lapso] *nm* (*de tiempo*) interval; (*error*) error.
lapsus ['lapsus] *nm inv* error, mistake.
largar [lar'ɣar] *vt* (*soltar*) to release; (*aflojar*) to loosen; (*lanzar*) to launch; (*fam*) to let fly; (*velas*) to unfurl; (*AM*) to throw; **~se** *vr* (*fam*) to beat it; **~se a** (*AM*) to start to.
largo, a ['larɣo, a] *a* (*longitud*) long; (*tiempo*) lengthy; (*fig*) generous // *nm* length; (*MUS*) largo // *ad* widely; **dos años ~s** two long years; **tiene 9 metros de ~** it is 9 metres long; **a lo ~ de** along; (*tiempo*) all through, throughout.
laringe [la'rinxe] *nf* larynx; **laringitis** *nf* laryngitis.
larva ['larβa] *nf* larva.
las [las] *artículo definido* the // *pron* them; ~ **que cantan** the ones/women/girls who sing; *tb ver* el.
lascivo, a [las'θiβo, a] *a* lewd.
láser ['laser] *nm* laser.
lástima ['lastima] *nf* (*pena*) pity; **dar ~** to be pitiful; **es una ~ que** it's a pity that; **¡qué ~!** what a pity!; **ella está hecha una ~** she looks pitiful.
lastimar [lasti'mar] *vt* (*herir*) to wound; (*ofender*) to offend; **~se** *vr* to hurt o.s.; **lastimero, a** *a* pitiful, pathetic.
lastre ['lastre] *nm* (*TEC, NAUT*) ballast; (*fig*) dead weight.
lata ['lata] *nf* (*metal*) tin; (*caja*) tin (*Brit*), can; (*fam*) nuisance; **en ~** tinned (*Brit*), canned; **dar (la) ~** to be a nuisance.
latente [la'tente] *a* latent.
lateral [late'ral] *a* side *cpd*, lateral // *nm* (*TEATRO*) wings.
latido [la'tiðo] *nm* (*del corazón*) beat.
latifundio [lati'fundjo] *nm* large estate; **latifundista** *nm/f* owner of a large estate.
latigazo [lati'ɣaθo] *nm* (*golpe*) lash; (*sonido*) crack.
látigo ['latiɣo] *nm* whip.
latín [la'tin] *nm* Latin.
latino, a [la'tino, a] *a* Latin; **~americano, a** *a, nm/f* Latin-American.
latir [la'tir] *vi* (*corazón, pulso*) to beat.
latitud [lati'tuð] *nf* (*GEO*) latitude.
latón [la'ton] *nm* brass.
latoso, a [la'toso, a] *a* (*molesto*) annoying; (*aburrido*) boring.
laúd [la'uð] *nm* lute.
laureado, a [laure'aðo, a] *a* honoured // *nm* laureate.
laurel [lau'rel] *nm* (*BOT*) laurel; (*CULIN*) bay.
lava ['laβa] *nf* lava.
lavabo [la'βaβo] *nm* (*jofaina*) washbasin; (*tb*: **~s**) toilet.
lavadero [laβa'ðero] *nm* laundry.
lavado [la'βaðo] *nm* washing; (*de ropa*) laundry; (*ARTE*) wash; ~ **de cerebro** brainwashing; ~ **en seco** dry-cleaning.
lavadora [laβa'ðora] *nf* washing machine.
lavanda [la'βanda] *nf* lavender.
lavandería [laβande'ria] *nf* laundry; ~ **automática** launderette.
lavaplatos [laβa'platos] *nm inv* dishwasher.
lavar [la'βar] *vt* to wash; (*borrar*) to wipe away; **~se** *vr* to wash o.s.; **~se las manos** to wash one's hands; ~ **y marcar** (*pelo*) to shampoo and set; ~ **en seco** to dry-clean.
lavavajillas [laβaβa'xiʎas] *nm inv* dishwasher.
laxante [lak'sante] *nm* laxative.
lazada [la'θaða] *nf* bow.
lazarillo [laθa'riʎo] *nm*: **perro ~** guide dog.
lazo ['laθo] *nm* knot; (*lazada*) bow; (*para animales*) lasso; (*trampa*) snare; (*vínculo*) tie.
le [le] *pron* (*directo*) him; (: *usted*) you; (*indirecto*) to him; (: *usted*) to you.
leal [le'al] *a* loyal; **~tad** *nf* loyalty.
lebrel [le'βrel] *nm* greyhound.
lección [lek'θjon] *nf* lesson.
lector, a [lek'tor, a] *nm/f* reader.
lectura [lek'tura] *nf* reading.
leche ['letʃe] *nf* milk; **tener mala ~** (*fam!*) to be nasty; ~ **condensada/en polvo** condensed/powdered milk; ~ **desnatada** skimmed milk; **~ra** *nf* (*vendedora*) milkmaid; (*recipiente*) milk churn; (*AM*) cow; **~ría** *nf* dairy; **~ro,**

a *a* dairy.
lecho ['letʃo] *nm* (*cama, de río*) bed; (*GEO*) layer.
lechón [le'tʃon] *nm* sucking (*Brit*) *o* suckling (*US*) pig.
lechoso, a [le'tʃoso, a] *a* milky.
lechuga [le'tʃuɣa] *nf* lettuce.
lechuza [le'tʃuθa] *nf* owl.
leer [le'er] *vt* to read.
legado [le'ɣaðo] *nm* (*don*) bequest; (*herencia*) legacy; (*enviado*) legate.
legajo [le'ɣaxo] *nm* file.
legal [le'ɣal] *a* (*gen*) legal; (*persona*) trustworthy; **~idad** *nf* legality; **~izar** *vt* to legalize; (*documento*) to authenticate.
legaña [le'ɣaɲa] *nf* sleep (*in eyes*).
legar [le'ɣar] *vt* to bequeath, leave.
legendario, a [lexen'darjo, a] *a* legendary.
legión [le'xjon] *nf* legion; **legionario, a** *a* legionary // *nm* legionnaire.
legislación [lexisla'θjon] *nf* legislation; **legislar** *vt* to legislate.
legitimar [lexiti'mar] *vt* to legitimize; **legítimo, a** *a* (*genuino*) authentic; (*legal*) legitimate.
lego, a ['leɣo, a] *a* (*REL*) secular; (*ignorante*) ignorant // *nm* layman.
legua ['leɣwa] *nf* league.
legumbres [le'ɣumbres] *nfpl* pulses.
leído, a [le'iðo, a] *a* well-read.
lejanía [lexa'nia] *nf* distance; **lejano, a** *a* far-off; (*en el tiempo*) distant; (*fig*) remote.
lejía [le'xia] *nf* bleach.
lejos ['lexos] *ad* far, far away; **a lo ~** in the distance; **de** *o* **desde ~** from afar; **~ de** *prep* far from.
lelo, a ['lelo, a] *a* silly // *nm/f* idiot.
lema ['lema] *nm* motto; (*POL*) slogan.
lencería [lenθe'ria] *nf* linen, drapery.
lengua ['lengwa] *nf* tongue; (*LING*) language; **morderse la ~** to hold one's tongue.
lenguado [len'gwaðo] *nm* sole.
lenguaje [len'gwaxe] *nm* language.
lengüeta [len'gweta] *nf* (*ANAT*) epiglottis; (*zapatos, MUS*) tongue.
lente ['lente] *nf* lens; (*lupa*) magnifying glass; **~s** *nfpl* glasses; **~s de contacto** contact lenses.
lenteja [len'texa] *nf* lentil; **lentejuela** *nf* sequin.
lentilla [len'tiʎa] *nf* contact lens.
lentitud [lenti'tuð] *nf* slowness; **con ~** slowly.
lento, a ['lento, a] *a* slow.
leña ['leɲa] *nf* firewood; **~dor, a** *nm/f* woodcutter.
leño ['leɲo] *nm* (*trozo de árbol*) log; (*madera*) timber; (*fig*) blockhead.
Leo ['leo] *nm* Leo.
león [le'on] *nm* lion; **~ marino** sea lion; **leonino, a** *a* leonine.
leopardo [leo'parðo] *nm* leopard.
leotardos [leo'tarðos] *nmpl* tights.
lepra ['lepra] *nf* leprosy; **leproso, a** *nm/f* leper.
lerdo, a ['lerðo, a] *a* (*lento*) slow; (*patoso*) clumsy.
les [les] *pron* (*directo*) them; (: *ustedes*) you; (*indirecto*) to them; (: *ustedes*) to you.
lesbiana [les'βjana] *a, nf* lesbian.
lesión [le'sjon] *nf* wound, lesion; (*DEPORTE*) injury; **lesionado, a** *a* injured // *nm/f* injured person.
letal [le'tal] *a* lethal.
letanía [leta'nia] *nf* litany.
letargo [le'tarɣo] *nm* lethargy.
letra ['letra] *nf* letter; (*escritura*) handwriting; (*MUS*) lyrics *pl*; **~ de cambio** bill of exchange; **~ de imprenta** print; **~do, a** *a* learned; (*fam*) pedantic // *nm* lawyer; **letrero** *nm* (*cartel*) sign; (*etiqueta*) label.
letrina [le'trina] *nf* latrine.
leucemia [leu'θemja] *nf* leukaemia.
levadizo [leβa'ðiθo] *a*: **puente ~** drawbridge.
levadura [leβa'ðura] *nf* (*para el pan*) yeast; (*de la cerveza*) brewer's yeast.
levantamiento [leβanta'mjento] *nm* raising, lifting; (*rebelión*) revolt, rising; **~ de pesos** weight-lifting.
levantar [leβan'tar] *vt* (*gen*) to raise; (*del suelo*) to pick up; (*hacia arriba*) to lift (up); (*plan*) to make, draw up; (*mesa*) to clear away; (*campamento*) to strike; (*fig*) to cheer up, hearten; **~se** *vr* to get up; (*enderezarse*) to straighten up; (*rebelarse*) to rebel; **~ el ánimo** to cheer up.
levante [le'βante] *nm* east coast; **el L~** *region of Spain extending from Castellón to Murcia*.
levar [le'βar] *vt* to weigh anchor.
leve ['leβe] *a* light; (*fig*) trivial; **~dad** *nf* lightness.
levita [le'βita] *nf* frock coat.
léxico ['leksiko] *nm* (*vocabulario*) vocabulary.
ley [lei] *nf* (*gen*) law; (*metal*) standard.
leyenda [le'jenda] *nf* legend.
leyó *etc vb ver* **leer**.
liar [li'ar] *vt* to tie (up); (*unir*) to bind; (*envolver*) to wrap (up); (*enredar*) to confuse; (*cigarrillo*) to roll; **~se** *vr* (*fam*) to get involved; **~se a palos** to get involved in a fight.
Líbano ['liβano] *nm*: **el ~** the Lebanon.
libar [li'βar] *vt* to suck.
libelo [li'βelo] *nm* satire, lampoon; (*JUR*) petition.
libélula [li'βelula] *nf* dragonfly.
liberación [liβera'θjon] *nf* liberation; (*de la cárcel*) release.
liberal [liβe'ral] *a, nm/f* liberal; **~idad** *nf* liberality, generosity.

liberar [liβe'rar] *vt* to liberate.
libertad [liβer'taδ] *nf* liberty, freedom; ~ de culto/de prensa/de comercio freedom of worship/of the press/of trade; ~ condicional probation; ~ **bajo palabra** parole; ~ **bajo fianza** bail.
libertar [liβer'tar] *vt* (*preso*) to set free; (*de una obligación*) to release; (*eximir*) to exempt.
libertino, a [liβer'tino, a] *a* permissive // *nm/f* permissive person.
libra ['liβra] *nf* pound; **L~** (ASTROLOGÍA) Libra; ~ **esterlina** pound sterling.
librador, a [liβra'δor, a] *nm/f* drawer.
libramiento [liβra'mjento] *nm* rescue; (COM) delivery.
libranza [li'βranθa] *nf* (COM) draft; (*letra de cambio*) bill of exchange.
librar [li'βrar] *vt* (*de peligro*) to save; (*batalla*) to wage, fight; (*de impuestos*) to exempt; (*cheque*) to make out; (JUR) to exempt; **~se** *vr*: **~se de** to escape from, free o.s. from.
libre ['liβre] *a* free; (*lugar*) unoccupied; (*asiento*) vacant; (*de deudas*) free of debts; ~ **de impuestos** free of tax; **tiro ~** free kick; **los 100 metros ~** the 100 metres free-style (race); **al aire ~** in the open air.
librería [liβre'ria] *nf* (*tienda*) bookshop; **librero, a** *nm/f* bookseller.
libreta [li'βreta] *nf* notebook; ~ **de ahorros** savings book.
libro ['liβro] *nm* book; ~ **de bolsillo** paperback; ~ **de caja** cashbook; ~ **de cheques** chequebook (*Brit*), checkbook (*US*); ~ **de texto** textbook.
Lic. *abr* = **licenciado, a**.
licencia [li'θenθja] *nf* (*gen*) licence; (*permiso*) permission; ~ **por enfermedad/con goce de sueldo** sick leave/paid leave; ~ **de caza** game licence; **~do, a** *a* licensed // *nm/f* graduate; **licenciar** *vt* (*empleado*) to dismiss; (*permitir*) to permit, allow; (*soldado*) to discharge; (*estudiante*) to confer a degree upon; **licenciarse** *vr*: **licenciarse en letras** to graduate in arts.
licencioso, a [liθen'θjoso, a] *a* licentious.
liceo [li'θeo] *nm* (high) school.
licitar [liθi'tar] *vt* to bid for; (*AM*) to sell by auction.
lícito, a ['liθito, a] *a* (*legal*) lawful; (*justo*) fair, just; (*permisible*) permissible.
licor [li'kor] *nm* spirits *pl* (*Brit*), liquor (*US*); (*de frutas etc*) liqueur.
licuadora [likwa'δora] *nf* blender.
licuar [li'kwar] *vt* to liquidize.
lid [liδ] *nf* combat; (*fig*) controversy.
líder ['liδer] *nm/f* leader; **liderato, liderazgo** *nm* leadership.
lidia ['liδja] *nf* bullfighting; (*una* ~) bullfight; **toros de ~** fighting bulls; **lidiar** *vt*, *vi* to fight.
liebre ['ljeβre] *nf* hare.
lienzo ['ljenθo] *nm* linen; (ARTE) canvas; (ARQ) wall.
liga ['liɣa] *nf* (*de medias*) garter, suspender; (*AM*: *gomita*) rubber band; (*confederación*) league.
ligadura [liɣa'δura] *nf* bond, tie; (MED, MUS) ligature.
ligamento [liɣa'mento] *nm* (ANAT) ligament; (*atadura*) tie; (*unión*) bond.
ligar [li'ɣar] *vt* (*atar*) to tie; (*unir*) to join; (MED) to bind up; (MUS) to slur // *vi* to mix, blend; (*fam*) to pick up; **~se** *vr* to commit o.s.
ligereza [lixe'reθa] *nf* lightness; (*rapidez*) swiftness; (*agilidad*) agility; (*superficialidad*) flippancy.
ligero, a [li'xero, a] *a* (*de peso*) light; (*tela*) thin; (*rápido*) swift, quick; (*ágil*) agile, nimble; (*de importancia*) slight; (*de carácter*) flippant, superficial // *ad*: **a la ligera** superficially.
liguero [li'ɣero] *nm* suspender (*Brit*) *o* garter (*US*) belt.
lija ['lixa] *nf* (ZOOL) dogfish; **(papel de) ~** sandpaper.
lila ['lila] *nf* lilac.
lima ['lima] *nf* file; (BOT) lime; ~ **de uñas** nailfile; **L~** *n* (GEO) Lima; **limar** *vt* to file.
limitación [limita'θjon] *nf* limitation, limit; ~ **de velocidad** speed limit.
limitar [limi'tar] *vt* to limit; (*reducir*) to reduce, cut down // *vi*: ~ **con** to border on; **~se** *vr*: **~se a** to limit o.s. to.
límite ['limite] *nm* (*gen*) limit; (*fin*) end; (*frontera*) border; ~ **de velocidad** speed limit.
limítrofe [li'mitrofe] *a* bordering, neighbouring.
limón [li'mon] *nm* lemon // *a*: **amarillo ~** lemon-yellow; **limonada** *nf* lemonade; **limonero** *nm* lemon tree.
limosna [li'mosna] *nf* alms *pl*; **vivir de ~** to live on charity.
limpiabotas [limpja'βotas] *nm/f inv* bootblack (*Brit*), shoeshine boy/girl.
limpiaparabrisas [limpjapara'βrisas] *nm inv* windscreen (*Brit*) *o* windshield (*US*) wiper.
limpiar [lim'pjar] *vt* to clean; (*con trapo*) to wipe; (*quitar*) to wipe away; (*zapatos*) to shine, polish; (*fig*) to clean up.
limpieza [lim'pjeθa] *nf* (*estado*) cleanliness; (*acto*) cleaning; (: *de las calles*) cleansing; (: *de zapatos*) polishing; (*habilidad*) skill; (*fig*: POLICÍA) clean-up; (*pureza*) purity; (MIL): **operación de ~** mopping-up operation; ~ **en seco** dry cleaning.
limpio, a ['limpjo, a] *a* clean; (*moralmente*) pure; (COM) clear, net; (*fam*) honest // *ad*: **jugar ~** to play fair // *nm*: **pasar a** (*Esp*) *o* **en** (*AM*) **~** to make a

fair copy.
linaje [li'naxe] *nm* lineage, family.
linaza [li'naθa] *nf* linseed.
lince ['linθe] *nm* lynx.
linchar [lin'tʃar] *vt* to lynch.
lindar [lin'dar] *vi* to adjoin; ~ **con** to border on; **linde** *nm o f* boundary; **lindero, a** *a* adjoining // *nm* boundary.
lindo, a ['lindo, a] *a* pretty, lovely // *ad*: **nos divertimos de lo ~** we had a marvellous time; **canta muy ~** (*AM*) he sings beautifully.
línea ['linea] *nf* (*gen*) line; **en ~** (*INFORM*) on line; **~ aérea** airline; **~ de meta** goal line; (*de carrera*) finishing line; **~ recta** straight line.
lingote [lin'gote] *nm* ingot.
lingüista [lin'gwista] *nm/f* linguist; **lingüística** *nf* linguistics *sg*.
linimento [lini'mento] *nm* liniment.
lino ['lino] *nm* linen; (*BOT*) flax.
linóleo [li'noleo] *nm* lino, linoleum.
linterna [lin'terna] *nf* lantern, lamp; **~ eléctrica** *o* **a pilas** torch (*Brit*), flashlight (*US*).
lío ['lio] *nm* bundle; (*fam*) fuss; (*desorden*) muddle, mess; **armar un ~** to make a fuss.
liquen ['liken] *nm* lichen.
liquidación [likiða'θjon] *nf* liquidation; **venta de ~** clearance sale.
liquidar [liki'ðar] *vt* (*mercancías*) to liquidate; (*deudas*) to pay off; (*empresa*) to wind up.
líquido, a ['likiðo, a] *a* liquid; (*ganancia*) net // *nm* liquid; **~ imponible** net taxable income.
lira ['lira] *nf* (*MUS*) lyre; (*moneda*) lira.
lírico, a ['liriko, a] *a* lyrical.
lirio ['lirjo] *nm* (*BOT*) iris.
lirón [li'ron] *nm* (*ZOOL*) dormouse; (*fig*) sleepyhead.
Lisboa [lis'ßoa] *n* Lisbon.
lisiado, a [li'sjaðo, a] *a* injured // *nm/f* cripple.
lisiar [li'sjar] *vt* to maim; **~se** *vr* to injure o.s.
liso, a ['liso, a] *a* (*terreno*) flat; (*cabello*) straight; (*superficie*) even; (*tela*) plain.
lisonja [li'sonxa] *nf* flattery; **lisonjear** *vt* to flatter; (*fig*) to please; **lisonjero, a** *a* flattering; (*agradable*) gratifying, pleasing // *nm/f* flatterer.
lista ['lista] *nf* list; (*de alumnos*) school register; (*de libros*) catalogue; (*de platos*) menu; (*de precios*) price list; **pasar ~** to call the roll; **~ de correos** poste restante; **~ de espera** waiting list; **tela a ~s** striped material.
listado, a [lis'taðo, a] *a* striped.
listo, a ['listo, a] *a* (*perspicaz*) smart, clever; (*preparado*) ready.
listón [lis'ton] *nm* (*tela*) ribbon; (*de madera, metal*) strip.
litera [li'tera] *nf* (*en barco, tren*) berth; (*en dormitorio*) bunk, bunk bed.
literal [lite'ral] *a* literal.
literario, a [lite'rarjo, a] *a* literary.
literato, a [lite'rato, a] *a* literary // *nm/f* writer.
literatura [litera'tura] *nf* literature.
litigar [liti'ɣar] *vt* to fight // *vi* (*JUR*) to go to law; (*fig*) to dispute, argue.
litigio [li'tixjo] *nm* (*JUR*) lawsuit; (*fig*): **en ~ con** in dispute with.
litografía [litoɣra'fia] *nf* lithography; (*una ~*) lithograph.
litoral [lito'ral] *a* coastal // *nm* coast, seaboard.
litro ['litro] *nm* litre.
liviano, a [li'ßjano, a] *a* (*persona*) fickle; (*cosa, objeto*) trivial.
lívido, a ['lißiðo, a] *a* livid.
ll... *ver bajo la letra LL, después de L.*
lo [lo] *artículo definido neutro*; **~ bello** the beautiful, what is beautiful, that which is beautiful // *pron* (*persona*) him; (*cosa*) it; *tb ver* **el**.
loa ['loa] *nf* praise; **loable** *a* praiseworthy; **loar** *vt* to praise.
lobato [lo'ßato] *nm* (*ZOOL*) wolf cub.
lobo ['loßo] *nm* wolf; **~ de mar** (*fig*) sea dog; **~ marino** seal.
lóbrego, a ['loßreɣo, a] *a* dark; (*fig*) gloomy.
lóbulo ['loßulo] *nm* lobe.
local [lo'kal] *a* local // *nm* place, site; (*oficinas*) premises *pl*; **~idad** *nf* (*barrio*) locality; (*lugar*) location; (*TEATRO*) seat, ticket; **~izar** *vt* (*ubicar*) to locate, find; (*restringir*) to localize; (*situar*) to place.
loción [lo'θjon] *nf* lotion.
loco, a ['loko, a] *a* mad // *nm/f* lunatic, mad person.
locomoción [lokomo'θjon] *nf* locomotion.
locomotora [lokomo'tora] *nf* engine, locomotive.
locuaz [lo'kwaθ] *a* loquacious.
locución [loku'θjon] *nf* expression.
locura [lo'kura] *nf* madness; (*acto*) crazy act.
locutor, a [loku'tor, a] *nm/f* (*RADIO*) announcer; (*comentarista*) commentator; (*TV*) newsreader.
locutorio [loku'torjo] *nm* (*en telefónica*) telephone booth.
lodo ['lodo] *nm* mud.
lógico, a ['loxiko, a] *a* logical // *nf* logic.
logística [lo'xistika] *nf* logistics *pl*.
lograr [lo'ɣrar] *vt* to achieve; (*obtener*) to get, obtain; **~ hacer** to manage to do; **~ que uno venga** to manage to get sb to come.
logro ['loɣro] *nm* achievement, success.
loma ['loma] *nf* hillock (*Brit*), small hill.
lombriz [lom'briθ] *nf* worm.
lomo ['lomo] *nm* (*de animal*) back; (*CULIN*: *de cerdo*) pork loin; (: *de vaca*)

rib steak; (*de libro*) spine.
lona ['lona] *nf* canvas.
loncha ['lontʃa] *nf* = **lonja.**
lonche ['lontʃe] *nm* (*AM*) lunch; **~ría** *nf* (*AM*) snack bar, diner (*US*).
Londres ['londres] *n* London.
longaniza [longa'niθa] *nf* pork sausage.
longitud [lonxi'tuð] *nf* length; (*GEO*) longitude; **tener 3 metros de ~** to be 3 metres long; **~ de onda** wavelength.
lonja ['lonxa] *nf* slice; (*de tocino*) rasher; **~ de pescado** fish market.
loro ['loro] *nm* parrot.
los [los] *artículo definido* the // *pron* them; (*ustedes*) you; **mis libros y ~ de Ud** my books and yours; *tb ver* el.
losa ['losa] *nf* stone; **~ sepulcral** gravestone.
lote ['lote] *nm* portion; (*COM*) lot.
lotería [lote'ria] *nf* lottery; (*juego*) lotto.
loza ['loθa] *nf* crockery.
lozanía [loθa'nia] *nf* (*lujo*) luxuriance; **lozano, a** *a* luxuriant; (*animado*) lively.
lubricante [luβri'kante] *nm* lubricant.
lubricar [luβri'kar] *vt* to lubricate.
lucero [lu'θero] *nm* bright star; (*fig*) brilliance.
lucidez [luθi'ðeθ] *nf* lucidity; **lúcido, a** *a* lucid.
luciérnaga [lu'θjernaɣa] *nf* glow-worm.
lucimiento [luθi'mjento] *nm* (*brillo*) brilliance; (*éxito*) success.
lucir [lu'θir] *vt* to illuminate, light (up); (*ostentar*) to show off // *vi* (*brillar*) to shine; **~se** *vr* (*irónico*) to make a fool of o.s.
lucro ['lukro] *nm* profit, gain.
lucha ['lutʃa] *nf* fight, struggle; **~ de clases** class struggle; **~ libre** wrestling; **luchar** *vi* to fight.
luego ['lweɣo] *ad* (*después*) next; (*más tarde*) later, afterwards; **desde ~** of course.
lugar [lu'ɣar] *nm* place; (*sitio*) spot; **en ~ de** instead of; **hacer ~** to make room; **fuera de ~** out of place; **tener ~** to take place; **~ común** commonplace.
lugareño, a [luɣa'reɲo, a] *a* village *cpd* // *nm/f* villager.
lugarteniente [luɣarte'njente] *nm* deputy.
lúgubre ['luɣuβre] *a* mournful.
lujo ['luxo] *nm* luxury; (*fig*) profusion, abundance; **~so, a** *a* luxurious.
lujuria [lu'xurja] *nf* lust.
lumbre ['lumbre] *nf* (*gen*) light.
lumbrera [lum'brera] *nf* luminary.
luminoso, a [lumi'noso, a] *a* luminous, shining.
luna ['luna] *nf* moon; (*de un espejo*) glass; (*de gafas*) lens; (*fig*) crescent; **~ llena/nueva** full/new moon; **estar en la ~** to have one's head in the clouds; **~ de miel** honeymoon.
lunar [lu'nar] *a* lunar // *nm* (*ANAT*) mole; **tela a ~es** spotted material.
lunes ['lunes] *nm inv* Monday.
lupa ['lupa] *nf* magnifying glass.
lustrar [lus'trar] *vt* (*mueble*) to polish; (*zapatos*) to shine; **lustre** *nm* polish; (*fig*) lustre; **dar lustre a** to polish; **lustroso, a** *a* shining.
luterano, a [lute'rano, a] *a* Lutheran.
luto ['luto] *nm* mourning; (*congoja*) grief, sorrow; **llevar el** *o* **vestirse de ~** to be in mourning.
Luxemburgo [luksem'burɣo] *nm* Luxembourg.
luz [luθ] (*pl* **luces**) *nf* light; **dar a ~ un niño** to give birth to a child; **sacar a la ~** to bring to light; (*ELEC*): **dar** *o* **encender** (*Esp*) *o* **prender** (*AM*)/**apagar la ~** to switch the light on/off; **a todas luces** by any reckoning; **hacer la ~ sobre** to shed light on; **tener pocas luces** to be dim *o* stupid; **~ roja/verde** red/green light; (*AUTO*): **~ de freno** brake light; **luces de tráfico** traffic lights; **traje de luces** bullfighter's costume.

LL

llaga ['ʎaɣa] *nf* wound.
llama ['ʎama] *nf* flame; (*ZOOL*) llama.
llamada [ʎa'maða] *nf* call; **~ al orden** call to order; **~ a pie de página** reference note.
llamamiento [ʎama'mjento] *nm* call.
llamar [ʎa'mar] *vt* to call; (*atención*) to attract // *vi* (*por teléfono*) to telephone; (*a la puerta*) to knock/ring; (*por señas*) to beckon; (*MIL*) to call up; **~se** *vr* to be called, be named; **¿cómo se llama usted?** what's your name?
llamarada [ʎama'raða] *nf* (*llamas*) blaze; (*rubor*) flush; (*fig*) flare-up.
llamativo, a [ʎama'tiβo, a] *a* showy; (*color*) loud.
llamear [ʎame'ar] *vi* to blaze.
llano, a ['ʎano, a] *a* (*superficie*) flat; (*persona*) straightforward; (*estilo*) clear // *nm* plain, flat ground.
llanta ['ʎanta] *nf* (wheel) rim; (*AM*): **~ (de goma)** tyre; (: *cámara*) inner (tube).
llanto ['ʎanto] *nm* weeping.
llanura [ʎa'nura] *nf* plain.
llave ['ʎaβe] *nf* key; (*del agua*) tap; (*MECÁNICA*) spanner; (*de la luz*) switch; (*MUS*) key; **~ inglesa** monkey wrench; **~ maestra** master key; **~ de contacto** (*AUTO*) ignition key; **~ de paso** stopcock; **echar ~ a** to lock up; **~ro** *nm* keyring; **llavín** *nm* latchkey.
llegada [ʎe'ɣaða] *nf* arrival.
llegar [ʎe'ɣar] *vi* to arrive; (*alcanzar*) to reach; (*bastar*) to be enough; **~se** *vr*: **~se a** to approach; **~ a** to manage to, succeed in; **~ a saber** to find out; **~ a**

ser to become; ~ a **las manos de** to come into the hands of.

llenar [ʎe'nar] *vt* to fill; (*espacio*) to cover; (*formulario*) to fill in *o* up; (*fig*) to heap.

lleno, a ['ʎeno, a] *a* full, filled; (*repleto*) full up // *nm* (*abundancia*) abundance; (*TEATRO*) full house; **dar de ~ contra un muro** to hit a wall head-on.

llevadero, a [ʎeβa'ðero, a] *a* bearable, tolerable.

llevar [ʎe'βar] *vt* to take; (*ropa*) to wear; (*cargar*) to carry; (*quitar*) to take away; (*conducir a alguien*) to drive; (*transportar*) to transport; (*traer: dinero*) to carry; (*conducir*) to lead; (*MAT*) to carry; **~se** *vr* to carry off, take away; **llevamos dos días aquí** we have been here for two days; **él me lleva 2 años** he's 2 years older than me; (*COM*): ~ **los libros** to keep the books; **~se bien** to get on well (together).

llorar [ʎo'rar] *vt, vi* to cry, weep; ~ **de risa** to cry with laughter.

lloriquear [ʎorike'ar] *vi* to snivel, whimper.

lloro ['ʎoro] *nm* crying, weeping; **llorón, ona** *a* tearful // *nm/f* cry-baby; **~so, a** *a* (*gen*) weeping, tearful; (*triste*) sad, sorrowful.

llover [ʎo'βer] *vi* to rain.

llovizna [ʎo'βiθna] *nf* drizzle; **lloviznar** *vi* to drizzle.

llueve *etc vb ver* **llover**.

lluvia ['ʎuβja] *nf* rain; ~ **radioactiva** radioactive fallout; **lluvioso, a** *a* rainy.

M

m *abr* (= *metro*) m; (= *minuto*) m.

macarrones [maka'rrones] *nmpl* macaroni *sg*.

macedonia [maθe'ðonja] *nf*: ~ **de frutas** fruit salad.

macerar [maθe'rar] *vt* to macerate.

maceta [ma'θeta] *nf* (*de flores*) pot of flowers; (*para plantas*) flowerpot.

macizo, a [ma'θiθo, a] *a* (*grande*) massive; (*fuerte, sólido*) solid // *nm* mass, chunk.

mácula ['makula] *nf* stain, blemish.

machacar [matʃa'kar] *vt* to crush, pound // *vi* (*insistir*) to go on, keep on.

machete [ma'tʃete] *nm* (*AM*) machete, (large) knife.

machista [ma'tʃista] *a, nm* sexist.

macho ['matʃo] *a* male; (*fig*) virile // *nm* male; (*fig*) he-man.

machucar [matʃu'kar] *vt* to pound.

madeja [ma'ðexa] *nf* (*de lana*) skein, hank; (*de pelo*) mass, mop.

madera [ma'ðera] *nf* wood; (*fig*) nature, character; **una** ~ a piece of wood.

madero [ma'ðero] *nm* beam; (*fig*) ship.

madrastra [ma'ðrastra] *nf* stepmother.

madre ['maðre] *a* mother *cpd*; (*AM*) tremendous // *nf* mother; (*de vino etc*) dregs *pl*; ~ **política/soltera** mother-in-law/unmarried mother.

madreperla [maðre'perla] *nf* mother-of-pearl.

madreselva [maðre'selβa] *nf* honeysuckle.

Madrid [ma'ðrið] *n* Madrid.

madriguera [maðri'ɣera] *nf* burrow.

madrileño, a [maðri'leɲo, a] *a* of *o* from Madrid // *nm/f* native of Madrid.

madrina [ma'ðrina] *nf* godmother; (*ARQ*) prop, shore; (*TEC*) brace; ~ **de boda** bridesmaid.

madrugada [maðru'ɣaða] *nf* early morning; (*alba*) dawn, daybreak.

madrugador, a [maðruɣa'ðor, a] *a* early-rising.

madrugar [maðru'ɣar] *vi* to get up early; (*fig*) to get ahead.

madurar [maðu'rar] *vt, vi* (*fruta*) to ripen; (*fig*) to mature; **madurez** *nf* ripeness; maturity; **maduro, a** *a* ripe; mature.

maestra [ma'estra] *nf ver* **maestro**.

maestría [maes'tria] *nf* mastery; (*habilidad*) skill, expertise.

maestro, a [ma'estro, a] *a* masterly; (*perito*) skilled, expert; (*principal*) main; (*educado*) trained // *nm/f* master/mistress; (*profesor*) teacher // *nm* (*autoridad*) authority; (*MUS*) maestro; (*AM*) skilled workman; ~ **albañil** master mason.

magia ['maxja] *nf* magic; **mágico, a** *a* magic(al) // *nm/f* magician.

magisterio [maxis'terjo] *nm* (*enseñanza*) teaching; (*profesión*) teaching profession; (*maestros*) teachers *pl*.

magistrado [maxis'traðo] *nm* magistrate.

magistral [maxis'tral] *a* magisterial; (*fig*) masterly.

magnánimo, a [maɣ'nanimo, a] *a* magnanimous.

magnate [maɣ'nate] *nm* magnate, tycoon.

magnético, a [maɣ'netiko, a] *a* magnetic; **magnetizar** *vt* to magnetize.

magnetofón, magnetófono [maɣneto'fon] [maɣne'tofono] *nm* tape recorder; **magnetofónico, a** *a*: **cinta magnetofónica** recording tape.

magnífico, a [maɣ'nifiko, a] *a* splendid, magnificent.

magnitud [maɣni'tuð] *nf* magnitude.

mago, a ['maɣo, a] *nm/f* magician; **los Reyes M~s** the Magi, the Three Wise Men.

magro, a ['maɣro, a] *a* (*persona*) thin, lean; (*carne*) lean.

maguey [ma'ɣei] *nm* agave.

magullar [maɣu'ʎar] *vt* (*amoratar*) to

bruise; (*dañar*) to damage; (*fam: golpear*) to bash, beat.
mahometano, a [maome'tano, a] *a* Mohammedan.
mahonesa [mao'nesa] *nf* = **mayonesa.**
maíz [ma'iθ] *nm* maize (*Brit*), corn (*US*); sweet corn.
majadero, a [maxa'ðero, a] *a* silly, stupid.
majestad [maxes'tað] *nf* majesty; **majestuoso, a** *a* majestic.
majo, a ['maxo, a] *a* nice; (*guapo*) attractive, good-looking; (*elegante*) smart.
mal [mal] *ad* badly; (*equivocadamente*) wrongly; (*con dificultad*) with difficulty // *a* = **malo** // *nm* evil; (*desgracia*) misfortune; (*daño*) harm, damage; (*MED*) illness; ¡**menos** ~! just as well!; ~ **que bien** rightly or wrongly.
malabarismo [malaβa'rismo] *nm* juggling; **malabarista** *nm/f* juggler.
malaconsejado, a [malakonse'xaðo, a] *a* ill-advised.
malaria [ma'larja] *nf* malaria.
malcriado, a [mal'krjaðo, a] *a* (*consentido*) spoiled.
maldad [mal'dað] *nf* evil, wickedness.
maldecir [malde'θir] *vt* to curse // *vi*: ~ de to speak ill of.
maldición [maldi'θjon] *nf* curse.
maldito, a [mal'dito, a] *a* (*condenado*) damned; (*perverso*) wicked; ¡~ **sea**! damn it!
maleante [male'ante] *a* wicked // *nm/f* malefactor.
malecón [male'kon] *nm* pier, jetty.
maledicencia [maleði'θenθja] *nf* slander, scandal.
maleducado, a [maleðu'kaðo, a] *a* bad-mannered, rude.
maleficio [male'fiθjo] *nm* curse, spell.
malestar [males'tar] *nm* (*gen*) discomfort; (*fig: inquietud*) uneasiness; (*POL*) unrest.
maleta [ma'leta] *nf* case, suitcase; (*AUTO*) boot (*Brit*), trunk (*US*); **maletera** *nf* (*AM AUTO*); **maletero** *nm* (*AUTO*) boot (*Brit*), trunk (*US*); **maletín** *nm* small case, bag.
malévolo, a [ma'leβolo, a] *a* malicious, spiteful.
maleza [ma'leθa] *nf* (*hierbas malas*) weeds *pl*; (*arbustos*) thicket.
malgastar [malɣas'tar] *vt* (*tiempo, dinero*) to waste; (*salud*) to ruin.
malhechor, a [male'tʃor, a] *nm/f* malefactor; (*criminal*) criminal.
malhumorado, a [malumo'raðo, a] *a* bad-tempered, cross.
malicia [ma'liθja] *nf* (*maldad*) wickedness; (*astucia*) slyness, guile; (*mala intención*) malice, spite; (*carácter travieso*) mischievousness; **malicioso, a** *a* wicked, evil; sly, crafty; malicious, spiteful; mischievous.
maligno, a [ma'liɣno, a] *a* evil; (*malévolo*) malicious; (*MED*) malignant.
malo, a ['malo, a] *a* bad; (*falso*) false // *nm/f* villain // *nf* spell of bad luck; **estar** ~ to be ill; **estar de malas** (*de mal humor*) to be in a bad mood.
malograr [malo'ɣrar] *vt* to spoil; (*plan*) to upset; (*ocasión*) to waste; ~**se** *vr* (*plan etc*) to fail, come to grief; (*persona*) to die before one's time.
malparado, a [malpa'raðo, a] *a*: **salir** ~ to come off badly.
malparir [malpa'rir] *vi* to have a miscarriage.
malsano, a [mal'sano, a] *a* unhealthy.
Malta ['malta] *nf* Malta.
malteada [malte'aða] *nf* (*AM*) milk shake.
maltratar [maltra'tar] *vt* to ill-treat, mistreat.
maltrecho, a [mal'tretʃo, a] *a* battered, damaged.
malvado, a [mal'βaðo, a] *a* evil, villainous.
malvavisco [malβa'βisko] *nm* marshmallow.
malversar [malβer'sar] *vt* to embezzle, misappropriate.
Malvinas [mal'βinas]: **Islas** ~ *nfpl* Falkland Islands.
malla ['maʎa] *nf* mesh; (*de baño*) swimsuit; (*de ballet, gimnasia*) leotard; ~**s** *nfpl* tights; ~ **de alambre** wire mesh.
Mallorca [ma'ʎorka] *nf* Majorca.
mama ['mama] *nf* (*de animal*) teat; (*de mujer*) breast.
mamá [ma'ma] (*pl* ~**s**) *nf* (*fam*) mum, mummy.
mamar [ma'mar] *vt* (*pecho*) to suck; (*fig*) to absorb, assimilate // *vi* to suck.
mamarracho [mama'rratʃo] *nm* sight, mess.
mamífero [ma'mifero] *nm* mammal.
mampara [mam'para] *nf* (*entre habitaciones*) partition; (*biombo*) screen.
mampostería [mamposte'ria] *nf* masonry.
mamut [ma'mut] (*pl* ~**s**) *nm* mammoth.
manada [ma'naða] *nf* (*ZOOL*) herd; (: *de leones*) pride; (: *de lobos*) pack.
Managua [ma'naɣwa] *n* Managua.
manantial [manan'tjal] *nm* spring; (*fuente*) fountain; (*fig*) source.
manar [ma'nar] *vt* to run with, flow with // *vi* to run, flow; (*abundar*) to abound.
mancilla [man'θiʎa] *nf* stain, blemish.
manco, a ['manko, a] *a* (*de un brazo*) one-armed; (*de una mano*) one-handed; (*fig*) defective, faulty.
mancomunar [mankomu'nar] *vt* to unite, bring together; (*recursos*) to pool; (*JUR*) to make jointly responsible; **mancomunidad** *nf* union, association; (*comunidad*) community; (*JUR*) joint

responsibility.

mancha ['mantʃa] *nf* stain, mark; (*ZOOL*) patch; (*boceto*) sketch, outline; **manchar** *vt* (*gen*) to stain, mark; (*ensuciar*) to soil, dirty.

manchego, a [man'tʃeɣo, a] *a* of *o* from La Mancha.

mandado [man'daðo] *nm* (*orden*) order; (*comisión*) commission, errand.

mandamiento [manda'mjento] *nm* (*orden*) order, command; (*REL*) commandment; ~ **judicial** warrant.

mandar [man'dar] *vt* (*ordenar*) to order; (*dirigir*) to lead, command; (*enviar*) to send; (*pedir*) to order, ask for // *vi* to be in charge; (*pey*) to be bossy; **¿mande?** pardon?, excuse me?; ~ **hacer un traje** to have a suit made.

mandarín [manda'rin] *nm* mandarin.

mandarina [manda'rina] *nf* (*fruta*) tangerine, mandarin (orange).

mandatario, a [manda'tarjo, a] *nm/f* (*representante*) agent; (*AM*: *líder*) leader.

mandato [man'dato] *nm* (*orden*) order; (*INFORM*) command; (*POL*: *período*) term of office; (: *territorio*) mandate; ~ **judicial** (search) warrant.

mandíbula [man'diβula] *nf* jaw.

mandil [man'dil] *nm* (*delantal*) apron.

mando ['mando] *nm* (*MIL*) command; (*de país*) rule; (*el primer lugar*) lead; (*POL*) term of office; (*TEC*) control; ~ **a la izquierda** left-hand drive.

mandolina [mando'lina] *nf* mandolin(e).

mandón, ona [man'don, ona] *a* bossy, domineering.

manejable [mane'xaβle] *a* manageable.

manejar [mane'xar] *vt* to manage; (*máquina*) to work, operate; (*caballo etc*) to handle; (*casa*) to run, manage; (*AM*: *AUTO*) to drive; ~**se** *vr* (*comportarse*) to act, behave; (*arreglárselas*) to manage; **manejo** *nm* management; handling; running; driving; (*facilidad de trato*) ease, confidence; **manejos** *nmpl* intrigues.

manera [ma'nera] *nf* way, manner, fashion; ~**s** *nfpl* (*modales*) manners; **su ~ de ser** the way he is; (*aire*) his manner; **de ninguna ~** no way, by no means; **de otra ~** otherwise; **de todas ~s** at any rate; **no hay ~ de persuadirle** there's no way of convincing him.

manga ['manga] *nf* (*de camisa*) sleeve; (*de riego*) hose.

mangana [man'gana] *nf* lasso.

mango ['mango] *nm* handle; (*BOT*) mango.

mangonear [mangone'ar] *vi* (*meterse*) to meddle, interfere; (*ser mandón*) to boss people about.

manguera [man'gera] *nf* (*de riego*) hose; (*tubo*) pipe.

maní [ma'ni] *nm* (*AM*) peanut.

manía [ma'nia] *nf* (*MED*) mania; (*fig*: *moda*) rage, craze; (*disgusto*) dislike; (*malicia*) spite; **maníaco, a** *a* maniac(al) // *nm/f* maniac.

maniatar [manja'tar] *vt* to tie the hands of.

maniático, a [ma'njatiko, a] *a* maniac(al) // *nm/f* maniac.

manicomio [mani'komjo] *nm* mental hospital (*Brit*), insane asylum (*US*).

manicura [mani'kura] *nf* manicure.

manifestación [manifesta'θjon] *nf* (*declaración*) statement, declaration; (*de emoción*) show, display; (*POL*: *desfile*) demonstration; (: *concentración*) mass meeting.

manifestar [manifes'tar] *vt* to show, manifest; (*declarar*) to state, declare; **manifiesto, a** *a* clear, manifest // *nm* manifesto.

manija [ma'nixa] *nf* handle.

maniobra [ma'njoβra] *nf* manœuvring; (*manejo*) handling; (*fig*) manœuvre; (*estratagema*) stratagem; ~**s** *nfpl* manœuvres; **maniobrar** *vt* to manœuvre; (*manejar*) to handle.

manipulación [manipula'θjon] *nf* manipulation; **manipular** *vt* to manipulate; (*manejar*) to handle.

maniquí [mani'ki] *nm* dummy // *nm/f* model.

manirroto, a [mani'rroto, a] *a* lavish, extravagant // *nm/f* spendthrift.

manivela [mani'βela] *nf* crank.

manjar [man'xar] *nm* (tasty) dish.

mano ['mano] *nf* hand; (*ZOOL*) foot, paw; (*de pintura*) coat; (*serie*) lot, series; **a ~** by hand; **a ~ derecha/izquierda** on the right(-hand side)/left(-hand side); **de primera ~** (at) first hand; **de segunda ~** (at) second hand; **robo a ~ armada** armed robbery; **~ de obra** labour, manpower; **estrechar la ~ a uno** to shake sb's hand.

manojo [ma'noxo] *nm* handful, bunch; ~ **de llaves** bunch of keys.

manopla [ma'nopla] *nf* (*guante*) glove; (*paño*) face cloth.

manoseado, a [manose'aðo, a] *a* well-worn; **manosear** *vt* (*tocar*) to handle, touch; (*desordenar*) to mess up, rumple; (*insistir en*) to overwork; (*AM*) to caress, fondle.

manotazo [mano'taθo] *nm* slap, smack.

mansalva [man'salβa]: **a ~** *ad* indiscriminately.

mansedumbre [manse'ðumbre] *nf* gentleness, meekness.

mansión [man'sjon] *nf* mansion.

manso, a ['manso, a] *a* gentle, mild; (*animal*) tame.

manta ['manta] *nf* blanket; (*AM*: *poncho*) poncho.

manteca [man'teka] *nf* fat; ~ **de cacahuete/cacao** peanut/cocoa butter; ~ **de cerdo** lard.

mantecado [mante'kaðo] *nm* (*AM*) ice cream.
mantel [man'tel] *nm* tablecloth.
mantendré *etc vb ver* **mantener**.
mantener [mante'ner] *vt* to support, maintain; (*alimentar*) to sustain; (*conservar*) to keep; (*TEC*) to maintain, service; ~**se** *vr* (*seguir de pie*) to be still standing; (*no ceder*) to hold one's ground; (*subsistir*) to sustain o.s., keep going; **mantenimiento** *nm* maintenance; sustenance; (*sustento*) support.
mantequilla [mante'kiʎa] *nf* butter.
mantilla [man'tiʎa] *nf* mantilla; ~**s** *nfpl* baby clothes.
manto ['manto] *nm* (*capa*) cloak; (*de ceremonia*) robe, gown.
mantón [man'ton] *nm* shawl.
mantuve, mantuviera *etc vb ver* **mantener**.
manual [ma'nwal] *a* manual // *nm* manual, handbook.
manufactura [manufak'tura] *nf* manufacture; (*fábrica*) factory.
manuscrito, a [manus'krito, a] *a* handwritten // *nm* manuscript.
manutención [manuten'θjon] *nf* maintenance; (*sustento*) support.
manzana [man'θana] *nf* apple; (*ARQ*) block (of houses).
manzanilla [manθa'niʎa] *nf* (*planta*) camomile; (*infusión*) camomile tea; (*vino de jerez*) manzanilla sherry.
manzano [man'θano] *nm* apple tree.
maña ['maɲa] *nf* (*gen*) skill, dexterity; (*pey*) guile; (*costumbre*) habit; (*destreza*) trick, knack.
mañana [ma'ɲana] *ad* tomorrow // *nm* future // *nf* morning; **de** *o* **por la** ~ in the morning; **¡hasta** ~! see you tomorrow!; ~ **por la** ~ tomorrow morning; **mañanero, a** *a* early-rising.
mañoso, a [ma'ɲoso, a] *a* (*hábil*) skilful; (*astuto*) smart, clever.
mapa ['mapa] *nm* map.
maqueta [ma'keta] *nf* (scale) model.
maquillaje [maki'ʎaxe] *nm* make-up; (*acto*) making up.
maquillar [maki'ʎar] *vt* to make up; ~**se** *vr* to put on (some) make-up.
máquina ['makina] *nf* machine; (*de tren*) locomotive, engine; (*FOTO*) camera; (*fig*) machinery; (: *proyecto*) plan, project; **escrito a** ~ typewritten; ~ **de escribir** typewriter; ~ **de coser/lavar** sewing/washing machine.
maquinación [makina'θjon] *nf* machination, plot.
maquinal [maki'nal] *a* (*fig*) mechanical, automatic.
maquinaria [maki'narja] *nf* (*máquinas*) machinery; (*mecanismo*) mechanism, works *pl*.
maquinilla [maki'niʎa] *nf*: ~ **de afeitar** razor.
maquinista [maki'nista] *nm/f* (*de tren*) engine driver; (*TEC*) operator; (*NAUT*) engineer.
mar [mar] *nm o f* sea; ~ **adentro** *o* **afuera** out at sea; **en alta** ~ on the high seas; **la** ~ **de** (*fam*) lots of; **el M~ Negro/Báltico** the Black/Baltic Sea.
maraña [ma'raɲa] *nf* (*maleza*) thicket; (*confusión*) tangle.
maravilla [mara'βiʎa] *nf* marvel, wonder; (*BOT*) marigold; **maravillar** *vt* to astonish, amaze; **maravillarse** *vr* to be astonished, be amazed; **maravilloso, a** *a* wonderful, marvellous.
marca ['marka] *nf* (*gen*) mark; (*sello*) stamp; (*COM*) make, brand; **de** ~ excellent, outstanding; ~ **de fábrica** trademark; ~ **registrada** registered trademark.
marcado, a [mar'kaðo, a] *a* marked, strong.
marcador [marka'ðor] *nm* (*DEPORTE*) scoreboard; (: *persona*) scorer.
marcar [mar'kar] *vt* (*gen*) to mark; (*número de teléfono*) to dial; (*gol*) to score; (*números*) to record, keep a tally of; (*pelo*) to set // *vi* (*DEPORTE*) to score; (*TEL*) to dial.
marcial [mar'θjal] *a* martial, military.
marciano, a [mar'θjano, a] *a* Martian.
marco ['marko] *nm* frame; (*DEPORTE*) goal-posts *pl*; (*moneda*) mark; (*fig*) framework; ~ **de chimenea** mantelpiece.
marcha ['martʃa] *nf* march; (*TEC*) running, working; (*AUTO*) gear; (*velocidad*) speed; (*fig*) progress; (*dirección*) course; **poner en** ~ to put into gear; (*fig*) to set in motion, get going; **dar** ~ **atrás** to reverse, put into reverse; **estar en** ~ to be under way, be in motion.
marchar [mar'tʃar] *vi* (*ir*) to go; (*funcionar*) to work, go; ~**se** *vr* to go (away), leave.
marchitar [martʃi'tar] *vt* to wither, dry up; ~**se** *vr* (*BOT*) to wither; (*fig*) to fade away; **marchito, a** *a* withered, faded; (*fig*) in decline.
marea [ma'rea] *nf* tide; (*llovizna*) drizzle.
marear [mare'ar] *vt* (*fig*) to annoy, upset; (*MED*): ~ **a uno** to make sb feel sick; ~**se** *vr* (*tener náuseas*) to feel sick; (*desvanecerse*) to feel faint; (*aturdirse*) to feel dizzy; (*fam*: *emborracharse*) to get tipsy.
maremoto [mare'moto] *nm* tidal wave.
mareo [ma'reo] *nm* (*náusea*) sick feeling; (*aturdimiento*) dizziness; (*fam*: *lata*) nuisance.
marfil [mar'fil] *nm* ivory.
margarina [marɤa'rina] *nf* margarine.
margarita [marɤa'rita] *nf* (*BOT*) daisy; (**rueda**) ~ daisywheel.
margen ['marxen] *nm* (*borde*) edge, border; (*fig*) margin, space // *nf* (*de río*

etc) bank; **dar ~ para** to give an opportunity for; **mantenerse al ~** to keep out (of things).
marica [ma'rika] *nm* (*fam*) sissy.
maricón [mari'kon] *nm* (*fam*) queer.
marido [ma'riðo] *nm* husband.
mariguana [mari'ɣwana], **mariuana** [mari'wana] *nf* marijuana, cannabis.
marimacho [mari'matʃo] *nm* (*fam*) mannish woman.
marina [ma'rina] *nf* navy; **~ mercante** merchant navy.
marinero, a [mari'nero, a] *a* sea *cpd*; (*barco*) seaworthy // *nm* sailor, seaman.
marino, a [ma'rino, a] *a* sea *cpd*, marine // *nm* sailor.
marioneta [marjo'neta] *nf* puppet.
mariposa [mari'posa] *nf* butterfly.
mariquita [mari'kita] *nf* ladybird (*Brit*), ladybug (*US*).
mariscos [ma'riskos] *nmpl* shellfish *inv*, seafood(s).
marisma [ma'risma] *nf* marsh, swamp.
marítimo, a [ma'ritimo, a] *a* sea *cpd*, maritime.
marmita [mar'mita] *nf* pot.
mármol ['marmol] *nm* marble.
marqués, esa [mar'kes, esa] *nm/f* marquis/marchioness.
marrón [ma'rron] *a* brown.
marroquí [marro'ki] *a*, *nm/f* Moroccan // *nm* Morocco (leather).
Marruecos [ma'rrwekos] *nm* Morocco.
martes ['martes] *nm inv* Tuesday.
martillar [marti'ʎar] *vt* to hammer.
martillo [mar'tiʎo] *nm* hammer; **~ neumático** pneumatic drill (*Brit*), jackhammer.
mártir ['martir] *nm/f* martyr; **martirio** *nm* martyrdom; (*fig*) torture, torment.
marxismo [mark'sismo] *nm* Marxism; **marxista** *a*, *nm/f* Marxist.
marzo ['marθo] *nm* March.
mas [mas] *conj* but.
más [mas] ♦ *a*, *ad* **1**: **~** (**que, de**) (*comparativo*) more (than), ...+er (than); **~ grande/inteligente** bigger/more intelligent; **trabaja ~ (que yo)** he works more (than me); *ver tb* **cada**
2 (*superlativo*): **el ~** the most, ...+est; **el ~ grande/inteligente (de)** the biggest/most intelligent (in)
3 (*negativo*): **no tengo ~ dinero** I haven't got any more money; **no viene ~ por aquí** he doesn't come round here any more
4 (*adicional*): **no le veo ~ solución que ...** I see no other solution than to ...; **¿quién ~?** anybody else?
5 (+ *a*: *valor intensivo*): **¡qué perro ~ sucio!** what a filthy dog!; **¡es ~ tonto!** he's so stupid!
6 (*locuciones*): **~ o menos** more or less; **los ~** most people; **es ~** furthermore; **~ bien** rather; **¡qué ~ da!** what does it matter!; *ver tb* **no**
7: **por ~**: **por ~ que te esfuerces** no matter how hard you try; **por ~ que quisiera ...** much as I should like to ...
8: **de ~**: **veo que aquí estoy de ~** I can see I'm not needed here; **tenemos uno de ~** we've got one extra
♦ *prep*: **2 ~ 2 son 4** 2 and *o* plus 2 are 4
♦ *nm*: **este trabajo tiene sus ~ y sus menos** this job's got its good points and its bad points.
masa ['masa] *nf* (*mezcla*) dough; (*volumen*) volume, mass; (*FÍSICA*) mass; **en ~** en masse; **las ~s** (*POL*) the masses.
masacre [ma'sakre] *nf* massacre.
masaje [ma'saxe] *nm* massage.
mascar [mas'kar] *vt* to chew; (*fig*) to mumble, mutter.
máscara ['maskara] *nf* (*gen*) mask // *nm/f* masked person; **mascarada** *nf* masquerade; **mascarilla** *nf* (*de belleza*, *MED*) mask.
masculino, a [masku'lino, a] *a* masculine; (*BIO*) male.
mascullar [masku'ʎar] *vt* to mumble, mutter.
masilla [ma'siʎa] *nf* putty.
masivo, a [ma'siβo, a] *a* (*en masa*) mass, en masse.
masón [ma'son] *nm* (free)mason.
masoquista [maso'kista] *nm/f* masochist.
masticar [masti'kar] *vt* to chew; (*fig*) to ponder.
mástil ['mastil] *nm* (*de navío*) mast; (*de guitarra*) neck.
mastín [mas'tin] *nm* mastiff.
masturbación [masturβa'θjon] *nf* masturbation; **masturbarse** *vr* to masturbate.
mata ['mata] *nf* (*arbusto*) bush, shrub; (*de hierba*) tuft.
matadero [mata'ðero] *nm* slaughterhouse, abattoir.
matador, a [mata'ðor, a] *a* killing // *nm/f* killer // *nm* (*TAUR*) matador, bullfighter.
matamoscas [mata'moskas] *nm inv* (*palo*) fly swat.
matanza [ma'tanθa] *nf* (*de personas*) slaughter, killing; (*de animales*) slaughter(ing).
matar [ma'tar] *vt*, *vi* to kill; **~se** *vr* (*suicidarse*) to kill o.s., commit suicide; (*morir*) to be *o* get killed; **~ el hambre** to stave off hunger.
matasellos [mata'seʎos] *nm inv* postmark.
mate ['mate] *a* (*sin brillo*: *color*) dull, matt // *nm* (*en ajedrez*) (check)mate; (*AM*: *hierba*) maté; (: *vasija*) gourd.
matemáticas [mate'matikas] *nfpl* mathematics; **matemático, a** *a* mathematical // *nm/f* mathematician.
materia [ma'terja] *nf* (*gen*) matter; (*TEC*) material; (*ESCOL*) subject; **en ~ de** on the subject of; **~ prima** raw

material; **material** *a* material; (*dolor*) physical // *nm* material; (*TEC*) equipment; **materialismo** *nm* materialism; **materialista** *a* materialist(ic); **materialmente** *ad* materially; (*fig*) absolutely.

maternal [mater'nal] *a* motherly, maternal.

maternidad [materni'ðað] *nf* motherhood, maternity; **materno, a** *a* maternal; (*lengua*) mother *cpd*.

matinal [mati'nal] *a* morning *cpd*.

matiz [ma'tiθ] *nm* shade; **~ar** *vt* (*dar tonos de*) to tinge, tint; (*variar*) to vary; (*ARTE*) to blend.

matón [ma'ton] *nm* bully.

matorral [mato'rral] *nm* thicket.

matraca [ma'traka] *nf* rattle.

matrícula [ma'trikula] *nf* (*registro*) register; (*AUTO*) registration number; (: *placa*) number plate; **matricular** *vt* to register, enrol.

matrimonial [matrimo'njal] *a* matrimonial.

matrimonio [matri'monjo] *nm* (*pareja*) (married) couple; (*unión*) marriage.

matriz [ma'triθ] *nf* (*ANAT*) womb; (*TEC*) mould; casa ~ (*COM*) head office.

matrona [ma'trona] *nf* (*persona de edad*) matron.

maullar [mau'ʎar] *vi* to mew, miaow.

mausoleo [mauso'leo] *nm* mausoleum.

maxilar [maksi'lar] *nm* jaw(bone).

máxima ['maksima] *ver* **máximo.**

máxime ['maksime] *ad* especially.

máximo, a ['maksimo, a] *a* maximum; (*más alto*) highest; (*más grande*) greatest // *nm* maximum // *nf* maxim.

mayo ['majo] *nm* May.

mayonesa [majo'nesa] *nf* mayonnaise.

mayor [ma'jor] *a* main, chief; (*adulto*) adult; (*de edad avanzada*) elderly; (*MUS*) major; (*comparativo: de tamaño*) bigger; (: *de edad*) older; (*superlativo: de tamaño*) biggest; (: *de edad*) oldest // *nm* chief, boss; (*adulto*) adult; **al por ~** wholesale; **~ de edad** adult; **~es** *nmpl* (*antepasados*) ancestors.

mayoral [majo'ral] *nm* foreman.

mayordomo [major'ðomo] *nm* butler.

mayoría [majo'ria] *nf* majority, greater part.

mayorista [majo'rista] *nm/f* wholesaler.

mayúsculo, a [ma'juskulo, a] *a* (*fig*) big, tremendous // *nf* capital (letter).

mazapán [maθa'pan] *nm* marzipan.

mazo ['maθo] *nm* (*martillo*) mallet; (*de flores*) bunch; (*DEPORTE*) bat.

me [me] *pron* (*directo*) me; (*indirecto*) (to) me; (*reflexivo*) (to) myself; **¡dámelo!** give it to me!

mear [me'ar] *vi* (*fam*) to pee, piss.

mecánico, a [me'kaniko, a] *a* mechanical // *nm/f* mechanic // *nf* (*estudio*) mechanics *sg*; (*mecanismo*) mechanism.

mecanismo [meka'nismo] *nm* mechanism; (*marcha*) gear.

mecanografía [mekanoɣra'fia] *nf* typewriting; **mecanógrafo, a** *nm/f* typist.

mecate [me'kate] *nm* (*AM*) rope.

mecedora [meθe'ðora] *nf* rocking chair.

mecer [me'θer] *vt* (*cuna*) to rock; **~se** *vr* to rock; (*ramo*) to sway.

mecha ['metʃa] *nf* (*de vela*) wick; (*de bomba*) fuse.

mechero [me'tʃero] *nm* (cigarette) lighter.

mechón [me'tʃon] *nm* (*gen*) tuft; (*manojo*) bundle; (*de pelo*) lock.

medalla [me'ðaʎa] *nf* medal.

media ['meðja] *nf ver* **medio.**

mediado, a [me'ðjaðo, a] *a* half-full; (*trabajo*) half-complete; **a ~s de** in the middle of, halfway through.

mediano, a [me'ðjano, a] *a* (*regular*) medium, average; (*mediocre*) mediocre.

medianoche [meðja'notʃe] *nf* midnight.

mediante [me'ðjante] *ad* by (means of), through.

mediar [me'ðjar] *vi* (*interceder*) to mediate, intervene.

medicación [meðika'θjon] *nf* medication, treatment.

medicamento [meðika'mento] *nm* medicine, drug.

medicina [meði'θina] *nf* medicine.

medición [meði'θjon] *nf* measurement.

médico, a ['meðiko, a] *a* medical // *nm/f* doctor.

medida [me'ðiða] *nf* measure; (*medición*) measurement; (*prudencia*) moderation, prudence; **en cierta/gran ~** up to a point/to a great extent; **un traje a la ~** made-to-measure suit; **~ de cuello** collar size; **a ~ de** in proportion to; (*de acuerdo con*) in keeping with; **a ~ que** (*conforme*) as.

medio, a ['meðjo, a] *a* half (a); (*punto*) mid, middle; (*promedio*) average // *ad* half // *nm* (*centro*) middle, centre; (*promedio*) average; (*método*) means, way; (*ambiente*) environment // *nf* (*Esp: prenda de vestir*) stocking; (*AM: prenda de vestir*) sock; (*promedio*) average; **~s** *nmpl* means, resources; **~ litro** half a litre; **las tres y media** half past three; **M~ Oriente** Middle East; **a ~ terminar** half finished; **pagar a medias** to share the cost.

mediocre [me'ðjokre] *a* middling, average; (*pey*) mediocre.

mediodía [meðjo'ðia] *nm* midday, noon.

medir [me'ðir] *vt, vi* (*gen*) to measure.

meditar [meði'tar] *vt* to ponder, think over, meditate (on); (*planear*) to think out.

mediterráneo, a [meðite'rraneo, a] *a* Mediterranean // *nm*: **el M~** the Mediterranean.

médula ['meðula] *nf* (*ANAT*) marrow; ~

espinal spinal cord.
medusa [me'ðusa] *nf* (*Esp*) jellyfish.
megáfono [me'ɣafono] *nm* megaphone.
megalómano, a [meɣa'lomano, a] *nm/f* megalomaniac.
mejicano, a [mexi'kano, a] *a, nm/f* Mexican.
Méjico ['mexiko] *nm* Mexico.
mejilla [me'xiʎa] *nf* cheek.
mejillón [mexi'ʎon] *nm* mussel.
mejor [me'xor] *a, ad* (*comparativo*) better; (*superlativo*) best; **a lo ~** probably; (*quizá*) maybe; **~ dicho** rather; **tanto ~** so much the better.
mejora [me'xora] *nf* improvement; **mejorar** *vt* to improve, make better // *vi*, **mejorarse** *vr* to improve, get better.
melancólico, a [melan'koliko, a] *a* (*triste*) sad, melancholy; (*soñador*) dreamy.
melena [me'lena] *nf* (*de persona*) long hair; (*ZOOL*) mane.
melocotón [meloko'ton] *nm* (*Esp*) peach.
melodía [melo'ðia] *nf* melody, tune.
melodrama [melo'ðrama] *nm* melodrama; **melodramático, a** *a* melodramatic.
melón [me'lon] *nm* melon.
meloso, a [me'loso, a] *a* honeyed, sweet.
mellizo, a [me'ʎiθo, a] *a, nm/f* twin; **~s** *nmpl* (*AM*) cufflinks.
membrete [mem'brete] *nm* letterhead.
membrillo [mem'briʎo] *nm* quince; **carne de ~** quince jelly.
memorable [memo'raßle] *a* memorable.
memorándum [memo'randum] (*pl* ~s) *nm* (*libro*) notebook; (*comunicación*) memorandum.
memoria [me'morja] *nf* (*gen*) memory; **~s** *nfpl* (*de autor*) memoirs; **~ intermedia** (*INFORM*) buffer; **memorizar** *vt* to memorize.
menaje [me'naxe] *nm*: **~ de cocina** kitchenware.
mencionar [menθjo'nar] *vt* to mention.
mendigar [mendi'ɣar] *vt* to beg (for).
mendigo, a [men'diɣo, a] *nm/f* beggar.
mendrugo [men'druɣo] *nm* crust.
menear [mene'ar] *vt* to move; (*fig*) to handle; **~se** *vr* to shake; (*balancearse*) to sway; (*moverse*) to move; (*fig*) to get a move on.
menester [menes'ter] *nm* (*necesidad*) necessity; **~es** *nmpl* (*deberes*) duties; **es ~** it is necessary.
menestra [me'nestra] *nf*: **~ de verduras** vegetable stew.
menguante [men'gwante] *a* decreasing, diminishing; **menguar** *vt* to lessen, diminish; (*fig*) to discredit // *vi* to diminish, decrease; (*fig*) to decline.
menopausia [meno'pausja] *nf* menopause.
menor [me'nor] *a* (*más pequeño*: *comparativo*) smaller; (: *superlativo*) smallest; (*más joven*: *comparativo*) younger; (: *superlativo*) youngest; (*MUS*) minor // *nm/f* (*joven*) young person, juvenile; **no tengo la ~ idea** I haven't the faintest idea; **al por ~** retail; **~ de edad** person under age.
Menorca [me'norka] *nf* Minorca.
menoría [meno'ria] *nf*: **a ~** (*AM*) retail.
menos [menos] ♦ *a* **1**: **~ (que, de)** (*comparativo*: *cantidad*) less (than); (: *número*) fewer (than); **con ~ entusiasmo** with less enthusiasm; **~ gente** fewer people; *ver tb* **cada**
2 (*superlativo*): **es el que ~ culpa tiene** he is the least to blame
♦ *ad* **1** (*comparativo*): **~ (que, de)** less (than); **me gusta ~ que el otro** I like it less than the other one
2 (*superlativo*): **es la ~ lista (de su clase)** she's the least bright in her class; **de todas ellas es la que ~ me agrada** out of all of them she's the one I like least; **(por) lo ~** at (the very) least
3 (*locuciones*): **no quiero verle y ~ visitarle** I don't want to see him let alone visit him; **tenemos 7 de ~** we're seven short
♦ *prep* except; (*cifras*) minus; **todos ~ él** everyone except (for) him; **5 ~ 2** 5 minus 2
♦ *conj*: **a ~ que**: **a ~ que venga mañana** unless he comes tomorrow.
menoscabar [menoska'ßar] *vt* (*estropear*) to damage, harm; (*fig*) to discredit.
menospreciar [menospre'θjar] *vt* to underrate, undervalue; (*despreciar*) to scorn, despise.
mensaje [men'saxe] *nm* message; **~ro, a** *nm/f* messenger.
menstruación [menstrua'θjon] *nf* menstruation.
menstruar [mens'trwar] *vi* to menstruate.
mensual [men'swal] *a* monthly; **1000 ptas ~es** 1000 ptas a month; **~idad** *nf* (*salario*) monthly salary; (*COM*) monthly payment, monthly instalment.
menta ['menta] *nf* mint.
mental [men'tal] *a* mental; **~idad** *nf* mentality.
mentar [men'tar] *vt* to mention, name.
mente ['mente] *nf* mind.
mentecato, a [mente'kato, a] *a* silly, stupid // *nm/f* fool, idiot.
mentir [men'tir] *vi* to lie.
mentira [men'tira] *nf* (*una* ~) lie; (*acto*) lying; (*invención*) fiction; **parece ~ que...** it seems incredible that..., I can't believe that....
mentiroso, a [menti'roso, a] *a* lying // *nm/f* liar.
menú [me'nu] (*pl* ~s) *nm* menu; (*AM*) set meal.

menudo, a [me'nuðo, a] *a* (*pequeño*) small, tiny; (*sin importancia*) petty, insignificant; **¡~ negocio!** (*fam*) some deal!; a ~ often, frequently.
meñique [me'ɲike] *nm* little finger.
meollo [me'oʎo] *nm* (*fig*) core.
mercadería [merkaðe'ria] *nf* commodity; ~s *nfpl* goods, merchandise *sg*.
mercado [mer'kaðo] *nm* market; **M~ Común** Common Market.
mercancía [merkan'θia] *nf* commodity; ~s *nfpl* goods, merchandise *sg*.
mercantil [merkan'til] *a* mercantile, commercial.
mercenario, a [merθe'narjo, a] *a*, *nm* mercenary.
mercería [merθe'ria] *nf* haberdashery (*Brit*), notions (*US*); (*tienda*) haberdasher's (*Brit*), notions store (*US*); (*AM*) drapery.
mercurio [mer'kurjo] *nm* mercury.
merecer [mere'θer] *vt* to deserve, merit // *vi* to be deserving, be worthy; **merece la pena** it's worthwhile; **merecido, a** *a* (well) deserved; **llevar su merecido** to get one's deserts.
merendar [meren'dar] *vt* to have for tea // *vi* to have tea; (*en el campo*) to have a picnic.
merengue [me'renge] *nm* meringue.
meridiano [meri'ðjano] *nm* (GEO) meridian.
merienda [me'rjenda] *nf* (light) tea, afternoon snack; (*de campo*) picnic.
mérito ['merito] *nm* merit; (*valor*) worth, value.
merluza [mer'luθa] *nf* hake.
merma ['merma] *nf* decrease; (*pérdida*) wastage; **mermar** *vt* to reduce, lessen // *vi* to decrease, dwindle.
mermelada [merme'laða] *nf* jam.
mero, a ['mero, a] *a* mere; (*AM*: *fam*) very.
mes [mes] *nm* month; (*salario*) month's pay.
mesa ['mesa] *nf* table; (*de trabajo*) desk; (GEO) plateau; (ARQ) landing; **~ directiva** board; **~ redonda** (*reunión*) round table; **poner/quitar la ~** to lay/clear the table; **mesero, a** *nm/f* (*AM*) waiter/waitress.
meseta [me'seta] *nf* (GEO) meseta, tableland; (ARQ) landing.
mesilla [me'siʎa], **mesita** [me'sita] *nf*: **~ (de noche)** bedside table.
mesón [me'son] *nm* inn.
mestizo, a [mes'tiθo, a] *a* half-caste, of mixed race; (ZOOL) crossbred // *nm/f* half-caste.
mesura [me'sura] *nf* (*moderación*) moderation, restraint; (*cortesía*) courtesy.
meta ['meta] *nf* goal; (*de carrera*) finish.
metáfora [me'tafora] *nf* metaphor.
metal [me'tal] *nm* (*materia*) metal; (MUS) brass; **metálico, a** *a* metallic; (*de metal*) metal // *nm* (*dinero contante*) cash.
metalurgia [meta'lurxja] *nf* metallurgy.
meteoro [mete'oro] *nm* meteor.
meter [me'ter] *vt* (*colocar*) to put, place; (*introducir*) to put in, insert; (*involucrar*) to involve; (*causar*) to make, cause; **~se** *vr*: **~se en** to go into, enter; (*fig*) to interfere in, meddle in; **~se a** to start; **~se a escritor** to become a writer; **~se con uno** to provoke sb, pick a quarrel with sb.
meticuloso, a [metiku'loso, a] *a* meticulous, thorough.
metódico, a [me'toðiko, a] *a* methodical.
metodismo [meto'ðismo] *nm* Methodism.
método ['metoðo] *nm* method.
metralleta [metra'ʎeta] *nf* sub-machine-gun.
métrico, a ['metriko, a] *a* metric.
metro ['metro] *nm* metre; (*tren*) underground (*Brit*), subway (*US*).
México ['mexiko] *nm* Mexico; **Ciudad de ~** Mexico City.
mezcla ['meθkla] *nf* mixture; **mezclar** *vt* to mix (up); **mezclarse** *vr* to mix, mingle; **mezclarse en** to get mixed up in, get involved in.
mezquino, a [meθ'kino, a] *a* (*cicatero*) mean.
mezquita [meθ'kita] *nf* mosque.
mg. *abr* (= *miligramo*) mg.
mi [mi] *adjetivo posesivo* my // *nm* (MUS) E.
mí [mi] *pron* me; myself.
miaja ['mjaxa] *nf* crumb.
micro ['mikro] *nm* (*AM*) minibus.
microbio [mi'kroβjo] *nm* microbe.
microbús [mikro'βus] *nm* minibus.
micrófono [mi'krofono] *nm* microphone.
microordenador [mikro(o)rðena'ðor] *nm* microcomputer.
microscopio [mikro'skopjo] *nm* microscope.
miedo ['mjeðo] *nm* fear; (*nerviosismo*) apprehension, nervousness; **tener ~** to be afraid; **de ~** wonderful, marvellous; **hace un frío de ~** (*fam*) it's terribly cold; **~so, a** *a* fearful, timid.
miel [mjel] *nf* honey.
miembro ['mjembro] *nm* limb; (*socio*) member; **~ viril** penis.
mientras ['mjentras] *conj* while; (*duración*) as long as // *ad* meanwhile; **~ tanto** meanwhile; **~ más tiene, más quiere** the more he has, the more he wants.
miércoles ['mjerkoles] *nm inv* Wednesday.
mierda ['mjerða] *nf* (*fam!*) shit (*!*).
miga ['miɣa] *nf* crumb; (*fig*: *meollo*) essence; **hacer buenas ~s** (*fam*) to get

on well.
migración [miɣra'θjon] *nf* migration.
mil [mil] *num* thousand; **dos ~ libras** two thousand pounds.
milagro [mi'laɣro] *nm* miracle; **~so, a** *a* miraculous.
mili ['mili] *nf*: **hacer la ~** (*fam*) to do one's military service.
milicia [mi'liθja] *nf* militia; (*servicio militar*) military service.
milímetro [mi'limetro] *nm* millimetre.
militante [mili'tante] *a* militant.
militar [mili'tar] *a* (*del ejército*) military // *nm/f* soldier // *vi* to serve in the army; (*fig*) to be a member of a party.
milla ['miʎa] *nf* mile.
millar [mi'ʎar] *nm* thousand.
millón [mi'ʎon] *num* million; **millonario, a** *nm/f* millionaire.
mimar [mi'mar] *vt* (*gen*) to spoil, pamper.
mimbre ['mimbre] *nm* wicker.
mímica ['mimika] *nf* (*para comunicarse*) sign language; (*imitación*) mimicry.
mimo ['mimo] *nm* (*caricia*) caress; (*de niño*) spoiling; (*TEATRO*) mime; (: *actor*) mime artist.
mina ['mina] *nf* mine; **minar** *vt* to mine; (*fig*) to undermine.
mineral [mine'ral] *a* mineral // *nm* (*GEO*) mineral; (*mena*) ore.
minero, a [mi'nero, a] *a* mining *cpd* // *nm/f* miner.
miniatura [minja'tura] *a inv*, *nf* miniature.
minifalda [mini'falda] *nf* miniskirt.
mínimo, a ['minimo, a] *a*, *nm* minimum.
minino, a [mi'nino, a] *nm/f* (*fam*) puss, pussy.
ministerio [minis'terjo] *nm* Ministry; **M~ de Hacienda/del Exterior** Treasury (*Brit*), Treasury Department (*US*)/Foreign Office (*Brit*), State Department (*US*).
ministro, a [mi'nistro, a] *nm/f* minister.
minoría [mino'ria] *nf* minority.
minucioso, a [minu'θjoso, a] *a* thorough, meticulous; (*prolijo*) very detailed.
minúsculo, a [mi'nuskulo, a] *a* tiny, minute // *nf* small letter.
minusválido, a [minus'ßaliðo, a] *a* (physically) handicapped; *nm/f* (physically) handicapped person.
minuta [mi'nuta] *nf* (*de comida*) menu.
minutero [minu'tero] *nm* minute hand.
minuto [mi'nuto] *nm* minute.
mío, a ['mio, a] *pron*: **el ~** mine; **un amigo ~** a friend of mine; **lo ~** what is mine.
miope [mi'ope] *a* short-sighted.
mira ['mira] *nf* (*de arma*) sight(s) (*pl*); (*fig*) aim, intention.
mirada [mi'raða] *nf* look, glance; (*expresión*) look, expression; **clavar la ~ en** to stare at; **echar una ~ a** to glance at.
mirado, a [mi'raðo, a] *a* (*sensato*) sensible; (*considerado*) considerate; **bien/mal ~** well/not well thought of; **bien ~** *ad* all things considered.
mirador [mira'ðor] *nm* viewpoint, vantage point.
mirar [mi'rar] *vt* to look at; (*observar*) to watch; (*considerar*) to consider, think over; (*vigilar, cuidar*) to watch, look after // *vi* to look; (*ARQ*) to face; **~se** *vr* (*dos personas*) to look at each other; **~ bien/mal** to think highly of/have a poor opinion of; **~se al espejo** to look at o.s. in the mirror.
mirilla [mi'riʎa] *nf* (*agujero*) spyhole, peephole.
mirlo ['mirlo] *nm* blackbird.
misa ['misa] *nf* mass.
miserable [mise'raßle] *a* (*avaro*) mean, stingy; (*nimio*) miserable, paltry; (*lugar*) squalid; (*fam*) vile, despicable // *nm/f* (*perverso*) rotter (*Brit*).
miseria [mi'serja] *nf* misery; (*pobreza*) poverty; (*tacañería*) meanness, stinginess; (*condiciones*) squalor; **una ~** a pittance.
misericordia [miseri'korðja] *nf* (*compasión*) compassion, pity; (*piedad*) mercy.
misil [mi'sil] *nm* missile.
misión [mi'sjon] *nf* mission; **misionero, a** *nm/f* missionary.
mismo, a ['mismo, a] *a* (*semejante*) same; (*después de pronombre*) -self; (*para enfásis*) very; **el ~ traje** the same suit; **en ese ~ momento** at that very moment; **vino el ~ Ministro** the minister himself came; **yo ~ lo vi** I saw it myself; **lo ~** the same (thing); **da lo ~** it's all the same; **quedamos en las mismas** we're no further forward // *ad*: **aquí/hoy ~** right here/this very day; **ahora ~** right now // *conj*: **lo ~ que** just like, just as; **por lo ~** for the same reason.
misterio [mis'terjo] *nm* (*gen*) mystery; (*lo secreto*) secrecy; **~so, a** *a* mysterious.
mitad [mi'tað] *nf* (*medio*) half; (*centro*) middle; **a ~ de precio** (at) half-price; **en** *o* **a ~ del camino** halfway along the road; **cortar por la ~** to cut through the middle.
mitigar [miti'ɣar] *vt* to mitigate; (*dolor*) to ease; (*sed*) to quench.
mitin ['mitin] (*pl* **mítines**) *nm* meeting.
mito ['mito] *nm* myth.
mixto, a ['miksto, a] *a* mixed.
ml. *abr* (= *mililitro*) ml.
mm. *abr* (= *milímetro*) mm.
mobiliario [moßi'ljarjo] *nm* furniture.
moción [mo'θjon] *nf* motion.
mocos ['mokos] *nmpl* mucus *sg*; (*fam*) snot *sg*.
mochila [mo'tʃila] *nf* rucksack (*Brit*), back-pack.

moda ['moða] *nf* fashion; (*estilo*) style; de *o* a la ~ in fashion, fashionable; pasado de ~ out of fashion.
modales [mo'ðales] *nmpl* manners.
modalidad [moðali'ðað] *nf* kind, variety.
modelar [moðe'lar] *vt* to model.
modelo [mo'ðelo] *a inv*, *nm/f* model.
moderado, a [moðe'raðo, a] *a* moderate.
moderar [moðe'rar] *vt* to moderate; (*violencia*) to restrain, control; (*velocidad*) to reduce; ~se *vr* to restrain o.s., control o.s.
modernizar [moðerni'θar] *vt* to modernize.
moderno, a [mo'ðerno, a] *a* modern; (*actual*) present-day.
modestia [mo'ðestja] *nf* modesty; **modesto, a** *a* modest.
módico, a ['moðiko, a] *a* moderate, reasonable.
modificar [moðifi'kar] *vt* to modify.
modista [mo'ðista] *nm/f* dressmaker.
modo ['moðo] *nm* (*manera, forma*) way, manner; (MUS) mode; ~s *nmpl* manners; **de ningún ~** in no way; **de todos ~s** at any rate; **~ de empleo** directions *pl* (for use).
modorra [mo'ðorra] *nf* drowsiness.
modular [moðu'lar] *vt* to modulate.
mofa ['mofa] *nf*: **hacer ~ de** to mock; **mofarse** *vr*: **mofarse de** to mock, scoff at.
moho ['moo] *nm* (BOT) mould, mildew; (*en metal*) rust; **~so, a** *a* mouldy; rusty.
mojar [mo'xar] *vt* to wet; (*humedecer*) to damp(en), moisten; (*calar*) to soak; ~se *vr* to get wet.
mojón [mo'xon] *nm* (*en un camino*) boundary stone.
molde ['molde] *nm* mould; (COSTURA) pattern; (*fig*) model; **~ar** *vt* to mould.
mole ['mole] *nf* mass, bulk; (*edificio*) pile.
moler [mo'ler] *vt* to grind, crush; (*cansar*) to tire out, exhaust.
molestar [moles'tar] *vt* to bother; (*fastidiar*) to annoy; (*incomodar*) to inconvenience, put out // *vi* to be a nuisance; ~se *vr* to bother; (*incomodarse*) to go to trouble; (*ofenderse*) to take offence.
molestia [mo'lestja] *nf* bother, trouble; (*incomodidad*) inconvenience; (MED) discomfort; **es una ~** it's a nuisance; **molesto, a** *a* (*que fastidia*) annoying; (*incómodo*) inconvenient; (*inquieto*) uncomfortable, ill at ease; (*enfadado*) annoyed.
molinillo [moli'niʎo] *nm*: **~ de carne/café** mincer/coffee grinder.
molino [mo'lino] *nm* (*edificio*) mill; (*máquina*) grinder.
momentáneo, a [momen'taneo, a] *a* momentary.
momento [mo'mento] *nm* (*gen*) moment; (TEC) momentum; **de ~** at the moment, for the moment.
momia ['momja] *nf* mummy.
monarca [mo'narka] *nm/f* monarch, ruler; **monarquía** *nf* monarchy; **monárquico, a** *nm/f* royalist, monarchist.
monasterio [monas'terjo] *nm* monastery.
mondadientes [monda'ðjentes] *nm inv* toothpick.
mondar [mon'dar] *vt* (*limpiar*) to clean; (*pelar*) to peel; ~se *vr*: **~se de risa** (*fam*) to split one's sides laughing.
moneda [mo'neða] *nf* (*tipo de dinero*) currency, money; (*pieza*) coin; **una ~ de 5 pesetas** a 5 peseta piece; **monedero** *nm* purse; **monetario, a** *a* monetary, financial.
monja ['monxa] *nf* nun.
monje ['monxe] *nm* monk.
mono, a ['mono, a] *a* (*bonito*) lovely, pretty; (*gracioso*) nice, charming // *nm/f* monkey, ape // *nm* dungarees *pl*; (*overoles*) overalls *pl*.
monopolio [mono'poljo] *nm* monopoly; **monopolizar** *vt* to monopolize.
monotonía [monoto'nia] *nf* (*sonido*) monotone; (*fig*) monotony.
monótono, a [mo'notono, a] *a* monotonous.
monstruo ['monstrwo] *nm* monster // *a inv* fantastic; **~so, a** *a* monstrous.
monta ['monta] *nf* total, sum; **de poca ~** unimportant, of little account.
montaje [mon'taxe] *nm* assembly; (TEATRO) décor; (CINE) montage.
montaña [mon'taɲa] *nf* (*monte*) mountain; (*sierra*) mountains *pl*, mountainous area; (*AM*: *selva*) forest; **~ rusa** roller coaster; **montañés, esa** *a* mountain *cpd* // *nm/f* highlander.
montar [mon'tar] *vt* (*subir a*) to mount, get on; (TEC) to assemble, put together; (*negocio*) to set up; (*arma*) to cock; (*colocar*) to lift on to; (CULIN) to beat // *vi* to mount, get on; (*sobresalir*) to overlap; **~ en cólera** to get angry; **~ a caballo** to ride, go horseriding.
montaraz [monta'raθ] *a* mountain *cpd*, highland *cpd*; (*salvaje*) wild, untamed; (*pey*) uncivilized.
monte ['monte] *nm* (*montaña*) mountain; (*bosque*) woodland; (*área sin cultivar*) wild area, wild country; **M~ de Piedad** pawnshop.
Montevideo [monteβi'ðeo] *n* Montevideo.
monto ['monto] *nm* total, amount.
montón [mon'ton] *nm* heap, pile; (*fig*): **un ~ de** heaps of, lots of.
monumento [monu'mento] *nm* monument.
monzón [mon'θon] *nm* monsoon.

moño ['moɲo] *nm* bun.
mora ['mora] *nf* blackberry.
morado, a [mo'raðo, a] *a* purple, violet // *nm* bruise // *nf* (*casa*) dwelling, abode.
moral [mo'ral] *a* moral // *nf* (*ética*) ethics *pl*; (*moralidad*) morals *pl*, morality; (*ánimo*) morale.
moraleja [mora'lexa] *nf* moral.
moralizar [morali'θar] *vt* to moralize.
morboso, a [mor'ßoso, a] *a* morbid.
morcilla [mor'θiʎa] *nf* blood sausage, ≈ black pudding (*Brit*).
mordaz [mor'ðaθ] *a* (*crítica*) biting, scathing.
mordaza [mor'ðaθa] *nf* (*para la boca*) gag; (*TEC*) clamp.
morder [mor'ðer] *vt* to bite; (*mordisquear*) to nibble; (*fig: consumir*) to eat away, eat into; **mordisco** *nm* bite.
moreno, a [mo'reno, a] *a* (*color*) (dark) brown; (*de tez*) dark; (*de pelo* ~) dark-haired; (*negro*) black.
moretón [more'ton] *nm* (*fam*) bruise.
morfina [mor'fina] *nf* morphine.
moribundo, a [mori'ßundo, a] *a* dying.
morir [mo'rir] *vi* to die; (*fuego*) to die down; (*luz*) to go out; **~se** *vr* to die; (*fig*) to be dying; **fue muerto en un accidente** he was killed in an accident; **~se por algo** to be dying for sth.
moro, a ['moro, a] *a* Moorish // *nm/f* Moor.
moroso, a [mo'roso, a] *nm/f* (*COM*) bad debtor, defaulter.
morral [mo'rral] *nm* haversack.
morro ['morro] *nm* (*ZOOL*) snout, nose; (*AUTO, AVIAT*) nose.
morsa ['morsa] *nf* walrus.
mortaja [mor'taxa] *nf* shroud.
mortal [mor'tal] *a* mortal; (*golpe*) deadly; **~idad, mortandad** *nf* mortality.
mortero [mor'tero] *nm* mortar.
mortífero, a [mor'tifero, a] *a* deadly, lethal.
mortificar [mortifi'kar] *vt* to mortify.
mosca ['moska] *nf* fly.
Moscú [mos'ku] *n* Moscow.
mosquearse [moske'arse] *vr* (*fam: enojarse*) to get cross; (*: ofenderse*) to take offence.
mosquitero [moski'tero] *nm* mosquito net.
mosquito [mos'kito] *nm* mosquito.
mostaza [mos'taθa] *nf* mustard.
mostrador [mostra'ðor] *nm* (*de tienda*) counter; (*de café*) bar.
mostrar [mos'trar] *vt* to show; (*exhibir*) to display, exhibit; (*explicar*) to explain; **~se** *vr*: **~se amable** to be kind; to prove to be kind; **no se muestra muy inteligente** he doesn't seem (to be) very intelligent.
mota ['mota] *nf* speck, tiny piece; (*en diseño*) dot.
mote ['mote] *nm* (*apodo*) nickname.
motín [mo'tin] *nm* (*del pueblo*) revolt, rising; (*del ejército*) mutiny.
motivar [moti'ßar] *vt* (*causar*) to cause, motivate; (*explicar*) to explain, justify; **motivo** *nm* motive, reason.
moto ['moto] (*fam*), **motocicleta** [motoθi'kleta] *nf* motorbike (*Brit*), motorcycle.
motor [mo'tor] *nm* motor, engine; ~ **a chorro** *o* **de reacción/de explosión** jet engine/internal combustion engine.
motora [mo'tora] *nf*, **motorbote** [motor'ßote] *nm* motorboat.
motosierra [moto'sjerra] *nf* mechanical saw.
movedizo, a [moße'ðiθo, a] *a* (*inseguro*) unsteady; (*fig*) unsettled, changeable; (*persona*) fickle.
mover [mo'ßer] *vt* to move; (*cabeza*) to shake; (*accionar*) to drive; (*fig*) to cause, provoke; **~se** *vr* to move; (*fig*) to get a move on.
móvil ['moßil] *a* mobile; (*pieza de máquina*) moving; (*mueble*) movable // *nm* motive; **movilidad** *nf* mobility; **movilizar** *vt* to mobilize.
movimiento [moßi'mjento] *nm* movement; (*TEC*) motion; (*actividad*) activity.
mozo, a ['moθo, a] *a* (*joven*) young // *nm/f* (*joven*) youth, young man/girl; (*camarero*) waiter; (*camarera*) waitress.
muchacho, a [mu'tʃatʃo, a] *nm/f* (*niño*) boy/girl; (*criado*) servant; (*criada*) maid.
muchedumbre [mutʃe'ðumbre] *nf* crowd.
mucho, a ['mutʃo, a] ♦ *a* **1** (*cantidad*) a lot of, much; (*número*) lots of, a lot of, many; ~ **dinero** a lot of money; **hace ~ calor** it's very hot; **muchas amigas** lots *o* a lot of friends
2 (*sg: grande*): **ésta es mucha casa para él** this house is much too big for him
♦ *pron*: **tengo ~ que hacer** I've got a lot to do; **~s dicen que ...** a lot of people say that ...; *ver tb* **tener**
♦ *ad* **1**: **me gusta ~** I like it a lot; **lo siento ~** I'm very sorry; **come ~** he eats a lot; **¿te vas a quedar ~?** are you going to be staying long?
2 (*respuesta*) very; **¿estás cansado? - ¡~!** are you tired? - very!
3 (*locuciones*): **como ~** at (the) most; **con ~: el mejor con ~** by far the best; **ni ~ menos: no es rico ni ~ menos** he's far from being rich
4: **por ~ que: por ~ que le creas** no matter how *o* however much you believe her.
muda ['muða] *nf* change of clothes.
mudanza [mu'ðanθa] *nf* (*cambio*) change; (*de casa*) move.

mudar [mu'ðar] *vt* to change; (*ZOOL*) to shed // *vi* to change; **~se** *vr* (*la ropa*) to change; **~se de casa** to move house.
mudo, a ['muðo, a] *a* dumb; (*callado, CINE*) silent.
mueble ['mweβle] *nm* piece of furniture; **~s** *nmpl* furniture *sg*.
mueca ['mweka] *nf* face, grimace; **hacer ~s a** to make faces at.
muela ['mwela] *nf* (*diente*) tooth; (: *de atrás*) molar.
muelle ['mweʎe] *nm* spring; (*NAUT*) wharf; (*malecón*) pier.
muero *etc vb ver* **morir**.
muerte ['mwerte] *nf* death; (*homicidio*) murder; **dar ~ a** to kill.
muerto, a *pp de* **morir** // ['mwerto, a] *a* dead; (*color*) dull // *nm/f* dead man/woman; (*difunto*) deceased; (*cadáver*) corpse; **estar ~ de cansancio** to be dead tired.
muestra ['mwestra] *nf* (*señal*) indication, sign; (*demostración*) demonstration; (*prueba*) proof; (*estadística*) sample; (*modelo*) model, pattern; (*testimonio*) token.
muestreo [mwes'treo] *nm* sample, sampling.
muestro *etc vb ver* **mostrar**.
muevo *etc vb ver* **mover**.
mugir [mu'xir] *vi* (*vaca*) to moo.
mugre ['muɣre] *nf* dirt, filth; **mugriento, a** *a* dirty, filthy.
mujer [mu'xer] *nf* woman; (*esposa*) wife; **~iego** *nm* womanizer.
mula ['mula] *nf* mule.
mulato, a [mu'lato, a] *a, nm/f* mulatto.
muleta [mu'leta] *nf* (*para andar*) crutch; (*TAUR*) *stick with red cape attached*.
multa ['multa] *nf* fine; **multar** *vt* to fine.
multicopista [multiko'pista] *nm* duplicator.
múltiple ['multiple] *a* multiple; (*pl*) many, numerous.
multiplicar [multipli'kar] *vt* (*MAT*) to multiply; (*fig*) to increase; **~se** *vr* (*BIO*) to multiply; (*fig*) to be everywhere at once.
multitud [multi'tuð] *nf* (*muchedumbre*) crowd; **~ de** lots of.
mullido, a [mu'ʎiðo, a] *a* (*cama*) soft; (*hierba*) soft, springy.
mundano, a [mun'dano, a] *a* worldly; (*de moda*) fashionable.
mundial [mun'djal] *a* world-wide, universal; (*guerra, récord*) world *cpd*.
mundo ['mundo] *nm* world; **todo el ~** everybody; **tener ~** to be experienced, know one's way around.
munición [muni'θjon] *nf* (*MIL: provisiones*) stores *pl*, supplies *pl*; (: *balas*) ammunition.
municipio [muni'θipjo] *nm* (*ayuntamiento*) town council, corporation; (*territorio administrativo*) town, municipality.
muñeca [mu'ɲeka] *nf* (*ANAT*) wrist; (*juguete*) doll.
muñeco [mu'ɲeko] *nm* (*figura*) figure; (*marioneta*) puppet; (*fig*) puppet, pawn.
mural [mu'ral] *a* mural, wall *cpd* // *nm* mural.
muralla [mu'raʎa] *nf* (city) wall(s) (*pl*).
murciélago [mur'θjelaɣo] *nm* bat.
murmullo [mur'muʎo] *nm* murmur(ing); (*cuchicheo*) whispering; (*de arroyo*) murmur, rippling.
murmuración [murmura'θjon] *nf* gossip; **murmurar** *vi* to murmur, whisper; (*criticar*) to criticize; (*cotillear*) to gossip.
muro ['muro] *nm* wall.
muscular [musku'lar] *a* muscular.
músculo ['muskulo] *nm* muscle.
museo [mu'seo] *nm* museum.
musgo ['musɣo] *nm* moss.
músico, a ['musiko, a] *a* musical // *nm/f* musician // *nf* music.
musitar [musi'tar] *vt, vi* to mutter, mumble.
muslo ['muslo] *nm* thigh.
mustio, a ['mustjo, a] *a* (*persona*) depressed, gloomy; (*planta*) faded, withered.
musulmán, ana [musul'man, ana] *nm/f* Moslem.
mutación [muta'θjon] *nf* (*BIO*) mutation; (: *cambio*) (sudden) change.
mutilar [muti'lar] *vt* to mutilate; (*a una persona*) to maim.
mutuamente [mutwa'mente] *ad* mutually.
mutuo, a ['mutwo, a] *a* mutual.
muy [mwi] *ad* very; (*demasiado*) too; **M~ Señor mío** Dear Sir; **~ de noche** very late at night; **eso es ~ de él** that's just like him.

N

N *abr* (= *norte*) N.
n/ *abr* = **nuestro, a**.
nabo ['naβo] *nm* turnip.
nácar ['nakar] *nm* mother-of-pearl.
nacer [na'θer] *vi* to be born; (*de huevo*) to hatch; (*vegetal*) to sprout; (*río*) to rise; **nací en Barcelona** I was born in Barcelona; **nació una sospecha en su mente** a suspicion formed in her mind; **nacido, a** *a* born; **recién nacido** newborn; **naciente** *a* new, emerging; (*sol*) rising; **nacimiento** *nm* birth; (*fig*) birth, origin; (*de Navidad*) Nativity; (*linaje*) descent, family; (*de río*) source.
nación [na'θjon] *nf* nation; **nacional** *a* national; **nacionalismo** *nm* nationalism; **nacionalista** *nm/f* nationalist; **nacionalizar** *vt* to nationalize; **nacionalizarse** *vr* (*persona*) to become naturalized.

nada ['naða] *pron* nothing // *ad* not at all, in no way; **no decir ~** to say nothing, not to say anything; **de ~** don't mention it.
nadador, a [naða'ðor, a] *nm/f* swimmer.
nadar [na'ðar] *vi* to swim.
nadie ['naðje] *pron* nobody, no-one; **~ habló** nobody spoke; **no había ~** there was nobody there, there wasn't anybody there.
nado ['naðo]: **a ~** *ad*: **pasar a ~** to swim across.
nafta ['nafta] *nf* (*AM*) petrol (*Brit*), gas (*US*).
naipe ['naipe] *nm* (playing) card; **~s** *nmpl* cards.
nalgas ['nalɣas] *nfpl* buttocks.
nana ['nana] *nf* lullaby.
naranja [na'ranxa] *a inv*, *nf* orange; **media ~** (*fam*) better half; **naranjada** *nf* orangeade; **naranjo** *nm* orange tree.
narciso [nar'θiso] *nm* narcissus.
narcótico, a [nar'kotiko, a] *a*, *nm* narcotic; **narcotizar** *vt* to drug.
nardo ['narðo] *nm* lily.
narigón, ona, [nari'ɣon, ona] **narigudo, a** [nari'ɣuðo, a] *a* big-nosed.
nariz [na'riθ] *nf* nose; **narices** *nfpl* nostrils; **delante de las narices de uno** under one's (very) nose.
narración [narra'θjon] *nf* narration; **narrador, a** *nm/f* narrator.
narrar [na'rrar] *vt* to narrate, recount; **narrativa** *nf* narrative, story.
nata ['nata] *nf* cream.
natación [nata'θjon] *nf* swimming.
natal [na'tal] *a*: **ciudad ~** home town; **~icio** *nm* birthday; **~idad** *nf* birth rate.
natillas [na'tiʎas] *nfpl* custard *sg*.
natividad [natiβi'ðað] *nf* nativity.
nativo, a [na'tiβo, a] *a*, *nm/f* native.
nato, a ['nato, a] *a* born; **un músico ~** a born musician.
natural [natu'ral] *a* natural; (*fruta etc*) fresh // *nm/f* native // *nm* (*disposición*) nature.
naturaleza [natura'leθa] *nf* nature; (*género*) nature, kind; **~ muerta** still life.
naturalidad [naturali'ðað] *nf* naturalness.
naturalización [naturaliθa'θjon] *nf* naturalization.
naturalizarse [naturali'θarse] *vr* to become naturalized; (*aclimatarse*) to become acclimatized.
naturalmente [natural'mente] *ad* (*de modo natural*) in a natural way; **¡~!** of course!
naufragar [naufra'ɣar] *vi* to sink; **naufragio** *nm* shipwreck; **náufrago, a** *nm/f* castaway, shipwrecked person.
nauseabundo, a [nausea'βundo, a] *a* nauseating, sickening.
náuseas ['nauseas] *nfpl* nausea; **me da ~** it makes me feel sick.
náutico, a ['nautiko, a] *a* nautical.
navaja [na'βaxa] *nf* (*cortaplumas*) clasp knife (*Brit*), penknife; (*de barbero, peluquero*) razor.
Navarra [na'βarra] *n* Navarre.
nave ['naβe] *nf* (*barco*) ship, vessel; (*ARQ*) nave; **~ espacial** spaceship.
navegación [naβeɣa'θjon] *nf* navigation; (*viaje*) sea journey; **~ aérea** air traffic; **~ costera** coastal shipping; **navegante** *nm/f* navigator; **navegar** *vi* (*barco*) to sail; (*avión*) to fly // *vt* to sail; to fly; (*dirigir el rumbo*) to navigate.
navidad [naβi'ðað] *nf* Christmas; **~es** *nfpl* Christmas time; **navideño, a** *a* Christmas *cpd*.
navío [na'βio] *nm* ship.
nazca *etc vb ver* **nacer**.
nazi ['naθi] *a*, *nm/f* Nazi.
NE *abr* (= *nor(d)este*) NE.
neblina [ne'βlina] *nf* mist.
nebuloso, a [neβu'loso, a] *a* foggy; (*calinoso*) misty; (*indefinido*) nebulous, vague // *nf* nebula.
necedad [neθe'ðað] *nf* foolishness; (*una* ~) foolish act.
necesario, a [neθe'sarjo, a] *a* necessary.
neceser [neθe'ser] *nm* toilet bag; (*bolsa grande*) holdall.
necesidad [neθesi'ðað] *nf* need; (*lo inevitable*) necessity; (*miseria*) poverty, need; **en caso de ~** in case of need *o* emergency; **hacer sus ~es** to relieve o.s.
necesitado, a [neθesi'taðo, a] *a* needy, poor; **~ de** in need of.
necesitar [neθesi'tar] *vt* to need, require // *vi*: **~ de** to have need of.
necio, a ['neθjo, a] *a* foolish.
necrología [nekrolo'xia] *nf* obituary.
necrópolis [ne'kropolis] *nf inv* cemetery.
nectarina [nekta'rina] *nf* nectarine.
nefasto, a [ne'fasto, a] *a* ill-fated, unlucky.
negación [neɣa'θjon] *nf* negation; (*rechazo*) refusal, denial.
negar [ne'ɣar] *vt* (*renegar, rechazar*) to refuse; (*prohibir*) to refuse, deny; (*desmentir*) to deny; **~se** *vr*: **~se a** to refuse to.
negativo, a [neɣa'tiβo, a] *a*, *nm* negative // *nf* (*gen*) negative; (*rechazo*) refusal, denial.
negligencia [neɣli'xenθja] *nf* negligence; **negligente** *a* negligent.
negociable [neɣo'θjaβle] *a* (*COM*) negotiable.
negociado [neɣo'θjaðo] *nm* department, section.
negociante [neɣo'θjante] *nm/f* businessman/woman.
negociar [neɣo'θjar] *vt*, *vi* to negotiate; **~ en** to deal in, trade in.
negocio [ne'ɣoθjo] *nm* (*COM*) business; (*asunto*) affair, business; (*operación comercial*) deal, transaction; (*AM*) firm; (*lugar*) place of business; **los ~s** busi-

ness *sg*; **hacer ~** to do business.

negro, a ['neɣro, a] *a* black; (*suerte*) awful // *nm* black // *nm/f* Negro/Negress, Black // *nf* (*MUS*) crotchet; **negrura** *nf* blackness.

nene, a ['nene, a] *nm/f* baby, small child.

nenúfar [ne'nufar] *nm* water lily.

neologismo [neolo'xismo] *nm* neologism.

neoyorquino, a [neojor'kino, a] *a* (of) New York.

nepotismo [nepo'tismo] *nm* nepotism.

nervio ['nerβjo] *nm* (*ANAT*) nerve; (: *tendón*) tendon; (*fig*) vigour; **nerviosismo** *nm* nervousness, nerves *pl*; **~so, a, nervudo, a** *a* nervous.

neto, a ['neto, a] *a* clear; (*limpio*) clean; (*COM*) net.

neumático, a [neu'matiko, a] *a* pneumatic // *nm* (*Esp*) tyre (*Brit*), tire (*US*); **~ de recambio** spare tyre.

neurastenia [neuras'tenja] *nf* (*MED*) neurasthenia; (*fig*) excitability.

neurólogo, a [neu'roloɣo, a] *nm/f* neurologist.

neutral [neu'tral] *a* neutral; **~izar** *vt* to neutralize; (*contrarrestar*) to counteract.

neutro, a ['neutro, a] *a* (*BIO*) neuter; (*LING*) neuter.

neutrón [neu'tron] *nm* neutron.

nevada [ne'βaða] *nf* snowstorm; (*caída de nieve*) snowfall.

nevar [ne'βar] *vi* to snow.

nevera [ne'βera] *nf* (*Esp*) refrigerator (*Brit*), icebox (*US*).

nevería [neβe'ria] *nf* (*AM*) ice-cream parlour.

nevisca [ne'βiska] *nf* flurry of snow.

nexo ['nekso] *nm* link, connection.

ni [ni] *conj* nor, neither; (*tb*: **~ siquiera**) not ... even; **~ que** not even if; **~ blanco ~ negro** neither white nor black.

Nicaragua [nika'raɣwa] *nf* Nicaragua; **nicaragüense** *a*, *nm/f* Nicaraguan.

nicotina [niko'tina] *nf* nicotine.

nicho ['nitʃo] *nm* niche.

nido ['niðo] *nm* nest; (*fig*) hiding place.

niebla ['njeβla] *nf* fog; (*neblina*) mist.

niego *etc vb ver* **negar**.

nieto, a ['njeto, a] *nm/f* grandson/daughter; **~s** *nmpl* grandchildren.

nieve *etc vb ver* **nevar** // ['njeβe] *nf* snow; (*AM*) icecream.

nigromancia [niɣro'manθja] *nf* necromancy, black magic.

Nilo ['nilo] *nm*: **el ~** the Nile.

nimiedad [nimje'ðað] *nf* small-mindedness; (*trivialidad*) triviality.

nimio, a ['nimjo, a] *a* trivial, insignificant.

ninfa ['ninfa] *nf* nymph.

ninfómana [nin'fomana] *nf* nymphomaniac.

ninguno, a [nin'guno, a], **ningún** [nin'gun] *a* no // *pron* (*nadie*) nobody; (*ni uno*) none, not one; (*ni uno ni otro*) neither; **de ninguna manera** by no means, not at all.

niña ['niɲa] *nf ver* **niño**.

niñera [ni'ɲera] *nf* nursemaid, nanny; **niñería** *nf* childish act.

niñez [ni'ɲeθ] *nf* childhood; (*infancia*) infancy.

niño, a ['niɲo, a] *a* (*joven*) young; (*inmaduro*) immature // *nm* (*chico*) boy, child // *nf* (*chica*) girl, child; (*ANAT*) pupil.

nipón, ona [ni'pon, ona] *a*, *nm/f* Japanese.

níquel ['nikel] *nm* nickel; **niquelar** *vt* (*TEC*) to nickel-plate.

níspero ['nispero] *nm* medlar.

nitidez [niti'ðeθ] *nf* (*claridad*) clarity; (: *de atmósfera*) brightness; (: *de imagen*) sharpness; **nítido, a** *a* clear; sharp.

nitrato [ni'trato] *nm* nitrate.

nitrógeno [ni'troxeno] *nm* nitrogen.

nitroglicerina [nitroɣliθe'rina] *nf* nitroglycerine.

nivel [ni'βel] *nm* (*GEO*) level; (*norma*) level, standard; (*altura*) height; **~ de aceite** oil level; **~ de aire** spirit level; **~ de vida** standard of living; **~ar** *vt* to level out; (*fig*) to even up; (*COM*) to balance.

NN. UU. *nfpl abr* (= *Naciones Unidas*) U.N. *sg*.

NO *abr* (= *noroeste*) NW.

no [no] *ad* no; not; (*con verbo*) not // *excl* no!; **~ tengo nada** I don't have anything, I have nothing; **~ es el mío** it's not mine; **ahora ~** not now; **¿~ lo sabes?** don't you know?; **~ mucho** not much; **~ bien termine, lo entregaré** as soon as I finish I'll hand it over; **¡a que ~ lo sabes!** I bet you don't know!; **¡cómo ~!** of course!; **los países ~ alineados** the non-aligned countries; **la ~ intervención** non-intervention.

noble ['noβle] *a*, *nm/f* noble; **~za** *nf* nobility.

noción [no'θjon] *nf* notion.

nocivo, a [no'θiβo, a] *a* harmful.

noctámbulo, a [nok'tambulo, a] *nm/f* sleepwalker.

nocturno, a [nok'turno, a] *a* (*de la noche*) nocturnal, night *cpd*; (*de la tarde*) evening *cpd* // *nm* nocturne.

noche ['notʃe] *nf* night, night-time; (*la tarde*) evening; (*fig*) darkness; **de ~, por la ~** at night.

nochebuena [notʃe'βwena] *nf* Christmas Eve.

nochevieja [notʃe'βjexa] *nf* New Year's Eve.

nodriza [no'ðriθa] *nf* wet nurse; **buque** *o* **nave ~** supply ship.

nogal [no'ɣal] *nm* walnut tree.

nómada ['nomaða] *a* nomadic // *nm/f*

nomad.

nombramiento [nombra'mjento] *nm* naming; (*a un empleo*) appointment.

nombrar [nom'brar] *vt* (*designar*) to name; (*mencionar*) to mention; (*dar puesto a*) to appoint.

nombre ['nombre] *nm* name; (*sustantivo*) noun; (*fama*) renown; ~ **y apellidos** name in full; ~ **común/propio** common/proper noun; ~ **de pila/de soltera** Christian/maiden name.

nomenclatura [nomenkla'tura] *nf* nomenclature.

nomeolvides [nomeol'ßiðes] *nm inv* forget-me-not.

nómina ['nomina] *nf* (*lista*) list; (COM) payroll.

nominal [nomi'nal] *a* nominal.

nominar [nomi'nar] *vt* to nominate.

nominativo, a [nomina'tißo, a] *a* (COM): **cheque** ~ **a X** cheque made out to X.

non [non] *a* odd, uneven // *nm* odd number.

nono, a ['nono, a] *a* ninth.

nordeste [nor'ðeste] *a* north-east, north-eastern, north-easterly // *nm* north-east.

nórdico, a ['norðiko, a] *a* (*del norte*) northern, northerly; (*escandinavo*) Nordic.

noreste [no'reste] *a, nm* = **nordeste**.

noria ['norja] *nf* (AGR) waterwheel; (*de carnaval*) big (*Brit*) *o* Ferris (*US*) wheel.

normal [nor'mal] *a* (*corriente*) normal; (*habitual*) usual, natural; (**gasolina**) ~ two-star petrol; **~idad** *nf* normality; **restablecer la ~idad** to restore order; **~izar** *vt* (*reglamentar*) to normalize; (TEC) to standardize; **~izarse** *vr* to return to normal.

normando, a [nor'mando, a] *a, nm/f* Norman.

noroeste [noro'este] *a* north-west, north-western, north-westerly // *nm* north-west.

norte ['norte] *a* north, northern, northerly // *nm* north; (*fig*) guide.

norteamericano, a [norteameri'kano, a] *a, nm/f* (North) American.

Noruega [no'rweɣa] *nf* Norway.

noruego, a [no'rweɣo, a] *a, nm/f* Norwegian.

nos [nos] *pron* (*directo*) us; (*indirecto*) us; to us; for us; from us; (*reflexivo*) (to) ourselves; (*recíproco*) (to) each other; ~ **levantamos a las 7** we get up at 7.

nosotros, as [no'sotros, as] *pron* (*sujeto*) we; (*después de prep*) us.

nostalgia [nos'talxja] *nf* nostalgia.

nota ['nota] *nf* note; (ESCOL) mark.

notable [no'taßle] *a* notable; (ESCOL) outstanding // *nm/f* notable.

notar [no'tar] *vt* to notice, note; **~se** *vr* to be obvious; **se nota que ...** one observes that ....

notarial [nota'rjal] *a*: **acta** ~ affidavit.

notario [no'tarjo] *nm* notary.

noticia [no'tiθja] *nf* (*información*) piece of news; **las ~s** the news *sg*; **tener ~s de alguien** to hear from sb.

noticiario [noti'θjarjo] *nm* (CINE) newsreel; (TV) news bulletin.

noticiero [noti'θjero] *nm* (*AM*) news bulletin.

notificación [notifika'θjon] *nf* notification; **notificar** *vt* to notify, inform.

notoriedad [notorje'ðað] *nf* fame, renown; **notorio, a** *a* (*público*) well-known; (*evidente*) obvious.

novato, a [no'ßato, a] *a* inexperienced // *nm/f* beginner, novice.

novecientos, as [noße'θjentos, as] *a, num* nine hundred.

novedad [noße'ðað] *nf* (*calidad de nuevo*) newness; (*noticia*) piece of news; (*cambio*) change, (new) development.

novedoso, a [noße'ðoso, a] *a* novel.

novel [no'ßel] *a* new; (*inexperto*) inexperienced // *nm/f* beginner.

novela [no'ßela] *nf* novel.

novelero, a [noße'lero, a] *a* highly imaginative.

novelesco, a [noße'lesko, a] *a* fictional; (*romántico*) romantic; (*fantástico*) fantastic.

noveno, a [no'ßeno, a] *a* ninth.

noventa [no'ßenta] *num* ninety.

novia ['noßja] *nf ver* **novio**.

noviazgo [no'ßjaθɣo] *nm* engagement.

novicio, a [no'ßiθjo, a] *nm/f* novice.

noviembre [no'ßjembre] *nm* November.

novilla [no'ßiʎa] *nf* heifer; **~da** *nf* (TAUR) *bullfight with young bulls*; **novillero** *nm* novice bullfighter; **novillo** *nm* young bull, bullock; **hacer novillos** (*fam*) to play truant.

novio, a ['noßjo, a] *nm/f* boyfriend/girlfriend; (*prometido*) fiancé/fiancée; (*recién casado*) bridegroom/bride; **los ~s** the newly-weds.

N. S. *abr* = *Nuestro Señor*.

nubarrón [nußa'rron] *nm* storm cloud.

nube ['nuße] *nf* cloud.

nublado, a [nu'ßlaðo, a] *a* cloudy // *nm* storm cloud; **nublar** *vt* (*oscurecer*) to darken; (*confundir*) to cloud; **nublarse** *vr* to grow dark.

nuca ['nuka] *nf* nape of the neck.

nuclear [nukle'ar] *a* nuclear.

núcleo ['nukleo] *nm* (*centro*) core; (FISICA) nucleus.

nudillo [nu'ðiʎo] *nm* knuckle.

nudo ['nuðo] *nm* knot; (*unión*) bond; (*de problema*) crux; **~so, a** *a* knotty.

nuera ['nwera] *nf* daughter-in-law.

nuestro, a ['nwestro, a] *adjetivo posesivo* our // *pron* ours; ~ **padre** our father; **un amigo** ~ a friend of ours; **es el** ~ it's ours.

nueva ['nweβa] *af, nf ver* **nuevo.**
nuevamente [nweβa'mente] *ad* (*otra vez*) again; (*de nuevo*) anew.
nueve ['nweβe] *num* nine.
nuevo, a ['nweβo, a] *a* (*gen*) new // *nf* piece of news; **de ~** again; **Nueva York** *n* New York; **Nueva Zelandia** *nf* New Zealand.
nuez [nweθ] *nf* (*fruto*) nut; (*del nogal*) walnut; **~ de Adán** Adam's apple; **~ moscada** nutmeg.
nulidad [nuli'ðað] *nf* (*incapacidad*) incompetence; (*abolición*) nullity.
nulo, a ['nulo, a] *a* (*inepto, torpe*) useless; (*inválido*) (null and) void; (*DEPORTE*) drawn, tied.
núm. *abr* (= *número*) no.
numeración [numera'θjon] *nf* (*cifras*) numbers *pl*; (*arábiga, romana etc*) numerals *pl*.
numeral [nume'ral] *nm* numeral.
numerar [nume'rar] *vt* to number.
numérico, a [nu'meriko, a] *a* numerical.
número ['numero] *nm* (*gen*) number; (*tamaño: de zapato*) size; (*ejemplar: de diario*) number, issue; **sin ~** numberless, unnumbered; **~ de matrícula/de teléfono** registration/telephone number; **~ atrasado** back number.
numeroso, a [nume'roso, a] *a* numerous.
nunca ['nunka] *ad* (*jamás*) never; **~ lo pensé** I never thought it; **no viene ~** he never comes; **~ más** never again.
nuncio ['nunθjo] *nm* (*REL*) nuncio.
nupcias ['nupθjas] *nfpl* wedding *sg*, nuptials.
nutria ['nutrja] *nf* otter.
nutrición [nutri'θjon] *nf* nutrition.
nutrido, a [nu'triðo, a] *a* (*alimentado*) nourished; (*fig: grande*) large; (*abundante*) abundant.
nutrir [nu'trir] *vt* (*alimentar*) to nourish; (*dar de comer*) to feed; (*fig*) to strengthen; **nutritivo, a** *a* nourishing, nutritious.
nylon [ni'lon] *nm* nylon.

Ñ

ñato, a ['ɲato, a] *a* (*AM*) snub-nosed.
ñoñería [ɲoɲe'ria], **ñoñez** [ɲo'ɲeθ] *nf* insipidness.
ñoño, a ['ɲoɲo, a] *a* (*AM: tonto*) silly, stupid; (*soso*) insipid; (*persona*) spineless.

O

o [o] *conj* or.
O *abr* (= *oeste*) W.
o/ *abr* (= *orden*) o.
oasis [o'asis] *nm inv* oasis.
obcecar [oβθe'kar] *vt* to blind.
obedecer [oβeðe'θer] *vt* to obey; **obediencia** *nf* obedience; **obediente** *a* obedient.
obertura [oβer'tura] *nf* overture.
obesidad [oβesi'ðað] *nf* obesity; **obeso, a** *a* obese.
obispo [o'βispo] *nm* bishop.
objeción [oβxe'θjon] *nf* objection.
objetar [oβxe'tar] *vt, vi* to object.
objetivo, a [oβxe'tiβo, a] *a, nm* objective.
objeto [oβ'xeto] *nm* (*cosa*) object; (*fin*) aim.
objetor, a [oβxe'tor, a] *nm/f* objector.
oblicuo, a [o'βlikwo, a] *a* oblique; (*mirada*) sidelong.
obligación [oβliɣa'θjon] *nf* obligation; (*COM*) bond.
obligar [oβli'ɣar] *vt* to force; **~se** *vr* to bind o.s.; **obligatorio, a** *a* compulsory, obligatory.
oboe [o'βoe] *nm* oboe.
obra ['oβra] *nf* work; (*hechura*) piece of work; (*ARQ*) construction, building; (*TEATRO*) play; **~ maestra** masterpiece; **o~s públicas** public works; **por ~ de** thanks to (the efforts of); **obrar** *vt* to work; (*tener efecto*) to have an effect on // *vi* to act, behave; (*tener efecto*) to have an effect; **la carta obra en su poder** the letter is in his/her possession.
obrero, a [o'βrero, a] *a* (*clase*) working; (*movimiento*) labour *cpd*; **clase obrera** working class // *nm/f* (*gen*) worker; (*sin oficio*) labourer.
obscenidad [oβsθeni'ðað] *nf* obscenity; **obsceno, a** *a* obscene.
obscu... = **oscu...** .
obsequiar [oβse'kjar] *vt* (*ofrecer*) to present with; (*agasajar*) to make a fuss of, lavish attention on; **obsequio** *nm* (*regalo*) gift; (*cortesía*) courtesy, attention; **obsequioso, a** *a* attentive.
observación [oβserβa'θjon] *nf* observation; (*reflexión*) remark.
observador, a [oβserβa'ðor, a] *nm/f* observer.
observancia [oβser'βanθja] *nf* observance.
observar [oβser'βar] *vt* to observe; (*anotar*) to notice; **~se** *vr* to keep to, observe.
obsesión [oβse'sjon] *nf* obsession; **obsesionar** *vt* to obsess.
obstaculizar [oβstakuli'θar] *vt* (*dificultar*) to hinder, hamper.
obstáculo [oβ'stakulo] *nm* (*gen*) obstacle; (*impedimento*) hindrance, drawback.
obstante [oβ'stante]: **no ~** *ad* nevertheless // *prep* in spite of.
obstetricia [oβste'triθja] *nf* obstetrics *sg*; **obstétrico, a** *a* obstetric // *nm/f* obstetrician.

obstinado, a [oßsti'naðo, a] *a* (*gen*) obstinate, stubborn.
obstinarse [oßsti'narse] *vr* to be obstinate; ~ en to persist in.
obstrucción [oßstruk'θjon] *nf* obstruction; **obstruir** *vt* to obstruct.
obtener [oßte'ner] *vt* (*conseguir*) to obtain; (*ganar*) to gain.
obturador [oßtura'ðor] *nm* (*FOTO*) shutter.
obtuso, a [oß'tuso, a] *a* (*filo*) blunt; (*MAT*, *fig*) obtuse.
obviar [oß'ßjar] *vt* to obviate, remove.
obvio, a ['oßßjo, a] *a* obvious.
ocasión [oka'sjon] *nf* (*oportunidad*) opportunity, chance; (*momento*) occasion, time; (*causa*) cause; **de** ~ secondhand; **ocasionar** *vt* to cause.
ocaso [o'kaso] *nm* (*fig*) decline.
occidente [okθi'ðente] *nm* west.
océano [o'θeano] *nm* ocean; **el ~ Índico** the Indian Ocean.
OCDE *nf abr* (= *Organización de Cooperación y Desarrollo Económico*) OECD.
ocio ['oθjo] *nm* (*tiempo*) leisure; (*pey*) idleness; **~sidad** *nf* idleness; **~so, a** *a* (*inactivo*) idle; (*inútil*) useless.
octanaje [okta'naxe] *nm*: **de alto** ~ high octane; **octano** *nm* octane.
octavilla [okta'viʎa] *nf* leaflet, pamphlet.
octavo, a [ok'taßo, a] *a* eighth.
octogenario, a [oktoxe'narjo, a] *a* octogenarian.
octubre [ok'tußre] *nm* October.
ocular [oku'lar] *a* ocular, eye *cpd*; **testigo** ~ eyewitness.
oculista [oku'lista] *nm/f* oculist.
ocultar [okul'tar] *vt* (*esconder*) to hide; (*callar*) to conceal; **oculto, a** *a* hidden; (*fig*) secret.
ocupación [okupa'θjon] *nf* occupation.
ocupado, a [oku'paðo, a] *a* (*persona*) busy; (*plaza*) occupied, taken; (*teléfono*) engaged; **ocupar** *vt* (*gen*) to occupy; **ocuparse** *vr*: **ocuparse de** *o* **en** (*gen*) to concern o.s. with; (*cuidar*) to look after.
ocurrencia [oku'rrenθja] *nf* (*suceso*) incident, event; (*idea*) bright idea.
ocurrir [oku'rrir] *vi* to happen; **~se** *vr*: **se me ocurrió que...** it occurred to me that... .
ochenta [o'tʃenta] *num* eighty.
ocho ['otʃo] *num* eight; **~ días** a week.
odiar [o'ðjar] *vt* to hate; **odio** *nm* (*gen*) hate, hatred; (*disgusto*) dislike; **odioso, a** *a* (*gen*) hateful; (*malo*) nasty.
odontólogo, a [oðon'toloɤo, a] *nm/f* dentist, dental surgeon.
OEA *nf abr* (= *Organización de Estados Americanos*) OAS.
oeste [o'este] *nm* west; **una película del ~** a western.
ofender [ofen'der] *vt* (*agraviar*) to offend; (*insultar*) to insult; **~se** *vr* to take offence; **ofensa** *nf* offence; **ofensivo, a** *a* (*insultante*) insulting; (*MIL*) offensive // *nf* offensive.
oferta [o'ferta] *nf* offer; (*propuesta*) proposal; **la ~ y la demanda** supply and demand; **artículos en ~** goods on offer.
oficial [ofi'θjal] *a* official // *nm* official; (*MIL*) officer.
oficina [ofi'θina] *nf* office; **~ de correos** post office; **~ de turismo** tourist office; **oficinista** *nm/f* clerk.
oficio [o'fiθjo] *nm* (*profesión*) profession; (*puesto*) post; (*REL*) service; **ser del ~** to be an old hand; **tener mucho ~** to have a lot of experience; **~ de difuntos** funeral service; **de ~** officially.
oficioso, a [ofi'θjoso, a] *a* (*pey*) officious; (*no oficial*) unofficial, informal.
ofimática [ofi'matika] *nf* office automation.
ofrecer [ofre'θer] *vt* (*dar*) to offer; (*proponer*) to propose; **~se** *vr* (*persona*) to offer o.s., volunteer; (*situación*) to present itself; **¿qué se le ofrece?**, **¿se le ofrece algo?** what can I do for you?, can I get you anything?
ofrecimiento [ofreθi'mjento] *nm* offer, offering.
ofrendar [ofren'dar] *vt* to offer, contribute.
oftalmólogo, a [oftal'moloɤo, a] *nm/f* ophthalmologist.
ofuscación [ofuska'θjon] *nf*, **ofuscamiento** [ofuska'mjento] *nm* (*fig*) bewilderment.
ofuscar [ofus'kar] *vt* (*confundir*) to bewilder; (*enceguecer*) to dazzle, blind.
oída [o'iða] *nf*: **de ~s** by hearsay.
oído [o'iðo] *nm* (*ANAT*) ear; (*sentido*) hearing.
oigo *etc vb ver* **oír**.
oír [o'ir] *vt* (*gen*) to hear; (*atender a*) to listen to; **¡oiga!** listen!; **~ misa** to attend mass.
OIT *nf abr* (= *Organización Internacional del Trabajo*) ILO.
ojal [o'xal] *nm* buttonhole.
ojalá [oxa'la] *excl* if only (it were so)!, some hope! // *conj* if only...!, would that...!; **~ que venga hoy** I hope he comes today.
ojeada [oxe'aða] *nf* glance.
ojera [o'xera] *nf*: **tener ~s** to have bags under one's eyes.
ojeriza [oxe'riθa] *nf* ill-will.
ojeroso, a [oxe'roso, a] *a* haggard.
ojete [o'xete] *nm* eye(let).
ojo ['oxo] *nm* eye; (*de puente*) span; (*de cerradura*) keyhole // *excl* careful!; **tener ~ para** to have an eye for; **~ de buey** porthole.
ola ['ola] *nf* wave.
olé [o'le] *excl* bravo!, olé!
oleada [ole'aða] *nf* big wave, swell; (*fig*)

wave.
oleaje [ole'axe] *nm* swell.
óleo ['oleo] *nm* oil; **oleoducto** *nm* (oil) pipeline.
oler [o'ler] *vt* (*gen*) to smell; (*inquirir*) to pry into; (*fig*: *sospechar*) to sniff out // *vi* to smell; ~ a to smell of.
olfatear [olfate'ar] *vt* to smell; (*fig*: *sospechar*) to sniff out; (*inquirir*) to pry into; **olfato** *nm* sense of smell.
oligarquía [oliɣar'kia] *nf* oligarchy.
olimpíada [olim'piaða] *nf*: las O~s the Olympics.
oliva [o'liβa] *nf* (*aceituna*) olive; aceite de ~ olive oil; **olivo** *nm* olive tree.
olmo ['olmo] *nm* elm (tree).
olor [o'lor] *nm* smell; **~oso, a** *a* scented.
olvidadizo, a [olβiða'ðiθo, a] *a* (*desmemoriado*) forgetful; (*distraído*) absent-minded.
olvidar [olβi'ðar] *vt* to forget; (*omitir*) to omit; ~se *vr* (*fig*) to forget o.s.; se me olvidó I forgot.
olvido [ol'βiðo] *nm* oblivion; (*despiste*) forgetfulness.
olla ['oʎa] *nf* pan; (*comida*) stew; ~ a presión *o* exprés pressure cooker; ~ podrida *type of Spanish stew*.
ombligo [om'bliɣo] *nm* navel.
ominoso, a [omi'noso, a] *a* ominous.
omisión [omi'sjon] *nf* (*abstención*) omission; (*descuido*) neglect.
omiso, a [o'miso, a] *a*: hacer caso ~ de to ignore, pass over.
omitir [omi'tir] *vt* to omit.
omnipotente [omnipo'tente] *a* omnipotent.
omnívoro, a [om'niβoro, a] *a* omnivorous.
omóplato [o'moplato] *nm* shoulder blade.
OMS *nf abr* (= *Organización Mundial de la Salud*) WHO.
once ['onθe] *num* eleven; **~s** *nmpl* (*AM*) tea break.
onda ['onda] *nf* wave; ~ corta/larga/media short/long/medium wave; **ondear** *vt, vi* to wave; (*tener ondas*) to be wavy; (*agua*) to ripple; **ondearse** *vr* to swing, sway.
ondulación [ondula'θjon] *nf* undulation; **ondulado, a** *a* wavy // *nm* wave; **ondulante** *a* undulating.
ondular [ondu'lar] *vt* (*el pelo*) to wave // *vi*, ~se *vr* to undulate.
oneroso, a [one'roso, a] *a* onerous.
ONU ['onu] *nf abr* (= *Organización de las Naciones Unidas*) UNO.
opaco, a [o'pako, a] *a* opaque; (*fig*) dull.
ópalo ['opalo] *nm* opal.
opción [op'θjon] *nf* (*gen*) option; (*derecho*) right, option.
OPEP ['opep] *nf abr* (= *Organización de Países Exportadores de Petróleo*) OPEC.
ópera ['opera] *nf* opera; ~ bufa *o* cómica comic opera.
operación [opera'θjon] *nf* (*gen*) operation; (*COM*) transaction, deal.
operador, a [opera'ðor, a] *nm/f* operator; (*CINE*: *proyección*) projectionist; (: *rodaje*) cameraman.
operante [ope'rante] *a* operating.
operar [ope'rar] *vt* (*producir*) to produce, bring about; (*MED*) to operate on // *vi* (*COM*) to operate, deal; ~se *vr* to occur; (*MED*) to have an operation.
opereta [ope'reta] *nf* operetta.
opinar [opi'nar] *vt* (*estimar*) to think // *vi* (*enjuiciar*) to give one's opinion; **opinión** *nf* (*creencia*) belief; (*criterio*) opinion.
opio ['opjo] *nm* opium.
oponente [opo'nente] *nm/f* opponent.
oponer [opo'ner] *vt* (*resistencia*) to put up, offer; (*negativa*) to raise; ~se *vr* (*objetar*) to object; (*estar frente a frente*) to be opposed; (*dos personas*) to oppose each other; ~ A a B to set A against B; me opongo a pensar que... I refuse to believe *o* think that... .
oportunidad [oportuni'ðað] *nf* (*ocasión*) opportunity; (*posibilidad*) chance.
oportunismo [oportu'nismo] *nm* opportunism; **oportunista** *nm/f* opportunist.
oportuno, a [opor'tuno, a] *a* (*en su tiempo*) opportune, timely; (*respuesta*) suitable; en el momento ~ at the right moment.
oposición [oposi'θjon] *nf* opposition; **oposiciones** *nfpl* public examinations.
opositor, a [oposi'tor, a] *nm/f* (*adversario*) opponent; (*candidato*) candidate.
opresión [opre'sjon] *nf* oppression; **opresivo, a** *a* oppressive; **opresor, a** *nm/f* oppressor.
oprimir [opri'mir] *vt* to squeeze; (*fig*) to oppress.
oprobio [o'proβjo] *nm* (*infamia*) ignominy; (*descrédito*) shame.
optar [op'tar] *vi* (*elegir*) to choose; ~ a *o* por to opt for; **optativo, a** *a* optional.
óptico, a ['optiko, a] *a* optic(al) // *nm/f* optician.
optimismo [opti'mismo] *nm* optimism; **optimista** *nm/f* optimist.
óptimo, a ['optimo, a] *a* (*el mejor*) very best.
opuesto, a [o'pwesto, a] *a* (*contrario*) opposite; (*antagónico*) opposing.
opulencia [opu'lenθja] *nf* opulence; **opulento, a** *a* opulent.
oración [ora'θjon] *nf* (*discurso*) speech; (*REL*) prayer; (*LING*) sentence.
oráculo [o'rakulo] *nm* oracle.
orador, a [ora'ðor, a] *nm/f* (*conferenciante*) speaker, orator.
oral [o'ral] *a* oral.
orangután [orangu'tan] *nm* orang-utan.

orar [o'rar] *vi* (*REL*) to pray.
oratoria [ora'torja] *nf* oratory.
órbita ['orßita] *nf* orbit.
orden ['orðen] *nm* (*gen*) order // *nf* (*gen*) order; (*INFORM*) command; ~ **del día** agenda; **de primer** ~ first-rate; **en** ~ **de prioridad** in order of priority.
ordenado, a [orðe'naðo, a] *a* (*metódico*) methodical; (*arreglado*) orderly.
ordenador [orðena'ðor] *nm* computer; ~ **central** mainframe computer.
ordenanza [orðe'nanθa] *nf* ordinance.
ordenar [orðe'nar] *vt* (*mandar*) to order; (*poner orden*) to put in order, arrange; ~**se** *vr* (*REL*) to be ordained.
ordeñar [orðe'ɲar] *vt* to milk.
ordinario, a [orði'narjo, a] *a* (*común*) ordinary, usual; (*vulgar*) vulgar, common.
orégano [o'reɣano] *nm* oregano.
oreja [o'rexa] *nf* ear; (*MECÁNICA*) lug, flange.
orfanato [orfa'nato] *nm* orphanage.
orfandad [orfan'dað] *nf* orphanhood.
orfebrería [orfeßre'ria] *nf* gold/silver work.
orgánico, a [or'ɣaniko, a] *a* organic.
organigrama [orɣani'ɣrama] *nm* flow chart.
organismo [orɣa'nismo] *nm* (*BIO*) organism; (*POL*) organization.
organista [orɣa'nista] *nm/f* organist.
organización [orɣaniθa'θjon] *nf* organization; **organizar** *vt* to organize.
órgano ['orɣano] *nm* organ.
orgasmo [or'ɣasmo] *nm* orgasm.
orgía [or'xia] *nf* orgy.
orgullo [or'ɣuʎo] *nm* (*altanería*) pride; (*autorespeto*) self-respect; **orgulloso, a** *a* (*gen*) proud; (*altanero*) haughty.
orientación [orjenta'θjon] *nf* (*posición*) position; (*dirección*) direction.
orientar [orjen'tar] *vt* (*situar*) to orientate; (*señalar*) to point; (*dirigir*) to direct; (*guiar*) to guide; ~**se** *vr* to get one's bearings; (*decidirse*) to decide on a course of action.
oriente [o'rjente] *nm* east; **Cercano/ Medio/Lejano O~** Near/ Middle/Far East.
origen [o'rixen] *nm* origin; (*nacimiento*) lineage, birth.
original [orixi'nal] *a* (*nuevo*) original; (*extraño*) odd, strange; ~**idad** *nf* originality.
originar [orixi'nar] *vt* to start, cause; ~**se** *vr* to originate; ~**io, a** *a* (*nativo*) native; (*primordial*) original.
orilla [o'riʎa] *nf* (*borde*) border; (*de río*) bank; (*de bosque, tela*) edge; (*de mar*) shore.
orín [o'rin] *nm* rust.
orina [o'rina] *nf* urine; **orinal** *nm* (chamber) pot; **orinar** *vi* to urinate; **orinarse** *vr* to wet o.s.; **orines** *nmpl* urine *sg*.
oriundo, a [o'rjundo, a] *a*: ~ **de** native of.
ornamento [orna'mento] *nm* ornament.
ornar [or'nar] *vt* to adorn.
ornitología [ornitolo'xia] *nf* ornithology, bird-watching.
oro ['oro] *nm* gold; ~**s** *nmpl* (*NAIPES*) hearts.
oropel [oro'pel] *nm* tinsel.
orquesta [or'kesta] *nf* orchestra; ~ **de cámara/sinfónica** chamber/symphony orchestra.
orquídea [or'kiðea] *nf* orchid.
ortiga [or'tiɣa] *nf* nettle.
ortodoxo, a [orto'ðokso, a] *a* orthodox.
ortografía [ortoɣra'fia] *nf* spelling.
ortopedia [orto'peðja] *nf* orthopaedics *sg*.
oruga [o'ruɣa] *nf* caterpillar.
orzuelo [or'θwelo] *nm* (*MED*) stye.
os [os] *pron* (*gen*) you; (*a vosotros*) to you.
osa ['osa] *nf* (she-)bear; **O~ Mayor/ Menor** Great/Little Bear.
osadía [osa'ðia] *nf* daring.
osar [o'sar] *vi* to dare.
oscilación [osθila'θjon] *nf* (*movimiento*) oscillation; (*fluctuación*) fluctuation; (*vacilación*) hesitation; (*columpio*) swinging, movement to and fro.
oscilar [osθi'lar] *vi* to oscillate; to fluctuate; to hesitate.
oscurecer [oskure'θer] *vt* to darken // *vi* to grow dark; ~**se** *vr* to grow *o* get dark.
oscuridad [oskuri'ðað] *nf* obscurity; (*tinieblas*) darkness.
oscuro, a [os'kuro, a] *a* dark; (*fig*) obscure; **a oscuras** in the dark.
óseo, a ['oseo, a] *a* bony.
oso ['oso] *nm* bear; ~ **de peluche** teddy bear; ~ **hormiguero** anteater.
ostensible [osten'sißle] *a* obvious.
ostentación [ostenta'θjon] *nf* (*gen*) ostentation; (*acto*) display.
ostentar [osten'tar] *vt* (*gen*) to show; (*pey*) to flaunt, show off; (*poseer*) to have, possess; **ostentoso, a** *a* ostentatious, showy.
ostra ['ostra] *nf* oyster.
OTAN ['otan] *nf abr* (= *Organización del Tratado del Atlántico Norte*) NATO.
otear [ote'ar] *vt* to observe; (*fig*) to look into.
otitis [o'titis] *nf* earache.
otoñal [oto'ɲal] *a* autumnal.
otoño [o'toɲo] *nm* autumn.
otorgamiento [otorɣa'mjento] *nm* conferring, granting; (*JUR*) execution.
otorgar [otor'ɣar] *vt* (*conceder*) to concede; (*dar*) to grant.
otorrino, a [oto'rrino, a], **otorrinolaringólogo, a** [otorrinolarin'goloɣo, a] *nm/f* ear, nose and throat specialist.
otro, a ['otro, a] ♦ *a* **1** (*distinto*: *sg*)

another; (: *pl*) other; **con ~s amigos** with other *o* different friends
2 (*adicional*): **tráigame ~ café (más), por favor** can I have another coffee please; **~s 10 días más** another ten days
♦ *pron* **1**: **el ~** the other one; **(los) ~s** (the) others; **de ~** somebody else's; **que lo haga ~** let somebody else do it
2 (*recíproco*): **se odian (la) una a (la) otra** they hate one another *o* each other
3: **~ tanto**: **comer ~ tanto** to eat the same *o* as much again; **recibió una decena de telegramas y otras tantas llamadas** he got about ten telegrams and as many calls.
ovación [oβa'θjon] *nf* ovation.
oval [o'βal], **ovalado, a** [oβa'laðo, a] *a* oval; **óvalo** *nm* oval.
oveja [o'βexa] *nf* sheep.
overol [oβe'rol] *nm* (*AM*) overalls *pl*.
ovillo [o'βiʎo] *nm* (*de lana*) ball of wool; **hacerse un ~** to curl up.
OVNI ['oβni] *nm abr* (= *objeto volante no identificado*) UFO.
ovulación [oβula'θjon] *nf* ovulation; **óvulo** *nm* ovum.
oxidación [oksiða'θjon] *nf* rusting.
oxidar [oksi'ðar] *vt* to rust; **~se** *vr* to go rusty.
óxido ['oksiðo] *nm* oxide.
oxigenado, a [oksixe'naðo, a] *a* (*QUIMICA*) oxygenated; (*pelo*) bleached.
oxígeno [ok'sixeno] *nm* oxygen.
oyente [o'jente] *nm/f* listener, hearer.
oyes, oyó *etc vb ver* **oír**.

P

P *abr* (= *padre*) Fr.
pabellón [paβe'ʎon] *nm* bell tent; (*ARQ*) pavilion; (*de hospital etc*) block, section; (*bandera*) flag.
pábilo ['paβilo] *nm* wick.
pacer [pa'θer] *vi* to graze.
paciencia [pa'θjenθja] *nf* patience.
paciente [pa'θjente] *a, nm/f* patient.
pacificación [paθifika'θjon] *nf* pacification.
pacificar [paθifi'kar] *vt* to pacify; (*tranquilizar*) to calm.
pacífico, a [pa'θifiko, a] *a* (*persona*) peaceable; (*existencia*) peaceful; **el (océano) P~** the Pacific (Ocean).
pacifismo [paθi'fismo] *nm* pacifism; **pacifista** *nm/f* pacifist.
pacotilla [pako'tiʎa] *nf*: **de ~** (*actor, escritor*) third-rate; (*mueble etc*) cheap.
pactar [pak'tar] *vt* to agree to *o* on // *vi* to come to an agreement.
pacto ['pakto] *nm* (*tratado*) pact; (*acuerdo*) agreement.
padecer [paðe'θer] *vt* (*sufrir*) to suffer; (*soportar*) to endure, put up with; (*engaño, error*) to be a victim of;
padecimiento *nm* suffering.
padrastro [pa'ðrastro] *nm* stepfather.
padre ['paðre] *nm* father // *a* (*fam*): **un éxito ~** a tremendous success; **~s** *nmpl* parents.
padrino [pa'ðrino] *nm* (*REL*) godfather; (*tb*: **~ de boda**) best man; (*fig*) sponsor, patron; **~s** *nmpl* godparents.
padrón [pa'ðron] *nm* (*censo*) census, roll; (*de socios*) register.
paella [pa'eʎa] *nf* paella, *dish of rice with meat, shellfish etc.*
pág(s). *abr* (= *página(s)*) p(p).
paga ['paɣa] *nf* (*pago*) payment; (*sueldo*) pay, wages *pl*.
pagadero, a [paɣa'ðero, a] *a* payable; **~ a plazos** payable in instalments.
pagano, a [pa'ɣano, a] *a, nm/f* pagan, heathen.
pagar [pa'ɣar] *vt* to pay; (*las compras, crimen*) to pay for; (*fig*: *favor*) to repay // *vi* to pay; **~ al contado/a plazos** to pay (in) cash/in instalments.
pagaré [paɣa're] *nm* I.O.U.
página ['paxina] *nf* page.
pago ['paɣo] *nm* (*dinero*) payment; (*fig*) return; **estar ~** to be even *o* quits; **~ anticipado/a cuenta/contra reembolso/en especie** advance payment/payment on account/cash on delivery/payment in kind.
pague *etc vb ver* **pagar**.
país [pa'is] *nm* (*gen*) country; (*región*) land; **los P~es Bajos** the Low Countries; **el P~ Vasco** the Basque Country.
paisaje [pai'saxe] *nm* countryside, scenery.
paisano, a [pai'sano, a] *a* of the same country // *nm/f* (*compatriota*) fellow countryman/woman; **vestir de ~** (*soldado*) to be in civvies; (*guardia*) to be in plain clothes.
paja ['paxa] *nf* straw; (*fig*) rubbish (*Brit*), trash (*US*).
pájara ['paxara] *nf* hen (bird).
pajarita [paxa'rita] *nf* (*corbata*) bow tie.
pájaro ['paxaro] *nm* bird; **~ carpintero** woodpecker.
pajita [pa'xita] *nf* (drinking) straw.
pala ['pala] *nf* spade, shovel; (*raqueta etc*) bat; (: *de tenis*) racquet; (*CULIN*) slice; **~ matamoscas** fly swat.
palabra [pa'laβra] *nf* word; (*facultad*) (power of) speech; (*derecho de hablar*) right to speak; **tomar la ~** (*en mitin*) to take the floor.
palabrota [pala'brota] *nf* swearword.
palacio [pa'laθjo] *nm* palace; (*mansión*) mansion, large house; **~ de justicia** courthouse; **~ municipal** town/city hall.
paladar [pala'ðar] *nm* palate; **paladear** *vt* to taste.
palanca [pa'lanka] *nf* lever; (*fig*) pull, influence.
palangana [palan'gana] *nf* washbasin.

palco ['palko] *nm* box.
Palestina [pales'tina] *nf* Palestine; **palestino, a** *nm/f* Palestinian.
paleta [pa'leta] *nf* (*de pintor*) palette; (*de albañil*) trowel; (*de ping-pong*) bat; (*AM*) ice lolly.
paliar [pa'ljar] *vt* (*mitigar*) to mitigate, alleviate; **paliativo** *nm* palliative.
palidecer [paliðe'θer] *vi* to turn pale; **palidez** *nf* paleness; **pálido, a** *a* pale.
palillo [pa'liʎo] *nm* small stick; (*mondadientes*) toothpick.
paliza [pa'liθa] *nf* beating, thrashing.
palma ['palma] *nf* (*ANAT*) palm; (*árbol*) palm tree; **batir** *o* **dar ~s** to clap, applaud; **~da** *nf* slap; ~s *nfpl* clapping *sg*, applause *sg*.
palmear [palme'ar] *vi* to clap.
palmo ['palmo] *nm* (*medida*) span; (*fig*) small amount; **~ a ~** inch by inch.
palmotear [palmote'ar] *vi* to clap, applaud; **palmoteo** *nm* clapping, applause.
palo ['palo] *nm* stick; (*poste*) post, pole; (*mango*) handle, shaft; (*golpe*) blow, hit; (*de golf*) club; (*de béisbol*) bat; (*NAUT*) mast; (*NAIPES*) suit.
paloma [pa'loma] *nf* dove, pigeon.
palomilla [palo'miʎa] *nf* moth; (*TEC*: *tuerca*) wing nut; (: *hierro*) angle iron.
palomitas [palo'mitas] *nfpl* popcorn *sg*.
palpar [pal'par] *vt* to touch, feel.
palpitación [palpita'θjon] *nf* palpitation.
palpitante [palpi'tante] *a* palpitating; (*fig*) burning.
palpitar [palpi'tar] *vi* to palpitate; (*latir*) to beat.
palta ['palta] *nf* (*AM*) avocado (pear).
palúdico, a [pa'luðiko, a] *a* marshy.
paludismo [palu'ðismo] *nm* malaria.
pampa ['pampa] *nf* (*AM*) pampa(s), prairie.
pan [pan] *nm* bread; (*una barra*) loaf; **~ integral** wholemeal (*Brit*) *o* wholewheat (*US*) bread; **~ rallado** breadcrumbs *pl*.
pana ['pana] *nf* corduroy.
panadería [panaðe'ria] *nf* baker's (shop); **panadero, a** *nm/f* baker.
Panamá [pana'ma] *nm* Panama; **panameño, a** *a* Panamanian.
pancarta [pan'karta] *nf* placard, banner.
panda ['panda] *nm* (*ZOOL*) panda.
pandereta [pande'reta] *nf* tambourine.
pandilla [pan'diʎa] *nf* set, group; (*de criminales*) gang; (*pey*: *camarilla*) clique.
panecillo [pane'θiʎo] *nm* (bread) roll.
panel [pa'nel] *nm* panel.
panfleto [pan'fleto] *nm* pamphlet.
pánico ['paniko] *nm* panic.
panorama [pano'rama] *nm* panorama; (*vista*) view.
pantalón [panta'lon] *nm*, **pantalones** [panta'lones] *nmpl* trousers.
pantalla [pan'taʎa] *nf* (*de cine*) screen; (*de lámpara*) lampshade.
pantano [pan'tano] *nm* (*ciénaga*) marsh, swamp; (*depósito*: *de agua*) reservoir; (*fig*) jam, difficulty.
panteón [pante'on] *nm*: **~ familiar** family tomb.
pantera [pan'tera] *nf* panther.
pantomima [panto'mima] *nf* pantomime.
pantorrilla [panto'rriʎa] *nf* calf (of the leg).
pantufla [pan'tufla] *nf* slipper.
panza ['panθa] *nf* belly, paunch; **panzón, ona, panzudo, a** *a* fat, potbellied.
pañal [pa'ɲal] *nm* nappy (*Brit*), diaper (*US*); ~es *nmpl* (*fig*) early stages, infancy *sg*.
pañería [paɲe'ria] *nf* drapery.
paño ['paɲo] *nm* (*tela*) cloth; (*pedazo de tela*) (piece of) cloth; (*trapo*) duster, rag; **~ higiénico** sanitary towel; **~s menores** underclothes.
pañuelo [pa'ɲwelo] *nm* handkerchief, hanky (*fam*); (*para la cabeza*) (head)scarf.
papa ['papa] *nf* (*AM*) potato // *nm*: **el P~** the Pope.
papá [pa'pa] (*pl* ~s) *nm* (*fam*) dad(dy), pa (*US*).
papagayo [papa'ɣajo] *nm* parrot.
papanatas [papa'natas] *nm inv* (*fam*) simpleton.
paparrucha [papa'rrutʃa] *nf* piece of nonsense.
papaya [pa'paja] *nf* papaya.
papel [pa'pel] *nm* paper; (*hoja de ~*) sheet of paper; (*TEATRO*, *fig*) role; **~ de calco/carbón/de cartas** tracing paper/ carbon paper/stationery; **~ de envolver/ pintado** wrapping paper/wallpaper; **~ de aluminio/higiénico** aluminium (*Brit*) *o* aluminum (*US*) foil/toilet paper; **~ de lija** sandpaper; **~ moneda** paper money; **~ secante** blotting paper.
papeleo [pape'leo] *nm* red tape.
papelera [pape'lera] *nf* wastepaper basket; (*escritorio*) desk.
papelería [papele'ria] *nf* stationer's (shop).
papeleta [pape'leta] *nf* (*pedazo de papel*) slip of paper; (*POL*) ballot paper; (*ESCOL*) report.
paperas [pa'peras] *nfpl* mumps.
papilla [pa'piʎa] *nf* (*para niños*) baby food.
paquete [pa'kete] *nm* (*de cigarrillos etc*) packet; (*CORREOS etc*) parcel; (*AM*) package tour; (: *fam*) nuisance, bore.
par [par] *a* (*igual*) like, equal; (*MAT*) even // *nm* equal; (*de guantes*) pair; (*de veces*) couple; (*POL*) peer; (*GOLF, COM*) par; **abrir de ~ en ~** to open wide.
para ['para] *prep* for; **no es ~ comer** it's not for eating; **decir ~ sí** to say to o.s.; **¿~ qué lo quieres?** what do you want it

for?; se casaron ~ separarse otra vez they married only to separate again; lo tendré ~ mañana I'll have it (for) tomorrow; ir ~ casa to go home, head for home; ~ profesor es muy estúpido he's very stupid for a teacher; ¿quién es usted ~ gritar así? who are you to shout like that?; tengo bastante ~ vivir I have enough to live on.

parabién [para'ßjen] *nm* congratulations *pl.*

parábola [pa'raßola] *nf* parable; (*MAT*) parabola.

parabrisas [para'ßrisas] *nm inv* windscreen (*Brit*), windshield (*US*).

paracaídas [paraka'iðas] *nm inv* parachute; **paracaidista** *nm/f* parachutist; (*MIL*) paratrooper.

parachoques [para'tʃokes] *nm inv* (*AUTO*) bumper; (*MECÁNICA etc*) shock absorber.

parada [pa'raða] *nf* stop; (*acto*) stopping; (*de industria*) shutdown, stoppage; (*lugar*) stopping place; ~ **de autobús** bus stop.

paradero [para'ðero] *nm* stopping-place; (*situación*) whereabouts.

parado, a [pa'raðo, a] *a* (*persona*) motionless, standing still; (*fábrica*) closed, at a standstill; (*coche*) stopped; (*AM*) standing (up); (*sin empleo*) unemployed, idle.

paradoja [para'ðoxa] *nf* paradox.

parador [para'ðor] *nm* parador, state-owned hotel.

paráfrasis [pa'rafrasis] *nf inv* paraphrase.

paraguas [pa'raɣwas] *nm inv* umbrella.

Paraguay [para'ɣwai] *nm*: el ~ Paraguay; **paraguayo, a** *a, nm/f* Paraguayan.

paraíso [para'iso] *nm* paradise, heaven.

paraje [pa'raxe] *nm* place, spot.

paralelo, a [para'lelo, a] *a* parallel.

parálisis [pa'ralisis] *nf inv* paralysis; **paralítico, a** *a, nm/f* paralytic.

paralizar [parali'θar] *vt* to paralyse; **~se** *vr* to become paralysed; (*fig*) to come to a standstill.

paramilitar [paramili'tar] *a* paramilitary.

páramo ['paramo] *nm* bleak plateau.

parangón [paran'gon] *nm*: **sin** ~ incomparable.

paranoico, a [para'noiko, a] *nm/f* paranoiac.

parapléjico, a [para'plexiko, a] *a, nm/f* paraplegic.

parar [pa'rar] *vt* to stop; (*golpe*) to ward off // *vi* to stop; **~se** *vr* to stop; (*AM*) to stand up; **ha parado de llover** it has stopped raining; **van a ~ en la comisaria** they're going to end up in the police station; **~se en** to pay attention to.

parásito, a [pa'rasito, a] *nm/f* parasite.

parasol [para'sol] *nm* parasol, sunshade.

parcela [par'θela] *nf* plot, piece of ground.

parcial [par'θjal] *a* (*pago*) part-; (*eclipse*) partial; (*JUR*) prejudiced, biased; (*POL*) partisan; **~idad** *nf* (*prejuicio*) prejudice, bias.

parco, a ['parko, a] *a* (*moderado*) moderate.

parche ['partʃe] *nm* (*gen*) patch.

parear [pare'ar] *vt* (*juntar, hacer par*) to match, put together; (*BIO*) to mate, pair.

parecer [pare'θer] *nm* (*opinión*) opinion, view; (*aspecto*) looks *pl* // *vi* (*tener apariencia*) to seem, look; (*asemejarse*) to look *o* seem like; (*aparecer, llegar*) to appear; **~se** *vr* to look alike, resemble each other; **~se a** to look like, resemble; **según** *o* **a lo que parece** evidently, apparently; **me parece que** I think (that), it seems to me that.

parecido, a [pare'θiðo, a] *a* similar // *nm* similarity, likeness, resemblance; **bien** ~ good-looking, nice-looking.

pared [pa'reð] *nf* wall.

parejo, a [pa'rexo, a] *a* (*igual*) equal; (*liso*) smooth, even // *nf* (*par*) pair; (*dos personas*) couple; (*otro: de un par*) other one (of a pair); (*persona*) partner.

parentela [paren'tela] *nf* relations *pl.*

parentesco [paren'tesko] *nm* relationship.

paréntesis [pa'rentesis] *nm inv* parenthesis; (*digresión*) digression; (*en escrito*) bracket.

parezco *etc vb ver* **parecer.**

pariente, a [pa'rjente, a] *nm/f* relative, relation.

parir [pa'rir] *vt* to give birth to // *vi* (*mujer*) to give birth, have a baby.

París [pa'ris] *n* Paris.

parking ['parkin] *nm* car park (*Brit*), parking lot (*US*).

parlamentar [parlamen'tar] *vi* (*negociar*) to parley.

parlamentario, a [parlamen'tarjo, a] *a* parliamentary // *nm/f* member of parliament.

parlamento [parla'mento] *nm* (*POL*) parliament.

parlanchín, ina [parlan'tʃin, ina] *a* indiscreet // *nm/f* chatterbox.

paro ['paro] *nm* (*huelga*) stoppage (of work), strike; (*desempleo*) unemployment; **subsidio de** ~ unemployment benefit; **hay ~ en la industria** work in the industry is at a standstill.

parodia [pa'roðja] *nf* parody; **parodiar** *vt* to parody.

parpadear [parpaðe'ar] *vi* (*ojos*) to blink; (*luz*) to flicker.

párpado ['parpaðo] *nm* eyelid.

parque ['parke] *nm* (*lugar verde*) park; ~ **de atracciones/infantil/zoológico** fairground/playground/zoo.

parquímetro [par'kimetro] *nm* parking

meter.

parra ['parra] *nf* (grape)vine.

párrafo ['parrafo] *nm* paragraph; **echar un ~** (*fam*) to have a chat.

parranda [pa'rranda] *nf* (*fam*) spree, binge.

parrilla [pa'rriʎa] *nf* (CULIN) grill; (*de coche*) grille; **(carne a la) ~** barbecue; **~da** *nf* barbecue.

párroco ['parroko] *nm* parish priest.

parroquia [pa'rrokja] *nf* parish; (*iglesia*) parish church; (COM) clientele, customers *pl*; **~no, a** *nm/f* parishioner; client, customer.

parte ['parte] *nm* message; (*informe*) report // *nf* part; (*lado, cara*) side; (*de reparto*) share; (JUR) party; **en alguna ~ de Europa** somewhere in Europe; **en/por todas ~s** everywhere; **en gran ~** to a large extent; **la mayor ~ de los españoles** most Spaniards; **de un tiempo a esta ~** for some time past; **de ~ de alguien** on sb's behalf; **¿de ~ de quién?** (TEL) who is speaking?; **por ~ de** on the part of; **yo por mi ~** I for my part; **por otra ~** on the other hand; **dar ~** to inform; **tomar ~** to take part.

partera [par'tera] *nf* midwife.

partición [parti'θjon] *nf* division, sharing-out; (POL) partition.

participación [partiθipa'θjon] *nf* (*acto*) participation, taking part; (*parte*, COM) share; (*de lotería*) shared prize; (*aviso*) notice, notification.

participante [partiθi'pante] *nm/f* participant.

participar [partiθi'par] *vt* to notify, inform // *vi* to take part, participate.

partícipe [par'tiθipe] *nm/f* participant.

particular [partiku'lar] *a* (*especial*) particular, special; (*individual, personal*) private, personal // *nm* (*punto, asunto*) particular, point; (*individuo*) individual; **tiene coche ~** he has a car of his own; **~izar** *vt* to distinguish; (*especificar*) to specify; (*detallar*) to give details about.

partida [par'tiðа] *nf* (*salida*) departure; (COM) entry, item; (*juego*) game; (*grupo de personas*) band, group; **mala ~** dirty trick; **~ de nacimiento/matrimonio/defunción** birth/marriage/death certificate.

partidario, a [parti'ðarjo, a] *a* partisan // *nm/f* supporter, follower.

partido [par'tiðo] *nm* (POL) party; (DEPORTE: *encuentro*) game, match; (: *equipo*) team; (*apoyo*) support; **sacar ~ de** to profit *o* benefit from; **tomar ~** to take sides.

partir [par'tir] *vt* (*dividir*) to split, divide; (*compartir, distribuir*) to share (out), distribute; (*romper*) to break open, split open; (*rebanada*) to cut (off) // *vi* (*ponerse en camino*) to set off *o* out; (*comenzar*) to start (off *o* out); **~se** *vr* to crack *o* split *o* break (in two *etc*); **a ~ de** (starting) from.

parto ['parto] *nm* birth; (*fig*) product, creation; **estar de ~** to be in labour.

parvulario [parβu'larjo] *nm* nursery school, kindergarten.

pasa ['pasa] *nf* raisin; **~ de Corinto/de Esmirna** currant/sultana.

pasada [pa'saða] *af, nf ver* **pasado.**

pasadizo [pasa'ðiθo] *nm* (*pasillo*) passage, corridor; (*callejuela*) alley.

pasado, a [pa'saðo, a] *a* past; (*malo: comida, fruta*) bad; (*muy cocido*) overdone; (*anticuado*) out of date // *nm* past // *nf* passing, passage; **~ mañana** the day after tomorrow; **el mes ~** last month; **de pasada** in passing, incidentally; **una mala pasada** a dirty trick.

pasador [pasa'ðor] *nm* (*gen*) bolt; (*de pelo*) hair slide; (*horquilla*) grip.

pasaje [pa'saxe] *nm* passage; (*pago de viaje*) fare; (*los pasajeros*) passengers *pl*; (*pasillo*) passageway.

pasajero, a [pasa'xero, a] *a* passing // *nm/f* passenger.

pasamanos [pasa'manos] *nm inv* (hand)rail; (*de escalera*) banisters *pl*.

pasamontañas [pasamon'taɲas] *nm inv* balaclava helmet.

pasaporte [pasa'porte] *nm* passport.

pasar [pa'sar] *vt* to pass; (*tiempo*) to spend; (*desgracias*) to suffer, endure; (*noticia*) to give, pass on; (*río*) to cross; (*barrera*) to pass through; (*falta*) to overlook, tolerate; (*contrincante*) to surpass, do better than; (*coche*) to overtake; (CINE) to show; (*enfermedad*) to give, infect with // *vi* (*gen*) to pass; (*terminarse*) to be over; (*ocurrir*) to happen; **~se** *vr* (*flores*) to fade; (*comida*) to go bad *o* off; (*fig*) to overdo it, go too far; **~ de** to go beyond, exceed; **~ por** (*AM*) to fetch; **~lo bien/mal** to have a good/bad time; **¡pase!** come in!; **~se al enemigo** to go over to the enemy; **se me pasó** I forgot; **no se le pasa nada** he misses nothing; **pase lo que pase** come what may.

pasarela [pasa'rela] *nf* footbridge; (*en barco*) gangway.

pasatiempo [pasa'tjempo] *nm* pastime, hobby.

Pascua ['paskwa] *nf*: **~ (de Resurrección)** Easter; **~ de Navidad** Christmas; **~s** *nfpl* Christmas (time); **¡felices ~s!** Merry Christmas!

pase ['pase] *nm* pass; (CINE) performance, showing.

pasear [pase'ar] *vt* to take for a walk; (*exhibir*) to parade, show off // *vi*, **~se** *vr* to walk, go for a walk; **~ en coche** to go for a drive; **paseo** *nm* (*avenida*) avenue; (*distancia corta*) walk, stroll; **dar un** *o* **ir de paseo** to go for a walk.

pasillo [pa'siʎo] *nm* passage, corridor.
pasión [pa'sjon] *nf* passion.
pasivo, a [pa'siβo, a] *a* passive; (*inactivo*) inactive // *nm* (*COM*) liabilities *pl*, debts *pl*; (*LING*) passive.
pasmar [pas'mar] *vt* (*asombrar*) to amaze, astonish; **pasmo** *nm* amazement, astonishment; (*resfriado*) chill; (*fig*) wonder, marvel; **pasmoso, a** *a* amazing, astonishing.
paso, a ['paso, a] *a* dried // *nm* step; (*modo de andar*) walk; (*huella*) footprint; (*rapidez*) speed, pace, rate; (*camino accesible*) way through, passage; (*cruce*) crossing; (*pasaje*) passing, passage; (*GEO*) pass; (*estrecho*) strait; ~ **de peatones** pedestrian crossing; **a ese** ~ (*fig*) at that rate; **salir al** ~ **de** *o* **a** to waylay; **estar de** ~ to be passing through; ~ **elevado** flyover; **prohibido el** ~ no entry; **ceda el** ~ give way.
pasota [pa'sota] *a, nm/f* (*fam*) ≈ dropout; **ser un (tipo)** ~ to be a bit of a dropout; (*ser indiferente*) not to care about anything.
pasta ['pasta] *nf* paste; (*CULIN: masa*) dough; (*: de bizcochos etc*) pastry; (*fam*) dough; ~**s** *nfpl* (*bizcochos*) pastries, small cakes; (*fideos, espaguetis etc*) pasta; ~ **de dientes** *o* **dentífrica** toothpaste.
pastar [pas'tar] *vt, vi* to graze.
pastel [pas'tel] *nm* (*dulce*) cake; ~ **de carne** meat pie; (*ARTE*) pastel; ~**ería** *nf* cake shop.
pasteurizado, a [pasteuri'θaðo, a] *a* pasteurized.
pastilla [pas'tiʎa] *nf* (*de jabón, chocolate*) bar; (*píldora*) tablet, pill.
pasto ['pasto] *nm* (*hierba*) grass; (*lugar*) pasture, field.
pastor, a [pas'tor, a] *nm/f* shepherd/ess // *nm* (*REL*) clergyman, pastor.
pata ['pata] *nf* (*pierna*) leg; (*pie*) foot; (*de muebles*) leg; ~**s arriba** upside down; **meter la** ~ to put one's foot in it; (*TEC*): ~ **de cabra** crowbar; **tener buena/mala** ~ to be lucky/unlucky; ~**da** *nf* kick; (*en el suelo*) stamp.
patalear [patale'ar] *vi* (*en el suelo*) to stamp one's feet.
patata [pa'tata] *nf* potato; ~**s fritas** *o* **a la española** chips, French fries; ~**s fritas** (*de bolsa*) crisps.
paté [pa'te] *nm* pâté.
patear [pate'ar] *vt* (*pisar*) to stamp on, trample (on); (*pegar con el pie*) to kick // *vi* to stamp (with rage), stamp one's feet.
patente [pa'tente] *a* obvious, evident; (*COM*) patent // *nf* patent.
paternal [pater'nal] *a* fatherly, paternal; **paterno, a** *a* paternal.
patético, a [pa'tetiko, a] *a* pathetic, moving.
patillas [pa'tiʎas] *nfpl* sideburns.
patín [pa'tin] *nm* skate; (*de trineo*) runner; **patinaje** *nm* skating; **patinar** *vi* to skate; (*resbalarse*) to skid, slip; (*fam*) to slip up, blunder.
patio ['patjo] *nm* (*de casa*) patio, courtyard; ~ **de recreo** playground.
pato ['pato] *nm* duck; **pagar el** ~ (*fam*) to take the blame, carry the can.
patológico, a [pato'loxiko, a] *a* pathological.
patoso, a [pa'toso, a] *a* (*fam*) clumsy.
patraña [pa'traɲa] *nf* story, fib.
patria ['patrja] *nf* native land, mother country.
patrimonio [patri'monjo] *nm* inheritance; (*fig*) heritage.
patriota [pa'trjota] *nm/f* patriot; **patriotismo** *nm* patriotism.
patrocinar [patroθi'nar] *vt* to sponsor; (*apoyar*) to back, support; **patrocinio** *nm* sponsorship; backing, support.
patrón, ona [pa'tron, ona] *nm/f* (*jefe*) boss, chief, master/mistress; (*propietario*) landlord/lady; (*REL*) patron saint // *nm* (*TEC, COSTURA*) pattern.
patronal [patro'nal] *a*: **la clase** ~ management.
patronato [patro'nato] *nm* sponsorship; (*acto*) patronage; (*fundación benéfica*) trust, foundation.
patrulla [pa'truʎa] *nf* patrol.
pausa ['pausa] *nf* pause, break.
pausado, a [pau'saðo, a] *a* slow, deliberate.
pauta ['pauta] *nf* line, guide line.
pavimento [paβi'mento] *nm* (*con losas*) pavement, paving.
pavo ['paβo] *nm* turkey; ~ **real** peacock.
pavor [pa'βor] *nm* dread, terror.
payaso, a [pa'jaso, a] *nm/f* clown.
payo, a ['pajo] *nm/f* (*para gitanos*) non-gipsy.
paz [paθ] *nf* peace; (*tranquilidad*) peacefulness, tranquillity; **hacer las paces** to make peace; (*fig*) to make up; **La P**~ *n* (*GEO*) La Paz.
PC *abr* = *Partido Comunista*.
P.D. *abr* (= *posdata*) PS, ps.
peaje [pe'axe] *nm* toll.
peatón [pea'ton] *nm* pedestrian.
peca ['peka] *nf* freckle.
pecado [pe'kaðo] *nm* sin; **pecador, a** *a* sinful // *nm/f* sinner.
pecaminoso, a [pekami'noso, a] *a* sinful.
pecar [pe'kar] *vi* (*REL*) to sin; (*fig*): **peca de generoso** he is generous to a fault.
peculiar [peku'ljar] *a* special, peculiar; (*característico*) typical, characteristic; ~**idad** *nf* peculiarity; special feature, characteristic.
pecho ['petʃo] *nm* (*ANAT*) chest; (*de mujer*) breast(s) (*pl*), bosom; (*fig: co-*

razón) heart, breast; (: *valor*) courage, spirit; **dar el ~ a** to breast-feed; **tomar algo a ~** to take sth to heart.
pechuga [pe'tʃuɣa] *nf* breast.
pedal [pe'ðal] *nm* pedal; **~ear** *vi* to pedal.
pédalo ['peðalo] *nm* pedal boat.
pedante [pe'ðante] *a* pedantic // *nm/f* pedant; **~ría** *nf* pedantry.
pedazo [pe'ðaθo] *nm* piece, bit; **hacerse ~s** (*romperse*) to smash, shatter.
pedernal [peðer'nal] *nm* flint.
pediatra [pe'ðjatra] *nm/f* paediatrician.
pedicuro, a [peði'kuro, a] *nm/f* chiropodist.
pedido [pe'ðiðo] *nm* (*COM*: *mandado*) order; (*petición*) request.
pedir [pe'ðir] *vt* to ask for, request; (*comida*, *COM*: *mandar*) to order; (*exigir*: *precio*) to ask; (*necesitar*) to need, demand, require // *vi* to ask; **me pidió que cerrara la puerta** he asked me to shut the door; **¿cuánto piden por el coche?** how much are they asking for the car?
pegadizo, a [peɣa'ðiθo, a] *a* (*MUS*) catchy.
pegajoso, a [peɣa'xoso, a] *a* sticky, adhesive.
pegamento [peɣa'mento] *nm* gum, glue.
pegar [pe'ɣar] *vt* (*papel, sellos*) to stick (on); (*cartel*) to stick up; (*coser*) to sew (on); (*unir*: *partes*) to join, fix together; (*MED*) to give, infect with; (*dar*: *golpe*) to give, deal // *vi* (*adherirse*) to stick, adhere; (*ir juntos*: *colores*) to match, go together; (*golpear*) to hit; (*quemar*: *el sol*) to strike hot, burn (*fig*); **~se** *vr* (*gen*) to stick; (*dos personas*) to hit each other, fight; (*fam*): **~ un grito** to let out a yell; **~ un salto** to jump (with fright); **~ en** to touch; **~se un tiro** to shoot o.s.
pegatina [peɣa'tina] *nf* sticker.
peinado [pei'naðo] *nm* (*en peluquería*) hairdo; (*estilo*) hair style.
peinar [pei'nar] *vt* to comb; (*hacer estilo*) to style; **~se** *vr* to comb one's hair.
peine ['peine] *nm* comb; **~ta** *nf* ornamental comb.
p.ej. *abr* (= *por ejemplo*) eg.
Pekín [pe'kin] *n* Pekin(g).
pelado, a [pe'laðo, a] *a* (*fruta, patata etc*) peeled; (*cabeza*) shorn; (*campo, fig*) bare; (*fam*: *sin dinero*) broke.
pelaje [pe'laxe] *nm* (*ZOOL*) fur, coat; (*fig*) appearance.
pelambre [pe'lambre] *nm* (*pelo largo*) long hair, mop.
pelar [pe'lar] *vt* (*fruta, patatas etc*) to peel; (*cortar el pelo a*) to cut the hair of; (*quitar la piel*: *animal*) to skin; **~se** *vr* (*la piel*) to peel off; **voy a ~me** I'm going to get my hair cut.
peldaño [pel'daɲo] *nm* step.
pelea [pe'lea] *nf* (*lucha*) fight; (*disc*[usión]) quarrel, row.
peleado, a [pele'aðo, a] *a*: **estar ~** (*co*[n uno]) to have fallen out (with sb).
pelear [pele'ar] *vi* to fight; **~se** *vr* [to] fight; (*reñirse*) to fall out, quarrel.
peletería [pelete'ria] *nf* furrier's, f[ur] shop.
pelícano [pe'likano] *nm* pelican.
película [pe'likula] *nf* film; (*cobertu*[ra] *ligera*) thin covering; (*FOTO*: *rollo*) r[oll] *o* reel of film.
peligro [pe'liɣro] *nm* danger; (*riesg*[o]) risk; **correr ~ de** to run the risk o[f]; **~so, a** *a* dangerous; risky.
pelirrojo, a [peli'rroxo, a] *a* red-haire[d], red-headed // *nm/f* redhead.
pelma ['pelma] *nm/f*, **pelmaz**[o] [pel'maθo] *nm* (*fam*) pain (in the neck).
pelo ['pelo] *nm* (*cabellos*) hair; (*d*[e] *barba, bigote*) whisker; (*de anima*[l]: *pellejo*) hair, fur, coat; **al ~** just righ[t]; **venir al ~** to be exactly what one need[s]; **un hombre de ~ en pecho** a brave ma[n]; **por los ~s** by the skin of one's teeth; [no] **tener ~s en la lengua** to be outspoke[n], not mince words; **tomar el ~ a uno** [to] pull sb's leg.
pelón, ona [pe'lon, ona] *a* hairless, bal[d].
pelota [pe'lota] *nf* ball; (*fam*: *cabez*[a]) nut; **en ~** stark naked; **hacer la ~** [(a] **uno**) (*fam*) to creep (to sb); **~ vasc**[a] pelota.
pelotari [pelo'tari] *nm* pelota player.
pelotón [pelo'ton] *nm* (*MIL*) squa[d], detachment.
peluca [pe'luka] *nf* wig.
peluche [pe'lutʃe] *nm*: **oso/muñeco de** [~] teddy bear/soft toy.
peludo, a [pe'luðo, a] *a* hairy, shaggy.
peluquería [peluke'ria] *nf* hairdresser'[s]; (*para hombres*) barber's (shop).
peluquero, a *nm/f* hairdresser; barber.
pelusa [pe'lusa] *nf* (*BOT*) dow[n]; (*COSTURA*) fluff.
pellejo [pe'ʎexo] *nm* (*de animal*) ski[n], hide.
pellizcar [peʎiθ'kar] *vt* to pinch, nip.
pena ['pena] *nf* (*congoja*) grief, sadnes[s]; (*remordimiento*) regret; (*dificulta*[d]) trouble; (*dolor*) pain; (*JUR*) sentenc[e]; **merecer** *o* **valer la ~** to be worthwhile; [a] **duras ~s** with great difficulty; **~** [de] **muerte** death penalty; **~ pecuniaria** fin[e]; **¡qué ~!** what a shame!
penal [pe'nal] *a* penal // *nm* (*cárce*[l]) prison.
penalidad [penali'ðað] *nf* (*problem*[a], *dificultad*) trouble, hardship; (*JUR*) pe[n]alty, punishment.
penalti, penalty [pe'nalti] (*pl* **penalti**[s], **penálty(e)s, penalties**) *nm* penal[ty] (kick).
penar [pe'nar] *vt* to penalize; (*castiga*[r]) to punish // *vi* to suffer.

pendiente [pen'djente] *a* pending, unsettled // *nm* earring // *nf* hill, slope.
pene ['pene] *nm* penis.
penetración [penetra'θjon] *nf* (*acto*) penetration; (*agudeza*) sharpness, insight.
penetrante [pene'trante] *a* (*herida*) deep; (*persona, arma*) sharp; (*sonido*) penetrating, piercing; (*mirada*) searching; (*viento, ironía*) biting.
penetrar [pene'trar] *vt* to penetrate, pierce; (*entender*) to grasp // *vi* to penetrate, go in; (*entrar*) to enter, go in; (*líquido*) to soak in; (*fig*) to pierce.
penicilina [peniθi'lina] *nf* penicillin.
península [pe'ninsula] *nf* peninsula; **peninsular** *a* peninsular.
penique [pe'nike] *nm* penny.
penitencia [peni'tenθja] *nf* (*remordimiento*) penitence; (*castigo*) penance; **~ría** *nf* prison, penitentiary.
penoso, a [pe'noso, a] *a* (*difícil*) arduous, difficult.
pensador, a [pensa'ðor, a] *nm/f* thinker.
pensamiento [pensa'mjento] *nm* thought; (*mente*) mind; (*idea*) idea.
pensar [pen'sar] *vt* to think; (*considerar*) to think over, think out; (*proponerse*) to intend, plan; (*imaginarse*) to think up, invent // *vi* to think; **~ en** to aim at, aspire to; **pensativo, a** *a* thoughtful, pensive.
pensión [pen'sjon] *nf* (*casa*) boarding *o* guest house; (*dinero*) pension; (*cama y comida*) board and lodging; **~ completa** full board; **pensionista** *nm/f* (*jubilado*) (old-age) pensioner; (*huésped*) lodger.
penúltimo, a [pe'nultimo, a] *a* penultimate, last but one.
penumbra [pe'numbra] *nf* half-light.
penuria [pe'nurja] *nf* shortage, want.
peña ['peɲa] *nf* (*roca*) rock; (*cuesta*) cliff, crag; (*grupo*) group, circle; (*AM*: *club*) folk club.
peñasco [pe'ɲasco] *nm* large rock, boulder.
peñón [pe'ɲon] *nm* wall of rock; **el P~** the Rock (of Gibraltar).
peón [pe'on] *nm* labourer; (*AM*) farm labourer, farmhand; (*AJEDREZ*) pawn.
peonza [pe'onθa] *nf* spinning top.
peor [pe'or] *a* (*comparativo*) worse; (*superlativo*) worst // *ad* worse; worst; **de mal en ~** from bad to worse.
pepinillo [pepi'niʎo] *nm* gherkin.
pepino [pe'pino] *nm* cucumber; **(no) me importa un ~** I don't care one bit.
pepita [pe'pita] *nf* (*BOT*) pip; (*MINERÍA*) nugget.
pequeñez [peke'ɲeθ] *nf* smallness, littleness; (*trivialidad*) trifle, triviality.
pequeño, a [pe'keɲo, a] *a* small, little.
pera ['pera] *nf* pear; **peral** *nm* pear tree.
percance [per'kanθe] *nm* setback, misfortune.
percatarse [perka'tarse] *vr*: **~ de** to notice, take note of.
percepción [perθep'θjon] *nf* (*vista*) perception; (*idea*) notion, idea.
perceptible [perθep'tiβle] *a* perceptible, noticeable; (*COM*) payable, receivable.
percibir [perθi'βir] *vt* to perceive, notice; (*COM*) to earn, get.
percusión [perku'sjon] *nf* percussion.
percha ['pertʃa] *nf* (*ganchos*) coat hooks *pl*; (*colgador*) coat hanger; (*de ave*) perch.
perdedor, a [perðe'ðor, a] *a* losing // *nm/f* loser.
perder [per'ðer] *vt* to lose; (*tiempo, palabras*) to waste; (*oportunidad*) to lose, miss; (*tren*) to miss // *vi* to lose; **~se** *vr* (*extraviarse*) to get lost; (*desaparecer*) to disappear, be lost to view; (*arruinarse*) to be ruined; **echar a ~** (*comida*) to spoil, ruin; (*oportunidad*) to waste.
perdición [perði'θjon] *nf* perdition, ruin.
pérdida ['perðiða] *nf* loss; (*de tiempo*) waste; **~s** *nfpl* (*COM*) losses.
perdido, a [per'ðiðo, a] *a* lost.
perdiz [per'ðiθ] *nf* partridge.
perdón [per'ðon] *nm* (*disculpa*) pardon, forgiveness; (*clemencia*) mercy; **¡~!** sorry!, I beg your pardon!; **perdonar** *vt* to pardon, forgive; (*la vida*) to spare; (*excusar*) to exempt, excuse; **¡perdone (usted)!** sorry!, I beg your pardon!
perdurable [perðu'raβle] *a* lasting; (*eterno*) everlasting.
perdurar [perdu'rar] *vi* (*resistir*) to last, endure; (*seguir existiendo*) to stand, still exist.
perecedero, a [pereθe'ðero, a] *a* (*COM etc*) perishable.
perecer [pere'θer] *vi* (*morir*) to perish, die; (*objeto*) to shatter.
peregrinación [pereɣrina'θjon] *nf* (*REL*) pilgrimage.
peregrino, a [pere'ɣrino, a] *a* (*idea*) strange, absurd // *nm/f* pilgrim.
perejil [pere'xil] *nm* parsley.
perenne [pe'renne] *a* everlasting, perennial.
perentorio, a [peren'torjo, a] *a* (*urgente*) urgent, peremptory; (*fijo*) set, fixed.
pereza [pe'reθa] *nf* laziness, idleness; **perezoso, a** *a* lazy, idle.
perfección [perfek'θjon] *nf* perfection; **perfeccionar** *vt* to perfect; (*mejorar*) to improve; (*acabar*) to complete, finish.
perfectamente [perfecta'mente] *ad* perfectly.
perfecto, a [per'fekto, a] *a* perfect; (*terminado*) complete, finished.
perfidia [per'fiðja] *nf* perfidy, treachery.
perfil [per'fil] *nm* profile; (*contorno*) silhouette, outline; (*ARQ*) (cross) section; **~es** *nmpl* features; (*fig*) social

graces; **~ado, a** *a* (*bien formado*) well-shaped; (*largo*: *cara*) long; **~ar** *vt* (*trazar*) to outline; (*fig*) to shape, give character to.
perforación [perfora'θjon] *nf* perforation; (*con taladro*) drilling; **perforadora** *nf* punch.
perforar [perfo'rar] *vt* to perforate; (*agujero*) to drill, bore; (*papel*) to punch a hole in // *vi* to drill, bore.
perfume [per'fume] *nm* perfume, scent.
pericia [pe'riθja] *nf* skill, expertise.
periferia [peri'ferja] *nf* periphery; (*de ciudad*) outskirts *pl*.
periférico [peri'feriko] *nm* (*AM*) ring road (*Brit*), beltway (*US*).
perímetro [pe'rimetro] *nm* perimeter.
periódico, a [pe'rjoðiko, a] *a* periodic(al) // *nm* newspaper.
periodismo [perjo'ðismo] *nm* journalism; **periodista** *nm/f* journalist.
periodo [pe'rjoðo], **período** [pe'rioðo] *nm* period.
periquito [peri'kito] *nm* budgerigar, budgie.
perito, a [pe'rito, a] *a* (*experto*) expert; (*diestro*) skilled, skilful // *nm/f* expert; skilled worker; (*técnico*) technician.
perjudicar [perxuði'kar] *vt* (*gen*) to damage, harm; **perjudicial** *a* damaging, harmful; (*en detrimento*) detrimental; **perjuicio** *nm* damage, harm.
perjurar [perxu'rar] *vi* to commit perjury.
perla ['perla] *nf* pearl; **me viene de ~** it suits me fine.
permanecer [permane'θer] *vi* (*quedarse*) to stay, remain; (*seguir*) to continue to be.
permanencia [perma'nenθja] *nf* permanence; (*estancia*) stay.
permanente [perma'nente] *a* permanent, constant // *nf* perm.
permisible [permi'siβle] *a* permissible, allowable.
permiso [per'miso] *nm* permission; (*licencia*) permit, licence; **con ~** excuse me; **estar de ~** (*MIL*) to be on leave; **~ de conducir** driving licence (*Brit*), driver's license (*US*).
permitir [permi'tir] *vt* to permit, allow.
pernera [per'nera] *nf* trouser leg.
pernicioso, a [perni'θjoso, a] *a* (*maligno, MED*) pernicious; (*persona*) wicked.
pernio ['pernjo] *nm* hinge.
perno ['perno] *nm* bolt.
pero ['pero] *conj* but; (*aún*) yet // *nm* (*defecto*) flaw, defect; (*reparo*) objection.
perol [pe'rol] *nm*, **perola** [pe'rola] *nf* (large metal) pan.
perpendicular [perpendiku'lar] *a* perpendicular.
perpetrar [perpe'trar] *vt* to perpetrate.
perpetuar [perpe'twar] *vt* to perpetuate; **perpetuo, a** *a* perpetual.
perplejo, a [per'plexo, a] *a* perplexed, bewildered.
perra ['perra] *nf* (*ZOOL*) bitch; (*fam*: *dinero*) money; **estar sin una ~** to be fla[t] broke.
perrera [pe'rrera] *nf* kennel.
perro ['perro] *nm* dog.
persa ['persa] *a*, *nm/f* Persian.
persecución [perseku'θjon] *nf* pursui[t], chase; (*REL, POL*) persecution.
perseguir [perse'ɣir] *vt* to pursue, hunt[;] (*cortejar*) to chase after; (*molestar*) t[o] pester, annoy; (*REL, POL*) to persecute.
perseverante [perseβe'rante] *a* persever[-]ing, persistent.
perseverar [perseβe'rar] *vi* to persevere[,] persist; **~ en** to persevere in, persis[t] with.
persiana [per'sjana] *nf* (Venetian) blind.
persignarse [persiɣ'narse] *vr* to cros[s] o.s.
persistente [persis'tente] *a* persistent.
persistir [persis'tir] *vi* to persist.
persona [per'sona] *nf* person; **~ mayo[r]** elderly person; **10 ~s** 10 people.
personaje [perso'naxe] *nm* importan[t] person, celebrity; (*TEATRO etc*) char[-]acter.
personal [perso'nal] *a* (*particular*[)] personal; (*para una persona*) single, fo[r] one person // *nm* personnel, staff; **~ida[d]** *nf* personality.
personarse [perso'narse] *vr* to appear i[n] person.
personificar [personifi'kar] *vt* t[o] personify.
perspectiva [perspek'tiβa] *nf* perspec[-]tive; (*vista, panorama*) view, panor[-]ama; (*posibilidad futura*) outlook[,] prospect.
perspicacia [perspi'kaθja] *nf* (*fig*) dis[-]cernment, perspicacity.
perspicaz [perspi'kaθ] *a* shrewd.
persuadir [perswa'ðir] *vt* (*gen*) t[o] persuade; (*convencer*) to convince; **~s[e]** *vr* to become convinced; **persuasión** *n[f]* persuasion; **persuasivo, a** *[a]* persuasive; convincing.
pertenecer [pertene'θer] *vi* to belong[;] (*fig*) to concern; **pertenencia** *nf* owner[-]ship; **pertenencias** *nfpl* possessions[,] property *sg*; **perteneciente** *a*: **per[-]teneciente a** belonging to.
pertenezca *etc vb ver* **pertenecer**.
pértiga ['pertiɣa] *nf*: **salto de ~** pol[e] vault.
pertinaz [perti'naθ] *a* (*persistente*[)] persistent; (*terco*) obstinate.
pertinente [perti'nente] *a* relevant[,] pertinent; (*apropiado*) appropriate; **~** [a] concerning, relevant to.
perturbación [perturβa'θjon] *nf* (*POL*[)] disturbance; (*MED*) upset, disturbance.
perturbado, a [pertur'βaðo, a] *a* men[-]

tally unbalanced.
perturbador, a [perturβa'ðor, a] *a* perturbing, disturbing; (*subversivo*) subversive.
perturbar [pertur'βar] *vt* (*el orden*) to disturb; (*MED*) to upset, disturb; (*mentalmente*) to perturb.
Perú [pe'ru] *nm*: el ~ Peru; **peruano, a** *a, nm/f* Peruvian.
perversión [perβer'sjon] *nf* perversion; **perverso, a** *a* perverse; (*depravado*) depraved.
pervertido, a [perβer'tiðo, a] *a* perverted // *nm/f* pervert.
pervertir [perβer'tir] *vt* to pervert, corrupt.
pesa ['pesa] *nf* weight; (*DEPORTE*) shot.
pesadez [pesa'ðeθ] *nf* (*peso*) heaviness; (*lentitud*) slowness; (*aburrimiento*) tediousness.
pesadilla [pesa'ðiʎa] *nf* nightmare, bad dream.
pesado, a [pe'saðo, a] *a* heavy; (*lento*) slow; (*difícil, duro*) tough, hard; (*aburrido*) boring, tedious; (*tiempo*) sultry.
pesadumbre [pesa'ðumbre] *nf* grief, sorrow.
pésame ['pesame] *nm* expression of condolence, message of sympathy; **dar el ~** to express one's condolences.
pesar [pe'sar] *vt* to weigh // *vi* to weigh; (*ser pesado*) to weigh a lot, be heavy; (*fig: opinión*) to carry weight; **no pesa mucho** it doesn't weigh much // *nm* (*arrepentimiento*) regret; (*pena*) grief, sorrow; **a ~ de** *o* **pese a (que)** in spite of, despite.
pesario [pe'sarjo] *nm* pessary.
pesca ['peska] *nf* (*acto*) fishing; (*lo pescado*) catch; **ir de ~** to go fishing.
pescadería [peskaðe'ria] *nf* fish shop, fishmonger's (*Brit*).
pescado [pes'kaðo] *nm* fish.
pescador, a [peska'ðor, a] *nm/f* fisherman/woman.
pescar [pes'kar] *vt* (*tomar*) to catch; (*intentar tomar*) to fish for; (*conseguir: trabajo*) to manage to get // *vi* to fish, go fishing.
pescuezo [pes'kweθo] *nm* (*ZOOL*) neck.
pesebre [pe'seβre] *nm* manger.
peseta [pe'seta] *nf* peseta.
pesimista [pesi'mista] *a* pessimistic // *nm/f* pessimist.
pésimo, a ['pesimo, a] *a* awful, dreadful.
peso ['peso] *nm* weight; (*balanza*) scales *pl*; (*moneda*) peso; **~ bruto/neto** gross/net weight; **vender a ~** to sell by weight.
pesquero, a [pes'kero, a] *a* fishing *cpd*.
pesquisa [pes'kisa] *nf* inquiry, investigation.
pestaña [pes'taɲa] *nf* (*ANAT*) eyelash; (*borde*) rim; **pestañear** *vi* to blink.
peste ['peste] *nf* plague; (*mal olor*) stink, stench.
pesticida [pesti'θiða] *nm* pesticide.
pestilencia [pesti'lenθja] *nf* (*mal olor*) stink, stench.
pestillo [pes'tiʎo] *nm* (*cerrojo*) bolt; (*picaporte*) doorhandle.
petaca [pe'taka] *nf* (*AM*) suitcase.
pétalo ['petalo] *nm* petal.
petardo [pe'tardo] *nm* firework, firecracker.
petición [peti'θjon] *nf* (*pedido*) request, plea; (*memorial*) petition; (*JUR*) plea.
petrificar [petrifi'kar] *vt* to petrify.
petróleo [pe'troleo] *nm* oil, petroleum; **petrolero, a** *a* petroleum *cpd* // *nm* (*COM: persona*) oil man; (*buque*) (oil) tanker.
peyorativo, a [pejora'tiβo, a] *a* pejorative.
pez [peθ] *nm* fish.
pezón [pe'θon] *nm* teat, nipple.
pezuña [pe'θuɲa] *nf* hoof.
piadoso, a [pja'ðoso, a] *a* (*devoto*) pious, devout; (*misericordioso*) kind, merciful.
pianista [pja'nista] *nm/f* pianist.
piano ['pjano] *nm* piano.
piar [pjar] *vi* to cheep.
pibe, a ['piβe, a] *nm/f* (*AM*) boy/girl.
picadero [pika'ðero] *nm* riding school.
picadillo [pika'ðiʎo] *nm* mince, minced meat.
picado, a [pi'kaðo, a] *a* pricked, punctured; (*CULIN*) minced, chopped; (*mar*) choppy; (*diente*) bad; (*tabaco*) cut; (*enfadado*) cross.
picador [pika'ðor] *nm* (*TAUR*) picador; (*minero*) faceworker.
picadura [pika'ðura] *nf* (*pinchazo*) puncture; (*de abeja*) sting; (*de mosquito*) bite; (*tabaco picado*) cut tobacco.
picante [pi'kante] *a* hot; (*comentario*) racy, spicy.
picaporte [pika'porte] *nm* (*manija*) doorhandle; (*pestillo*) latch.
picar [pi'kar] *vt* (*agujerear, perforar*) to prick, puncture; (*abeja*) to sting; (*mosquito, serpiente*) to bite; (*CULIN*) to mince, chop; (*incitar*) to incite, goad; (*dañar, irritar*) to annoy, bother; (*quemar: lengua*) to burn, sting // *vi* (*pez*) to bite, take the bait; (*sol*) to burn, scorch; (*abeja, MED*) to sting; (*mosquito*) to bite; **~se** *vr* (*agriarse*) to turn sour, go off; (*ofenderse*) to take offence.
picardía [pikar'ðia] *nf* villainy; (*astucia*) slyness, craftiness; (*una ~*) dirty trick; (*palabra*) rude/bad word *o* expression.
pícaro, a ['pikaro, a] *a* (*malicioso*) villainous; (*travieso*) mischievous // *nm* (*astuto*) crafty sort; (*sinvergüenza*) rascal, scoundrel.
pico ['piko] *nm* (*de ave*) beak; (*punta*)

sharp point; (*TEC*) pick, pickaxe; (*GEO*) peak, summit; y ~ and a bit.

picotear [pikote'ar] *vt* to peck // *vi* to nibble, pick.

picudo, a [pi'kuðo, a] *a* pointed, with a point.

pichón [pi'tʃon] *nm* young pigeon.

pido, pidió *etc vb ver* **pedir**.

pie [pje] (*pl* ~s) *nm* foot; (*fig*: *motivo*) motive, basis; (: *fundamento*) foothold; **ir a ~** to go on foot, walk; **estar de ~** to be standing (up); **ponerse de ~** to stand up; **de ~s a cabeza** from top to bottom; **al ~ de la letra** (*citar*) literally, verbatim; (*copiar*) exactly, word for word; **en ~ de guerra** on a war footing; **dar ~ a** to give cause for; **hacer ~** (*en el agua*) to touch (the) bottom.

piedad [pje'ðað] *nf* (*lástima*) pity, compassion; (*clemencia*) mercy; (*devoción*) piety, devotion.

piedra ['pjeðra] *nf* stone; (*roca*) rock; (*de mechero*) flint; (*METEOROLOGIA*) hailstone.

piel [pjel] *nf* (*ANAT*) skin; (*ZOOL*) skin, hide, fur; (*cuero*) leather; (*BOT*) skin, peel.

pienso *etc vb ver* **pensar**.

pierdo *etc vb ver* **perder**.

pierna ['pjerna] *nf* leg.

pieza* ['pjeθa] *nf* piece; (*habitación*) room; ~ **de recambio** *o* **repuesto** spare (part).

pigmeo, a [piɣ'meo, a] *a, nm/f* pigmy.

pijama [pi'xama] *nm* pyjamas *pl*.

pila ['pila] *nf* (*ELEC*) battery; (*montón*) heap, pile; (*lavabo*) sink.

píldora ['pilðora] *nf* pill; **la ~ (anticonceptiva)** the (contraceptive) pill.

pileta [pi'leta] *nf* basin, bowl; (*AM*) swimming pool.

piloto [pi'loto] *nm* pilot; (*de aparato*) (pilot) light; (*AUTO*: *luz*) tail *o* rear light; (: *conductor*) driver.

pillaje [pi'ʎaxe] *nm* pillage, plunder.

pillar [pi'ʎar] *vt* (*saquear*) to pillage, plunder; (*fam*: *coger*) to catch; (: *agarrar*) to grasp, seize; (: *entender*) to grasp, catch on to; ~**se** *vr*: ~**se un dedo con la puerta** to catch one's finger in the door.

pillo, a ['piʎo, a] *a* villainous; (*astuto*) sly, crafty // *nm/f* rascal, rogue, scoundrel.

pimentón [pimen'ton] *nm* paprika.

pimienta [pi'mjenta] *nf* pepper.

pimiento [pi'mjento] *nm* pepper, pimiento.

pinacoteca [pinako'teka] *nf* art gallery.

pinar [pi'nar] *nm* pine forest (*Brit*), pine grove (*US*).

pincel [pin'θel] *nm* paintbrush.

pinchar [pin'tʃar] *vt* (*perforar*) to prick, pierce; (*neumático*) to puncture; (*fig*) to prod.

pinchazo [pin'tʃaθo] *nm* (*perforación*) prick; (*de neumático*) puncture; (*fig*) prod.

pinchito [pin'tʃito] *nm* shish kebab.

pincho ['pintʃo] *nm* savoury (snack); ~ **moruno** shish kebab; ~ **de tortilla** small slice of omelette.

ping-pong ['pin'pon] *nm* table tennis.

pingüino [pin'gwino] *nm* penguin.

pino ['pino] *nm* pine (tree).

pinta ['pinta] *nf* spot; (*de líquidos*) spot, drop; (*aspecto*) appearance, look(s) (*pl*); ~**do, a** *a* spotted; (*de muchos colores*) colourful.

pintar [pin'tar] *vt* to paint // *vi* to paint; (*fam*) to count, be important; ~**se** *vr* to put on make-up.

pintor, a [pin'tor, a] *nm/f* painter.

pintoresco, a [pinto'resko, a] *a* picturesque.

pintura [pin'tura] *nf* painting; ~ **a la acuarela** watercolour; ~ **al óleo** oil painting.

pinza ['pinθa] *nf* (*ZOOL*) claw; (*para colgar ropa*) clothes peg; (*TEC*) pincers *pl*; ~**s** *nfpl* (*para depilar etc*) tweezers *pl*.

piña ['piɲa] *nf* (*fruto del pino*) pine cone; (*fruta*) pineapple; (*fig*) group.

piñon [pi'ɲon] *nm* (*fruto*) pine nut; (*TEC*) pinion.

pío, a ['pio, a] *a* (*devoto*) pious, devout; (*misericordioso*) merciful.

piojo ['pjoxo] *nm* louse.

pionero, a [pjo'nero, a] *a* pioneering // *nm/f* pioneer.

pipa ['pipa] *nf* pipe; (*BOT*) (edible) sunflower seed.

pipí [pi'pi] *nm* (*fam*): **hacer ~** to have a wee(-wee) (*Brit*), have to go (wee-wee) (*US*).

pique ['pike] *nm* (*resentimiento*) pique, resentment; (*rivalidad*) rivalry, competition; **irse a ~** to sink; (*esperanza, familia*) to be ruined.

piqueta [pi'keta] *nf* pick(axe).

piquete [pi'kete] *nm* (*agujerito*) small hole; (*MIL*) squad, party; (*de obreros*) picket.

piragua [pi'raɣwa] *nf* canoe; **piragüismo** *nm* canoeing.

pirámide [pi'ramiðe] *nf* pyramid.

pirata [pi'rata] *a, nm* pirate.

Pirineo(s) [piri'neo(s)] *nm(pl)* Pyrenees *pl*.

piropo [pi'ropo] *nm* compliment, (piece of) flattery.

pirueta [pi'rweta] *nf* pirouette.

pisada [pi'saða] *nf* (*paso*) footstep; (*huella*) footprint.

pisar [pi'sar] *vt* (*caminar sobre*) to walk on, tread on; (*apretar con el pie*) to press; (*fig*) to trample on, walk all over // *vi* to tread, step, walk.

piscina [pis'θina] *nf* swimming pool.

Piscis ['pisθis] *nm* Pisces.

piso ['piso] *nm* (*suelo, planta*) floor; (*apartamento*) flat (*Brit*), apartment; **primer ~** (*Esp*) first floor; (*AM*) ground floor.

pisotear [pisote'ar] *vt* to trample (on *o* underfoot).

pista ['pista] *nf* track, trail; (*indicio*) clue; **~ de aterrizaje** runway; **~ de baile** dance floor; **~ de tenis** tennis court; **~ de hielo** ice rink.

pistola [pis'tola] *nf* pistol; (*TEC*) spray-gun; **pistolero, a** *nm/f* gunman/woman, gangster // *nf* holster.

pistón [pis'ton] *nm* (*TEC*) piston; (*MUS*) key.

pitar [pi'tar] *vt* (*silbato*) to blow; (*rechiflar*) to whistle at, boo // *vi* to whistle; (*AUTO*) to sound *o* toot one's horn; (*AM*) to smoke.

pitillo [pi'tiʎo] *nm* cigarette.

pito ['pito] *nm* whistle; (*de coche*) horn.

pitón [pi'ton] *nm* (*ZOOL*) python.

pitonisa [pito'nisa] *nf* fortune-teller.

pitorreo [pito'rreo] *nm* joke; **estar de ~** to be joking.

pizarra [pi'θarra] *nf* (*piedra*) slate; (*encerado*) blackboard.

pizca ['piθka] *nf* pinch, spot; (*fig*) spot, speck; **ni ~** not a bit.

placa ['plaka] *nf* plate; (*distintivo*) badge, insignia; **~ de matrícula** number plate.

placentero, a [plaθen'tero, a] *a* pleasant, agreeable.

placer [pla'θer] *nm* pleasure // *vt* to please.

plácido, a ['plaθiðo, a] *a* placid.

plaga ['plaɣa] *nf* pest; (*MED*) plague; (*abundancia*) abundance; **plagar** *vt* to infest, plague; (*llenar*) to fill.

plagio ['plaxjo] *nm* plagiarism.

plan [plan] *nm* (*esquema, proyecto*) plan; (*idea, intento*) idea, intention; **tener ~** (*fam*) to have a date; **tener un ~** (*fam*) to have an affair; **en ~ económico** (*fam*) on the cheap; **vamos en ~ de turismo** we're going as tourists; **si te pones en ese ~...** if that's your attitude... .

plana ['plana] *nf ver* **plano**.

plancha ['plantʃa] *nf* (*para planchar*) iron; (*rótulo*) plate, sheet; (*NAUT*) gangway; **a la ~** grilled; **~do** *nm* ironing; **planchar** *vt, vi* to iron.

planeador [planea'ðor] *nm* glider.

planear [plane'ar] *vt* to plan // *vi* to glide.

planeta [pla'neta] *nm* planet.

planicie [pla'niθje] *nf* plain.

planificación [planifika'θjon] *nf* planning; **~ familiar** family planning.

plano, a ['plano, a] *a* flat, level, even // *nm* (*MAT, TEC, AVIAT*) plane; (*FOTO*) shot; (*ARQ*) plan; (*GEO*) map; (*de ciudad*) map, street plan // *nf* sheet (of paper), page; (*TEC*) trowel; **primer ~** close-up; **caer de ~** to fall flat; **en primera plana** on the front page; **plana mayor** staff.

planta ['planta] *nf* (*BOT, TEC*) plant; (*ANAT*) sole of the foot, foot; (*piso*) floor; (*AM: personal*) staff; **~ baja** ground floor.

plantación [planta'θjon] *nf* (*AGR*) plantation; (*acto*) planting.

plantar [plan'tar] *vt* (*BOT*) to plant; (*levantar*) to erect, set up; **~se** *vr* to stand firm; **~ a uno en la calle** to throw sb out; **dejar plantado a uno** (*fam*) to stand sb up.

plantear [plante'ar] *vt* (*problema*) to pose; (*dificultad*) to raise.

plantilla [plan'tiʎa] *nf* (*de zapato*) insole; (*personal*) personnel; **ser de ~** to be on the staff.

plantón [plan'ton] *nm* (*MIL*) guard, sentry; (*fam*) long wait; **dar (un) ~ a uno** to stand sb up.

plañir [pla'ɲir] *vi* to mourn.

plasmar [plas'mar] *vt* (*dar forma*) to mould, shape; (*representar*) to represent // *vi*: **~ en** to take the form of.

Plasticina ® [plasti'θina] *nf* Plasticine ®.

plástico, a ['plastiko, a] *a* plastic // *nm* plastic // *nf* (art of) sculpture, modelling.

Plastilina ® [plasti'lina] *nf* (*AM*) Plasticine ®.

plata ['plata] *nf* (*metal*) silver; (*cosas hechas de ~*) silverware; (*AM*) cash, dough; **hablar en ~** to speak bluntly *o* frankly.

plataforma [plata'forma] *nf* platform; **~ de lanzamiento/perforación** launch(ing) pad/drilling rig.

plátano ['platano] *nm* (*fruta*) banana; (*árbol*) banana tree.

platea [pla'tea] *nf* (*TEATRO*) pit.

plateado, a [plate'aðo, a] *a* silver; (*TEC*) silver-plated.

plática ['platika] *nf* talk, chat; **platicar** *vi* to talk, chat.

platillo [pla'tiʎo] *nm* saucer; **~s** *nmpl* cymbals; **~ volador** *o* **volante** flying saucer.

platino [pla'tino] *nm* platinum; **~s** *nmpl* (*AUTO*) contact points.

plato ['plato] *nm* plate, dish; (*parte de comida*) course; (*comida*) dish; **primer ~** first course.

playa ['plaja] *nf* beach; (*costa*) seaside; **~ de estacionamiento** (*AM*) car park.

playera [pla'jera] *nf* (*AM: camiseta*) T-shirt; **~s** *nfpl* (slip-on) canvas shoes.

plaza ['plaθa] *nf* square; (*mercado*) market(place); (*sitio*) room, space; (*en vehículo*) seat, place; (*colocación*) post, job; **~ de toros** bullring.

plazo ['plaθo] *nm* (*lapso de tiempo*) time, period; (*fecha de vencimiento*) expiry date; (*pago parcial*) instalment; **a corto/largo ~** short-/long-term; **comprar**

a ~s to buy on hire purchase, pay for in instalments.

plazoleta [plaθo'leta], **plazuela** [pla'θwela] *nf* small square.

pleamar [plea'mar] *nf* high tide.

plebe ['pleβe] *nf*: **la ~** the common people *pl*, the masses *pl*; (*pey*) the plebs *pl*; **~yo, a** *a* plebeian; (*pey*) coarse, common.

plebiscito [pleβis'θito] *nm* plebiscite.

plegable [ple'ɣaβle] *a* pliable; (*silla*) folding.

plegar [ple'ɣar] *vt* (*doblar*) to fold, bend; (COSTURA) to pleat; **~se** *vr* to yield, submit.

pleito ['pleito] *nm* (JUR) lawsuit, case; (*fig*) dispute, feud.

plenilunio [pleni'lunjo] *nm* full moon.

plenitud [pleni'tuð] *nf* plenitude, fullness; (*abundancia*) abundance.

pleno, a ['pleno, a] *a* full; (*completo*) complete // *nm* plenum; **en ~ día** in broad daylight; **en ~ verano** at the height of summer; **en plena cara** full in the face.

pleuresía [pleure'sia] *nf* pleurisy.

Plexiglás ® [pleksi'ɣlas] *nm* acrylic glass, Plexiglas (*US*).

pliego *etc vb ver* **plegar** // ['pljeɣo] *nm* (*hoja*) sheet (of paper); (*carta*) sealed letter/document; **~ de condiciones** details *pl*, specifications *pl*.

pliegue *etc vb ver* **plegar** // ['pljeɣe] *nm* fold, crease; (*de vestido*) pleat.

plisado [pli'saðo] *nm* pleating.

plomero [plo'mero] *nm* (*AM*) plumber.

plomo ['plomo] *nm* (*metal*) lead; (ELEC) fuse.

pluma ['pluma] *nf* feather; (*para escribir*) pen.

plumero [plu'mero] *nm* (*quitapolvos*) feather duster.

plumón [plu'mon] *nm* (*AM*: *fino*) felt-tip pen; (: *ancho*) marker.

plural [plu'ral] *a* plural; **~idad** *nf* plurality; **una ~idad de votos** a majority of votes.

plus [plus] *nm* bonus; **~valía** *nf* (COM) appreciation.

plutocracia [pluto'kraθja] *nf* plutocracy.

población [poβla'θjon] *nf* population; (*pueblo, ciudad*) town, city.

poblado, a [po'blaðo, a] *a* inhabited // *nm* (*aldea*) village; (*pueblo*) (small) town; **densamente ~** densely populated.

poblador, a [poβla'ðor, a] *nm/f* settler, colonist.

poblar [po'βlar] *vt* (*colonizar*) to colonize; (*fundar*) to found; (*habitar*) to inhabit.

pobre ['poβre] *a* poor // *nm/f* poor person; **¡~!** poor thing!; **~za** *nf* poverty.

pocilga [po'θilɣa] *nf* pigsty.

pocillo [po'siʎo] *nm* (*AM*) coffee cup.

poción [po'θjon], **pócima** ['poθima] *nf* potion.

poco, a ['poko, a] ♦ *a* **1** (*sg*) little, not much; **~ tiempo** little *o* not much time; **de ~ interés** of little interest, not very interesting; **poca cosa** not much

2 (*pl*) few, not many; **unos ~s** a few, some; **~s niños comen lo que les conviene** few children eat what they should

♦ *ad* **1** little, not much; **cuesta ~** it doesn't cost much

2 (+ *a*: = *negativo, antónimo*): **~ amable/inteligente** not very nice/intelligent

3: **por ~ me caigo** I almost fell

4: **a ~**: **a ~ de haberse casado** shortly after getting married

5: **~ a ~** little by little

♦ *nm* a little, a bit; **un ~ triste/de dinero** a little sad/money.

podar [po'ðar] *vt* to prune.

poder [po'ðer] ♦ *vi* **1** (*capacidad*) can, be able to; **no puedo hacerlo** I can't do it, I'm unable to do it

2 (*permiso*) can, may, be allowed to; **¿se puede?** may I (*o* we)?; **puedes irte ahora** you may go now; **no se puede fumar en este hospital** smoking is not allowed in this hospital

3 (*posibilidad*) may, might, could; **puede llegar mañana** he may *o* might arrive tomorrow; **pudiste haberte hecho daño** you might *o* could have hurt yourself; **¡podías habérmelo dicho antes!** you might have told me before!

4: **puede ser: puede ser** perhaps; **puede ser que lo sepa Tomás** Tomás may *o* might know

5: **¡no puedo más!** I've had enough!; **no pude menos que dejarlo** I couldn't help but leave it; **es tonto a más no ~** he's as stupid as they come

6: **~ con: no puedo con este crío** this kid's too much for me

♦ *nm* power; **~ adquisitivo** purchasing power; **detentar** *o* **ocupar** *o* **estar en el ~** to be in power.

podrido, a [po'ðriðo, a] *a* rotten, bad; (*fig*) rotten, corrupt.

podrir [po'ðrir] = **pudrir**.

poema [po'ema] *nm* poem.

poesía [poe'sia] *nf* poetry.

poeta [po'eta] *nm* poet; **poético, a** *a* poetic(al).

poetisa [poe'tisa] *nf* (woman) poet.

póker ['poker] *nm* poker.

polaco, a [po'lako, a] *a* Polish // *nm/f* Pole.

polar [po'lar] *a* polar; **~idad** *nf* polarity; **~izarse** *vr* to polarize.

polea [po'lea] *nf* pulley.

polémica [po'lemika] *nf* polemics *sg*; (*una ~*) controversy, polemic.

polen ['polen] *nm* pollen.

olicía [poli'θia] *nm/f* policeman/woman // *f* police; **~co, a** *a* police *cpd*; **novela policíaca** detective story; **policial** *a* police *cpd*.
olideportivo [poliðepor'tiβo] *nm* sports centre *o* complex.
olietileno [polieti'leno] *nm* polythene (*Brit*), polyethylene (*US*).
oligamia [poli'ɣamja] *nf* polygamy.
olilla [po'liʎa] *nf* moth.
olio ['poljo] *nf* polio.
olitécnico [poli'tekniko] *nm* polytechnic.
olítico, a [po'litiko, a] *a* political; (*discreto*) tactful; (*de familia*) -in-law // *nm/f* politician // *nf* politics *sg*; (*económica, agraria etc*) policy; **padre ~** father-in-law; **politicastro** *nm* (*pey*) politician, politico.
óliza ['poliθa] *nf* certificate, voucher; (*impuesto*) tax stamp; **~ de seguros** insurance policy.
olizón [poli'θon] *nm* (*en barco etc*) stowaway.
olo ['polo] *nm* (*GEO, ELEC*) pole; (*helado*) ice lolly; (*DEPORTE*) polo; (*suéter*) polo-neck; **~ Norte/Sur** North/South Pole.
olonia [po'lonja] *nf* Poland.
oltrona [pol'trona] *nf* easy chair.
olución [polu'θjon] *nf* pollution.
olvera [pol'βera] *nf* powder compact.
olvo ['polβo] *nm* dust; (*QUÍMICA, CULIN, MED*) powder; **~s** *nmpl* powder *sg*; **~ de talco** talcum powder; **estar hecho ~** (*fam*) to be worn out *o* exhausted.
ólvora ['polβora] *nf* gunpowder; (*fuegos artificiales*) fireworks *pl*.
olvoriento, a [polβo'rjento, a] *a* (*superficie*) dusty; (*sustancia*) powdery.
ollera [po'ʎera] *nf* (*AM*) skirt.
ollería [poʎe'ria] *nf* poulterer's (shop).
ollo ['poʎo] *nm* chicken.
omada [po'maða] *nf* (*MED*) cream, ointment.
omelo [po'melo] *nm* grapefruit.
ómez ['pomeθ] *nf*: **piedra ~** pumice stone.
ompa ['pompa] *nf* (*burbuja*) bubble; (*bomba*) pump; (*esplendor*) pomp, splendour; **pomposo, a** *a* splendid, magnificent; (*pey*) pompous.
ómulo ['pomulo] *nm* cheekbone.
on [pon] *vb ver* **poner**.
onche ['pontʃe] *nm* punch.
oncho ['pontʃo] *nm* (*AM*) poncho.
onderar [ponde'rar] *vt* (*considerar*) to weigh up, consider; (*elogiar*) to praise highly, speak in praise of.
ondré *etc vb ver* **poner**.
oner [po'ner] ♦ *vt* **1** (*colocar*) to put; (*telegrama*) to send; (*obra de teatro*) to put on; (*película*) to show; **ponlo más fuerte** turn it up; **¿qué ponen en el Excelsior?** what's on at the Excelsior?
2 (*tienda*) to open; (*instalar*: *gas etc*) to put in; (*radio, TV*) to switch *o* turn on
3 (*suponer*): **pongamos que ...** let's suppose that
4 (*contribuir*): **el gobierno ha puesto otro millón** the government has contributed another million
5 (*TELEC*): **póngame con el Sr. López** can you put me through to Mr. López
6: **~ de: le han puesto de director general** they've appointed him general manager
7 (+ *a*) to make; **me estás poniendo nerviosa** you're making me nervous
8 (*dar nombre*): **al hijo le pusieron Diego** they called their son Diego
♦ *vi* (*gallina*) to lay
♦ **~se** *vr* **1** (*colocarse*): **se puso a mi lado** he came and stood beside me; **tú pónte en esa silla** you go and sit on that chair
2 (*vestido, cosméticos*) to put on; **¿por qué no te pones el vestido nuevo?** why don't you put on *o* wear your new dress?
3: (+ *a*) to turn; to get, become; **se puso muy serio** he got very serious; **después de lavarla la tela se puso azul** after washing it the material turned blue
4: **~se a: se puso a llorar** he started to cry; **tienes que ~te a estudiar** you must get down to studying
5: **~se a bien con uno** to make it up with sb; **~se a mal con uno** to get on the wrong side of sb.
pongo *etc vb ver* **poner**.
poniente [po'njente] *nm* (*occidente*) west; (*viento*) west wind.
pontificado [pontifi'kaðo] *nm* papacy, pontificate; **pontífice** *nm* pope, pontiff.
pontón [pon'ton] *nm* pontoon.
ponzoña [pon'θoɲa] *nf* poison, venom.
popa ['popa] *nf* stern.
popular [popu'lar] *a* popular; (*cultura*) of the people, folk *cpd*; **~idad** *nf* popularity; **~izarse** *vr* to become popular.
por [por] ♦ *prep* **1** (*objetivo*) for; **luchar ~ la patria** to fight for one's country
2 (+ *infinitivo*): **~ no llegar tarde** so as not to arrive late; **~ citar unos ejemplos** to give a few examples
3 (*causa*) out of, because of; **~ escasez de fondos** through *o* for lack of funds
4 (*tiempo*): **~ la mañana/noche** in the morning/at night; **se queda ~ una semana** she's staying (for) a week
5 (*lugar*): **pasar ~ Madrid** to pass through Madrid; **ir a Guayaquil ~ Quito** to go to Guayaquil via Quito; **caminar ~ la calle** to walk along the street; *ver tb* **todo**
6 (*cambio, precio*): **te doy uno nuevo ~ el que tienes** I'll give you a new one (in return) for the one you've got
7 (*valor distributivo*): **550 pesetas ~**

hora/cabeza 550 pesetas an *o* per hour/a *o* per head
8 (*modo, medio*) by; ~ **correo/avión** by post/air; **día ~ día** day by day; **entrar ~ la entrada principal** to go in through the main entrance
9: **10 ~ 10 son 100** 10 by 10 is 100
10 (*en lugar de*): **vino él ~ su jefe** he came instead of his boss
11: ~ **mí que revienten** as far as I'm concerned they can drop dead.

porcelana [porθe'lana] *nf* porcelain; (*china*) china.
porcentaje [porθen'taxe] *nm* percentage.
porción [por'θjon] *nf* (*parte*) portion, share; (*cantidad*) quantity, amount.
pordiosero, a [porðjo'sero, a] *nm/f* beggar.
porfía [por'fia] *nf* persistence; (*terquedad*) obstinacy.
porfiado, a [por'fjaðo, a] *a* persistent; obstinate.
porfiar [por'fjar] *vi* to persist, insist; (*disputar*) to argue stubbornly.
pormenor [porme'nor] *nm* detail, particular.
pornografía [pornoɣra'fia] *nf* pornography.
poro ['poro] *nm* pore; **~so, a** *a* porous.
porque ['porke] *conj* (*a causa de*) because; (*ya que*) since; (*con el fin de*) so that, in order that.
porqué [por'ke] *nm* reason, cause.
porquería [porke'ria] *nf* (*suciedad*) filth, dirt; (*acción*) dirty trick; (*objeto*) small thing, trifle; (*fig*) rubbish.
porra ['porra] *nf* (*arma*) stick, club.
porrón [po'rron] *nm glass wine jar with a long spout.*
portada [por'taða] *nf* (*de revista*) cover.
portador, a [porta'ðor, a] *nm/f* carrier, bearer; (*COM*) bearer, payee.
portaequipajes [portaeki'paxes] *nm inv* (*AUTO*: *maletero*) boot; (: *baca*) luggage rack.
portal [por'tal] *nm* (*entrada*) vestibule, hall; (*portada*) porch, doorway; (*puerta de entrada*) main door; (*DEPORTE*) goal.
portaligas [porta'liɣas] *nm inv* suspender belt.
portamaletas [portama'letas] *nm inv* (*AUTO*: *maletero*) boot; (: *baca*) roof rack.
portamonedas [portamo'neðas] *nm inv* purse.
portarse [por'tarse] *vr* to behave, conduct o.s.
portátil [por'tatil] *a* portable.
porta(a)viones [porta'(a)βjones] *nm inv* aircraft carrier.
portavoz [porta'βoθ] *nm/f* (*persona*) spokesman/woman.
portazo [por'taθo] *nm*: **dar un ~** to slam the door.
porte ['porte] *nm* (*COM*) transport; (*precio*) transport charges *pl*.
portento [por'tento] *nm* marvel, wonde[r]; **~so, a** *a* marvellous, extraordinary.
porteño, a [por'teɲo, a] *a* of *o* fro[m] Buenos Aires.
portería [porte'ria] *nf* (*oficina*) porter['s] office; (*gol*) goal.
portero, a [por'tero, a] *nm/f* porte[r]; (*conserje*) caretaker; (*ujier*) doorma[n]; (*DEPORTE*) goalkeeper.
pórtico ['portiko] *nm* (*patio*) portic[o], porch; (*fig*) gateway; (*arcada*) arcade.
portilla [por'tiʎa] *nf*, **portillo** [por'tiʎ[o]] *nm* (*cancela*) gate.
portorriqueño, a [portorri'keɲo, a] [*a*] Puerto Rican.
Portugal [portu'ɣal] *nm* Portugal; **po[r]tugués, esa** *a*, *nm/f* Portuguese // *n[m]* (*LING*) Portuguese.
porvenir [porβe'nir] *nm* future.
pos [pos] *prep*: **en ~ de** after, in pursu[it] of.
posada [po'saða] *nf* (*refugio*) shelte[r], lodging; (*mesón*) guest house; **dar ~** to give shelter to, take in.
posaderas [posa'ðeras] *nfpl* backside *s[g]*, buttocks.
posar [po'sar] *vt* (*en el suelo*) to l[ay] down, put down; (*la mano*) to place, p[ut] gently // *vi* to sit, pose; **~se** *vr* to settl[e]; (*pájaro*) to perch; (*avión*) to land, co[me] down.
posdata [pos'ðata] *nf* postscript.
pose ['pose] *nf* pose.
poseedor, a [posee'ðor, a] *nm/f* owne[r], possessor; (*de récord, puesto*) holder.
poseer [pose'er] *vt* to possess, ow[n]; (*ventaja*) to enjoy; (*récord, puesto*) [to] hold; **poseído, a** *a* possessed.
posesión [pose'sjon] *nf* possessio[n]; **posesionarse** *vr*: **posesionarse de** to ta[ke] possession of, take over.
posesivo, a [pose'siβo, a] *a* possessive.
posibilidad [posiβili'ðað] *nf* possibilit[y]; (*oportunidad*) chance; **posibilitar** *vt* [to] make possible; (*hacer realizable*) [to] make feasible.
posible [po'siβle] *a* possible; (*realizabl[e]*) feasible; **de ser ~** if possible; **en lo ~** a[s] far as possible.
posición [posi'θjon] *nf* position; (*rang[o] social*) status.
positivo, a [posi'tiβo, a] *a* positive // *n[f]* (*FOTO*) print.
poso ['poso] *nm* sediment; (*heces*) dre[gs] *pl*.
posponer [pospo'ner] *vt* to put behin[d]/below; (*aplazar*) to postpone.
posta ['posta] *nf*: **a ~** *ad* deliberately, [on] purpose.
postal [pos'tal] *a* postal // *nf* postcard.
poste ['poste] *nm* (*de telégrafos et[c]*) post, pole; (*columna*) pillar.
póster ['poster] (*pl* **pósteres, pósters**) *n[m]* poster.

postergar [poster'ɣar] *vt* to postpone, delay.

posteridad [posteri'ðað] *nf* posterity.

posterior [poste'rjor] *a* back, rear; (*siguiente*) following, subsequent; (*más tarde*) later; **~idad** *nf*: **con ~idad** later, subsequently.

postizo, a [pos'tiθo, a] *a* false, artificial // *nm* hairpiece.

postor, a [pos'tor, a] *nm/f* bidder.

postrado, a [pos'traðo, a] *a* prostrate.

postre ['postre] *nm* sweet, dessert.

postrero, a [pos'trero, a] *a* (*delante de nmsg*: **postrer**) (*último*) last; (*que viene detrás*) rear.

postulado [postu'laðo] *nm* postulate.

póstumo, a ['postumo, a] *a* posthumous.

postura [pos'tura] *nf* (*del cuerpo*) posture, position; (*fig*) attitude, position.

potable [po'taβle] *a* drinkable; **agua ~** drinking water.

potaje [po'taxe] *nm* thick vegetable soup.

pote ['pote] *nm* pot, jar.

potencia [po'tenθja] *nf* power.

potencial [poten'θjal] *a, nm* potential.

potenciar [po'tenθjar] *vt* to boost.

potente [po'tente] *a* powerful.

potro, a ['potro, a] *nm/f* (ZOOL) colt/filly // *nm* (*de gimnasia*) vaulting horse.

pozo ['poθo] *nm* well; (*de río*) deep pool; (*de mina*) shaft.

P.P. *abr* (= *porte pagado*) CP.

p.p. *abr* (= *por poder*) p.p.

práctica ['praktika] *nf ver* **práctico.**

practicable [prakti'kaβle] *a* practicable; (*camino*) passable.

practicante [prakti'kante] *nm/f* (MED: *ayudante de doctor*) medical assistant; (: *enfermero*) male nurse; (*quien practica algo*) practitioner // *a* practising.

practicar [prakti'kar] *vt* to practise; (DEPORTE) to go in for (*Brit*) *o* out for (*US*), play; (*realizar*) to carry out, perform.

práctico, a ['praktiko, a] *a* practical; (*instruído*: *persona*) skilled, expert // *nf* practice; (*método*) method; (*arte, capacidad*) skill; **en la práctica** in practice.

practique *etc vb ver* **practicar.**

pradera [pra'ðera] *nf* meadow; (*US etc*) prairie.

prado ['praðo] *nm* (*campo*) meadow, field; (*pastizal*) pasture.

Praga ['praɣa] *n* Prague.

pragmático, a [praɣ'matiko, a] *a* pragmatic.

preámbulo [pre'ambulo] *nm* preamble, introduction.

precario, a [pre'karjo, a] *a* precarious.

precaución [prekau'θjon] *nf* (*medida preventiva*) preventive measure, precaution; (*prudencia*) caution, wariness.

precaver [preka'βer] *vt* to guard against; (*impedir*) to forestall; **~se** *vr*: **~se de** *o* **contra algo** to (be on one's) guard against sth; **precavido, a** *a* cautious, wary.

precedencia [preθe'ðenθja] *nf* precedence; (*prioridad*) priority; (*preeminencia*) greater importance, superiority; **precedente** *a* preceding; (*anterior*) former // *nm* precedent.

preceder [preθe'ðer] *vt, vi* to precede, go before, come before.

precepto [pre'θepto] *nm* precept.

preciado, a [pre'θjaðo, a] *a* (*estimado*) esteemed, valuable.

preciar [pre'θjar] *vt* to esteem, value; **~se** *vr* to boast; **~se de** to pride o.s. on, boast of being.

precinto [pre'θinto] *nm* (*tb*: **~ de garantía**) seal.

precio ['preθjo] *nm* price; (*costo*) cost; (*valor*) value, worth; (*de viaje*) fare; **~ al contado/de coste/de oportunidad** cash/cost/bargain price; **~ al detalle** *o* **al por menor** retail price; **~ tope** top price.

preciosidad [preθjosi'ðað] *nf* (*valor*) (high) value, (great) worth; (*encanto*) charm; (*cosa bonita*) beautiful thing; **es una ~** it's lovely, it's really beautiful.

precioso, a [pre'θjoso, a] *a* precious; (*de mucho valor*) valuable; (*fam*) lovely, beautiful.

precipicio [preθi'piθjo] *nm* cliff, precipice; (*fig*) abyss.

precipitación [preθipita'θjon] *nf* haste; (*lluvia*) rainfall.

precipitado, a [preθipi'taðo, a] *a* (*conducta*) hasty, rash; (*salida*) hasty, sudden.

precipitar [preθipi'tar] *vt* (*arrojar*) to hurl down, throw; (*apresurar*) to hasten; (*acelerar*) to speed up, accelerate; **~se** *vr* to throw o.s.; (*apresurarse*) to rush; (*actuar sin pensar*) to act rashly.

precisamente [preθisa'mente] *ad* precisely; (*exactamente*) precisely, exactly.

precisar [preθi'sar] *vt* (*necesitar*) to need, require; (*fijar*) to determine exactly, fix; (*especificar*) to specify.

precisión [preθi'sjon] *nf* (*exactitud*) precision.

preciso, a [pre'θiso, a] *a* (*exacto*) precise; (*necesario*) necessary, essential.

preconcebido, a [prekonθe'βiðo, a] *a* preconceived.

precoz [pre'koθ] *a* (*persona*) precocious; (*calvicie etc*) premature.

precursor, a [prekur'sor, a] *nm/f* predecessor, forerunner.

predecir [preðe'θir] *vt* to predict, forecast.

predestinado, a [preðesti'naðo, a] *a* predestined.

predeterminar [preðetermi'nar] *vt* to predetermine.

prédica ['preðika] *nf* sermon.

predicador, a [preðika'ðor, a] *nm/f* preacher.
predicar [preði'kar] *vt, vi* to preach.
predicción [preðik'θjon] *nf* prediction.
predilecto, a [preði'lekto, a] *a* favourite.
predisponer [preðispo'ner] *vt* to predispose; (*pey*) to prejudice; **predisposición** *nf* inclination; prejudice, bias.
predominante [preðomi'nante] *a* predominant.
predominar [preðomi'nar] *vt* to dominate // *vi* to predominate; (*prevalecer*) to prevail; **predominio** *nm* predominance; prevalence.
preescolar [pre(e)sko'lar] *a* preschool.
prefabricado, a [prefaβri'kaðo, a] *a* prefabricated.
prefacio [pre'faθjo] *nm* preface.
preferencia [prefe'renθja] *nf* preference; de ~ preferably, for preference.
preferible [prefe'riβle] *a* preferable.
preferir [prefe'rir] *vt* to prefer.
prefiero *etc vb ver* **preferir**.
prefigurar [prefiɣu'rar] *vt* to foreshadow, prefigure.
pregonar [preɣo'nar] *vt* to proclaim, announce.
pregunta [pre'ɣunta] *nf* question; **hacer una** ~ to ask *o* put (forth (*US*)) a question.
preguntar [preɣun'tar] *vt* to ask; (*cuestionar*) to question // *vi* to ask; ~**se** *vr* to wonder; ~ **por alguien** to ask for sb.
preguntón, ona [preɣun'ton, ona] *a* inquisitive.
prehistórico, a [preis'toriko, a] *a* prehistoric.
prejuicio [pre'xwiθjo] *nm* (*acto*) prejudgement; (*idea preconcebida*) preconception; (*parcialidad*) prejudice, bias.
preliminar [prelimi'nar] *a* preliminary.
preludio [pre'luðjo] *nm* prelude.
prematuro, a [prema'turo, a] *a* premature.
premeditación [premeðita'θjon] *nf* premeditation.
premeditar [premeði'tar] *vt* to premeditate.
premiar [pre'mjar] *vt* to reward; (*en un concurso*) to give a prize to.
premio ['premjo] *nm* reward; prize; (*COM*) premium.
premonición [premoni'θjon] *nf* premonition.
premura [pre'mura] *nf* (*aprieto*) pressure; (*prisa*) haste, urgency.
prenatal [prena'tal] *a* antenatal, prenatal.
prenda ['prenda] *nf* (*ropa*) garment, article of clothing; (*garantía*) pledge; ~**s** *nfpl* talents, gifts.
prendar [pren'dar] *vt* to captivate, enchant; ~**se de uno** to fall in love with sb.
prendedor [prende'ðor] *nm* brooch.
prender [pren'der] *vt* (*captar*) to catch, capture; (*detener*) to arrest; (*COSTURA*) to pin, attach; (*sujetar*) to fasten // *vi* to catch; (*arraigar*) to take root; ~**se** *vr* (*encenderse*) to catch fire.
prendido, a [pren'diðo, a] *a* (*AM*: *luz etc*) on.
prensa ['prensa] *nf* press; **la P~** the press; **prensar** *vt* to press.
preñado, a [pre'ɲaðo, a] *a* (*ZOOL*) pregnant; ~ **de** pregnant with, full of; **preñez** *nf* pregnancy.
preocupación [preokupa'θjon] *nf* worry, concern; (*ansiedad*) anxiety.
preocupado, a [preoku'paðo, a] *a* worried, concerned; (*ansioso*) anxious.
preocupar [preoku'par] *vt* to worry; ~**se** *vr* to worry; ~**se de algo** (*hacerse cargo*) to take care of sth.
preparación [prepara'θjon] *nf* (*acto*) preparation; (*estado*) readiness; (*entrenamiento*) training.
preparado, a [prepa'raðo, a] *a* (*dispuesto*) prepared; (*CULIN*) ready (to serve) // *nm* preparation.
preparador, a [prepara'ðor, a] *nm/f* trainer.
preparar [prepa'rar] *vt* (*disponer*) to prepare, get ready; (*TEC*: *tratar*) to prepare, process; (*entrenar*) to teach, train; ~**se** *vr*: ~**se a** *o* **para** to prepare to *o* for, get ready to *o* for; **preparativo, a** *a* preparatory, preliminary; **preparativos** *nmpl* preparations; **preparatorio, a** *a* preparatory // *nf* (*AM*) sixth-form college (*Brit*), senior high school (*US*).
prerrogativa [prerroɣa'tiβa] *nf* prerogative, privilege.
presa ['presa] *nf* (*cosa apresada*) catch; (*víctima*) victim; (*de animal*) prey; (*de agua*) dam.
presagiar [presa'xjar] *vt* to presage, forebode.
presbítero [pres'βitero] *nm* priest.
prescindir [presθin'dir] *vi*: ~ **de** (*privarse de*) to do without, go without; (*descartar*) to dispense with.
prescribir [preskri'βir] *vt* to prescribe; **prescripción** *nf* prescription.
presencia [pre'senθja] *nf* presence; **presencial** *a*: **testigo presencial** eyewitness; **presenciar** *vt* to be present at; (*asistir a*) to attend; (*ver*) to see, witness.
presentación [presenta'θjon] *nf* presentation; (*introducción*) introduction.
presentador, a [presenta'ðor, a] *nm/f* presenter, compère.
presentar [presen'tar] *vt* to present; (*ofrecer*) to offer; (*mostrar*) to show, display; (*a una persona*) to introduce; ~**se** *vr* (*llegar inesperadamente*) to appear, turn up; (*ofrecerse como candidato*) to run, stand; (*aparecer*) to

show, appear; (*solicitar empleo*) to apply.

presente [pre'sente] *a* present // *nm* present; **hacer ~** to state, declare; **tener ~** to remember, bear in mind.

presentimiento [presenti'mjento] *nm* premonition, presentiment.

presentir [presen'tir] *vt* to have a premonition of.

preservación [preserβa'θjon] *nf* protection, preservation.

preservar [preser'βar] *vt* to protect, preserve; **preservativo** *nm* sheath, condom.

presidencia [presi'ðenθja] *nf* presidency; (*de comité*) chairmanship.

presidente [presi'ðente] *nm/f* president; (*de comité*) chairman/woman.

presidiario [presi'ðjarjo] *nm* convict.

presidio [pre'sidjo] *nm* prison, penitentiary.

presidir [presi'ðir] *vt* (*dirigir*) to preside at, preside over; (: *comité*) to take the chair at; (*dominar*) to dominate, rule // *vi* to preside; to take the chair.

presión [pre'sjon] *nf* pressure; **presionar** *vt* to press; (*fig*) to press, put pressure on // *vi*: **presionar para** to press for.

preso, a ['preso, a] *nm/f* prisoner; **tomar** *o* **llevar ~ a uno** to arrest sb, take sb prisoner.

prestado, a [pres'taðo, a] *a* on loan; **pedir ~** to borrow.

prestamista [presta'mista] *nm/f* moneylender.

préstamo ['prestamo] *nm* loan; **~ hipotecario** mortgage.

prestar [pres'tar] *vt* to lend, loan; (*atención*) to pay; (*ayuda*) to give.

presteza [pres'teθa] *nf* speed, promptness.

prestigio [pres'tixjo] *nm* prestige; **~so, a** *a* (*honorable*) prestigious; (*famoso, renombrado*) renowned, famous.

presto, a ['presto, a] *a* (*rápido*) quick, prompt; (*dispuesto*) ready // *ad* at once, right away.

presumir [presu'mir] *vt* to presume // *vi* (*tener aires*) to be conceited; **según cabe ~** as may be presumed, presumably; **presunción** *nf* presumption; **presunto, a** *a* (*supuesto*) supposed, presumed; (*así llamado*) so-called; **presuntuoso, a** *a* conceited, presumptuous.

presuponer [presupo'ner] *vt* to presuppose.

presupuesto *pp de* **presuponer** // [presu'pwesto] *nm* (*FINANZAS*) budget; (*estimación*: *de costo*) estimate.

presuroso, a [presu'roso, a] *a* (*rápido*) quick, speedy; (*que tiene prisa*) hasty.

pretencioso, a [preten'θjoso, a] *a* pretentious.

pretender [preten'der] *vt* (*intentar*) to try to, seek to; (*reivindicar*) to claim; (*buscar*) to seek, try for; (*cortejar*) to woo, court; **~ que** to expect that; **pretendiente** *nm/f* (*candidato*) candidate, applicant; (*amante*) suitor; **pretensión** *nf* (*aspiración*) aspiration; (*reivindicación*) claim; (*orgullo*) pretension.

pretexto [pre'teksto] *nm* pretext; (*excusa*) excuse.

prevalecer [preβale'θer] *vi* to prevail.

prevención [preβen'θjon] *nf* (*preparación*) preparation; (*estado*) preparedness, readiness; (*el evitar*) prevention; (*previsión*) foresight, forethought; (*precaución*) precaution.

prevenido, a [preβe'niðo, a] *a* prepared, ready; (*cauteloso*) cautious.

prevenir [preβe'nir] *vt* (*impedir*) to prevent; (*prever*) to foresee, anticipate; (*predisponer*) to prejudice, bias; (*avisar*) to warn; (*preparar*) to prepare, get ready; **~se** *vr* to get ready, prepare; **~se contra** to take precautions against; **preventivo, a** *a* preventive, precautionary.

prever [pre'βer] *vt* to foresee.

previo, a ['preβjo, a] *a* (*anterior*) previous; (*preliminar*) preliminary // *prep*: **~ acuerdo de los otros** subject to the agreement of the others.

previsión [preβi'sjon] *nf* (*perspicacia*) foresight; (*predicción*) forecast.

prima ['prima] *nf ver* **primo**.

primacía [prima'θia] *nf* primacy.

primario, a [pri'marjo, a] *a* primary.

primavera [prima'βera] *nf* spring(time).

primero, a [pri'mero, a] *a* (*delante de nmsg*: **primer**) first; (*principal*) prime // *ad* first; (*más bien*) sooner, rather // *nf* (*AUTO*) first gear; (*FERRO*: *tb*: **primera clase**) first class; **de primera** (*fam*) first-class, first-rate; **primera plana** front page.

primitivo, a [primi'tiβo, a] *a* primitive; (*original*) original.

primo, a ['primo, a] *a* prime // *nm/f* cousin; (*fam*) fool, idiot // *nf* (*COM*) bonus; **~ de seguro** insurance premium; **~ hermano** first cousin; **materias primas** raw materials.

primogénito, a [primo'xenito, a] *a* first-born.

primordial [primor'ðjal] *a* basic, fundamental.

primoroso, a [primo'roso, a] *a* exquisite, delicate.

princesa [prin'θesa] *nf* princess.

principal [prinθi'pal] *a* principal, main // *nm* (*jefe*) chief, principal.

príncipe ['prinθipe] *nm* prince.

principiante [prinθi'pjante] *nm/f* beginner.

principiar [prinθi'pjar] *vt* to begin.

principio [prin'θipjo] *nm* (*comienzo*) beginning, start; (*origen*) origin;

(*primera etapa*) rudiment, basic idea; (*moral*) principle; a ~s de at the beginning of.
pringoso, a [prin'ɣoso, a] *a* (*grasiento*) greasy; (*pegajoso*) sticky.
pringue ['pringe] *nm* (*grasa*) grease, fat, dripping.
prioridad [priori'ðað] *nf* priority.
prisa ['prisa] *nf* (*apresuramiento*) hurry, haste; (*rapidez*) speed; (*urgencia*) (sense of) urgency; a *o* de ~ quickly; correr ~ to be urgent; **darse ~** to hurry up; **estar de** *o* **tener ~** to be in a hurry.
prisión [pri'sjon] *nf* (*cárcel*) prison; (*período de cárcel*) imprisonment; **prisionero, a** *nm/f* prisoner.
prismáticos [pris'matikos] *nmpl* binoculars.
privación [prißa'θjon] *nf* deprivation; (*falta*) want, privation.
privado, a [pri'ßaðo, a] *a* private.
privar [pri'ßar] *vt* to deprive; **privativo, a** *a* exclusive.
privilegiado, a [prißile'xjaðo, a] *a* privileged; (*memoria*) very good.
privilegiar [prißile'xjar] *vt* to grant a privilege to; (*favorecer*) to favour.
privilegio [prißi'lexjo] *nm* privilege; (*concesión*) concession.
pro [pro] *nm o f* profit, advantage // *prep*: **asociación ~ ciegos** association for the blind // *pref*: **~ soviético/americano** pro-Soviet/American; **en ~ de** on behalf of, for; **los ~s y los contras** the pros and cons.
proa ['proa] *nf* bow, prow; **de ~** bow *cpd*, fore.
probabilidad [proßaßili'ðað] *nf* probability, likelihood; (*oportunidad, posibilidad*) chance, prospect; **probable** *a* probable, likely.
probador [proßa'ðor] *nm* (*en tienda*) fitting room.
probar [pro'ßar] *vt* (*demostrar*) to prove; (*someter a prueba*) to test, try out; (*ropa*) to try on; (*comida*) to taste // *vi* to try; **~se un traje** to try on a suit.
probeta [pro'ßeta] *nf* test tube.
problema [pro'ßlema] *nm* problem.
procedente [proθe'ðente] *a* (*razonable*) reasonable; (*conforme a derecho*) proper, fitting; **~ de** coming from, originating in.
proceder [proθe'ðer] *vi* (*avanzar*) to proceed; (*actuar*) to act; (*ser correcto*) to be right (and proper), be fitting; **~ de** to come from, originate in // *nm* (*comportamiento*) behaviour, conduct; **procedimiento** *nm* procedure; (*proceso*) process; (*método*) means *pl*, method.
procesado, a [proθe'saðo, a] *nm/f* accused.
procesador [proθesa'ðor] *nm*: **~ de textos** word processor.
procesar [proθe'sar] *vt* to try, put on trial.
procesión [proθe'sjon] *nf* procession.
proceso [pro'θeso] *nm* process; (*JUR*) trial; (*lapso*) course (of time).
proclamar [prokla'mar] *vt* to proclaim.
procreación [prokrea'θjon] *nf* procreation.
procrear [prokre'ar] *vt, vi* to procreate.
procurador, a [prokura'ðor, a] *nm/f* attorney.
procurar [proku'rar] *vt* (*intentar*) to try, endeavour; (*conseguir*) to get, obtain; (*asegurar*) to secure; (*producir*) to produce.
prodigio [pro'ðixjo] *nm* prodigy; (*milagro*) wonder, marvel; **~so, a** *a* prodigious, marvellous.
pródigo, a ['proðiɣo, a] *a*: **hijo ~** prodigal son.
producción [proðuk'θjon] *nf* (*gen*) production; (*producto*) product; **~ en serie** mass production.
producir [proðu'θir] *vt* to produce; (*causar*) to cause, bring about; **~se** *vr* (*cambio*) to come about; (*accidente*) to take place; (*problema etc*) to arise; (*hacerse*) to be produced, be made; (*estallar*) to break out.
productividad [proðuktißi'ðað] *nf* productivity; **productivo, a** *a* productive; (*provechoso*) profitable.
producto [pro'ðukto] *nm* product; (*producción*) production.
productor, a [proðuk'tor, a] *a* productive, producing // *nm/f* producer.
proeza [pro'eθa] *nf* exploit, feat.
profanar [profa'nar] *vt* to desecrate, profane; **profano, a** *a* profane // *nm/f* layman/woman.
profecía [profe'θia] *nf* prophecy.
proferir [profe'rir] *vt* (*palabra, sonido*) to utter; (*injuria*) to hurl, let fly.
profesar [profe'sar] *vt* (*practicar*) to practise.
profesión [profe'sjon] *nf* profession; **profesional** *a* professional.
profesor, a [profe'sor, a] *nm/f* teacher; **~ado** *nm* teaching profession.
profeta [pro'feta] *nm/f* prophet; **profetizar** *vt, vi* to prophesy.
prófugo, a ['profuɣo, a] *nm/f* fugitive; (*MIL: desertor*) deserter.
profundidad [profundi'ðað] *nf* depth; **profundizar** *vt* (*fig*) to go deeply into; **profundo, a** *a* deep; (*misterio, pensador*) profound.
profusión [profu'sjon] *nf* (*abundancia*) profusion; (*prodigalidad*) extravagance.
progenitor [proxeni'tor] *nm* ancestor; **~es** *nmpl* (*padres*) parents.
programa [pro'ɣrama] *nm* programme (*Brit*), program (*US*); **~ción** *nf* programming; **~dor, a** *nm/f* programmer; **programar** *vt* to program.

progresar [proɤre'sar] *vi* to progress, make progress; **progresista** *a*, *nm/f* progressive; **progresivo, a** *a* progressive; (*gradual*) gradual; (*continuo*) continuous; **progreso** *nm* progress.

prohibición [proiβi'θjon] *nf* prohibition, ban.

prohibir [proi'βir] *vt* to prohibit, ban, forbid; **se prohíbe fumar, prohibido fumar** no smoking.

prójimo, a ['proximo, a] *nm/f* fellow man; (*vecino*) neighbour.

proletariado [proleta'rjaðo] *nm* proletariat.

proletario, a [prole'tarjo, a] *a*, *nm/f* proletarian.

proliferación [prolifera'θjon] *nf* proliferation.

proliferar [prolife'rar] *vi* to proliferate; **prolífico, a** *a* prolific.

prolijo, a [pro'lixo, a] *a* long-winded, tedious.

prólogo ['proloɤo] *nm* prologue.

prolongación [prolonga'θjon] *nf* extension; **prolongado, a** *a* (*largo*) long; (*alargado*) lengthy.

prolongar [prolon'ɤar] *vt* to extend; (*reunión etc*) to prolong; (*calle, tubo*) to extend.

promedio [pro'meðjo] *nm* average; (*de distancia*) middle, mid-point.

promesa [pro'mesa] *nf* promise.

prometer [prome'ter] *vt* to promise // *vi* to show promise; **~se** *vr* (*novios*) to get engaged; **prometido, a** *a* promised; engaged // *nm/f* fiancé/fiancée.

prominente [promi'nente] *a* prominent.

promiscuo, a [pro'miskwo, a] *a* promiscuous.

promoción [promo'θjon] *nf* promotion.

promotor [promo'tor] *nm* promoter; (*instigador*) instigator.

promover [promo'βer] *vt* to promote; (*causar*) to cause; (*instigar*) to instigate, stir up.

promulgar [promul'ɤar] *vt* to promulgate; (*fig*) to proclaim.

pronombre [pro'nombre] *nm* pronoun.

pronosticar [pronosti'kar] *vt* to predict, foretell, forecast; **pronóstico** *nm* prediction, forecast; **pronóstico del tiempo** weather forecast.

pronto, a ['pronto, a] *a* (*rápido*) prompt, quick; (*preparado*) ready // *ad* quickly, promptly; (*en seguida*) at once, right away; (*dentro de poco*) soon; (*temprano*) early // *nm*: **tener ~s de enojo** to be quick-tempered; **al ~** at first; **de ~** suddenly; **por lo ~** meanwhile, for the present.

pronunciación [pronunθja'θjon] *nf* pronunciation.

pronunciar [pronun'θjar] *vt* to pronounce; (*discurso*) to make, deliver; **~se** *vr* to revolt, rebel; (*declararse*) to declare o.s.

propagación [propaɤa'θjon] *nf* propagation.

propaganda [propa'ɤanda] *nf* (*política*) propaganda; (*comercial*) advertising.

propagar [propa'ɤar] *vt* to propagate.

propensión [propen'sjon] *nf* inclination, propensity; **propenso, a** *a* inclined to; **ser propenso a** to be inclined to, have a tendency to.

propiamente [propja'mente] *ad* properly; (*realmente*) really, exactly.

propicio, a [pro'piθjo, a] *a* favourable, propitious.

propiedad [propje'ðað] *nf* property; (*posesión*) possession, ownership; **~ particular** private property.

propietario, a [propje'tarjo, a] *nm/f* owner, proprietor.

propina [pro'pina] *nf* tip.

propio, a ['propjo, a] *a* own, of one's own; (*característico*) characteristic, typical; (*debido*) proper; (*mismo*) selfsame, very; **el ~ ministro** the minister himself; **¿tienes casa propia?** have you a house of your own?

proponer [propo'ner] *vt* to propose, put forward; (*problema*) to pose; **~se** *vr* to propose, intend.

proporción [propor'θjon] *nf* proportion; (*MAT*) ratio; **proporciones** *nfpl* dimensions; (*fig*) size *sg*; **proporcionado, a** *a* proportionate; (*regular*) medium, middling; (*justo*) just right; **proporcionar** *vt* (*dar*) to give, supply, provide.

proposición [proposi'θjon] *nf* proposition; (*propuesta*) proposal.

propósito [pro'posito] *nm* purpose; (*intento*) aim, intention // *ad*: **a ~** by the way, incidentally; (*a posta*) on purpose, deliberately; **a ~ de** about, with regard to.

propuesta *vb ver* **proponer** // [pro'pwesta] *nf* proposal.

propulsar [propul'sar] *vt* to drive, propel; (*fig*) to promote, encourage; **propulsión** *nf* propulsion; **propulsión a chorro** *o* **por reacción** jet propulsion.

prórroga ['prorroɤa] *nf* extension; (*JUR*) stay; (*COM*) deferment; (*DEPORTE*) extra time; **prorrogar** *vt* (*período*) to extend; (*decisión*) to defer, postpone.

prorrumpir [prorrum'pir] *vi* to burst forth, break out.

prosa ['prosa] *nf* prose.

proscripción [proscrip'θjon] *nf* prohibition, ban; (*destierro*) banishment; (*de un partido*) proscription.

proscrito, a [pro'skrito, a] *a* (*prohibido, desterrado*) banned.

prosecución [proseku'θjon] *nf* continuation.

proseguir [prose'ɤir] *vt* to continue, carry on // *vi* to continue, go on.

prospección [prospek'θjon] *nf* explora-

tion; (*del oro*) prospecting.
prospecto [pros'pekto] *nm* prospectus.
prosperar [prospe'rar] *vi* to prosper, thrive, flourish; **prosperidad** *nf* prosperity; (*éxito*) success; **próspero, a** *a* prosperous, flourishing; (*que tiene éxito*) successful.
prostíbulo [pros'tiβulo] *nm* brothel (*Brit*), house of prostitution (*US*).
prostitución [prostitu'θjon] *nf* prostitution.
prostituir [prosti'twir] *vt* to prostitute; **~se** *vr* to prostitute o.s., become a prostitute.
prostituta [prosti'tuta] *nf* prostitute.
protagonista [protaɣo'nista] *nm/f* protagonist.
protagonizar [protaɣoni'θar] *vt* to take the chief rôle in.
protección [protek'θjon] *nf* protection.
protector, a [protek'tor, a] *a* protective, protecting // *nm/f* protector.
proteger [prote'xer] *vt* to protect; **protegido, a** *nm/f* protégé/protégée.
proteína [prote'ina] *nf* protein.
protesta [pro'testa] *nf* protest; (*declaración*) protestation.
protestante [protes'tante] *a* Protestant.
protestar [protes'tar] *vt* to protest, declare; (*fe*) to protest // *vi* to protest.
protocolo [proto'kolo] *nm* protocol.
prototipo [proto'tipo] *nm* prototype.
prov. *abr* (= *provincia*) prov.
provecho [pro'βetʃo] *nm* advantage, benefit; (*FINANZAS*) profit; **¡buen ~!** bon appétit!; **en ~ de** to the benefit of; **sacar ~ de** to benefit from, profit by.
proveer [proβe'er] *vt* to provide, supply // *vi*: **~ a** to provide for.
provenir [proβe'nir] *vi*: **~ de** to come from, stem from.
proverbio [pro'βerβjo] *nm* proverb.
providencia [proβi'ðenθja] *nf* providence; (*previsión*) foresight.
provincia [pro'βinθja] *nf* province; **~no, a** *a* provincial; (*del campo*) country *cpd*.
provisión [proβi'sjon] *nf* provision; (*abastecimiento*) provision, supply; (*medida*) measure, step.
provisional [proβisjo'nal] *a* provisional.
provocación [proβoka'θjon] *nf* provocation.
provocar [proβo'kar] *vt* to provoke; (*alentar*) to tempt, invite; (*causar*) to bring about, lead to; (*promover*) to promote; (*estimular*) to rouse, stimulate; **¿te provoca un café?** (*AM*) would you like a coffee?; **provocativo, a** *a* provocative.
próximamente [proksima'mente] *ad* shortly, soon.
proximidad [proksimi'ðað] *nf* closeness, proximity; **próximo, a** *a* near, close; (*vecino*) neighbouring; (*siguiente*) next.
proyectar [projek'tar] *vt* (*objeto*) to hurl, throw; (*luz*) to cast, shed; (*CINE*) to screen, show; (*planear*) to plan.
proyectil [projek'til] *nm* projectile, missile.
proyecto [pro'jekto] *nm* plan; (*estimación de costo*) detailed estimate.
proyector [projek'tor] *nm* (*CINE*) projector.
prudencia [pru'ðenθja] *nf* (*sabiduría*) wisdom; (*cuidado*) care; **prudente** *a* sensible, wise; (*conductor*) careful.
prueba *etc vb ver* **probar** // ['prweβa] *nf* proof; (*ensayo*) test, trial; (*degustación*) tasting, sampling; (*de ropa*) fitting; **a ~** on trial; **a ~ de** proof against; **a ~ de agua/fuego** waterproof/fireproof; **someter a ~** to put to the test.
prurito [pru'rito] *nm* itch; (*de bebé*) nappy (*Brit*) *o* diaper (*US*) rash.
psico... [siko] *pref* psycho...; **~análisis** *nm inv* psychoanalysis; **~logía** *nf* psychology; **~lógico, a** *a* psychological; **psicólogo, a** *nm/f* psychologist; **psicópata** *nm/f* psychopath; **~sis** *nf inv* psychosis.
psiquiatra [si'kjatra] *nm/f* psychiatrist; **psiquiátrico, a** *a* psychiatric.
psíquico, a ['sikiko, a] *a* psychic(al).
PSOE [pe'soe] *nm abr* = *Partido Socialista Obrero Español.*
pta(s) *abr* = **peseta(s).**
pts *abr* = **pesetas.**
púa ['pua] *nf* sharp point; (*BOT, ZOOL*) prickle, spine; (*para guitarra*) plectrum (*Brit*), pick (*US*); **alambre de ~** barbed wire.
pubertad [puβer'tað] *nf* puberty.
publicación [puβlika'θjon] *nf* publication.
publicar [puβli'kar] *vt* (*editar*) to publish; (*hacer público*) to publicize; (*divulgar*) to make public, divulge.
publicidad [puβliθi'ðað] *nf* publicity; (*COM: propaganda*) advertising; **publicitario, a** *a* publicity *cpd*; advertising *cpd*.
público, a ['puβliko, a] *a* public // *nm* public; (*TEATRO etc*) audience.
puchero [pu'tʃero] *nm* (*CULIN: guiso*) stew; (: *olla*) cooking pot; **hacer ~s** to pout.
pude *etc vb ver* **poder.**
púdico, a ['puðiko, a] *a* modest.
pudiente [pu'ðjente] *a* (*rico*) wealthy, well-to-do.
pudiera *etc vb ver* **poder.**
pudor [pu'ðor] *nm* modesty.
pudrir [pu'ðrir] *vt* to rot; (*fam*) to upset, annoy; **~se** *vr* to rot, decay.
pueblo ['pweβlo] *nm* people; (*nación*) nation; (*aldea*) village.
puedo *etc vb ver* **poder.**
puente ['pwente] *nm* bridge; **~ aéreo** shuttle service; **~ colgante** suspension bridge; **hacer ~** (*fam*) *to take an extra day off work between 2 public holidays*;

to take a long weekend.
puerco, a ['pwerko, a] *nm/f* pig/sow // *a* (*sucio*) dirty, filthy; (*obsceno*) disgusting; ~ de mar porpoise; ~ marino dolphin.
pueril [pwe'ril] *a* childish.
puerro ['pwerro] *nm* leek.
puerta ['pwerta] *nf* door; (*de jardín*) gate; (*portal*) doorway; (*fig*) gateway; (*portería*) goal; a la ~ at the door; a ~ cerrada behind closed doors; ~ giratoria revolving door.
puertaventana [pwertaβen'tana] *nf* shutter.
puerto ['pwerto] *nm* port; (*paso*) pass; (*fig*) haven, refuge.
Puerto Rico [pwerto'riko] *nm* Puerto Rico; **puertorriqueño, a** *a, nm/f* Puerto Rican.
pues [pwes] *ad* (*entonces*) then; (*bueno*) well, well then; (*así que*) so // *conj* (*ya que*) since; ¡~! (*sí*) yes!, certainly!
puesto, a ['pwesto, a] *pp de* **poner** // *a* dressed // *nm* (*lugar, posición*) place; (*trabajo*) post, job; (COM) stall // *conj*: ~ **que** since, as // *nf* (*apuesta*) bet, stake; **puesta en marcha** starting; **puesta del sol** sunset.
púgil ['puxil] *nm* boxer.
pugna ['puɣna] *nf* battle, conflict; **~cidad** *nf* pugnacity, aggressiveness; **pugnar** *vi* (*luchar*) to struggle, fight; (*pelear*) to fight.
pujar [pu'xar] *vi* (*en subasta*) to bid; (*esforzarse*) to struggle, strain.
pulcro, a ['pulkro, a] *a* neat, tidy; (*bello*) exquisite.
pulga ['pulɣa] *nf* flea.
pulgada [pul'ɣaða] *nf* inch.
pulgar [pul'ɣar] *nm* thumb.
pulir [pu'lir], **pulimentar** [pulimen'tar] *vt* to polish; (*alisar*) to smooth; (*fig*) to polish up, touch up.
pulmón [pul'mon] *nm* lung; **pulmonía** *nf* pneumonia.
pulpa ['pulpa] *nf* pulp; (*de fruta*) flesh, soft part.
pulpería [pulpe'ria] *nf* (*AM*: *tienda*) small grocery store.
púlpito ['pulpito] *nm* pulpit.
pulpo ['pulpo] *nm* octopus.
pulsación [pulsa'θjon] *nf* beat, pulsation; (ANAT) throb(bing).
pulsador [pulsa'ðor] *nm* button, push button.
pulsar [pul'sar] *vt* (*tecla*) to touch, tap; (MUS) to play; (*botón*) to press, push // *vi* to pulsate; (*latir*) to beat, throb; (MED): ~ **a uno** to take sb's pulse.
pulsera [pul'sera] *nf* bracelet.
pulso ['pulso] *nm* (ANAT) pulse; (: *muñeca*) wrist; (*fuerza*) strength; (*firmeza*) steadiness, steady hand; (*tacto*) tact, good sense.
pulverizador [pulβeriθa'ðor] *nm* spray, spray gun.
pulverizar [pulβeri'θar] *vt* to pulverize; (*líquido*) to spray.
pulla ['puʎa] *nf* cutting remark; (*expresión grosera*) obscene remark.
puna ['puna] *nf* (AM MED) mountain sickness.
pungir [pun'xir] *vt* to puncture, pierce; (*fig*) to cause suffering to.
punición [puni'θjon] *nf* punishment; **punitivo, a** *a* punitive.
punta ['punta] *nf* point, tip; (*extremidad*) end; (*fig*) touch, trace; **horas ~s** peak hours, rush hours; **sacar ~ a** to sharpen; **estar de ~** to be edgy.
puntada [pun'taða] *nf* (COSTURA) stitch.
puntal [pun'tal] *nm* prop, support.
puntapié [punta'pje] *nm* kick.
puntear [punte'ar] *vt* to tick, mark.
puntería [punte'ria] *nf* (*de arma*) aim, aiming; (*destreza*) marksmanship.
puntero, a [pun'tero, a] *a* leading // *nm* (*palo*) pointer.
puntiagudo, a [puntja'ɣuðo, a] *a* sharp, pointed.
puntilla [pun'tiʎa] *nf* (*encaje*) lace edging *o* trim; (**andar**) **de ~s** (to walk) on tiptoe.
punto ['punto] *nm* (*gen*) point; (*señal diminuta*) spot, dot; (COSTURA, MED) stitch; (*lugar*) spot, place; (*momento*) point, moment; a ~ ready; **estar a ~ de** to be on the point of *o* about to; **en ~** on the dot; ~ **muerto** dead centre; (AUTO) neutral (gear); ~ **final** full stop (*Brit*), period (*US*); ~ **y coma** semicolon; ~ **de interrogación** question mark; **hacer ~** (*tejer*) to knit.
puntuación [puntwa'θjon] *nf* punctuation; (*puntos*: *en examen*) mark(s) (*pl*); (: DEPORTE) score.
puntual [pun'twal] *a* (*a tiempo*) punctual; (*exacto*) exact, accurate; (*seguro*) reliable; **~idad** *nf* punctuality; exactness, accuracy; reliability; **~izar** *vt* to fix, specify.
punzante [pun'θante] *a* (*dolor*) shooting, sharp; (*herramienta*) sharp; **punzar** *vt* to prick, pierce // *vi* to shoot, stab.
puñado [pu'ɲaðo] *nm* handful.
puñal [pu'ɲal] *nm* dagger; **~ada** *nf* stab.
puñetazo [puɲe'taθo] *nm* punch.
puño ['puɲo] *nm* (ANAT) fist; (*cantidad*) fistful, handful; (COSTURA) cuff; (*de herramienta*) handle.
pupila [pu'pila] *nf* pupil.
pupitre [pu'pitre] *nm* desk.
puré [pu're] *nm* puree; (*sopa*) (thick) soup; ~ **de patatas** mashed potatoes.
pureza [pu'reθa] *nf* purity.
purga ['purɣa] *nf* purge; **purgante** *a, nm* purgative; **purgar** *vt* to purge.
purgatorio [purɣa'torjo] *nm* purgatory.
purificar [purifi'kar] *vt* to purify; (*refinar*) to refine.

puritano, a [puri'tano, a] *a* (*actitud*) puritanical; (*iglesia, tradición*) puritan // *nm/f* puritan.
puro, a ['puro, a] *a* pure; (*cielo*) clear; (*verdad*) simple, plain // *ad*: **de ~ cansado** out of sheer tiredness // *nm* cigar.
púrpura ['purpura] *nf* purple; **purpúreo, a** *a* purple.
pus [pus] *nm* pus.
puse, pusiera *etc vb ver* **poner**.
pústula ['pustula] *nf* pimple, sore.
puta ['puta] *nf* whore, prostitute.
putrefacción [putrefak'θjon] *nf* rotting, putrefaction.
pútrido, a ['putriðo, a] *a* rotten.
PVP *abr* (*Esp*: = *precio venta al público*) RRP.

Q

q.e.p.d. *abr* (= *que en paz descanse*) R.I.P.
que [ke] ♦ *conj* **1** (*con oración subordinada: muchas veces no se traduce*) that; **dijo ~ vendría** he said (that) he would come; **espero ~ lo encuentres** I hope (that) you find it; *ver tb* **el**
2 (*en oración independiente*): **¡~ entre!** send him in; **¡que se mejore tu padre!** I hope your father gets better
3 (*enfático*): **¿me quieres? - ¡~ sí!** do you love me? - of course!
4 (*consecutivo: muchas veces no se traduce*) that; **es tan grande ~ no lo puedo levantar** it's so big (that) I can't lift it
5 (*comparaciones*) than; **yo ~ tú/él** if I were you/him; *ver tb* **más, menos, mismo**
6 (*valor disyuntivo*): **~ le guste o no** whether he likes it or not; **~ venga o ~ no venga** whether he comes or not
7 (*porque*): **no puedo, ~ tengo ~ quedarme en casa** I can't, I've got to stay in
♦ *pron* **1** (*cosa*) that, which; (+ *prep*) which; **el sombrero ~ te compraste** the hat (that *o* which) you bought; **la cama en ~ dormí** the bed (that *o* which) I slept in
2 (*persona: suj*) that, who; (: *objeto*) that, whom; **el amigo ~ me acompañó al museo** the friend that *o* who went to the museum with me: **la chica que invité** the girl (that *o* whom) I invited.
qué [ke] *a* what?, which? // *pron* what?; **¡~ divertido!** how funny!; **¿~ edad tienes?** how old are you?; **¿de ~ me hablas?** what are you saying to me?; **¿~ tal?** how are you?, how are things?; **¿~ hay (de nuevo)?** what's new?
quebrada [ke'ßraða] *nf ver* **quebrado**.
quebradizo, a [keßra'ðiθo, a] *a* fragile; (*persona*) frail.
quebrado, a [ke'ßraðo, a] *a* (*roto*) broken // *nm/f* bankrupt // *nm* (*MAT*) fraction // *nf* ravine.
quebradura [keßra'ðura] *nf* (*fisura*) fissure; (*GEO*) gorge; (*MED*) rupture.
quebrantar [keßran'tar] *vt* (*infringir*) to violate, transgress; **~se** *vr* (*persona*) to fail in health.
quebranto [ke'ßranto] *nm* damage, harm; (*decaimiento*) exhaustion; (*dolor*) grief, pain.
quebrar [ke'ßrar] *vt* to break, smash // *vi* to go bankrupt; **~se** *vr* to break, get broken; (*MED*) to be ruptured.
quedar [ke'ðar] *vi* to stay, remain; (*encontrarse: sitio*) to be; (*restar*) to remain, be left; **~se** *vr* to remain, stay (behind); **~se (con) algo** to keep sth; **~ en** (*acordar*) to agree on/to; **~ en nada** to come to nothing; **~ por hacer** to be still to be done; **~ ciego/mudo** to be left blind/dumb; **no te queda bien ese vestido** that dress doesn't suit you; **eso queda muy lejos** that's a long way (away); **quedamos a las seis** we agreed to meet at six.
quedo, a ['keðo, a] *a* still // *ad* softly, gently.
quehacer [kea'θer] *nm* task, job; **~es (domésticos)** *nmpl* household chores.
queja ['kexa] *nf* complaint; **quejarse** *vr* (*enfermo*) to moan, groan; (*protestar*) to complain; **quejarse de que** to complain (about the fact) that; **quejido** *nm* moan; **quejoso, a** *a* complaining.
quemado, a [ke'maðo, a] *a* burnt.
quemadura [kema'ðura] *nf* burn, scald.
quemar [ke'mar] *vt* to burn; (*fig: malgastar*) to burn up, squander // *vi* to be burning hot; **~se** *vr* (*consumirse*) to burn (up); (*del sol*) to get sunburnt.
quemarropa [kema'rropa]: **a ~** *ad* point-blank.
quemazón [kema'θon] *nf* burn; (*calor*) intense heat; (*sensación*) itch.
quepo *etc vb ver* **caber**.
querella [ke'reʎa] *nf* (*JUR*) charge; (*disputa*) dispute.
querer [ke'rer] *vt* **1** (*desear*) to want; **quiero más dinero** I want more money; **quisiera** *o* **querría un té** I'd like a tea; **sin ~** unintentionally; **quiero ayudar/que vayas** I want to help/you to go
2 (*preguntas: para pedir algo*): **¿quiere abrir la ventana?** could you open the window?; **¿quieres echarme una mano?** can you give me a hand?
3 (*amar*) to love; (*tener cariño a*) to be fond of; **quiere mucho a sus hijos** he's very fond of his children
4 (*requerir*): **esta planta quiere más luz** this plant needs more light
5: **le pedí que me dejara ir pero no quiso** I asked him to let me go but he re-

fused.

querido, a [ke'riðo, a] *a* dear // *nm/f* darling; (*amante*) lover.

quesería [kese'ria] *nf* dairy; (*fábrica*) cheese factory.

queso ['keso] *nm* cheese; ~ **crema** cream cheese.

quicio ['kiθjo] *nm* hinge; **sacar a uno de ~** to get on sb's nerves.

quiebra ['kjeβra] *nf* break, split; (COM) bankruptcy; (ECON) slump.

quiebro ['kjeβro] *nm* (*del cuerpo*) swerve.

quien [kjen] *pron* who; **hay ~ piensa que** there are those who think that; **no hay ~ lo haga** no-one will do it.

quién [kjen] *pron* who, whom; **¿~ es?** who's there?

quienquiera [kjen'kjera] (*pl* **quienesquiera**) *pron* whoever.

quiero *etc vb ver* **querer**.

quieto, a ['kjeto, a] *a* still; (*carácter*) placid; **quietud** *nf* stillness.

quijada [ki'xaða] *nf* jaw, jawbone.

quilate [ki'late] *nm* carat.

quilla ['kiʎa] *nf* keel.

quimera [ki'mera] *nf* chimera; **quimérico, a** *a* fantastic.

químico, a ['kimiko, a] *a* chemical // *nm/f* chemist // *nf* chemistry.

quincalla [kin'kaʎa] *nf* hardware, ironmongery (*Brit*).

quince ['kinθe] *num* fifteen; ~ **días** a fortnight; **~añero, a** *nm/f* teenager; **~na** *nf* fortnight; (*pago*) fortnightly pay; **~nal** *a* fortnightly.

quiniela [ki'njela] *nf* football pools *pl*; **~s** *nfpl* pools coupon *sg*.

quinientos, as [ki'njentos, as] *a, num* five hundred.

quinina [ki'nina] *nf* quinine.

quinqui ['kinki] *nm* delinquent.

quinto, a ['kinto, a] *a* fifth // *nf* country house; (MIL) call-up, draft.

quiosco ['kjosko] *nm* (*de música*) bandstand; (*de periódicos*) news stand.

quirúrgico, a [ki'rurxiko, a] *a* surgical.

quise, quisiera *etc vb ver* **querer**.

quisquilloso, a [kiski'ʎoso, a] *a* (*susceptible*) touchy; (*meticuloso*) pernickety.

quiste ['kiste] *nm* cyst.

quitaesmalte [kitaes'malte] *nm* nail-polish remover.

quitamanchas [kita'mantʃas] *nm inv* stain remover.

quitanieves [kita'njeβes] *nm inv* snowplough (*Brit*), snowplow (*US*).

quitar [ki'tar] *vt* to remove, take away; (*ropa*) to take off; (*dolor*) to relieve; **¡quita de ahí!** get away!; **~se** *vr* to withdraw; (*ropa*) to take off; **se quitó el sombrero** he took off his hat.

quitasol [kita'sol] *nm* sunshade (*Brit*), parasol.

quite ['kite] *nm* (*esgrima*) parry; (*evasión*) dodge.

Quito ['kito] *n* Quito.

quizá(s) [ki'θa(s)] *ad* perhaps, maybe.

R

rábano ['raβano] *nm* radish; **me importa un ~** I don't give a damn.

rabia ['raβja] *nf* (MED) rabies *sg*; (*fig: ira*) fury, rage; **rabiar** *vi* to have rabies; to rage, be furious; **rabiar por algo** to long for sth.

rabieta [ra'βjeta] *nf* tantrum, fit of temper.

rabino [ra'βino] *nm* rabbi.

rabioso, a [ra'βjoso, a] *a* rabid; (*fig*) furious.

rabo ['raβo] *nm* tail.

racial [ra'θjal] *a* racial, race *cpd*.

racimo [ra'θimo] *nm* bunch.

raciocinio [raθjo'θinjo] *nm* reason.

ración [ra'θjon] *nf* portion; **raciones** *nfpl* rations.

racional [raθjo'nal] *a* (*razonable*) reasonable; (*lógico*) rational; **~izar** *vt* to rationalize.

racionar [raθjo'nar] *vt* to ration (out).

racismo [ra'θismo] *nm* racialism, racism; **racista** *a, nm/f* racist.

racha ['ratʃa] *nf* gust of wind: **buena/mala ~** (*fig*) spell of good/bad luck.

radar [ra'ðar] *nm* radar.

radiactivo, a [raðiak'tiβo, a] *a* = **radioactivo**.

radiador [raðja'ðor] *nm* radiator.

radiante [ra'ðjante] *a* radiant.

radical [raði'kal] *a, nm/f* radical.

radicar [raði'kar] *vi* to take root; ~ **en** to lie *o* consist in; **~se** *vr* to establish o.s., put down (one's) roots.

radio ['raðjo] *nf* radio; (*aparato*) radio (set) // *nm* (MAT) radius; (QUÍMICA) radium; **~activo, a** *a* radioactive; **~difusión** *nf* broadcasting; **~emisora** *nf* transmitter, radio station; **~escucha, radioyente** *nm/f* listener; **~grafía** *nf* X-ray; **~grafiar** *vt* to X-ray; **~terapia** *nf* radiotherapy.

raer [ra'er] *vt* to scrape (off).

ráfaga ['rafaɣa] *nf* gust; (*de luz*) flash; (*de tiros*) burst.

raído, a [ra'iðo, a] *a* (*ropa*) threadbare.

raigambre [rai'ɣambre] *nf* (BOT) roots *pl*; (*fig*) tradition.

raíz [ra'iθ] *nf* root; ~ **cuadrada** square root; **a ~ de** as a result of.

raja ['raxa] *nf* (*de melón etc*) slice; (*grieta*) crack; **rajar** *vt* to split; (*fam*) to slash; **rajarse** *vr* to split, crack; **rajarse de** to back out of.

rajatabla [raxa'taβla]: **a ~** *ad* (*estrictamente*) strictly, to the letter.

ralo, a ['ralo, a] *a* thin, sparse.

rallado, a [ra'ʎaðo, a] *a* grated; **rallador** *nm* grater.
rallar [ra'ʎar] *vt* to grate.
RAM [ram] *nf abr* (= *memoria de acceso aleatorio*) RAM.
rama ['rama] *nf* branch; **~je** *nm* branches *pl*, foliage; **ramal** *nm* (*de cuerda*) strand; (*FERRO*) branch line (*Brit*); (*AUTO*) branch (road) (*Brit*).
rambla ['rambla] *nf* (*avenida*) avenue.
ramera [ra'mera] *nf* whore.
ramificación [ramifika'θjon] *nf* ramification.
ramificarse [ramifi'karse] *vr* to branch out.
ramillete [rami'ʎete] *nm* bouquet.
ramo ['ramo] *nm* branch; (*sección*) department, section.
rampa ['rampa] *nf* ramp.
ramplón, ona [ram'plon, ona] *a* uncouth, coarse.
rana ['rana] *nf* frog; **salto de ~** leapfrog.
rancio, a ['ranθjo, a] *a* (*comestibles*) rancid; (*vino*) aged, mellow; (*fig*) ancient.
ranchero [ran'tʃero] *nm* (*AM*) rancher; smallholder.
rancho ['rantʃo] *nm* grub (*fam*); (*AM*: *grande*) ranch; (: *pequeño*) small farm.
rango ['rango] *nm* rank, standing.
ranura [ra'nura] *nf* groove; (*de teléfono etc*) slot.
rapar [ra'par] *vt* to shave; (*los cabellos*) to crop.
rapaz [ra'paθ] *a* (*ZOOL*) predatory // *nm/f* (*f*: **rapaza**) young boy/girl.
rape ['rape] *nm* quick shave; (*pez*) angler (fish); **al ~** cropped.
rapé [ra'pe] *nm* snuff.
rapidez [rapi'ðeθ] *nf* speed, rapidity; **rápido, a** *a* fast, quick // *ad* quickly // *nm* (*FERRO*) express; **rápidos** *nmpl* rapids.
rapiña [ra'piɲa] *nm* robbery; **ave de ~** bird of prey.
raptar [rap'tar] *vt* to kidnap; **rapto** *nm* kidnapping; (*impulso*) sudden impulse; (*éxtasis*) ecstasy, rapture.
raqueta [ra'keta] *nf* racquet.
raquítico, a [ra'kitiko, a] *a* stunted; (*fig*) poor, inadequate; **raquitismo** *nm* rickets *sg*.
rareza [ra'reθa] *nf* rarity; (*fig*) eccentricity.
raro, a ['raro, a] *a* (*poco común*) rare; (*extraño*) odd, strange; (*excepcional*) remarkable.
ras [ras] *nm*: **a ~ de** level with; **a ~ de tierra** at ground level.
rasar [ra'sar] *vt* (*igualar*) to level.
rascacielos [raska'θjelos] *nm inv* skyscraper.
rascar [ras'kar] *vt* (*con las uñas etc*) to scratch; (*raspar*) to scrape; **~se** *vr* to scratch (o.s.).
rasgar [ras'ɣar] *vt* to tear, rip (up).
rasgo ['rasɣo] *nm* (*con pluma*) stroke; **~s** *nmpl* features, characteristics; **a grandes ~s** in outline, broadly.
rasguñar [rasɣu'ɲar] *vt* to scratch; **rasguño** *nm* scratch.
raso, a ['raso, a] *a* (*liso*) flat, level; (*a baja altura*) very low // *nm* satin; **cielo ~** clear sky.
raspadura [raspa'ðura] *nf* (*acto*) scrape, scraping; (*marca*) scratch; **~s** *nfpl* scrapings.
raspar [ras'par] *vt* to scrape; (*arañar*) to scratch; (*limar*) to file.
rastra ['rastra] *nf* (*AGR*) rake; **a ~s** by dragging; (*fig*) unwillingly.
rastreador [rastrea'ðor] *nm* tracker; **~ de minas** minesweeper.
rastrear [rastre'ar] *vt* (*seguir*) to track.
rastrero, a [ras'trero, a] *a* (*BOT, ZOOL*) creeping; (*fig*) despicable, mean.
rastrillar [rastri'ʎar] *vt* to rake; **rastrillo** *nm* rake.
rastro ['rastro] *nm* (*AGR*) rake; (*pista*) track, trail; (*vestigio*) trace; **el R~** the Madrid fleamarket.
rastrojo [ras'troxo] *nm* stubble.
rasurador [rasura'ðor] *nm*, **rasuradora** [rasura'ðora] *nf* (*AM*) electric shaver.
rasurarse [rasu'rarse] *vr* to shave.
rata ['rata] *nf* rat.
ratear [rate'ar] *vt* (*robar*) to steal.
ratería [rate'ria] *nf* petty theft.
ratero, a [ra'tero, a] *a* light-fingered // *nm/f* (*carterista*) pickpocket; (*AM*: *de casas*) burglar.
ratificar [ratifi'kar] *vt* to ratify.
rato ['rato] *nm* while, short time; **a ~s** from time to time; **hay para ~** there's still a long way to go; **al poco ~** soon afterwards; **pasar el ~** to kill time; **pasar un buen/mal ~** to have a good/ rough time.
ratón [ra'ton] *nm* mouse; **ratonera** *nf* mousetrap.
raudal [rau'ðal] *nm* torrent; **a ~es** in abundance.
raya ['raja] *nf* line; (*marca*) scratch; (*en tela*) stripe; (*de pelo*) parting; (*límite*) boundary; (*pez*) ray; (*puntuación*) hyphen; **a ~s** striped; **pasarse de la ~** to go too far: **tener a ~** to keep in check; **rayar** *vt* to line; to scratch; (*subrayar*) to underline // *vi*: **rayar en** *o* **con** to border on.
rayo ['rajo] *nm* (*del sol*) ray, beam; (*de luz*) shaft; (*en una tormenta*) (flash of) lightning; **~s X** X-rays.
rayón [ra'jon] *nm* rayon.
raza ['raθa] *nf* race; **~ humana** human race.
razón [ra'θon] *nf* reason; (*justicia*) right, justice; (*razonamiento*) reasoning; (*motivo*) reason, motive; (*MAT*) ratio; **a ~ de 10 cada día** at the rate of 10 a day;

'~: 'inquiries to ...'; en ~ de with regard to; dar ~ a uno to agree that sb is right; tener ~ to be right; ~ directa/inversa direct/inverse proportion; ~ de ser raison d'être; **razonable** *a* reasonable; (*justo, moderado*) fair; **razonamiento** *nm* (*juicio*) judgement; (*argumento*) reasoning; **razonar** *vt* to reason, argue // *vi* to reason, argue.

reacción [reak'θjon] *nf* reaction; avión a ~ jet plane; ~ en cadena chain reaction; **reaccionar** *vi* to react; **reaccionario, a** *a* reactionary.

reacio, a [re'aθjo, a] *a* stubborn.

reactor [reak'tor] *nm* reactor.

readaptación [reaðapta'θjon] *nf*: ~ profesional industrial retraining.

reajuste [rea'xuste] *nm* readjustment.

real [re'al] *a* real; (*del rey, fig*) royal.

realce [re'alθe] *nm* (TEC) embossing; (*lustre, fig*) splendour; (ARTE) highlight; poner de ~ to emphasize.

realidad [reali'ðað] *nf* reality, fact; (*verdad*) truth.

realista [rea'lista] *nm/f* realist.

realización [realiθa'θjon] *nf* fulfilment; (COM) selling up (*Brit*), conversion into money (*US*).

realizador, a [realiθa'ðor, a] *nm/f* (TV *etc*) producer.

realizar [reali'θar] *vt* (*objetivo*) to achieve; (*plan*) to carry out; (*viaje*) to make, undertake; (COM) to sell up (*Brit*), convert into money (*US*); ~**se** *vr* to come about, come true.

realmente [real'mente] *ad* really, actually.

realquilar [realki'lar] *vt* (*subarrendar*) to sublet.

realzar [real'θar] *vt* (TEC) to raise; (*embellecer*) to enhance; (*acentuar*) to highlight.

reanimar [reani'mar] *vt* to revive; (*alentar*) to encourage; ~**se** *vr* to revive.

reanudar [reanu'ðar] *vt* (*renovar*) to renew; (*historia, viaje*) to resume.

reaparición [reapari'θjon] *nf* reappearance.

rearme [re'arme] *nm* rearmament.

rebaja [re'ßaxa] *nf* (COM) reduction; (*menoscabo*) lessening; ~**s** *nfpl* (COM) sale; **rebajar** *vt* (*bajar*) to lower; (*reducir*) to reduce; (*disminuir*) to lessen; (*humillar*) to humble.

rebanada [reßa'naða] *nf* slice.

rebaño [re'ßaɲo] *nm* herd; (*de ovejas*) flock.

rebasar [reßa'sar] *vt* (*tb*: ~ de) to exceed.

rebatir [reßa'tir] *vt* to refute.

rebeca [re'ßeka] *nf* cardigan.

rebelarse [reße'larse] *vr* to rebel, revolt.

rebelde [re'ßelde] *a* rebellious; (*niño*) unruly // *nm/f* rebel; **rebeldía** *nf* rebelliousness; (*desobediencia*) disobedience.

rebelión [reße'ljon] *nf* rebellion.

reblandecer [reßlande'θer] *vt* to soften.

rebosante [reßo'sante] *a* overflowing.

rebosar [reßo'sar] *vi* (*líquido, recipiente*) to overflow; (*abundar*) to abound, be plentiful.

rebotar [reßo'tar] *vt* to bounce; (*rechazar*) to repel // *vi* (*pelota*) to bounce; (*bala*) to ricochet; **rebote** *nm* rebound; de rebote on the rebound.

rebozado, a [reßo'θaðo, a] *a* fried in batter *o* breadcrumbs.

rebozar [reßo'θar] *vt* to wrap up; (CULIN) to fry in batter *o* breadcrumbs.

rebuscado, a [reßus'kaðo, a] *a* (*amanerado*) affected; (*palabra*) recherché; (*idea*) far-fetched.

rebuznar [reßuθ'nar] *vi* to bray.

recabar [reka'ßar] *vt* (*obtener*) to manage to get.

recado [re'kaðo] *nm* message; tomar un ~ (TEL) to take a message.

recaer [reka'er] *vi* to relapse; ~ en to fall to *o* on; (*criminal etc*) to fall back into, relapse into; **recaída** *nf* relapse.

recalcar [rekal'kar] *vt* (*fig*) to stress, emphasize.

recalcitrante [rekalθi'trante] *a* recalcitrant.

recalentar [rekalen'tar] *vt* (*volver a calentar*) to reheat; (*calentar demasiado*) to overheat.

recámara [re'kamara] *nf* (*AM*) bedroom.

recambio [re'kambjo] *nm* spare; (*de pluma*) refill.

recapacitar [rekapaθi'tar] *vi* to reflect.

recargado, a [rekar'ɣaðo, a] *a* overloaded.

recargar [rekar'ɣar] *vt* to overload; (*batería*) to recharge; **recargo** *nm* surcharge; (*aumento*) increase.

recatado, a [reka'taðo, a] *a* (*modesto*) modest, demure; (*prudente*) cautious.

recato [re'kato] *nm* (*modestia*) modesty, demureness; (*cautela*) caution.

recaudación [rekauða'θjon] *nf* (*acción*) collection; (*cantidad*) takings *pl*; (*en deporte*) gate; **recaudador, a** *nm/f* tax collector.

recelar [reθe'lar] *vt*: ~ que (*sospechar*) to suspect that; (*temer*) to fear that // *vi*: ~ de to distrust; **recelo** *nm* distrust, suspicion; **receloso, a** *a* distrustful, suspicious.

recepción [reθep'θjon] *nf* reception; **recepcionista** *nm/f* receptionist.

receptáculo [reθep'takulo] *nm* receptacle.

receptivo, a [reθep'tißo, a] *a* receptive.

receptor, a [reθep'tor, a] *nm/f* recipient // *nm* (TEL) receiver.

recesión [reθe'sjon] *nf* (COM) recession.

receta [re'θeta] *nf* (CULIN) recipe; (MED) prescription.

recibidor, a [reθißi'ðor, a] *nm* entrance

hall.

recibimiento [reθiβi'mjento] *nm* reception, welcome.

recibir [reθi'βir] *vt* to receive; (*dar la bienvenida*) to welcome // *vi* to entertain; **~se** *vr*: **~se de** (*AM*) to qualify as; **recibo** *nm* receipt.

recién [re'θjen] *ad* recently, newly; **los ~ casados** the newly-weds; **el ~ llegado** the newcomer; **el ~ nacido** the newborn child.

reciente [re'θjente] *a* recent; (*fresco*) fresh; **~mente** *ad* recently.

recinto [re'θinto] *nm* enclosure; (*área*) area, place.

recio, a ['reθjo, a] *a* strong, tough; (*voz*) loud // *ad* hard; loud(ly).

recipiente [reθi'pjente] *nm* receptacle.

reciprocidad [reθiproθi'ðað] *nf* reciprocity; **recíproco, a** *a* reciprocal.

recital [reθi'tal] *nm* (*MUS*) recital; (*LITERATURA*) reading.

recitar [reθi'tar] *vt* to recite.

reclamación [reklama'θjon] *nf* claim, demand; (*queja*) complaint.

reclamar [rekla'mar] *vt* to claim, demand // *vi*: **~ contra** to complain about; **~ a uno en justicia** to take sb to court; **reclamo** *nm* (*anuncio*) advertisement; (*tentación*) attraction.

reclinar [rekli'nar] *vt* to recline, lean; **~se** *vr* to lean back.

recluir [reklu'ir] *vt* to intern, confine.

reclusión [reklu'sjon] *nf* (*prisión*) prison; (*refugio*) seclusion; **~ perpetua** life imprisonment.

recluta [re'kluta] *nm/f* recruit // *nf* recruitment.

reclutamiento [rekluta'mjento] *nm* recruitment.

recobrar [reko'βrar] *vt* (*salud*) to recover; (*rescatar*) to get back; **~se** *vr* to recover.

recodo [re'koðo] *nm* (*de río, camino*) bend.

recoger [reko'xer] *vt* to collect; (*AGR*) to harvest; (*levantar*) to pick up; (*juntar*) to gather; (*pasar a buscar*) to come for, get; (*dar asilo*) to give shelter to; (*faldas*) to gather up; (*pelo*) to put up; **~se** *vr* (*retirarse*) to retire; **recogido, a** *a* (*lugar*) quiet, secluded; (*pequeño*) small // *nf* (*CORREOS*) collection; (*AGR*) harvest.

recolección [rekolek'θjon] *nf* (*AGR*) harvesting; (*colecta*) collection.

recomendación [rekomenda'θjon] *nf* (*sugerencia*) suggestion, recommendation; (*referencia*) reference.

recomendar [rekomen'dar] *vt* to suggest, recommend; (*confiar*) to entrust.

recompensa [rekom'pensa] *nf* reward, recompense; **recompensar** *vt* to reward, recompense.

recomponer [rekompo'ner] *vt* to mend.

reconciliación [rekonθilja'θjon] *nf* reconciliation.

reconciliar [rekonθi'ljar] *vt* to reconcile; **~se** *vr* to become reconciled.

recóndito, a [re'kondito, a] *a* (*lugar*) hidden, secret.

reconfortar [rekonfor'tar] *vt* to comfort.

reconocer [rekono'θer] *vt* to recognize; (*registrar*) to search; (*MED*) to examine; **reconocido, a** *a* recognized; (*agradecido*) grateful; **reconocimiento** *nm* recognition; search; examination; gratitude; (*confesión*) admission.

reconquista [rekon'kista] *nf* reconquest; **la R~** the Reconquest (of Spain).

reconstituyente [rekonstitu'jente] *nm* tonic.

reconstruir [rekonstru'ir] *vt* to reconstruct.

reconversión [rekonβer'sjon] *nf*: **~ industrial** industrial rationalization.

recopilación [rekopila'θjon] *nf* (*resumen*) summary; (*compilación*) compilation; **recopilar** *vt* to compile.

récord ['rekorð] *a inv, nm* record.

recordar [rekor'ðar] *vt* (*acordarse de*) to remember; (*acordar a otro*) to remind // *vi* to remember.

recorrer [reko'rrer] *vt* (*país*) to cross, travel through; (*distancia*) to cover; (*registrar*) to search; (*repasar*) to look over; **recorrido** *nm* run, journey; **tren de largo recorrido** main-line train.

recortado, a [rekor'taðo, a] *a* uneven, irregular.

recortar [rekor'tar] *vt* to cut out; **recorte** *nm* (*acción, de prensa*) cutting; (*de telas, chapas*) trimming.

recostado, a [rekos'taðo, a] *a* leaning; **estar ~** to be lying down.

recostar [rekos'tar] *vt* to lean; **~se** *vr* to lie down.

recoveco [reko'βeko] *nm* (*de camino, río etc*) bend; (*en casa*) cubbyhole.

recreación [rekrea'θjon] *nf* recreation.

recrear [rekre'ar] *vt* (*entretener*) to entertain; (*volver a crear*) to recreate; **recreativo, a** *a* recreational; **recreo** *nm* recreation; (*ESCOL*) break, playtime.

recriminar [rekrimi'nar] *vt* to reproach // *vi* to recriminate; **~se** *vr* to reproach each other.

recrudecer [rekruðe'θer] *vt, vi*, **recrudecerse** *vr* to worsen.

recrudecimiento [rekruðeθi'mjento] *nm* upsurge.

recta ['rekta] *nf ver* **recto**.

rectángulo, a [rek'tangulo, a] *a* rectangular // *nm* rectangle.

rectificar [rektifi'kar] *vt* to rectify; (*volverse recto*) to straighten // *vi* to correct o.s.

rectitud [rekti'tuð] *nf* straightness; (*fig*) rectitude.

recto, a ['rekto, a] *a* straight; (*persona*)

honest, upright // *nm* rectum // *nf* straight line.
rector, a [rek'tor, a] *a* governing.
recua ['rekwa] *nf* mule train.
recuadro [re'kwaðro] *nm* box; (*TIPOGRAFÍA*) inset.
recuento [re'kwento] *nm* inventory; hacer el ~ de to count *o* reckon up.
recuerdo [re'kwerðo] *nm* souvenir; ~s *nmpl* memories; ¡~s a tu madre! give my regards to your mother!
recular [reku'lar] *vi* to back down.
recuperable [rekupe'raßle] *a* recoverable.
recuperación [rekupera'θjon] *nf* recovery.
recuperar [rekupe'rar] *vt* to recover; (*tiempo*) to make up; ~se *vr* to recuperate.
recurrir [reku'rrir] *vi* (*JUR*) to appeal; ~ a to resort to; (*persona*) to turn to; **recurso** *nm* resort; (*medios*) means *pl*, resources *pl*; (*JUR*) appeal.
recusar [reku'sar] *vt* to reject, refuse.
rechazar [retʃa'θar] *vt* to repel, drive back; (*idea*) to reject; (*oferta*) to turn down.
rechazo [re'tʃaθo] *nm* (*de fusil*) recoil; (*rebote*) rebound; (*negación*) rebuff.
rechifla [re'tʃifla] *nf* hissing, booing; (*fig*) derision.
rechiflar [retʃi'flar] *vt* to hiss, boo.
rechinar [retʃi'nar] *vi* to creak; (*dientes*) to grind.
rechistar [retʃis'tar] *vi*: sin ~ without a murmur.
rechoncho, a [re'tʃontʃo, a] *a* (*fam*) thickset (*Brit*), heavy-set (*US*).
red [reð] *nf* net, mesh; (*FERRO etc*) network; (*trampa*) trap.
redacción [reðak'θjon] *nf* (*acción*) editing; (*personal*) editorial staff; (*ESCOL*) essay, composition.
redactar [reðak'tar] *vt* to draw up, draft; (*periódico*) to edit.
redactor, a [reðak'tor, a] *nm/f* editor.
redada [re'ðaða] *nf*: ~ **policial** police raid, round-up.
rededor [reðe'ðor] *nm*: al *o* en ~ around, round about.
redención [reðen'θjon] *nf* redemption; **redentor, a** *a* redeeming.
redescubrir [reðesku'ßrir] *vt* to rediscover.
redicho, a [re'ðitʃo, a] *a* affected.
redil [re'ðil] *nm* sheepfold.
redimir [reði'mir] *vt* to redeem.
rédito ['reðito] *nm* interest, yield.
redoblar [reðo'ßlar] *vt* to redouble // *vi* (*tambor*) to play a roll on the drums.
redomado, a [reðo'maðo, a] *a* (*astuto*) sly, crafty; (*perfecto*) utter.
redonda [re'ðonda] *nf ver* **redondo**.
redondear [reðonde'ar] *vt* to round, round off.
redondel [reðon'del] *nm* (*círculo*) circle; (*TAUR*) bullring, arena; (*AUTO*) roundabout.
redondo, a [re'ðondo, a] *a* (*circular*) round; (*completo*) complete // *nf*: **a la redonda** around, round about.
reducción [reðuk'θjon] *nf* reduction.
reducido, a [reðu'θiðo, a] *a* reduced; (*limitado*) limited; (*pequeño*) small.
reducir [reðu'θir] *vt* to reduce; to limit; ~se *vr* to diminish.
redundancia [reðun'danθja] *nf* redundancy.
reembolsar [re(e)mbol'sar] *vt* (*persona*) to reimburse; (*dinero*) to repay, pay back; (*depósito*) to refund; **reembolso** *nm* reimbursement; refund.
reemplazar [re(e)mpla'θar] *vt* to replace; **reemplazo** *nm* replacement; **de reemplazo** (*MIL*) reserve.
referencia [refe'renθja] *nf* reference; **con ~ a** with reference to.
referéndum [refe'rendum] (*pl* ~s) *nm* referendum.
referente [refe'rente] *a*: ~ **a** concerning, relating to.
referir [refe'rir] *vt* (*contar*) to tell, recount; (*relacionar*) to refer, relate; ~se *vr*: ~se a to refer to.
refilón [refi'lon]: **de** ~ *ad* obliquely.
refinado, a [refi'naðo, a] *a* refined.
refinamiento [refina'mjento] *nm* refinement.
refinar [refi'nar] *vt* to refine; **refinería** *nf* refinery.
reflejar [refle'xar] *vt* to reflect; **reflejo, a** *a* reflected; (*movimiento*) reflex // *nm* reflection; (*ANAT*) reflex.
reflexión [reflek'sjon] *nf* reflection; **reflexionar** *vt* to reflect on // *vi* to reflect; (*detenerse*) to pause (to think).
reflexivo, a [reflek'sißo, a] *a* thoughtful; (*LING*) reflexive.
reflujo [re'fluxo] *nm* ebb.
reforma [re'forma] *nf* reform; (*ARQ etc*) repair; ~ **agraria** agrarian reform.
reformar [refor'mar] *vt* to reform; (*modificar*) to change, alter; (*ARQ*) to repair; ~se *vr* to mend one's ways.
reformatorio [reforma'torjo] *nm* reformatory.
reforzar [refor'θar] *vt* to strengthen; (*ARQ*) to reinforce; (*fig*) to encourage.
refractario, a [refrak'tarjo, a] *a* (*TEC*) heat-resistant.
refrán [re'fran] *nm* proverb, saying.
refregar [refre'ɣar] *vt* to scrub.
refrenar [refre'nar] *vt* to check, restrain.
refrendar [refren'dar] *vt* (*firma*) to endorse, countersign; (*ley*) to approve.
refrescante [refres'kante] *a* refreshing, cooling.
refrescar [refres'kar] *vt* to refresh // *vi* to cool down; ~se *vr* to get cooler; (*tomar aire fresco*) to go out for a breath of

fresh air; (*beber*) to have a drink.
refresco [re'fresko] *nm* soft drink, cool drink; '~s' 'refreshments'.
refriega [re'frjeɣa] *nf* scuffle, brawl.
refrigeración [refrixera'θjon] *nf* refrigeration; (*de sala*) air-conditioning.
refrigerador [refrixera'ðor] *nm*, **refrigeradora** [-a] *nf* (*AM*) refrigerator (*Brit*), icebox (*US*).
refrigerar [refrixe'rar] *vt* to refrigerate; (*sala*) to air-condition.
refuerzo [re'fwerθo] *nm* reinforcement; (*TEC*) support.
refugiado, a [refu'xjaðo, a] *nm/f* refugee.
refugiarse [refu'xjarse] *vr* to take refuge, shelter.
refugio [re'fuxjo] *nm* refuge; (*protección*) shelter.
refulgir [reful'xir] *vi* to shine, be dazzling.
refunfuñar [refunfu'ɲar] *vi* to grunt, growl; (*quejarse*) to grumble.
refutar [refu'tar] *vt* to refute.
regadera [reɣa'ðera] *nf* watering can.
regadío [rega'ðio] *nm* irrigated land.
regalado, a [reɣa'laðo, a] *a* comfortable, luxurious; (*gratis*) free, for nothing.
regalar [reɣa'lar] *vt* (*dar*) to give (as a present); (*entregar*) to give away; (*mimar*) to pamper, make a fuss of.
regalía [reɣa'lia] *nf* privilege, prerogative; (*COM*) bonus; (*de autor*) royalty.
regaliz [reɣa'liθ] *nm* liquorice.
regalo [re'ɣalo] *nm* (*obsequio*) gift, present; (*gusto*) pleasure; (*comodidad*) comfort.
regalón, ona [reɣa'lon, ona] *a* spoiled, pampered.
regañadientes [reɣaɲa'ðjentes]: **a** ~ *ad* reluctantly.
regañar [reɣa'ɲar] *vt* to scold // *vi* to grumble; **regaño** *nm* scolding, telling-off; (*queja*) grumble; **regañón, ona** *a* nagging.
regar [re'ɣar] *vt* to water, irrigate; (*fig*) to scatter, sprinkle.
regatear [reɣate'ar] *vt* (*COM*) to bargain over; (*escatimar*) to be mean with // *vi* to bargain, haggle; (*DEPORTE*) to dribble; **regateo** *nm* bargaining; dribbling; (*del cuerpo*) swerve, dodge.
regazo [re'ɣaθo] *nm* lap.
regeneración [rexenera'θjon] *nf* regeneration.
regenerar [rexene'rar] *vt* to regenerate.
regentar [rexen'tar] *vt* to direct, manage; **regente** *nm* (*COM*) manager; (*POL*) regent.
régimen ['reximen] (*pl* **regímenes**) *nm* regime; (*MED*) diet.
regimiento [rexi'mjento] *nm* regiment.
regio, a ['rexjo, a] *a* royal, regal; (*fig: suntuoso*) splendid; (*AM fam*) great, terrific.
región [re'xjon] *nf* region; **regionalista** *nm/f* regionalist.
regir [re'xir] *vt* to govern, rule; (*dirigir*) to manage, run // *vi* to apply, be in force.
registrador [rexistra'ðor] *nm* registrar, recorder.
registrar [rexis'trar] *vt* (*buscar*) to search; (: *en cajón*) to look through; (*inspeccionar*) to inspect; (*anotar*) to register, record; (*INFORM*) to log; ~**se** *vr* to register; (*ocurrir*) to happen.
registro [re'xistro] *nm* (*acto*) registration; (*MUS, libro*) register; (*inspección*) inspection, search; ~ civil registry office.
regla ['reɣla] *nf* (*ley*) rule, regulation; (*de medir*) ruler, rule; (*MED: período*) period.
reglamentación [reɣlamenta'θjon] *nf* (*acto*) regulation; (*lista*) rules *pl*.
reglamentar [reɣlamen'tar] *vt* to regulate; **reglamentario, a** *a* statutory; **reglamento** *nm* rules *pl*, regulations *pl*.
reglar [re'ɣlar] *vt* (*acciones*) to regulate.
regocijarse [reɣoθi'xarse] *vr* (*pasarlo bien*) to have a good time; (*alegrarse*) to rejoice; **regocijo** *nm* joy, happiness.
regodearse [reɣoðe'arse] *vr* to be glad, be delighted; **regodeo** *nm* delight.
regresar [reɣre'sar] *vi* to come back, go back, return; **regresivo, a** *a* backward; (*fig*) regressive; **regreso** *nm* return.
reguero [re'ɣero] *nm* (*de sangre etc*) trickle; (*de humo*) trail.
regulador [reɣula'ðor] *nm* regulator; (*de radio etc*) knob, control.
regular [reɣu'lar] *a* regular; (*normal*) normal, usual; (*común*) ordinary; (*organizado*) regular, orderly; (*mediano*) average; (*fam*) not bad, so-so // *ad* so-so, alright // *vt* (*controlar*) to control, regulate; (*TEC*) to adjust; **por lo** ~ as a rule; ~**idad** *nf* regularity; ~**izar** *vt* to regularize.
regusto [re'ɣusto] *nm* aftertaste.
rehabilitación [reaβilita'θjon] *nf* rehabilitation; (*ARQ*) restoration.
rehabilitar [reaβili'tar] *vt* to rehabilitate; (*ARQ*) to restore; (*reintegrar*) to reinstate.
rehacer [rea'θer] *vt* (*reparar*) to mend, repair; (*volver a hacer*) to redo, repeat; ~**se** *vr* (*MED*) to recover.
rehén [re'en] *nm* hostage.
rehuir [reu'ir] *vt* to avoid, shun.
rehusar [reu'sar] *vt, vi* to refuse.
reina ['reina] *nf* queen; ~**do** *nm* reign.
reinante [rei'nante] *a* (*fig*) prevailing.
reinar [rei'nar] *vi* to reign.
reincidir [reinθi'ðir] *vi* to relapse.
reincorporarse [reinkorpo'rarse] *vr*: ~ **a** to rejoin.
reino ['reino] *nm* kingdom; **el R~ Unido** the United Kingdom.
reintegrar [reinte'ɣrar] *vt* (*reconstituir*) to reconstruct; (*persona*) to reinstate;

dinero) to refund, pay back; ~se *vr*: ~se a to return to.
ír [re'ir] *vi*, **reírse** *vr* to laugh; ~se de to laugh at.
iterar [reite'rar] *vt* to reiterate.
ivindicación [reißindika'θjon] *nf* (*demanda*) claim, demand; (*justificación*) vindication.
ivindicar [reißindi'kar] *vt* to claim.
ja ['rexa] *nf* (*de ventana*) grille, bars *l*; (*en la calle*) grating.
jilla [re'xiʎa] *nf* grating, grille; *muebles*) wickerwork; (*de ventilación*) ent; (*de coche etc*) luggage rack.
joneador [rexonea'ðor] *nm* mounted ullfighter.
juvenecer [rexußene'θer] *vt*, *vi* to rejuvenate.
lación [rela'θjon] *nf* relation, relationship; (*MAT*) ratio; (*narración*) report; **relaciones públicas** public relations; **con ~ a, en ~ con** in relation to; **relacionar** *vt* to relate, connect; **relacionarse** *vr* to be connected, be linked.
lajación [relaxa'θjon] *nf* relaxation.
lajado, a [rela'xaðo, a] *a* (*disoluto*) loose; (*cómodo*) relaxed; (*MED*) ruptured.
lajar [rela'xar] *vt*, **relajarse** *vr* to relax.
lamerse [rela'merse] *vr* to lick one's lips.
lamido, a [rela'miðo, a] *a* (*pulcro*) overdressed; (*afectado*) affected.
lámpago [re'lampaɣo] *nm* flash of lightning; **visita/huelga ~** lightning visit/strike; **relampaguear** *vi* to flash.
latar [rela'tar] *vt* to tell, relate.
lativo, a [rela'tißo, a] *a* relative; **en lo ~ a** concerning.
lato [re'lato] *nm* (*narración*) story, tale.
lax [re'la(k)s] *nm*: **hacer ~** to relax.
legar [rele'ɣar] *vt* to relegate.
levante [rele'ßante] *a* eminent, outstanding.
levar [rele'ßar] *vt* (*sustituir*) to relieve; ~se *vr* to relay; **~ a uno de un cargo** to relieve sb of his post.
levo [re'leßo] *nm* relief; **carrera de ~s** relay race.
lieve [re'ljeße] *nm* (*ARTE, TEC*) relief; (*fig*) prominence, importance; **bajo ~** bas-relief.
ligión [reli'xjon] *nf* religion; **religioso, a** *a* religious // *nm/f* monk/nun.
linchar [relin'tʃar] *vi* to neigh; **relincho** *nm* neigh; (*acto*) neighing.
liquia [re'likja] *nf* relic; **~ de familia** heirloom.
loj [re'lo(x)] *nm* clock; **~ (de pulsera)** wristwatch; **~ despertador** alarm (clock); **poner el ~** to set one's watch (*o* the clock); **~ero, a** *nm/f* clockmaker; watchmaker.
luciente [relu'θjente] *a* brilliant, shining.
relucir [relu'θir] *vi* to shine; (*fig*) to excel.
relumbrar [relum'brar] *vi* to dazzle, shine brilliantly.
rellano [re'ʎano] *nm* (*ARQ*) landing.
rellenar [reʎe'nar] *vt* (*llenar*) to fill up; (*CULIN*) to stuff; (*COSTURA*) to pad; **relleno, a** *a* full up; stuffed // *nm* stuffing; (*de tapicería*) padding.
remachar [rema'tʃar] *vt* to rivet; (*fig*) to hammer home, drive home; **remache** *nm* rivet.
remanente [rema'nente] *nm* remainder; (*COM*) balance; (*de producto*) surplus.
remangar [reman'gar] *vt* to roll up.
remanso [re'manso] *nm* pool.
remar [re'mar] *vi* to row.
rematado, a [rema'taðo, a] *a* complete, utter.
rematar [rema'tar] *vt* to finish off; (*COM*) to sell off cheap // *vi* to end, finish off; (*DEPORTE*) to shoot.
remate [re'mate] *nm* end, finish; (*punta*) tip; (*DEPORTE*) shot; (*ARQ*) top; (*COM*) auction sale; **de *o* para ~** to crown it all (*Brit*), to top it off.
remedar [reme'ðar] *vt* to imitate.
remediar [reme'ðjar] *vt* to remedy; (*subsanar*) to make good, repair; (*evitar*) to avoid.
remedio [re'meðjo] *nm* remedy; (*alivio*) relief, help; (*JUR*) recourse, remedy; **poner ~ a** to correct, stop; **no tener más ~** to have no alternative; **¡qué ~!** there's no choice!; **sin ~** hopeless.
remedo [re'meðo] *nm* imitation; (*pey*) parody.
remendar [remen'dar] *vt* to repair; (*con parche*) to patch.
remesa [re'mesa] *nf* remittance; (*COM*) shipment.
remiendo [re'mjendo] *nm* mend; (*con parche*) patch; (*cosido*) darn.
remilgado, a [remil'ɣaðo, a] *a* prim; (*afectado*) affected.
remilgo [re'milɣo] *nm* primness; (*afectación*) affectation.
reminiscencia [reminis'θenθja] *nf* reminiscence.
remiso, a [re'miso, a] *a* slack, slow.
remitir [remi'tir] *vt* to remit, send // *vi* to slacken; (*en carta*): **remite: X** sender: X; **remitente** *nm/f* sender.
remo ['remo] *nm* (*de barco*) oar; (*DEPORTE*) rowing.
remojar [remo'xar] *vt* to steep, soak; (*galleta etc*) to dip, dunk.
remojo [re'moxo] *nm*: **dejar la ropa en ~** to leave clothes to soak.
remolacha [remo'latʃa] *nf* beet, beetroot.
remolcador [remolka'ðor] *nm* (*NAUT*) tug; (*AUTO*) breakdown lorry.
remolcar [remol'kar] *vt* to tow.
remolino [remo'lino] *nm* eddy; (*de*

agua) whirlpool; (*de viento*) whirlwind; (*de gente*) crowd.
remolque [re'molke] *nm* tow, towing; (*cuerda*) towrope; **llevar a ~** to tow.
remontar [remon'tar] *vt* to mend; **~se** *vr* to soar; **~se a** (*COM*) to amount to; **~ el vuelo** to soar.
remorder [remor'ðer] *vt* to distress, disturb; **~le la conciencia a uno** to have a guilty conscience; **remordimiento** *nm* remorse.
remoto, a [re'moto, a] *a* remote.
remover [remo'βer] *vt* to stir; (*tierra*) to turn over; (*objetos*) to move round.
remozar [remo'θar] *vt* (*ARQ*) to refurbish.
remuneración [remunera'θjon] *nf* remuneration.
remunerar [remune'rar] *vt* to remunerate; (*premiar*) to reward.
renacer [rena'θer] *vi* to be reborn; (*fig*) to revive; **renacimiento** *nm* rebirth; **el Renacimiento** the Renaissance.
renacuajo [rena'kwaxo] *nm* (*ZOOL*) tadpole.
renal [re'nal] *a* renal, kidney *cpd*.
rencilla [ren'θiʎa] *nf* quarrel.
rencor [ren'kor] *nm* rancour, bitterness; **~oso, a** *a* spiteful.
rendición [rendi'θjon] *nf* surrender.
rendido, a [ren'diðo, a] *a* (*sumiso*) submissive; (*cansado*) worn-out, exhausted.
rendija [ren'dixa] *nf* (*hendedura*) crack, cleft.
rendimiento [rendi'mjento] *nm* (*producción*) output; (*TEC, COM*) efficiency.
rendir [ren'dir] *vt* (*vencer*) to defeat; (*producir*) to produce; (*dar beneficio*) to yield; (*agotar*) to exhaust // *vi* to pay; **~se** *vr* (*someterse*) to surrender; (*cansarse*) to wear o.s. out; **~ homenaje** *o* **culto a** to pay homage to.
renegado, a [rene'ɣaðo, a] *a, nm/f* renegade.
renegar [rene'ɣar] *vi* (*renunciar*) to renounce; (*blasfemar*) to blaspheme; (*quejarse*) to complain.
RENFE ['renfe] *nf abr* (= *Red Nacional de los Ferrocarriles Españoles*) ≈ BR (*Brit*).
renglón [ren'glon] *nm* (*línea*) line; (*COM*) item, article; **a ~ seguido** immediately after.
renombrado, a [renom'braðo, a] *a* renowned.
renombre [re'nombre] *nm* renown.
renovación [renoβa'θjon] *nf* (*de contrato*) renewal; (*ARQ*) renovation.
renovar [reno'βar] *vt* to renew; (*ARQ*) to renovate.
renta ['renta] *nf* (*ingresos*) income; (*beneficio*) profit; (*alquiler*) rent; **~ vitalicia** annuity; **rentable** *a* profitable; **rentar** *vt* to produce, yield.
rentista [ren'tista] *nm/f* (*accionista*) stockholder.
renuencia [re'nwenθja] *nf* reluctance.
renuncia [re'nunθja] *nf* resignation.
renunciar [renun'θjar] *vt* to renounce // to resign; **~ a hacer algo** to give doing sth.
reñido, a [re'ɲiðo, a] *a* (*batalla*) bitt hard-fought; **estar ~ con uno** to be bad terms with sb.
reñir [re'ɲir] *vt* (*regañar*) to scold // (*estar peleado*) to quarrel, fall o (*combatir*) to fight.
reo ['reo] *nm/f* culprit, offender; **~ muerte** prisoner condemned to death.
reojo [re'oxo]: **de ~** *ad* out of the cor of one's eye.
reparación [repara'θjon] *nf* (*acto*) me ing, repairing; (*TEC*) repair; (*f* amends, reparation.
reparar [repa'rar] *vt* to repair; (*fig*) make amends for; (*observar*) to obse // *vi*: **~ en** (*darse cuenta de*) to noti (*prestar atención a*) to pay attention t
reparo [re'paro] *nm* (*advertenc* observation; (*duda*) doubt; (*dificulta* difficulty; **poner ~s (a)** to raise obj tions (to).
repartición [reparti'θjon] *nf* distributi (*división*) division; **repartidor, a** *n* distributor.
repartir [repar'tir] *vt* to distribute, sh out; (*CORREOS*) to deliver; **reparto** *n* distribution; delivery; (*TEATRO, CI* cast; (*AM: urbanización*) housing est (*Brit*), real estate development (*US*).
repasar [repa'sar] *vt* (*ESCOL*) to revi (*MECÁNICA*) to check, overha (*COSTURA*) to mend; **repaso** *nm* re sion; overhaul, checkup; mending.
repatriar [repa'trjar] *vt* to repatriate.
repecho [re'petʃo] *nm* steep incline.
repelente [repe'lente] *a* repellent, pulsive.
repeler [repe'ler] *vt* to repel.
repensar [repen'sar] *vt* to reconsider.
repente [re'pente] *nm*: **de ~** suddenly; **de ira** fit of anger.
repentino, a [repen'tino, a] *a* sudden.
repercusión [reperku'sjon] *nf* reperc sion.
repercutir [reperku'tir] *vi* (*objeto*) to bound; (*sonido*) to echo; **~ en** (*fig*) have repercussions on.
repertorio [reper'torjo] *nm* list; (*T. TRO*) repertoire.
repetición [repeti'θjon] *nf* repetition.
repetir [repe'tir] *vt* to repeat; (*plato*) have a second helping of // *vi* to repe (*sabor*) to come back; **~se** *vr* (*volver bre un tema*) to repeat o.s.
repicar [repi'kar] *vt* (*campanas*) to rin
repique [re'pike] *nm* pealing, ringir **~teo** *nm* pealing; (*de tambor*) dru ming.
repisa [re'pisa] *nf* ledge, shelf;

ventana) windowsill; ~ **de chimenea** mantelpiece.
epito *etc vb ver* **repetir.**
eplegarse [reple'ɣarse] *vr* to fall back, retreat.
epleto, a [re'pleto, a] *a* replete, full up.
éplica ['replika] *nf* answer; (*ARTE*) replica.
eplicar [repli'kar] *vi* to answer; (*objetar*) to argue, answer back.
epliegue [re'pljeɣe] *nm* (*MIL*) withdrawal.
epoblación [repoβla'θjon] *nf* repopulation; (*de río*) restocking; ~ **forestal** reafforestation.
epoblar [repo'βlar] *vt* to repopulate; (*con árboles*) to reafforest.
epollo [re'poʎo] *nm* cabbage.
eponer [repo'ner] *vt* to replace, put back; (*TEATRO*) to revive; **~se** *vr* to recover; ~ **que** to reply that.
eportaje [repor'taxe] *nm* report, article.
eportero, a [repor'tero, a] *nm/f* reporter.
eposacabezas [reposaka'βeθas] *nm inv* headrest.
eposado, a [repo'saðo, a] *a* (*descansado*) restful; (*tranquilo*) calm.
eposar [repo'sar] *vi* to rest, repose.
eposición [reposi'θjon] *nf* replacement; (*CINE*) remake.
eposo [re'poso] *nm* rest.
epostar [repos'tar] *vt* to replenish; (*AUTO*) to fill up (with petrol (*Brit*) *o* gasoline (*US*)).
epostería [reposte'ria] *nf* confectioner's (shop); **repostero, a** *nm/f* confectioner.
eprender [repren'der] *vt* to reprimand.
epresa [re'presa] *nf* dam; (*lago artificial*) lake, pool.
epresalia [repre'salja] *nf* reprisal.
epresentación [representa'θjon] *nf* representation; (*TEATRO*) performance; **representante** *nm/f* representative; performer.
epresentar [represen'tar] *vt* to represent; (*TEATRO*) to perform; (*edad*) to look; **~se** *vr* to imagine; **representativo, a** *a* representative.
epresión [repre'sjon] *nf* repression.
eprimenda [repri'menda] *nf* reprimand, rebuke
eprimir [repri'mir] *vt* to repress.
eprobar [repro'βar] *vt* to censure, reprove.
éprobo, a ['reproβo, a] *nm/f* reprobate.
eprochar [repro'tʃar] *vt* to reproach; **reproche** *nm* reproach.
eproducción [reproðuk'θjon] *nf* reproduction.
eproducir [reproðu'θir] *vt* to reproduce; **~se** *vr* to breed; (*situación*) to recur.
eproductor, a [reproðuc'tor, a] *a* reproductive.
eptil [rep'til] *nm* reptile.
república [re'puβlika] *nf* republic; **republicano, a** *a, nm/f* republican.
repudiar [repu'ðjar] *vt* to repudiate; (*fe*) to renounce; **repudio** *nm* repudiation.
repuesto [re'pwesto] *nm* (*pieza de recambio*) spare (part); (*abastecimiento*) supply; **rueda de** ~ spare wheel.
repugnancia [repuɣ'nanθja] *nf* repugnance; **repugnante** *a* repugnant, repulsive.
repugnar [repuɣ'nar] *vt* to disgust.
repujar [repu'xar] *vt* to emboss.
repulsa [re'pulsa] *nf* rebuff.
repulsión [repul'sjon] *nf* repulsion, aversion; **repulsivo, a** *a* repulsive.
reputación [reputa'θjon] *nf* reputation.
reputar [repu'tar] *vt* to consider, deem.
requemado, a [reke'maðo, a] *a* (*quemado*) scorched; (*bronceado*) tanned.
requerimiento [rekeri'mjento] *nm* request; (*JUR*) summons.
requerir [reke'rir] *vt* (*pedir*) to ask, request; (*exigir*) to require; (*llamar*) to send for, summon.
requesón [reke'son] *nm* cottage cheese.
requete... [rekete] *pref* extremely.
réquiem ['rekjem] (*pl* **~s**) *nm* requiem.
requisa [re'kisa] *nf* (*inspección*) survey, inspection; (*MIL*) requisition.
requisito [reki'sito] *nm* requirement, requisite.
res [res] *nf* beast, animal.
resabido, a [resa'βiðo, a] *a*: **tener algo sabido y** ~ to know sth perfectly well.
resabio [re'saβjo] *nm* (*maña*) vice, bad habit; (*dejo*) (unpleasant) aftertaste.
resaca [re'saka] *nf* (*en el mar*) undertow, undercurrent; (*fig*) backlash; (*fam*) hangover.
resalado, a [resa'laðo, a] *a* (*fam*) lively.
resaltar [resal'tar] *vi* to project, stick out; (*fig*) to stand out.
resarcir [resar'θir] *vt* to compensate; **~se** *vr* to make up for.
resbaladizo, a [resβala'ðiθo, a] *a* slippery.
resbalar [resβa'lar] *vi*, **resbalarse** *vr* to slip, slide; (*fig*) to slip (up); **resbalón** *nm* (*acción*) slip.
rescatar [reska'tar] *vt* (*salvar*) to save, rescue; (*objeto*) to get back, recover; (*cautivos*) to ransom.
rescate [res'kate] *nm* rescue; (*objeto*) recovery; **pagar un** ~ to pay a ransom.
rescindir [resθin'dir] *vt* to rescind.
rescisión [resθi'sjon] *nf* cancellation.
rescoldo [res'koldo] *nm* embers *pl*.
resecar [rese'kar] *vt* to dry thoroughly; (*MED*) to cut out, remove; **~se** *vr* to dry up.
reseco, a [re'seko, a] *a* very dry; (*fig*) skinny.
resentido, a [resen'tiðo, a] *a* resentful.
resentimiento [resenti'mjento] *nm* re-

sentment, bitterness.
resentirse [resen'tirse] *vr* (*debilitarse: persona*) to suffer; ~ de (*consecuencias*) to feel the effects of; ~ **de** (*o* **por**) **algo** to resent sth, be bitter about sth.
reseña [re'seɲa] *nf* (*cuenta*) account; (*informe*) report; (*LITERATURA*) review.
reseñar [rese'ɲar] *vt* to describe; (*LITERATURA*) to review.
reserva [re'serβa] *nf* reserve; (*reservación*) reservation; a ~ **de que** ... unless ...; **con toda** ~ in strictest confidence.
reservado, a [reser'βaðo, a] *a* reserved; (*retraído*) cold, distant // *nm* private room.
reservar [reser'βar] *vt* (*guardar*) to keep; (*habitación, entrada*) to reserve; ~se *vr* to save o.s.; (*callar*) to keep to o.s.
resfriado [resfri'aðo] *nm* cold; **resfriarse** *vr* to cool; (*MED*) to catch (a) cold.
resguardar [resɣwar'ðar] *vt* to protect, shield; ~se *vr*: ~se de to guard against; **resguardo** *nm* defence; (*vale*) voucher; (*recibo*) receipt, slip.
residencia [resi'ðenθja] *nf* residence; ~l *nf* (*urbanización*) housing estate.
residente [resi'ðente] *a, nm/f* resident.
residir [resi'ðir] *vi* to reside, live; ~ **en** to reside in, lie in.
residuo [re'siðwo] *nm* residue.
resignación [resiɣna'θjon] *nf* resignation; **resignarse** *vr*: **resignarse a** *o* **con** to resign o.s. to, be resigned to.
resina [re'sina] *nf* resin.
resistencia [resis'tenθja] *nf* (*dureza*) endurance, strength; (*oposición, ELEC*) resistance; **resistente** *a* strong, hardy; resistant.
resistir [resis'tir] *vt* (*soportar*) to bear; (*oponerse a*) to resist, oppose; (*aguantar*) to put up with // *vi* to resist; (*aguantar*) to last, endure; ~se *vr*: ~se a to refuse to, resist.
resma ['resma] *nf* ream.
resol [re'sol] *nm* glare of the sun.
resolución [resolu'θjon] *nf* resolution; (*decisión*) decision; **resoluto, a** *a* resolute.
resolver [resol'βer] *vt* to resolve; (*solucionar*) to solve, resolve; (*decidir*) to decide, settle; ~se *vr* to make up one's mind.
resollar [reso'ʎar] *vi* to breathe noisily, wheeze.
resonancia [reso'nanθja] *nf* (*del sonido*) resonance; (*repercusión*) repercussion; **resonante** *a* resonant, resounding; (*fig*) tremendous.
resonar [reso'nar] *vi* to ring, echo.
resoplar [reso'plar] *vi* to snort; **resoplido** *nm* heavy breathing.
resorte [re'sorte] *nm* spring; (*fig*) lever.
respaldar [respal'dar] *vt* to back (up), support; ~se *vr* to lean back; ~**se con** *o* **en** (*fig*) to take one's stand on; **respaldo** *nm* (*de sillón*) back; (*fig*) support, backing.
respectivo, a [respek'tiβo, a] *a* respective; **en lo** ~ **a** with regard to.
respecto [res'pekto] *nm*: **al** ~ on this matter; **con** ~ **a,** ~ **de** with regard to, in relation to.
respetable [respe'taβle] *a* respectable.
respetar [respe'tar] *vt* to respect; **respeto** *nm* respect; (*acatamiento*) deference; **respetos** *nmpl* respects; **respetuoso, a** *a* respectful.
respingar [respin'gar] *vi* to shy; **respingo** *nm* start, jump.
respiración [respira'θjon] *nf* breathing; (*MED*) respiration; (*ventilación*) ventilation.
respirar [respi'rar] *vi* to breathe; **respiratorio, a** *a* respiratory; **respiro** *nm* breathing; (*fig: descanso*) respite.
resplandecer [resplande'θer] *vi* to shine; **resplandeciente** *a* resplendent, shining; **resplandor** *nm* brilliance, brightness; (*de luz, fuego*) blaze.
responder [respon'der] *vt* to answer // *vi* to answer; (*fig*) to respond; (*pey*) to answer back; ~ **de** *o* **por** to answer for; **respondón, ona** *a* cheeky.
responsabilidad, [responsaβili'ðað] *nf* responsibility.
responsabilizarse [responsaβili'θarse] *vr* to make o.s. responsible, take charge.
responsable [respon'saβle] *a* responsible.
respuesta [res'pwesta] *nf* answer, reply.
resquebrajar [reskeβra'xar] *vt*, **resquebrajarse** *vr* to crack, split.
resquemor [reske'mor] *nm* resentment.
resquicio [res'kiθjo] *nm* chink; (*hendidura*) crack.
restablecer [restaβle'θer] *vt* to re-establish, restore; ~se *vr* to recover.
restallar [resta'ʎar] *vi* to crack.
restante [res'tante] *a* remaining; **lo** ~ the remainder.
restar [res'tar] *vt* (*MAT*) to subtract; (*fig*) to take away // *vi* to remain, be left.
restauración [restaura'θjon] *nf* restoration.
restaurante [restau'rante] *nm* restaurant.
restaurar [restau'rar] *vt* to restore.
restitución [restitu'θjon] *nf* return, restitution.
restituir [restitu'ir] *vt* (*devolver*) to return, give back; (*rehabilitar*) to restore.
resto ['resto] *nm* (*residuo*) rest, remainder; (*apuesta*) stake; ~s *nmpl* remains.
restregar [restre'ɣar] *vt* to scrub, rub.
restricción [restrik'θjon] *nf* restriction.
restrictivo, a [restrik'tiβo, a] *a* restrictive.
restringir [restrin'xir] *vt* to restrict, limit.
resucitar [resuθi'tar] *vt, vi* to resuscitate

revive.

resuelto, a *pp de* resolver // [re'swelto, a] *a* resolute, determined.

resuello [re'sweʎo] *nm* (*aliento*) breath; estar sin ~ to be breathless.

resultado [resul'taðo] *nm* result; (*conclusión*) outcome; **resultante** *a* resulting, resultant.

resultar [resul'tar] *vi* (*ser*) to be; (*llegar a ser*) to turn out to be; (*salir bien*) to turn out well; (*COM*) to amount to; ~ de to stem from; **me resulta difícil hacerlo** it's difficult for me to do it.

resumen [re'sumen] (*pl* **resúmenes**) *nm* summary, résumé; **en ~** in short.

resumir [resu'mir] *vt* to sum up; (*cortar*) to abridge, cut down; (*condensar*) to summarize.

resurgir [resur'xir] *vi* (*reaparecer*) to reappear.

resurrección [resurre(k)'θjon] *nf* resurrection.

retablo [re'taβlo] *nm* altarpiece.

retaguardia [reta'ɣwarðja] *nf* rearguard.

retahíla [reta'ila] *nf* series, string.

retal [re'tal] *nm* remnant.

retar [re'tar] *vt* to challenge; (*desafiar*) to defy, dare.

retardar [retar'ðar] *vt* (*demorar*) to delay; (*hacer más lento*) to slow down; (*retener*) to hold back; **retardo** *nm* delay.

retazo [re'taθo] *nm* snippet (*Brit*), fragment.

rete... [rete] *pref* very, extremely.

retener [rete'ner] *vt* (*intereses*) to withhold.

retina [re'tina] *nf* retina.

retintín [retin'tin] *nm* jangle, jingle.

retirada [reti'raða] *nf* (*MIL, refugio*) retreat; (*de dinero*) withdrawal; (*de embajador*) recall; **retirado, a** *a* (*lugar*) remote; (*vida*) quiet; (*jubilado*) retired.

retirar [reti'rar] *vt* to withdraw; (*quitar*) to remove; (*jubilar*) to retire, pension off; **~se** *vr* to retreat, withdraw; to retire; (*acostarse*) to retire, go to bed; **retiro** *nm* retreat; retirement; (*pago*) pension.

reto ['reto] *nm* dare, challenge.

retocar [reto'kar] *vt* (*fotografía*) to touch up, retouch.

retoño [re'toɲo] *nm* sprout, shoot; (*fig*) offspring, child.

retoque [re'toke] *nm* retouching.

retorcer [retor'θer] *vt* to twist; (*manos, lavado*) to wring; **~se** *vr* to become twisted; (*mover el cuerpo*) to writhe.

retorcimiento [retorθi'mjento] *nm* twist, twisting.

retórica [re'torika] *nf* rhetoric; (*pey*) affectedness.

retornar [retor'nar] *vt* to return, give back // *vi* to return, go/come back; **retorno** *nm* return.

retortijón [retorti'xon] *nm* twist, twisting.

retozar [reto'θar] *vi* (*juguetear*) to frolic, romp; (*saltar*) to gambol; **retozón, ona** *a* playful.

retracción [retrak'θjon] *nf* retraction.

retractarse [retrak'tarse] *vr* to retract; **me retracto** I take that back.

retraerse [retra'erse] *vr* to retreat, withdraw; **retraído, a** *a* shy, retiring; **retraimiento** *nm* retirement; (*timidez*) shyness.

retransmisión [retransmi'sjon] *nf* repeat (broadcast).

retransmitir [retransmi'tir] *vt* (*mensaje*) to relay; (*TV etc*) to repeat, retransmit; (: *en vivo*) to broadcast live.

retrasado, a [retra'saðo, a] *a* late; (*MED*) mentally retarded; (*país etc*) backward, underdeveloped.

retrasar [retra'sar] *vt* (*demorar*) to postpone, put off; (*retardar*) to slow down // *vi*, **~se** *vr* (*atrasarse*) to be late; (*reloj*) to be slow; (*producción*) to fall (away); (*quedarse atrás*) to lag behind.

retraso [re'traso] *nm* (*demora*) delay; (*lentitud*) slowness; (*tardanza*) lateness; (*atraso*) backwardness; **~s** *nmpl* arrears; **llegar con ~** to arrive late; **~ mental** mental deficiency.

retratar [retra'tar] *vt* (*ARTE*) to paint the portrait of; (*fotografiar*) to photograph; (*fig*) to depict, describe; **~se** *vr* to have one's portrait painted; to have one's photograph taken; **retrato** *nm* portrait; (*fig*) likeness; **retrato-robot** *nm* identikit picture.

retreta [re'treta] *nf* retreat.

retrete [re'trete] *nm* toilet.

retribución [retriβu'θjon] *nf* (*recompensa*) reward; (*pago*) pay, payment.

retribuir [retri'βwir] *vt* (*recompensar*) to reward; (*pagar*) to pay.

retro... [retro] *pref* retro... .

retroactivo, a [retroak'tiβo, a] *a* retroactive, retrospective.

retroceder [retroθe'ðer] *vi* (*echarse atrás*) to move back(wards); (*fig*) to back down.

retroceso [retro'θeso] *nm* backward movement; (*MED*) relapse; (*fig*) backing down.

retrógrado, a [re'troɣraðo, a] *a* retrograde, retrogressive; (*POL*) reactionary.

retropropulsión [retropropul'sjon] *nf* jet propulsion.

retrospectivo, a [retrospek'tiβo, a] *a* retrospective.

retrovisor [retroβi'sor] *nm* rear-view mirror.

retumbar [retum'bar] *vi* to echo, resound.

reuma ['reuma], **reumatismo** [reuma-

'tismo] *nm* rheumatism.
reunificar [reunifi'kar] *vt* to reunify.
reunión [reu'njon] *nf* (*asamblea*) meeting; (*fiesta*) party.
reunir [reu'nir] *vt* (*juntar*) to reunite, join (together); (*recoger*) to gather (together); (*personas*) to get together; (*cualidades*) to combine; **~se** *vr* (*personas: en asamblea*) to meet, gather.
revalidar [reβali'ðar] *vt* (*ratificar*) to confirm, ratify.
revalorar [reβalo'rar], **revalorizar** [reβalori'θar] *vt* to revalue, reassess.
revancha [re'βantʃa] *nf* revenge.
revelación [reβela'θjon] *nf* revelation.
revelado [reβe'laðo] *nm* developing.
revelar [reβe'lar] *vt* to reveal; (*FOTO*) to develop.
reventar [reβen'tar] *vt* to burst, explode.
reventón [reβen'ton] *nm* (*AUTO*) blowout (*Brit*), flat (*US*).
reverberación [reβerβera'θjon] *nf* reverberation.
reverberar [reβerβe'rar] *vi* to reverberate.
reverencia [reβe'renθja] *nf* reverence; **reverenciar** *vt* to revere.
reverendo, a [reβe'rendo, a] *a* reverend.
reverente [reβe'rente] *a* reverent.
reverso [re'βerso] *nm* back, other side; (*de moneda*) reverse.
revertir [reβer'tir] *vi* to revert.
revés [re'βes] *nm* back, wrong side; (*fig*) reverse, setback; (*DEPORTE*) backhand; **al ~** the wrong way round; (*de arriba abajo*) upside down; (*ropa*) inside out; **volver algo al ~** to turn sth round; (*ropa*) to turn sth inside out.
revestir [reβes'tir] *vt* (*poner*) to put on; (*cubrir*) to cover, coat; **~ con** *o* **de** to invest with.
revisar [reβi'sar] *vt* (*examinar*) to check; (*texto etc*) to revise; **revisión** *nf* revision.
revisor, a [reβi'sor, a] *nm/f* inspector; (*FERRO*) ticket collector.
revista [re'βista] *nf* magazine, review; (*TEATRO*) revue; (*inspección*) inspection; **pasar ~ a** to review, inspect.
revivir [reβi'βir] *vi* to revive.
revocación [reβoka'θjon] *nf* repeal.
revocar [reβo'kar] *vt* to revoke.
revolcarse [reβol'karse] *vr* to roll about.
revolotear [reβolote'ar] *vi* to flutter.
revoltijo [reβol'tixo] *nm* mess, jumble.
revoltoso, a [reβol'toso, a] *a* (*travieso*) naughty, unruly.
revolución [reβolu'θjon] *nf* revolution; **revolucionar** *vt* to revolutionize; **revolucionario, a** *a, nm/f* revolutionary.
revolver [reβol'βer] *vt* (*desordenar*) to disturb, mess up; (*mover*) to move about; (*POL*) to stir up // *vi*: **~ en** to go through, rummage (about) in; **~se** *vr* (*volver contra*) to turn on *o* against.
revólver [re'βolβer] *nm* revolver.
revuelo [re'βwelo] *nm* fluttering; (*fig*) commotion.
revuelto, a *pp de* **revolver** // [re'βwelto, a] *a* (*mezclado*) mixed-up, in disorder // *nf* (*motín*) revolt; (*agitación*) commotion.
revulsivo [reβul'siβo] *nm* enema.
rey [rei] *nm* king; **Día de R~es** Epiphany.
reyerta [re'jerta] *nf* quarrel, brawl.
rezagado, a [reθa'ɣaðo, a] *nm/f* straggler.
rezagar [reθa'ɣar] *vt* (*dejar atrás*) to leave behind; (*retrasar*) to delay, postpone.
rezar [re'θar] *vi* to pray; **~ con** (*fam*) to concern, have to do with; **rezo** *nm* prayer.
rezongar [reθon'gar] *vi* to grumble.
rezumar [reθu'mar] *vt* to ooze.
ría ['ria] *nf* estuary.
riada [ri'aða] *nf* flood.
ribera [ri'βera] *nf* (*de río*) bank; (*: área*) riverside.
ribete [ri'βete] *nm* (*de vestido*) border; (*fig*) addition; **~ar** *vt* to edge, border.
ricino [ri'θino] *nm*: **aceite de ~** castor oil.
rico, a ['riko, a] *a* rich; (*adinerado*) wealthy, rich; (*lujoso*) luxurious; (*comida*) delicious; (*niño*) lovely, cute // *nm/f* rich person.
rictus ['riktus] *nm* (*mueca*) sneer, grin.
ridiculez [riðiku'leθ] *nf* absurdity.
ridiculizar [riðikuli'θar] *vt* to ridicule.
ridículo, a [ri'ðikulo, a] *a* ridiculous; **hacer el ~** to make a fool of o.s.; **poner a uno en ~** to make a fool of sb.
riego ['rjeɣo] *nm* (*aspersión*) watering; (*irrigación*) irrigation.
riel [rjel] *nm* rail.
rienda ['rjenda] *nf* rein; **dar ~ suelta a** to give free rein to.
riesgo ['rjesɣo] *nm* risk; **correr el ~ de** to run the risk of.
rifa ['rifa] *nf* (*lotería*) raffle; **rifar** *vt* to raffle.
rifle ['rifle] *nm* rifle.
rigidez [rixi'ðeθ] *nf* rigidity, stiffness; (*fig*) strictness; **rígido, a** *a* rigid, stiff; strict, inflexible.
rigor [ri'ɣor] *nm* strictness, rigour; (*inclemencia*) harshness; **de ~** de rigueur, essential; **riguroso, a** *a* rigorous; harsh; (*severo*) severe.
rimar [ri'mar] *vi* to rhyme.
rimbombante [rimbom'bante] *a* (*fig*) pompous.
rímel, rímmel ['rimel] *nm* mascara.
rincón [rin'kon] *nm* corner (*inside*).
rinoceronte [rinoθe'ronte] *nm* rhinoceros.
riña ['riɲa] *nf* (*disputa*) argument; (*pelea*) brawl.
riñón [ri'ɲon] *nm* kidney; **tener riñones**

to have guts.
río *etc vb ver* **reír** // ['rio] *nm* river; (*fig*) torrent, stream; ~ **abajo/arriba** downstream/upstream; ~ **de la Plata** River Plate.
rioja [ri'oxa] *nm* (*vino*) rioja (wine).
rioplatense [riopla'tense] *a* of *o* from the River Plate region.
riqueza [ri'keθa] *nf* wealth, riches *pl*; (*cualidad*) richness.
risa ['risa] *nf* laughter; (*una* ~) laugh; ¡**qué** ~! what a laugh!
risco ['risko] *nm* crag, cliff.
risible [ri'siβle] *a* ludicrous, laughable.
risotada [riso'taða] *nf* guffaw, loud laugh.
ristra ['ristra] *nf* string.
risueño, a [ri'sweɲo, a] *a* (*sonriente*) smiling; (*contento*) cheerful.
ritmo ['ritmo] *nm* rhythm; **a ~ lento** slowly; **trabajar a ~ lento** to go slow.
rito ['rito] *nm* rite.
ritual [ri'twal] *a*, *nm* ritual.
rival [ri'βal] *a*, *nm/f* rival; **~idad** *nf* rivalry; **~izar** *vi*: **~izar con** to rival, vie with.
rizado, a [ri'θaðo, a] *a* curly // *nm* curls *pl*.
rizar [ri'θar] *vt* to curl; **~se** *vr* (*pelo*) to curl; (*agua*) to ripple; **rizo** *nm* curl; ripple.
RNE *nf abr* = *Radio Nacional de España*.
robar [ro'βar] *vt* to rob; (*objeto*) to steal; (*casa etc*) to break into; (NAIPES) to draw.
roble ['roβle] *nm* oak; **~do, ~dal** *nm* oakwood.
robo ['roβo] *nm* robbery, theft.
robot [ro'βot] *nm* robot; ~ (**de cocina**) food processor.
robustecer [roβuste'θer] *vt* to strengthen.
robusto, a [ro'βusto, a] *a* robust, strong.
roca ['roka] *nf* rock.
rocalla [ro'kaʎa] *nf* pebbles *pl*.
roce ['roθe] *nm* (*caricia*) brush; (TEC) friction; (*en la piel*) graze; **tener ~ con** to be in close contact with.
rociar [ro'θjar] *vt* to spray.
rocín [ro'θin] *nm* nag, hack.
rocío [ro'θio] *nm* dew.
rocoso, a [ro'koso, a] *a* rocky.
rodado, a [ro'ðaðo, a] *a* (*con ruedas*) wheeled // *nf* rut.
rodaja [ro'ðaxa] *nf* (*raja*) slice.
rodaje [ro'ðaxe] *nm* (CINE) shooting, filming; (AUTO): **en ~** running in.
rodar [ro'ðar] *vt* (*vehículo*) to wheel (along); (*escalera*) to roll down; (*viajar por*) to travel (over) // *vi* to roll; (*coche*) to go, run; (CINE) to shoot, film.
rodear [roðe'ar] *vt* to surround // *vi* to go round; **~se** *vr*: **~se de amigos** to surround o.s. with friends.
rodeo [ro'ðeo] *nm* (*ruta indirecta*) detour; (*evasión*) evasion; (*AM*) rodeo; **hablar sin ~s** to come to the point, speak plainly.
rodilla [ro'ðiʎa] *nf* knee; **de ~s** kneeling; **ponerse de ~s** to kneel (down).
rodillo [ro'ðiʎo] *nm* roller; (CULIN) rolling-pin.
rododendro [roðo'ðendro] *nm* rhododendron.
roedor, a [roe'ðor, a] *a* gnawing // *nm* rodent.
roer [ro'er] *vt* (*masticar*) to gnaw; (*corroer*, *fig*) to corrode.
rogar [ro'ɣar] *vt*, *vi* (*pedir*) to ask for; (*suplicar*) to beg, plead; **se ruega no fumar** please do not smoke.
rojizo, a [ro'xiθo, a] *a* reddish.
rojo, a ['roxo, a] *a*, *nm* red; **al ~ vivo** red-hot.
rol [rol] *nm* list, roll; (*AM*: *papel*) role.
rollizo, a [ro'ʎiθo, a] *a* (*objeto*) cylindrical; (*persona*) plump.
rollo ['roʎo] *nm* roll; (*de cuerda*) coil; (*madera*) log; (*fam*) bore; ¡**qué** ~! what a carry-on!
ROM [rom] *nf abr* (= *memoria de sólo lectura*) ROM.
Roma ['roma] *n* Rome.
romance [ro'manθe] *nm* (*idioma castellano*) Romance language; (LITERATURA) ballad; **hablar en ~** to speak plainly.
romanticismo [romanti'θismo] *nm* romanticism.
romántico, a [ro'mantiko, a] *a* romantic.
romería [rome'ria] *nf* (REL) pilgrimage; (*excursión*) trip, outing.
romero, a [ro'mero, a] *nm/f* pilgrim // *nm* rosemary.
romo, a ['romo, a] *a* blunt; (*fig*) dull.
rompecabezas [rompeka'βeθas] *nm inv* riddle, puzzle; (*juego*) jigsaw (puzzle).
rompehuelgas [rompe'welɣas] *nm inv* strikebreaker, blackleg.
rompeolas [rompe'olas] *nm inv* breakwater.
romper [rom'per] *vt* to break; (*hacer pedazos*) to smash; (*papel, tela etc*) to tear, rip // *vi* (*olas*) to break; (*sol, diente*) to break through; **~ un contrato** to break a contract; **~ a** to start (suddenly) to; **~ a llorar** to burst into tears; **~ con uno** to fall out with sb.
rompimiento [rompi'mjento] *nm* (*acto*) breaking; (*fig*) break; (*quiebra*) crack.
ron [ron] *nm* rum.
roncar [ron'kar] *vi* to snore.
ronco, a ['ronko, a] *a* (*afónico*) hoarse; (*áspero*) raucous.
roncha ['rontʃa] *nf* weal; (*contusión*) bruise.
ronda ['ronda] *nf* (*gen*) round; (*patrulla*) patrol; **rondar** *vt* to patrol // *vi* to pa-

trol; (*fig*) to prowl round.
ronquido [ron'kiðo] *nm* snore, snoring.
ronronear [ronrone'ar] *vi* to purr; **ronroneo** *nm* purr.
roña ['roɲa] *nf* (VETERINARIA) mange; (*mugre*) dirt, grime; (*óxido*) rust.
roñoso, a [ro'ɲoso, a] *a* (*mugriento*) filthy; (*tacaño*) mean.
ropa ['ropa] *nf* clothes *pl*, clothing; ~ **blanca** linen; ~ **de cama** bed linen; ~ **interior** underwear; ~ **para lavar** washing; ~**je** *nm* gown, robes *pl*; ~**vejero, a** *nm/f* second-hand clothes dealer.
ropero [ro'pero] *nm* linen cupboard; (*guardarropa*) wardrobe.
rosa ['rosa] *a inv* pink // *nf* rose; (ANAT) red birthmark; ~ **de los vientos** the compass.
rosado, a [ro'saðo, a] *a* pink // *nm* rosé.
rosal [ro'sal] *nm* rosebush.
rosario [ro'sarjo] *nm* (REL) rosary; **rezar el** ~ to say the rosary.
rosca ['roska] *nf* (*de tornillo*) thread; (*de humo*) coil, spiral; (*pan, postre*) ring-shaped roll/pastry.
rosetón [rose'ton] *nm* rosette; (ARQ) rose window.
rosquilla [ros'kiʎa] *nf* doughnut-shaped fritter.
rostro ['rostro] *nm* (*cara*) face.
rotación [rota'θjon] *nf* rotation; ~ **de cultivos** crop rotation.
rotativo, a [rota'tiβo, a] *a* rotary.
roto, a *pp de* **romper** // ['roto, a] *a* broken.
rótula ['rotula] *nf* kneecap; (TEC) ball-and-socket joint.
rotulador [rotula'ðor] *nm* felt-tip pen.
rotular [rotu'lar] *vt* (*carta, documento*) to head, entitle; (*objeto*) to label; **rótulo** *nm* heading, title; label; (*letrero*) sign.
rotundo, a [ro'tundo, a] *a* round; (*enfático*) emphatic.
rotura [ro'tura] *nf* (*rompimiento*) breaking; (MED) fracture.
roturar [rotu'rar] *vt* to plough.
rozadura [roθa'ðura] *nf* abrasion, graze.
rozar [ro'θar] *vt* (*frotar*) to rub; (*arañar*) to scratch; (*tocar ligeramente*) to shave, touch lightly; ~**se** *vr* to rub (together); ~**se con** (*fam*) to rub shoulders with.
r.p.m. *abr* (= *revoluciones por minuto*) rpm.
rte. *abr* (= *remite, remitente*) sender.
RTVE *nf abr* = *Radiotelevisión Española*.
rubí [ru'βi] *nm* ruby; (*de reloj*) jewel.
rubicundo, a [ruβi'kundo, a] *a* ruddy.
rubio, a ['ruβjo, a] *a* fair-haired, blond(e) // *nm/f* blond/blonde; **tabaco** ~ Virginia tobacco.
rubor [ru'βor] *nm* (*sonrojo*) blush; (*timidez*) bashfulness; ~**izarse** *vr* to blush; ~**oso, a** *a* blushing.
rúbrica ['ruβrika] *nf* (*título*) title, heading; (*de la firma*) flourish; **rubricar** *vt* (*firmar*) to sign with a flourish; (*concluir*) to sign and seal.
rudeza [ru'ðeθa] *nf* (*tosquedad*) coarseness; (*sencillez*) simplicity.
rudimento [ruði'mento] *nm* rudiment.
rudo, a ['ruðo, a] *a* (*sin pulir*) unpolished; (*grosero*) coarse; (*violento*) violent; (*sencillo*) simple.
rueda ['rweða] *nf* wheel; (*círculo*) ring, circle; (*rodaja*) slice, round; ~ **delantera/trasera/de repuesto** front/back/spare wheel; ~ **de prensa** press conference.
ruedo ['rweðo] *nm* (*contorno*) edge, border; (*de vestido*) hem; (*círculo*) circle; (TAUR) arena, bullring.
ruego *etc vb ver* **rogar** // ['rweɣo] *nm* request.
rufián [ru'fjan] *nm* scoundrel.
rugby ['ruɣβi] *nm* rugby.
rugido [ru'xiðo] *nm* roar.
rugir [ru'xir] *vi* to roar.
rugoso, a [ru'ɣoso, a] *a* (*arrugado*) wrinkled; (*áspero*) rough; (*desigual*) ridged.
ruibarbo [rui'βarβo] *nm* rhubarb.
ruido ['rwiðo] *nm* noise; (*sonido*) sound; (*alboroto*) racket, row; (*escándalo*) commotion, rumpus; ~**so, a** *a* noisy, loud; (*fig*) sensational.
ruin [rwin] *a* contemptible, mean.
ruina ['rwina] *nf* ruin; (*colapso*) collapse; (*de persona*) ruin, downfall.
ruindad [rwin'dað] *nf* lowness, meanness; (*acto*) low *o* mean act.
ruinoso, a [rwi'noso, a] *a* ruinous; (*destartalado*) dilapidated, tumbledown; (COM) disastrous.
ruiseñor [rwise'ɲor] *nm* nightingale.
rula ['rula], **ruleta** [ru'leta] *nf* roulette.
rulo ['rulo] *nm* (*para el pelo*) curler.
rulota [ru'lota] *nf* caravan (*Brit*), trailer (*US*).
Rumania [ru'manja] *nf* Rumania.
rumba ['rumba] *nf* rumba.
rumbo ['rumbo] *nm* (*ruta*) route, direction; (*ángulo de dirección*) course, bearing; (*fig*) course of events; **ir con** ~ **a** to be heading for.
rumboso, a [rum'boso, a] *a* (*generoso*) generous.
rumiante [ru'mjante] *nm* ruminant.
rumiar [ru'mjar] *vt* to chew; (*fig*) to chew over // *vi* to chew the cud.
rumor [ru'mor] *nm* (*ruido sordo*) low sound; (*murmuración*) murmur, buzz; **rumorearse** *vr*: **se rumorea que** it is rumoured that.
runrún [run'run] *nm* (*voces*) murmur, sound of voices; (*fig*) rumour.
rupestre [ru'pestre] *a* rock *cpd*.
ruptura [rup'tura] *nf* rupture.
rural [ru'ral] *a* rural.
Rusia ['rusja] *nf* Russia; **ruso, a** *a, nm/f*

Russian.

rústico, a ['rustiko, a] *a* rustic; (*ordinario*) coarse, uncouth // *nm/f* yokel // *nf*: **libro en rústica** paperback.

ruta ['ruta] *nf* route.

rutina [ru'tina] *nf* routine; **~rio, a** *a* routine.

S

S *abr* (= *santo, a*) St; (= *sur*) S.

s. *abr* (= *siglo*) C.; (= *siguiente*) foll.

S.A. *abr* (= *Sociedad Anónima*) Ltd (*Brit*), Inc (*US*).

sábado ['saβaðo] *nm* Saturday.

sábana ['saβana] *nf* sheet.

sabandija [saβan'dixa] *nf* bug, insect.

sabañón [saβa'ɲon] *nm* chilblain.

sabelotodo [saβelo'toðo] *nm/f inv* know-all.

saber [sa'βer] *vt* to know; (*llegar a conocer*) to find out, learn; (*tener capacidad de*) to know how to // *vi*: **~ a** to taste of, taste like // *nm* knowledge, learning; **a ~** namely; **¿sabes conducir/nadar?** can you drive/swim?; **¿sabes francés?** do you speak French?; **~ de memoria** to know by heart; **hacer ~ algo a uno** to inform sb of sth, let sb know sth.

sabiduría [saβiðu'ria] *nf* (*conocimientos*) wisdom; (*instrucción*) learning.

sabiendas [sa'βjendas]: **a ~** *ad* knowingly.

sabio, a ['saβjo,a] *a* (*docto*) learned; (*prudente*) wise, sensible.

sabor [sa'βor] *nm* taste, flavour; **~ear** *vt* to taste, savour; (*fig*) to relish.

sabotaje [saβo'taxe] *nm* sabotage.

saboteador, a [saβotea'ðor, a] *nm/f* saboteur.

sabotear [saβote'ar] *vt* to sabotage.

sabré *etc vb ver* **saber**.

sabroso, a [sa'βroso, a] *a* tasty; (*fig: fam*) racy, salty.

sacacorchos [saka'kortʃos] *nm inv* corkscrew.

sacapuntas [saka'puntas] *nm inv* pencil sharpener.

sacar [sa'kar] *vt* to take out; (*fig: extraer*) to get (out); (*quitar*) to remove, get out; (*hacer salir*) to bring out; (*conclusión*) to draw; (*novela etc*) to publish, bring out; (*ropa*) to take off; (*obra*) to make; (*premio*) to receive; (*entradas*) to get; (TENIS) to serve; **~ adelante** (*niño*) to bring up; (*negocio*) to carry on, go on with; **~ a uno a bailar** to get sb up to dance; **~ una foto** to take a photo; **~ la lengua** to stick out one's tongue; **~ buenas/malas notas** to get good/bad marks.

sacarina [saka'rina] *nf* saccharin(e).

sacerdote [saθer'ðote] *nm* priest.

saco ['sako] *nm* bag; (*grande*) sack; (*su contenido*) bagful; (*AM*) jacket; **~ de dormir** sleeping bag.

sacramento [sakra'mento] *nm* sacrament.

sacrificar [sakrifi'kar] *vt* to sacrifice; **sacrificio** *nm* sacrifice.

sacrilegio [sakri'lexjo] *nm* sacrilege; **sacrílego, a** *a* sacrilegious.

sacristía [sakris'tia] *nf* sacristy.

sacro, a ['sakro, a] *a* sacred.

sacudida [saku'ðiða] *nf* (*agitación*) shake, shaking; (*sacudimiento*) jolt, bump; **~ eléctrica** electric shock.

sacudir [saku'ðir] *vt* to shake; (*golpear*) to hit.

sádico, a ['saðiko, a] *a* sadistic // *nm/f* sadist; **sadismo** *nm* sadism.

saeta [sa'eta] *nf* (*flecha*) arrow.

sagacidad [saɣaθi'ðað] *nf* shrewdness, cleverness; **sagaz** *a* shrewd, clever.

sagitario [saxi'tarjo] *nm* Sagittarius.

sagrado, a [sa'ɣraðo, a] *a* sacred, holy.

Sáhara ['saara] *nm*: **el ~** the Sahara (desert).

sal *vb ver* **salir** // [sal] *nf* salt.

sala ['sala] *nf* (*cuarto grande*) large room; (**~** *de estar*) living room; (TEATRO) house, auditorium; (*de hospital*) ward; **~ de apelación** court; **~ de espera** waiting room; **~ de estar** living room; **~ de fiestas** dance hall.

salado, a [sa'laðo, a] *a* salty; (*fig*) witty, amusing; **agua salada** salt water.

salar [sa'lar] *vt* to salt, add salt to.

salarial [sala'rjal] *a* (*aumento, revisión*) wage *cpd*, salary *cpd*.

salario [sa'larjo] *nm* wage, pay.

salchicha [sal'tʃitʃa] *nf* (pork) sausage; **salchichón** *nm* (salami-type) sausage.

saldar [sal'dar] *vt* to pay; (*vender*) to sell off; (*fig*) to settle, resolve; **saldo** *nm* (*pago*) settlement; (*de una cuenta*) balance; (*lo restante*) remnant(s) (*pl*), remainder; **~s** *nmpl* (*en tienda*) sale.

saldré *etc vb ver* **salir**.

salero [sa'lero] *nm* salt cellar.

salgo *etc vb ver* **salir**.

salida [sa'liða] *nf* (*puerta etc*) exit, way out; (*acto*) leaving, going out; (*de tren*, AVIAT) departure; (TEC) output, production; (*fig*) way out; (COM) opening; (GEO, *válvula*) outlet; (*de gas*) leak; **calle sin ~** cul-de-sac; **~ de incendios** fire escape.

saliente [sa'ljente] *a* (ARQ) projecting; (*sol*) rising; (*fig*) outstanding.

salir [sa'lir] ♦ *vi* **1** (*partir*: *tb*: **~ de**) to leave; **Juan ha salido** Juan is out; **salió de la cocina** he came out of the kitchen

2 (*aparecer*) to appear; (*disco, libro*) to come out; **anoche salió en la tele** she appeared *o* was on TV last night; **salió en todos los periódicos** it was in all the papers

3 (*resultar*): **la muchacha nos salió muy**

trabajadora the girl turned out to be a very hard worker; **la comida te ha salido exquisita** the food was delicious; **sale muy caro** it's very expensive
4: **~le a uno algo**: **la entrevista que hice me salió bien/mal** the interview I did went *o* turned out well/badly
5: **~ adelante**: **no sé como haré para ~ adelante** I don't know how I'll get by
♦ **~se** *vr* (*líquido*) to spill; (*animal*) to escape.

saliva [sa'lißa] *nf* saliva.
salmo ['salmo] *nm* psalm.
salmón [sal'mon] *nm* salmon.
salmuera [sal'mwera] *nf* pickle, brine.
salón [sa'lon] *nm* (*de casa*) living room, lounge; (*muebles*) lounge suite; **~ de belleza** beauty parlour; **~ de baile** dance hall.
salpicadero [salpika'ðero] *nm* (*AUTO*) dashboard.
salpicar [salpi'kar] *vt* (*rociar*) to sprinkle, spatter; (*esparcir*) to scatter.
salsa ['salsa] *nf* sauce; (*con carne asada*) gravy; (*fig*) spice.
saltado, a [sal'taðo, a] *a* (*botón etc*) missing; (*ojos*) bulging.
saltamontes [salta'montes] *nm inv* grasshopper.
saltar [sal'tar] *vt* to jump (over), leap (over); (*dejar de lado*) to skip, miss out // *vi* to jump, leap; (*pelota*) to bounce; (*al aire*) to fly up; (*quebrarse*) to break; (*al agua*) to dive; (*fig*) to explode, blow up.
saltear [salte'ar] *vt* (*robar*) to rob (in a holdup); (*asaltar*) to assault, attack; (*CULIN*) to sauté.
saltimbanqui [saltim'banki] *nm/f* acrobat.
salto ['salto] *nm* jump, leap; (*al agua*) dive; **~ de agua** waterfall; **~ de altura** high jump.
saltón, ona [sal'ton, ona] *a* (*ojos*) bulging, popping; (*dientes*) protruding.
salubre [sa'lußre] *a* healthy, salubrious.
salud [sa'luð] *nf* health; **¡(a su) ~!** cheers!, good health!; **~able** *a* (*de buena ~*) healthy; (*provechoso*) good, beneficial.
saludar [salu'ðar] *vt* to greet; (*MIL*) to salute; **saludo** *nm* greeting; **saludos** (*en carta*) best wishes, regards.
salva ['salßa] *nf*: **~ de aplausos** ovation.
salvación [salßa'θjon] *nf* salvation; (*rescate*) rescue.
salvado [sal'ßaðo] *nm* bran.
Salvador [salßa'ðor]: **El ~** El Salvador; **San ~** San Salvador; **s~eño, a** *a, nm/f* Salvadorian.
salvaguardar [salßaɣwar'ðar] *vt* to safeguard.
salvaje [sal'ßaxe] *a* wild; (*tribu*) savage; **salvajismo** *nm* savagery.
salvar [sal'ßar] *vt* (*rescatar*) to save, rescue; (*resolver*) to overcome, resolve; (*cubrir distancias*) to cover, travel; (*hacer excepción*) to except, exclude; (*un barco*) to salvage.
salvavidas [salßa'ßiðas] *a inv*: **bote/chaleco/cinturón ~** lifeboat/life jacket/life belt.
salvia ['salßja] *nf* sage.
salvo, a ['salßo, a] *a* safe // *ad* except (for), save; **a ~** out of danger; **~ que** unless; **~conducto** *nm* safe-conduct.
san [san] *a* saint; **~ Juan** St. John.
sanar [sa'nar] *vt* (*herida*) to heal; (*persona*) to cure // *vi* (*persona*) to get well, recover; (*herida*) to heal.
sanatorio [sana'torjo] *nm* sanatorium.
sanción [san'θjon] *nf* sanction; **sancionar** *vt* to sanction.
sandalia [san'dalja] *nf* sandal.
sandía [san'dia] *nf* watermelon.
sandwich ['sandwitʃ] (*pl* **~s, ~es**) *nm* sandwich.
saneamiento [sanea'mjento] *nm* sanitation.
sanear [sane'ar] *vt* (*terreno*) to drain.
sangrar [san'grar] *vt, vi* to bleed; **sangre** *nf* blood.
sangría [san'gria] *nf* sangria, *sweetened drink of red wine with fruit.*
sangriento, a [san'grjento, a] *a* bloody.
sanguijuela [sangi'xwela] *nf* (*ZOOL, fig*) leech.
sanguinario, a [sangi'narjo, a] *a* bloodthirsty.
sanguíneo, a [san'gineo, a] *a* blood *cpd.*
sanidad [sani'ðað] *nf* sanitation; (*calidad de sano*) health, healthiness; **~ pública** public health.
sanitario, a [sani'tarjo, a] *a* sanitary; (*de la salud*) health; **~s** *nmpl* toilets (*Brit*), washroom (*US*).
sano, a ['sano, a] *a* healthy; (*sin daños*) sound; (*comida*) wholesome; (*entero*) whole, intact; **~ y salvo** safe and sound.
Santiago [san'tjaɣo] *nm*: **~ (de Chile)** Santiago.
santiamén [santja'men] *nm*: **en un ~** in no time at all.
santidad [santi'ðað] *nf* holiness, sanctity; **santificar** *vt* to sanctify, make holy.
santiguarse [santi'ɣwarse] *vr* to make the sign of the cross.
santo, a ['santo, a] *a* holy; (*fig*) wonderful, miraculous // *nm/f* saint // *nm* saint's day; **~ y seña** password.
santuario [san'twarjo] *nm* sanctuary, shrine.
saña ['saɲa] *nf* rage, fury.
sapo ['sapo] *nm* toad.
saque ['sake] *nm* (*TENIS*) service, serve; (*FÚTBOL*) throw-in; **~ de esquina** corner (kick).
saquear [sake'ar] *vt* (*MIL*) to sack; (*robar*) to loot, plunder; (*fig*) to ransack; **saqueo** *nm* sacking; looting,

plundering; ransacking.
sarampión [saram'pjon] *nm* measles *sg*.
sarcasmo [sar'kasmo] *nm* sarcasm; **sarcástico, a** *a* sarcastic.
sardina [sar'ðina] *nf* sardine.
sardónico, a [sar'ðoniko, a] *a* sardonic; (*irónico*) ironical, sarcastic.
sargento [sar'xento] *nm* sergeant.
sarna ['sarna] *nf* itch; (*MED*) scabies.
sarpullido [sarpu'ʎiðo] *nm* (*MED*) rash.
sartén [sar'ten] *nf* frying pan.
sastre ['sastre] *nm* tailor; **~ría** *nf* (*arte*) tailoring; (*tienda*) tailor's (shop).
Satanás [sata'nas] *nm* Satan.
satélite [sa'telite] *nm* satellite.
sátira ['satira] *nf* satire.
satisfacción [satisfak'θjon] *nf* satisfaction.
satisfacer [satisfa'θer] *vt* to satisfy; (*gastos*) to meet; (*pérdida*) to make good; **~se** *vr* to satisfy o.s., be satisfied; (*vengarse*) to take revenge; **satisfecho, a** *a* satisfied; (*contento*) content(ed), happy; (*tb*: **~ de sí mismo**) self-satisfied, smug.
saturar [satu'rar] *vt* to saturate.
sauce ['sauθe] *nm* willow; **~ llorón** weeping willow.
sauna ['sauna] *nf* sauna.
savia ['saβja] *nf* sap.
saxofón [sakso'fon] *nm* saxophone.
sazonado, a [saθo'naðo, a] *a* (*fruta*) ripe; (*CULIN*) flavoured, seasoned.
sazonar [saθo'nar] *vt* to ripen; (*CULIN*) to flavour, season.
scotch [es'kotʃ] *nm* ® adhesive *o* sticky tape.
se [se] *pron* **1** (*reflexivo*: *sg*: *m*) himself; (: *f*) herself; (: *pl*) themselves; (: *cosa*) itself; (: *de Vd*) yourself; (: *de Vds*) yourselves; **~ está preparando** she's preparing herself; *para usos léxicos del pronombre ver el vb en cuestión, p.ej.* **arrepentirse**
2 (*con complemento indirecto*) to him; to her; to them; to it; to you; **a usted ~ lo dije ayer** I told you yesterday; **~ compró un sombrero** he bought himself a hat; **~ rompió la pierna** he broke his leg
3 (*uso recíproco*) each other, one another; **~ miraron (el uno al otro)** they looked at each other *o* one another
4 (*en oraciones pasivas*): **se han vendido muchos libros** a lot of books have been sold
5 (*impersonal*): **~ dice que ...** people say that, it is said that; **allí ~ come muy bien** the food there is very good, you can eat very well there.
SE *abr* (= *sudeste*) SE.
sé *vb ver* **saber, ser.**
sea *etc vb ver* **ser.**
sebo ['seβo] *nm* fat, grease.
secador [seka'ðor] *nm*: **~ de pelo** hair-dryer.
secadora [seka'ðora] *nf* (*ELEC*) tumble dryer.
secar [se'kar] *vt* to dry; **~se** *vr* to dry (off); (*río, planta*) to dry up.
sección [sek'θjon] *nf* section.
seco, a ['seko, a] *a* dry; (*carácter*) cold; (*respuesta*) sharp, curt; **habrá pan a secas** there will be just bread; **decir algo a secas** to say sth curtly; **parar en ~** to stop dead.
secretaría [sekreta'ria] *nf* secretariat.
secretario, a [sekre'tarjo, a] *nm/f* secretary.
secreto, a [se'kreto, a] *a* secret; (*persona*) secretive // *nm* secret; (*calidad*) secrecy.
secta ['sekta] *nf* sect; **~rio, a** *a* sectarian.
sector [sek'tor] *nm* sector.
secuela [se'kwela] *nf* consequence.
secuencia [se'kwenθja] *nf* sequence.
secuestrar [sekwes'trar] *vt* to kidnap; (*bienes*) to seize, confiscate; **secuestro** *nm* kidnapping; seizure, confiscation.
secular [seku'lar] *a* secular.
secundar [sekun'dar] *vt* to second, support.
secundario, a [sekun'darjo, a] *a* secondary.
sed [seð] *nf* thirst; **tener ~** to be thirsty.
seda ['seða] *nf* silk.
sedal [se'ðal] *nm* fishing line.
sedante [se'ðante] *nm* sedative.
sede ['seðe] *nf* (*de gobierno*) seat; (*de compañía*) headquarters *pl*; **Santa S~** Holy See.
sediento, a [se'ðjento, a] *a* thirsty.
sedimentar [seðimen'tar] *vt* to deposit; **~se** *vr* to settle; **sedimento** *nm* sediment.
sedoso, a [se'ðoso, a] *a* silky, silken.
seducción [seðuk'θjon] *nf* seduction.
seducir [seðu'θir] *vt* to seduce; (*sobornar*) to bribe; (*cautivar*) to charm, fascinate; (*atraer*) to attract; **seductor, a** *a* seductive; charming, fascinating; attractive; (*engañoso*) deceptive, misleading // *nm/f* seducer.
segadora-trilladora [seɣa'ðora triʎa'ðora] *nf* combine harvester.
seglar [se'ɣlar] *a* secular, lay.
segregación [seɣreɣa'θjon] *nf* segregation. **~ racial** racial segregation.
segregar [seɣre'ɣar] *vt* to segregate, separate.
seguido, a [se'ɣiðo, a] *a* (*continuo*) continuous, unbroken; (*recto*) straight; **~s** consecutive, successive // *ad* (*directo*) straight (on); (*después*) after; (*AM*: *a menudo*) often // *nf*: **en seguida** at once, right away; **5 días ~s** 5 days running, 5 days in a row.
seguimiento [seɣi'mjento] *nm* chase, pursuit; (*continuación*) continuation.
seguir [se'ɣir] *vt* to follow; (*venir*

después) to follow on, come after; (*proseguir*) to continue; (*perseguir*) to chase, pursue // *vi* (*gen*) to follow; (*continuar*) to continue, carry *o* go on; ~se *vr* to follow; **sigo sin comprender** I still don't understand; **sigue lloviendo** it's still raining.

según [se'ɣun] *prep* according to // *ad* according to circumstances; ~ **esté el tiempo** depending on the weather; **está ~ lo dejaste** it is just as you left it.

segundo, a [se'ɣundo, a] *a* second // *nm* (*gen, medida de tiempo*) second // *nf* second meaning; **segunda (clase)** second class; **segunda (marcha)** (*AUTO*) second (gear); **de segunda mano** second hand.

seguramente [seɣura'mente] *ad* surely; (*con certeza*) for sure, with certainty.

seguridad [seɣuri'ðað] *nf* safety; (*del estado, de casa etc*) security; (*certidumbre*) certainty; (*confianza*) confidence; (*estabilidad*) stability; ~ **social** social security.

seguro, a [se'ɣuro, a] *a* (*cierto*) sure, certain; (*fiel*) trustworthy; (*libre del peligro*) safe; (*bien defendido, firme*) secure // *ad* for sure, certainly // *nm* (*COM*) insurance; ~ **contra terceros/a todo riesgo** third party/comprehensive insurance; ~**s sociales** social security *sg*.

seis [seis] *num* six.

seísmo [se'ismo] *nm* tremor, earthquake.

selección [selek'θjon] *nf* selection; **seleccionar** *vt* to pick, choose, select.

selectividad [selektiβi'ðað] *nf* (*Esp*) university entrance examination.

selecto, a [se'lekto, a] *a* select, choice; (*escogido*) selected.

selva ['selβa] *nf* (*bosque*) forest, woods *pl*; (*jungla*) jungle.

sellar [se'ʎar] *vt* (*documento oficial*) to seal; (*pasaporte, visado*) to stamp.

sello ['seʎo] *nm* stamp; (*precinto*) seal.

semáforo [se'maforo] *nm* (*AUTO*) traffic lights *pl*; (*FERRO*) signal.

semana [se'mana] *nf* week; **entre ~** during the week; **S~ Santa** Holy Week; **semanal** *a* weekly.

semblante [sem'blante] *nm* face; (*fig*) look.

sembrar [sem'brar] *vt* to sow; (*objetos*) to sprinkle, scatter about; (*noticias etc*) to spread.

semejante [seme'xante] *a* (*parecido*) similar; ~s alike, similar // *nm* fellow man, fellow creature; **nunca hizo cosa ~** he never did any such thing; **semejanza** *nf* similarity, resemblance.

semejar [seme'xar] *vi* to seem like, resemble; ~**se** *vr* to look alike, be similar.

semen ['semen] *nm* semen; ~**tal** *nm* stud.

semestral [semes'tral] *a* half-yearly, bi-annual.

semicírculo [semi'θirkulo] *nm* semicircle.

semiconsciente [semikons'θjente] *a* semiconscious.

semifinal [semifi'nal] *nf* semifinal.

semilla [se'miʎa] *nf* seed.

seminario [semi'narjo] *nm* (*REL*) seminary; (*ESCOL*) seminar.

sémola ['semola] *nf* semolina.

sempiterno, a [sempi'terno, a] *a* everlasting.

Sena ['sena] *nm*: **el ~** the (river) Seine.

senado [se'naðo] *nm* senate; **senador, a** *nm/f* senator.

sencillez [senθi'ʎeθ] *nf* simplicity; (*de persona*) naturalness; **sencillo, a** *a* simple; natural, unaffected.

senda ['senda] *nf*, **sendero** [sen'dero] *nm* path, track.

sendos, as ['sendos, as] *apl*: **les dio ~ golpes** he hit both of them.

senil [se'nil] *a* senile.

seno ['seno] *nm* (*ANAT*) bosom, bust; (*fig*) bosom; ~s breasts.

sensación [sensa'θjon] *nf* sensation; (*sentido*) sense; (*sentimiento*) feeling; **sensacional** *a* sensational.

sensato, a [sen'sato, a] *a* sensible.

sensible [sen'sible] *a* sensitive; (*apreciable*) perceptible, appreciable; (*pérdida*) considerable; ~**ro, a** *a* sentimental.

sensitivo, a [sensi'tiβo, a], **sensorial** [senso'rjal] *a* sense.

sensual [sen'swal] *a* sensual.

sentado, a [sen'taðo, a] *a* (*establecido*) settled; (*carácter*) sensible; **estar ~** to sit, be sitting (down) // *nf* sitting; (*protesta*) sit-in; **dar por ~** to take for granted, assume.

sentar [sen'tar] *vt* to sit, seat; (*fig*) to establish // *vi* (*vestido*) to suit; (*alimento*): ~ **bien/mal a** to agree/disagree with; ~**se** *vr* (*persona*) to sit, sit down; (*el tiempo*) to settle (down); (*los depósitos*) to settle.

sentencia [sen'tenθja] *nf* (*máxima*) maxim, saying; (*JUR*) sentence; **sentenciar** *vt* to sentence.

sentido, a [sen'tiðo, a] *a* (*pérdida*) regrettable; (*carácter*) sensitive // *nm* sense; (*sentimiento*) feeling; (*significado*) sense, meaning; (*dirección*) direction; **mi más ~ pésame** my deepest sympathy; ~ **del humor** sense of humour; ~ **único** one-way (street); **tener ~** to make sense.

sentimental [sentimen'tal] *a* sentimental; **vida ~** love life.

sentimiento [senti'mjento] *nm* (*emoción*) feeling, emotion; (*sentido*) sense; (*pesar*) regret, sorrow.

sentir [sen'tir] *vt* to feel; (*percibir*) to perceive, sense; (*lamentar*) to regret, be sorry for // *vi* (*tener la sensación*) to feel; (*lamentarse*) to feel sorry // *nm* opinion, judgement; ~**se bien/mal** to feel well/ill; **lo siento** I'm sorry.

seña ['seɲa] *nf* sign; (*MIL*) password; **~s** *nfpl* address *sg*; **~s personales** personal description *sg*.

señal [se'ɲal] *nf* sign; (*síntoma*) symptom; (*FERRO, TELEC*) signal; (*marca*) mark; (*COM*) deposit; **en ~ de** as a token of, as a sign of; **~ar** *vt* to mark; (*indicar*) to point out, indicate; (*fijar*) to fix, settle.

señor [se'ɲor] *nm* (*hombre*) man; (*caballero*) gentleman; (*dueño*) owner, master; (*trato: antes de nombre propio*) Mr; (*: hablando directamente*) sir; **muy ~ mío** Dear Sir; **el ~ alcalde/presidente** the mayor/president.

señora [se'ɲora] *nf* (*dama*) lady; (*trato: antes de nombre propio*) Mrs; (*: hablando directamente*) madam; (*esposa*) wife; **Nuestra S~** Our Lady.

señorita [seɲo'rita] *nf* (*con nombre y/o apellido*) Miss; (*mujer joven*) young lady.

señorito [seɲo'rito] *nm* young gentleman; (*pey*) rich kid.

señuelo [se'ɲwelo] *nm* decoy.

sepa *etc vb ver* **saber**.

separación [separa'θjon] *nf* separation; (*división*) division; (*distancia*) gap, distance.

separar [sepa'rar] *vt* to separate; (*dividir*) to divide; **~se** *vr* (*parte*) to come away; (*partes*) to come apart; (*persona*) to leave, go away; (*matrimonio*) to separate; **separatismo** *nm* separatism.

sepia ['sepja] *nf* cuttlefish.

septiembre [sep'tjembre] *nm* September.

séptimo, a ['septimo, a] *a, nm* seventh.

sepultar [sepul'tar] *vt* to bury; **sepultura** *nf* (*acto*) burial; (*tumba*) grave, tomb; **sepulturero, a** *nm/f* gravedigger.

sequedad [seke'ðað] *nf* dryness; (*fig*) brusqueness, curtness.

sequía [se'kia] *nf* drought.

séquito ['sekito] *nm* (*de rey etc*) retinue; (*POL*) followers *pl*.

ser [ser] ♦ *vi* **1** (*descripción*) to be; **es médica/muy alta** she's a doctor/very tall; **la familia es de Cuzco** his (*o* her *etc*) family is from Cuzco; **soy Anna** (*TELEC*) Anna speaking *o* here

2 (*propiedad*): **es de Joaquín** it's Joaquín's, it belongs to Joaquín

3 (*horas, fechas, números*): **es la una** it's one o'clock; **son las seis y media** it's half-past six; **es el 1 de junio** it's the first of June; **somos/son seis** there are six of us/them

4 (*en oraciones pasivas*): **ha sido descubierto ya** it's already been discovered

5: **es de esperar que ...** it is to be hoped *o* I *etc* hope that ...

6 (*locuciones con subjun*): **o sea** that is to say; **sea él sea su hermana** either him or his sister

7: **a no ~ por él ...** but for him ...

8: **a no ~ que: a no ~ que tenga uno ya** unless he's got one already

♦ *nm* being; **~ humano** human being.

serenarse [sere'narse] *vr* to calm down.

sereno, a [se'reno, a] *a* (*persona*) calm, unruffled; (*el tiempo*) fine, settled; (*ambiente*) calm, peaceful // *nm* night watchman.

serial [ser'jal] *nm* serial.

serie ['serje] *nf* series; (*cadena*) sequence, succession; **fuera de ~** out of order; (*fig*) special, out of the ordinary; **fabricación en ~** mass production.

seriedad [serje'ðað] *nf* seriousness; (*formalidad*) reliability; (*de crisis*) gravity, seriousness; **serio, a** *a* serious; reliable, dependable; grave, serious; **en serio** *ad* seriously.

sermón [ser'mon] *nm* (*REL*) sermon.

serpentear [serpente'ar] *vi* to wriggle; (*camino, río*) to wind, snake.

serpentina [serpen'tina] *nf* streamer.

serpiente [ser'pjente] *nf* snake; **~ boa** boa constrictor; **~ de cascabel** rattlesnake.

serranía [serra'nia] *nf* mountainous area.

serrano, a [se'rrano] *a* highland *cpd*, hill *cpd* // *nm/f* highlander.

serrar [se'rrar] *vt* = **aserrar**.

serrín [se'rrin] *nm* = **aserrín**.

serrucho [se'rrutʃo] *nm* saw.

servicio [ser'βiθjo] *nm* service; **~s** *nmpl* toilet(s); **~ incluido** service charge included; **~ militar** military service.

servidor, a [serβi'ðor, a] *nm/f* servant.

servidumbre [serβi'ðumbre] *nf* (*sujeción*) servitude; (*criados*) servants *pl*, staff.

servil [ser'βil] *a* servile.

servilleta [serβi'ʎeta] *nf* serviette, napkin.

servir [ser'βir] *vt* to serve // *vi* to serve; (*tener utilidad*) to be of use, be useful; **~se** *vr* to serve *o* help o.s.; **~se de algo** to make use of sth, use sth; **sírvase pasar** please come in.

sesenta [se'senta] *num* sixty.

sesgo ['sesɣo] *nm* slant; (*fig*) slant, twist.

sesión [se'sjon] *nf* (*POL*) session, sitting; (*CINE*) showing.

seso ['seso] *nm* brain; **sesudo, a** *a* sensible, wise.

seta ['seta] *nf* mushroom; **~ venenosa** toadstool.

setecientos, as [sete'θjentos, as] *a, num* seven hundred.

setenta [se'tenta] *num* seventy.

seudo... [seuðo] *pref* pseudo... .

seudónimo [seu'ðonimo] *nm* pseudonym.

severidad [seβeri'ðað] *nf* severity;

severo, a *a* severe.
Sevilla [se'βiʎa] *n* Seville; **sevillano, a** *a* of *o* from Seville // *nm/f* native *o* inhabitant of Seville.
sexo ['sekso] *nm* sex.
sexto, a ['seksto, a] *a, nm* sixth.
sexual [sek'swal] *a* sexual; **vida ~** sex life.
si [si] *conj* if; **me pregunto ~...** I wonder if *o* whether... .
sí [si] *ad* yes // *nm* consent // *pron* (*uso impersonal*) oneself; (*sg*: *m*) himself; (: *f*) herself; (: *de cosa*) itself; (*de usted*) yourself; (*pl*) themselves; (*de ustedes*) yourselves; (*recíproco*) each other; **él no quiere pero yo ~** he doesn't want to but I do; **ella ~ vendrá** she will certainly come, she is sure to come; **claro que ~** of course; **creo que ~** I think so.
siamés, esa [sja'mes, esa] *a, nm/f* Siamese.
SIDA ['siða] *nm abr* (= *Síndrome de Inmuno-deficiencia Adquirida*) AIDS.
siderúrgico, a [siðe'rurxico, a] *a* iron and steel *cpd* // *nf*: **la siderúrgica** the iron and steel industry.
sidra ['siðra] *nf* cider.
siembra ['sjembra] *nf* sowing.
siempre ['sjempre] *ad* always; (*todo el tiempo*) all the time; **~ que** *conj* (*cada vez*) whenever; (*dado que*) provided that; **como ~** as usual; **para ~** for ever.
sien [sjen] *nf* temple.
siento *etc vb ver* **sentar, sentir.**
sierra ['sjerra] *nf* (*TEC*) saw; (*cadena de montañas*) mountain range.
siervo, a ['sjerβo, a] *nm/f* slave.
siesta ['sjesta] *nf* siesta, nap; **echar la ~** to have an afternoon nap *o* a siesta.
siete ['sjete] *num* seven.
sífilis ['sifilis] *nf* syphilis.
sifón [si'fon] *nm* syphon; **whisky con ~** whisky and soda.
sigla ['siɣla] *nf* abbreviation; acronym.
siglo ['siɣlo] *nm* century; (*fig*) age.
significación [siɣnifika'θjon] *nf* significance.
significado [siɣnifi'kaðo] *nm* significance; (*de palabra etc*) meaning.
significar [siɣnifi'kar] *vt* to mean, signify; (*notificar*) to make known, express; **significativo, a** *a* significant.
signo ['siɣno] *nm* sign; **~ de admiración** *o* **exclamación** exclamation mark; **~ de interrogación** question mark.
sigo *etc vb ver* **seguir.**
siguiente [si'ɣjente] *a* next, following.
siguió *etc vb ver* **seguir.**
sílaba ['silaβa] *nf* syllable.
silbar [sil'βar] *vt, vi* to whistle; **silbato** *nm* whistle; **silbido** *nm* whistle, whistling.
silenciador [silenθja'ðor] *nm* silencer.
silenciar [silen'θjar] *vt* (*persona*) to silence; (*escándalo*) to hush up; **silencio** *nm* silence, quiet; **silencioso, a** *a* silent, quiet.
silicio [si'liθjo] *nm* silicon.
silueta [si'lweta] *nf* silhouette; (*de edificio*) outline; (*figura*) figure.
silvestre [sil'βestre] *a* (*BOT*) wild; (*fig*) rustic, rural.
silla ['siʎa] *nf* (*asiento*) chair; (*tb*: **~ de montar**) saddle; **~ de ruedas** wheelchair.
sillón [si'ʎon] *nm* armchair, easy chair.
simbólico, a [sim'boliko, a] *a* symbolic(al).
simbolizar [simboli'θar] *vt* to symbolize.
símbolo ['simbolo] *nm* symbol.
simetría [sime'tria] *nf* symmetry.
simiente [si'mjente] *nf* seed.
similar [simi'lar] *a* similar.
simio ['simjo] *nm* ape.
simpatía [simpa'tia] *nf* liking; (*afecto*) affection; (*amabilidad*) kindness; (*solidaridad*) mutual support, solidarity; **simpático, a** *a* nice, pleasant; kind.
simpatizante [simpati'θante] *nm/f* sympathizer.
simpatizar [simpati'θar] *vi*: **~ con** to get on well with.
simple ['simple] *a* simple; (*elemental*) simple, easy; (*mero*) mere; (*puro*) pure, sheer // *nm/f* simpleton; **~za** *nf* simpleness; (*necedad*) silly thing; **simplicidad** *nf* simplicity; **simplificar** *vt* to simplify.
simular [simu'lar] *vt* to simulate.
simultáneo, a [simul'taneo, a] *a* simultaneous.
sin [sin] *prep* without; **la ropa está ~ lavar** the clothes are unwashed; **~ que** *conj* without; **~ embargo** however, still.
sinagoga [sina'ɣoɣa] *nf* synagogue.
sinceridad [sinθeri'ðað] *nf* sincerity; **sincero, a** *a* sincere.
sincronizar [sinkroni'θar] *vt* to synchronize.
sindical [sindi'kal] *a* union *cpd*, trade-union *cpd*; **~ista** *a, nm/f* trade-unionist.
sindicato [sindi'kato] *nm* (*de trabajadores*) trade(s) union; (*de negociantes*) syndicate.
sinfín [sin'fin] *nm*: **un ~ de** a great many, no end of.
sinfonía [sinfo'nia] *nf* symphony.
singular [singu'lar] *a* singular; (*fig*) outstanding, exceptional; (*pey*) peculiar, odd; **~idad** *nf* singularity, peculiarity; **~izar** *vt* to single out; **~izarse** *vr* to distinguish o.s., stand out.
siniestro, a [si'njestro, a] *a* left; (*fig*) sinister // *nm* (*accidente*) accident.
sinnúmero [sin'numero] *nm* = **sinfín.**
sino ['sino] *nm* fate, destiny // *conj* (*pero*) but; (*salvo*) except, save.
sinónimo, a [si'nonimo, a] *a* synonymous // *nm* synonym.
síntesis ['sintesis] *nf* synthesis; **sintético, a** *a* synthetic.
sintetizar [sinteti'θar] *vt* to synthesize.

sintió *vb ver* **sentir.**
síntoma ['sintoma] *nm* symptom.
sinvergüenza [simber'ɣwenθa] *nm/f* rogue, scoundrel; ¡es un ~! he's got a nerve!
sionismo [sjo'nismo] *nm* Zionism.
siquiera [si'kjera] *conj* even if, even though // *ad* at least; **ni ~** not even.
sirena [si'rena] *nf* siren.
Siria ['sirja] *nf* Syria; **sirio, a** *a, nm/f* Syrian.
sirviente, a [sir'ßjente, a] *nm/f* servant.
sirvo *etc vb ver* **servir.**
sisear [sise'ar] *vt, vi* to hiss.
sismógrafo [sis'moɣrafo] *nm* seismograph.
sistema [sis'tema] *nm* system; (*método*) method; **sistemático, a** *a* systematic.
sitiar [si'tjar] *vt* to beseige, lay seige to.
sitio ['sitjo] *nm* (*lugar*) place; (*espacio*) room, space; (*MIL*) siege.
situación [sitwa'θjon] *nf* situation, position; (*estatus*) position, standing.
situado, a [situ'aðo] *a* situated, placed.
situar [si'twar] *vt* to place, put; (*edificio*) to locate, situate.
slip [slip] *nm* pants *pl*, briefs *pl*.
smoking ['smokin, es'mokin] (*pl* ~s) *nm* dinner jacket (*Brit*), tuxedo (*US*).
snob [es'nob] = **esnob.**
so [so] *prep* under.
SO *abr* (= *suroeste*) SW.
sobaco [so'ßako] *nm* armpit.
soberanía [soßera'nia] *nf* sovereignty; **soberano, a** *a* sovereign; (*fig*) supreme // *nm/f* sovereign.
soberbio, a [so'ßerßjo, a] *a* (*orgulloso*) proud; (*altivo*) haughty, arrogant; (*fig*) magnificent, superb // *nf* pride; haughtiness, arrogance; magnificence.
sobornar [soßor'nar] *vt* to bribe; **soborno** *nm* bribe.
sobra ['soßra] *nf* excess, surplus; ~**s** *nfpl* left-overs, scraps; **de ~** surplus, extra; **tengo de ~** I've more than enough; ~**do, a** *a* (*más que suficiente*) more than enough; (*superfluo*) excessive // *ad* too, exceedingly; **sobrante** *a* remaining, extra // *nm* surplus, remainder.
sobrar [so'ßrar] *vt* to exceed, surpass // *vi* (*tener de más*) to be more than enough; (*quedar*) to remain, be left (over).
sobrasada [soßra'saða] *nf pork sausage spread.*
sobre ['soßre] *prep* (*gen*) on; (*encima*) on (top of); (*por encima de, arriba de*) over, above; (*más que*) more than; (*además*) in addition to, besides; (*alrededor de, tratando de*) about // *nm* envelope; **~ todo** above all.
sobrecama [soßre'kama] *nf* bedspread.
sobrecargar [soßrekar'ɣar] *vt* (*camión*) to overload; (*COM*) to surcharge.
sobredosis [soßre'ðosis] *nf inv* overdose.
sobreentender [soßre(e)nten'der] *vt* (*adivinar*) to deduce, infer; ~**se** *vr*: **se sobreentiende que ...** it is implied that ....
sobrehumano, a [soßreu'mano, a] *a* superhuman.
sobrellevar [soßreʎe'ßar] *vt* (*fig*) to bear, endure.
sobrenatural [soßrenatu'ral] *a* supernatural.
sobrepasar [soßrepa'sar] *vt* to exceed, surpass.
sobreponer [soßrepo'ner] *vt* (*poner encima*) to put on top; (*añadir*) to add; ~**se** *vr*: ~**se a** to win through, pull through.
sobresaliente [soßresa'ljente] *a* projecting; (*fig*) outstanding, excellent.
sobresalir [soßresa'lir] *vi* to project, jut out; (*fig*) to stand out, excel.
sobresaltar [soßresal'tar] *vt* (*asustar*) to scare, frighten; (*sobrecoger*) to startle; **sobresalto** *nm* (*movimiento*) start; (*susto*) scare; (*turbación*) sudden shock.
sobretodo [soßre'toðo] *nm* overcoat.
sobrevenir [soßreße'nir] *vi* (*ocurrir*) to happen (unexpectedly); (*resultar*) to follow, ensue.
sobreviviente [soßreßi'ßjente] *a* surviving // *nm/f* survivor.
sobrevivir [soßreßi'ßir] *vi* to survive.
sobrevolar [soßreßo'lar] *vt* to fly over.
sobriedad [soßrje'ðað] *nf* sobriety, soberness; (*moderación*) moderation, restraint.
sobrino, a [so'ßrino, a] *nm/f* nephew/niece.
sobrio, a ['soßrjo, a] *a* (*moderado*) moderate, restrained.
socarrón, ona [soka'rron, ona] *a* (*sarcástico*) sarcastic, ironic(al).
socavón [soka'ßon] *nm* (*hoyo*) hole.
sociable [so'θjaßle] *a* (*persona*) sociable, friendly; (*animal*) social.
social [so'θjal] *a* social; (*COM*) company *cpd.*
socialdemócrata [soθjalde'mokrata] *nm/f* social democrat.
socialista [soθja'lista] *a, nm/f* socialist.
socializar [soθjali'θar] *vt* to socialize.
sociedad [soθje'ðað] *nf* society; (*COM*) company; **~ anónima** limited company; **~ de consumo** consumer society.
socio, a ['soθjo, a] *nm/f* (*miembro*) member; (*COM*) partner.
sociología [soθjolo'xia] *nf* sociology; **sociólogo, a** *nm/f* sociologist.
socorrer [soko'rrer] *vt* to help; **socorrista** *nm/f* first aider; (*en piscina, playa*) lifeguard; **socorro** *nm* (*ayuda*) help, aid; (*MIL*) relief; **¡socorro!** help!
soda ['soða] *nf* (*sosa*) soda; (*bebida*) soda (water).
sofá [so'fa] (*pl* ~s) *nm* sofa, settee; **~-cama** *nm* studio couch, sofa bed.

sofisticación [sofistika'θjon] *nf* sophistication.
sofocar [sofo'kar] *vt* to suffocate; (*apagar*) to smother, put out; **~se** *vr* to suffocate; (*fig*) to blush, feel embarrassed; **sofoco** *nm* suffocation; embarrassment.
soga ['soɣa] *nf* rope.
sois *vb ver* **ser**.
soja ['soxa] *nf* soya.
sojuzgar [soxuθ'ɣar] *vt* to subdue, rule despotically.
sol [sol] *nm* sun; (*luz*) sunshine, sunlight; hace *o* hay ~ it is sunny.
solamente [sola'mente] *ad* only, just.
solapa [so'lapa] *nf* (*de chaqueta*) lapel; (*de libro*) jacket.
solar [so'lar] *a* solar, sun *cpd*.
solaz [so'laθ] *nm* recreation, relaxation; **~ar** *vt* (*divertir*) to amuse.
soldada [sol'daða] *nf* pay.
soldado [sol'daðo] *nm* soldier; **~ raso** private.
soldador [solda'ðor] *nm* soldering iron; (*persona*) welder.
soldar [sol'dar] *vt* to solder, weld; (*unir*) to join, unite.
soleado, a [sole'aðo, a] *a* sunny.
soledad [sole'ðað] *nf* solitude; (*estado infeliz*) loneliness.
solemne [so'lemne] *a* solemn; **solemnidad** *nf* solemnity.
soler [so'ler] *vi* to be in the habit of, be accustomed to; **suele salir a las ocho** she usually goes out at 8 o'clock.
solfeo [sol'feo] *nm* solfa.
solicitar [soliθi'tar] *vt* (*permiso*) to ask for, seek; (*puesto*) to apply for; (*votos*) to canvass for; (*atención*) to attract; (*persona*) to pursue, chase after.
solícito, a [so'liθito, a] *a* (*diligente*) diligent; (*cuidadoso*) careful; **solicitud** *nf* (*calidad*) great care; (*petición*) request; (*a un puesto*) application.
solidaridad [soliðari'ðað] *nf* solidarity; **solidario, a** *a* (*participación*) joint, common; (*compromiso*) mutually binding.
solidez [soli'ðeθ] *nf* solidity; **sólido, a** *a* solid.
soliloquio [soli'lokjo] *nm* soliloquy.
solista [so'lista] *nm/f* soloist.
solitario, a [soli'tarjo, a] *a* (*persona*) lonely, solitary; (*lugar*) lonely, desolate // *nm/f* (*reclusa*) recluse; (*en la sociedad*) loner // *nm* solitaire.
solo, a ['solo, a] *a* (*único*) single, sole; (*sin compañía*) alone; (*solitario*) lonely; **hay una sola dificultad** there is just one difficulty; **a solas** alone, by o.s.
sólo ['solo] *ad* only, just.
solomillo [solo'miʎo] *nm* sirloin.
soltar [sol'tar] *vt* (*dejar ir*) to let go of; (*desprender*) to unfasten, loosen; (*librar*) to release, set free; (*risa etc*) to let out.
soltero, a [sol'tero, a] *a* single, unmarried // *nm/f* bachelor/single woman; **solterón, ona** *nm/f* old bachelor/spinster.
soltura [sol'tura] *nf* looseness, slackness; (*de los miembros*) agility, ease of movement; (*en el hablar*) fluency, ease.
soluble [so'luβle] *a* (QUÍMICA) soluble; (*problema*) solvable; **~ en agua** soluble in water.
solución [solu'θjon] *nf* solution; **solucionar** *vt* (*problema*) to solve; (*asunto*) to settle, resolve.
solventar [solβen'tar] *vt* (*pagar*) to settle, pay; (*resolver*) to resolve.
sollozar [soʎo'θar] *vi* to sob; **sollozo** *nm* sob.
sombra ['sombra] *nf* shadow; (*como protección*) shade; **~s** *nfpl* darkness *sg*, shadows; **tener buena/mala ~** to be lucky/unlucky.
sombrero [som'brero] *nm* hat.
sombrilla [som'briʎa] *nf* parasol, sunshade.
sombrío, a [som'brio, a] *a* (*oscuro*) dark; (*fig*) sombre, sad; (*persona*) gloomy.
somero, a [so'mero, a] *a* superficial.
someter [some'ter] *vt* (*país*) to conquer; (*persona*) to subject to one's will; (*informe*) to present, submit; **~se** *vr* to give in, yield, submit; **~ a** to subject to.
somnífero [som'nifero] *nm* sleeping pill.
somos *vb ver* **ser**.
son *vb ver* **ser** // [son] *nm* sound; **en ~ de broma** as a joke.
sonajero [sona'xero] *nm* (baby's) rattle.
sonambulismo [sonambu'lismo] *nm* sleepwalking; **sonámbulo, a** *nm/f* sleepwalker.
sonar [so'nar] *vt* to ring // *vi* to sound; (*hacer ruido*) to make a noise; (*pronunciarse*) to be sounded, be pronounced; (*ser conocido*) to sound familiar; (*campana*) to ring; (*reloj*) to strike, chime; **~se** *vr*: **~se (las narices)** to blow one's nose; **me suena ese nombre** that name rings a bell.
sonda ['sonda] *nf* (NAUT) sounding; (TEC) bore, drill; (MED) probe.
sondear [sonde'ar] *vt* to sound; to bore (into), drill; to probe, sound; (*fig*) to sound out; **sondeo** *nm* sounding; boring, drilling; (*fig*) poll, enquiry.
sónico, a ['soniko, a] *a* sonic, sound *cpd*.
sonido [so'niðo] *nm* sound.
sonoro, a [so'noro, a] *a* sonorous; (*resonante*) loud, resonant.
sonreír [sonre'ir] *vi*, **sonreírse** *vr* to smile; **sonriente** *a* smiling; **sonrisa** *nf* smile.
sonrojo [son'roxo] *nm* blush.
soñador, a [soɲa'ðor, a] *nm/f* dreamer.
soñar [so'ɲar] *vt*, *vi* to dream; **~ con** to dream about *o* of.

ñoliento, a [soɲo'ljento, a] *a* sleepy, rowsy.
pa ['sopa] *nf* soup; **sopera** *nf* soup tureen.
plar [so'plar] *vt* (*polvo*) to blow away, low off; (*inflar*) to blow up; (*vela*) to low out // *vi* to blow; **soplo** *nm* blow, uff; (*de viento*) puff, gust.
porífero [sopo'rifero] *nm* sleeping pill.
portable [sopor'taßle] *a* bearable.
portar [sopor'tar] *vt* to bear, carry; *fig*) to bear, put up with; **soporte** *nm* upport; (*fig*) pillar, support.
prano [so'prano] *nf* soprano.
rber [sor'ßer] *vt* (*chupar*) to sip; (*inalar*) to inhale; (*tragar*) to swallow up); (*absorber*) to soak up, absorb.
rbete [sor'ßete] *nm* iced fruit drink.
rbo ['sorßo] *nm* (*trago*: *grande*) gulp, wallow; (: *pequeño*) sip.
rdera [sor'ðera] *nf* deafness.
rdido, a ['sorðiðo, a] *a* dirty, squalid.
rdo, a ['sorðo, a] *a* (*persona*) deaf // *m/f* deaf person; **~mudo, a** *a* deaf and lumb.
roche [so'rotʃe] *nm* (*AM*) mountain ickness.
rprendente [sorpren'dente] *a* surprising.
rprender [sorpren'der] *vt* to surprise; **sorpresa** *nf* surprise.
rtear [sorte'ar] *vt* to draw lots for; (*rifar*) to raffle; (*dificultad*) to avoid; **sorteo** *nm* (*en lotería*) draw; (*rifa*) raffle.
rtija [sor'tixa] *nf* ring; (*rizo*) ringlet, curl.
osegado, a [sose'ɣaðo, a] *a* quiet, calm.
osegar [sose'ɣar] *vt* to quieten, calm; (*el ánimo*) to reassure // *vi* to rest; **sosiego** *nm* quiet(ness), calm(ness).
oslayo [sos'lajo]: **de ~** *ad* obliquely, sideways.
oso, a ['soso, a] *a* (*CULIN*) tasteless; (*fig*) dull, uninteresting.
ospecha [sos'petʃa] *nf* suspicion; **sospechar** *vt* to suspect; **sospechoso, a** *a* suspicious; (*testimonio, opinión*) suspect // *nm/f* suspect.
ostén [sos'ten] *nm* (*apoyo*) support; (*sujetador*) bra; (*alimentación*) sustenance, food.
ostener [soste'ner] *vt* to support; (*mantener*) to keep up, maintain; (*alimentar*) to sustain, keep going; **~se** *vr* to support o.s.; (*seguir*) to continue, remain; **sostenido, a** *a* continuous, sustained; (*prolongado*) prolonged.
ótano ['sotano] *nm* basement.
oviético, a [so'ßjetiko, a] *a* Soviet; los ~s the Soviets.
oy *vb ver* **ser**.
r. *abr* (= *Señor*) Mr.
ra. *abr* (= *Señora*) Mrs.
S.R.C. *abr* (= *se ruega contestación*) R.S.V.P.
Sres. *abr* (= *Señores*) Messrs.
Srta. *abr* (= *Señorita*) Miss.
Sta. *abr* (= *Santa*) St.
status ['status, e'status] *nm inv* status.
Sto. *abr* (= *Santo*) St.
su [su] *pron* (*de él*) his; (*de ella*) her; (*de una cosa*) its; (*de ellos, ellas*) their; (*de usted, ustedes*) your.
suave ['swaße] *a* gentle; (*superficie*) smooth; (*trabajo*) easy; (*música, voz*) soft, sweet; **suavidad** *nf* gentleness; smoothness; softness, sweetness; **suavizar** *vt* to soften; (*quitar la aspereza*) to smooth (out).
subalimentado, a [sußalimen'taðo, a] *a* undernourished.
subasta [su'ßasta] *nf* auction; **subastar** *vt* to auction (off).
subcampeón, ona [sußkampe'on, ona] *nm/f* runner-up.
subconsciente [sußkon'sθjente] *a, nm* subconscious.
subdesarrollado, a [sußðesarro'ʎaðo, a] *a* underdeveloped.
subdesarrollo [sußðesa'rroʎo] *nm* underdevelopment.
subdirector, a [sußðirek'tor, a] *nm/f* assistant director.
súbdito, a ['sußðito, a] *nm/f* subject.
subdividir [sußðißi'ðir] *vt* to subdivide.
subestimar [sußesti'mar] *vt* to underestimate, underrate.
subido, a [su'ßiðo, a] *a* (*color*) bright, strong; (*precio*) high // *nf* (*de montaña etc*) ascent, climb; (*de precio*) rise, increase; (*pendiente*) slope, hill.
subir [su'ßir] *vt* (*objeto*) to raise, lift up; (*cuesta, calle*) to go up; (*colina, montaña*) to climb; (*precio*) to raise, put up // *vi* to go up, come up; (*a un coche*) to get in; (*a un autobús, tren o avión*) to get on, board; (*precio*) to rise, go up; (*río, marea*) to rise; **~se** *vr* to get up, climb.
súbito, a ['sußito, a] *a* (*repentino*) sudden; (*imprevisto*) unexpected.
subjetivo, a [sußxe'tißo, a] *a* subjective.
sublevación [sußleßa'θjon] *nf* revolt, rising.
sublevar [sußle'ßar[*vt* to rouse to revolt; **~se** *vr* to revolt, rise.
sublime [su'ßlime] *a* sublime.
submarino, a [sußma'rino, a] *a* underwater // *nm* submarine.
subnormal [sußnor'mal] *a* subnormal // *nm/f* subnormal person.
subordinado, a [sußorði'naðo, a] *a, nm/f* subordinate.
subrayar [sußra'jar] *vt* to underline.
subrepticio, a [sußrep'tiθjo, a] *a* surreptitious.
subsanar [sußsa'nar] *vt* (*reparar*) to make good; (*perdonar*) to excuse; (*so-

breponerse a) to overcome.
subscribir [suβskri'βir] *vt* = **suscribir.**
subsidiario, a [suβsi'ðjarjo, a] *a* subsidiary.
subsidio [suβ'siðjo] *nm* (*ayuda*) aid, financial help; (*subvención*) subsidy, grant; (*de enfermedad, paro etc*) benefit, allowance.
subsistencia [suβsis'tenθja] *nf* subsistence.
subsistir [suβsis'tir] *vi* to subsist; (*vivir*) to live; (*sobrevivir*) to survive, endure.
subterráneo, a [suβte'rraneo, a] *a* underground, subterranean // *nm* underpass, underground passage.
suburbano, a [suβur'βano, a] *a* suburban.
suburbio [su'βurβjo] *nm* (*barrio*) slum quarter; (*afueras*) suburbs *pl*.
subvencionar [suββenθjo'nar] *vt* to subsidize.
subversión [suββer'sjon] *nf* subversion; **subversivo, a** *a* subversive.
subyugar [suβju'ɣar] *vt* (*país*) to subjugate, subdue; (*enemigo*) to overpower; (*voluntad*) to dominate.
succión [suk'θjon] *nf* suction.
sucedáneo, a [suθe'ðaneo, a] *a* substitute // *nm* substitute (food).
suceder [suθe'ðer] *vt, vi* to happen; (*seguir*) to succeed, follow; **lo que sucede es que...** the fact is that...; **sucesión** *nf* succession; (*serie*) sequence, series.
sucesivamente [suθesiβa'mente] *ad*: **y así ~** and so on.
sucesivo, a [suθe'siβo, a] *a* successive, following; **en lo ~** in future, from now on.
suceso [su'θeso] *nm* (*hecho*) event, happening; (*incidente*) incident.
suciedad [suθje'ðað] *nf* (*estado*) dirtiness; (*mugre*) dirt, filth.
sucinto, a [su'θinto, a] *a* (*conciso*) succinct, concise.
sucio, a ['suθjo, a] *a* dirty.
Sucre ['sukre] *n* Sucre.
suculento, a [suku'lento, a] *a* succulent.
sucumbir [sukum'bir] *vi* to succumb.
sucursal [sukur'sal] *nf* branch (office).
Sudáfrica [suð'afrika] *nf* South Africa.
Sudamérica [suða'merika] *nf* South America; **sudamericano, a** *a, nm/f* South American.
sudar [su'ðar] *vt, vi* to sweat.
sudeste [su'ðeste] *nm* south-east.
sudoeste [suðo'este] *nm* south-west.
sudor [su'ðor] *nm* sweat; **~oso, a** *a* sweaty, sweating.
Suecia ['sweθja] *nf* Sweden; **sueco, a** *a* Swedish // *nm/f* Swede.
suegro, a ['sweɣro, a] *nm/f* father-/mother-in-law.
suela ['swela] *nf* sole.
sueldo ['sweldo] *nm* pay, wage(s) (*pl*).
suele *etc vb ver* **soler.**
suelo ['swelo] *nm* (*tierra*) ground; (*casa*) floor.
suelto, a ['swelto, a] *a* loose; (*libr*) free; (*separado*) detached; (*ágil*) quic agile; (*corriente*) fluent, flowing // *n* (loose) change, small change.
sueño *etc vb ver* **soñar** // ['sweɲo] *n* sleep; (*somnolencia*) sleepiness, drow ness; (*lo soñado, fig*) dream; **tener ~** be sleepy.
suero ['swero] *nm* (MED) serum; (*leche*) whey.
suerte ['swerte] *nf* (*fortuna*) luck; (*aza* chance; (*destino*) fate, destiny; (*con ción*) lot; (*género*) sort, kind; **tener ~** be lucky; **de otra ~** otherwise, if not; **~ que** so that, in such a way that.
suéter ['sweter] *nm* sweater.
suficiente [sufi'θjente] *a* enoug sufficient // *nm* (ESCOL) pass.
sufragio [su'fraxjo] *nm* (*voto*) vot (*derecho de voto*) suffrage.
sufrido, a [su'friðo, a] *a* (*person* tough; (*paciente*) long-suffering, patien
sufrimiento [sufri'mjento] *nm* (*dolo* suffering.
sufrir [su'frir] *vt* (*padecer*) to suffe (*soportar*) to bear, put up wit (*apoyar*) to hold up, support // *vi* suffer.
sugerencia [suxe'renθja] *nf* suggestion.
sugerir [suxe'rir] *vt* to sugges (*sutilmente*) to hint.
sugestión [suxes'tjon] *nf* suggestio (*sutil*) hint; **sugestionar** *vt* to influenc
sugestivo, a [suxes'tiβo, a] *a* stim lating; (*fascinante*) fascinating.
suicida [sui'θiða] *a* suicidal // *nm* suicidal person; (*muerto*) suicide, perso who has committed suicide; **suicidars** *vr* to commit suicide, kill o.s.; **suicidi** *nm* suicide.
Suiza ['swiθa] *nf* Switzerland; **suizo, a** *nm/f* Swiss.
sujeción [suxe'θjon] *nf* subjection.
sujetador [suxeta'ðor] *nm* fastener, clip (*sostén*) bra.
sujetar [suxe'tar] *vt* (*fijar*) to fasten (*detener*) to hold down; (*fig*) to subjec subjugate; **~se** *vr* to subject o.s **sujeto, a** *a* fastened, secure // *nm* sub ject; (*individuo*) individual; **sujeto** subject to.
suma ['suma] *nf* (*cantidad*) total, sum (*de dinero*) sum; (*acto*) adding (up) addition; **en ~** in short.
sumamente [suma'mente] *ad* extremely exceedingly.
sumar [su'mar] *vt* to add (up); (*reunir* to collect, gather // *vi* to add up.
sumario, a [su'marjo, a] *a* brief, concis // *nm* summary.
sumergir [sumer'xir] *vt* to submerge (*hundir*) to sink; (*bañar*) to immerse

dip.
umidero [sumi'ðero] *nm* drain, sewer; (*TEC*) sump.
uministrar [sumini'strar] *vt* to supply, provide; **suministro** *nm* supply; (*acto*) supplying, providing.
umir [su'mir] *vt* to sink, submerge; (*fig*) to plunge.
umisión [sumi'sjon] *nf* (*acto*) submission; (*calidad*) submissiveness, docility; **sumiso, a** *a* submissive, docile.
umo, a ['sumo, a] *a* great, extreme; (*mayor*) highest, supreme.
untuoso, a [sun'twoso, a] *a* sumptuous, magnificent.
upe *etc vb ver* **saber**.
uper... [super] *pref* super..., over...; ~bueno great, fantastic.
úper ['super] *nm* (*gasolina*) three-star (petrol).
uperar [supe'rar] *vt* (*sobreponerse a*) to overcome; (*rebasar*) to surpass, do better than; (*pasar*) to go beyond; ~**se** *vr* to excel o.s.
uperávit [supe'raßit] *nm inv* surplus.
uperficial [superfi'θjal] *a* superficial; (*medida*) surface *cpd*, of the surface.
uperficie [super'fiθje] *nf* surface; (*área*) area.
uperfluo, a [su'perflwo, a] *a* superfluous.
uperintendente [superinten'dente] *nm/f* supervisor, superintendent.
uperior [supe'rjor] *a* (*piso, clase*) upper; (*temperatura, número, nivel*) higher; (*mejor: calidad, producto*) superior, better // *nm/f* superior; ~**idad** *nf* superiority.
upermercado [supermer'kaðo] *nm* supermarket.
upersónico, a [super'soniko, a] *a* supersonic.
uperstición [supersti'θjon] *nf* superstition; **supersticioso, a** *a* superstitious.
upervisor, a [superßi'sor, a] *nm/f* supervisor.
upervivencia [superßi'ßenθja] *nf* survival.
uperviviente [superßi'ßjente] *a* surviving.
upiera *etc vb ver* **saber**.
uplantar [suplan'tar] *vt* (*persona*) to supplant.
uplementario, a [suplemen'tarjo, a] *a* supplementary; **suplemento** *nm* supplement.
uplente [su'plente] *a*, *nm/f* substitute.
upletorio, a [suple'torjo, a] *a* supplementary // *nm* supplement; mesa supletoria spare table.
súplica ['suplika] *nf* request; (*JUR*) petition.
uplicar [supli'kar] *vt* (*cosa*) to beg (for), plead for; (*persona*) to beg, plead with.
uplicio [su'pliθjo] *nm* torture.
suplir [su'plir] *vt* (*compensar*) to make good, make up for; (*reemplazar*) to replace, substitute // *vi*: ~ a to take the place of, substitute for.
supo *etc vb ver* **saber**.
suponer [supo'ner] *vt* to suppose // *vi* to have authority; **suposición** *nf* supposition.
supremacía [suprema'θia] *nf* supremacy.
supremo, a [su'premo, a] *a* supreme.
supresión [supre'sjon] *nf* suppression; (*de derecho*) abolition; (*de dificultad*) removal; (*de palabra etc*) deletion; (*de restricción*) cancellation, lifting.
suprimir [supri'mir] *vt* to suppress; (*derecho, costumbre*) to abolish; (*dificultad*) to remove; (*palabra etc*) to delete; (*restricción*) to cancel, lift.
supuesto, a *pp de* **suponer** // [su'pwesto, a] *a* (*hipotético*) supposed; (*falso*) false // *nm* assumption, hypothesis; ~ **que** *conj* since; **por** ~ of course.
sur [sur] *nm* south.
surcar [sur'kar] *vt* to plough; (*superficie*) to cut, score; **surco** *nm* (*en metal, disco*) groove; (*AGR*) furrow.
surgir [sur'xir] *vi* to arise, emerge; (*dificultad*) to come up, crop up.
surtido, a [sur'tiðo, a] *a* mixed, assorted // *nm* (*selección*) selection, assortment; (*abastecimiento*) supply, stock.
surtir [sur'tir] *vt* to supply, provide // *vi* to spout, spurt.
susceptible [susθep'tißle] *a* susceptible; (*sensible*) sensitive; ~ **de** capable of.
suscitar [susθi'tar] *vt* to cause, provoke; (*interés, sospechas*) to arouse.
suscribir [suskri'ßir] *vt* (*firmar*) to sign; (*respaldar*) to subscribe to, endorse; ~**se** *vr* to subscribe; **suscripción** *nf* subscription.
susodicho, a [suso'ðitʃo, a] *a* abovementioned.
suspender [suspen'der] *vt* (*objeto*) to hang (up), suspend; (*trabajo*) to stop, suspend; (*ESCOL*) to fail; **suspensión** *nf* suspension; (*fig*) stoppage, suspension.
suspenso, a [sus'penso, a] *a* hanging, suspended; (*ESCOL*) failed // *nm*: **quedar** *o* estar en ~ to be pending.
suspicacia [suspi'kaθja] *nf* suspicion, mistrust; **suspicaz** *a* suspicious, distrustful.
suspirar [suspi'rar] *vi* to sigh; **suspiro** *nm* sigh.
sustancia [sus'tanθja] *nf* substance.
sustentar [susten'tar] *vt* (*alimentar*) to sustain, nourish; (*objeto*) to hold up, support; (*idea, teoría*) to maintain, uphold; (*fig*) to sustain, keep going; **sustento** *nm* support; (*alimento*) sustenance, food.
sustituir [sustitu'ir] *vt* to substitute, replace; **sustituto, a** *nm/f* substitute, re-

placement.

susto ['susto] *nm* fright, scare.

sustraer [sustra'er] *vt* to remove, take away; (*MAT*) to subtract.

susurrar [susu'rrar] *vi* to whisper; **susurro** *nm* whisper.

sutil [su'til] *a* (*aroma, diferencia*) subtle; (*tenue*) thin; (*inteligencia, persona*) sharp; **~eza** *nf* subtlety; thinness.

suyo, a ['sujo, a] *a* (*con artículo o después del verbo* **ser**: *de él*) his; (: *de ella*) hers; (: *de ellos, ellas*) theirs; (: *de Ud, Uds*) yours; **un amigo ~** a friend of his (*o* hers *o* theirs *o* yours).

T

taba ['taβa] *nf* (*ANAT*) anklebone; (*juego*) jacks *sg*.

tabacalero, a [taβaka'lero, a] *nm/f* (*vendedor*) tobacconist // *nf*: **T~** *Spanish state tobacco monopoly*.

tabaco [ta'βako] *nm* tobacco; (*fam*) cigarettes *pl*: **tabaquería** *nf* tobacconist's (*Brit*), cigar store (*US*).

taberna [ta'βerna] *nf* bar, pub (*Brit*); **tabernero, a** *nm/f* (*encargado*) publican; (*camarero*) barman/maid.

tabique [ta'βike] *nm* partition (wall).

tabla ['taβla] *nf* (*de madera*) plank; (*estante*) shelf; (*de vestido*) pleat; (*ARTE*) panel; **~s** *nfpl*: **estar** *o* **quedar en ~s** to draw; **~do** *nm* (*plataforma*) platform; (*TEATRO*) stage.

tablero [ta'βlero] *nm* (*de madera*) plank, board; (*de ajedrez, damas*) board; (*AUTO*) dashboard; **~ de anuncios** notice (*Brit*) *o* bulletin (*US*) board.

tableta [ta'βleta] *nf* (*MED*) tablet; (*de chocolate*) bar.

tablilla [ta'βliʎa] *nf* small board; (*MED*) splint.

tablón [ta'βlon] *nm* (*de suelo*) plank; (*de techo*) beam; **~ de anuncios** notice board (*Brit*), bulletin board (*US*).

tabú [ta'βu] *nm* taboo.

tabular [taβu'lar] *vt* to tabulate.

taburete [taβu'rete] *nm* stool.

tacaño, a [ta'kaɲo, a] *a* (*avaro*) mean.

tácito, a ['taθito, a] *a* tacit.

taciturno, a [taθi'turno, a] *a* (*callado*) silent; (*malhumorado*) sullen.

taco ['tako] *nm* (*BILLAR*) cue; (*libro de billetes*) book; (*AM*: *de zapato*) heel; (*tarugo*) peg; (*palabrota*) swear word.

tacón [ta'kon] *nm* heel; **de ~ alto** high-heeled; **taconeo** *nm* (heel) stamping.

táctico, a ['taktiko, a] *a* tactical // *nf* tactics *pl*.

tacto ['takto] *nm* touch; (*fig*) tact.

tacha ['tatʃa] *nf* flaw; (*TEC*) stud; **tachar** *vt* (*borrar*) to cross out; **tachar de** to accuse of.

tafetán [tafe'tan] *nm* taffeta.

tafilete [tafi'lete] *nm* morocco leather.

tahona [ta'ona] *nf* (*panadería*) bakery.

tahur, a [ta'ur, a] *nm/f* gambler; (*pey*) cheat.

taimado, a [tai'maðo, a] *a* (*astuto*) sly.

taita ['taita] *nm* (*fam*) dad, daddy.

tajada [ta'xaða] *nf* slice.

tajante [ta'xante] *a* sharp.

tajar [ta'xar] *vt* to cut; **tajo** *nm* (*corte*) cut; (*GEO*) cleft.

tal [tal] *a* such; **~ vez** perhaps // *pro* (*persona*) someone, such a one; (*cosa*) something, such a thing; **~ como** such as; **~ para cual** tit for tat; (*dos iguales*) two of a kind // *ad*: **~ como** (*igual*) just as; **~ cual** (*como es*) just as it is; **¿qué ~?** how are things?; **¿qué ~ te gusta?** how do you like it? // *conj*: **con ~ de que** provided that.

taladrar [tala'ðrar] *vt* to drill; **taladro** *nm* drill; (*hoyo*) drill hole.

talante [ta'lante] *nm* (*humor*) mood; (*voluntad*) will, willingness.

talar [ta'lar] *vt* to fell, cut down; (*devastar*) to devastate.

talco ['talko] *nm* (*polvos*) talcum powder.

talego [ta'leɣo] *nm*, **talega** [ta'leɣa] *nf* sack.

talento [ta'lento] *nm* talent; (*capacidad*) ability.

TALGO ['talɣo] *nm abr* (*Esp* = *tren articulado ligero Goicoechea-Oriol*) ≈ HST (*Brit*).

talismán [talis'man] *nm* talisman.

talón [ta'lon] *nm* (*ANAT*) heel; (*COM*) counterfoil; (*cheque*) cheque (*Brit*), check (*US*).

talonario [talo'narjo] *nm* (*de cheques*) chequebook (*Brit*), checkbook (*US*); (*de billetes*) book of tickets; (*de recibos*) receipt book.

talla ['taʎa] *nf* (*estatura, fig, MED*) height, stature; (*palo*) measuring rod; (*ARTE*) carving; (*medida*) size.

tallado, a [ta'ʎaðo, a] *a* carved // *nm* carving.

tallar [ta'ʎar] *vt* (*madera*) to carve; (*metal etc*) to engrave; (*medir*) to measure.

tallarines [taʎa'rines] *nmpl* noodles.

talle ['taʎe] *nm* (*ANAT*) waist; (*fig*) appearance.

taller [ta'ʎer] *nm* (*TEC*) workshop; (*de artista*) studio.

tallo ['taʎo] *nm* (*de planta*) stem; (*de hierba*) blade; (*brote*) shoot.

tamaño, a [ta'maɲo, a] *a* (*tan grande*) such a big; (*tan pequeño*) such a small // *nm* size; **de ~ natural** full-size.

tamarindo [tama'rindo] *nm* tamarind.

tambalearse [tambale'arse] *vr* (*persona*) to stagger; (*vehículo*) to sway.

también [tam'bjen] *ad* (*igualmente*) also, too, as well; (*además*) besides.

tambor [tam'bor] *nm* drum; (*ANAT*) ear

drum; ~ **del freno** brake drum.
tamiz [ta'miθ] *nm* sieve; ~**ar** *vt* to sieve.
tampoco [tam'poko] *ad* nor, neither; **yo ~ lo compré** I didn't buy it either.
tampón [tam'pon] *nm* tampon.
tan [tan] *ad* so; ~ **es así que ...** so much so that ...
tanda ['tanda] *nf* (*gen*) series; (*turno*) shift.
tangente [tan'xente] *nf* tangent.
Tánger ['tanxer] *n* Tangier(s).
tangible [tan'xiβle] *a* tangible.
tanque ['tanke] *nm* (*cisterna*, *MIL*) tank; (*AUTO*) tanker.
tantear [tante'ar] *vt* (*calcular*) to reckon (up); (*medir*) to take the measure of; (*probar*) to test, try out; (*tomar la medida*: *persona*) to take the measurements of; (*situación*) to weigh up; (*persona*: *opinión*) to sound out // *vi* (*DEPORTE*) to score; **tanteo** *nm* (*cálculo*) (rough) calculation; (*prueba*) test, trial; (*DEPORTE*) scoring.
tanto, a ['tanto, a] *a* (*cantidad*) so much, as much; ~**s** so many, as many; **20 y ~s** 20-odd // *ad* (*cantidad*) so much, as much; (*tiempo*) so long, as long; ~ **tú como yo** both you and I; ~ **como eso** it's not as bad as that; ~ **más ... cuanto que** it's all the more ... because; ~ **mejor/peor** so much the better/the worse; ~ **si viene como si va** whether he comes or whether he goes; ~ **es así que** so much so that; **por** *o* **por lo** ~ therefore; **me he vuelto ronco de** *o* **con** ~ **hablar** I have become hoarse with so much talking // *conj*: **en** ~ **que** while; **hasta** ~ **(que)** until such time as // *nm* (*suma*) certain amount; (*proporción*) so much; (*punto*) point; (*gol*) goal; **un** ~ **perezoso** somewhat lazy // *pron*: **cado uno paga** ~ each one pays so much; **a ~s de agosto** on such and such a day in August.
tapa ['tapa] *nf* (*de caja*, *olla*) lid; (*de botella*) top; (*de libro*) cover; (*comida*) snack.
tapadera [tapa'ðera] *nf* lid, cover.
tapar [ta'par] *vt* (*cubrir*) to cover; (*envolver*) to wrap *o* cover up; (*la vista*) to obstruct; (*persona*, *falta*) to conceal; (*AM*) to fill; ~**se** *vr* to wrap o.s. up.
taparrabo [tapa'rraβo] *nm* loincloth.
tapete [ta'pete] *nm* table cover.
tapia ['tapja] *nf* (garden) wall; **tapiar** *vt* to wall in.
tapicería [tapiθe'ria] *nf* tapestry; (*para muebles*) upholstery; (*tienda*) upholsterer's (shop).
tapiz [ta'piθ] *nm* (*alfombra*) carpet; (*tela tejida*) tapestry; ~**ar** *vt* (*muebles*) to upholster.
tapón [ta'pon] *nm* (*corcho*) stopper; (*TEC*) plug; ~ **de rosca** screw-top.
taquigrafía [takiγra'fia] *nf* shorthand; **taquígrafo, a** *nm/f* shorthand writer, stenographer.
taquilla [ta'kiʎa] *nf* (*donde se compra*) booking office; (*suma recogida*) takings *pl*; **taquillero, a** *a*: **función taquillera** box office success // *nm/f* ticket clerk.
tara ['tara] *nf* (*defecto*) defect; (*COM*) tare.
tarántula [ta'rantula] *nf* tarantula.
tararear [tarare'ar] *vi* to hum.
tardanza [tar'ðanθa] *nf* (*demora*) delay.
tardar [tar'ðar] *vi* (*tomar tiempo*) to take a long time; (*llegar tarde*) to be late; (*demorar*) to delay; **¿tarda mucho el tren?** does the train take (very) long?; **a más** ~ at the latest; **no tardes en venir** come soon.
tarde ['tarðe] *ad* late // *nf* (*de día*) afternoon; (*al anochecer*) evening; **de** ~ **en** ~ from time to time; **¡buenas ~s!** good afternoon!; **a** *o* **por la** ~ in the afternoon; in the evening.
tardío, a [tar'ðio, a] *a* (*retrasado*) late; (*lento*) slow (to arrive).
tardo, a ['tarðo, a] *a* (*lento*) slow; (*torpe*) dull.
tarea [ta'rea] *nf* task; (*ESCOL*) homework.
tarifa [ta'rifa] *nf* (*lista de precios*) price list; (*precio*) tariff.
tarima [ta'rima] *nf* (*plataforma*) platform.
tarjeta [tar'xeta] *nf* card; ~ **postal/de crédito/de Navidad** postcard/credit card/ Christmas card.
tarro ['tarro] *nm* jar, pot.
tarta ['tarta] *nf* (*pastel*) cake; (*torta*) tart.
tartamudear [tartamuðe'ar] *vi* to stammer; **tartamudo, a** *a* stammering // *nm/f* stammerer.
tártaro, a ['tartaro, a] *a*: **salsa tártara** tartare sauce.
tasa ['tasa] *nf* (*precio*) (fixed) price, rate; (*valoración*) valuation; (*medida*, *norma*) measure, standard; ~ **de cambio/interés** exchange/interest rate; ~**ción** *nf* valuation; ~**dor, a** *nm/f* valuer.
tasar [ta'sar] *vt* (*arreglar el precio*) to fix a price for; (*valorar*) to value, assess.
tasca ['taska] *nf* (*fam*) pub.
tatarabuelo, a [tatara'βwelo, a] *nm/f* great-great-grandfather/mother.
tatuaje [ta'twaxe] *nm* (*dibujo*) tattoo; (*acto*) tattooing.
tatuar [ta'twar] *vt* to tattoo.
taurino, a [tau'rino, a] *a* bullfighting *cpd*.
Tauro ['tauro] *nm* Taurus.
tauromaquia [tauro'makja] *nf* tauromachy, (art of) bullfighting.
taxi ['taksi] *nm* taxi.
taxista [tak'sista] *nm/f* taxi driver.
taza ['taθa] *nf* cup; (*de retrete*) bowl; ~ **para café** coffee cup; **tazón** *nm* (~ *grande*) mug, large cup; (*de fuente*) basin.

te [te] *pron* (*complemento de objeto*) you; (*complemento indirecto*) (to) you; (*reflexivo*) (to) yourself; **¿~ duele mucho el brazo?** does your arm hurt a lot?; **~ equivocas** you're wrong; **¡cálma~!** calm down!

té [te] *nm* tea.

tea ['tea] *nf* torch.

teatral [tea'tral] *a* theatre *cpd*; (*fig*) theatrical.

teatro [te'atro] *nm* theatre; (LITERATURA) plays *pl*, drama.

tebeo [te'ßeo] *nm* comic.

tecla ['tekla] *nf* key; **~do** *nm* keyboard; **teclear** *vi* to strum; (*fig*) to drum; **tecleo** *nm* (MUS: *sonido*) strumming; (*fig*) drumming.

técnico, a ['tekniko, a] *a* technical // *nm/f* technician; (*experto*) expert // *nf* (*procedimientos*) technique; (*arte, oficio*) craft.

tecnócrata [tek'nokrata] *nm/f* technocrat.

tecnología [teknolo'xia] *nf* technology; **tecnológico, a** *a* technological.

techo ['tetʃo] *nm* (*externo*) roof; (*interno*) ceiling; **~ corredizo** sunroof.

tedio ['teðjo] *nm* boredom, tedium; **~so, a** *a* boring, tedious.

teja ['texa] *nf* (*azulejo*) tile; (BOT) lime (tree); **~do** *nm* (tiled) roof.

tejanos [te'xanos] *nmpl* jeans.

tejemaneje [texema'nexe] *nm* (*lío*) fuss; (*intriga*) intrigue.

tejer [te'xer] *vt* to weave; (*hacer punto*) to knit; (*fig*) to fabricate; **tejido** *nm* (*tela*) material, fabric; (*telaraña*) web; (ANAT) tissue.

tel *abr* (= *teléfono*) tel.

tela ['tela] *nf* (*tejido*) material; (*telaraña*) web; (*en líquido*) skin; **telar** *nm* (*máquina*) loom; **telares** *nmpl* textile mill *sg*.

telaraña [tela'raɲa] *nf* cobweb.

tele ['tele] *nf* (*fam*) telly (*Brit*), tube (*US*).

tele... [tele] *pref* tele...; **~comunicación** *nf* telecommunication; **~control** *nm* remote control; **~diario** *nm* television news; **~difusión** *nf* (television) broadcast; **~dirigido, a** *a* remote-controlled.

teléf *abr* (= *teléfono*) tel.

telefax [tele'faks] *nm inv* fax; (*aparato*) fax (machine).

teleférico [tele'feriko] *nm* (*tren*) cable-railway; (*de esquí*) ski-lift.

telefonear [telefone'ar] *vi* to telephone.

telefónicamente [tele'fonikamente] *ad* by (tele)phone.

telefónico, a [tele'foniko, a] *a* telephone *cpd*.

telefonista [telefo'nista] *nm/f* telephonist.

teléfono [te'lefono] *nm* (tele)phone; **estar hablando al ~** to be on the phone; **llamar a uno por ~** to ring *o* phone sb up.

telegrafía [telexra'fia] *nf* telegraphy.

telégrafo [te'lexrafo] *nm* telegraph.

telegrama [tele'xrama] *nm* telegram.

tele: ~impresor *nm* teleprinter (*Brit*), teletype (*US*); **~objetivo** *nm* telephoto lens; **~pático, a** *a* telepathic; **~scópico, a** *a* telescopic; **~scopio** *nm* telescope; **~silla** *nm* chairlift; **~spectador, a** *nm/f* viewer; **~squí** *nm* ski-lift; **~tipo** *nm* teletype.

televidente [teleßi'ðente] *nm/f* viewer.

televisar [teleßi'sar] *vt* to televise.

televisión [teleßi'sjon] *nf* television; **~ en colores** colour television.

televisor [teleßi'sor] *nm* television set.

télex ['teleks] *nm inv* telex.

telón [te'lon] *nm* curtain; **~ de acero** (POL) iron curtain; **~ de fondo** backcloth, background.

tema ['tema] *nm* (*asunto*) subject, topic; (MUS) theme // *nf* (*obsesión*) obsession; **temático, a** *a* thematic.

temblar [tem'blar] *vi* to shake, tremble; (*de frío*) to shiver; **tembleque** *nm* shaking; **temblón, ona** *a* shaking; **temblor** *nm* trembling; (*de tierra*) earthquake; **tembloroso, a** *a* trembling.

temer [te'mer] *vt* to fear // *vi* to be afraid; **temo que llegue tarde** I am afraid he may be late.

temerario, a [teme'rarjo, a] *a* (*descuidado*) reckless; (*irreflexivo*) hasty; **temeridad** *nf* (*imprudencia*) rashness; (*audacia*) boldness.

temeroso, a [teme'roso, a] *a* (*miedoso*) fearful; (*que inspira temor*) frightful.

temible [te'mißle] *a* fearsome.

temor [te'mor] *nm* (*miedo*) fear; (*duda*) suspicion.

témpano ['tempano] *nm*: **~ de hielo** ice-floe.

temperamento [tempera'mento] *nm* temperament.

temperatura [tempera'tura] *nf* temperature.

tempestad [tempes'tað] *nf* storm; **tempestuoso, a** *a* stormy.

templado, a [tem'plaðo, a] *a* (*moderado*) moderate; (: *en el comer*) frugal; (: *en el beber*) abstemious; (*agua*) lukewarm; (*clima*) mild; (MUS) well-tuned; **templanza** *nf* moderation; abstemiousness; mildness.

templar [tem'plar] *vt* (*moderar*) to moderate; (*furia*) to restrain; (*calor*) to reduce; (*afinar*) to tune (up); (*acero*) to temper; (*tuerca*) to tighten up; **temple** *nm* (*ajuste*) tempering; (*afinación*) tuning; (*clima*) temperature; (*pintura*) tempera.

templete [tem'plete] *nm* bandstand.

templo ['templo] *nm* (*iglesia*) church; (*pagano etc*) temple.

temporada [tempo'raðа] *nf* time, period; (*estación*) season.
temporal [tempo'ral] *a* (*no permanente*) temporary; (*REL*) temporal // *nm* storm.
tempranero, a [tempra'nero, a] *a* (*BOT*) early; (*persona*) early-rising.
temprano, a [tem'prano, a] *a* early; (*demasiado pronto*) too soon, too early.
ten *vb ver* **tener.**
tenaces [te'naθes] *apl ver* **tenaz.**
tenacidad [tenaθi'ðаð] *nf* tenacity; (*dureza*) toughness; (*terquedad*) stubbornness.
tenacillas [tena'θiʎas] *nfpl* tongs; (*para el pelo*) curling tongs (*Brit*) *o* iron (*US*); (*MED*) forceps.
tenaz [te'naθ] *a* (*material*) tough; (*persona*) tenacious; (*creencia, resistencia*) stubborn.
tenaza(s) [te'naθa(s)] *nf(pl)* (*MED*) forceps; (*TEC*) pliers; (*ZOOL*) pincers.
tendedero [tende'ðero] *nm* (*para ropa*) drying place; (*cuerda*) clothes line.
tendencia [ten'denθja] *nf* tendency; (*proceso*) trend; **tener ~ a** to tend to, have a tendency to; **tendencioso, a** *a* tendentious.
tender [ten'der] *vt* (*extender*) to spread out; (*colgar*) to hang out; (*vía férrea, cable*) to lay; (*estirar*) to stretch // *vi*: **~ a** to tend to, have a tendency towards; **~se** *vr* to lie down; **~ la cama/la mesa** (*AM*) to make the bed/lay (*Brit*) *o* set (*US*) the table.
tenderete [tende'rete] *nm* (*puesto*) stall; (*exposición*) display of goods.
tendero, a [ten'dero, a] *nm/f* shopkeeper.
tendido, a [ten'diðo, a] *a* (*acostado*) lying down, flat; (*colgado*) hanging // *nm* (*TAUR*) front rows of seats; **a galope ~** flat out.
tendón [ten'don] *nm* tendon.
tendré *etc vb ver* **tener.**
tenebroso, a [tene'βroso, a] *a* (*oscuro*) dark; (*fig*) gloomy; (*complot*) sinister.
tenedor [tene'ðor] *nm* (*CULIN*) fork; (*poseedor*) holder; **~ de libros** bookkeeper.
teneduría [teneðu'ria] *nf* keeping; **~ de libros** book-keeping.
tenencia [te'nenθja] *nf* (*de casa*) tenancy; (*de oficio*) tenure; (*de propiedad*) possession.
tener [te'ner] ♦ *vt* **1** (*poseer, gen*) to have; (*en la mano*) to hold; **¿tienes un boli?** have you got a pen?; **va a ~ un niño** she's going to have a baby; **¡ten** (*o* **tenga**)**!, ¡aquí tienes** (*o* **tiene**)**!** here you are!
2 (*edad, medidas*) to be; **tiene 7 años** she's 7 (years old); **tiene 15 cm. de largo** it's 15 cms long; *ver* **calor, hambre** *etc*
3 (*considerar*): **lo tengo por brillante** I consider him to be brilliant; **~ en mucho a uno** to think very highly of sb
4 (+ *pp*: = *pretérito*): **tengo terminada ya la mitad del trabajo** I've done half the work already
5: **~ que hacer algo** to have to do sth; **tengo que acabar este trabajo hoy** I have to finish this job today
6: **¿qué tienes, estás enfermo?** what's the matter with you, are you ill?
♦ **~se** *vr* **1**: **~se en pie** to stand up
2: **~se por**: to think o.s.; **se tiene por muy listo** he thinks himself very clever.
tengo *etc vb ver* **tener.**
tenia ['tenja] *nf* tapeworm.
teniente [te'njente] *nm* (*rango*) lieutenant; (*ayudante*) deputy.
tenis ['tenis] *nm* tennis; **~ de mesa** table tennis; **~ta** *nm/f* tennis player.
tenor [te'nor] *nm* (*sentido*) meaning; (*MUS*) tenor; **a ~ de** on the lines of.
tensar [ten'sar] *vt* to tauten; (*arco*) to draw.
tensión [ten'sjon] *nf* tension; (*TEC*) stress; (*MED*): **~ arterial** blood pressure; **tener la ~ alta** to have high blood pressure.
tenso, a ['tenso, a] *a* tense.
tentación [tenta'θjon] *nf* temptation.
tentáculo [ten'takulo] *nm* tentacle.
tentador, a [tenta'ðor, a] *a* tempting // *nm/f* tempter/temptress.
tentar [ten'tar] *vt* (*tocar*) to touch, feel; (*seducir*) to tempt; (*atraer*) to attract; **tentativa** *nf* attempt; **tentativa de asesinato** attempted murder.
tentempié [tentem'pje] *nm* (*fam*) snack.
tenue ['tenwe] *a* (*delgado*) thin, slender; (*neblina*) light; (*lazo, vínculo*) slight.
teñir [te'ɲir] *vt* to dye; (*fig*) to tinge; **~se** *vr* to dye; **~se el pelo** to dye one's hair.
teología [teolo'xia] *nf* theology.
teorema [teo'rema] *nm* theorem.
teoría [teo'ria] *nf* theory; **en ~** in theory; **teóricamente** *ad* theoretically; **teórico, a** *a* theoretic(al) // *nm/f* theoretician, theorist; **teorizar** *vi* to theorize.
terapéutico, a [tera'peutiko, a] *a* therapeutic.
terapia [te'rapja] *nf* therapy.
tercer [ter'θer] *a ver* **tercero.**
tercermundista [terθermun'dista] *a* Third World *cpd.*
tercer(o), a [ter'θer(o), a] *a* third // *nm* (*JUR*) third party.
terceto [ter'θeto] *nm* trio.
terciado, a [ter'θjaðo, a] *a* slanting.
terciar [ter'θjar] *vt* (*llevar*) to wear (across the shoulder) // *vi* (*participar*) to take part; (*hacer de árbitro*) to mediate; **~se** *vr* to come up; **~io, a** *a* tertiary.
tercio ['terθjo] *nm* third.
terciopelo [terθjo'pelo] *nm* velvet.
terco, a ['terko, a] *a* obstinate.
tergiversar [terxiβer'sar] *vt* to distort.
termal [ter'mal] *a* thermal.

termas ['termas] *nfpl* hot springs.
terminación [termina'θjon] *nf* (*final*) end; (*conclusión*) conclusion, ending.
terminal [termi'nal] *a, nm, nf* terminal.
terminante [termi'nante] *a* (*final*) final, definitive; (*tajante*) categorical.
terminar [termi'nar] *vt* (*completar*) to complete, finish; (*concluir*) to end // *vi* (*llegar a su fin*) to end; (*parar*) to stop; (*acabar*) to finish; **~se** *vr* to come to an end; **~ por hacer algo** to end up (by) doing sth.
término ['termino] *nm* end, conclusion; (*parada*) terminus; (*límite*) boundary; **~ medio** average; (*fig*) middle way; **en último ~** (*a fin de cuentas*) in the last analysis; (*como último recurso*) as a last resort; **en ~s de** in terms of.
terminología [terminolo'xia] *nf* terminology.
termodinámico, a [termoði'namiko, a] *a* thermodynamic.
termómetro [ter'mometro] *nm* thermometer.
termonuclear [termonukle'ar] *a* thermonuclear.
termo(s) ® ['termo(s)] *nm* Thermos ® (flask).
termostato [termo'stato] *nm* thermostat.
ternero, a [ter'nero, a] *nm/f* (*animal*) calf // *nf* (*carne*) veal.
terno ['terno] *nm* (*AM*) three-piece suit.
ternura [ter'nura] *nf* (*trato*) tenderness; (*palabra*) endearment; (*cariño*) fondness.
terquedad [terke'ðað] *nf* obstinacy; (*dureza*) harshness.
terrado [te'rraðo] *nm* terrace.
terraplén [terra'plen] *nm* (*AGR*) terrace; (*cuesta*) slope.
terrateniente [terrate'njente] *nm/f* landowner.
terraza [te'rraθa] *nf* (*balcón*) balcony; (*techo*) (flat) roof; (*AGR*) terrace.
terremoto [terre'moto] *nm* earthquake.
terrenal [terre'nal] *a* earthly.
terreno [te'rreno] *nm* (*tierra*) land; (*parcela*) plot; (*suelo*) soil; (*fig*) field; **un ~** a piece of land.
terrestre [te'rrestre] *a* terrestrial; (*ruta*) land *cpd*.
terrible [te'rriβle] *a* terrible, awful.
territorio [terri'torjo] *nm* territory.
terrón [te'rron] *nm* (*de azúcar*) lump; (*de tierra*) clod, lump.
terror [te'rror] *nm* terror; **~ífico, a** *a* terrifying; **~ista** *a, nm/f* terrorist.
terroso, a [te'rroso, a] *a* earthy.
terruño [te'rruɲo] *nm* (*parcela*) plot; (*fig*) native soil.
terso, a ['terso, a] *a* (*liso*) smooth; (*pulido*) polished; **tersura** *nf* smoothness.
tertulia [ter'tulja] *nf* (*reunión informal*) social gathering; (*grupo*) group, circle.
tesis ['tesis] *nf inv* thesis.
tesón [te'son] *nm* (*firmeza*) firmness; (*tenacidad*) tenacity.
tesorero, a [teso'rero, a] *nm/f* treasurer.
tesoro [te'soro] *nm* treasure; (*COM, POL*) treasury.
testaferro [testa'ferro] *nm* figurehead.
testamentaría [testamenta'ria] *nf* execution of a will.
testamentario, a [testamen'tarjo, a] *a* testamentary // *nm/f* executor/executrix.
testamento [testa'mento] *nm* will.
testar [tes'tar] *vi* to make a will.
testarudo, a [testa'ruðo, a] *a* stubborn.
testículo [tes'tikulo] *nm* testicle.
testificar [testifi'kar] *vt* to testify; (*fig*) to attest // *vi* to give evidence.
testigo [tes'tiɣo] *nm/f* witness; **~ de cargo/descargo** witness for the prosecution/defence; **~ ocular** eye witness.
testimoniar [testimo'njar] *vt* to testify to; (*fig*) to show; **testimonio** *nm* testimony.
teta ['teta] *nf* (*de biberón*) teat; (*ANAT: pezón*) nipple; (*: fam*) breast.
tétanos ['tetanos] *nm* tetanus.
tetera [te'tera] *nf* teapot.
tetilla [te'tiʎa] *nf* (*ANAT*) nipple; (*de biberón*) teat.
tétrico, a ['tetriko, a] *a* gloomy, dismal.
textil [teks'til] *a* textile; **~es** *nmpl* textiles.
texto ['teksto] *nm* text; **textual** *a* textual.
textura [teks'tura] *nf* (*de tejido*) texture.
tez [teθ] *nf* (*cutis*) complexion; (*color*) colouring.
ti [ti] *pron* you; (*reflexivo*) yourself.
tía ['tia] *nf* (*pariente*) aunt; (*fam*) chick, bird.
tibieza [ti'βjeθa] *nf* (*temperatura*) tepidness; (*fig*) coolness; **tibio, a** *a* lukewarm.
tiburón [tiβu'ron] *nm* shark.
tic [tik] *nm* (*ruido*) click; (*de reloj*) tick; (*MED*): **~ nervioso** nervous tic.
tictac [tik'tak] *nm* (*de reloj*) tick tock.
tiempo ['tjempo] *nm* time; (*época, período*) age, period; (*METEOROLOGÍA*) weather; (*LING*) tense; (*DEPORTE*) half; **a ~** in time; **a un** *o* **al mismo ~** at the same time; **al poco ~** very soon (after); **se quedó poco ~** he didn't stay very long; **hace poco ~** not long ago; **mucho ~** a long time; **de ~ en ~** from time to time; **hace buen/mal ~** the weather is fine/bad; **estar a ~** to be in time; **hace ~** some time ago; **hacer ~** to while away the time; **motor de 2 ~s** two-stroke engine; **primer ~** first half.
tienda ['tjenda] *nf* shop, store; **~ (de campaña)** tent.
tienes *etc vb ver* **tener**.
tienta *etc vb ver* **tentar** // ['tjenta] *nf*:

andar a ~s to grope one's way along.
tiento *vb ver* **tentar** // ['tjento] *nm* (*tacto*) touch; (*precaución*) wariness.
tierno, a ['tjerno, a] *a* (*blando*) tender; (*fresco*) fresh; (*amable*) sweet.
tierra ['tjerra] *nf* earth; (*suelo*) soil; (*mundo*) earth, world; (*país*) country, land; ~ **adentro** inland.
tieso, a ['tjeso, a] *a* (*rígido*) rigid; (*duro*) stiff; (*fam: orgulloso*) conceited.
tiesto ['tjesto] *nm* flowerpot.
tifoidea [tifoi'ðea] *nf* typhoid.
tifón [ti'fon] *nm* typhoon.
tifus ['tifus] *nm* typhus.
tigre ['tiɣre] *nm* tiger.
tijera [ti'xera] *nf* scissors *pl*; (*ZOOL*) claw; ~s *nfpl* scissors; (*para plantas*) shears.
tijereta [tixe'reta] *nf* earwig.
tijeretear [tixerete'ar] *vt* to snip.
tildar [til'dar] *vt*: ~ **de** to brand as.
tilde ['tilde] *nf* (*TIPOGRAFÍA*) tilde.
tilín [ti'lin] *nm* tinkle.
tilo ['tilo] *nm* lime tree.
timar [ti'mar] *vt* (*robar*) to steal; (*estafar*) to swindle.
timbal [tim'bal] *nm* small drum.
timbrar [tim'brar] *vt* to stamp.
timbre ['timbre] *nm* (*sello*) stamp; (*campanilla*) bell; (*tono*) timbre; (*COM*) stamp duty.
timidez [timi'ðeθ] *nf* shyness; **tímido, a** *a* shy.
timo ['timo] *nm* swindle.
timón [ti'mon] *nm* helm, rudder; **timonel** *nm* helmsman.
tímpano ['timpano] *nm* (*ANAT*) eardrum; (*MUS*) small drum.
tina ['tina] *nf* tub; (*baño*) bath(tub); **tinaja** *nf* large jar.
tinglado [tin'glaðo] *nm* (*cobertizo*) shed; (*fig: truco*) trick; (*intriga*) intrigue.
tinieblas [ti'njeβlas] *nfpl* darkness *sg*; (*sombras*) shadows.
tino ['tino] *nm* (*habilidad*) skill; (*juicio*) insight.
tinta ['tinta] *nf* ink; (*TEC*) dye; (*ARTE*) colour.
tinte ['tinte] *nm* (*acto*) dyeing.
tintero [tin'tero] *nm* inkwell.
tintinear [tintine'ar] *vt* to tinkle.
tinto, a ['tinto, a] *a* (*teñido*) dyed // *nm* red wine.
tintorería [tintore'ria] *nf* dry cleaner's.
tintura [tin'tura] *nf* (*acto*) dyeing; (*QUÍMICA*) dye; (*farmacéutico*) tincture.
tío ['tio] *nm* (*pariente*) uncle; (*fam: individuo*) bloke (*Brit*), guy.
tiovivo [tio'βiβo] *nm* merry-go-round.
típico, a ['tipiko, a] *a* typical.
tiple ['tiple] *nm* soprano (voice) // *nf* soprano.
tipo ['tipo] *nm* (*clase*) type, kind; (*norma*) norm; (*patrón*) pattern; (*hombre*) fellow; (*ANAT: de hombre*) build; (: *de mujer*) figure; (*IMPRENTA*) type; ~ **bancario/de descuento/de interés/de cambio** bank/discount/interest/exchange rate.
tipografía [tipoɣra'fia] *nf* (*tipo*) printing *cpd*; (*lugar*) printing press; **tipográfico, a** *a* printing *cpd*; **tipógrafo, a** *nm/f* printer.
tíquet ['tiket] (*pl* ~**s**) *nm* ticket; (*en tienda*) cash slip.
tiquismiquis [tikis'mikis] *nm inv* fussy person // *nmpl* (*querellas*) squabbling *sg*; (*escrúpulos*) silly scruples.
tira ['tira] *nf* strip; (*fig*) abundance; ~ **y afloja** give and take.
tirabuzón [tiraβu'θon] *nm* (*rizo*) curl.
tirachinas [tira'tʃinas] *nm inv* catapult.
tiradero [tira'ðero] *nm* rubbish dump.
tirado, a [ti'raðo, a] *a* (*barato*) dirt-cheap; (*fam: fácil*) very easy // *nf* (*acto*) cast, throw; (*distancia*) distance; (*serie*) series; (*TIPOGRAFÍA*) printing, edition; **de una tirada** at one go.
tirador [tira'ðor] *nm* (*mango*) handle.
tiranía [tira'nia] *nf* tyranny; **tirano, a** *a* tyrannical // *nm/f* tyrant.
tirante [ti'rante] *a* (*cuerda etc*) tight, taut; (*relaciones*) strained // *nm* (*ARQ*) brace; (*TEC*) stay; (*correa*) shoulder strap; ~s *nmpl* braces (*Brit*), suspenders (*US*); **tirantez** *nf* tightness; (*fig*) tension.
tirar [ti'rar] *vt* to throw; (*dejar caer*) to drop; (*volcar*) to upset; (*derribar*) to knock down *o* over; (*jalar*) to pull; (*desechar*) to throw out *o* away; (*disipar*) to squander; (*imprimir*) to print; (*dar: golpe*) to deal // *vi* (*disparar*) to shoot; (*jalar*) to pull; (*fig*) to draw; (*fam: andar*) to go; (*tender a, buscar realizar*) to tend to; (*DEPORTE*) to shoot; ~**se** *vr* to throw o.s.; (*fig*) to cheapen o.s.; ~ **abajo** to bring down, destroy; **tira más a su padre** he takes more after his father; **ir tirando** to manage; **a todo** ~ at the most.
tirita [ti'rita] *nf* (sticking) plaster (*Brit*), bandaid (*US*).
tiritar [tiri'tar] *vi* to shiver.
tiro ['tiro] *nm* (*lanzamiento*) throw; (*disparo*) shot; (*disparar*) shooting; (*DEPORTE*) shot; (*GOLF, TENIS*) drive; (*alcance*) range; (*golpe*) blow; (*engaño*) hoax; ~ **al blanco** target practice; **caballo de** ~ cart-horse; **andar de ~s largos** to be all dressed up; **al** ~ (*AM*) at once.
tirón [ti'ron] *nm* (*sacudida*) pull, tug; **de un** ~ in one go, all at once.
tiroteo [tiro'teo] *nm* exchange of shots, shooting.
tísico, a ['tisiko, a] *a* consumptive.
tisis ['tisis] *nf inv* consumption, tuberculosis.
títere ['titere] *nm* puppet.
titilar [titi'lar] *vi* (*luz, estrella*) to

twinkle; (*párpado*) to flutter.
titiritero, a [titiri'tero, a] *nm/f* puppeteer.
titubeante [tituße'ante] *a* (*inestable*) shaky, tottering; (*farfullante*) stammering; (*dudoso*) hesitant.
titubear [tituße'ar] *vi* to stagger; to stammer; (*fig*) to hesitate; **titubeo** *nm* staggering; stammering; hesitation.
titulado, a [titu'laðo, a] *a* (*libro*) entitled; (*persona*) titled.
titular [titu'lar] *a* titular // *nm/f* occupant // *nm* headline // *vt* to title; **~se** *vr* to be entitled; **título** *nm* title; (*de diario*) headline; (*certificado*) professional qualification; (*universitario*) (university) degree; (*fig*) right; **a título de** in the capacity of.
tiza ['tiθa] *nf* chalk.
tiznar [tiθ'nar] *vt* to blacken; (*fig*) to tarnish.
tizón [ti'θon], **tizo** ['tiθo] *nm* brand; (*fig*) stain.
toalla [to'aʎa] *nf* towel.
tobillo [to'ßiʎo] *nm* ankle.
tobogán [toßo'ɣan] *nm* toboggan; (*montaña rusa*) roller-coaster; (*resbaladilla*) chute, slide.
toca ['toka] *nf* headdress.
tocadiscos [toka'ðiskos] *nm inv* record player.
tocado, a [to'kaðo, a] *a* (*fam*) touched // *nm* headdress.
tocador [toka'ðor] *nm* (*mueble*) dressing table; (*cuarto*) boudoir; (*fam*) ladies' toilet (*Brit*) *o* room (*US*).
tocante [to'kante]: ~ **a** *prep* with regard to.
tocar [to'kar] *vt* to touch; (MUS) to play; (*topar con*) to run into, strike; (*referirse a*) to allude to; (*padecer*) to suffer // *vi* (*a la puerta*) to knock (on *o* at the door); (*ser de turno*) to fall to, be the turn of; (*ser hora*) to be due; (*barco, avión*) to call at; (*atañer*) to concern; **~se** *vr* (*cubrirse la cabeza*) to cover one's head; (*tener contacto*) to touch (each other); **por lo que a mí me toca** as far as I am concerned.
tocayo, a [to'kajo, a] *nm/f* namesake.
tocino [to'θino] *nm* bacon.
todavía [toða'ßia] *ad* (*aun*) even; (*aún*) still, yet; ~ **más** yet more; ~ **no** not yet.
todo, a ['toðo, a] ♦ *a* **1** (*con artículo sg*) all; **toda la carne** all the meat; **toda la noche** all night, the whole night; ~ **el libro** the whole book; **toda una botella** a whole bottle; ~ **lo contrario** quite the opposite; **está toda sucia** she's all dirty; **por ~ el país** throughout the whole country
2 (*con artículo pl*) all; every; **~s los libros** all the books; **todas las noches** every night; **~s los que quieran salir** all those who want to leave
♦ *pron* **1** everything, all; **~s** everyone, everybody; **lo sabemos ~** we know everything; **~s querían más tiempo** everybody *o* everyone wanted more time; **nos marchamos ~s** all of us left
2: **con ~**: **con ~ él me sigue gustando** even so I still like him
♦ *ad* all; **vaya ~ seguido** keep straight on *o* ahead
♦ *nm*: **como un ~** as a whole; **del ~**: **no me agrada del ~** I don't entirely like it.
todopoderoso, a [toðopoðe'roso, a] *a* all powerful; (REL) almighty.
toga ['toɣa] *nf* toga; (ESCOL) gown.
Tokio ['tokjo] *n* Tokyo.
toldo ['toldo] *nm* (*para el sol*) sunshade (*Brit*), parasol; (*tienda*) marquee.
tole ['tole] *nm* (*fam*) commotion.
tolerancia [tole'ranθja] *nf* tolerance.
tolerar [tole'rar] *vt* to tolerate; (*resistir*) to endure.
toma ['toma] *nf* (*acto*) taking; (MED) dose; ~ **(de corriente)** socket.
tomar [to'mar] *vt* to take; (*aspecto*) to take on; (*beber*) to drink // *vi* to take; (*AM*) to drink; **~se** *vr* to take; **~se por** to consider o.s. to be; ~ **a bien/a mal** to take well/badly; ~ **en serio** to take seriously; ~ **el pelo a alguien** to pull sb's leg; **~la con uno** to pick a quarrel with sb.
tomate [to'mate] *nm* tomato; **~ra** *nf* tomato plant.
tomavistas [toma'ßistas] *nm inv* movie camera.
tomillo [to'miʎo] *nm* thyme.
tomo ['tomo] *nm* (*libro*) volume.
ton [ton] *abr* = **tonelada** // *nm*: **sin ~ ni son** without rhyme or reason.
tonada [to'naða] *nf* tune.
tonalidad [tonali'ðað] *nf* tone.
tonel [to'nel] *nm* barrel.
tonelada [tone'laða] *nf* ton; **tonelaje** *nm* tonnage.
tonelero [tone'lero] *nm* cooper.
tónico, a ['toniko, a] *a* tonic // *nm* (MED) tonic // *nf* (MUS) tonic; (*fig*) keynote.
tonificar [tonifi'kar] *vt* to tone up.
tono ['tono] *nm* tone; **fuera de ~** inappropriate; **darse ~** to put on airs.
tontería [tonte'ria] *nf* (*estupidez*) foolishness; (*cosa*) stupid thing; (*acto*) foolish act; **~s** *nfpl* rubbish *sg*, nonsense *sg*.
tonto, a ['tonto, a] *a* stupid, silly // *nm/f* fool; (*payaso*) clown.
topacio [to'paθjo] *nm* topaz.
topar [to'par] *vt* (*tropezar*) to bump into; (*encontrar*) to find, come across; (ZOOL) to butt // *vi*: ~ **contra** *o* **en** to run into; ~ **con** to run up against.
tope ['tope] *a* maximum // *nm* (*fin*) end; (*límite*) limit; (FERRO) buffer; (AUTO) bumper; **al ~** end to end.
tópico, a ['topiko, a] *a* topical // *nm* platitude.
topo ['topo] *nm* (ZOOL) mole; (*fig*)

blunderer.

topografía [topoɤra'fia] *nf* topography; **topógrafo, a** *nm/f* topographer.

toque *etc vb ver* **tocar** // ['toke] *nm* touch; (*MUS*) beat; (*de campana*) peal; (*fig*) crux; **dar un ~ a** to test; **~ de queda** curfew.

toquetear [tokete'ar] *vt* to handle.

toquilla [to'kiʎa] *nf* (*pañuelo*) headscarf; (*chal*) shawl.

tórax ['toraks] *nm* thorax.

torbellino [torbe'ʎino] *nm* whirlwind; (*fig*) whirl.

torcedura [torθe'ðura] *nf* twist; (*MED*) sprain.

torcer [tor'θer] *vt* to twist; (*la esquina*) to turn; (*MED*) to sprain // *vi* (*desviar*) to turn off; **~se** *vr* (*ladearse*) to bend; (*desviarse*) to go astray; (*fracasar*) to go wrong; **torcido, a** *a* twisted; (*fig*) crooked // *nm* curl.

tordo, a ['torðo, a] *a* dappled // *nm* thrush.

torear [tore'ar] *vt* (*fig*: *evadir*) to avoid; (*jugar con*) to tease // *vi* to fight bulls; **toreo** *nm* bullfighting; **torero, a** *nm/f* bullfighter.

tormenta [tor'menta] *nf* storm; (*fig*: *confusión*) turmoil.

tormento [tor'mento] *nm* torture; (*fig*) anguish.

tornar [tor'nar] *vt* (*devolver*) to return, give back; (*transformar*) to transform // *vi* to go back; **~se** *vr* (*ponerse*) to become.

tornasolado, a [tornaso'laðo, a] *a* (*brillante*) iridescent; (*reluciente*) shimmering.

torneo [tor'neo] *nm* tournament.

tornillo [tor'niʎo] *nm* screw.

torniquete [torni'kete] *nm* (*puerta*) turnstile; (*MED*) tourniquet.

torno ['torno] *nm* (*TEC*) winch; (*tambor*) drum; **en ~ (a)** round, about.

toro ['toro] *nm* bull; (*fam*) he-man; **los ~s** bullfighting.

toronja [to'ronxa] *nf* grapefruit.

torpe ['torpe] *a* (*poco hábil*) clumsy, awkward; (*necio*) dim; (*lento*) slow.

torpedo [tor'peðo] *nm* torpedo.

torpeza [tor'peθa] *nf* (*falta de agilidad*) clumsiness; (*lentitud*) slowness; (*error*) mistake.

torre ['torre] *nf* tower; (*de petróleo*) derrick.

torrefacto, a [torre'facto, a] *a* roasted.

torrente [to'rrente] *nm* torrent.

tórrido, a ['torriðo, a] *a* torrid.

torrija [to'rrixa] *nf* French toast.

torsión [tor'sjon] *nf* twisting.

torso ['torso] *nm* torso.

torta ['torta] *nf* cake; (*fam*) slap.

tortícolis [tor'tikolis] *nm inv* stiff neck.

tortilla [tor'tiʎa] *nf* omelette; (*AM*) maize pancake; **~ francesa/española** plain/potato omelette.

tórtola ['tortola] *nf* turtledove.

tortuga [tor'tuɤa] *nf* tortoise.

tortuoso, a [tor'twoso, a] *a* winding.

tortura [tor'tura] *nf* torture; **torturar** *vt* to torture.

tos [tos] *nf* cough; **~ ferina** whooping cough.

tosco, a ['tosko, a] *a* coarse.

toser [to'ser] *vi* to cough.

tostado, a [tos'taðo, a] *a* toasted; (*por el sol*) dark brown; (*piel*) tanned.

tostador [tosta'ðor] *nm* toaster.

tostar [tos'tar] *vt* to toast; (*café*) to roast; (*persona*) to tan; **~se** *vr* to get brown.

total [to'tal] *a* total // *ad* in short; (*al fin y al cabo*) when all is said and done // *nm* total; **~ que** to cut (*Brit*) *o* make (*US*) a long story short.

totalidad [totali'ðað] *nf* whole.

totalitario, a [totali'tarjo, a] *a* totalitarian.

tóxico, a ['toksiko, a] *a* toxic // *nm* poison; **toxicómano, a** *nm/f* drug addict.

tozudo, a [to'θuðo, a] *a* obstinate.

traba ['traβa] *nf* bond, tie; (*cadena*) shackle.

trabajador, a [traβaxa'ðor, a] *a* hardworking // *nm/f* worker.

trabajar [traβa'xar] *vt* to work; (*AGR*) to till; (*empeñarse en*) to work at; (*empujar*: *persona*) to push; (*convencer*) to persuade // *vi* to work; (*esforzarse*) to strive; **trabajo** *nm* work; (*tarea*) task; (*POL*) labour; (*fig*) effort; **tomarse el trabajo de** to take the trouble to; **trabajo por turno/a destajo** shift work/ piecework; **trabajoso, a** *a* hard.

trabalenguas [traβa'lengwas] *nm inv* tongue twister.

trabar [tra'βar] *vt* (*juntar*) to join, unite; (*atar*) to tie down, fetter; (*agarrar*) to seize; (*amistad*) to strike up; **~se** *vr* to become entangled; **trabársele a uno la lengua** to be tongue-tied.

tracción [trak'θjon] *nf* traction; **~ delantera/trasera** front-wheel/rear-wheel drive.

tractor [trak'tor] *nm* tractor.

tradición [traði'θjon] *nf* tradition; **tradicional** *a* traditional.

traducción [traðuk'θjon] *nf* translation.

traducir [traðu'θir] *vt* to translate; **traductor, a** *nm/f* translator.

traer [tra'er] *vt* to bring; (*llevar*) to carry; (*ropa*) to wear; (*incluir*) to carry; (*fig*) to cause; **~se** *vr*: **~se algo** to be up to sth.

traficar [trafi'kar] *vi* to trade.

tráfico ['trafiko] *nm* (*COM*) trade; (*AUTO*) traffic.

tragaluz [traɤa'luθ] *nm* skylight.

tragaperras [traɤa'perras] *nm o f inv* slot machine.
tragar [tra'ɤar] *vt* to swallow; (*devorar*) to devour, bolt down; **~se** *vr* to swallow.
tragedia [tra'xeðja] *nf* tragedy; **trágico, a** *a* tragic.
trago ['traɤo] *nm* (*líquido*) drink; (*bocado*) gulp; (*fam*: *de bebida*) swig; (*desgracia*) blow.
traición [trai'θjon] *nf* treachery; (*JUR*) treason; (*una* ~) act of treachery; **traicionar** *vt* to betray.
traicionero, a [traiθjo'nero, a] *a* treacherous.
traidor, a, [trai'ðor, a] *a* treacherous // *nm/f* traitor.
traigo *etc vb ver* **traer**.
traje *vb ver* **traer** // ['traxe] *nm* (*de hombre*) suit; (*de mujer*) dress; (*vestido típico*) costume; ~ **de baño** swimsuit; ~ **de luces** bullfighter's costume.
trajera *etc vb ver* **traer**.
trajín [tra'xin] *nm* haulage; (*fam*: *movimiento*) bustle; **trajinar** *vt* (*llevar*) to carry, transport // *vi* (*moverse*) to bustle about; (*viajar*) to travel around.
trama ['trama] *nf* (*intriga*) plot; (*de tejido*) weft (*Brit*), woof (*US*); **tramar** *vt* to plot; (*TEC*) to weave.
tramitar [trami'tar] *vt* (*asunto*) to transact; (*negociar*) to negotiate; (*manejar*) to handle.
trámite ['tramite] *nm* (*paso*) step; (*JUR*) transaction; **~s** *nmpl* (*burocracia*) procedure *sg*; (*JUR*) proceedings.
tramo ['tramo] *nm* (*de tierra*) plot; (*de escalera*) flight; (*de vía*) section.
tramoya [tra'moja] *nf* (*TEATRO*) piece of stage machinery; (*fig*) scheme; **tramoyista** *nm/f* scene shifter; (*fig*) trickster.
trampa ['trampa] *nf* trap; (*en el suelo*) trapdoor; (*engaño*) trick; (*fam*) fiddle; **trampear** *vt, vi* to cheat.
trampolín [trampo'lin] *nm* trampoline; (*de piscina etc*) diving board.
tramposo, a [tram'poso, a] *a* crooked, cheating // *nm/f* crook, cheat.
tranca ['tranka] *nf* (*palo*) stick; (*de puerta, ventana*) bar; **trancar** *vt* to bar.
trance ['tranθe] *nm* (*momento difícil*) difficult moment *o* juncture; (*estado hipnotizado*) trance.
tranco ['tranko] *nm* stride.
tranquilidad [trankili'ðað] *nf* (*calma*) calmness, stillness; (*paz*) peacefulness.
tranquilizar [trankili'θar] *vt* (*calmar*) to calm (down); (*asegurar*) to reassure; **~se** *vr* to calm down; **tranquilo, a** *a* (*calmado*) calm; (*apacible*) peaceful; (*mar*) calm; (*mente*) untroubled.
transacción [transak'θjon] *nf* transaction.
transbordador [transβorða'ðor] *nm* ferry.
transbordar [transβor'ðar] *vt* to transfer; **transbordo** *nm* transfer; **hacer transbordo** to change (trains).
transcurrir [transku'rrir] *vi* (*tiempo*) to pass; (*hecho*) to turn out.
transcurso [trans'kurso] *nm*: ~ **del tiempo** lapse (of time).
transeúnte [transe'unte] *a* transient // *nm/f* passer-by.
transferencia [transfe'renθja] *nf* transference; (*COM*) transfer.
transferir [transfe'rir] *vt* to transfer.
transformador [transforma'ðor] *nm* (*ELEC*) transformer.
transformar [transfor'mar] *vt* to transform; (*convertir*) to convert.
tránsfuga ['transfuɤa] *nm/f* (*MIL*) deserter; (*POL*) turncoat.
transfusión [transfu'sjon] *nf* transfusion.
transición [transi'θjon] *nf* transition.
transido, a [tran'siðo, a] *a* overcome.
transigir [transi'xir] *vi* to compromise, make concessions.
transistor [transis'tor] *nm* transistor.
transitar [transi'tar] *vi* to go (from place to place); **tránsito** *nm* transit; (*AUTO*) traffic; **transitorio, a** *a* transitory.
transmisión [transmi'sjon] *nf* (*TEC*) transmission; (*transferencia*) transfer; ~ **en directo/exterior** live/outside broadcast.
transmitir [transmi'tir] *vt* to transmit; (*RADIO, TV*) to broadcast.
transparencia [transpa'renθja] *nf* transparency; (*claridad*) clearness, clarity; (*foto*) slide.
transparentar [transparen'tar] *vt* to reveal // *vi* to be transparent; **transparente** *a* transparent; (*claro*) clear; (*ligero*) diaphanous.
transpirar [transpi'rar] *vi* to perspire; (*fig*) to transpire.
transponer [transpo'ner] *vt* to transpose; (*cambiar de sitio*) to change the place of.
transportar [transpor'tar] *vt* to transport; (*llevar*) to carry; **transporte** *nm* transport; (*COM*) haulage.
transversal [transβer'sal] *a* transverse, cross.
tranvía [tram'bia] *nm* tram.
trapecio [tra'peθjo] *nm* trapeze; **trapecista** *nm/f* trapeze artist.
trapero, a [tra'pero, a] *nm/f* ragman.
trapicheo [trapi'tʃeo] *nm* (*fam*) scheme, fiddle.
trapo ['trapo] *nm* (*tela*) rag; (*de cocina*) cloth.
tráquea ['trakea] *nf* windpipe.
traqueteo [trake'teo] *nm* (*golpeteo*) rattling.
tras [tras] *prep* (*detrás*) behind; (*después*) after; ~ **de** besides.
trascendencia [trasθen'denθja] *nf* (*importancia*) importance; (*FILOSOFÍA*)

transcendence.
trascendental [trasθenden'tal] *a* important; (*FILOSOFÍA*) transcendental.
trascender [trasθen'der] *vi* (*noticias*) to come out; (*suceso*) to have a wide effect.
trasegar [trase'ɤar] *vt* (*moverse*) to move about; (*vino*) to decant.
trasero, a [tra'sero, a] *a* back, rear // *nm* (*ANAT*) bottom.
trasfondo [tras'fondo] *nm* background.
trasgredir [trasɤre'ðir] *vt* to contravene.
trashumante [trasu'mante] *a* (*animales*) migrating.
trasladar [trasla'ðar] *vt* to move; (*persona*) to transfer; (*postergar*) to postpone; (*copiar*) to copy; **~se** *vr* (*mudarse*) to move; **traslado** *nm* move; (*mudanza*) move, removal.
traslucir [traslu'θir] *vt* to show; **~se** *vr* to be translucent; (*fig*) to be revealed.
trasluz [tras'luθ] *nm* reflected light; **al ~** against *o* up to the light.
trasnochar [trasno'tʃar] *vi* (*acostarse tarde*) to stay up late; (*no dormir*) to have a sleepless night.
traspasar [traspa'sar] *vt* (*bala etc*) to pierce, go through; (*propiedad*) to sell, transfer; (*calle*) to cross over; (*límites*) to go beyond; (*ley*) to break; **traspaso** *nm* (*venta*) transfer, sale.
traspié [tras'pje] *nm* (*tropezón*) trip; (*fig*) blunder.
trasplantar [trasplan'tar] *vt* to transplant.
traste ['traste] *nm* (*MUS*) fret; **dar al ~ con algo** to ruin sth.
trastienda [tras'tjenda] *nf* backshop.
trasto ['trasto] *nm* (*pey*: *cosa*) piece of junk; (: *persona*) dead loss.
trastornado, a [trastor'naðo, a] *a* (*loco*) mad, crazy.
trastornar [trastor'nar] *vt* to overturn, upset; (*fig*: *ideas*) to confuse; (: *nervios*) to shatter; (: *persona*) to drive crazy; **~se** *vr* (*volverse loco*) to go mad *o* crazy; **trastorno** *nm* (*acto*) overturning; (*confusión*) confusion.
tratable [tra'taßle] *a* friendly.
tratado [tra'taðo] *nm* (*POL*) treaty; (*COM*) agreement.
tratamiento [trata'mjento] *nm* treatment.
tratar [tra'tar] *vt* (*ocuparse de*) to treat; (*manejar*, *TEC*) to handle; (*MED*) to treat; (*dirigirse a*: *persona*) to address // *vi*: **~ de** (*hablar sobre*) to deal with, be about; (*intentar*) to try to; **~ con** (*COM*) to trade in; (*negociar*) to negotiate with; (*tener contactos*) to have dealings with; **~se** *vr* to treat each other; **¿de qué se trata?** what's it about?; **trato** *nm* dealings *pl*; (*relaciones*) relationship; (*comportamiento*) manner; (*COM*) agreement; (*título*) (form of) address.
trauma ['trauma] *nm* trauma.
través [tra'ßes] *nm* (*fig*) reverse; **al ~** *ad* across, crossways; **a ~ de** *prep* across; (*sobre*) over; (*por*) through.
travesaño [traße'saɲo] *nm* (*ARQ*) crossbeam; (*DEPORTE*) crossbar.
travesía [traße'sia] *nf* (*calle*) cross-street; (*NAUT*) crossing.
travesura [traße'sura] *nf* (*broma*) prank; (*ingenio*) wit; **travieso, a** *a* (*niño*) naughty // *nf* (*ARQ*) crossbeam.
trayecto [tra'jekto] *nm* (*ruta*) road, way; (*viaje*) journey; (*tramo*) stretch; (*curso*) course; **~ria** *nf* trajectory; (*fig*) path.
traza ['traθa] *nf* (*aspecto*) looks *pl*; (*señal*) sign; **~do, a** *a*: **bien ~do** shapely, well-formed // *nm* (*ARQ*) plan, design; (*fig*) outline.
trazar [tra'θar] *vt* (*ARQ*) to plan; (*ARTE*) to sketch; (*fig*) to trace; (*plan*) to follow; **trazo** *nm* (*línea*) line; (*bosquejo*) sketch.
trébol ['treßol] *nm* (*BOT*) clover.
trece ['treθe] *num* thirteen.
trecho ['tretʃo] *nm* (*distancia*) distance; (*de tiempo*) while; (*fam*) piece; **de ~ en ~** at intervals.
tregua ['treɤwa] *nf* (*MIL*) truce; (*fig*) lull.
treinta ['treinta] *num* thirty.
tremendo, a [tre'mendo, a] *a* (*terrible*) terrible; (*imponente*: *cosa*) imposing; (*fam*: *fabuloso*) tremendous.
trémulo, a ['tremulo, a] *a* quivering.
tren [tren] *nm* train; **~ de aterrizaje** undercarriage.
trenza ['trenθa] *nf* (*de pelo*) plait (*Brit*), braid (*US*); **trenzar** *vt* (*pelo*) to plait; **trenzarse** *vr* (*AM*) to become involved with.
trepadora [trepa'ðora] *nf* (*BOT*) climber.
trepar [tre'par] *vt*, *vi* to climb.
trepidar [trepi'ðar] *vi* to shake, vibrate.
tres [tres] *num* three.
tresillo [tre'siʎo] *nm* three-piece suite; (*MUS*) triplet.
treta ['treta] *nf* (*COM etc*) gimmick; (*fig*) trick.
triángulo ['trjangulo] *nm* triangle.
tribu ['trißu] *nf* tribe.
tribuna [tri'ßuna] *nf* (*plataforma*) platform; (*DEPORTE*) (grand)stand; (*fig*) public speaking.
tribunal [trißu'nal] *nm* (*JUR*) court; (*comisión*, *fig*) tribunal.
tributar [trißu'tar] *vt* (*gen*) to pay; **tributo** *nm* (*COM*) tax.
tricotar [triko'tar] *vi* to knit.
trigal [tri'ɤal] *nm* wheat field.
trigo ['triɤo] *nm* wheat.
trigueño, a [tri'ɤeɲo, a] *a* (*pelo*) corn-coloured; (*piel*) olive-skinned.
trillado, a [tri'ʎaðo, a] *a* threshed; (*fig*) trite, hackneyed; **trilladora** *nf* threshing machine.

trillar [tri'ʎar] *vt* (*AGR*) to thresh.
trimestral [trimes'tral] *a* quarterly; (*ESCOL*) termly.
trimestre [tri'mestre] *nm* (*ESCOL*) term.
trinar [tri'nar] *vi* (*pájaros*) to sing; (*rabiar*) to fume, be angry.
trincar [trin'kar] *vt* (*atar*) to tie up; (*inmovilizar*) to pinion.
trinchar [trin'tʃar] *vt* to carve.
trinchera [trin'tʃera] *nf* (*fosa*) trench.
trineo [tri'neo] *nm* sledge.
trinidad [trini'ðað] *nf* trio; (*REL*): **la T~** the Trinity.
trino ['trino] *nm* trill.
tripa ['tripa] *nf* (*ANAT*) intestine; (*fam*: *tb*: ~s) insides *pl*.
triple ['triple] *a* triple.
triplicado, a [tripli'kaðo, a] *a*: **por ~** in triplicate.
tripulación [tripula'θjon] *nf* crew.
tripulante [tripu'lante] *nm/f* crewman/woman.
tripular [tripu'lar] *vt* (*barco*) to man; (*AUTO*) to drive.
triquiñuela [triki'ɲwela] *nf* trick.
tris [tris] *nm inv* crack; **en un ~** in an instant.
triste ['triste] *a* (*afligido*) sad; (*sombrío*) melancholy, gloomy; (*lamentable*) sorry, miserable; **~za** *nf* (*aflicción*) sadness; (*melancolía*) melancholy.
triturar [tritu'rar] *vt* (*moler*) to grind; (*mascar*) to chew.
triunfar [trjun'far] *vi* (*tener éxito*) to triumph; (*ganar*) to win; **triunfo** *nm* triumph.
trivial [tri'ßjal] *a* trivial; **~izar** *vt* to minimize, play down.
triza ['triθa] *nf*: **hacer ~s** to smash to bits; (*papel*) to tear to shreds.
trizar [tri'θar] *vt* to smash to bits; (*papel*) to tear to shreds.
trocar [tro'kar] *vt* to exchange.
trocha ['trotʃa] *nf* short cut.
troche ['trotʃe]: **a ~ y moche** *ad* helter-skelter, pell-mell.
trofeo [tro'feo] *nm* (*premio*) trophy; (*éxito*) success.
tromba ['tromba] *nf* whirlwind.
trombón [trom'bon] *nm* trombone.
trombosis [trom'bosis] *nf inv* thrombosis.
trompa ['trompa] *nf* horn; (*trompo*) humming top; (*hocico*) snout; (*fam*): **cogerse una ~** to get tight.
trompeta [trom'peta] *nf* trumpet; (*clarín*) bugle.
trompo ['trompo] *nm* spinning top.
trompón [trom'pon] *nm* bump.
tronar [tro'nar] *vt* (*AM*) to shoot // *vi* to thunder; (*fig*) to rage.
tronco ['tronko] *nm* (*de árbol, ANAT*) trunk.
tronchar [tron'tʃar] *vt* (*árbol*) to chop down; (*fig*: *vida*) to cut short; (: *esperanza*) to shatter; (*persona*) to tire out; **~se** *vr* to fall down.
tronera [tro'nera] *nf* (*MIL*) loophole; (*ARQ*) small window.
trono ['trono] *nm* throne.
tropa ['tropa] *nf* (*MIL*) troop; (*soldados*) soldiers *pl*.
tropel [tro'pel] *nm* (*muchedumbre*) crowd.
tropelía [trope'lia] *nm* outrage.
tropezar [trope'θar] *vi* to trip, stumble; (*fig*) to slip up; **~ con** to run into; (*topar con*) to bump into; **tropezón** *nm* trip; (*fig*) blunder.
tropical [tropi'kal] *a* tropical.
trópico ['tropiko] *nm* tropic.
tropiezo *vb ver* **tropezar** // [tro'pjeθo] *nm* (*error*) slip, blunder; (*desgracia*) misfortune; (*obstáculo*) snag.
trotamundos [trota'mundos] *nm inv* globetrotter.
trotar [tro'tar] *vi* to trot; **trote** *nm* trot; (*fam*) travelling; **de mucho trote** hard-wearing.
trozo ['troθo] *nm* bit, piece.
truco ['truko] *nm* (*habilidad*) knack; (*engaño*) trick.
trucha ['trutʃa] *nf* trout.
trueno ['trweno] *nm* thunder; (*estampido*) bang.
trueque *etc vb ver* **trocar** // ['trweke] *nm* exchange; (*COM*) barter.
trufa ['trufa] *nf* (*BOT*) truffle.
truhán, ana [tru'an, ana] *nm/f* rogue.
truncar [trun'kar] *vt* (*cortar*) to truncate; (*fig*: *la vida etc*) to cut short; (: *el desarrollo*) to stunt.
tu [tu] *a* your.
tú [tu] *pron* you.
tubérculo [tu'ßerkulo] *nm* (*BOT*) tuber.
tuberculosis [tußerku'losis] *nf inv* tuberculosis.
tubería [tuße'ria] *nf* pipes *pl*; (*conducto*) pipeline.
tubo ['tußo] *nm* tube, pipe; **~ de ensayo** test tube; **~ de escape** exhaust (pipe).
tuerca ['twerka] *nf* nut.
tuerto, a ['twerto, a] *a* blind in one eye // *nm/f* one-eyed person.
tuerza *etc vb ver* **torcer**.
tuétano ['twetano] *nm* marrow; (*BOT*) pith.
tufo ['tufo] *nm* vapour; (*fig*: *pey*) stench.
tugurio [tu'ɣurio] *nm* slum.
tul [tul] *nm* tulle.
tulipán [tuli'pan] *nm* tulip.
tullido, a [tu'ʎiðo, a] *a* crippled.
tumba ['tumba] *nf* (*sepultura*) tomb.
tumbar [tum'bar] *vt* to knock down; **~se** *vr* (*echarse*) to lie down; (*extenderse*) to stretch out.
tumbo ['tumbo] *nm* (*caída*) fall; (*de vehículo*) jolt.
tumbona [tum'bona] *nf* (*butaca*) easy chair; (*de playa*) deckchair (*Brit*),

beach chair (*US*).
tumido, a [tu'miðo, a] *a* swollen.
tumor [tu'mor] *nm* tumour.
tumulto [tu'multo] *nm* turmoil.
tuna ['tuna] *nf ver* **tuno.**
tunante [tu'nante] *nm/f* rascal.
tunda ['tunda] *nf* (*golpeo*) beating.
túnel ['tunel] *nm* tunnel.
Túnez ['tuneθ] *nm* Tunisia; (*ciudad*) Tunis.
tuno, a ['tuno, a] *nm/f* (*fam*) rogue // *nm member of student music group* // *nf* (*BOT*) prickly pear; (*MUS*) student music group.
tuntún [tun'tun]: **al** ~ *ad* thoughtlessly.
tupido, a [tu'piðo, a] *a* (*denso*) dense; (*tela*) close-woven; (*fig*) dim.
turba ['turβa] *nf* crowd.
turbación [turβa'θjon] *nf* (*molestia*) disturbance; (*preocupación*) worry; **turbado, a** *a* (*molesto*) disturbed; (*preocupado*) worried.
turbar [tur'βar] *vt* (*molestar*) to disturb; (*incomodar*) to upset; **~se** *vr* to be disturbed.
turbina [tur'βina] *nf* turbine.
turbio, a ['turβjo, a] *a* cloudy; (*tema etc*) confused // *ad* indistinctly.
turbulencia [turβu'lenθja] *nf* turbulence; (*fig*) restlessness; **turbulento, a** *a* turbulent; (*fig*: *intranquilo*) restless; (: *ruidoso*) noisy.
turco, a ['turko, a] *a* Turkish // *nm/f* Turk.
turismo [tu'rismo] *nm* tourism; (*coche*) saloon car; **turista** *nm/f* tourist; **turístico, a** *a* tourist *cpd*.
turnar [tur'nar] *vi*, **turnarse** *vr* to take (it in) turns; **turno** *nm* (*INDUSTRIA*) shift; (*oportunidad, orden de prioridad*) opportunity; (*juegos etc*) turn.
turquesa [tur'kesa] *nf* turquoise.
Turquía [tur'kia] *nf* Turkey.
turrón [tu'rron] *nm* (*dulce*) nougat.
tutear [tute'ar] *vt* to address as familiar 'tú'; **~se** *vr* to be on familiar terms.
tutela [tu'tela] *nf* (*legal*) guardianship; (*instrucción*) guidance; **tutelar** *a* tutelary // *vt* to protect.
tutor, a [tu'tor, a] *nm/f* (*legal*) guardian; (*ESCOL*) tutor.
tuve, tuviera *etc vb ver* **tener.**
tuyo, a ['tujo, a] *a* yours, of yours // *pron* yours; los **~s** (*fam*) your relations, your family.
TV ['te'βe] *nf abr* (= *televisión*) TV.
TVE *nf abr* = *Televisión Española.*

U

u [u] *conj* or.
ubicar [uβi'kar] *vt* to place, situate; (: *fig*) to install in a post; (*AM*: *encontrar*) to find; **~se** *vr* to lie, be located.
ubre ['uβre] *nf* udder.
UCD *nf abr* = *Unión del Centro Democrático.*
Ud(s) *abr* = **usted(es).**
ufanarse [ufa'narse] *vr* to boast; ~ de to pride o.s. on; **ufano, a** *a* (*arrogante*) arrogant; (*presumido*) conceited.
UGT *nf abr* = *Unión General de Trabajadores.*
ujier [u'xjer] *nm* usher; (*portero*) doorkeeper.
úlcera ['ulθera] *nf* ulcer.
ulcerar [ulθe'rar] *vt* to make sore; **~se** *vr* to ulcerate.
ulterior [ulte'rjor] *a* (*más allá*) farther, further; (*subsecuente, siguiente*) subsequent.
últimamente ['ultimamente] *ad* (*recientemente*) lately, recently.
ultimar [ulti'mar] *vt* to finish; (*finalizar*) to finalize; (*AM*: *rematar*) to finish off.
último, a ['ultimo, a] *a* last; (*más reciente*) latest, most recent; (*más bajo*) bottom; (*más alto*) top; (*fig*) final, extreme; **en las últimas** on one's last legs; **por** ~ finally.
ultra ['ultra] *a* ultra // *nm/f* extreme right-winger.
ultrajar [ultra'xar] *vt* (*escandalizar*) to outrage; (*insultar*) to insult, abuse; **ultraje** *nm* outrage; insult.
ultramar [ultra'mar] *nm*: **de** *o* **en** ~ abroad, overseas.
ultramarinos [ultrama'rinos] *nmpl* groceries; **tienda de** ~ grocer's (shop).
ultranza [ul'tranθa]: **a** ~ *ad* (*a todo trance*) at all costs; (*completo*) outright.
ultrasónico, a [ultra'soniko, a] *a* ultrasonic.
ultratumba [ultra'tumba] *nf*: **la vida de** ~ the next life.
ulular [ulu'lar] *vi* to howl; (*búho*) to hoot.
umbral [um'bral] *nm* (*gen*) threshold.
umbroso, a [um'broso, a], **umbrío, a** [um'brio, a] *a* shady.
un, una [un, 'una] ♦ *artículo definido* a; (*antes de vocal*) an; **una mujer/naranja** a woman/an orange
♦ *a*: **unos** (*o* **unas**): **hay unos regalos para ti** there are some presents for you; **hay unas cervezas en la nevera** there are some beers in the fridge.
unánime [u'nanime] *a* unanimous; **unanimidad** *nf* unanimity.
unción [un'θjon] *nf* anointing; **extrema~** extreme unction.
undécimo, a [un'deθimo, a] *a* eleventh.
ungir [un'xir] *vt* to rub with ointment; (*REL*) to anoint.
ungüento [un'gwento] *nm* ointment; (*fig*) salve, balm.
únicamente ['unikamente] *ad* solely, only.
único, a ['uniko, a] *a* only, sole; (*sin par*) unique.

unidad [uni'ðað] *nf* unity; (*COM, TEC etc*) unit.
unido, a [u'niðo, a] *a* joined, linked; (*fig*) united.
unificar [unifi'kar] *vt* to unite, unify.
uniformar [unifor'mar] *vt* to make uniform, level up; (*persona*) to put into uniform.
uniforme [uni'forme] *a* uniform, equal; (*superficie*) even // *nm* uniform; **uniformidad** *nf* uniformity; (*llaneza*) levelness, evenness.
unilateral [unilate'ral] *a* unilateral.
unión [u'njon] *nf* union; (*acto*) uniting, joining; (*calidad*) unity; (*TEC*) joint; (*fig*) closeness, togetherness; **la U~ Soviética** the Soviet Union.
unir [u'nir] *vt* (*juntar*) to join, unite; (*atar*) to tie, fasten; (*combinar*) to combine; **~se** *vr* to join together, unite; (*empresas*) to merge.
unísono [u'nisono] *nm*: **al ~** in unison.
universal [unißer'sal] *a* universal; (*mundial*) world *cpd*.
universidad [unißersi'ðað] *nf* university.
universitario, a [unißersi'tarjo, a] *a* university *cpd* // *nm/f* (*profesor*) lecturer; (*estudiante*) (university) student; (*graduado*) graduate.
universo [uni'ßerso] *nm* universe.
uno, a ['uno, a] ♦ *a* one; **es todo ~** it's all one and the same; **~s pocos** a few; **~s cien** about a hundred
♦ *pron* **1** one; **quiero ~ solo** I only want one; **~ de ellos** one of them
2 (*alguien*) somebody, someone; **conozco a ~ que se te parece** I know somebody *o* someone who looks like you; **~ mismo** oneself; **~s querían quedarse** some (people) wanted to stay
3: **(los) ~s ... (los) otros ...** some ... others; each other, one another; **una y otra son muy agradables** they're both very nice
♦ *nf* one; **es la una** it's one o'clock
♦ *nm* (number) one.
untar [un'tar] *vt* to rub; (*engrasar*) to grease, oil; (*fig*) to bribe.
uña ['uɲa] *nf* (*ANAT*) nail; (*garra*) claw; (*casco*) hoof; (*arrancaclavos*) claw.
uranio [u'ranjo] *nm* uranium.
urbanidad [urßani'ðað] *nf* courtesy, politeness.
urbanismo [urßa'nismo] *nm* town planning.
urbanización [urßaniθa'θjon] *nf* (*barrio, colonia*) housing estate.
urbano, a [ur'ßano, a] *a* (*de ciudad*) urban; (*cortés*) courteous, polite.
urbe ['urße] *nf* large city.
urdimbre [ur'ðimbre] *nf* (*de tejido*) warp; (*intriga*) intrigue.
urdir [ur'ðir] *vt* to warp; (*fig*) to plot, contrive.
urgencia [ur'xenθja] *nf* urgency; (*prisa*) haste, rush; (*emergencia*) emergency; **servicios de ~** emergency services; **urgente** *a* urgent.
urgir [ur'xir] *vi* to be urgent; **me urge** I'm in a hurry for it.
urinario, a [uri'narjo, a] *a* urinary // *nm* urinal.
urna ['urna] *nf* urn; (*POL*) ballot box.
urraca [u'rraka] *nf* magpie.
URSS *nf*: **la ~** the USSR.
Uruguay [uru'ɣwai] *nm*: **el ~** Uruguay; **uruguayo, a** *a, nm/f* Uruguayan.
usado, a [u'saðo, a] *a* used; (*ropa etc*) worn.
usanza [u'sanθa] *nf* custom, usage.
usar [u'sar] *vt* to use; (*ropa*) to wear; (*tener costumbre*) to be in the habit of; **~se** *vr* to be used; **uso** *nm* use; wear; (*costumbre*) usage, custom; (*moda*) fashion; **al uso** in keeping with custom; **al uso de** in the style of.
usted [us'teð] *pron* (*sg*) you *sg*; (*pl*) **~es** you *pl*.
usual [u'swal] *a* usual.
usuario, a [usu'arjo, a] *nm/f* user.
usufructo [usu'frukto] *nm* use.
usura [u'sura] *nf* usury; **usurero, a** *nm/f* usurer.
usurpar [usur'par] *vt* to usurp.
utensilio [uten'siljo] *nm* tool; (*CULIN*) utensil.
útero ['utero] *nm* uterus, womb.
útil ['util] *a* useful // *nm* tool; **utilidad** *nf* usefulness; (*COM*) profit; **utilizar** *vt* to use, utilize.
utopía [uto'pia] *nf* Utopia; **utópico, a** *a* Utopian.
uva ['ußa] *nf* grape.

V

v *abr* = (*voltio*) v.
va *vb ver* **ir**.
vaca ['baka] *nf* (*animal*) cow; **carne de ~** beef.
vacaciones [baka'θjones] *nfpl* holidays.
vacante [ba'kante] *a* vacant, empty // *nf* vacancy.
vaciar [ba'θjar] *vt* to empty out; (*ahuecar*) to hollow out; (*moldear*) to cast // *vi* (*río*) to flow (*en* into); **~se** *vr* to empty.
vaciedad [baθje'ðað] *nf* emptiness.
vacilación [baθila'θjon] *nf* hesitation.
vacilante [baθi'lante] *a* unsteady; (*habla*) faltering; (*fig*) hesitant.
vacilar [baθi'lar] *vi* to be unsteady; (*al hablar*) to falter; (*fig*) to hesitate, waver; (*memoria*) to fail.
vacío, a [ba'θio, a] *a* empty; (*puesto*) vacant; (*desocupado*) idle; (*vano*) vain // *nm* emptiness; (*FÍSICA*) vacuum; (**un ~**) (empty) space.

vacuna [ba'kuna] *nf* vaccine; **vacunar** *vt* to vaccinate.
vacuno, a [ba'kuno, a] *a* cow *cpd*; ganado ~ cattle.
vacuo, a ['bakwo, a] *a* empty.
vadear [baðe'ar] *vt* (*río*) to ford; **vado** *nm* ford.
vagabundo, a [baɤa'ßundo, a] *a* wandering; (*pey*) vagrant // *nm* tramp.
vagamente [baɤa'mente] *ad* vaguely.
vagancia [ba'ɤanθja] *nf* vagrancy.
vagar [ba'ɤar] *vi* to wander; (*no hacer nada*) to idle.
vagina [ba'xina] *nf* vagina.
vago, a ['baɤo, a] *a* vague; (*perezoso*) lazy; (*ambulante*) wandering // *nm/f* (*vagabundo*) tramp; (*flojo*) lazybones *sg*, idler.
vagón [ba'ɤon] *nm* (*FERRO*: *de pasajeros*) carriage; (: *de mercancías*) wagon.
vaguedad [baɤe'ðað] *nf* vagueness.
vaho ['bao] *nm* (*vapor*) vapour, steam; (*respiración*) breath.
vaina ['baina] *nf* sheath.
vainilla [bai'niʎa] *nf* vanilla.
vainita [bai'nita] *nf* (*AM*) green *o* French bean.
vais *vb ver* **ir**.
vaivén [bai'ßen] *nm* to-and-fro movement; (*de tránsito*) coming and going; **vaivenes** *nmpl* (*fig*) ups and downs.
vajilla [ba'xiʎa] *nf* crockery, dishes *pl*; **lavar la** ~ to do the washing-up (*Brit*), wash the dishes (*US*).
valdré *etc vb ver* **valer**.
vale ['bale] *nm* voucher; (*recibo*) receipt; (*pagaré*) IOU.
valedero, a [bale'ðero, a] *a* valid.
valenciano, a [balen'θjano, a] *a* Valencian.
valentía [balen'tia] *nf* courage, bravery; (*acción*) heroic deed; **valentón, ona** *a* blustering.
valer [ba'ler] *vi* to be worth; (*costar*) to cost; (*ser útil*) to be useful; (*ser válido*) to be valid; **~se** *vr* to defend o.s.; **~se de** to make use of, take advantage of; **~ la pena** to be worthwhile; ¿vale? (*Esp*) OK?
valeroso, a [bale'roso, a] *a* brave, valiant.
valgo *etc vb ver* **valer**.
valía [ba'lia] *nf* worth, value.
validar [bali'ðar] *vt* to validate; **validez** *nf* validity; **válido, a** *a* valid.
valiente [ba'ljente] *a* brave, valiant // *nm* hero.
valija [ba'lixa] *nf* suitcase; ~ **diplomática** diplomatic bag.
valioso, a [ba'ljoso, a] *a* valuable; (*rico*) wealthy.
valor [ba'lor] *nm* value, worth; (*precio*) price; (*valentía*) valour, courage; (*importancia*) importance; **~es** *nmpl* (*COM*) securities; **~ación** *nf* valuation; **~ar** *vt* to value.
vals [bals] *nm inv* waltz.
válvula ['balßula] *nf* valve.
valla ['baʎa] *nf* fence; (*DEPORTE*) hurdle; (*fig*) barrier; **vallar** *vt* to fence in.
valle ['baʎe] *nm* valley.
vamos *vb ver* **ir**.
vampiro, resa [bam'piro, 'resa] *nm/f* vampire.
van *vb ver* **ir**.
vanagloriarse [banaɤlo'rjarse] *vr* to boast.
vándalo, a ['bandalo, a] *nm/f* vandal; **vandalismo** *nm* vandalism.
vanguardia [ban'gwardja] *nf* vanguard; (*ARTE etc*) avant-garde.
vanidad [bani'ðað] *nf* vanity; **vanidoso, a** *a* vain, conceited.
vano, a ['bano, a] *a* (*irreal*) unreal, vain; (*inútil*) useless; (*persona*) vain, conceited; (*frívolo*) frivolous.
vapor [ba'por] *nm* vapour; (*vaho*) steam; **al** ~ (*CULIN*) steamed; **~izador** *nm* atomizer; **~izar** *vt* to vaporize; **~oso, a** *a* vaporous.
vaquero, a [ba'kero, a] *a* cattle *cpd* // *nm* cowboy; **~s** *nmpl* jeans.
vara ['bara] *nf* stick; (*TEC*) rod; ~ **mágica** magic wand.
variable [ba'rjaßle] *a, nf* variable.
variación [baria'θjon] *nf* variation.
variar [bar'jar] *vt* to vary; (*modificar*) to modify; (*cambiar de posición*) to switch around // *vi* to vary.
varices [ba'riθes] *nfpl* varicose veins.
variedad [barje'ðað] *nf* variety.
varilla [ba'riʎa] *nf* stick; (*BOT*) twig; (*TEC*) rod; (*de rueda*) spoke.
vario, a ['barjo, a] *a* varied; **~s** various, several.
varón [ba'ron] *nm* male, man; **varonil** *a* manly, virile.
Varsovia [bar'soßja] *n* Warsaw.
vas *vb ver* **ir**.
vasco, a ['basko, a] *a, nm/f* Basque.
vascongado, a [baskon'gaðo, a], **vascuence** [bas'kwenθe] *a* Basque; **las Vascongadas** the Basque Country.
vaselina [base'lina] *nf* Vaseline ®.
vasija [ba'sixa] *nf* container, vessel.
vaso ['baso] *nm* glass, tumbler; (*ANAT*) vessel.
vástago ['bastaɤo] *nm* (*BOT*) shoot; (*TEC*) rod; (*fig*) offspring.
vasto, a ['basto, a] *a* vast, huge.
Vaticano [bati'kano] *nm*: **el** ~ the Vatican.
vaticinio [bati'θinjo] *nm* prophecy.
vatio ['batjo] *nm* (*ELEC*) watt.
vaya *etc vb ver* **ir**.
Vd(s) *abr* = **usted(es)**.
ve *vb ver* **ir, ver**.
vecindad [beθin'dað] *nf*, **vecindario** [beθin'darjo] *nm* neighbourhood;

(*habitantes*) residents *pl*.
vecino, a [be'θino, a] *a* neighbouring // *nm/f* neighbour; (*residente*) resident.
veda ['beða] *nf* prohibition.
vedado [be'ðaðo] *nm* preserve.
vedar [be'ðar] *vt* (*prohibir*) to ban, prohibit; (*impedir*) to stop, prevent.
vegetación [bexeta'θjon] *nf* vegetation.
vegetariano, a [bexeta'rjano, a] *a, nm/f* vegetarian.
vegetal [bexe'tal] *a, nm* vegetable.
vehemencia [be(e)'menθja] *nf* (*insistencia*) vehemence; (*pasión*) passion; (*fervor*) fervour; (*violencia*) violence; **vehemente** *a* vehement; passionate; fervent.
vehículo [be'ikulo] *nm* vehicle; (*MED*) carrier.
veía *etc vb ver* **ver**.
veinte ['beinte] *num* twenty.
vejación [bexa'θjon] *nf* vexation; (*humillación*) humiliation.
vejar [be'xar] *vt* (*irritar*) to annoy, vex; (*humillar*) to humiliate.
vejez [be'xeθ] *nf* old age.
vejiga [be'xiɣa] *nf* (*ANAT*) bladder.
vela ['bela] *nf* (*de cera*) candle; (*NAUT*) sail; (*insomnio*) sleeplessness; (*vigilia*) vigil; (*MIL*) sentry duty; **estar a dos ~s** (*fam*) to be skint.
velado, a [be'laðo, a] *a* veiled; (*sonido*) muffled; (*FOTO*) blurred // *nf* soirée.
velador [bela'ðor] *nm* (*mesa*) pedestal table; (*AM*) lampshade.
velar [be'lar] *vt* (*vigilar*) to keep watch over // *vi* to stay awake; ~ **por** to watch over, look after.
veleidad [belei'ðað] *nf* (*ligereza*) fickleness; (*capricho*) whim.
velero [be'lero] *nm* (*NAUT*) sailing ship; (*AVIAT*) glider.
veleta [be'leta] *nf* weather vane.
veliz [be'lis] *nm* (*AM*) suitcase.
velo ['belo] *nm* veil.
velocidad [beloθi'ðað] *nf* speed; (*TEC, AUTO*) gear.
velocímetro [belo'θimetro] *nm* speedometer.
veloz [be'loθ] *a* fast.
vello ['beʎo] *nm* down, fuzz; **vellón** *nm* fleece; **~so, a** *a* fuzzy; **velludo, a** *a* shaggy.
ven *vb ver* **venir**.
vena ['bena] *nf* vein.
venado [be'naðo] *nm* deer.
vencedor, a [benθe'ðor, a] *a* victorious // *nm/f* victor, winner.
vencer [ben'θer] *vt* (*dominar*) to defeat, beat; (*derrotar*) to vanquish; (*superar, controlar*) to overcome, master // *vi* (*triunfar*) to win (through), triumph; (*plazo*) to expire; **vencido, a** *a* (*derrotado*) defeated, beaten; (*COM*) due // *ad*: **pagar vencido** to pay in arrears; **vencimiento** *nm* (*COM*) maturity.

venda ['benda] *nf* bandage; **~je** *n* bandage, dressing; **vendar** *vt* to ban age; **vendar los ojos** to blindfold.
vendaval [benda'βal] *nm* (*viento*) gale.
vendedor, a [bende'ðor, a] *nm/f* seller.
vender [ben'der] *vt* to sell; ~ **al contad al por mayor/al por menor** to sell f cash/wholesale/retail.
vendimia [ben'dimja] *nf* grape harvest.
vendré *etc vb ver* **venir**.
veneno [be'neno] *nm* poison; (*serpiente*) venom; **~so, a** *a* poisonou venomous.
venerable [bene'raβle] *a* venerabl
venerar *vt* (*respetar*) to revere; (*ad rar*) to worship.
venéreo, a [be'nereo, a] *a*: **enfermed venérea** venereal disease.
venezolano, a [beneθo'lano, a] Venezuelan.
Venezuela [bene'θwela] *nf* Venezuela.
venganza [ben'ganθa] *nf* vengeance, r venge; **vengar** *vt* to avenge; **vengar** *vr* to take revenge; **vengativo, a** (*persona*) vindictive.
vengo *etc vb ver* **venir**.
venia ['benja] *nf* (*perdón*) pardo (*permiso*) consent.
venial [be'njal] *a* venial.
venida [be'niða] *nf* (*llegada*) arriva (*regreso*) return.
venidero, a [beni'ðero, a] *a* comin future.
venir [be'nir] *vi* to come; (*llegar*) arrive; (*ocurrir*) to happen; (*fig*): ~ to stem from; ~ **bien/mal** to be suitabl unsuitable; **el año que viene** next yea **~se abajo** to collapse.
venta ['benta] *nf* (*COM*) sale; ~ **a plaz** hire purchase; ~ **al contado/al p mayor/al por menor** *o* **al detalle** ca sale/ wholesale/retail; ~ **con derecho retorno** sale or return; '**en ~**' 'for sale'.
ventaja [ben'taxa] *nf* advantag
ventajoso, a *a* advantageous.
ventana [ben'tana] *nf* window; ~ **guillotina/salediza** sash/bay windov
ventanilla *nf* (*de taquilla*) window (*booking office etc*).
ventilación [bentila'θjon] *nf* ventilatio (*corriente*) draught; **ventilar** *vt* ventilate; (*para secar*) to put out to dr (*fig*) to air, discuss.
ventisca [ben'tiska] *nf*, **ventisque** [bentis'kero] *nm* blizzard; (*nie amontonada*) snowdrift.
ventoso, a [ben'toso, a] *a* windy.
ventrílocuo, a [ben'trilokwo, a] *nn* ventriloquist.
ventura [ben'tura] *nf* (*felicidad*) hap ness; (*buena suerte*) luck; (*destino*) fo tune; **a la (buena) ~** at randon
venturoso, a *a* happy; (*afortunad* lucky, fortunate.
veo *etc vb ver* **ver**.

er [ber] *vt* to see; (*mirar*) to look at, watch; (*entender*) to understand; (*investigar*) to look into; // *vi* to see; to understand; **~se** *vr* (*encontrarse*) to meet; (*dejarse* ~) to be seen; (*hallarse: en un apuro*) to find o.s., be // *nm* looks *pl*, appearance; a ~ let's see; **dejarse ~** to become apparent; **no tener nada que ~ con** to have nothing to do with; **a mi modo de ~** as I see it.
era ['bera] *nf* edge, verge; (*de río*) bank.
eracidad [beraθi'ðað] *nf* truthfulness.
eranear [berane'ar] *vi* to spend the summer; **veraneo** *nm* summer holiday; **veraniego, a** *a* summer *cpd*.
erano [be'rano] *nm* summer.
eras ['beras] *nfpl* truth *sg*; **de ~** really, truly.
eraz [be'raθ] *a* truthful.
erbal [ber'ßal] *a* verbal.
erbena [ber'ßena] *nf* (*fiesta*) fair; (*baile*) open-air dance.
erbo ['berßo] *nm* verb; **~so, a** *a* verbose.
erdad [ber'ðað] *nf* truth; (*fiabilidad*) reliability; **de ~** *a* real, proper; **a decir ~** to tell the truth; **~ero, a** *a* (*veraz*) true, truthful; (*fiable*) reliable; (*fig*) real.
erde ['berðe] *a* green; (*chiste*) blue, dirty // *nm* green; **viejo ~** dirty old man; **~ar, ~cer** *vi* to turn green; **verdor** *nm* (*lo* ~) greenness; (BOT) verdure.
erdugo [ber'ðuɣo] *nm* executioner.
erdulero, a [berðu'lero, a] *nm/f* greengrocer.
erduras [ber'ðuras] *nfpl* (CULIN) greens.
ereda [be'reða] *nf* path; (*AM*) pavement (*Brit*), sidewalk (*US*).
eredicto [bere'ðikto] *nm* verdict.
ergonzoso, a [berɣon'θoso, a] *a* shameful; (*tímido*) timid, bashful.
ergüenza [ber'ɣwenθa] *nf* shame, sense of shame; (*timidez*) bashfulness; (*pudor*) modesty; **me da ~** I'm ashamed.
erídico, a [be'riðiko, a] *a* true, truthful.
erificar [berifi'kar] *vt* to check; (*corroborar*) to verify; (*llevar a cabo*) to carry out; **~se** *vr* to occur, happen.
erja ['berxa] *nf* grating.
ermut [ber'mut] (*pl* ~s) *nm* vermouth.
erosímil [bero'simil] *a* likely, probable; (*relato*) credible.
erruga [be'rruɣa] *nf* wart.
ersado, a [ber'saðo, a] *a*: ~ **en** versed in.
ersátil [ber'satil] *a* versatile.
ersión [ber'sjon] *nf* version.
erso ['berso] *nm* verse; **un ~** a line of poetry.
értebra ['berteßra] *nf* vertebra.
erter [ber'ter] *vt* (*líquido: adrede*) to empty, pour (out); (*: sin querer*) to spill; (basura) to dump // *vi* to flow.
vertical [berti'kal] *a* vertical.
vértice ['bertiθe] *nm* vertex, apex.
vertiente [ber'tjente] *nf* slope; (*fig*) aspect.
vertiginoso, a [bertixi'noso, a] *a* giddy, dizzy.
vértigo ['bertiɣo] *nm* vertigo; (*mareo*) dizziness.
vesícula [be'sikula] *nf* blister.
vespertino, a [besper'tino, a] *a* evening *cpd*.
vestíbulo [bes'tißulo] *nm* hall; (*de teatro*) foyer.
vestido [bes'tiðo] *pp de* **vestir**; **~ de azul/marinero** dressed in blue/as a sailor // *nm* (*ropa*) clothes *pl*, clothing; (*de mujer*) dress, frock.
vestigio [bes'tixjo] *nm* (*huella*) trace; **~s** *nmpl* remains.
vestimenta [besti'menta] *nf* clothing.
vestir [bes'tir] *vt* (*poner: ropa*) to put on; (*llevar: ropa*) to wear; (*proveer de ropa a*) to clothe; (*suj: sastre*) to make clothes for // *vi* to dress; (*verse bien*) to look good; **~se** *vr* to get dressed, dress o.s.
vestuario [bes'twarjo] *nm* clothes *pl*, wardrobe; (TEATRO: *cuarto*) dressing room; (DEPORTE) changing room.
veta ['beta] *nf* (*vena*) vein, seam; (*en carne*) streak; (*de madera*) grain.
vetar [be'tar] *vt* to veto.
veterano, a [bete'rano, a] *a, nm* veteran.
veterinario, a [beteri'narjo, a] *nm/f* vet(erinary surgeon) // *nf* veterinary science.
veto ['beto] *nm* veto.
vetusto, a [be'tusto, a] *a* ancient.
vez [beθ] *nf* time; (*turno*) turn; **a la ~ que** at the same time as; **a su ~** in its turn; **otra ~** again; **una ~** once; **de una ~** in one go; **de una ~ para siempre** once and for all; **en ~ de** instead of; **a** *o* **algunas veces** sometimes; **una y otra ~** repeatedly; **de ~ en cuando** from time to time; **7 veces 9** 7 times 9; **hacer las veces de** to stand in for; **tal ~** perhaps.
vía ['bia] *nf* track, route; (FERRO) line; (*fig*) way; (ANAT) passage, tube // *prep* via, by way of; **por ~ judicial** by legal means; **por ~ oficial** through official channels; **en ~s de** in the process of; **~ aérea** airway; **V~ Láctea** Milky Way.
viaducto [bja'ðukto] *nm* viaduct.
viajante [bja'xante] *nm* commercial traveller.
viajar [bja'xar] *vi* to travel; **viaje** *nm* journey; (*gira*) tour; (NAUT) voyage; **estar de viaje** to be on a journey; **viaje de ida y vuelta** round trip; **viaje de novios** honeymoon; **viajero, a** *a* travelling; (ZOOL) migratory // *nm/f* (*quien viaja*) traveller; (*pasajero*) passenger.

vial [bjal] *a* road *cpd*, traffic *cpd*.
víbora ['biβora] *nf* viper; (*AM*) poisonous snake.
vibración [biβra'θjon] *nf* vibration; **vibrador** *nm* vibrator; **vibrante** *a* vibrant.
vibrar [bi'βrar] *vt*, *vi* to vibrate.
vicario [bi'karjo] *nm* curate.
vicegerente [biθexe'rente] *nm* assistant manager.
vicepresidente [biθepresi'ðente] *nm/f* vice-president.
viceversa [biθe'βersa] *ad* vice versa.
viciado, a [bi'θjaðo, a] *a* (*corrompido*) corrupt; (*contaminado*) foul, contaminated; **viciar** *vt* (*pervertir*) to pervert; (*JUR*) to nullify; (*estropear*) to spoil; **viciarse** *vr* to become corrupted.
vicio ['biθjo] *nm* vice; (*mala costumbre*) bad habit; **~so, a** *a* (*muy malo*) vicious; (*corrompido*) depraved // *nm/f* depraved person.
vicisitud [biθisi'tuð] *nf* vicissitude.
víctima ['biktima] *nf* victim.
victoria [bik'torja] *nf* victory; **victorioso, a** *a* victorious.
vicuña [bi'kuɲa] *nf* vicuna.
vid [bið] *nf* vine.
vida ['biða] *nf* (*gen*) life; (*duración*) lifetime; **de por ~** for life; **en la/mi ~** never; **estar con ~** to be still alive; **ganarse la ~** to earn one's living.
vídeo ['biðeo] *nm* video // *a inv*: **pélicula ~** video film.
vidriero, a [bi'ðrjero, a] *nm/f* glazier // *nf* (*ventana*) stained-glass window; (*AM*: *de tienda*) shop window; (*puerta*) glass door.
vidrio ['biðrjo] *nm* glass; **~so, a** *a* glassy.
vieira ['bjeira] *nf* scallop.
viejo, a ['bjexo, a] *a* old // *nm/f* old man/woman; **hacerse ~** to get old.
Viena ['bjena] *n* Vienna.
vienes *etc vb ver* **venir**.
vienés, esa [bje'nes, esa] *a* Viennese.
viento ['bjento] *nm* wind; **hacer ~** to be windy.
vientre ['bjentre] *nm* belly; (*matriz*) womb.
viernes ['bjernes] *nm inv* Friday; **V~ Santo** Good Friday.
Vietnam [bjet'nam] *nm*: **el ~** Vietnam; **vietnamita** *a* Vietnamese.
viga ['biɣa] *nf* beam, rafter; (*de metal*) girder.
vigencia [bi'xenθja] *nf* validity; **estar en ~** to be in force; **vigente** *a* valid, in force; (*imperante*) prevailing.
vigésimo, a [bi'xesimo, a] *a* twentieth.
vigía [bi'xia] *nm* look-out // *nf* (*atalaya*) watchtower; (*acción*) watching.
vigilancia [bixi'lanθja] *nf*: **tener a uno bajo ~** to keep watch on sb.
vigilar [bixi'lar] *vt* to watch over // *vi* (*gen*) to be vigilant; (*hacer guardia*) t keep watch; **~ por** to take care of.
vigilia [vi'xilja] *nf* wakefulness, bein awake; (*REL*) fast.
vigor [bi'ɣor] *nm* vigour, vitality; **en ~** i force; **entrar/poner en ~** to take/put int effect; **~oso, a** *a* vigorous.
vil [bil] *a* vile, low; **~eza** *nf* vileness (*acto*) base deed.
vilipendiar [bilipen'djar] *vt* to vilify, r vile.
vilo ['bilo]: **en ~** *ad* in the ai suspended; (*fig*) on tenterhooks, i suspense.
villa ['biʎa] *nf* (*casa*) villa; (*pueblo* small town; (*municipalidad* municipality; **~ miseria** (*AM*) shanty town.
villancico [biʎan'θiko] *nm* (Christmas carol.
villorio [bi'ʎorjo] *nm* (*AM*) shantytown.
vinagre [bi'naɣre] *nm* vinegar; **~ra** *nfpl* cruet *sg*.
vinagreta [bina'ɣreta] *nf* vinaigrett French dressing.
vinculación [binkula'θjon] *nf* (*lazo*) lin bond; (*acción*) linking.
vincular [binku'lar] *vt* to link, bind **vínculo** *nm* link, bond.
vine *etc vb ver* **venir**.
vinicultura [binikul'tura] *nf* wine grow ing.
viniera *etc vb ver* **venir**.
vino *vb ver* **venir** // ['bino] *nm* wine; **~ blanco/tinto** white/red wine.
viña ['biɲa] *nf*, **viñedo** [bi'ɲeðo] *nm* vin yard.
viola ['bjola] *nf* viola.
violación [bjola'θjon] *nf* violatior (*estupro*): **~ (sexual)** rape.
violar [bjo'lar] *vt* to violate; (*comete estupro*) to rape.
violencia [bjo'lenθja] *nf* (*fuerza* violence, force; (*embarazo*) embarras ment; (*acto injusto*) unjust ac **violentar** *vt* to force; (*casa*) to brea into; (*agredir*) to assault; (*violar*) violate; **violento, a** *a* violent; (*furioso* furious; (*situación*) embarrassing (*acto*) forced, unnatural.
violeta [bjo'leta] *nf* violet.
violín [bjo'lin] *nm* violin.
violón [bjo'lon] *nm* double bass.
viraje [bi'raxe] *nm* turn; (*de vehícul* swerve; (*de carretera*) bend; (*fig* change of direction; **virar** *vi* to chang direction.
virgen ['birxen] *a*, *nf* virgin.
Virgo ['birɣo] *nm* Virgo.
viril [bi'ril] *a* virile; **~idad** *nf* virility.
virtualmente [birtwal'mente] *ad* virt ally.
virtud [bir'tuð] *nf* virtue; **en ~ de** b virtue of; **virtuoso, a** *a* virtuous // *nm* virtuoso.

viruela [bi'rwela] *nf* smallpox; ~s *nfpl* pockmarks.
virulento, a [biru'lento, a] *a* virulent.
virus ['birus] *nm inv* virus.
visa ['bisa] *nf* (*AM*), **visado** [bi'saðo] *nm* visa.
viscoso, a [bis'koso, a] *a* viscous.
visera [bi'sera] *nf* visor.
visibilidad [bisiβili'ðað] *nf* visibility; **visible** *a* visible; (*fig*) obvious.
visillos [bi'siʎos] *nmpl* lace curtains.
visión [bi'sjon] *nf* (*ANAT*) vision, (eye)sight; (*fantasía*) vision, fantasy; **visionario, a** *a* (*que prevé*) visionary; (*alucinado*) deluded // *nm/f* visionary.
visita [bi'sita] *nf* call, visit; (*persona*) visitor; **hacer una ~** to pay a visit.
visitar [bisi'tar] *vt* to visit, call on.
vislumbrar [bislum'brar] *vt* to glimpse, catch a glimpse of; **vislumbre** *nf* glimpse; (*centelleo*) gleam; (*idea vaga*) glimmer.
viso ['biso] *nm* (*del metal*) glint, gleam; (*de tela*) sheen; (*aspecto*) appearance.
visón [bi'son] *nm* mink.
visor [bi'sor] *nm* (*FOTO*) viewfinder.
víspera ['bispera] *nf*: **la ~ de ...** the day before ....
vista ['bista] *nf* sight, vision; (*capacidad de ver*) (eye)sight; (*mirada*) look(s) (*pl*) // *nm* customs officer; **a primera ~** at first glance; **hacer la ~ gorda** to turn a blind eye; **volver la ~** to look back; **está a la ~ que** it's obvious that; **en ~ de** in view of; **en ~ de que** in view of the fact that; **¡hasta la ~!** so long!, see you!; **con ~s a** with a view to; **~zo** *nm* glance; **dar** *o* **echar un ~zo a** to glance at.
visto, a *pp de* **ver** // *vb ver tb* **vestir** // ['bisto, a] *a* seen; (*considerado*) considered // *nm*: **~ bueno** approval; '**~ bueno**' 'approved'; **por lo ~** evidently; **está ~ que** it's clear that; **está bien/mal ~** it's acceptable/unacceptable; **~ que** *conj* since, considering that.
vistoso, a [bis'toso, a] *a* colourful.
vital [bi'tal] *a* life *cpd*, living *cpd*; (*fig*) vital; (*persona*) lively, vivacious; **~icio, a** *a* for life.
vitamina [bita'mina] *nf* vitamin.
viticultor, a [bitikul'tor, a] *nm/f* wine grower; **viticultura** *nf* wine growing.
vitorear [bitore'ar] *vt* to cheer, acclaim.
vítreo, a ['bitreo, a] *a* vitreous.
vitrina [bi'trina] *nf* show case; (*AM*) shop window.
vituperio [bitu'perjo] *nm* (*condena*) condemnation; (*censura*) censure; (*insulto*) insult.
viudo, a ['bjuðo, a] *nm/f* widower/widow; **viudez** *nf* widowhood.
vivacidad [biβaθi'ðað] *nf* (*vigor*) vigour; (*vida*) liveliness.
vivaracho, a [biβa'ratʃo, a] *a* jaunty, lively; (*ojos*) bright, twinkling.
vivaz [bi'βaθ] *a* lively.
víveres ['biβeres] *nmpl* provisions.
vivero [bi'βero] *nm* (*para plantas*) nursery; (*para peces*) fish farm; (*fig*) hotbed.
viveza [bi'βeθa] *nf* liveliness; (*agudeza: mental*) sharpness.
vivienda [bi'βjenda] *nf* housing; (*una ~*) house; (*piso*) flat (*Brit*), apartment (*US*).
viviente [bi'βjente] *a* living.
vivir [bi'βir] *vt, vi* to live // *nm* life, living.
vivo, a ['biβo, a] *a* living, alive; (*fig: descripción*) vivid; (*persona: astuto*) smart, clever; **en ~** (*transmisión etc*) live.
vocablo [bo'kaβlo] *nm* (*palabra*) word; (*término*) term.
vocabulario [bokaβu'larjo] *nm* vocabulary.
vocación [boka'θjon] *nf* vocation; **vocacional** *nf* (*AM*) ≈ technical college.
vocal [bo'kal] *a* vocal // *nf* vowel; **~izar** *vt* to vocalize.
vocear [boθe'ar] *vt* (*para vender*) to cry; (*aclamar*) to acclaim; (*fig*) to proclaim // *vi* to yell; **vocerío** *nm*, **vocería** *nf* shouting.
vocero [bo'θero] *nm/f* spokesman/woman.
voces ['boθes] *nfpl ver* **voz**.
vociferar [boθife'rar] *vt* to shout // *vi* to yell.
vodka ['boðka] *nm o f* vodka.
vol *abr* = **volumen**.
volador, a [bola'ðor, a] *a* flying.
volandas [bo'landas]: **en ~** *ad* in the air; (*fig*) swiftly.
volante [bo'lante] *a* flying // *nm* (*de coche*) steering wheel; (*de reloj*) balance.
volar [bo'lar] *vt* (*edificio*) to blow up // *vi* to fly.
volátil [bo'latil] *a* volatile.
volcán [bol'kan] *nm* volcano; **~ico, a** *a* volcanic.
volcar [bol'kar] *vt* to upset, overturn; (*tumbar, derribar*) to knock over; (*vaciar*) to empty out // *vi* to overturn; **~se** *vr* to tip over.
voleíbol [bolei'βol] *nm* volleyball.
volqué, volquemos *etc vb ver* **volcar**.
volquete [bol'kete] *nm* (*carro*) tipcart; (*AUTO*) dumper.
voltaje [bol'taxe] *nm* voltage.
voltear [bolte'ar] *vt* to turn over; (*volcar*) to turn upside down.
voltereta [bolte'reta] *nf* somersault.
voltio ['boltjo] *nm* volt.
voluble [bo'luβle] *a* fickle.
volumen [bo'lumen] (*pl* **volúmenes**) *nm* volume; **voluminoso, a** *a* voluminous; (*enorme*) massive.
voluntad [bolun'tað] *nf* will; (*resolución*) willpower; (*deseo*) desire, wish.

voluntario, a [bolun'tarjo, a] *a* voluntary // *nm/f* volunteer.
voluntarioso, a [bolunta'rjoso, a] *a* headstrong.
voluptuoso, a [bolup'twoso, a] *a* voluptuous.
volver [bol'ßer] *vt* (*gen*) to turn; (*dar vuelta a*) to turn (over); (*voltear*) to turn round, turn upside down; (*poner al revés*) to turn inside out; (*devolver*) to return // *vi* to return, go back, come back; ~**se** *vr* to turn round; ~ **la espalda** to turn one's back; ~ **triste** *etc* **a uno** to make sb sad *etc*; ~ **a hacer** to do again; ~ **en sí** to come to; ~**se insoportable/muy caro** to get *o* become unbearable/very expensive; ~**se loco** to go mad.
vomitar [bomi'tar] *vt, vi* to vomit; **vómito** *nm* (*acto*) vomiting; (*resultado*) vomit.
voraz [bo'raθ] *a* voracious.
vórtice ['bortiθe] *nm* whirlpool; (*de aire*) whirlwind.
vos [bos] *pron* (*AM*) you.
vosotros, as [bo'sotros, as] *pron* you; (*reflexivo*): **entre/para** ~ among/for yourselves.
votación [bota'θjon] *nf* (*acto*) voting; (*voto*) vote.
votar [bo'tar] *vi* to vote.
voto ['boto] *nm* vote; (*promesa*) vow; ~s (good) wishes.
voy *vb ver* **ir**.
voz [boθ] *nf* voice; (*grito*) shout; (*chisme*) rumour; (*LING*) word; **dar voces** to shout, yell; **a media** ~ in a low voice; **a** ~ **en cuello** *o* **en grito** at the top of one's voice; **de viva** ~ verbally; **en** ~ **alta** aloud; ~ **de mando** command.
vuelco *vb ver* **volcar** // ['bwelko] *nm* spill, overturning.
vuelo *vb ver* **volar** // ['bwelo] *nm* flight; (*encaje*) lace, frill; **coger al** ~ to catch in flight; ~ **charter/regular** charter/regular flight.
vuelque *etc vb ver* **volcar**.
vuelta ['bwelta] *nf* (*gen*) turn; (*curva*) bend, curve; (*regreso*) return; (*revolución*) revolution; (*circuito*) lap; (*de papel, tela*) reverse; (*cambio*) change; **a la** ~ on one's return; **a** ~ **de correo** by return of post; **dar** ~**s** (*suj*: *cabeza*) to spin; **dar** ~**s a una idea** to turn over an idea (in one's head); **estar de** ~ to be back; **dar una** ~ to go for a walk; (*en coche*) to go for a drive.
vuelto *pp de* **volver**.
vuelvo *etc vb ver* **volver**.
vuestro, a ['bwestro, a] *a* your; **un amigo** ~ a friend of yours // *pron*: **el** ~**/la vuestra, los** ~**s/las vuestras** yours.
vulgar [bul'ɣar] *a* (*ordinario*) vulgar; (*común*) common; ~**idad** *nf* commonness; (*acto*) vulgarity; (*expresión*) coarse expression; ~**idades** *nfpl* banalities; ~**izar** *vt* to popularize.
vulgo ['bulɣo] *nm* common people.
vulnerable [bulne'raßle] *a* vulnerable.

W

wáter ['bater] *nm* toilet.
whisky ['wiski] *nm* whisky, whiskey.

X

xenofobia [kseno'foßja] *nf* xenophobia.
xilófono [ksi'lofono] *nm* xylophone.

Y

y [i] *conj* and.
ya [ja] *ad* (*gen*) already; (*ahora*) now; (*en seguida*) at once; (*pronto*) soon // *excl* all right! // *conj* (*ahora que*) now that; ~ **lo sé** I know; ~ **que** since.
yacer [ja'θer] *vi* to lie.
yacimiento [jaθi'mjento] *nm* deposit.
yanqui ['janki] *a, nm/f* Yankee.
yate ['jate] *nm* yacht.
yazco *etc vb ver* **yacer**.
yedra ['jeðra] *nf* ivy.
yegua ['jeɣwa] *nf* mare.
yema ['jema] *nf* (*del huevo*) yoke; (*BOT*) leaf bud; (*fig*) best part; ~ **del dedo** fingertip.
yergo *etc vb ver* **erguir**.
yermo, a ['jermo, a] *a* (*despoblado*) uninhabited; (*estéril, fig*) barren // *nm* wasteland.
yerno ['jerno] *nm* son-in-law.
yerro *etc vb ver* **errar**.
yerto, a ['jerto, a] *a* stiff.
yesca ['jeska] *nf* tinder.
yeso ['jeso] *nm* (*GEO*) gypsum; (*ARQ*) plaster.
yodo ['joðo] *nm* iodine.
yogur [jo'ɣur] *nm* yoghurt.
yugo ['juɣo] *nm* yoke.
Yugoslavia [juɣos'laßja] *nf* Yugoslavia.
yugular [juɣu'lar] *a* jugular.
yunque ['junke] *nm* anvil.
yunta ['junta] *nf* yoke; **yuntero** *nm* ploughman.
yute ['jute] *nm* jute.
yuxtaponer [jukstapo'ner] *vt* to juxtapose; **yuxtaposición** *nf* juxtaposition.

Z

zafar [θa'far] *vt* (*soltar*) to untie; (*superficie*) to clear; ~**se** *vr* (*escaparse*) to escape; (*TEC*) to slip off.
zafio, a ['θafjo, a] *a* coarse.

zafiro [θa'firo] *nm* sapphire.
zaga ['θaɣa] *nf*: a la ~ behind, in the rear.
zagal, a [θa'ɣal, a] *nm/f* boy/girl, lad/lass (*Brit*).
zaguán [θa'ɣwan] *nm* hallway.
zaherir [θae'rir] *vt* (*criticar*) to criticize.
zahorí [θao'ri] *nm* clairvoyant.
zaino, a ['θaino, a] *a* (*color de caballo*) chestnut.
zalamería [θalame'ria] *nf* flattery; **zalamero, a** *a* flattering; (*relamido*) suave.
zamarra [θa'marra] *nf* (*piel*) sheepskin; (*chaqueta*) sheepskin jacket.
zambullirse [θambu'ʎirse] *vr* to dive; (*ocultarse*) to hide o.s.
zampar [θam'par] *vt* to gobble down // *vi* to gobble (up).
zanahoria [θana'orja] *nf* carrot.
zancada [θan'kaðа] *nf* stride.
zancadilla [θanka'ðiʎa] *nf* trip; (*fig*) stratagem.
zanco ['θanko] *nm* stilt.
zancudo, a [θan'kuðo, a] *a* long-legged // *nm* (*AM*) mosquito.
zángano ['θangano] *nm* drone.
zanja ['θanxa] *nf* ditch; **zanjar** *vt* (*superar*) to surmount; (*resolver*) to resolve.
zapata [θa'pata] *nf* half-boot; (*MECÁNICA*) shoe.
zapatear [θapate'ar] *vi* to tap with one's feet.
zapatería [θapate'ria] *nf* (*oficio*) shoemaking; (*tienda*) shoe shop; (*fábrica*) shoe factory; **zapatero, a** *nm/f* shoemaker.
zapatilla [θapa'tiʎa] *nf* slipper.
zapato [θa'pato] *nm* shoe.
zar [θar] *nm* tsar, czar.
zarandear [θaranðe'ar] *vt* (*fam*) to shake vigorously.
zarpa ['θarpa] *nf* (*garra*) claw.
zarpar [θar'par] *vi* to weigh anchor.
zarza ['θarθa] *nf* (*BOT*) bramble; **zarzal** *nm* (*matorral*) bramble patch.
zarzamora [θarθa'mora] *nf* blackberry.
zarzuela [θar'θwela] *nf* Spanish light opera.
zigzag [θiɣ'θaɣ] *a* zigzag; **zigzaguear** *vi* to zigzag.
zinc [θink] *nm* zinc.
zócalo ['θokalo] *nm* (*ARQ*) plinth, base.
zona ['θona] *nf* zone; ~ **fronteriza** border area.
zoo ['θoo] *nm* zoo.
zoología [θoolo'xia] *nf* zoology; **zoológico, a** *a* zoological // *nm* zoo; **zoólogo, a** *nm/f* zoologist.
zopenco, a [θo'penko, a] *nm/f* fool.
zopilote [θopi'lote] *nm* (*AM*) buzzard.
zoquete [θo'kete] *nm* (*madera*) block; (*fam*) blockhead.
zorro, a ['θorro, a] *a* crafty // *nm/f* fox/vixen.
zozobra [θo'θoβra] *nf* (*fig*) anxiety; **zozobrar** *vi* (*hundirse*) to capsize; (*fig*) to fail.
zueco ['θweko] *nm* clog.
zumbar [θum'bar] *vt* (*golpear*) to hit // *vi* to buzz; **zumbido** *nm* buzzing.
zumo ['θumo] *nm* juice.
zurcir [θur'θir] *vt* (*coser*) to darn.
zurdo, a ['θurðo, a] *a* (*mano*) left; (*persona*) left-handed.
zurrar [θu'rrar] *vt* (*fam*) to wallop.
zurrón [θu'rron] *nm* pouch.
zutano, a [θu'tano, a] *nm/f* so-and-so.

ENGLISH-SPANISH
INGLÉS-ESPAÑOL

A

A [eɪ] *n* (*MUS*) la *m*; (*AUT*): **~ road** ≈ carretera nacional.

a *indefinite article* (*before vowel or silent h*: **an**) [æ, æn] **1** un(a); **~ book** un libro; **an apple** una manzana; **she's ~ doctor** (ella) es médica

2 (*instead of the number 'one'*) un(a); **~ year ago** hace un año; **~ hundred/thousand** *etc* **pounds** cien/mil *etc* libras

3 (*in expressing ratios, prices etc*): **3 ~ day/week** 3 al día/a la semana; **10 km an hour** 10 km por hora; **£5 ~ person** £5 por persona; **30p ~ kilo** 30p el kilo.

A.A. *n abbr* (*Brit*: = *Automobile Association*) ≈ RACE *m* (*Sp*); (= *Alcoholics Anonymous*) Alcohólicos Anónimos.

A.A.A. *n abbr* (*US*: = *American Automobile Association*) ≈ RACE *m* (*Sp*).

aback [ə'bæk] *ad*: **to be taken ~** quedar desconcertado.

abandon [ə'bændən] *vt* abandonar; (*renounce*) renunciar a // *n* abandono; (*wild behaviour*): **with ~** sin reparos.

abashed [ə'bæʃt] *a* avergonzado.

abate [ə'beɪt] *vi* (*noise, pain*) aplacarse; (*storm*) amainar // *vt* reducir.

abattoir ['æbətwɑː*] *n* (*Brit*) matadero.

abbey ['æbɪ] *n* abadía.

abbot ['æbət] *n* abad *m*.

abbreviate [ə'briːvɪeɪt] *vt* abreviar; **abbreviation** [-'eɪʃən] *n* (*short form*) abreviatura; (*act*) abreviación *f*.

abdicate ['æbdɪkeɪt] *vt, vi* abdicar; **abdication** [-'keɪʃən] *n* abdicación *f*.

abdomen ['æbdəmən] *n* abdomen *m*.

abduct [æb'dʌkt] *vt* raptar, secuestrar.

aberration [æbə'reɪʃən] *n* aberración *f*.

abet [ə'bɛt] *vt see* **aid**.

abeyance [ə'beɪəns] *n*: **in ~** (*law*) en desuso; (*matter*) en suspenso.

abhor [əb'hɔː*] *vt* aborrecer, abominar (de).

abide [ə'baɪd] *vt*: **I can't ~ it/him** no lo/le puedo ver; **to ~ by** *vt fus* atenerse a.

ability [ə'bɪlɪtɪ] *n* habilidad *f*, capacidad *f*; (*talent*) talento.

abject ['æbdʒɛkt] *a* (*poverty*) miserable; (*apology*) rastrero.

ablaze [ə'bleɪz] *a* en llamas, ardiendo.

able ['eɪbl] *a* capaz; (*skilled*) hábil; **to be ~ to do sth** poder hacer algo; **~-bodied** *a* sano; **ably** *ad* hábilmente.

abnormal [æb'nɔːməl] *a* anormal.

aboard [ə'bɔːd] *ad* a bordo // *prep* a bordo de.

abode [ə'bəud] *n*: **of no fixed ~** sin domicilio fijo.

abolish [ə'bɔlɪʃ] *vt* suprimir, abolir; **abolition** [æbəu'lɪʃən] *n* supresión *f*, abolición *f*.

abominable [ə'bɔmɪnəbl] *a* abominable.

aborigine [æbə'rɪdʒɪnɪ] *n* aborigen *m/f*.

abort [ə'bɔːt] *vt* abortar; **~ion** [ə'bɔːʃən] *n* aborto (provocado); **to have an ~ion** abortarse, hacerse abortar; **~ive** *a* malogrado.

abound [ə'baund] *vi*: **to ~ (in** *or* **with)** abundar (de *or* en).

about [ə'baut] ♦ *ad* **1** (*approximately*) más o menos, aproximadamente; **~ a hundred/thousand** *etc* unos(unas) cien/mil *etc*; **it takes ~ 10 hours** se tarda unas *or* más o menos 10 horas; **at ~ 2 o'clock** sobre las dos; **I've just ~ finished** casi he terminado

2 (*referring to place*) por todas partes; **to leave things lying ~** dejar las cosas (tiradas) por ahí; **to run ~** correr por todas partes; **to walk ~** pasearse, ir y venir

3: **to be ~ to do sth** estar a punto de hacer algo

♦ *prep* **1** (*relating to*) de, sobre, acerca de; **a book ~ London** un libro sobre *or* acerca de Londres; **what is it ~?** ¿de qué se trata?, ¿qué pasa?; **we talked ~ it** hablamos de eso *or* ello; **what** *or* **how ~ doing this?** ¿qué tal si hacemos esto?

2 (*referring to place*) por; **to walk ~ the town** caminar por la ciudad.

above [ə'bʌv] *ad* encima, por encima, arriba // *prep* encima de; **mentioned ~** susodicho; **~ all** sobre todo; **~ board** *a* legítimo.

abrasive [ə'breɪzɪv] *a* abrasivo.

abreast [ə'brɛst] *ad* de frente; **to keep ~ of** mantenerse al corriente de.

abridge [ə'brɪdʒ] *vt* (*book*) abreviar.

abroad [ə'brɔːd] *ad* (*to be*) en el extranjero; (*to go*) al extranjero.

abrupt [ə'brʌpt] *a* (*sudden*) brusco; (*gruff*) áspero.

abruptly [ə'brʌptlɪ] *ad* (*leave*) repentinamente; (*speak*) bruscamente.

abscess ['æbsɪs] *n* absceso.

abscond [əb'skɔnd] *vi* fugarse.

absence ['æbsəns] *n* ausencia.

absent ['æbsənt] *a* ausente; **~ee** [-'tiː] *n* ausente *m/f*; **~eeism** [-'tiːɪzəm] *n* absentismo; **~-minded** *a* distraído.

absolute ['æbsəluːt] *a* absoluto; **~ly** [-'luːtlɪ] *ad* totalmente.

absolve [əb'zɔlv] *vt*: to ~ sb (from) absolver a alguien (de).

absorb [əb'zɔ:b] *vt* absorber; to be ~ed in a book estar absorto en un libro; **~ent cotton** *n* (*US*) algodón *m* hidrófilo; **~ing** *a* absorbente.

absorption [əb'zɔ:pʃən] *n* absorción *f*.

abstain [əb'steɪn] *vi*: to ~ (from) abstenerse (de).

abstemious [əb'sti:mɪəs] *a* abstemio.

abstention [əb'stɛnʃən] *n* abstención *f*.

abstinence ['æbstɪnəns] *n* abstinencia.

abstract ['æbstrækt] *a* abstracto.

abstruse [æb'stru:s] *a* oscuro.

absurd [əb'sə:d] *a* absurdo.

abundance [ə'bʌndəns] *n* abundancia.

abuse [ə'bju:s] *n* (*insults*) improperios *mpl*, injurias *fpl*; (*misuse*) abuso // *vt* [ə'bju:z] (*ill-treat*) maltratar; (*take advantage of*) abusar de; **abusive** *a* ofensivo.

abysmal [ə'bɪzməl] *a* pésimo; (*ignorance*) supino.

abyss [ə'bɪs] *n* abismo.

AC *abbr* (= *alternating current*) corriente *f* alterna.

academic [ækə'dɛmɪk] *a* académico, universitario; (*pej*: *issue*) puramente teórico // *n* estudioso/a; profesor(a) *m/f* universitario/a.

academy [ə'kædəmɪ] *n* (*learned body*) academia; (*school*) instituto, colegio; ~ of music conservatorio.

accelerate [æk'sɛləreɪt] *vt* acelerar // *vi* acelerarse; **accelerator** *n* (*Brit*) acelerador *m*.

accent ['æksɛnt] *n* acento.

accept [ək'sɛpt] *vt* aceptar; (*approve*) aprobar; (*concede*) admitir; **~able** *a* aceptable; admisible; **~ance** *n* aceptación *f*; aprobación *f*.

access ['æksɛs] *n* acceso; to have ~ to tener libre acceso a; **~ible** [-'sɛsəbl] *a* accesible.

accessory [æk'sɛsərɪ] *n* accesorio; toilet accessories artículos *mpl* de tocador.

accident ['æksɪdənt] *n* accidente *m*; (*chance*) casualidad *f*; by ~ (*unintentionally*) sin querer; (*by coincidence*) por casualidad; **~al** [-'dɛntl] *a* accidental, fortuito; **~ally** [-'dɛntəlɪ] *ad* sin querer; por casualidad; **~-prone** *a* propenso a los accidentes.

acclaim [ə'kleɪm] *vt* aclamar, aplaudir // *n* aclamación *f*, aplausos *mpl*.

acclimatize [ə'klaɪmətaɪz], (*US*) **acclimate** [ə'klaɪmət] *vt*: to become ~d aclimatarse.

accolade ['ækəleɪd] *n* (*prize*) premio; (*praise*) alabanzas *fpl*.

accommodate [ə'kɔmədeɪt] *vt* alojar, hospedar; (*oblige*, *help*) complacer; **accommodating** *a* servicial, complaciente.

accommodation *n*, (*US*) **accommodations** *npl* [əkɔmə'deɪʃən(z)] alojamiento.

accompany [ə'kʌmpənɪ] *vt* acompañar.

accomplice [ə'kʌmplɪs] *n* cómplice *m/f*.

accomplish [ə'kʌmplɪʃ] *vt* (*finish*) acabar; (*aim*) realizar; (*task*) llevar a cabo; **~ed** *a* experto, hábil; **~ment** *n* (*skill*) talento; (*feat*) hazaña; (*realization*) realización *f*.

accord [ə'kɔ:d] *n* acuerdo // *vt* conceder; of his own ~ espontáneamente; **~ance** *n*: in ~ance with de acuerdo con; **~ing** to *prep* según; (*in accordance with*) conforme a; **~ingly** *ad* (*thus*) por consiguiente.

accordion [ə'kɔ:dɪən] *n* acordeón *m*.

accost [ə'kɔst] *vt* abordar, dirigirse a.

account [ə'kaunt] *n* (*COMM*) cuenta, factura; (*report*) informe *m*; **~s** *npl* (*COMM*) cuentas *fpl*; of little ~ de poca importancia; on ~ a cuenta; on no ~ bajo ningún concepto; on ~ of a causa de, por motivo de; to take into ~, take ~ of tener en cuenta; **to ~ for** *vt fus* (*explain*) explicar; **~able** *a* responsable.

accountancy [ə'kauntənsɪ] *n* contabilidad *f*.

accountant [ə'kauntənt] *n* contable *m/f*, contador(a) *m/f*.

account number *n* (*at bank etc*) número de cuenta.

accredited [ə'krɛdɪtɪd] *a* (*agent etc*) autorizado.

accrue [ə'kru:] *vi*: ~d interest interés *m* acumulado.

accumulate [ə'kju:mjuleɪt] *vt* acumular // *vi* acumularse.

accuracy ['ækjurəsɪ] *n* exactitud *f*, precisión *f*.

accurate ['ækjurɪt] *a* (*number*) exacto; (*answer*) acertado; (*shot*) certero; **~ly** *ad* (*count*, *shoot*, *answer*) con precisión.

accusation [ækju'zeɪʃən] *n* acusación *f*.

accuse [ə'kju:z] *vt* acusar; (*blame*) echar la culpa a; **~d** *n* acusado/a.

accustom [ə'kʌstəm] *vt* acostumbrar; **~ed** *a*: ~ed to acostumbrado a.

ace [eɪs] *n* as *m*.

acetate ['æsɪteɪt] *n* acetato.

ache [eɪk] *n* dolor *m* // *vi* doler; my head ~s me duele la cabeza.

achieve [ə'tʃi:v] *vt* (*reach*) alcanzar; (*realize*) realizar; (*victory*, *success*) lograr, conseguir; **~ment** *n* (*completion*) realización *f*; (*success*) éxito.

acid ['æsɪd] *a* ácido; (*bitter*) agrio // *n* ácido; ~ **rain** *n* lluvia ácida.

acknowledge [ək'nɔlɪdʒ] *vt* (*letter*: *also*: ~ **receipt of**) acusar recibo de; (*fact*) reconocer; **~ment** *n* acuse *m* de recibo; reconocimiento.

acne ['æknɪ] *n* acné *m*.

acorn ['eɪkɔ:n] *n* bellota.

acoustic [ə'ku:stɪk] *a* acústico; **~s** *n*, *npl* acústica *sg*.

acquaint [ə'kweɪnt] *vt*: to ~ sb with sth

(*inform*) poner a uno al corriente de algo; to be ~ed with (*person*) conocer; (*fact*) estar al corriente de; **~ance** *n* conocimiento; (*person*) conocido/a.

acquiesce [ækwɪ'ɛs] *vi*: to ~ (in) consentir (en), conformarse (con).

acquire [ə'kwaɪə*] *vt* adquirir; **acquisition** [ækwɪ'zɪʃən] *n* adquisición *f*; **acquisitive** [ə'kwɪzɪtɪv] *a* codicioso.

acquit [ə'kwɪt] *vt* absolver, exculpar; to ~ o.s. well salir con éxito; **~tal** *n* absolución *f*, exculpación *f*.

acre ['eɪkə*] *n* acre *m*.

acrid ['ækrɪd] *a* acre.

acrimonious [ækrɪ'məunɪəs] *a* (*remark*) mordaz; (*argument*) reñido.

acrobat ['ækrəbæt] *n* acróbata *m/f*.

acronym ['ækrənɪm] *n* siglas *fpl*.

across [ə'krɔs] *prep* (*on the other side of*) al otro lado de, del otro lado de; (*crosswise*) a través de // *ad* de un lado a otro, de una parte a otra; a través, al través; to run/swim ~ atravesar corriendo/nadando; ~ from enfrente de.

acrylic [ə'krɪlɪk] *a* acrílico.

act [ækt] *n* acto, acción *f*; (*THEATRE*) acto; (*in music hall etc*) número; (*LAW*) decreto, ley *f* // *vi* (*behave*) comportarse; (*THEATRE*) actuar; (*pretend*) fingir; (*take action*) obrar // *vt* (*part*) hacer el papel de; to ~ as actuar *or* hacer de; **~ing** *a* suplente // *n*: to do some ~ing hacer algo de teatro.

action ['ækʃən] *n* acción *f*, acto; (*MIL*) acción *f*, batalla; (*LAW*) proceso, demanda; out of ~ (*person*) fuera de combate; (*thing*) descompuesto; to take ~ tomar medidas; ~ **replay** *n* (*TV*) repetición *f*.

activate ['æktɪveɪt] *vt* activar.

active ['æktɪv] *a* activo, enérgico; (*volcano*) en actividad; **~ly** *ad* (*participate*) activamente; (*discourage, dislike*) enérgicamente; **activist** *n* activista *m/f*; **activity** [-'tɪvɪtɪ] *n* actividad *f*.

actor ['æktə*] *n* actor *m*.

actress ['aektrɪs] *n* actriz *f*.

actual ['æktjuəl] *a* verdadero, real; **~ly** *ad* realmente, en realidad.

acumen ['ækjumən] *n* perspicacia.

acute [ə'kju:t] *a* agudo.

ad [æd] *n abbr* = **advertisement**.

A.D. *ad abbr* (= *Anno Domini*) A.C.

adamant ['ædəmənt] *a* firme, inflexible.

adapt [ə'dæpt] *vt* adaptar // *vi*: to ~ (to) adaptarse (a), ajustarse (a); **~able** *a* (*device*) adaptable; (*person*) que se adapta; **~er** *or* **~or** *n* (*ELEC*) adaptador *m*.

add [æd] *vt* añadir, agregar; (*figures*: *also*: ~ up) sumar // *vi*: to ~ to (*increase*) aumentar, acrecentar; it doesn't ~ up (*fig*) no tiene sentido.

adder ['ædə*] *n* víbora.

addict ['ædɪkt] *n* (*to drugs etc*) adicto/a; (*enthusiast*) entusiasta *m/f*; **~ed** [ə'dɪktɪd] *a*: to be ~ed to ser adicto a; ser aficionado de; **~ion** [ə'dɪkʃən] *n* (*dependence*) hábito morboso; (*enthusiasm*) afición *f*; **~ive** [ə'dɪktɪv] *a* que causa adicción.

addition [ə'dɪʃən] *n* (*adding up*) adición *f*; (*thing added*) añadidura, añadido; in ~ además, por añadidura; in ~ to además de; **~al** *a* adicional.

additive ['ædɪtɪv] *n* aditivo.

address [ə'drɛs] *n* dirección *f*, señas *fpl*; (*speech*) discurso // *vt* (*letter*) dirigir; (*speak to*) dirigirse a, dirigir la palabra a.

adenoids ['ædənɔɪdz] *npl* vegetaciones *fpl* adenoideas.

adept ['ædɛpt] *a*: ~ at experto *or* hábil en.

adequate ['ædɪkwɪt] *a* (*apt*) adecuado; (*enough*) suficiente.

adhere [əd'hɪə*] *vi*: to ~ to pegarse a; (*fig*: *abide by*) observar.

adhesive [əd'hi:zɪv] *a*, *n* adhesivo; ~ **tape** *n* (*Brit*) cinta adhesiva; (*US*: *MED*) esparadrapo.

adjacent [ə'dʒeɪsənt] *a*: ~ to contiguo a, inmediato a.

adjective ['ædʒɛktɪv] *n* adjetivo.

adjoining [ə'dʒɔɪnɪŋ] *a* contiguo, vecino.

adjourn [ə'dʒə:n] *vt* aplazar // *vi* suspenderse.

adjudicate [ə'dʒu:dɪkeɪt] *vi* sentenciar.

adjust [ə'dʒʌst] *vt* (*change*) modificar; (*machine*) ajustar // *vi*: to ~ (to) adaptarse (a); **~able** *a* ajustable; **~ment** *n* modificación *f*; ajuste *m*.

adjutant ['ædʒətənt] *n* ayudante *m*.

ad-lib [æd'lɪb] *vt*, *vi* improvisar; **ad lib** *ad* a voluntad, a discreción.

administer [əd'mɪnɪstə*] *vt* proporcionar; (*justice*) administrar; **administration** [-'treɪʃən] *n* administración *f*; (*government*) gobierno; **administrative** [-trətɪv] *a* administrativo.

admiral ['ædmərəl] *n* almirante *m*; **A~ty** *n* (*Brit*) Ministerio de Marina, Almirantazgo.

admiration [ædmə'reɪʃən] *n* admiración *f*.

admire [əd'maɪə*] *vt* admirar; **~r** *n* admirador(a) *m/f*; (*suitor*) pretendiente *m*.

admission [əd'mɪʃən] *n* (*exhibition, nightclub*) entrada; (*enrolment*) ingreso; (*confession*) confesión *f*.

admit [əd'mɪt] *vt* dejar entrar, dar entrada a; (*permit*) admitir; (*acknowledge*) reconocer; to ~ to *vt fus* confesarse culpable de; **~tance** *n* entrada; **~tedly** *ad* de acuerdo que.

admonish [əd'mɔnɪʃ] *vt* amonestar.

ad nauseam [æd'nɔ:sɪæm] *ad* hasta el cansancio.

ado [ə'du:] *n*: without (any) more ~ sin más (ni más).

adolescence [ædəu'lɛsns] *n* adolescencia.

adolescent [ædəu'lɛsnt] *a*, *n* adolescente *m/f*.
adopt [ə'dɔpt] *vt* adoptar; **~ed, ~ive** *a* adoptivo; **~ion** [ə'dɔpʃən] *n* adopción *f*.
adore [ə'dɔ:*] *vt* adorar.
adorn [ə'dɔ:n] *vt* adornar.
Adriatic [eɪdrɪ'ætɪk] *n*: **the ~** (Sea) el (Mar) Adriático.
adrift [ə'drɪft] *ad* a la deriva.
adult ['ædʌlt] *n* adulto/a.
adultery [ə'dʌltərɪ] *n* adulterio.
advance [əd'vɑ:ns] *n* adelanto, progreso; (*money*) anticipo, préstamo; (*MIL*) avance *m* // *vt* avanzar, adelantar; (*money*) anticipar // *vi* avanzar, adelantarse; **in ~** por adelantado; **~d** *a* avanzado; (*SCOL*: *studies*) adelantado; **~ment** *n* progreso; (*in rank*) ascenso.
advantage [əd'vɑ:ntɪdʒ] *n* (*also TENNIS*) ventaja; **to take ~ of** aprovecharse de; **~ous** [ædvən'teɪdʒəs] *a* ventajoso, provechoso.
advent ['ædvənt] *n* advenimiento; **A~** Adviento.
adventure [əd'vɛntʃə*] *n* aventura; **adventurous** [-tʃərəs] *a* aventurero.
adverb ['ædvə:b] *n* adverbio.
adversary ['ædvəsərɪ] *n* adversario/a, contrario/a.
adverse ['ædvə:s] *a* adverso, contrario; **~ to** adverso a.
adversity [əd'və:sɪtɪ] *n* infortunio.
advert ['ædvə:t] *n abbr* (*Brit*) = **advertisement**.
advertise ['ædvətaɪz] *vi* hacer propaganda; (*in newspaper etc*) poner un anuncio; **to ~ for** (*staff*) buscar por medio de anuncios // *vt* anunciar; (*publicise*) dar publicidad a; **~ment** [əd'və:tɪsmənt] *n* (*COMM*) anuncio; **~r** *n* anunciante *m/f*; **advertising** *n* publicidad *f*, propaganda; anuncios *mpl*.
advice [əd'vaɪs] *n* consejo, consejos *mpl*; (*notification*) aviso; **a piece of ~** un consejo; **to take legal ~** consultar con un abogado.
advisable [əd'vaɪzəbl] *a* aconsejable, conveniente.
advise [əd'vaɪz] *vt* aconsejar; (*inform*): **to ~ sb of sth** informar a uno de algo; **to ~ sb against sth/doing sth** desaconsejar algo a uno/aconsejar a uno que no haga algo; **~dly** [əd'vaɪzɪdlɪ] *ad* (*deliberately*) deliberadamente; **~r** *n* consejero/a; (*business adviser*) asesor(a) *m/f*; **advisory** *a* consultivo.
advocate ['ædvəkeɪt] *vt* (*argue for*) abogar por; (*give support to*) ser partidario de // *n* [-kɪt] abogado/a.
Aegean [i:'dʒi:ən] *n*: **the ~** (Sea) el Mar Egeo.
aerial ['ɛərɪəl] *n* antena // *a* aéreo.
aerobics [ɛə'rəubɪks] *n* aerobic *m*.
aerodrome ['ɛərədrəum] *n* (*Brit*) aeródromo.
aeroplane ['ɛərəpleɪn] *n* (*Brit*) avión *m*.
aerosol ['ɛərəsɔl] *n* aerosol *m*.
aesthetic [i:s'θɛtɪk] *a* estético.
afar [ə'fɑ:*] *ad*: **from ~** desde lejos.
affair [ə'fɛə*] *n* asunto; (*also*: **love ~**) relación *f* amorosa.
affect [ə'fɛkt] *vt* afectar, influir en; (*move*) conmover; **~ed** *a* afectado.
affection [ə'fɛkʃən] *n* afecto, cariño; **~ate** *a* afectuoso, cariñoso.
affirmation [æfə'meɪʃən] *n* afirmación *f*.
affix [ə'fɪks] *vt* (*signature*) estampar; (*stamp*) pegar.
afflict [ə'flɪkt] *vt* afligir.
affluence ['æfluəns] *n* opulencia, riqueza.
affluent ['aefluənt] *a* acaudalado.
afford [ə'fɔ:d] *vt* (*provide*) dar, proporcionar; **can we ~ it/to buy it?** ¿tenemos bastante dinero para comprarlo?
affront [ə'frʌnt] *n* afrenta, ofensa.
Afghanistan [æf'gænɪstæn] *n* Afganistán *m*.
afield [ə'fi:ld] *ad*: **far ~** muy lejos.
afloat [ə'fləut] *ad* (*floating*) a flote; (*at sea*) en el mar.
afoot [ə'fut] *ad*: **there is something ~** algo se está tramando.
afraid [ə'freɪd] *a*: **to be ~ of** (*person*) tener miedo a; (*thing*) tener miedo de; **to be ~ to** tener miedo de, temer; **I am ~ that** me temo que.
afresh [ə'frɛʃ] *ad* de nuevo, otra vez.
Africa ['æfrɪkə] *n* África; **~n** *a*, *n* africano/a *m/f*.
aft [ɑ:ft] *ad* (*to be*) en popa; (*to go*) a popa.
after ['ɑ:ftə*] *prep* (*time*) después de; (*place, order*) detrás de, tras // *ad* después // *conj* después (de) que; **what/who are you ~?** ¿qué/a quién busca usted?; **~ having done/he left** después de haber hecho/después de que se marchó; **to ask ~ sb** preguntar por alguien; **~ all** después de todo, al fin y al cabo; **~ you!** ¡pase usted!; **~-effects** *npl* consecuencias *fpl*, efectos *mpl*; **~life** *n* vida eterna; **~math** *n* consecuencias *fpl*, resultados *mpl*; **~noon** *n* tarde *f*; **~s** *n* (*col*: *dessert*) postre *m*; **~-sales service** *n* (*Brit*: *for car, washing machine etc*) servicio de asistencia pos-venta; **~-shave (lotion)** *n* aftershave *m*; **~thought** *n* ocurrencia (tardía); **~wards** *ad* después, más tarde.
again [ə'gɛn] *ad* otra vez, de nuevo; **to do sth ~** volver a hacer algo; **~ and ~** una y otra vez.
against [ə'gɛnst] *prep* (*opposed*) en contra de; (*close to*) contra, junto a.
age [eɪdʒ] *n* edad *f*; (*old ~*) vejez *f*; (*period*) época // *vi* envejecer(se) // *vt* envejecer; **she is 20 years of ~** tiene 20 años; **to come of ~** llegar a la mayoría de edad; **it's been ~s since I saw you** hace siglos que no te veo; **~d** *a*: **~d 10** de 10

años de edad; **the ~d** ['eɪdʒɪd] *npl* los ancianos; **~ group** *n*: **to be in the same ~ group** tener la misma edad; **~ limit** *n* edad *f* mínima/máxima.
agency ['eɪdʒənsɪ] *n* agencia; **through** *or* **by the ~ of** por medio de.
agenda [ə'dʒɛndə] *n* orden *m* del día.
agent ['eɪdʒənt] *n* (*gen*) agente *m/f*; (*representative*) representante *m/f*, delegado/a.
aggravate ['ægrəveɪt] *vt* agravar; (*annoy*) irritar.
aggregate ['ægrɪgeɪt] *n* (*whole*) conjunto; (*collection*) agregado.
aggressive [ə'grɛsɪv] *a* agresivo; (*vigorous*) enérgico.
aggrieved [ə'gri:vd] *a* ofendido, agraviado.
aghast [ə'gɑ:st] *a* horrorizado.
agile ['ædʒaɪl] *a* ágil.
agitate ['ædʒɪteɪt] *vt* (*shake*) agitar; (*trouble*) inquietar; **to ~ for** hacer campaña pro *or* en favor de; **agitator** *n* agitador(a) *m/f*.
ago [ə'gəu] *ad*: **2 days ~** hace 2 días; **not long ~** hace poco; **how long ~?** ¿hace cuánto tiempo?
agog [ə'gɔg] *a* (*anxious*) ansiado; (*excited*) emocionado.
agonizing ['ægənaɪzɪŋ] *a* (*pain*) atroz; (*suspense*) angustioso.
agony ['ægənɪ] *n* (*pain*) dolor *m* agudo; (*distress*) angustia; **to be in ~** retorcerse de dolor.
agree [ə'gri:] *vt* (*price*) acordar, quedar en // *vi* (*statements etc*) coincidir, concordar; **to ~ (with)** (*person*) estar de acuerdo (con), ponerse de acuerdo (con); **to ~ to do** aceptar hacer; **to ~ to sth** consentir en algo; **to ~ that** (*admit*) estar de acuerdo en que; **garlic doesn't ~ with me** el ajo no me sienta bien; **~able** *a* agradable; (*person*) simpático; (*willing*) de acuerdo, conforme; **~d** *a* (*time, place*) convenido; **~ment** *n* acuerdo; (*COMM*) contrato; **in ~ment** de acuerdo, conforme.
agricultural [ægrɪ'kʌltʃərəl] *a* agrícola.
agriculture ['ægrɪkʌltʃə*] *n* agricultura.
aground [ə'graund] *ad*: **to run ~** encallar, embarrancar.
ahead [ə'hɛd] *ad* delante; **~ of** delante de; (*fig*: *schedule etc*) antes de; **~ of time** antes de la hora; **to be ~ of sb** (*fig*) llevar la ventaja a alguien; **go right** *or* **straight ~** siga adelante; **they were (right) ~ of us** iban (justo) delante de nosotros.
aid [eɪd] *n* ayuda, auxilio // *vt* ayudar, auxiliar; **in ~ of** a beneficio de; **to ~ and abet** (*LAW*) ser cómplice de.
aide [eɪd] *n* (*POL*) ayudante *m/f*.
AIDS [eɪdz] *n abbr* (= *acquired immune deficiency syndrome*) SIDA *m*.
ailing [eɪlɪŋ] *a* (*person, economy*) enfermizo.
ailment ['eɪlmənt] *n* enfermedad *f*, achaque *m*.
aim [eɪm] *vt* (*gun, camera*) apuntar; (*missile, remark*) dirigir; (*blow*) asestar // *vi* (*also*: **take ~**) apuntar // *n* puntería; (*objective*) propósito, meta; **to ~ at** (*objective*) aspirar a, pretender; **to ~ to do** tener la intención de hacer; **~less** *a* sin propósito, sin objeto; **~lessly** *ad* a la ventura, a la deriva.
ain't [eɪnt] (*col*) = **am not**; **aren't**; **isn't**.
air [ɛə*] *n* aire *m*; (*appearance*) aspecto // *vt* ventilar; (*grievances, ideas*) airear // *cpd* aéreo; **to throw sth into the ~** (*ball etc*) lanzar algo al aire; **by ~** (*travel*) en avión; **to be on the ~** (*RADIO, TV*) estar en antena; **~ bed** *n* (*Brit*) colchón *m* neumático; **~borne** *a* (*in the air*) en el aire; (*MIL*) aerotransportado; **~-conditioned** *a* climatizado; **~ conditioning** *n* aire acondicionado; **~craft** *n*, *pl inv* avión *m*; **~craft carrier** *n* porta(a)viones *m inv*; **~ field** *n* campo de aviación; **~ force** *n* fuerzas *fpl* aéreas, aviación *f*; **~ freshener** *n* ambientador *m*; **~gun** *n* escopeta de aire comprimido; **~ hostess** (*Brit*) *n* azafata; **~ letter** *n* (*Brit*) carta aérea; **~lift** *n* puente *m* aéreo; **~line** *n* línea aérea; **~liner** *n* avión *m* de pasajeros; **~lock** *n* (*in pipe*) esclusa de aire; **~mail** *n*: **by ~mail** por avión; **~ mattress** *n* colchón *m* neumático; **~plane** *n* (*US*) avión *m*; **~port** *n* aeropuerto; **~ raid** *n* ataque *m* aéreo; **~sick** *a*: **to be ~sick** marearse (en avión); **~strip** *n* pista de aterrizaje; **~ terminal** *n* terminal *f*; **~tight** *a* hermético; **~ traffic controller** *n* controlador(a) *m/f* aéreo/a; **~y** *a* (*room*) bien ventilado; (*manners*) ligero.
aisle [aɪl] *n* (*of church*) nave *f*; (*of theatre*) pasillo.
ajar [ə'dʒɑ:*] *a* entreabierto.
akin [ə'kɪn] *a*: **~ to** parecido a.
alacrity [ə'lækrɪtɪ] *n*: **with ~** con presteza.
alarm [ə'lɑ:m] *n* alarma; (*anxiety*) inquietud *f* // *vt* asustar, inquietar; **~ (clock)** *n* despertador *m*.
alas [ə'læs] *ad* desgraciadamente.
albeit [ɔ:l'bi:ɪt] *conj* aunque.
album ['ælbəm] *n* álbum *m*; (*L.P.*) elepé *m*.
alcohol ['ælkəhɔl] *n* alcohol *m*; **~ic** [-'hɔlɪk] *a*, *n* alcohólico/a *m/f*.
alcove ['ælkəuv] *n* nicho, hueco.
alderman ['ɔ:ldəmən] *n* concejal *m*.
ale [eɪl] *n* cerveza.
alert [ə'lə:t] *a* alerta; (*sharp*) despierto, despabilado // *n* alerta *m*, alarma // *vt* poner sobre aviso; **to be on the ~** estar alerta *or* sobre aviso.
algebra ['ældʒɪbrə] *n* álgebra.

Algeria [æl'dʒɪərɪə] *n* Argelia; **~n** *a*, *n* argelino/a *m/f*.
alias ['eɪlɪəs] *ad* alias, conocido por // *n* alias *m*.
alibi ['ælɪbaɪ] *n* coartada.
alien ['eɪlɪən] *n* (*foreigner*) extranjero/a // *a*: ~ to ajeno a; **~ate** *vt* enajenar, alejar.
alight [ə'laɪt] *a* ardiendo // *vi* apearse, bajar.
align [ə'laɪn] *vt* alinear.
alike [ə'laɪk] *a* semejantes, iguales // *ad* igualmente, del mismo modo; **to look ~** parecerse.
alimony ['ælɪmənɪ] *n* (LAW) manutención *f*.
alive [ə'laɪv] *a* (*gen*) vivo; (*lively*) activo.
all [ɔ:l] ♦ *a* (*singular*) todo/a; (*plural*) todos/as; **~ day** todo el día; **~ night** toda la noche; **~ men** todos los hombres; **~ five came** vinieron los cinco; **~ the books** todos los libros; **~ his life** toda su vida
♦ *pron* **1** todo; **I ate it ~, I ate ~ of it** me lo comí todo; **~ of us went** fuimos todos; **~ the boys went** fueron todos los chicos; **is that ~?** ¿eso es todo?, ¿algo más?; (*in shop*) ¿algo más?, ¿alguna cosa más?
2 (*in phrases*): **above ~** sobre todo; por encima de todo; **after ~** después de todo; **at ~: not at ~** (*in answer to question*) en absoluto; (*in answer to thanks*) ¡de nada!, ¡no hay de qué!; **I'm not at ~ tired** no estoy nada cansado/a; **anything at ~ will do** cualquier cosa viene bien; **~ in ~** a fin de cuentas
♦ *ad*: **~ alone** completamente solo/a; **it's not as hard as ~ that** no es tan difícil como lo pintas; **~ the more/the better** tanto más/mejor; **~ but** casi; **the score is 2 ~** están empatados a 2.
allay [ə'leɪ] *vt* (*fears*) aquietar; (*pain*) aliviar.
all clear *n* (*after attack etc*) fin *m* de la alerta; (*fig*) luz *f* verde.
allegation [ælɪ'geɪʃən] *n* alegato.
allege [ə'lɛdʒ] *vt* pretender; **~dly** [ə'lɛdʒɪdlɪ] *ad* supuestamente, según se afirma.
allegiance [ə'li:dʒəns] *n* lealtad *f*.
allergy ['ælədʒɪ] *n* alergia.
alleviate [ə'li:vɪeɪt] *vt* aliviar.
alley ['ælɪ] *n* (*street*) callejuela; (*in garden*) paseo.
alliance [ə'laɪəns] *n* alianza.
allied ['ælaɪd] *a* aliado.
alligator ['ælɪgeɪtə*] *n* caimán *m*.
all-in ['ɔ:lɪn] *a* (*Brit*) (*also ad*: *charge*) todo incluido; **~ wrestling** *n* lucha libre.
all-night ['ɔ:l'naɪt] *a* (*café*, *shop*) abierto toda la noche.
allocate ['æləkeɪt] *vt* (*share out*) repartir; (*devote*) asignar; **allocation** [-'keɪʃən] *n* (*of money*) cuota; (*distribution*) reparto.
allot [ə'lɔt] *vt* asignar; **~ment** *n* ració *f*; (*garden*) parcela.
all-out ['ɔ:laut] *a* (*effort etc*) supremo **all out** *ad* con todas las fuerzas.
allow [ə'lau] *vt* (*permit*) permitir, dejar (*a claim*) admitir; (*sum to spend etc time estimated*) dar, conceder; (*con cede*): **to ~ that** reconocer que; **to ~ s to do** permitir a alguien hacer; **he is ~e to ...** se le permite ...; **to ~ for** *vt* fu tener en cuenta; **~ance** *n* concesión *f* (*payment*) subvención *f*, pensión *f*; (*dis count*) descuento, rebaja; **to mak ~ances for** disculpar a; tener en cuenta.
alloy ['ælɔɪ] *n* (*mix*) mezcla.
all: **~ right** *ad* (*feel*, *work*) bien; (*a answer*) ¡conforme!, ¡está bien!; **~ round** *a* completo; (*view*) amplio; **~ time** *a* (*record*) de todos los tiempos.
allude [ə'lu:d] *vi*: **to ~ to** aludir a.
alluring [ə'ljuərɪŋ] *a* seductor(a), atractivo.
allusion [ə'lu:ʒən] *n* referencia, alusión *f*.
ally ['ælaɪ] *n* aliado/a.
almighty [ɔ:l'maɪtɪ] *a* todopoderoso.
almond ['ɑ:mənd] *n* almendra.
almost ['ɔ:lməust] *ad* casi.
alms [ɑ:mz] *npl* limosna *sg*.
aloft [ə'lɔft] *ad* arriba.
alone [ə'ləun] *a* solo // *ad* sólo, solamente; **to leave sb ~** dejar a uno en paz; **to leave sth ~** no tocar algo, dejar algo sin tocar; **let ~ ...** sin hablar de ...
along [ə'lɔŋ] *prep* a lo largo de, por // *ad*: **is he coming ~ with us?** ¿viene con nosotros?; **he was limping ~** iba cojeando; **~ with** junto con; **all ~** (*all the time*) desde el principio; **~side** *prep* al lado de // *ad* (NAUT) de costado.
aloof [ə'lu:f] *a* reservado // *ad*: **to stand ~** mantenerse apartado.
aloud [ə'laud] *ad* en voz alta.
alphabet ['ælfəbɛt] *n* alfabeto; **~ical** [-'bɛtɪkəl] *a* alfabético.
alpine ['ælpaɪn] *a* alpino, alpestre.
Alps [ælps] *npl*: **the ~** los Alpes.
already [ɔ:l'rɛdɪ] *ad* ya.
alright ['ɔ:l'raɪt] *ad* (*Brit*) = **all right**.
Alsatian [æl'seɪʃən] *n* (*Brit*: *dog*) pastor *m* alemán.
also ['ɔ:lsəu] *ad* también, además.
altar ['ɔltə*] *n* altar *m*.
alter ['ɔltə*] *vt* cambiar, modificar.
alternate [ɔl'tə:nɪt] *a* alterno // *vi* ['ɔltə:neɪt]: **to ~ (with)** alternar (con); **on ~ days** un día sí y otro no; **alternating** [-'neɪtɪŋ] *a* (*current*) alterno.
alternative [ɔl'tə:nətɪv] *a* alternativo // *n* alternativa; **~ly** *ad*: **~ly one could...** por otra parte se podría... .
alternator ['ɔltə:neɪtə*] *n* (AUT) alternador *m*.
although [ɔ:l'ðəu] *conj* aunque; (*given that*) si bien.

altitude ['æltɪtju:d] *n* altitud *f*, altura.
alto ['æltəu] *n* (*female*) contralto *f*; (*male*) alto.
altogether [ɔ:ltə'gɛðə*] *ad* completamente, del todo; (*on the whole, in all*) en total, en conjunto.
aluminium [ælju'mɪnɪəm], (*US*) **aluminum** [ə'lu:mɪnəm] *n* aluminio.
always ['ɔ:lweɪz] *ad* siempre.
am [æm] *vb see* **be.**
a.m. *ad abbr* (= *ante meridiem*) de la mañana.
amalgamate [ə'mælgəmeɪt] *vi* amalgamarse // *vt* amalgamar, unir.
amass [ə'mæs] *vt* amontonar, acumular.
amateur ['æmətə*] *n* aficionado/a, amateur *m/f*; **~ish** *a* (*pej*) torpe, inexperto.
amaze [ə'meɪz] *vt* asombrar, pasmar; to be ~d (at) quedar pasmado (de); **~ment** *n* asombro, sorpresa; **amazing** *a* extraordinario, pasmoso.
Amazon ['æməzən] *n* (*GEO*) Amazonas *m*.
ambassador [æm'bæsədə*] *n* embajador(a) *m/f*.
amber ['æmbə*] *n* ámbar *m*; at ~ (*Brit AUT*) en el amarillo.
ambiguity [æmbɪ'gjuɪtɪ] *n* ambigüedad *f*; (*of meaning*) doble sentido; **ambiguous** [-'bɪgjuəs] *a* ambiguo.
ambition [æm'bɪʃən] *n* ambición *f*; **ambitious** [-ʃəs] *a* ambicioso.
amble ['æmbl] *vi* (*gen*: ~ **along**) deambular, andar sin prisa.
ambulance ['æmbjuləns] *n* ambulancia; **~man/woman** *n* (*Brit*) ambulanciero/a.
ambush ['æmbuʃ] *n* emboscada // *vt* tender una emboscada a.
amenable [ə'mi:nəbl] *a*: ~ to (*advice etc*) sensible a.
amend [ə'mɛnd] *vt* (*law*, *text*) enmendar; to make ~s enmendarlo; (*apologize*) dar cumplida satisfacción; **~ment** *n* enmienda.
amenities [ə'mi:nɪtɪz] *npl* comodidades *fpl*.
America [ə'mɛrɪkə] *n* (*North* ~) América del norte; (*USA*) Estados *mpl* Unidos; **~n** *a*, *n* norteamericano/a *m/f*.
amiable ['eɪmɪəbl] *a* (*kind*) amable, simpático.
amicable ['æmɪkəbl] *a* amistoso, amigable.
amid(st) [ə'mɪd(st)] *prep* entre, en medio de.
amiss [ə'mɪs] *ad*: to take sth ~ tomar algo a mal; there's something ~ pasa algo.
ammonia [ə'məunɪə] *n* amoníaco.
ammunition [æmju'nɪʃən] *n* municiones *fpl*.
amnesia [æm'ni:zɪə] *n* amnesia.
amnesty ['æmnɪstɪ] *n* amnistía.
amok [ə'mɔk] *ad*: to run ~ enloquecerse, desbocarse.
among(st) [ə'mʌŋ(st)] *prep* entre, en medio de.
amoral [æ'mɔrəl] *a* amoral.
amorous ['æmərəs] *a* cariñoso.
amorphous [ə'mɔ:fəs] *a* amorfo.
amount [ə'maunt] *n* (*gen*) cantidad *f*; (*of bill etc*) suma, importe *m* // *vi*: to ~ to (*total*) sumar; (*be same as*) equivaler a, significar.
amp(ère) ['æmp(ɛə*)] *n* amperio.
amphibian [æm'fɪbɪən] *n* anfibio; **amphibious** [-bɪəs] *a* anfibio.
amphitheatre ['æmfɪθɪətə*] *n* anfiteatro.
ample ['æmpl] *a* (*spacious*) amplio; (*abundant*) abundante; (*enough*) bastante, suficiente.
amplifier ['æmplɪfaɪə*] *n* amplificador *m*.
amputate ['æmpjuteɪt] *vt* amputar.
amuck [ə'mʌk] *ad* = **amok.**
amuse [ə'mju:z] *vt* divertir; (*distract*) distraer, entretener; **~ment** *n* diversión *f*; (*pastime*) pasatiempo; (*laughter*) risa; **~ment arcade** *n* mini-casino.
an [æn, ən, n] *indefinite article see* **a.**
anaemia [ə'ni:mɪə] *n* (*Brit*) anemia; **anaemic** [-mɪk] *a* anémico; (*fig*) soso, insípido.
anaesthetic [ænɪs'θɛtɪk] *n* (*Brit*) anestesia; **anaesthetist** [æ'ni:sθɪtɪst] *n* anestesista *m/f*.
analog(ue) ['ænəlɔg] *a* (*computer*, *watch*) analógico.
analogy [ə'nælədʒɪ] *n* análogo.
analyse ['ænəlaɪz] *vt* (*Brit*) analizar; **analysis** [ə'næləsɪs], *pl* **-ses** [-si:z] *n* análisis *m inv*; **analyst** [-lɪst] *n* (*political* ~, *psycho*~) analista *m/f*; **analytic(al)** [-'lɪtɪk(əl)] *a* analítico.
analyze ['aenəlaiz] *vt* (*US*) = **analyse.**
anarchist ['ænəkɪst] *a*, *n* anarquista *m/f*.
anarchy ['ænəkɪ] *n* anarquía; (*fam*) desorden *m*.
anathema [ə'næθɪmə] *n*: that is ~ to him eso es pecado para él.
anatomy [ə'nætəmɪ] *n* anatomía.
ancestor ['ænsɪstə*] *n* antepasado.
anchor ['æŋkə*] *n* ancla, áncora // *vi* (*also*: to **drop** ~) anclar // *vt* (*fig*) sujetar, afianzar; to **weigh** ~ levar anclas; **~age** *n* ancladero.
anchovy ['æntʃəvɪ] *n* anchoa.
ancient ['eɪnʃənt] *a* antiguo.
ancillary [æn'sɪlərɪ] *a* (*worker*, *staff*) auxiliar.
and [ænd] *conj* y; (*before i-*, *hi-* + *consonant*) e; **men ~ women** hombres y mujeres; **father ~ son** padre e hijo; **trees ~ grass** árboles y hierba; ~ **so on** etcétera, y así sucesivamente; **try ~ come** procura venir; **he talked ~ talked** habló sin parar; **better ~ better** cada vez mejor.
Andalusia [ændə'lu:zɪə] *n* Andalucía.
Andes ['ændi:z] *npl*: the ~ los Andes.
anemia *etc* [ə'ni:mɪə] *n* (*US*) = **anae-**

mia *etc.*
anesthetic *etc* [ænɪs'θɛtɪk] *n* (*US*) = **anaesthetic** *etc.*
anew [ə'nju:] *ad* de nuevo, otra vez.
angel ['eɪndʒəl] *n* ángel *m.*
anger ['æŋgə*] *n* cólera // *vt* enojar, enfurecer.
angina [æn'dʒaɪnə] *n* angina (del pecho).
angle ['æŋgl] *n* ángulo; **from their ~** desde su punto de vista.
angler ['æŋglə*] *n* pescador(a) *m/f* (de caña).
Anglican ['æŋglɪkən] *a, n* anglicano/a *m/f.*
angling ['æŋglɪŋ] *n* pesca con caña.
Anglo... [æŋgləu] *pref* anglo... .
angrily ['æŋgrɪlɪ] *ad* enojado, enfadado.
angry ['æŋgrɪ] *a* enfadado, enojado; **to be ~ with sb/at sth** estar enfadado con alguien/por algo; **to get ~** enfadarse, enojarse.
anguish ['æŋgwɪʃ] *n* (*physical*) tormentos *mpl*; (*mental*) angustia.
angular ['æŋgjulə*] *a* (*shape*) angular; (*features*) anguloso.
animal ['ænɪməl] *n* animal *m*, bestia // *a* animal.
animate ['ænɪmeɪt] *vt* (*enliven*) animar; (*encourage*) estimular, alentar // *a* ['ænɪmɪt] vivo; **~d** *a* vivo.
animosity [ænɪ'mɔsɪtɪ] *n* animosidad *f*, rencor *m.*
aniseed ['ænɪsi:d] *n* anís *m.*
ankle ['æŋkl] *n* tobillo *m*; **~ sock** *n* calcetín *m.*
annex ['ænɛks] *n* (*also*: *Brit*: **annexe**) (*building*) edificio anexo // *vt* [æ'nɛks] (*territory*) anexar.
annihilate [ə'naɪəleɪt] *vt* aniquilar.
anniversary [ænɪ'və:sərɪ] *n* aniversario.
announce [ə'nauns] *vt* (*gen*) anunciar; (*inform*) comunicar; **~ment** *n* (*gen*) anuncio; (*declaration*) declaración *f*; **~r** *n* (*RADIO, TV*) locutor(a) *m/f.*
annoy [ə'nɔɪ] *vt* molestar, fastidiar; **don't get ~ed!** ¡no se enfade!; **~ance** *n* enojo; (*thing*) molestia; **~ing** *a* molesto, fastidioso; (*person*) pesado.
annual ['ænjuəl] *a* anual // *n* (*BOT*) anual *m*; (*book*) anuario; **~ly** *ad* anualmente, cada año.
annul [ə'nʌl] *vt* anular; (*law*) revocar; **~ment** *n* anulación *f.*
annum ['ænəm] *n see* **per**.
anomaly [ə'nɔməlɪ] *n* anomalía.
anonymity [ænə'nɪmɪtɪ] *n* anonimato.
anonymous [ə'nɔnɪməs] *a* anónimo.
anorak ['ænəræk] *n* anorak *m.*
anorexia [ænə'rɛksɪə] *n* (*MED*) anorexia.
another [ə'nʌðə*] *a*: **~ book** (*one more*) otro libro; (*a different one*) un libro distinto // *pron* otro; *see also* **one**.
answer ['ɑ:nsə*] *n* contestación *f*, respuesta; (*to problem*) solución *f* // *vi* contestar, responder // *vt* (*reply to*) contestar a, responder a; (*problem*) resolver; **to ~ the phone** contestar el teléfono; **~ to your letter** contestando *or* en contestación a su carta; **to ~ the door** acudir a la puerta; **to ~ back** *vi* replicar, ser respondón/ona; **to ~ for** *vt fus* responder de *or* por; **to ~ to** *vt fus* (*description*) corresponder a; **~able** *a*: **~able to sb for sth** responsable ante uno de algo; **~ing machine** *n* contestador *m* automático.
ant [ænt] *n* hormiga.
antagonism [æn'tægənɪzm] *n* hostilidad *f.*
antagonize [æn'tægənaɪz] *vt* provocar.
Antarctic [ænt'ɑ:ktɪk] *n*: **the ~** el Antártico.
antelope ['æntɪləup] *n* antílope *m.*
antenatal ['æntɪ'neɪtl] *a* antenatal, prenatal; **~ clinic** *n* clínica prenatal.
antenna [æn'tɛnə], *pl* **~e** [-ni:] *n* antena.
anthem ['ænθəm] *n*: **national ~** himno nacional.
anthology [æn'θɔlədʒɪ] *n* antología.
anthropology [ænθrə'pɔlədʒɪ] *n* antropología.
anti-aircraft [æntɪ'ɛəkrɑ:ft] *a* antiaéreo.
antibiotic [æntɪbaɪ'ɔtɪk] *a, n* antibiótico.
antibody ['æntɪbɔdɪ] *n* anticuerpo.
anticipate [æn'tɪsɪpeɪt] *vt* (*foresee*) prever; (*expect*) esperar, contar con; (*forestall*) anticiparse a, adelantarse a; **anticipation** [-'peɪʃən] *n* previsión *f*; esperanza; anticipación *f.*
anticlimax [æntɪ'klaɪmæks] *n* decepción *f.*
anticlockwise [æntɪ'klɔkwaɪz] *ad* en dirección contraria a la de las agujas del reloj.
antics ['æntɪks] *npl* payasadas *fpl*; (*of child*) travesuras *fpl.*
anticyclone [æntɪ'saɪkləun] *n* anticiclón *m.*
antidote ['æntɪdəut] *n* antídoto.
antifreeze ['æntɪfri:z] *n* anticongelante *m.*
antihistamine [æntɪ'hɪstəmi:n] *n* antihistamínico.
antipathy [æn'tɪpəθɪ] *n* (*between people*) antipatía; (*to person, thing*) aversión *f.*
antiquated ['æntɪkweɪtɪd] *a* anticuado.
antique [æn'ti:k] *n* antigüedad *f* // *a* antiguo; **~ dealer** *n* anticuario/a; **~ shop** *n* tienda de antigüedades.
antiquity [æn'tɪkwɪtɪ] *n* antigüedad *f.*
anti-semitism [æntɪ'sɛmɪtɪzm] *n* antisemitismo.
antiseptic [æntɪ'sɛptɪk] *a, n* antiséptico.
antisocial [æntɪ'səuʃəl] *a* antisocial.
antlers ['æntləz] *npl* cuernas *fpl.*
anus ['eɪnəs] *n* ano.
anvil ['ænvɪl] *n* yunque *m.*
anxiety [æŋ'zaɪətɪ] *n* (*worry*) inquietud *f*; (*eagerness*) ansia, anhelo.
anxious ['æŋkʃəs] *a* (*worried*) inquieto; (*keen*) deseoso.

any ['ɛni] ♦ *a* 1 (*in questions etc*) algún/alguna; **have you ~ butter/children?** ¿tienes mantequilla/hijos?; **if there are ~ tickets left** si quedan billetes, si queda algún billete
2 (*with negative*): **I haven't ~ money/books** no tengo dinero/libros
3 (*no matter which*) cualquier; **~ excuse will do** valdrá *or* servirá cualquier excusa; **choose ~ book you like** escoge el libro que quieras; **~ teacher you ask will tell you** cualquier profesor al que preguntes te lo dirá
4 (*in phrases*): **in ~ case** de todas formas, en cualquier caso; **~ day now** cualquier día (de estos); **at ~ moment** en cualquier momento, de un momento a otro; **at ~ rate** en todo caso; **~ time: come (at) ~ time** venga cuando quieras; **he might come (at) ~ time** podría llegar de un momento a otro
♦ *pron* 1 (*in questions etc*): **have you got ~?** ¿tienes alguno(s)/a(s)?; **can ~ of you sing?** ¿sabéis/saben cantar alguno de vosotros/ustedes?
2 (*with negative*): **I haven't ~ (of them)** no tengo ninguno
3 (*no matter which one(s)*): **take ~ of those books (you like)** toma cualquier libro que quieras de ésos
♦ *ad* 1 (*in questions etc*): **do you want ~ more soup/sandwiches?** ¿quieres más sopa/bocadillos?; **are you feeling ~ better?** ¿te sientes algo mejor?
2 (*with negative*): **I can't hear him ~ more** ya no le oigo; **don't wait ~ longer** no esperes más.

anybody ['ɛnɪbɔdɪ] *pron* cualquiera; (*in interrogative sentences*) alguien; (*in negative sentences*): **I don't see ~** no veo a nadie; **if ~ should phone...** si llama alguien....

anyhow ['ɛnɪhau] *ad* (*at any rate*) de todos modos, de todas formas; (*haphazard*): **do it ~ you like** hazlo como quieras; **she leaves things just ~** deja las cosas como quiera *or* de cualquier modo; **I shall go ~** de todos modos iré.

anyone ['ɛnɪwʌn] *pron* = **anybody.**

anything ['ɛnɪθɪŋ] *pron* (*in questions etc*) algo, alguna cosa; (*with negative*) nada; **can you see ~?** ¿ves algo?; **if ~ happens to me...** si algo me ocurre...; (*no matter what*): **you can say ~ you like** puedes decir lo que quieras; **~ will do** vale todo *or* cualquier cosa; **he'll eat ~** come de todo *or* lo que sea.

anyway ['ɛnɪweɪ] *ad* (*at any rate*) de todos modos, de todas formas; **I shall go ~** iré de todos modos; (*besides*): **~, I couldn't come even if I wanted to** además, no podría venir aunque quisiera; **why are you phoning, ~?** ¿entonces, por qué llamas?, ¿por qué llamas, pues?

anywhere ['ɛnɪwɛə*] *ad* (*in questions etc*): **can you see him ~?** ¿le ves por algún lado?; **are you going ~?** ¿vas a algún sitio?; (*with negative*): **I can't see him ~** no le veo por ninguna parte; (*no matter where*): **~ in the world** en cualquier parte (del mundo); **put the books down ~** posa los libros donde quieras.

apart [ə'pɑːt] *ad* aparte, separadamente; **10 miles ~** separados por 10 millas; **to take ~** desmontar; **~ from** *prep* aparte de.

apartheid [ə'pɑːteɪt] *n* apartheid *m*.

apartment [ə'pɑːtmənt] *n* (*US*) piso, departamento (*LAm*), apartamento; (*room*) cuarto; **~ house** *n* (*US*) casa de apartamentos.

apathetic [æpə'θɛtɪk] *a* apático, indiferente.

apathy ['æpəθɪ] *n* apatía, indiferencia.

ape [eɪp] *n* mono // *vt* remedar.

aperitif [ə'pɛrɪtɪf] *n* aperitivo.

aperture ['æpətʃjuə*] *n* rendija, resquicio; (PHOT) abertura.

apex ['eɪpɛks] *n* ápice *m*; (*fig*) cumbre *f*.

apiece [ə'piːs] *ad* cada uno.

aplomb [ə'plɔm] *n* aplomo.

apologetic [əpɔlə'dʒɛtɪk] *a* (*look, remark*) de disculpa.

apologize [ə'pɔlədʒaɪz] *vi*: **to ~ (for sth to sb)** disculparse (con alguien de algo).

apology [ə'pɔlədʒɪ] *n* disculpa, excusa.

apostle [ə'pɔsl] *n* apóstol *m/f*.

apostrophe [ə'pɔstrəfɪ] *n* apóstrofe *m*.

appal [ə'pɔːl] *vt* horrorizar, espantar; **~ling** *a* espantoso; (*awful*) pésimo.

apparatus [æpə'reɪtəs] *n* aparato; (*in gymnasium*) aparatos *mpl*.

apparel [ə'pærəl] *n* (*US*) ropa.

apparent [ə'pærənt] *a* aparente; **~ly** *ad* por lo visto, al parecer.

appeal [ə'piːl] *vi* (LAW) apelar // *n* (LAW) apelación *f*; (*request*) llamamiento; (*plea*) súplica; (*charm*) atractivo, encanto; **to ~ for** suplicar, reclamar; **to ~ to** (*subj*: *person*) rogar a, suplicar a; (*subj*: *thing*) atraer, interesar; **it doesn't ~ to me** no me atrae, no me llama la atención; **~ing** *a* (*nice*) atractivo; (*touching*) conmovedor(a), emocionante.

appear [ə'pɪə*] *vi* aparecer, presentarse; (LAW) comparecer; (*publication*) salir (a luz), publicarse; (*seem*) parecer; **it would ~ that** parecería que; **~ance** *n* aparición *f*; (*look, aspect*) apariencia, aspecto.

appease [ə'piːz] *vt* (*pacify*) apaciguar; (*satisfy*) satisfacer.

appendicitis [əpɛndɪ'saɪtɪs] *n* apendicitis *f*.

appendix [ə'pɛndɪks], *pl* **-dices** [-dɪsiːz] *n* apéndice *m*.

appetite ['æpɪtaɪt] *n* apetito; (*fig*) deseo, anhelo.

appetizer ['æpɪtaɪzə*] *n* (*drink*) aperitivo; (*food*) tapas *fpl* (*Sp*).

applaud [ə'plɔ:d] *vt*, *vi* aplaudir.
applause [ə'plɔ:z] *n* aplausos *mpl*.
apple ['æpl] *n* manzana; ~ **tree** *n* manzano.
appliance [ə'plaɪəns] *n* aparato.
applicant ['æplɪkənt] *n* candidato/a; solicitante *m/f*.
application [æplɪ'keɪʃən] *n* aplicación *f*; (*for a job, a grant etc*) solicitud *f*, petición *f*; ~ **form** *n* solicitud *f*.
applied [ə'plaɪd] *a* aplicado.
apply [ə'plaɪ] *vt*: to ~ (to) aplicar (a); (*fig*) emplear (para) // *vi*: to ~ to (*ask*) dirigirse a; (*be suitable for*) ser aplicable a; (*be relevant to*) tener que ver con; to ~ for (*permit, grant, job*) solicitar; to ~ the brakes aplicar los frenos; to ~ o.s. to aplicarse a, dedicarse a.
appoint [ə'pɔɪnt] *vt* (*to post*) nombrar; (*date, place*) fijar, señalar; **~ment** *n* (*engagement*) cita; (*date*) compromiso; (*act*) nombramiento; (*post*) puesto.
appraisal [ə'preɪzl] *n* apreciación *f*.
appreciable [ə'pri:ʃəbl] *a* sensible.
appreciate [ə'pri:ʃɪeɪt] *vt* (*like*) apreciar, tener en mucho; (*be grateful for*) agradecer; (*be aware of*) comprender // *vi* (COMM) aumentar(se) en valor; **appreciation** [-'eɪʃən] *n* aprecio; reconocimiento, agradecimiento; aumento en valor.
appreciative [ə'pri:ʃɪətɪv] *a* apreciativo, agradecido.
apprehend [æprɪ'hɛnd] *vt* percibir; (*arrest*) detener.
apprehension [æprɪ'hɛnʃən] *n* (*fear*) aprensión *f*; **apprehensive** [-'hɛnsɪv] *a* aprensivo.
apprentice [ə'prɛntɪs] *n* aprendiz/a *m/f*; **~ship** *n* aprendizaje *m*.
approach [ə'prəutʃ] *vi* acercarse // *vt* acercarse a; (*be approximate*) aproximarse a; (*ask, apply to*) dirigirse a // *n* acercamiento; aproximación *f*; (*access*) acceso; (*proposal*) proposición *f*; **~able** *a* (*person*) abordable; (*place*) accesible.
appropriate [ə'prəuprɪɪt] *a* apropiado, conveniente // *vt* [-rɪeɪt] (*take*) apropiarse de; (*allot*): to ~ sth for destinar algo a.
approval [ə'pru:vəl] *n* aprobación *f*, visto bueno; on ~ (COMM) a prueba.
approve [ə'pru:v] *vt* aprobar; **to ~ of** *vt fus* aprobar; **~d school** *n* (*Brit*) correccional *m*.
approximate [ə'prɔksɪmɪt] *a* aproximado; **~ly** *ad* aproximadamente, más o menos.
apricot ['eɪprɪkɔt] *n* albaricoque *m* (*Sp*), damasco (*LAm*).
April ['eɪprəl] *n* abril *m*; ~ **Fool's Day** *n* (*1 April*) ≈ día *m* de los Inocentes (*28 December*).
apron ['eɪprən] *n* delantal *m*.
apt [æpt] *a* (*to the point*) acertado, oportuno; (*appropriate*) apropiado; (*likely*): ~ to do propenso a hacer.
aqualung ['ækwəlʌŋ] *n* escafandra autónoma.
aquarium [ə'kwɛərɪəm] *n* acuario.
Aquarius [ə'kwɛərɪəs] *n* Acuario.
aquatic [ə'kwætɪk] *a* acuático.
aqueduct ['ækwɪdʌkt] *n* acueducto.
Arab ['ærəb] *n* árabe *m/f*.
Arabian [ə'reɪbɪən] *a* árabe.
Arabic ['ærəbɪk] *a* (*language, manuscripts*) árabe // *n* árabe *m*; ~ **numerals** numeración *f* arábiga.
arable ['ærəbl] *a* cultivable.
Aragon ['ærəgən] *n* Aragón *m*.
arbitrary ['ɑ:bɪtrərɪ] *a* arbitrario.
arbitration [ɑ:bɪ'treɪʃən] *n* arbitraje *m*.
arcade [ɑ:'keɪd] *n* (ARCH) arcada; (*round a square*) soportales *mpl*; (*shopping ~*) galería, pasaje *m*.
arch [ɑ:tʃ] *n* arco; (*vault*) bóveda; (*of foot*) arco del pie // *vt* arquear.
archaeologist [ɑ:kɪ'ɔlədʒɪst] *n* arqueólogo/a.
archaeology [ɑ:kɪ'ɔlədʒɪ] *n* arqueología.
archaic [ɑ:'keɪɪk] *a* arcaico.
archbishop [ɑ:tʃ'bɪʃəp] *n* arzobispo.
arch-enemy ['ɑ:tʃ'ɛnəmɪ] *n* enemigo jurado.
archeology *etc* [ɑ:kɪɔlədʒɪ] (*US*) = **archaeology** *etc*.
archer ['ɑ:tʃə*] *n* arquero; **~y** *n* tiro al arco.
archipelago [ɑ:kɪ'pɛlɪgəu] *n* archipiélago.
architect ['ɑ:kɪtɛkt] *n* arquitecto/a; **~ural** [-'tɛktʃərəl] *a* arquitectónico; **~ure** *n* arquitectura.
archives ['ɑ:kaɪvz] *npl* archivo *sg*.
archway ['ɑ:tʃweɪ] *n* arco, arcada.
Arctic ['ɑ:ktɪk] *a* ártico // *n*: **the ~** el Ártico.
ardent ['ɑ:dənt] *a* (*desire*) ardiente; (*supporter, lover*) apasionado.
arduous ['ɑ:djuəs] *a* (*gen*) arduo; (*journey*) penoso.
are [ɑ:*] *vb see* **be**.
area ['ɛərɪə] *n* área; (MATH *etc*) superficie *f*, extensión *f*; (*zone*) región *f*, zona; ~ **code** *n* (*US* TEL) prefijo.
arena [ə'ri:nə] *n* arena; (*of circus*) pista; (*for bullfight*) plaza, ruedo.
aren't [ɑ:nt] = **are not**.
Argentina [ɑ:dʒən'ti:nə] *n* Argentina; **Argentinian** [-'tɪnɪən] *a*, *n* argentino/a *m/f*.
arguably ['ɑ:gjuəblɪ] *ad* posiblemente.
argue ['ɑ:gju:] *vi* (*quarrel*) discutir, pelearse; (*reason*) razonar, argumentar; to ~ that sostener que.
argument ['ɑ:gjumənt] *n* (*reasons*) argumento; (*quarrel*) discusión *f*, pelea; (*debate*) debate *m*, disputa; **~ative** [-'mɛntətɪv] *a* discutidor(a).
aria ['ɑ:rɪə] *n* (MUS) aria.

Aries ['ɛərız] *n* Aries *m*.
arise [ə'raız], *pt* **arose**, *pp* **arisen** [ə'rızn] *vi* (*rise up*) levantarse, alzarse; (*emerge*) surgir, presentarse; **to ~ from** derivar de.
aristocrat ['ærıstəkræt] *n* aristócrata *m/f*.
arithmetic [ə'rıθmətık] *n* aritmética.
ark [ɑ:k] *n*: **Noah's A~** el Arca *f* de Noé.
arm [ɑ:m] *n* (ANAT) brazo // *vt* armar; **~s** *npl* (*weapons*) armas *fpl*; (HERALDRY) escudo *sg*; **~ in ~** cogidos del brazo; **~s race** *n* carrera de armamentos.
armaments ['ɑ:məmənts] *npl* (*weapons*) armamentos *mpl*.
armchair ['ɑ:mtʃɛə*] *n* sillón *m*.
armed [ɑ:md] *a* armado; **~ robbery** *n* robo a mano armada.
armour, (*US*) **armor** ['ɑ:mə*] *n* armadura; **~ed car** *n* coche *m or* carro (*LAm*) blindado; **~y** *n* arsenal *m*.
armpit ['ɑ:mpıt] *n* sobaco, axila.
armrest ['ɑ:mrɛst] *n* apoyabrazos *m inv*.
army ['ɑ:mı] *n* ejército.
aroma [ə'rəumə] *n* aroma *m*, fragancia.
arose [ə'rəuz] *pt of* **arise**.
around [ə'raund] *ad* alrededor; (*in the area*) a la redonda // *prep* alrededor de.
arouse [ə'rauz] *vt* despertar.
arrange [ə'reındʒ] *vt* arreglar, ordenar; (*programme*) organizar; **to ~ to do sth** quedar en hacer algo; **~ment** *n* arreglo; (*agreement*) acuerdo; **~ments** *npl* (*preparations*) preparativos *mpl*.
array [ə'reı] *n*: **~ of** (*things*) serie *f* de; (*people*) conjunto de.
arrears [ə'rıəz] *npl* atrasos *mpl*; **to be in ~ with one's rent** estar retrasado en el pago del alquiler.
arrest [ə'rɛst] *vt* detener; (*sb's attention*) llamar // *n* detención *f*; **under ~** detenido.
arrival [ə'raıvəl] *n* llegada; **new ~** recién llegado/a.
arrive [ə'raıv] *vi* llegar.
arrogant ['aerəgənt] *a* arrogante.
arrow ['ærəu] *n* flecha.
arse [ɑ:s] *n* (*Brit col!*) culo, trasero.
arsenal ['ɑ:sınl] *n* arsenal *m*.
arsenic ['ɑ:snık] *n* arsénico.
arson ['ɑ:sn] *n* incendio premeditado.
art [ɑ:t] *n* arte *m*; (*skill*) destreza; (*technique*) técnica; **A~s** *npl* (SCOL) Letras *fpl*.
artery ['ɑ:tərı] *n* arteria.
artful [ɑ:tful] *a* (*cunning*: *person*, *trick*) mañoso.
art gallery *n* pinacoteca; (*saleroom*) galería de arte.
arthritis [ɑ:'θraıtıs] *n* artritis *f*.
artichoke ['ɑ:tıtʃəuk] *n* alcachofa; **Jerusalem ~** aguaturma.
article ['ɑ:tıkl] *n* artículo, (*in newspaper*) artículo; (*Brit* LAW: *training*): **~s** *npl* contrato *sg* de aprendizaje; **~ of clothing** prenda de vestir.
articulate [ɑ:'tıkjulıt] *a* (*speech*) claro; (*person*) que se expresa bien // *vi* [-leıt] articular; **~d lorry** *n* (*Brit*) trailer *m*.
artificial [ɑ:tı'fıʃəl] *a* artificial; (*teeth etc*) postizo.
artillery [ɑ:'tılərı] *n* artillería.
artisan ['ɑ:tızæn] *n* artesano.
artist ['ɑ:tıst] *n* artista *m/f*; (MUS) intérprete *m/f*; **~ic** [ɑ:'tıstık] *a* artístico; **~ry** *n* arte *m*, habilidad *f* (artística).
artless ['ɑ:tlıs] *a* (*innocent*) natural, sencillo; (*clumsy*) torpe.
art school *n* escuela de bellas artes.
as [əez] *conj* **1** (*referring to time*) cuando, mientras; a medida que; **~ the years went by** con el paso de los años; **he came in ~ I was leaving** entró cuando me marchaba; **~ from tomorrow** desde *or* a partir de mañana
2 (*in comparisons*): **~ big ~** tan grande como; **twice ~ big ~** el doble de grande que; **~ much money/many books ~** tanto dinero/tantos libros como; **~ soon ~** en cuanto
3 (*since*, *because*) como, ya que; **he left early ~ he had to be home by 10** se fue temprano como tenía que estar en casa a las 10
4 (*referring to manner*, *way*): **do ~ you wish** haz lo que quieras; **~ she said** como dijo; **he gave it to me ~ a present** me lo dio de regalo
5 (*in the capacity of*): **he works ~ a barman** trabaja de barman; **~ chairman of the company, he...** como presidente de la compañía, ...
6 (*concerning*): **~ for** *or* **to that** por *or* en lo que respecta a eso
7: **~ if** *or* **though** como si: **he looked ~ if he was ill** parecía como si estuviera enfermo, tenía aspecto de enfermo
see also **long**, **such**, **well**.
a.s.a.p. *abbr* (= *as soon as possible*) cuanto antes.
asbestos [æz'bɛstəs] *n* asbesto, amianto.
ascend [ə'sɛnd] *vt* subir; **~ancy** *n* ascendiente *m*, dominio.
ascent [ə'sɛnt] *n* subida; (*of plane*) ascenso.
ascertain [æsə'teın] *vt* averiguar.
ascribe [ə'skraıb] *vt*: **to ~ sth to** atribuir algo a.
ash [æʃ] *n* ceniza; (*tree*) fresno; **~can** *n* (*US*) cubo *or* bote *m* (*LAm*) de la basura.
ashamed [ə'ʃeımd] *a* avergonzado, apenado (*LAm*); **to be ~ of** avergonzarse de.
ashen ['æʃn] *a* pálido.
ashore [ə'ʃɔ:*] *ad* en tierra.
ashtray ['æʃtreı] *n* cenicero.
Ash Wednesday *n* miércoles *m* de Cenizas.
Asia ['eıʃə] *n* Asia; **~n, ~tic** [eısı'ætık]

a, *n* asiático/a *m/f*.
aside [ə'saɪd] *ad* a un lado.
ask [ɑːsk] *vt* (*question*) preguntar; (*demand*) pedir; (*invite*) invitar; **to ~ sb sth/to do sth** preguntar algo a alguien/pedir a alguien que haga algo; **to ~ sb about sth** preguntar algo a alguien; **to ~ (sb) a question** hacer una pregunta (a alguien); **to ~ sb out to dinner** invitar a cenar a uno; **to ~ after** *vt fus* preguntar por; **to ~ for** *vt fus* pedir.
askance [ə'skɑːns] *ad*: **to look ~ at sb** mirar con recelo a uno.
askew [ə'skjuː] *ad* sesgado, ladeado.
asking price *n* precio inicial.
asleep [ə'sliːp] *a* dormido; **to fall ~** dormirse, quedarse dormido.
asparagus [əs'pærəgəs] *n* espárragos *mpl*.
aspect ['æspɛkt] *n* aspecto, apariencia; (*direction in which a building etc faces*) orientación *f*.
aspersions [əs'pəːʃənz] *npl*: **to cast ~ on** difamar a, calumniar a.
asphyxiation [aes'fɪksɪ'eɪʃən] *n* asfixia.
aspirations [æspə'reɪʃənz] *npl* anhelo *sg*, deseo *sg*; (*ambition*) ambición *fsg*.
aspire [əs'paɪə*] *vi*: **to ~ to** aspirar a, ambicionar.
aspirin ['æsprɪn] *n* aspirina.
ass [æs] *n* asno, burro; (*col*) imbécil *m/f*; (*US col!*) culo, trasero.
assailant [ə'seɪlənt] *n* asaltador(a) *m/f*, agresor(a) *m/f*.
assassin [ə'sæsɪn] *n* asesino/a; **~ate** *vt* asesinar; **~ation** [-'neɪʃən] *n* asesinato.
assault [ə'sɔːlt] *n* (*gen*: *attack*) asalto // *vt* asaltar, atacar; (*sexually*) violar.
assemble [ə'sɛmbl] *vt* reunir, juntar; (*TECH*) montar // *vi* reunirse, juntarse.
assembly [ə'sɛmblɪ] *n* (*meeting*) reunión *f*, asamblea; (*construction*) montaje *m*; **~ line** *n* cadena de montaje.
assent [ə'sɛnt] *n* asentimiento, aprobación *f* // *vi* consentir, asentir.
assert [ə'səːt] *vt* afirmar; (*insist on*) hacer valer.
assess [ə'sɛs] *vt* valorar, calcular; (*tax, damages*) fijar; (*property etc: for tax*) gravar; **~ment** *n* valoración *f*; gravamen *m*; **~or** *n* asesor(a) *m/f*; (*of tax*) tasador(a) *m/f*.
asset ['æsɛt] *n* posesión *f*; (*quality*) ventaja; **~s** *npl* (*funds*) activo *sg*, fondos *mpl*.
assign [ə'saɪn] *vt* (*date*) fijar; (*task*) asignar; (*resources*) destinar; (*property*) traspasar; **~ment** *n* asignación *f*; (*task*) tarea.
assist [ə'sɪst] *vt* ayudar; **~ance** *n* ayuda, auxilio; **~ant** *n* ayudante *m/f*; (*Brit*: *also*: **shop ~ant**) dependiente/a *m/f*.
associate [ə'səuʃɪɪt] *a* asociado // *n* socio/a, colega *m/f*; (*in crime*) cómplice *m/f*; (*member*) miembro // *vb* [-ʃɪeɪt] *vt* asociar; (*ideas*) relacionar // *vi*: **to ~ with sb** tratar con alguien.
association [əsəusɪ'eɪʃən] *n* asociación *f*; (*COMM*) sociedad *f*.
assorted [ə'sɔːtɪd] *a* surtido, variado.
assortment [ə'sɔːtmənt] *n* surtido.
assume [ə'sjuːm] *vt* (*suppose*) suponer; (*responsibilities etc*) asumir; (*attitude, name*) adoptar, tomar; **~d name** *n* nombre *m* falso.
assumption [ə'sʌmpʃən] *n* (*supposition*) suposición *f*, presunción *f*; (*act*) asunción *f*.
assurance [ə'ʃuərəns] *n* garantía, promesa; (*confidence*) confianza, aplomo; (*insurance*) seguro.
assure [ə'ʃuə*] *vt* asegurar.
astern [ə'stəːn] *ad* a popa.
asthma ['æsmə] *n* asma.
astonish [ə'stɔnɪʃ] *vt* asombrar, pasmar; **~ment** *n* asombro, sorpresa.
astound [ə'staund] *vt* asombrar, pasmar.
astray [ə'streɪ] *ad*: **to go ~** extraviarse; **to lead ~** llevar por mal camino.
astride [ə'straɪd] *prep* a caballo *or* horcajadas sobre.
astrology [aes'trɔlədʒɪ] *n* astrología.
astronaut ['æstrənɔːt] *n* astronauta *m/f*.
astronomical [æstrə'nɔmɪkəl] *a* astronómico.
astronomy [aes'trɔnəmɪ] *n* astronomía.
astute [əs'tjuːt] *a* astuto.
asylum [ə'saɪləm] *n* (*refuge*) asilo; (*hospital*) manicomio.
at [æt] *prep* **1** (*referring to position*) en; (*direction*) a; **~ the top** en lo alto; **~ home/school** en casa/la escuela; **to look ~ sth/sb** mirar algo/a uno
2 (*referring to time*): **~ 4 o'clock** a las 4; **~ night** por la noche; **~ Christmas** en Navidad; **~ times** a veces
3 (*referring to rates, speed etc*): **~ £1 a kilo** a una libra el kilo; **two ~ a time** de dos en dos; **~ 50 km/h** a 50 km/h
4 (*referring to manner*): **~ a stroke** de un golpe; **~ peace** en paz
5 (*referring to activity*): **to be ~ work** estar trabajando; (*in the office etc*) estar en el trabajo; **to play ~ cowboys** jugar a los vaqueros; **to be good ~ sth** ser bueno en algo
6 (*referring to cause*): **shocked/surprised/annoyed ~ sth** asombrado/sorprendido/fastidiado por algo; **I went ~ his suggestion** fui a instancias suyas.
ate [eɪt] *pt of* **eat**.
atheist ['eɪθɪɪst] *n* ateo/a.
Athens ['æθɪnz] *n* Atenas *f*.
athlete ['æθliːt] *n* atleta *m/f*.
athletic [æθ'lɛtɪk] *a* atlético; **~s** *n* atletismo.
Atlantic [ət'læntɪk] *a* atlántico // *n*: **the ~ (Ocean)** el (Océano) Atlántico.
atlas ['ætləs] *n* atlas *m*.
atmosphere ['ætməsfɪə*] *n* atmósfera;

g) ambiente *m*.
om ['ætəm] *n* átomo; **~ic** [ə'tɔmɪk] *a* ómico; **~(ic) bomb** *n* bomba atómi- ı; **~izer** ['ætəmaɪzə*] *n* atomizador *m*.
ne [ə'təun] *vi*: **to ~ for** expiar.
ocious [ə'trəuʃəs] *a* atroz.
ach [ə'tætʃ] *vt* sujetar; (*stick*) pegar; *document, letter*) adjuntar; **to be ~ed** sb/sth (*to like*) tener cariño a alguien/ go.
aché [ə'tæʃeɪ] *n* agregado/a; **~ case** (*Brit*) maletín *m*.
achment [ə'tætʃmənt] *n* (*tool*) acceso- o; (*love*): **~ (to)** apego (a).
ack [ə'tæk] *vt* (*MIL*) atacar; (*crimi- al*) agredir, asaltar; (*task etc*) empren- er // *n* ataque *m*, asalto; (*on sb's life*) entado; **heart ~** infarto (de miocar- o); **~er** *n* agresor(a) *m/f*, asaltante *f*.
ain [ə'teɪn] *vt* (*also*: **~ to**) alcanzar; *achieve*) lograr, conseguir; **~ments** *l* (*skill*) talento *sg*.
empt [ə'tɛmpt] *n* tentativa, intento; *attack*) atentado // *vt* intentar; **~ed** *a*: **ed burglary** tentativa *or* intento de obo.
end [ə'tɛnd] *vt* asistir a; (*patient*) ender; **to ~ to** *vt fus* (*needs, affairs* *c*) ocuparse de; (*speech etc*) prestar tención a; (*customer*) atender a; **ance** *n* asistencia, presencia; (*people resent*) concurrencia; **~ant** *n* rviente/a *m/f*, mozo/a; (*THEATRE*) aco- odador(a) *m/f* // *a* concomitante.
ention [ə'tɛnʃən] *n* atención *f* // *excl* *MIL*) ¡firme(s)!; **for the ~ of...** (*ADMIN*) tención... .
entive [ə'tɛntɪv] *a* atento; (*polite*) cor- és.
est [ə'tɛst] *vi*: **to ~ to** dar fe de.
ic ['ætɪk] *n* desván *m*.
itude ['ætɪtju:d] *n* (*gen*) actitud *f*; *disposition*) disposición *f*.
orney [ə'tə:nɪ] *n* (*lawyer*) abogado/a; *having proxy*) apoderado; **A~ General** (*Brit*) ≈ Presidente *m* del Consejo del oder Judicial (*Sp*); (*US*) ≈ ministro de usticia.
ract [ə'trækt] *vt* atraer; (*attention*) lla- ıar; **~ion** [ə'trækʃən] *n* (*gen*) encanto; *amusements*) diversiones *fpl*; (*PHYSICS*) tracción *f*; (*fig*: *towards sth*) atractivo; **ive** *a* atractivo; (*interesting*) atrayen- e; (*pretty*) guapo, mono.
ribute ['ætrɪbju:t]: *n* atributo // *vt* ə'trɪbju:t]: **to ~ sth to** atribuir algo a; *accuse*) achacar algo a.
rition [ə'trɪʃən] *n*: **war of ~** guerra de gotamiento.
bergine ['əubəʒi:n] *n* (*Brit*) berenjena.
burn ['ɔ:bən] *a* color castaño rojizo.
ction ['ɔ:kʃən] *n* (*also*: **sale by ~**) su- asta // *vt* subastar; **~eer** [-'nɪə*] *n* su- astador(a) *m/f*.

audacity [ɔ:'dæsɪtɪ] *n* audacia, atrevimiento; (*pej*) descaro.
audience ['ɔ:dɪəns] *n* auditorio; (*gathering*) público; (*interview*) audiencia.
audio-typist [ɔ:dɪəu'taɪpɪst] *n* mecanógrafo/a de dictáfono.
audio-visual [ɔ:dɪəu'vɪzjuəl] *a* audiovisual; **~ aid** *n* ayuda audiovisual.
audit ['ɔ:dɪt] *vt* revisar, intervenir.
audition [ɔ:'dɪʃən] *n* audición *f*.
auditor ['ɔ:dɪtə*] *n* interventor(a) *m/f*, censor(a) *m/f* de cuentas.
augment [ɔ:g'mɛnt] *vt* aumentar // *vi* aumentarse.
augur ['ɔ:gə*] *vi*: **it ~s well** es de buen agüero.
August ['ɔ:gəst] *n* agosto.
aunt [ɑ:nt] *n* tía; **~ie, ~y** *n diminutive of* aunt.
au pair ['əu'pɛə*] *n* (*also*: **~ girl**) au pair *f*.
aura ['ɔ:rə] *n* aura; (*atmosphere*) ambiente *m*.
auspices ['ɔ:spɪsɪz] *npl*: **under the ~ of** bajo los auspicios de.
auspicious [ɔ:s'pɪʃəs] *a* propicio, de buen augurio.
austerity [ɔ'stɛrətɪ] *n* austeridad *f*.
Australia [ɔs'treɪlɪə] *n* Australia; **~n** *a*, *n* australiano/a *m/f*.
Austria ['ɔstrɪə] *n* Austria; **~n** *a*, *n* austríaco/a *m/f*.
authentic [ɔ:'θɛntɪk] *a* auténtico.
author ['ɔ:θə] *n* autor(a) *m/f*.
authoritarian [ɔ:θɔrɪ'tɛərɪən] *a* autoritario.
authoritative [ɔ:'θɔrɪtətɪv] *a* autorizado; (*manner*) autoritario.
authority [ɔ:'θɔrɪtɪ] *n* autoridad *f*; **the authorities** *npl* las autoridades.
authorize ['ɔ:θəraɪz] *vt* autorizar.
auto ['ɔ:təu] *n* (*US*) coche *m*, carro (*LAm*), automóvil *m*.
autobiography [ɔ:təbaɪ'ɔgrəfɪ] *n* autobiografía.
autograph ['ɔ:təgrɑ:f] *n* autógrafo // *vt* firmar; (*photo etc*) dedicar.
automated ['ɔ:təmeɪtɪd] *a* automatizado.
automatic [ɔ:tə'mætɪk] *a* automático // *n* (*gun*) pistola automática; **~ally** *ad* automáticamente.
automation [ɔ:tə'meɪʃən] *n* reconversión *f*.
automaton [ɔ:'tɔmətən], *pl* **-mata** [-tə] *n* autómata *m/f*.
automobile ['ɔ:təməbi:l] *n* (*US*) coche *m*, carro (*LAm*), automóvil *m*.
autonomy [ɔ:'tɔnəmɪ] *n* autonomía.
autopsy ['ɔ:tɔpsɪ] *n* autopsia.
autumn ['ɔ:təm] *n* otoño.
auxiliary [ɔ:g'zɪlɪərɪ] *a* auxiliar.
Av. *abbr* = **avenue.**
avail [ə'veɪl] *vt*: **to ~ o.s. of** aprovechar(se) de, valerse de // *n*: **to no ~** en vano, sin resultado.

available [ə'veɪləbl] *a* disponible.
avalanche ['ævəlɑːnʃ] *n* alud *m*, avalancha.
avant-garde ['ævãŋ'gɑːd] *a* de vanguardia.
Ave. *abbr* = **avenue.**
avenge [ə'vɛndʒ] *vt* vengar.
avenue ['ævənjuː] *n* avenida; (*fig*) camino.
average ['ævərɪdʒ] *n* promedio, término medio // *a* (*mean*) medio, de término medio; (*ordinary*) regular, corriente // *vt* calcular el promedio de, prorratear; **on ~** por regla general; **to ~ out** *vi*: **to ~ out at** salir en un promedio de.
averse [ə'vəːs] *a*: **to be ~ to sth/doing** sentir aversión *or* antipatía por algo/por hacer.
avert [ə'vəːt] *vt* prevenir; (*blow*) desviar; (*one's eyes*) apartar.
aviary ['eɪvɪərɪ] *n* pajarera, avería.
avid ['ævɪd] *a* ávido, ansioso.
avocado [ævə'kɑːdəu] *n* (*also*: *Brit*: **~ pear**) aguacate *m*, palta (*LAm*).
avoid [ə'vɔɪd] *vt* evitar, eludir.
avuncular [ə'vʌnkjulə*] *a* paternal.
await [ə'weɪt] *vt* esperar, aguardar.
awake [ə'weɪk] *a* despierto // *vb* (*pt* **awoke**, *pp* **awoken** *or* **awaked**) *vt* despertar // *vi* despertarse; **to be ~** estar despierto; **~ning** *n* el despertar.
award [ə'wɔːd] *n* (*prize*) premio; (*medal*) condecoración *f*; (*LAW*) fallo, sentencia; (*act*) concesión *f* // *vt* (*prize*) otorgar, conceder; (*LAW*: *damages*) adjudicar.
aware [ə'wɛə*] *a* consciente; (*awake*) despierto; (*informed*) enterado; **to become ~ of** darse cuenta de, enterarse de; **~ness** *n* conciencia, conocimiento.
awash [ə'wɔʃ] *a* inundado.
away [ə'weɪ] *ad* (*gen*) fuera; (*far* ~) lejos; **two kilometres ~** a dos kilómetros de distancia; **two hours ~ by car** a dos horas en coche; **the holiday was two weeks ~** faltaba dos semanas para las vacaciones; **~ from** lejos de, fuera de; **he's ~ for a week** estará ausente una semana; **to work/pedal ~** seguir trabajando/pedaleando; **to fade ~** desvanecerse; (*sound*) apagarse; **~ game** *n* (*SPORT*) partido de fuera.
awe [ɔː] *n* pavor *m*, respeto, temor *m* reverencial; **~-inspiring**, **~some** *a* imponente, pasmoso.
awful ['ɔːfəl] *a* terrible, pasmoso; **~ly** *ad* (*very*) terriblemente.
awhile [ə'waɪl] *ad* (durante) un rato, algún tiempo.
awkward ['ɔːkwəd] *a* (*clumsy*) desmañado, torpe; (*shape*) incómodo; (*problem*) difícil; (*embarrassing*) delicado.
awning ['ɔːnɪŋ] *n* (*of shop*) toldo; (*of window etc*) marquesina.
awoke [ə'wəuk], **awoken** [-kən] *pt*, *pp of* **awake**.
awry [ə'raɪ] *ad*: **to be ~** estar descol[...] do *or* atravesado; **to go ~** salir mal, [...] casar.
axe, (*US*) **ax** [æks] *n* hacha // *vt* (*emp*[...] *ee*) despedir; (*project etc*) cortar; (*jo*[...] reducir.
axis ['æksɪs], *pl* **axes** [-siːz] *n* eje *m*.
axle ['æksl] *n* eje *m*, árbol *m*.
ay(e) [aɪ] *excl* (*yes*) sí; **the ayes** *npl* que votan a favor.

B

B [biː] *n* (*MUS*) si *m*.
B.A. *abbr* = **Bachelor of Arts.**
babble ['bæbl] *vi* barbullar.
baby ['beɪbɪ] *n* bebé *m/f*; **~ carriag**[...] (*US*) cochecito; **~-sit** *vi* hacer de can[...]ro; **~-sitter** *n* canguro/a.
bachelor ['bætʃələ*] *n* soltero; **B~ Arts/Science** (**B.A./B.Sc.**) licenciado/a Filosofía y Letras/Ciencias.
back [bæk] *n* (*of person*) espalda; [...] *animal*) lomo; (*of hand*) dorso; (*as* [...] *posed to front*) parte *f* de atrás; [...] *room, car, etc*) fondo; (*of chair*) res[...]do; (*of page*) reverso; (*FOOTBALL*) [...]fensa *m* // *vt* (*candidate*: *also*: **~** [...] respaldar, apoyar; (*horse*: *at rac*[...] apostar a; (*car*) dar marcha atrás a [...] con // *vi* (*car etc*) dar marcha atrás [...] (*in compounds*) de atrás; **~ seats/whe**[...] (*AUT*) asientos *mpl*/ruedas *fpl* de atr[...] **~ payments** pagos *mpl* con efecto [...]troactivo; **~ rent** renta atrasada // [...] (*not forward*) (hacia) atrás; (*returne*[...] **he's ~** está de vuelta, ha vuelto; **he** [...] **~** volvió corriendo; (*restitution*): **th**[...] **the ball ~** devuelve la pelota; **can I ha**[...] **it ~**? ¿me lo devuelve?; (*again*): [...] **called ~** llamó de nuevo; **to ~ down** [...] echarse atrás; **to ~ out** *vi* (*of promi*[...] volverse atrás; **to ~ up** *vt* (*suppo*[...] *person*) apoyar, respaldar; (: *theor*[...] defender; (*car*) dar marcha atrás [...] (*COMPUT*) hacer una copia preventiva [...] de reserva; **~bencher** *n* (*Brit*) *mie*[...]*bro del parlamento sin portafo*[...] **~bone** *n* columna vertebral; **~-clot**[...] telón *m* de fondo; **~date** *vt* (*letter*) [...]ner fecha atrasada a; **~drop** *n* = [...] **cloth**; **~fire** *vi* (*AUT*) petarde[...] (*plans*) fallar, salir mal; **~ground** [...] fondo; (*of events*) antecedentes *m*[...] (*basic knowledge*) bases *fpl*; (*expe*[...]*ence*) conocimientos *mpl*, educación [...] **family ~ground** origen *m*, anteceden[...] *mpl*; **~hand** *n* (*TENNIS*: *also*: **~ha**[...] **stroke**) revés *m*; **~handed** *a* (*fig*) a[...]biguo; **~hander** *n* (*Brit*: *bri*[...] soborno; **~ing** *n* (*fig*) apoyo, resp[...]do; **~lash** *n* reacción *f*, resaca; **~l**[...] *n*: **~log of work** atrasos *mpl*; **~ nu**[...]

er *n* (*of magazine etc*) número atrasa-
o; **~pack** *n* mochila; **~ pay** *n* pago
trasado; **~side** *n* (*col*) trasero, culo;
~stage *ad* entre bastidores; **~stroke** *n*
raza de espaldas; **~up** *a* (*train, plane*)
uplementario; (COMPUT: *disk, file*) de
eserva // *n* (*support*) apoyo; (*also*: **~-up**
le) copia preventiva *or* de reserva;
~up lights *npl* (*US*) luces *fpl* de mar-
ha atrás; **~ward** *a* (*movement*) hacia
trás; (*person, country*) atrasado; (*shy*)
mido; **~wards** *ad* (*move, go*) hacia
trás; (*read a list*) al revés; (*fall*) de es-
aldas; **~water** *n* (*fig*) lugar *m* atrasa-
o *or* apartado; **~yard** *n* traspatio.
con ['beɪkən] *n* tocino, beicon *m*.
d [bæd] *a* malo; (*serious*) grave;
meat, food) podrido, pasado; **his ~ leg**
u pierna lisiada; **to go ~** pasarse.
de [bæd, beɪd] *pt of* **bid**.
dge [bædʒ] *n* insignia; (*metal* ~) cha-
a, placa.
dger ['bædʒə*] *n* tejón *m*.
dly ['bædlɪ] *ad* (*work, dress etc*) mal;
wounded gravemente herido; **he needs**
~ le hace gran falta; **to be ~ off (for**
oney) andar mal de dinero.
dminton ['bædmɪntən] *n* bádminton
.
d-tempered ['bæd'tɛmpəd] *a* de mal
enio *or* carácter; (*temporary*) de mal
umor.
ffle ['bæfl] *vt* desconcertar, confundir.
g [bæg] *n* bolsa, saco; (*handbag*) bol-
o; (*satchel*) mochila; (*case*) maleta;
of hunter) caza // *vt* (*col*: *take*) coger
Sp), agarrar (*LAm*), pescar; **~s of**
col: *lots of*) un montón de; **~gage** *n*
quipaje *m*; **~gy** *a* (*clothing*) amplio;
~pipes *npl* gaita *sg*.
hamas [bə'hɑːməz] *npl*: **the ~** las Is-
as Bahama.
il [beɪl] *n* fianza // *vt* (*prisoner*: *gen*:
rant ~ to) poner en libertad bajo fian-
a; (*boat*: *also*: **~ out**) achicar; **on ~**
prisoner) bajo fianza; **to ~ sb out** obte-
er la libertad de uno bajo fianza; **bail**
ond *n* fianza; *see also* **bale**.
iliff ['beɪlɪf] *n* alguacil *m*.
it [beɪt] *n* cebo // *vt* cebar.
ke [beɪk] *vt* cocer (al horno) // *vi*
cook) cocerse; (*be hot*) hacer un calor
errible; **~d beans** *npl* judías *fpl* en sal-
a de tomate; **~r** *n* panadero; **~ry** *n*
for bread) panadería; (*for cakes*) paste-
ería; **baking** *n* (*act*) amasar *m*;
batch) hornada; **baking powder** *n* le-
adura (en polvo).
alance ['bæləns] *n* equilibrio; (COMM:
um) balance *m*; (*remainder*) resto;
scales) balanza // *vt* equilibrar; (*bud-*
et) nivelar; (*account*) saldar; (*compen-*
ate) contrapesar; **~ of trade/payments**
alanza de comercio/pagos; **~d** *a* (*per-*
sonality, diet) equilibrado; **~ sheet** *n*
balance *m*.
balcony ['bælkənɪ] *n* (*open*) balcón *m*;
(*closed*) galería.
bald [bɔːld] *a* calvo; (*tyre*) liso.
bale [beɪl] *n* (AGR) paca, fardo; **to ~**
out *vi* (*of a plane*) lanzarse en paracaídas.
Balearics [bælɪ'ærɪks] *npl*: **the ~** las Baleares.
baleful ['beɪlful] *a* (*look*) triste; (*sinister*)
funesto, siniestro.
ball [bɔːl] *n* (*sphere*) bola; (*football*) balón *m*; (*for tennis, golf etc*) pelota;
(*dance*) baile *m*.
ballad ['bæləd] *n* balada, romance *m*.
ballast ['bæləst] *n* lastre *m*.
ball bearings *npl* cojinetes *mpl* de bolas.
ballerina [bælə'riːnə] *n* bailarina.
ballet ['bæleɪ] *n* ballet *m*; **~ dancer** *n*
bailarín/ina *m/f*.
ballistic [bə'lɪstɪk] *a* balístico.
balloon [bə'luːn] *n* globo.
ballot ['bælət] *n* votación *f*.
ball-point (pen) ['bɔːlpɔɪnt-] *n* bolígrafo.
ballroom ['bɔːlrum] *n* salón *m* de baile.
balm [bɑːm] *n* (*also fig*) bálsamo.
Baltic ['bɔːltɪk] *a* báltico // *n*: **the ~**
(**Sea**) el (Mar) Báltico.
balustrade ['bæləstreɪd] *n* barandilla.
bamboo [bæm'buː] *n* bambú *m*.
ban [bæn] *n* prohibición *f*, proscripción *f*
// *vt* prohibir, proscribir.
banal [bə'nɑːl] *a* banal, vulgar.
banana [bə'nɑːnə] *n* plátano, banana
(*LAm*).
band [bænd] *n* (*group*) banda; (*gang*)
pandilla; (*strip*) faja, tira; (: *circular*)
anillo; (*at a dance*) orquesta; (MIL) banda; **to ~ together** *vi* juntarse, asociar-
se.
bandage ['bændɪdʒ] *n* venda, vendaje *m*
// *vt* vendar.
bandaid ['bændeɪd] *n* ® (*US*) tirita.
bandit ['bændɪt] *n* bandido.
bandstand ['bændstænd] *n* quiosco.
bandwagon ['bændwægən] *n*: **to jump**
on the ~ (*fig*) subirse al carro.
bandy ['bændɪ] *vt* (*jokes, insults*) cambiar.
bandy-legged ['bændɪ'lɛgd] *a* estevado.
bang [bæŋ] *n* estallido; (*of door*) portazo; (*blow*) golpe *m* // *vt* hacer estallar;
(*door*) cerrar de golpe // *vi* estallar.
bangle ['bæŋgl] *n* ajorca.
bangs [bæŋz] *npl* (*US*) flequillo *sg*.
banish ['bænɪʃ] *vt* desterrar.
banister(s) ['bænɪstə(z)] *n*(*pl*) pasamanos *m inv*.
bank [bæŋk] *n* (COMM) banco; (*of river,*
lake) ribera, orilla; (*of earth*) terraplén
m // *vi* (AVIAT) ladearse; **to ~ on** *vt*
fus contar con; **~ account** *n* cuenta de
banco; **~ card** *n* tarjeta bancaria; **~er**
n banquero; **~er's card** *n* (*Brit*) = **~**

card; **B~ holiday** *n* (*Brit*) día *m* festivo; **~ing** *n* banca; **~note** *n* billete *m* de banco; **~ rate** *n* tipo de interés bancario.
bankrupt ['bæŋkrʌpt] *a* quebrado, insolvente; to go ~ hacer bancarrota; to be ~ estar en quiebra; **~cy** *n* quiebra, bancarrota.
bank statement *n* balance *m* or detalle *m* de cuenta.
banner ['bænə*] *n* bandera; (*in demonstration*) pancarta.
banns [bænz] *npl* amonestaciones *fpl*.
banquet ['bæŋkwɪt] *n* banquete *m*.
baptism ['bæptɪzəm] *n* bautismo.
baptize [bæp'taɪz] *vt* bautizar.
bar [bɑ:*] *n* barra; (*on door*) tranca; (*of window, cage*) reja; (*of soap*) pastilla; (*fig: hindrance*) obstáculo; (*prohibition*) proscripción *f*; (*pub*) bar *m*; (*counter: in pub*) mostrador *m*; (MUS) barra // *vt* (*road*) obstruir; (*window, door*) atrancar; (*person*) excluir; (*activity*) prohibir; **behind ~s** entre rejas; **the B~** (LAW: *profession*) la abogacía; (: *people*) el cuerpo de abogados; **~ none** sin excepción.
barbaric [bɑ:'bærɪk] *a* bárbaro.
barbarous ['bɑ:bərəs] *a* bárbaro.
barbecue ['bɑ:bɪkju:] *n* barbacoa.
barbed wire ['bɑ:bd-] *n* alambre *m* de púas.
barber ['bɑ:bə*] *n* peluquero, barbero.
bar code *n* código de barras.
bare [bɛə*] *a* desnudo; (*head*) descubierto // *vt* desnudar; **~back** *ad* sin silla; **~faced** *a* descarado; **~foot** *a, ad* descalzo; **~ly** *ad* apenas.
bargain ['bɑ:gɪn] *n* pacto, negocio; (*good buy*) ganga // *vi* negociar; (*haggle*) regatear; **into the ~** además, por añadidura; **to ~ for** *vt fus*: **he got more than he ~ed for** le resultó peor de lo que esperaba.
barge [bɑ:dʒ] *n* barcaza; **to ~ in** *vi* irrumpir; (*conversation*) entrometerse; **to ~ into** *vt fus* dar contra.
bark [bɑ:k] *n* (*of tree*) corteza; (*of dog*) ladrido // *vi* ladrar.
barley ['bɑ:lɪ] *n* cebada; **~ sugar** *n* azúcar *m* cande.
barmaid ['bɑ:meɪd] *n* camarera.
barman ['bɑ:mən] *n* camarero, barman *m*.
barn [bɑ:n] *n* granero.
barometer [bə'rɔmɪtə*] *n* barómetro.
baron ['bærən] *n* barón *m*; **~ess** *n* baronesa.
barracks ['bærəks] *npl* cuartel *m*.
barrage ['bærɑ:ʒ] *n* (MIL) descarga, bombardeo; (*dam*) presa; (*fig: of criticism etc*) lluvia, aluvión *m*.
barrel ['bærəl] *n* tonel *m*, barril *m*; (*of gun*) cañón *m*.
barren ['bærən] *a* estéril.
barricade [bærɪ'keɪd] *n* barricada / cerrar con barricadas.
barrier ['bærɪə*] *n* barrera.
barring ['bɑ:rɪŋ] *prep* excepto, salvo.
barrister ['bærɪstə*] *n* (*Brit*) abogado
barrow ['bærəu] *n* (*cart*) carretilla mano).
bartender ['bɑ:tɛndə*] *n* (*US*) cama barman *m*.
barter ['bɑ:tə*] *vt*: **to ~ sth for sth** tr algo por algo.
base [beɪs] *n* base *f* // *vt*: **to ~ sth on** sar or fundar algo en // *a* bajo, infam
baseball ['beɪsbɔ:l] *n* béisbol *m*.
basement ['beɪsmənt] *n* sótano.
bases ['beɪsi:z] *npl of* **basis**; ['beɪsɪz] *of* **base**.
bash [bæʃ] *vt* (*col*) golpear.
bashful ['bæʃful] *a* tímido, vergonzoso
basic ['beɪsɪk] *a* básico; **~ally** *ad* fu mentalmente, en el fondo.
basil ['bæzl] *n* albahaca.
basin ['beɪsn] *n* (*vessel*) cuenco, t *m*; (GEO) cuenca; (*also*: **wash~**) pa gana, jofaina.
basis ['beɪsɪs], *pl* **bases** ['beɪsi:z] *n* b *f*.
bask [bɑ:sk] *vi*: **to ~ in the sun** toma sol.
basket ['bɑ:skɪt] *n* cesta, cesto; (*handle*) canasta; **~ball** *n* baloncesto.
Basque [bæsk] *a, n* vasco/a *m/f*; **Country** *n* Euskadi *m*, País *m* Vasco.
bass [beɪs] *n* (MUS) contrabajo.
bassoon [bə'su:n] *n* fagot *m*.
bastard ['bɑ:stəd] *n* bastardo; (*col!*) de puta (*!*).
bastion ['bæstɪən] *n* baluarte *m*.
bat [bæt] *n* (ZOOL) murciélago; (*for games*) palo; (*for cricket, baseball*) b *m*; (*Brit: for table tennis*) pala; **didn't ~ an eyelid** ni pestañeó.
batch [bætʃ] *n* (*of bread*) hornada; *goods*) lote *m*.
bated ['beɪtɪd] *a*: **with ~ breath** sin res rar.
bath [bɑ:θ, *pl* bɑ:ðz] *n* (*action*) ba (*~tub*) baño, bañera, tina (*LAm*); (*also* **baths**) piscina // *vt* bañar; **to hav ~** bañarse, tomar un baño; **~chair** *n* lla de ruedas.
bathe [beɪð] *vi* bañarse // *vt* bañar; **~** bañista *m/f*.
bathing ['beɪðɪŋ] *n* el bañarse; **~ ca** gorro de baño; **~ costume**, (*US*) **suit** *n* traje *m* de baño; **~ trunks** bañador *m*.
bath: **~ robe** *n* (*man's*) batín *m*; (*wo an's*) bata; **~room** *n* (cuarto de) bañ
baths [bɑ:ðz] *npl* piscina *sg*.
baton ['bætən] *n* (MUS) batuta.
battalion [bə'tælɪən] *n* batallón *m*.
batter ['bætə*] *vt* apalear, azotar // *n* b tido; **~ed** *a* (*hat, pan*) estropeado.
battery ['bætərɪ] *n* batería; (*of torc*

pila.

battle ['bætl] *n* batalla; (*fig*) lucha // *vi* luchar; **~field** *n* campo de batalla; **~ship** *n* acorazado.

bawdy ['bɔ:dɪ] *a* indecente; (*joke*) verde.

bawl [bɔ:l] *vi* chillar, gritar.

bay [beɪ] *n* (*GEO*) bahía; (*BOT*) laurel *m* // *vi* aullar; **B~ of Biscay** ≈ mar Cantábrico; **to hold sb at ~** mantener a alguien a raya.

bay window *n* ventana salediza.

bazaar [bə'zɑ:*] *n* bazar *m*.

b. & b., B. & B. *abbr* (= *bed and breakfast*) cama y desayuno.

BBC *n abbr* (= *British Broadcasting Corporation*) *cadena de radio y televisión estatal británica.*

B.C. *ad abbr* (= *before Christ*) a. de C.

be [bi:], *pt* **was, were**, *pp* **been** ♦ *auxiliary vb* **1** (*with present participle: forming continuous tenses*): **what are you doing?** ¿qué estás haciendo?, ¿qué haces?; **they're coming tomorrow** vienen mañana; **I've been waiting for you for hours** llevo horas esperándote
2 (*with pp: forming passives*) ser (*but often replaced by active or reflective constructions*); **to ~ murdered** ser asesinado; **the box had been opened** habían abierto la caja; **the thief was nowhere to ~ seen** no se veía al ladrón por ninguna parte
3 (*in tag questions*): **it was fun, wasn't it?** fue divertido, ¿no? *or* ¿verdad?; **he's good-looking, isn't he?** es guapo, ¿no te parece?; **she's back again, is she?** entonces, ¿ha vuelto?
4 (*+to + infinitive*): **the house is to ~ sold** (*necessity*) hay que vender la casa; (*future*) van a vender la casa; **he's not to open it** no tiene que abrirlo
♦ *vb + complement* **1** (*with noun or numeral complement, but see also* 3, 4, 5 *and impersonal vb below*) ser; **he's a doctor** es médico; **2 and 2 are 4** 2 y 2 son 4
2 (*with adjective complement: expressing permanent or inherent quality*) ser; (*: expressing state seen as temporary or reversible*) estar; **I'm English** soy inglés/esa; **she's tall/pretty** es alta/bonita; **he's young** es joven; **~ careful/quiet/good** ten cuidado/cállate/pórtate bien; **I'm tired** estoy cansado/a; **it's dirty** está sucio/a
3 (*of health*) estar; **how are you?** ¿cómo estás?; **he's very ill** está muy enfermo; **I'm better now** ya estoy mejor
4 (*of age*) tener; **how old are you?** ¿cuántos años tienes?; **I'm sixteen (years old)** tengo dieciséis años
5 (*cost*) costar; ser; **how much was the meal?** ¿cuánto fue *or* costó la comida?; **that'll ~ £5.75, please** son £5.75, por favor; **this shirt is £17.00** esta camisa cuesta £17.00
♦ *vi* **1** (*exist, occur etc*) existir, haber; **the best singer that ever was** el mejor cantante que existió jamás; **is there a God?** ¿hay un Dios?, ¿existe Dios?; **~ that as it may** sea como sea; **so ~ it** así sea
2 (*referring to place*) estar; **I won't ~ here tomorrow** no estaré aquí mañana
3 (*referring to movement*): **where have you been?** ¿dónde has estado?
♦ *impersonal vb* **1** (*referring to time*): **it's 5 o'clock** son las 5; **it's the 28th of April** estamos a 28 de abril
2 (*referring to distance*): **it's 10 km to the village** el pueblo está a 10 km
3 (*referring to the weather*): **it's too hot/cold** hace demasiado calor/frío; **it's windy today** hace viento hoy
4 (*emphatic*): **it's me** soy yo; **it was Maria who paid the bill** fue María la que pagó la cuenta.

beach [bi:tʃ] *n* playa // *vt* varar.

beacon ['bi:kən] *n* (*lighthouse*) faro; (*marker*) guía.

bead [bi:d] *n* cuenta, abalorio; (*of sweat*) gota.

beak [bi:k] *n* pico.

beaker ['bi:kə*] *n* jarra.

beam [bi:m] *n* (*ARCH*) viga, travesaño; (*of light*) rayo, haz *m* de luz // *vi* brillar; (*smile*) sonreír.

bean [bi:n] *n* judía; **runner/broad ~** habichuela/haba; **coffee ~** grano de café; **~sprouts** *npl* brotes *mpl* de soja.

bear [bɛə*] *n* oso // *vb* (*pt* **bore**, *pp* **borne**) *vt* (*weight etc*) llevar; (*cost*) pagar; (*responsibility*) tener; (*endure*) soportar, aguantar; (*stand up to*) resistir a; (*children*) parir // *vi*: **to ~ right/left** torcer a la derecha/izquierda; **to ~ out** *vt* (*suspicions*) corroborar, confirmar; (*person*) llevar; **to ~ up** *vi* (*person: remain cheerful*) animarse.

beard [bɪəd] *n* barba.

bearer ['bɛərə*] *n* (*of news, cheque*) portador(a) *m/f*.

bearing ['bɛərɪŋ] *n* porte *m*, comportamiento; (*connection*) relación *f*; **(ball) ~s** *npl* cojinetes *mpl* a bolas; **to take a ~** marcarse; **to find one's ~s** orientarse.

beast [bi:st] *n* bestia; (*col*) bruto, salvaje *m*; **~ly** *a* bestial; (*awful*) horrible.

beat [bi:t] *n* (*of heart*) latido; (*MUS*) ritmo, compás *m*; (*of policeman*) ronda // *vb* (*pt* **beat**, *pp* **beaten**) *vt* (*hit*) golpear; (*eggs*) batir; (*defeat*) vencer, derrotar; (*better*) sobrepasar; (*drum*) tocar; (*rhythm*) marcar // *vi* (*heart*) latir; **off the ~en track** aislado; **to ~ it** largarse; **to ~ off** *vt* rechazar; **to ~ up** *vt* (*col: person*) dar una paliza a; **~ing** *n* golpeo.

beautiful ['bju:tɪful] *a* hermoso, bello; **~ly** *ad* maravillosamente.

beauty ['bju:tɪ] *n* belleza, hermosura; (*person*) belleza; ~ **salon** *n* salón *m* de belleza; ~ **spot** *n* lunar *m* postizo; (*Brit* TOURISM) lugar *m* pintoresco.
beaver ['bi:və*] *n* castor *m*.
became [bɪ'keɪm] *pt of* **become**.
because [bɪ'kɔz] *conj* porque; ~ of *prep* debido a, a causa de.
beck [bɛk] *n*: to be at the ~ and call of estar a disposición de.
beckon ['bɛkən] *vt* (*also*: ~ to) llamar con señas.
become [bɪ'kʌm] (*irg*: *like* come) *vt* (*suit*) favorecer, sentar bien a // *vi* (+ *noun*) hacerse, llegar a ser; (+ *adj*) ponerse, volverse; to ~ fat engordarse.
becoming [bɪ'kʌmɪŋ] *a* (*behaviour*) decoroso; (*clothes*) favorecedor(a).
bed [bɛd] *n* cama; (*of flowers*) macizo; (*of coal, clay*) capa; to go to ~ acostarse; ~ **and breakfast (b.&b.)** *n* (*place*) pensión *f*; (*terms*) cama y desayuno; ~**clothes** *npl* ropa *sg* de cama; ~**ding** *n* ropa de cama.
bedlam ['bɛdləm] *n* confusión *f*.
bedraggled [bɪ'drægld] *a* mojado; desastrado.
bed: ~**ridden** *a* postrado (en cama); ~**room** *n* dormitorio, alcoba; ~**side** *n*: at sb's ~side a la cabecera de alguien; ~**sit(ter)** *n* (*Brit*) estudio, suite *m* (*LAm*); ~**spread** *n* sobrecama *m*, colcha; ~**time** *n* hora de acostarse.
bee [bi:] *n* abeja.
beech [bi:tʃ] *n* haya.
beef [bi:f] *n* carne *f* de vaca; roast ~ rosbif *m*; ~**burger** *n* hamburguesa; ~**eater** *n alabardero de la Torre de Londres*.
bee: ~**hive** *n* colmena; ~**line** *n*: to make a ~line for ir derecho a.
been [bi:n] *pp of* **be**.
beer [bɪə*] *n* cerveza.
beet [bi:t] *n* (*US*) remolacha.
beetle ['bi:tl] *n* escarabajo.
beetroot ['bi:tru:t] *n* (*Brit*) remolacha.
before [bɪ'fɔ:*] *prep* (*of time*) antes de; (*of space*) delante de // *conj* antes (de) que // *ad* (*time*) antes, anteriormente; (*space*) delante, adelante; ~ going antes de marcharse; ~ she goes antes de que se vaya; the week ~ la semana anterior; I've never seen it ~ no lo he visto nunca; ~**hand** *ad* de antemano, con anticipación.
beg [bɛg] *vi* pedir limosna // *vt* pedir, rogar; (*entreat*) suplicar.
began [bɪ'gæn] *pt of* **begin**.
beggar ['bɛgə*] *n* mendigo/a.
begin [bɪ'gɪn], *pt* **began**, *pp* **begun** *vt*, *vi* empezar, comenzar; to ~ doing *or* to do sth empezar a hacer algo; ~**ner** *n* principiante *m/f*; ~**ning** *n* principio, comienzo.
begun [bɪ'gʌn] *pp of* **begin**.
behalf [bɪ'hɑ:f] *n*: on ~ of en nombre de, por.
behave [bɪ'heɪv] *vi* (*person*) portarse, comportarse; (*thing*) funcionar; (*well also*: ~ o.s.) portarse bien; **behaviour**, (*US*) **behavior** *n* comportamiento, conducta.
behead [bɪ'hɛd] *vt* decapitar.
beheld [bɪ'hɛld] *pt, pp* of **behold**.
behind [bɪ'haɪnd] *prep* detrás de // *ad* detrás, por detrás, atrás // *n* trasero; to be ~ (schedule) ir retrasado; ~ the scenes (*fig*) entre bastidores.
behold [bɪ'həuld] *vt* (*irg*: *like* **hold**) contemplar.
beige [beɪʒ] *a* color beige.
being ['bi:ɪŋ] *n* ser *m*; to come into ~ nacer, aparecer.
belated [bɪ'leɪtɪd] *a* atrasado, tardío.
belch [bɛltʃ] *vi* eructar // *vt* (*also*: ~ out: *smoke etc*) arrojar.
belfry ['bɛlfrɪ] *n* campanario.
Belgian ['bɛldʒən] *a, n* belga *m/f*.
Belgium ['bɛldʒəm] *n* Bélgica.
belie [bɪ'laɪ] *vt* desmentir, contradecir.
belief [bɪ'li:f] *n* (*opinion*) opinión *f*, (*trust, faith*) fe *f*; (*acceptance as true*) creencia.
believe [bɪ'li:v] *vt, vi* creer; to ~ in creer en; ~**r** *n* (*in idea, activity*) partidario/a; (REL) creyente *m/f*, fiel *m/f*.
belittle [bɪ'lɪtl] *vt* minimizar, despreciar.
bell [bɛl] *n* campana; (*small*) campanilla; (*on door*) timbre *m*; (*animal's*) cencerro; (*on toy etc*) cascabel *m*.
belligerent [bɪ'lɪdʒərənt] *a* (*at war*) beligerante; (*fig*) agresivo.
bellow ['bɛləu] *vi* bramar; (*person*) rugir.
bellows ['bɛləuz] *npl* fuelle *msg*.
belly ['bɛlɪ] *n* barriga, panza.
belong [bɪ'lɔŋ] *vi*: to ~ to pertenecer a; (*club etc*) ser socio de; this book ~s here este libro va aquí; ~**ings** *npl* pertenencias *fpl*.
beloved [bɪ'lʌvɪd] *a, n* querido/a *m/f*, amado/a *m/f*.
below [bɪ'ləu] *prep* bajo, debajo de // *ad* abajo, (por) debajo; see ~ véase más abajo.
belt [bɛlt] *n* cinturón *m*; (TECH) correa, cinta // *vt* (*thrash*) golpear con correa; ~**way** *n* (*US* AUT) carretera de circunvalación.
bemused [bɪ'mju:zd] *a* aturdido.
bench [bɛntʃ] *n* banco; the B~ (LAW) tribunal *m*; (*people*) judicatura.
bend [bɛnd], *vb* (*pt, pp* **bent**) *vt* doblar, inclinar; (*leg, arm*) torcer // *vi* inclinarse; (*road*) curvarse // *n* (*Brit*: *in road, river*) recodo; (*in pipe*) codo; **to ~ down** *vi* inclinarse, doblarse; **to ~ over** *vi* inclinarse.
beneath [bɪ'ni:θ] *prep* bajo, debajo de; (*unworthy of*) indigno de // *ad* abajo, (por) debajo.

benefactor ['bɛnɪfæktə*] *n* bienhechor *m*.
beneficial [bɛnɪ'fɪʃəl] *a* beneficioso.
benefit ['bɛnɪfɪt] *n* beneficio, provecho; (*allowance of money*) subsidio // *vt* beneficiar // *vi*: **he'll ~ from it** le sacará provecho.
benevolent [bɪ'nɛvələnt] *a* benévolo.
benign [bɪ'naɪn] *a* (*person*, MED) benigno; (*smile*) afable.
bent [bɛnt] *pt*, *pp of* **bend** // *n* inclinación *f* // *a*: **to be ~ on** estar empeñado en.
bequeath [bɪ'kwiːð] *vt* legar.
bequest [bɪ'kwɛst] *n* legado.
bereaved [bɪ'riːvd] *npl*: **the ~** los afligidos *mpl*.
beret ['bɛreɪ] *n* boina.
Berlin [bəː'lɪn] *n* Berlín *m*.
berm [bəːm] *n* (*US* AUT) arcén *m*.
Bermuda [bəː'mjuːdə] *n* las Bermudas *fpl*.
berry ['bɛrɪ] *n* baya.
berserk [bə'səːk] *a*: **to go ~** perder los estribos.
berth [bəːθ] *n* (*bed*) litera; (*cabin*) camarote *m*; (*for ship*) amarradero // *vi* atracar, amarrar.
beseech [bɪ'siːtʃ], *pt*, *pp* **besought** [-'sɔːt] *vt* suplicar.
beset [bɪ'sɛt], *pt*, *pp* **beset** *vt* (*person*) acosar.
beside [bɪ'saɪd] *prep* junto a, al lado de; **to be ~ o.s. with anger** estar fuera de sí; **that's ~ the point** eso no tiene nada que ver.
besides [bɪ'saɪdz] *ad* además // *prep* (*as well as*) además de; (*except*) excepto.
besiege [bɪ'siːdʒ] *vt* (*town*) sitiar; (*fig*) asediar.
besought [bɪ'sɔːt] *pt*, *pp* of **beseech**.
best [bɛst] *a* (el/la) mejor // *ad* (lo) mejor; **the ~ part of** (*quantity*) la mayor parte de; **at ~** en el mejor de los casos; **to make the ~ of sth** sacar el mejor partido de algo; **to do one's ~** hacer todo lo posible; **to the ~ of my knowledge** que yo sepa; **to the ~ of my ability** como mejor puedo; **~ man** *n* padrino de boda.
bestow [bɪ'stəu] *vt* otorgar; (*honour, praise*) dispensar.
bestseller ['bɛst'sɛlə*] *n* éxito de librería, bestseller *m*.
bet [bɛt] *n* apuesta // *vt*, *vi* (*pt*, *pp* **bet** *or* **betted**) apostar (*on* a).
betray [bɪ'treɪ] *vt* traicionar; (*inform on*) delatar; **~al** *n* traición *f*.
better ['bɛtə*] *a* mejor // *ad* mejor // *vt* mejorar; (*record etc*) superar // *n*: **to get the ~ of sb** quedar por encima de alguien; **you had ~ do it** más vale que lo hagas; **he thought ~ of it** cambió de parecer; **to get ~** mejorar(se); (MED) reponerse; **~ off** *a* más acomodado.
betting ['bɛtɪŋ] *n* juego, el apostar; **~ shop** *n* (*Brit*) agencia de apuestas.
between [bɪ'twiːn] *prep* entre // *ad* (*time*) mientras tanto; (*place*) en medio.
beverage ['bɛvərɪdʒ] *n* bebida.
bevy ['bɛvɪ] *n*: **a ~ of** una bandada de.
beware [bɪ'wɛə*] *vi*: **to ~ (of)** tener cuidado (con) // *excl* ¡cuidado!
bewildered [bɪ'wɪldəd] *a* aturdido, perplejo.
bewitching [bɪ'wɪtʃɪŋ] *a* hechicero, encantador(a).
beyond [bɪ'jɔnd] *prep* más allá de; (*exceeding*) además de, fuera de; (*above*) superior a // *ad* más allá, más lejos; **~ doubt** fuera de toda duda; **~ repair** irreparable.
bias ['baɪəs] *n* (*prejudice*) prejuicio, pasión *f*; (*preference*) predisposición *f*; **~(s)ed** *a* parcial.
bib [bɪb] *n* babero.
Bible ['baɪbl] *n* Biblia.
bicarbonate of soda [baɪ'kɑːbənɪt-] *n* bicarbonato de soda.
bicker ['bɪkə*] *vi* reñir.
bicycle ['baɪsɪkl] *n* bicicleta.
bid [bɪd] *n* (*at auction*) oferta, postura; (*attempt*) tentativa, conato // *vi* (*pt*, *pp* **bid**) hacer una oferta // *vt* (*pt* **bade** [bæd], *pp* **bidden** ['bɪdn]) mandar, ordenar; **to ~ sb good day** dar a uno los buenos días; **~der** *n*: **the highest ~der** el mejor postor; **~ding** *n* (*at auction*) ofertas *fpl*; (*order*) orden *f*, mandato.
bide [baɪd] *vt*: **to ~ one's time** esperar el momento adecuado.
bifocals [baɪ'fəuklz] *npl* gafas *fpl or* anteojos *mpl* (*LAm*) bifocales.
big [bɪg] *a* grande.
bigamy ['bɪgəmɪ] *n* bigamía.
big dipper [-'dɪpə*] *n* montaña rusa.
bigheaded ['bɪg'hɛdɪd] *a* engreído.
bigot ['bɪgət] *n* fanático/a, intolerante *m/f*; **~ed** *a* fanático, intolerante; **~ry** *n* fanatismo, intolerancia.
big top *n* (*circus*) circo; (*main tent*) tienda principal.
bike [baɪk] *n* bici *f*.
bikini [bɪ'kiːnɪ] *n* bikini *m*.
bile [baɪl] *n* bilis *f*.
bilingual [baɪ'lɪŋgwəl] *a* bilingüe.
bill [bɪl] *n* (*account*) cuenta; (*invoice*) factura; (POL) proyecto de ley; (*US*: *banknote*) billete *m*; (*of bird*) pico; **'post no ~s'** 'prohibido fijar carteles'; **~board** *n* (*US*) cartelera.
billet ['bɪlɪt] *n* alojamiento.
billfold ['bɪlfəuld] *n* (*US*) cartera.
billiards ['bɪljədz] *n* billar *m*.
billion ['bɪljən] *n* (*Brit*) billón *m* (*millón de millones*); (*US*) mil millones.
billy ['bɪliː] *n* (*US*) porra.
bin [bɪn] *n* (*gen*) cubo *or* bote *m* (*LAm*) de la basura; **litter ~** *n* (*Brit*) papelera.
bind [baɪnd], *pt*, *pp* **bound** *vt* atar, liar; (*wound*) vendar; (*book*) encuadernar; (*oblige*) obligar; **~ing** *a* (*contract*) obligatorio.

binge [bɪndʒ] *n* borrachera, juerga.
bingo ['bɪŋgəu] *n* bingo *m*.
binoculars [bɪ'nɔkjuləz] *npl* prismáticos *mpl*.
bio... [baɪə'] *pref*: **~chemistry** *n* bioquímica; **~graphy** [baɪ'ɔgrəfɪ] *n* biografía; **~logical** *a* biológico; **~logy** [baɪ'ɔlədʒɪ] *n* biología.
birch [bə:tʃ] *n* abedul *m*; (*cane*) vara.
bird [bə:d] *n* ave *f*, pájaro; (*Brit col*: *girl*) chica; **~'s eye view** *n* vista de pájaro; **~ watcher** *n* ornitólogo/a.
Biro ['baɪrəu] *n* ® bolígrafo.
birth [bə:θ] *n* nacimiento; (MED) parto; **to give ~ to** parir, dar a luz; **~ certificate** *n* partida de nacimiento; **~ control** *n* control *m* de natalidad; (*methods*) métodos *mpl* anticonceptivos; **~day** *n* cumpleaños *m inv*; **~ rate** *n* (tasa de) natalidad *f*.
biscuit ['bɪskɪt] *n* (*Brit*) galleta, bizcocho (*LAm*).
bisect [baɪ'sɛkt] *vt* bisecar.
bishop ['bɪʃəp] *n* obispo.
bit [bɪt] *pt of* **bite** // *n* trozo, pedazo, pedacito; (COMPUT) bit *m*, bitio; (*for horse*) freno, bocado; **a ~ of** un poco de; **a ~ mad** un poco loco; **~ by ~** poco a poco.
bitch [bɪtʃ] *n* (*dog*) perra; (*col!*) zorra (*!*).
bite [baɪt] (*pt* **bit**, *pp* **bitten**) *vt*, *vi* morder; (*insect etc*) picar // *n* mordedura; (*insect ~*) picadura; (*mouthful*) bocado; **to ~ one's nails** comerse las uñas; **let's have a ~ (to eat)** comamos algo.
biting ['baɪtɪŋ] *a* (*wind*) que traspasa los huesos; (*criticism*) mordaz.
bitten ['bɪtn] *pp of* **bite**.
bitter ['bɪtə*] *a* amargo; (*wind*, *criticism*) cortante, penetrante; (*battle*) encarnizado // *n* (*Brit*: *beer*) *cerveza típica británica a base de lúpulos*; **~ness** *n* amargura; (*anger*) rencor *m*.
bizarre [bɪ'zɑ:*] *a* raro, estrafalario.
blab [blæb] *vi* chismear, soplar.
black [blæk] *a* (*colour*) negro; (*dark*) oscuro // *n* (*colour*) color *m* negro; (*person*): **B~** negro/a // *vt* (*shoes*) lustrar; (*Brit*: INDUSTRY) boicotear; **to give sb a ~ eye** ponerle a uno el ojo morado; **~ and blue** amoratado; **to be in the ~** (*bank account*) estar en números negros; **~berry** *n* zarzamora; **~bird** *n* mirlo; **~board** *n* pizarra; **~ coffee** *n* café *m* solo; **~currant** *n* grosella negra; **~en** *vt* ennegrecer; (*fig*) denigrar; **~head** *n* espinilla; **~ ice** *n* hielo invisible en la carretera; **~jack** *n* (*US*) veintiuna; **~leg** *n* (*Brit*) esquirol *m*, rompehuelgas *m inv*; **~list** *n* lista negra; **~mail** *n* chantaje *m* // *vt* chantajear; **~ market** *n* mercado negro; **~out** *n* apagón *m*; (*fainting*) desmayo, pérdida de conocimiento; **the B~ Sea** *n* el Mar Negro; **~ sheep** *n* oveja negra; **~smith** *n* herrero; **~ spot** *n* (AUT) lugar *m* peligroso.
bladder ['blædə*] *n* vejiga.
blade [bleɪd] *n* hoja; (*cutting edge*) filo; **a ~ of grass** una brizna de hierba.
blame [bleɪm] *n* culpa // *vt*: **to ~ sb for sth** echar a uno la culpa de algo; **to be to ~** tener la culpa de; **~less** *a* (*person*) inocente.
bland [blænd] *a* suave; (*taste*) soso.
blank [blæŋk] *a* en blanco; (*shot*) sin bala; (*look*) sin expresión // *n* blanco, espacio en blanco; cartucho sin bala *or* de fogueo; **~ cheque** *n* cheque *m* en blanco.
blanket ['blæŋkɪt] *n* manta, cobija (*LAm*).
blare [blɛə*] *vi* resonar.
blasé ['blɑ:zeɪ] *a* hastiado.
blasphemy ['blæsfɪmɪ] *n* blasfemia.
blast [blɑ:st] *n* (*of wind*) ráfaga, soplo; (*of whistle*) toque *m*; (*of explosive*) carga explosiva; (*force*) choque *m* // *vt* (*blow up*) volar; (*blow open*) abrir con carga explosiva; **~-off** *n* (SPACE) lanzamiento.
blatant ['bleɪtənt] *a* descarado.
blaze [bleɪz] *n* (*fire*) fuego; (*flames*) llamarada; (*fig*) arranque *m* // *vi* (*fire*) arder en llamas; (*fig*) brillar // *vt*: **to ~ a trail** (*fig*) abrir (un) camino.
blazer ['bleɪzə*] *n chaqueta de uniforme de colegial o de socio de club*.
bleach [bli:tʃ] *n* (*also*: **household ~**) lejía // *vt* (*linen*) blanquear; **~ed** *a* (*hair*) teñido de rubio; (*clothes*) decolorado; **~ers** *npl* (*US* SPORT) gradas *fpl* al sol.
bleak [bli:k] *a* (*countryside*) desierto; (*prospect*) poco prometedor(a).
bleary-eyed ['blɪərɪ'aɪd] *a*: **to be ~** tener ojos de cansado.
bleat [bli:t] *vi* balar.
bleed [bli:d], *pt*, *pp* **bled** [blɛd] *vt*, *vi* sangrar.
bleeper ['bli:pə*] *n* (*of doctor etc*) busca *m*.
blemish ['blɛmɪʃ] *n* mancha, tacha.
blend [blɛnd] *n* mezcla // *vt* mezclar // *vi* (*colours etc*) combinarse, mezclarse.
bless [blɛs], *pt*, *pp* **blessed** *or* **blest** [blɛst] *vt* bendecir; **~ing** *n* bendición *f*; (*advantage*) beneficio, ventaja.
blew [blu:] *pt of* **blow**.
blight [blaɪt] *vt* (*hopes etc*) frustrar, arruinar.
blimey ['blaɪmɪ] *excl* (*Brit col*) ¡caray!
blind [blaɪnd] *a* ciego // *n* (*for window*) persiana // *vt* cegar; (*dazzle*) deslumbrar; **~ alley** *n* callejón *m* sin salida; **~ corner** *n* (*Brit*) esquina escondida; **~ers** *npl* (*US*) anteojeras *fpl*; **~fold** *n* venda // *a*, *ad* con los ojos vendados // *vt* vendar los ojos a; **~ly** *ad* a ciegas, ciegamente; **~ness** *n* ceguera; **~ spot** *n* mácula.

blink [blɪŋk] *vi* parpadear, pestañear; (*light*) oscilar; **~ers** *npl* (*esp Brit*) anteojeras *fpl*.
bliss [blɪs] *n* felicidad *f*.
blister ['blɪstə*] *n* (*on skin*) ampolla // *vi* (*paint*) ampollarse.
blithely ['blaɪðlɪ] *ad* alegremente.
blitz [blɪts] *n* bombardeo aéreo.
blizzard ['blɪzəd] *n* ventisca.
bloated ['bləutɪd] *a* hinchado.
blob [blɔb] *n* (*drop*) gota; (*stain, spot*) mancha.
bloc [blɔk] *n* (*POL*) bloque *m*.
block [blɔk] *n* bloque *m*; (*in pipes*) obstáculo; (*of buildings*) manzana, cuadra (*LAm*) // *vt* (*gen*) obstruir, cerrar; (*progress*) estorbar; **~ade** [-'keɪd] *n* bloqueo // *vt* bloquear; **~age** *n* estorbo, obstrucción *f*; **~buster** *n* (*book*) bestseller *m*; (*film*) éxito de público; **~ of flats** *n* (*Brit*) bloque *m* de pisos; **~ letters** *npl* letras *fpl* de molde.
bloke [bləuk] *n* (*Brit col*) tipo, tío.
blond(e) [blɔnd] *a, n* rubio/a *m/f*.
blood [blʌd] *n* sangre *f*; **~ donor** *n* donador(a) *m/f* de sangre; **~ group** *n* grupo sanguíneo; **~hound** *n* sabueso; **~ poisoning** *n* envenenamiento de la sangre; **~ pressure** *n* presión *f* sanguínea; **~shed** *n* derramamiento de sangre; **~shot** *a* inyectado en sangre; **~stream** *n* corriente *f* sanguínea; **~ test** *n* análisis *m inv* de sangre; **~thirsty** *a* sanguinario; **~ transfusion** *n* transfusión *f* de sangre; **~y** *a* sangriento; (*Brit col!*): **this ~y...** este condenado *o* puñetero... (*!*) // *ad*: **~y strong/good** (*Brit col!*) terriblemente fuerte/bueno; **~y-minded** *a* (*Brit col*): **to be ~y-minded** ser un malasangre.
bloom [blu:m] *n* floración *f*; **in ~** en flor // *vi* florecer; **~ing** *a* (*col*): **this ~ing...** este condenado... .
blossom ['blɔsəm] *n* flor *f* // *vi* (*also fig*) florecer; (*person*) realizarse.
blot [blɔt] *n* borrón *m* // *vt* (*dry*) secar; (*stain*) manchar; **to ~ out** *vt* (*view*) tapar; (*memories*) borrar.
blotchy ['blɔtʃɪ] *a* (*complexion*) lleno de manchas.
blotting paper ['blɔtɪŋ-] *n* papel *m* secante.
blouse [blauz] *n* blusa.
blow [bləu] *n* golpe *m* // *vb* (*pt* **blew** [blu:], *pp* **blown** [bləun]) *vi* soplar; (*fuse*) fundirse // *vt* (*glass*) soplar; (*fuse*) quemar; (*instrument*) tocar; **to ~ one's nose** sonarse; **to ~ away** *vt* llevarse, arrancar; **to ~ down** *vt* derribar; **to ~ off** *vt* arrebatar; **to ~ out** *vi* apagarse; **to ~ over** *vi* amainar; **to ~ up** *vi* estallar // *vt* volar; (*tyre*) inflar; (*PHOT*) ampliar; **blow-dry** *n* moldeado (con secador); **~lamp** *n* (*Brit*) soplete *m*, lámpara de soldar; **~-out** *n* (*of tyre*) pinchazo; **~torch** *n* = **~lamp**.
blubber ['blʌbə*] *n* grasa de ballena // *vi* (*pej*) lloriquear.
blue [blu:] *a* azul; **~ film/joke** film/chiste verde; **out of the ~** (*fig*) completamente inesperado; **to have the ~s** estar decaído; **~bell** *n* campanilla, campánula azul; **~bottle** *n* moscarda, mosca azul; **~ jeans** *npl* bluejean *m inv*, vaqueros *mpl*; **~print** *n* (*fig*) anteproyecto.
bluff [blʌf] *vi* hacer un bluff, farolear // *n* bluff *m*, farol *m*; **to call sb's ~** coger a uno en un renuncio.
blunder ['blʌndə*] *n* patinazo, metedura de pata // *vi* cometer un error, meter la pata.
blunt [blʌnt] *a* embotado, desafilado; (*person*) franco, directo // *vt* embotar, desafilar.
blur [blə:*] *n* aspecto borroso // *vt* (*vision*) enturbiar; (*memory*) empañar.
blurb [blə:b] *n* comentario de sobrecubierta.
blurt [blə:t] *vt*: **to ~ out** (*say*) descolgarse con, dejar escapar.
blush [blʌʃ] *vi* ruborizarse, ponerse colorado // *n* rubor *m*.
blustering ['blʌstərɪŋ] *a* (*person*) fanfarrón/ona.
blustery ['blʌstərɪ] *a* (*weather*) tempestuoso, tormentoso.
boar [bɔ:*] *n* verraco, cerdo.
board [bɔ:d] *n* tabla, tablero; (*on wall*) tablón *m*; (*for chess etc*) tablero; (*committee*) junta, consejo; (*in firm*) mesa *or* junta directiva; (*NAUT, AVIAT*): **on ~** a bordo // *vt* (*ship*) embarcarse en; (*train*) subir a; **full ~** (*Brit*) pensión completa; **half ~** (*Brit*) media pensión; **to go by the ~** (*fig*) ser abandonado *or* olvidado; **to ~ up** *vt* (*door*) tapiar; **~ and lodging** *n* casa y comida; **~er** *n* huésped(a) *m/f*; (*SCOL*) interno/a; **~ing card** *n* (*Brit*) tarjeta de embarque; **~ing house** *n* casa de huéspedes; **~ing pass** *n* (*US*) = **~ing card**; **~ing school** *n* internado; **~ room** *n* sala de juntas.
boast [bəust] *vi*: **to ~ (about *or* of)** alardear (de) // *vt* ostentar // *n* alarde *m*, baladronada.
boat [bəut] *n* barco, buque *m*; (*small*) barca, bote *m*; **~er** *n* (*hat*) canotié *m*; **~swain** ['bəusn] *n* contramaestre *m*.
bob [bɔb] *vi* (*boat, cork on water*: *also*: **~ up and down**) menearse, balancearse // *n* (*Brit col*) = **shilling**; **to ~ up** *vi* (re)aparecer de repente.
bobby ['bɔbɪ] *n* (*Brit col*) poli *m*.
bobsleigh ['bɔbsleɪ] *n* bob *m*.
bode [bəud] *vi*: **to ~ well/ill (for)** ser prometedor/poco prometedor (para).
bodily ['bɔdɪlɪ] *a* corpóreo, corporal // *ad* (*move*: *person*) en peso; (: *building*) de una pieza.

body ['bɔdɪ] *n* cuerpo; (*corpse*) cadáver *m*; (*of car*) caja, carrocería; (*fig*: *organization*) organismo; (*fig*: *quantity*) masa; **~-building** *n* culturismo; **~guard** *n* guardaespaldas *m inv*; **~work** *n* carrocería.

bog [bɔg] *n* pantano, ciénaga // *vt*: **to get ~ged down** (*fig*) empantanarse, atascarse.

boggle ['bɔgl] *vi*: **the mind ~s!** ¡no puedo creerlo!

bogus ['bəugəs] *a* falso, fraudulento; (*person*) fingido.

boil [bɔɪl] *vt* cocer; (*eggs*) pasar por agua // *vi* hervir // *n* (MED) furúnculo, divieso; **to come to the** (*Brit*) *or* **a** (*US*) **~** comenzar a hervir; **to ~ down to** (*fig*) reducirse a; **to ~ over** *vi* rebosar; (*anger etc*) llegar al colmo; **~ed egg** *n* huevo cocido (*Sp*) *or* pasado (*LAm*); **~ed potatoes** *npl* patatas *fpl or* papas *fpl* (*LAm*) hervidas; **~er** *n* caldera; **~er suit** *n* (*Brit*) mono; **~ing point** *n* punto de ebullición.

boisterous ['bɔɪstərəs] *a* (*noisy*) bullicioso; (*excitable*) exuberante; (*crowd*) tumultuoso.

bold [bəuld] *a* (*brave*) valiente, audaz; (*pej*) descarado; (*outline*) grueso; (*colour*) llamativo.

Bolivia [bə'lɪvɪə] *n* Bolivia; **~n** *a*, *n* boliviano/a *m/f*.

bollard ['bɔləd] *n* (*Brit* AUT) poste *m*.

bolster ['bəulstə*] *n* travesero, cabezal *m*; **to ~ up** *vt* reforzar.

bolt [bəult] *n* (*lock*) cerrojo; (*with nut*) perno, tornillo // *ad*: **~ upright** rígido, erguido // *vt* (*door*) echar el cerrojo a; (*food*) engullir // *vi* fugarse; (*horse*) desbocarse.

bomb [bɔm] *n* bomba // *vt* bombardear; **~ard** [-'bɑ:d] *vt* bombardear; (*fig*) asediar; **~ardment** [-'bɑ:dmənt] *n* bombardeo.

bombastic [bɔm'bæstɪk] *a* rimbombante; (*person*) farolero.

bomb: **~ disposal** *n* desmontaje *m* de explosivos; **~er** *n* (AVIAT) bombardero; **~shell** *n* obús *m*, granada; (*fig*) bomba.

bona fide ['bəunə'faɪdɪ] *a* genuino, auténtico.

bond [bɔnd] *n* (*binding promise*) fianza; (FINANCE) bono; (*link*) vínculo, lazo; (COMM): **in ~** en depósito bajo fianza.

bondage ['bɔndɪdʒ] *n* esclavitud *f*.

bone [bəun] *n* hueso; (*of fish*) espina // *vt* deshuesar; quitar las espinas a; **~-dry** *a* completamente seco; **~ idle** *a* gandul.

bonfire ['bɔnfaɪə*] *n* hoguera, fogata.

bonnet ['bɔnɪt] *n* gorra; (*Brit*: *of car*) capó *m*.

bonus ['bəunəs] *n* sobrepaga, prima.

bony ['bəunɪ] *a* (*arm, face,* MED: *tissue*) huesudo; (*meat*) lleno de huesos; (*fish*) lleno de espinas.

boo [bu:] *vt* abuchear, rechiflar.

booby trap ['bu:bɪ-] *n* trampa explosiva.

book [buk] *n* libro; (*notebook*) libreta; (*of stamps etc*) librito; (COMM): **~s** cuentas *fpl*, contabilidad *f* // *vt* (*ticket, seat, room*) reservar; (*driver*) fichar; **~case** *n* librería, estante *m* para libros; **~ing office** *n* (*Brit* RAIL) despacho de billetes *or* boletos (*LAm*); (THEATRE) taquilla, boletería (*LAm*); **~-keeping** *n* contabilidad *f*; **~let** *n* folleto; **~maker** *n* corredor *m* de apuestas; **~seller** *n* librero; **~shop, ~ store** *n* librería.

boom [bu:m] *n* (*noise*) trueno, estampido; (*in prices etc*) alza rápida; (ECON) boom *m*, auge *m* // *vi* (*cannon*) hacer gran estruendo, retumbar; (ECON) estar en alza.

boon [bu:n] *n* favor *m*, beneficio.

boost [bu:st] *n* estímulo, empuje *m* // *vt* estimular, empujar; **~er** *n* (MED) reinyección *f*.

boot [bu:t] *n* bota; (*Brit*: *of car*) maleta, maletero // *vt* dar un puntapié a; (COMPUT) arrancar; **to ~** (*in addition*) además, por añadidura.

booth [bu:ð] *n* (*at fair*) barraca; (*telephone ~, voting ~*) cabina.

booty ['bu:tɪ] *n* botín *m*.

booze [bu:z] *n* (*col*) bebida, trago // *vi* emborracharse.

border ['bɔ:də*] *n* borde *m*, margen *m*; (*of a country*) frontera // *a* fronterizo; **the B~s** *región fronteriza entre Escocia e Inglaterra;* **to ~ on** *vt fus* lindar con; (*fig*) rayar en; **~line** *n* (*fig*) frontera.

bore [bɔ:*] *pt of* **bear** // *vt* (*hole*) hacer un agujero en; (*well*) perforar; (*person*) aburrir // *n* (*person*) pelmazo, pesado; (*of gun*) calibre *m*; **~d** *a* aburrido; **~dom** *n* aburrimiento.

boring ['bɔ:rɪŋ] *a* aburrido.

born [bɔ:n] *a*: **to be ~** nacer; **I was ~ in 1960** nací en 1960.

borne [bɔ:n] *pp of* **bear**.

borough ['bʌrə] *n* municipio.

borrow ['bɔrəu] *vt*: **to ~ sth (from sb)** tomar algo prestado (a alguien).

bosom ['buzəm] *n* pecho; (*fig*) seno.

boss [bɔs] *n* jefe/a *m/f*; (*employer*) patrón/ona *m/f*; (*political etc*) cacique *m* // *vt* (*also*: **~ about** *or* **around**) mangonear; **~y** *a* mandón/ona.

bosun ['bəusn] *n* contramaestre *m*.

botany ['bɔtənɪ] *n* botánica.

botch [bɔtʃ] *vt* (*also*: **~ up**) arruinar, estropear.

both [bəuθ] *a, pron* ambos/as, los/las dos; **~ of us went, we ~ went** fuimos los dos, ambos fuimos // *ad*: **~ A and B** tanto A como B.

bother ['bɔðə*] *vt* (*worry*) preocupar; (*disturb*) molestar, fastidiar // *vi* (*gen*: **~ o.s.**) molestarse // *n*: **what a ~!** ¡qué lata!; to ~ **doing** tomarse la molestia de hacer.

bottle ['bɔtl] *n* botella; (*small*) frasco; (*baby's*) biberón *m* // *vt* embotellar; **to ~ up** *vt* suprimir; **~neck** *n* embotellamiento; **~-opener** *n* abrebotellas *m inv*.

bottom ['bɔtəm] *n* (*of box, sea*) fondo; (*buttocks*) trasero, culo; (*of page*) pie *m*; (*of list*) final *m* // *a* (*lowest*) más bajo; (*last*) último; **~less** *a* sin fondo, insondable.

bough [bau] *n* rama.

bought [bɔ:t] *pt, pp of* **buy**.

boulder ['bəuldə*] *n* canto rodado.

bounce [bauns] *vi* (*ball*) (re)botar; (*cheque*) ser rechazado // *vt* hacer (re)botar // *n* (*rebound*) (re)bote *m*; **~r** *n* (*col*) matón/ona *m/f*.

bound [baund] *pt, pp of* **bind** // *n* (*leap*) salto; (*gen pl: limit*) límite *m* // *vi* (*leap*) saltar // *a*: **~ by** rodeado de; **to be ~ to do sth** (*obliged*) tener el deber de hacer algo; **he's ~ to come** es seguro que vendrá; **out of ~s** prohibido el paso; **~ for** con destino a.

boundary ['baundrı] *n* límite *m*.

boundless ['baundlıs] *a* ilimitado.

bouquet ['bukeı] *n* (*of flowers*) ramo; (*of wine*) aroma *m*.

bourgeois ['buɛʒwɑ:] *a, n* burgués/esa *m/f*.

bout [baut] *n* (*of malaria etc*) ataque *m*; (*BOXING etc*) combate *m*, encuentro.

bow [bəu] *n* (*knot*) lazo; (*weapon, MUS*) arco // *n* [bau] (*of the head*) reverencia; (*NAUT: also*: **~s**) proa // *vi* [bau] inclinarse, hacer una reverencia; (*yield*): **to ~ to** *or* **before** ceder ante, someterse a.

bowels [bauəlz] *npl* intestinos *mpl*, vientre *m*.

bowl [bəul] *n* tazón *m*, cuenco; (*for washing*) palangana, jofaina; (*ball*) bola // *vi* (*CRICKET*) arrojar la pelota; **~s** *n* juego de las bochas, bolos *mpl*.

bow-legged ['bəu'lɛgıd] *a* estevado.

bowler ['bəulə*] *n* (*CRICKET*) lanzador *m* (de la pelota); (*Brit: also*: **~ hat**) hongo, bombín *m*.

bowling ['bəulıŋ] *n* (*game*) bochas *fpl*, bolos *mpl*; **~ alley** *n* bolera; **~ green** *n* pista para bochas.

bow tie ['bəu-] *n* corbata de lazo, pajarita.

box [bɔks] *n* (*also*: **cardboard ~**) caja, cajón *m*; (*for jewels*) estuche *m*; (*for money*) cofre *m*; (*THEATRE*) palco // *vt* encajonar // *vi* (*SPORT*) boxear; **~er** *n* (*person*) boxeador *m*; (*dog*) boxer *m*; **~ing** *n* (*SPORT*) boxeo; **B~ing Day** *n* (*Brit*) *día de San Esteban, 26 de diciembre*; **~ing gloves** *npl* guantes *mpl* de boxeo; **~ing ring** *n* ring *m*, cuadrilátero; **~ office** *n* taquilla, boletería (*LAm*); **~room** *n* trastero.

boy [bɔı] *n* (*young*) niño; (*older*) muchacho.

boycott ['bɔıkɔt] *n* boicot *m* // *vt* boicotear.

boyfriend ['bɔıfrɛnd] *n* novio.

boyish ['bɔııʃ] *a* muchachil.

B.R. *abbr* = **British Rail**.

bra [brɑ:] *n* sostén *m*, sujetador *m*.

brace [breıs] *n* refuerzo, abrazadera; (*Brit: also*: **~s**: *on teeth*) corrector *m*; (*tool*) berbiquí *m* // *vt* asegurar, reforzar; **~s** *npl* (*Brit*) tirantes *mpl*; **to ~ o.s. (for)** (*fig*) prepararse (para).

bracelet ['breıslıt] *n* pulsera, brazalete *m*.

bracing ['breısıŋ] *a* vigorizante, tónico.

bracken ['brækən] *n* helecho.

bracket ['brækıt] *n* (*TECH*) soporte *m*, puntal *m*; (*group*) clase *f*, categoría; (*also*: **brace ~**) soporte *m*, abrazadera; (*also*: **round ~**) paréntesis *m inv*; (*gen*: **square ~**) corchete *m* // *vt* (*group*) agrupar.

brag [bræg] *vi* jactarse.

braid [breıd] *n* (*trimming*) galón *m*; (*of hair*) trenza.

brain [breın] *n* cerebro; **~s** *npl* sesos *mpl*; **she's got ~s** es muy lista; **~child** *n* parto del ingenio; **~wash** *vt* lavar el cerebro; **~wave** *n* idea luminosa; **~y** *a* muy inteligente.

braise [breız] *vt* cocer a fuego lento.

brake [breık] *n* (*on vehicle*) freno // *vt, vi* frenar; **~ fluid** *n* líquido de frenos; **~ light** *n* luz *f* de frenado.

bramble ['bræmbl] *n* zarza.

bran [bræn] *n* salvado.

branch [brɑ:ntʃ] *n* rama; (*fig*) ramo; (*COMM*) sucursal *f* // *vi* (*also*: **~ out**) ramificarse; (: *fig*) extenderse.

brand [brænd] *n* marca; (*iron*) hierro de marcar // *vt* (*cattle*) marcar con hierro candente.

brandish ['brændıʃ] *vt* blandir.

brand-new ['brænd'nju:] *a* flamante, completamente nuevo.

brandy ['brændı] *n* coñac *m*, brandy *m*.

brash [bræʃ] *a* (*rough*) tosco; (*cheeky*) descarado.

brass [brɑ:s] *n* latón *m*; **the ~** (*MUS*) los cobres; **~ band** *n* banda de metal.

brassière ['bræsıə*] *n* sostén *m*, sujetador *m*.

brat [bræt] *n* (*pej*) mocoso/a.

bravado [brə'vɑ:dəu] *n* fanfarronería.

brave [breıv] *a* valiente, valeroso // *n* guerrero indio // *vt* (*challenge*) desafiar; (*resist*) aguantar; **~ry** *n* valor *m*, valentía.

brawl [brɔ:l] *n* pendencia, reyerta // *vi* pelearse.

brawn [brɔ:n] *n* fuerza muscular; (*meat*) carne *f* en gelatina.

bray [breı] *n* rebuzno // *vi* rebuznar.

brazen ['breızn] *a* descarado, cínico // *vt*: **to ~ it out** echarle cara.

brazier ['breɪzɪə*] *n* brasero.
Brazil [brə'zɪl] *n* (el) Brasil; **~ian** *a*, *n* brasileño/a *m/f*.
breach [bri:tʃ] *vt* abrir brecha en // *n* (*gap*) brecha; (*breaking*): **~ of confidence** abuso de confianza; **~ of contract** infracción *f* de contrato; **~ of the peace** perturbación *f* del órden público.
bread [brɛd] *n* pan *m*; **~ and butter** *n* pan con mantequilla; (*fig*) pan (de cada día) // *a* común y corriente; **~bin**, (*US*) **~box** *n* panera; **~crumbs** *npl* migajas *fpl*; (*CULIN*) pan molido; **~line** *n*: **on the ~line** en la miseria.
breadth [brɛtθ] *n* anchura; (*fig*) amplitud *f*.
breadwinner ['brɛdwɪnə*] *n* sostén *m* de la familia.
break [breɪk] *vb* (*pt* **broke**, *pp* **broken**) *vt* (*gen*) romper; (*promise*) faltar a; (*fall*) amortiguar; (*journey*) interrumpir; (*law*) violar, infringir; (*record*) batir; (*news*) comunicar // *vi* romperse, quebrarse; (*storm*) estallar; (*weather*) cambiar // *n* (*gap*) abertura; (*crack*) grieta; (*fracture*) fractura; (*in relations*) ruptura; (*rest*) descanso; (*time*) intérvalo; (: *at school*) (período de) recreo; (*chance*) oportunidad *f*; **to ~ down** *vt* (*figures, data*) analizar, descomponer; (*undermine*) acabar con // *vi* estropearse; (*MED*) sufrir un colapso; (*AUT*) averiarse; (*person*) romper a llorar; **to ~ even** *vi* cubrir los gastos; **to ~ free** *or* **loose** *vi* escaparse; **to ~ in** *vt* (*horse etc*) domar // *vi* (*burglar*) forzar una entrada; **to ~ into** *vt fus* (*house*) forzar; **to ~ off** *vi* (*speaker*) pararse, detenerse; (*branch*) partir; **to ~ open** *vt* (*door etc*) abrir por la fuerza, forzar; **to ~ out** *vi* estallar; **to ~ out in spots** salir a uno granos; **to ~ up** *vi* (*partnership*) disolverse; (*friends*) romper // *vt* (*rocks etc*) partir; (*crowd*) disolver; **~age** *n* rotura; **~down** *n* (*AUT*) avería; (*in communications*) interrupción *f*; (*MED*: *also*: **nervous ~down**) colapso, crisis *f* nerviosa; **~down van** *n* (*Brit*) (camión *m*) grúa; **~er** *n* rompiente *m*.
breakfast ['brɛkfəst] *n* desayuno.
break: **~-in** *n* robo con allanamiento de morada; **~ing and entering** *n* (*LAW*) violación *f* de domicilio, allanamiento de morada; **~through** *n* (*fig*) avance *m*; **~water** *n* rompeolas *m inv*.
breast [brɛst] *n* (*of woman*) pecho, seno; (*chest*) pecho; (*of bird*) pechuga; **to ~-feed** *vt*, *vi* (*irg*: *like* **feed**) amamantar, criar a los pechos; **~-stroke** *n* braza de pecho.
breath [brɛθ] *n* aliento, respiración *f*; **out of ~** sin aliento, sofocado.
Breathalyser ['brɛθəlaɪzə*] *n* ® (*Brit*) alcoholímetro *m*; **~ test** *n* prueba de alcoholemia.
breathe [bri:ð] *vt*, *vi* respirar; (*noisily*) resollar; **to ~ in** *vt*, *vi* aspirar; **to ~ out** *vt*, *vi* espirar; **~r** *n* respiro; **breathing** *n* respiración *f*.
breath: **~less** *a* sin aliento, jadeante; **~taking** *a* imponente, pasmoso.
breed [bri:d] *vb* (*pt*, *pp* **bred** [brɛd]) *vt* criar // *vi* reproducirse, procrear // *n* raza, casta; **~er** *n* (*person*) criador(a) *m/f*; **~ing** *n* (*of person*) educación *f*.
breeze [bri:z] *n* brisa.
breezy ['bri:zɪ] *a* de mucho viento, ventoso; (*person*) despreocupado.
brevity ['brɛvɪtɪ] *n* brevedad *f*.
brew [bru:] *vt* (*tea*) hacer; (*beer*) elaborar; (*plot*) tramar // *vi* hacerse; elaborarse; tramarse; (*storm*) amenazar; **~er** *n* cervecero; **~ery** *n* fábrica de cerveza, cervecería.
bribe [braɪb] *n* soborno // *vt* sobornar, cohechar; **~ry** *n* soborno, cohecho.
bric-a-brac ['brɪkabræk] *n inv* baratijas *fpl*.
brick [brɪk] *n* ladrillo; **~layer** *n* albañil *m*; **~works** *n* ladrillar *m*.
bridal ['braɪdl] *a* nupcial.
bride [braɪd] *n* novia; **~groom** *n* novio; **~smaid** *n* dama de honor.
bridge [brɪdʒ] *n* puente *m*; (*NAUT*) puente *m* de mando; (*of nose*) caballete *m*; (*CARDS*) bridge *m* // *vt* (*river*) tender un puente sobre.
bridle ['braɪdl] *n* brida, freno // *vt* poner la brida a; (*fig*) reprimir, refrenar; **~ path** *n* camino de herradura.
brief [bri:f] *a* breve, corto // *n* (*LAW*) escrito // *vt* (*inform*) informar; (*instruct*) dar instrucciones a; **~s** *npl* (*for men*) calzoncillos *mpl*; (*for women*) bragas *fpl*; **~case** *n* cartera, portafolio (*LAm*); **~ing** *n* (*PRESS*) informe *m*; **~ly** *ad* (*smile, glance*) fugazmente; (*explain, say*) en pocas palabras.
brigadier [brɪgə'dɪə*] *n* general *m* de brigada.
bright [braɪt] *a* claro; (*room*) luminoso; (*day*) de sol; (*person*: *clever*) listo, inteligente; (: *lively*) alegre; (*colour*) vivo; **~en** (*also*: **~en up**) *vt* (*room*) hacer más alegre // *vi* (*weather*) despejarse; (*person*) animarse, alegrarse.
brilliance ['brɪljəns] *n* brillo, brillantez *f*.
brilliant ['brɪljənt] *a* brillante.
brim [brɪm] *n* borde *m*; (*of hat*) ala.
brine [braɪn] *n* (*CULIN*) salmuera.
bring [brɪŋ], *pt*, *pp* **brought** *vt* (*thing*) traer; (*person*) conducir; **to ~ about** *vt* ocasionar, producir; **to ~ back** *vt* volver a traer; (*return*) devolver; **to ~ down** *vt* bajar; (*price*) rebajar; **to ~ forward** *vt* adelantar; **to ~ off** *vt* (*task, plan*) lograr, conseguir; **to ~ out** *vt* (*object*) sacar; **to ~ round** *vt* (*unconscious person*) hacer volver en sí;

(*convince*) convencer; **to ~ up** *vt* (*person*) educar, criar; (*carry up*) subir; (*question*) sacar a colación; (*food*: *vomit*) devolver, vomitar.
brink [brɪŋk] *n* borde *m*.
brisk [brɪsk] *a* enérgico, vigoroso; (*speedy*) rápido; (*trade*) activo.
brisket ['brɪskɪt] *n* carne *f* de vaca para asar.
bristle ['brɪsl] *n* cerda // *vi* erizarse.
Britain ['brɪtən] *n* (*also*: Great ~) Gran Bretaña.
British ['brɪtɪʃ] *a* británico; **the ~** *npl* los británicos; **the ~ Isles** *npl* las Islas Británicas; **~ Rail (B.R.)** *n* ≈ RENFE *f* (*Sp*).
Briton ['brɪtən] *n* británico/a.
brittle ['brɪtl] *a* quebradizo, frágil.
broach [brəutʃ] *vt* (*subject*) abordar.
broad [brɔ:d] *a* ancho, amplio; (*accent*) cerrado; in **~ daylight** en pleno día; **~cast** *n* emisión *f* // *vb* (*pt*, *pp* **~cast**) *vt* (RADIO) emitir; (TV) transmitir // *vi* emitir; transmitir; **~casting** *n* radiodifusión *f*, difusión *f*; **~en** *vt* ensanchar // *vi* ensancharse; **~ly** *ad* en general; **~-minded** *a* tolerante, liberal.
broccoli ['brɔkəlɪ] *n* brécol *m*.
brochure ['brəuʃjuə*] *n* folleto.
broil [brɔɪl] *vt* (*US*) asar a la parrilla.
broke [brəuk] *pt of* **break** // *a* (*col*) pelado, sin blanca.
broken ['brəukən] *pp of* **break** // *a*: **~ leg** pierna rota; **in ~ English** en un inglés imperfecto; **~-hearted** *a* con el corazón partido.
broker ['brəukə*] *n* agente *m/f*, bolsista *m/f*.
brolly ['brɔlɪ] *n* (*Brit col*) paraguas *m inv*.
bronchitis [brɔŋ'kaɪtɪs] *n* bronquitis *f*.
bronze [brɔnz] *n* bronce *m*.
brooch [brəutʃ] *n* prendedor *m*.
brood [bru:d] *n* camada, cría; (*children*) progenie *f* // *vi* (*hen*) empollar; **to ~ over sth** dejarse obsesionar por algo.
brook [bruk] *n* arroyo.
broom [brum] *n* escoba; (BOT) retama; **~stick** *n* palo de escoba.
Bros. *abbr* (= *Brothers*) Hnos.
broth [brɔθ] *n* caldo.
brothel ['brɔθl] *n* burdel *m*.
brother ['brʌðə*] *n* hermano; **~-in-law** *n* cuñado.
brought [brɔ:t] *pt*, *pp of* **bring**.
brow [brau] *n* (*forehead*) frente *m*; (*of hill*) cumbre *f*.
brown [braun] *a* moreno; (*hair*) castaño; (*tanned*) bronceado // *n* (*colour*) color *m* moreno *or* pardo // *vt* (*tan*) broncear; (CULIN) dorar; **~ bread** *n* pan moreno.
brownie ['braunɪ] *n* niña exploradora.
brown paper *n* papel *m* de estraza.
brown sugar *n* azúcar *m* terciado.
browse [brauz] *vi* (*among books*) hojear libros.
bruise [bru:z] *n* cardenal *m*, moretón *m* (*LAm*) // *vt* magullar.
brunch [brʌnʃ] *n desayuno-almuerzo*.
brunette [bru:'nɛt] *n* morena.
brunt [brʌnt] *n*: **to bear the ~ of** llevar el peso de.
brush [brʌʃ] *n* cepillo; (*large*) escoba; (*for painting*, *shaving etc*) brocha; (*artist's*) pincel *m*; (BOT) maleza; (*with police etc*) roce *m* // *vt* cepillar; (*gen*: **~ past**, **~ against**) rozar al pasar; **to ~ aside** *vt* rechazar, no hacer caso a; **to ~ up** *vt* (*knowledge*) repasar, refrescar; **~wood** *n* (*bushes*) maleza; (*sticks*) leña.
brusque [bru:sk] *a* brusco, áspero.
Brussels ['brʌslz] *n* Bruselas; **~ sprout** *n* col de Bruselas.
brutal ['bru:tl] *a* brutal.
brute [bru:t] *n* bruto; (*person*) bestia // *a*: **by ~ force** a fuerza bruta.
B.Sc. *abbr* = **Bachelor of Science**.
bubble ['bʌbl] *n* burbuja; (*in paint*) ampolla // *vi* burbujear, borbotar; **~ bath** *n* espuma para el baño; **~ gum** *n* chicle *m* de globo.
buck [bʌk] *n* macho; (*US col*) dólar *m* // *vi* corcovear; **to pass the ~ (to sb)** echar (a uno) el muerto; **to ~ up** *vi* (*cheer up*) animarse, cobrar ánimo.
bucket ['bʌkɪt] *n* cubo, balde *m*.
buckle ['bʌkl] *n* hebilla // *vt* abrochar con hebilla // *vi* combarse.
bud [bʌd] *n* brote *m*, yema; (*of flower*) capullo // *vi* brotar, echar brotes.
Buddhism ['budɪzm] *n* Budismo.
budding ['bʌdɪŋ] *a* en ciernes, en embrión.
buddy ['bʌdɪ] *n* (*US*) compañero, compinche *m*.
budge [bʌdʒ] *vt* mover; (*fig*) hacer ceder // *vi* moverse.
budgerigar ['bʌdʒərɪgɑ:*] *n* periquito.
budget ['bʌdʒɪt] *n* presupuesto // *vi*: **to ~ for sth** presupuestar algo.
budgie ['bʌdʒɪ] *n* = **budgerigar**.
buff [bʌf] *a* (*colour*) color de ante // *n* (*enthusiast*) entusiasta *m/f*.
buffalo ['bʌfələu], *pl* **~** *or* **~es** *n* (*Brit*) búfalo; (*US*: *bison*) bisonte *m*.
buffer ['bʌfə*] *n* amortiguador *m*; (COMPUT) memoria intermedia.
buffet ['bufeɪ] *n* (*Brit*: *bar*) bar *m*, cafetería; (*food*) buffet *m* // *vt* ['bʌfɪt] (*strike*) abofetear; (*wind etc*) golpear; **~ car** *n* (*Brit* RAIL) coche-comedor *m*.
bug [bʌg] *n* (*insect*) chinche *m*; (: *gen*) bicho, sabandija; (*germ*) microbio, bacilo; (*spy device*) micrófono oculto // *vt* (*fam*) fastidiar; (*room*) poner micrófono oculto en.
bugle ['bju:gl] *n* corneta, clarín *m*.
build [bɪld] *n* (*of person*) talle *m*, tipo // *vt* (*pt*, *pp* **built**) construir, edificar; **to**

~ **up** *vt* (*MED*) fortalecer; (*stocks*) acumular; **~er** *n* constructor(a) *m/f*; (*contractor*) contratista *m/f*; **~ing** *n* (*act of*) construcción *f*; (*habitation, offices*) edificio; **~ing society** *n* (*Brit*) sociedad *f* inmobiliaria, cooperativa de construcciones.

built [bɪlt] *pt, pp of* **build** // *a*: **~-in** (*cupboard*) empotrado; (*device*) interior, incorporado; **~-up** (*area*) urbanizado.

bulb [bʌlb] *n* (*BOT*) bulbo; (*ELEC*) bombilla, foco (*LAm*).

Bulgaria [bʌl'gɛərɪə] *n* Bulgaria; **~n** *a, n* búlgaro/a *m/f*.

bulge [bʌldʒ] *n* bombeo, pandeo // *vi* bombearse, pandearse; (*pocket etc*) hacer bulto.

bulk [bʌlk] *n* (*mass*) bulto, volumen *m*; (*major part*) grueso; **in ~** (*COMM*) a granel; **the ~ of** la mayor parte de; **~head** *n* mamparo; **~y** *a* voluminoso, abultado.

bull [bul] *n* toro; **~dog** *n* dogo.

bulldozer ['buldəuzə*] *n* aplanadora, motoniveladora.

bullet ['bulɪt] *n* bala.

bulletin ['bulɪtɪn] *n* anuncio, parte *m*; **~ board** *n* (*US*) tablón *m* de anuncios.

bullet: ~proof *a* a prueba de balas; **~ wound** *n* balazo.

bullfight ['bulfaɪt] *n* corrida de toros; **~er** *n* torero; **~ing** *n* los toros *mpl*, el toreo; (*art of ~ing*) tauromaquia.

bullion ['buljən] *n* oro *or* plata en barras.

bullock ['bulək] *n* novillo.

bullring ['bulrɪŋ] *n* plaza de toros.

bull's-eye ['bulzaɪ] *n* centro del blanco.

bully ['bulɪ] *n* valentón *m*, matón *m* // *vt* intimidar, tiranizar.

bum [bʌm] *n* (*Brit*: *col*: *backside*) culo; (*tramp*) vagabundo.

bumblebee ['bʌmblbi:] *n* abejorro.

bump [bʌmp] *n* (*blow*) tope *m*, choque *m*; (*jolt*) sacudida; (*on road etc*) bache *m*; (*on head*) chichón *m* // *vt* (*strike*) chocar contra, topetar // *vi* dar sacudidas; **to ~ into** *vt fus* chocar contra, tropezar con; (*person*) topar con; **~er** *n* (*Brit*) parachoques *m inv* // *a*: ~er crop/harvest cosecha abundante; **~er cars** *npl* coches *mpl* de choque.

bumptious ['bʌmpʃəs] *a* engreído, presuntuoso.

bumpy ['bʌmpɪ] *a* (*road*) lleno de baches; (*journey*) zarandeado.

bun [bʌn] *n* (*Brit*: *cake*) pastel *m*; (*US*: *bread*) bollo; (*of hair*) moño.

bunch [bʌntʃ] *n* (*of flowers*) ramo; (*of keys*) manojo; (*of bananas*) piña; (*of people*) grupo; (*pej*) pandilla.

bundle ['bʌndl] *n* (*gen*) bulto, fardo; (*of sticks*) haz *m*; (*of papers*) legajo // *vt* (*also*: **~ up**) atar, envolver; **to ~ sth/sb into** meter algo/a alguien precipitadamente en.

bungalow ['bʌŋgələu] *n* bungalow *m*, chalé *m*.

bungle ['bʌŋgl] *vt* chapucear.

bunion ['bʌnjən] *n* juanete *m*.

bunk [bʌŋk] *n* litera; **~ beds** *npl* literas *fpl*.

bunker ['bʌŋkə*] *n* (*coal store*) carbonera; (*MIL*) refugio; (*GOLF*) bunker *m*.

bunny ['bʌnɪ] *n* (*also*: **~ rabbit**) conejito.

bunting ['bʌntɪŋ] *n* empavesada, banderas *fpl*.

buoy [bɔɪ] *n* boya; **to ~ up** *vt* mantener a flote; (*fig*) animar; **~ancy** *n* (*of ship*) capacidad *f* para flotar; **~ant** *a* (*carefree*) boyante, optimista.

burden ['bə:dn] *n* carga // *vt* cargar.

bureau [bjuə'rəu], *pl* **~x** [-z] *n* (*Brit*: *writing desk*) escritorio, buró *m*; (*US*: *chest of drawers*) cómoda; (*office*) oficina, agencia.

bureaucracy [bjuə'rɔkrəsɪ] *n* burocracia; **bureaucrat** ['bjuərəkræt] *n* burócrata *m/f*.

burglar ['bə:glə*] *n* ladrón/ona *m/f*; **~ alarm** *n* alarma de ladrones; **~y** *n* robo con allanamiento, robo de una casa.

burial ['bɛrɪəl] *n* entierro.

burly ['bə:lɪ] *a* fornido, membrudo.

Burma ['bə:mə] *n* Birmania.

burn [bə:n] *vb* (*pt, pp* **burned** *or* **burnt**) *vt* quemar; (*house*) incendiar // *vi* quemarse, arder; incendiarse; (*sting*) escocer // *n* quemadura; **to ~ down** *vt* incendiar; **~er** *n* (*gas*) quemador *m*; **~ing** *a* ardiente.

burrow ['bʌrəu] *n* madriguera // *vt* hacer una madriguera.

bursar ['bə:sə*] *n* tesorero; (*Brit*: *student*) becario/a; **~y** *n* (*Brit*) beca.

burst [bə:st] (*pt, pp* **burst**) *vt* (*balloon, pipe*) reventar; (*banks etc*) romper // *vi* reventarse; romperse; (*tyre*) pincharse; (*bomb*) estallar // *n* (*explosion*) estallido; (*also*: **~ pipe**) reventón *m*; **a ~ of energy** una explosión *f* de energía; **to ~ into flames** estallar en llamas; **to ~ out laughing** soltar la carcajada; **to ~ into tears** deshacerse en lágrimas; **to be ~ing with** reventar por *or* de; **to ~ into** *vt fus* (*room etc*) irrumpir en; **to ~ open** *vi* abrirse de golpe.

bury ['bɛrɪ] *vt* enterrar; (*body*) enterrar, sepultar.

bus [bʌs] *n* autobús *m*.

bush [buʃ] *n* arbusto; (*scrub land*) monte *m*; **to beat about the ~** andar(se) con rodeos; **~y** *a* (*thick*) espeso, poblado.

busily ['bɪzɪlɪ] *ad* afanosamente.

business ['bɪznɪs] *n* (*matter*) asunto; (*trading*) comercio, negocios *mpl*; (*firm*) empresa, casa; (*occupation*) oficio; (*affair*) asunto; **to be away on ~** estar en viaje de negocios; **it's my ~ to...** me toca *or* corresponde...; **it's none of my ~** yo no tengo nada que ver; **he means ~**

habla en serio; **~like** *a* (*company*) serio; (*person*) eficiente; **~man** *n* hombre *m* de negocios; **~ trip** *n* viaje *m* de negocios; **~woman** *n* mujer *f* de negocios.

busker ['bʌskə*] *n* (*Brit*) músico/a ambulante.

bus-stop ['bʌsstɔp] *n* parada de autobús.

bust [bʌst] *n* (ANAT) pecho // *a* (*col: broken*) roto, estropeado; **to go ~** quebrarse.

bustle ['bʌsl] *n* bullicio, movimiento // *vi* menearse, apresurarse; **bustling** *a* (*town*) animado, bullicioso.

busy ['bɪzɪ] *a* ocupado, atareado; (*shop, street*) concurrido, animado // *vr*: **to ~ o.s. with** ocuparse en; **~body** *n* entrometido/a; **~ signal** *n* (*US* TEL) señal *f* de comunicando.

but [bʌt] ♦ *conj* **1** pero; **he's not very bright, ~ he's hard-working** no es muy inteligente, pero es trabajador

2 (*in direct contradiction*) sino; **he's not English ~ French** no es inglés sino francés; **he didn't sing ~ he shouted** no cantó sino que gritó

3 (*showing disagreement, surprise etc*): **~ that's far too expensive!** ¡pero eso es carísimo!; **~ it does work!** ¡(pero) sí que funciona!

♦ *prep* (*apart from, except*) menos, salvo; **we've had nothing ~ trouble** no hemos tenido más que problemas; **no-one ~ him can do it** nadie más que él puede hacerlo; **who ~ a lunatic would do such a thing?** ¡sólo un loco haría una cosa así!; **~ for you/your help** si no fuera por ti/tu ayuda; **anything ~ that** cualquier cosa menos eso

♦ *ad* (*just, only*): **she's ~ a child** no es más que una niña; **had I ~ known** si lo hubiera sabido; **I can ~ try** al menos lo puedo intentar; **it's all ~ finished** está casi acabado.

butcher ['butʃə*] *n* carnicero // *vt* hacer una carnicería con; (*cattle etc for meat*) matar; **~'s (shop)** *n* carnicería.

butler ['bʌtlə*] *n* mayordomo.

butt [bʌt] *n* (*cask*) tonel *m*; (*for rain*) tina; (*thick end*) cabo, extremo; (*of gun*) culata; (*of cigarette*) colilla; (*Brit fig: target*) blanco // *vt* dar cabezadas contra, topetar; **to ~ in** *vi* (*interrupt*) interrumpir.

butter ['bʌtə*] *n* mantequilla // *vt* untar con mantequilla; **~cup** *n* ranúnculo.

butterfly ['bʌtəflaɪ] *n* mariposa; (SWIMMING: *also*: **~ stroke**) braza de mariposa.

buttocks ['bʌtəks] *npl* nalgas *fpl*.

button ['bʌtn] *n* botón *m* // *vt* (*also*: **~ up**) abotonar, abrochar // *vi* abrocharse.

buttress ['bʌtrɪs] *n* contrafuerte *m*; (*fig*) apoyo, sostén *m*.

buxom ['bʌksəm] *a* (*woman*) frescachona.

buy [baɪ] *vt* (*pt, pp* **bought**) comprar // *n* compra; **to ~ sb sth/sth from sb** comprarle algo a alguien; **to ~ sb a drink** invitar a alguien a tomar algo; **~er** *n* comprador(a) *m/f*.

buzz [bʌz] *n* zumbido; (*col: phone call*) llamada (por teléfono) // *vi* zumbar.

buzzer ['bʌzə*] *n* timbre *m*.

buzz word *n* palabra que está de moda.

by [baɪ] ♦ *prep* **1** (*referring to cause, agent*) por; de; **killed ~ lightning** muerto por un relámpago; **a painting ~ Picasso** un cuadro de Picasso

2 (*referring to method, manner, means*): **~ bus/car/train** en autobús/coche/tren; **to pay ~ cheque** pagar con un cheque; **~ moonlight/candlelight** a la luz de la luna/una vela; **~ saving hard, he** ... ahorrando, ...

3 (*via, through*) por; **we came ~ Dover** vinimos por Dover

4 (*close to, past*): **the house ~ the river** la casa junto al río; **she rushed ~ me** pasó a mi lado como una exhalación; **I go ~ the post office every day** paso por delante de Correos todos los días

5 (*time: not later than*) para; (: *during*): **~ daylight** de día; **~ 4 o'clock** para las cuatro; **~ this time tomorrow** para mañana a esta hora; **~ the time I got here it was too late** cuando llegué ya era demasiado tarde

6 (*amount*): **~ the kilo/metre** por kilo/metro; **paid ~ the hour** pagado/a por hora

7 (MATH, *measure*): **to divide/multiply ~ 3** dividir/multiplicar por 3; **a room 3 metres ~ 4** una habitación de 3 metros por 4; **it's broader ~ a metre** es un metro más ancho

8 (*according to*) según, de acuerdo con; **it's 3 o'clock ~ my watch** según mí reloj, son las tres; **it's all right ~ me** por mí, está bien

9: **(all) ~ oneself** *etc* todo solo/a; **he did it (all) ~ himself** lo hizo él solo; **he was standing (all) ~ himself in a corner** estaba de pie solo en un rincón

10: **~ the way** a propósito, por cierto; **this wasn't my idea ~ the way** pues, no fue idea mía

♦ *ad* **1** *see* **go, pass** *etc*

2: **~ and ~** finalmente; **they'll come back ~ and ~** acabarán volviendo; **~ and large** en líneas generales, en general.

bye(-bye) ['baɪ('baɪ)] *excl* adiós, hasta luego.

by(e)-law ['baɪlɔ:] *n* ordenanza municipal.

by-election ['baɪɪlɛkʃən] *n* (*Brit*) elección *f* parcial.

bygone ['baɪgɔn] *a* pasado, del pasado // *n*: **let ~s be ~s** lo pasado, pasado está.

bypass ['baɪpɑ:s] *n* carretera de circun-

valación; (*MED*) (operación *f* de) bypass *m* // *vt* evitar.
by-product ['baɪprɔdʌkt] *n* subproducto, derivado.
bystander ['baɪstændə*] *n* espectador(a) *m/f*.
byte [baɪt] *n* (*COMPUT*) byte *m*, octeto.
byword ['baɪwə:d] *n*: **to be a ~ for** ser conocidísimo por.
by-your-leave ['baɪjɔ:'li:v] *n*: **without so much as a ~** sin decir nada, sin dar ningún tipo de explicación.

C

C [si:] *n* (*MUS*) do *m*.
C. *abbr* = **centigrade.**
C.A. *abbr* = **chartered accountant.**
cab [kæb] *n* taxi *m*; (*of truck*) cabina.
cabbage ['kæbɪdʒ] *n* col *f*, berza.
cabin ['kæbɪn] *n* cabaña; (*on ship*) camarote *m*.
cabinet ['kæbɪnɪt] *n* (*POL*) consejo de ministros; (*furniture*) armario; (*also*: **display ~**) vitrina; **~-maker** *n* ebanista *m*.
cable ['keɪbl] *n* cable *m* // *vt* cablegrafiar; **~-car** *n* teleférico; **~ television** *n* televisión *f* por cable.
cache [kæʃ] *n* (*of weapons, drugs etc*) alijo.
cackle ['kækl] *vi* cacarear.
cactus ['kæktəs], *pl* **cacti** [-taɪ] *n* cacto.
cadet [kə'dɛt] *n* (*MIL*) cadete *m*.
cadge [kædʒ] *vt* gorronear.
Caesarean [si:'zɛərɪən] *a*: **~ (section)** cesárea.
café ['kæfeɪ] *n* café *m*.
cafeteria [kæfɪ'tɪərɪə] *n* café *m*.
caffein(e) ['kæfi:n] *n* cafeína.
cage [keɪdʒ] *n* jaula // *vt* enjaular.
cagey ['keɪdʒɪ] *a* (*col*) cauteloso, reservado.
cagoule [kə'gu:l] *n* chubasquero.
Cairo ['kaɪərəu] *n* el Cairo.
cajole [kə'dʒəul] *vt* engatusar.
cake [keɪk] *n* pastel *m*; (*of soap*) pastilla; **~d** *a*: **~d with** cubierto de.
calculate ['kælkjuleɪt] *vt* calcular; **calculating** *a* (*scheming*) calculador(a); **calculation** [-'leɪʃən] *n* cálculo, cómputo; **calculator** *n* calculadora.
calendar ['kæləndə*] *n* calendario; **~ month/year** *n* mes *m*/año civil.
calf [kɑ:f], *pl* **calves** *n* (*of cow*) ternero, becerro; (*of other animals*) cría; (*also*: **~skin**) piel *f* de becerro; (*ANAT*) pantorrilla.
calibre, (*US*) **caliber** ['kælɪbə*] *n* calibre *m*.
call [kɔ:l] *vt* (*gen*) llamar // *vi* (*shout*) llamar; (*TEL*) llamar (por teléfono), telefonear (*esp LAm*); (*visit*: *also*: **~ in, ~ round**) hacer una visita // *n* (*shout, TEL*) llamada; (*of bird*) canto; (*appeal*) llamamiento; **to be ~ed** (*person, object*) llamarse; **on ~** (*nurse, doctor etc*) de guardia; **to ~ back** *vi* (*return*) volver; (*TEL*) volver a llamar; **to ~ for** *vt fus* (*demand*) pedir, exigir; (*fetch*) venir por, pasar por (*LAm*); **to ~ off** *vt* suspender; (*cancel*) cancelar; **to ~ on** *vt fus* (*visit*) visitar; (*turn to*) acudir a; **to ~ out** *vi* gritar, dar voces; **to ~ up** *vt* (*MIL*) llamar al servicio militar; **~box** *n* (*Brit*) cabina telefónica; **~er** *n* visita *f*; (*TEL*) usuario/a; **~ girl** *n* prostituta; **~-in** *n* (*US*) (programa *m*) coloquio (por teléfono); **~ing** *n* vocación *f*, profesión *f*; **~ing card** *n* (*US*) tarjeta de visita *or* comercial.
callous ['kæləs] *a* insensible, cruel.
calm [kɑ:m] *a* tranquilo; (*sea*) liso, en calma // *n* calma, tranquilidad *f* // *vt* calmar, tranquilizar; **to ~ down** *vi* calmarse, tranquilizarse // *vt* calmar, tranquilizar.
Calor gas ['kælə*-] *n* ® butano.
calorie ['kælərɪ] *n* caloría.
calve [kɑ:v] *vi* parir.
calves [kɑ:vz] *pl of* **calf.**
camber ['kæmbə*] *n* (*of road*) combadura, comba.
Cambodia [kæm'bəudjə] *n* Camboya.
came [keɪm] *pt of* **come.**
camel ['kæməl] *n* camello.
cameo ['kæmɪəu] *n* camafeo.
camera ['kæmərə] *n* máquina fotográfica; (*CINEMA, TV*) cámara; **in ~** en secreto; **~man** *n* cámara *m*.
camouflage ['kæməflɑ:ʒ] *n* camuflaje *m* // *vt* camuflar.
camp [kæmp] *n* campo, campamento // *vi* acampar // *a* afectado, afeminado.
campaign [kæm'peɪn] *n* (*MIL, POL etc*) campaña // *vi* hacer campaña.
camp: ~bed *n* (*Brit*) cama de campaña; **~er** *n* campista *m/f*; (*vehicle*) caravana; **~ing** *n* camping *m*; **to go ~ing** hacer camping; **~site** *n* camping *m*.
campus ['kæmpəs] *n* ciudad *f* universitaria.
can [kæn] ♦ *n, vt see next headword* ♦ *auxiliary vb* (*negative* **cannot, can't**; *conditional and pt* **could**) **1** (*be able to*) poder; **you ~ do it if you try** puedes hacerlo si lo intentas; **I ~'t see you** no te veo
2 (*know how to*) saber; **I ~ swim/play tennis/drive** sé nadar/jugar al tenis/ conducir; **~ you speak French?** ¿hablas *or* sabes hablar francés?
3 (*may*) poder; **~ I use your phone?** ¿me dejas *or* puedo usar tu teléfono?
4 (*expressing disbelief, puzzlement etc*): **it ~'t be true!** ¡no puede ser (verdad)!; **what CAN he want?** ¿qué querrá?
5 (*expressing possibility, suggestion etc*): **he could be in the library** podría estar en la biblioteca; **she could have**

been delayed pudo haberse retrasado.

can [kæn] *auxiliary vb see previous headword* // *n* (*of oil, water*) bidón *m*; (*tin*) lata, bote *m* // *vt* enlatar; (*preserve*) conservar en lata.

Canada ['kænədə] *n* el Canadá; **Canadian** [kə'neɪdɪən] *a, n* canadiense *m/f*.

canal [kə'næl] *n* canal *m*.

canary [kə'nɛərɪ] *n* canario; **C~ Islands** *npl* las (Islas) Canarias.

cancel ['kænsəl] *vt* cancelar; (*train*) suprimir; (*appointment*) anular; (*cross out*) tachar, borrar; **~lation** [-'leɪʃən] *n* cancelación *f*; supresión *f*.

cancer ['kænsə*] *n* cáncer *m*; C~ (*ASTRO*) Cáncer *m*.

candid ['kændɪd] *a* franco, abierto.

candidate ['kændɪdeɪt] *n* candidato/a.

candle ['kændl] *n* vela; (*in church*) cirio; by ~ light a la luz de una vela; **~stick** *n* (*also*: ~ **holder**) (*single*) candelero; (*low*) palmatoria; (*bigger, ornate*) candelabro.

candour, (*US*) **candor** ['kændə*] *n* franqueza.

candy ['kændɪ] *n* azúcar *m* cande; (*US*) caramelo; **~-floss** *n* (*Brit*) algodón *m* (azucarado).

cane [keɪn] *n* (*BOT*) caña; (*stick*) vara, palmeta // *vt* (*Brit SCOL*) castigar (con palmeta).

canister ['kænɪstə*] *n* bote *m*, lata.

cannabis ['kænəbɪs] *n* marijuana.

canned [kænd] *a* en lata, de lata.

cannibal ['kænɪbəl] *n* caníbal *m/f*.

cannon ['kænən], *pl* ~ *or* ~**s** *n* cañón *m*.

cannot ['kænɔt] = **can not**.

canny ['kænɪ] *a* astuto.

canoe [kə'nu:] *n* canoa; (*SPORT*) piragua.

canon ['kænən] *n* (*clergyman*) canónigo; (*standard*) canon *m*.

can opener ['kænəupnə*] *n* abrelatas *m inv*.

canopy ['kænəpɪ] *n* dosel *m*; toldo.

can't [kænt] = **can not**.

cantankerous [kæn'tæŋkərəs] *a* arisco, malhumorado.

canteen [kæn'ti:n] *n* (*eating place*) cantina; (*Brit*: *of cutlery*) juego.

canter ['kæntə*] *n* medio galope // *vi* ir a medio galope.

canvas ['kænvəs] *n* (*material*) lona; (*painting*) lienzo; (*NAUT*) velas *fpl*.

canvass ['kænvəs] *vt* (*POL*) solicitar votos de; (*COMM*) sondear.

canyon ['kænjən] *n* cañón *m*.

cap [kæp] *n* (*hat*) gorra; (*of pen*) capuchón *m*; (*of bottle*) tapa, cápsula // *vt* (*outdo*) superar; (*bottle etc*) tapar; (*tooth*) poner una corona a.

capability [keɪpə'bɪlɪtɪ] *n* capacidad *f*.

capable ['keɪpəbl] *a* capaz.

capacity [kə'pæsɪtɪ] *n* capacidad *f*; (*position*) calidad *f*.

cape [keɪp] *n* capa; (*GEO*) cabo.

capital ['kæpɪtl] *n* (*also*: ~ **city**) capital *f*; (*money*) capital *m*; (*also*: ~ **letter**) mayúscula; ~ **gains tax** *n* impuesto sobre las ganancias de capital; **~ism** *n* capitalismo; **~ist** *a, n* capitalista *m/f*; **to ~ize on** *vt fus* aprovechar; ~ **punishment** *n* pena de muerte.

capitulate [kə'pɪtjuleɪt] *vi* capitular, rendirse.

Capricorn ['kæprɪkɔ:n] *n* Capricornio.

capsize [kæp'saɪz] *vt* volcar, hacer zozobrar // *vi* volcarse, zozobrar.

capsule ['kæpsju:l] *n* cápsula.

captain ['kæptɪn] *n* capitán *m*.

caption ['kæpʃən] *n* (*heading*) título; (*to picture*) leyenda.

captive ['kæptɪv] *a, n* cautivo/a *m/f*; **captivity** [-'tɪvɪtɪ] *n* cautiverio.

capture ['kæptʃə*] *vt* prender, apresar; (*place*) tomar; (*attention*) captar, llamar // *n* apresamiento; toma; (*data* ~) formulación *f* de datos.

car [kɑ:*] *n* coche *m*, carro (*LAm*), automóvil *m*; (*US RAIL*) vagón *m*.

carafe [kə'ræf] *n* garrafa.

caramel ['kærəməl] *n* caramelo.

carat ['kærət] *n* quilate *m*.

caravan ['kærəvæn] *n* (*Brit*) caravana, ruló *f*; (*of camels*) caravana; ~ **site** *n* (*Brit*) camping *m* para caravanas.

carbohydrates [kɑ:bəu'haɪdreɪts] *npl* hidratos *mpl* de carbono; (*food*) fécula *sg*.

carbon ['kɑ:bən] *n* carbono; ~ **copy** *n* copia al carbón; ~ **paper** *n* papel *m* carbón.

carburettor, (*US*) **carburetor** [kɑ:bju'rɛtə*] *n* carburador *m*.

card [kɑ:d] *n* (*playing* ~) carta, naipe *m*; (*visiting* ~, *post*~ *etc*) tarjeta; **~board** *n* cartón *m*, cartulina; ~ **game** *n* juego de naipes.

cardiac ['kɑ:dɪæk] *a* cardíaco.

cardigan ['kɑ:dɪgən] *n* rebeca.

cardinal ['kɑ:dɪnl] *a* cardinal // *n* cardenal *m*.

card index *n* fichero.

care [kɛə*] *n* cuidado; (*worry*) inquietud *f*; (*charge*) cargo, custodia // *vi*: **to ~ about** preocuparse por; ~ **of** en casa de, al cuidado de; **in sb's ~** a cargo de uno; **to take ~ to** cuidarse de, tener cuidado de; **to take ~ of** cuidar; **I don't ~** no me importa; **I couldn't ~ less** eso me trae sin cuidado; **to ~ for** *vt fus* cuidar a; (*like*) querer.

career [kə'rɪə*] *n* carrera // *vi* (*also*: ~ **along**) correr a toda velocidad.

carefree ['kɛəfri:] *a* despreocupado.

careful ['kɛəful] *a* cuidadoso; (*cautious*) cauteloso; (**be**) ~! ¡tenga cuidado!; **~ly** *ad* con cuidado, cuidadosamente.

careless ['kɛəlɪs] *a* descuidado; (*heedless*) poco atento; **~ness** *n* descuido, falta de atención.

caress [kə'rɛs] *n* caricia // *vt* acariciar.

caretaker ['kɛəteɪkə*] *n* portero, conserje *m/f*.
car-ferry ['kɑːfɛrɪ] *n* transbordador *m* para coches.
cargo ['kɑːgəu], *pl* **~es** *n* cargamento, carga.
car hire *n* alquiler *m* de automóviles.
Caribbean [kærɪ'biːən] *n*: **the ~ (Sea)** el (Mar) Caribe.
caring ['kɛərɪŋ] *a* humanitario.
carnal ['kɑːnl] *a* carnal.
carnation [kɑː'neɪʃən] *n* clavel *m*.
carnival ['kɑːnɪvəl] *n* carnaval *m*; (*US*) parque *m* de atracciones.
carnivorous [kɑː'nɪvrəs] *a* carnívoro.
carol ['kærəl] *n*: **(Christmas) ~** villancico.
carp [kɑːp] *n* (*fish*) carpa; **to ~ at** *or* **about** *vt fus* quejarse de.
car park *n* (*Brit*) aparcamiento, parking *m*.
carpenter ['kɑːpɪntə*] *n* carpintero/a.
carpentry ['kɑːpɪntrɪ] *n* carpintería.
carpet ['kɑːpɪt] *n* alfombra // *vt* alfombrar; **~ slippers** *npl* zapatillas *fpl*; **~ sweeper** *n* escoba mecánica.
carriage ['kærɪdʒ] *n* coche *m*; (*Brit* RAIL) vagón *m*; (*for goods*) transporte *m*; (: *cost*) porte *m*, flete *m*; (*of typewriter*) carro; (*bearing*) porte *m*; **~ return** *n* (*on typewriter etc*) retorno del carro; **~way** *n* (*Brit*: *part of road*) calzada.
carrier ['kærɪə*] *n* trajinista *m/f*; (*company*) empresa de transportes; **~ bag** *n* (*Brit*) bolsa de papel *or* plástico.
carrot ['kærət] *n* zanahoria.
carry ['kærɪ] *vt* (*subj*: *person*) llevar; (*transport*) transportar; (*a motion, bill*) aprobar; (*involve*: *responsibilities etc*) entrañar, implicar // *vi* (*sound*) oírse; **to get carried away** (*fig*) entusiasmarse; **to ~ on** *vi* (*continue*) seguir (adelante), continuar; (*fam*: *complain*) quejarse, protestar // *vt* proseguir, continuar; **to ~ out** *vt* (*orders*) cumplir; (*investigation*) llevar a cabo, realizar; **~ cot** *n* (*Brit*) cuna portátil; **~-on** *n* (*col*: *fuss*) lío.
cart [kɑːt] *n* carro, carreta // *vt* llevar (en carro).
carton ['kɑːtən] *n* (*box*) caja (de cartón); (*of yogurt*) pote *m*.
cartoon [kɑː'tuːn] *n* (PRESS) caricatura; (*comic strip*) tira cómica; (*film*) dibujos *mpl* animados; **~ist** *n* dibujante *m/f* de historietas.
cartridge ['kɑːtrɪdʒ] *n* cartucho.
carve [kɑːv] *vt* (*meat*) trinchar; (*wood, stone*) cincelar, esculpir; (*on tree*) grabar; **to ~ up** *vt* dividir, repartir; **carving** *n* (*in wood etc*) escultura, (obra de) talla; **carving knife** *n* trinchante *m*.
car wash *n* lavado de coches.
case [keɪs] *n* (*container*) caja; (MED) caso; (*for jewels etc*) estuche *m*; (LAW) causa, proceso; (*Brit*: *also*: **suit~**) maleta; **in ~ of** en caso de, por si; **in any ~** en todo caso; **just in ~** por si acaso; **to make a good ~** tener buenos argumentos.
cash [kæʃ] *n* dinero en efectivo, dinero contante // *vt* cobrar, hacer efectivo; **to pay (in) ~** pagar al contado; **~ on delivery** cóbrese al entregar; **~book** *n* libro de caja; **~ card** *n* tarjeta *f* dinero; **~desk** *n* (*Brit*) caja; **~ dispenser** *n* cajero automático.
cashew [kæ'ʃuː] *n* (*also*: **~ nut**) anacardo.
cashier [kæ'ʃɪə*] *n* cajero/a.
cashmere ['kæʃmɪə*] *n* casimir *m*, cachemira.
cash register *n* caja.
casing ['keɪsɪŋ] *n* revestimiento.
casino [kə'siːnəu] *n* casino.
cask [kɑːsk] *n* tonel *m*, barril *m*.
casket ['kɑːskɪt] *n* cofre *m*, estuche *m*; (*US*: *coffin*) ataúd *m*.
casserole ['kæsərəul] *n* (*food, pot*) cazuela.
cassette [kæ'sɛt] *n* cassette *m*; **~ player/recorder** *n* tocacassettes *m inv*.
cast [kɑːst] *vb* (*pt, pp* **cast**) *vt* (*throw*) echar, arrojar, lanzar; (*skin*) mudar, perder; (*metal*) fundir; (THEATRE): **to ~ sb as Othello** dar a alguien el papel de Otelo // *vi* (FISHING) lanzar // *n* (THEATRE) reparto; (*mould*) forma, molde *m*; (*also*: **plaster ~**) vaciado; **to ~ one's vote** votar; **to ~ off** *vi* (NAUT) desamarrar.
castanets [kæstə'nɛts] *npl* castañuelas *fpl*.
castaway ['kɑːstəwəɪ] *n* náufrago/a.
caste [kɑːst] *n* casta.
caster sugar [kɑːstə*-] *n* (*Brit*) azúcar *m* extrafino.
Castile [kæs'tiːl] *n* Castilla.
casting vote ['kɑːstɪŋ-] *n* (*Brit*) voto decisivo.
cast iron *n* hierro fundido.
castle ['kɑːsl] *n* castillo; (CHESS) torre *f*.
castor ['kɑːstə*] *n* (*wheel*) ruedecilla; **~ oil** *n* aceite *m* de ricino.
castrate [kæs'treɪt] *vt* castrar.
casual ['kæʒjul] *a* (*by chance*) fortuito; (*irregular*: *work etc*) eventual, temporero; (*unconcerned*) despreocupado; (*informal*: *clothes*) de sport; **~ly** *ad* de manera despreocupada.
casualty ['kæʒjultɪ] *n* víctima, herido; (*dead*) muerto; (MIL) baja.
cat [kæt] *n* gato.
Catalan ['kætəlæn] *a, n* catalán/ana *m/f*.
catalogue, (*US*) **catalog** ['kætələg] *n* catálogo // *vt* catalogar.
Catalonia [kætə'ləunɪə] *n* Cataluña.
catalyst ['kætəlɪst] *n* catalizador *m*.
catapult ['kætəpʌlt] *n* tirador *m*.

catarrh [kə'tɑ:*] *n* catarro.
catastrophe [kə'tæstrəfɪ] *n* catástrofe *f*.
catch [kætʃ] *vb* (*pt, pp* **caught**) *vt* coger (*Sp*), agarrar (*LAm*); (*arrest*) detener; (*grasp*) asir; (*breath*) suspender; (*person: by surprise*) sorprender; (*attract: attention*) ganar; (*MED*) contagiarse de, coger; (*also*: ~ **up**) alcanzar // *vi* (*fire*) encenderse; (*in branches etc*) enredarse // *n* (*fish etc*) pesca; (*act of catching*) cogida; (*trick*) trampa; (*of lock*) pestillo, cerradura; **to ~ fire** encenderse; **to ~ sight of** divisar; **to ~ on** *vi* (*understand*) caer en la cuenta; (*grow popular*) hacerse popular; **to ~ up** *vi* (*fig*) ponerse al día.
catching ['kætʃɪŋ] *a* (*MED*) contagioso.
catchment area ['kætʃmənt-] *n* (*Brit*) zona de captación.
catchphrase ['kætʃfreɪz] *n* lema *m*, eslogan *m*.
catchy ['kætʃɪ] *a* (*tune*) pegadizo.
categorize ['kætɪgəraɪz] *vt* clasificar.
category ['kætɪgərɪ] *n* categoría, clase *f*.
cater ['keɪtə*] *vi*: **to ~ for** (*Brit*) abastecer a; (*needs*) atender a; (*consumers*) proveer a; **~er** *n* abastecedor(a) *m/f*, proveedor(a) *m/f*; **~ing** *n* (*trade*) (ramo de la) alimentación *f*.
caterpillar ['kætəpɪlə*] *n* oruga, gusano; **~ track** *n* rodado de oruga.
cathedral [kə'θi:drəl] *n* catedral *f*.
catholic ['kæθəlɪk] *a* católico; **C~** *a, n* (*REL*) católico/a *m/f*.
cat's-eye ['kætsaɪ] *n* (*Brit AUT*) catafoto.
cattle ['kætl] *npl* ganado *sg*.
catty ['kætɪ] *a* malicioso, rencoroso.
caucus ['kɔ:kəs] *n* (*POL: local committee*) comité *m* local; (*: US: to elect candidates*) comité *m* electoral.
caught [kɔ:t] *pt, pp of* **catch**.
cauliflower ['kɔlɪflauə*] *n* coliflor *f*.
cause [kɔ:z] *n* causa, motivo, razón *f* // *vt* causar; (*provoke*) provocar.
caustic ['kɔ:stɪk] *a* cáustico; (*fig*) mordaz.
caution ['kɔ:ʃən] *n* cautela, prudencia; (*warning*) advertencia, amonestación *f* // *vt* amonestar.
cautious ['kɔ:ʃəs] *a* cauteloso, prudente, precavido; **~ly** *ad* con cautela.
cavalier [kævə'lɪə*] *a* arrogante, desdeñoso.
cavalry ['kævəlrɪ] *n* caballería.
cave [keɪv] *n* cueva, caverna; **to ~ in** *vi* (*roof etc*) derrumbarse, hundirse; **~man/woman** *n* cavernícola *m/f*, troglodita *m/f*.
cavern ['kævən] *n* caverna.
caviar(e) ['kævɪɑ:*] *n* caviar *m*.
cavity ['kævɪtɪ] *n* hueco, cavidad *f*.
cavort [kə'vɔ:t] *vi* dar cabrioladas.
CB *n abbr* (= *Citizen's Band* (*Radio*)) banda ciudadana.
CBI *n abbr* (= *Confederation of British Industry*) ≈ C.E.O.E. *f* (*Sp*).
cc *abbr* = **cubic centimetres**; = **carbon copy**.
cease [si:s] *vt* cesar; **~fire** *n* alto *m* el fuego; **~less** *a* incesante; **~lessly** *ad* sin cesar.
cedar ['si:də*] *n* cedro.
ceiling ['si:lɪŋ] *n* techo; (*fig*) límite *m*.
celebrate ['sɛlɪbreɪt] *vt* celebrar; (*have a party*) festejar // *vi* divertirse; **~d** *a* célebre; **celebration** [-'breɪʃən] *n* fiesta, celebración *f*.
celery ['sɛlərɪ] *n* apio.
celibacy ['sɛlɪbəsɪ] *n* celibato.
cell [sɛl] *n* celda; (*BIOL*) célula; (*ELEC*) elemento.
cellar ['sɛlə*] *n* sótano; (*for wine*) bodega.
'cello ['tʃɛləu] *n* violoncelo.
cellophane ['sɛləfeɪn] *n* celofán *m*.
Celt [kɛlt, sɛlt] *a, n* celta *m/f*; **~ic** *a* celta.
cement [sə'mɛnt] *n* cemento // *vt* cementar; (*fig*) cimentar, fortalecer; **~ mixer** *n* hormigonera.
cemetery ['sɛmɪtrɪ] *n* cementerio.
censor ['sɛnsə*] *n* censor *m* // *vt* (*cut*) censurar; **~ship** *n* censura.
censure ['sɛnʃə*] *vt* censurar.
census ['sɛnsəs] *n* censo.
cent [sɛnt] *n* (*US: coin*) centavo, céntimo; *see also* **per**.
centenary [sɛn'ti:nərɪ] *n* centenario.
center ['sɛntə*] *n* (*US*) = **centre**.
centi... [sɛntɪ] *pref*: **~grade** *a* centígrado; **~litre**, (*US*) **~liter** *n* centilitro; **~metre**, (*US*) **~meter** *n* centímetro.
centipede ['sɛntɪpi:d] *n* ciempiés *m inv*.
central ['sɛntrəl] *a* central; (*of house etc*) céntrico; **C~ America** *n* Centroamérica; **~ heating** *n* calefacción *f* central; **~ize** *vt* centralizar.
centre ['sɛntə*] *n* centro // *vt* centrar; **~-forward** *n* (*SPORT*) delantero centro; **~-half** *n* (*SPORT*) medio centro.
century ['sɛntjurɪ] *n* siglo; **20th ~** siglo veinte.
ceramic [sɪ'ræmɪk] *a* cerámico; **~s** *n* cerámica.
cereal ['si:rɪəl] *n* cereal *m*.
cerebral ['sɛrɪbrəl] *a* cerebral; intelectual.
ceremony ['sɛrɪmənɪ] *n* ceremonia; **to stand on ~** hacer ceremonias, estar de cumplido.
certain ['sə:tən] *a* seguro; (*correct*) cierto; (*person*) seguro; (*a particular*) cierto; **for ~** a ciencia cierta; **~ly** *ad* desde luego, por supuesto; **~ty** *n* certeza, certidumbre *f*, seguridad *f*.
certificate [sə'tɪfɪkɪt] *n* certificado.
certified ['sə:tɪfaɪd] *a*: **~ mail** *n* (*US*) correo certificado; **~ public accountant (C.P.A)** *n* (*US*) contable *m/f* diplomado/a.

certify ['sə:tɪfaɪ] *vt* certificar.
cervical ['sə:vɪkl] *a* (*of cervix: smear, cancer*) cervical.
cervix ['sə:vɪks] *n* cerviz *f*.
cessation [sə'seɪʃən] *n* cese *m*, suspensión *f*.
cesspit ['sɛspɪt] *n* pozo negro.
cf. *abbr* (= *compare*) cfr.
ch. *abbr* (= *chapter*) cap.
chafe [tʃeɪf] *vt* (*rub*) rozar; (*irritate*) irritar.
chaffinch ['tʃæfɪntʃ] *n* pinzón *m* (vulgar).
chagrin ['ʃægrɪn] *n* (*annoyance*) disgusto; (*disappointment*) desazón *f*.
chain [tʃeɪn] *n* cadena // *vt* (*also*: ~ **up**) encadenar; **to ~-smoke** *vi* fumar un cigarrillo tras otro; ~ **reaction** *n* reacción *f* en cadena; ~ **store** *n* tienda de una cadena, ≈ gran almacén.
chair [tʃɛə*] *n* silla; (*armchair*) sillón *m*; (*of university*) cátedra // *vt* (*meeting*) presidir; **~lift** *n* telesilla; **~man** *n* presidente *m*.
chalet ['ʃæleɪ] *n* chalet *m*.
chalk [tʃɔ:k] *n* (GEO) creta; (*for writing*) tiza, gis *m* (*LAm*).
challenge ['tʃælɪndʒ] *n* desafío, reto // *vt* desafiar, retar; (*statement, right*) poner en duda; **to ~ sb to do sth** retar a uno a que haga algo; **challenging** *a* desafiante; (*tone*) de desafío.
chamber ['tʃeɪmbə*] *n* cámara, sala; ~ **of commerce** cámara de comercio; **~maid** *n* camarera; ~ **music** *n* música de cámara.
champagne [ʃæm'peɪn] *n* champaña *m*, champán *m*.
champion ['tʃæmpɪən] *n* campeón/ona *m/f*; **~ship** *n* campeonato.
chance [tʃɑ:ns] *n* (*coincidence*) casualidad *f*; (*luck*) suerte *f*; (*fate*) azar *m*; (*opportunity*) ocasión *f*, oportunidad *f*; (*likelihood*) posibilidad *f*; (*risk*) riesgo // *vt* arriesgar, probar // *a* fortuito, casual; **to ~ it** arriesgarse, intentarlo; **to take a ~** arriesgarse; **by ~** por casualidad.
chancellor ['tʃɑ:nsələ*] *n* canciller *m*; **C~ of the Exchequer** *n* (*Brit*) Ministro de Hacienda.
chandelier [ʃændə'lɪə*] *n* araña (de luces).
change [tʃeɪndʒ] *vt* cambiar; (*replace*) reemplazar; (*gear*) cambiar de; (*clothes, house*) mudarse de; (*exchange*) trocar; (*transform*) transformar // *vi* cambiar(se); (*trains*) hacer transbordo; (*be transformed*): **to ~ into** transformarse en // *n* cambio; (*alteration*) modificación *f*, transformación *f*; (*coins*) suelto, sencillo; (*money returned*) vuelta; **to ~ one's mind** cambiar de opinión *or* idea; **for a ~** para variar; **~able** *a* (*weather*) cambiable; ~ **machine** *n* máquina de cambio; **~over** *n* (*to new system*) cambio.
changing ['tʃeɪndʒɪŋ] *a* cambiante; ~ **room** *n* (*Brit*) vestuario.
channel ['tʃænl] *n* (TV) canal *m*; (*of river*) cauce *m*; (*of sea*) estrech (*groove, fig: medium*) conducto, medic *vt* (*river etc*) encauzar; **the (Englis C~** el Canal (de la Mancha); **the C~ lands** las Islas Normandas.
chant [tʃɑ:nt] *n* canto // *vt* cantar.
chaos ['keɪɔs] *n* caos *m*.
chap [tʃæp] *n* (*Brit col: man*) tío, tipo.
chapel ['tʃæpəl] *n* capilla.
chaperone ['ʃæpərəun] *n* carabina.
chaplain ['tʃæplɪn] *n* capellán *m*.
chapped [tʃæpt] *a* agrietado.
chapter ['tʃæptə*] *n* capítulo.
char [tʃɑ:*] *vt* (*burn*) carbonizar, ch muscar // *n* (*Brit*) = **charlady**.
character ['kærɪktə*] *n* carácter *m*, na raleza, índole *f*; (*in novel, film*) persor je *m*; (*role*) papel *m*; **~istic** [-'rɪstɪk] característico // *n* característica; **~i** *vt* caracterizar.
charcoal ['tʃɑ:kəul] *n* carbón *m* veget (ART) carboncillo.
charge [tʃɑ:dʒ] *n* carga; (LAW) car acusación *f*; (*cost*) precio, coste *m*; (*sponsibility*) cargo; (*task*) encargo // (LAW) acusar (*with* de); (*gun, batte* MIL: *enemy*) cargar; (*price*) ped (*customer*) cobrar; (*sb with task*) enc gar // *vi* precipitarse; (*make pay*) brar; **~s** *npl*: **bank ~s** comisiones bancarias; **free of ~** gratis; **to rever the ~s** (*Brit* TEL) revertir el cobro; **take ~ of** hacerse cargo de, encarga de; **to be in ~ of** estar encargado **how much do you ~?** ¿cuánto cobra ted?; **to ~ an expense (up) to sb's a count** cargar algo a cuenta de alguie ~ **card** *n* tarjeta de cuenta.
charitable ['tʃærɪtəbl] *a* caritativo.
charity ['tʃærɪtɪ] *n* (*gen*) caridad *f*; (*ganization*) sociedad *f* benéfica.
charlady ['tʃɑ:leɪdɪ] *n* (*Brit*) mujer *f* la limpieza.
charlatan ['ʃɑ:lətən] *n* farsante *m/f*.
charm [tʃɑ:m] *n* encanto, atractivo // encantar; **~ing** *a* encantador(a).
chart [tʃɑ:t] *n* (*table*) cuadro; (*grap* gráfica; (*map*) carta de navegación // (*course*) trazar.
charter ['tʃɑ:tə*] *vt* (*plane*) alquila (*ship*) fletar // *n* (*document*) carta; **~ accountant** *n* (*Brit*) contable diplomado/a; ~ **flight** *n* vuelo chárter.
charwoman ['tʃɑ:wumən] *n* = **cha lady**.
chase [tʃeɪs] *vt* (*pursue*) persegu (*hunt*) cazar // *n* persecución *f*; caza; ~ **after** correr tras.
chasm ['kæzəm] *n* abismo.
chassis ['ʃæsɪ] *n* chasis *m*.
chat [tʃæt] *vi* (*also*: **have a ~**) charlar *n* charla; ~ **show** *n* (*Brit*) (progran *m*) magazine *m*.

chatter ['tʃætə*] *vi* (*person*) charlar; (*teeth*) castañetear // *n* (*of birds*) parloteo; (*of people*) charla, cháchara; **~box** *n* parlanchín/ina *m/f*.
chatty ['tʃætɪ] *a* (*style*) familiar; (*person*) hablador(a).
chauffeur ['ʃəufə*] *n* chófer *m*.
chauvinist ['ʃəuvɪnɪst] *n* (*male* ~) machista *m*; (*nationalist*) chovinista *m/f*.
cheap [tʃi:p] *a* barato; (*joke*) de mal gusto; (*poor quality*) de mala calidad // *ad* barato; **~en** *vt* rebajar el precio, abaratar; **~er** *a* más barato; **~ly** *ad* barato, a bajo precio.
cheat [tʃi:t] *vi* hacer trampa // *vt* estafar, timar // *n* trampa; estafa; (*person*) tramposo/a.
check [tʃɛk] *vt* (*examine*) controlar; (*facts*) comprobar; (*count*) contar; (*halt*) parar, detener; (*restrain*) refrenar, restringir // *n* (*inspection*) control *m*, inspección *f*; (*curb*) freno; (*bill*) nota, cuenta; (*US*) = **cheque**; (*pattern*: *gen pl*) cuadro // *a* (*also* **~ed**: *pattern, cloth*) a cuadros; **to ~ in** *vi* (*in hotel, airport*) registrarse // *vt* (*luggage*) facturar; **to ~ out** *vi* (*of hotel*) desocupar su cuarto; **to ~ up** *vi*: **to ~ up on sth** comprobar algo; **to ~ up on sb** investigar a alguien; **~ered** *a* (*US*) = **chequered**; **~ers** *n* (*US*) juego de damas; **~-in (desk)** *n* mesa de facturación; **~ing account** *n* (*US*) cuenta corriente; **~mate** *n* jaque *m* mate; **~out** *n* caja; **~point** *n* (punto de) control *m*; **~room** *n* (*US*) consigna; **~up** *n* (*MED*) reconocimiento general; (*of machine*) repaso.
cheek [tʃi:k] *n* mejilla; (*impudence*) descaro; **~bone** *n* pómulo; **~y** *a* fresco, descarado.
cheep [tʃi:p] *vi* piar.
cheer [tʃɪə*] *vt* vitorear, aplaudir; (*gladden*) alegrar, animar // *vi* aplaudir, dar vivas // *n* viva *m*; **~s** *npl* aplausos *mpl*; **~s**! ¡salud!; **to ~ up** *vi* animarse // *vt* alegrar, animar; **~ful** *a* alegre.
cheerio [tʃɪərɪ'əu] *excl* (*Brit*) ¡hasta luego!
cheese [tʃi:z] *n* queso; **~board** *n* plato de quesos.
cheetah ['tʃi:tə] *n* leopardo cazador.
chef [ʃɛf] *n* jefe/a *m/f* de cocina.
chemical ['kɛmɪkəl] *a* químico // *n* producto químico.
chemist ['kɛmɪst] *n* (*Brit*: *pharmacist*) farmacéutico/a; (*scientist*) químico/a; **~ry** *n* química; **~'s (shop)** *n* (*Brit*) farmacia.
cheque [tʃɛk] *n* (*Brit*) cheque *m*; **~book** *n* libro de cheques, chequera (*LAm*); **~ card** *n* tarjeta de cheque.
chequered ['tʃɛkəd] *a* (*fig*) accidentado.
cherish ['tʃɛrɪʃ] *vt* (*love*) querer, apreciar; (*protect*) cuidar; (*hope etc*) abrigar.
cherry ['tʃɛrɪ] *n* cereza.
chess [tʃɛs] *n* ajedrez *m*; **~board** *n* tablero (de ajedrez); **~man** *n* pieza, trebejo.
chest [tʃɛst] *n* (*ANAT*) pecho; (*box*) cofre *m*, cajón *m*; **~ of drawers** *n* cómoda.
chestnut ['tʃɛsnʌt] *n* castaña; **~ (tree)** *n* castaño.
chew [tʃu:] *vt* mascar, masticar; **~ing gum** *n* chicle *m*.
chic [ʃi:k] *a* elegante.
chick [tʃɪk] *n* pollito, polluelo; (*US col*) chica.
chicken ['tʃɪkɪn] *n* gallina, pollo; (*food*) pollo; **to ~ out** *vi* (*col*) rajarse; **~pox** *n* varicela.
chicory ['tʃɪkərɪ] *n* (*for coffee*) achicoria; (*salad*) escarola.
chief [tʃi:f] *n* jefe/a *m/f* // *a* principal; **~ executive** *n* director(a) *m/f* general; **~ly** *ad* principalmente.
chiffon ['ʃɪfɔn] *n* gasa.
chilblain ['tʃɪlbleɪn] *n* sabañón *m*.
child [tʃaɪld], *pl* **~ren** ['tʃɪldrən] *n* niño/a; (*offspring*) hijo/a; **~birth** *n* parto; **~hood** *n* niñez *f*, infancia; **~ish** *a* pueril, aniñado; **~like** *a* de niño; **~ minder** *n* (*Brit*) niñera.
Chile ['tʃɪlɪ] *n* Chile *m*; **~an** *a*, *n* chileno/a *m/f*.
chill [tʃɪl] *n* frío; (*MED*) resfriado // *a* frío // *vt* enfriar; (*CULIN*) congelar.
chilli ['tʃɪlɪ] *n* (*Brit*) chile *m*, ají *m* (*LAm*).
chilly ['tʃɪlɪ] *a* frío.
chime [tʃaɪm] *n* repique *m*, campanada // *vi* repicar, sonar.
chimney ['tʃɪmnɪ] *n* chimenea; **~ sweep** *n* deshollinador *m*.
chimpanzee [tʃɪmpæn'zi:] *n* chimpancé *m*.
chin [tʃɪn] *n* mentón *m*, barbilla.
china ['tʃaɪnə] *n* porcelana; (*crockery*) loza.
China ['tʃaɪnə] *n* China; **Chinese** [tʃaɪ'ni:z] *a* chino // *n*, *pl inv* chino/a; (*LING*) chino.
chink [tʃɪŋk] *n* (*opening*) grieta, hendedura; (*noise*) tintineo.
chip [tʃɪp] *n* (*gen pl*: *CULIN*: *Brit*) patata *or* papa (*LAm*) frita; (: *US*: *also*: **potato ~**) patata *or* papa frita; (*of wood*) astilla; (*of glass, stone*) lasca; (*at poker*) ficha; (*COMPUT*) chip *m* // *vt* (*cup, plate*) desconchar; **to ~ in** *vi* interrumpir; (*contribute*) compartir los gastos.
chiropodist [kɪ'rɔpədɪst] *n* (*Brit*) pedicuro/a.
chirp [tʃə:p] *vi* gorjear, piar.
chisel ['tʃɪzl] *n* (*for wood*) formón *m*; (*for stone*) cincel *m*.
chit [tʃɪt] *n* nota.
chitchat ['tʃɪttʃæt] *n* chismes *mpl*, habladurías *fpl*.
chivalry [ʃɪvəlrɪ] *n* caballerosidad *f*.

chives [tʃaɪvz] *npl* cebollinos *mpl*.
chlorine ['klɔːriːn] *n* cloro.
chock [tʃɔk]: **~-a-block**, **~-full** *a* atestado.
chocolate ['tʃɔklɪt] *n* chocolate *m*.
choice [tʃɔɪs] *n* elección *f* // *a* escogido.
choir ['kwaɪə*] *n* coro; **~boy** *n* corista *m*.
choke [tʃəuk] *vi* sofocarse; (*on food*) atragantarse // *vt* ahogar, sofocar; (*block*) obstruir // *n* (AUT) estárter *m*.
choose [tʃuːz], *pt* **chose**, *pp* **chosen** *vt* escoger, elegir; (*team*) seleccionar.
choosy ['tʃuːzɪ] *a* remilgado.
chop [tʃɔp] *vt* (*wood*) cortar, tajar; (CULIN: *also*: ~ **up**) picar // *n* golpe *m* cortante; (CULIN) chuleta; ~s *npl* (*jaws*) boca *sg*, labios *mpl*.
chopper ['tʃɔpə*] *n* (*helicopter*) helicóptero.
choppy ['tʃɔpɪ] *a* (*sea*) picado, agitado.
chopsticks ['tʃɔpstɪks] *npl* palillos *mpl*.
chord [kɔːd] *n* (MUS) acorde *m*.
chore [tʃɔː*] *n* faena, tarea; (*routine task*) trabajo rutinario.
chortle ['tʃɔːtl] *vi* reír entre dientes.
chorus ['kɔːrəs] *n* coro; (*repeated part of song*) estribillo.
chose [tʃəuz] *pt of* **choose**.
chosen ['tʃəuzn] *pp of* **choose**.
Christ [kraɪst] *n* Cristo.
christen ['krɪsn] *vt* bautizar.
Christian ['krɪstɪən] *a*, *n* cristiano/a *m/f*; **~ity** [-'ænɪtɪ] *n* cristianismo; ~ **name** *n* nombre *m* de pila.
Christmas ['krɪsməs] *n* Navidad *f*; Merry ~! ¡Felices Pascuas!; ~ **card** *n* crismas *m inv*, tarjeta de Navidad; ~ **Day** *n* día *m* de Navidad; ~ **Eve** *n* Nochebuena; ~ **tree** *n* árbol *m* de Navidad.
chrome [krəum] *n* = **chromium plating**.
chromium ['krəumɪəm] *n* cromo; ~ **plating** *n* cromado.
chronic ['krɔnɪk] *a* crónico.
chronicle ['krɔnɪkl] *n* crónica.
chronological [krɔnə'lɔdʒɪkəl] *a* cronológico.
chrysanthemum [krɪ'sænθəməm] *n* crisantemo.
chubby ['tʃʌbɪ] *a* rechoncho.
chuck [tʃʌk] *vt* lanzar, arrojar; **to ~ out** *vt* echar (fuera), tirar; **to ~ (up)** *vt* (*Brit*) abandonar.
chuckle ['tʃʌkl] *vi* reírse entre dientes.
chug [tʃʌg] *vi* resoplar.
chum [tʃʌm] *n* compañero/a.
chunk [tʃʌŋk] *n* pedazo, trozo.
church [tʃəːtʃ] *n* iglesia; **~yard** *n* campo santo.
churlish ['tʃəːlɪʃ] *a* grosero.
churn [tʃəːn] *n* (*for butter*) mantequera; (*for milk*) lechera; **to ~ out** *vt* producir en serie.
chute [ʃuːt] *n* (*also*: **rubbish** ~) vertedero; (*Brit*: *children's slide*) tobogán *m*.
chutney ['tʃʌtnɪ] *n* salsa picante.
CIA *n abbr* (*US*: = *Central Intelligence Agency*) CIA *f*.
CID *n abbr* (*Brit*: = *Criminal Investigation Department*) ≈ B.I.C. *f* (*Sp*).
cider ['saɪdə*] *n* sidra.
cigar [sɪ'gɑː*] *n* puro.
cigarette [sɪgə'rɛt] *n* cigarrillo, cigarro (*LAm*); pitillo; ~ **case** *n* pitillera; ~ **end** *n* colilla; ~ **holder** *n* boquilla.
Cinderella [sɪndə'rɛlə] *n* Cenicienta.
cine ['sɪnɪ]: **~-camera** *n* (*Brit*) cámara cinematográfica; **~-film** *n* (*Brit*) película de cine.
cinema ['sɪnəmə] *n* cine *m*.
cinnamon ['sɪnəmən] *n* canela.
cipher ['saɪfə*] *n* cifra.
circle ['səːkl] *n* círculo; (*in theatre*) anfiteatro // *vi* dar vueltas // *vt* (*surround*) rodear, cercar; (*move round*) dar la vuelta a.
circuit ['səːkɪt] *n* circuito; (*track*) pista; (*lap*) vuelta; **~ous** [səː'kjuɪtəs] *a* indirecto.
circular ['səːkjulə*] *a* circular // *n* circular *f*.
circulate ['səːkjuleɪt] *vi* circular // *vt* poner en circulación; **circulation** [-'leɪʃən] *n* circulación *f*; (*of newspaper*) tirada.
circumcise ['səːkəmsaɪz] *vt* circuncidar.
circumstances ['səːkəmstənsɪz] *npl* circunstancias *fpl*; (*financial condition*) situación *f* económica.
circumvent ['səːkəmvɛnt] *vt* burlar.
circus ['səːkəs] *n* circo.
cistern ['sɪstən] *n* tanque *m*, depósito; (*in toilet*) cisterna.
citizen ['sɪtɪzn] *n* (POL) ciudadano/a; (*of city*) vecino/a, habitante *m/f*; **~ship** *n* ciudadanía.
citrus fruits ['sɪtrəs-] *npl* agrios *mpl*.
city ['sɪtɪ] *n* ciudad *f*; **the C~** *centro financiero de Londres*.
civic ['sɪvɪk] *a* cívico, municipal; ~ **centre** *n* (*Brit*) centro público.
civil ['sɪvɪl] *a* civil; (*polite*) atento, cortés; (*well-bred*) educado; ~ **defence** *n* protección *f* civil; ~ **engineer** *n* ingeniero civil; **~ian** [sɪ'vɪlɪən] *a* civil (*no militar*) // *n* civil *m/f*, paisano/a; **~ian clothing** *n* ropa de paisano.
civilization [sɪvɪlaɪ'zeɪʃən] *n* civilización *f*.
civilized ['sɪvɪlaɪzd] *a* civilizado.
civil: ~ **law** *n* derecho civil; ~ **servant** *n* funcionario/a del Estado; **C~ Service** *n* administración *f* pública; ~ **war** *n* guerra civil.
clad [klæd] *a*: ~ **(in)** vestido (de).
claim [kleɪm] *vt* exigir, reclamar; (*rights etc*) reivindicar; (*assert*) pretender // *vi* (*for insurance*) reclamar // *n* reclamación *f*; (LAW) demanda; (*pretension*) pretensión *f*; **~ant** *n* (ADMIN, LAW) de-

mandante *m/f*.

clairvoyant [klɛə'vɔɪənt] *n* clarividente *m/f*.

clam [klæm] *n* almeja.

clamber ['klæmbə*] *vi* trepar.

clammy ['klæmɪ] *a* (*cold*) frío y húmedo; (*sticky*) pegajoso.

clamour ['klæmə*] *vi*: **to ~ for** clamar por, pedir a voces.

clamp [klæmp] *n* abrazadera, grapa // *vt* afianzar (con abrazadera); **to ~ down on** *vt fus* (*subj*: *government, police*) reforzar la lucha contra.

clang [klæŋ] *n* estruendo // *vi* sonar, hacer estruendo.

clap [klæp] *vi* aplaudir; **~ping** *n* aplausos *mpl*.

claret ['klærət] *n* clarete *m*.

clarify ['klærɪfaɪ] *vt* aclarar.

clarinet [klærɪ'nɛt] *n* clarinete *m*.

clarity ['klærɪtɪ] *n* claridad *f*.

clash [klæʃ] *n* estruendo; (*fig*) choque *m* // *vi* (*battle*) chocar; (*disagree*) estar en desacuerdo.

clasp [klɑ:sp] *n* broche *m*; (*on jewels*) cierre *m* // *vt* abrochar; (*hand*) apretar; (*embrace*) abrazar.

class [klɑ:s] *n* (*gen*) clase *f* // *a* clasista, de clase // *vt* clasificar.

classic ['klæsɪk] *a*, *n* clásico; **~al** *a* clásico.

classified ['klæsɪfaɪd] *a* (*information*) reservado; **~ advertisement** *n* anuncio por palabras.

classify ['klæsɪfaɪ] *vt* clasificar.

classmate ['klɑ:smeɪt] *n* compañero/a de clase.

classroom ['klɑ:srum] *n* aula.

clatter ['klætə*] *n* ruido, estruendo; (*of hooves*) trápala // *vi* hacer ruido *or* estruendo.

clause [klɔ:z] *n* cláusula; (LING) oración *f*.

claw [klɔ:] *n* (*of cat*) uña; (*of bird of prey*) garra; (*of lobster*) pinza; (TECH) garfio; **to ~ at** *vt fus* arañar; (*tear*) desgarrar.

clay [kleɪ] *n* arcilla.

clean [kli:n] *a* limpio; (*clear*) neto, bien definido // *vt* limpiar; **to ~ out** *vt* limpiar; **to ~ up** *vt* limpiar, asear; **~er** *n* (*person*) asistenta; **~ing** *n* limpieza; **~liness** ['klɛnlɪnɪs] *n* limpieza.

cleanse [klɛnz] *vt* limpiar; **~r** *n* detergente *m*; (*for face*) crema limpiadora; **cleansing department** *n* (*Brit*) departamento de limpieza.

clear [klɪə*] *a* claro; (*road, way*) libre // *vt* (*space*) despejar, limpiar; (LAW: *suspect*) absolver; (*obstacle*) salvar, saltar por encima de; (*debt*) liquidar; (*cheque*) pasar por un banco // *vi* (*fog etc*) despejarse // *ad*: **~ of** a distancia de; **to ~ the table** recoger *or* levantar la mesa; **to ~ up** *vt* limpiar; (*mystery*) aclarar, resolver; **~ance** *n* (*removal*) despeje *m*; (*permission*) acreditación *f*; **~-cut** *a* bien definido, nítido; **~ing** *n* (*in wood*) claro; **~ing bank** *n* (*Brit*) cámara de compensación; **~ly** *ad* claramente; **~way** *n* (*Brit*) *carretera donde no se puede aparcar*.

cleaver ['kli:və] *n* cuchilla (de carnicero).

clef [klɛf] *n* (MUS) clave *f*.

cleft [klɛft] *n* (*in rock*) grieta, hendedura.

clench [klɛntʃ] *vt* apretar, cerrar.

clergy ['klə:dʒɪ] *n* clero; **~man** *n* clérigo.

clerical ['klɛrɪkəl] *a* de oficina; (REL) clerical.

clerk [klɑ:k, (*US*) klə:rk] *n* oficinista *m/f*; (*US*) dependiente/a *m/f*, vendedor(a) *m/f*.

clever ['klɛvə*] *a* (*mentally*) inteligente, listo; (*skilful*) hábil; (*device, arrangement*) ingenioso.

click [klɪk] *vt* (*tongue*) chasquear; (*heels*) taconear.

client ['klaɪənt] *n* cliente *m/f*.

cliff [klɪf] *n* acantilado.

climate ['klaɪmɪt] *n* clima *m*.

climax ['klaɪmæks] *n* colmo, punto culminante; (*sexual*) clímax *m*.

climb [klaɪm] *vi* subir, trepar // *vt* (*stairs*) subir; (*tree*) trepar a; (*mountain*) escalar // *n* subida; **~-down** *n* vuelta atrás; **~er** *n* alpinista *m/f*, andinista *m/f* (*LAm*); **~ing** *n* alpinismo, andinismo (*LAm*).

clinch [klɪntʃ] *vt* (*deal*) cerrar; (*argument*) remachar.

cling [klɪŋ], *pt*, *pp* **clung** [klʌŋ] *vi*: **to ~ to** agarrarse a; (*clothes*) pegarse a.

clinic ['klɪnɪk] *n* clínica.

clink [klɪŋk] *vi* tintinar.

clip [klɪp] *n* (*for hair*) horquilla; (*also*: **paper ~**) sujetapapeles *m inv*, clip *m*; (*clamp*) grapa // *vt* (*cut*) cortar; (*hedge*) podar; (*also*: **~ together**) unir; **~pers** *npl* (*for gardening*) tijeras *fpl*; (*for hair*) maquinilla *sg*; (*for nails*) cortaúñas *m inv*; **~ping** *n* (*newspaper*) recorte *m*.

clique [kli:k] *n* camarilla.

cloak [kləuk] *n* capa, manto // *vt* (*fig*) encubrir, disimular; **~room** *n* guardarropa; (*Brit*: *WC*) lavabo, aseos *mpl*, baño (*LAm*).

clock [klɔk] *n* reloj *m*; (*in taxi*) taxímetro; **to ~ in** *or* **on** *vi* fichar, picar; **to ~ off** *or* **out** *vi* fichar *or* picar la salida; **~wise** *ad* en el sentido de las agujas del reloj; **~work** *n* aparato de relojería // *a* (*toy*) de cuerda.

clog [klɔg] *n* zueco, chanclo // *vt* atascar // *vi* atascarse.

cloister ['klɔɪstə*] *n* claustro.

close *a, ad and derivatives* [kləus] *a* cercano, próximo; (*near*): **~ (to)** cerca (de); (*print, weave*) tupido, compacto;

(*friend*) íntimo; (*connection*) estrecho; (*examination*) detallado, minucioso; (*weather*) bochornoso; (*atmosphere*) sofocante; (*room*) mal ventilado; to have a ~ shave (*fig*) escaparse por un pelo // *ad* cerca; ~ by, ~ at hand *a*, *ad* muy cerca; ~ **to** *prep* cerca de // *vb and derivatives* [kləuz] *vt* (*shut*) cerrar; (*end*) concluir, terminar // *vi* (*shop etc*) cerrarse; (*end*) concluirse, terminarse // *n* (*end*) fin *m*, final *m*, conclusión *f*; **to ~ down** *vi* cerrarse definitivamente; **~d** *a* (*shop etc*) cerrado; **~d shop** *n* taller *m* gremial; **~-knit** *a* (*fig*) muy unido; **~ly** *ad* (*study*) con detalle; (*listen*) con atención; (*watch*) de cerca.

closet ['klɔzɪt] *n* (*cupboard*) armario.

close-up ['kləusʌp] *n* primer plano.

closure ['kləuʒə*] *n* cierre *m*.

clot [klɔt] *n* (*gen*: **blood** ~) embolia; (*fam*: *idiot*) imbécil *m/f* // *vi* (*blood*) coagularse.

cloth [klɔθ] *n* (*material*) tela, paño; (*rag*) trapo.

clothe [kləuð] *vt* vestir; (*fig*) revestir; **~s** *npl* ropa *sg*; **~s brush** *n* cepillo (para la ropa); **~s line** *n* cuerda (para tender la ropa); **~s peg**, (*US*) **~s pin** *n* pinza.

clothing ['klauðɪŋ] *n* = **clothes**.

cloud [klaud] *n* nube *f*; (*storm* ~) nubarrón *m*; **~y** *a* nublado, nubloso; (*liquid*) turbio.

clout [klaut] *vt* dar un tortazo a.

clove [kləuv] *n* clavo; ~ **of garlic** diente *m* de ajo.

clover ['kləuvə*] *n* trébol *m*.

clown [klaun] *n* payaso // *vi* (*also*: ~ **about**, ~ **around**) hacer el payaso.

cloying ['klɔɪɪŋ] *a* (*taste*) empalagoso.

club [klʌb] *n* (*society*) club *m*; (*weapon*) porra, cachiporra; (*also*: **golf** ~) palo // *vt* aporrear // *vi*: **to ~ together** (*join forces*) unir fuerzas; ~s *npl* (CARDS) tréboles *mpl*; ~ **car** *n* (*US* RAIL) coche *m* sálon; **~house** *n local social, sobre todo en clubs deportivos.*

cluck [klʌk] *vi* cloquear.

clue [klu:] *n* pista; (*in crosswords*) indicación *f*; **I haven't a ~** no tengo ni idea.

clump [klʌmp] *n* (*of trees*) grupo.

clumsy ['klʌmzɪ] *a* (*person*) torpe, desmañado; (*tool*) difícil de manejar.

clung [klʌŋ] *pt*, *pp of* **cling**.

cluster ['klʌstə*] *n* grupo; (BOT) racimo // *vi* agruparse, apiñarse.

clutch [klʌtʃ] *n* (AUT) embrague *m*; (*pedal*) pedal *m* de embrague; to fall into sb's ~es caer en las garras de alguien // *vt* asir; agarrar.

clutter ['klʌtə*] *vt* atestar.

cm *abbr* (= *centimetre*) cm.

CND *n abbr* (= *Campaign for Nuclear Disarmament*) *plataforma pro desarme nuclear.*

Co. *abbr* = **county**; = **company**.

c/o *abbr* (= *care of*) c/a, a/c.

coach [kəutʃ] *n* (*bus*) autocar *m* (*Sp*) autobús *m*; (*horse-drawn*) coche *m*; (*of train*) vagón *m*, coche *m*; (SPORT) entrenador(a) *m/f*, instructor(a) *m/f* // *vt* (SPORT) entrenar; (*student*) preparar, enseñar; ~ **trip** *n* excursión *f* en autocar.

coal [kəul] *n* carbón *m*; ~ **face** *n* frente *m* de carbón; **~field** *n* yacimiento de carbón.

coalition [kəuə'lɪʃən] *n* coalición *f*.

coal man, coal merchant *n* carbonero.

coalmine ['kəulmaɪn] *n* mina de carbón.

coarse [kɔ:s] *a* basto, burdo; (*vulgar*) grosero, ordinario.

coast [kəust] *n* costa, litoral *m* // *vi* (AUT) ir en punto muerto; **~al** *a* costero, costanero; **~guard** *n* guardacostas *m inv*; **~line** *n* litoral *m*.

coat [kəut] *n* (*jacket*) chaqueta; (*overcoat*) abrigo; (*of animal*) pelo, lana; (*of paint*) mano *f*, capa // *vt* cubrir, revestir; ~ **of arms** *n* escudo de armas; ~ **hanger** *n* percha, gancho (*LAm*); **~ing** *n* capa, baño.

coax [kəuks] *vt* engatusar.

cob [kɔb] *n see* **corn**.

cobbler ['kɔblə] *n* zapatero (remendón).

cobbles ['kɔblz], **cobblestones** ['kɔblstəunz] *npl* adoquines *mpl*.

cobweb ['kɔbwɛb] *n* telaraña.

cocaine [kə'keɪn] *n* cocaína.

cock [kɔk] *n* (*rooster*) gallo; (*male bird*) macho // *vt* (*gun*) amartillar; **~erel** *n* gallito; **~eyed** *a* (*fig*: *crooked*) torcido; (: *idea*) disparatado.

cockle ['kɔkl] *n* berberecho.

cockney ['kɔknɪ] *n habitante m/f de ciertos barrios de Londres.*

cockpit ['kɔkpɪt] *n* (*in aircraft*) cabina.

cockroach ['kɔkrəutʃ] *n* cucaracha.

cocktail ['kɔkteɪl] *n* coctel *m*, cóctel *m*; ~ **cabinet** *n* mueble-bar *m*; ~ **party** *n* coctel *m*, cóctel *m*.

cocoa ['kəukəu] *n* cacao; (*drink*) chocolate *m*.

coconut ['kəukənʌt] *n* coco.

cod [kɔd] *n* bacalao.

C.O.D. *abbr* (= *cash on delivery*) C.A.E.

code [kəud] *n* código; (*cipher*) clave *f*.

cod-liver oil ['kɔdlɪvə*-] *n* aceite *m* de hígado de bacalao.

coercion [kəu'ə:ʃən] *n* coacción *f*.

coffee ['kɔfɪ] *n* café *m*; ~ **bar** *n* (*Brit*) cafetería; ~ **break** *n* descanso (para tomar café); **~pot** *n* cafetera; ~ **table** *n* mesita (para servir el café).

coffin ['kɔfɪn] *n* ataúd *m*.

cog [kɔg] *n* diente *m*.

cogent ['kəudʒənt] *a* convincente.

cognac ['kɔnjæk] *n* coñac *m*.

coil [kɔɪl] *n* rollo; (*rope*) adujada

(*ELEC*) bobina, carrete *m*; (*contraceptive*) espiral *f* // *vt* enrollar.

coin [kɔɪn] *n* moneda // *vt* (*word*) inventar, idear; **~age** *n* moneda; **~-box** *n* (*Brit*) cabina telefónica.

coincide [kəuɪn'saɪd] *vi* coincidir; (*agree*) estar de acuerdo; **~nce** [kəu'ɪnsɪdəns] *n* casualidad *f*.

coke [kəuk] *n* (*coal*) coque *m*.

Coke ® [kəuk] *n* Coca Cola ®.

colander ['kɔləndə*] *n* colador *m*, escurridor *m*.

cold [kəuld] *a* frío // *n* frío; (*MED*) resfriado; **it's ~** hace frío; **to be ~** tener frío; **to catch ~** resfriarse, acatarrarse; **in ~ blood** a sangre fría; **~ sore** *n* herpes *m* labial.

coleslaw ['kəulslɔː] *n* *especie de ensalada de col.*

colic ['kɔlɪk] *n* cólico.

collapse [kə'læps] *vi* (*gen*) hundirse, derrumbarse; (*MED*) sufrir un colapso // *n* (*gen*) hundimiento; (*MED*) colapso; **collapsible** *a* plegable.

collar ['kɔlə*] *n* (*of coat, shirt*) cuello; **~bone** *n* clavícula.

collateral [kɔ'lætərəl] *n* garantía colateral.

colleague ['kɔliːg] *n* colega *m/f*.

collect [kə'lɛkt] *vt* reunir; (*as a hobby*) coleccionar; (*Brit*: *call and pick up*) recoger; (*wages*) cobrar; (*debts*) recaudar; (*donations, subscriptions*) colectar // *vi* reunirse; coleccionar; **to call ~** (*US TEL*) llamar a cobro revertido; **~ion** [kə'lɛkʃən] *n* colección *f*; (*of post*) recogida.

collector [kə'lɛktə*] *n* coleccionista *m/f*; (*of taxes etc*) recaudador(a) *m/f*.

college ['kɔlɪdʒ] *n* colegio.

collide [kə'laɪd] *vi* chocar.

collie ['kɔlɪ] *n* perro pastor.

colliery ['kɔlɪərɪ] *n* (*Brit*) mina de carbón.

collision [kə'lɪʒən] *n* choque *m*.

colloquial [kə'ləukwɪəl] *a* familiar, coloquial.

collusion [kə'luːʒən] *n* confabulación *f*, connivencia.

cologne [kə'ləun] *n* = **eau de cologne**.

Colombia [kə'lɔmbɪə] *n* Colombia; **Colombian** *a*, *n* colombiano/a.

colon ['kəulən] *n* (*sign*) dos puntos; (*MED*) colón *m*.

colonel ['kəːnl] *n* coronel *m*.

colonial [kə'ləunɪəl] *a* colonial.

colony ['kɔlənɪ] *n* colonia.

colour, (*US*) **color** ['kʌlə*] *n* color *m* // *vt* color(e)ar; (*with crayons*) colorear (al pastel); (*dye*) teñir // *vi* (*blush*) sonrojarse; **~s** *npl* (*of party, club*) colores *mpl*; **~ bar** *n* segregación *f* racial; **~-blind** *a* daltoniano; **~ed** *a* de color; (*photo*) en color; **~ film** *n* película en color; **~ful** *a* lleno de color; (*person*) excéntrico; **~ing** *n* colorido; **~less** *a* incoloro, sin color; **~ scheme** *n* combinación *f* de colores; **~ television** *n* televisión *f* en color.

colt [kəult] *n* potro.

column ['kɔləm] *n* columna; **~ist** ['kɔləmnɪst] *n* columnista *m/f*.

coma ['kəumə] *n* coma *m*.

comb [kəum] *n* peine *m*; (*ornamental*) peineta // *vt* (*hair*) peinar; (*area*) registrar a fondo.

combat ['kɔmbæt] *n* combate *m* // *vt* combatir.

combination [kɔmbɪ'neɪʃən] *n* (*gen*) combinación *f*.

combine [kəm'baɪn] *vt* combinar; (*qualities*) reunir // *vi* combinarse // *n* ['kɔmbaɪn] (*ECON*) cartel *m*; **~ (harvester)** *n* cosechadora.

come [kʌm], *pt* **came**, *pp* **come** *vi* venir; **to ~ undone** desatarse; **to ~ loose** aflojarse; **to ~ about** *vi* suceder, ocurrir; **to ~ across** *vt fus* (*person*) topar con; (*thing*) dar con; **to ~ away** *vi* marcharse; desprenderse; **to ~ back** *vi* volver; **to ~ by** *vt fus* (*acquire*) conseguir; **to ~ down** *vi* bajar; (*buildings*) ser derribado; derrumbarse; **to ~ forward** *vi* presentarse; **to ~ from** *vt fus* ser de; **to ~ in** *vi* entrar; (*train*) llegar; (*fashion*) ponerse de moda; **to ~ in for** *vt fus* (*criticism etc*) merecer; **to ~ into** *vt fus* (*money*) heredar; **to ~ off** *vi* (*button*) soltarse, desprenderse; (*succeed*) salir bien; **to ~ on** *vi* (*pupil, work, project*) desarrollarse; (*lights*) encenderse; **~ on!** ¡vamos!; **to ~ out** *vi* salir; (*book*) aparecer; (*be revealed*) salir a luz; (*strike*) declararse en huelga; **to ~ out for/against** declararse por/contra; **to ~ round** *vi* (*after faint, operation*) volver en sí; **to ~ to** *vi* volver en sí; (*total*) sumar; **to ~ up** *vi* subir; (*sun*) salir; (*problem*) surgir; **to ~ up against** *vt fus* (*resistance, difficulties*) tropezar con; **to ~ up with** *vt fus* (*idea*) sugerir, proponer; **to ~ upon** *vt fus* dar *or* topar con; **~back** *n*: **to make a ~back** (*THEATRE*) volver a las tablas.

comedian [kə'miːdɪən] *n* cómico; **comedienne** [-'ɛn] *n* cómica.

comedown ['kʌmdaun] *n* revés *m*, bajón *m*.

comedy ['kɔmɪdɪ] *n* comedia.

comet ['kɔmɪt] *n* cometa *m*.

comeuppance [kʌm'ʌpəns] *n*: **to get one's ~** llevar su merecido.

comfort ['kʌmfət] *n* comodidad *f*, confort *m*; (*well-being*) bienestar *m*; (*solace*) consuelo; (*relief*) alivio // *vt* consolar; **~able** *a* cómodo; **~ably** *ad* (*sit*) cómodamente; (*live*) holgadamente; **~er** *n* (*US*: *pacifier*) chupete *m*; (: *bed cover*) colcha; **~ station** *n* (*US*) servicios *mpl*.

comic ['kɔmɪk] *a* (*also*: **~al**) cómico // *n*

(*for children*) tebeo; (*for adults*) comic *m*; ~ **strip** *n* tira cómica.
coming ['kʌmɪŋ] *n* venida, llegada // *a* que viene; ~(s) **and going(s)** *n(pl)* ir y venir *m*, ajetreo.
comma ['kɔmə] *n* coma.
command [kə'mɑ:nd] *n* orden *f*, mandato; (*MIL*: *authority*) mando; (*mastery*) dominio // *vt* (*troops*) mandar; (*give orders to*) mandar, ordenar; (*be able to get*) disponer de; (*deserve*) merecer; **~eer** [kɔmən'dɪə*] *vt* requisar; **~er** *n* (*MIL*) comandante *m/f*, jefe/a *m/f*; **~ment** *n* (*REL*) mandamiento.
commando [kə'mɑ:ndəu] *n* comando.
commemorate [kə'mɛməreɪt] *vt* conmemorar.
commence [kə'mɛns] *vt*, *vi* comenzar, empezar.
commend [kə'mɛnd] *vt* (*praise*) elogiar, alabar; (*recommend*) recomendar; (*entrust*) encomendar.
commensurate [kə'mɛnʃərɪt] *a*: ~ **with** en proporción a, que corresponde a.
comment ['kɔmɛnt] *n* comentario // *vi*: **to** ~ **on** hacer comentarios sobre; **~ary** ['kɔməntərɪ] *n* comentario; **~ator** ['kɔmənteɪtə*] *n* comentarista *m/f*.
commerce ['kɔmə:s] *n* comercio.
commercial [kə'mə:ʃəl] *a* comercial // *n* (*TV*: *also*: ~ **break**) anuncio.
commiserate [kə'mɪzəreɪt] *vi*: **to** ~ **with** compadecerse de, condolerse de.
commission [kə'mɪʃən] *n* (*committee*, *fee*) comisión *f*; (*act*) perpetración *f* // *vt* (*MIL*) nombrar; (*work of art*) encargar; **out of** ~ fuera de servicio; **~aire** [kəmɪʃə'nɛə*] *n* (*Brit*) portero; **~er** *n* comisario; (*POLICE*) comisario *m* de policía.
commit [kə'mɪt] *vt* (*act*) cometer; (*to sb's care*) entregar; **to** ~ **o.s.** (**to do**) comprometerse (a hacer); **to** ~ **suicide** suicidarse; **~ment** *n* compromiso.
committee [kə'mɪtɪ] *n* comité *m*.
commodity [kə'mɔdɪtɪ] *n* mercancía.
common ['kɔmən] *a* (*gen*) común; (*pej*) ordinario // *n* campo común; **the C~s** *npl* (*Brit*) (la Cámara de) los Comunes *mpl*; **in** ~ en común; **~er** *n* plebeyo; ~ **law** *n* ley *f* consuetudinaria; **~ly** *ad* comúnmente; **C~ Market** *n* Mercado Común; **~place** *a* de lo más común; **~room** *n* sala común; ~ **sense** *n* sentido común; **the C~wealth** *n* la Mancomunidad (Británica).
commotion [kə'məuʃən] *n* tumulto, confusión *f*.
commune ['kɔmju:n] *n* (*group*) comuna // *vi* [kə'mju:n]: **to** ~ **with** comulgar *or* conversar con.
communicate [kə'mju:nɪkeɪt] *vt* comunicar // *vi*: **to** ~ (**with**) comunicarse (con).
communication [kəmju:nɪ'keɪʃən] *n* comunicación *f*; ~ **cord** *n* (*Brit*) timbre *m* de alarma.
communion [kə'mju:nɪən] *n* (*also*: **Holy C~**) comunión *f*.
communiqué [kə'mju:nɪkeɪ] *n* comunicado, parte *m*.
communism ['kɔmjunɪzəm] *n* comunismo; **communist** *a*, *n* comunista *m/f*.
community [kə'mju:nɪtɪ] *n* comunidad *f*; (*large group*) colectividad *f*; (*local*) vecindario; ~ **centre** *n* centro social; ~ **chest** *n* (*US*) arca comunitaria, fondo común.
commutation ticket [kɔmju'teɪʃən-] *n* (*US*) billete *m* de abono.
commute [kə'mju:t] *vi* *viajar a diario de la casa al trabajo* // *vt* conmutar; **~r** *n* persona (que ... *see vi*).
compact [kəm'pækt] *a* compacto // *n* ['kɔmpækt] (*pact*) pacto; (*also*: **powder** ~) polvera; ~ **disc** *n* compact disc *m*.
companion [kəm'pænɪən] *n* compañero/a; **~ship** *n* compañerismo.
company ['kʌmpənɪ] *n* (*gen*) compañía; (*COMM*) sociedad *f*, compañía; **to keep sb** ~ acompañar a uno; ~ **secretary** *n* (*Brit*) secretario/a de compañía.
comparative [kəm'pærətɪv] *a* relativo; **~ly** *ad* (*relatively*) relativamente.
compare [kəm'pɛə*] *vt* comparar; (*set side by side*) cotejar // *vi*: **to** ~ (**with**) compararse (con); **comparison** [-'pærɪsn] *n* comparación *f*; cotejo.
compartment [kəm'pɑ:tmənt] *n* (*also*: *RAIL*) departamento.
compass ['kʌmpəs] *n* brújula; **~es** *npl* compás *msg*.
compassion [kəm'pæʃən] *n* compasión *f*; **~ate** *a* compasivo.
compatible [kəm'pætɪbl] *a* compatible.
compel [kəm'pɛl] *vt* obligar; **~ling** *a* (*fig*: *argument*) convincente.
compensate ['kɔmpənseɪt] *vt* compensar // *vi*: **to** ~ **for** compensar; **compensation** [-'seɪʃən] *n* (*for loss*) indemnización *f*.
compère ['kɔmpɛə*] *n* presentador *m*.
compete [kəm'pi:t] *vi* (*take part*) tomar parte, concurrir; (*vie with*) competir, hacer competencia.
competence ['kɔmpɪtəns] *n* capacidad *f*, aptitud *f*.
competent ['kɔmpɪtənt] *a* competente, capaz.
competition [kɔmpɪ'tɪʃən] *n* (*contest*) concurso; (*ECON*, *rivalry*) competencia.
competitive [kəm'pɛtɪtɪv] *a* (*ECON*, *SPORT*) competitivo; (*spirit*) competidor(a), de competencia.
competitor [kəm'pɛtɪtə*] *n* (*rival*) competidor(a) *m/f*; (*participant*) concursante *m/f*.
compile [kəm'paɪl] *vt* recopilar.
complacency [kəm'pleɪsnsɪ] *n* autosatisfacción *f*.

complacent [kəm'pleɪsənt] *a* autocomplaciente.
complain [kəm'pleɪn] *vi* (*gen*) quejarse; (*COMM*) reclamar; **~t** *n* (*gen*) queja; reclamación *f*; (*LAW*) demanda; (*MED*) enfermedad *f*.
complement ['kɔmplɪmənt] *n* complemento; (*especially of ship's crew*) dotación *f* // ['-mɛnt] *vt* (*enhance*) complementar; **~ary** [kɔmplɪ'mɛntərɪ] *a* complementario.
complete [kəm'pli:t] *a* (*full*) completo; (*finished*) acabado // *vt* (*fulfil*) completar; (*finish*) acabar; (*a form*) llenar; **~ly** *ad* completamente; **completion** [-'pli:ʃən] *n* terminación *f*.
complex ['kɔmplɛks] *a*, *n* complejo.
complexion [kəm'plɛkʃən] *n* (*of face*) tez *f*, cutis *m*; (*fig*) aspecto.
compliance [kəm'plaɪəns] *n* (*submission*) sumisión *f*; (*agreement*) conformidad *f*; in ~ with de acuerdo con.
complicate ['kɔmplɪkeɪt] *vt* complicar; **~d** *a* complicado; **complication** [-'keɪʃən] *n* complicación *f*.
complicity [kəm'plɪsɪtɪ] *n* complicidad *f*.
compliment *n* ['kɔmplɪmənt] (*formal*) cumplido; (*flirtation*) piropo // *vt* felicitar; ~s *npl* saludos *mpl*; to pay sb a ~ (*formal*) hacer cumplidos a alguien; (*flirt*) piropear *o* echar piropos a alguien; **~ary** [-'mɛntərɪ] *a* lisonjero; (*free*) de favor.
comply [kəm'plaɪ] *vi*: to ~ with cumplir con.
component [kəm'pəunənt] *a* componente // *n* (*TECH*) pieza.
compose [kəm'pəuz] *vt* componer; to ~ o.s. tranquilizarse; **~d** *a* sosegado; **~r** *n* (*MUS*) compositor(a) *m/f*.
composite ['kɔmpəzɪt] *a* compuesto.
composition [kɔmpə'zɪʃən] *n* composición *f*.
compost ['kɔmpɔst] *n* abono.
composure [kəm'pəuʒə*] *n* serenidad *f*, calma.
compound ['kɔmpaund] *n* (*CHEM*) compuesto; (*LING*) palabra compuesta; (*enclosure*) recinto // *a* (*gen*) compuesto; (*fracture*) complicado.
comprehend [kɔmprɪ'hɛnd] *vt* comprender; **comprehension** [-'hɛnʃən] *n* comprensión *f*.
comprehensive [kɔmprɪ'hɛnsɪv] *a* (*broad*) extenso; (*general*) de conjunto; (*INSURANCE*) contra todo riesgo; ~ (**school**) *n* *centro estatal de enseñanza secundaria*; ≈ Instituto Nacional de Bachillerato (*Sp*).
compress [kəm'prɛs] *vt* comprimir // *n* ['kɔmprɛs] (*MED*) compresa.
comprise [kəm'praɪz] *vt* (*also*: be ~d of) comprender, constar de.
compromise ['kɔmprəmaɪz] *n* (*agreement*) arreglo // *vt* comprometer // *vi* transigir.
compulsion [kəm'pʌlʃən] *n* obligación *f*.
compulsive [kəm'pʌlsɪv] *a* compulsivo.
compulsory [kəm'pʌlsərɪ] *a* obligatorio.
computer [kəm'pju:tə*] *n* ordenador *m*, computador *m*, computadora; **~ize** *vt* (*data*) computerizar; (*system*) informatizar; ~ **programmer** *n* programador(a) *m/f*; ~ **programming** *n* programación *f*; ~ **science** *n* informática.
computing [kəm'pju:tɪŋ] *n* (*activity*) informática.
comrade ['kɔmrɪd] *n* compañero/a; **~ship** *n* camaradería, compañerismo.
con [kɔn] *vt* estafar // *n* estafa.
conceal [kən'si:l] *vt* ocultar; (*thoughts etc*) disimular.
conceit [kən'si:t] *n* presunción *f*; **~ed** *a* presumido.
conceivable [kən'si:vəbl] *a* concebible.
conceive [kən'si:v] *vt*, *vi* concebir.
concentrate ['kɔnsəntreɪt] *vi* concentrarse // *vt* concentrar.
concentration [kɔnsən'treɪʃən] *n* concentración *f*; ~ **camp** *n* campo de concentración.
concept ['kɔnsɛpt] *n* concepto.
conception [kən'sɛpʃən] *n* (*idea*) concepto, idea; (*BIOL*) concepción *f*.
concern [kən'sə:n] *n* (*matter*) asunto; (*COMM*) empresa; (*anxiety*) preocupación *f* // *vt* tener que ver con; to be ~ed (about) interesarse (por), preocuparse (por); **~ing** *prep* sobre, acerca de.
concert ['kɔnsət] *n* concierto; **~ed** [kən'sə:təd] *a* (*efforts etc*) concertado; ~ **hall** *n* sala de conciertos.
concertina [kɔnsə'ti:nə] *n* concertina.
concerto [kən'tʃə:təu] *n* concierto.
concession [kən'sɛʃən] *n* concesión *f*; tax ~ privilegio fiscal.
concise [kən'saɪs] *a* conciso.
conclude [kən'klu:d] *vt* (*finish*) concluir; (*treaty etc*) firmar; (*agreement*) llegar a; (*decide*) llegar a la conclusión de; **conclusion** [-'klu:ʒən] *n* conclusión *f*; **conclusive** [-'klu:sɪv] *a* decisivo, concluyente.
concoct [kən'kɔkt] *vt* (*gen*) confeccionar; (*plot*) tramar; **~ion** [-'kɔkʃən] *n* confección *f*.
concourse ['kɔŋkɔ:s] *n* (*hall*) vestíbulo.
concrete ['kɔnkri:t] *n* hormigón *m* // *a* concreto.
concur [kən'kə:*] *vi* estar de acuerdo, asentir.
concurrently [kən'kʌrntlɪ] *ad* al mismo tiempo.
concussion [kən'kʌʃən] *n* conmoción *f* cerebral.
condemn [kən'dɛm] *vt* condenar; **~ation** [kɔndɛm'neɪʃən] *n* (*gen*) condena; (*blame*) censura.
condense [kən'dɛns] *vi* condensarse // *vt* condensar, abreviar; **~d milk** *n* leche *f*

condensada.
condescending [kɔndɪ'sɛndiŋ] *a* condescendiente.
condition [kən'dɪʃən] *n* condición *f* // *vt* condicionar; **on ~ that** a condición (de) que; **~al** *a* condicional; **~er** *n* (*for hair*) acondicionador *m.*
condolences [kən'dəulənsız] *npl* pésame *msg.*
condom ['kɔndəm] *n* condón *m.*
condominium [kɔndə'mɪnɪəm] *n* (*US*) condominio.
condone [kən'dəun] *vt* condonar.
conducive [kən'dju:sɪv] *a*: **~ to** conducente a.
conduct ['kɔndʌkt] *n* conducta, comportamiento // *vt* [kən'dʌkt] (*lead*) conducir; (*manage*) llevar, dirigir; (*MUS*) dirigir // *vi* (*MUS*) llevar la batuta; **to ~ o.s.** comportarse; **~ed tour** *n* (*Brit*) visita acompañada; **~or** *n* (*of orchestra*) director *m*; (*US*: *on train*) revisor(a) *m/f*; (*on bus*) cobrador *m*; (*ELEC*) conductor *m*; **~ress** *n* (*on bus*) cobradora.
cone [kəun] *n* cono; (*pine ~*) piña; (*for ice-cream*) barquillo.
confectioner [kən'fɛkʃənə*] *n* (*of cakes*) pastelero; (*of sweets*) confitero/a; **~'s (shop)** *n* pastelería; confitería; **~y** *n* pasteles *mpl*; dulces *mpl.*
confer [kən'fə:*] *vt*: **to ~ sth on** otorgar algo a // *vi* conferenciar.
conference ['kɔnfərns] *n* (*meeting*) reunión *f*; (*convention*) congreso.
confess [kən'fɛs] *vt* confesar // *vi* confesarse; **~ion** [-'fɛʃən] *n* confesión *f*; **~ional** [-'fɛʃənl] *n* confesionario.
confetti [kən'fɛtɪ] *n* confeti *m.*
confide [kən'faɪd] *vi*: **to ~ in** confiar en.
confidence ['kɔnfɪdns] *n* (*gen, also*: **self ~**) confianza; (*secret*) confidencia; **in ~** (*speak, write*) en confianza; **~ trick** *n* timo; **confident** *a* seguro de sí mismo; **confidential** [kɔnfɪ'dɛnʃəl] *a* confidencial; (*secretary*) de confianza.
confine [kən'faɪn] *vt* (*limit*) limitar; (*shut up*) encerrar; **~s** ['kɔnfaɪnz] *npl* confines *mpl;* **~d** *a* (*space*) reducido; **~ment** *n* (*prison*) prisión *f*; (*MED*) parto.
confirm [kən'fə:m] *vt* confirmar; **~ation** [kɔnfə'meɪʃən] *n* confirmación *f*; **~ed** *a* empedernido.
confiscate ['kɔnfɪskeɪt] *vt* confiscar.
conflict ['kɔnflɪkt] *n* conflicto // *vi* [kən'flɪkt] (*opinions*) chocar; **~ing** *a* contradictorio.
conform [kən'fɔ:m] *vi* conformarse; **to ~ to** ajustarse a.
confound [kən'faund] *vt* confundir.
confront [kən'frʌnt] *vt* (*problems*) hacer frente a; (*enemy, danger*) enfrentarse con; **~ation** [kɔnfrən'teɪʃən] *n* enfrentamiento.
confuse [kən'fju:z] *vt* (*perplex*) aturdir, desconcertar; (*mix up*) confundir; **~d** *a* confuso; (*person*) perplejo; **confusing** *a* confuso; **confusion** [-'fju:ʒən] *n* confusión *f.*
congeal [kən'dʒi:l] *vi* (*blood*) coagularse
congenial [kən'dʒi:nɪəl] *a* agradable.
congenital [kən'dʒɛnɪtl] *a* congénito.
congested [kən'dʒɛstɪd] *a* (*gen*) atestado.
congestion [kən'dʒɛstʃən] *n* congestión *f.*
conglomerate [kən'glɔmərət] *n* (*COMM, GEO*) conglomerado.
conglomeration [kənglɔmə'reɪʃən] *n* conglomeración *f.*
congratulate [kən'grætjuleɪt] *vt*: **to ~ sb (on)** felicitar a uno (por); **congratulations** [-'leɪʃənz] *npl* felicidades *fpl.*
congregate ['kɔŋgrɪgeɪt] *vi* congregarse; **congregation** [-'geɪʃən] *n* (*in church*) fieles *mpl.*
congress ['kɔŋgrɛs] *n* congreso; **~man** *n* (*US*) miembro del Congreso.
conifer ['kɔnɪfə*] *n* conífera.
conjecture [kən'dʒɛktʃə*] *n* conjetura.
conjugal ['kɔndʒugl] *a* conyugal.
conjugate ['kɔndʒugeɪt] *vt* conjugar.
conjunction [kən'dʒʌŋkʃən] *n* conjunción *f.*
conjunctivitis [kəndʒʌŋktɪ'vaɪtɪs] *n* conjuntivitis *f.*
conjure ['kʌndʒə*] *vi* hacer juegos de manos; **to ~ up** *vt* (*ghost, spirit*) hacer aparecer; (*memories*) evocar; **~r** *n* ilusionista *m/f.*
conk out [kɔŋk-] *vi* (*col*) descomponerse.
con man ['kɔn-] *n* timador *m.*
connect [kə'nɛkt] *vt* juntar, unir; (*ELEC*) conectar; (*fig*) relacionar, asociar // *vi*: **to ~ with** (*train*) enlazar con; **to be ~ed with** (*associated*) estar relacionado con; (*related*) estar emparentado con; **~ion** [-ʃən] *n* juntura, unión *f*; (*ELEC*) conexión *f*; (*RAIL*) enlace *m*; (*TEL*) comunicación *f*; (*fig*) relación *f.*
connive [kə'naɪv] *vi*: **to ~ at** hacer la vista gorda a.
connoisseur [kɔnɪ'sə*] *n* experto/a, entendido/a.
conquer ['kɔŋkə*] *vt* (*territory*) conquistar; (*enemy, feelings*) vencer; **~or** *n* conquistador *m.*
conquest ['kɔŋkwɛst] *n* conquista.
cons [kɔnz] *npl see* **convenience, pro.**
conscience ['kɔnʃəns] *n* conciencia.
conscientious [kɔnʃɪ'ɛnʃəs] *a* concienzudo; (*objection*) de conciencia.
conscious ['kɔnʃəs] *a* consciente; **~ness** *n* conciencia; (*MED*) conocimiento.
conscript ['kɔnskrɪpt] *n* recluta *m*; **~ion** [kən'skrɪpʃən] *n* servicio militar (obligatorio).
consecrate ['kɔnsɪkreɪt] *vt* consagrar.
consensus [kən'sɛnsəs] *n* consenso.

consent [kən'sɛnt] *n* consentimiento // *vi*: to ~ (to) consentir (en).
consequence ['kɔnsɪkwəns] *n* consecuencia.
consequently ['kɔnsɪkwəntlɪ] *ad* por consiguiente.
conservation [kɔnsə'veɪʃən] *n* conservación *f*.
conservative [kən'sə:vətɪv] *a* conservador(a); (*cautious*) cauteloso; **C~** *a*, *n* (*Brit* POL) conservador(a) *m/f*.
conservatory [kən'sə:vətrɪ] *n* (*greenhouse*) invernadero.
conserve [kən'sə:v] *vt* conservar // *n* conserva.
consider [kən'sɪdə*] *vt* considerar; (*take into account*) tomar en cuenta; (*study*) estudiar, examinar; to ~ **doing sth** pensar en (la posibilidad de) hacer algo; **~able** *a* considerable; **~ably** *ad* notablemente.
considerate [kən'sɪdərɪt] *a* considerado; **consideration** [-'reɪʃən] *n* consideración *f*; (*reward*) retribución *f*.
considering [kən'sɪdərɪŋ] *prep* teniendo en cuenta.
consign [kən'saɪn] *vt* consignar; **~ment** *n* envío.
consist [kən'sɪst] *vi*: to ~ of consistir en.
consistency [kən'sɪstənsɪ] *n* (*of person etc*) consecuencia; (*thickness*) consistencia.
consistent [kən'sɪstənt] *a* (*person, argument*) consecuente; (*results*) constante.
consolation [kɔnsə'leɪʃən] *n* consuelo.
console [kən'səul] *vt* consolar // *n* ['kɔnsəul] consola.
consonant ['kɔnsənənt] *n* consonante *f*.
consortium [kən'sɔ:tɪəm] *n* consorcio.
conspicuous [kən'spɪkjuəs] *a* (*visible*) visible; (*garish etc*) llamativo; (*outstanding*) notable.
conspiracy [kən'spɪrəsɪ] *n* conjura, complot *m*.
conspire [kən'spaɪə*] *vi* conspirar.
constable ['kʌnstəbl] *n* (*Brit*) policía *m/f*; chief ~ ≈ jefe *m* de policía.
constabulary [kən'stæbjulərɪ] *n* ≈ policía.
constant ['kɔnstənt] *a* (*gen*) constante; (*loyal*) leal, fiel; **~ly** *ad* constantemente.
consternation [kɔnstə'neɪʃən] *n* consternación *f*.
constipated ['kɔnstɪpeɪtəd] *a* estreñido.
constipation [kɔnstɪ'peɪʃən] *n* estreñimiento.
constituency [kən'stɪtjuənsɪ] *n* (POL) distrito electoral; **constituent** [-ənt] *n* (POL) elector(a) *m/f*; (*part*) componente *m*.
constitute ['kɔnstɪtju:t] *vt* constituir.
constitution [kɔnstɪ'tju:ʃən] *n* constitución *f*; **~al** *a* constitucional.
constrain [kən'streɪn] *vt* obligar; **~ed** *a*: to feel ~ed to ... sentirse en la necesidad de ....
constraint [kən'streɪnt] *n* (*force*) fuerza; (*limit*) restricción *f*; (*restraint*) reserva.
construct [kən'strʌkt] *vt* construir; **~ion** [-ʃən] *n* construcción *f*; **~ive** *a* constructivo.
construe [kən'stru:] *vt* interpretar.
consul ['kɔnsl] *n* cónsul *m/f*; **~ate** ['kɔnsjulɪt] *n* consulado.
consult [kən'sʌlt] *vt, vi* consultar; **~ant** *n* (*Brit* MED) especialista *m/f*; (*other specialist*) asesor(a) *m/f*; **~ation** [kɔnsəl'teɪʃən] *n* consulta; **~ing room** *n* (*Brit*) consultorio.
consume [kən'sju:m] *vt* (*eat*) comerse; (*drink*) beberse; (*fire etc*, COMM) consumir; **~r** *n* consumidor(a) *m/f*; **~r goods** *npl* bienes *mpl* de consumo; **~rism** *n* consumismo; **~r society** *n* sociedad *f* de consumo.
consummate ['kɔnsʌmeɪt] *vt* consumar.
consumption [kən'sʌmpʃən] *n* consumo; (MED) tisis *f*.
cont. *abbr* = (*continued*) sigue.
contact ['kɔntækt] *n* contacto; (*person*) enchufe *m* // *vt* ponerse en contacto con; ~ **lenses** *npl* lentes *fpl* de contacto.
contagious [kən'teɪdʒəs] *a* contagioso.
contain [kən'teɪn] *vt* contener; to ~ o.s. contenerse; **~er** *n* recipiente *m*; (*for shipping etc*) contenedor *m*.
contaminate [kən'tæmɪneɪt] *vt* contaminar; **contamination** [-'neɪʃən] *n* contaminación *f*.
cont'd *abbr* = (*continued*) sigue.
contemplate ['kɔntəmpleɪt] *vt* (*gen*) contemplar; (*reflect upon*) considerar; (*intend*) pensar.
contemporary [kən'tɛmpərərɪ] *a*, *n* contemporáneo/a *m/f*.
contempt [kən'tɛmpt] *n* desprecio; ~ of court (LAW) desacato (a los tribunales); **~ible** *a* despreciable; **~uous** *a* desdeñoso.
contend [kən'tɛnd] *vt* (*argue*) afirmar // *vi* (*struggle*) luchar; **~er** *n* (SPORT) contendiente *m/f*.
content [kən'tɛnt] *a* (*happy*) contento; (*satisfied*) satisfecho // *vt* contentar; satisfacer // *n* ['kɔntɛnt] contenido; (table of) ~s índice *m* de materias; **~ed** *a* contento; satisfecho.
contention [kən'tɛnʃən] *n* discusión *f*; (*belief*) argumento.
contentment [kən'tɛntmənt] *n* contento.
contest ['kɔntɛst] *n* contienda; (*competition*) concurso // *vt* [kən'tɛst] (*dispute*) impugnar; (POL) presentarse como candidato/a en; **~ant** [kən'tɛstənt] *n* concursante *m/f*; (*in fight*) contendiente *m/f*.
continent ['kɔntɪnənt] *n* continente *m*; the C~ (*Brit*) el continente europeo; **~al** [-'nɛntl] *a* continental; **~al quilt** *n* (*Brit*) edredón *m*.
contingency [kən'tɪndʒənsɪ] *n* contingen-

cia.

contingent [kən'tɪndʒənt] (*group*) grupo.

continual [kən'tɪnjuəl] *a* continuo; **~ly** *ad* constantemente.

continuation [kəntɪnju'eɪʃən] *n* prolongación *f*; (*after interruption*) reanudación *f*.

continue [kən'tɪnju:] *vi*, *vt* seguir, continuar.

continuous [kən'tɪnjuəs] *a* continuo; **~ stationery** *n* papel *m* continuo.

contort [kən'tɔ:t] *vt* retorcer; **~ion** [-'tɔ:ʃən] *n* (*movement*) contorsión *f*.

contour ['kɔntuə*] *n* contorno; (*also*: **~ line**) curva de nivel.

contraband ['kɔntrəbænd] *n* contrabando.

contraception [kɔntrə'sɛpʃən] *n* contracepción *f*.

contraceptive [kɔntrə'sɛptɪv] *a*, *n* anticonceptivo.

contract ['kɔntrækt] *n* contrato // (*vb*: [kən'trækt]) *vi* (COMM): **to ~ to do sth** comprometerse por contrato a hacer algo; (*become smaller*) contraerse, encogerse // *vt* contraer; **~ion** [kən'trækʃən] *n* contracción *f*; **~or** *n* contratista *m/f*.

contradict [kɔntrə'dɪkt] *vt* (*declare to be wrong*) desmentir; (*be contrary to*) contradecir; **~ion** [-ʃən] *n* contradicción; **~ory** *a* (*statements*) contradictorio.

contraption [kən'træpʃən] *n* (*pej*) artilugio *m*.

contrary ['kɔntrərɪ] *a* (*opposite*, *different*) contrario; [kən'trɛərɪ] (*perverse*) terco // *n*: **on the ~** al contrario; **unless you hear to the ~** a no ser que le digan lo contrario.

contrast ['kɔntrɑ:st] *n* contraste *m* // *vt* [kən'trɑ:st] comparar; **~ing** *a* (*opinion*) opuesto; (*colour*) que hace contraste.

contravene [kɔntrə'vi:n] *vt* infringir.

contribute [kən'trɪbju:t] *vi* contribuir // *vt*: **to ~ to** (*gen*) contribuir a; (*newspaper*) escribir para; **contribution** [kɔntrɪ'bju:ʃən] *n* (*money*) contribución *f*; (*to debate*) intervención *f*; (*to journal*) colaboración *f*; **contributor** *n* (*to newspaper*) colaborador(a) *m/f*.

contrive [kən'traɪv] *vt* (*invent*) idear // *vi*: **to ~ to do** lograr hacer.

control [kən'trəul] *vt* controlar; (*traffic etc*) dirigir; (*machinery*) manejar; (*temper*) dominar // *n* (*command*) control *m*; (*of car*) conducción *f*; (*check*) freno; **~s** *npl* mando *sg*; **everything is under ~** todo está bajo control; **to be in ~ of** tener el mando de; **the car went out of ~** se perdió el control del coche; **~ panel** *n* tablero de instrumentos; **~ room** *n* sala de mando; **~ tower** *n* (AVIAT) torre *f* de control.

controversial [kɔntrə'və:ʃl] *a* polémico.

controversy ['kɔntrəvə:sɪ] *n* polémica.

conurbation [kɔnə:'beɪʃən] *n* urbanización *f*.

convalesce [kɔnvə'lɛs] *vi* convalecer; **convalescence** *n* convalecencia; **convalescent** *a*, *n* convaleciente *m/f*.

convene [kən'vi:n] *vt* convocar // *vi* reunirse.

convenience [kən'vi:nɪəns] *n* (*comfort*) comodidad *f*; (*advantage*) ventaja; **at your ~** cuando le sea conveniente; **all modern ~s**, (*Brit*) **all mod cons** todo confort.

convenient [kən'vi:nɪənt] *a* (*useful*) útil; (*place*, *time*) conveniente.

convent ['kɔnvənt] *n* convento.

convention [kən'vɛnʃən] *n* convención *f*; (*meeting*) asamblea; **~al** *a* convencional.

conversant [kən'və:snt] *a*: **to be ~ with** estar al tanto de.

conversation [kɔnvə'seɪʃən] *n* conversación *f*; **~al** *a* (*familiar*) familiar; (*talkative*) locuaz.

converse ['kɔnvə:s] *n* inversa // *vi* [kən'və:s] conversar; **~ly** [-'və:slɪ] *ad* a la inversa.

conversion [kən'və:ʃən] *n* conversión *f*.

convert [kən'və:t] *vt* (REL, COMM) convertir; (*alter*) transformar // *n* ['kɔnvə:t] converso/a; **~ible** *a* convertible // *n* descapotable *m*.

convex ['kɔn'vɛks] *a* convexo.

convey [kən'veɪ] *vt* llevar; (*thanks*) comunicar; (*idea*) expresar; **~or belt** *n* cinta transportadora.

convict [kən'vɪkt] *vt* (*gen*) condenar; (*find guilty*) declarar culpable a // *n* ['kɔnvɪkt] presidiario/a; **~ion** [-ʃən] *n* condena; (*belief*) creencia, convicción *f*.

convince [kən'vɪns] *vt* convencer; **~d** *a*: **~d of/that** convencido de/de que; **convincing** *a* convincente.

convoluted ['kɔnvəlu:tɪd] *a* (*argument etc*) enrevesado.

convoy ['kɔnvɔɪ] *n* convoy *m*.

convulse [kən'vʌls] *vt* convulsionar; **to be ~d with laughter** dislocarse de risa; **convulsion** [-'vʌlʃən] *n* convulsión *f*.

coo [ku:] *vi* arrullar.

cook [kuk] *vt* cocinar; (*stew etc*) guisar; (*meal*) preparar // *vi* cocer; (*person*) cocinar // *n* cocinero/a; **~ book** *n* libro de cocina; **~er** *n* cocina; **~ery** *n* (*dishes*) cocina; (*art*) arte *m* culinario; **~ery book** *n* (*Brit*) = **~ book**; **~ie** *n* (*US*) galleta; **~ing** *n* cocina.

cool [ku:l] *a* fresco; (*not hot*) tibio; (*not afraid*) tranquilo; (*unfriendly*) frío // *vt* enfriar // *vi* enfriarse; **~ness** *n* frescura; tranquilidad *f*; (*hostility*) frialdad *f*; (*indifference*) falta de entusiasmo.

coop [ku:p] *n* gallinero // *vt*: **to ~ up** (*fig*) encerrar.

cooperate [kəu'ɔpəreɪt] *vi* cooperar, colaborar; **cooperation** [-'reɪʃən] *n* cooperación *f*, colaboración *f*; **cooperative**

[-rətɪv] *a* cooperativo // *n* cooperativa.
coordinate [kəu'ɔ:dɪneɪt] *vt* coordinar // *n* [kəu'ɔ:dɪnət] (*MATH*) coordenada; **~s** *npl* (*clothes*) coordinados *mpl*; **coordination** [-'neɪʃən] *n* coordinación *f*.
co-ownership [kəu'əunəʃɪp] *n* copropiedad *f*.
cop [kɔp] *n* (*col*) poli *m*, tira *m* (*LAm*).
cope [kəup] *vi*: **to ~ with** poder con; (*problem*) hacer frente a.
copious ['kəupɪəs] *a* copioso, abundante.
copper ['kɔpə*] *n* (*metal*) cobre *m*; (*col*: *policeman*) poli *m*; **~s** *npl* perras *fpl*, centavos *mpl* (*LAm*).
coppice ['kɔpɪs], **copse** [kɔps] *n* bosquecillo.
copulate ['kɔpjuleɪt] *vi* copularse.
copy ['kɔpɪ] *n* copia; (*of book etc*) ejemplar *m*; (*of writing*) original *m* // *vt* copiar; **~right** *n* derechos *mpl* de autor.
coral ['kɔrəl] *n* coral *m*; **~ reef** *n* arrecife *m* (de coral).
cord [kɔ:d] *n* cuerda; (*ELEC*) cable *m*; (*fabric*) pana.
cordial ['kɔ:dɪəl] *a* afectuoso // *n* cordial *m*.
cordon ['kɔ:dn] *n* cordón *m*; **to ~ off** *vt* acordonar.
corduroy ['kɔ:dərɔɪ] *n* pana.
core [kɔ:*] *n* (*gen*) centro, núcleo; (*of fruit*) corazón *m* // *vt* quitar el corazón de.
coriander [kɔrɪ'ændə*] *n* culantro.
cork [kɔ:k] *n* corcho; (*tree*) alcornoque *m*; **~screw** *n* sacacorchos *m inv*.
corn [kɔ:n] *n* (*Brit*: *wheat*) trigo; (*US*: *maize*) maíz *m*; (*on foot*) callo; **~ on the cob** (*CULIN*) maíz en la mazorca, choclo (*LAm*).
cornea ['kɔ:nɪə] *n* córnea.
corned beef ['kɔ:nd-] *n* carne *f* acecinada.
corner ['kɔ:nə*] *n* ángulo; (*outside*) esquina; (*inside*) rincón *m*; (*in road*) curva; (*FOOTBALL*) córner *m* // *vt* (*trap*) arrinconar; (*COMM*) acaparar // *vi* (*in car*) tomar las curvas; **~stone** *n* piedra angular.
cornet ['kɔ:nɪt] *n* (*MUS*) corneta; (*Brit*: *of ice-cream*) barquillo.
cornflakes ['kɔ:nfleɪks] *npl* copos *mpl* de maíz, cornflakes *mpl*.
cornflour ['kɔ:nflauə*] *n* (*Brit*) harina de maíz.
cornstarch ['kɔ:nstɑ:tʃ] *n* (*US*) = **cornflour**.
Cornwall ['kɔ:nwəl] *n* Cornualles *m*.
corny ['kɔ:nɪ] *a* (*col*) gastado.
corollary [kə'rɔlərɪ] *n* corolario.
coronary ['kɔrənərɪ] *n*: **~ (thrombosis)** infarto.
coronation [kɔrə'neɪʃən] *n* coronación *f*.
coroner ['kɔrənə*] *n* juez *m* (de instrucción).
coronet ['kɔrənɪt] *n* corona.
corporal ['kɔ:pərl] *n* cabo // *a*: **~ punishment** castigo corporal.
corporate ['kɔ:pərɪt] *a* corporativo.
corporation [kɔ:pə'reɪʃən] *n* (*of town*) ayuntamiento; (*COMM*) corporación *f*.
corps [kɔ:*], *pl* **corps** [kɔ:z] *n* cuerpo.
corpse [kɔ:ps] *n* cadáver *m*.
corpuscle ['kɔ:pʌsl] *n* corpúsculo.
corral [kə'rɑ:l] *n* corral *m*.
correct [kə'rɛkt] *a* (*accurate*) justo, exacto; (*proper*) correcto // *vt* corregir; (*exam*) calificar; **~ion** [-ʃən] *n* rectificación *f*; (*erasure*) tachadura.
correlation [kɔrɪ'leɪʃən] *n* correlación *f*.
correspond [kɔrɪs'pɔnd] *vi* (*write*) escribirse; (*be equal to*) corresponder; **~ence** *n* correspondencia; **~ence course** *n* curso por correspondencia; **~ent** *n* corresponsal *m/f*.
corridor ['kɔrɪdɔ:*] *n* pasillo.
corroborate [kə'rɔbəreɪt] *vt* corroborar.
corrode [kə'rəud] *vt* corroer // *vi* corroerse; **corrosion** [-'rəuʒən] *n* corrosión *f*.
corrugated ['kɔrəgeɪtɪd] *a* ondulado; **~ iron** *n* chapa ondulada.
corrupt [kə'rʌpt] *a* corrompido; (*person*) corrupto // *vt* corromper; (*bribe*) sobornar; **~ion** [-ʃən] *n* corrupción *f*.
corset ['kɔ:sɪt] *n* faja.
Corsica ['kɔ:sɪkə] *n* Córcega.
cortège [kɔ:'teɪʒ] *n* cortejo, desfile *m*.
cosh [kɔʃ] *n* (*Brit*) cachiporra.
cosmetic [kɔz'mɛtɪk] *n* cosmético.
cosmic ['kɔzmɪk] *a* cósmico.
cosmonaut ['kɔzmənɔ:t] *n* cosmonauta *m/f*.
cosmopolitan [kɔzmə'pɔlɪtn] *a* cosmopolita.
cosset ['kɔsɪt] *vt* mimar.
cost [kɔst] *n* (*gen*) coste *m*, costo; (*price*) precio; **~s** *npl* costas *fpl* // *vb* (*pt*, *pp* **cost**) *vi* costar, valer // *vt* preparar el presupuesto de; **how much does it ~?** ¿cuánto cuesta?; **at all ~s** cueste lo que cueste.
co-star ['kəustɑ:*] *n* colega *m/f* de reparto.
Costa Rican ['kɔstə'ri:kən] *a*, *n* costarriqueño/a *m/f*.
cost-effective [kɔstɪ'fɛktɪv] *a* rentable.
costly ['kɔstlɪ] *a* (*expensive*) costoso.
cost-of-living [kɔstəv'lɪvɪŋ] *a*: **~ allowance** plus *m* de carestía de vida; **~ index** *n* índice *m* del costo de vida.
cost price *n* (*Brit*) precio de coste.
costume ['kɔstju:m] *n* traje *m*; (*Brit*: *also*: **swimming ~**) traje de baño; **~ jewellery** *n* bisutería.
cosy, (*US*) **cozy** ['kəuzɪ] *a* cómodo; (*atmosphere*) acogedor(a).
cot [kɔt] *n* (*Brit*: *child's*) cuna.
cottage ['kɔtɪdʒ] *n* casita de campo; (*rustic*) barraca; **~ cheese** *n* requesón *m*; **~ industry** *n* industria casera; **~ pie** *n* *pastel m de carne cubierta de*

puré de patatas.

cotton ['kɔtn] *n* algodón *m*; (*thread*) hilo; **to ~ on to** *vt fus* (*col*) caer en la cuenta de; **~ candy** *n* (*US*) algodón *m* (azucarado); **~ wool** *n* (*Brit*) algodón *m* (hidrófilo).

couch [kautʃ] *n* sofá *m*.

couchette [ku:'ʃɛt] *n* litera.

cough [kɔf] *vi* toser // *n* tos *f*; **~ drop** *n* pastilla para la tos.

could [kud] *pt of* can; **~n't** = **could not.**

council ['kaunsl] *n* consejo; city *or* town ~ consejo municipal; **~ estate** *n* (*Brit*) *urbanización f de viviendas municipales de alquiler*; **~ house** *n* (*Brit*) *vivienda municipal de alquiler*; **~lor** *n* concejal(a) *m/f*.

counsel ['kaunsl] *n* (*advice*) consejo; (*lawyer*) abogado/a // *vt* aconsejar; **~lor** *n* consejero/a; **~or** *n* (*US*) abogado/a.

count [kaunt] *vt* (*gen*) contar; (*include*) incluir // *vi* contar // *n* cuenta; (*of votes*) escrutinio; (*nobleman*) conde *m*; (*sum*) total *m*, suma; **to ~ on** *vt fus* contar con; **that doesn't ~**! ¡eso no vale!; **~down** *n* cuenta atrás.

countenance ['kauntınəns] *n* semblante *m*, rostro // *vt* (*tolerate*) aprobar, tolerar.

counter ['kauntə*] *n* (*in shop*) mostrador *m*; (*in games*) ficha // *vt* contrarrestar.

counterfeit ['kauntəfıt] *n* falsificación *f*, simulación *f* // *vt* falsificar // *a* falso, falsificado.

counterfoil ['kauntəfɔıl] *n* (*Brit*) talón *m*.

countermand ['kauntəmɑ:nd] *vt* revocar, cancelar.

counterpart ['kauntəpɑ:t] *n* (*of person*) homólogo/a.

counter-productive [kauntəprə'dʌktıv] *a* contraproducente.

countersign ['kauntəsaın] *vt* refrendar.

countess ['kauntıs] *n* condesa.

countless ['kauntlıs] *a* innumerable.

country ['kʌntrı] *n* país *m*; (*native land*) patria; (*as opposed to town*) campo; (*region*) región *f*, tierra; **~ dancing** *n* (*Brit*) baile *m* regional; **~ house** *n* casa de campo; **~man** *n* (*national*) compatriota *m*; (*rural*) campesino, paisano; **~side** *n* campo.

county ['kauntı] *n* condado.

coup [ku:], *pl* **~s** [-z] *n* (*also*: **~ d'état**) golpe *m* (de estado).

coupé ['ku:peı] *n* cupé *m*.

couple ['kʌpl] *n* (*of things*) par *m*; (*of people*) pareja; (*married ~*) matrimonio // *vt* (*ideas, names*) unir, juntar; (*machinery*) acoplar; **a ~ of** un par de.

coupling ['kʌplıŋ] *n* (RAIL) enganche *m*.

coupon ['ku:pɔn] *n* cupón *m*; (*pools ~*) boleto de quiniela.

courage ['kʌrıdʒ] *n* valor *m*, valentía; **~ous** [kə'reıdʒəs] *a* valiente.

courgette [kuə'ʒɛt] *n* (*Brit*) calabacín *m*, calabacita.

courier ['kurıə*] *n* mensajero/a; (*diplomatic*) correo; (*for tourists*) guía *m/f* (de turismo).

course [kɔ:s] *n* (*direction*) dirección *f*; (*of river*, SCOL) curso; (*of ship*) rumbo; (*fig*) proceder *m*; (GOLF) campo; (*part of meal*) plato; **of ~** *ad* desde luego, naturalmente; **of ~**! ¡claro!

court [kɔ:t] *n* (*royal*) corte *f*; (LAW) tribunal *m*, juzgado; (TENNIS) pista, cancha // *vt* (*woman*) cortejar a; (*danger etc*) buscar; **to take to ~** demandar.

courteous ['kə:tıəs] *a* cortés.

courtesan [kɔ:tı'zæn] *n* cortesana.

courtesy ['kə:təsı] *n* cortesía; **by ~ of** por cortesía de.

court-house ['kɔ:thaus] *n* (*US*) palacio de justicia.

courtier ['kɔ:tıə*] *n* cortesano.

court-martial ['kɔ:t'mɑ:ʃəl], *pl* **courts-martial** *n* consejo de guerra // *vt* someter a consejo de guerra.

courtroom ['kɔ:trum] *n* sala de justicia.

courtyard ['kɔ:tjɑ:d] *n* patio.

cousin ['kʌzn] *n* primo/a; **first ~** primo/a carnal.

cove [kəuv] *n* cala, ensenada.

covenant ['kʌvənənt] *n* convenio.

cover ['kʌvə*] *vt* cubrir; (*with lid*) tapar; (*chairs etc*) revestir; (*distance*) recorrer; (*include*) abarcar; (*protect*) abrigar; (*journalist*) investigar; (*issues*) tratar // *n* cubierta; (*lid*) tapa; (*for chair etc*) funda; (*for bed*) cobertor *m*; (*envelope*) sobre *m*; (*for book*) forro; (*of magazine*) portada; (*shelter*) abrigo; (*insurance*) cobertura; **to take ~** (*shelter*) protegerse, resguardarse; **under ~** (*indoors*) bajo techo; **under ~ of darkness** al amparo de la oscuridad; **under separate ~** (COMM) por separado; **to ~ up for sb** encubrir a uno; **~age** *n* alcance *m*; **~alls** *npl* (*US*) mono *sg*; **~ charge** *n* precio del cubierto; **~ing** *n* cubierta, envoltura; **~ing letter**, (*US*) **~ letter** *n* carta de explicación; **~ note** *n* (INSURANCE) póliza provisional.

covert ['kəuvət] *a* secreto, encubierto.

cover-up ['kʌvərʌp] *n* encubrimiento.

covet ['kʌvıt] *vt* codiciar.

cow [kau] *n* vaca // *vt* intimidar.

coward ['kauəd] *n* cobarde *m/f*; **~ice** [-ıs] *n* cobardía; **~ly** *a* cobarde.

cowboy ['kaubɔı] *n* vaquero.

cower ['kauə*] *vi* encogerse (de miedo).

coxswain ['kɔksn] *n* (*abbr*: cox) timonel *m/f*.

coy [kɔı] *a* tímido.

cozy ['kəuzı] *a* (*US*) = **cosy.**

CPA *n abbr* (*US*) = **certified public accountant.**

crab [kræb] *n* cangrejo; **~ apple** *n* man-

ana silvestre.
ack [kræk] *n* grieta; (*noise*) crujido; (:
f whip) chasquido; (*joke*) chiste *m*; to
ave a ~ at intentar // *vt* agrietar, rom-
er; (*nut*) cascar; (*safe*) forzar; (*whip*
tc) chasquear; (*knuckles*) crujir;
oke) contar // *a* (*athlete*) de primera
lase; **to ~ down on** *vt fus* repriman-
lar fuertemente; **to ~ up** *vi* (*MED*) su-
rir una crisis nerviosa; **~er** *n* (*biscuit*)
rácker *m*; (*Christmas cracker*) petardo
orpresa.
ackle ['krækl] *vi* crepitar.
adle ['kreɪdl] *n* cuna.
aft [krɑːft] *n* (*skill*) arte *m*; (*trade*) ofi-
io; (*cunning*) astucia; (*boat*) barco.
aftsman ['krɑːftsmən] *n* artesano;
~ship *n* artesanía.
afty ['krɑːftɪ] *a* astuto.
ag [kræg] *n* peñasco.
am [kræm] *vt* (*fill*): **to ~ sth with** llenar
lgo (a reventar) de; (*put*): **to ~ sth into**
neter algo a la fuerza en // *vi* (*for*
xams) empollar; **~med** *a* atestado.
amp [kræmp] *n* (*MED*) calambre *m*;
TECH) grapa // *vt* (*limit*) poner trabas
; **~ed** *a* apretado, estrecho.
ampon ['kræmpən] *n* crampón *m*.
anberry ['krænbərɪ] *n* arándano agrio.
ane [kreɪn] *n* (*TECH*) grúa; (*bird*) gru-
a.
ank [kræŋk] *n* manivela; (*person*) chi-
ado; **~shaft** *n* cigüeñal *m*.
anny ['krænɪ] *n see* **nook**.
ash [kræʃ] *n* (*noise*) estrépito; (*of cars*
tc) choque *m*; (*of plane*) accidente *m*
le aviación; (*COMM*) quiebra // *vt*
plane) estrellar // *vi* (*plane*) estrellarse;
two cars) chocar; (*fall noisily*) caer con
estrépito; **~ course** *n* curso acelerado;
~ helmet *n* casco (protector); **~ land-
ng** *n* aterrizaje *m* forzado.
ass [kræs] *a* grosero, maleducado.
ate [kreɪt] *n* cajón *m* de embalaje.
ater ['kreɪtə*] *n* cráter *m*.
avat(e) [krə'væt] *n* pañuelo.
ave [kreɪv] *vt*, *vi*: **to ~ (for)** ansiar,
nhelar; **craving** *n* (*of pregnant wom-
n*) antojo.
awl [krɔːl] *vi* (*drag o.s.*) arrastrarse;
child) andar a gatas, gatear; (*vehicle*)
vanzar (lentamente) // *n* (*SWIMMING*)
rol *m*.
ayfish ['kreɪfɪʃ] *n*, *pl inv* (*freshwater*)
angrejo de río; (*saltwater*) cigala.
ayon ['kreɪən] *n* lápiz *m* de color.
aze [kreɪz] *n* manía; (*fashion*) moda.
azy ['kreɪzɪ] *a* (*person*) loco; (*idea*) dis-
aratado; **~ paving** *n pavimento de
aldosas irregulares*.
eak [kriːk] *vi* crujir; (*hinge etc*) chi-
riar, rechinar.
eam [kriːm] *n* (*of milk*) nata, crema;
lotion) crema; (*fig*) flor *f* y nata // *a*
colour) color crema; **~ cake** *n* pastel
m de nata; **~ cheese** *n* queso crema;
~y *a* cremoso.
crease [kriːs] *n* (*fold*) pliegue *m*; (*in trousers*) raya; (*wrinkle*) arruga // *vt* (*fold*) doblar, plegar; (*wrinkle*) arrugar // *vi* (*wrinkle up*) arrugarse.
create [kriː'eɪt] *vt* crear; **creation** [-ʃən] *n* creación *f*; **creative** *a* creador(a); **creator** *n* creador(a) *m/f*.
creature ['kriːtʃə*] *n* (*animal*) animal *m*, bicho; (*living thing*) criatura.
crèche, creche [krɛʃ] *n* (*Brit*) guardería (infantil).
credence ['kriːdəns] *n*: **to lend** *or* **give ~ to** creer en, dar crédito a.
credentials [krɪ'dɛnʃlz] *npl* credenciales *fpl*.
credible ['krɛdɪbl] *a* creíble.
credit ['krɛdɪt] *n* (*gen*) crédito; (*merit*) honor *m*, mérito // *vt* (*COMM*) abonar; (*believe*) creer, prestar fe a // *a* crediticio; **~s** *npl* (*CINEMA*) fichas *fpl* técnicas; **to be in ~** (*person*) tener saldo a favor; **to ~ sb with** (*fig*) reconocer a uno el mérito de; **~ card** *n* tarjeta de crédito; **~or** *n* acreedor(a) *m/f*.
creed [kriːd] *n* credo.
creek [kriːk] *n* cala, ensenada; (*US*) riachuelo.
creep [kriːp], *pt*, *pp* **crept** *vi* (*animal*) deslizarse; (*gen*) arrastrarse; (*plant*) trepar; **~er** *n* enredadera; **~y** *a* (*frightening*) horripilante.
cremate [krɪ'meɪt] *vt* incinerar.
crematorium [krɛmə'tɔːrɪəm], *pl* **-ria** [-rɪə] *n* crematorio.
crêpe [kreɪp] *n* (*fabric*) crespón *m*; (*also*: **~ rubber**) crepé *m*; **~ bandage** *n* (*Brit*) venda de crepé.
crept [krɛpt] *pt*, *pp of* **creep**.
crescent ['krɛsnt] *n* media luna; (*street*) calle *f* (*en forma de semicírculo*).
cress [krɛs] *n* berro.
crest [krɛst] *n* (*of bird*) cresta; (*of hill*) cima, cumbre *f*; (*of helmet*) cimera; (*of coat of arms*) blasón *m*; **~fallen** *a* alicaído.
crevasse [krɪ'væs] *n* grieta.
crevice ['krɛvɪs] *n* grieta, hendedura.
crew [kruː] *n* (*of ship etc*) tripulación *f*; (*gang*) banda; (*MIL*) dotación *f*; **~-cut** *n* corte *m* al rape; **~-neck** *n* cuello plano.
crib [krɪb] *n* pesebre *m* // *vt* (*col*) plagiar.
crick [krɪk] *n* (*in neck*) tortícolis *m*.
cricket ['krɪkɪt] *n* (*insect*) grillo; (*game*) críquet *m*.
crime [kraɪm] *n* crimen *m*; (*less serious*) delito; **criminal** ['krɪmɪnl] *n* criminal *m/f*, delincuente *m/f* // *a* criminal; (*law*) penal.
crimson ['krɪmzn] *a* carmesí.
cringe [krɪndʒ] *vi* agacharse, encogerse.
crinkle ['krɪŋkl] *vt* arrugar.
cripple ['krɪpl] *n* lisiado/a, cojo/a // *vt* li-

siar, mutilar.

crisis ['kraısıs], *pl* **-ses** [-si:z] *n* crisis *f inv*.

crisp [krısp] *a* fresco; (*cooked*) tostado; (*manner*) seco; **~s** *npl* (*Brit*) patatas *fpl* or papas *fpl* fritas.

criss-cross ['krıskrɔs] *a* entrelazado.

criterion [kraı'tıərıən], *pl* **-ria** [-rıə] *n* criterio.

critic ['krıtık] *n* (*paper*) crítico/a; **~al** *a* (*gen*) crítico; (*illness*) grave; **~ally** *ad* (*speak etc*) en tono crítico; (*ill*) gravemente; **~ism** ['krıtısızm] *n* crítica; **~ize** ['krıtısaız] *vt* criticar.

croak [krəuk] *vi* (*frog*) croar; (*raven*) graznar.

crochet ['krəuʃeı] *n* ganchillo.

crockery ['krɔkərı] *n* loza, vajilla.

crocodile ['krɔkədaıl] *n* cocodrilo.

crocus ['krəukəs] *n* azafrán *m*.

croft [krɔft] *n* (*Brit*) granja pequeña.

crony ['krəunı] *n* compinche *m/f*.

crook [kruk] *n* (*fam*) ladrón/ona *m/f*; (*of shepherd*) cayado; (*of arm*) pliegue *m*; **~ed** ['krukıd] *a* torcido; (*path*) tortuoso; (*fam*) sucio.

crop [krɔp] *n* (*produce*) cultivo; (*amount produced*) cosecha; (*riding* ~) látigo de montar // *vt* cortar, recortar; **to ~ up** *vi* surgir, presentarse.

croquette [krə'kɛt] *n* croqueta.

cross [krɔs] *n* cruz *f* // *vt* (*street etc*) cruzar, atravesar // *a* de mal humor, enojado; to ~ o.s. santiguarse; **to ~ out** *vt* tachar; **to ~ over** *vi* cruzar; **~bar** *n* travesaño; **~country (race)** *n* carrera a campo traviesa, cross *m*; **to ~-examine** *vt* interrogar; **~-eyed** *a* bizco; **~fire** *n* fuego cruzado; **~ing** *n* (*road*) cruce *m*; (*rail*) paso a nivel; (*sea passage*) travesía; (*also*: **pedestrian** ~ing) paso para peatones; **~ing guard** *n* (*US*) *persona encargada de ayudar a los niños a cruzar la calle*; **~ purposes** *npl*: to be at ~ purposes malentenderse uno a otro; **~-reference** *n* contrarreferencia; **~roads** *n* cruce *m*, encrucijada; **~ section** *n* corte *m* transversal; (*of population*) muestra (representativa); **~walk** *n* (*US*) paso de peatones; **~wind** *n* viento de costado; **~word** *n* crucigrama *m*.

crotch [krɔtʃ] *n* (*of garment*) entrepierna.

crotchet ['krɔtʃıt] *n* (*Brit* MUS) negra.

crotchety ['krɔtʃıtı] *a* (*person*) arisco.

crouch [krautʃ] *vi* agacharse, acurrucarse.

crow [krəu] *n* (*bird*) cuervo; (*of cock*) canto, cacareo // *vi* (*cock*) cantar; (*fig*) jactarse.

crowbar ['krəuba:*] *n* palanca.

crowd [kraud] *n* muchedumbre *f*; (SPORT) público; (*common herd*) vulgo // *vt* (*gather*) amontonar; (*fill*) llenar // *vi* (*gather*) reunirse; (*pile up*) amontonarse; **~ed** *a* (*full*) atestado; (*well attended*) concurrido.

crown [kraun] *n* corona; (*of head*) coronilla; (*of hat*) copa; (*of hill*) cumbre *f* // *vt* coronar; **~ jewels** *npl* joyas *fpl* reales; **~ prince** *n* príncipe *m* heredero.

crow's feet *npl* patas *fpl* de gallo.

crucial ['kru:ʃl] *a* decisivo.

crucifix ['kru:sıfıks] *n* crucifijo; **~ion** [-'fıkʃən] *n* crucifixión *f*.

crucify ['kru:sıfaı] *vt* crucificar.

crude [kru:d] *a* (*materials*) bruto; (*fig: basic*) tosco; (*: vulgar*) ordinario; **~ (oil)** *n* petróleo crudo.

cruel ['kruəl] *a* cruel; **~ty** *n* crueldad *f*.

cruet ['kru:ıt] *n* angarillas *fpl*.

cruise [kru:z] *n* crucero // *vi* (*ship*) hacer un crucero; (*car*) mantener la velocidad; **~r** *n* crucero.

crumb [krʌm] *n* miga, migaja.

crumble ['krʌmbl] *vt* desmenuzar // *vi* (*gen*) desmenuzarse; (*building*) desmoronarse; **crumbly** *a* desmenuzable.

crumpet ['krʌmpıt] *n* ≈ bollo para tostar.

crumple ['krʌmpl] *vt* (*paper*) estrujar; (*material*) arrugar.

crunch [krʌntʃ] *vt* (*with teeth*) ronzar; (*underfoot*) hacer crujir // *n* (*fig*) crisis *f*; **~y** *a* crujiente.

crusade [kru:'seıd] *n* cruzada.

crush [krʌʃ] *n* (*crowd*) aglomeración *f* // *vt* (*gen*) aplastar; (*paper*) estrujar; (*cloth*) arrugar; (*fruit*) exprimir.

crust [krʌst] *n* corteza.

crutch [krʌtʃ] *n* muleta.

crux [krʌks] *n* lo esencial.

cry [kraı] *vi* llorar; (*shout*: *also*: ~ **out**) gritar // *n* grito; **to ~ off** *vi* echarse atrás.

cryptic ['krıptık] *a* enigmático, secreto.

crystal ['krıstl] *n* cristal *m*; **~-clear** *a* claro como el agua; **~lize** *vt* cristalizar // *vi* cristalizarse.

cub [kʌb] *n* cachorro; (*also*: ~ **scout**) niño explorador.

Cuba ['kju:bə] *n* Cuba; **~n** *a*, *n* cubano/a *m/f*.

cubbyhole ['kʌbıhəul] *n* chiribitil *m*.

cube [kju:b] *n* cubo; (*of sugar*) terrón *m* // *vt* (MATH) cubicar; **~ root** *n* raíz *f* cúbica; **cubic** *a* cúbico.

cubicle ['kju:bıkl] *n* (*at pool*) caseta; (*for bed*) cubículo.

cuckoo ['kuku:] *n* cuco; **~ clock** *n* cucú *m*.

cucumber ['kju:kʌmbə*] *n* pepino.

cuddle ['kʌdl] *vt* abrazar // *vi* abrazarse.

cue [kju:] *n* (*snooker* ~) taco; (THEATRE *etc*) entrada.

cuff [kʌf] *n* (*Brit*: *of shirt, coat etc*) puño; (*US*: *of trousers*) vuelta; (*blow*) bofetada; **off the ~** *ad* improvisado; **~links** *npl* gemelos *mpl*.

isine [kwɪ'zi:n] *n* cocina.
l-de-sac ['kʌldəsæk] *n* callejón *m* sin alida.
ll [kʌl] *vt* (*select*) entresacar.
lminate ['kʌlmɪneɪt] *vi*: to ~ in terminar en; **culmination** [-'neɪʃən] *n* culminación *f*, colmo.
lottes [ku:'lɔts] *npl* falda *fsg* pantalón.
lprit ['kʌlprɪt] *n* culpable *m/f*, delinuente *m/f*.
lt [kʌlt] *n* culto.
ltivate ['kʌltɪveɪt] *vt* (*also fig*) cultiar; **~d** *a* culto; **cultivation** [-'veɪʃən] *n* ultivo; (*fig*) cultura.
ltural ['kʌltʃərəl] *a* cultural.
lture ['kʌltʃə*] *n* (*also fig*) cultura; **~d** *a* culto.
mbersome ['kʌmbəsəm] *a* de mucho ulto, voluminoso.
nning ['kʌnɪŋ] *n* astucia // *a* astuto.
p [kʌp] *n* taza; (*prize, event*) copa.
pboard ['kʌbəd] *n* armario; (*kitchen*) lacena.
p-tie ['kʌptaɪ] *n* (*Brit*) partido de copa.
rate ['kjuərɪt] *n* cura *m*.
rator [kjuə'reɪtə*] *n* conservador(a) *n/f*.
rb [kə:b] *vt* refrenar // *n* freno; (*US*) ordillo.
rdle ['kə:dl] *vi* cuajarse.
re [kjuə*] *vt* curar // *n* cura, curación *f*.
rfew ['kə:fju:] *n* toque *m* de queda.
rio ['kjuərɪəu] *n* curiosidad *f*.
riosity [kjuərɪ'ɔsɪtɪ] *n* curiosidad *f*.
rious ['kjuərɪəs] *a* curioso.
rl [kə:l] *n* rizo // *vt* (*hair*) rizar; (*paer*) arrollar; (*lip*) fruncir // *vi* rizarse; rrollarse; **to ~ up** *vi* arrollarse; (*peron*) hacerse un ovillo; **~er** *n* bigudí *m*; **~y** *a* rizado.
rrant ['kʌrnt] *n* pasa.
rrency ['kʌrnsɪ] *n* moneda; to gain ~ *fig*) difundirse.
rrent ['kʌrnt] *n* corriente *f* // *a* corriene, actual; **~ account** *n* (*Brit*) cuenta orriente; **~ affairs** *npl* actualidades *pl*; **~ly** *ad* actualmente.
rriculum [kə'rɪkjuləm], *pl* **~s** *or* **curriula** [-lə] *n* plan *m* de estudios; **~ vitae CV)** *n* currículum *m*.
rry ['kʌrɪ] *n* curry *m* // *vt*: to ~ favour vith buscar favores con; **~ powder** *n* urry *m* en polvo.
rse [kə:s] *vi* echar pestes // *vt* maldecir *n* maldición *f*; (*swearword*) palabrota.
rsor ['kə:sə*] *n* (COMPUT) cursor *m*.
rsory ['kə:sərɪ] *a* rápido, superficial.
rt [kə:t] *a* corto, seco.
rtail [kə:'teɪl] *vt* (*cut short*) acortar; *restrict*) restringir.
rtain ['kə:tn] *n* cortina; (THEATRE) teón *m*.
rts(e)y ['kə:tsɪ] *n* reverencia // *vi* hacer una reverencia.
rve [kə:v] *n* curva // *vi* encorvarse, torcerse; (*road*) hacer curva.
cushion ['kuʃən] *n* cojín *m*; (SNOOKER) banda // *vt* (*shock*) amortiguar.
custard ['kʌstəd] *n* (*for pouring*) natillas *fpl*.
custodian [kʌs'təudɪən] *n* custodio *m/f*.
custody ['kʌstədɪ] *n* custodia; to take into ~ detener.
custom ['kʌstəm] *n* costumbre *f*; (COMM) clientela; **~ary** *a* acostumbrado.
customer ['kʌstəmə*] *n* cliente *m/f*.
customized ['kʌstəmaɪzd] *a* (*car etc*) hecho a encargo.
custom-made ['kʌstəm'meɪd] *a* hecho a la medida.
customs ['kʌstəmz] *npl* aduana *sg*; **~ duty** *n* derechos *mpl* de aduana; **~ officer** *n* aduanero/a.
cut [kʌt] *vb* (*pt, pp* **cut**) *vt* cortar; (*price*) rebajar; (*record*) grabar; (*reduce*) reducir // *vi* cortar; (*intersect*) cruzarse // *n* corte *m*; (*in skin*) cortadura; (*with sword*) tajo; (*of knife*) cuchillada; (*in salary etc*) rebaja; (*slice of meat*) tajada; to ~ **a tooth** echar un diente; **to ~ down** *vt* (*tree*) derribar; (*reduce*) reducir; **to ~ off** *vt* cortar; (*fig*) aislar; (*troops*) cercar; **to ~ out** *vt* (*shape*) recortar; (*delete*) suprimir; **to ~ up** *vt* cortar (en pedazos); **~back** *n* reducción *f*.
cute [kju:t] *a* lindo; (*shrewd*) listo.
cuticle ['kju:tɪkl] *n* cutícula.
cutlery ['kʌtlərɪ] *n* cubiertos *mpl*.
cutlet ['kʌtlɪt] *n* chuleta.
cut: ~out *n* (*cardboard* ~) recortable *m*; **~-price**, (*US*) **~-rate** *a* a precio reducido; **~throat** *n* asesino/a // *a* feroz.
cutting ['kʌtɪŋ] *a* (*gen*) cortante; (*remark*) mordaz // *n* (*Brit*: *from newspaper*) recorte *m*; (: RAIL) desmonte *m*.
CV *n abbr* = **curriculum vitae**.
cwt *abbr* = **hundredweight(s)**.
cyanide ['saɪənaɪd] *n* cianuro.
cycle ['saɪkl] *n* ciclo; (*bicycle*) bicicleta // *vi* ir en bicicleta; **cycling** *n* ciclismo; **cyclist** *n* ciclista *m/f*.
cyclone ['saɪkləun] *n* ciclón *m*.
cygnet ['sɪgnɪt] *n* pollo de cisne.
cylinder ['sɪlɪndə*] *n* cilindro; **~-head gasket** *n* junta de culata.
cymbals ['sɪmblz] *npl* platillos *mpl*.
cynic ['sɪnɪk] *n* cínico/a; **~al** *a* cínico; **~ism** ['sɪnɪsɪzəm] *n* cinismo.
cypress ['saɪprɪs] *n* ciprés *m*.
Cypriot ['sɪprɪət] *a*, *n* chipriota *m/f*.
Cyprus ['saɪprəs] *n* Chipre *f*.
cyst [sɪst] *n* quiste *m*; **~itis** *n* cistitis *f*.
czar [zɑ:*] *n* zar *m*.
Czech [tʃɛk] *a*, *n* checo/a *m/f*.
Czechoslovakia [tʃɛkəslə'vækɪə] *n* Checoslovaquia; **~n** *a*, *n* checo/a *m/f*.

D

D [di:] *n* (*MUS*) re *m*.

dab [dæb] *vt* (*eyes, wound*) tocar (ligeramente); (*paint, cream*) mojar ligeramente // *n* (*light stroke*) toque *m*; (*small amount*) pizca.

dabble ['dæbl] *vi*: **to ~ in** ser algo aficionado a.

Dacron ['deɪkrɔn] *n* ® (*US*) terylene *m*.

dad [dæd], **daddy** ['dædɪ] *n* papá *m*; **daddy-long-legs** *n* típula.

daffodil ['dæfədɪl] *n* narciso.

daft [dɑ:ft] *a* chiflado.

dagger ['dægə*] *n* puñal *m*, daga.

daily ['deɪlɪ] *a* diario, cotidiano // *n* (*paper*) diario; (*domestic help*) asistenta // *ad* todos los días, cada día.

dainty ['deɪntɪ] *a* delicado; (*tasteful*) elegante; primoroso.

dairy ['dɛərɪ] *n* (*shop*) lechería; (*on farm*) vaquería // *a* (*cow etc*) lechero; **~ farm** *n* granja; **~ produce** *n* productos *mpl* lácteos.

dais ['deɪɪs] *n* estrado.

daisy ['deɪzɪ] *n* margarita; **~ wheel** *n* margarita.

dale [deɪl] *n* valle *m*.

dam [dæm] *n* presa // *vt* represar.

damage ['dæmɪdʒ] *n* daño; (*fig*) perjuicio; (*to machine*) avería // *vt* dañar; perjudicar; averiar; **~s** *npl* (*LAW*) daños *mpl* y perjuicios.

damn [dæm] *vt* condenar; (*curse*) maldecir // *n* (*col*): **I don't give a ~** me importa un pito // *a* (*col*: *also*: **~ed**) maldito; **~ (it)!** ¡maldito sea!; **~ing** *a* (*evidence*) irrecusable.

damp [dæmp] *a* húmedo, mojado // *n* humedad *f* // *vt* (*also*: **~en**) (*cloth, rag*) mojar; (*fig*) desalentar; **~ness** *n* humedad *f*.

damson ['dæmzən] *n* ciruela damascena.

dance [dɑ:ns] *n* baile *m* // *vi* bailar; **~ hall** *n* salón *m* de baile; **~r** *n* bailador(a) *m/f*; (*professional*) bailarín/ina *m/f*; **dancing** *n* baile *m*.

dandelion ['dændɪlaɪən] *n* diente *m* de león.

dandruff ['dændrəf] *n* caspa.

Dane [deɪn] *n* danés/esa *m/f*.

danger ['deɪndʒə*] *n* peligro; (*risk*) riesgo; **~!** (*on sign*) ¡peligro de muerte!; **to be in ~ of** correr riesgo de; **~ous** *a* peligroso; **~ously** *ad* peligrosamente.

dangle ['dæŋgl] *vt* colgar // *vi* pender, estar colgado.

Danish ['deɪnɪʃ] *a* danés/esa // *n* (*LING*) danés *m*.

dapper ['dæpə*] *a* pulcro, apuesto.

dare [dɛə*] *vt*: **to ~ sb to do** desafiar a uno a hacer // *vi*: **to ~ (to) do sth** atreverse a hacer algo; **I ~ say** (*I suppose*)
puede ser, a lo mejor; **~devi**
temerario/a, atrevido/a; **daring** *a* atr
do, osado // *n* atrevimiento, osadía.

dark [dɑ:k] *a* oscuro; (*hair, complexi*
moreno; (*fig*: *cheerless*) triste, som
// *n* (*gen*) oscuridad *f*; (*night*) tiniel
fpl; **in the ~ about** (*fig*) en ignorar
de; **after ~** después del anochecer; ~
vt oscurecer; (*colour*) hacer más osc
// *vi* oscurecerse; (*cloud over*) anub
se; **~ glasses** *npl* gafas *fpl* negr
~ness *n* (*in room*) oscuridad *f*; (*nig*
tinieblas *fpl*; **~room** *n* cuarto oscuro.

darling ['dɑ:lɪŋ] *a, n* querido/a *m/f*.

darn [dɑ:n] *vt* zurcir.

dart [dɑ:t] *n* dardo; (*in sewing*) sisa /
precipitarse; **to ~ away/along**
salir/marchar disparado; **~board** *n*
na; **~s** *n* dardos *mpl*.

dash [dæʃ] *n* (*small quantity*: *of liqu*
gota, chorrito; (: *of solid*) pizca; (*si*
guión *m*; (: *long*) raya // *vt* (*bre*
romper, estrellar; (*hopes*) defrauda
vi precipitarse, ir de prisa; **to ~ aw**
or **off** *vi* marcharse apresuradamente

dashboard ['dæʃbɔ:d] *n* (*AUT*) tablero
instrumentos.

dashing ['dæʃɪŋ] *a* gallardo.

data ['deɪtə] *npl* datos *mpl*; **~base**
base *f* de datos; **~ processing** *n* pro
so de datos.

date [deɪt] *n* (*day*) fecha; (*with frie*
cita; (*fruit*) dátil *m* // *vt* fechar; ~
birth fecha de nacimiento; **to ~** *ad* ha
la fecha; **out of ~** pasado de moda; **u**
~ moderno; **~d** *a* anticuado.

daub [dɔ:b] *vt* embadurnar.

daughter ['dɔ:tə*] *n* hija; **~-in-law**
nuera, hija política.

daunting ['dɔ:ntɪŋ] *a* desalentador(a).

dawdle ['dɔ:dl] *vi* (*waste time*) perde
tiempo; (*go slowly*) andar muy despa

dawn [dɔ:n] *n* alba, amanecer *m* //
(*day*) amanecer; (*fig*): **it ~ed on**
that... cayó en la cuenta de que... .

day [deɪ] *n* día *m*; (*working ~*) jorna
the ~ before el día anterior; **the ~ a**
tomorrow pasado mañana; **the ~ bef**
yesterday anteayer; **the ~ after, the**
lowing ~ el día siguiente; **by ~** de d
~break *n* amanecer *m*; **~dream** *vi*
ñar despierto; **~light** *n* luz *f* (del dí
~light saving time *n* (*US*) hora de
rano; **~ return** *n* (*Brit*) billete *m* de
y vuelta (en un día); **~time** *n* día
~-to-~ *a* cotidiano.

daze [deɪz] *vt* (*stun*) aturdir // *n*: **in a**
aturdido.

dazzle ['dæzl] *vt* deslumbrar; **dazzlin**
deslumbrante.

DC *abbr* (= *direct current*) corrient
continua.

deacon ['di:kən] *n* diácono.

dead [dɛd] *a* muerto; (*limb*) dormi
(*telephone*) cortado; (*battery*) agotad

ad totalmente; **to shoot sb ~** matar a uno a tiros; **~ tired** muerto (de cansancio); **to stop ~** parar en seco; **the ~** *npl* los muertos; **to be a ~ loss** (*col*: *person*) ser un inútil; (: *thing*) ser una birria; **~en** *vt* (*blow, sound*) amortiguar; (*make numb*) calmar, aliviar; **~ end** *n* callejón *m* sin salida; **~ heat** *n* (SPORT) empate *m*; **~line** *n* fecha *or* hora tope; **~lock** *n* punto muerto; **~ly** *a* mortal, fatal; **~pan** *a* sin expresión.

deaf [dɛf] *a* sordo; **~en** *vt* ensordecer; **~-mute** *n* sordomudo/a; **~ness** *n* sordera.

deal [di:l] *n* (*agreement*) pacto, convenio; (*business*) negocio, transacción *f*; (CARDS) reparto // *vt* (*pt, pp* **dealt** [dɛlt]) (*gen*) dar; **a great ~ (of)** bastante, mucho; **to ~ in** *vt fus* tratar en, comerciar en; **to ~ with** *vt fus* (*people*) tratar con; (*problem*) ocuparse de; (*subject*) tratar de; **~er** *n* comerciante *m/f*; (CARDS) mano *f*; **~ings** *npl* (COMM) transacciones *fpl*; (*relations*) relaciones *fpl*.

dean [di:n] *n* (REL) deán *m*; (SCOL) decano/a.

dear [dɪə*] *a* querido; (*expensive*) caro // *n*: **my ~** mi querido/a; **~ me!** ¡Dios mío!; **D~ Sir/Madam** (*in letter*) Muy Señor Mío, Estimado Señor/Estimada Señora; **D~ Mr/Mrs X** Estimado/a Señor(a) X; **~ly** *ad* (*love*) mucho; (*pay*) caro.

death [dɛθ] *n* muerte *f*; **~ certificate** *n* partida de defunción; **~ duties** *npl* (*Brit*) derechos *mpl* de sucesión; **~ly** *a* mortal; (*silence*) profundo; **~ penalty** *n* pena de muerte; **~ rate** *n* mortalidad *f*.

debacle [deɪ'bɑ:kl] *n* desastre *m*.

debar [dɪ'bɑ:*] *vt*: **to ~ sb from doing** prohibir a uno hacer.

debase [dɪ'beɪs] *vt* degradar.

debatable [dɪ'beɪtəbl] *a* discutible.

debate [dɪ'beɪt] *n* debate *m* // *vt* discutir.

debauchery [dɪ'bɔ:tʃərɪ] *n* libertinaje *m*.

debilitating [dɪ'bɪlɪteɪtɪŋ] *a* (*illness etc*) debilitante.

debit ['dɛbɪt] *n* debe *m* // *vt*: **to ~ a sum to sb** *or* **to sb's account** cargar una suma en cuenta a alguien.

debris ['dɛbri:] *n* escombros *mpl*.

debt [dɛt] *n* deuda; **to be in ~** tener deudas; **~or** *n* deudor(a) *m/f*.

debunk [di:'bʌŋk] *vt* desprestigiar, desacreditar.

début ['deɪbju:] *n* presentación *f*.

decade ['dɛkeɪd] *n* decenio.

decadence ['dɛkədəns] *n* decadencia.

decaffeinated [dɪ'kæfɪneɪtɪd] *a* descafeinado.

decanter [dɪ'kæntə*] *n* garrafa.

decay [dɪ'keɪ] *n* (*fig*) decadencia; (*of building*) desmoronamiento; (*rotting*) pudrición *f*; (*of tooth*) caries *f inv* // *vi* (*rot*) pudrirse; (*fig*) decaer.

deceased [dɪ'si:st] *a* difunto.

deceit [dɪ'si:t] *n* engaño; **~ful** *a* engañoso.

deceive [dɪ'si:v] *vt* engañar.

December [dɪ'sɛmbə*] *n* diciembre *m*.

decent ['di:sənt] *a* (*proper*) decente; (*person*) amable, bueno.

deception [dɪ'sɛpʃən] *n* engaño.

deceptive [dɪ'sɛptɪv] *a* engañoso.

decibel ['dɛsɪbɛl] *n* decibel(io) *m*.

decide [dɪ'saɪd] *vt* (*person*) decidir; (*question, argument*) resolver // *vi*: **to ~ to do/that** decidir hacer/que; **to ~ on sth** decidir por algo; **~d** *a* (*resolute*) decidido; (*clear, definite*) indudable; **~dly** [-dɪdlɪ] *ad* decididamente.

deciduous [dɪ'sɪdjuəs] *a* de hoja caduca.

decimal ['dɛsɪməl] *a* decimal // *n* decimal *f*; **~ point** *n* coma decimal.

decimate ['dɛsɪmeɪt] *vt* diezmar.

decipher [dɪ'saɪfə*] *vt* descifrar.

decision [dɪ'sɪʒən] *n* decisión *f*.

deck [dɛk] *n* (NAUT) cubierta; (*of bus*) piso; (*of cards*) baraja; **~chair** *n* tumbona.

declaration [dɛklə'reɪʃən] *n* declaración *f*.

declare [dɪ'klɛə*] *vt* (*gen*) declarar.

decline [dɪ'klaɪn] *n* decaimiento, decadencia; (*lessening*) disminución *f* // *vt* rehusar // *vi* decaer; disminuir.

declutch ['di:'klʌtʃ] *vi* desembragar.

decode [di:'kəud] *vt* descifrar.

decompose [di:kəm'pəuz] *vi* descomponerse.

décor ['deɪkɔ:*] *n* decoración *f*; (THEATRE) decorado.

decorate ['dɛkəreɪt] *vt* (*adorn*): **to ~ (with)** adornar (de), decorar (de); (*paint*) pintar; (*paper*) empapelar; **decoration** [-'reɪʃən] *n* adorno; (*act*) decoración *f*; (*medal*) condecoración *f*; **decorative** ['dɛkərətɪv] *a* decorativo; **decorator** *n* (*workman*) pintor *m* decorador.

decorum [dɪ'kɔ:rəm] *n* decoro.

decoy ['di:kɔɪ] *n* señuelo.

decrease ['di:kri:s] *n* disminución *f* // (*vb*: [di:'kri:s]) *vt* disminuir, reducir // *vi* reducirse.

decree [dɪ'kri:] *n* decreto; **~ nisi** *n* sentencia provisional de divorcio.

dedicate ['dɛdɪkeɪt] *vt* dedicar; **dedication** [-'keɪʃən] *n* (*devotion*) dedicación *f*; (*in book*) dedicatoria.

deduce [dɪ'dju:s] *vt* deducir.

deduct [dɪ'dʌkt] *vt* restar; (*from wage etc*) descontar; **~ion** [dɪ'dʌkʃən] *n* (*amount deducted*) descuento; (*conclusion*) deducción *f*, conclusión *f*.

deed [di:d] *n* hecho, acto; (*feat*) hazaña; (LAW) escritura.

deem [di:m] *vt* juzgar.

deep [di:p] *a* profundo; (*voice*) bajo;

(*breath*) profundo, a pleno pulmón // *ad*: the spectators stood 20 ~ los espectadores se formaron de 20 en fondo; to be 4 metres ~ tener 4 metros de profundo; **~en** *vt* ahondar, profundizar // *vi* (*darkness*) intensificarse; **~-freeze** *n* congeladora; **~-fry** *vt* freír en aceite abundante; **~ly** *ad* (*breathe*) a pleno pulmón; (*interested, moved, grateful*) profundamente, hondamente; **~-sea diving** *n* buceo de altura; **~-seated** *a* (*beliefs*) (profundamente) arraigado.

deer [dɪə*] *n, pl inv* ciervo.

deface [dɪ'feɪs] *vt* desfigurar, mutilar.

defamation [dɛfə'meɪʃən] *n* difamación *f*.

default [dɪ'fɔːlt] *vi* faltar al pago; (SPORT) dejar de presentarse // *n* (COMPUT) defecto; by ~ (LAW) en rebeldía; (SPORT) por incomparecencia; **~er** *n* (*in debt*) moroso/a.

defeat [dɪ'fiːt] *n* derrota // *vt* derrotar, vencer; (*fig: efforts*) frustrar; **~ist** *a, n* derrotista *m/f*.

defect ['diːfɛkt] *n* defecto // *vi* [dɪ'fɛkt]: to ~ to the enemy pasarse al enemigo; **~ive** [dɪ'fɛktɪv] *a* (*gen*) defectuoso; (*person*) anormal.

defence [dɪ'fɛns] *n* defensa; **~less** *a* indefenso.

defend [dɪ'fɛnd] *vt* defender; **~ant** *n* acusado/a; (*in civil case*) demandado/a; **~er** *n* defensor(a) *m/f*.

defense [dɪ'fɛns] *n* (*US*) = **defence.**

defensive [dɪ'fɛnsɪv] *a* defensivo; on the ~ a la defensiva.

defer [dɪ'fəː*] *vt* (*postpone*) aplazar; to ~ to diferir a; **~ence** ['dɛfərəns] *n* deferencia, respeto.

defiance [dɪ'faɪəns] *n* desafío; in ~ of en contra de.

defiant [dɪ'faɪənt] *a* (*insolent*) insolente; (*challenging*) retador(a).

deficiency [dɪ'fɪʃənsɪ] *n* (*lack*) falta; (*defect*) defecto.

deficient [dɪ'fɪʃənt] *a* (*lacking*) insuficiente; (*incomplete*) incompleto; (*defective*) defectuoso; (*mentally*) anormal; ~ in deficiente en.

deficit ['dɛfɪsɪt] *n* déficit *m*.

defile [dɪ'faɪl] *vt* manchar; (*violate*) violar.

define [dɪ'faɪn] *vt* definir.

definite ['dɛfɪnɪt] *a* (*fixed*) determinado; (*clear, obvious*) claro; he was ~ about it no dejó lugar a dudas (sobre ello); **~ly** *ad*: he's ~ly mad no cabe duda de que está loco.

definition [dɛfɪ'nɪʃən] *n* definición *f*.

deflate [diː'fleɪt] *vt* (*gen*) desinflar; (*person*) quitar los humos a.

deflect [dɪ'flɛkt] *vt* desviar.

defraud [dɪ'frɔːd] *vt* estafar; to ~ sb of sth estafar algo a uno.

defray [dɪ'freɪ] *vt*: to ~ sb's expenses reembolsar(le) a uno los gastos.

defrost [diː'frɔst] *vt* (*food*) deshelar; (*fridge*) descongelar; **~er** *n* (*US*: *demister*) eliminador *m* de vaho.

deft [dɛft] *a* diestro, hábil.

defunct [dɪ'fʌŋkt] *a* difunto.

defuse [diː'fjuːz] *vt* desarmar; (*situation*) calmar.

defy [dɪ'faɪ] *vt* (*resist*) oponerse a; (*challenge*) desafiar; (*order*) contravenir.

degenerate [dɪ'dʒɛnəreɪt] *vi* degenerar // *a* [dɪ'dʒɛnərɪt] degenerado.

degree [dɪ'griː] *n* grado; (SCOL) título; to have a ~ in maths tener una licenciatura en matemáticas; by ~s (*gradually*) poco a poco, por etapas; to some ~ hasta cierto punto.

dehydrated [diːhaɪ'dreɪtɪd] *a* deshidratado; (*milk*) en polvo.

deign [deɪn] *vi*: to ~ to do dignarse hacer.

deity ['diːɪtɪ] *n* deidad *f*, divinidad *f*.

dejected [dɪ'dʒɛktɪd] *a* abatido, desanimado.

delay [dɪ'leɪ] *vt* demorar, aplazar; (*person*) entretener; (*train*) retrasar // *vi* tardar // *n* demora, retraso; without ~ en seguida, sin tardar.

delectable [dɪ'lɛktəbl] *a* (*person*) encantador(a); (*food*) delicioso.

delegate ['dɛlɪgɪt] *n* delegado/a // *vt* ['dɛlɪgeɪt] delegar.

delete [dɪ'liːt] *vt* suprimir, tachar.

deliberate [dɪ'lɪbərɪt] *a* (*intentional*) intencionado; (*slow*) pausado, lento // *vi* [dɪ'lɪbəreɪt] deliberar; **~ly** *ad* (*on purpose*) a propósito; (*slowly*) pausadamente.

delicacy ['dɛlɪkəsɪ] *n* delicadeza; (*choice food*) golosina.

delicate ['dɛlɪkɪt] *a* (*gen*) delicado; (*fragile*) frágil.

delicatessen [dɛlɪkə'tɛsn] *n* ultramarinos *mpl* finos.

delicious [dɪ'lɪʃəs] *a* delicioso, rico.

delight [dɪ'laɪt] *n* (*feeling*) placer *m*, deleite *m*; (*object*) encanto, delicia // *vt* encantar, deleitar; to take ~ in deleitarse en; **~ed** *a*: ~ed (at *or* with/to do) encantado (con/de hacer); **~ful** *a* encantador(a), delicioso.

delinquent [dɪ'lɪŋkwənt] *a, n* delincuente *m/f*.

delirious [dɪ'lɪrɪəs] *a*: to be ~ delirar, desvariar.

deliver [dɪ'lɪvə*] *vt* (*distribute*) repartir; (*hand over*) entregar; (*message*) comunicar; (*speech*) pronunciar; (*blow*) lanzar, dar; (MED) asistir al parto de; **~y** *n* reparto; entrega; (*of speaker*) modo de expresarse; (MED) parto, alumbramiento; to take ~y of recibir.

delude [dɪ'luːd] *vt* engañar.

deluge ['dɛljuːdʒ] *n* diluvio // *vt* inundar.

delusion [dɪ'luːʒən] *n* ilusión *f*, engaño.

de luxe [də'lʌks] *a* de lujo.
delve [dɛlv] *vi*: to ~ into hurgar en.
demand [dɪ'mɑːnd] *vt* (*gen*) exigir; (*rights*) reclamar // *n* (*gen*) exigencia; (*claim*) reclamación *f*; (*ECON*) demanda; to be in ~ ser muy solicitado; **on** ~ a solicitud; **~ing** *a* (*boss*) exigente; (*work*) absorbente.
demean [dɪ'miːn] *vt*: to ~ o.s. rebajarse.
demeanour, (*US*) **demeanor** [dɪ'miːnə*] *n* porte *m*, conducta.
demented [dɪ'mɛntɪd] *a* demente.
demise [dɪ'maɪz] *n* (*death*) fallecimiento.
demister [diː'mɪstə*] *n* (*AUT*) eliminador *m* de vaho.
demo ['dɛməu] *n abbr* (*col*: = *demonstration*) manifestación *f*.
democracy [dɪ'mɔkrəsɪ] *n* democracia; **democrat** ['dɛməkræt] *n* demócrata *m/f*; **democratic** [dɛmə'krætɪk] *a* democrático.
demolish [dɪ'mɔlɪʃ] *vt* derribar, demoler; **demolition** [dɛmə'lɪʃən] *n* derribo, demolición *f*.
demon ['diːmən] *n* (*evil spirit*) demonio.
demonstrate ['dɛmənstreɪt] *vt* demostrar // *vi* manifestarse; **demonstration** [-'streɪʃən] *n* (*POL*) manifestación *f*; (*proof*) prueba, demostración *f*; **demonstrator** *n* (*POL*) manifestante *m/f*.
demoralize [dɪ'mɔrəlaɪz] *vt* desmoralizar.
demote [dɪ'məut] *vt* degradar.
demure [dɪ'mjuə*] *a* recatado.
den [dɛn] *n* (*of animal*) guarida; (*study*) estudio.
denatured alcohol [diː'neɪtʃəd-] *n* (*US*) alcohol *m* desnaturalizado.
denial [dɪ'naɪəl] *n* (*refusal*) negativa; (*of report etc*) negación *f*.
denim ['dɛnɪm] *n* tela vaquera; **~s** *npl* vaqueros *mpl*.
Denmark ['dɛnmɑːk] *n* Dinamarca.
denomination [dɪnɔmɪ'neɪʃən] *n* valor *m*; (*REL*) confesión *f*.
denote [dɪ'nəut] *vt* indicar, significar.
denounce [dɪ'nauns] *vt* denunciar.
dense [dɛns] *a* (*thick*) espeso; (: *foliage etc*) tupido; (*stupid*) torpe; **~ly** *ad*: ~ly populated con una alta densidad de población.
density ['dɛnsɪtɪ] *n* densidad *f*; **double-~ disk** *n* (*COMPUT*) disco de doble densidad.
dent [dɛnt] *n* abolladura // *vt* (*also*: make a ~ in) abollar.
dental ['dɛntl] *a* dental; ~ **surgeon** *n* odontólogo/a.
dentist ['dɛntɪst] *n* dentista *m/f*; **~ry** *n* odontología.
dentures ['dɛntʃəz] *npl* dentadura *sg* (postiza).
denunciation [dɪnʌnsɪ'eɪʃən] *n* denuncia, denunciación *f*.
deny [dɪ'naɪ] *vt* negar; (*charge*) rechazar; (*report*) desmentir.
deodorant [diː'əudərənt] *n* desodorante *m*.
depart [dɪ'pɑːt] *vi* irse, marcharse; (*train*) salir; to ~ **from** (*fig*: *differ from*) apartarse de.
department [dɪ'pɑːtmənt] *n* (*COMM*) sección *f*; (*SCOL*) departamento; (*POL*) ministerio; ~ **store** *n* gran almacén *m*.
departure [dɪ'pɑːtʃə*] *n* partida, ida; (*of train*) salida; **a new** ~ un nuevo rumbo; ~ **lounge** *n* (*at airport*) sala de embarque.
depend [dɪ'pɛnd] *vi*: to ~ **on** depender de; (*rely on*) contar con; **it ~s** depende, según; **~ing on the result** según el resultado; **~able** *a* (*person*) formal, serio; **~ant** *n* dependiente *m/f*; **~ence** *n* dependencia; **~ent** *a*: **to be ~ent on** depender de // *n* = **~ant**.
depict [dɪ'pɪkt] *vt* (*in picture*) pintar; (*describe*) representar.
depleted [dɪ'pliːtɪd] *a* reducido.
deplorable [dɪ'plɔːrəbl] *a* deplorable.
deplore [dɪ'plɔː*] *vt* deplorar.
deploy [dɪ'plɔɪ] *vt* desplegar.
depopulation ['diːpɔpju'leɪʃən] *n* despoblación *f*.
deport [dɪ'pɔːt] *vt* deportar.
deportment [dɪ'pɔːtmənt] *n* comportamiento.
depose [dɪ'pəuz] *vt* deponer.
deposit [dɪ'pɔzɪt] *n* depósito; (*CHEM*) sedimento; (*of ore, oil*) yacimiento // *vt* (*gen*) depositar; ~ **account** *n* (*Brit*) cuenta de ahorros; **~or** *n* depositante *m/f*.
depot ['dɛpəu] *n* (*storehouse*) depósito; (*for vehicles*) parque *m*.
depreciate [dɪ'priːʃɪeɪt] *vi* depreciarse, perder valor; **depreciation** [-'eɪʃən] *n* depreciación *f*.
depress [dɪ'prɛs] *vt* deprimir; (*press down*) apretar; **~ed** *a* deprimido; **~ing** *a* deprimente; **~ion** [dɪ'prɛʃən] *n* depresión *f*.
deprivation [dɛprɪ'veɪʃən] *n* privación *f*; (*loss*) pérdida.
deprive [dɪ'praɪv] *vt*: to ~ **sb of** privar a uno de; **~d** *a* necesitado.
depth [dɛpθ] *n* profundidad *f*; **in the ~s of** en lo más hondo de.
deputation [dɛpju'teɪʃən] *n* delegación *f*.
deputize ['dɛpjutaɪz] *vi*: to ~ **for sb** suplir a uno.
deputy ['dɛpjutɪ] *a*: ~ **head** subdirector(a) *m/f* // *n* sustituto/a, suplente *m/f*; (*POL*) diputado/a; (*agent*) representante *m/f*.
derail [dɪ'reɪl] *vt*: **to be ~ed** descarrilarse; **~ment** *n* descarrilamiento.
deranged [dɪ'reɪndʒd] *a* trastornado.
derby ['dəːbɪ] *n* (*US*) hongo.
derelict ['dɛrɪlɪkt] *a* abandonado.
deride [dɪ'raɪd] *vt* ridiculizar, mofarse

de.

derisive [dɪ'raɪsɪv] *a* burlón/ona.

derisory [dɪ'raɪzərɪ] *a* (*sum*) irrisorio.

derivative [dɪ'rɪvətɪv] *n* derivado // *a* (*work*) poco original.

derive [dɪ'raɪv] *vt* derivar // *vi*: to ~ **from** derivarse de.

derogatory [dɪ'rɔgətərɪ] *a* despectivo.

derrick ['dɛrɪk] *n* torre *f* de perforación.

derv [də:v] *n* (*Brit*) gasoil *m*.

descend [dɪ'sɛnd] *vt*, *vi* descender, bajar; to ~ **from** descender de; **~ant** *n* descendiente *m/f*.

descent [dɪ'sɛnt] *n* descenso; (*origin*) descendencia.

describe [dɪs'kraɪb] *vt* describir; **description** [-'krɪpʃən] *n* descripción *f*; (*sort*) clase *f*, género.

desecrate ['dɛsɪkreɪt] *vt* profanar.

desert ['dɛzət] *n* desierto // (*vb*: [dɪ'zə:t]) *vt* abandonar, desamparar // *vi* (MIL) desertar; ~s [dɪ'ʒə:ts] *npl*: **to get one's just ~s** llevar su merecido; **~er** [dɪ'zə:tə*] *n* desertor(a) *m/f*; **~ion** [dɪ'zə:ʃən] *n* deserción *f*; **~ island** *n* isla desierta.

deserve [dɪ'zə:v] *vt* merecer, ser digno de; **deserving** *a* (*person*) digno; (*action, cause*) meritorio.

design [dɪ'zaɪn] *n* (*sketch*) bosquejo; (*layout, shape*) diseño; (*pattern*) dibujo // *vt* (*gen*) diseñar; **to have ~s on sb** tener la(s) mira(s) puesta(s) en uno.

designate ['dɛzɪgneɪt] *vt* (*appoint*) nombrar; (*destine*) designar // *a* ['dɛzɪgnɪt] designado.

designer [dɪ'zaɪnə*] *n* diseñador(a) *m/f*; (*fashion* ~) modisto/a.

desirable [dɪ'zaɪərəbl] *a* (*proper*) deseable; (*attractive*) atractivo.

desire [dɪ'zaɪə*] *n* deseo // *vt* desear.

desk [dɛsk] *n* (*in office*) escritorio; (*for pupil*) pupitre *m*; (*in hotel, at airport*) recepción *f*; (*Brit*: *in shop, restaurant*) caja.

desolate ['dɛsəlɪt] *a* (*place*) desierto; (*person*) afligido; **desolation** [-'leɪʃən] *n* (*of place*) desolación *f*; (*of person*) aflicción *f*.

despair [dɪs'pɛə*] *n* desesperación *f* // *vi*: to ~ of desesperarse de.

despatch [dɪs'pætʃ] *n*, *vt* = **dispatch**.

desperate ['dɛspərɪt] *a* desesperado; (*fugitive*) peligroso; **~ly** *ad* desesperadamente; (*very*) terriblemente, gravemente.

desperation [dɛspə'reɪʃən] *n* desesperación *f*; in ~ desesperado.

despicable [dɪs'pɪkəbl] *a* vil, despreciable.

despise [dɪs'paɪz] *vt* despreciar.

despite [dɪs'paɪt] *prep* a pesar de, pese a.

despondent [dɪs'pɔndənt] *a* deprimido, abatido.

dessert [dɪ'zə:t] *n* postre *m*; **~spoon** *n* cuchara (de postre).

destination [dɛstɪ'neɪʃən] *n* destino.

destine ['dɛstɪn] *vt* destinar.

destiny ['dɛstɪnɪ] *n* destino.

destitute ['dɛstɪtju:t] *a* desamparado, indigente.

destroy [dɪs'trɔɪ] *vt* destruir; (*finish*) acabar con; **~er** *n* (NAUT) destructor *m*.

destruction [dɪs'trʌkʃən] *n* destrucción *f*; (*fig*) ruina.

destructive [dɪs'trʌktɪv] *a* destructivo, destructor(a).

detach [dɪ'tætʃ] *vt* separar; (*unstick*) despegar; **~able** *a* separable; (TECH) desmontable; **~ed** *a* (*attitude*) objetivo, imparcial; **~ed house** *n* ≈ chalé *m*, chalet *m*; **~ment** *n* separación *f*; (MIL) destacamento; (*fig*) objetividad *f*, imparcialidad *f*.

detail ['di:teɪl] *n* detalle *m* // *vt* detallar; (MIL) destacar; **in ~** detalladamente; **~ed** *a* detallado.

detain [dɪ'teɪn] *vt* retener; (*in captivity*) detener.

detect [dɪ'tɛkt] *vt* (*gen*) descubrir; (MED, POLICE) identificar; (MIL, RADAR, TECH) detectar; **~ion** [dɪ'tɛkʃən] *n* descubrimiento; identificación *f*; **~ive** *n* detective *m/f*; **~ive story** *n* novela policíaca; **~or** *n* detector *m*.

détente [deɪ'tɑ:nt] *n* distensión *f*.

detention [dɪ'tɛnʃən] *n* detención *f*, arresto.

deter [dɪ'tə:*] *vt* (*dissuade*) disuadir; (*prevent*) impedir; **to ~ sb from doing sth** disuadir a uno de que haga algo.

detergent [dɪ'tə:dʒənt] *n* detergente *m*.

deteriorate [dɪ'tɪərɪəreɪt] *vi* deteriorarse; **deterioration** [-'reɪʃən] *n* deterioro.

determination [dɪtə:mɪ'neɪʃən] *n* resolución *f*.

determine [dɪ'tə:mɪn] *vt* determinar; **~d** *a*: ~d **to do** resuelto a hacer.

deterrent [dɪ'tɛrənt] *n* fuerza de disuasión.

detest [dɪ'tɛst] *vt* aborrecer.

detonate ['dɛtəneɪt] *vi* estallar // *vt* hacer detonar.

detour ['di:tuə*] *n* (*gen*, *US* AUT: *diversion*) desviación *f* // *vt* (*US* AUT) desviar.

detract [dɪ'trækt] *vt*: **to ~ from** quitar mérito a, desvirtuar.

detriment ['dɛtrɪmənt] *n*: **to the ~ of** en perjuicio de; **~al** [dɛtrɪ'mɛntl] *a*: **~al (to)** perjudicial (a).

devaluation [dɪvælju'eɪʃən] *n* devaluación *f*.

devastating ['dɛvəsteɪtɪŋ] *a* devastador(a); (*fig*) arrollador(a).

develop [dɪ'vɛləp] *vt* desarrollar; (PHOT) revelar; (*disease*) coger; (*habit*) adquirir // *vi* desarrollarse; (*advance*) progresar; **~ing country** país *m* en (vías

de) desarrollo; **~ment** *n* desarrollo; (*advance*) progreso; (*of affair, case*) desenvolvimiento; (*of land*) urbanización *f*.
deviate ['di:vɪeɪt] *vi*: **to ~ (from)** desviarse (de); **deviation** [-'eɪʃən] *n* desviación *f*.
device [dɪ'vaɪs] *n* (*scheme*) estratagema, recurso; (*apparatus*) aparato, mecanismo.
devil ['dɛvl] *n* diablo, demonio; **~ish** *a* diabólico.
devious ['di:vɪəs] *a* intricado, enrevesado; (*person*) taimado.
devise [dɪ'vaɪz] *vt* idear, inventar.
devoid [dɪ'vɔɪd] *a*: **~ of** desprovisto de.
devolution [di:və'lu:ʃən] *n* (*POL*) descentralización *f*.
devote [dɪ'vəut] *vt*: **to ~ sth to** dedicar algo a; **~d** *a* (*loyal*) leal, fiel; **the book is ~d to politics** el libro trata de la política; **~e** [dɛvəu'ti:] *n* devoto/a.
devotion [dɪ'vəuʃən] *n* dedicación *f*; (*REL*) devoción *f*.
devour [dɪ'vauə*] *vt* devorar.
devout [dɪ'vaut] *a* devoto.
dew [dju:] *n* rocío.
dexterity [dɛks'tɛrɪtɪ] *n* destreza.
diabetes [daɪə'bi:ti:z] *n* diabetes *f*; **diabetic** [-'bɛtɪk] *a, n* diabético/a *m/f*.
diabolical [daɪə'bɔlɪkəl] *a* (*col: weather, behaviour*) pésimo.
diagnose [daɪəg'nəuz] *vt* diagnosticar; **diagnosis** [-'nəusɪs], *pl* **-ses** [-'nəusi:z] *n* diagnóstico.
diagonal [daɪ'ægənl] *a, n* diagonal *f*.
diagram ['daɪəgræm] *n* diagrama *m*, esquema *m*.
dial ['daɪəl] *n* esfera, cuadrante *m*, cara (*LAm*); (*of phone*) disco // *vt* (*number*) marcar; **~ code** *n* (*US*) prefijo; **~ tone** *n* (*US*) señal *f* or tono de marcar.
dialect ['daɪəlɛkt] *n* dialecto.
dialling ['daɪəlɪŋ]: **~ code** *n* (*Brit*) prefijo; **~ tone** *n* (*Brit*) señal *f* or tono de marcar.
dialogue ['daɪəlɔg] *n* diálogo.
diameter [daɪ'æmɪtə*] *n* diámetro.
diamond ['daɪəmənd] *n* diamante *m*; **~s** *npl* (*CARDS*) diamantes *mpl*.
diaper ['daɪəpə*] *n* (*US*) pañal *m*.
diaphragm ['daɪəfræm] *n* diafragma *m*.
diarrhoea, (*US*) **diarrhea** [daɪə'ri:ə] *n* diarrea.
diary ['daɪərɪ] *n* (*daily account*) diario; (*book*) agenda.
dice [daɪs] *n, pl inv* dados *mpl* // *vt* (*CULIN*) cortar en cuadritos.
dichotomy [daɪ'kɔtəmɪ] *n* dicotomía.
Dictaphone ['dɪktəfəun] *n* ® dictáfono ®.
dictate [dɪk'teɪt] *vt* dictar; **~s** ['dɪkteɪts] *npl* dictados *mpl*; **dictation** [-'teɪʃən] *n* dictado.
dictator [dɪk'teɪtə*] *n* dictador *m*; **~ship** *n* dictadura.
dictionary ['dɪkʃənrɪ] *n* diccionario.
did [dɪd] *pt of* **do**.
didn't ['dɪdənt] = **did not**.
die [daɪ] *vi* morir; **to be dying for sth/to do sth** morirse por algo/de ganas de hacer algo; **to ~ away** *vi* (*sound, light*) perderse; **to ~ down** *vi* (*gen*) apagarse; (*wind*) amainar; **to ~ out** *vi* desaparecer, extinguirse.
diehard ['daɪhɑ:d] *n* reaccionario/a.
diesel ['di:zəl]: **~ engine** *n* motor *m* Diesel; **~ (oil)** *n* gasoil *m*.
diet ['daɪət] *n* dieta; (*restricted food*) régimen *m* // *vi* (*also*: **be on a ~**) estar a dieta, hacer régimen.
differ ['dɪfə*] *vi* (*be different*) ser distinto, diferenciarse; (*disagree*) discrepar; **~ence** *n* diferencia; (*quarrel*) desacuerdo; **~ent** *a* diferente, distinto; **~entiate** [-'rɛnʃɪeɪt] *vt* distinguir // *vi* diferenciarse; **to ~entiate between** distinguir entre; **~ently** *ad* de otro modo, en forma distinta.
difficult ['dɪfɪkəlt] *a* difícil; **~y** *n* dificultad *f*.
diffident ['dɪfɪdənt] *a* tímido.
diffuse [dɪ'fju:s] *a* difuso // *vt* [dɪ'fju:z] difundir.
dig [dɪg] *vt* (*pt, pp* **dug**) (*hole*) cavar; (*ground*) remover // *n* (*prod*) empujón *m*; (*archaeological*) excavación *f*; (*remark*) indirecta; **to ~ one's nails into** clavar las uñas en; **to ~ in** *vi* atrincherarse; **to ~ into** *vt fus* (*savings*) consumir; **to ~ out** *vt* (*hole*) excavar; (*fig*) sacar; **to ~ up** *vt* desenterrar; (*plant*) desarraigar.
digest [daɪ'dʒɛst] *vt* (*food*) digerir; (*facts*) asimilar // *n* ['daɪdʒɛst] resumen *m*; **~ion** [dɪ'dʒɛstʃən] *n* digestión *f*.
digit ['dɪdʒɪt] *n* (*number*) dígito; (*finger*) dedo; **~al** *a* digital.
dignified ['dɪgnɪfaɪd] *a* grave, solemne; (*action*) decoroso.
dignity ['dɪgnɪtɪ] *n* dignidad *f*.
digress [daɪ'grɛs] *vi*: **to ~ from** apartarse de.
digs [dɪgz] *npl* (*Brit: col*) pensión *fsg*, alojamiento *sg*.
dike [daɪk] *n* = **dyke**.
dilapidated [dɪ'læpɪdeɪtɪd] *a* desmoronado, ruinoso.
dilemma [daɪ'lɛmə] *n* dilema *m*.
diligent ['dɪlɪdʒənt] *a* diligente.
dilute [daɪ'lu:t] *vt* diluir.
dim [dɪm] *a* (*light*) débil; (*sight*) turbio; (*outline*) indistinto; (*stupid*) lerdo; (*room*) oscuro // *vt* (*light*) bajar.
dime [daɪm] *n* (*US*) *moneda de diez centavos*.
dimension [dɪ'mɛnʃən] *n* dimensión *f*.
diminish [dɪ'mɪnɪʃ] *vt, vi* disminuir.
diminutive [dɪ'mɪnjutɪv] *a* diminuto // *n* (*LING*) diminutivo.

dimly ['dɪmlɪ] *ad* débilmente; (*not clearly*) indistintamente.
dimmer ['dɪmə*] *n* (*US* AUT) interruptor *m*.
dimple ['dɪmpl] *n* hoyuelo.
din [dɪn] *n* estruendo, estrépito.
dine [daɪn] *vi* cenar; **~r** *n* (*person*) comensal *m/f*; (*Brit* RAIL) = **dining car**; (*US*) restaurante *m* económico.
dinghy ['dɪŋgɪ] *n* bote *m*; (*also*: **rubber ~**) lancha (neumática).
dingy ['dɪndʒɪ] *a* (*room*) sombrío; (*dirty*) sucio; (*dull*) deslucido.
dining ['daɪnɪŋ]: **~ car** *n* (*Brit* RAIL) coche-comedor *m*; **~ room** *n* comedor *m*.
dinner ['dɪnə*] *n* (*evening meal*) cena; (*lunch*) comida; (*public*) cena, banquete *m*; **~'s ready!** ¡la cena está servida!; **~ jacket** *n* smoking *m*; **~ party** *n* cena; **~ time** *n* hora de cenar *or* comer.
dinosaur ['daɪnəsɔ:*] *n* dinosaurio.
dint [dɪnt] *n*: **by ~ of** a fuerza de.
diocese ['daɪəsɪs] *n* diócesis *f inv*.
dip [dɪp] *n* (*slope*) pendiente *m*; (*in sea*) baño // *vt* (*in water*) mojar; (*ladle etc*) meter; (*Brit* AUT): **to ~ one's lights** poner luces de cruce // *vi* inclinarse hacia abajo.
diphthong ['dɪfθɔŋ] *n* diptongo.
diploma [dɪ'pləumə] *n* diploma *m*.
diplomacy [dɪ'pləuməsɪ] *n* diplomacia.
diplomat ['dɪpləmæt] *n* diplomático/a; **~ic** [dɪplə'mætɪk] *a* diplomático.
dipstick ['dɪpstɪk] *n* (AUT) varilla de nivel (del aceite).
dipswitch ['dɪpswɪtʃ] *n* (*Brit* AUT) interruptor *m*.
dire [daɪə*] *a* calamitoso.
direct [daɪ'rɛkt] *a* (*gen*) directo // *vt* dirigir; **can you ~ me to...?** ¿puede indicarme dónde está...?
direction [dɪ'rɛkʃən] *n* dirección *f*; **sense of ~** sentido de la dirección; **~s** *npl* (*advice*) órdenes *fpl*, instrucciones *fpl*; **~s for use** modo de empleo.
directly [dɪ'rɛktlɪ] *ad* (*in straight line*) directamente; (*at once*) en seguida.
director [dɪ'rɛktə*] *n* director(a) *m/f*.
directory [dɪ'rɛktərɪ] *n* (TEL) guía (telefónica).
dirt [də:t] *n* suciedad *f*; **~-cheap** *a* baratísimo; **~y** *a* sucio; (*joke*) verde, colorado (*LAm*) // *vt* ensuciar; (*stain*) manchar; **~y trick** *n* juego sucio.
disability [dɪsə'bɪlɪtɪ] *n* incapacidad *f*.
disabled [dɪs'eɪbld] *a* minusválido.
disadvantage [dɪsəd'vɑ:ntɪdʒ] *n* desventaja, inconveniente *m*.
disaffection [dɪsə'fɛkʃən] *n* desafecto.
disagree [dɪsə'gri:] *vi* (*differ*) discrepar; **to ~ (with)** no estar de acuerdo (con); **~able** *a* desagradable; **~ment** *n* (*gen*) desacuerdo; (*quarrel*) riña.
disallow ['dɪsə'lau] *vt* (*goal*) anular; (*claim*) rechazar.
disappear [dɪsə'pɪə*] *vi* desaparecer; **~ance** *n* desaparición *f*.
disappoint [dɪsə'pɔɪnt] *vt* decepcionar; (*hopes*) defraudar; **~ed** *a* decepcionado; **~ing** *a* decepcionante; **~ment** *n* decepción *f*.
disapproval [dɪsə'pru:vəl] *n* desaprobación *f*.
disapprove [dɪsə'pru:v] *vi*: **to ~ of** desaprobar.
disarm [dɪs'ɑ:m] *vt* desarmar; **~ament** *n* desarme *m*.
disarray [dɪsə'reɪ] *n*: **in ~** (*army, organization*) desorganizado; (*hair, clothes*) desarreglado.
disaster [dɪ'zɑ:stə*] *n* desastre *m*.
disband [dɪs'bænd] *vt* disolver // *vi* desbandarse.
disbelief [dɪsbə'li:f] *n* incredulidad *f*.
disc [dɪsk] *n* disco; (COMPUT) = **disk**.
discard [dɪs'kɑ:d] *vt* (*old things*) tirar; (*fig*) descartar.
discern [dɪ'sə:n] *vt* percibir, discernir; (*understand*) comprender; **~ing** *a* perspicaz.
discharge [dɪs'tʃɑ:dʒ] *vt* (*task, duty*) cumplir; (*ship etc*) descargar; (*patient*) dar de alta; (*employee*) despedir; (*soldier*) licenciar; (*defendant*) poner en libertad // *n* ['dɪstʃɑ:dʒ] (ELEC) descarga; (*dismissal*) despedida; (*of duty*) desempeño; (*of debt*) pago, descargo.
disciple [dɪ'saɪpl] *n* discípulo.
discipline ['dɪsɪplɪn] *n* disciplina // *vt* disciplinar.
disc jockey *n* pinchadiscos *m/f inv*.
disclaim [dɪs'kleɪm] *vt* negar.
disclose [dɪs'kləuz] *vt* revelar; **disclosure** [-'kləuʒə*] *n* revelación *f*.
disco ['dɪskəu] *n abbr* = **discothèque**.
discoloured, (*US*) **discolored** [dɪs'kʌləd] *a* descolorado.
discomfort [dɪs'kʌmfət] *n* incomodidad *f*; (*unease*) inquietud *f*; (*physical*) malestar *m*.
disconcert [dɪskən'sə:t] *vt* desconcertar.
disconnect [dɪskə'nɛkt] *vt* (*gen*) separar; (ELEC *etc*) desconectar; (*supply*) cortar (el suministro) a.
discontent [dɪskən'tɛnt] *n* descontento; **~ed** *a* descontento.
discontinue [dɪskən'tɪnju:] *vt* interrumpir; (*payments*) suspender.
discord ['dɪskɔ:d] *n* discordia; (MUS) disonancia; **~ant** [dɪs'kɔ:dənt] *a* disonante.
discothèque ['dɪskəutɛk] *n* discoteca.
discount ['dɪskaunt] *n* descuento // *vt* [dɪs'kaunt] descontar.
discourage [dɪs'kʌrɪdʒ] *vt* desalentar; (*oppose*) oponerse a; **discouraging** *a* desalentador(a).
discover [dɪs'kʌvə*] *vt* descubrir; **~y** *n* descubrimiento.
discredit [dɪs'krɛdɪt] *vt* desacreditar.

discreet [dɪ'skri:t] *a* (*tactful*) discreto; (*careful*) circunspecto, prudente.
discrepancy [dɪ'skrɛpənsɪ] *n* diferencia.
discretion [dɪ'skrɛʃən] *n* (*tact*) discreción *f*; (*care*) prudencia, circunspección *f*.
discriminate [dɪ'skrɪmɪneɪt] *vi*: to ~ between distinguir entre; to ~ against discriminar contra; **discriminating** *a* entendido; **discrimination** [-'neɪʃən] *n* (*discernment*) perspicacia; (*bias*) discriminación *f*.
discuss [dɪ'skʌs] *vt* (*gen*) discutir; (*a theme*) tratar; **~ion** [dɪ'skʌʃən] *n* discusión *f*.
disdain [dɪs'deɪn] *n* desdén *m* // *vt* desdeñar.
disease [dɪ'zi:z] *n* enfermedad *f*.
disembark [dɪsɪm'bɑ:k] *vt*, *vi* desembarcar.
disenchanted [dɪsɪn'tʃɑ:ntɪd] *a*: ~ (with) desilusionado (con).
disengage [dɪsɪn'geɪdʒ] *vt* soltar; to ~ the clutch (AUT) desembragar.
disentangle [dɪsɪn'tæŋgl] *vt* desenredar.
disfigure [dɪs'fɪgə*] *vt* desfigurar.
disgrace [dɪs'greɪs] *n* ignominia; (*shame*) vergüenza, escándalo // *vt* deshonrar; **~ful** *a* vergonzoso; (*behaviour*) escandaloso.
disgruntled [dɪs'grʌntld] *a* disgustado, descontento.
disguise [dɪs'gaɪz] *n* disfraz *m* // *vt* disfrazar; in ~ disfrazado.
disgust [dɪs'gʌst] *n* repugnancia // *vt* repugnar, dar asco a; **~ing** *a* repugnante, asqueroso.
dish [dɪʃ] *n* (*gen*) plato; to do *or* wash the ~es fregar los platos; **to ~ up** *vt* servir; **to ~ out** *vt* repartir; **~cloth** *n* paño de cocina, bayeta.
dishearten [dɪs'hɑ:tn] *vt* desalentar.
dishevelled [dɪ'ʃɛvəld] *a* (*hair*) despeinado; (*clothes*, *appearance*) desarreglado.
dishonest [dɪs'ɔnɪst] *a* (*person*) poco honrado, tramposo; (*means*) fraudulento; **~y** *n* falta de honradez.
dishonour, (*US*) **dishonor** [dɪs'ɔnə*] *n* deshonra; **~able** *a* deshonroso.
dishtowel ['dɪʃtauəl] *n* (*US*) trapo de fregar.
dishwasher ['dɪʃwɔʃə*] *n* lavaplatos *m inv*; (*person*) friegaplatos *m/f inv*.
disillusion [dɪsɪ'lu:ʒən] *vt* desilusionar.
disincentive [dɪsɪn'sɛntɪv] *n* desincentivo.
disinfect [dɪsɪn'fɛkt] *vt* desinfectar; **~ant** *n* desinfectante *m*.
disintegrate [dɪs'ɪntɪgreɪt] *vi* disgregarse, desintegrarse.
disinterested [dɪs'ɪntrəstɪd] *a* desinteresado.
disjointed [dɪs'dʒɔɪntɪd] *a* inconexo.
disk [dɪsk] *n* (*esp US*) = **disc**; (COMPUT) disco, disquete *m*; **single-/double-sided ~** disco de una cara/dos caras; **~ drive** *n* disc drive *m*; **~ette** *n* (*US*) = **disk**.
dislike [dɪs'laɪk] *n* antipatía, aversión *f* // *vt* tener antipatía a.
dislocate ['dɪsləkeɪt] *vt* dislocar.
dislodge [dɪs'lɔdʒ] *vt* sacar; (*enemy*) desalojar.
disloyal [dɪs'lɔɪəl] *a* desleal.
dismal ['dɪzml] *a* (*gloomy*) deprimente, triste.
dismantle [dɪs'mæntl] *vt* desmontar, desarmar.
dismay [dɪs'meɪ] *n* consternación *f*.
dismiss [dɪs'mɪs] *vt* (*worker*) despedir; (*official*) destituir; (*idea*, LAW) rechazar; (*possibility*) descartar // *vi* (MIL) romper filas; **~al** *n* despedida; destitución *f*.
dismount [dɪs'maunt] *vi* apearse.
disobedience [dɪsə'bi:dɪəns] *n* desobediencia.
disobedient [dɪsə'bi:dɪənt] *a* desobediente.
disobey [dɪsə'beɪ] *vt* desobedecer.
disorder [dɪs'ɔ:də*] *n* desorden *m*; (*rioting*) disturbio; (MED) trastorno; (*disease*) enfermedad *f*; **~ly** *a* (*untidy*) desordenado; (*meeting*) alborotado; (*conduct*) escandaloso.
disorientated [dɪs'ɔ:rɪɛnteɪtəd] *a* desorientado.
disown [dɪs'əun] *vt* desconocer.
disparaging [dɪs'pærɪdʒɪŋ] *a* despreciativo.
disparity [dɪs'pærɪtɪ] *n* disparidad *f*.
dispassionate [dɪs'pæʃənɪt] *a* (*unbiased*) imparcial; (*unemotional*) desapasionado.
dispatch [dɪs'pætʃ] *vt* enviar // *n* (*sending*) envío; (PRESS) informe *m*; (MIL) parte *m*.
dispel [dɪs'pɛl] *vt* disipar, dispersar.
dispensary [dɪs'pɛnsərɪ] *n* dispensario, farmacia.
dispense [dɪs'pɛns] *vt* dispensar, repartir; **to ~ with** *vt fus* prescindir de; **~r** *n* (*container*) distribuidor *m* automático; **dispensing chemist** *n* (*Brit*) farmacia.
dispersal [dɪs'pə:sl] *n* dispersión *f*.
disperse [dɪs'pə:s] *vt* dispersar // *vi* dispersarse.
dispirited [dɪ'spɪrɪtɪd] *a* desanimado, desalentado.
displace [dɪs'pleɪs] *vt* (*person*) desplazar; (*replace*) reemplazar; **~d person** *n* (POL) desplazado/a.
display [dɪs'pleɪ] *n* (*exhibition*) exposición *f*; (COMPUT) visualización *f*; (MIL) exhibición *f*; (*of feeling*) manifestación *f*; (*pej*) aparato, pompa // *vt* exponer; manifestar; (*ostentatiously*) lucir.
displease [dɪs'pli:z] *vt* (*offend*) ofender; (*annoy*) fastidiar; **~d** *a*: **~d with** disgustado con; **displeasure** [-'plɛʒə*] *n* disgusto.

disposable [dɪs'pəuzəbl] *a* (*not reusable*) desechable; (*income*) disponible; ~ **nappy** *n* pañal *m* desechable.
disposal [dɪs'pəuzl] *n* (*sale*) venta; (*of house*) traspaso; (*arrangement*) colocación *f*; (*of rubbish*) destrucción *f*; **at one's ~** a su disposición.
dispose [dɪs'pəuz] *vt* disponer; **to ~ of** *vt* (*time, money*) disponer de; (*unwanted goods*) deshacerse de; (*throw away*) tirar; **~d** *a*: ~d to do dispuesto a hacer; **disposition** [-'zɪʃən] *n* disposición *f*.
disproportionate [dɪsprə'pɔːʃənət] *a* desproporcionado.
disprove [dɪs'pruːv] *vt* refutar.
dispute [dɪs'pjuːt] *n* disputa; (*verbal*) discusión *f*; (*also*: **industrial ~**) conflicto (laboral) // *vt* (*argue*) disputar; (*question*) cuestionar.
disqualify [dɪs'kwɔlɪfaɪ] *vt* (SPORT) desclasificar; **to ~ sb for sth/from doing sth** incapacitar a alguien para algo/hacer algo.
disquiet [dɪs'kwaɪət] *n* preocupación *f*, inquietud *f*.
disregard [dɪsrɪ'gɑːd] *vt* desatender; (*ignore*) no hacer caso de.
disrepair [dɪsrɪ'pɛə*] *n*: **to fall into ~** desmoronarse.
disreputable [dɪs'rɛpjutəbl] *a* (*person*) de mala fama; (*behaviour*) vergonzoso.
disrespectful [dɪsrɪ'spɛktful] *a* irrespetuoso.
disrupt [dɪs'rʌpt] *vt* (*plans*) desbaratar, trastornar; (*conversation*) interrumpir; **~ion** [-'rʌpʃən] *n* trastorno; desbaratamiento; interrupción *f*.
dissatisfaction [dɪssætɪs'fækʃən] *n* disgusto, descontento.
dissect [dɪ'sɛkt] *vt* disecar.
disseminate [dɪ'sɛmɪneɪt] *vt* divulgar, difundir.
dissent [dɪ'sɛnt] *n* disensión *f*.
dissertation [dɪsə'teɪʃən] *n* tesina.
disservice [dɪs'səːvɪs] *n*: **to do sb a ~** perjudicar a alguien.
dissident ['dɪsɪdnt] *a, n* disidente *m/f*.
dissimilar [dɪ'sɪmɪlə*] *a* distinto.
dissipate ['dɪsɪpeɪt] *vt* disipar; (*waste*) desperdiciar.
dissociate [dɪ'səuʃɪeɪt] *vt* disociar.
dissolute ['dɪsəluːt] *a* disoluto.
dissolution [dɪsə'luːʃən] *n* (*of organization, marriage,* POL) disolución *f*.
dissolve [dɪ'zɔlv] *vt* disolver // *vi* disolverse.
dissuade [dɪ'sweɪd] *vt*: **to ~ sb (from)** disuadir a uno (de).
distance ['dɪstns] *n* distancia; **in the ~** a lo lejos.
distant ['dɪstnt] *a* lejano; (*manner*) reservado, frío.
distaste [dɪs'teɪst] *n* repugnancia; **~ful** *a* repugnante, desagradable.
distended [dɪ'stɛndɪd] *a* (*stomach*) hinchado.
distil [dɪs'tɪl] *vt* destilar; **~lery** *n* destilería.
distinct [dɪs'tɪŋkt] *a* (*different*) distinto; (*clear*) claro; (*unmistakeable*) inequívoco; **as ~ from** a diferencia de; **~ion** [dɪs'tɪŋkʃən] *n* distinción *f*; (*in exam*) sobresaliente *m*; **~ive** *a* distintivo.
distinguish [dɪs'tɪŋgwɪʃ] *vt* distinguir; **~ed** *a* (*eminent*) distinguido; **~ing** *a* (*feature*) distintivo.
distort [dɪs'tɔːt] *vt* torcer, retorcer; **~ion** [dɪs'tɔːʃən] *n* deformación *f*; (*of sound*) distorsión *f*.
distract [dɪs'trækt] *vt* distraer; **~ed** *a* distraído; **~ion** [dɪs'trækʃən] *n* distracción *f*; (*confusion*) aturdimiento.
distraught [dɪs'trɔːt] *a* turbado, enloquecido.
distress [dɪs'trɛs] *n* (*anguish*) angustia; (*pain*) dolor *m* // *vt* afligir; (*pain*) doler; **~ing** *a* angustioso; doloroso; ~ **signal** *n* señal *f* de socorro.
distribute [dɪs'trɪbjuːt] *vt* (*gen*) distribuir; (*share out*) repartir; **distribution** [-'bjuːʃən] *n* distribución *f*; **distributor** *n* (AUT) distribuidor *m*; (COMM) distribuidora.
district ['dɪstrɪkt] *n* (*of country*) zona, región *f*; (*of town*) barrio; (ADMIN) distrito; ~ **attorney** *n* (*US*) fiscal *m/f*; ~ **nurse** *n* (*Brit*) *enfermera que atiende a pacientes a domicilio*.
distrust [dɪs'trʌst] *n* desconfianza // *vt* desconfiar de.
disturb [dɪs'təːb] *vt* (*person*: *bother, interrupt*) molestar; (*meeting*) interrumpir; **~ance** *n* (*political etc*) disturbio; (*violence*) alboroto; **~ed** *a* (*worried, upset*) preocupado, angustiado; **emotionally ~ed** trastornado; **~ing** *a* inquietante, perturbador(a).
disuse [dɪs'juːs] *n*: **to fall into ~** caer en desuso.
disused [dɪs'juːzd] *a* abandonado.
ditch [dɪtʃ] *n* zanja; (*irrigation ~*) acequia // *vt* (*col*) deshacerse de.
dither ['dɪðə*] *vi* vacilar.
ditto ['dɪtəu] *ad* ídem, lo mismo.
dive [daɪv] *n* (*from board*) salto; (*underwater*) buceo; (*of submarine*) sumersión *f*; (AVIAT) picada // *vi* saltar; bucear; sumergirse; picar; **~r** *n* (SPORT) saltador(a) *m/f*; (*underwater*) buzo.
diverge [daɪ'vəːdʒ] *vi* divergir.
diverse [daɪ'vəːs] *a* diversos/as, varios/as.
diversion [daɪ'vəːʃən] *n* (*Brit* AUT) desviación *f*; (*distraction,* MIL) diversión *f*.
divert [daɪ'vəːt] *vt* (*turn aside*) desviar.
divide [dɪ'vaɪd] *vt* dividir; (*separate*) separar // *vi* dividirse; (*road*) bifurcarse; **~d highway** *n* (*US*) carretera de doble calzada.
dividend ['dɪvɪdɛnd] *n* dividendo; (*fig*)

beneficio.
divine [dɪ'vaɪn] *a* divino.
diving ['daɪvɪŋ] *n* (*SPORT*) salto; (*underwater*) buceo; ~ **board** *n* trampolín *m*.
divinity [dɪ'vɪnɪtɪ] *n* divinidad *f*; (*SCOL*) teología.
division [dɪ'vɪʒən] *n* división *f*; (*sharing out*) repartimiento.
divorce [dɪ'vɔːs] *n* divorcio // *vt* divorciarse de; **~d** *a* divorciado; **~e** [-'siː] *n* divorciado/a.
divulge [daɪ'vʌldʒ] *vt* divulgar, revelar.
D.I.Y. *a*, *n abbr* (*Brit*) = **do-it-yourself**.
dizziness ['dɪzɪnɪs] *n* vértigo.
dizzy ['dɪzɪ] *a* (*person*) mareado; (*height*) vertiginoso; to feel ~ marearse.
DJ *n abbr* = **disc jockey**.
do [duː] ♦ *n* (*col: party etc*): **we're having a little ~ on Saturday** damos una fiestecita el sábado; **it was rather a grand ~** fue un acontecimiento a lo grande
♦ *auxiliary vb* (*pt* **did**, *pp* **done**) **1** (*in negative constructions*) *not translated*: **I don't understand** no entiendo
2 (*to form questions*) *not translated*: **didn't you know?** ¿no lo sabías?; **what ~ you think?** ¿qué opinas?
3 (*for emphasis, in polite expressions*): **people ~ make mistakes sometimes** sí que se cometen errores a veces; **she does seem rather late** a mí también me parece que se ha retrasado; **~ sit down/help yourself** siéntate/sírvete por favor; **~ take care!** ten cuidado, te pido
4 (*used to avoid repeating vb*): **she sings better than I ~** canta mejor que yo; **~ you agree? — yes, I ~/no, I don't** ¿estás de acuerdo? — sí (lo estoy)/no (lo estoy); **she lives in Glasgow — so ~ I** vive en Glasgow — yo también; **he didn't like it and neither did we** no le gustó y a nosotros tampoco; **who made this mess? — I did** ¿quién hizo esta chapuza? — yo; **he asked me to help him and I did** me pidió qué le ayudara y lo hice
5 (*in question tags*): **you like him, don't you?** te gusta, ¿verdad? *or* ¿no?; **I don't know him, ~ I?** creo que no le conozco
♦ *vt* **1** (*gen, carry out, perform etc*): **what are you ~ing tonight?** ¿qué haces esta noche?; **what can I ~ for you?** ¿en qué puedo servirle?; **to ~ the washing-up/cooking** fregar los platos/cocinar; **to ~ one's teeth/hair/nails** lavarse los dientes/arreglarse el pelo/arreglarse las uñas
2 (*AUT etc*): **the car was ~ing 100** el coche iba a 100; **we've done 200 km already** ya hemos hecho 200 km; **he can ~ 100 in that car** puede dar los 100 en ese coche
♦ *vi* **1** (*act, behave*) hacer; **~ as I ~** haz como yo
2 (*get on, fare*): **he's ~ing well/badly at school** va bien/mal en la escuela; **the firm is ~ing well** la empresa anda *or* va bien; **how ~ you ~?** mucho gusto; (*less formal*) ¿qué tal?
3 (*suit*): **will it ~?** ¿sirve?, ¿está *or* va bien?
4 (*be sufficient*) bastar; **will £10 ~?** ¿será bastante con £10?; **that'll ~** así está bien; **that'll ~!** (*in annoyance*) ¡ya está bien!, ¡basta ya!; **to make ~ (with)** arreglárselas (con)
to ~ away with *vt fus* (*kill, disease*) eliminar; (*abolish: law etc*) abolir; (*withdraw*) retirar
to ~ up *vt* (*laces*) atar; (*zip, dress, shirt*) abrochar; (*renovate: room, house*) renovar
to ~ with *vt fus* (*need*): **I could ~ with a drink/some help** no me vendría mal un trago/un poco de ayuda; (*be connected*): tener que ver con; **what has it got to ~ with you?** ¿qué tiene que ver contigo?
to do without *vi* pasar sin; **if you're late for tea then you'll ~ without** si llegas tarde para la merienda pasarás sin él ♦ *vt fus* pasar sin; **I can ~ without a car** puedo pasar sin coche.
dock [dɔk] *n* (*NAUT*) muelle *m*; (*LAW*) banquillo (de los acusados); **~s** *npl* muelles *mpl*, puerto *sg* // *vi* (*enter* ~) atracar el muelle; **~er** *n* trabajador *m* portuario, estibador *m*; **~yard** *n* astillero.
doctor ['dɔktə*] *n* médico/a; (*Ph.D. etc*) doctor(a) *m/f* // *vt* (*fig*) arreglar, falsificar; (*drink etc*) adulterar; **D~ of Philosophy (Ph.D.)** *n* Doctor en Filosofía y Letras.
doctrine ['dɔktrɪn] *n* doctrina.
document ['dɔkjumənt] *n* documento; **~ary** [-'mɛntərɪ] *a* documental // *n* documental *m*.
dodge [dɔdʒ] *n* (*of body*) regate *m*; (*fig*) truco // *vt* (*gen*) evadir; (*blow*) esquivar.
dodgems ['dɔdʒəmz] *npl* (*Brit*) coches *mpl* de choque.
doe [dəu] *n* (*deer*) cierva, gama; (*rabbit*) coneja.
does [dʌz] *vb see* **do**; **~n't = ~ not**.
dog [dɔg] *n* perro // *vt* seguir los pasos de; ~ **collar** *n* collar *m* de perro; (*fig*) cuello de cura; **~-eared** *a* sobado.
dogged ['dɔgɪd] *a* tenaz, obstinado.
dogsbody ['dɔgzbɔdɪ] *n* (*Brit*) burro de carga.
doings ['duɪŋz] *npl* (*events*) sucesos *mpl*; (*acts*) hechos *mpl*.
do-it-yourself [duːɪtjɔː'sɛlf] *n* bricolaje *m*.
doldrums ['dɔldrəmz] *npl*: **to be in the ~** (*person*) estar abatido; (*business*) estar encalmado.
dole [dəul] *n* (*Brit: payment*) subsidio de paro; **on the ~** parado; **to ~ out** *vt* repartir.

doleful ['dəulful] *a* triste, lúgubre.
doll [dɔl] *n* muñeca; **to ~ o.s. up** ataviarse.
dollar ['dɔlə*] *n* dólar *m*.
dolphin ['dɔlfɪn] *n* delfín *m*.
domain [də'meɪn] *n* (*fig*) campo, competencia; (*land*) dominios *mpl*.
dome [dəum] *n* (*ARCH*) cúpula; (*shape*) bóveda.
domestic [də'mɛstɪk] *a* (*animal, duty*) doméstico; (*flight, policy*) nacional; **~ated** *a* domesticado; (*home-loving*) casero, hogareño.
dominant ['dɔmɪnənt] *a* dominante.
dominate ['dɔmɪneɪt] *vt* dominar.
domineering [dɔmɪ'nɪərɪŋ] *a* dominante.
dominion [də'mɪnɪən] *n* dominio.
domino ['dɔmɪnəu], *pl* **~es** *n* ficha de dominó; **~es** *n* (*game*) dominó.
don [dɔn] *n* (*Brit*) profesor(a) *m/f* universitario/a.
donate [də'neɪt] *vt* donar; **donation** [də'neɪʃən] *n* donativo.
done [dʌn] *pp of* **do**.
donkey ['dɔŋkɪ] *n* burro.
donor ['dəunə*] *n* donante *m/f*.
don't [dəunt] = **do not**.
doodle ['du:dl] *vi* hacer dibujitos *or* garabatos.
doom [du:m] *n* (*fate*) suerte *f*; (*death*) muerte *f* // *vt*: **to be ~ed to failure** ser condenado al fracaso; **~sday** *n* día *m* del juicio final.
door [dɔ:*] *n* puerta; (*entry*) entrada; **~bell** *n* timbre *m*; **~ handle** *n* tirador *m*; (*of car*) manija; **~man** *n* (*in hotel*) portero; **~mat** *n* felpudo, estera; **~step** *n* peldaño; **~way** *n* entrada, puerta.
dope [dəup] *n* (*col: person*) imbécil *m/f* // *vt* (*horse etc*) drogar.
dopey ['dəupɪ] *a* atontado.
dormant ['dɔ:mənt] *a* inactivo; (*latent*) latente.
dormitory ['dɔ:mɪtrɪ] *n* (*Brit*) dormitorio; (*US*) colegio mayor.
dormouse ['dɔ:maus], *pl* **-mice** [-maɪs] *n* lirón *m*.
DOS *n abbr* (= *disk operating system*) DOS *m*.
dosage ['dəusɪdʒ] *n* dosis *f inv*.
dose [dəus] *n* dósis *f inv*.
doss house ['dɔss-] *n* (*Brit*) pensión *f* de mala muerte.
dossier ['dɔsɪeɪ] *n* expediente *m*.
dot [dɔt] *n* punto; **~ted with** salpicado de; **on the ~** en punto.
dote [dəut]: **to ~ on** *vt fus* adorar, idolatrar.
dot matrix printer *n* impresora matricial (*or* de matriz) de puntos.
double ['dʌbl] *a* doble // *ad* (*twice*): **to cost ~** costar el doble // *n* (*gen*) doble *m* // *vt* doblar; (*efforts*) redoblar // *vi* doblarse; **on the ~**, (*Brit*) **at the ~** corriendo; **~s** *n* (*TENNIS*) juego de dobles; **~ bass** *n* contrabajo; **~ bed** *n* cama matrimonial; **~ bend** *n* (*Brit*) doble curva; **~-breasted** *a* cruzado; **~cross** *vt* (*trick*) engañar; (*betray*) traicionar; **~decker** *n* autobús *m* de dos pisos; **~ glazing** *n* (*Brit*) doble acristalamiento; **~ room** *n* cuarto para dos; **doubly** *ad* doblemente.
doubt [daut] *n* duda // *vt* dudar; (*suspect*) dudar de; **to ~ that** dudar que; **there is no ~ that** no cabe duda de que; **~ful** *a* dudoso; (*person*): **to be ~ful about sth** tener dudas sobre algo; **~less** *ad* sin duda.
dough [dəu] *n* masa, pasta; **~nut** *n* buñuelo.
douse [daus] *vt* (*drench*) mojar; (*extinguish*) apagar.
dove [dʌv] *n* paloma.
dovetail ['dʌvteɪl] *vi* (*fig*) encajar.
dowdy ['daudɪ] *a* (*person*) mal vestido; (*clothes*) pasado de moda.
down [daun] *n* (*fluff*) pelusa; (*feathers*) plumón *m*, flojel *m* // *ad* (*~wards*) abajo, hacia abajo; (*on the ground*) por/en tierra // *prep* abajo // *vt* (*col: drink*) beberse; **~ with X!** ¡abajo X!; **~ under** (*Australia etc*) Australia, Nueva Zelanda; **~-and-out** *n* vagabundo/a; **~-at-heel** *a* venido a menos; (*appearance*) desaliñado; **~cast** *a* abatido; **~fall** *n* caída, ruina; **~hearted** *a* desanimado; **~hill** *ad*: **to go ~hill** ir cuesta abajo; **~ payment** *n* entrada, pago al contado; **~pour** *n* aguacero; **~right** *a* (*nonsense, lie*) manifiesto; (*refusal*) terminante; **~stairs** *ad* (*below*) (en la casa de) abajo; (*~wards*) escaleras abajo; **~stream** *ad* aguas *or* río abajo; **~-to-earth** *a* práctico; **~town** *ad* en el centro de la ciudad; **~ward** *a, ad* [-wəd], **~wards** [-wədz] *ad* hacia abajo.
dowry ['daurɪ] *n* dote *f*.
doz. *abbr* = **dozen**.
doze [dəuz] *vi* dormitar; **to ~ off** *vi* quedarse medio dormido.
dozen ['dʌzn] *n* docena; **a ~ books** una docena de libros; **~s of** cantidad de.
Dr. *abbr* = **doctor**; **drive**.
drab [dræb] *a* gris, monótono.
draft [drɑ:ft] *n* (*first copy*) borrador *m*; (*COMM*) giro; (*US: call-up*) quinta // *vt* (*write roughly*) hacer un borrador de; *see also* **draught**.
draftsman ['dræftsmən] *n* (*US*) = **draughtsman**.
drag [dræg] *vt* arrastrar; (*river*) dragar, rastrear // *vi* arrastrarse por el suelo // *n* (*col*) lata; (*women's clothing*): **in ~** vestido de travesti; **to ~ on** *vi* ser interminable.
dragon ['drægən] *n* dragón *m*.
dragonfly ['drægənflaɪ] *n* libélula.
drain [dreɪn] *n* desaguadero; (*in street*) sumidero // *vt* (*land, marshes*) desaguar;

(*MED*) drenar; (*reservoir*) desecar; (*fig*) agotar // *vi* escurrirse; **to be a ~ on** agotar; **~age** *n* (*act*) desagüe *m*; (*MED*, *AGR*) drenaje *m*; (*sewage*) alcantarillado; **~ing board**, (*US*) **~board** *n* escurridera, escurridor *m*; **~pipe** *n* tubo de desagüe.

dram [dræm] *n* (*drink*) traguito, copita.

drama ['drɑːmə] *n* (*art*) teatro; (*play*) drama *m*; **~tic** [drə'mætɪk] *a* dramático; **~tist** ['dræmətɪst] *n* dramaturgo/a; **~tize** ['dræmətaɪz] *vt* (*events*) dramatizar; (*adapt: for TV, cinema*) adaptar a la televisión/al cine.

drank [dræŋk] *pt of* **drink**.

drape [dreɪp] *vt* cubrir; **~s** *npl* (*US*) cortinas *fpl*; **~r** *n* (*Brit*) pañero/a.

drastic ['dræstɪk] *a* (*measure, reduction*) severo; (*change*) radical.

draught, (*US*) **draft** [drɑːft] *n* (*of air*) corriente *f* de aire; (*drink*) trago; (*NAUT*) calado; **~s** *n* (*Brit*) juego de damas; **on ~** (*beer*) de barril; **~board** (*Brit*) *n* tablero de damas.

draughtsman ['drɑːftsmən] *n* delineante *m*.

draw [drɔː] *vb* (*pt* **drew**, *pp* **drawn**) *vt* (*pull*) tirar; (*take out*) sacar; (*attract*) atraer; (*picture*) dibujar; (*money*) retirar // *vi* (*SPORT*) empatar // *n* (*SPORT*) empate *m*; (*lottery*) sorteo; (*attraction*) atracción *f*; **to ~ near** *vi* acercarse; **to ~ out** *vi* (*lengthen*) alargarse; **to ~ up** *vi* (*stop*) pararse // *vt* (*document*) redactar; **~back** *n* inconveniente *m*, desventaja; **~bridge** *n* puente *m* levadizo.

drawer [drɔː*] *n* cajón *m*; (*of cheque*) librador(a) *m/f*.

drawing ['drɔːɪŋ] *n* dibujo; **~ board** *n* tablero (de dibujante); **~ pin** *n* (*Brit*) chinche *m*; **~ room** *n* salón *m*.

drawl [drɔːl] *n* habla lenta y cansina.

drawn [drɔːn] *pp of* **draw**.

dread [drɛd] *n* pavor *m*, terror *m* // *vt* temer, tener miedo *or* pavor a; **~ful** *a* espantoso.

dream [driːm] *n* sueño // *vt*, *vi* (*pt*, *pp* **dreamed** *or* **dreamt** [drɛmt]) soñar; **~er** *n* soñador(a) *m/f*; **~y** *a* (*distracted*) soñador(a), distraído.

dreary ['drɪərɪ] *a* monótono.

dredge [drɛdʒ] *vt* dragar.

dregs [drɛgz] *npl* heces *fpl*.

drench [drɛntʃ] *vt* empapar.

dress [drɛs] *n* vestido; (*clothing*) ropa // *vt* vestir; (*wound*) vendar; (*CULIN*) aliñar // *vi* vestirse; **to ~ up** *vi* vestirse de etiqueta; (*in fancy dress*) disfrazarse; **~ circle** *n* (*Brit*) principal *m*; **~er** *n* (*furniture*) aparador *m*; (: *US*) cómoda con espejo; (*THEAT*) camarero/a; **~ing** *n* (*MED*) vendaje *m*; (*CULIN*) aliño; **~ing gown** *n* (*Brit*) bata; **~ing room** *n* (*THEATRE*) camarín *m*; (*SPORT*) vestidor *m*; **~ing table** *n* tocador *m*; **~maker** *n* modista, costurera; **~ rehearsal** *n* ensayo general; **~ shirt** *n* camisa de frac; **~y** *a* (*col*) elegante.

drew [druː] *pt of* **draw**.

dribble ['drɪbl] *vi* gotear, caer gota a gota; (*baby*) babear // *vt* (*ball*) regatear.

dried [draɪd] *a* (*gen*) seco; (*fruit*) paso; (*milk*) en polvo.

drier ['draɪə*] *n* = **dryer**.

drift [drɪft] *n* (*of current etc*) velocidad *f*; (*of sand*) montón *m*; (*of snow*) ventisquero; (*meaning*) significado // *vi* (*boat*) ir a la deriva; (*sand, snow*) amontonarse; **~wood** *n* madera de deriva.

drill [drɪl] *n* taladro; (*bit*) broca; (*of dentist*) fresa; (*for mining etc*) perforadora, barrena; (*MIL*) instrucción *f* // *vt* perforar, taladrar // *vi* (*for oil*) perforar.

drink [drɪŋk] *n* bebida // *vt*, *vi* (*pt* **drank**, *pp* **drunk**) beber; **to have a ~** tomar algo; tomar una copa *or* un trago; **a ~ of water** un trago de agua; **~er** *n* bebedor(a) *m/f*; **~ing water** *n* agua potable.

drip [drɪp] *n* (*act*) goteo; (*one ~*) gota; (*MED*) gota a gota *m* // *vi* gotear, caer gota a gota; **~-dry** *a* (*shirt*) de lava y pon; **~ping** *n* (*animal fat*) pringue *m*.

drive [draɪv] *n* paseo (en coche); (*journey*) viaje *m* (en coche); (*also*: **~way**) entrada; (*energy*) energía, vigor *m*; (*PSYCH*) impulso; (*SPORT*) ataque *m*; (*COMPUT*: *also*: **disk ~**) drive *m* // *vb* (*pt* **drove**, *pp* **driven**) *vt* (*car*) conducir, manejar (*LAm*); (*nail*) clavar; (*push*) empujar; (*TECH*: *motor*) impulsar // *vi* (*AUT*: *at controls*) conducir; (: *travel*) pasearse en coche; **left-/right-hand ~** conducción *f* a la izquierda/derecha; **to ~ sb mad** volverle loco a uno.

drivel ['drɪvl] *n* (*col*) tonterías *fpl*.

driven ['drɪvn] *pp of* **drive**.

driver ['draɪvə*] *n* conductor(a) *m/f*, chofer *m* (*LAm*); (*of taxi, bus*) chofer; **~'s license** *n* (*US*) carnet *m* de conducir.

driveway ['draɪvweɪ] *n* entrada.

driving ['draɪvɪŋ] *n* el conducir, el manejar (*LAm*); **~ instructor** *n* instructor(a) *m/f* de conducción *or* manejo (*LAm*); **~ lesson** *n* clase *f* de conducción *or* manejo (*LAm*); **~ licence** *n* (*Brit*) permiso de conducir; **~ mirror** *n* retrovisor *m*; **~ school** *n* autoescuela; **~ test** *n* examen *m* de conducción *or* manejo (*LAm*).

drizzle ['drɪzl] *n* llovizna // *vi* lloviznar.

droll [drəul] *a* gracioso.

drone [drəun] *n* (*noise*) zumbido.

drool [druːl] *vi* babear; **to ~ over sth** extasiarse ante algo.

droop [druːp] *vi* (*fig*) decaer, desanimarse.

drop [drɔp] *n* (*of water*) gota; (*lessening*) baja // *vt* (*allow to fall*) dejar caer; (*voice, eyes, price*) bajar; (*set down from car*) dejar; (*price, temperature*)

bajar; (*wind*) amainar; ~s *npl* (MED) gotas *fpl*; **to ~ off** *vi* (*sleep*) dormirse // *vt* (*passenger*) bajar; **to ~ out** *vi* (*withdraw*) retirarse; **~-out** *n* marginado/a; **~per** *n* cuentagotas *m inv*; **~pings** *npl* excremento *sg*.
drought [draut] *n* sequía.
drove [drəuv] *pt of* **drive.**
drown [draun] *vt* ahogar // *vi* ahogarse.
drowsy ['drauzɪ] *a* soñoliento; **to be ~** tener sueño.
drudgery ['drʌdʒərɪ] *n* trabajo monótono.
drug [drʌg] *n* medicamento; (*narcotic*) droga // *vt* drogar; **~ addict** *n* drogadicto/a; **~gist** *n* (*US*) farmacéutico; **~store** *n* (*US*) farmacia.
drum [drʌm] *n* tambor *m*; (*large*) bombo; (*for oil, petrol*) bidón *m*; **~s** *npl* batería *sg* // *vi* tocar el tambor; (*with fingers*) tamborilear; **~mer** *n* tambor *m*.
drunk [drʌŋk] *pp of* **drink** // *a* borracho // *n* (*also*: **~ard**) borracho/a; **~en** *a* borracho.
dry [draɪ] *a* seco; (*day*) sin lluvia; (*climate*) árido, seco // *vt* secar; (*tears*) enjugarse // *vi* secarse; **to ~ up** *vi* agotarse; (*in speech*) atascarse; **~-cleaner's** *n* tintorería; **~-cleaning** *n* lavado en seco; **~er** *n* (*for hair*) secador *m*; (*for clothes*) secadora; **~ goods store** *n* (*US*) mercería; **~ness** *n* sequedad *f*; **~ rot** *n* putrefacción *f* fungoide.
dual ['djuəl] *a* doble; **~ carriageway** *n* (*Brit*) carretera de doble calzada; **~-control** *a* de doble mando; **~ nationality** *n* doble nacionalidad *f*; **~-purpose** *a* de doble uso.
dubbed [dʌbd] *a* (CINEMA) doblado.
dubious ['dju:bɪəs] *a* indeciso; (*reputation, company*) sospechoso.
duchess ['dʌtʃɪs] *n* duquesa.
duck [dʌk] *n* pato // *vi* agacharse; **~ling** *n* patito.
duct [dʌkt] *n* conducto, canal *m*.
dud [dʌd] *n* (*shell*) obús *m* que no estalla; (*object, tool*): **it's a ~** es una filfa // *a*: **~ cheque** (*Brit*) cheque *m* sin fondos.
due [dju:] *a* (*proper*) debido; (*fitting*) conveniente, oportuno // *ad*: **~ north** derecho al norte; **~s** *npl* (*for club, union*) cuota *sg*; (*in harbour*) derechos *mpl*; **in ~ course** a su debido tiempo; **~ to** debido a; **to be ~ to do** deberse a; **the train is ~ to arrive at 8.00** el tren debe llegar a las ocho.
duet [dju:'ɛt] *n* dúo.
duffel ['dʌfəl] *a*: **~ bag** *n* bolsa de lona; **~ coat** *n* comando, abrigo de tres cuartos.
dug [dʌg] *pt, pp of* **dig.**
duke [dju:k] *n* duque *m*.
dull [dʌl] *a* (*light*) apagado; (*stupid*) torpe; (*boring*) pesado; (*sound, pain*) sordo; (*weather, day*) gris // *vt* (*pain, grief*) aliviar; (*mind, senses*) entorpecer.
duly ['dju:lɪ] *ad* debidamente; (*on time*) a su debido tiempo.
dumb [dʌm] *a* mudo; (*stupid*) estúpido; **~founded** [dʌm'faundɪd] *a* pasmado.
dummy ['dʌmɪ] *n* (*tailor's model*) maniquí *m*; (*Brit*: *for baby*) chupete *m* // *a* falso, postizo.
dump [dʌmp] *n* (*heap*) montón *m* de basura; (*place*) basurero, vaciadero; (*col*) casucha; (MIL) depósito // *vt* (*put down*) dejar; (*get rid of*) deshacerse de; **~ing** *n* (ECON) dumping *m*; (*of rubbish*): **'no ~ing'** 'prohibido verter basura'.
dumpling ['dʌmplɪŋ] *n bola de masa hervida.*
dumpy ['dʌmpɪ] *a* regordete/a.
dunce [dʌns] *n* zopenco.
dung [dʌŋ] *n* estiércol *m*.
dungarees [dʌŋgə'ri:z] *npl* mono *sg*.
dungeon ['dʌndʒən] *n* calabozo.
duo ['dju:əu] *n* (*gen*, MUS) dúo.
dupe [dju:p] *n* (*victim*) víctima // *vt* engañar.
duplex ['dju:plɛks] *n* dúplex *m*.
duplicate ['dju:plɪkət] *n* duplicado // *vt* ['dju:plɪkeɪt] duplicar; (*on machine*) multicopiar; **in ~** por duplicado.
durable ['djuərəbl] *a* duradero.
duration [djuə'reɪʃən] *n* duración *f*.
duress [djuə'rɛs] *n*: **under ~** por compulsión.
during ['djuərɪŋ] *prep* durante.
dusk [dʌsk] *n* crepúsculo, anochecer *m*.
dust [dʌst] *n* polvo // *vt* (*furniture*) desempolvorar; (*cake etc*): **to ~ with** espolvorear de; **~bin** *n* (*Brit*) cubo de la basura, balde *m* (*LAm*); **~er** *n* paño, trapo; (*feather ~er*) plumero; **~ jacket** *n* sobrecubierta; **~man** *n* (*Brit*) basurero; **~y** *a* polvoriento.
Dutch [dʌtʃ] *a* holandés/esa // *n* (LING) holandés *m*; **the ~** *npl* los holandeses; **to go ~** pagar cada uno lo suyo; **~man/woman** *n* holandés/esa *m/f*.
dutiful ['dju:tɪful] *a* obediente, sumiso.
duty ['dju:tɪ] *n* deber *m*; (*tax*) derechos *mpl* de aduana; **on ~** de servicio; (*at night etc*) de guardia; **off ~** libre (de servicio); **~-free** *a* libre de derechos de aduana.
duvet ['du:veɪ] *n* (*Brit*) edredón *m*.
dwarf [dwɔ:f], *pl* **dwarves** [dwɔ:vz] *n* enano/a // *vt* empequeñecer.
dwell [dwɛl], *pt, pp* **dwelt** [dwɛlt] *vi* morar; **to ~ on** *vt fus* explayarse en; **~ing** *n* vivienda.
dwindle ['dwɪndl] *vi* menguar, disminuir.
dye [daɪ] *n* tinte *m* // *vt* teñir.
dying ['daɪɪŋ] *a* moribundo, agonizante; (*moments*) final; (*words*) último.
dyke [daɪk] *n* (*Brit*) dique *m*.
dynamic [daɪ'næmɪk] *a* dinámico.
dynamite ['daɪnəmaɪt] *n* dinamita.
dynamo ['daɪnəməu] *n* dinamo *f*.

dynasty ['dɪnəstɪ] *n* dinastía.

E

E [iː] *n* (*MUS*) mi *m*.
each [iːtʃ] *a* cada *inv* // *pron* cada uno; ~ other el uno al otro; they hate ~ other se odian (entre ellos *or* mutuamente); they have 2 books ~ tienen 2 libros por persona.
eager ['iːgə*] *a* (*gen*) impaciente; (*hopeful*) ilusionado; (*keen*) entusiasmado; to be ~ to do sth tener muchas ganas de hacer algo, impacientarse por hacer algo; to be ~ for tener muchas ganasde; (*news*) esperar ansiosamente.
eagle ['iːgl] *n* águila.
ear [ɪə*] *n* oreja; (*sense of hearing*) oído; (*of corn*) espiga; **~ache** *n* dolor *m* de oídos; **~drum** *n* tímpano.
earl [əːl] *n* conde *m*.
early ['əːlɪ] *ad* (*gen*) temprano; (*before time*) con tiempo, con anticipación // *a* (*gen*) temprano; (*reply*) pronto; to have an ~ night acostarse temprano; in the ~ *or* ~ in the spring/19th century a principios de primavera/del siglo diecinueve; ~ **retirement** *n* jubilación *f* anticipada.
earmark ['ɪəmɑːk] *vt*: to ~ (for) reservar (para), destinar (a).
earn [əːn] *vt* (*gen*) ganar; (*salary*) percibir; (*interest*) devengar; (*praise*) merecerse.
earnest ['əːnɪst] *a* serio, formal; in ~ *ad* en serio.
earnings ['əːnɪŋz] *npl* (*personal*) sueldo *sg*, ingresos *mpl*; (*company*) ganancias *fpl*.
ear: **~phones** *npl* auriculares *mpl*; **~ring** *n* pendiente *m*, arete *m*; **~shot** *n*: within ~shot al alcance del oído.
earth [əːθ] *n* (*gen*) tierra; (*Brit*: *ELEC*) cable *m* de toma de tierra // *vt* (*Brit*: *ELEC*) conectar a tierra; **~enware** *n* loza (de barro); **~quake** *n* terremoto; **~y** *a* (*fig*: *uncomplicated*) sencillo; (: *sensual*) sensual.
earwig ['ɪəwɪg] *n* tijereta.
ease [iːz] *n* facilidad *f*; (*comfort*) comodidad *f* // *vt* (*task*) facilitar; (*pain*) aliviar; (*loosen*) soltar; (*help pass*): to ~ sth in/out meter/sacar algo con cuidado; at ~! (*MIL*) ¡descansen!; **to ~ off** *or* **up** *vi* (*work, business*) aflojar; (*person*) relajarse.
easel ['iːzl] *n* caballete *m*.
easily ['iːzɪlɪ] *ad* fácilmente; it is ~ the best es con mucho el/la mejor.
east [iːst] *n* este *m*, oriente *m* // *a* del este, oriental // *ad* al este, hacia el este; the E~ el Oriente.
Easter ['iːstə*] *n* Pascua (de Resurrección); ~ **egg** *n* huevo de Pascua.
easterly ['iːstəlɪ] *a* (*to the east*) al este; (*from the east*) del este.
eastern ['iːstən] *a* del este, oriental.
East Germany *n* Alemania Oriental.
eastward(s) ['iːstwəd(z)] *ad* hacia el este.
easy ['iːzɪ] *a* fácil; (*problem*) sencillo; (*comfortable*) holgado, cómodo; (*relaxed*) natural, llano // *ad*: to take it *or* things ~ (*not worry*) tomarlo con calma; (*go slowly*) ir despacio; (*rest*) descansar; ~ **chair** *n* sillón *m*; **~-going** *a* acomodadizo.
eat [iːt], *pt* **ate**, *pp* **eaten** ['iːtn] *vt* comer; **to ~ into, to ~ away at** *vt fus* corroer; (*wear away*) desgastar.
eau de Cologne [əudəkə'ləun] *n* (agua de) Colonia.
eaves [iːvz] *npl* alero *sg*.
eavesdrop ['iːvzdrɔp] *vi*: to ~ (on a conversation) escuchar (una conversación) a escondidas.
ebb [ɛb] *n* reflujo // *vi* bajar; (*fig*: *also*: ~ away) decaer; ~ **tide** *n* marea menguante.
ebony ['ɛbənɪ] *n* ébano.
eccentric [ɪk'sɛntrɪk] *a*, *n* excéntrico/a.
echo ['ɛkəu], *pl* **~es** *n* eco *m* // *vt* (*sound*) repetir // *vi* resonar, hacer eco.
eclipse [ɪ'klɪps] *n* eclipse *m*.
ecology [ɪ'kɔlədʒɪ] *n* ecología.
economic [iːkə'nɔmɪk] *a* económico; (*business etc*) rentable; **~al** *a* económico; **~s** *n* economía.
economize [ɪ'kɔnəmaɪz] *vi* economizar, ahorrar.
economy [ɪ'kɔnəmɪ] *n* economía.
ecstasy ['ɛkstəsɪ] *n* éxtasis *m inv*; **ecstatic** [-'tætɪk] *a* extático.
Ecuador ['ɛkwədɔːr] *n* Ecuador *m*; **E~ian** *a*, *n* ecuatoriano/a *m/f*.
eczema ['ɛksɪmə] *n* eczema *m*.
edge [ɛdʒ] *n* (*of knife etc*) filo; (*of object*) borde *m*; (*of lake etc*) orilla // *vt* (*SEWING*) ribetear; on ~ (*fig*) = **edgy**; to ~ away from alejarse poco a poco de; **~ways** *ad*: he couldn't get a word in ~ways no pudo meter ni baza; **edging** *n* (*SEWING*) ribete *m*; (*of path*) borde *m*.
edgy ['ɛdʒɪ] *a* nervioso, inquieto.
edible ['ɛdɪbl] *a* comestible.
edict ['iːdɪkt] *n* edicto.
edifice ['ɛdɪfɪs] *n* edificio.
Edinburgh ['ɛdɪnbərə] *n* Edimburgo.
edit ['ɛdɪt] *vt* (*be editor of*) dirigir; (*rewrite*) redactar; (*cut*) cortar; **~ion** [ɪ'dɪʃən] *n* (*gen*) edición *f*; (*number printed*) tirada; **~or** *n* (*of newspaper*) director(a) *m/f*; (*of book*) redactor(a) *m/f*; **~orial** [-'tɔːrɪəl] *a* editorial // *n* editorial *m*.
educate ['ɛdjukeɪt] *vt* (*gen*) educar; (*instruct*) instruir.
education [ɛdju'keɪʃən] *n* educación *f*; (*schooling*) enseñanza; (*SCOL*) pedagogía; **~al** *a* (*policy etc*) educacional;

(*teaching*) docente.

EEC *n abbr* (= *European Economic Community*) CEE *f*.

eel [i:l] *n* anguila.

eerie ['ɪərɪ] *a* (*sound, experience*) espeluznante.

effect [ɪ'fɛkt] *n* efecto // *vt* efectuar, llevar a cabo; ~s *npl* efectos *mpl*; **to take ~** (*law*) entrar en vigor *or* vigencia; (*drug*) surtir efecto; **in ~** en realidad; **~ive** *a* (*gen*) eficaz; (*real*) efectivo; **to become ~ive** (*law*) entrar en vigor; **~ively** *ad* eficazmente; efectivamente; **~iveness** *n* eficacia.

effeminate [ɪ'fɛmɪnɪt] *a* afeminado.

efficiency [ɪ'fɪʃənsɪ] *n* (*gen*) eficiencia; (*of machine*) rendimiento.

efficient [ɪ'fɪʃənt] *a* eficaz; (*person*) eficiente.

effigy ['ɛfɪdʒɪ] *n* efigie *f*.

effort ['ɛfət] *n* esfuerzo; **~less** *a* sin ningún esfuerzo.

effrontery [ɪ'frʌntərɪ] *n* descaro.

effusive [ɪ'fju:sɪv] *a* efusivo.

e.g. *ad abbr* (= *exempli gratia*) p. ej.

egg [ɛg] *n* huevo; **hard-boiled/soft-boiled/poached ~** huevo duro/pasado por agua/escalfado; **scrambled ~s** huevos revueltos; **to ~ on** *vt* incitar; **~cup** *n* huevera; **~ plant** *n* (*esp US*) berenjena; **~shell** *n* cáscara de huevo.

ego ['i:gəu] *n* ego; **~tism** *n* egoísmo; **~tist** *n* egoísta *m/f*.

Egypt ['i:dʒɪpt] *n* Egipto; **~ian** [ɪ'dʒɪpʃən] *a, n* egipcio/a *m/f*.

eiderdown ['aɪdədaun] *n* edredón *m*.

eight [eɪt] *num* ocho; **~een** *num* diez y ocho, dieciocho; **~h** *a, n* octavo; **~y** *num* ochenta.

Eire ['ɛərə] *n* Eire *m*.

either ['aɪðə*] *a* cualquier de los dos; (*both, each*) cada; **on ~ side** en ambos lados // *pron*: **~ (of them)** cualquiera (de los dos); **I don't like ~** no me gusta ninguno de los dos // *ad* tampoco; **no, I don't ~** no, yo tampoco // *conj*: **~ yes or no** o sí o no.

eject [ɪ'dʒɛkt] *vt* echar; (*tenant*) desahuciar; **~or seat** *n* asiento proyectable.

eke [i:k]: **to ~ out** *vt* (*money*) hacer que alcance; (*add to*) suplir las deficiencias de.

elaborate [ɪ'læbərɪt] *a* (*design*) elaborado; (*pattern*) intrincado // *vb* [ɪ'læbəreɪt] *vt* elaborar // *vi* explicarse con muchos detalles.

elapse [ɪ'læps] *vi* transcurrir.

elastic [ɪ'læstɪk] *a, n* elástico; **~ band** *n* (*Brit*) gomita.

elated [ɪ'leɪtɪd] *a*: **to be ~** regocijarse; **elation** [ɪ'leɪʃən] *n* regocijo.

elbow ['ɛlbəu] *n* codo.

elder ['ɛldə*] *a* mayor // *n* (*tree*) saúco; (*person*) mayor; (*of tribe*) anciano; **~ly** *a* de edad, mayor // *npl*: **the ~ly** los ma yores.

eldest ['ɛldɪst] *a, n* el/la mayor.

elect [ɪ'lɛkt] *vt* elegir; **to ~ to do** opta por hacer // *a*: **the president ~** el pres dente electo; **~ion** [ɪ'lɛkʃən] *n* elecció *f*; **~ioneering** [ɪlɛkʃə'nɪərɪŋ] *n* campañ electoral; **~or** *n* elector(a) *m/f*; **~ora** *a* electoral; **~orate** *n* electorado.

electric [ɪ'lɛktrɪk] *a* eléctrico; **~al** *a* eléc trico; **~ blanket** *n* manta eléctrica; **~ cooker** *n* cocina eléctrica; **~ fire** *n* es tufa eléctrica.

electrician [ɪlɛk'trɪʃən] *n* electricista *m/f*

electricity [ɪlɛk'trɪsɪtɪ] *n* electricidad *f*.

electrify [ɪ'lɛktrɪfaɪ] *vt* (RAIL) electrif car; (*fig*: *audience*) electrizar.

electron [ɪ'lɛktrɔn] *n* electrón *m*.

electronic [ɪlɛk'trɔnɪk] *a* electrónico; ~ *n* electrónica.

elegant [ɛlɪgənt] *a* elegante.

element ['ɛlɪmənt] *n* (*gen*) elemento; (*c heater, kettle etc*) resistencia; **~ar** [-'mɛntərɪ] *a* elemental; (*primitive*) rud mentario; (*school, education*) primario.

elephant ['ɛlɪfənt] *n* elefante *m*.

elevate ['ɛlɪveɪt] *vt* (*gen*) elevar; (*i rank*) ascender.

elevation [ɛlɪ'veɪʃən] *n* elevación *f* (*height*) altura.

elevator ['ɛlɪveɪtə*] *n* (*US*) ascensor *m*.

eleven [ɪ'lɛvn] *num* once; **~ses** *np* (*Brit*) café de las once; **~th** *a* undéc mo.

elicit [ɪ'lɪsɪt] *vt*: **to ~ (from)** sacar (de).

eligible ['ɛlɪdʒəbl] *a* elegible; **to be ~ fo sth** llenar los requisitos para algo.

eliminate [ɪ'lɪmɪneɪt] *vt* eliminar; (*strik out*) suprimir; (*suspect*) descartar.

elm [ɛlm] *n* olmo.

elongated ['i:lɔŋgeɪtɪd] *a* alargado, est rado.

elope [ɪ'ləup] *vi* fugarse (para casarse) **~ment** *n* fuga.

eloquent ['ɛləkwənt] *a* elocuente.

else [ɛls] *ad*: **something ~** otra cosa **somewhere ~** en otra parte; **everywher ~** en todas partes menos aquí; **where ~** ¿dónde más?, ¿en qué otra parte?; **ther was little ~ to do** apenas quedaba otr cosa que hacer; **nobody ~ spoke** no ha bló nadie más; **~where** *ad* (*be*) en otr parte; (*go*) a otra parte.

elucidate [ɪ'lu:sɪdeɪt] *vt* aclarar.

elude [ɪ'lu:d] *vt* eludir; (*blow, pursuer* esquivar.

elusive [ɪ'lu:sɪv] *a* esquivo; (*answer*) dif cil de encontrar.

emaciated [ɪ'meɪsɪeɪtɪd] *a* demacrado.

emanate ['ɛməneɪt] *vi*: **to ~ from** (*idea* surgir de; (*light, smell*) proceder de.

emancipate [ɪ'mænsɪpeɪt] *vt* emancipar.

embankment [ɪm'bæŋkmənt] *n* terra plén *m*; (*riverside*) dique *m*.

embargo [ɪm'bɑ:gəu], *pl* **~es** *n* prohib

ción *f*.
mbark [ɪm'bɑːk] *vi* embarcarse // *vt* embarcar; **to ~ on** (*fig*) emprender, lanzarse a; **~ation** [ɛmbɑː'keɪʃən] *n* (*people*) embarco; (*goods*) embarque *m*.
mbarrass [ɪm'bærəs] *vt* avergonzar; (*financially etc*) poner en un aprieto; **~ed** *a* azorado; **~ing** *a* (*situation*) violento; (*question*) embarazoso; **~ment** *n* desconcierto, azoramiento; (*financial*) apuros *mpl*.
mbassy ['ɛmbəsɪ] *n* embajada.
mbed [ɪm'bɛd] *vt* (*jewel*) empotrar; (*teeth etc*) clavar.
mbellish [ɪm'bɛlɪʃ] *vt* embellecer; (*fig*) adornar.
mbers ['ɛmbəz] *npl* rescoldo *sg*, ascua *sg*.
mbezzle [ɪm'bɛzl] *vt* desfalcar, malversar.
mbitter [ɪm'bɪtə*] *vt* (*person*) amargar; (*relationship*) envenenar; **~ed** *a* resentido, amargado.
mbody [ɪm'bɔdɪ] *vt* (*spirit*) encarnar; (*ideas*) expresar.
mbossed [ɪm'bɔst] *a* realzado.
mbrace [ɪm'breɪs] *vt* abrazar, dar un abrazo a; (*include*) abarcar; (*adopt*: *idea*) adherirse a // *vi* abrazarse // *n* abrazo.
mbroider [ɪm'brɔɪdə*] *vt* bordar; (*fig*: *story*) adornar, embellecer; **~y** *n* bordado.
mbryo ['ɛmbrɪəu] *n* (*also fig*) embrión *m*.
merald ['ɛmərəld] *n* esmeralda.
merge [ɪ'məːdʒ] *vi* (*gen*) salir; (*arise*) surgir; **~nce** *n* salida; surgimiento.
mergency [ɪ'məːdʒənsɪ] *n* (*event*) emergencia; (*crisis*) crisis *f inv*; **in an ~** en caso de urgencia; **state of ~** estado de emergencia; **~ cord** *n* (*US*) timbre *m* de alarma; **~ exit** *n* salida de emergencia; **~ landing** *n* aterrizaje *m* forzoso; **~ meeting** *n* reunión *f* extraordinaria; **the ~ services** *npl* (*fire*, *police*, *ambulance*) los servicios *mpl* de urgencia *or* emergencia.
mery board ['ɛmərɪ-] *n* lima de uñas.
migrant ['ɛmɪgrənt] *n* emigrante *m/f*.
migrate ['ɛmɪgreɪt] *vi* emigrarse.
mit [ɪ'mɪt] *vt* emitir; (*smoke*) arrojar; (*smell*) despedir; (*sound*) producir.
motion [ɪ'məuʃən] *n* emoción *f*; **~al** *a* (*person*) sentimental; (*scene*) conmovedor(a), emocionante; **~ally** *ad* con emoción.
motive [ɪ'məutɪv] *a* emotivo.
mperor ['ɛmpərə*] *n* emperador *m*.
mphasis ['ɛmfəsɪs], *pl* **-ses** [-siːz] *n* énfasis *m inv*.
mphasize ['ɛmfəsaɪz] *vt* (*word*, *point*) subrayar, recalcar; (*feature*) hacer resaltar.
mphatic [ɛm'fætɪk] *a* (*reply*) categórico; (*person*) insistente; **~ally** *ad* con énfasis.
empire ['ɛmpaɪə*] *n* imperio.
employ [ɪm'plɔɪ] *vt* emplear; **~ee** [-'iː] *n* empleado/a; **~er** *n* patrón/ona *m/f*; empresario; **~ment** *n* (*gen*) empleo; (*work*) trabajo; **~ment agency** *n* agencia de colocaciones.
empower [ɪm'pauə*] *vt*: **to ~ sb to do sth** autorizar a uno para hacer algo.
empress ['ɛmprɪs] *n* emperatriz *f*.
emptiness ['ɛmptɪnɪs] *n* (*gen*) vacío; (*of life etc*) vaciedad *f*.
empty ['ɛmptɪ] *a* vacío; (*place*) desierto; (*house*) desocupado; (*threat*) vano // *n* (*bottle*) envase *m* // *vt* vaciar; (*place*) dejar vacío // *vi* vaciarse; (*house*) quedar desocupado; (*place*) quedar desierto; **~-handed** *a* con las manos vacías.
emulate ['ɛmjuleɪt] *vt* emular.
emulsion [ɪ'mʌlʃən] *n* emulsión *f*.
enable [ɪ'neɪbl] *vt*: **to ~ sb to do sth** (*allow*) permitir a uno hacer algo; (*prepare*) capacitar a uno para hacer algo.
enact [ɪn'ækt] *vt* (*law*) promulgar; (*play*) representar; (*role*) hacer.
enamel [ɪ'næməl] *n* esmalte *m*.
enamoured [ɪ'næməd] *a*: **to be ~ of** (*person*) estar enamorado de; (*activity etc*) tener gran afición a; (*idea*) aferrarse a.
encased [ɪn'keɪst] *a*: **~ in** (*covered*) revestido de.
enchant [ɪn'tʃɑːnt] *vt* encantar; **~ing** *a* encantador(a).
encircle [ɪn'səːkl] *vt* rodear.
encl. *abbr* (= *enclosed*) adj.
enclose [ɪn'kləuz] *vt* (*land*) cercar; (*with letter etc*) adjuntar; (*in receptacle*): **to ~ (with)** encerrar (con); **please find ~d** le mandamos adjunto.
enclosure [ɪn'kləuʒə*] *n* cercado, recinto; (*COMM*) adjunto.
encompass [ɪn'kʌmpəs] *vt* abarcar.
encore [ɔŋ'kɔː*] *excl* ¡otra!, ¡bis! // *n* bis *m*.
encounter [ɪn'kauntə*] *n* encuentro // *vt* encontrar, encontrarse con; (*difficulty*) tropezar con.
encourage [ɪn'kʌrɪdʒ] *vt* alentar, animar; (*growth*) estimular; **~ment** *n* estímulo; (*of industry*) fomento.
encroach [ɪn'krəutʃ] *vi*: **to ~ (up)on** (*gen*) invadir; (*time*) adueñarse de.
encrusted [ɪn'krʌstəd] *a*: **~ with** incrustado de.
encumber [ɪn'kʌmbə*] *vt*: **to be ~ed with** (*carry*) estar cargado de; (*debts*) estar gravado de.
encyclop(a)edia [ɛnsaɪkləu'piːdɪə] *n* enciclopedia.
end [ɛnd] *n* (*gen*, *also aim*) fin *m*; (*of table*) extremo; (*of street*) final *m*; (*SPORT*) lado // *vt* terminar, acabar; (*also*: **bring to an ~, put an ~ to**) aca-

bar con // *vi* terminar, acabar; **in the ~** al fin; **on ~** (*object*) de punta, de cabeza; **to stand on ~** (*hair*) erizarse; **for hours on ~** hora tras hora; **to ~ up** *vi*: **to ~ up in** terminar en; (*place*) ir a parar en.

endanger [ɪn'deɪndʒə*] *vt* poner en peligro.

endearing [ɪn'dɪərɪŋ] *a* simpático, atractivo.

endeavour, (*US*) **endeavor** [ɪn'dɛvə*] *n* esfuerzo; (*attempt*) tentativa // *vi*: **to ~ to do** esforzarse por hacer; (*try*) procurar hacer.

ending ['ɛndɪŋ] *n* fin *m*, conclusión *f*; (*of book*) desenlace *m*; (LING) terminación *f*.

endive ['ɛndaɪv] *n* endibia, escarola.

endless ['ɛndlɪs] *a* interminable, inacabable.

endorse [ɪn'dɔːs] *vt* (*cheque*) endosar; (*approve*) aprobar; **~ment** *n* (*on driving licence*) nota de inhabilitación.

endow [ɪn'dau] *vt* (*provide with money*) dotar (*with* de); (*found*) fundar; **to be ~ed with** (*fig*) estar dotado de.

endurance [ɪn'djuərəns] *n* resistencia.

endure [ɪn'djuə*] *vt* (*bear*) aguantar, soportar; (*resist*) resistir // *vi* (*last*) durar; (*resist*) resistir.

enemy ['ɛnəmɪ] *a, n* enemigo/a *m/f*.

energetic [ɛnə'dʒɛtɪk] *a* enérgico.

energy ['ɛnədʒɪ] *n* energía.

enforce [ɪn'fɔːs] *vt* (LAW) hacer cumplir; **~d** *a* forzoso, forzado.

engage [ɪn'geɪdʒ] *vt* (*attention*) llamar; (*in conversation*) abordar; (*worker*) contratar; (*clutch*) embragar // *vi* (TECH) engranar; **to ~ in** dedicarse a, ocuparse en; **~d** *a* (*Brit*: *busy, in use*) ocupado; (*betrothed*) prometido; **to get ~d** prometerse; **he is ~d in research** se dedica a la investigación; **~d tone** *n* (*Brit* TEL) señal *f* de comunicando; **~ment** *n* (*appointment*) compromiso, cita; (*battle*) combate *m*; (*to marry*) compromiso; (*period*) noviazgo; **~ment ring** *n* alianza, anillo de prometida.

engaging [ɪn'geɪdʒɪŋ] *a* atractivo, simpático.

engender [ɪn'dʒɛndə*] *vt* engendrar.

engine ['ɛndʒɪn] *n* (AUT) motor *m*; (RAIL) locomotora; **~ driver** *n* maquinista *m/f*.

engineer [ɛndʒɪ'nɪə*] *n* ingeniero; (*US* RAIL) maquinista *m*; **~ing** *n* ingeniería.

England ['ɪŋglənd] *n* Inglaterra.

English ['ɪŋglɪʃ] *a* inglés/esa // *n* (LING) inglés *m*; **the ~** *npl* los ingleses *mpl*; **the ~ Channel** *n* (el Canal de) la Mancha; **~man/woman** *n* inglés/esa *m/f*.

engraving [ɪn'greɪvɪŋ] *n* grabado.

engrossed [ɪn'grəust] *a*: **~ in** absorto en.

engulf [ɪn'gʌlf] *vt* sumergir, hundir.

enhance [ɪn'hɑːns] *vt* (*gen*) aumentar; (*beauty*) realzar.

enjoy [ɪn'dʒɔɪ] *vt* (*health, fortune*) d frutar de, gozar de; (*food*) comer gusto; **I enjoy dancing** me gusta bail **to ~ o.s.** divertirse; **~able** *a* (*pleasa* agradable; (*amusing*) divertido; **~me** *n* (*use*) disfrute *m*; (*joy*) placer *m*.

enlarge [ɪn'lɑːdʒ] *vt* aumentar; (*bro en*) extender; (PHOT) ampliar // *vi*: **~ on** (*subject*) tratar con más detalles

enlighten [ɪn'laɪtn] *vt* (*inform*) inform **~ed** *a* iluminado, (*tolerant*) compre vo; **the E~ment** *n* (HISTORY) ≈ la I tración, el Siglo de las Luces.

enlist [ɪn'lɪst] *vt* alistar; (*support*) cor guir // *vi* alistarse.

enmity ['ɛnmɪtɪ] *n* enemistad *f*.

enormous [ɪ'nɔːməs] *a* enorme.

enough [ɪ'nʌf] *a*: **~ time/books** basta tiempo/bastantes libros // *n*: **have you ~?** ¿tiene usted bastante? // *ad*: **big** bastante grande; **he has not worked** no ha trabajado bastante; **~!** ¡ba ya!; **that's ~, thanks** con eso basta, g cias; **I've had ~ of him** estoy harto él; **...which, funnily ~...** ...lo que, por traño que parezca... .

enquire [ɪn'kwaɪə*] *vt, vi* = **inquire.**

enrage [ɪn'reɪdʒ] *vt* enfurecer.

enrich [ɪn'rɪtʃ] *vt* enriquecer.

enrol [ɪn'rəul] *vt* (*members*) inscrib (SCOL) matricular // *vi* inscribirse; n tricularse; **~ment** *n* inscripción *f*; n triculación *f*.

en route [ɔn'ruːt] *ad* durante el viaje.

ensign ['ɛnsaɪn] *n* (*flag*) bande (NAUT) alférez *m*.

enslave [ɪn'sleɪv] *vt* esclavizar.

ensue [ɪn'sjuː] *vi* seguirse; (*result*) res tar.

ensure [ɪn'ʃuə*] *vt* asegurar.

entail [ɪn'teɪl] *vt* suponer.

entangle [ɪn'tæŋgl] *vt* enredar, enma ñar.

enter ['ɛntə*] *vt* (*room*) entrar e (*club*) hacerse socio de; (*army*) alist se en; (*sb for a competition*) inscrib (*write down*) anotar, apuntar; (COMPU meter // *vi* entrar; **to ~ for** *vt fus* p sentarse para; **to ~ into** *vt fus* (*re tions*) establecer; (*plans*) formar pa de; (*debate*) tomar parte en; (*agre ment*) llegar a, firmar; **to ~ (up)on** *fus* (*career*) emprender.

enterprise ['ɛntəpraɪz] *n* empresa; (*sp it*) iniciativa; **free ~** la libre empre **private ~** la iniciativa privada; **ente prising** *a* emprendedor(a).

entertain [ɛntə'teɪn] *vt* (*amuse*) divert (*receive*: *guest*) recibir (en cas (*idea*) abrigar; **~er** *n* artista *m/f*; **~i** *a* divertido, entretenido; **~ment** (*amusement*) diversión *f*; (*show*) esp táculo; (*party*) fiesta.

enthralled [ɪn'θrɔːld] *a* encantado.

enthusiasm [ɪn'θu:zɪæzəm] *n* entusiasmo.
enthusiast [ɪn'θu:zɪæst] *n* entusiasta *m/f*; **~ic** [-'æstɪk] *a* entusiasta; **to be ~ic about** entusiasmarse por.
entice [ɪn'taɪs] *vt* tentar; (*seduce*) seducir.
entire [ɪn'taɪə*] *a* entero; **~ly** *ad* totalmente; **~ty** [ɪn'taɪərətɪ] *n*: **in its ~ty** en su totalidad.
entitle [ɪn'taɪtl] *vt*: **to ~ sb to sth** dar a uno derecho a algo; **~d** *a* (*book*) que se titula; **to be ~d to do** tener derecho a hacer.
entourage [ɔntu'rɑ:ʒ] *n* séquito.
entrails ['ɛntreɪlz] *npl* entrañas *fpl*; (*US*) asadura *sg*, menudos *mpl*.
entrance ['ɛntrəns] *n* entrada // *vt* [ɪn'trɑ:ns] encantar, hechizar; **to gain ~ to** (*university etc*) ingresar en; **~ examination** *n* examen *m* de ingreso; **~ fee** *n* cuota; **~ ramp** *n* (*US* AUT) rampa de acceso.
entrant ['ɛntrənt] *n* (*race, competition*) participante *m/f*; (*examination*) candidato/a.
entreat [ɛn'tri:t] *vt* rogar, suplicar.
entrenched [ɛn'trɛntʃd] *a*: **~ interests** intereses *mpl* creados.
entrepreneur [ɔntrəprə'nə:] *n* empresario.
entrust [ɪn'trʌst] *vt*: **to ~ sth to sb** confiar algo a uno.
entry ['ɛntrɪ] *n* entrada; (*permission to enter*) acceso; (*in register*) apunte *m*; (*in account*) partida; **no ~** prohibido el paso; (AUT) dirección prohibida; **~ phone** *n* portero automático.
enunciate [ɪ'nʌnsɪeɪt] *vt* pronunciar; (*principle etc*) enunciar.
envelop [ɪn'vɛləp] *vt* envolver.
envelope ['ɛnvələup] *n* sobre *m*.
envious ['ɛnvɪəs] *a* envidioso; (*look*) de envidia.
environment [ɪn'vaɪərnmənt] *n* medio ambiente; **~al** [-'mɛntl] *a* ambiental.
envisage [ɪn'vɪzɪdʒ] *vt* (*foresee*) prever; (*imagine*) concebir.
envoy ['ɛnvɔɪ] *n* enviado.
envy ['ɛnvɪ] *n* envidia // *vt* tener envidia a; **to ~ sb sth** envidiar algo a uno.
epic ['ɛpɪk] *n* épica // *a* épico.
epidemic [ɛpɪ'dɛmɪk] *n* epidemia.
epilepsy ['ɛpɪlɛpsɪ] *n* epilepsia.
episode ['ɛpɪsəud] *n* episodio.
epistle [ɪ'pɪsl] *n* epístola.
epitome [ɪ'pɪtəmɪ] *n* epítome *m*; **epitomize** *vt* epitomar, resumir.
equable ['ɛkwəbl] *a* (*climate*) templado; (*character*) tranquilo, afable.
equal ['i:kwl] *a* (*gen*) igual; (*treatment*) equitativo // *n* igual *m/f* // *vt* ser igual a; (*fig*) igualar; **to be ~ to** (*task*) estar a la altura de; **~ity** [i:'kwɔlɪtɪ] *n* igualdad *f*; **~ize** *vt, vi* igualar; (SPORT) empatar; **~izer** *n* igualada; **~ly** *ad* igualmente; (*share etc*) a partes iguales.
equanimity [ɛkwə'nɪmɪtɪ] *n* ecuanimidad *f*.
equate [ɪ'kweɪt] *vt*: **to ~ sth with** equiparar algo con; **equation** [ɪ'kweɪzən] *n* (MATH) ecuación *f*.
equator [ɪ'kweɪtə*] *n* ecuador *m*; **~ial** [ɛkwə'tɔ:rɪəl] *a* ecuatorial.
equilibrium [i:kwɪ'lɪbrɪəm] *n* equilibrio.
equip [ɪ'kwɪp] *vt* (*gen*) equipar; (*person*) proveer; **to be well ~ped** estar bien equipado; **~ment** *n* equipo; (*tools*) avíos *mpl*.
equitable ['ɛkwɪtəbl] *a* equitativo.
equities ['ɛkwɪtɪz] *npl* (*Brit* COMM) derechos *mpl* sobre *or* en el activo.
equivalent [ɪ'kwɪvəlnt] *a*: **~ (to)** equivalente (a) // *n* equivalente *m*.
equivocal [ɪ'kwɪvəkl] *a* equívoco.
era ['ɪərə] *n* era, época.
eradicate [ɪ'rædɪkeɪt] *vt* erradicar, extirpar.
erase [ɪ'reɪz] *vt* borrar; **~r** *n* goma de borrar.
erect [ɪ'rɛkt] *a* erguido // *vt* erigir, levantar; (*assemble*) montar.
erection [ɪ'rɛkʃən] *n* construcción *f*; (*assembly*) montaje *m*; (*structure*) edificio; (MED) erección *f*.
ermine ['ə:mɪn] *n* armiño.
erode [ɪ'rəud] *vt* (GEO) erosionar; (*metal*) corroer, desgastar.
erotic [ɪ'rɔtɪk] *a* erótico.
err [ə:*] *vi* equivocarse; (REL) pecar.
errand ['ɛrnd] *n* recado, mandado (*LAm*); **~ boy** *n* recadero.
erratic [ɪ'rætɪk] *a* variable; (*results etc*) desigual, poco uniforme.
erroneous [ɪ'rəunɪəs] *a* erróneo.
error ['ɛrə*] *n* error *m*, equivocación *f*.
erupt [ɪ'rʌpt] *vi* entrar en erupción; (MED) hacer erupción; (*fig*) estallar; **~ion** [ɪ'rʌpʃən] *n* erupción *f*.
escalate ['ɛskəleɪt] *vi* extenderse, intensificarse.
escalation [ɛskə'leɪʃən] *n* escalamiento, intensificación *f*.
escalator ['ɛskəleɪtə*] *n* escalera móvil.
escapade [ɛskə'peɪd] *n* travesura.
escape [ɪ'skeɪp] *n* (*gen*) fuga; (*from duties*) escapatoria; (*from chase*) evasión *f* // *vi* (*gen*) escaparse; (*flee*) huir, evadirse; (*leak*) fugarse // *vt* evitar, eludir; (*consequences*) escapar a; **to ~ from** (*place*) escaparse de; (*person*) escaparse a; **escapism** *n* escapismo.
escort ['ɛskɔ:t] *n* acompañante *m/f*; (MIL) escolta; (NAUT) convoy *m* // *vt* [ɪ'skɔ:t] acompañar; (MIL, NAUT) escoltar.
Eskimo ['ɛskɪməu] *n* esquimal *m/f*.
especially [ɪ'spɛʃlɪ] *ad* (*gen*) especialmente; (*above all*) sobre todo; (*particularly*) en particular.

espionage ['ɛspɪənɑːʒ] *n* espionaje *m*.
esplanade [ɛsplə'neɪd] *n* (*by sea*) paseo marítimo.
espouse [ɪ'spauz] *vt* adherirse a.
Esquire [ɪ'skwaɪə] *n* (*abbr* **Esq.**): J. Brown, ~ Sr. D. J. Brown.
essay ['ɛseɪ] *n* (SCOL) ensayo.
essence ['ɛsns] *n* esencia.
essential [ɪ'sɛnʃl] *a* (*necessary*) imprescindible; (*basic*) esencial; **~s** *npl* lo esencial *sg*; **~ly** *ad* esencialmente.
establish [ɪ'stæblɪʃ] *vt* establecer; (*identity*) verificar; (*prove*) demostrar; (*relations*) entablar; **~ment** *n* establecimiento; **the E~ment** la clase dirigente.
estate [ɪ'steɪt] *n* (*land*) finca, hacienda; (*property*) propiedad *f*; (*inheritance*) herencia; (POL) estado; **~ agent** *n* (*Brit*) agente *m/f* inmobiliario/a; **~ car** *n* (*Brit*) furgoneta.
esteem [ɪ'stiːm] *n*: **to hold sb in high ~** estimar en mucho a uno // *vt* estimar.
esthetic [ɪs'θɛtɪk] *a* (*US*) = **aesthetic.**
estimate ['ɛstɪmət] *n* estimación *f*, apreciación *f*; (*assessment*) tasa, cálculo; (COMM) presupuesto // *vt* [-meɪt] estimar, tasar, calcular; **estimation** [-'meɪʃən] *n* opinión *f*, juicio; (*esteem*) aprecio.
estranged [ɪ'streɪndʒd] *a* separado.
estuary ['ɛstjuərɪ] *n* estuario, ría.
etc *abbr* (= *et cetera*) etc.
etching ['ɛtʃɪŋ] *n* aguafuerte *m o f*.
eternal [ɪ'təːnl] *a* eterno.
eternity [ɪ'təːnɪtɪ] *n* eternidad *f*.
ethical ['ɛθɪkl] *a* ético; (*honest*) honrado.
ethics ['ɛθɪks] *n* ética // *npl* moralidad *fsg*.
Ethiopia [iːθɪ'əupɪə] *n* Etiopia.
ethnic ['ɛθnɪk] *a* étnico.
ethos ['iːθɔs] *n* genio, carácter *m*.
etiquette ['ɛtɪkɛt] *n* etiqueta.
Eurocheque ['juərəutʃɛk] *n* Eurocheque *m*.
Europe ['juərəp] *n* Europa; **~an** [-'piːən] *a*, *n* europeo/a *m/f*.
evacuate [ɪ'vækjueɪt] *vt* desocupar; **evacuation** [-'eɪʃən] *n* evacuación *f*.
evade [ɪ'veɪd] *vt* evadir, eludir.
evaluate [ɪ'væljueɪt] *vt* evaluar; (*value*) tasar; (*evidence*) interpretar.
evangelist [ɪ'vændʒəlɪst] *n* (*biblical*) evangelista *m*; (*preacher*) evangelizador(a) *m/f*.
evaporate [ɪ'væpəreɪt] *vi* evaporarse; (*fig*) desvanecerse // *vt* evaporar; **~d milk** *n* leche *f* evaporada.
evasion [ɪ'veɪʒən] *n* evasiva, evasión *f*.
eve [iːv] *n*: **on the ~ of** en vísperas de.
even ['iːvn] *a* (*level*) llano; (*smooth*) liso; (*speed*, *temperature*) uniforme; (*number*) par; (SPORT) igual(es) // *ad* hasta, incluso; **~ if, ~ though** aunque + *subjun*; **~ more** aun más; **~ so** aun así; **not ~** ni siquiera; **~ he was there** hasta él estuvo allí; **~ on Sundays** incluso los domingos; **to get ~ with sb** ajustar cuentas con uno; **to ~ out** *vi* nivelarse.
evening ['iːvnɪŋ] *n* tarde *f*; (*dusk*) atardecer *m*; (*night*) noche *f*; **in the ~** por la tarde; **~ class** *n* clase *f* nocturna; **~ dress** *n* (*man's*) traje *m* de etiqueta; (*woman's*) traje *m* de noche.
event [ɪ'vɛnt] *n* suceso, acontecimiento; (SPORT) prueba; **in the ~ of** en caso de; **~ful** *a* accidentado; (*game etc*) lleno de emoción.
eventual [ɪ'vɛntʃuəl] *a* final; **~ity** [-'ælɪtɪ] *n* eventualidad *f*; **~ly** *ad* (*finally*) finalmente.
ever ['ɛvə*] *ad* nunca, jamás; (*at all times*) siempre; **the best ~** lo nunca visto; **have you ~ seen it?** ¿lo ha visto usted alguna vez?; **better than ~** mejor que nunca; **~ since** *ad* desde entonces // *conj* después de que; **~green** *n* árbol *m* de hoja perenne; **~lasting** *a* eterno, perpetuo.
every ['ɛvrɪ] *a* **1** (*each*) cada; **~ one of them** (*persons*) todos ellos/as; (*objects*) cada uno de ellos/as; **~ shop in the town was closed** todas las tiendas de la ciudad estaban cerradas
2 (*all possible*) todo/a; **I gave you ~ assistance** te di toda la ayuda posible; **I have ~ confidence in him** tiene toda mi confianza; **we wish you ~ success** te deseamos toda suerte de éxitos
3 (*showing recurrence*) todo/a; **~ day/week** todos las días/todas las semanas; **~ other car had been broken into** habían entrado en uno de cada dos coches; **she visits me ~ other/third day** me visita cada dos/tres días; **~ now and then** de vez en cuando.
everybody ['ɛvrɪbɔdɪ] *pron* = **everyone.**
everyone ['ɛvrɪwʌn] *pron* todos/as, todo el mundo; **~ knows that** todo el mundo lo sabe; **~ has his own view** cada uno piensa de una manera.
everything ['ɛvrɪθɪŋ] *pron* todo; **~'s ready** está todo listo; **~ you say is true** todo lo que dices es cierto; **this shop sells ~** esta tienda vende de todo.
everywhere ['ɛvrɪwɛə*] *ad*: **I've been looking for you ~** te he estado buscando por todas partes; **~ you go you meet...** en todas partes encuentras....
evict [ɪ'vɪkt] *vt* desahuciar; **~ion** [ɪ'vɪkʃən] *n* desahucio.
evidence ['ɛvɪdəns] *n* (*proof*) prueba; (*of witness*) testimonio; (*facts*) datos *mpl*, hechos *mpl*; **to give ~** prestar declaración, dar testimonio.
evident ['ɛvɪdənt] *a* evidente, manifiesto; **~ly** *ad*: **it is ~ly difficult** por lo visto es difícil.
evil ['iːvl] *a* malo; (*influence*) funesto; (*smell*) horrible // *n* mal *m*, maldad *f*.
evocative [ɪ'vɔkətɪv] *a* sugestivo, evoca-

lor(a).
voke [ɪ'vəuk] *vt* evocar.
volution [i:və'lu:ʃən] *n* evolución *f*, desarrollo.
volve [ɪ'vɔlv] *vt* desarrollar // *vi* evolucionar, desarrollarse.
we [ju:] *n* oveja.
x- [ɛks] *pref* ex.
xacerbate [ɛk'sæsəbeɪt] *vt* (*pain, disease*) exacerbar; (*fig*) empeorar.
xact [ɪg'zækt] *a* exacto // *vt*: **to ~ sth from**) exigir algo (de); **~ing** *a* exigente; (*conditions*) arduo; **~ly** *ad* exactamente.
xaggerate [ɪg'zædʒəreɪt] *vt, vi* exagerar; **exaggeration** [-'reɪʃən] *n* exageración *f*.
xalted [ɪg'zɔ:ltɪd] *a* (*position*) exaltado; *elated*) excitado.
xam [ɪg'zæm] *n abbr* (SCOL) = **examination**.
xamination [ɪgzæmɪ'neɪʃən] *n* (*gen*) xamen *m*; (LAW) interrogación *f*; (*inquiry*) investigación *f*.
xamine [ɪg'zæmɪn] *vt* (*gen*) examinar; *inspect*) inspeccionar, escudriñar; SCOL, LAW: *person*) interrogar; (*at customs: luggage*) registrar; **~r** *n* inspecor(a) *m/f*.
xample [ɪg'zɑ:mpl] *n* ejemplo; **for ~** por jemplo.
xasperate [ɪg'zɑ:spəreɪt] *vt* exasperar, rritar; **exasperation** [-ʃən] *n* exasperaión *f*, irritación *f*.
xcavate ['ɛkskəveɪt] *vt* excavar.
xceed [ɪk'si:d] *vt* exceder; (*number*) asar de; (*speed limit*) sobrepasar; *limits*) rebasar; (*powers*) excederse en; *hopes*) superar; **~ingly** *ad* sumamente, obremanera.
xcel [ɪk'sɛl] *vi* sobresalir.
xcellent ['ɛksələnt] *a* excelente.
xcept [ɪk'sɛpt] *prep* (*also*: **~ for, ~ing**) xcepto, salvo // *vt* exceptuar, excluir; **~ f/when** excepto si/cuando; **~ that** salvo ue; **~ion** [ɪk'sɛpʃən] *n* excepción *f*; **to ake ~ion to** ofenderse por; **~ional** ɪk'sɛpʃənl] *a* excepcional.
xcerpt ['ɛksə:pt] *n* extracto.
xcess [ɪk'sɛs] *n* exceso; **~ baggage** *n* xceso de equipaje; **~ fare** *n* suplemeno; **~ive** *a* excesivo.
xchange [ɪks'tʃeɪndʒ] *n* cambio; (*of oods*) canje *m*; (*of ideas*) intercambio; *also*: **telephone ~**) central *f* (telefónica) *vt* : **to ~ (for)** cambiar (por); **~ rate** tipo de cambio.
xchequer [ɪks'tʃɛkə*] *n*: **the ~** (*Brit*) la Hacienda del Fisco.
xcise ['ɛksaɪz] *n* impuestos *mpl* sobre el omercio exterior.
xcite [ɪk'saɪt] *vt* (*stimulate*) estimular; *anger*) provocar; (*move*) entusiasmar; **~d** *a*: **to get ~d** emocionarse; **~ment** *n* emoción *f*; **exciting** *a* emocionante.
exclaim [ɪk'skleɪm] *vi* exclamar; **exclamation** [ɛksklə'meɪʃən] *n* exclamación *f*; **exclamation mark** *n* punto de admiración.
exclude [ɪk'sklu:d] *vt* excluir; (*except*) exceptuar.
exclusive [ɪk'sklu:sɪv] *a* exclusivo; (*club, district*) selecto; **~ of tax** excluyendo impuestos; **~ly** *ad* únicamente.
excommunicate [ɛkskə'mju:nɪkeɪt] *vt* excomulgar.
excruciating [ɪk'skru:ʃɪeɪtɪŋ] *a* (*pain*) agudísimo, atroz.
excursion [ɪk'skə:ʃən] *n* excursión *f*.
excusable [ɪk'skju:zəbl] *a* perdonable.
excuse [ɪk'skju:s] *n* disculpa, excusa; (*evasion*) pretexto // *vt* [ɪk'skju:z] disculpar, perdonar; **to ~ sb from doing sth** dispensar a uno de hacer algo; **~ me!** ¡perdón!; **if you will ~ me** con su permiso.
ex-directory ['ɛksdɪ'rɛktərɪ] *a* (*Brit*) que no consta en la guía.
execute ['ɛksɪkju:t] *vt* (*plan*) realizar; (*order*) cumplir; (*person*) ajusticiar, ejecutar; **execution** [-'kju:ʃən] *n* realización *f*; cumplimiento; ejecución *f*; **executioner** [-'kju:ʃənə*] *n* verdugo.
executive [ɪg'zɛkjutɪv] *n* (COMM) ejecutivo; (POL) poder *m* ejecutivo // *a* ejecutivo.
executor [ɪg'zɛkjutə*] *n* albacea *m*, testamentario.
exemplify [ɪg'zɛmplɪfaɪ] *vt* ejemplificar.
exempt [ɪg'zɛmpt] *a*: **~ from** exento de // *vt*: **to ~ sb from** eximir a uno de; **~ion** [-ʃən] *n* exención *f*; (*immunity*) inmunidad *f*.
exercise ['ɛksəsaɪz] *n* ejercicio // *vt* ejercer; (*right*) valerse de; (*dog*) llevar de paseo // *vi* hacer ejercicio(s); **~ book** *n* cuaderno.
exert [ɪg'zə:t] *vt* ejercer; **to ~ o.s.** esforzarse; **~ion** [-ʃən] *n* esfuerzo.
exhale [eks'heɪl] *vt* despedir // *vi* exhalar.
exhaust [ɪg'zɔ:st] *n* (*pipe*) escape *m*; (*fumes*) gases *mpl* de escape // *vt* agotar; **~ed** *a* agotado; **~ion** [ɪg'zɔ:stʃən] *n* agotamiento; **nervous ~ion** postración *f* nerviosa; **~ive** *a* exhaustivo.
exhibit [ɪg'zɪbɪt] *n* (ART) obra expuesta; (LAW) objeto expuesto // *vt* (*show: emotions*) manifestar; (*:courage, skill*) demostrar; (*paintings*) exponer; **~ion** [ɛksɪ'bɪʃən] *n* exposición *f*.
exhilarating [ɪg'zɪləreɪtɪŋ] *a* estimulante, tónico.
exile ['ɛksaɪl] *n* exilio; (*person*) exiliado/a // *vt* desterrar, exiliar.
exist [ɪg'zɪst] *vi* existir; **~ence** *n* existencia; **~ing** *a* existente, actual.
exit ['ɛksɪt] *n* salida // *vi* (THEATRE) hacer mutis; (COMPUT) salir (al sistema); **~ ramp** *n* (US AUT) vía de acceso.
exodus ['ɛksədəs] *n* éxodo.

exonerate [ɪg'zɔnəreɪt] *vt*: **to ~ from** exculpar de.
exotic [ɪg'zɔtɪk] *a* exótico.
expand [ɪk'spænd] *vt* ampliar; (*number*) aumentar // *vi* (*trade etc*) expandirse; (*gas, metal*) dilatarse.
expanse [ɪk'spæns] *n* extensión *f*.
expansion [ɪk'spænʃən] *n* ampliación *f*; aumento; (*of trade*) expansión *f*.
expect [ɪk'spɛkt] *vt* (*gen*) esperar; (*count on*) contar con; (*suppose*) suponer // *vi*: **to be ~ing** estar encinta; **~ancy** *n* (*anticipation*) esperanza; **life ~ancy** esperanza de vida; **~ant mother** *n* mujer *f* encinta; **~ation** [ɛkspɛk'teɪʃən] *n* esperanza, expectativa.
expedience [ɪk'spi:dɪəns], **expediency** [ɪk'spi:dɪənsɪ] *n* conveniencia.
expedient [ɪk'spi:dɪənt] *a* conveniente, oportuno // *n* recurso, expediente *m*.
expedition [ɛkspə'dɪʃən] *n* expedición *f*.
expel [ɪk'spɛl] *vt* arrojar; (*SCOL*) expulsar.
expend [ɪk'spɛnd] *vt* gastar; (*use up*) consumir; **~able** *a* prescindible; **~iture** *n* gastos *mpl*, desembolso.
expense [ɪk'spɛns] *n* gasto, gastos *mpl*; (*high cost*) costa; **~s** *npl* (*COMM*) gastos *mpl*; **at the ~ of** a costa de; **~ account** *n* cuenta de gastos.
expensive [ɪk'spɛnsɪv] *a* caro, costoso.
experience [ɪk'spɪərɪəns] *n* experiencia // *vt* experimentar; (*suffer*) sufrir; **~d** *a* experimentado.
experiment [ɪk'spɛrɪmənt] *n* experimento // *vi* hacer experimentos; **~al** [-'mɛntl] *a* experimental.
expert ['ɛkspə:t] *a* experto, perito // *n* experto/a, perito/a; (*specialist*) especialista *m/f*; **~ise** [-'ti:z] *n* pericia.
expire [ɪk'spaɪə*] *vi* (*gen*) caducar, vencerse; **expiry** *n* vencimiento.
explain [ɪk'spleɪn] *vt* explicar; (*mystery*) aclarar; **explanation** [ɛksplə'neɪʃən] *n* explicación *f*; aclaración *f*; **explanatory** [ɪk'splænətrɪ] *a* explicativo; aclaratorio.
explicit [ɪk'splɪsɪt] *a* explícito.
explode [ɪk'spləud] *vi* estallar, explotar; (*with anger*) reventar // *vt* volar, explotar.
exploit ['ɛksplɔɪt] *n* hazaña // *vt* [ɪk'splɔɪt] explotar; **~ation** [-'teɪʃən] *n* explotación *f*.
exploratory [ɪk'splɔrətrɪ] *a* (*fig*: *talks*) exploratorio, preliminar.
explore [ɪk'splɔ:*] *vt* explorar; (*fig*) examinar, sondear; **~r** *n* explorador(a) *m/f*.
explosion [ɪk'spləuʒən] *n* explosión *f*.
explosive [ɪks'pləusɪv] *a*, *n* explosivo.
exponent [ɪk'spəunənt] *n* partidario/a, intérprete *m/f*.
export [ɛk'spɔ:t] *vt* exportar // *n* ['ɛkspɔ:t] exportación *f* // *cpd* de exportación; **~er** *n* exportador *m*.
expose [ɪk'spəuz] *vt* exponer; (*unmask*) desenmascarar; **~d** *a* expuesto.
exposure [ɪk'spəuʒə*] *n* exposición (*PHOT*: *speed*) velocidad *f* de obturació (: *shot*) fotografía; **to die from ~** (*ME*… morir de frío; **~ meter** *n* fotómetro.
expound [ɪk'spaund] *vt* exponer.
express [ɪk'sprɛs] *a* (*definite*) expres… explícito; (*Brit*: *letter etc*) urgente // (*train*) rápido // *ad* (*send*) por correo e… traordinario // *vt* expresar; **~io…** [ɪk'sprɛʃən] *n* expresión *f*; **~ly** *ad* expr… samente; **~way** *n* (*US*: *urban moto… way*) autopista.
exquisite [ɛk'skwɪzɪt] *a* exquisito.
extend [ɪk'stɛnd] *vt* (*visit, street*) prolo… gar; (*building*) ensanchar; (*thank… friendship etc*) extender // *vi* (*land*) e… tenderse.
extension [ɪk'stɛnʃən] *n* extensión … (*building*) ampliación *f*; (*TEL*: *line*) … nea derivada; (: *telephone*) extensión … (*of deadline*) prórroga.
extensive [ɪk'stɛnsɪv] *a* (*gen*) extens… (*damage*) importante; (*knowledge*) a… plio; **~ly** *ad*: **he's travelled ~ly** ha vi… jado por muchos países.
extent [ɪk'stɛnt] *n* (*breadth*) extensión … (*scope*) alcance *m*; **to some ~** has… cierto punto; **to the ~ of...** hasta el pun… de...; **to such an ~ that...** hasta tal pun… que...; **to what ~?** ¿hasta qué punto?
extenuating [ɪk'stɛnjueɪtɪŋ] *a*: **~ circu… stances** circunstancias *fpl* atenuantes.
exterior [ɛk'stɪərɪə*] *a* exterior, exter… // *n* exterior *m*.
exterminate [ɪk'stə:mɪneɪt] *vt* extern… nar; **extermination** [-'neɪʃən] *n* exte… minación *f*.
external [ɛk'stə:nl] *a* externo, exterio… **~ly** *ad* por fuera.
extinct [ɪk'stɪŋkt] *a* (*volcano*) extinguid… (*race*) extinto.
extinguish [ɪk'stɪŋgwɪʃ] *vt* extingui… apagar; **~er** *n* extintor *m*.
extort [ɪk'stɔ:t] *vt*: **to ~ sth from sb** s… car algo de uno a la fuerza; **~io…** [ɪk'stɔ:ʃən] *n* exacción *f*; **~ionat…** [ɪk'stɔ:ʃnət] *a* excesivo, exorbitante.
extra ['ɛkstrə] *a* adicional // *ad* (*in adi… tion*) de más // *n* (*addition*) extra *m*, s… plemento; (*THEATRE*) extra *m/f*, co… parsa *m/f*; (*newspaper*) edición *f* e… traordinaria.
extra... ['ɛkstrə] *pref* extra... .
extract [ɪk'strækt] *vt* sacar; (*tooth*) e… traer; (*confession*) arrancar, obtener // ['ɛkstrækt] extracto.
extracurricular [ɛkstrəkə'rɪkjulə*] *a* e… traescolar, extra-académico.
extradite ['ɛkstrədaɪt] *vt* extraditar.
extramarital [ɛkstrə'mærɪtl] *a* extram… trimonial.
extramural [ɛkstrə'mjuərl] *a* extraes… lar.
extraordinary [ɪk'strɔ:dnrɪ] *a* extraor…

nario; (*odd*) raro.

xtravagance [ɪk'strævəgəns] *n* prodiga-lidad *f*; derroche *m*; (*thing bought*) ex-travagancia.

xtravagant [ɪk'strævəgənt] *a* (*lavish*) pródigo; (*wasteful*) derrochador(a); (*price*) exorbitante.

xtreme [ɪk'stri:m] *a* extremo; (*poverty etc*) extremado; (*case*) excepcional // *n* extremo, extremidad *f*; **~ly** *ad* sumamente, extremadamente; **extremist** *a*, *n* extremista *m/f*.

xtremity [ɪk'strɛmətɪ] *n* extremidad *f*, punta; (*need*) apuro, necesidad *f*.

xtricate ['ɛkstrɪkeɪt] *vt*: to ~ o.s. from librarse de.

xtrovert ['ɛkstrəvə:t] *a*, *n* extrovertido/a.

xuberant [ɪg'zju:bərnt] *a* (*person*) eufórico; (*style*) exuberante.

xude [ɪg'zju:d] *vt* rezumar, sudar.

xult [ɪg'zʌlt] *vi* regocijarse.

ye [aɪ] *n* ojo // *vt* mirar de soslayo, ojear; to keep an ~ on vigilar; **~ball** *n* globo del ojo; **~bath** *n* ojera; **~brow** *n* ceja; **~brow pencil** *n* lápiz *m* de cejas; **~drops** *npl* gotas *fpl* para los ojos; **~lash** *n* pestaña; **~lid** *n* párpado; **~liner** *n* lápiz *m* de ojos; **~-opener** *n* revelación *f*, gran sorpresa; **~shadow** *n* sombreador *m* de ojos; **~sight** *n* vista; **~sore** *n* monstruosidad *f*; **~ witness** *n* testigo *m/f* presencial.

F

[ɛf] *n* (MUS) fa *m*.

. *abbr* = **Fahrenheit.**

able ['feɪbl] *n* fábula.

abric ['fæbrɪk] *n* tejido, tela.

abrication [fæbrɪ'keɪʃən] *n* invención *f*.

abulous ['fæbjuləs] *a* fabuloso.

açade [fə'sɑ:d] *n* fachada.

ace [feɪs] *n* (ANAT) cara, rostro; (*of clock*) esfera, cara (*LAm*); (*side, surface*) superficie *f* // *vt* (*subj*: *person*) encararse con; (: *building*) dar a; ~ **down** (*person, card*) boca abajo; to lose ~ desprestigiarse; to make *or* pull a ~ hacer muecas; in the ~ of (*difficulties etc*) ante; on the ~ of it a primera vista; ~ to ~ cara a cara; **to ~ up to** *vt fus* hacer frente a, arrostrar; **~ cloth** *n* (*Brit*) manopla; **~ cream** *n* crema (de belleza); **~ lift** *n* estirado facial; **~ powder** *n* polvos *mpl*; **~-saving** *a* para salvar las apariencias.

acetious [fə'si:ʃəs] *a* chistoso.

ace value *n* (*of stamp*) valor *m* nominal; to take sth at ~ (*fig*) tomar algo en sentido literal.

acile ['fæsaɪl] *a* superficial.

acilities [fə'sɪlɪtɪz] *npl* facilidades *fpl*; credit ~ facilidades de crédito.

facing ['feɪsɪŋ] *prep* frente a // *a* de enfrente.

facsimile [fæk'sɪmɪlɪ] *n* (*document*) facsímil(e) *m*; (*machine*) telefax *m*.

fact [fækt] *n* hecho; in ~ en realidad.

factor ['fæktə*] *n* factor *m*.

factory ['fæktərɪ] *n* fábrica.

factual ['fæktjuəl] *a* basado en los hechos.

faculty ['fækəltɪ] *n* facultad *f*; (*US*: *teaching staff*) personal *m* docente.

fad [fæd] *n* novedad *f*, moda.

fade [feɪd] *vi* desteñirse; (*sound, hope*) desvanecerse; (*light*) apagarse; (*flower*) marchitarse.

fag [fæg] *n* (*Brit*: *col*: *cigarette*) pitillo (*Sp*), cigarro; (*US*: *pej*: *homosexual*) maricón *m*.

fail [feɪl] *vt* (*candidate*) suspender; (*exam*) no aprobar (*Sp*), reprobar (*LAm*); (*subj*: *memory etc*) fallar a // *vi* suspender; (*be unsuccessful*) fracasar; (*strength, engine*) fallar; to ~ to do sth (*neglect*) dejar de hacer algo; (*be unable*) no poder hacer algo; without ~ sin falta; **~ing** *n* falta, defecto // *prep* a falta de; **~ure** ['feɪljə*] *n* fracaso; (*person*) fracasado/a; (*mechanical etc*) fallo.

faint [feɪnt] *a* débil; (*recollection*) vago; (*mark*) apenas visible // *n* desmayo // *vi* desmayarse; to feel ~ estar mareado, marearse.

fair [fɛə*] *a* justo; (*hair, person*) rubio; (*weather*) bueno; (*good enough*) regular; (*sizeable*) considerable // *ad* (*play*) limpio // *n* feria; (*Brit*: *funfair*) parque *m* de atracciones; **~ly** *ad* (*justly*) con justicia; (*equally*) equitativamente; (*quite*) bastante; **~ness** *n* justicia; (*impartiality*) imparcialidad *f*; **~ play** *n* juego limpio.

fairy ['fɛərɪ] *n* hada; **~ tale** *n* cuento de hadas.

faith [feɪθ] *n* fe *f*; (*trust*) confianza; (*sect*) religión *f*; **~ful** *a* fiel; **~fully** *ad* fielmente; yours **~fully** (*Brit*: *in letters*) le saluda atentamente.

fake [feɪk] *n* (*painting etc*) falsificación *f*; (*person*) impostor(a) *m/f* // *a* falso // *vt* fingir; (*painting etc*) falsificar.

falcon ['fɔ:lkən] *n* halcón *m*.

fall [fɔ:l] *n* caída; (*US*) otoño // *vi* (*pt* **fell**, *pp* **fallen** ['fɔ:lən]) caer(se); (*price*) bajar; ~s *npl* (*waterfall*) cascada *sg*, salto *sg* de agua; to ~ **flat** *vi* (*on one's face*) caerse (boca abajo); (*joke, story*) no hacer gracia; **to ~ back** *vi* retroceder; **to ~ back on** *vt fus* (*remedy etc*) recurrir a; **to ~ behind** *vi* quedarse atrás; **to ~ down** *vi* (*person*) caerse; (*building, hopes*) derrumbarse; **to ~ for** *vt fus* (*trick*) dejarse engañar por; (*person*) enamorarse de; **to ~ in** *vi* (*roof*) hundirse; (MIL) alinearse; **to ~ off** *vi* caerse; (*diminish*) disminuir; **to ~ out** *vi* (*friends etc*) reñir; (MIL) romper filas;

to ~ **through** *vi* (*plan, project*) fracasar.
fallacy ['fæləsɪ] *n* error *m*.
fallen [fɔ:lən] *pp of* **fall**.
fallout ['fɔ:laut] *n* lluvia radioactiva; ~ **shelter** *n* refugio antiatómico.
fallow ['fæləu] *a* en barbecho.
false [fɔ:ls] *a* (*gen*) falso; (*hair, teeth etc*) postizo; (*disloyal*) desleal, traidor(a); **under ~ pretences** con engaños; ~ **alarm** *n* falsa alarma; ~ **teeth** *npl* (*Brit*) dentadura *sg* postiza.
falter ['fɔ:ltə*] *vi* vacilar.
fame [feɪm] *n* fama.
familiar [fə'mɪlɪə*] *a* familiar; (*well-known*) conocido; (*tone*) de confianza; **to be ~ with** (*subject*) estar enterado de; **~ity** [fəmɪlɪ'ærɪtɪ] *n* familiaridad *f*.
family ['fæmɪlɪ] *n* familia; ~ **business** *n* negocio familiar; ~ **doctor** *n* médico/a de cabecera.
famine ['fæmɪn] *n* hambruna.
famished ['fæmɪʃt] *a* hambriento.
famous ['feɪməs] *a* famoso, célebre; **~ly** *ad* (*get on*) estupendamente.
fan [fæn] *n* abanico; (*ELEC*) ventilador *m*; (*person*) aficionado/a // *vt* abanicar; (*fire, quarrel*) atizar; **to ~ out** *vi* desparramarse.
fanatic [fə'nætɪk] *n* fanático/a.
fan belt *n* correa de ventilador.
fanciful ['fænsɪful] *a* (*gen*) fantástico; (*imaginary*) fantasioso.
fancy ['fænsɪ] *n* (*whim*) capricho, antojo; (*imagination*) imaginación *f* // *a* (*luxury*) de lujo; (*price*) exorbitado // *vt* (*feel like, want*) tener ganas de; (*imagine*) imaginarse; **to take a ~ to sb** tomar cariño a uno; **he fancies her** le gusta (ella) mucho; ~ **dress** *n* disfraz *m*; **~-dress ball** *n* baile *m* de disfraces.
fanfare ['fænfɛə*] *n* fanfarria (de trompeta).
fang [fæŋ] *n* colmillo.
fantastic [fæn'tæstɪk] *a* fantástico.
fantasy ['fæntəzɪ] *n* fantasía.
far [fɑ:*] *a* (*distant*) lejano // *ad* lejos; ~ **away, ~ off** (a lo) lejos; ~ **better** mucho mejor; ~ **from** lejos de; **by ~** con mucho; **go as ~ as the farm** vaya hasta la granja; **as ~ as I know** que yo sepa; **how ~?** ¿hasta dónde?; (*fig*) ¿hasta qué punto?; **~away** *a* remoto.
farce [fɑ:s] *n* farsa; **farcical** *a* absurdo.
fare [fɛə*] *n* (*on trains, buses*) precio (del billete); (*in taxi: cost*) tarifa; (: *passenger*) pasajero/a; (*food*) comida; **half/full ~** medio pasaje/pasaje *m* completo.
Far East *n*: **the ~** el Extremo Oriente.
farewell [fɛə'wel] *excl, n* adiós *m*.
farm [fɑ:m] *n* granja, finca (*LAm*), estancia (*LAm*) // *vt* cultivar; **~er** *n* granjero, estanciero (*LAm*); **~hand** *n* peón *m*; **~house** *n* granja, casa de hacienda (*LAm*); **~ing** *n* (*gen*) agricultura; (*ti ing*) cultivo; **~land** *n* tierra de cultiv ~ **worker** *n* = **~hand**; **~yard** *n* c rral *m*.
far-reaching [fɑ:'ri:tʃɪŋ] *a* (*reform,* e *fect*) de gran alcance.
fart [fɑ:t] (*col!*) *n* pedo(!) // *vi* tirarse u pedo(!)
farther ['fɑ:ðə*] *ad* más lejos, más al // *a* más lejano.
farthest ['fɑ:ðɪst] *superlative of* **far**.
fascinate ['fæsɪneɪt] *vt* fascinar; **fasc nating** *a* fascinante; **fascinatio** [-'neɪʃən] *n* fascinación *f*.
fascism ['fæʃɪzəm] *n* fascismo.
fashion ['fæʃən] *n* moda; (*manner*) ma nera // *vt* formar; **in ~** a la moda; **out** ~ pasado de moda; **~able** *a* de moda ~ **show** *n* desfile *m* de modelos.
fast [fɑ:st] *a* rápido; (*dye, colour*) sólido (*clock*): **to be ~** estar adelantado // *a* rápidamente, de prisa; (*stuck, held* firmemente // *n* ayuno // *vi* ayunar; **asleep** profundamente dormido.
fasten ['fɑ:sn] *vt* asegurar, sujetar (*coat, belt*) abrochar // *vi* cerrarse; **~e ~ing** *n* cierre *m*; (*of door etc*) cerrojo.
fast food *n* comida rápida, platos *mpl* preparados.
fastidious [fæs'tɪdɪəs] *a* (*fussy*) delicado (*demanding*) exigente.
fat [fæt] *a* gordo; (*meat*) con mucha gra sa; (*greasy*) grasiento // *n* grasa; (*o person*) carnes *fpl*; (*lard*) manteca.
fatal ['feɪtl] *a* (*mistake*) fatal; (*injury* mortal; (*consequence*) funesto; **~ism** fatalismo; **~ity** [fə'tælɪtɪ] *n* (*road deat etc*) víctima *f*; **~ly** *ad*: **~ly injured** heri do a muerte.
fate [feɪt] *n* destino; **~ful** *a* fatídico.
father ['fɑ:ðə*] *n* padre *m*; **~-in-law** suegro; **~ly** *a* paternal.
fathom ['fæðəm] *n* braza // *vt* (*mystery* desentrañar; (*understand*) lograr com prender.
fatigue [fə'ti:g] *n* fatiga, cansancio.
fatten ['fætn] *vt, vi* engordar.
fatty ['fætɪ] *a* (*food*) graso // *n* (*fam*) gordito/a, gordinflón/ona *m/f*.
fatuous ['fætjuəs] *a* fatuo, necio.
faucet ['fɔ:sɪt] *n* (*US*) grifo, llave (*LAm*).
fault [fɔ:lt] *n* (*blame*) culpa; (*defect: in character*) defecto; (*in manufacture*) desperfecto; (*GEO*) falla // *vt* criticar; **it's my ~** es culpa mía; **to find ~ with** criticar, poner peros a; **at ~** culpable; **~less** *a* (*action*) intachable; (*person*) sin defectos; **~y** *a* defectuoso.
fauna ['fɔ:nə] *n* fauna.
faux pas ['fəu'pɑ:] *n* plancha.
favour, (*US*) **favor** ['feɪvə*] *n* favor *m*; (*approval*) aprobación *f* // *vt* (*proposition*) estar a favor de, aprobar; (*person etc*) favorecer; (*assist*) ser propicio a;

o ask a ~ of pedir un favor a; to do sb ~ hacer un favor a uno; to find ~ with aer en gracia de; in ~ of a favor de; **~able** *a* favorable; **~ite** [-rɪt] *a*, *n* favorito, preferido; **~itism** *n* favoritismo.

wn [fɔːn] *n* cervato // *a* (*also*: ~-**coloured**) color de cervato, leonado // *vi*: o ~ (**up**) **on** adular.

x [fæks] *n* (*document*) facsímil(e) *m*; (*machine*) telefax *m* // *vt* mandar por elefax.

BI *n abbr* (*US*: = *Federal Bureau of Investigation*) ≈ BIC *f* (*Sp*).

ar [fɪə*] *n* miedo, temor *m* // *vt* temer; for ~ of por temor a; **~ful** *a* temeroso, miedoso; (*awful*) terrible.

asible ['fiːzəbl] *a* factible.

ast [fiːst] *n* banquete *m*; (REL: *also*: ~ **day**) fiesta // *vi* banquetear.

at [fiːt] *n* hazaña.

ather ['fɛðə*] *n* pluma.

ature ['fiːtʃə*] *n* (*gen*) característica; (ANAT) rasgo; (*article*) artículo de fondo // *vt* (*subj*: *film*) presentar // *vi* figurar; **~s** *npl* (*of face*) facciones *fpl*; ~ **film** *n* largometraje *m*.

ebruary ['fɛbruərɪ] *n* febrero.

ed [fɛd] *pt*, *pp of* **feed**.

ederal ['fɛdərəl] *a* federal.

ed-up [fɛd'ʌp] *a*: **to be ~ (with)** estar harto (de).

ee [fiː] *n* (*professional*) derechos *mpl*, honorarios *mpl*; (*of school*) matrícula; (*of club*) cuota.

eeble ['fiːbl] *a* débil.

eed [fiːd] *n* (*gen*, *of baby*) comida; (*of animal*) pienso; (*on printer*) dispositivo de alimentación // *vt* (*pt*, *pp* **fed**) (*gen*) alimentar; (*Brit*: *baby*: *breastfeed*) dar el pecho a; (*animal*) dar de comer a; (*data*, *information*): **to ~ into** meter en; **to ~ on** *vt fus* alimentarse de; **~back** *n* reacción *f*, feedback *m*; **~ing bottle** *n* (*Brit*) biberón *m*.

eel [fiːl] *n* (*sensation*) sensación *f*; (*sense of touch*) tacto // *vt* (*pt*, *pp* **felt**) tocar; (*cold*, *pain etc*) sentir; (*think*, *believe*) creer; **to ~ hungry/cold** tener hambre/frío; **to ~ lonely/better** sentirse solo/mejor; **I don't ~ well** no me siento bien; **it ~s soft** es suave al tacto; **to ~ like** (*want*) tener ganas de; **to ~ about** *or* **around** *vi* tantear; **~er** *n* (*of insect*) antena; **to put out ~ers** (*fig*) sondear; **~ing** *n* (*physical*) sensación *f*; (*foreboding*) presentimiento; (*emotion*) sentimiento.

eet [fiːt] *pl of* **foot**.

eign [feɪn] *vt* fingir.

ell [fɛl] *pt of* **fall** // *vt* (*tree*) talar.

ellow ['fɛləu] *n* tipo, tío (*Sp*); (*of learned society*) socio/a // *cpd*: ~ **students** compañeros/as *m/fpl* de curso, condiscípulos/as *m/fpl*; ~ **citizen** *n* conciudadano/a; ~ **countryman** *n* compatriota *m*; ~ **men** *npl* semejantes *mpl*; **~ship** *n* compañerismo; (*grant*) beca; ~ **student** *n* compañero/a de curso.

felony ['fɛlənɪ] *n* crimen *m*.

felt [fɛlt] *pt*, *pp of* **feel** // *n* fieltro; **~-tip pen** *n* rotulador *m*.

female ['fiːmeɪl] *n* (*woman*) mujer *f*; (ZOOL) hembra // *a* femenino.

feminine ['fɛmɪnɪn] *a* femenino.

feminist ['fɛmɪnɪst] *n* feminista.

fence [fɛns] *n* valla, cerca // *vt* (*also*: ~ **in**) cercar // *vi* (SPORT) hacer esgrima; **fencing** *n* esgrima.

fend [fɛnd] *vi*: **to ~ for o.s.** valerse por sí mismo; **to ~ off** *vt* (*attack*) rechazar.

fender ['fɛndə*] *n* guardafuego; (*US*: AUT) parachoques *m inv*; (: RAIL) trompa.

ferment [fə'mɛnt] *vi* fermentar // *n* ['fəːmɛnt] (*fig*) agitación *f*.

fern [fəːn] *n* helecho.

ferocious [fə'rəuʃəs] *a* feroz; **ferocity** [-'rɔsɪtɪ] *n* ferocidad *f*.

ferret ['fɛrɪt] *n* hurón *m* // *vt*: **to ~ out** desentrañar.

ferry ['fɛrɪ] *n* (*small*) barca (de pasaje), balsa; (*large*: *also*: **~boat**) transbordador *m* (*Sp*), embarcadero (*LAm*) // *vt* transportar.

fertile ['fəːtaɪl] *a* fértil; (BIOL) fecundo; **fertility** [fə'tɪlɪtɪ] *n* fertilidad *f*; fecundidad *f*; **fertilize** ['fəːtɪlaɪz] *vt* (BIOL) fecundar; (AGR) abonar; **fertilizer** *n* abono.

fervent ['fəːvənt] *a* (*admirer*) entusiasta; (*hope*) ferviente.

fervour ['fəːvə*] *n* fervor *m*, ardor *m*.

fester ['fɛstə*] *vi* ulcerarse.

festival ['fɛstɪvəl] *n* (REL) fiesta; (ART, MUS) festival *m*.

festive ['fɛstɪv] *a* festivo; **the ~ season** (*Brit*: *Christmas*) las Navidades.

festivities [fɛs'tɪvɪtɪz] *npl* fiestas *fpl*.

festoon [fes'tuːn] *vt*: **to ~ with** engalanar de.

fetch [fɛtʃ] *vt* ir a buscar; (*sell for*) venderse por.

fetching ['fɛtʃɪŋ] *a* atractivo.

fête [feɪt] *n* fiesta.

fetus ['fiːtəs] *n* (*US*) = **foetus**.

feud [fjuːd] *n* (*hostility*) enemistad *f*; (*quarrel*) disputa.

feudal ['fjuːdl] *a* feudal.

fever ['fiːvə*] *n* fiebre *f*; **~ish** *a* febril.

few [fjuː] *a* (*not many*) pocos; (*some*) algunos, unos; **a ~** *a* unos pocos // *pron* algunos; **~er** *a* menos; **~est** *a* los/las menos.

fiancé [fɪ'ɑ̃ːŋseɪ] *n* novio, prometido; **~e** *n* novia, prometida.

fib [fɪb] *n* mentirilla // *vi* decir mentirillas.

fibre, (*US*) **fiber** ['faɪbə*] *n* fibra; **~-glass** *n* fibra de vidrio.

fickle ['fɪkl] *a* inconstante.
fiction ['fɪkʃən] *n* (*gen*) ficción *f*; **~al** *a* novelesco; **fictitious** [fɪk'tɪʃəs] *a* ficticio.
fiddle ['fɪdl] *n* (MUS) violín *m*; (*cheating*) trampa // *vt* (*Brit*: *accounts*) falsificar; **to ~ with** *vt fus* jugar con.
fidelity [fɪ'delɪtɪ] *n* fidelidad *f*.
fidget ['fɪdʒɪt] *vi* inquietarse.
field [fi:ld] *n* campo; (*fig*) campo, esfera; (SPORT) campo, cancha (*LAm*); (*competitors*) competidores *mpl*; **~ marshal** *n* mariscal *m*; **~work** *n* trabajo de campo.
fiend [fi:nd] *n* demonio; **~ish** *a* diabólico.
fierce [fɪəs] *a* feroz; (*wind, attack*) violento; (*heat*) intenso; (*fighting, enemy*) encarnizado.
fiery ['faɪərɪ] *a* (*burning*) ardiente; (*temperament*) apasionado.
fifteen [fɪf'ti:n] *num* quince.
fifth [fɪfθ] *a*, *n* quinto.
fifty ['fɪftɪ] *num* cincuenta; **~-~** *a*: **a ~-~ chance** el cincuenta por ciento de posibilidades // *ad* a medias, mitad por mitad.
fig [fɪg] *n* higo.
fight [faɪt] *n* (*gen*) pelea; (MIL) combate *m*; (*struggle*) lucha // (*vb*: *pt*, *pp* **fought**) *vt* luchar contra; (*cancer, alcoholism*) combatir // *vi* pelear, luchar; **~er** *n* combatiente *m/f*; (*fig*) luchador(a) *m/f*; (*plane*) caza *m*; **~ing** *n* combate *m*.
figment ['fɪgmənt] *n*: **a ~ of the imagination** una quimera.
figurative ['fɪgjurətɪv] *a* (*meaning*) figurado.
figure ['fɪgə*] *n* (DRAWING, GEOM) figura, dibujo; (*number, cipher*) cifra; (*body, outline*) talle *m*, tipo // *vt* (*esp US*) imaginar // *vi* (*appear*) figurar; (*US*: *make sense*) ser lógico; **to ~ out** *vt* (*understand*) comprender; **~head** *n* (*fig*) testaferro; **~ of speech** *n* figura retórica.
filch [fɪltʃ] *vt* (*col*: *steal*) hurtar, robar.
file [faɪl] *n* (*tool*) lima; (*dossier*) expediente *m*; (*folder*) carpeta; (COMPUT) fichero; (*row*) fila // *vt* limar; (*papers*) clasificar; (LAW: *claim*) presentar; (*store*) archivar; **to ~ in/out** *vi* entrar/salir en fila; **to ~ past** *vt fus* desfilar ante; **filing** *n*: **to do the filing** llevar los archivos; **filing cabinet** *n* fichero, archivo.
fill [fɪl] *vt* llenar // *n*: **to eat one's ~** llenarse; **to ~ in** *vt* rellenar; **to ~ up** *vt* llenar (hasta el borde) // *vi* (AUT) poner gasolina.
fillet ['fɪlɪt] *n* filete *m*; **~ steak** *n* filete *m* de ternera.
filling ['fɪlɪŋ] *n* (CULIN) relleno; (*for tooth*) empaste *m*; **~ station** *n* estación *f* de servicio.
film [fɪlm] *n* película // *vt* (*scene*) filmar // *vi* rodar (una película); **~ star** *n* astro, estrella de cine; **~strip** *n* tira de pelíla.
filter ['fɪltə*] *n* filtro // *vt* filtrar; **~ la** *n* (*Brit*) carril *m* de selección; **~-tipp** *a* con filtro.
filth [fɪlθ] *n* suciedad *f*; **~y** *a* sucio; (*l guage*) obsceno.
fin [fɪn] *n* (*gen*) aleta.
final ['faɪnl] *a* (*last*) final, último; (*defi tive*) definitivo, terminante // *n* (*Br* SPORT) final *f*; **~s** *npl* (SCOL) examen de fin de curso; (*US*: SPORT) final *f*.
finale [fɪ'nɑ:lɪ] *n* final *m*.
final: **~ist** *n* (SPORT) finalista *m/f*; **~i** *vt* concluir, completar; **~ly** *ad* (*last* por último, finalmente; (*eventually*) p fin.
finance [faɪ'næns] *n* (*money*) fondos *m* **~s** *npl* finanzas *fpl* // *vt* financiar; **fina cial** [-'nænʃəl] *a* financiero; **financier** financiero/a.
find [faɪnd] *vt* (*pt*, *pp* **found**) (*gen*) enc trar, hallar; (*come upon*) descubrir // hallazgo; descubrimiento; **to ~ sb guil** (LAW) declarar culpable a uno; **to out** *vt* averiguar; (*truth, secret*) desc brir; **to ~ out about** enterarse de; **~in** *npl* (LAW) veredicto *sg*, fallo *sg*; (*of r port*) recomendaciones *fpl*.
fine [faɪn] *a* (*delicate*) fino; (*beautif* hermoso // *ad* (*well*) bien // *n* (LAW) m ta // *vt* (LAW) multar; **the weather is** hace buen tiempo; **~ arts** *npl* bellas a tes *fpl*.
finery ['faɪnərɪ] *n* adornos *mpl*.
finesse [fɪ'nes] *n* sutileza.
finger ['fɪŋgə*] *n* dedo // *vt* (*touch*) man sear; (MUS) puntear; **little/index** (dedo) meñique *m*/índice *m*; **~nail** uña; **~print** *n* huella dactilar; **~tip** yema del dedo.
finicky ['fɪnɪkɪ] *a* (*fussy*) delicado.
finish ['fɪnɪʃ] *n* (*end*) fin *m*; (SPOR meta; (*polish etc*) acabado // *vt*, *vi* te minar; **to ~ doing sth** acabar de hac algo; **to ~ third** llegar el tercero; **to off** *vt* acabar, terminar; (*kill*) acab con; **to ~ up** *vt* acabar, terminar // ir a parar, terminar; **~ing line** *n* líne de llegada *or* meta; **~ing school** *n* ac demia para señoritas.
finite ['faɪnaɪt] *a* finito; (*verb*) conjugad
Finland ['fɪnlənd] *n* Finlandia.
Finn [fɪn] *n* finlandés/esa *m/f*; **~ish** finlandés/esa // *n* (LING) finlandés *m*.
fir [fə:*] *n* abeto.
fire ['faɪə*] *n* (*gen*) fuego; (*accident* incendio // *vt* (*gun*) disparar; (*set fi to*) incendiar; (*excite*) exaltar; (*inte est*) despertar; (*dismiss*) despedir // encenderse; **on ~** ardiendo, en llama **~ alarm** *n* alarma de incendios; **~ar** *n* arma de fuego; **~ brigade**, (*US*) **department** *n* (cuerpo de) bomber *mpl*; **~ engine** *n* coche *m* de bomberos

~ **escape** *n* escalera de incendios; ~ **extinguisher** *n* extintor *m* (de fuego); ~**man** *n* bombero; ~**place** *n* chimenea; ~**side** *n*: **by the** ~ al lado de la chimenea; ~ **station** *n* parque *m* de bomberos; ~**wood** *n* leña; ~**works** *npl* fuegos *mpl* artificiales.

firing ['faɪərɪŋ] *n* (*MIL*) disparos *mpl*, tiroteo; ~ **squad** *n* pelotón *m* de ejecución.

firm [fə:m] *a* firme // *n* firma, empresa; ~**ly** *ad* firmemente; ~**ness** *n* firmeza.

first [fə:st] *a* primero // *ad* (*before others*) primero/a; (*when listing reasons etc*) en primer lugar, primeramente // *n* (*person: in race*) primero/a; (*AUT*) primera; **at** ~ al principio; ~ **of all** ante todo; ~ **aid** *n* primera ayuda, primeros auxilios *mpl*; ~**-aid kit** *n* botiquín *m*; ~**-class** *a* de primera clase; ~**-hand** *a* de primera mano; **F**~ **Lady** *n* (*esp US*) primera dama; ~**ly** *ad* en primer lugar; ~ **name** *n* nombre *m* de pila; ~**-rate** *a* de primera clase.

fish [fɪʃ] *n, pl inv* pez *m*; (*food*) pescado // *vt, vi* pescar; **to go** ~**ing** ir de pesca; ~**erman** *n* pescador *m*; ~ **farm** *n* criadero de peces; ~ **fingers** *npl* (*Brit*) croquetas *fpl* de pescado; ~**ing boat** *n* barca de pesca; ~**ing line** *n* sedal *m*; ~**ing rod** *n* caña (de pescar); ~**ing tackle** *n* aparejo (de pescar); ~ **market** *n* mercado de pescado; ~**monger** *n* (*Brit*) pescadero; ~**monger's (shop)** *n* (*Brit*) pescadería; ~ **sticks** *npl* (*US*) = ~ **fingers**; ~**seller** *n* (*US*) = **fishmonger**; ~**y** *a* (*fig*) sospechoso; ~**store** *n* (*US*) = **fishmonger's**.

fist [fɪst] *n* puño.

fit [fɪt] *a* (*MED, SPORT*) en (buena) forma; (*proper*) adecuado, apropiado // *vt* (*subj: clothes*) sentar bien a; (*try on: clothes*) probar; (*facts*) cuadrar *or* corresponder con; (*accommodate*) ajustar, adaptar // *vi* (*clothes*) entallar; (*in space, gap*) caber; (*facts*) coincidir // *n* (*MED*) ataque *m*; ~ **to** apto para; ~ **for** apropiado para; **a** ~ **of anger/pride** un arranque de cólera/orgullo; **this dress is a good** ~ este vestido me sienta bien; **by** ~**s and starts** a rachas; **to** ~ **in** *vi* (*gen*) encajarse; (*fig: person*) llevarse bien (con todos); **to** ~ **out** (*Brit: also:* ~ **up**) *vt* equipar; ~**ful** *a* espasmódico, intermitente; ~**ment** *n* módulo adosable; ~**ness** *n* (*MED*) salud *f*; (*of remark*) conveniencia; ~**ted carpet** *n* moqueta; ~**ted kitchen** *n* cocina amueblada; ~**ter** *n* ajustador *m*; ~**ting** *a* apropiado // *n* (*of dress*) prueba; ~**ting room** *n* probador *m*; ~**tings** *npl* instalaciones *fpl*.

five [faɪv] *num* cinco; ~**r** *n* (*col: Brit*) billete *m* de cinco libras; (: *US*) billete *m* de cinco dólares.

fix [fɪks] *vt* (*secure*) fijar, asegurar; (*mend*) arreglar // *n*: **to be in a** ~ estar en un aprieto; **to** ~ **up** *vt* (*meeting*) arreglar; **to** ~ **sb up with sth** proveer a uno de algo; ~**ation** [fɪk'seɪʃən] *n* obsesión *f*; ~**ed** [fɪkst] *a* (*prices etc*) fijo; ~**ture** ['fɪkstʃə*] *n* (*SPORT*) encuentro; ~**tures** *npl* instalaciones *fpl* fijas.

fizz [fɪz] *vi* hacer efervescencia.

fizzle out ['fɪzl]: *vi* apagarse.

fizzy ['fɪzɪ] *a* (*drink*) gaseoso.

flabbergasted ['flæbəgɑ:stɪd] *a* pasmado.

flabby ['flæbɪ] *a* flojo (de carnes); (*skin*) fofo.

flag [flæg] *n* bandera; (*stone*) losa // *vi* decaer; **to** ~ **sb down** hacer señas a uno para que se pare; ~**pole** *n* asta de bandera; ~ **stop** *n* (*US*) parada a petición.

flair [flɛə*] *n* aptitud *f* especial.

flak [flæk] *n* (*MIL*) fuego antiaéreo; (*col: criticism*) lluvia de críticas.

flake [fleɪk] *n* (*of rust, paint*) escama; (*of snow, soap powder*) copo // *vi* (*also:* ~ **off**) (*paint*) desconcharse; (*skin*) descamarse.

flamboyant [flæm'bɔɪənt] *a* (*dress*) vistoso; (*person*) extravagante.

flame [fleɪm] *n* llama.

flamingo [flə'mɪŋgəu] *n* flamenco.

flammable ['flæməbl] *a* inflamable.

flan [flæn] *n* (*Brit*) tarta.

flank [flæŋk] *n* flanco; (*of person*) costado // *vt* flanquear.

flannel ['flænl] *n* (*Brit: also:* **face** ~) manopla; (*fabric*) franela; ~**s** *npl* pantalones *mpl* de franela.

flap [flæp] *n* (*of pocket*) solapa; (*of envelope*) solapa; (*of table*) hoja (plegadiza); (*wing movement*) aletazo // *vt* (*wings*) aletear // *vi* (*sail, flag*) ondear.

flare [flɛə*] *n* llamarada; (*MIL*) bengala; (*in skirt etc*) vuelo; **to** ~ **up** *vi* encenderse; (*fig: person*) encolerizarse; (: *revolt*) estallar.

flash [flæʃ] *n* relámpago; (*also:* **news** ~) noticias *fpl* de última hora; (*PHOT*) flash *m* // *vt* (*light, headlights*) encender y apagar; (*torch*) encender // *vi* brillar; **in a** ~ en un instante; **he** ~**ed by** *or* **past** pasó como un rayo; ~**bulb** *n* bombilla fusible; ~ **cube** *n* cubo de flash; ~**light** *n* linterna.

flashy ['flæʃɪ] *a* (*pej*) ostentoso.

flask [flɑ:sk] *n* frasco; (*also:* **vacuum** ~) termo(s) *m*.

flat [flæt] *a* llano; (*smooth*) liso; (*tyre*) desinflado; (*beer*) muerto; (*MUS*) desafinado // *n* (*Brit: apartment*) piso (*Sp*), departamento (*LAm*), apartamento; (*AUT*) pinchazo; (*MUS*) bemol *m*; **to work** ~ **out** trabajar a toda mecha; ~**ly** *ad* terminantemente, de plano; ~**ten** *vt* (*also:* ~**ten out**) allanar; (*smooth out*) alisar.

flatter ['flætə*] *vt* adular, halagar; **~ing** *a* halagüeño; **~y** *n* adulación *f*.
flaunt [flɔ:nt] *vt* ostentar, lucir.
flavour, (*US*) **flavor** ['fleɪvə*] *n* sabor *m*, gusto // *vt* sazonar, condimentar; **~ed** *a*: strawberry ~ed con sabor a fresa; **~ing** *n* (*in product*) aromatizante *m*.
flaw [flɔ:] *n* defecto.
flax [flæks] *n* lino; **~en** *a* rubio.
flea [fli:] *n* pulga.
fleck [flɛk] *n* (*mark*) mota; (*pattern*) punto.
flee [fli:], *pt, pp* **fled** [flɛd] *vt* huir de, abandonar // *vi* huir, fugarse.
fleece [fli:s] *n* vellón *m*; (*wool*) lana // *vt* (*col*) pelar.
fleet [fli:t] *n* flota; (*of lorries etc*) escuadra.
fleeting ['fli:tɪŋ] *a* fugaz.
Flemish ['flɛmɪʃ] *a* flamenco.
flesh [flɛʃ] *n* carne *f*; (*of fruit*) pulpa; **of ~ and blood** de carne y hueso; **~ wound** *n* herida superficial.
flew [flu:] *pt of* **fly**.
flex [flɛks] *n* cordón *m* // *vt* (*muscles*) tensar; **~ibility** [-ɪ'bɪlɪtɪ] *n* flexibilidad *f*; **~ible** *a* flexible.
flick [flɪk] *n* golpecito; (*with finger*) capirotazo // *vt* dar un golpecito a; **to ~ through** *vt fus* hojear.
flicker ['flɪkə*] *vi* (*light*) parpadear; (*flame*) vacilar // *n* parpadeo.
flier ['flaɪə*] *n* aviador(a) *m/f*.
flight [flaɪt] *n* vuelo; (*escape*) huida, fuga; (*also*: **~ of steps**) tramo (de escaleras); **to take ~** huir, darse a la fuga; **to put to ~** ahuyentar; **~ attendant** *n* (*US*) (*male*) camarero, (*female*) azafata; **~ deck** *n* (*AVIAT*) cabina de mandos.
flimsy ['flɪmzɪ] *a* (*thin*) muy ligero; (*excuse*) flojo.
flinch [flɪntʃ] *vi* encogerse.
fling [flɪŋ], *pt, pp* **flung** *vt* arrojar.
flint [flɪnt] *n* pedernal *m*; (*in lighter*) piedra.
flip [flɪp] *vt* dar la vuelta a; (*coin*) echar a cara o cruz.
flippant ['flɪpənt] *a* poco serio.
flipper ['flɪpə*] *n* aleta.
flirt [flə:t] *vi* coquetear, flirtear // *n* coqueta *f*; **~ation** [-'teɪʃən] *n* coqueteo, flirteo.
flit [flɪt] *vi* revolotear.
float [fləut] *n* flotador *m*; (*in procession*) carroza; (*money*) reserva // *vi* flotar; (*swimmer*) hacer la plancha // *vt* (*gen*) hacer flotar; (*company*) lanzar.
flock [flɔk] *n* (*of sheep*) rebaño; (*of birds*) bandada; (*of people*) multitud *f*.
flog [flɔg] *vt* azotar; (*col*) vender.
flood [flʌd] *n* inundación *f*; (*of words, tears etc*) torrente *m* // *vt* inundar; **~ing** *n* inundación *f*; **~light** *n* foco.
floor [flɔ:*] *n* suelo; (*storey*) piso; (*of sea*) fondo; (*dance ~*) pista // *vt* (*fig*) dejar sin respuesta; **ground ~**, (*US*) **first ~** planta baja; **first ~**, (*US*) **second ~** primer piso; **~board** *n* tabla; **~ lamp** *n* (*US*) lámpara de pie; **~ show** *n* cabaret *m*.
flop [flɔp] *n* fracaso.
floppy ['flɔpɪ] *a* flojo // *n* (*COMPUT*: *also* **~ disk**) floppy *m*.
flora ['flɔ:rə] *n* flora.
florist ['flɔrɪst] *n* florista *m/f*; **~'s (shop)** *n* florería.
flounce [flauns] *n* volante *m*; **to ~ out** *vi* salir enfadado.
flounder ['flaundə*] *vi* tropezar // *n* (*ZOOL*) platija.
flour ['flauə*] *n* harina.
flourish ['flʌrɪʃ] *vi* florecer // *n* ademán *m*, movimiento (ostentoso); **~ing** *a* floreciente.
flout [flaut] *vt* burlarse de.
flow [fləu] *n* (*movement*) flujo; (*direction*) curso; (*tide*) corriente *f* // *vi* (*river, traffic, blood*) fluir; **~ chart** *n* organigrama *m*.
flower ['flauə*] *n* flor *f* // *vi* florecer; **~ bed** *n* macizo; **~pot** *n* tiesto; **~y** *a* florido.
flown [fləun] *pp of* **fly**.
flu [flu:] *n* gripe *f*.
fluctuate ['flʌktjueɪt] *vi* fluctuar.
fluent ['flu:ənt] *a* (*speech*) elocuente; **he speaks ~ French, he's ~ in French** domina el francés; **~ly** *ad* con fluidez.
fluff [flʌf] *n* pelusa; ; **~y** *a* velloso.
fluid ['flu:ɪd] *a, n* fluido, líquido.
fluke [flu:k] *n* (*col*) chiripa.
flung [flʌŋ] *pt, pp of* **fling**.
fluoride ['fluəraɪd] *n* fluoruro.
flurry ['flʌrɪ] *n* (*of snow*) temporal *m*; (*haste*) agitación *f*; **~ of activity** frenesí *m* de actividad.
flush [flʌʃ] *n* (*on face*) rubor *m*; (*fig*: *of youth, beauty*) resplandor *m* // *vt* limpiar con agua // *vi* ruborizarse // *a*: **~ with** a ras de; **to ~ the toilet** hacer funcionar el WC; **to ~ out** *vt* (*game, birds*) levantar; (*fig*) desalojar; **~ed** *a* ruborizado.
flustered ['flʌstəd] *a* aturdido.
flute [flu:t] *n* flauta.
flutter ['flʌtə*] *n* (*of wings*) revoloteo, aleteo // *vi* revolotear.
flux [flʌks] *n*: **to be in a state of ~** estar continuamente cambiando.
fly [flaɪ] *n* (*insect*) mosca; (*on trousers*: *also*: **flies**) bragueta // *vb* (*pt* **flew**, *pp* **flown**) *vt* (*plane*) pilot(e)ar; (*cargo*) transportar (en avión); (*distances*) recorrer (en avión) // *vi* volar; (*passengers*) ir en avión; (*escape*) evadirse; (*flag*) ondear; **to ~ away** *or* **off** *vi* (*bird, insect*) emprender el vuelo; **~ing** *n* (*activity*) (el) volar // *a*: **~ing visit** visita relámpago; **with ~ing colours** con lucimiento; **~ing saucer** *n* platillo volan-

te; **~ing start** *n*: to get off to a ~ing start empezar con buen pie; **~over** *n* (*Brit*: *bridge*) paso a desnivel *or* superior; **~past** *n* desfile *m* aéreo; **~sheet** *n* (*for tent*) doble techo.

foal [fəul] *n* potro.

foam [fəum] *n* espuma // *vi* echar espuma; ~ **rubber** *n* espuma de caucho.

fob [fɔb] *vt*: to ~ sb off with sth despachar a uno con algo.

focus ['fəukəs], *pl* **~es** *n* foco // *vt* (*field glasses etc*) enfocar // *vi*: to ~ on enfocar a; (*issue etc*) centrarse en; in/out of ~ enfocado/desenfocado.

fodder ['fɔdə*] *n* pienso.

foe [fəu] *n* enemigo.

foetus ['fi:təs] *n* feto.

fog [fɔg] *n* niebla; **~gy** *a*: it's ~gy hay niebla, está brumoso; ~ **lamp,** (*US*) ~ **light** *n* (*AUT*) faro de niebla.

foil [fɔil] *vt* frustrar // *n* hoja; (*kitchen* ~) papel *m* (de) aluminio; (*FENCING*) florete *m*.

fold [fəuld] *n* (*bend, crease*) pliegue *m*; (*AGR*) redil *m* // *vt* doblar; **to ~ up** *vi* plegarse, doblarse; (*business*) quebrar // *vt* (*map etc*) plegar; **~er** *n* (*for papers*) carpeta; (*brochure*) folleto; **~ing** *a* (*chair, bed*) plegable.

foliage ['fəuliidʒ] *n* follaje *m*.

folk [fəuk] *npl* gente *f* // *a* popular, folklórico; ~s *npl* familia, parientes *mpl*; **~lore** ['fəuklɔ:*] *n* folklore *m*; ~ **song** *n* canción *f* popular *or* folklórica.

follow ['fɔləu] *vt* seguir // *vi* seguir; (*result*) resultar; he ~ed suit hizo lo mismo; **to ~ up** *vt* (*letter, offer*) responder a; (*case*) investigar; **~er** *n* seguidor(a) *m/f*; (*POL*) partidario/a; **~ing** *a* siguiente // *n* afición *f*, partidarios *mpl*.

folly ['fɔli] *n* locura.

fond [fɔnd] *a* (*loving*) cariñoso; to be ~ of tener cariño a.

fondle ['fɔndl] *vt* acariciar.

fondness ['fɔndnis] *n* (*for things*) gusto; (*for people*) cariño.

font [fɔnt] *n* pila bautismal.

food [fu:d] *n* comida; ~ **mixer** *n* batidora; ~ **poisoning** *n* botulismo; ~ **processor** *n* robot *m* de cocina; **~stuffs** *npl* comestibles *mpl*.

fool [fu:l] *n* tonto/a; (*CULIN*) puré *m* de frutas con nata // *vt* engañar // *vi* (*gen*: ~ around) bromear; (*waste time*) perder el tiempo; **~hardy** *a* temerario; **~ish** *a* tonto; (*careless*) imprudente; **~proof** *a* (*plan etc*) infalible.

foot [fut], *pl* **feet** *n* pie *m*; (*measure*) pie *m* (= *304 mm*); (*of animal*) pata // *vt* (*bill*) pagar; on ~ a pie; **~age** *n* (*CINEMA*) imagenes *fpl*; **~ball** *n* balón *m*; (*game*: *Brit*) fútbol *m*; (: *US*) fútbol *m* americano; **~ball player** *n* (*Brit*: *also*: ~er) *n* futbolista *m*; (*US*) jugador *m* de fútbol americano; **~brake** *n* freno de pie; **~bridge** *n* puente *m* para peatones; **~hills** *npl* estribaciones *fpl*; **~hold** *n* pie *m* firme; **~ing** *n* (*fig*) posición *f*; to lose one's ~ing perder el pie; on an equal ~ing en pie de igualdad; **~lights** *npl* candilejas *fpl*; **~man** *n* lacayo; **~note** *n* nota de pie; **~path** *n* sendero; **~print** *n* huella, pisada; **~sore** *a* con los pies doloridos; **~step** *n* paso; **~wear** *n* calzado.

for [fɔ:] ♦ *prep* **1** (*indicating destination, intention*) para; the train ~ London el tren con destino a *or* de Londres; he left ~ Rome marchó para Roma; he went ~ the paper fue por el periódico; is this ~ me? ¿es esto para mí?; it's time ~ lunch es la hora de comer
2 (*indicating purpose*) para; what('s it) ~? ¿para qué (es)?; to pray ~ peace rezar por la paz
3 (*on behalf of, representing*): the MP ~ Hove el diputado por Hove; he works ~ the government/a local firm trabaja para el gobierno/en una empresa local; I'll ask him ~ you se lo pediré por ti; G ~ George G de George
4 (*because of*) por esta razón; ~ fear of being criticized por temor a ser criticado
5 (*with regard to*) para; it's cold ~ July hace frío para julìo; he has a gift ~ languages tiene don de lenguas
6 (*in exchange for*) por; I sold it ~ £5 lo vendí por £5; to pay 50 pence ~ a ticket pagar 50p por un billete
7 (*in favour of*): are you ~ or against us? ¿estás con nosotros o contra nosotros?; I'm all ~ it estoy totalmente a favor; vote ~ X vote (a) X
8 (*referring to distance*): there are roadworks ~ 5 km hay obras en 5 km; we walked ~ miles caminamos kilómetros y kilómetros
9 (*referring to time*): he was away ~ 2 years estuvo fuera (durante) dos años; it hasn't rained ~ 3 weeks no ha llovido durante *or* en 3 semanas; I have known her ~ years la conozco desde hace años; can you do it ~ tomorrow? ¿lo podrás hacer para mañana?
10 (*with infinitive clauses*): it is not ~ me to decide la decisión no es cosa mía; it would be best ~ you to leave sería mejor que te fueras; there is still time ~ you to do it todavía te queda tiempo para hacerlo; ~ this to be possible... para que esto sea posible...
11 (*in spite of*) a pesar de; ~ all his complaints a pesar de sus quejas
♦ *conj* (*since, as*: *rather formal*) puesto que.

forage ['fɔridʒ] *n* forraje *m*.

foray ['fɔrei] *n* incursión *f*.

forbid [fə'bid], *pt* **forbad(e)** [fə'bæd], *pp* **forbidden** [fə'bidn] *vt* prohibir; to ~ sb to do sth prohibir a uno hacer algo;

~ding *a* (*landscape*) inhóspito; (*severe*) severo.
force [fɔ:s] *n* fuerza // *vt* forzar; to ~ o.s. to do hacer un esfuerzo por hacer; the F~s *npl* (*Brit*) las Fuerzas Armadas; in ~ en vigor; **~d** [fɔ:st] *a* forzado; **to ~-feed** *vt* (*animal, prisoner*) alimentar a la fuerza; **~ful** *a* enérgico.
forcibly ['fɔ:səblı] *ad* a la fuerza.
ford [fɔ:d] *n* vado // *vt* vadear.
fore [fɔ:*] *n*: to the ~ en evidencia.
forearm ['fɔ:rɑ:m] *n* antebrazo.
foreboding [fɔ:'bəudıŋ] *n* presentimiento.
forecast ['fɔ:kɑ:st] *n* pronóstico // *vt* (*irg*: *like* cast) pronosticar.
forecourt ['fɔ:kɔ:t] *n* (*of garage*) patio.
forefathers ['fɔ:fɑ:ðəz] *npl* antepasados *mpl*.
forefinger ['fɔ:fıŋgə*] *n* (dedo) índice *m*.
forefront ['fɔ:frʌnt] *n*: in the ~ of en la vanguardia de.
forego *vt* = **forgo**.
foregone ['fɔ:gɔn] *a*: it's a ~ conclusion es una conclusión evidente.
foreground ['fɔ:graund] *n* primer plano.
forehead ['fɔrıd] *n* frente *f*.
foreign ['fɔrın] *a* extranjero; (*trade*) exterior; **~er** *n* extranjero/a; **~ exchange** *n* divisas *fpl*; **F~ Office** *n* (*Brit*) Ministerio de Asuntos Exteriores; **F~ Secretary** *n* (*Brit*) Ministro de Asuntos Exteriores.
foreleg ['fɔ:lɛg] *n* pata delantera.
foreman ['fɔ:mən] *n* capataz *m*; (*in construction*) maestro de obras.
foremost ['fɔ:məust] *a* principal // *ad*: first and ~ ante todo.
forensic [fə'rɛnsık] *a* forense.
forerunner ['fɔ:rʌnə*] *n* precursor(a) *m/f*.
foresee, *pt* **foresaw**, *pp* **foreseen** [fɔ:'si:, -'sɔ:, -si:n] *vt* prever; **~able** *a* previsible.
foreshadow [fɔ:'ʃædəu] *vt* prefigurar, anunciar.
foresight ['fɔ:saıt] *n* previsión *f*.
forest ['fɔrıst] *n* bosque *m*.
forestall [fɔ:'stɔ:l] *vt* prevenir.
forestry ['fɔrıstrı] *n* silvicultura.
foretaste ['fɔ:teıst] *n* muestra.
foretell, *pt*, *pp* **foretold** [fɔ:'tɛl:, -'təuld] *vt* predecir, pronosticar.
forever [fə'rɛvə*] *ad* para siempre.
foreword ['fɔ:wə:d] *n* prefacio.
forfeit ['fɔ:fıt] *n* (*in game*) prenda // *vt* perder (derecho a).
forgave [fə'geıv] *pt of* **forgive**.
forge [fɔ:dʒ] *n* fragua; (*smithy*) herrería // *vt* (*signature*; *Brit*: *money*) falsificar; (*metal*) forjar; **to ~ ahead** *vi* avanzar constantemente; **~r** *n* falsificador(a) *m/f*; **~ry** *n* falsificación *f*.
forget [fə'gɛt], *pt* **forgot**, *pp* **forgotten** *vt* olvidar // *vi* olvidarse; **~ful** *a* olvidadizo; **~-me-not** *n* nomeolvides *f inv*.
forgive [fə'gıv], *pt* **forgave**, *pp* **forgiven** *vt* perdonar; to ~ sb for sth perdonar algo a uno; **~ness** *n* perdón *m*.
forgo [fɔ:'gəu], *pt* **forwent**, *pp* **forgone** *vt* (*give up*) renunciar a; (*go without*) privarse de.
forgot [fə'gɔt] *pt of* **forget**.
forgotten [fə'gɔtn] *pp of* **forget**.
fork [fɔ:k] *n* (*for eating*) tenedor *m*; (*for gardening*) horca; (*of roads*) bifurcación *f* // *vi* (*road*) bifurcarse; **to ~ out** *v* (*col*: *pay*) desembolsar; **~-lift truck** *n* máquina elevadora.
forlorn [fə'lɔ:n] (*person*) triste, melancólico; (*place*) abandonado; (*attempt, hope*) desesperado.
form [fɔ:m] *n* forma; (*Brit* SCOL) clase *f*; (*document*) formulario // *vt* formar; in top ~ en plena forma.
formal ['fɔ:məl] *a* (*offer, receipt*) por escrito; (*person etc*) correcto; (*occasion, dinner*) ceremonioso; (*dress*) de etiqueta; **~ity** [-'mælıtı] *n* ceremonia; **~ly** *ad* oficialmente.
format ['fɔ:mæt] *n* formato // *vt* (COMPUT) formatear.
formation [fɔ:'meıʃən] *n* formación *f*.
formative ['fɔ:mətıv] *a* (*years*) formativo.
former ['fɔ:mə*] *a* anterior; (*earlier*) antiguo; (*ex*) ex; the ~ ... the latter ... aquél ... éste ...; **~ly** *ad* antiguamente.
formula ['fɔ:mjulə] *n* fórmula.
forsake, *pt* **forsook**, *pp* **forsaken** [fə'seık, -'suk, -seıkən] *vt* (*gen*) abandonar; (*plan*) renunciar a.
fort [fɔ:t] *n* fuerte *m*.
forte ['fɔ:tı] *n* fuerte *m*.
forth [fɔ:θ] *ad*: back and ~ de acá para allá; and so ~ y así sucesivamente; **~coming** *a* próximo, venidero; (*character*) comunicativo; **~right** *a* franco; **~with** *ad* en el acto.
fortify ['fɔ:tıfaı] *vt* fortalecer.
fortitude ['fɔ:tıtju:d] *n* fortaleza.
fortnight ['fɔ:tnaıt] *n* (*Brit*) quincena; **~ly** *a* quincenal // *ad* quincenalmente.
fortress ['fɔ:trıs] *n* fortaleza.
fortunate ['fɔ:tʃənıt] *a*: it is ~ that... (es una) suerte que...; **~ly** *ad* afortunadamente.
fortune ['fɔ:tʃən] *n* suerte *f*; (*wealth*) fortuna; **~-teller** *n* adivino/a.
forty ['fɔ:tı] *num* cuarenta.
forum ['fɔ:rəm] *n* foro.
forward ['fɔ:wəd] *a* (*movement, position*) avanzado; (*front*) delantero; (*not shy*) atrevido // *n* (SPORT) delantero // *vt* (*letter*) remitir; (*career*) promocionar; to move ~ avanzar; **~(s)** *ad* (hacia) adelante.
forwent [fɔ:'wɛnt] *pt of* **forgo**.
fossil ['fɔsl] *n* fósil *m*.
foster ['fɔstə*] *vt* fomentar; **~ child** *n*

ijo/a adoptivo/a; ~ **mother** *n* madre *f* adoptiva.
ught [fɔːt] *pt, pp of* **fight.**
ul [faul] *a* (*gen*) sucio, puerco; *weather, smell etc*) asqueroso // *n* (FOOTBALL) falta // *vt* (*dirty*) ensuciar; (*block*) atascar; (*football player*) cometer una falta contra; ~ **play** *n* (SPORT) mala jugada; (LAW) muerte *f* violenta.
und [faund] *pt, pp of* **find** // *vt* (*establish*) fundar; **~ation** [-'deɪʃən] *n* (*act*) fundación *f*; (*basis*) base *f*; (*also*: **~ation cream**) crema base; **~ations** *npl* (*of building*) cimientos *mpl*.
under ['faundə*] *n* fundador(a) *m/f* // *vi* hundirse.
undry ['faundrɪ] *n* fundición *f*.
untain ['fauntɪn] *n* fuente *f*; ~ **pen** *n* (pluma) estilográfica, pluma-fuente *f* (*LAm*).
ur [fɔː*] *num* cuatro; **on all ~s** a gatas; **~-poster (bed)** *n* cama de dosel; **~some** ['fɔːsəm] *n* grupo de cuatro personas; **~teen** *num* catorce; **~th** *a* cuarto.
wl [faul] *n* ave *f* (de corral).
x [fɔks] *n* zorro // *vt* confundir.
yer ['fɔɪeɪ] *n* vestíbulo.
acas ['frækɑː] *n* gresca, riña.
action ['frækʃən] *n* fracción *f*.
acture ['fræktʃə*] *n* fractura.
agile ['frædʒaɪl] *a* frágil.
agment ['frægmənt] *n* fragmento.
agrance ['freɪgrəns] *n* (*of flowers*) fragancia; (*perfume*) perfume *m*.
agrant ['freɪgrənt] *a* fragante, oloroso.
ail [freɪl] *a* frágil; (*person*) débil.
ame [freɪm] *n* (TECH) armazón *m*; (*of picture, door etc*) marco; (*of spectacles*: *also*: ~s) montura // *vt* encuadrar; (*reply*) formular; (*fam*) incriminar; ~ **of mind** *n* estado de ánimo; **~work** *n* marco.
rance [frɑːns] *n* Francia.
anchise ['fræntʃaɪz] *n* (POL) derecho de votar, sufragio; (COMM) licencia, concesión *f*.
ank [fræŋk] *a* franco // *vt* (*Brit*: *letter*) franquear; **~ly** *ad* francamente; **~ness** *n* franqueza.
antic ['fræntɪk] *a* frenético.
aternal [frə'təːnl] *a* fraterno.
aternity [frə'təːnɪtɪ] *n* (*club*) fraternidad *f*; (*US*) club *m* de estudiantes; (*guild*) cofradía.
aud [frɔːd] *n* fraude *m*; (*person*) impostor(a) *m/f*.
aught [frɔːt] *a*: ~ **with** cargado de.
ay [freɪ] *n* combate *m*, lucha // *vi* deshilacharse; **tempers were ~ed** el ambiente se ponía tenso.
eak [friːk] *n* (*person*) fenómeno; (*event*) suceso anormal.
eckle ['frɛkl] *n* peca.
ee [friː] *a* (*person*: *at liberty*) libre; (*not fixed*) suelto; (*gratis*) gratuito; (*unoccupied*) desocupado; (*liberal*) generoso // *vt* (*prisoner etc*) poner en libertad; (*jammed object*) soltar; ~ (**of charge**), **for** ~ *ad* gratis; **~dom** ['friːdəm] *n* libertad *f*; **~-for-all** *n* riña general; ~ **gift** *n* prima; **~hold** *n* propiedad *f* vitalicia; ~ **kick** *n* tiro libre; **~lance** *a, ad* por cuenta propia; **~ly** *ad* libremente; generosamente; **~mason** *n* francmasón *m*; **~post** *n* porte *m* pagado; **~-range** *a* (*hen, eggs*) de granja; ~ **trade** *n* libre comercio; **~way** *n* (*US*) autopista; **~wheel** *vi* ir en punto muerto; ~ **will** *n* libre albedrío *m*; **of one's own ~ will** por su propia voluntad.
freeze [friːz] *vb* (*pt* **froze**, *pp* **frozen**) *vi* helarse, congelarse // *vt* helar; (*prices, food, salaries*) congelar // *n* helada; congelación *f*; **~-dried** *a* liofilizado; **~r** *n* congelador *m* (*Sp*), congeladora (*LAm*).
freezing ['friːzɪŋ] *a* helado; ~ **point** *n* punto de congelación; **3 degrees below ~** tres grados bajo cero.
freight [freɪt] *n* (*goods*) carga; (*money charged*) flete *m*; ~ **train** *n* (*US*) tren *m* de mercancías.
French [frɛntʃ] *a* francés/esa // *n* (LING) francés *m*; **the ~** *npl* los franceses; ~ **bean** *n* judía verde; ~ **fried (potatoes)**, (*US*) ~ **fries** *npl* patatas *fpl or* papas *fpl* (*LAm*) fritas; **~man/woman** *n* francés/esa *m/f*; ~ **window** *n* puertaventana.
frenzy ['frɛnzɪ] *n* frenesí *m*.
frequent ['fr:kwənt] *a* frecuente // *vt* [frɪ'kwɛnt] frecuentar; **~ly** [-əntlɪ] *ad* frecuentemente, a menudo.
fresh [frɛʃ] *a* (*gen*) fresco; (*new*) nuevo; (*water*) dulce; **~en** *vi* (*wind, air*) soplar más recio; **to ~en up** *vi* (*person*) refrescarse; **~er** *n* (*Brit* SCOL: *col*) estudiante *m/f* de primer año; **~ly** *ad* (*newly*) nuevamente; (*recently*) recientemente; **~man** *n* (*US*) = **~er**; **~ness** *n* frescura **~water** *a* (*fish*) de agua dulce.
fret [frɛt] *vi* inquietarse.
friar ['fraɪə*] *n* fraile *m*; (*before name*) fray *m*.
friction ['frɪkʃən] *n* fricción *f*.
Friday ['fraɪdɪ] *n* viernes *m inv*.
fridge [frɪdʒ] *n* (*Brit*) nevera, frigo, refrigeradora (*LAm*).
friend [frɛnd] *n* amigo/a; **~liness** *n* simpatía; **~ly** *a* simpático; **~ship** *n* amistad *f*.
frieze [friːz] *n* friso.
frigate ['frɪgɪt] *n* fragata.
fright [fraɪt] *n* susto; **to take ~** asustarse; **~en** *vt* asustar; **~ened** *a* asustado; **~ening** *a* espantoso; **~ful** *a* espantoso, horrible; **~fully** *ad* terriblemente.
frigid ['frɪdʒɪd] *a* (MED) frígido, frío.
frill [frɪl] *n* volante *m*.

fringe [frɪndʒ] *n* (*Brit*: *of hair*) flequillo; (*edge*: *of forest etc*) borde *m*, margen *m*; ~ **benefits** *npl* ventajas *fpl* supletorias.

frisk [frɪsk] *vt* cachear, registrar.

frisky ['frɪskɪ] *a* juguetón/ona.

fritter ['frɪtə*] *n* buñuelo; **to ~ away** *vt* desperdiciar.

frivolous ['frɪvələs] *a* frívolo.

frizzy ['frɪzɪ] *a* rizado.

fro [frəu] *see* **to**.

frock [frɔk] *n* vestido.

frog [frɔg] *n* rana; **~man** *n* hombre-rana *m*.

frolic ['frɔlɪk] *vi* juguetear.

from [frɔm] *prep* **1** (*indicating starting place*) de, desde; **where do you come ~?** ¿de dónde eres?; **~ London to Glasgow** de Londres a Glasgow; **to escape ~ sth/sb** escaparse de algo/alguien
2 (*indicating origin etc*) de; **a letter/telephone call ~ my sister** una carta/llamada de mi hermana; **tell him ~ me that...** dígale de mi parte que...
3 (*indicating time*): **~ one o'clock to** *or* **until** *or* **till two** de(sde) la una a *or* hasta las 2; **~ January (on)** desde enero
4 (*indicating distance*) de; **the hotel is 1 km from the beach** el hotel está a 1 km de la playa
5 (*indicating price, number etc*) de; **prices range ~ £10 to £50** los precios van desde £10 a *or* hasta £50; **the interest rate was increased ~ 9% to 10%** el tipo de interés fue incrementado de un 9% a un 10%
6 (*indicating difference*) de; **he can't tell red ~ green** no sabe distinguir el rojo del verde; **to be different ~ sb/sth** ser diferente a algo/alguien
7 (*because of, on the basis of*): **~ what he says** por lo que dice; **weak ~ hunger** debilitado/a por el hambre.

front [frʌnt] *n* (*foremost part*) parte *f* delantera; (*of house*) fachada; (*promenade*: *also*: **sea ~**) paseo marítimo; (MIL, POL, METEOROLOGY) frente *m*; (*fig*: *appearances*) apariencias *fpl* // *a* (*wheel, leg*) delantero; (*row, line*) primero; **in ~ (of)** delante (de); **~ door** *n* puerta principal; **~ier** ['frʌntɪə*] *n* frontera; **~ page** *n* primera plana; **~ room** *n* (*Brit*) salón *m*, sala; **~-wheel drive** *n* tracción *f* delantera.

frost [frɔst] *n* (*gen*) helada; (*also*: **hoar~**) escarcha // *vt* (*US* CULIN) escarchar; **~bite** *n* congelación *f*; **~ed** *a* (*glass*) deslustrado; **~y** *a* (*surface*) cubierto de escarcha; (*welcome etc*) glacial.

froth [frɔθ] *n* espuma.

frown [fraun] *vi* fruncir el ceño.

froze [frəuz] *pt of* **freeze**.

frozen ['frəuzn] *pp of* **freeze** // *a* (*food*) congelado.

fruit [fru:t] *n*, *pl inv* fruta; **~erer** frutero/a; **~erer's (shop)** *n* fruter[...] **~ful** *a* provechoso; **~ion** [fru:'ɪʃən] to come to ~ion realizarse; **~ juice** zumo *or* jugo (*LAm*) de fruta; **machine** *n* (*Brit*) máquina *f* traga[...]rras; **~ salad** *n* macedonia *or* ensala[...] (*LAm*) de frutas.

frustrate [frʌs'treɪt] *vt* frustrar; **~d** frustrado.

fry [fraɪ], *pt*, *pp* **fried** *vt* freír; **small** [...] gente *f* menuda; **~ing pan** *n* sartén *f*.

ft. *abbr* = **foot, feet**.

fuddy-duddy ['fʌdɪdʌdɪ] *n* carroza *m/f*

fudge [fʌdʒ] *n* (CULIN) *caramelo bland[...]*

fuel [fjuəl] *n* (*for heating*) combusti[...] *m*; (*coal*) carbón *m*; (*wood*) leña; ([...] *engine*) carburante *m*; **~ oil** *n* fuel [...] *m*; **~ tank** *n* depósito (de combustible[...]

fugitive ['fju:dʒɪtɪv] *n* fugitivo/a.

fulfil [ful'fɪl] *vt* (*function*) cumplir co[...] (*condition*) satisfacer; (*wish, desir[...]*) realizar; **~ment** *n* satisfacción *f*; rea[...]zación *f*.

full [ful] *a* lleno; (*fig*) pleno; (*complet[...]*) completo; (*information*) detallado // *a[...]* **~ well** perfectamente; **I'm ~ (up)** [...] puedo más; **~ employment** pleno e[...]pleo; **a ~ two hours** dos horas comp[...]tas; **at ~ speed** a máxima velocidad; [...] **~** (*reproduce, quote*) íntegramente; [...] **moon** *n* luna llena; **~-scale** *a* (*attac[...]* *war*) en gran escala; (*model*) de tama[...] natural; **~ stop** *n* punto; **~-time** [...] (*work*) de tiempo completo // *ad*: **to wo[...]** **~-time** trabajar a tiempo completo; [...] *ad* completamente; **~y-fledged** [...] (*teacher, barrister*) diplomado.

fulsome ['fulsəm] *a* (*pej*: *praise, gra[...]tude*) excesivo, exagerado.

fumble ['fʌmbl] *vi*: **to ~ for sth** busc[...] algo con las manos; **to ~ with sth** ma[...]jar algo torpemente.

fume [fju:m] *vi* humear, echar humo; [...] *npl* humo *sg*, gases *mpl*.

fun [fʌn] *n* (*amusement*) diversión [...] (*joy*) alegría; **to have ~** divertirse; [...] **~** en broma; **to make ~ of** *vt fus* burla[...]se de.

function ['fʌŋkʃən] *n* función *f* // *vi* fu[...]cionar; **~al** *a* funcional.

fund [fʌnd] *n* fondo; (*reserve*) reserv[...] **~s** *npl* fondos *mpl*.

fundamental [fʌndə'mɛntl] *a* fundame[...]tal.

funeral ['fju:nərəl] *n* (*burial*) entierr[...] (*ceremony*) funerales *mpl*; **~ parlour** (*Brit*) funeraria; **~ service** *n* misa [...] difuntos.

funfair ['fʌnfɛə*] *n* (*Brit*) parque *m* [...] atracciones.

fungus ['fʌŋgəs], *pl* **-gi** [-gaɪ] *n* hongo.

funnel ['fʌnl] *n* embudo; (*of ship*) chim[...]nea.

funny ['fʌnɪ] *a* gracioso, divertid[...]

(strange) curioso, raro.
ır [fə:*] n piel f; (Brit: on tongue etc) sarro; ~ **coat** n abrigo de pieles.
ırious ['fjuərıəs] a furioso; (effort) violento.
ırlong ['fə:lɔŋ] n *octava parte de una milla, = 201.17 m.*
ırlough ['fə:ləu] n (MIL, US) permiso.
ırnace ['fə:nıs] n horno.
ırnish ['fə:nıʃ] vt amueblar; (supply) suministrar; (information) facilitar; ~**ings** npl muebles mpl.
ırniture ['fə:nıtʃə*] n muebles mpl; piece of ~ mueble m.
ırrow ['fʌrəu] n surco.
ırry ['fə:rı] a peludo.
ırther ['fə:ðə*] a (new) nuevo, adicional; (place) más lejano // ad más lejos; (more) más; (moreover) además // vt promover, adelantar; ~ **education** n educación f superior; ~**more** [fə:ðə'mɔ:*] ad además.
ırthest ['fə:ðıst] *superlative of* **far.**
ıry ['fjuərı] n furia.
ıse, (US) **fuze** [fju:z] n fusible m; (for bomb etc) mecha // vt (metal) fundir; (fig) fusionar // vi fundirse; fusionarse; (Brit ELEC): **to ~ the lights** fundir los plomos; ~ **box** n caja de fusibles.
ıss [fʌs] n (noise) bulla; (dispute) lío; (complaining) protesta; **to make a ~** armar un lío *or* jaleo; ~**y** a (person) exigente.
ıtile ['fju:taıl] a vano; **futility** [-'tılıtı] n inutilidad f.
ıture ['fju:tʃə*] a (gen) futuro; (coming) venidero // n futuro; porvenir; **in ~** de ahora en adelante.
ıze [fju:z] (US) = **fuse.**
ızzy ['fʌzı] a (PHOT) borroso; (hair) muy rizado.

G

G [dʒi:] n (MUS) sol m.
g. abbr = **gram(s).**
gabble ['gæbl] vi hablar atropelladamente; (gossip) cotorrear.
gable ['geıbl] n aguilón m.
gadget ['gædʒıt] n aparato.
Gaelic ['geılık] a, n (LING) gaélico.
gaffe [gæf] n plancha.
gag [gæg] n (on mouth) mordaza; (joke) chiste m // vt amordazar.
gaiety ['geııtı] n alegría.
gaily ['geılı] ad alegremente.
gain [geın] n ganancia // vt ganar // vi (watch) adelantarse; **to ~ by sth** sacar provecho de algo; **to ~ on sb** ganar terreno a uno; **to ~ 3 lbs (in weight)** engordar 3 libras.
gait [geıt] n (modo de) andar m.
gal. abbr = **gallon.**
gala ['gɑ:lə] n fiesta.
gale [geıl] n (wind) vendaval m.
gallant ['gælənt] a valiente; (towards ladies) atento.
gall bladder ['gɔ:l-] n vesícula biliar.
gallery ['gælərı] n galería; (also: **art** ~) pinacoteca.
galley ['gælı] n (ship's kitchen) cocina; (ship) galera.
gallon ['gæln] n galón m (*= 8 pints; Brit = 4,546 litros, US = 3,785 litros*).
gallop ['gæləp] n galope m // vi galopar.
gallows ['gæləuz] n horca.
gallstone ['gɔ:lstəun] n cálculo biliario.
galore [gə'lɔ:*] ad en cantidad, en abundancia.
galvanize ['gælvənaız] vt (metal) galvanizar; (fig): **to ~ sb into action** animar a uno para que haga algo.
gambit ['gæmbıt] n (fig): **opening ~** estrategia inicial.
gamble ['gæmbl] n (risk) riesgo; (bet) apuesta // vt: **to ~ on** apostar a; (fig) confiar en que // vi jugar; (COMM) especular; ~**r** n jugador(a) m/f; **gambling** n juego.
game [geım] n juego; (match) partido; (of cards) partida; (HUNTING) caza // a valiente; (ready): **to be ~ for anything** atreverse a todo; **big ~** caza mayor; ~**keeper** n guardabosques m inv.
gammon ['gæmən] n tocino *or* jamón m ahumado.
gamut ['gæmət] n gama.
gang [gæŋ] n pandilla; (of workmen) brigada // vi: **to ~ up on sb** conspirar contra uno.
gangster ['gæŋstə*] n gángster m.
gangway ['gæŋweı] n (Brit: in theatre, bus etc) pasillo; (on ship) pasarela.
gaol [dʒeıl] n, vt (Brit) = **jail.**
gap [gæp] n vacío, hueco (LAm); (in trees, traffic) claro; (in time) intervalo.
gape [geıp] vi mirar boquiabierto; **gaping** a (hole) muy abierto.
garage ['gærɑ:ʒ] n garaje m.
garbage ['gɑ:bıdʒ] n (US) basura; ~ **can** n cubo *or* bote m (LAm) de la basura; ~ **man** n basurero.
garbled ['gɑ:bld] a (distorted) falsificado, amañado.
garden ['gɑ:dn] n jardín m; ~**er** n jardinero/a; ~**ing** n jardinería.
gargle ['gɑ:gl] vi hacer gárgaras, gargarear (LAm).
gargoyle ['gɑ:gɔıl] n gárgola.
garish ['gɛərıʃ] a chillón/ona.
garland ['gɑ:lənd] n guirnalda.
garlic ['gɑ:lık] n ajo.
garment ['gɑ:mənt] n prenda (de vestir).
garnish ['gɑ:nıʃ] vt adornar; (CULIN) aderezar.
garrison ['gærısn] n guarnición f.
garrulous ['gærjuləs] a charlatán/ana.
garter ['gɑ:tə*] n (US) liga.
gas [gæs] n gas m; (US: gasoline) gasoli-

na // *vt* asfixiar con gas; ~ **cooker** *n* (*Brit*) cocina de gas; ~ **cylinder** *n* bombona de gas; ~ **fire** *n* estufa de gas; ~ **pedal** *n* (*esp US*) acelerador *m*.
gash [gæʃ] *n* raja; (*on face*) cuchillada // *vt* rajar; (*with knife*) acuchillar.
gasket ['gæskɪt] *n* (AUT) junta de culata.
gas mask *n* careta antigás.
gas meter *n* contador *m* de gas.
gasoline ['gæsəli:n] *n* (*US*) gasolina.
gasp [gɑ:sp] *n* grito sofocado // *vi* (*pant*) jadear; **to ~ out** *vt* (*say*) decir con voz entrecortada.
gas ring *n* hornillo de gas.
gas station *n* (*US*) gasolinera.
gassy ['gaesɪ] *a* gaseoso.
gas tap *n* llave *f* del gas.
gastric ['gæstrɪk] *a* gástrico.
gate [geɪt] *n* puerta; (RAIL) barrera; **~crash** *vt* (*Brit*) colarse en; **~way** *n* puerta.
gather ['gæðə*] *vt* (*flowers, fruit*) coger (*Sp*), recoger; (*assemble*) reunir; (*pick up*) recoger; (SEWING) fruncir; (*understand*) entender // *vi* (*assemble*) reunirse; **to ~ speed** ganar velocidad; **~ing** *n* reunión *f*, asamblea.
gauche [gəuʃ] *a* torpe.
gaudy ['gɔ:dɪ] *a* chillón/ona.
gauge [geɪdʒ] *n* calibre *m*; (RAIL) entrevía; (*instrument*) indicador *m* // *vt* medir.
gaunt [gɔ:nt] *a* descarnado.
gauntlet ['gɔ:ntlɪt] *n* (*fig*): **to run the ~ of** exponerse a; **to throw down the ~** arrojar el guante.
gauze [gɔ:z] *n* gasa.
gave [geɪv] *pt of* **give**.
gay [geɪ] *a* (*person*) alegre; (*colour*) vivo; (*homosexual*) gay.
gaze [geɪz] *n* mirada fija // *vi*: **to ~ at sth** mirar algo fijamente.
gazelle [gə'zɛl] *n* gacela.
gazetteer [gæzə'tɪə*] *n* diccionario geográfico.
gazumping [gə'zʌmpɪŋ] *n* (*Brit*) *la subida del precio de una casa una vez que ya ha sido apalabrado*.
GB *abbr* = **Great Britain**.
GCE *n abbr* (*Brit*) = *General Certificate of Education*.
GCSE *n abbr* (*Brit*: = *General Certificate of Secondary Education*) ≈ Bachillerato Elemental y Superior.
gear [gɪə*] *n* equipo, herramientas *fpl*; (TECH) engranaje *m*; (AUT) velocidad *f*, marcha // *vt* (*fig*: *adapt*): **to ~ sth to** adaptar *or* ajustar algo a; **top** *or* (*US*) **high/low ~** cuarta/primera velocidad; **in ~** en marcha; **~ box** *n* caja de cambios; **~ lever**, (*US*) **~ shift** *n* palanca de cambio; **~ wheel** *n* rueda dentada.
geese [gi:s] *pl of* **goose**.
gel [dʒɛl] *n* gel *m*.
gelignite ['dʒɛlɪgnaɪt] *n* gelignita.
gem [dʒɛm] *n* joya.
Gemini ['dʒɛmɪnaɪ] *n* Géminis *m*, Ge los *mpl*.
gender ['dʒɛndə*] *n* género.
gene [dʒi:n] *n* gen(e) *m*.
general ['dʒɛnərl] *n* general *m* // *a* ge ral; **in ~** en general; **~ delivery** *n* (lista de correos; **~ election** *n* elec nes *fpl* generales; **~ization** [-aɪ'zeɪʃə generalización *f*; **~ize** *vi* generaliz **~ly** *ad* generalmente, en general; **practitioner (G.P.)** *n* médico general
generate ['dʒɛnəreɪt] *vt* (ELEC) gene (*fig*) producir.
generation [dʒɛnə'reɪʃən] *n* genera *f*.
generator ['dʒɛnəreɪtə*] *n* generador
generosity [dʒɛnə'rɔsɪtɪ] *n* generosida
generous ['dʒɛnərəs] *a* generoso; *pious*) abundante.
genetics [dʒɪ'nɛtɪks] *n* genética.
Geneva [dʒɪ'ni:və] *n* Ginebra.
genial ['dʒi:nɪəl] *a* afable, simpático.
genitals ['dʒɛnɪtlz] *npl* (órganos *mpl*) nitales *mpl*.
genius ['dʒi:nɪəs] *n* genio.
gent [dʒɛnt] *n abbr* = **gentleman**.
genteel [dʒɛn'ti:l] *a* fino, elegante.
gentle ['dʒɛntl] *a* (*sweet*) amable, dul (*touch etc*) ligero, suave.
gentleman ['dʒɛntlmən] *n* señor (*well-bred man*) caballero.
gentleness ['dʒɛntlnɪs] *n* dulzura; *touch*) suavidad *f*.
gently ['dʒɛntlɪ] *ad* suavemente.
gentry ['dʒɛntrɪ] *n* alta burguesía.
gents [dʒɛnts] *n* aseos (de caballeros).
genuine ['dʒɛnjuɪn] *a* auténtico; (*pers* sincero.
geography [dʒɪ'ɔgrəfɪ] *n* geografía.
geology [dʒɪ'ɔlədʒɪ] *n* geología.
geometric(al) [dʒɪə'mɛtrɪk(l)] *a* geor trico.
geometry [dʒɪ'ɔmətrɪ] *n* geometría.
geranium [dʒɪ'reɪnjəm] *n* geranio.
geriatric [dʒɛrɪ'ætrɪk] *a*, *n* geriátric *m/f*.
germ [dʒə:m] *n* (*microbe*) microbio, b teria; (*seed, fig*) germen *m*.
German ['dʒə:mən] *a* alemán/ana // alemán/ana *m/f*; (LING) alemán *m*; **measles** *n* rubéola; **~ Shepherd D** *n* pastor *m* alemán.
Germany ['dʒə:mənɪ] *n* Alemania.
gesture ['dʒɛstjə*] *n* gesto.
get [gɛt], *pt*, *pp* **got**, *pp* **gotten** (*US*) *v* (*become, be*) ponerse, volverse; **to old/tired** envejecer/cansarse; **to ~ dru** emborracharse; **to ~ dirty** ensuciarse; **~ married** casarse; **when do I ~ pa** ¿cuándo me pagan *or* se me paga?; **~ting late** se está haciendo tarde
2 (*go*): **to ~ to/from** llegar a/de; **to home** llegar a casa
3 (*begin*) empezar a; **to ~ to know**

(llegar a) conocer a uno; **I'm ~ting to like him** me está empezando a gustar; **let's ~ going** *or* **started** ¡vamos (a empezar)!
4 (*modal auxiliary vb*): **you've got to do it** tienes que hacerlo
♦ *vt* **1**: **to ~ sth done** (*finish*) terminar algo; (*have done*) mandar hacer algo; **to ~ one's hair cut** cortarse el pelo; **to ~ the car going** *or* **to go** arrancar el coche; **to ~ sb to do sth** conseguir *or* hacer que alguien haga algo; **to ~ sth/sb ready** preparar algo/a alguien
2 (*obtain*: *money, permission, results*) conseguir; (*find*: *job, flat*) encontrar; (*fetch*: *person, doctor*) buscar; (*object*) ir a buscar, traer; **to ~ sth for sb** conseguir algo para alguien; **~ me Mr Jones, please** (TEL) póngame *or* comuníqueme (*LAm*) con el Sr. Jones, por favor; **can I ~ you a drink?** ¿te pido algo?
3 (*receive*: *present, letter*) recibir; (*acquire*: *reputation*) alcanzar; (: *prize*) ganar; **what did you ~ for your birthday?** ¿qué te regalaron por tu cumpleaños?; **how much did you ~ for the painting?** ¿cuánto sacaste por el cuadro?
4 (*catch*) coger (*Sp*), agarrar (*LAm*); (*hit*: *target etc*) dar en; **to ~ sb by the arm/throat** coger (*Sp*) *or* agarrar (*LAm*) a uno por el brazo/cuello; **~ him!** ¡cógelo! (*Sp*), ¡atrápalo! (*LAm*); **the bullet got him in the leg** la bala le dio en una pierna
5 (*take, move*) llevar; **to ~ sth to sb** llevar algo a alguien; **do you think we'll ~ it through the door?** ¿crees que lo podremos meter por la puerta?
6 (*catch, take*: *plane, bus etc*) coger (*Sp*), tomar (*LAm*); **where do I ~ the train for Birmingham?** ¿dónde se coge (*Sp*) *or* se toma (*LAm*) el tren para Birmingham?
7 (*understand*) entender; (*hear*) oír; **I've got it!** ¡ya lo tengo!, ¡eureka!; **I don't ~ your meaning** no te entiendo; **I'm sorry, I didn't ~ your name** lo siento, no cogí tu nombre
8 (*have, possess*): **to have got** tener.

geyser ['gi:zə*] *n* (*water heater*) calentador *m* de agua; (GEO) géiser *m*.
Ghana ['gɑ:nə] *n* Ghana.
ghastly ['gɑ:stlı] *a* horrible.
gherkin ['gə:kın] *n* pepinillo.
ghost [gəust] *n* fantasma *m*.
giant ['dʒaıənt] *n* gigante *m/f* // *a* gigantesco, gigante.
gibberish ['dʒıbərıʃ] *n* galimatías *m*.
gibe [dʒaıb] *n* mofa.
giblets ['dʒıblıts] *npl* menudillos *mpl*.
Gibraltar [dʒı'brɔ:ltə*] *n* Gibraltar *m*.
giddiness ['gıdınıs] *n* vértigo.
giddy ['gıdı] *a* (*height, speed*) vertiginoso; **to be ~** estar mareado/a.
gift [gıft] *n* regalo; (*offering*) obsequio; (*ability*) talento; **~ed** *a* dotado; **~ token** *or* **voucher** *n* vale *m* canjeable por un regalo.
gigantic [dʒaı'gæntık] *a* gigantesco.
giggle ['gıgl] *vi* reírse tontamente // *n* risilla.
gill [dʒıl] *n* (*measure*) *= 0.25 pints* (*Brit = 0.148 l, US = 0.118l*).
gills [gılz] *npl* (*of fish*) branquias *fpl*, agallas *fpl*.
gilt [gılt] *a, n* dorado; **~-edged** *a* (COMM) de máxima garantía.
gimmick ['gımık] *n* truco.
gin [dʒın] *n* (*liquor*) ginebra.
ginger ['dʒındʒə*] *n* jengibre *m*; **~ ale, ~ beer** *n* (*Brit*) *gaseosa de jengibre*; **~bread** *n* pan *m* de jengibre; **~-haired** *a* pelirrojo.
gingerly ['dʒındʒəlı] *ad* con cautela.
gipsy ['dʒıpsı] *n* gitano/a.
giraffe [dʒı'rɑ:f] *n* jirafa.
girder ['gə:də*] *n* viga.
girdle ['gə:dl] *n* (*corset*) faja.
girl [gə:l] *n* (*small*) niña; (*young woman*) chica, joven *f*, muchacha; **an English ~** una (chica) inglesa; **~friend** *n* (*of girl*) amiga; (*of boy*) novia; **~ish** *a* de niña.
giro ['dʒaırəu] *n* (*Brit*: *bank ~*) giro bancario; (*post office ~*) giro postal; (*state benefit*) *cheque quincenal del subsidio de desempleo*.
girth [gə:θ] *n* circunferencia; (*of saddle*) cincha.
gist [dʒıst] *n* lo esencial.
give [gıv], *pt* **gave**, *pp* **given** *vt* dar; (*deliver*) entregar; (*as gift*) regalar // *vi* (*break*) romperse; (*stretch*: *fabric*) dar de sí; **to ~ sb sth, ~ sth to sb** dar algo a uno; **to ~ away** *vt* (*give free*) regalar; (*betray*) traicionar; (*disclose*) revelar; **to ~ back** *vt* devolver; **to ~ in** *vi* ceder // *vt* entregar; **to ~ off** *vt* despedir; **to ~ out** *vt* distribuir; **to ~ up** *vi* rendirse, darse por vencido // *vt* renunciar a; **to ~ up smoking** dejar de fumar; **to ~ o.s. up** entregarse; **to ~ way** *vi* ceder; (*Brit* AUT) ceder el paso.
glacier ['glæsıə*] *n* glaciar *m*.
glad [glæd] *a* contento.
gladly ['glædlı] *ad* con mucho gusto.
glamorous ['glæmərəs] *a* encantador(a), atractivo.
glamour ['glæmə*] *n* encanto, atractivo.
glance [glɑ:ns] *n* ojeada, mirada // *vi*: **to ~ at** echar una ojeada a; **to ~ off** (*bullet*) rebotar; **glancing** *a* (*blow*) oblicuo.
gland [glænd] *n* glándula.
glare [glɛə*] *n* deslumbramiento, brillo // *vi* deslumbrar; **to ~ at** mirar ferozmente a; **glaring** *a* (*mistake*) manifiesto.
glass [glɑ:s] *n* vidrio, cristal *m*; (*for drinking*) vaso; (: *with stem*) copa; (*also*: **looking ~**) espejo; **~es** *npl* gafas *fpl*; **~house** *n* invernadero; **~ware** *n* cristalería; **~y** *a* (*eyes*) vidrioso.

glaze [gleɪz] *vt* (*window*) poner cristales a; (*pottery*) barnizar // *n* barniz *m*.
glazier ['gleɪzɪə*] *n* vidriero/a.
gleam [gli:m] *n* destello // *vi* brillar; **~ing** *a* reluciente.
glean [gli:n] *vt* (*information*) recoger.
glee [gli:] *n* alegría, regocijo.
glen [glɛn] *n* cañada.
glib [glɪb] *a* de mucha labia.
glide [glaɪd] *vi* deslizarse; (AVIAT, *birds*) planear; **~r** *n* (AVIAT) planeador *m*; **gliding** *n* (AVIAT) vuelo sin motor.
glimmer ['glɪmə*] *n* luz *f* tenue.
glimpse [glɪmps] *n* vislumbre *m* // *vt* vislumbrar, entrever.
glint [glɪnt] *vi* centellear.
glisten ['glɪsn] *vi* relucir, brillar.
glitter ['glɪtə*] *vi* relucir, brillar // *n* brillo.
gloat [gləut] *vi*: to ~ **over** (*money*) recrearse en; (*sb's misfortune*) saborear.
global ['gləubl] *a* mundial.
globe [gləub] *n* globo, esfera.
gloom [glu:m] *n* tinieblas *fpl*, oscuridad *f*; (*sadness*) tristeza, melancolía; **~y** *a* (*dark*) oscuro; (*sad*) triste; (*pessimistic*) pesimista.
glorious ['glɔ:rɪəs] *a* glorioso.
glory ['glɔ:rɪ] *n* gloria.
gloss [glɔs] *n* (*shine*) brillo; (*paint*) pintura de aceite; **to ~ over** *vt fus* encubrir.
glossary ['glɔsərɪ] *n* glosario.
glossy ['glɔsɪ] *a* lustroso.
glove [glʌv] *n* guante *m*; **~ compartment** *n* (AUT) guantera.
glow [gləu] *vi* (*shine*) brillar // *n* brillo.
glower ['glauə*] *vi*: to ~ **at** mirar con ceño.
glue [glu:] *n* goma (de pegar), cemento (*LAm*) // *vt* pegar.
glum [glʌm] *a* (*mood*) abatido; (*person, tone*) melancólico.
glut [glʌt] *n* superabundancia.
glutton ['glʌtn] *n* glotón/ona *m/f*; **a ~ for punishment** masoquista *m/f*.
gnarled [nɑ:ld] *a* nudoso.
gnat [næt] *n* mosquito.
gnaw [nɔ:] *vt* roer.
gnome [nəum] *n* gnomo.
go [gəu] *vb* (*pt* **went**, *pp* **gone**) *vi* ir; (*travel*) viajar; (*depart*) irse, marcharse; (*work*) funcionar, marchar; (*be sold*) venderse; (*time*) pasar; (*fit, suit*): **to ~ with** hacer juego con; (*become*) ponerse; (*break etc*) estropearse, romperse // *n* (*pl*: **~es**): **to have a ~ (at)** probar suerte (con); **to be on the ~** no parar; **whose ~ is it?** ¿a quién le toca?; **he's going to do it** va a hacerlo; **to ~ for a walk** ir de paseo; **to ~ dancing** ir a bailar; **how did it ~?** ¿qué tal salió *or* resultó?, ¿cómo ha ido?; **to ~ round the back** pasar por detrás; **to ~ about** *vi* (*rumour*) propagarse // *vt fus*: **how do I ~ about this?** ¿cómo me las arreglo para hacer esto?; **to ~ ahead** *vi* seguir adelante; **to ~ along** *vi* ir // *vt fus* bordear; **to ~ along with** (*agree*) estar de acuerdo con; **to ~ away** *vi* irse, marcharse; **to ~ back** *vi* volver; **to ~ back on** *vt fus* (*promise*) faltar a; **to ~ by** *vi* (*years, time*) pasar // *vt fus* guiarse por; **to ~ down** *vi* bajar; (*ship*) hundirse; (*sun*) ponerse // *vt fus* bajar por; **to ~ for** *vt fus* (*fetch*) ir por; (*like*) gustar; (*attack*) atacar; **to ~ in** *vi* entrar; **to ~ in for** *vt fus* (*competition*) presentarse a; **to ~ into** *vt fus* entrar en; (*investigate*) investigar; (*embark on*) dedicarse a; **to ~ off** *vi* irse, marcharse; (*food*) pasarse; (*explode*) estallar; (*event*) realizarse; **I'm going off her/the idea** ya no me gusta tanto ella/la idea // *vt fus* dejar de gustar; **to ~ on** *vi* (*continue*) seguir, continuar; (*happen*) pasar, ocurrir; **to ~ on doing sth** seguir haciendo algo; **to ~ out** *vi* salir; (*fire, light*) apagarse; **to ~ over** *vi* (*ship*) zozobrar // *vt fus* (*check*) revisar; **to ~ through** *vt fus* (*town etc*) atravesar; **to ~ up** *vi* subir; **to ~ without** *vt fus* pasarse sin.
goad [gəud] *vt* aguijonear.
go-ahead ['gəuəhɛd] *a* emprendedor(a) // *n* luz *f* verde.
goal [gəul] *n* meta; (*score*) gol *m*; **~keeper** *n* portero; **~-post** *n* poste *m* (de la portería).
goat [gəut] *n* cabra *f*.
gobble ['gɔbl] *vt* (*also*: **~ down, ~ up**) engullirse.
go-between ['gəubɪtwi:n] *n* medianero/a, intermediario/a.
goblet ['gɔblɪt] *n* copa.
god [gɔd] *n* dios *m*; **G~** *n* Dios *m*; **~child** *n* ahijado/a; **~daughter** *n* ahijada; **~dess** *n* diosa; **~father** *n* padrino; **~-forsaken** *a* dejado de la mano de Dios; **~mother** *n* madrina; **~send** *n* don *m* del cielo; **~son** *n* ahijado.
goggles ['gɔglz] *npl* (AUT) anteojos *mpl*; (*of skindiver*) gafas *fpl* submarinas.
going ['gəuɪŋ] *n* (*conditions*) estado del terreno // *a*: **the ~ rate** la tarifa corriente *or* en vigor.
gold [gəuld] *n* oro // *a* de oro; **~en** *a* (*made of ~*) de oro; (*~ in colour*) dorado; **~fish** *n* pez *m* de colores; **~-plated** *a* chapado en oro; **~smith** *n* orfebre *m/f*.
golf [gɔlf] *n* golf *m*; **~ ball** *n* (*for game*) pelota de golf; (*on typewriter*) esfera; **~ club** *n* club *m* de golf; (*stick*) palo (de golf); **~ course** *n* campo de golf; **~er** *n* golfista *m/f*.
gone [gɔn] *pp of* **go**.
good [gud] *a* bueno; (*kind*) bueno, amable; (*well-behaved*) educado // *n* bien *m*, provecho; **~s** *npl* bienes *mpl*; (COMM) mercancías *fpl*; **~!** ¡qué bien!; **to be ~**

at tener aptitud para; to be ~ for servir para; it's ~ for you te hace bien; would you be ~ enough to...? ¿podría hacerme el favor de...?, ¿sería tan amable de...?; a ~ deal (of) mucho; a ~ many muchos; to make ~ reparar; it's no ~ complaining no vale la pena (de) quejarse; for ~ para siempre, definitivamente; ~ morning/afternoon ¡buenos días/buenas tardes!; ~ evening! ¡buenas noches!; ~ night! ¡buenas noches!; ~bye! ¡adiós!; to say ~bye despedirse; **G~ Friday** *n* Viernes *m* Santo; **~-looking** *a* guapo; **~-natured** *a* amable, simpático; **~ness** *n* (*of person*) bondad *f*; for ~ness sake! ¡por Dios!; ~ness gracious! ¡Dios mío!; **~s train** *n* (*Brit*) tren *m* de mercancías; **~will** *n* buena voluntad *f*.

goose [gu:s], *pl* **geese** *n* ganso, oca.

gooseberry ['guzbərɪ] *n* grosella espinosa.

gooseflesh ['gu:sflɛʃ] *n*, **goose pimples** *npl* carne *f* de gallina.

gore [gɔ:*] *vt* cornear // *n* sangre *f*.

gorge [gɔ:dʒ] *n* barranco // *vr*: to ~ o.s. (on) atracarse (de).

gorgeous ['gɔ:dʒəs] *a* magnífico, maravilloso.

gorilla [gə'rɪlə] *n* gorila *m*.

gorse [gɔ:s] *n* aulaga.

gory ['gɔ:rɪ] *a* sangriento.

go-slow ['gəu'sləu] *n* (*Brit*) huelga de manos caídas.

gospel ['gɔspl] *n* evangelio.

gossip ['gɔsɪp] *n* (*scandal*) chismorreo, chismes *mpl*; (*chat*) charla; (*scandalmonger*) chismoso/a; (*talker*) hablador(a) *m/f* // *vi* chismear.

got [gɔt] *pt, pp of* get; **~ten** (*US*) *pp of* get.

gout [gaut] *n* gota.

govern ['gʌvən] *vt* gobernar.

governess ['gʌvənɪs] *n* institutriz *f*.

government ['gʌvnmənt] *n* gobierno; **~al** [-'mɛntl] *a* gubernamental.

governor ['gʌvənə*] *n* gobernador(a) *m/f*; (*of jail*) director(a) *m/f*.

gown [gaun] *n* traje *m*; (*of teacher*; *Brit*: *of judge*) toga.

G.P. *n abbr* = **general practitioner**.

grab [græb] *vt* coger (*Sp*) *or* agarrar (*LAm*), arrebatar.

grace [greɪs] *n* gracia // *vt* honrar; 5 days' ~ un plazo de 5 días; to say ~ bendecir la mesa; **~ful** *a* elegante, gracioso; **gracious** ['greɪʃəs] *a* amable.

grade [greɪd] *n* (*quality*) clase *f*, calidad *f*; (*in hierarchy*) grado; (*US* SCOL) curso // *vt* clasificar; **~ crossing** *n* (*US*) paso a nivel; **~ school** *n* (*US*) escuela primaria.

gradient ['greɪdɪənt] *n* pendiente *f*.

gradual ['grædjuəl] *a* paulatino; **~ly** *ad* paulatinamente.

graduate ['grædjuɪt] *n* graduado/a, licenciado/a // *vi* ['grædjueɪt] graduarse, licenciarse; **graduation** [-'eɪʃən] *n* graduación *f*.

graffiti [grə'fi:tɪ] *n* pintadas *fpl*.

graft [grɑ:ft] *n* (AGR, MED) injerto; (*bribery*) corrupción *f* // *vt* injertar; **hard ~** (*col*) trabajo duro.

grain [greɪn] *n* (*single particle*) grano; (*corn*) granos *mpl*, cereales *mpl*.

gram [græm] *n* (*US*) gramo.

grammar ['græmə*] *n* gramática: **~ school** *n* (*Brit*) ≈ instituto de segunda enseñanza, liceo (*Sp*).

grammatical [grə'mætɪkl] *a* gramatical.

gramme [græm] *n* = **gram**.

gramophone ['græməfəun] *n* (*Brit*) tocadiscos *m inv*.

granary ['grænərɪ] *n* granero, troj *f*.

grand [grænd] *a* magnífico, imponente; **~children** *npl* nietos *mpl*; **~dad** *n* yayo, abuelito; **~daughter** *n* nieta; **~eur** ['grændjə*] *n* magnificencia, lo grandioso; **~father** *n* abuelo; **~ma** *n* yaya, abuelita; **~mother** *n* abuela; **~pa** *n* = **~dad**; **~parents** *npl* abuelos *mpl*; **~ piano** *n* piano de cola; **~son** *n* nieto; **~stand** *n* (SPORT) tribuna.

granite ['grænɪt] *n* granito.

granny ['grænɪ] *n* abuelita, yaya.

grant [grɑ:nt] *vt* (*concede*) conceder; (*admit*) reconocer // *n* (SCOL) beca; to take sth for ~ed dar algo por sentado.

granulated ['grænjuleɪtɪd] *n*: **~ sugar** (*Brit*) azúcar *m* blanquilla refinado.

granule ['grænju:l] *n* gránulo.

grape [greɪp] *n* uva.

grapefruit ['greɪpfru:t] *n* pomelo, toronja (*LAm*).

graph [grɑ:f] *n* gráfica; **~ic** *a* gráfico; **~ics** *n* artes *fpl* gráficas // *npl* (COMPUT) gráficos *mpl*.

grapple ['græpl] *vi*: to ~ with a problem enfrentar un problema.

grasp [grɑ:sp] *vt* agarrar, asir; (*understand*) comprender // *n* (*grip*) asimiento; (*reach*) alcance *m*; (*understanding*) comprensión *f*; **~ing** *a* avaro.

grass [grɑ:s] *n* hierba; (*lawn*) césped *m*; **~hopper** *n* saltamontes *m inv*; **~land** *n* pradera, pampa (*LAm*); **~-roots** *a* popular; **~ snake** *n* culebra.

grate [greɪt] *n* parrilla de chimenea // *vi* chirriar // *vt* (CULIN) rallar.

grateful ['greɪtful] *a* agradecido.

grater ['greɪtə*] *n* rallador *m*.

gratify ['grætɪfaɪ] *vt* complacer; (*whim*) satisfacer; **~ing** *a* grato.

grating ['greɪtɪŋ] *n* (*iron bars*) rejilla // *a* (*noise*) áspero.

gratitude ['grætɪtju:d] *n* agradecimiento.

gratuity [grə'tju:ɪtɪ] *n* gratificación *f*.

grave [greɪv] *n* tumba // *a* serio, grave.

gravel ['grævl] *n* grava.

gravestone ['greɪvstəun] *n* lápida.

graveyard ['greɪvjɑ:d] *n* cementerio.

gravity ['grævɪtɪ] *n* gravedad *f*.
gravy ['greɪvɪ] *n* salsa de carne.
gray [greɪ] *a* = **grey**.
graze [greɪz] *vi* pacer // *vt* (*touch lightly*) rozar; (*scrape*) raspar // *n* (MED) abrasión *f*.
grease [gri:s] *n* (*fat*) grasa; (*lubricant*) lubricante *m* // *vt* engrasar; **~proof** *a* a prueba de grasa; **~proof paper** *n* (*Brit*) papel *m* apergaminado; **greasy** *a* grasiento.
great [greɪt] *a* grande; (*col*) magnífico, estupendo; **G~ Britain** *n* Gran Bretaña; **~-grandfather/-grandmother** *n* bisabuelo/a; **~ly** *ad* muy; (*with verb*) mucho; **~ness** *n* grandeza.
Greece [gri:s] *n* Grecia.
greed [gri:d] *n* (*also*: **~iness**) codicia, avaricia; (*for food*) gula; **~y** *a* avaro; (*for food*) glotón/ona.
Greek [gri:k] *a* griego // *n* griego/a; (LING) griego.
green [gri:n] *a* verde; (*inexperienced*) novato // *n* verde *m*; (*stretch of grass*) césped *m*; **~s** *npl* verduras *fpl*; **~ belt** *n* zona verde; **~card** *n* (AUT) carta verde; **~ery** *n* verdura; **~gage** *n* claudia; **~grocer** *n* (*Brit*) verdulero/a; **~house** *n* invernadero; **~ish** *a* verdoso.
Greenland ['gri:nlənd] *n* Groenlandia.
greet [gri:t] *vt* saludar; (*welcome*) dar la bienvenida a; **~ing** *n* (*gen*) saludo; (*welcome*) bienvenida; **~ing(s) card** *n* tarjeta de felicitaciones.
grenade [grə'neɪd] *n* granada.
grew [gru:] *pt of* **grow**.
grey [greɪ] *a* gris; **~-haired** *a* canoso; **~hound** *n* galgo.
grid [grɪd] *n* reja; (ELEC) red *f*.
grief [gri:f] *n* dolor *m*, pena.
grievance ['gri:vəns] *n* motivo de queja, agravio.
grieve [gri:v] *vi* afligirse, acongojarse // *vt* dar pena a; **to ~ for** llorar por.
grievous ['gri:vəs] *a* : **~ bodily harm** (LAW) daños *mpl* corporales graves.
grill [grɪl] *n* (*on cooker*) parrilla // *vt* (*Brit*) asar a la parrilla; (*question*) interrogar.
grille [grɪl] *n* reja.
grim [grɪm] *a* (*place*) sombrío; (*person*) ceñudo.
grimace [grɪ'meɪs] *n* mueca // *vi* hacer muecas.
grimy ['graɪmɪ] *a* mugriento.
grin [grɪn] *n* sonrisa abierta // *vi* sonreír abiertamente.
grind [graɪnd] *vt* (*pt, pp* **ground**) (*coffee, pepper etc*) moler; (*US*: *meat*) picar; (*make sharp*) afilar // *n*: **the daily ~** la rutina diaria; **to ~ one's teeth** hacer rechinar los dientes.
grip [grɪp] *n* (*hold*) asimiento; (*of hands*) apretón *m*; (*handle*) asidero; (*holdall*) maletín *m* // *vt* agarrar; **to get to ~s with** enfrentarse con; **~ping** *a* absorbente.
grisly ['grɪzlɪ] *a* horripilante, horrible.
gristle ['grɪsl] *n* cartílago.
grit [grɪt] *n* gravilla; (*courage*) valor *m* // *vt* (*road*) poner gravilla en; **to ~ one's teeth** apretar los dientes.
groan [grəun] *n* gemido; quejido // *vi* gemir; quejarse.
grocer ['grəusə*] *n* tendero (de ultramarinos); **~ies** *npl* comestibles *mpl*; **~'s (shop)** *n* tienda de ultramarinos *or* de abarrotes (*LAm*).
groggy ['grɔgɪ] *a* atontado.
groin [grɔɪn] *n* ingle *f*.
groom [gru:m] *n* mozo/a de cuadra; (*also*: **bride~**) novio // *vt* (*horse*) almohazar.
groove [gru:v] *n* ranura, surco.
grope [grəup] *vi* ir a tientas; **to ~ for** *vt fus* buscar a tientas.
gross [grəus] *a* grueso; (COMM) bruto; **~ly** *ad* (*greatly*) enormemente.
grotesque [grə'tɛsk] *a* grotesco.
grotto ['grɔtəu] *n* gruta.
ground [graund] *pt, pp of* **grind** // *n* suelo, tierra; (SPORT) campo, terreno; (*reason*: *gen pl*) causa, razón *f*; (*US*: *also*: **~ wire**) tierra // *vt* (*plane*) mantener en tierra; (*US* ELEC) conectar con tierra // *vi* (*ship*) varar, encallar; **~s** *npl* (*of coffee etc*) poso *sg*; (*gardens etc*) jardines *mpl*, parque *m*; **on the ~** en el suelo; **to the ~** al suelo; **to gain/lose ~** ganar/perder terreno; **~ cloth** *n* (*US*) = **~sheet**; **~ing** *n* (*in education*) conocimientos *mpl* básicos; **~less** *a* infundado; **~sheet** (*Brit*) *n* tela impermeable; **~ staff** *n* personal *m* de tierra; **~work** *n* preparación *f*.
group [gru:p] *n* grupo; (*musical*) conjunto // (*vb*: *also*: **~ together**) *vt* agrupar // *vi* agruparse.
grouse [graus] *n, pl inv* (*bird*) urogallo // *vi* (*complain*) quejarse.
grove [grəuv] *n* arboleda.
grovel ['grɔvl] *vi* arrastrarse.
grow [grəu], *pt* **grew**, *pp* **grown** *vi* crecer; (*increase*) aumentarse; (*expand*) desarrollarse; (*become*) volverse; **to ~ rich/weak** enriquecerse/debilitarse // *vt* cultivar; (*hair, beard*) dejar crecer; **to ~ up** *vi* crecer, hacerse hombre/mujer; **~er** *n* cultivador(a) *m/f*, productor(a) *m/f*; **~ing** *a* creciente.
growl [graul] *vi* gruñir.
grown [grəun] *pp of* **grow**; **~-up** *n* adulto, mayor *m/f*.
growth [grəuθ] *n* crecimiento, desarrollo; (*what has grown*) brote *m*; (MED) tumor *m*.
grub [grʌb] *n* gusano; (*col*: *food*) comida.
grubby ['grʌbɪ] *a* sucio, mugriento.
grudge [grʌdʒ] *n* rencor // *vt*: **to ~ sb sth** dar algo a uno de mala gana; **to bear sb**

a ~ guardar rencor a uno; he ~s (giving) the money da el dinero de mala gana.
gruelling ['gruəlɪŋ] *a* penoso, duro.
gruesome ['gru:səm] *a* horrible.
gruff [grʌf] *a* (*voice*) ronco; (*manner*) brusco.
grumble ['grʌmbl] *vi* refunfuñar, quejarse.
grumpy ['grʌmpɪ] *a* gruñón/ona.
grunt [grʌnt] *vi* gruñir // *n* gruñido.
G-string ['dʒi:strɪŋ] *n* taparrabo.
guarantee [gærən'ti:] *n* garantía // *vt* garantizar.
guard [gɑ:d] *n* guardia; (*one man*) guardia *m*; (*Brit* RAIL) jefe *m* de tren // *vt* guardar; **~ed** *a* (*fig*) cauteloso; **~ian** *n* guardián/ana *m/f*; (*of minor*) tutor(a) *m/f*; **~'s van** *n* (*Brit* RAIL) furgón *m*.
Guatemala [gwætɪ'mɑlə] *n* Guatemala; **~n** *a*, *n* guatemalteco/a *m/f*.
guerrilla [gə'rɪlə] *n* guerrillero/a; **~ warfare** *n* guerra de guerrillas.
guess [gɛs] *vi* adivinar // *vt* adivinar; (*US*) suponer // *n* suposición *f*, conjetura; to take *or* have a ~ tratar de adivinar; **~work** *n* conjeturas *fpl*.
guest [gɛst] *n* invitado/a; (*in hotel*) huésped(a) *m/f*; **~-house** *n* casa de huéspedes, pensión *f*; **~ room** *n* cuarto de huéspedes.
guffaw [gʌ'fɔ:] *n* reírse a carcajadas.
guidance ['gaɪdəns] *n* (*gen*) dirección *f*; (*advice*) consejos *mpl*.
guide [gaɪd] *n* (*person*) guía *m/f*; (*book*, *fig*) guía *f* // *vt* guiar; (**girl**) **~** *n* exploradora; **~book** *n* guía; **~ dog** *n* perro *m* guía; **~lines** *npl* (*fig*) directiva *sg*.
guild [gɪld] *n* gremio; **~hall** *n* (*Brit*) ayuntamiento.
guile [gaɪl] *n* astucia.
guillotine ['gɪləti:n] *n* guillotina.
guilt [gɪlt] *n* culpabilidad *f*; **~y** *a* culpable.
guinea pig ['gɪnɪ-] *n* cobayo.
guise [gaɪz] *n*: in *or* under the ~ of bajo apariencia de.
guitar [gɪ'tɑ:*] *n* guitarra.
gulf [gʌlf] *n* golfo; (*abyss*) abismo.
gull [gʌl] *n* gaviota.
gullet ['gʌlɪt] *n* esófago.
gullible ['gʌlɪbl] *a* crédulo.
gully ['gʌlɪ] *n* barranco.
gulp [gʌlp] *vi* tragar saliva // *vt* (*also*: ~ down) tragarse.
gum [gʌm] *n* (ANAT) encía; (*glue*) goma, cemento (*LAm*); (*sweet*) caramelo de goma; (*also*: **chewing-~**) chicle *m* // *vt* pegar con goma; **~boots** *npl* (*Brit*) botas *fpl* de goma.
gun [gʌn] *n* (*small*) pistola, revólver *m*; (*shotgun*) escopeta; (*rifle*) fusil *m*; (*cannon*) cañón *m*; **~boat** *n* cañonero; **~fire** *n* disparos *mpl*; **~man** *n* pistolero; **~ner** *n* artillero; **~point** *n*: at ~point a mano armada; **~powder** *n* pólvora; **~shot** *n* escopetazo; **~smith** *n* armero.
gurgle ['gə:gl] *vi* gorgotear.
guru ['gu:ru:] *n* gurú *m*.
gush [gʌʃ] *vi* chorrear; (*fig*) deshacerse en efusiones.
gusset ['gʌsɪt] *n* escudete *m*.
gust [gʌst] *n* (*of wind*) ráfaga.
gusto ['gʌstəu] *n* entusiasmo.
gut [gʌt] *n* intestino; (MUS *etc*) cuerda de tripa; **~s** *npl* (*courage*) valor *m*.
gutter ['gʌtə*] *n* (*of roof*) canalón *m*; (*in street*) arroyo.
guy [gaɪ] *n* (*also*: **~rope**) cuerda; (*col*: *man*) tío (*Sp*), tipo.
guzzle ['gʌzl] *vi* tragar // *vt* engullir.
gym [dʒɪm] *n* (*also*: **gymnasium**) gimnasio; (*also*: **gymnastics**) gimnasia; **~nast** *n* gimnasta *m/f*; **~ shoes** *npl* zapatillas *fpl* deportivas; **~ slip** *n* (*Brit*) túnica de colegiala.
gynaecologist, (*US*) **gynecologist** [gaɪnɪ'kɔlədʒɪst] *n* ginecólogo/a.
gypsy ['dʒɪpsɪ] *n* = **gipsy**.
gyrate [dʒaɪ'reɪt] *vi* girar.

H

haberdashery ['hæbə'dæʃərɪ] *n* (*Brit*) mercería; (*US*: *men's clothing*) prendas *fpl* de caballero.
habit ['hæbɪt] *n* hábito, costumbre *f*.
habitat ['hæbɪtæt] *n* habitat *m*.
habitual [hə'bɪtjuəl] *a* acostumbrado, habitual; (*drinker*, *liar*) empedernido; **~ly** *ad* por costumbre.
hack [hæk] *vt* (*cut*) cortar; (*slice*) tajar // *n* corte *m*; (*axe blow*) hachazo; (*pej*: *writer*) escritor(a) *m/f* a sueldo.
hackneyed ['hæknɪd] *a* trillado, gastado.
had [hæd] *pt*, *pp of* **have**.
haddock ['hædək], *pl* ~ *or* ~s *n especie de merluza*.
hadn't ['hædnt] = **had not**.
haemorrhage, (*US*) **hemorrhage** ['hɛmərɪdʒ] *n* hemorragia.
haemorrhoids, (*US*) **hemorrhoids** ['hɛmərɔɪdz] *npl* hemorroides *fpl*.
haggard ['hægəd] *a* ojeroso.
haggle ['hægl] *vi* (*argue*) discutir; (*bargain*) regatear.
Hague [heɪg] *n*: The ~ La Haya.
hail [heɪl] *n* (*weather*) granizo // *vt* saludar; (*call*) llamar a // *vi* granizar; **~stone** *n* (piedra de) granizo.
hair [hɛə*] *n* (*gen*) pelo, cabellos *mpl*; (*one* ~) pelo, cabello; (*head of* ~) pelo, cabellera; (*on legs etc*) vello; to do one's ~ arreglarse el pelo; grey ~ canas *fpl*; **~brush** *n* cepillo (para el pelo); **~cut** *n* corte *m* (de pelo) **~do** *n* peinado; **~dresser** *n* peluquero/a; **~dresser's** *n* peluquería; **~-dryer** *n* secador *m* de

pelo; **~grip**, **~pin** *n* horquilla; **~net** *n* redecilla; **~piece** *n* postizo; **~pin bend**, (*US*) **~pin curve** *n* curva de horquilla; **~raising** *a* espeluznante; **~ remover** *n* depilatorio; **~ spray** *n* laca; **~style** *n* peinado; **~y** *a* peludo; velludo.

hake [heɪk] *n* merluza.

half [hɑːf], *pl* **halves** *n* mitad *f* // *a* medio // *ad* medio, a medias; **~-an-hour** media hora; **two and a ~** dos y media; **~ a dozen** media docena; **~ a pound** media libra; **to cut sth in ~** cortar algo por la mitad; **~ asleep** medio dormido; **~-back** *n* (SPORT) medio; **~-breed**, **~-caste** *n* mestizo/a; **~-hearted** *a* indiferente, poco entusiasta; **~-hour** *n* media hora; **~-mast** *n*: **at ~-mast** (*flag*) a media asta; **~-price** *a* a mitad de precio; **~ term** *n* (*Brit* SCOL) *vacaciones de mediados del trimestre*; **~-time** *n* descanso; **~way** *ad* a medio camino.

halibut ['hælɪbət] *n*, *pl inv* halibut *m*.

hall [hɔːl] *n* (*for concerts*) sala; (*entrance way*) entrada, vestíbulo; **~ of residence** *n* (*Brit*) colegio mayor.

hallmark ['hɔːlmɑːk] *n* (*mark*) contraste *m*; (*fig*) sello.

hallo [hə'ləu] *excl* = **hello**.

Hallowe'en [hæləu'iːn] *n* víspera de Todos los Santos.

hallucination [həluːsɪ'neɪʃən] *n* alucinación *f*.

hallway ['hɔːlweɪ] *n* vestíbulo.

halo ['heɪləu] *n* (*of saint*) aureola.

halt [hɔːlt] *n* (*stop*) alto, parada; (RAIL) apeadero // *vt* parar // *vi* pararse; (*process*) interrumpirse.

halve [hɑːv] *vt* partir por la mitad.

halves [hɑːvz] *pl of* **half**.

ham [hæm] *n* jamón *m* (cocido).

hamburger ['hæmbəːgə*] *n* hamburguesa.

hamlet ['hæmlɪt] *n* aldea.

hammer ['hæmə*] *n* martillo // *vt* (*nail*) clavar.

hammock ['hæmək] *n* hamaca.

hamper ['hæmpə*] *vt* estorbar // *n* cesto.

hand [hænd] *n* mano *f*; (*of clock*) aguja; (*writing*) letra; (*worker*) obrero // *vt* dar, pasar; **to give sb a ~** echar una mano a uno, ayudar a uno; **at ~** a la mano; **in ~** entre manos; **on ~** (*person, services*) a mano, al alcance; **to ~** (*information etc*) a mano; **on the one ~ ...**, **on the other ~ ...** por una parte ... por otra (parte) ...; **to ~ in** *vt* entregar; **to ~ out** *vt* distribuir; **to ~ over** *vt* (*deliver*) entregar; (*surrender*) ceder; **~bag** *n* bolso, cartera (*LAm*); **~book** *n* manual *m*; **~brake** *n* freno de mano; **~cuffs** *npl* esposas *fpl*; **~ful** *n* puñado.

handicap ['hændɪkæp] *n* desventaja, (SPORT) handicap *m* // *vt* estorbar; **handicapped** *a*: **to be mentally/physically ~ped** ser deficiente *m/f* (mental)/minusválido/a (físico/a).

handicraft ['hændɪkrɑːft] *n* artesanía.

handiwork ['hændɪwəːk] *n* manualidad(es) *f(pl)*; (*fig*) obra.

handkerchief ['hæŋkətʃɪf] *n* pañuelo.

handle ['hændl] *n* (*of door etc*) manija; (*of cup etc*) asa; (*of knife etc*) mango; (*for winding*) manivela // *vt* (*touch*) tocar; (*deal with*) encargarse de; (*treat: people*) manejar; '**~ with care**' '(manéjese) con cuidado'; **to fly off the ~** perder los estribos; **~bar(s)** *n(pl)* manillar *msg*.

hand: **~-luggage** *n* equipaje *m* de mano; **~made** ['hændmeɪd] *a* hecho a mano; **~out** ['hændaut] *n* (*leaflet*) folleto; **~rail** ['hændreɪl] *n* pasamanos *m inv*; **~shake** ['hændʃeɪk] *n* apretón *m* de manos.

handsome ['hænsəm] *a* guapo.

handwriting ['hændraɪtɪŋ] *n* letra.

handy ['hændɪ] *a* (*close at hand*) a la mano; (*tool etc*) práctico; (*skilful*) hábil, diestro; **~man** *n* manitas *m inv*.

hang [hæŋ], *pt, pp* **hung** *vt* colgar; (*head*) bajar; (*criminal*: *pt, pp* **hanged**) ahorcar // *vi* colgar; **to get the ~ of sth** (*col*) lograr dominar algo; **to ~ about** *vi* haraganear; **to ~ on** *vi* (*wait*) esperar; **to ~ up** *vi* (TEL) colgar.

hanger ['hæŋə*] *n* percha.

hang-gliding ['hæŋglaɪdɪŋ] *n* vuelo libre.

hangover ['hæŋəuvə*] *n* (*after drinking*) resaca.

hang-up ['hæŋʌp] *n* complejo.

hanker ['hæŋkə*] *vi*: **to ~ after** añorar.

hankie, hanky ['hæŋkɪ] *n abbr* = **handkerchief**.

haphazard [hæp'hæzəd] *a* fortuito.

happen ['hæpən] *vi* suceder, ocurrir; (*take place*) tener lugar, realizarse; **as it ~s** da la casualidad de que; **~ing** *n* suceso, acontecimiento.

happily ['hæpɪlɪ] *ad* (*luckily*) afortunadamente; (*cheerfully*) alegremente.

happiness ['hæpɪnɪs] *n* (*contentment*) felicidad *f*; (*joy*) alegría.

happy ['hæpɪ] *a* feliz; (*cheerful*) alegre; **to be ~ (with)** estar contento (con); **~ birthday!** ¡feliz cumpleaños!; **~-go-lucky** *a* despreocupado.

harangue [hə'ræŋ] *vt* arengar.

harass ['hærəs] *vt* acosar, hostigar; **~ment** *n* persecución *f*.

harbour, (*US*) **harbor** ['hɑːbə*] *n* puerto // *vt* dar abrigo a.

hard [hɑːd] *a* duro; (*difficult*) difícil; (*work*) arduo; (*person*) severo // *ad* (*work*) mucho, duro; (*think*) profundamente; **to look ~ at sb/sth** clavar los ojos en uno/algo; **to try ~** esforzarse; **no ~ feelings!** ¡sin rencor(es)!; **to be ~ of hearing** ser duro de oído; **to be ~ done by** ser tratado injustamente; **~back** *n* libro de tapas duras; ~ **cash** *n* dinero contante; ~ **disk** *n* (*COMPUT*) disco duro *or* rígido; ~**en** *vt* endurecer; (*fig*) curtir // *vi* endurecerse; ~**-headed** *a* poco sentimental, realista; ~ **labour** *n* trabajos *mpl* forzados.

hardly ['hɑːdlɪ] *ad* (*scarcely*) apenas; **that can ~ be true** eso difícilmente puede ser cierto; **~ ever** casi nunca.

hardship ['hɑːdʃɪp] *n* (*troubles*) penas *fpl*; (*financial*) apuro.

hard-up [hɑːd'ʌp] *a* (*col*) sin un duro (*Sp*), sin plata (*LAm*).

hardware ['hɑːdwɛə*] *n* ferretería; (*COMPUT*) hardware *m*; ~ **shop** *n* ferretería.

hard-wearing [hɑːd'wɛərɪŋ] *a* resistente, duradero.

hard-working [hɑːd'wəːkɪŋ] *a* trabajador(a).

hardy ['hɑːdɪ] *a* fuerte; (*plant*) resistente.

hare [hɛə*] *n* liebre *f*; ~**-brained** *a* casquivano.

haricot (bean) ['hærɪkəu-] *n* alubia.

harm [hɑːm] *n* daño, mal *m* // *vt* (*person*) hacer daño a; (*health, interests*) perjudicar; (*thing*) dañar; **out of ~'s way** a salvo; ~**ful** *a* (*gen*) dañino; (*to reputation*) perjudicial; ~**less** *a* (*person*) inofensivo; (*drugs*) inocuo.

harmonize ['hɑːmənaɪz] *vt, vi* armonizar.

harmony ['hɑːmənɪ] *n* armonía.

harness ['hɑːnɪs] *n* arreos *mpl* // *vt* enjaezar; (*fig*) aprovechar.

harp [hɑːp] *n* arpa // *vi*: **to ~ on (about)** machacar (con).

harpoon [hɑː'puːn] *n* arpón *m*.

harrowing ['hærəuɪŋ] *a* angustioso.

harsh [hɑːʃ] *a* (*cruel*) duro, cruel; (*severe*) severo; (*words*) hosco; (*colour*) chillón/ona; (*contrast*) violento.

harvest ['hɑːvɪst] *n* cosecha; (*of grapes*) vendimia // *vt, vi* cosechar; ~**er** *n* (*machine*) cosechadora.

has [hæz] *vb see* **have**.

hash [hæʃ] *n* (*CULIN*) picadillo; (*fig: mess*) lío.

hashish ['hæʃɪʃ] *n* hachís *m*, hachich *m*.

hasn't ['hæznt] = **has not**.

hassle ['hæsl] *n* pelea.

haste [heɪst] *n* prisa; ~**n** ['heɪsn] *vt* acelerar // *vi* darse prisa; **hastily** *ad* de prisa; **hasty** *a* apresurado.

hat [hæt] *n* sombrero.

hatch [hætʃ] *n* (*NAUT*: *also*: ~**way**) escotilla // *vi* salir del cascarón // *vt* incubar; (*plot*) tramar.

hatchback ['hætʃbæk] *n* (*AUT*) tres *or* cinco puertas *m*.

hatchet ['hætʃɪt] *n* hacha.

hate [heɪt] *vt* odiar, aborrecer // *n* odio; ~**ful** *a* odioso; **hatred** ['heɪtrɪd] *n* odio.

hat trick *n*: **to score a ~** (*Brit*: *SPORT*) marcar tres goles *or* tantos.

haughty ['hɔːtɪ] *a* altanero, arrogante.

haul [hɔːl] *vt* tirar; (*by lorry*) transportar // *n* (*of fish*) redada; (*of stolen goods etc*) botín *m*; ~**age** *n* (*Brit*) transporte *m*; (*costs*) gastos *mpl* de transporte; ~**ier**, (*US*) ~**er** *n* transportista *m/f*.

haunch [hɔːntʃ] *n* anca; (*of meat*) pierna.

haunt [hɔːnt] *vt* (*subj*: *ghost*) aparecer en; (*frequent*) frecuentar; (*obsess*) obsesionar // *n* guarida.

have [haev], *pt, pp* **had** ♦ *auxiliary vb* **1** (*gen*) haber; **to ~ arrived/eaten** haber llegado/comido; **having finished** *or* **when he had finished, he left** cuando terminó, se fue

2 (*in tag questions*): **you've done it, ~n't you?** lo has hecho, ¿verdad? *or* ¿no?

3 (*in short answers and questions*): **I ~n't** no; **so I ~** pues, es verdad; **we ~n't paid — yes we ~!** no hemos pagado — sí que hemos pagado; **I've been there before, ~ you?** he estado allí antes, ¿y tú?

♦ *modal auxiliary vb* (*be obliged*): **to ~ (got) to do sth** tener que hacer algo; **you ~n't to tell her** no hay que *or* no debes decírselo

♦ *vt* **1** (*possess*): **he has (got) blue eyes/dark hair** tiene los ojos azules/el pelo negro

2 (*referring to meals etc*): **to ~ breakfast/lunch/dinner** desayunar/comer/cenar; **to ~ a drink/a cigarette** tomar algo/fumar un cigarrillo

3 (*receive*) recibir; (*obtain*) obtener; **may I ~ your address?** ¿puedes darme tu dirección?; **you can ~ it for £5** te lo puedes quedar por £5; **I must ~ it by tomorrow** lo necesito para mañana; **to ~ a baby** tener un niño *or* bebé

4 (*maintain, allow*): **I won't ~ it/this nonsense!** ¡no lo permitiré!/¡no permitiré estas tonterías!; **we can't ~ that** no podemos permitir eso

5: **to ~ sth done** hacer *or* mandar hacer algo; **to ~ one's hair cut** cortarse el pelo; **to ~ sb do sth** hacer que alguien haga algo

6 (*experience, suffer*): **to ~ a cold/flu** tener un resfriado/gripe; **she had her bag stolen/her arm broken** le robaron el bolso/se rompió un brazo; **to ~ an operation** operarse

7 (+ *noun*): **to ~ a swim/walk/bath/rest** nadar/dar un paseo/darse un baño/descansar; **let's ~ a look** vamos a ver; **to ~ a meeting/party** celebrar una reunión/una fiesta; **let me ~ a try** déjame intentarlo;

to ~ out *vt*: **to ~ it out with sb** (*settle a problem etc*) dejar las cosas en claro con alguien.

haven ['heɪvn] *n* puerto; (*fig*) refugio.

haven't ['hævnt] = **have not**.

haversack ['hævəsæk] *n* mochila.
havoc ['hævək] *n* estragos *mpl*.
hawk [hɔ:k] *n* halcón *m*.
hay [heɪ] *n* heno; ~ **fever** *n* fiebre *f* del heno; ~**stack** *n* almiar *m*.
haywire ['heɪwaɪə*] *a* (*col*): to go ~ (*person*) volverse loco; (*plan*) embrollarse.
hazard ['hæzəd] *n* riesgo; (*danger*) peligro // *vt* aventurar; ~**ous** *a* peligroso; ~ **warning lights** *npl* (AUT) señales *fpl* de emergencia.
haze [heɪz] *n* neblina.
hazelnut ['heɪzlnʌt] *n* avellana.
hazy ['heɪzɪ] *a* brumoso; (*idea*) vago.
he [hi:] *pron* él; ~ **who...** él que..., quien... .
head [hɛd] *n* cabeza; (*leader*) jefe/a *m/f* // *vt* (*list*) encabezar; (*group*) capitanear; ~**s (or tails)** cara (o cruz); ~ **first** de cabeza; ~ **over heels** patas arriba; **to ~ the ball** cabecear (la pelota); **to ~ for** *vt fus* dirigirse a; ~**ache** *n* dolor *m* de cabeza; ~**dress** *n* tocado; ~**ing** *n* título; ~**lamp** *n* (*Brit*) = ~**light**; ~**land** *n* promontorio; ~**light** *n* faro; ~**line** *n* titular *m*; ~**long** *ad* (*fall*) de cabeza; (*rush*) precipitadamente; ~**master/mistress** *n* director(a) *m/f* (de escuela); ~ **office** *n* oficina central, central *f*; ~**-on** *a* (*collision*) de frente; ~**phones** *npl* auriculares *mpl*; ~**quarters (HQ)** *npl* sede *f* central; (MIL) cuartel *m* general; ~**-rest** *n* reposa-cabezas *m inv*; ~**room** *n* (*in car*) altura interior; (*under bridge*) (límite *m* de) altura; ~**scarf** *n* pañuelo; ~**strong** *a* testarudo; ~ **waiter** *n* maitre *m*; ~**way** *n*: **to make ~way** (*fig*) hacer progresos; ~**wind** *n* viento contrario; ~**y** *a* (*experience, period*) apasionante; (*wine*) cabezón.
heal [hi:l] *vt* curar // *vi* cicatrizarse.
health [hɛlθ] *n* salud *f*; ~ **food** *n* alimentos *mpl* orgánicos; **the H~ Service** *n* (*Brit*) servicio de salud pública; ≈ Insalud *m* (*Sp*); ~**y** *a* (*gen*) sano.
heap [hi:p] *n* montón *m* // *vt* amontonar.
hear [hɪə*], *pt, pp* **heard** [hə:d] *vt* oír; (*perceive*) sentir; (*listen to*) escuchar; (*lecture*) asistir a // *vi* oír; **to ~ about** oír hablar de; **to ~ from sb** tener noticias de uno; ~**ing** *n* (*sense*) oído; (LAW) vista; ~**ing aid** *n* audífono; ~**say** *n* rumores *mpl*, hablillas *fpl*.
hearse [hə:s] *n* coche *m* fúnebre.
heart [hɑ:t] *n* corazón *m*; ~**s** *npl* (CARDS) corazones *mpl*; **at ~** en el fondo; **by ~** (*learn, know*) de memoria; ~ **attack** *n* infarto (de miocardio); ~**beat** *n* latido (del corazón); ~**breaking** *a* desgarrador(a); ~**broken** *a*: **she was ~broken about it** esto le partió el corazón; ~**burn** *n* acedía; ~ **failure** *n* fallo cardíaco; ~**felt** *a* (*cordial*) cordial; (*deeply felt*) más sentido.
hearth [hɑ:θ] *n* (*gen*) hogar *m*; (*fireplace*) chimenea.
heartily ['hɑ:tɪlɪ] *ad* sinceramente, cordialmente; (*laugh*) a carcajadas; (*eat*) con buen apetito.
heartless ['hɑ:tlɪs] *a* cruel.
hearty ['hɑ:tɪ] *a* cordial.
heat [hi:t] *n* (*gen*) calor *m*; (SPORT: *also*: **qualifying ~**) prueba eliminatoria // *vt* calentar; **to ~ up** *vi* (*gen*) calentarse; ~**ed** *a* caliente; (*fig*) acalorado; ~**er** *n* calentador *m*.
heath [hi:θ] *n* (*Brit*) brezal *m*.
heathen ['hi:ðn] *a, n* pagano/a *m/f*.
heather ['hɛðə*] *n* brezo.
heating ['hi:tɪŋ] *n* calefacción *f*.
heatstroke ['hi:tstrəuk] *n* insolación *f*.
heatwave ['hi:tweɪv] *n* ola de calor.
heave [hi:v] *vt* (*pull*) tirar; (*push*) empujar con esfuerzo; (*lift*) levantar (con esfuerzo) // *vi* (*water*) subir y bajar // *n* tirón *m*; empujón *m*.
heaven ['hɛvn] *n* cielo; ~**ly** *a* celestial.
heavily ['hɛvɪlɪ] *ad* pesadamente; (*drink, smoke*) con exceso; (*sleep, sigh*) profundamente.
heavy ['hɛvɪ] *a* pesado; (*work*) duro; (*sea, rain, meal*) fuerte; (*drinker, smoker*) gran; ~ **goods vehicle (HGV)** *n* vehículo pesado; ~**weight** *n* (SPORT) peso pesado.
Hebrew ['hi:bru:] *a, n* (LING) hebreo.
Hebrides ['hɛbrɪdi:z] *npl*: **the ~** las Hébridas.
heckle ['hɛkl] *vt* interrumpir.
hectic ['hɛktɪk] *a* agitado.
he'd [hi:d] = **he would, he had**.
hedge [hɛdʒ] *n* seto // *vt* cercar (con un seto) // *vi* contestar con evasivas; **to ~ one's bets** (*fig*) cubrirse.
hedgehog ['hɛdʒhɔg] *n* erizo.
heed [hi:d] *vt* (*also*: **take ~ of**) (*pay attention*) hacer caso de; (*bear in mind*) tener en cuenta; ~**less** *a* desatento.
heel [hi:l] *n* talón *m* // *vt* (*shoe*) poner tacón a.
hefty ['hɛftɪ] *a* (*person*) fornido; (*piece*) grande; (*price*) gordo.
heifer ['hɛfə*] *n* novilla, ternera,
height [haɪt] *n* (*of person*) talle *m*; (*of building*) altura; (*high ground*) cerro; (*altitude*) altitud *f*; ~**en** *vt* elevar; (*fig*) aumentar.
heir [ɛə*] *n* heredero; ~**ess** *n* heredera; ~**loom** *n* reliquia de familia.
held [hɛld] *pt, pp of* **hold**.
helicopter ['hɛlɪkɔptə*] *n* helicóptero.
helium ['hi:lɪəm] *n* helio.
hell [hɛl] *n* infierno; ~! (*col*) ¡demonios!
he'll [hi:l] = **he will, he shall**.
hellish ['hɛlɪʃ] *a* infernal.
hello [hə'ləu] *excl* ¡hola!; (*surprise*) ¡caramba!
helm [hɛlm] *n* (NAUT) timón *m*.
helmet ['hɛlmɪt] *n* casco.

help [hɛlp] *n* ayuda; (*charwoman*) criada, asistenta // *vt* ayudar; **~**! ¡socorro!; **~ yourself** sírvete; **he can't ~ it** no es culpa suya; **~er** *n* ayudante *m/f*; **~ful** *a* útil; (*person*) servicial; **~ing** *n* ración *f*; **~less** *a* (*incapable*) incapaz; (*defenceless*) indefenso.

hem [hɛm] *n* dobladillo // *vt* poner *or* coser el dobladillo; **to ~ in** *vt* cercar.

he-man ['hi:mæn] *n* macho.

hemorrhage ['hɛmərɪdʒ] *n* (*US*) = **haemorrhage**.

hemorrhoids ['hɛmərɔɪdʒ] *npl* (*US*) = **haemorrhoids**.

hen [hɛn] *n* gallina.

hence [hɛns] *ad* (*therefore*) por lo tanto; **2 years ~** de aquí a 2 años; **~forth** *ad* de hoy en adelante.

henchman ['hɛntʃmən] *n* (*pej*) secuaz *m*.

henpecked ['hɛnpɛkt] *a*: **to be ~** ser un calzonazos.

hepatitis [hɛpə'taɪtɪs] *n* hepatitis *f*.

her [hə:*] *pron* (*direct*) la; (*indirect*) le; (*stressed, after prep*) ella // *a* su; *see also* **me, my**.

herald ['hɛrəld] *n* heraldo // *vt* anunciar.

herb [hə:b] *n* hierba.

herd [hə:d] *n* rebaño.

here [hɪə*] *ad* aquí; **~**! (*present*) ¡presente!; (*offering sth*) ¡toma!; **~ is/are** aquí está/están; **~ she is** aquí está; **~after** *ad* en el futuro // *n*: **the ~after** el más allá; **~by** *ad* (*in letter*) por la presente.

heredity [hɪ'rɛdɪtɪ] *n* herencia.

heresy ['hɛrəsɪ] *n* herejía.

heretic ['hɛrətɪk] *n* hereje *m/f*.

heritage ['hɛrɪtɪdʒ] *n* (*gen*) herencia; (*fig*) patrimonio.

hermetically [hə:'mɛtɪklɪ] *ad*: **~ sealed** cerrado herméticamente.

hermit ['hə:mɪt] *n* ermitaño/a.

hernia ['hə:nɪə] *n* hernia.

hero ['hɪərəu], *pl* **~es** *n* héroe *m*; (*in book, film*) protagonista *m*; **~ic** [hɪ'rəuɪk] *a* heroico.

heroin ['hɛrəuɪn] *n* heroína.

heroine ['hɛrəuɪn] *n* heroína; (*in book, film*) protagonista.

heron ['hɛrən] *n* garza.

herring ['hɛrɪŋ] *n* arenque *m*.

hers [hə:z] *pron* (el) suyo/(la) suya *etc*; *see also* **mine**.

herself [hə:'sɛlf] *pron* (*reflexive*) se; (*emphatic*) ella misma; (*after prep*) sí (misma); *see also* **oneself**.

he's [hi:z] = **he is**; **he has**.

hesitant ['hɛzɪtənt] *a* vacilante.

hesitate ['hɛzɪteɪt] *vi* vacilar; **hesitation** ['-teɪʃən] *n* indecisión *f*.

heterosexual [hɛtərəu'sɛksjuəl] *a, n* heterosexual *m/f*.

heyday ['heɪdeɪ] *n*: **the ~ of** el apogeo de.

HGV *n abbr* = **heavy goods vehicle**.

hi [haɪ] *excl* ¡hola!

hiatus [haɪ'eɪtəs] *n* laguna; (LING) hiato.

hibernate ['haɪbəneɪt] *vi* invernar.

hiccough, hiccup ['hɪkʌp] *vi* hipar; **~s** *npl* hipo *sg*.

hide [haɪd] *n* (*skin*) piel *f* // *vb* (*pt* **hid**, *pp* **hidden**) *vt* esconder, ocultar // *vi*: **to ~** (**from sb**) esconderse *or* ocultarse (de uno); **~-and-seek** *n* escondite *m*; **~away** *n* escondite *m*.

hideous ['hɪdɪəs] *a* horrible.

hiding ['haɪdɪŋ] *n* (*beating*) paliza; **to be in ~** (*concealed*) estar escondido; **~ place** *n* escondrijo.

hierarchy ['haɪərɑ:kɪ] *n* jerarquía.

hi-fi ['haɪfaɪ] *n* estéreo, hifi *m* // *a* de alta fidelidad.

high [haɪ] *a* alto; (*speed, number*) grande; (*price*) elevado; (*wind*) fuerte; (*voice*) agudo // *ad* alto, a gran altura; **it is 20 m ~** tiene 20 m de altura; **~ in the air** en las alturas; **~boy** *n* (*US*) cómoda alta; **~brow** *a, n* intelectual *m/f*; **~chair** *n* silla alta; **~er education** *n* educación *f or* enseñanza superior; **~-handed** *a* despótico; **~jack** = **hijack**; **~ jump** *n* (SPORT) salto de altura; **the H~lands** *npl las tierras altas de Escocia*; **~light** *n* (*fig*: *of event*) punto culminante // *vt* subrayar; **~ly** *ad* sumamente; **~ly strung** *a* hipertenso; **~ness** *n* altura; **Her** *or* **His H~ness** Su Alteza; **~-pitched** *a* agudo; **~-rise block** *n* torre *f* de pisos; **~ school** *n* centro de enseñanza secundaria; ≈ Instituto Nacional de Bachillerato (*Sp*); **~ season** *n* (*Brit*) temporada alta; **~ street** *n* (*Brit*) calle *f* mayor; **~way** *n* carretera; **H~way Code** *n* (*Brit*) código de la circulación.

hijack ['haɪdʒæk] *vt* secuestrar; **~er** *n* secuestrador(a) *m/f*.

hike [haɪk] *vi* (*go walking*) ir de excursión (de pie) // *n* caminata; **~r** *n* excursionista *m/f*.

hilarious [hɪ'lɛərɪəs] *a* divertidísimo.

hill [hɪl] *n* colina; (*high*) montaña; (*slope*) cuesta; **~side** *n* ladera; **~y** *a* montañoso; (*uneven*) accidentado.

hilt [hɪlt] *n* (*of sword*) empuñadura; **to the ~** (*fig*: *support*) incondicionalmente.

him [hɪm] *pron* (*direct*) le, lo; (*indirect*) le; (*stressed, after prep*) él; *see also* **me**; **~self** *pron* (*reflexive*) se; (*emphatic*) él mismo; (*after prep*) sí (mismo); *see also* **oneself**.

hind [haɪnd] *a* posterior // *n* cierva.

hinder ['hɪndə*] *vt* estorbar, impedir; **hindrance** ['hɪndrəns] *n* estorbo, obstáculo.

hindsight ['haɪndsaɪt] *n*: **with ~** en retrospectiva.

Hindu ['hɪndu:] *n* hindú *m/f*.

hinge [hɪndʒ] *n* bisagra, gozne *m* // *vi*

(*fig*): to ~ on depender de.
hint [hɪnt] *n* indirecta; (*advice*) consejo // *vt*: to ~ that insinuar que // *vi*: to ~ at hacer alusión a.
hip [hɪp] *n* cadera.
hippopotamus [hɪpə'pɔtəməs], *pl* **~es** *or* **-mi** [-maɪ] *n* hipopótamo.
hire ['haɪə*] *vt* (*Brit*: *car, equipment*) alquilar; (*worker*) contratar // *n* alquiler *m*; for ~ se alquila; (*taxi*) libre; **~ purchase (H.P.)** *n* (*Brit*) compra a plazos.
his [hɪz] *pron* (el) suyo/(la) suya *etc* // *a* su; *see also* **my**, **mine**.
Hispanic [hɪs'pænɪk] *a* hispánico.
hiss [hɪs] *vi* silbar.
historian [hɪ'stɔːrɪən] *n* historiador(a) *m/f*.
historic(al) [hɪ'stɔrɪk(l)] *a* histórico.
history ['hɪstərɪ] *n* historia.
hit [hɪt] *vt* (*pt, pp* **hit**) (*strike*) golpear, pegar; (*reach*: *target*) alcanzar; (*collide with*: *car*) chocar contra; (*fig*: *affect*) afectar // *n* golpe *m*; (*success*) éxito; **to ~ it off with sb** llevarse bien con uno; **~-and-run driver** *n conductor(a) que atropella y huye*.
hitch [hɪtʃ] *vt* (*fasten*) atar, amarrar; (*also*: **~ up**) remangar // *n* (*difficulty*) dificultad *f*; **to ~ a lift** hacer autostop.
hitch-hike ['hɪtʃhaɪk] *vi* hacer autostop; **~r** *n* autostopista *m/f*.
hi-tech [haɪ'tɛk] *a* de alta tecnología.
hitherto ['hɪðə'tuː] *ad* hasta ahora.
hive [haɪv] *n* colmena; **to ~ off** *vt* transferir; privatizar.
HMS *abbr = His (Her) Majesty's Ship*.
hoard [hɔːd] *n* (*treasure*) tesoro; (*stockpile*) provisión *f* // *vt* acumular; **~ing** *n* (*for posters*) cartelera.
hoarfrost ['hɔːfrɔst] *n* escarcha.
hoarse [hɔːs] *a* ronco.
hoax [həuks] *n* trampa.
hob [hɔb] *n* quemador *m*.
hobble ['hɔbl] *vi* cojear.
hobby ['hɔbɪ] *n* pasatiempo, afición *f*; **~-horse** *n* (*fig*) caballo de batalla.
hobo ['həubəu] *n* (*US*) vagabundo.
hockey ['hɔkɪ] *n* hockey *m*.
hoe [həu] *n* azadón *m* // *vt* azadonar.
hog [hɔg] *n* cerdo, puerco // *vt* (*fig*) acaparar; **to go the whole ~** poner toda la carne en el asador.
hoist [hɔɪst] *n* (*crane*) grúa // *vt* levantar, alzar.
hold [həuld] *vt* (*pt, pp* **held**) tener; (*contain*) contener; (*keep back*) retener; (*believe*) sostener; (*take ~ of*) coger (*Sp*), agarrar (*LAm*); (*take weight*) soportar; (*meeting*) celebrar // *vi* (*withstand pressure*) resistir; (*be valid*) valer; (*stick*) pegarse // *n* (*grasp*) asimiento; (*fig*) dominio; (WRESTLING) presa; (NAUT) bodega; **~ the line!** (TEL) ¡no cuelgue!; **to ~ one's own** (*fig*) defenderse; **to catch** *or* **get (a) ~ of** agarrarse *or* asirse de; **to ~ back** *vt* retener; (*secret*) ocultar; **to ~ down** *vt* (*person*) sujetar; (*job*) mantener; **to ~ off** *vt* (*enemy*) rechazar; **to ~ on** *vi* agarrarse bien; (*wait*) esperar; **to ~ on to** *vt fus* agarrarse a; (*keep*) guardar; **to ~ out** *vt* ofrecer // *vi* (*resist*) resistir; **to ~ up** *vt* (*raise*) levantar; (*support*) apoyar; (*delay*) retrasar; (*rob*) asaltar; **~all** *n* (*Brit*) bolsa; **~er** *n* (*of ticket, record*) poseedor(a) *m/f*; (*of office, title etc*) titular *m/f*; **~ing** *n* (*share*) interés *m*; **~up** *n* (*robbery*) atraco; (*delay*) retraso; (*Brit*: *in traffic*) embotellamiento.
hole [həul] *n* agujero // *vt* agujerear.
holiday ['hɔlədɪ] *n* vacaciones *fpl*; (*day off*) (día *m* de) fiesta, día *m* feriado; **on ~** de vacaciones; **~ camp** *n* colonia veraniega; **~-maker** *n* (*Brit*) turista *m/f*; **~ resort** *n* centro turístico.
holiness ['həulɪnɪs] *n* santidad *f*.
Holland ['hɔlənd] *n* Holanda.
hollow ['hɔləu] *a* hueco; (*fig*) vacío; (*eyes*) hundido; (*sound*) sordo // *n* (*gen*) hueco; (*in ground*) hoyo // *vt*: **to ~ out** ahuecar.
holly ['hɔlɪ] *n* acebo.
holocaust ['hɔləkɔːst] *n* holocausto.
holster ['həulstə*] *n* pistolera.
holy ['həulɪ] *a* (*gen*) santo, sagrado; (*water*) bendito; **H~ Ghost** *or* **Spirit** *n* Espíritu *m* Santo.
homage ['hɔmɪdʒ] *n* homenaje *m*.
home [həum] *n* casa; (*country*) patria; (*institution*) asilo // *a* (*domestic*) casero, de casa; (ECON, POL) nacional // *ad* (*direction*) a casa; **at ~** en casa; **to go/come ~** ir/volver a casa; **make yourself at ~** ¡estás en tu casa!; **~ address** *n* domicilio; **~ computer** *n* ordenador *m* doméstico; **~land** *n* tierra natal; **~less** *a* sin hogar, sin casa; **~ly** *a* (*domestic*) casero; (*simple*) sencillo; **~-made** *a* hecho en casa; **H~ Office** *n* (*Brit*) Ministerio del Interior; **~ rule** *n* autonomía; **H~ Secretary** *n* (*Brit*) Ministro del Interior; **~sick** *a*: **to be ~sick** tener morriña, sentir nostalgia; **~ town** *n* ciudad *f* natal; **~ward** ['həumwəd] *a* (*journey*) hacia casa; **~work** *n* deberes *mpl*.
homogeneous [hɔmə'dʒiːnɪəs] *a* homogéneo.
homicide ['hɔmɪsaɪd] *n* (*US*) homicidio.
homosexual [hɔməu'sɛksjuəl] *a, n* homosexual *m/f*.
Honduran [hɔn'djuərən] *a, n* hondureño/a *m/f*.
Honduras [hɔn'djuərəs] *n* Honduras *f*.
honest ['ɔnɪst] *a* honrado; (*sincere*) franco, sincero; **~ly** *ad* honradamente; francamente; **~y** *n* honradez *f*.
honey ['hʌnɪ] *n* miel *f*; **~comb** *n* panal *m*; **~moon** *n* luna de miel; **~suckle** *n* madreselva.

honk [hɔŋk] *vi* (AUT) tocar la bocina.
honorary ['ɔnərərı] *a* (*member, president*) de honor; ~ **degree** doctorado honoris causa.
honour, (*US*) **honor** ['ɔnə*] *vt* honrar // *n* honor *m*, honra; ~**able** *a* honorable; ~**s degree** *n* (SCOL) *título de licenciado de categoría superior.*
hood [hud] *n* capucha; (*Brit* AUT) capota; (*US*: AUT) capó *m*.
hoodlum ['hu:dləm] *n* matón *m*.
hoodwink ['hudwıŋk] *vt* (*Brit*) timar.
hoof [hu:f], *pl* **hooves** *n* pezuña.
hook [huk] *n* gancho; (*on dress*) corchete *m*, broche *m*; (*for fishing*) anzuelo // *vt* enganchar.
hooligan ['hu:lıgən] *n* gamberro.
hoop [hu:p] *n* aro.
hoot [hu:t] *vi* (*Brit* AUT) tocar la bocina; (*siren*) sonar la sirena // *n* bocinazo, toque *m* de sirena; **to ~ with laughter** morirse de risa; ~**er** *n* (*Brit* AUT) bocina; (NAUT) sirena.
hoover ® ['hu:və*] (*Brit*) *n* aspiradora // *vt* pasar la aspiradora por.
hooves [hu:vz] *pl of* **hoof.**
hop [hɔp] *vi* saltar, brincar; (*on one foot*) saltar con un pie.
hope [həup] *vt, vi* esperar // *n* esperanza; I ~ so/not espero que sí/no; ~**ful** *a* (*person*) optimista; (*situation*) prometedor(a); ~**fully** *ad* con optimismo, con esperanza; ~**less** *a* desesperado.
hops [hɔps] *npl* lúpulo *sg*.
horizon [hə'raızn] *n* horizonte *m*; ~**tal** [hɔrı'zɔntl] *a* horizontal.
hormone ['hɔ:məun] *n* hormona.
horn [hɔ:n] *n* cuerno; (MUS: *also*: **French ~**) trompa; (AUT) bocina, claxón *m* (*LAm*).
hornet ['hɔ:nıt] *n* avispón *m*.
horny ['hɔ:nı] *a* (*material*) córneo; (*hands*) calloso; (*col*) cachondo.
horoscope ['hɔrəskəup] *n* horóscopo.
horrendous [hɔ'rɛndəs] *a* horrendo.
horrible ['hɔrıbl] *a* horrible.
horrid ['hɔrıd] *a* horrible, horroroso.
horrify ['hɔrıfaı] *vt* horrorizar.
horror ['hɔrə*] *n* horror *m*; ~ **film** *n* película de horror.
hors d'œuvre [ɔ:'də:vrə] *n* entremeses *mpl*.
horse [hɔ:s] *n* caballo; **on ~back** a caballo; ~ **chestnut** *n* (*tree*) castaño de Indias; ~**man/woman** *n* jinete/a *m/f*; ~**power (h.p.)** *n* caballo (de fuerza); ~**-racing** *n* carreras *fpl* de caballos; ~**radish** *n* rábano picante; ~**shoe** *n* herradura.
hose [həuz] *n* (*also*: ~**pipe**) manga.
hosiery ['həuzıərı] *n* calcetería.
hospitable [hɔs'pıtəbl] *a* hospitalario.
hospital ['hɔspıtl] *n* hospital *m*.
hospitality [hɔspı'tælıtı] *n* hospitalidad *f*.
host [həust] *n* anfitrión *m*; (*of inn etc*) mesonero; (REL) hostia; (*large number*): a ~ of multitud de.
hostage ['hɔstıdʒ] *n* rehén *m*.
hostel ['hɔstl] *n* hostal *m*; **(youth) ~** *n* albergue *m* juvenil.
hostess ['həustıs] *n* anfitriona.
hostile ['hɔstaıl] *a* hostil; **hostility** [-'stılıtı] *n* hostilidad *f*.
hot [hɔt] *a* caliente; (*weather*) caluroso, de calor; (*as opposed to only warm*) muy caliente; (*spicy*) picante; (*fig*) ardiente, acalorado; **to be ~** (*person*) tener calor; (*object*) estar caliente; (*weather*) hacer calor; ~**bed** *n* (*fig*) semillero; ~ **dog** *n* perro caliente.
hotel [həu'tɛl] *n* hotel *m*; ~**ier** *n* hotelero.
hot: ~**headed** *a* exaltado; ~**house** *n* invernadero; ~ **line** *n* (POL) teléfono rojo; ~**ly** *ad* con pasión, apasionadamente; ~**plate** *n* (*on cooker*) hornillo; ~**-water bottle** *n* bolsa de agua caliente.
hound [haund] *vt* acosar // *n* perro de caza.
hour ['auə*] *n* hora; ~**ly** *a* (de) cada hora // *ad* cada hora.
house [haus, *pl*: 'hauzız] *n* (*also*: *firm*) casa; (POL) cámara; (THEATRE) sala // *vt* [hauz] (*person*) alojar; **on the ~** (*fig*) la casa invita; ~ **arrest** *n* arresto domiciliario; ~**boat** *n* casa flotante; ~**breaking** *n* allanamiento de morada; ~**coat** *n* bata; ~**hold** *n* familia; ~**keeper** *n* ama de llaves; ~**keeping** *n* (*work*) trabajos *mpl* domésticos; ~**keeping (money)** *n* dinero para gastos domésticos; ~**-warming party** *n* fiesta de estreno de una casa; ~**wife** *n* ama de casa; ~**work** *n* faenas *fpl* (de la casa).
housing ['hauzıŋ] *n* (*act*) alojamiento; (*houses*) viviendas *fpl*; ~ **development**, (*Brit*) ~ **estate** *n* urbanización *f*.
hovel ['hɔvl] *n* casucha.
hover ['hɔvə*] *vi* flotar (en el aire); ~**craft** *n* aerodeslizador *m*.
how [hau] *ad* (*in what way*) cómo; **~ are you?** ¿cómo estás?; **~ much milk/many people?** ¿cuánta leche/gente?; **~ much does it cost?** ¿cuánto cuesta?; **~ long have you been here?** ¿cuánto hace que estás aquí?; **~ old are you?** ¿cuántos años tienes?; **~ tall is he?** ¿cómo es de alto?; **~ is school?** ¿cómo (te) va (en) la escuela?; **~ was the film?** ¿qué tal la película?; **~ lovely/awful!** ¡qué bonito/horror!
howl [haul] *n* aullido // *vi* aullar.
H.P. *n abbr* = **hire purchase.**
h.p. *abbr* = **horse power.**
HQ *n abbr* = **headquarters.**
hub [hʌb] *n* (*of wheel*) centro.
hubbub ['hʌbʌb] *n* barahúnda, barullo.

hubcap ['hʌbkæp] *n* tapacubos *m inv*.
huddle ['hʌdl] *vi*: to ~ **together** amontonarse.
hue [hju:] *n* color *m*, matiz *m*; ~ **and cry** *n* alarma.
huff [hʌf] *n*: in a ~ enojado.
hug [hʌg] *vt* abrazar // *n* abrazo.
huge [hju:dʒ] *a* enorme.
hulk [hʌlk] *n* (*ship*) barco viejo; (*person, building etc*) mole *f*.
hull [hʌl] *n* (*of ship*) casco.
hullo [hə'ləu] *excl* = **hello**.
hum [hʌm] *vt* tararear, canturrear // *vi* tararear, canturrear; (*insect*) zumbar.
human ['hju:mən] *a, n* humano *m/f*.
humane [hju:'meɪn] *a* humano, humanitario.
humanitarian [hju:mænɪ'tɛərɪən] *a* humanitario.
humanity [hju:'mænɪtɪ] *n* humanidad *f*.
humble ['hʌmbl] *a* humilde // *vt* humillar.
humbug ['hʌmbʌg] *n* tonterías *fpl*; (*Brit: sweet*) caramelo de menta.
humdrum ['hʌmdrʌm] *a* (*boring*) monótono, aburrido; (*routine*) rutinario.
humid ['hju:mɪd] *a* húmedo; ~**ity** [-'mɪdɪtɪ] *n* humedad *f*.
humiliate [hju:'mɪlɪeɪt] *vt* humillar; **humiliation** [-'eɪʃən] *n* humillación *f*.
humility [hju:'mɪlɪtɪ] *n* humildad *f*.
humorous ['hju:mərəs] *a* gracioso, divertido.
humour, (*US*) **humor** ['hju:mə*] *n* humorismo, sentido del humor; (*mood*) humor *m* // *vt* (*person*) complacer.
hump [hʌmp] *n* (*in ground*) montículo; (*camel's*) giba.
hunch [hʌntʃ] *n* (*premonition*) presentimiento; ~**back** *n* joroba *m/f*; ~**ed** *a* jorobado.
hundred ['hʌndrəd] *num* ciento; (*before n*) cien; ~s of centenares de; ~**weight** *n* (*Brit*) = *50.8 kg; 112 lb*; (*US*) = *45.3 kg; 100 lb*.
hung [hʌŋ] *pt, pp of* **hang**.
Hungarian [hʌŋ'gɛərɪən] *a, n* húngaro/a *m/f*.
Hungary ['hʌŋgərɪ] *n* Hungría.
hunger ['hʌŋgə*] *n* hambre *f* // *vi*: to ~ **for** (*fig*) tener hambre de, anhelar; ~ **strike** *n* huelga de hambre.
hungry ['hʌŋgrɪ] *a* hambriento; to be ~ tener hambre.
hunk [hʌŋk] *n* (*of bread etc*) trozo, pedazo.
hunt [hʌnt] *vt* (*seek*) buscar; (*SPORT*) cazar // *vi* cazar // *n* caza, cacería; ~**er** *n* cazador(a) *m/f*; ~**ing** *n* caza.
hurdle ['hə:dl] *n* (*SPORT*) valla; (*fig*) obstáculo.
hurl [hə:l] *vt* lanzar, arrojar.
hurrah [hu'rɑ:], **hurray** [hu'reɪ] *n* ¡viva!, ¡vítor!
hurricane ['hʌrɪkən] *n* huracán *m*.
hurried ['hʌrɪd] *a* (*fast*) apresurado; (*rushed*) hecho de prisa; ~**ly** *ad* con prisa, apresuradamente.
hurry ['hʌrɪ] *n* prisa // *vb* (*also*: ~ **up**) *vi* apresurarse, darse prisa // *vt* (*person*) dar prisa a; (*work*) apresurar, hacer de prisa; to be in a ~ tener prisa.
hurt [hə:t], *pt, pp* **hurt** *vt* hacer daño a // *vi* doler // *a* lastimado; ~**ful** *a* (*remark etc*) dañoso.
hurtle ['hə:tl] *vi*: to ~ **past** pasar como un rayo.
husband ['hʌzbənd] *n* marido.
hush [hʌʃ] *n* silencio // *vt* hacer callar; (*cover up*) encubrir; ~! ¡chitón!, ¡cállate!
husk [hʌsk] *n* (*of wheat*) cáscara.
husky ['hʌskɪ] *a* ronco // *n* perro esquimal.
hustle ['hʌsl] *vt* (*push*) empujar; (*hurry*) dar prisa a // *n* bullicio, actividad *f* febril; ~ **and bustle** *n* vaivén *m*.
hut [hʌt] *n* cabaña; (*shed*) cobertizo.
hutch [hʌtʃ] *n* conejera.
hyacinth ['haɪəsɪnθ] *n* jacinto.
hydrant ['haɪdrənt] *n* (*also*: **fire** ~) boca de incendios.
hydraulic [haɪ'drɔ:lɪk] *a* hidráulico.
hydroelectric [haɪdrəuɪ'lɛktrɪk] *a* hidroeléctrico.
hydrofoil ['haɪdrəfɔɪl] *n* aerodeslizador *m*.
hydrogen ['haɪdrədʒən] *n* hidrógeno.
hyena [haɪ'i:nə] *n* hiena.
hygiene ['haɪdʒi:n] *n* higiene *f*; **hygienic** [-'dʒi:nɪk] *a* higiénico.
hymn [hɪm] *n* himno.
hype [haɪp] *n* (*col*) bombardeo publicitario.
hypermarket ['haɪpəmɑ:kɪt] *n* hipermercado.
hyphen ['haɪfn] *n* guión *m*.
hypnotize ['hɪpnətaɪz] *vt* hipnotizar.
hypochondriac [haɪpəu'kɔndrɪæk] *n* hipocondríaco/a.
hypocrisy [hɪ'pɔkrɪsɪ] *n* hipocresía; **hypocrite** ['hɪpəkrɪt] *n* hipócrita *m/f*; **hypocritical** [hɪpə'krɪtɪkl] *a* hipócrita.
hypothesis [haɪ'pɔθɪsɪs], *pl* **-ses** [-si:z] *n* hipótesis *f inv*.
hysteria [hɪ'stɪərɪə] *n* histeria; **hysterical** [-'stɛrɪkl] *a* histérico; **hysterics** [-'stɛrɪks] *npl* histeria *sg*, histerismo *sg*.

I

I [aɪ] *pron* yo.
ice [aɪs] *n* hielo // *vt* (*cake*) alcorzar // *vi* (*also*: ~ **over**, ~ **up**) helarse; ~ **axe** *n* piqueta (de alpinista); ~**berg** *n* iceberg *m*; ~**box** *n* (*Brit*) congelador *m*; (*US*) nevera, refrigeradora (*LAm*); ~ **cream** *n* helado; ~ **cube** *n* cubito de hielo; ~ **hockey** *n* hockey *m* sobre hielo.

Iceland ['aɪslənd] *n* Islandia.
ice: ~ **lolly** *n* (*Brit*) polo; ~ **rink** *n* pista de hielo; ~ **skating** *n* patinaje *m* sobre hielo.
icicle ['aɪsɪkl] *n* carámbano.
icing ['aɪsɪŋ] *n* (CULIN) alcorza; (AVIAT *etc*) formación *f* de hielo; ~ **sugar** *n* (*Brit*) azúcar *m* glas(eado).
icy ['aɪsɪ] *a* (*road*) helado; (*fig*) glacial.
I'd [aɪd] = **I would; I had.**
idea [aɪ'dɪə] *n* idea.
ideal [aɪ'dɪəl] *n* ideal *m* // *a* ideal; ~**ist** *n* idealista *m/f*.
identical [aɪ'dɛntɪkl] *a* idéntico.
identification [aɪdɛntɪfɪ'keɪʃən] *n* identificación *f*; **means of** ~ documentos *mpl* personales.
identify [aɪ'dɛntɪfaɪ] *vt* identificar.
identikit picture [aɪ'dɛntɪkɪt-] *n* retrato-robot *m*.
identity [aɪ'dɛntɪtɪ] *n* identidad *f*; ~ **card** *n* carnet *m* de identidad.
ideology [aɪdɪ'ɔlədʒɪ] *n* ideología.
idiom ['ɪdɪəm] *n* modismo; (*style of speaking*) lenguaje *m*; ~**atic** [-'mætɪk] *a* idiomático.
idiosyncrasy [ɪdɪəu'sɪŋkrəsɪ] *n* idiosincrasia.
idiot ['ɪdɪət] *n* (*gen*) idiota *m/f*; (*fool*) tonto/a; ~**ic** [-'ɔtɪk] *a* idiota; tonto.
idle ['aɪdl] *a* (*lazy*) holgazán/ana; (*unemployed*) parado, desocupado; (*talk*) frívolo // *vi* (*machine*) marchar en vacío // *vt*: **to** ~ **away the time** malgastar el tiempo; ~**ness** *n* holgazanería; paro, desocupación *f*.
idol ['aɪdl] *n* ídolo; ~**ize** *vt* idolatrar.
idyllic [ɪ'dɪlɪk] *a* idílico.
i.e. *abbr* (= *that is*) esto es.
if [ɪf] *conj* si; ~ **necessary** si fuera necesario, si hiciese falta; ~ **I were you** yo en tu lugar; ~ **so/not** de ser así/si no; ~ **only I could!** ¡ojalá pudiera!; *see also* **as, even.**
igloo ['ɪglu:] *n* iglú *m*.
ignite [ɪg'naɪt] *vt* (*set fire to*) encender // *vi* encenderse.
ignition [ɪg'nɪʃən] *n* (AUT) encendido; **to switch on/off the** ~ arrancar/apagar el motor; ~ **key** *n* (AUT) llave *f* de contacto.
ignorance ['ɪgnərəns] *n* ignorancia.
ignorant ['ɪgnərənt] *a* ignorante; **to be** ~ **of** ignorar.
ignore [ɪg'nɔ:*] *vt* (*person*) no hacer caso de; (*fact*) pasar por alto.
ill [ɪl] *a* enfermo, malo // *n* mal *m* // *ad* mal; **to take** *or* **be taken** ~ caer *or* ponerse enfermo; ~**-advised** *a* (*decision*) imprudente; **he was ~-advised to go** se equivocaba al ir; ~**-at-ease** *a* incómodo.
I'll [aɪl] = **I will, I shall.**
illegal [ɪ'li:gl] *a* ilegal.
illegible [ɪ'lɛdʒɪbl] *a* ilegible.
illegitimate [ɪlɪ'dʒɪtɪmət] *a* ilegítimo.
ill-fated [ɪlfeɪtɪd] *a* malogrado.
ill feeling *n* rencor *m*.
illicit [ɪ'lɪsɪt] *a* ilícito.
illiterate [ɪ'lɪtərət] *a* analfabeto.
ill-mannered [ɪl'mænəd] *a* mal educado.
illness ['ɪlnɪs] *n* enfermedad *f*.
ill-treat [ɪl'tri:t] *vt* maltratar.
illuminate [ɪ'lu:mɪneɪt] *vt* (*room, street*) iluminar, alumbrar; (*subject*) aclarar; **illumination** [-'neɪʃən] *n* alumbrado; **illuminations** *npl* iluminaciones *fpl*, luces *fpl*.
illusion [ɪ'lu:ʒən] *n* ilusión *f*; **to be under the** ~ **that...** hacerse ilusiones de que ....
illusory [ɪ'lu:sərɪ] *a* ilusorio.
illustrate ['ɪləstreɪt] *vt* ilustrar.
illustration [ɪlə'streɪʃən] *n* (*example*) ejemplo, ilustración *f*; (*in book*) lámina.
illustrious [ɪ'lʌstrɪəs] *a* ilustre.
ill will *n* rencor *m*.
I'm [aɪm] = **I am.**
image ['ɪmɪdʒ] *n* imagen *f*; ~**ry** [-ərɪ] *n* imágenes *fpl*.
imaginary [ɪ'mædʒɪnərɪ] *a* imaginario.
imagination [ɪ'mædʒɪ'neɪʃən] *n* imaginación *f*; (*inventiveness*) inventiva; (*illusion*) fantasía.
imaginative [ɪ'mædʒɪnətɪv] *a* imaginativo.
imagine [ɪ'mædʒɪn] *vt* imaginarse; (*delude o.s.*) hacerse la ilusión (de que).
imbalance [ɪm'bæləns] *n* desequilibrio.
imbecile ['ɪmbəsi:l] *n* imbécil *m/f*.
imitate ['ɪmɪteɪt] *vt* imitar; **imitation** [-'teɪʃən] *n* imitación *f*; (*copy*) copia; (*pej*) remedo.
immaculate [ɪ'mækjulət] *a* perfectamente limpio; (REL) inmaculado.
immaterial [ɪmə'tɪərɪəl] *a* incorpóreo; **it is** ~ **whether...** no importa si... .
immature [ɪmə'tjuə*] *a* (*person*) inmaduro; (*of one's youth*) joven.
immediate [ɪ'mi:dɪət] *a* inmediato; (*pressing*) urgente, apremiante; ~**ly** *ad* (*at once*) en seguida; ~**ly next to** muy junto a.
immense [ɪ'mɛns] *a* inmenso, enorme.
immerse [ɪ'mə:s] *vt* (*submerge*) sumergir; **to be ~d in** (*fig*) estar absorto en.
immersion heater [ɪ'mə:ʃən-] *n* (*Brit*) calentador *m* de inmersión.
immigrant ['ɪmɪgrənt] *n* inmigrante *m/f*.
immigrate ['ɪmɪgreɪt] *vi* inmigrar; **immigration** [-'greɪʃən] *n* inmigración *f*.
imminent ['ɪmɪnənt] *a* inminente.
immobile [ɪ'məubaɪl] *a* inmóvil.
immoral [ɪ'mɔrl] *a* inmoral.
immortal [ɪ'mɔ:tl] *a* inmortal.
immune [ɪ'mju:n] *a*: ~ **(to)** inmune (contra); **immunity** *n* (MED, *of diplomat*) inmunidad *f*.
immunize ['ɪmjunaɪz] *vt* inmunizar.
imp [ɪmp] *n* diablillo.
impact ['ɪmpækt] *n* (*gen*) impacto.

impair [ɪm'pɛə*] *vt* perjudicar.
impart [ɪm'pɑːt] *vt* comunicar.
impartial [ɪm'pɑːʃl] *a* imparcial.
impassable [ɪm'pɑːsəbl] *a* (*barrier*) infranqueable; (*river, road*) intransitable.
impasse [æm'pɑːs] *n*: **to reach an ~** alcanzar un punto muerto.
impassive [ɪm'pæsɪv] *a* impasible.
impatience [ɪm'peɪʃəns] *n* impaciencia.
impatient [ɪm'peɪʃənt] *a* impaciente; **to get** *or* **grow ~** impacientarse.
impeccable [ɪm'pɛkəbl] *a* impecable.
impede [ɪm'piːd] *vt* estorbar.
impediment [ɪm'pɛdɪmənt] *n* obstáculo, estorbo; (*also*: **speech ~**) defecto (del habla).
impending [ɪm'pɛndɪŋ] *a* inminente.
impenetrable [ɪm'pɛnɪtrəbl] *a* (*gen*) impenetrable; (*unfathomable*) insondable.
imperative [ɪm'pɛrətɪv] *a* (*tone*) imperioso; (*necessary*) imprescindible // *n* (LING) imperativo.
imperfect [ɪm'pəːfɪkt] *a* imperfecto; (*goods etc*) defectuoso; **~ion** [-'fɛkʃən] *n* (*blemish*) desperfecto; (*fault*) defecto.
imperial [ɪm'pɪərɪəl] *a* imperial; **~ism** *n* imperialismo.
impersonal [ɪm'pəːsənl] *a* impersonal.
impersonate [ɪm'pəːsəneɪt] *vt* hacerse pasar por.
impertinent [ɪm'pəːtɪnənt] *a* impertinente, insolente.
impervious [ɪm'pəːvɪəs] *a* impermeable; (*fig*): **~ to** insensible a.
impetuous [ɪm'pɛtjuəs] *a* impetuoso.
impetus ['ɪmpətəs] *n* ímpetu *m*; (*fig*) impulso.
impinge [ɪm'pɪndʒ]: **to ~ on** *vt fus* (*affect*) afectar a.
implacable [ɪm'plækəbl] *a* implacable.
implement ['ɪmplɪmənt] *n* instrumento, herramienta // *vt* ['ɪmplɪmɛnt] hacer efectivo; (*carry out*) realizar.
implicate ['ɪmplɪkeɪt] *vt* (*compromise*) comprometer; (*involve*) enredar; **implication** [-'keɪʃən] *n* consecuencia.
implicit [ɪm'plɪsɪt] *a* (*gen*) implícito; (*complete*) absoluto.
implore [ɪm'plɔː*] *vt* (*person*) suplicar.
imply [ɪm'plaɪ] *vt* (*involve*) suponer; (*hint*) dar a entender que.
impolite [ɪmpə'laɪt] *a* mal educado.
import [ɪm'pɔːt] *vt* importar // *n* ['ɪmpɔːt] (COMM) importación *f*; (*meaning*) significado, sentido.
importance [ɪm'pɔːtəns] *n* importancia.
important [ɪm'pɔːtənt] *a* importante; **it's not ~** no importa, no tiene importancia.
importer [ɪm'pɔːtə*] *n* importador(a) *m/f*.
impose [ɪm'pəuz] *vt* imponer // *vi*: **to ~ on sb** abusar de uno; **imposing** *a* imponente, impresionante.
imposition [ɪmpə'zɪʃn] *n* (*of tax etc*) imposición *f*; **to be an ~** (*on person*) molestar.
impossible [ɪm'pɔsɪbl] *a* imposible; (*person*) insoportable.
impostor [ɪm'pɔstə*] *n* impostor(a) *m/f*.
impotent ['ɪmpətənt] *a* impotente.
impound [ɪm'paund] *vt* embargar.
impoverished [ɪm'pɔvərɪʃt] *a* necesitado; (*land*) agotado.
impracticable [ɪm'præktɪkəbl] *a* no factible, irrealizable.
impractical [ɪm'præktɪkl] *a* (*person*) poco práctico.
imprecise [ɪmprɪ'saɪs] *a* impreciso.
impregnable [ɪm'prɛgnəbl] *a* invulnerable; (*castle*) inexpugnable.
impregnate ['ɪmprɛgneɪt] *vt* impregnar; (BIOL) fecundar.
impress [ɪm'prɛs] *vt* impresionar; (*mark*) estampar // *vi* hacer buena impresión; **to ~ sth on sb** hacer entender algo a uno.
impression [ɪm'prɛʃən] *n* impresión *f*; (*footprint etc*) huella; (*print run*) edición *f*; **to be under the ~ that** tener la impresión de que; **~able** *a* impresionable; **~ist** *n* impresionista *m/f*.
impressive [ɪm'prɛsɪv] *a* impresionante.
imprint ['ɪmprɪnt] *n* (PUBLISHING) pie *m* de imprenta; (*fig*) sello.
imprison [ɪm'prɪzn] *vt* encarcelar; **~ment** *n* encarcelamiento; (*term of ~*) cárcel *f*.
improbable [ɪm'prɔbəbl] *a* improbable, inverosímil.
impromptu [ɪm'prɔmptjuː] *a* improvisado // *ad* de improviso.
improper [ɪm'prɔpə*] *a* (*incorrect*) impropio; (*unseemly*) indecoroso; (*indecent*) indecente.
improve [ɪm'pruːv] *vt* mejorar; (*foreign language*) perfeccionar // *vi* mejorarse; (*pupils*) hacer progresos; **~ment** *n* mejoramiento; perfección *f*; progreso.
improvise ['ɪmprəvaɪz] *vt, vi* improvisar.
imprudent [ɪm'pruːdnt] *a* imprudente.
impudent ['ɪmpjudnt] *a* descarado, insolente.
impulse ['ɪmpʌls] *n* impulso; **to act on ~** obrar sin reflexión; **impulsive** [-'pʌlsɪv] *a* irreflexivo.
impunity [ɪm'pjuːnɪtɪ] *n*: **with ~** impunemente.
impure [ɪm'pjuə*] *a* (*adulterated*) adulterado; (*morally*) impuro; **impurity** *n* (*gen*) impureza.
in [ɪn] ♦ *prep* **1** (*indicating place, position, with place names*) en; **~ the house/garden** en (la) casa/el jardín; **~ here/there** aquí/ahí *or* allí dentro; **~ London/England** en Londres/Inglaterra
2 (*indicating time*) en; **~ spring** en (la) primavera; **~ the afternoon** por la tarde; **at 4 o'clock ~ the afternoon** a las 4 de la tarde; **I did it ~ 3 hours/days** lo hice en 3 horas/días; **I'll see you ~ 2**

weeks *or* ~ 2 weeks' time te veré dentro de 2 semanas
3 (*indicating manner etc*) en; ~ **a loud/soft voice** en voz alta/baja; ~ **pencil/ink** a lápiz/bolígrafo; **the boy ~ the blue shirt** el chico de la camisa azul
4 (*indicating circumstances*): ~ **the sun/shade/rain** al sol/a la sombra/bajo la lluvia; **a change ~ policy** un cambio de política
5 (*indicating mood, state*): ~ **tears** en lágrimas, llorando; ~ **anger/despair** enfadado(a)/desesperado(a); **to live ~ luxury** vivir lujosamente
6 (*with ratios, numbers*): **1 ~ 10 households, 1 household ~ 10** una de cada 10 familias; **20 pence ~ the pound** 20 peniques por libra; **they lined up ~ twos** se alinearon de dos en dos
7 (*referring to people, works*) en; entre; **the disease is common ~ children** la enfermedad es común entre los niños; ~ **(the works of) Dickens** en (las obras de) Dickens
8 (*indicating profession etc*): **to be ~ teaching** estar en la enseñanza
9 (*after superlative*) de; **the best pupil ~ the class** el/la mejor alumno/a de la clase
10 (*with present participle*): ~ **saying this** al decir esto
♦ *ad*: **to be ~** (*person*: *at home*) estar en casa; (*work*) estar; (*train, ship, plane*) haber llegado; (*in fashion*) estar de moda; **she'll be ~ later today** llegará más tarde hoy; **to ask sb ~** hacer pasar a uno; **to run/limp** *etc* ~ entrar corriendo/cojeando *etc*
♦ *n*: **the ~s and outs** (*of proposal, situation etc*) los detalles
in., ins *abbr* = **inch(es)**.
inability [ɪnə'bɪlɪtɪ] *n* incapacidad *f*.
inaccessible [ɪnək'sɛsɪbl] *a* inaccesible.
inaccurate [ɪn'ækjurət] *a* inexacto, incorrecto.
inactivity [ɪnæk'tɪvɪtɪ] *n* inactividad *f*.
inadequate [ɪn'ædɪkwət] *a* (*insufficient*) insuficiente; (*unsuitable*) inadecuado; (*person*) incapaz.
inadvertently [ɪnəd'vəːtntlɪ] *ad* por descuido.
inadvisable [ɪnəd'vaɪzəbl] *a* poco aconsejable.
inane [ɪ'neɪn] *a* necio, fatuo.
inanimate [ɪn'ænɪmət] *a* inanimado.
inappropriate [ɪnə'prəuprɪət] *a* inadecuado.
inarticulate [ɪnɑː'tɪkjulət] *a* (*person*) incapaz de expresarse; (*speech*) mal pronunciado.
inasmuch as [ɪnəz'mʌtʃæz] *conj* puesto que, ya que.
inaudible [ɪn'ɔːdɪbl] *a* inaudible.
inaugural [ɪ'nɔːgjurəl] *a* (*speech*) de apertura.
inaugurate [ɪ'nɔːgjureɪt] *vt* inaugurar; **inauguration** [-'reɪʃən] *n* ceremonia de apertura.
in-between [ɪnbɪ'twiːn] *a* intermedio.
inborn [ɪn'bɔːn] *a* (*feeling*) innato.
inbred [ɪn'brɛd] *a* innato; (*family*) engendrado por endogamia.
Inc. *abbr* (*US*) = **incorporated**.
incapable [ɪn'keɪpəbl] *a* incapaz.
incapacitate [ɪnkə'pæsɪteɪt] *vt*: **to ~ sb** incapacitar a uno.
incapacity [ɪnkə'pæsɪtɪ] *n* (*inability*) incapacidad *f*.
incarcerate [ɪn'kɑːsəreɪt] *vt* encarcelar.
incarnation [ɪnkɑː'neɪʃən] *n* encarnación *f*.
incendiary [ɪn'sɛndɪərɪ] *a* incendiario.
incense ['ɪnsɛns] *n* incienso // *vt* [ɪn'sɛns] (*anger*) indignar, encolerizar.
incentive [ɪn'sɛntɪv] *n* incentivo, estímulo.
incessant [ɪn'sɛsnt] *a* incesante, continuo; **~ly** *ad* constantemente.
incest ['ɪnsɛst] *n* incesto.
inch [ɪntʃ] *n* pulgada; **to be within an ~ of** estar a dos dedos de; **he didn't give an ~** no dio concesión alguna; **to ~ forward** *vi* avanzar palmo a palmo.
incidence ['ɪnsɪdns] *n* (*of crime, disease*) incidencia.
incident ['ɪnsɪdnt] *n* incidente *m*; (*in book*) episodio.
incidental [ɪnsɪ'dɛntl] *a* circunstancial, accesorio; (*unplanned*) fortuito; **~ to** relacionado con; **~ music** ambientación *f* musical; **~ly** [-'dɛntəlɪ] *ad* (*by the way*) a propósito.
incinerator [ɪn'sɪnəreɪtə*] *n* incinerador *m*.
incipient [ɪn'sɪpɪənt] *a* incipiente.
incision [ɪn'sɪʒən] *n* incisión *f*.
incisive [ɪn'saɪsɪv] *a* (*mind*) penetrante; (*remark etc*) incisivo.
incite [ɪn'saɪt] *vt* provocar.
inclination [ɪnklɪ'neɪʃən] *n* (*tendency*) tendencia, inclinación *f*.
incline ['ɪnklaɪn] *n* pendiente *m*, cuesta // *vb* [ɪn'klaɪn] *vt* (*slope*) inclinar; (*head*) poner de lado // *vi* inclinarse; **to be ~d to** (*tend*) ser propenso a; (*be willing*) estar dispuesto a.
include [ɪn'kluːd] *vt* incluir, comprender; (*in letter*) adjuntar; **including** *prep* incluso, inclusive.
inclusion [ɪn'kluːʒən] *n* inclusión *f*.
inclusive [ɪn'klusɪv] *a* inclusivo // *ad* inclusive; ~ **of tax** incluidos los impuestos.
incognito [ɪnkɔg'niːtəu] *ad* de incógnito.
incoherent [ɪnkəu'hɪərənt] *a* incoherente.
income ['ɪŋkʌm] *n* (*personal*) ingresos *mpl*; (*from property etc*) renta; (*profit*) rédito; **~ tax** *n* impuesto sobre la renta; **~ tax return** *n* declaración *f* de renta.
incoming ['ɪnkʌmɪŋ] *a*: ~ **flight** vuelo entrante.

incomparable [ɪn'kɔmpərəbl] *a* incomparable, sin par.
incompatible [ɪnkəm'pætɪbl] *a* incompatible.
incompetence [ɪn'kɔmpɪtəns] *n* incompetencia.
incompetent [ɪn'kɔmpɪtənt] *a* incompetente.
incomplete [ɪnkəm'pliːt] *a* incompleto; (*unfinished*) sin terminar.
incomprehensible [ɪnkɔmprɪ'hɛnsɪbl] *a* incomprensible.
inconceivable [ɪnkən'siːvəbl] *a* inconcebible.
incongruous [ɪn'kɔŋgruəs] *a* discordante.
inconsiderate [ɪnkən'sɪdərət] *a* desconsiderado; **how ~ of him!** ¡qué falta de consideración (de su parte)!
inconsistency [ɪnkən'sɪstənsɪ] *n* inconsecuencia.
inconsistent [ɪnkən'sɪstnt] *a* inconsecuente; **~ with** (que) no concuerda con.
inconspicuous [ɪnkən'spɪkjuəs] *a* (*discreet*) discreto; (*person*) que llama poca la atención.
inconvenience [ɪnkən'viːnjəns] *n* (*gen*) inconvenientes *mpl*; (*trouble*) molestia, incomodidad *f* // *vt* incomodar.
inconvenient [ɪnkən'viːnjənt] *a* incómodo, poco práctico; (*time, place*) inoportuno.
incorporate [ɪn'kɔːpəreɪt] *vt* incorporar; (*contain*) comprender; (*add*) agregar; **~d** *a*: **~d company** (*US*: *abbr* **Inc.**) ≈ Sociedad *f* Anónima (S.A.).
incorrect [ɪnkə'rɛkt] *a* incorrecto.
incorrigible [ɪn'kɔrɪdʒəbl] *a* incorregible.
increase ['ɪnkriːs] *n* aumento // *vi* [ɪn'kriːs] aumentarse; (*grow*) crecer; (*price*) subir // *vt* aumentar; **increasing** [ɪn'kriːsɪŋ] *a* (*number*) creciente, que va en aumento; **increasingly** [ɪn'kriːsɪŋlɪ] *ad* de más en más, cada vez más.
incredible [ɪn'krɛdɪbl] *a* increíble.
incredulous [ɪn'krɛdjuləs] *a* incrédulo.
increment ['ɪnkrɪmənt] *n* aumento, incremento.
incriminate [ɪn'krɪmɪneɪt] *vt* incriminar.
incubator ['ɪnkjubeɪtə*] *n* incubadora.
incumbent [ɪn'kʌmbənt] *n* titular *m/f* // *a*: **it is ~ on him to...** le incumbe... .
incur [ɪn'kəː*] *vt* (*expenditure*) incurrir; (*loss*) sufrir.
incurable [ɪn'kjuərəbl] *a* incurable.
indebted [ɪn'dɛtɪd] *a*: **to be ~ to sb** estar agradecido a uno.
indecent [ɪn'diːsnt] *a* indecente; **~ assault** *n* (*Brit*) atentado contra el pudor; **~ exposure** *n* exhibicionismo.
indecisive [ɪndɪ'saɪsɪv] *a* indeciso; (*discussion*) no resuelto, inconcluyente.
indeed [ɪn'diːd] *ad* efectivamente, en realidad; **yes ~!** ¡claro que sí!
indefinite [ɪn'dɛfɪnɪt] *a* indefinido; (*uncertain*) incierto; **~ly** *ad* (*wait*) inde[...]damente.
indelible [ɪn'dɛlɪbl] *a* imborrable.
indemnify [ɪn'dɛmnɪfaɪ] *vt* indemniz[...] resarcir.
indemnity [ɪn'dɛmnɪtɪ] *n* (*insurance*) [...]demnidad *f*; (*compensation*) indemn[...]ción *f*.
independence [ɪndɪ'pɛndns] *n* indep[...]dencia.
independent [ɪndɪ'pɛndənt] *a* indep[...]diente; **to become ~** independizarse.
indestructible [ɪndɪs'trʌktəbl] *a* ind[...]tructible.
index ['ɪndɛks] *n* (*pl*: **~es**: *in book*) ín[...]ce *m*; (: *in library etc*) catálogo; (*pl*: [...]dices ['ɪndɪsiːz]: *ratio, sign*) expone[...] *m*; **~ card** *n* ficha; **~ finger** *n* índ[...] *m*; **~-linked**, (*US*) **~ed** *a* vinculado [...] índice del coste de la vida.
India ['ɪndɪə] *n* la India; **~n** *a*, *n* indi[...] *m/f*; **Red ~n** piel roja *m/f*; **the** [...] **Ocean** *n* el Océano Índico.
indicate ['ɪndɪkeɪt] *vt* indicar; **indi[...]tion** [-'keɪʃən] *n* indicio, señal *f*; **indi[...]tive** [ɪn'dɪkətɪv] *a*: **to be indicative of** [...]dicar // *n* (LING) indicativo; **indicato[...]** (*gen*) indicador *m*.
indices ['ɪndɪsiːz] *pl of* **index**.
indict [ɪn'daɪt] *vt* acusar; **~ment** *n* a[...]sación *f*.
indifference [ɪn'dɪfrəns] *n* indiferencia.
indifferent [ɪn'dɪfrənt] *a* indiferen[...] (*poor*) regular.
indigenous [ɪn'dɪdʒɪnəs] *a* indígena.
indigestion [ɪndɪ'dʒɛstʃən] *n* indigest[...] *f*.
indignant [ɪn'dɪgnənt] *a*: **to be ~ ab[...] sth** indignarse por algo.
indignity [ɪn'dɪgnɪtɪ] *n* indignidad *f*.
indigo ['ɪndɪgəu] *a* de color añil // *n* a[...] *m*.
indirect [ɪndɪ'rɛkt] *a* indirecto; **~ly** [...] indirectamente.
indiscreet [ɪndɪ'skriːt] *a* indiscreto, i[...]prudente.
indiscriminate [ɪndɪ'skrɪmɪnət] *a* ind[...]criminado.
indispensable [ɪndɪ'spɛnsəbl] *a* indisp[...]sable, imprescindible.
indisposed [ɪndɪ'spəuzd] *a* (*unwell*) [...]dispuesto.
indisputable [ɪndɪ'spjuːtəbl] *a* incont[...]table.
individual [ɪndɪ'vɪdjuəl] *n* individuo // [...] individual; (*personal*) personal; (*for one only*) particular; **~ist** *n* individual[...]ta *m/f*; **~ity** [-'ælɪtɪ] *n* individualidad [...] **~ly** *ad* individualmente; particularm[...]te.
indoctrinate [ɪn'dɔktrɪneɪt] *vt* adoct[...]nar; **indoctrination** [-'neɪʃən] *n* adoct[...]namiento.
indolent ['ɪndələnt] *a* indolente, perezo[...]
Indonesia [ɪndəu'niːzɪə] *n* Indonesia.

indoor ['ɪndɔ:*] *a* (*swimming pool*) cubierto; (*plant*) de interior; (*sport*) bajo cubierta; **~s** [ɪn'dɔ:z] *ad* dentro; (*at home*) en casa.
induce [ɪn'dju:s] *vt* inducir, persuadir; (*bring about*) producir; **~ment** *n* (*incentive*) incentivo, aliciente *m*.
induction [ɪn'dʌkʃən] *n* (*MED*: *of birth*) inducción *f*; **~ course** *n* (*Brit*) curso de inducción.
indulge [ɪn'dʌldʒ] *vt* (*whim*) satisfacer; (*person*) complacer; (*child*) mimar // *vi*: **to ~ in** darse el gusto de; **~nce** *n* vicio; **~nt** *a* indulgente.
industrial [ɪn'dʌstrɪəl] *a* industrial; **~ action** *n* huelga; **~ estate** *n* (*Brit*) polígono *or* zona (*LAm*) industrial; **~ist** *n* industrial *m/f*; **~ize** *vt* industrializar; **~ park** *n* (*US*) = **~ estate**.
industrious [ɪn'dʌstrɪəs] *a* (*gen*) trabajador(a); (*student*) aplicado.
industry ['ɪndəstrɪ] *n* industria; (*diligence*) aplicación *f*.
inebriated [ɪ'ni:brɪeɪtɪd] *a* borracho.
inedible [ɪn'ɛdɪbl] *a* incomible; (*plant etc*) no comestible.
ineffective [ɪnɪ'fɛktɪv], **ineffectual** [ɪnɪ'fɛktʃuəl] *a* ineficaz, inútil.
inefficiency [ɪnɪ'fɪʃənsɪ] *n* ineficacia.
inefficient [ɪnɪ'fɪʃənt] *a* ineficaz, ineficiente.
inept [ɪ'nɛpt] *a* incompetente.
inequality [ɪnɪ'kwɔlɪtɪ] *n* desigualdad *f*.
inert [ɪ'nə:t] *a* inerte, inactivo; (*immobile*) inmóvil; **~ia** [ɪ'nə:ʃə] *n* inercia; (*laziness*) pereza.
inescapable [ɪnɪ'skeɪpəbl] *a* ineludible.
inevitable [ɪn'ɛvɪtəbl] *a* inevitable; (*necessary*) forzoso; **inevitably** *ad* inevitablemente.
inexcusable [ɪnɪks'kju:zəbl] *a* imperdonable.
inexhaustible [ɪnɪg'zɔ:stɪbl] *a* inagotable.
inexpensive [ɪnɪk'spɛnsɪv] *a* económico.
inexperience [ɪnɪk'spɪərɪəns] *n* falta de experiencia; **~d** *a* inexperto.
inextricably [ɪnɪks'trɪkəblɪ] *ad* indisolublemente.
infallible [ɪn'fælɪbl] *a* infalible.
infamous ['ɪnfəməs] *a* infame.
infancy ['ɪnfənsɪ] *n* infancia.
infant ['ɪnfənt] *n* niño/a; **~ile** *a* infantil; (*pej*) aniñado; **~ school** *n* (*Brit*) escuela de párvulos.
infantry ['ɪnfəntrɪ] *n* infantería.
infatuated [ɪn'fætjueɪtɪd] *a*: **~ with** (*in love*) loco por.
infatuation [ɪnfætu'eɪʃən] *n* enamoramiento.
infect [ɪn'fɛkt] *vt* (*wound*) infectar; (*person*) contagiar; (*fig*: *pej*) corromper; **~ed with** (*illness*) contagiado de; **~ion** [ɪn'fɛkʃən] *n* infección *f*; (*fig*) contagio; **~ious** [ɪn'fɛkʃəs] *a* contagioso; (*also fig*) infeccioso.
infer [ɪn'fə:*] *vt* deducir, inferir; **~ence** ['ɪnfərəns] *n* deducción *f*, inferencia.
inferior [ɪn'fɪərɪə*] *a*, *n* inferior *m/f*; **~ity** [-rɪ'ɔrətɪ] *n* inferioridad *f*; **~ity complex** *n* complejo de inferioridad.
inferno [ɪn'fə:nəu] *n* (*fire*) hoguera.
infertile [ɪn'fə:taɪl] *a* estéril; (*person*) infecundo; **infertility** [-'tɪlɪtɪ] *n* esterilidad *f*; infecundidad *f*.
infested [ɪn'fɛstɪd] *a*: **~ with** plagado de.
in-fighting ['ɪnfaɪtɪŋ] *n* (*fig*) lucha(s) *f*(*pl*) interna(s).
infiltrate ['ɪnfɪltreɪt] *vt* (*troops etc*) infiltrar en // *vi* infiltrarse.
infinite ['ɪnfɪnɪt] *a* infinito.
infinitive [ɪn'fɪnɪtɪv] *n* infinitivo.
infinity [ɪn'fɪnɪtɪ] *n* (*also MATH*) infinito; (*an ~*) infinidad *f*.
infirm [ɪn'fə:m] *a* enfermo, débil; **~ary** *n* hospital *m*; **~ity** *n* debilidad *f*; (*illness*) enfermedad *f*, achaque *m*.
inflamed [ɪn'fleɪmd] *a*: **to become ~** inflamarse.
inflammable [ɪn'flæməbl] *a* (*Brit*) inflamable; (*situation etc*) explosivo.
inflammation [ɪnflə'meɪʃən] *n* inflamación *f*.
inflatable [ɪn'fleɪtəbl] *a* (*ball*, *boat*) inflable.
inflate [ɪn'fleɪt] *vt* (*tyre*, *balloon*) inflar; (*fig*) hinchar; **inflation** [ɪn'fleɪʃən] *n* (*ECON*) inflación *f*.
inflict [ɪn'flɪkt] *vt*: **to ~ on** infligir en; (*tax etc*) imponer a.
influence ['ɪnfluəns] *n* influencia // *vt* influir en, influenciar; **under the ~ of alcohol** en estado de embriaguez; **influential** [-'ɛnʃl] *a* influyente.
influenza [ɪnflu'ɛnzə] *n* gripe *f*.
influx ['ɪnflʌks] *n* afluencia.
inform [ɪn'fɔ:m] *vt*: **to ~ sb of sth** informar a uno sobre *or* de algo; (*warn*) avisar a uno de algo; (*communicate*) comunicar algo a uno // *vi*: **to ~ on sb** delatar a uno.
informal [ɪn'fɔ:ml] *a* (*manner*, *tone*) desenfadado; (*dress*, *interview*, *occasion*) informal; **~ity** [-'mælɪtɪ] *n* desenfado; falta de ceremonia.
informant [ɪn'fɔ:mənt] *n* informante *m/f*.
information [ɪnfə'meɪʃən] *n* información *f*; (*news*) noticias *fpl*; (*knowledge*) conocimientos *mpl*; (*LAW*) delación *f*; **a piece of ~** un dato; **~ office** *n* información *f*.
informative [ɪn'fɔ:mətɪv] *a* informativo.
informer [ɪn'fɔ:mə*] *n* delator(a) *m/f*; (*also*: **police ~**) soplón/ona *m/f*.
infra-red [ɪnfrə'rɛd] *a* infrarrojo.
infrastructure ['ɪnfrəstrʌktʃə*] *n* (*of system etc*, *ECON*) infraestructura.
infringe [ɪn'frɪndʒ] *vt* infringir, violar // *vi*: **to ~ on** abusar de; **~ment** *n* infracción *f*; (*of rights*) usurpación *f*; (*SPORT*)

falta.

infuriating [ɪn'fjuərieitiŋ] *a*: **I find it ~** me saca de quicio.

infusion [ɪn'fju:ʒən] *n* (*tea etc*) infusión *f*.

ingenious [ɪn'dʒi:njəs] *a* ingenioso; **ingenuity** [-dʒɪ'nju:ɪtɪ] *n* ingeniosidad *f*.

ingenuous [ɪn'dʒɛnjuəs] *a* ingenuo.

ingot ['ɪŋgət] *n* lingote *m*, barra.

ingrained [ɪn'greɪnd] *a* arraigado.

ingratiate [ɪn'greɪʃɪeɪt] *vt*: **to ~ o.s. with** congraciarse con.

ingredient [ɪn'gri:dɪənt] *n* ingrediente *m*.

inhabit [ɪn'hæbɪt] *vt* vivir en; (*occupy*) ocupar; **~ant** *n* habitante *m/f*.

inhale [ɪn'heɪl] *vt* inhalar // *vi* (*in smoking*) tragar.

inherent [ɪn'hɪərənt] *a*: **~ in** *or* **to** inherente a.

inherit [ɪn'hɛrɪt] *vt* heredar; **~ance** *n* herencia; (*fig*) patrimonio.

inhibit [ɪn'hɪbɪt] *vt* inhibir, impedir; **to ~ sb from doing sth** impedir a uno hacer algo; **~ed** *a* cohibido; **~ion** [-'bɪʃən] *n* cohibición *f*.

inhospitable [ɪnhɔs'pɪtəbl] *a* (*person*) inhospitalario; (*place*) inhóspito.

inhuman [ɪn'hju:mən] *a* inhumano.

iniquity [ɪ'nɪkwɪtɪ] *n* iniquidad *f*; (*injustice*) injusticia.

initial [ɪ'nɪʃl] *a* inicial; (*first*) primero // *n* inicial *f* // *vt* firmar con las iniciales; **~s** *npl* iniciales *fpl*; (*abbreviation*) siglas *fpl*; **~ly** *ad* al principio.

initiate [ɪ'nɪʃɪeɪt] *vt* (*start*) iniciar; **to ~ proceedings against sb** (LAW) entablar proceso contra uno; **initiation** [-'eɪʃən] *n* (*into secret etc*) iniciación *f*; (*beginning*) comienzo.

initiative [ɪ'nɪʃətɪv] *n* iniciativa.

inject [ɪn'dʒɛkt] *vt* inyectar; **~ion** [ɪn'dʒɛkʃən] *n* inyección *f*.

injunction [ɪn'dʒʌŋkʃən] *n* interdicto.

injure ['ɪndʒə*] *vt* herir; (*hurt*) lastimar; (*fig: reputation etc*) perjudicar; **~d** *a* (*person, arm*) herido; **injury** *n* herida, lesión *f*; (*wrong*) perjuicio, daño; **injury time** *n* (SPORT) descuento.

injustice [ɪn'dʒʌstɪs] *n* injusticia.

ink [ɪŋk] *n* tinta.

inkling ['ɪŋklɪŋ] *n* sospecha; (*idea*) idea.

inlaid ['ɪnleɪd] *a* (*wood*) taraceado; (*tiles*) entarimado.

inland ['ɪnlənd] *a* interior; (*town*) del interior // *ad* [ɪn'lænd] tierra adentro; **I~ Revenue** *n* (*Brit*) departamento de impuestos; ≈ Hacienda (*Sp*).

in-laws ['ɪnlɔ:z] *npl* suegros *mpl*.

inlet ['ɪnlɛt] *n* (GEO) ensenada, cala; (TECH) admisión *f*, entrada.

inmate ['ɪnmeɪt] *n* (*in prison*) preso/a; presidiario/a; (*in asylum*) internado/a.

inn [ɪn] *n* posada, mesón *m*.

innate [ɪ'neɪt] *a* innato.

inner ['ɪnə*] *a* interior, interno; **~ city** *n* barrios deprimidos del centro de una ciudad; **~ tube** *n* (*of tyre*) cámara *or* llanta (*LAm*).

innings ['ɪnɪŋz] *n* (CRICKET) entrada, turno.

innocence ['ɪnəsns] *n* inocencia.

innocent ['ɪnəsnt] *a* inocente.

innocuous [ɪ'nɔkjuəs] *a* inocuo.

innovation [ɪnəu'veɪʃən] *n* novedad *f*.

innuendo [ɪnju'ɛndəu], *pl* **~es** *n* indirecta.

inoculation [ɪnɔkju'leɪʃən] *n* inoculación *f*.

inopportune [ɪn'ɔpətju:n] *a* inoportuno.

inordinately [ɪ'nɔ:dɪnətlɪ] *ad* desmesuradamente.

in-patient ['ɪnpeɪʃənt] *n* paciente *m/f* interno/a.

input ['ɪnput] *n* (ELEC) entrada; (COMPUT) entrada de datos.

inquest ['ɪnkwɛst] *n* (*coroner's*) encuesta judicial.

inquire [ɪn'kwaɪə*] *vi* preguntar // *vt*: **to ~ whether** preguntar si; **to ~ about** (*person*) preguntar por; (*fact*) informarse de; **to ~ into** *vt fus* investigar, indagar; **inquiry** *n* pregunta; (LAW) investigación *f*, pesquisa; (*commission*) comisión *f* investigadora; **inquiry office** *n* (*Brit*) oficina de informaciones.

inquisitive [ɪn'kwɪzɪtɪv] *a* (*mind*) inquisitivo; (*person*) fisgón/ona.

inroad ['ɪnrəud] *n* incursión *f*; (*fig*) invasión *f*.

insane [ɪn'seɪn] *a* loco; (MED) demente.

insanity [ɪn'sænɪtɪ] *n* demencia, locura.

insatiable [ɪn'seɪʃəbl] *a* insaciable.

inscribe [ɪn'skraɪb] *vt* inscribir; (*book etc*): **to ~ (to sb)** dedicar (a uno).

inscription [ɪn'skrɪpʃən] *n* (*gen*) inscripción *f*; (*in book*) dedicatoria.

inscrutable [ɪn'skru:təbl] *a* inescrutable, insondable.

insect ['ɪnsɛkt] *n* insecto; **~icide** [ɪn'sɛktɪsaɪd] *n* insecticida *m*.

insecure [ɪnsɪ'kjuə*] *a* inseguro.

insemination [ɪnsɛmɪ'neɪʃn] *n* : **artificial ~** inseminación *f* artificial.

insensible [ɪn'sɛnsɪbl] *a* inconsciente; (*unconscious*) sin conocimiento.

insensitive [ɪn'sɛnsɪtɪv] *a* insensible.

inseparable [ɪn'sɛprəbl] *a* inseparable.

insert [ɪn'sə:t] *vt* (*into sth*) introducir; // *n* ['ɪnsə:t] encarte *m*; **~ion** [ɪn'sə:ʃən] *n* inserción *f*.

in-service [ɪn'sə:vɪs] *a* (*training, course*) a cargo de la empresa.

inshore [ɪn'ʃɔ:*] *a* : **~ fishing** pesca *f* costera // *ad* (*fish*) a lo largo de la costa; (*move*) hacia la orilla.

inside ['ɪn'saɪd] *n* interior *m*; (*lining*) forro // *a* interior, interno; (*information*) confidencial // *ad* (*within*) (por) dentro; (*with movement*) hacia dentro; (*fam: in prison*) en la cárcel // *prep* dentro de;

(*of time*): ~ 10 minutes en menos de 10 minutos; ~s *npl* (*col*) tripas *fpl*; ~ **forward** *n* (*SPORT*) interior *m*; ~ **lane** *n* (*AUT*: *in Britain*) carril *m* izquierdo; ~ out *ad* (*turn*) al revés; (*know*) a fondo.
nsidious [ɪn'sɪdɪəs] *a* insidioso.
nsight ['ɪnsaɪt] *n* perspicacia.
nsignia [ɪn'sɪgnɪə] *npl* insignias *fpl*.
nsignificant [ɪnsɪg'nɪfɪknt] *a* insignificante.
nsincere [ɪnsɪn'sɪə*] *a* poco sincero.
nsinuate [ɪn'sɪnjueɪt] *vt* insinuar.
nsipid [ɪn'sɪpɪd] *a* soso, insulso.
nsist [ɪn'sɪst] *vi* insistir; **to ~ on doing** empeñarse en hacer; **to ~ that** insistir en que; (*claim*) exigir que; **~ence** *n* insistencia; (*stubbornness*) empeño; **~ent** *a* insistente.
nsole ['ɪnsəul] *n* plantilla.
nsolent ['ɪnsələnt] *a* insolente, descarado.
nsoluble [ɪn'sɔljubl] *a* insoluble.
nsomnia [ɪn'sɔmnɪə] *n* insomnio.
nspect [ɪn'spɛkt] *vt* inspeccionar, examinar; (*troops*) pasar revista a; **~ion** [ɪn'spɛkʃən] *n* inspección *f*, examen *m*; **~or** *n* inspector(a) *m/f*; (*Brit*: *on buses, trains*) revisor(a) *m/f*.
nspiration [ɪnspə'reɪʃən] *n* inspiración *f*;
inspire [ɪn'spaɪə*] *vt* inspirar.
nstability [ɪnstə'bɪlɪtɪ] *n* inestabilidad *f*.
nstall [ɪn'stɔ:l] *vt* instalar; **~ation** [ɪnstə'leɪʃən] *n* instalación *f*.
nstalment, (*US*) **installment** [ɪn'stɔ:lmənt] *n* plazo; (*of story*) entrega; (*of TV serial etc*) capítulo; **in ~s** (*pay, receive*) a plazos; ~ **plan** *n* (*US*) compra a plazos.
nstance ['ɪnstəns] *n* ejemplo, caso; **for ~** por ejemplo; **in the first ~** en primer lugar.
nstant ['ɪnstənt] *n* instante *m*, momento // *a* inmediato; (*coffee*) instantáneo.
nstantly ['ɪnstəntlɪ] *ad* en seguida.
nstead [ɪn'stɛd] *ad* en cambio; ~ **of** en lugar de, en vez de.
nstep ['ɪnstɛp] *n* empeine *m*.
nstil [ɪn'stɪl] *vt*: to ~ **into** inculcar a.
nstinct ['ɪnstɪŋkt] *n* instinto; **~ive** [-'stɪŋktɪv] *a* instintivo.
nstitute ['ɪnstɪtju:t] *n* instituto; (*professional body*) colegio // *vt* (*begin*) iniciar, empezar; (*proceedings*) entablar.
nstitution [ɪnstɪ'tju:ʃən] *n* institución *f*; (*MED*: *home*) asilo; (: *asylum*) manicomio.
nstruct [ɪn'strʌkt] *vt*: **to ~ sb in sth** instruir a uno en *or* sobre algo; **to ~ sb to do sth** dar instrucciones a uno de hacer algo; **~ion** [ɪn'strʌkʃən] *n* (*teaching*) instrucción *f*; **~ions** *npl* órdenes *fpl*; **~ions (for use)** modo *sg* de empleo; **~ive** *a* instructivo; **~or** *n* instructor(a) *m/f*.
nstrument ['ɪnstrəmənt] *n* instrumento; ~ **panel** *n* tablero (de instrumentos); **~al** [-'mɛntl] *a* (*MUS*) instrumental; to be ~al in ser (el) artífice de.
insubordinate [ɪnsə'bɔ:dɪnət] *a* insubordinado.
insufferable [ɪn'sʌfrəbl] *a* insoportable.
insufficient [ɪnsə'fɪʃənt] *a* insuficiente.
insular ['ɪnsjulə*] *a* insular; (*person*) estrecho de miras.
insulate ['ɪnsjuleɪt] *vt* aislar; **insulating tape** *n* cinta aislante; **insulation** [-'leɪʃən] *n* aislamiento.
insulin ['ɪnsjulɪn] *n* insulina.
insult ['ɪnsʌlt] *n* insulto; (*offence*) ofensa // *vt* [ɪn'sʌlt] insultar; ofender; **~ing** *a* insultante; ofensivo.
insuperable [ɪn'sju:prəbl] *a* insuperable.
insurance [ɪn'ʃuərəns] *n* seguro; **fire/life ~** seguro contra incendios/sobre la vida; ~ **agent** *n* agente *m/f* de seguros; ~ **policy** *n* póliza (de seguros).
insure [ɪn'ʃuə*] *vt* asegurar.
intact [ɪn'tækt] *a* íntegro; (*untouched*) intacto.
intake ['ɪnteɪk] *n* (*TECH*) entrada, toma; (: *pipe*) tubo de admisión; (*of food*) ingestión *f*; (*Brit SCOL*): **an ~ of 200 a year** 200 matriculados al año.
integral ['ɪntɪgrəl] *a* (*whole*) íntegro; (*part*) integrante.
integrate ['ɪntɪgreɪt] *vt* integrar // *vi* integrarse.
integrity [ɪn'tɛgrɪtɪ] *n* honradez *f*, rectitud *f*.
intellect ['ɪntəlɛkt] *n* intelecto; **~ual** [-'lɛktjuəl] *a, n* intelectual *m/f*.
intelligence [ɪn'tɛlɪdʒəns] *n* inteligencia; **I~ Service** *n* Servicio de Inteligencia.
intelligent [ɪn'tɛlɪdʒənt] *a* inteligente.
intelligentsia [ɪntɛlɪ'dʒɛntsɪə] *n* intelectualidad *f*.
intelligible [ɪn'tɛlɪdʒɪbl] *a* inteligible, comprensible.
intend [ɪn'tɛnd] *vt* (*gift etc*): **to ~ sth for** destinar algo a; **to ~ to do sth** tener intención de *or* pensar hacer algo; **~ed** *a* (*effect*) deseado.
intense [ɪn'tɛns] *a* (*gen*) intenso; **~ly** *ad* intensamente; (*very*) sumamente.
intensify [ɪn'tɛnsɪfaɪ] *vt* intensificar; (*increase*) aumentar.
intensity [ɪn'tɛnsɪtɪ] *n* (*gen*) intensidad *f*.
intensive [ɪn'tɛnsɪv] *a* intensivo; ~ **care unit** *n* unidad de vigilancia intensiva.
intent [ɪn'tɛnt] *n* propósito // *a* (*absorbed*) absorto; (*attentive*) atento; **to all ~s and purposes** prácticamente; **to be ~ on doing sth** estar resuelto a hacer algo.
intention [ɪn'tɛnʃən] *n* intención *f*, propósito; **~al** *a* deliberado; **~ally** *ad* a propósito.
intently [ɪn'tɛntlɪ] *ad* atentamente.
interact [ɪntər'ækt] *vi* influirse mutuamente; **~ion** [-'ækʃən] *n* interacción *f*, acción *f* recíproca.

intercede [ɪntə'si:d] *vi*: **to ~ (with)** interceder (con).
intercept [ɪntə'sɛpt] *vt* interceptar; (*stop*) detener.
interchange ['ɪntətʃeɪndʒ] *n* intercambio; (*on motorway*) intersección *f* // *vt* [ɪntə'tʃeɪndʒ] intercambiar; canjear; **~able** *a* intercambiable.
intercom ['ɪntəkɔm] *n* interfono.
intercourse ['ɪntəkɔ:s] *n* (*sexual*) relaciones *fpl* sexuales; (*social*) trato.
interest ['ɪntrɪst] *n* (*also* COMM) interés *m* // *vt* interesar; **to be ~ed in** interesarse por; **~ing** *a* interesante; **~ rate** *n* tipo *or* tasa de interés.
interface ['ɪntəfeɪs] *n* (COMPUT) junción *f*.
interfere [ɪntə'fɪə*] *vi*: **to ~ in** (*quarrel, other people's business*) entrometerse en; **to ~ with** (*hinder*) estorbar; (*damage*) estropear; (*radio*) interferir con.
interference [ɪntə'fɪərəns] *n* (*gen*) intromisión *f*; (RADIO, TV) interferencia.
interim ['ɪntərɪm] *n*: **in the ~** en el ínterin // *a* provisional.
interior [ɪn'tɪərɪə*] *n* interior *m* // *a* interior; **~ designer** *n* interiorista *m/f*.
interlock [ɪntə'lɔk] *vi* entrelazarse; (*wheels etc*) endentarse.
interloper ['ɪntələupə*] *n* intruso/a.
interlude ['ɪntəlu:d] *n* intervalo; (*rest*) descanso; (THEATRE) intermedio.
intermediary [ɪntə'mi:dɪərɪ] *n* intermediario/a.
intermediate [ɪntə'mi:dɪət] *a* intermedio.
interminable [ɪn'tə:mɪnəbl] *a* inacabable.
intermission [ɪntə'mɪʃən] *n* (THEATRE) descanso.
intermittent [ɪntə'mɪtnt] *a* intermitente.
intern [ɪn'tə:n] *vt* internar; (*enclose*) encerrar // *n* ['ɪntə:n] (*US*) interno/a.
internal [ɪn'tə:nl] *a* interno, interior; **~ly** *ad* interiormente; **'not to be taken ~ly'** 'uso externo'; **I~ Revenue Service (IRS)** *n* (*US*) departamento de impuestos; ≈ Hacienda (*Sp*).
international [ɪntə'næʃənl] *a* internacional; **~ (game)** partido internacional; **~ (player)** jugador(a) *m/f* internacional.
interplay ['ɪntəpleɪ] *n* interacción *f*.
interpret [ɪn'tə:prɪt] *vt* interpretar; (*translate*) traducir; (*understand*) entender // *vi* hacer de intérprete; **~ation** [-'teɪʃən] *n* interpretación *f*; traducción *f*; entendimiento; **~er** *n* intérprete *m/f*.
interrelated [ɪntərɪ'leɪtɪd] *a* interrelacionado.
interrogate [ɪn'tɛrəugeɪt] *vt* interrogar; **interrogation** [-'geɪʃən] *n* interrogatorio; **interrogative** [ɪntə'rɔgətɪv] *a* interrogativo.
interrupt [ɪntə'rʌpt] *vt, vi* interrumpir; **~ion** [-'rʌpʃən] *n* interrupción *f*.
intersect [ɪntə'sɛkt] *vt* cruzar // *vi* (*roads*) cruzarse; **~ion** [-'sɛkʃən] *n* intersección *f*; (*of roads*) cruce *m*.
intersperse [ɪntə'spə:s] *vt*: **to ~ with** salpicar de.
intertwine [ɪntə'twaɪn] *vt* entrelazar // *vi* entrelazarse.
interval ['ɪntəvl] *n* intervalo; (*Brit*: THEATRE, SPORT) descanso; **at ~s** a ratos, de vez en cuando.
intervene [ɪntə'vi:n] *vi* intervenir; (*take part*) participar; (*occur*) sobrevenir; **intervention** [-'vɛnʃən] *n* intervención *f*.
interview ['ɪntəvju:] *n* (RADIO, TV *etc*) entrevista // *vt* entrevistarse con; **~er** *n* entrevistador(a) *m/f*.
intestine [ɪn'tɛstɪn] *n*: **large/small ~** intestino grueso/delgado.
intimacy ['ɪntɪməsɪ] *n* intimidad *f*; (*relations*) relaciones *fpl* íntimas.
intimate ['ɪntɪmət] *a* íntimo; (*friendship*) estrecho; (*knowledge*) profundo // *vt* ['ɪntɪmeɪt] (*announce*) dar a entender.
intimidate [ɪn'tɪmɪdeɪt] *vt* intimidar, amedrentar.
into ['ɪntu:] *prep* (*gen*) en; (*towards*) a; (*inside*) hacia el interior de; **~ 3 pieces/French** en 3 pedazos/al francés.
intolerable [ɪn'tɔlərəbl] *a* intolerable, insoportable.
intolerance [ɪn'tɔlərəns] *n* intolerancia.
intolerant [ɪn'tɔlərənt] *a*: **~ of** intolerante con *or* para.
intonation [ɪntəu'neɪʃən] *n* entonación *f*.
intoxicate [ɪn'tɔksɪkeɪt] *vt* embriagar; **~d** *a* embriagado; **intoxication** [-'keɪʃən] *n* embriaguez *f*.
intractable [ɪn'træktəbl] *a* (*person*) intratable; (*problem*) espinoso.
intransitive [ɪn'trænsɪtɪv] *a* intransitivo.
intravenous [ɪntrə'vi:nəs] *a* intravenoso.
in-tray ['ɪntreɪ] *n* bandeja de entrada.
intricate ['ɪntrɪkət] *a* intrincado; (*plot, problem*) complejo.
intrigue [ɪn'tri:g] *n* intriga // *vt* fascinar // *vi* andar en intrigas; **intriguing** *a* fascinante.
intrinsic [ɪn'trɪnsɪk] *a* intrínseco.
introduce [ɪntrə'dju:s] *vt* introducir, meter; **to ~ sb (to sb)** presentar uno (a otro); **to ~ sb to** (*pastime, technique*) introducir a uno a; **introduction** [-'dʌkʃən] *n* introducción *f*; (*of person*) presentación *f*; **introductory** [-'dʌktərɪ] *a* introductorio.
introvert ['ɪntrəvə:t] *a, n* introvertido/a *m/f*.
intrude [ɪn'tru:d] *vi* (*person*) entrometerse; **to ~ on** estorbar; **~r** *n* intruso/a; **intrusion** [-ʒən] *n* invasión *f*.
intuition [ɪntju:'ɪʃən] *n* intuición *f*.
inundate ['ɪnʌndeɪt] *vt*: **to ~ with** inundar de.
invade [ɪn'veɪd] *vt* invadir; **~r** *n* invasor(a) *m/f*.
invalid ['ɪnvəlɪd] *n* minusválido/a //

[ɪn'vælɪd] (*not valid*) inválido, nulo.
invaluable [ɪn'væljuəbl] *a* inestimable.
invariably [ɪn'vɛərɪəblɪ] *ad* sin excepción.
invasion [ɪn'veɪʒən] *n* invasión *f*.
invent [ɪn'vɛnt] *vt* inventar; **~ion** [ɪn'vɛnʃən] *n* invento; (*inventiveness*) inventiva; (*lie*) ficción *f*, mentira; **~ive** *a* inventivo; **~iveness** *n* ingenio, inventiva; **~or** *n* inventor(a) *m/f*.
inventory ['ɪnvəntrɪ] *n* inventario.
invert [ɪn'vəːt] *vt* invertir; **~ed commas** *npl* (*Brit*) comillas *fpl*.
invertebrate [ɪn'vəːtɪbrət] *n* invertebrado.
invest [ɪn'vɛst] *vt, vi* invertir.
investigate [ɪn'vɛstɪgeɪt] *vt* investigar; (*study*) estudiar, examinar; **investigation** [-'geɪʃən] *n* investigación *f*, pesquisa; examen *m*; **investigator** *n* investigador(a) *m/f*.
investment [ɪn'vɛstmənt] *n* inversión *f*.
investor [ɪn'vɛstə*] *n* inversionista *m/f*.
inveterate [ɪn'vɛtərət] *a* empedernido.
invidious [ɪn'vɪdɪəs] *a* odioso.
invigilate [ɪn'vɪdʒɪleɪt] *vt, vi* (*in exam*) vigilar.
invigorating [ɪn'vɪgəreɪtɪŋ] *a* vigorizante.
invincible [ɪn'vɪnsɪbl] *a* invencible.
invisible [ɪn'vɪzɪbl] *a* invisible; **~ ink** *n* tinta simpática.
invitation [ɪnvɪ'teɪʃən] *n* invitación *f*.
invite [ɪn'vaɪt] *vt* invitar; (*opinions etc*) solicitar, pedir; (*trouble*) buscarse; **inviting** *a* atractivo; (*look*) provocativo; (*food*) apetitoso.
invoice ['ɪnvɔɪs] *n* factura // *vt* facturar.
invoke [ɪn'vəuk] *vt* invocar; (*aid*) pedir; (*law*) recurrir a.
involuntary [ɪn'vɔləntrɪ] *a* involuntario.
involve [ɪn'vɔlv] *vt* (*entail*) suponer, implicar; **to ~ sb (in)** comprometer a uno (con); **~d** *a* complicado; **~ment** *n* (*gen*) enredo; (*obligation*) compromiso; (*difficulty*) apuro.
inward ['ɪnwəd] *a* (*movement*) interior, interno; (*thought, feeling*) íntimo; **~(s)** *ad* hacia dentro.
I/O *abbr* (COMPUT = *input/output*) entrada/salida.
iodine ['aɪəudiːn] *n* yodo.
iota [aɪ'əutə] *n* (*fig*) jota, ápice *m*.
IOU *n abbr* (= *I owe you*) pagaré *m*.
IQ *n abbr* (= *intelligence quotient*) cociente *m* intelectual.
IRA *n abbr* (= *Irish Republican Army*) IRA *m*.
Iran [ɪ'rɑːn] *n* Irán *m*; **~ian** [ɪ'reɪnɪən] *a, n* iraní *m/f*.
Iraq [ɪ'rɑːk] *n* Irak; **~i** *a, n* iraquí *m/f*.
irascible [ɪ'ræsɪbl] *a* irascible.
irate [aɪ'reɪt] *a* enojado, airado.
Ireland ['aɪələnd] *n* Irlanda.
iris ['aɪrɪs], *pl* **~es** *n* (ANAT) iris *m*; (BOT) lirio.
Irish ['aɪrɪʃ] *a* irlandés/esa // *npl*: **the ~** los irlandeses; **~man/woman** *n* irlandés/esa *m/f*; **the ~ Sea** *n* el Mar de Irlanda.
irk [əːk] *vt* fastidiar; **~some** *a* fastidioso.
iron ['aɪən] *n* hierro; (*for clothes*) plancha // *a* de hierro // *vt* (*clothes*) planchar; **to ~ out** *vt* (*crease*) quitar; (*fig*) allanar; **the I~ Curtain** *n* el Telón de Acero.
ironic(al) [aɪ'rɔnɪk(l)] *a* irónico.
ironing ['aɪənɪŋ] *n* (*act*) planchado; (*clothes*: *ironed*) ropa planchada; (: *to be ironed*) ropa por planchar; **~ board** *n* tabla de planchar.
ironmonger ['aɪənmʌŋgə*] *n* (*Brit*) ferretero/a; **~'s (shop)** *n* ferretería, quincallería.
iron ore *n* mineral *m* de hierro.
irony ['aɪrənɪ] *n* ironía.
irrational [ɪ'ræʃənl] *a* irracional.
irreconcilable [ɪrɛkən'saɪləbl] *a* (*idea*) incompatible; (*enemies*) irreconciliable.
irregular [ɪ'rɛgjulə*] *a* irregular; (*surface*) desigual.
irrelevant [ɪ'rɛləvənt] *a* fuera de lugar, inoportuno.
irreplaceable [ɪrɪ'pleɪsəbl] *a* irremplazable.
irrepressible [ɪrɪ'prɛsəbl] *a* incontenible.
irresistible [ɪrɪ'zɪstɪbl] *a* irresistible.
irresolute [ɪ'rɛzəluːt] *a* indeciso.
irrespective [ɪrɪ'spɛktɪv]: **~ of** *prep* sin tener en cuenta, no importa.
irresponsible [ɪrɪ'spɔnsɪbl] *a* (*act*) irresponsable; (*person*) poco serio.
irrigate ['ɪrɪgeɪt] *vt* regar; **irrigation** [-'geɪʃən] *n* riego.
irritable ['ɪrɪtəbl] *a* (*person*: *temperament*) de (mal) carácter; (: *mood*) de mal humor.
irritate ['ɪrɪteɪt] *vt* fastidiar; (MED) picar; **irritating** *a* fastidioso; **irritation** [-'teɪʃən] *n* fastidio; picazón *f*, picor *m*.
IRS *n abbr* (*US*) = **Internal Revenue Service**.
is [ɪz] *vb see* **be**.
Islam ['ɪzlɑːm] *n* Islam *m*.
island ['aɪlənd] *n* isla; (*also*: **traffic ~**) isleta; **~er** *n* isleño/a.
isle [aɪl] *n* isla.
isn't ['ɪznt] = **is not**.
isolate ['aɪsəleɪt] *vt* aislar; **~d** *a* aislado; **isolation** [-'leɪʃən] *n* aislamiento.
Israel ['ɪzreɪl] *n* Israel *m*; **~i** [ɪz'reɪlɪ] *a, n* israelí *m/f*.
issue ['ɪsjuː] *n* cuestión *f*, asunto; (*outcome*) resultado; (*of banknotes etc*) emisión *f*; (*of newspaper etc*) número; (*offspring*) sucesión *f*, descendencia // *vt* (*rations, equipment*) distribuir, repartir; (*orders*) dar; (*certificate, passport*) expedir; (*decree*) promulgar; (*magazine*) publicar; (*cheques*) extender; (*bank-*

notes, stamps) emitir; **at ~** en cuestión; **to take ~ with sb (over)** estar en desacuerdo con uno (sobre).
isthmus ['ɪsməs] *n* istmo.
it [ɪt] *pron* **1** (*specific: subject: not generally translated*) él/ella; (: *direct object*) lo, la; (: *indirect object*) le; (*after prep*) él/ella; (*abstract concept*) ello; **~'s on the table** está en la mesa; **I can't find ~** no lo (*or* la) encuentro; **give ~ to me** dámelo (*or* dámela); **I spoke to him about ~** le hablé del asunto; **what did you learn from ~?** ¿qué aprendiste de él (*or* ella)?; **did you go to ~?** (*party, concert etc*) ¿fuiste?
2 (*impersonal*): **~'s raining** llueve, está lloviendo; **~'s 6 o'clock/the 10th of August** son las 6/es el 10 de agosto; **how far is ~? — ~'s 10 miles/2 hours on the train** ¿a qué distancia está? — a 10 millas/2 horas en tren; **who is ~? — ~'s me** ¿quién es? — soy yo.
Italian [ɪ'tæljən] *a* italiano // *n* italiano/a; (LING) italiano.
italic [ɪ'tælɪk] *a* cursivo; **~s** *npl* cursiva *sg*.
Italy ['ɪtəlɪ] *n* Italia.
itch [ɪtʃ] *n* picazón *f*; (*fig*) prurito // *vi* (*person*) sentir *or* tener comezón; (*part of body*) picar; **to be ~ing to do sth** rabiar por hacer algo; **~y** *a*: **to be ~y** = **to ~**.
it'd ['ɪtd] = **it would, it had.**
item ['aɪtəm] *n* artículo; (*on agenda*) asunto (a tratar); (*in programme*) número; (*also*: **news ~**) noticia; **~ize** *vt* detallar.
itinerant [ɪ'tɪnərənt] *a* ambulante.
itinerary [aɪ'tɪnərərɪ] *n* itinerario.
it'll ['ɪtl] = **it will, it shall.**
its [ɪts] *a* su.
it's [ɪts] = **it is, it has.**
itself [ɪt'sɛlf] *pron* (*reflexive*) sí mismo/a; (*emphatic*) él mismo/ella misma.
ITV *n abbr* (*Brit*: = *Independent Television*) *cadena de televisión comercial independiente del Estado.*
I.U.D. *n abbr* (= *intra-uterine device*) DIU *m*.
I've [aɪv] = **I have.**
ivory ['aɪvərɪ] *n* marfil *m*.
ivy ['aɪvɪ] *n* hiedra.

J

jab [dʒæb] *vt*: **to ~ sth into sth** clavar algo en algo // *n* (MED: *col*) pinchazo.
jabber ['dʒæbə*] *vt, vi* farfullar.
jack [dʒæk] *n* (AUT) gato; (BOWLS) boliche *m*; (CARDS) sota; **to ~ up** *vt* (AUT) levantar con el gato.
jackal ['dʒækɔ:l] *n* (ZOOL) chacal *m*.
jackdaw ['dʒækdɔ:] *n* grajo.
jacket ['dʒækɪt] *n* chaqueta, americana, saco (*LAm*); (*of boiler etc*) camisa; (*of book*) sobrecubierta.
jack-knife ['dʒæknaɪf] *vi* colear.
jack plug *n* (ELEC) enchufe *m* de clavija.
jackpot ['dʒækpɔt] *n* premio gordo.
jaded ['dʒeɪdɪd] *a* (*tired*) cansado; (*fed-up*) hastiado.
jagged ['dʒægɪd] *a* dentado.
jail [dʒeɪl] *n* cárcel *f* // *vt* encarcelar; **~break** *n* fuga *or* evasión *f* (de la cárcel); **~er** *n* carcelero/a.
jam [dʒæm] *n* mermelada; (*also*: **traffic ~**) embotellamiento; (*difficulty*) apuro // *vt* (*passage etc*) obstruir; (*mechanism, drawer etc*) atascar; (RADIO) interferir // *vi* atascarse, trabarse; **to ~ sth into sth** meter algo a la fuerza en algo.
Jamaica [dʒə'meɪkə] *n* Jamaica.
jangle ['dʒæŋgl] *vi* sonar (de manera) discordante.
janitor ['dʒænɪtə*] *n* (*caretaker*) portero, conserje *m*.
January ['dʒænjuərɪ] *n* enero.
Japan [dʒə'pæn] *n* (el) Japón; **~ese** [dʒæpə'ni:z] *a* japonés/esa // *n*, *pl inv* japonés/esa *m/f*; (LING) japonés *m*.
jar [dʒɑ:*] *n* (*glass: large*) jarra; (: *small*) tarro // *vi* (*sound*) chirriar; (*colours*) desentonar.
jargon ['dʒɑ:gən] *n* jerga.
jasmin(e) ['dʒæzmɪn] *n* jazmín *m*.
jaundice ['dʒɔ:ndɪs] *n* ictericia; **~d** *a* (*fig: embittered*) amargado; (: *disillusioned*) desilusionado.
jaunt [dʒɔ:nt] *n* excursión *f*; **~y** *a* alegre.
javelin ['dʒævlɪn] *n* jabalina.
jaw [dʒɔ:] *n* mandíbula.
jay [dʒeɪ] *n* (ZOOL) arrendajo.
jaywalker ['dʒeɪwɔ:kə*] *n* peatón/ona *m/f* imprudente.
jazz [dʒæz] *n* jazz *m*; **to ~ up** *vt* (*liven up*) animar, avivar.
jealous ['dʒɛləs] *a* celoso; (*envious*) envidioso; **to be ~** tener celos; tener envidia; **~y** *n* celos *mpl*; envidia.
jeans [dʒi:nz] *npl* (pantalones *mpl*) vaqueros *mpl or* tejanos *mpl*.
jeep [dʒi:p] *n* jeep *m*.
jeer [dʒɪə*] *vi*: **to ~ (at)** (*boo*) abuchear; (*mock*) mofarse (de).
jelly ['dʒɛlɪ] *n* jalea, gelatina; **~fish** *n* medusa.
jeopardize ['dʒɛpədaɪz] *vt* arriesgar, poner en peligro.
jeopardy ['dʒɛpədɪ] *n*: **to be in ~** estar en peligro.
jerk [dʒə:k] *n* (*jolt*) sacudida; (*wrench*) tirón *m* // *vt* dar una sacudida a; tirar bruscamente de // *vi* (*vehicle*) traquetear.
jerkin ['dʒə:kɪn] *n* chaleco.
jerky ['dʒə:kɪ] *a* espasmódico.
jersey ['dʒə:zɪ] *n* jersey *m*.

t [dʒɛst] *n* broma.
sus ['dʒi:zəs] *n* Jesús *m*.
[dʒɛt] *n* (*of gas, liquid*) chorro; *VIAT*) avión *m* a reacción; **~-black** *a* egro como el azabache; **~ engine** *n* otor *m* a reacción; **~ lag** *n* desorientaón *f* después de un largo vuelo.
tison ['dʒɛtɪsn] *vt* desechar.
ty ['dʒɛtɪ] *n* muelle *m*, embarcadero.
w [dʒu:] *n* judío.
vel ['dʒu:əl] *n* joya; (*in watch*) rubí ; **~ler** *n* joyero/a; **~ler's (shop)**, *US*) **~ry store** *n* joyería; (*US*) **~ery**, **lery** *n* joyas *fpl*, alhajas *fpl*.
wess ['dʒu:ɪs] *n* judía.
wish ['dʒu:ɪʃ] *a* judío.
e [dʒaɪb] *n* mofa.
y ['dʒɪfɪ] *n* (*col*): **in a ~** en un santiaén.
[dʒɪg] *n* jiga.
saw ['dʒɪgsɔ:] *n* (*also*: **~ puzzle**) romecabezas *m inv*.
[dʒɪlt] *vt* dejar plantado a.
gle ['dʒɪŋgl] *n* (*advert*) musiquilla // *vi* ntinear.
x [dʒɪŋks] *n*: **there's a ~ on it** está gaado.
ters ['dʒɪtəz] *npl* (*col*): **to get the ~** poerse nervioso.
b [dʒɔb] *n* trabajo; (*task*) tarea; (*duty*) eber *m*; (*post*) empleo; **it's a good ~ at...** menos mal que...; **just the ~!** ¡espendo!; **~ centre** *n* (*Brit*) *oficina estal de colocaciones;* **~less** *a* sin traba).
ckey ['dʒɔkɪ] *n* jockey *m/f* // *vi*: **to ~ or position** maniobrar para conseguir na posición.
cular ['dʒɔkjulə*] *a* (*humorous*) gracio; (*merry*) alegre.
g [dʒɔg] *vt* empujar (ligeramente) // *vi run*) hacer footing; **to ~ along** ir tiran; **to ~ sb's memory** refrescar la meoria a uno; **~ging** *n* footing *m*.
in [dʒɔɪn] *vt* (*things*) juntar, unir; (*become member of: club*) hacerse socio e; (*POL: party*) afiliarse a; (*meet: people*) reunirse con // *vi* (*roads*) empalar; (*rivers*) confluir // *n* juntura; **to ~ n** *vi* tomar parte, participar // *vt fus* tonar parte *or* participar en; **to ~ up** *vi* nirse; (*MIL*) alistarse.
iner ['dʒɔɪnə*] *n* carpintero/a; **~y** *n* arpintería.
int [dʒɔɪnt] *n* (*TECH*) junta, unión *f*; *ANAT*) articulación *f*; (*Brit CULIN*) piea de carne (para asar); (*col: place*) gaito // *a* (*common*) común; (*combined*) ombinado; (*committee*) mixto; **~ account** (*with bank etc*) cuenta común; **~ly** *ad* en común; conjuntamente.
ist [dʒɔɪst] *n* viga.
ke [dʒəuk] *n* chiste *m*; (*also*: **practical**) broma // *vi* bromear; **to play a ~ on** astar una broma a; **~r** *n* chistoso/a, bromista *m/f*; (*CARDS*) comodín *m*.
jolly ['dʒɔlɪ] *a* (*merry*) alegre; (*enjoyable*) divertido // *ad* (*col*) muy, terriblemente.
jolt [dʒəult] *n* (*shake*) sacudida; (*blow*) golpe *m*; (*shock*) susto // *vt* sacudir; asustar.
jostle ['dʒɔsl] *vt* dar empellones a, codear.
jot [dʒɔt] *n*: **not one ~** ni jota, ni pizca; **to ~ down** *vt* apuntar; **~ter** *n* (*Brit*) bloc *m*.
journal ['dʒə:nl] *n* (*paper*) periódico; (*magazine*) revista; (*diary*) diario; **~ism** *n* periodismo; **~ist** *n* periodista *m/f*, reportero/a.
journey ['dʒə:nɪ] *n* viaje *m*; (*distance covered*) trayecto // *vi* viajar.
jovial ['dʒəuvɪəl] *a* risueño.
joy [dʒɔɪ] *n* alegría; **~ful, ~ous** *a* alegre; **~ ride** *n* (*illegal*) paseo en coche robado; **~ stick** *n* (*AVIAT*) palanca de mando; (*COMPUT*) palanca de control.
J.P. *n abbr* = **Justice of the Peace.**
Jr *abbr* = **junior.**
jubilant ['dʒu:bɪlnt] *a* jubiloso.
jubilee ['dʒu:bɪli:] *n* aniversario.
judge [dʒʌdʒ] *n* juez *m/f* // *vt* juzgar; (*estimate*) considerar; **judg(e)ment** *n* juicio; (*punishment*) sentencia, fallo.
judiciary [dʒu:'dɪʃɪərɪ] *n* poder *m* judicial.
judicious [dʒu:'dɪʃəs] *a* juicioso.
judo ['dʒu:dəu] *n* judo.
jug [dʒʌg] *n* jarro.
juggernaut ['dʒʌgənɔ:t] *n* (*Brit: huge truck*) camionazo.
juggle ['dʒʌgl] *vi* hacer juegos malabares; **~r** *n* malabarista *m/f*.
Jugoslav ['ju:gəuslɑ:v] *etc* = **Yugoslav** *etc*.
juice [dʒu:s] *n* zumo, jugo (*esp LAm*); **juicy** *a* jugoso.
jukebox ['dʒu:kbɔks] *n* tocadiscos *m inv* tragaperras.
July [dʒu:'laɪ] *n* julio.
jumble ['dʒʌmbl] *n* revoltijo // *vt* (*also*: **~ up**: *mix up*) revolver; (: *disarrange*) mezclar; **~ sale** *n* (*Brit*) *venta de objetos usados con fines benéficos.*
jumbo (jet) ['dʒʌmbəu-] *n* jumbo.
jump [dʒʌmp] *vi* saltar, dar saltos; (*start*) asustarse, sobresaltarse; (*increase*) aumentar // *vt* saltar // *n* salto; aumento; **to ~ the queue** (*Brit*) colarse.
jumper ['dʒʌmpə*] *n* (*Brit: pullover*) suéter *m*, jersey *m*; (*US: dress*) mandil *m*; **~ cables** *npl* (*US*) = **jump leads.**
jump leads *npl* (*Brit*) cables *mpl* puente de batería.
jumpy ['dʒʌmpɪ] *a* nervioso.
Jun. *abbr* = **junior.**
junction ['dʒʌŋkʃən] *n* (*Brit: of roads*) cruce *m*; (*RAIL*) empalme *m*.

juncture ['dʒʌŋktʃə*] *n*: **at this ~** en este momento, en esta coyuntura.
June [dʒu:n] *n* junio.
jungle ['dʒʌŋgl] *n* selva, jungla.
junior ['dʒu:nɪə*] *a* (*in age*) menor, más joven; (*competition*) juvenil; (*position*) subalterno // *n* menor *m/f*, joven *m/f*; **he's ~ to me** es menor que yo; **~ school** *n* (*Brit*) escuela primaria.
junk [dʒʌŋk] *n* (*cheap goods*) baratijas *fpl*; (*lumber*) trastos *mpl* viejos; (*rubbish*) basura; **~ food** *n alimentos preparados y envasados de escaso valor nutritivo*; **~ shop** *n* tienda de objetos usados.
Junr *abbr* = **junior**.
jurisdiction [dʒuərɪs'dɪkʃən] *n* jurisdicción *f*.
juror ['dʒuərə*] *n* jurado.
jury ['dʒuərɪ] *n* jurado.
just [dʒʌst] *a* justo // *ad* (*exactly*) exactamente; (*only*) sólo, solamente; **he's ~ done it/left** acaba de hacerlo/irse; **~ right** perfecto; **~ two o'clock** las dos en punto; **she's ~ as clever as you** (ella) es tan lista como tú; **~ as well that...** menos mal que...; **~ as he was leaving** en el momento en que se marchaba; **~ before/enough** justo antes/lo suficiente; **~ here** aquí mismo; **he ~ missed** ha fallado por poco; **~ listen to this** escucha esto un momento.
justice ['dʒʌstɪs] *n* justicia; **J~ of the Peace (J.P.)** *n* juez *m* de paz.
justifiable [dʒʌstɪ'faɪəbl] *a* justificable.
justify ['dʒʌstɪfaɪ] *vt* justificar; (*text*) alinear.
justly ['dʒʌstlɪ] *ad* (*gen*) justamente; (*with reason*) con razón.
jut [dʒʌt] *vi* (*also*: **~ out**) sobresalir.
juvenile ['dʒu:vənaɪl] *a* juvenil; (*court*) de menores // *n* joven *m/f*, menor *m* de edad.
juxtapose ['dʒʌkstəpəuz] *vt* yuxtaponer.

K

K *abbr* (= *one thousand*) mil; (= *kilobyte*) kilobyte *m*, kiloocteto.
kaleidoscope [kə'laɪdəskəup] *n* calidoscopio.
Kampuchea [kæmpu'tʃɪə] *n* Kampuchea.
kangaroo [kæŋgə'ru:] *n* canguro.
karate [kə'ra:tɪ] *n* karate *m*.
kebab [kə'bæb] *n* pincho moruno.
keel [ki:l] *n* quilla; **on an even ~** (*fig*) en equilibrio.
keen [ki:n] *a* (*interest, desire*) grande, vivo; (*eye, intelligence*) agudo; (*competition*) intenso; (*edge*) afilado; (*Brit*: *eager*) entusiasta; **to be ~ to do** *or* **on doing sth** tener muchas ganas de hacer algo; **to be ~ on sth/sb** interesarse por algo/uno.
keep [ki:p] *vb* (*pt, pp* **kept**) *vt* (*retai... preserve*) guardar; (*hold back*) quedar... con; (*shop*) ser propietario de; (*fee... family etc*) mantener; (*promise*) cumpl... (*chickens, bees etc*) criar // *vi* (*foo...* conservarse; (*remain*) seguir, continu... // *n* (*of castle*) torreón *m*; (*food et...* comida, subsistencia; (*col*): **for ~s** pa... siempre; **to ~ doing sth** seguir hacien... algo; **to ~ sb from doing sth** impedir... uno hacer algo; **to ~ sth from happeni...** impedir que algo ocurra; **to ~ sb happ...** tener a uno contento; **to ~ a place ti...** mantener un lugar limpio; **to ~ sth ... o.s.** guardar algo para sí mismo; **to ... sth (back) from sb** ocultar algo a uno; **~ time** (*clock*) mantener la hora exact...; **to ~ on** *vi* seguir, continuar; **to ~ o...** *vi* (*stay out*) permanecer fuera; '**~ o...** prohibida la entrada; **to ~ up** *vt* ma... tener, conservar // *vi* no retrasarse; **to ... up with** (*pace*) ir al paso de; (*leve...* mantenerse a la altura de; **~er** ... guardián/ana *m/f*; **~-fit** *n* gimnas... (para mantenerse en forma); **~ing** ... (*care*) cuidado; **in ~ing with** de acuer... con; **~sake** *n* recuerdo.
keg [kɛg] *n* barrilete *m*, barril *m*.
kennel ['kɛnl] *n* perrera; **~s** *npl* perrer... *fpl*.
Kenya ['kɛnjə] *n* Kenia; **~n** *a*, ... keniano/a *m/f*.
kept [kɛpt] *pt, pp of* **keep**.
kerb [kə:b] *n* (*Brit*) bordillo.
kernel ['kə:nl] *n* (*nut*) fruta; (*fig*) meoll...
kerosene ['kɛrəsi:n] *n* keroseno.
ketchup ['kɛtʃəp] *n* salsa de tomate, ca... sup *m*.
kettle ['kɛtl] *n* hervidor *m*, olla; **~ dru...** *n* (*MUS*) timbal *m*.
key [ki:] *n* (*gen*) llave *f*; (*MUS*) tono; (... *piano, typewriter*) tecla // *vt* (*also*: **~ i...** teclear; **~board** *n* teclado; **~ed up** ... (*person*) nervioso; **~hole** *n* ojo (de ... cerradura); **~note** *n* (*MUS*) tónica... **~ring** *n* llavero.
khaki ['ka:kɪ] *n* caqui.
kick [kɪk] *vt* (*person*) dar una patada a... (*ball*) dar un puntapié a // *vi* (*horse*) da... coces // *n* patada; puntapié *m*; (*of rifle...* culetazo; (*thrill*): **he does it for ~s** ... hace por pura diversión; **to ~ off** ... (*SPORT*) hacer el saque inicial.
kid [kɪd] *n* (*col*: *child*) chiquillo/a; (*ani... mal*) cabrito; (*leather*) cabritilla // ... (*col*) bromear.
kidnap ['kɪdnæp] *vt* secuestrar; **~per** ... secuestrador(a) *m/f*; **~ping** *n* secuestro...
kidney ['kɪdnɪ] *n* riñón *m*.
kill [kɪl] *vt* matar; (*murder*) asesinar... (*fig*: *story*) suprimir; (: *rumour*) acaba... con; **to be ~ed (by a bullet)** ser muert... (por una bala) // *n* matanza; **~er** ... asesino/a; **~ing** *n* (*one*) asesinato... (*several*) matanza; **~joy** *n* (*Brit*) agua...

fiestas *m/f inv*.
kiln [kɪln] *n* horno.
kilo ['ki:ləu] *n* kilo; **~byte** *n* (COMPUT) kilobyte *m*, kiloocteto; **~gram(me)** ['kɪləugræm] *n* kilo, kilogramo; **~metre**, (*US*) **~meter** ['kɪləmi:tə*] *n* kilómetro; **~watt** ['kɪləuwɔt] *n* kilovatio.
kilt [kɪlt] *n* falda escocesa.
kin [kɪn] *n* parientes *mpl*.
kind [kaɪnd] *a* (*treatment*) bueno, cariñoso; (*person, act, word*) amable, atento // *n* clase *f*, especie *f*; (*species*) género; **in ~** (COMM) en especie; **a ~ of** una especie de; **to be two of a ~** ser tal para cual.
kindergarten ['kɪndəgɑ:tn] *n* jardín *m* de infantes.
kind-hearted [kaɪnd'hɑ:tɪd] *a* bondadoso, de buen corazón.
kindle ['kɪndl] *vt* encender.
kindly ['kaɪndlɪ] *a* bondadoso; (*gentle*) cariñoso // *ad* bondadosamente, amablemente; **will you ~...** sea usted tan amable de... .
kindness ['kaɪndnɪs] *n* bondad *f*, amabilidad *f*.
kindred ['kɪndrɪd] *a*: **~ spirits** almas *fpl* gemelas.
kinetic [kɪ'nɛtɪk] *a* cinético.
king [kɪŋ] *n* rey *m*; **~dom** *n* reino; **~fisher** *n* martín *m* pescador; **~-size** *a* de tamaño gigante.
kinky ['kɪŋkɪ] *a* (*pej*) perverso.
kiosk ['ki:ɔsk] *n* quiosco; (*Brit* TEL) cabina.
kipper ['kɪpə*] *n* arenque *m* ahumado.
kiss [kɪs] *n* beso // *vt* besar; **to ~ (each other)** besarse.
kit [kɪt] *n* avíos *mpl*; (*equipment*) equipo; (*set of tools etc*) (caja de) herramientas *fpl*; (*assembly ~*) juego de armar.
kitchen ['kɪtʃɪn] *n* cocina; **~ sink** *n* fregadero.
kite [kaɪt] *n* (*toy*) cometa.
kith [kɪθ] *n*: **~ and kin** parientes *mpl* y allegados.
kitten ['kɪtn] *n* gatito/a.
kitty ['kɪtɪ] *n* (*pool of money*) fondo común; (CARDS) puesta.
km *abbr* (= *kilometre*) km.
knack [næk] *n*: **to have the ~ of doing sth** tener el don de hacer algo.
knapsack ['næpsæk] *n* mochila.
knead [ni:d] *vt* amasar.
knee [ni:] *n* rodilla; **~cap** *n* rótula.
kneel [ni:l], *pt, pp* **knelt** *vi* (*also*: **~ down**) arrodillarse.
knell [nɛl] *n* toque *m* de difuntos.
knelt [nɛlt] *pt, pp of* **kneel**.
knew [nju:] *pt of* **know**.
knickers ['nɪkəz] *npl* (*Brit*) bragas *fpl*.
knife [naɪf], *pl* **knives** *n* cuchillo // *vt* acuchillar.
knight [naɪt] *n* caballero; (CHESS) caballo; **~hood** *n* (*title*): **to get a ~hood** recibir el título de *Sir*.
knit [nɪt] *vt* tejer, tricotar; (*brows*) fruncir // *vi* tejer, tricotar; (*bones*) soldarse; **to ~ together** *vt* (*fig*) unir, juntar; **~ting** *n* labor *f* de punto; **~ting machine** *n* máquina de tricotar; **~ting needle**, (*US*) **~ pin** *n* aguja de tejer; **~wear** *n* prendas *fpl* de punto.
knives [naɪvz] *pl of* **knife**.
knob [nɔb] *n* (*of door*) tirador *m*; (*of stick*) puño; **a ~ of butter** (*Brit*) un pedazo de mantequilla.
knock [nɔk] *vt* (*strike*) golpear; (*bump into*) chocar contra; (*fig*: *col*) criticar // *vi* (*at door etc*): **to ~ at/on** llamar a // *n* golpe *m*; (*on door*) llamada; **to ~ down** *vt* (*pedestrian*) atropellar; **to ~ off** *vi* (*col*: *finish*) salir del trabajo // *vt* (*col*: *steal*) birlar; **to ~ out** *vt* dejar sin sentido; (BOXING) poner fuera de combate, dejar K.O.; **to ~ over** *vt* (*object*) tirar; (*person*) atropellar; **~er** *n* (*on door*) aldaba; **~-kneed** *a* patizambo; **~out** *n* (BOXING) K.O. *m*, knockout *m*.
knot [nɔt] *n* (*gen*) nudo // *vt* anudar; **~ty** *a* (*fig*) complicado.
know [nəu], *pt* **knew**, *pp* **known** *vt* (*gen*) saber; (*person, author, place*) conocer; **to ~ how to do** saber como hacer; **to ~ how to swim** saber nadar; **to ~ about** *or* **of sb/sth** saber de uno/algo; **~-all** sabelotodo *m/f*; **~-how** *n* conocimientos *mpl*; **~ing** *a* (*look*) de complicidad; **~ingly** *ad* (*purposely*) adrede; (*smile, look*) con complicidad.
knowledge ['nɔlɪdʒ] *n* (*gen*) conocimiento; (*learning*) saber *m*, conocimientos *mpl*; **~able** *a*: **~able about** enterado de.
known [nəun] *pp of* **know**.
knuckle ['nʌkl] *n* nudillo.
K.O. *n abbr* = **knockout**.
Koran [kɔ'rɑ:n] *n* Corán *m*.
Korea [kə'rɪə] *n* Corea.
kosher ['kəuʃə*] *a* autorizado por la ley judía.

L

l. *abbr* = **litre**.
lab [læb] *n abbr* = **laboratory**.
label ['leɪbl] *n* etiqueta; (*brand*: *of record*) sello (discográfico) // *vt* poner etiqueta a.
laboratory [lə'bɔrətərɪ] *n* laboratorio.
laborious [lə'bɔ:rɪəs] *a* penoso.
labour, (*US*) **labor** ['leɪbə*] *n* (*task*) trabajo; (*~ force*) mano *f* de obra; (MED) parto // *vi*: **to ~ (at)** trabajar (en) // *vt* insistir en; **in ~** (MED) de parto; **L~**, **the L~ party** (*Brit*) el partido laborista, los laboristas *mpl*; **~ed** *a* (*breathing*) fatigoso; (*style*) pesado; **~er** *n* peón *m*; (*on farm*) peón *m*; (*day ~er*) jornalero.

labyrinth ['læbɪrɪnθ] *n* laberinto.
lace [leɪs] *n* encaje *m*; (*of shoe etc*) cordón *m* // *vt* (*shoes*: *also*: ~ **up**) atarse (los zapatos).
lack [læk] *n* (*absence*) falta; (*scarcity*) escasez *f* // *vt* faltarle a uno, carecer de; **through** *or* **for** ~ **of** por falta de; **to be ~ing** faltar, no haber.
lackadaisical [lækə'deɪzɪkl] *a* (*careless*) descuidado; (*indifferent*) indiferente.
lacquer ['lækə*] *n* laca.
lad [læd] *n* muchacho, chico; (*in stable etc*) mozo.
ladder ['lædə*] *n* escalera (de mano); (*Brit*: *in tights*) carrera // *vt* (*Brit*: *tights*) hacer una carrera en.
laden ['leɪdn] *a*: ~ (**with**) cargado (de).
ladle ['leɪdl] *n* cucharón *m*.
lady ['leɪdɪ] *n* señora; (*distinguished, noble*) dama; **young** ~ señorita; **the ladies'** (**room**) los servicios de señoras; **~bird**, (*US*) **~bug** *n* mariquita; **~-in-waiting** *n* dama de honor; **~like** *a* fino; **L~ship** *n*: **your L~ship** su Señoría.
lag [læg] *vi* (*also*: ~ **behind**) retrasarse, quedarse atrás // *vt* (*pipes*) revestir.
lager ['lɑːgə*] *n* cerveza (rubia).
lagoon [lə'guːn] *n* laguna.
laid [leɪd] *pt, pp of* **lay**; ~ **back** *a* (*col*) relajado.
lain [leɪn] *pp of* **lie**.
lair [lɛə*] *n* guarida.
laity ['leɪtɪ] *n* laicado.
lake [leɪk] *n* lago.
lamb [læm] *n* cordero; (*meat*) carne *f* de cordero; ~ **chop** *n* chuleta de cordero; **~swool** *n* lana de cordero.
lame [leɪm] *a* cojo; (*excuse*) poco convincente.
lament [lə'mɛnt] *vt* lamentarse de.
laminated ['læmɪneɪtɪd] *a* laminado.
lamp [læmp] *n* lámpara.
lampoon [læm'puːn] *vt* satirizar.
lamp: **~post** *n* (*Brit*) (poste *m* de) farol *m*; **~shade** *n* pantalla.
lance [lɑːns] *n* lanza // *vt* (*MED*) abrir con lanceta; ~ **corporal** *n* (*Brit*) soldado de primera clase.
land [lænd] *n* tierra; (*country*) país *m*; (*piece of* ~) terreno; (*estate*) tierras *fpl*, finca; (*AGR*) campo // *vi* (*from ship*) desembarcar; (*AVIAT*) aterrizar; (*fig*: *fall*) caer, terminar // *vt* (*obtain*) conseguir; (*passengers, goods*) desembarcar; **to ~ up in/at** ir a parar a/en; **~ing** *n* desembarco; aterrizaje *m*; (*of staircase*) rellano; **~ing stage** *n* (*Brit*) desembarcadero; **~ing strip** *n* pista de aterrizaje; **~lady** *n* (*of boarding house*) patrona; (*owner*) dueña; **~lord** *n* propietario; (*of pub etc*) patrón *m*; **~mark** *n* lugar *m* conocido; **to be a ~mark** (*fig*) hacer época; **~owner** *n* terrateniente *m/f*.
landscape ['lænskeɪp] *n* paisaje *m*.
landslide ['lændslaɪd] *n* (*GEO*) corrimiento de tierras; (*fig*: *POL*) victoria arrolladora.
lane [leɪn] *n* (*in country*) camino; (*in town*) callejón *m*; (*AUT*) carril *m*; (*in race*) calle *f*; (*for air or sea traffic*) ruta.
language ['læŋgwɪdʒ] *n* lenguaje *m*; (*national tongue*) idioma *m*, lengua; **bad** ~ palabrotas *fpl*; ~ **laboratory** *n* laboratorio de idiomas.
languid ['læŋgwɪd] *a* lánguido.
languish ['læŋgwɪʃ] *vi* languidecer.
lank [læŋk] *a* (*hair*) lacio.
lanky ['læŋkɪ] *a* larguirucho.
lantern ['læntn] *n* linterna, farol *m*.
lap [læp] *n* (*of track*) vuelta; (*of body*): **to sit on sb's** ~ sentarse en las rodillas de uno // *vt* (*also*: ~ **up**) lamer // *vi* (*waves*) chapotear.
lapel [lə'pɛl] *n* solapa.
Lapland ['læplænd] *n* Laponia.
lapse [læps] *n* error *m*, fallo; (*moral*) desliz *m* // *vi* (*expire*) caducar; (*morally*) cometer un desliz; (*time*) pasar, transcurrir; **to ~ into bad habits** caer en malos hábitos; ~ **of time** lapso, período.
larceny ['lɑːsənɪ] *n* latrocinio.
lard [lɑːd] *n* manteca (de cerdo).
larder ['lɑːdə*] *n* despensa.
large [lɑːdʒ] *a* grande; **at** ~ (*free*) en libertad; (*generally*) en general; **~ly** *ad* en gran parte; **~-scale** *a* (*map*) en gran escala; (*fig*) importante.
largesse [lɑː'ʒɛs] *n* generosidad *f*.
lark [lɑːk] *n* (*bird*) alondra; (*joke*) broma; **to ~ about** *vi* bromear, hacer el tonto.
laryngitis [lærɪn'dʒaɪtɪs] *n* laringitis *f*.
larynx ['lærɪŋks] *n* laringe *f*.
laser ['leɪzə*] *n* láser *m*; ~ **printer** *n* impresora (por) láser.
lash [læʃ] *n* latigazo; (*punishment*) azote *m*; (*also*: **eyelash**) pestaña // *vt* azotar; (*tie*) atar; **to ~ out** *vi* (*col*: *spend*) gastar a la loca; **to ~ out at** *or* **against sb** lanzar invectivas contra uno.
lass [læs] *n* chica.
lasso [læ'suː] *n* lazo.
last [lɑːst] *a* (*gen*) último; (*final*) último, final // *ad* por último // *vi* (*endure*) durar; (*continue*) continuar, seguir; ~ **night** anoche; ~ **week** la semana pasada; **at** ~ por fin; ~ **but one** penúltimo; **~-ditch** *a* (*attempt*) último, desesperado; **~ing** *a* duradero; **~ly** *ad* por último, finalmente; **~-minute** *a* de última hora.
latch [lætʃ] *n* picaporte *m*, pestillo.
late [leɪt] *a* (*not on time*) tarde, atrasado; (*towards end of period, life*) tardío; (*hour*) avanzado; (*dead*) fallecido // *ad* tarde; (*behind time, schedule*) con retraso; **of** ~ últimamente; **in ~ May** hacia fines de mayo; **the ~ Mr X** el difunto Sr X; **~comer** *n* recién llegado/a; **~ly** *ad* últimamente.

later ['leɪtə*] *a* (*date etc*) posterior; (*version etc*) más reciente // *ad* más tarde, después.
lateral ['lætərl] *a* lateral.
latest ['leɪtɪst] *a* último; at the ~ a más tardar.
lathe [leɪð] *n* torno.
lather ['lɑ:ðə*] *n* espuma (de jabón) // *vt* enjabonar.
Latin ['lætɪn] *n* latín *m* // *a* latino; ~ **America** *n* América latina; ~-**American** *a* latinoamericano.
latitude ['lætɪtju:d] *n* latitud *f*.
latter ['lætə*] *a* último; (*of two*) segundo // *n*: the ~ el último, éste; ~**ly** *ad* últimamente.
lattice ['lætɪs] *n* enrejado.
laudable ['lɔ:dəbl] *a* loable.
laugh [lɑ:f] *n* risa; (*loud*) carcajada // *vi* reír(se); **to ~ at** *vt fus* reírse de; **to ~ off** *vt* tomar algo a risa; ~**able** *a* ridículo; ~**ing stock** *n*: the ~**ing stock of** el hazmerreír de; ~**ter** *n* risa.
launch [lɔ:ntʃ] *n* (*boat*) lancha; *see also* ~ing // *vt* (*ship, rocket, plan*) lanzar; ~**ing** *n* (*of rocket etc*) lanzamiento; (*inauguration*) estreno; ~**(ing) pad** *n* plataforma de lanzamiento.
launder ['lɔ:ndə*] *vt* lavar.
launderette [lɔ:n'drɛt], (*US*) **laundromat** ['lɔ:drəmæt] *n* lavandería (automática).
laundry ['lɔ:ndrɪ] *n* lavandería; (*clothes*) ropa sucia; to **do the** ~ hacer la colada.
laureate ['lɔ:rɪət] *a see* **poet**.
lavatory ['lævətərɪ] *n* wáter *m*; **lavatories** *npl* servicios *mpl*, aseos *mpl*, sanitarios *mpl* (*LAm*).
lavender ['lævəndə*] *n* lavanda.
lavish ['lævɪʃ] *a* abundante; (*giving freely*): ~ **with** pródigo en // *vt*: to ~ sth on sb colmar a uno de algo.
law [lɔ:] *n* ley *f*; (*study*) derecho; (*of game*) regla; ~-**abiding** *a* respetuoso de la ley; ~ **and order** *n* orden *m* público; ~ **court** *n* tribunal *m* (de justicia); ~**ful** *a* legítimo, lícito; ~**fully** *ad* legalmente.
lawn [lɔ:n] *n* césped *m*; ~**mower** *n* cortacésped *m*; ~ **tennis** *n* tenis *m* sobre hierba.
law school *n* facultad *f* de derecho.
lawsuit ['lɔ:su:t] *n* pleito.
lawyer ['lɔ:jə*] *n* abogado/a; (*for sales, wills etc*) notario/a.
lax [læks] *a* (*discipline*) relajado; (*person*) negligente al hacer.
laxative ['læksətɪv] *n* laxante *m*.
laxity ['læksɪtɪ] *n* flojedad *f*; (*moral*) relajamiento; (*negligence*) negligencia.
lay [leɪ] *pt of* lie // *a* laico; (*not expert*) lego // *vt* (*pt, pp* **laid**) (*place*) colocar; (*eggs, table*) poner; (*trap*) tender; **to ~ aside** *or* **by** *vt* dejar a un lado; **to ~ down** *vt* (*pen etc*) dejar; (*arms*) rendir; (*policy*) asentar; to ~ **down the law** imponer las normas; **to ~ off** *vt* (*workers*) despedir; **to ~ on** *vt* (*water, gas*) instalar; (*meal, facilities*) proveer; **to ~ out** *vt* (*plan*) trazar; (*display*) disponer; (*spend*) gastar; **to ~ up** *vt* (*store*) guardar; (*ship*) desarmar; (*subj*: *illness*) obligar a guardar cama; ~**about** *n* vago/a; ~-**by** *n* (*Brit* AUT) área de aparcamiento.
layer ['leɪə*] *n* capa.
layette [leɪ'ɛt] *n* ajuar *m* (de niño).
layman ['leɪmən] *n* lego.
layout ['leɪaut] *n* (*design*) plan *m*, trazado; (*disposition*) disposición *f*; (PRESS) composición *f*.
laze [leɪz] *vi* holgazanear.
laziness ['leɪzɪnɪs] *n* pereza.
lazy ['leɪzɪ] *a* perezoso, vago.
lb. *abbr* = **pound** (*weight*).
lead [li:d] *n* (*front position*) delantera; (*distance, time ahead*) ventaja; (*clue*) pista; (ELEC) cable *m*; (*for dog*) correa; (THEATRE) papel *m* principal; [lɛd] (*metal*) plomo; (*in pencil*) mina // (*vb*: *pt, pp* **led**) *vt* conducir; (*life*) llevar; (*be leader of*) dirigir; (SPORT) ir en cabeza de // *vi* ir primero; **to be in the** ~ (SPORT) llevar la delantera; (*fig*) ir a la cabeza; to ~ astray llevar por mal camino; **to ~ away** *vt* llevar; **to ~ back** *vt* (*person, route*) llevar de vuelta; **to ~ on** *vt* (*tease*) engañar; **to ~ on to** (*induce*) incitar a; **to ~ to** *vt fus* producir, provocar; **to ~ up to** *vt fus* conducir a.
leaden ['lɛdn] *a* (*sky, sea*) plomizo; (*heavy*: *footsteps*) pesado.
leader ['li:də*] *n* jefe/a *m/f*, líder *m*; (*of union etc*) dirigente *m/f*; (*guide*) guía *m/f*; (*of newspaper*) artículo de fondo; ~**ship** *n* dirección *f*.
leading ['li:dɪŋ] *a* (*main*) principal; (*outstanding*) destacado; (*first*) primero; (*front*) delantero; ~ **lady** *n* (THEATRE) primera actriz *f*; ~ **light** *n* (*person*) figura principal.
leaf [li:f], *pl* **leaves** *n* hoja // *vi*: **to ~ through** hojear; **to turn over a new** ~ reformarse.
leaflet ['li:flɪt] *n* folleto.
league [li:g] *n* sociedad *f*; (FOOTBALL) liga; to **be in** ~ **with** estar de manga con.
leak [li:k] *n* (*of liquid, gas*) escape *m*, fuga; (*in pipe*) agujero; (*in roof*) gotera; (*in security*) filtración *f* // *vi* (*shoes, ship*) hacer agua; (*pipe*) tener (un) escape; (*roof*) gotear; (*also*: ~ **out**: *liquid, gas*) escaparse, fugarse; (*fig*: *news*) divulgarse // *vt* (*gen*) dejar escapar; (*fig*: *information*) filtrarse.
lean [li:n] *a* (*thin*) flaco; (*meat*) magro // (*vb*: *pt, pp* **leaned** *or* **leant** [lɛnt]) *vt*: **to ~ sth on sth** apoyar algo en algo // *vi*

(*slope*) inclinarse; (*rest*): to ~ against apoyarse contra; to ~ on apoyarse en; (*fig*: *rely on*) contar con (el apoyo de); **to ~ back/forward** *vi* inclinarse hacia atrás/adelante; **to ~ out** *vi* asomarse; **to ~ over** *vi* inclinarse; **~ing** *n*: **~ing** (towards) inclinación *f* (hacia); **~-to** *n* cobertizo.

leap [li:p] *n* salto // *vi* (*pt, pp* **leaped** *or* **leapt** [lɛpt]) saltar; **~frog** *n* pídola; **~ year** *n* año bisiesto.

learn [lə:n], *pt, pp* **learned** *or* **learnt** *vt* (*gen*) aprender; (*come to know of*) enterarse de // *vi* aprender; to ~ how to do sth aprender a hacer algo; **~ed** ['lə:nɪd] *a* erudito; **~er** *n* principiante *m/f*; (*Brit*: *also*: ~er driver) aprendiz(a) *m/f*; **~ing** *n* el saber *m*, conocimientos *mpl*.

lease [li:s] *n* arriendo // *vt* arrendar.

leash [li:ʃ] *n* correa.

least [li:st] *a* (*slightest*) menor, más pequeño; (*smallest amount of*) mínimo // *ad* menos // *n*: the ~ lo menos; the ~ expensive car el coche menos costoso; at ~ por lo menos, al menos; not in the ~ en absoluto.

leather ['lɛðə*] *n* cuero.

leave [li:v], *pt, pp* **left** *vt* dejar; (*go away from*) abandonar // *vi* irse; (*train*) salir // *n* permiso; to be left quedar, sobrar; there's some milk left over sobra *or* queda algo de leche; on ~ de permiso; **to ~ behind** *vt* (*on purpose*) dejar (atrás); (*accidentally*) olvidar; to take one's ~ of despedirse de; **to ~ out** *vt* omitir; **~ of absence** *n* permiso de ausentarse.

leaves [li:vz] *pl of* **leaf**.

Lebanon ['lɛbənən] *n* : the ~ el Líbano.

lecherous ['lɛtʃərəs] *a* lascivo.

lecture ['lɛktʃə*] *n* conferencia; (*SCOL*) clase *f* // *vi* dar una clase // *vt* (*scold*) sermonear; to give a ~ on dar una conferencia sobre; **~r** *n* conferenciante *m/f*; (*Brit* : *at university*) profesor(a) *m/f*.

led [lɛd] *pt, pp of* **lead**.

ledge [lɛdʒ] *n* (*of window, on wall*) repisa, reborde *m*; (*of mountain*) saliente *m*.

ledger ['lɛdʒə*] *n* libro mayor.

lee [li:] *n* sotavento.

leech [li:tʃ] *n* sanguijuela.

leek [li:k] *n* puerro.

leer [lɪə*] *vi*: to ~ at sb mirar de manera lasciva a uno.

leeway ['li:weɪ] *n* (*fig*): to have some ~ tener cierta libertad de acción.

left [lɛft] *pt, pp of* **leave** // *a* izquierdo // *n* izquierda // *ad* a la izquierda; on *or* to the ~ a la izquierda; the L~ (*POL*) la izquierda; **~-handed** *a* zurdo; **the ~-hand side** *n* la izquierda; **~-luggage (office)** *n* (*Brit*) consigna; **~-overs** *npl* sobras *fpl*; **~-wing** *a* (*POL*) de izquierda, izquierdista.

leg [lɛg] *n* pierna; (*of animal*) pata; (*of chair*) pie *m*; (*CULIN*: *of meat*) pierna; (*of journey*) etapa; **1st/2nd ~** (*SPORT*) partido de ida/de vuelta.

legacy ['lɛgəsɪ] *n* herencia.

legal ['li:gl] *a* (*permitted by law*) lícito; (*of law*) legal; (*inquiry etc*) jurídico; **~ holiday** *n* (*US*) fiesta oficial; **~ize** *vt* legalizar; **~ly** *ad* legalmente; **~ tender** *n* moneda de curso legal.

legend ['lɛdʒənd] *n* leyenda.

legislation [lɛdʒɪs'leɪʃən] *n* legislación *f*.

legislature ['lɛdʒɪslətʃə*] *n* cuerpo legislativo.

legitimate [lɪ'dʒɪtɪmət] *a* legítimo.

leg-room ['lɛgru:m] *n* espacio para las piernas.

leisure ['lɛʒə*] *n* ocio, tiempo libre; at ~ con tranquilidad; **~ centre** *n* centro de recreo; **~ly** *a* sin prisa; lento.

lemon ['lɛmən] *n* limón *m*; **~ade** [-'neɪd] *n* (*fruit juice*) limonada; (*fizzy*) gaseosa; **~ tea** *n* té *m* con limón.

lend [lɛnd], *pt, pp* **lent** *vt*: to ~ sth to sb prestar algo a alguien; **~ing library** *n* biblioteca de préstamo.

length [lɛŋθ] *n* (*size*) largo, longitud *f*; (*section*: *of road, pipe*) tramo; (: *rope etc*) largo; at ~ (*at last*) por fin, finalmente; (*lengthily*) largamente; **~en** *vt* alargar // *vi* alargarse; **~ways** *ad* a lo largo; **~y** *a* largo, extenso; (*meeting*) prolongado.

lenient ['li:nɪənt] *a* indulgente.

lens [lɛnz] *n* (*of spectacles*) lente *f*; (*of camera*) objetivo.

lent [lɛnt] *pt, pp of* **lend**.

Lent [lɛnt] *n* Cuaresma.

lentil ['lɛntl] *n* lenteja.

Leo ['li:əu] *n* Leo.

leotard ['li:əta:d] *n* leotardo.

leper ['lɛpə*] *n* leproso/a.

leprosy ['lɛprəsɪ] *n* lepra.

lesbian ['lɛzbɪən] *n* lesbiana.

less [lɛs] *a* (*in size, degree etc*) menor; (*in quantity*) menos // *pron, ad* menos; ~ than half menos de la mitad; ~ than ever menos que nunca; ~ and ~ cada vez menos; the ~ he works... cuanto menos trabaja...

lessen ['lɛsn] *vi* disminuir, reducirse // *vt* disminuir, reducir.

lesser ['lɛsə*] *a* menor; to a ~ extent en menor grado.

lesson ['lɛsn] *n* clase *f*; a maths ~ una clase de matemáticas.

lest [lɛst] *conj*: ~ it happen para que no pase.

let [lɛt], *pt, pp* **let** *vt* (*allow*) dejar, permitir; (*Brit*: *lease*) alquilar; to ~ sb do sth dejar que uno haga algo; to ~ sb know sth comunicar algo a uno; ~'s go ¡vamos!; ~ him come que venga; 'to ~' 'se alquila'; **to ~ down** *vt* (*lower*) bajar; (*dress*) alargar; (*tyre*) desinflar; (*hair*) soltar; (*disappoint*) defraudar; **to**

~ **go** *vi* soltar; (*fig*) dejarse ir // *vt* soltar; **to ~ in** *vt* dejar entrar; (*visitor etc*) hacer pasar; **to ~ off** *vt* dejar escapar; (*firework etc*) disparar; (*bomb*) accionar; **to ~ on** *vi* (*col*) divulgar; **to ~ out** *vt* dejar salir; (*dress*) ensanchar; **to ~ up** *vi* amainar, disminuir.

lethal ['li:θl] *a* (*weapon*) mortífero; (*poison, wound*) mortal.

lethargy ['lɛθədʒı] *n* letargo.

letter ['lɛtə*] *n* (*of alphabet*) letra; (*correspondence*) carta; ~ **bomb** *n* carta-bomba; **~box** *n* (*Brit*) buzón *m*; ~ **of credit** *n* carta de crédito; **~ing** *n* letras *fpl*.

lettuce ['lɛtıs] *n* lechuga.

leukaemia, (*US*) **leukemia** [lu:'ki:mıə] *n* leucemia.

level ['lɛvl] *a* (*flat*) llano; (*flattened*) nivelado; (*uniform*) igual // *ad* a nivel // *n* nivel *m* // *vt* nivelar; allanar; **to be ~ with** estar a nivel de; **'A' ~s** *npl* (*Brit*) ≈ Bachillerato Superior, B.U.P.; **'O' ~s** *npl* (*Brit*) ≈ bachillerato elemental, octavo de básica; **on the ~** (*fig*: *honest*) en serio; **to ~ off** *or* **out** *vi* (*prices etc*) estabilizarse; ~ **crossing** *n* (*Brit*) paso a nivel; **~-headed** *a* sensato.

lever ['li:və*] *n* palanca // *vt*: **to ~ up** levantar con palanca; **~age** *n* (*fig*: *influence*) influencia.

levy ['lɛvı] *n* impuesto // *vt* exigir, recaudar.

lewd [lu:d] *a* lascivo; (*joke*) obsceno, colorado (*LAm*).

liability [laıə'bılətı] *n* responsabilidad *f*; (*handicap*) desventaja; **liabilities** *npl* obligaciones *fpl*; (*COMM*) pasivo *sg*.

liable ['laıəbl] *a* (*subject*): **~ to** sujeto a; (*responsible*): **~ for** responsable de; (*likely*): **~ to do** propenso a hacer.

liaise [lı'eız] *vi*: **to ~ with** enlazar con.

liaison [li:'eızɔn] *n* (*coordination*) enlace *m*; (*affair*) relación *f*.

liar ['laıə*] *n* mentiroso/a.

libel ['laıbl] *n* calumnia // *vt* calumniar.

liberal ['lıbərl] *a* (*gen*) liberal; (*generous*): **~ with** generoso con.

liberty ['lıbətı] *n* libertad *f*; **to be at ~ to do** estar libre para hacer.

Libra ['li:brə] *n* Libra.

librarian [laı'brɛərıən] *n* bibliotecario/a.

library ['laıbrərı] *n* biblioteca.

libretto [lı'brɛtəu] *n* libreto.

Libya ['lıbıə] *n* Libia; **~n** *a*, *n* libio/a *m/f*.

lice [laıs] *pl of* **louse.**

licence, (*US*) **license** ['laısns] *n* licencia; (*permit*) permiso; (*also*: **driving ~**, (*US*) **driver's ~**) carnet *m* de conducir (*Sp*), permiso (*LAm*); (*excessive freedom*) libertad *f*; ~ **number** *n* matrícula; ~ **plate** *n* placa (de matrícula).

license ['laısns] *n* (*US*) = **licence** // *vt* autorizar, dar permiso a; **~d** *a* (*for alcohol*) autorizado para vender bebidas alcohólicas.

licentious [laı'sɛnʃəs] *a* licencioso.

lichen ['laıkən] *n* líquen *m*.

lick [lık] *vt* lamer // *n* lamedura; **a ~ of paint** una mano de pintura.

licorice ['lıkərıs] *n* = **liquorice.**

lid [lıd] *n* (*of box, case*) tapa; (*of pan*) cobertera.

lido ['laıdəu] *n* (*Brit*) piscina.

lie [laı] *n* mentira // *vi* mentir; (*pt* **lay**, *pp* **lain**) (*rest*) estar echado, estar acostado; (*of object*: *be situated*) estar, encontrarse; **to ~ low** (*fig*) mantenerse a escondidas; **to ~ about** *vi* (*things*) estar tirado; (*Brit*) (*people*) estar tumbado; **to have a ~-down** (*Brit*) echarse (una siesta); **to have a ~-in** (*Brit*) quedarse en la cama.

lieu [lu:]: **in ~ of** *prep* en lugar de.

lieutenant [lɛf'tɛnənt, (*US*) lu:'tɛnənt] *n* (*MIL*) teniente *m*.

life [laıf], *pl* **lives** *n* vida; (*way of ~*) modo de vivir; (*of licence etc*) vigencia; ~ **assurance** *n* (*Brit*) seguro de vida; **~belt** *n* (*Brit*) cinturón *m* salvavidas; **~boat** *n* lancha de socorro; **~guard** *n* vigilante *mf*; ~ **insurance** *n* = ~ **assurance;** ~ **jacket** *n* chaleco salvavidas; **~less** *a* sin vida; (*dull*) soso; **~like** *a* natural; **~line** *n* (*fig*) cordón *m* umbilical; **~long** *a* de toda la vida; ~ **preserver** *n* (*US*) = **~belt**; **~-saver** *n* socorrista *m/f*; ~ **sentence** *n* condena perpetua; **~-sized** *a* de tamaño natural; ~ **span** *n* vida; **lifestyle** *n* estilo de vida; ~ **support system** *n* (*MED*) sistema *m* de respiración asistida; **~time** *n*: **in his ~time** durante su vida; **once in a ~time** una vez en la vida.

lift [lıft] *vt* levantar; (*copy*) plagiar // *vi* (*fog*) disiparse // *n* (*Brit*: *elevator*) ascensor *m*; **to give sb a ~** (*Brit*) llevar a uno en el coche; **~-off** *n* despegue *m*.

light [laıt] *n* luz *f*; (*flame*) lumbre *f*; (*lamp*) luz *f*, lámpara; (*daylight*) luz *f* del día; (*headlight*) faro; (*rear ~*) luz *f* trasera; (*for cigarette etc*): **have you got a ~?** ¿tienes fuego? // *vt* (*pt*, *pp* **lighted** *or* **lit**) (*candle, cigarette, fire*) encender (*Sp*), prender (*LAm*); (*room*) alumbrar // *a* (*colour*) claro; (*not heavy, also fig*) ligero; (*room*) alumbrado; **to come to ~** salir a luz; **to ~ up** *vi* (*smoke*) encender un cigarrillo; (*face*) iluminarse // *vt* (*illuminate*) iluminar, alumbrar; ~ **bulb** *n* bombilla, foco (*LAm*); **~en** *vi* (*grow ~*) clarear // *vt* (*give light to*) iluminar; (*make lighter*) aclarar; (*make less heavy*) aligerar; **~er** *n* (*also*: **cigarette ~er**) encendedor *m*, mechero; **~-headed** *a* (*dizzy*) mareado; (*excited*) exaltado; (*by nature*) casquivano; **~-hearted** *a* alegre; **~house** *n* faro; **~ing** *n* (*act*) iluminación *f*; (*system*) alumbrado; **~ly** *ad* li-

geramente; (*not seriously*) con poca seriedad; to get off ~ly ser castigado con poca severidad; **~ness** *n* claridad *f*; (*in weight*) ligereza.
lightning ['laɪtnɪŋ] *n* relámpago, rayo; ~ **conductor**, (*US*) ~ **rod** *n* pararrayos *m inv*.
light: ~ **pen** *n* lápiz *m* óptico; **~weight** *a* (*suit*) ligero // *n* (BOXING) peso ligero; ~ **year** *n* año luz.
like [laɪk] *vt* gustarle a uno // *prep* como // *a* parecido, semejante // *n*: **the** ~ semejante *m/f*; **his ~s and dislikes** sus gustos y aversiones; **I would ~, I'd ~** me gustaría; (*for purchase*) quisiera; **would you ~ a coffee?** ¿te apetece un café?; **I ~ swimming** me gusta nadar; **she ~s apples** le gustan las manzanas; **to be** *or* **look ~ sb/sth** parecerse a alguien/algo; **that's just ~ him** es muy de él, es característico de él; **do it ~ this** hazlo así; **it is nothing ~...** no tiene parecido alguno con...; **~able** *a* simpático, agradable.
likelihood ['laɪklɪhud] *n* probabilidad *f*.
likely ['laɪklɪ] *a* probable; **he's ~ to leave** es probable que se vaya; **not ~!** ¡ni hablar!
likeness ['laɪknɪs] *n* semejanza, parecido.
likewise ['laɪkwaɪz] *ad* igualmente.
liking ['laɪkɪŋ] *n*: ~ **(for)** (*person*) cariño (a); (*thing*) afición (a).
lilac ['laɪlək] *n* lila // *a* (*colour*) de color lila.
lily ['lɪlɪ] *n* lirio, azucena; ~ **of the valley** *n* lirio de los valles.
limb [lɪm] *n* miembro.
limber ['lɪmbə*]: **to ~ up** *vi* (*fig*) entrenarse; (SPORT) desentumecerse.
limbo ['lɪmbəu] *n*: **to be in ~** (*fig*) quedar a la expectativa.
lime [laɪm] *n* (*tree*) limero; (*fruit*) lima; (GEO) cal *f*.
limelight ['laɪmlaɪt] *n*: **to be in the ~** (*fig*) ser el centro de atención.
limerick ['lɪmərɪk] *n* quintilla humorística.
limestone ['laɪmstəun] *n* piedra caliza.
limit ['lɪmɪt] *n* límite *m* // *vt* limitar; **~ed** *a* limitado; **to be ~ed to** limitarse a; **~ed (liability) company (Ltd)** *n* (*Brit*) sociedad *f* anónima.
limousine ['lɪməzi:n] *n* limusina.
limp [lɪmp] *n*: **to have a ~** tener cojera // *vi* cojear // *a* flojo.
limpet ['lɪmpɪt] *n* lapa.
line [laɪn] *n* (*gen*) línea; (*straight ~*) raya; (*rope*) cuerda; (*for fishing*) sedal *m*; (*wire*) hilo; (*row, series*) fila, hilera; (*of writing*) renglón *m*; (*on face*) arruga; (*speciality*) rama // *vt* (SEWING) forrar (*with* de); **to ~ the streets** ocupar las aceras; **in ~ with** de acuerdo con; **to ~ up** *vi* hacer cola // *vt* alinear, poner en fila.
linear ['lɪnɪə*] *a* lineal.
lined [laɪnd] *a* (*face*) arrugado; (*pape*... rayado.
linen ['lɪnɪn] *n* ropa blanca; (*cloth*) lino
liner ['laɪnə*] *n* vapor *m* de línea, tra... atlántico.
linesman ['laɪnzmən] *n* (SPORT) juez de línea.
line-up ['laɪnʌp] *n* alineación *f*.
linger ['lɪŋgə*] *vi* retrasarse, tardar marcharse; (*smell, tradition*) persistir.
lingerie ['læn ʒəri:] *n* ropa interior (... mujer).
lingo ['lɪŋgəu], *pl* **~es** *n* (*pej*) jerga.
linguist ['lɪŋgwɪst] *n* lingüista *m/f*; **~ic** lingüístico; **~ics** *n* lingüística.
lining ['laɪnɪŋ] *n* forro.
link [lɪŋk] *n* (*of a chain*) eslabón *m*; (*co... nection*) conexión *f*; (*bond*) vínculo, la... // *vt* vincular, unir; **~s** *npl* (GOLF) ca... po *sg* de golf; **to ~ up** *vt* acoplar // unirse; **~-up** *n* (*gen*) unión *f*; (*in spac*... acoplamiento.
lino ['laɪnəu], **linoleum** [lɪ'nəulɪəm] *n* ... nóleo.
lion ['laɪən] *n* león *m*; **~ess** *n* leona.
lip [lɪp] *n* labio; (*of jug*) pico; (*of c... etc*) borde *m*; **~read** *vi* leer los labio... ~ **salve** *n* crema protectora para l... bios; ~ **service** *n*: **to pay ~ service** ... sth prometer algo de palabra; **~stick** lápiz *m* de labios, carmín *m*.
liqueur [lɪ'kjuə*] *n* licor *m*.
liquid ['lɪkwɪd] *a, n* líquido.
liquidize ['lɪkwɪdaɪz] *vt* (CULIN) licuar.
liquidizer ['lɪkwɪdaɪzə*] *n* licuadora.
liquor ['lɪkə*] *n* licor *m*, bebidas *fpl* a... cohólicas.
liquorice ['lɪkərɪs] *n* regaliz *m*.
liquor store *n* (*US*) bodega, *tienda d... vinos y bebidas alcohólicas*.
Lisbon ['lɪzbən] *n* Lisboa.
lisp [lɪsp] *n* ceceo.
list [lɪst] *n* lista; (*of ship*) inclinación *f* ... *vt* (*write down*) hacer una lista de; (*enu... merate*) catalogar // *vi* (*ship*) inclinarse
listen ['lɪsn] *vi* escuchar, oír; (*pay atte... tion*) atender; **~er** *n* oyente *m/f*.
listless ['lɪstlɪs] *a* apático, indiferente.
lit [lɪt] *pt, pp of* **light**.
litany ['lɪtənɪ] *n* letanía.
liter ['li:tə*] *n* (*US*) = **litre**.
literacy ['lɪtərəsɪ] *n* capacidad *f* de leer ... escribir.
literal ['lɪtərl] *a* literal.
literary ['lɪtərərɪ] *a* literario.
literate ['lɪtərət] *a* que sabe leer y escr... bir; (*fig*) culto.
literature ['lɪtərɪtʃə*] *n* literatura... (*brochures etc*) folletos *mpl*.
lithe [laɪð] *a* ágil.
litigation [lɪtɪ'geɪʃən] *n* litigio.
litre, (*US*) **liter** ['li:tə*] *n* litro.
litter ['lɪtə*] *n* (*rubbish*) basura; (*paper*... papel *m* tirado; (*young animals*) cam... da, cría; ~ **bin** *n* (*Brit*) papelera; **~e**...

~ed with (*scattered*) esparcido con; ›vered with) lleno de.
le ['lɪtl] *a* (*small*) pequeño; (*not* ›uch) poco; (*often translated by suffix*: ~ **house** casita) // *ad* poco; **a ~** un ›co (de); **~ by ~** poco a poco.
e [lɪv] *vi* vivir // *vt* (*a life*) llevar; (*ex*›rience) vivir // *a* [laɪv] (*animal*) vivo; ›ire) conectado; (*broadcast*) en direc- ; (*shell*) cargado; **to ~ down** *vt* ha- r olvidar; **to ~ on** *vt fus* (*food*) vivir- de, alimentarse de; **to ~ together** vivir juntos; **to ~ up to** *vt fus* ›ulfil) cumplir con; (*justify*) justificar.
elihood ['laɪvlɪhud] *n* sustento.
ely ['laɪvlɪ] *a* (*gen*) vivo; (*talk*) anima- ›; (*pace*) rápido; (*party, tune*) alegre.
en up ['laɪvn-] *vt* animar.
er ['lɪvə*] *n* hígado.
ery ['lɪvərɪ] *n* librea.
es [laɪvz] *pl of* **life.**
estock ['laɪvstɔk] *n* ganado.
d ['lɪvɪd] *a* lívido; (*furious*) furioso.
ng ['lɪvɪŋ] *a* (*alive*) vivo // *n*: **to earn make a ~** ganarse la vida; **~ condi- ons** *npl* condiciones *fpl* de vida; **~ ›om** *n* sala (de estar); **~ wage** *n* ›eldo suficiente para vivir.
rd ['lɪzəd] *n* lagartija.
d [ləud] *n* (*gen*) carga; (*weight*) peso *vt* (*COMPUT*) cargar; (*also*: **~ up**): **to (with)** cargar (con *or* de); **a ~ of, ~s** (*fig*) (gran) cantidad de, montones ›; **~ed** *a* (*dice*) cargado; (*question*) in- ›ncionado; (*col*: *rich*) forrado (de dine- ›); **~ing bay** *n* área de carga y des- ›rga.
af [ləuf], *pl* **loaves** *n* (barra de) pan *m* *vi* (*also*: **~ about, ~ around**) holgaza- ›ar.
n [ləun] *n* préstamo; (*COMM*) emprés- ›o // *vt* prestar; **on ~** prestado.
th [ləuθ] *a*: **to be ~ to do sth** estar ›co dispuesto a hacer algo.
the [ləuð] *vt* aborrecer; (*person*) ›liar; **loathing** *n* aversión *f*; odio.
ves [ləuvz] *pl of* **loaf.**
by ['lɔbɪ] *n* vestíbulo, sala de espera; ›*OL*: *pressure group*) grupo de presión *vt* presionar.
e [ləub] *n* lóbulo.
ster ['lɔbstə*] *n* langosta.
al ['ləukl] *a* local // *n* (*pub*) bar *m*; **the s** los vecinos, los del lugar; **~ naesthetic** *n* (*MED*) anestesia local; **~ uthority** *n* municipio, ayuntamiento ›*Sp*); **~ call** (*TEL*) llamada local; **~ overnment** *n* gobierno municipal; **›ity** [-'kælɪtɪ] *n* localidad *f*; **~ly** [-kəlɪ] ›*d* en la vecindad.
cate [ləu'keɪt] *vt* (*find*) localizar; ›*situate*) colocar.
cation [ləu'keɪʃən] *n* situación *f*; **on ~** ›*CINEMA*) en exteriores.
ch [lɔx] *n* lago.

lock [lɔk] *n* (*of door, box*) cerradura; (*of canal*) esclusa; (*of hair*) mechón *m* // *vt* (*with key*) cerrar con llave; (*immobilize*) inmovilizar // *vi* (*door etc*) cerrarse con llave; (*wheels*) trabarse.
locker ['lɔkə*] *n* casillero; **~-room** *n* (*US SPORT*) vestuario.
locket ['lɔkɪt] *n* medallón *m*.
lockout ['lɔkaut] *n* paro patronal, lockout *m*.
locksmith ['lɔksmɪθ] *n* cerrajero/a.
lock-up ['lɔkʌp] *n* (*garage*) cochera.
locomotive [ləukə'məutɪv] *n* locomotora.
locum ['ləukəm] *n* (*MED*) (médico/a) interino/a.
locust ['ləukəst] *n* langosta.
lodge [lɔdʒ] *n* casa del guarda; (*porter's*) portería; (*FREEMASONRY*) logia // *vi* (*person*): **to ~ (with)** alojarse (en casa de) // *vt* (*complaint*) presentar; **~r** *n* huésped(a) *m/f*.
lodgings ['lɔdʒɪŋz] *npl* alojamiento *sg*; (*house*) casa *sg* de huéspedes.
loft [lɔft] *n* desván *m*.
lofty ['lɔftɪ] *a* alto; (*haughty*) orgulloso.
log [lɔg] *n* (*of wood*) leño, tronco; (*book*) = **logbook.**
logbook ['lɔgbuk] *n* (*NAUT*) diario de a bordo; (*AVIAT*) libro de vuelo; (*of car*) documentación *f* (del coche).
loggerheads ['lɔgəhedz] *npl*: **at ~ (with)** de pique (con).
logic ['lɔdʒɪk] *n* lógica; **~al** *a* lógico.
logo ['ləu'gəu] *n* logotipo.
loin [lɔɪn] *n* (*CULIN*) lomo, solomillo; **~s** *npl* lomos *mpl*.
loiter ['lɔɪtə*] *vi* vagar; (*pej*) merodear.
loll [lɔl] *vi* (*also*: **~ about**) repantigarse.
lollipop ['lɔlɪpɔp] *n* pirulí *m*; (*iced*) polo; **~ man/lady** *n* (*Brit*) *persona encargada de ayudar a los niños a cruzar la calle*.
London ['lʌndən] *n* Londres; **~er** *n* londinense *m/f*.
lone [ləun] *a* solitario.
loneliness ['ləunlɪnɪs] *n* soledad *f*, aislamiento.
lonely ['ləunlɪ] *a* solitario, solo.
long [lɔŋ] *a* largo // *ad* mucho tiempo, largamente // *vi*: **to ~ for sth** anhelar algo; **in the ~ run** a la larga; **so** *or* **as ~ as** mientras, con tal que; **don't be ~!** ¡no tardes!, ¡vuelve pronto!; **how ~ is the street?** ¿cuánto tiene la calle de largo?; **how ~ is the lesson?** ¿cuánto dura la clase?; **6 metres ~** que mide 6 metros, de 6 metros de largo; **6 months ~** que dura 6 meses, de 6 meses de duración; **all night ~** toda la noche; **he no ~er comes** ya no viene; **~ before** mucho antes; **before ~** (+ *future*) dentro de poco; (+ *past*) poco tiempo después; **at ~ last** al fin, por fin; **~-distance** *a* (*race*) de larga distancia; (*call*) interurbano; **~-haired** *a* de pelo largo; **~hand** *n* escritura sin abreviatu-

ras; **~ing** *n* anhelo, ansia; (*nostalgia*) nostalgia // *a* anhelante.
longitude ['lɔŋgɪtju:d] *n* longitud *f*.
long: **~ jump** *n* salto de longitud; **~-lost** *a* desaparecido hace mucho tiempo; **~-playing record (L.P.)** *n* elepé *m*, disco de larga duración; **~-range** *a* de gran alcance; **~-sighted** *a* (*Brit*) présbita; **~-standing** *a* de mucho tiempo; **~-suffering** *a* sufrido; **~-term** *a* a largo plazo; **~ wave** *n* onda larga; **~-winded** *a* prolijo.
loo [lu:] *n* (*Brit*: *col*) wáter *m*.
look [luk] *vi* mirar; (*seem*) parecer; (*building etc*): **to ~ south/on to the sea** dar al sur/al mar // *n* mirada; (*glance*) vistazo; (*appearance*) aire *m*, aspecto; **~s** *npl* físico *sg*, apariencia *sg*; **to ~ after** *vt fus* cuidar; **to ~ at** *vt fus* mirar; (*consider*) considerar; **to ~ back** *vi* mirar hacia atrás; **to ~ down on** *vt fus* (*fig*) despreciar, mirar con desprecio; **to ~ for** *vt fus* buscar; **to ~ forward to** *vt fus* esperar con ilusión; (*in letters*): **we ~ forward to hearing from you** quedamos a la espera de sus gratas noticias; **to ~ into** *vt* investigar; **to ~ on** *vi* mirar (como espectador); **to ~ out** *vi* (*beware*): **to ~ out (for)** tener cuidado (de); **to ~ out for** *vt fus* (*seek*) buscar; (*await*) esperar; **to ~ round** *vi* volver la cabeza; **to ~ to** *vt fus* ocuparse de; (*rely on*) contar con; **to ~ up** *vi* mirar hacia arriba; (*improve*) mejorar // *vt* (*word*) buscar; (*friend*) visitar; **to ~ up to** *vt fus* admirar; **~-out** *n* (*tower etc*) puesto de observación; (*person*) vigía *m/f*; **to be on the ~-out for sth** estar al acecho de algo.
loom [lu:m] *n* telar *m* // *vi* (*threaten*) amenazar.
loony ['lu:nɪ] *n* (*col*) loco/a.
loop [lu:p] *n* lazo; (*bend*) vuelta, recodo; **~hole** *n* escapatoria.
loose [lu:s] *a* (*gen*) suelto; (*not tight*) flojo; (*wobbly etc*) movedizo; (*clothes*) ancho; (*morals, discipline*) relajado; **to be at a ~ end** *or* (*US*) **at ~ ends** no saber qué hacer; **~ change** *n* cambio; **~ chippings** *npl* (*on road*) gravilla *sg* suelta; **~ly** *ad* libremente, aproximadamente; **~n** *vt* (*free*) soltar; (*untie*) desatar; (*slacken*) aflojar.
loot [lu:t] *n* botín *m* // *vt* saquear.
lop [lɔp]: **to ~ off** *vt* cortar; (*branches*) podar.
lop-sided ['lɔp'saɪdɪd] *a* desequilibrado.
lord [lɔ:d] *n* señor *m*; **L~ Smith** Lord Smith; **the L~** el Señor; **the (House of) L~s** (*Brit*) la Cámara de los Lores; **~ship** *n*: **your L~ship** su Señoría.
lore [lɔ:*] *n* tradiciones *fpl*.
lorry ['lɔrɪ] *n* (*Brit*) camión *m*; **~ driver** *n* camionero/a.
lose [lu:z], *pt*, *pp* **lost** *vt* perder // *vi* perder, ser vencido; **to ~ (time)** (*clo*... atrasarse; **~r** *n* perdedor(a) *m/f*.
loss [lɔs] *n* pérdida; **heavy ~es** (... grandes pérdidas; **to be at a ~** no sa... qué hacer; **to make a ~** sufrir pérdid...
lost [lɔst] *pt*, *pp of* **lose** // *a* perdido; **~ property**, (*US*) **~ and found** *n* obj... *mpl* perdidos.
lot [lɔt] *n* (*at auctions*) lote *m*; (*dest*... suerte *f*; **the ~** el todo, todos; **a ~** ... cho, bastante; **a ~ of**, **~s of** much... (*pl*); **I read a ~** leo bastante; **to d**... **~s (for sth)** echar suertes (para dec... algo).
lotion ['ləuʃən] *n* loción *f*.
lottery ['lɔtərɪ] *n* lotería.
loud [laud] *a* (*voice, sound*) fue... (*laugh, shout*) estrepitoso; (*gau*... chillón/ona // *ad* (*speak etc*) en alta v... **~hailer** *n* (*Brit*) megáfono; **~ly** ... (*noisily*) fuerte; (*aloud*) en alta v... **~speaker** *n* altavoz *m*.
lounge [laundʒ] *n* salón *m*, sala (de ... tar) // *vi* reposar, holgazanear; **~ s**... *n* (*Brit*) traje *m* de calle.
louse [laus], *pl* **lice** *n* piojo.
lousy ['lauzɪ] *a* (*fig*) vil, asqueroso.
lout [laut] *n* gamberro/a.
louvre, (*US*) **louver** ['lu:və*] *a* (*door*) rejilla; (*window*) de libro.
lovable ['lʌvəbl] *a* amable, simpático.
love [lʌv] *n* amor *m* // *vt* amar, quer... **to ~ to do** encantarle a uno hacer; **to ... in ~ with** estar enamorado de; **to m**... **~** hacer el amor; **for the ~ of** por a... de; **'15 ~'** (TENNIS) 15 a cero; **I ~ pa**... me encanta la paella; **~ affair** *n* aven... ra sentimental; **~ letter** *n* carta ... amor; **~ life** *n* vida sentimental.
lovely ['lʌvlɪ] *a* (*delightful*) precioso, ... cantador(a); (*beautiful*) hermoso.
lover ['lʌvə*] *n* amante *m/f*; (*amateu*... **a ~ of** un aficionado/a *or* un amante d...
loving ['lʌvɪŋ] *a* amoroso, cariñoso.
low [ləu] *a*, *ad* bajo // *n* (METEOROLOG... área de baja presión // *vi* (*cow*) mug... **to feel ~** sentirse deprimido; **to t**... **(down) ~** bajar; **~-cut** *a* (*dress*) esc... do.
lower ['ləuə*] *vt* bajar; (*reduce*) redu... // *vr*: **to ~ o.s. to** (*fig*) rebajarse a.
low: **~-fat** *a* (*milk, yoghurt*) desnata... (*diet*) bajo en calorías; **~lands** ... (GEO) tierras *fpl* bajas; **~ly** *a* humil... **~-lying** *a* bajo.
loyal ['lɔɪəl] *a* leal; **~ty** *n* lealtad *f*.
lozenge ['lɔzɪndʒ] *n* (MED) pastilla.
L.P. *n abbr* = **long-playing record**.
L-plates ['ɛlpleɪts] *npl* (*Brit*) placas ... aprendiz de conductor.
Ltd *abbr* (= *limited company*) S.A.
lubricant ['lu:brɪkənt] *n* lubricante *m*.
lubricate ['lu:brɪkeɪt] *vt* lubricar, eng... sar.
lucid ['lu:sɪd] *a* lúcido.

luck [lʌk] *n* suerte *f*; **bad ~** mala suerte; **good ~**! ¡que tengas suerte!, ¡suerte!; **~ily** *ad* afortunadamente; **~y** *a* afortunado.
ludicrous ['lu:dɪkrəs] *a* absurdo.
lug [lʌg] *vt* (*drag*) arrastrar.
luggage ['lʌgɪdʒ] *n* equipaje *m*; **~ rack** *n* (*in train*) rejilla, redecilla; (*on car*) baca, portaequipajes *m inv*.
lukewarm ['lu:kwɔ:m] *a* tibio, templado.
lull [lʌl] *n* tregua // *vt* (*child*) acunar; (*person, fear*) calmar.
lullaby ['lʌləbaɪ] *n* nana.
lumbago [lʌm'beɪgəu] *n* lumbago.
lumber ['lʌmbə*] *n* (*junk*) trastos *mpl* viejos; (*wood*) maderos *mpl*; **~jack** *n* maderero.
luminous ['lu:mɪnəs] *a* luminoso.
lump [lʌmp] *n* terrón *m*; (*fragment*) trozo; (*in sauce*) grumo; (*in throat*) nudo; (*swelling*) bulto // *vt* (*also*: **~ together**) juntar; **~ sum** *n* suma global.
lunacy ['lu:nəsɪ] *n* locura.
lunar ['lu:nə*] *a* lunar.
lunatic ['lu:nətɪk] *a*, *n* loco/a; **~ asylum** *n* manicomio.
lunch [lʌntʃ] *n* almuerzo, comida // *vi* almorzar.
luncheon ['lʌntʃən] *n* almuerzo; **~ meat** *n tipo de fiambre*; **~ voucher** *n* vale *m* de comida.
lung [lʌŋ] *n* pulmón *m*.
lunge [lʌndʒ] *vi* (*also*: **~ forward**) abalanzarse; **to ~ at** arremeter contra.
lurch [lə:tʃ] *vi* dar sacudidas // *n* sacudida; **to leave sb in the ~** dejar a uno plantado.
lure [luə*] *n* (*bait*) cebo; (*decoy*) señuelo // *vt* convencer con engaños.
lurid ['luərɪd] *a* (*colour*) chillón/ona; (*account*) sensacional; (*detail*) horripilante.
lurk [lə:k] *vi* (*hide*) esconderse; (*wait*) estar al acecho.
luscious ['lʌʃəs] *a* delicioso.
lush [lʌʃ] *a* exuberante.
lust [lʌst] *n* lujuria; (*greed*) codicia; **to ~ after** *vt fus* codiciar.
lustre, (*US*) **luster** ['lʌstə*] *n* lustre *m*, brillo.
lusty ['lʌstɪ] *a* robusto, fuerte.
Luxembourg ['lʌksəmbə:g] *n* Luxemburgo.
luxuriant [lʌg'zjuərɪənt] *a* exuberante.
luxurious [lʌg'zjuərɪəs] *a* lujoso.
luxury ['lʌkʃərɪ] *n* lujo // *cpd* de lujo.
lying ['laɪɪŋ] *n* mentiras *fpl*.
lyric ['lɪrɪk] *a* lírico; **~s** *npl* (*of song*) letra *sg*; **~al** *a* lírico.

M

m. *abbr* = **metre; mile; million.**
M.A. *abbr* = **Master of Arts.**
mac [mæk] *n* (*Brit*) impermeable *m*.
macaroni [mækə'rəunɪ] *n* macarrones *mpl*.
mace [meɪs] *n* (*weapon, ceremonial*) maza; (*spice*) macis *f*.
machine [mə'ʃi:n] *n* máquina // *vt* (*dress etc*) coser a máquina; **~ gun** *n* ametralladora; **~ language** *n* (COMPUT) lenguaje *m* máquina; **~ry** *n* maquinaria; (*fig*) mecanismo.
mackerel ['mækrl] *n*, *pl inv* caballa.
mackintosh ['mækɪntɔʃ] *n* (*Brit*) impermeable *m*.
mad [mæd] *a* loco; (*idea*) disparatado; (*angry*) furioso.
madam ['mædəm] *n* señora.
madden ['mædn] *vt* volver loco.
made [meɪd] *pt*, *pp of* **make**.
Madeira [mə'dɪərə] *n* (GEO) Madera; (*wine*) vino de Madera.
made-to-measure ['meɪdtəmɛʒə*] *a* (*Brit*) hecho a la medida.
madly ['mædlɪ] *ad* locamente.
madman ['mædmən] *n* loco.
madness ['mædnɪs] *n* locura.
Madrid [mə'drɪd] *n* Madrid.
Mafia ['mæfɪə] *n* Mafia.
magazine [mægə'zi:n] *n* revista; (MIL: *store*) almacén *m*; (*of firearm*) recámara.
maggot ['mægət] *n* gusano.
magic ['mædʒɪk] *n* magia // *a* mágico; **~al** *a* mágico; **~ian** [mə'dʒɪʃən] *n* mago/a; (*conjurer*) prestidigitador(a) *m/f*.
magistrate ['mædʒɪstreɪt] *n* juez *m/f* (municipal).
magnet ['mægnɪt] *n* imán *m*; **~ic** [-'nɛtɪk] *a* magnético.
magnificent [mæg'nɪfɪsnt] *a* magnífico.
magnify ['mægnɪfaɪ] *vt* aumentar; (*fig*) exagerar; **~ing glass** *n* lupa.
magnitude ['mægnɪtju:d] *n* magnitud *f*.
magpie ['mægpaɪ] *n* urraca.
mahogany [mə'hɔgənɪ] *n* caoba // *cpd* de caoba.
maid [meɪd] *n* criada; **old ~** (*pej*) solterona.
maiden ['meɪdn] *n* doncella // *a* (*aunt etc*) solterona; (*speech, voyage*) inaugural; **~ name** *n* nombre *m* de soltera.
mail [meɪl] *n* correo; (*letters*) cartas *fpl* // *vt* (*post*) echar al correo; (*send*) mandar por correo; **~box** *n* (*US*) buzón *m*; **~ing list** *n* lista de direcciones; **~-order** *n* pedido postal; (*business*) venta por correo.
maim [meɪm] *vt* mutilar, lisiar.
main [meɪn] *a* principal, mayor // *n* (*pipe*) cañería maestra; (*US*) red *f* eléctrica; **the ~s** (*Brit* ELEC) la red eléctrica; **in the ~** en general; **~frame** *n* (COMPUT) ordenador *m* central; **~land** *n* continente *m*; **~ly** *ad* principalmente; **~ road** *n* carretera; **~stay** *n* (*fig*) pilar *m*; **~stream** *n* corriente *f* principal; **~**

street *n* calle *f* mayor.
maintain [meɪn'teɪn] *vt* mantener; (*affirm*) sostener; **maintenance** ['meɪntənəns] *n* mantenimiento; (*alimony*) pensión *f* alimenticia.
maize [meɪz] *n* (*Brit*) maíz *m*, choclo (*LAm*).
majestic [mə'dʒɛstɪk] *a* majestuoso.
majesty ['mædʒɪstɪ] *n* majestad *f*.
major ['meɪdʒə*] *n* (*MIL*) comandante *m* // *a* principal; (*MUS*) mayor.
Majorca [mə'jɔːkə] *n* Mallorca.
majority [mə'dʒɔrɪtɪ] *n* mayoría.
make [meɪk] *vt* (*pt*, *pp* **made**) hacer; (*manufacture*) hacer, fabricar; (*cause to be*): **to ~ sb sad** hacer *or* poner triste a alguien; (*force*): **to ~ sb do sth** obligar a alguien a hacer algo; (*equal*): **2 and 2 ~ 4** 2 y 2 son 4 // *n* marca; **to ~ a fool of sb** poner a alguien en ridículo; **to ~ a profit/loss** obtener ganancias/sufrir pérdidas; **to ~ it** (*arrive*) llegar; (*achieve sth*) tener éxito; **what time do you ~ it?** ¿qué hora tienes?; **to ~ do with** contentarse con; **to ~ for** *vt fus* (*place*) dirigirse a; **to ~ out** *vt* (*decipher*) descifrar; (*understand*) entender; (*see*) distinguir; (*write*: *cheque*) extender; **to ~ up** *vt* (*invent*) inventar; (*parcel*) hacer // *vi* reconciliarse; (*with cosmetics*) maquillarse; **to ~ up for** *vt fus* compensar; **~-believe** *n* ficción *f*, invención *f*; **~r** *n* fabricante *m/f*; **~shift** *a* improvisado; **~-up** *n* maquillaje *m*; **~-up remover** *n* desmaquillador *m*.
making ['meɪkɪŋ] *n* (*fig*): **in the ~** en vías de formación; **to have the ~s of** (*person*) tener madera de.
malaise [mæ'leɪz] *n* malestar *m*.
malaria [mə'lɛərɪə] *n* malaria.
Malaya [mə'leɪə] *n* Malaya, Malaca.
Malaysia [mə'leɪzɪə] *n* Malasia.
male [meɪl] *n* (*BIOL*, *ELEC*) macho // *a* (*sex*, *attitude*) masculino; (*child etc*) varón.
malevolent [mə'lɛvələnt] *a* malévolo.
malfunction [mæl'fʌŋkʃən] *n* mal funcionamiento.
malice ['mælɪs] *n* (*ill will*) malicia; (*rancour*) rencor *m*; **malicious** [mə'lɪʃəs] *a* malicioso; rencoroso.
malign [mə'laɪn] *vt* difamar, calumniar // *a* maligno.
malignant [mə'lɪgnənt] *a* (*MED*) maligno.
mall [mɔːl] *n* (*US*: *also*: **shopping ~**) centro comercial.
malleable ['mælɪəbl] *a* maleable.
mallet ['mælɪt] *n* mazo.
malnutrition [mælnjuː'trɪʃən] *n* desnutrición *f*.
malpractice [mæl'præktɪs] *n* negligencia profesional.
malt [mɔːlt] *n* malta.
Malta ['mɔːltə] *n* Malta.
maltreat [mæl'triːt] *vt* maltratar.
mammal ['mæml] *n* mamífero.
mammoth ['mæməθ] *n* mamut *m* // *a* gigantesco.
man [mæn], *pl* **men** *n* hombre *m*; (*CHESS*) pieza // *vt* (*NAUT*) tripular; (*MIL*) guarnecer; **an old ~** un viejo; **~ and wife** marido y mujer.
manage ['mænɪdʒ] *vi* arreglárselas, ir tirando // *vt* (*be in charge of*) dirigir; (*person etc*) manejar; **~able** *a* manejable; **~ment** *n* dirección *f*, administración *f*; **~r** *n* director *m*; (*SPORT*) entrenador *m*; **~ress** *n* directora; (*SPORT*) entrenadora; **~rial** [-ə'dʒɪerɪəl] *a* directivo; **managing director** *n* director(a) *m/f* general.
mandarin ['mændərɪn] *n* (*also*: **~ orange**) mandarina.
mandate ['mændeɪt] *n* mandato.
mandatory ['mændətərɪ] *a* obligatorio.
mane [meɪn] *n* (*of horse*) crin *f*; (*of lion*) melena.
maneuver [mə'nuːvə*] (*US*) = **manoeuvre.**
manfully ['mænfəlɪ] *ad* valientemente.
mangle ['mæŋgl] *vt* mutilar, destrozar // *n* rodillo.
mango ['mæŋgəu], *pl* **~es** *n* mango.
mangy ['meɪndʒɪ] *a* roñoso; (*MED*) sarnoso.
manhandle ['mænhændl] *vt* maltratar.
manhood ['mænhud] *n* edad *f* viril; virilidad *f*.
man-hour ['mæn'auə*] *n* hora-hombre *f*.
mania ['meɪnɪə] *n* manía; **~c** ['meɪnɪæk] *n* maníaco/a; (*fig*) maniático.
manic ['mænɪk] *a* (*behaviour*, *activity*) frenético; **~-depressive** *n* maníaco/a depresivo/a.
manicure ['mænɪkjuə*] *n* manicura; **~ set** *n* estuche *m* de manicura.
manifest ['mænɪfɛst] *vt* manifestar, mostrar // *a* manifiesto.
manifesto [mænɪ'fɛstəu] *n* manifiesto.
manipulate [mə'nɪpjuleɪt] *vt* manipular.
mankind [mæn'kaɪnd] *n* humanidad *f*, género humano.
manly ['mænlɪ] *a* varonil.
man-made ['mæn'meɪd] *a* artificial.
manner ['mænə*] *n* manera, modo; (*behaviour*) conducta, manera de ser; (*type*) clase *f*; **~s** *npl* modales *mpl*, educación *fsg*; **bad ~s** mala educación; **~ism** *n* peculiaridad *f* de lenguaje (*or* de comportamiento).
manoeuvre, (*US*) **maneuver** [mə'nuːvə*] *vt*, *vi* maniobrar // *n* maniobra.
manor ['mænə*] *n* (*also*: **~ house**) casa solariega.
manpower ['mænpauə*] *n* mano *f* de obra.
mansion ['mænʃən] *n* palacio, casa grande.

manslaughter ['mænslɔ:tə*] *n* homicidio no premeditado.
mantelpiece ['mæntlpi:s] *n* repisa, chimenea.
manual ['mænjuəl] *a* manual // *n* manual *m*.
manufacture [mænju'fæktʃə*] *vt* fabricar // *n* fabricación *f*; **~r** *n* fabricante *m/f*.
manure [mə'njuə*] *n* estiércol *m*, abono.
manuscript ['mænjuskrıpt] *n* manuscrito.
many ['mɛnı] *a* muchos/as // *pron* muchos/as; a great ~ muchísimos, buen número de; ~ a time muchas veces.
map [mæp] *n* mapa *m* // *vt* trazar el mapa de; to ~ out *vt* proyectar.
maple ['meıpl] *n* arce *m*, maple *m* (*LAm*).
mar [mɑ:*] *vt* estropear.
marathon ['mærəθən] *n* maratón *m*.
marauder [mə'rɔ:də*] *n* merodeador(a) *m/f*, intruso/a.
marble ['mɑ:bl] *n* mármol *m*; (*toy*) canica.
March [mɑ:tʃ] *n* marzo.
march [mɑ:tʃ] *vi* (MIL) marchar; (*fig*) caminar con resolución // *n* marcha; (*demonstration*) manifestación *f*; **~-past** *n* desfile *m*.
mare [mɛə*] *n* yegua.
margarine [mɑ:dʒə'ri:n] *n* margarina.
margin ['mɑ:dʒın] *n* margen *m*; **~al** *a* marginal; **~al seat** *n* (POL) *escaño electoral difícil de asegurar*.
marigold ['mærıgəuld] *n* caléndula.
marijuana [mærı'wɑ:nə] *n* marijuana.
marinate ['mærıneıt] *vt* adobar.
marine [mə'ri:n] *a* marino // *n* soldado de marina.
marital ['mærıtl] *a* matrimonial; ~ **status** estado civil.
maritime ['mærıtaım] *a* marítimo.
marjoram ['mɑ:dʒərəm] *n* mejorana.
mark [mɑ:k] *n* marca, señal *f*; (*imprint*) huella; (*stain*) mancha; (*Brit* SCOL) nota; (*currency*) marco // *vt* marcar; manchar; (*Brit* SCOL) calificar, corregir; to ~ time marcar el paso; **to ~ out** *vt* trazar; **~ed** *a* marcado, acusado; **~er** *n* (*sign*) marcador *m*; (*bookmark*) registro.
market ['mɑ:kıt] *n* mercado // *vt* (COMM) comercializar; ~ **garden** *n* (*Brit*) huerto; **~ing** *n* márketing *m*, mercadotecnia; **~place** *n* mercado; ~ **research** *n* (COMM) análisis *m inv* de mercados; ~ **value** *n* valor *m* en el mercado.
marksman ['mɑ:ksmən] *n* tirador *m*.
marmalade ['mɑ:məleıd] *n* mermelada de naranja.
maroon [mə'ru:n] *vt* (*fig*): to be ~ed (in *or* at) quedar bloqueado (en) // *a* marrón.
marquee [mɑ:'ki:] *n* entoldado.
marriage ['mærıdʒ] *n* (*state*) matrimonio; (*wedding*) boda; (*act*) casamiento; ~ **bureau** *n* agencia matrimonial; ~ **certificate** *n* partida de casamiento.
married ['mærıd] *a* casado; (*life, love*) conyugal.
marrow ['mærəu] *n* médula; (*vegetable*) calabacín *m*.
marry ['mærı] *vt* casarse con; (*subj: father, priest etc*) casar // *vi* (*also*: get married) casarse.
Mars [mɑ:z] *n* Marte *m*.
marsh [mɑ:ʃ] *n* pantano; (*salt* ~) marisma.
marshal ['mɑ:ʃl] *n* (MIL) mariscal *m*; (*at sports meeting etc*) oficial *m*; (*US: of police, fire department*) jefe/a // *vt* (*facts*) ordenar; (*soldiers*) formar.
marshy ['mɑ:ʃı] *a* pantanoso.
martial ['mɑ:ʃl] *a* marcial; ~ **law** *n* ley *f* marcial.
martyr ['mɑ:tə*] *n* mártir *m/f* // *vt* martirizar; **~dom** *n* martirio.
marvel ['mɑ:vl] *n* maravilla, prodigio // *vi*: to ~ (at) maravillarse (de); **~lous**, (*US*) **~ous** *a* maravilloso.
Marxist ['mɑ:ksıst] *a*, *n* marxista *m/f*.
marzipan ['mɑ:zıpæn] *n* mazapán *m*.
mascara [mæs'kɑ:rə] *n* rimel *m*.
masculine ['mæskjulın] *a* masculino.
mash [mæʃ] *n* (*mix*) mezcla; (*pulp*) amasijo; ~ed **potatoes** *npl* puré *m* de patatas *or* papas (*LAm*).
mask [mɑ:sk] *n* máscara // *vt* enmascarar.
masochist ['mæsəkıst] *n* masoquista *m/f*.
mason ['meısn] *n* (*also*: **stone~**) albañil *m*; (*also*: **free~**) masón *m*; **~ic** [mə'sɔnık] *a* masónico; **~ry** *n* masonería; (*in building*) mampostería.
masquerade [mæskə'reıd] *n* baile *m* de máscaras; (*fig*) mascarada // *vi*: **to ~ as** disfrazarse de, hacerse pasar por.
mass [mæs] *n* (*people*) muchedumbre *f*; (PHYSICS) masa; (REL) misa; (*great quantity*) montón *m* // *vi* reunirse; (MIL) concentrarse; the ~es las masas.
massacre ['mæsəkə*] *n* masacre *f*.
massage ['mæsɑ:ʒ] *n* masaje *m* // *vt* dar masaje a.
masseur [mæ'sə:*] *n* masajista *m*; **masseuse** [-'sə:z] *n* masajista *f*.
massive ['mæsıv] *a* enorme; (*support, intervention*) masivo.
mass media *npl* medios *mpl* de comunicación masiva.
mass-production ['mæsprə'dʌkʃən] *n* fabricación *f* en serie.
mast [mɑ:st] *n* (NAUT) mástil *m*; (RADIO *etc*) torre *f*.
master ['mɑ:stə*] *n* maestro; (*in secondary school*) profesor *m*; (*title for boys*): **M~** X Señorito X // *vt* dominar; (*learn*) aprender a fondo; **M~ of Arts/Science (M.A./M.Sc.)** *n* licenciatura superior en Letras/Ciencias; ~ **key** *n*

llave *f* maestra; **~ly** *a* magistral; **~mind** *n* inteligencia superior // *vt* dirigir, planear; **~piece** *n* obra maestra; **~y** *n* maestría.

mat [mæt] *n* estera; (*also*: **door~**) felpudo // *a* = **matt.**

match [mætʃ] *n* cerilla, fósforo; (*game*) partido; (*fig*) igual *m/f* // *vt* emparejar; (*go well with*) hacer juego con; (*equal*) igualar // *vi* hacer juego; **to be a good ~** hacer buena pareja; **~box** *n* caja de cerillas; **~ing** *a* que hace juego.

mate [meɪt] *n* (*work~*) colega *m/f*; (*col: friend*) amigo/a; (*animal*) macho *m/* hembra *f*; (*in merchant navy*) segundo de a bordo // *vi* acoplarse, parearse // *vt* acoplar, parear.

material [mə'tɪərɪəl] *n* (*substance*) materia; (*equipment*) material *m*; (*cloth*) tela, tejido // *a* material; (*important*) esencial; **~s** *npl* materiales *mpl*.

maternal [mə'tə:nl] *a* maternal.

maternity [mə'tə:nɪtɪ] *n* maternidad *f*; **~ dress** *n* vestido premamá; **~ hospital** *n* hospital *m* de maternidad.

math [mæθ] *n* (*US*) = **maths.**

mathematical [mæθə'mætɪkl] *a* matemático.

mathematician [mæθəmə'tɪʃən] *n* matemático/a.

mathematics [mæθə'mætɪks], **maths** [mæθs], (*US*) **math** [mæθ] *n* matemáticas *fpl*.

matinée ['mætɪneɪ] *n* función *f* de la tarde.

mating ['meɪtɪŋ] *n* aparejamiento; **~ call** *n* llamada del macho.

matrices ['meɪtrɪsi:z] *pl of* **matrix.**

matrimonial [mætrɪ'məunɪəl] *a* matrimonial.

matrimony ['mætrɪmənɪ] *n* matrimonio.

matrix ['meɪtrɪks], *pl* **matrices** *n* matriz *f*.

matron ['meɪtrən] *n* (*in hospital*) enfermera *f* jefe; (*in school*) ama de llaves; **~ly** *a* de matrona; (*fig: figure*) corpulento.

mat(t) [mæt] *a* mate.

matted ['mætɪd] *a* enmarañado.

matter ['mætə*] *n* cuestión *f*, asunto; (PHYSICS) sustancia, materia; (*content*) contenido; (MED: *pus*) pus *m* // *vi* importar; **it doesn't ~** no importa; **what's the ~?** ¿qué pasa?; **no ~ what** pase lo que pase; **as a ~ of course** por rutina; **as a ~ of fact** de hecho; **~-of-fact** *a* prosaico, práctico.

mattress ['mætrɪs] *n* colchón *m*.

mature [mə'tjuə*] *a* maduro // *vi* madurar; **maturity** *n* madurez *f*.

maul [mɔ:l] *vt* magullar.

mauve [məuv] *a* de color malva *or* guinda (*LAm*).

maxim ['mæksɪm] *n* máxima.

maximum ['mæksɪməm] *a* máximo // *n* (*pl* **maxima** ['mæksɪmə]) máximo.

May [meɪ] *n* mayo.

may [meɪ] *vi* (*conditional*: **might**) (*indicating possibility*): **he ~ come** puede que venga; (*be allowed to*): **~ I smoke?** ¿puedo fumar?; (*wishes*): **~ God bless you!** ¡que Dios le bendiga!

maybe ['meɪbi:] *ad* quizá(s).

May Day *n* el primero de Mayo.

mayday ['meɪdeɪ] *n* S.O.S. *m*.

mayhem ['meɪhɛm] *n* caos *m* total.

mayonnaise [meɪə'neɪz] *n* mayonesa.

mayor [mɛə*] *n* alcalde *m*; **~ess** *n* alcaldesa.

maze [meɪz] *n* laberinto.

M.D. *abbr* = **Doctor of Medicine.**

me [mi:] *pron* (*direct*) me; (*stressed, after pronoun*) mí; **can you hear ~?** ¿me oyes?; **he heard ME!** me oyó a mí; **it's ~** soy yo; **give them to ~** dámelos (*or* dámelas); **with/without ~** conmigo/sin mí.

meadow ['mɛdəu] *n* prado, pradera.

meagre, (*US*) **meager** ['mi:gə*] *a* escaso, pobre.

meal [mi:l] *n* comida; (*flour*) harina; **~time** *n* hora de comer.

mean [mi:n] *a* (*with money*) tacaño; (*unkind*) mezquino, malo; (*average*) medio // *vt* (*pt, pp* **meant**) (*signify*) querer decir, significar; (*intend*): **to ~ to do sth** pensar *or* pretender hacer algo // *n* medio, término medio; **~s** *npl* medio *sg*, manera *sg*; (*resource*) recursos *mpl*, medios *mpl*; **by ~s of** mediante, por medio de; **by all ~s!** ¡naturalmente!, ¡claro que sí!; **do you ~ it?** ¿lo dices en serio?; **what do you ~?** ¿qué quiere decir?; **to be meant for sb/sth** ser para uno/algo.

meander [mɪ'ændə*] *vi* (*river*) serpentear; (*person*) vagar.

meaning ['mi:nɪŋ] *n* significado, sentido; **~ful** *a* significativo; **~less** *a* sin sentido.

meanness ['mi:nnɪs] *n* (*with money*) tacañería; (*unkindness*) maldad *f*, mezquindad *f*.

meant [mɛnt] *pt, pp of* **mean.**

meantime ['mi:ntaɪm], **meanwhile** ['mi:nwaɪl] *ad* (*also*: **in the ~**) mientras tanto.

measles ['mi:zlz] *n* sarampión *m*.

measly ['mi:zlɪ] *a* (*col*) miserable.

measure ['mɛʒə*] *vt* medir; (*for clothes etc*) tomar las medidas a // *vi* medir // *n* medida; (*ruler*) regla; **~ments** *npl* medidas *fpl*.

meat [mi:t] *n* carne *f*; **cold ~** fiambre *m*; **~ball** *n* albóndiga; **~ pie** *n* pastel *m* de carne; **~y** *a* carnoso; (*fig*) sustancioso.

Mecca ['mɛkə] *n* La Meca.

mechanic [mɪ'kænɪk] *n* mecánico/a; **~s** *n* mecánica // *npl* mecanismo *sg*; **~al** *a* mecánico.

mechanism ['mɛkənɪzəm] *n* mecanismo.

medal ['mɛdl] *n* medalla; **~lion** [mɪ'dæliən] *n* medallón *m*; **~list**, (*US*) **~ist** *n* (SPORT) medallero/a.
meddle ['mɛdl] *vi*: to ~ in entrometerse en; to ~ with sth manosear algo.
media ['mi:dɪə] *npl* medios *mpl* de comunicación.
mediaeval [mɛdɪ'i:vl] *a* = **medieval.**
median ['mi:dɪən] *n* (*US*: *also*: ~ strip) mediana.
mediate ['mi:dɪeɪt] *vi* mediar; **mediator** *n* intermediario/a, mediador(a) *m/f*.
Medicaid ['mɛdɪkeɪd] *n* (*US*) *programa de ayuda médica.*
medical ['mɛdɪkl] *a* médico // *n* reconocimiento médico.
Medicare ['mɛdɪkɛə*] *n* (*US*) seguro médico del Estado.
medicated ['mɛdɪkeɪtɪd] *a* medicinal.
medicine ['mɛdsɪn] *n* medicina; (*drug*) medicamento.
medieval [mɛdɪ'i:vl] *a* medieval.
mediocre [mi:dɪ'əukə*] *a* mediocre.
meditate ['mɛdɪteɪt] *vi* meditar.
Mediterranean [mɛdɪtə'reɪnɪən] *a* mediterráneo; the ~ (Sea) el (Mar) Mediterráneo.
medium ['mi:dɪəm] *a* mediano, regular // *n* (*pl* media: *means*) medio; (*pl* mediums: *person*) médium *m/f*; happy ~ justo medio; ~ **wave** *n* onda media.
medley ['mɛdlɪ] *n* mezcla; (MUS) popurrí *m*.
meek [mi:k] *a* manso, sumiso.
meet [mi:t], *pt*, *pp* **met** *vt* encontrar; (*accidentally*) encontrarse con, tropezar con; (*by arrangement*) reunirse con; (*for the first time*) conocer; (*go and fetch*) ir a buscar; (*opponent*) enfrentarse con; (*obligations*) cumplir // *vi* encontrarse; (*in session*) reunirse; (*join*: *objects*) unirse; (*get to know*) conocerse; **to ~ with** *vt fus* reunirse con; (*difficulty*) tropezar con; **~ing** *n* encuentro; (*arranged*) cita, compromiso (*LAm*); (*session*, *business* ~) reunión *f*; (POL) mítin *m*.
megabyte ['mɛgə'baɪt] *n* (COMPUT) megabyte *m*, megaocteto.
megaphone ['mɛgəfəun] *n* megáfono.
melancholy ['mɛlənkəlɪ] *n* melancolía // *a* melancólico.
mellow ['mɛləu] *a* (*wine*) añejo; (*sound*, *colour*) suave; (*fruit*) maduro // *vi* (*person*) ablandar.
melody ['mɛlədɪ] *n* melodía.
melon ['mɛlən] *n* melón *m*.
melt [mɛlt] *vi* (*metal*) fundirse; (*snow*) derretirse; (*fig*) ablandarse // *vt* (*also*: ~ down) fundir; **to ~ away** *vi* desvanecerse; **~down** *n* (*in nuclear reactor*) fusión *f* de un reactor (nuclear); **~ing point** *n* punto de fusión; **~ing pot** *n* (*fig*) crisol *m*.
member ['mɛmbə*] *n* (*gen*) miembro; (*of club*) socio/a; M~ of Parliament (MP) (*Brit*) diputado/a; M~ of the European Parliament (MEP) (*Brit*) eurodiputado/a; **~ship** *n* (*members*) número de miembros; to seek ~ship of pedir el ingreso a; **~ship card** *n* carnet *m* de socio.
memento [mə'mɛntəu] *n* recuerdo.
memo ['mɛməu] *n* apunte *m*, nota.
memoirs ['mɛmwa:z] *npl* memorias *fpl*.
memorandum [mɛmə'rændəm], *pl* **-da** [-də] *n* apunte *m*, nota; (POL) memorándum *m*.
memorial [mɪ'mɔ:rɪəl] *n* monumento conmemorativo // *a* conmemorativo.
memorize ['mɛməraɪz] *vt* aprender de memoria.
memory ['mɛmərɪ] *n* memoria; (*recollection*) recuerdo.
men [mɛn] *pl of* **man.**
menace ['mɛnəs] *n* amenaza // *vt* amenazar; **menacing** *a* amenazador(a).
menagerie [mɪ'nædʒərɪ] *n* casa de fieras.
mend [mɛnd] *vt* reparar, arreglar; (*darn*) zurcir // *vi* reponerse // *n* (*gen*) remiendo; (*darn*) zurcido; to be on the ~ ir mejorando; **~ing** *n* reparación *f*; (*clothes*) ropa por remendar.
menial ['mi:nɪəl] *a* doméstico; (*pej*) bajo.
meningitis [mɛnɪn'dʒaɪtɪs] *n* meningitis *f*.
menopause ['mɛnəupɔ:z] *n* menopausia.
menstruation [mɛnstru'eɪʃən] *n* menstruación *f*.
mental ['mɛntl] *a* mental; **~ity** [-'tælɪtɪ] *n* mentalidad *f*.
mention ['mɛnʃən] *n* mención *f* // *vt* mencionar; (*speak of*) hablar de; don't ~ it! ¡de nada!
mentor ['mɛntɔ:*] *n* mentor *m*.
menu ['mɛnju:] *n* (*set* ~) menú *m*; (*printed*) carta; (COMPUT) menú *m*.
MEP *n abbr* = **Member of the European Parliament.**
mercenary ['mə:sɪnərɪ] *a*, *n* mercenario.
merchandise ['mə:tʃəndaɪz] *n* mercancías *fpl*.
merchant ['mə:tʃənt] *n* comerciante *m/f*; ~ **bank** *n* (*Brit*) banco comercial; ~ **navy**, (*US*) ~ **marine** *n* marina mercante.
merciful ['mə:sɪful] *a* compasivo.
merciless ['mə:sɪlɪs] *a* despiadado.
mercury ['mə:kjurɪ] *n* mercurio.
mercy ['mə:sɪ] *n* compasión *f*; (REL) misericordia; at the ~ of a la merced de.
mere [mɪə*] *a* simple, mero; **~ly** *ad* simplemente, sólo.
merge [mə:dʒ] *vt* (*join*) unir; (*mix*) mezclar; (*fuse*) fundir // *vi* unirse; (COMM) fusionarse; **~r** *n* (COMM) fusión *f*.
meringue [mə'ræŋ] *n* merengue *m*.
merit ['mɛrɪt] *n* mérito // *vt* merecer.
mermaid ['mə:meɪd] *n* sirena.
merry ['mɛrɪ] *a* alegre; M~ Christmas!

¡Felices Pascuas!; **~-go-round** *n* tiovivo.

mesh [mɛʃ] *n* malla; (*TECH*) engranaje *m* // *vi* (*gears*) engranar.

mesmerize ['mɛzməraɪz] *vt* hipnotizar.

mess [mɛs] *n* confusión *f*; (*of objects*) revoltijo; (*tangle*) lío; (*MIL*) comedor *m*; **to ~ about** *or* **around** *vi* (*col*) perder el tiempo; (*pass the time*) entretenerse; **to ~ about** *or* **around with** *vt fus* (*col*: *play with*) divertirse con; (: *handle*) manosear; **to ~ up** *vt* (*disarrange*) desordenar; (*spoil*) estropear; (*dirty*) ensuciar.

message ['mɛsɪdʒ] *n* recado, mensaje *m*.

messenger ['mɛsɪndʒə*] *n* mensajero/a.

Messrs *abbr* (*on letters*: = *Messieurs*) Sres.

messy ['mɛsɪ] *a* (*dirty*) sucio; (*untidy*) desordenado.

met [mɛt] *pt, pp of* **meet**.

metabolism [mɛ'tæbəlɪzəm] *n* metabolismo.

metal ['mɛtl] *n* metal *m*; **~lic** [-'tælɪk] *a* metálico; **~lurgy** [-'tælədʒɪ] *n* metalurgia.

metaphor ['mɛtəfə*] *n* metáfora.

mete [mi:t]: **to ~ out** *vt fus* (*punishment*) imponer.

meteor ['mi:tɪə*] *n* meteoro; **~ite** [-aɪt] *n* meteorito.

meteorology [mi:tɪɔ'rɔlədʒɪ] *n* meteorología.

meter ['mi:tə*] *n* (*instrument*) contador *m*; (*US*: *unit*) = **metre** // *vt* (*US POST*) franquear.

method ['mɛθəd] *n* método; **~ical** [mɪ'θɔdɪkl] *a* metódico.

Methodist ['mɛθədɪst] *a, n* metodista *m/f*.

meths [mɛθs], **methylated spirit** ['mɛθɪleɪtɪd-] *n* (*Brit*) alcohol *m* metilado *or* desnaturalizado.

metre, (*US*) **meter** ['mi:tə*] *n* metro.

metric ['mɛtrɪk] *a* métrico.

metropolis [mɪ'trɔpəlɪs] *n* metrópoli *f*.

metropolitan [mɛtrə'pɔlɪtən] *a* metropolitano; **the M~ Police** *n* (*Brit*) la policía londinense.

mettle ['mɛtl] *n* valor *m*, ánimo.

mew [mju:] *vi* (*cat*) maullar.

mews [mju:z] *n*: **~ cottage** (*Brit*) *casa acondicionada en antiguos establos o cocheras*.

Mexican ['mɛksɪkən] *a, n* mejicano/a *m/f*, mexicano/a *m/f* (*LAm*).

Mexico ['mɛksɪkəu] *n* Méjico, México (*LAm*); **~ City** *n* Ciudad *f* de Méjico *or* México (*LAm*).

mezzanine ['mɛtsəni:n] *n* entresuelo.

miaow [mi:'au] *vi* maullar.

mice [maɪs] *pl of* **mouse**.

micro... [maɪkrəu] *pref* micro....

microbe ['maɪkrəub] *n* microbio.

micro: ~chip *n* microplaqueta; **~ (computer)** *n* microordenador *m*; **~cosm** *n* microcosmo; **~phone** *n* micrófono; **~processor** *n* microprocesador *m*; **~scope** *n* microscopio; **~wave** *n* (*also*: **~wave oven**) horno microondas.

mid [mɪd] *a*: **in ~ May** a mediados de mayo; **in ~ afternoon** a media tarde; **in ~ air** en el aire; **~day** *n* mediodía *m*.

middle ['mɪdl] *n* medio, centro; (*waist*) cintura // *a* de en medio; **in the ~ of the night** en plena noche; **~-aged** *a* de mediana edad; **the M~ Ages** *npl* la Edad Media; **~-class** *a* de clase media; **the ~ class(es)** *n*(*pl*) la clase media; **M~ East** *n* Oriente *m* Medio; **~man** *n* intermediario; **~ name** *n* segundo nombre; **~weight** *n* (*BOXING*) peso medio.

middling ['mɪdlɪŋ] *a* mediano.

midge [mɪdʒ] *n* mosca.

midget ['mɪdʒɪt] *n* enano/a.

Midlands ['mɪdləndz] *npl la región central de Inglaterra*.

midnight ['mɪdnaɪt] *n* medianoche *f*.

midriff ['mɪdrɪf] *n* diafragma *m*.

midst [mɪdst] *n*: **in the ~ of** en medio de.

midsummer [mɪd'sʌmə*] *n*: **in ~** en pleno verano.

midway [mɪd'weɪ] *a, ad*: **~ (between)** a medio camino (entre).

midweek [mɪd'wi:k] *ad* entre semana.

midwife ['mɪdwaɪf], *pl* **-wives** [-waɪvz] *n* comadrona, partera; **~ry** [-wɪfərɪ] *n* partería.

midwinter [mɪd'wɪntə*] *n*: **in ~** en pleno invierno.

might [maɪt] *vb see* **may**: **he ~ be there** podría estar allí, puede que esté allí; **I ~ as well go** más vale que vaya; **you ~ like to try** podría intentar // *n* fuerza, poder *m*; **~y** *a* fuerte, poderoso.

migraine ['mi:greɪn] *n* jaqueca.

migrant ['maɪgrənt] *n a* (*bird*) migratorio; (*worker*) emigrante.

migrate [maɪ'greɪt] *vi* emigrar.

mike [maɪk] *n abbr* (= *microphone*) micro.

mild [maɪld] *a* (*person*) apacible; (*climate*) templado; (*slight*) ligero; (*taste*) suave; (*illness*) leve.

mildew ['mɪldju:] *n* moho.

mildly ['maɪldlɪ] *ad* ligeramente; suavemente; **to put it ~** para no decir más.

mile [maɪl] *n* milla; **~age** *n* número de millas, ≈ kilometraje *m*; **~stone** *n* mojón *m*.

milieu ['mi:ljə:] *n* (medio) ambiente *m*.

militant ['mɪlɪtnt] *a, n* militante *m/f*.

military ['mɪlɪtərɪ] *a* militar.

militia [mɪ'lɪʃə] *n* milicia.

milk [mɪlk] *n* leche *f* // *vt* (*cow*) ordeñar; (*fig*) chupar; **~ chocolate** *n* chocolate *m* con leche; **~man** *n* lechero; **~ shake** *n* batido, malteada (*LAm*); **~y** *a* lechoso; **M~y Way** *n* Vía Láctea.

mill [mɪl] *n* (*windmill etc*) molino; (*cof-*

fee ~) molinillo; (*factory*) fábrica; (*spinning* ~) hilandería // *vt* moler // *vi* (*also*: ~ **about**) arremolinarse.

millennium [mɪ'lɛnɪəm], *pl* **~s** *or* **-ia** [-nɪə] *n* milenio, milenario.

miller ['mɪlə*] *n* molinero.

millet ['mɪlɪt] *n* mijo.

milli... ['mɪlɪ] *pref*: **~gram(me)** *n* miligramo; **~litre** *n*, (*US*) **~liter** mililitro; **~metre**, (*US*) **~meter** *n* milímetro.

milliner ['mɪlɪnə*] *n* sombrerero/a; **~y** *n* sombrerería.

million ['mɪljən] *n* millón *m*; **a ~ times** un millón de veces; **~aire** *n* millonario/a.

millstone ['mɪlstəun] *n* piedra de molino.

milometer [maɪ'lɔmɪtə*] *n* (*Brit*) ≈ cuentakilómetros *m inv*.

mime [maɪm] *n* mímica; (*actor*) mimo/a // *vt* remedar // *vi* actuar de mimo.

mimic ['mɪmɪk] *n* imitador(a) *m/f* // *a* mímico // *vt* remedar, imitar; **~ry** *n* imitación *f*.

min. *abbr* = **minute(s); minimum.**

minaret [mɪnə'rɛt] *n* alminar *m*.

mince [mɪns] *vt* picar // *vi* (*in walking*) andar con pasos menudos // *n* (*Brit* CULIN) carne *f* picada, picadillo; **~meat** *n* *conserva de fruta picada*; **~ pie** *n* *empanadilla rellena de fruta picada*; **~r** *n* picadora de carne.

mind [maɪnd] *n* (*gen*) mente *f*; (*contrasted with matter*) espíritu // *vt* (*attend to, look after*) ocuparse de, cuidar; (*be careful of*) tener cuidado con; (*object to*): **I don't ~ the noise** no me molesta el ruido; **it is on my ~** me preocupa; **to my ~** en mi opinión; **to be out of one's ~** estar fuera de juicio; **to bear sth in ~** tomar *or* tener algo en cuenta; **to make up one's ~** decidirse; **I don't ~** me es igual; **~ you, ...** te advierto que ...; **never ~!** ¡es igual!, ¡no importa!; (*don't worry*) ¡no te preocupes!; **'~ the step'** 'cuidado con el escalón'; **~er** *n* guardaespaldas *m inv*; **~ful** *a*: **~ful of** consciente de; **~less** *a* (*crime*) sin motivo; (*work*) de autómata.

mine [maɪn] *pron* el mío/la mía *etc*; **a friend of ~** un(a) amigo/a mío/mía // *a*: **this book is ~** este libro es mío // *n* mina // *vt* (*coal*) extraer; (*ship, beach*) minar; **~field** *n* campo de minas; **miner** *n* minero/a.

mineral ['mɪnərəl] *a* mineral // *n* mineral *m*; **~s** *npl* (*Brit*: *soft drinks*) aguas *fpl* minerales, gaseosa *sg*; **~ water** *n* agua mineral.

minesweeper ['maɪnswi:pə*] *n* dragaminas *m inv*.

mingle ['mɪŋgl] *vi*: **to ~ with** mezclarse con.

miniature ['mɪnətʃə*] *a* (en) miniatura // *n* miniatura.

minibus ['mɪnɪbʌs] *n* microbús *m*.

minim ['mɪnɪm] *n* (*Brit* MUS) blanca.

minimal ['mɪnɪml] *a* mínimo.

minimum ['mɪnɪməm] *n*, *pl* **minima** ['mɪnɪmə] mínimo // *a* mínimo.

mining ['maɪnɪŋ] *n* explotación *f* minera // *a* minero.

miniskirt ['mɪnɪskə:t] *n* minifalda.

minister ['mɪnɪstə*] *n* (*Brit* POL) ministro/a (*Sp*), secretario/a (*LAm*); (REL) pastor *m* // *vi*: **to ~ to** atender a; **~ial** [-'tɪərɪəl] *a* (*Brit* POL) ministerial.

ministry ['mɪnɪstrɪ] *n* (*Brit* POL) ministerio (*Sp*), secretaria (*LAm*); (REL) sacerdocio.

mink [mɪŋk] *n* visón *m*.

minnow ['mɪnəu] *n* pececillo (*de agua dulce*).

minor ['maɪnə*] *a* (*unimportant*) secundario; (MUS) menor // *n* (LAW) menor *m/f* de edad.

Minorca [mɪ'nɔ:kə] *n* Menorca.

minority [maɪ'nɔrɪtɪ] *n* minoría.

mint [mɪnt] *n* (*plant*) menta, hierbabuena; (*sweet*) caramelo de menta // *vt* (*coins*) acuñar; **the (Royal) M~**, (*US*) **the (US) M~** la Casa de la Moneda; **in ~ condition** en perfecto estado.

minus ['maɪnəs] *n* (*also*: **~ sign**) signo de menos // *prep* menos.

minute ['mɪnɪt] *n* minuto; (*fig*) momento; **~s** *npl* actas *fpl* // *a* [maɪ'nju:t] diminuto; (*search*) minucioso; **at the last ~** a última hora.

miracle ['mɪrəkl] *n* milagro; **miraculous** [mɪ'rækjuləs] *a* milagroso.

mirage ['mɪrɑ:ʒ] *n* espejismo.

mire [maɪə*] *n* fango, lodo.

mirror ['mɪrə*] *n* espejo; (*in car*) retrovisor *m* // *vt* reflejar.

mirth [mə:θ] *n* alegría.

misadventure [mɪsəd'vɛntʃə*] *n* desgracia; **death by ~** muerte *f* accidental.

misanthropist [mɪ'zænθrəpɪst] *n* misántropo/a.

misapprehension ['mɪsæprɪ'hɛnʃən] *n* equivocación *f*.

misbehave [mɪsbɪ'heɪv] *vi* portarse mal.

miscalculate [mɪs'kælkjuleɪt] *vt* calcular mal.

miscarriage ['mɪskærɪdʒ] *n* (MED) aborto; **~ of justice** error *m* judicial.

miscellaneous [mɪsɪ'leɪnɪəs] *a* varios/as, diversos/as.

mischief ['mɪstʃɪf] *n* (*naughtiness*) travesura; (*harm*) mal *m*, daño; (*maliciousness*) malicia; **mischievous** [-ʃɪvəs] *a* travieso; dañoso; (*playful*) malicioso.

misconception ['mɪskən'sɛpʃən] *n* concepto erróneo; equivocación *f*.

misconduct [mɪs'kɔndʌkt] *n* mala conducta; **professional ~** falta profesional.

miscount [mɪs'kaunt] *vt*, *vi* contar mal.

misconstrue [mɪskən'stru:] *vt* interpretar mal.

misdeed [mɪs'di:d] *n* delito.

misdemeanour, (*US*) **misdemeanor** [mɪsdɪ'mi:nə*] *n* delito, ofensa.
miser ['maɪzə*] *n* avaro/a.
miserable ['mɪzərəbl] *a* (*unhappy*) triste, desgraciado; (*wretched*) miserable.
miserly ['maɪzəlɪ] *a* avariento, tacaño.
misery ['mɪzərɪ] *n* (*unhappiness*) tristeza; (*wretchedness*) miseria, desdicha.
misfire [mɪs'faɪə*] *vi* fallar.
misfit ['mɪsfɪt] *n* (*person*) inadaptado/a.
misfortune [mɪs'fɔ:tʃən] *n* desgracia.
misgiving(s) [mɪs'gɪvɪŋ(z)] *n*(*pl*) (*mistrust*) recelo; (*apprehension*) presentimiento.
misguided [mɪs'gaɪdɪd] *a* equivocado.
mishandle [mɪs'hændl] *vt* (*treat roughly*) maltratar; (*mismanage*) manejar mal.
mishap ['mɪshæp] *n* desgracia, contratiempo.
misinform [mɪsɪn'fɔ:m] *vt* informar mal.
misinterpret [mɪsɪn'tə:prɪt] *vt* interpretar mal.
misjudge [mɪs'dʒʌdʒ] *vt* juzgar mal.
mislay [mɪs'leɪ] (*irg*: *like* **lay**) *vt* extraviar, perder.
mislead [mɪs'li:d] (*irg*: *like* **lead**) *vt* llevar a conclusiones erróneas; **~ing** *a* engañoso.
mismanage [mɪs'mænɪdʒ] *vt* administrar mal.
misnomer [mɪs'nəumə*] *n* término inapropiado o equivocado.
misogynist [mɪ'sɔdʒɪnɪst] *n* misógino.
misplace [mɪs'pleɪs] *vt* (*lose*) extraviar.
misprint ['mɪsprɪnt] *n* errata, error *m* de imprenta.
Miss [mɪs] *n* Señorita.
miss [mɪs] *vt* (*train etc*) perder; (*fail to hit*: *target*) no dar en; (*regret the absence of*): **I ~ him** (yo) le echo de menos *or* a faltar // *vi* fallar // *n* (*shot*) tiro fallido *or* perdido; **to ~ out** *vt* (*Brit*) omitir.
misshapen [mɪs'ʃeɪpən] *a* deforme.
missile ['mɪsaɪl] *n* (AVIAT) mísil *m*; (*object thrown*) proyectil *m*.
missing ['mɪsɪŋ] *a* (*pupil*) ausente; (*thing*) perdido; (MIL) desaparecido; **to be ~** faltar.
mission ['mɪʃən] *n* misión *f*; **~ary** *n* misionero/a.
misspent ['mɪs'spɛnt] *a*: **his ~ youth** su juventud disipada.
mist [mɪst] *n* (*light*) neblina; (*heavy*) niebla; (*at sea*) bruma // *vi* (*also*: **~ over, ~ up**: *weather*) nublarse; (: *Brit*: *windows*) empañarse.
mistake [mɪs'teɪk] *n* error *m* // *vt* (*irg*: *like* **take**) entender mal; **by ~** por equivocación; **to make a ~** equivocarse; **to ~ A for B** confundir A con B; **~n** *a* (*idea etc*) equivocado; **to be ~n** equivocarse, engañarse.
mister ['mɪstə*] *n* (*col*) señor *m*; *see* **Mr.**
mistletoe ['mɪsltəu] *n* muérdago.
mistook [mɪs'tuk] *pt of* **mistake.**
mistress ['mɪstrɪs] *n* (*lover*) amante *f*; (*of house*) señora (de la casa); (*Brit*: *in primary school*) maestra; (*in secondary school*) profesora; *see* **Mrs.**
mistrust [mɪs'trʌst] *vt* desconfiar de.
misty ['mɪstɪ] *a* nebuloso, brumoso; (*day*) de niebla; (*glasses*) empañado.
misunderstand [mɪsʌndə'stænd] (*irg*: *like* **understand**) *vt, vi* entender mal; **~ing** *n* malentendido.
misuse [mɪs'ju:s] *n* mal uso; (*of power*) abuso // *vt* [mɪs'ju:z] abusar de; (*funds*) malversar.
mitre, (*US*) **miter** ['maɪtə*] *n* mitra.
mitt(en) ['mɪt(n)] *n* manopla.
mix [mɪks] *vt* (*gen*) mezclar; (*combine*) unir // *vi* mezclarse; (*people*) llevarse bien // *n* mezcla; **to ~ up** *vt* mezclar; (*confuse*) confundir; **~ed** *a* (*assorted*) variado, surtido; (*school etc*) mixto; **~ed-up** *a* (*confused*) confuso, revuelto; **~er** *n* (*for food*) licuadora; (*person*): **he's a good ~er** tiene don de gentes; **~ture** *n* mezcla; **~-up** *n* confusión *f*.
mm *abbr* (= *millimetre*) mm.
moan [məun] *n* gemido // *vi* gemir; (*col*: *complain*): **to ~ (about)** quejarse (de).
moat [məut] *n* foso.
mob [mɔb] *n* multitud *f*; (*pej*): **the ~** el populacho // *vt* acosar.
mobile ['məubaɪl] *a* móvil // *n* móvil *m*; **~ home** *n* caravana.
mock [mɔk] *vt* (*make ridiculous*) ridiculizar; (*laugh at*) burlarse de // *a* fingido; **~ery** *n* burla.
mod [mɔd] *a see* **convenience.**
mode [məud] *n* modo.
model ['mɔdl] *n* (*gen*) modelo; (ARCH) maqueta; (*person*: *for fashion*, ART) modelo *m/f* // *a* modelo // *vt* modelar // *vi* ser modelo; **~ railway** ferrocarril *m* de juguete; **to ~ clothes** pasar modelos, ser modelo.
modem ['məudəm] *n* modem *m*.
moderate ['mɔdərət] *a, n* moderado/a *m/f* // *vb* ['mɔdəreɪt] *vi* moderarse, calmarse // *vt* moderar.
modern ['mɔdən] *a* moderno; **~ize** *vt* modernizar.
modest ['mɔdɪst] *a* modesto; **~y** *n* modestia.
modicum ['mɔdɪkəm] *n*: **a ~ of** un mínimo de.
modify ['mɔdɪfaɪ] *vt* modificar.
module ['mɔdju:l] *n* (*unit, component,* SPACE) módulo.
mogul ['məugəl] *n* (*fig*) magnate *m*.
mohair ['məuhɛə*] *n* mohair *m*.
moist [mɔɪst] *a* húmedo; **~en** ['mɔɪsn] *vt* humedecer; **~ure** ['mɔɪstʃə*] *n* humedad *f*; **~urizer** ['mɔɪstʃəraɪzə*] *n* crema hidratante.
molar ['məulə*] *n* muela.
molasses [məu'læsɪz] *n* melaza.

mold [məuld] *n*, *vt* (*US*) = **mould.**
mole [məul] *n* (*animal*) topo; (*spot*) lunar *m*.
molecule ['mɔlıkju:l] *n* molécula.
molest [məu'lɛst] *vt* importunar.
mollycoddle ['mɔlıkɔdl] *vt* mimar.
molt [məult] *vi* (*US*) = **moult.**
molten ['məultən] *a* fundido; (*lava*) líquido.
mom [mɔm] *n* (*US*) = **mum.**
moment ['məumənt] *n* momento; **at the ~** de momento, por ahora; **~ary** *a* momentáneo; **~ous** [-'mɛntəs] *a* trascendental, importante.
momentum [məu'mɛntəm] *n* momento; (*fig*) ímpetu *m*; **to gather ~** cobrar velocidad.
mommy ['mɔmı] *n* (*US*) = **mummy.**
Monaco ['mɔnəkəu] *n* Mónaco.
monarch ['mɔnək] *n* monarca *m/f*; **~y** *n* monarquía.
monastery ['mɔnəstərı] *n* monasterio.
Monday ['mʌndı] *n* lunes *m inv*.
monetary ['mʌnıtərı] *a* monetario.
money ['mʌnı] *n* dinero; **to make ~** ganar dinero; **~lender** *n* prestamista *m/f*; **~ order** *n* giro; **~-spinner** *n* (*col*): **to be a ~-spinner** dar mucho dinero.
mongol ['mɔŋgəl] *a*, *n* (*MED*) mongólico.
mongrel ['mʌŋgrəl] *n* (*dog*) perro mestizo.
monitor ['mɔnıtə*] *n* (*SCOL*) monitor *m*; (*also*: **television ~**) receptor *m* de control; (*of computer*) monitor *m* // *vt* controlar.
monk [mʌŋk] *n* monje *m*.
monkey ['mʌŋkı] *n* mono; **~ nut** *n* (*Brit*) cacahuete *m*, maní (*LAm*); **~ wrench** *n* llave *f* inglesa.
mono... [mɔnəu] *pref*: **~chrome** *a* monocromo.
monocle ['mɔnəkl] *n* monóculo.
monologue ['mɔnəlɔg] *n* monólogo.
monopoly [mə'nɔpəlı] *n* monopolio.
monotone ['mɔnətəun] *n* voz *f* (*or* tono) monocorde.
monotonous [mə'nɔtənəs] *a* monótono.
monotony [mə'nɔtənı] *n* monotonía.
monsoon [mɔn'su:n] *n* monzón *m*.
monster ['mɔnstə*] *n* monstruo.
monstrosity [mɔns'trɔsıtı] *n* monstruosidad *f*.
monstrous ['mɔnstrəs] *a* (*huge*) enorme; (*atrocious*) monstruoso.
montage ['mɔntɑ:ʒ] *n* montaje *m*.
month [mʌnθ] *n* mes *m*; **~ly** *a* mensual // *ad* mensualmente // *n* (*magazine*) revista mensual.
monument ['mɔnjumənt] *n* monumento; **~al** [-'mɛntl] *a* monumental.
moo [mu:] *vi* mugir.
mood [mu:d] *n* humor *m*; **to be in a good/bad ~** estar de buen/mal humor; **~y** *a* (*changeable*) de humor variable; (*sullen*) malhumorado.
moon [mu:n] *n* luna; **~light** *n* luz *f* de la luna; **~lighting** *n* pluriempleo; **~lit** *a*: **a ~lit night** una noche de luna.
Moor [muə*] *n* moro/a.
moor [muə*] *n* páramo // *vt* (*ship*) amarrar // *vi* echar las amarras.
Moorish ['muərıʃ] *a* moro; (*architecture*) árabe, morisco.
moorland ['muələnd] *n* páramo, brezal *m*.
moose [mu:s] *n*, *pl inv* alce *m*.
mop [mɔp] *n* fregona; (*of hair*) greña, melena // *vt* fregar; **to ~ up** *vt* limpiar.
mope [məup] *vi* estar *or* andar deprimido.
moped ['məupɛd] *n* ciclomotor *m*.
moral ['mɔrl] *a* moral // *n* moraleja; **~s** *npl* moralidad *f*, moral *f*.
morale [mɔ'rɑ:l] *n* moral *f*.
morality [mə'rælıtı] *n* moralidad *f*.
morass [mə'ræs] *n* pantano.
morbid ['mɔ:bıd] *a* (*interest*) morboso; (*MED*) mórbido.
more [mɔ:*] ♦ *a* **1** (*greater in number etc*) más; **~ people/work than before** más gente/trabajo que antes
2 (*additional*) más; **do you want (some) ~ tea?** ¿quieres más té?; **is there any ~ wine?** ¿queda vino?; **it'll take a few ~ weeks** tardará unas semanas más; **it's 2 kms ~ to the house** faltan 2 kms para la casa; **~ time/letters than we expected** más tiempo del que/más cartas de las que esperábamos
♦ *pron* (*greater amount, additional amount*) más; **~ than 10** más de 10; **it cost ~ than the other one/than we expected** costó más que el otro/más de lo que esperábamos; **is there any ~?** ¿hay más?; **many/much ~** mucho(a)/muchos(as) más
♦ *ad* más; **~ dangerous/easily (than)** más peligroso/fácilmente (que); **~ and ~ expensive** cada vez más caro; **~ or less** más o menos; **~ than ever** más que nunca.
moreover [mɔ:'rəuvə*] *ad* además, por otra parte.
morgue [mɔ:g] *n* depósito de cadáveres.
Mormon ['mɔ:mən] *n* mormón/ona *m/f*.
morning ['mɔ:nıŋ] *n* (*gen*) mañana; (*early ~*) madrugada; **in the ~** por la mañana; **7 o'clock in the ~** las 7 de la mañana.
Moroccan [mə'rɔkən] *a*, *n* marroquí *m/f*.
Morocco [mə'rɔkəu] *n* Marruecos *m*.
moron ['mɔ:rɔn] *n* imbécil *m/f*.
morose [mə'rəus] *a* hosco, malhumorado.
morphine ['mɔ:fi:n] *n* morfina.
Morse [mɔ:s] *n* (*also*: **~ code**) (código) morse.
morsel ['mɔ:sl] *n* (*of food*) bocado.
mortal ['mɔ:tl] *a*, *n* mortal *m*; **~ity** [-'tælıtı] *n* mortalidad *f*.
mortar ['mɔ:tə*] *n* argamasa; (*imple-*

ment) mortero.
mortgage ['mɔ:gɪdʒ] *n* hipoteca // *vt* hipotecar; ~ **company** *n* (*US*) ≈ banco hipotecario.
mortify ['mɔ:tɪfaɪ] *vt* mortificar, humillar.
mortuary ['mɔ:tjuərɪ] *n* depósito de cadáveres.
mosaic [məu'zeɪɪk] *n* mosaico.
Moscow ['mɔskəu] *n* Moscú *m*.
Moslem ['mɔzləm] *a*, *n* = **Muslim**.
mosque [mɔsk] *n* mezquita.
mosquito [mɔs'ki:təu], *pl* **~es** *n* mosquito (*Sp*), zancudo (*LAm*).
moss [mɔs] *n* musgo.
most [məust] *a* la mayor parte de, la mayoría de // *pron* la mayor parte, la mayoría // *ad* el más; (*very*) muy; **the ~** (*also*: + *adjective*) el más; **~ of them** la mayor parte de ellos; **I saw the ~** yo vi el que más; **at the (very) ~** a lo sumo, todo lo más; **to make the ~ of** aprovechar (al máximo); **a ~ interesting book** un libro interesantísimo; **~ly** *ad* en su mayor parte, principalmente.
MOT *n abbr* (*Brit* = *Ministry of Transport*): **the ~ (test)** *inspección (anual) obligatoria de coches y camiones.*
moth [mɔθ] *n* mariposa nocturna; (*clothes* ~) polilla; **~ball** *n* bola de naftalina.
mother ['mʌðə*] *n* madre *f* // *a* materno // *vt* (*care for*) cuidar (como una madre); **~hood** *n* maternidad *f*; **~-in-law** *n* suegra; **~ly** *a* maternal; **~-of-pearl** *n* nácar *m*; **~-to-be** *n* futura madre; **~ tongue** *n* lengua materna.
motif [məu'ti:f] *n* motivo; (*theme*) tema *m*.
motion ['məuʃən] *n* movimiento; (*gesture*) ademán *m*, señal *f*; (*at meeting*) moción *f* // *vt*, *vi*: **to ~ (to) sb to do sth** hacer señas a uno para que haga algo; **~less** *a* inmóvil; **~ picture** *n* película.
motivated ['məutɪveɪtɪd] *a* motivado.
motive ['məutɪv] *n* motivo.
motley ['mɔtlɪ] *a* variado.
motor ['məutə*] *n* motor *m*; (*Brit*: *col*: *vehicle*) coche *m*, carro (*LAm*), automóvil *m* // *a* motor (*f*: motora, motriz); **~bike** *n* moto *f*; **~boat** *n* lancha motora; **~car** *n* (*Brit*) coche *m*, carro (*LAm*), automóvil *m*; **~cycle** *n* motocicleta; **~cycle racing** *n* motociclismo; **~cyclist** *n* motociclista *m/f*; **~ing** *n* (*Brit*) automovilismo; **~ist** *n* conductor(a) *m/f*, automovilista *m/f*; **~ racing** *n* (*Brit*) carreras *fpl* de coches, automovilismo; **~ scooter** *n* moto *f*; **~ vehicle** *n* automóvil *m*; **~way** *n* (*Brit*) autopista.
mottled ['mɔtld] *a* abigarrado, multicolor.
motto ['mɔtəu], *pl* **~es** *n* lema *m*; (*watchword*) consigna.
mould, (*US*) **mold** [məuld] *n* molde *m*; (*mildew*) moho // *vt* moldear; (*fig*) formar; **~er** *vi* (*decay*) decaer; **~ing** *n* moldura; **~y** *a* enmohecido.
moult, (*US*) **molt** [məult] *vi* mudar (la piel/las plumas).
mound [maund] *n* montón *m*, montículo.
mount [maunt] *n* monte *m*; (*horse*) montura; (*for jewel etc*) engarce *m*; (*for picture*) marco // *vt* montar, subir a // *vi* (*also*: ~ **up**) subirse, montarse.
mountain ['mauntɪn] *n* montaña // *cpd* de montaña; **~eer** [-'nɪə*] *n* alpinista *m/f*, andinista *m/f* (*LAm*); **~eering** [-'nɪərɪŋ] *n* alpinismo, andinismo (*LAm*); **~ous** *a* montañoso; **~side** *n* ladera de la montaña.
mourn [mɔ:n] *vt* llorar, lamentar // *vi*: **to ~ for** llorar la muerte de, lamentarse por; **~er** *n* doliente *m/f*; dolorido/a; **~ful** *a* triste, lúgubre; **~ing** *n* luto // *cpd* (*dress*) de luto; **in ~ing** de luto.
mouse [maus], *pl* **mice** *n* ratón *m*; (COMPUT) ratón *m*; **~trap** *n* ratonera.
mousse [mu:s] *n* (CULIN) crema batida; (*for hair*) espuma (moldeadora).
moustache [məs'tɑ:ʃ] *n* bigote *m*.
mousy ['mausɪ] *a* (*person*) tímido; (*hair*) pardusco.
mouth [mauθ], *pl* **~s** [-ðz] *n* boca; (*of river*) desembocadura; **~ful** *n* bocado; **~ organ** *n* armónica; **~piece** *n* (*of musical instrument*) boquilla; (*spokesman*) portavoz *m/f*; **~wash** *n* enjuague *m*; **~-watering** *a* apetitoso.
movable ['mu:vəbl] *a* movible.
move [mu:v] *n* (*movement*) movimiento; (*in game*) jugada; (: *turn to play*) turno; (*change of house*) mudanza // *vt* mover; (*emotionally*) conmover; (POL: *resolution etc*) proponer // *vi* (*gen*) moverse; (*traffic*) circular; (*also*: *Brit*: ~ **house**) trasladarse, mudarse; **to ~ sb to do sth** mover a uno a hacer algo; **to get a ~ on** darse prisa; **to ~ about** *or* **around** *vi* moverse; (*travel*) viajar; **to ~ along** *vi* avanzar, adelantarse; **to ~ away** *vi* alejarse; **to ~ back** *vi* retroceder; **to ~ forward** *vi* avanzar // *vt* adelantar; **to ~ in** *vi* (*to a house*) instalarse; **to ~ on** *vi* ponerse en camino; **to ~ out** *vi* (*of house*) mudarse; **to ~ over** *vi* apartarse; **to ~ up** *vi* subir; (*employee*) ser ascendido.
movement ['mu:vmənt] *n* movimiento; (TECH) mecanismo.
movie ['mu:vɪ] *n* película; **to go to the ~s** ir al cine; **~ camera** *n* cámara cinematográfica.
moving ['mu:vɪŋ] *a* (*emotional*) conmovedor(a); (*that moves*) móvil.
mow [məu], *pt* **mowed**, *pp* **mowed** *or* **mown** *vt* (*grass*) cortar; (*corn*: *also*: ~ **down**) segar; (*shoot*) acribillar; **~er** *n*

(*also*: lawnmower) cortacéspedes *m inv*.
MP *n abbr* = **Member of Parliament.**
m.p.h. *abbr* = *miles per hour* (*60 m.p.h. = 96 k.p.h.*).
Mr, Mr. ['mɪstə*] *n*: ~ **Smith** (el) Sr. Smith.
Mrs, Mrs. ['mɪsɪz] *n*: ~ **Smith** (la) Sra. Smith.
Ms, Ms. [mɪz] *n* (= *Miss* or *Mrs*): ~ Smith (la) Sr(t)a. Smith.
M.Sc. *abbr* = **Master of Science.**
much [mʌtʃ] *a* mucho // *ad, n or pron* mucho; (*before pp*) muy; **how ~ is it?** ¿cuánto es?, ¿cuánto cuesta?; **too ~** demasiado; **it's not ~** no es mucho; **as ~ as** tanto como; **however ~ he tries** por mucho que se esfuerce.
muck [mʌk] *n* (*dirt*) suciedad *f*; (*fig*) porquería; **to ~ about** *or* **around** *vi* (*col*) perder el tiempo; (*enjoy o.s.*) entretenerse; **to ~ up** *vt* (*col*: *ruin*) arruinar, estropear; **~y** *a* (*dirty*) sucio.
mucus ['mju:kəs] *n* moco.
mud [mʌd] *n* barro, lodo.
muddle ['mʌdl] *n* desorden *m*, confusión *f*; (*mix-up*) embrollo, lío // *vt* (*also*: ~ up) embrollar, confundir; **to ~ through** *vi* salir del paso.
muddy ['mʌdɪ] *a* fangoso, cubierto de lodo.
mud: **~guard** *n* guardabarros *m inv*; **~-slinging** *n* injurias *fpl*, difamación *f*.
muff [mʌf] *n* manguito // *vt* (*chance*) desperdiciar; (*lines*) estropear.
muffin ['mʌfɪn] *n* mollete *m*.
muffle ['mʌfl] *vt* (*sound*) amortiguar; (*against cold*) embozar; **~r** *n* (*US* AUT) silenciador *m*.
mug [mʌg] *n* (*cup*) taza grande (*sin platillo*); (*for beer*) jarra; (*col*: *face*) jeta; (*: fool*) bobo // *vt* (*assault*) asaltar; **~ging** *n* asalto.
muggy ['mʌgɪ] *a* bochornoso.
mule [mju:l] *n* mula.
mull [mʌl]: **to ~ over** *vt* meditar sobre.
mulled [mʌld] *a*: ~ **wine** vino caliente.
multifarious [mʌltɪ'fɛərɪəs] *a* múltiple.
multi-level [mʌltɪ'lɛvl] *a* (*US*) = **multistorey.**
multiple ['mʌltɪpl] *a, n* múltiplo; **~ sclerosis** *n* esclerosis *f* múltiple; **~ store** *n* (*Brit*) (cadena de) grandes almacenes.
multiplication [mʌltɪplɪ'keɪʃən] *n* multiplicación *f*.
multiply ['mʌltɪplaɪ] *vt* multiplicar // *vi* multiplicarse.
multistorey [mʌltɪ'stɔ:rɪ] *a* (*Brit*: *building, car park*) de muchos pisos.
multitude ['mʌltɪtju:d] *n* multitud *f*.
mum [mʌm] *n* (*Brit*) mamá // *a*: **to keep ~** mantener la boca cerrada.
mumble ['mʌmbl] *vt, vi* hablar entre dientes, refunfuñar.
mummy ['mʌmɪ] *n* (*Brit*: *mother*) mamá; (*embalmed*) momia.
mumps [mʌmps] *n* paperas *fpl*.
munch [mʌntʃ] *vt, vi* mascar.
mundane [mʌn'deɪn] *a* trivial.
municipal [mju:'nɪsɪpl] *a* municipal; **~ity** [-'pælɪtɪ] *n* municipio.
mural ['mjuərl] *n* (pintura) mural *m*.
murder ['mə:də*] *n* asesinato; (*in law*) homicidio // *vt* asesinar, matar; **~er/~ess** *n* asesino/a; **~ous** *a* homicida.
murky ['mə:kɪ] *a* (*water, past*) turbio; (*room*) sombrío.
murmur ['mə:mə*] *n* murmullo // *vt, vi* murmurar.
muscle ['mʌsl] *n* músculo; **to ~ in** *vi* entrometerse; **muscular** ['mʌskjulə*] *a* muscular; (*person*) musculoso.
muse [mju:z] *vi* meditar // *n* musa.
museum [mju:'zɪəm] *n* museo.
mushroom ['mʌʃrum] *n* (*gen*) seta, hongo; (*small*) champiñón *m* // *vi* (*fig*) crecer de la noche a la mañana.
music ['mju:zɪk] *n* música; **~al** *a* melodioso; (*person*) musical // *n* (*show*) comedia musical; **~al instrument** *n* instrumento musical; **~ hall** *n* teatro de variedades; **~ian** [-'zɪʃən] *n* músico/a.
Muslim ['mʌzlɪm] *a, n* musulmán/ana *m/f*.
muslin ['mʌzlɪn] *n* muselina.
mussel ['mʌsl] *n* mejillón *m*.
must [mʌst] *auxiliary vb* (*obligation*): **I ~ do it** debo hacerlo, tengo que hacerlo; (*probability*): **he ~ be there by now** ya debe (de) estar allí // *n*: **it's a ~** es imprescindible.
mustard ['mʌstəd] *n* mostaza.
muster ['mʌstə*] *vt* juntar, reunir.
mustn't ['mʌsnt] = **must not.**
musty ['mʌstɪ] *a* mohoso, que huele a humedad.
mute [mju:t] *a, n* mudo/a.
muted ['mju:tɪd] *a* callado.
mutiny ['mju:tɪnɪ] *n* motín *m* // *vi* amotinarse.
mutter ['mʌtə*] *vt, vi* murmurar.
mutton ['mʌtn] *n* carne *f* de cordero.
mutual ['mju:tʃuəl] *a* mutuo; (*friend*) común; **~ly** *ad* mutuamente.
muzzle ['mʌzl] *n* hocico; (*protective device*) bozal *m*; (*of gun*) boca // *vt* amordazar; (*dog*) poner un bozal a.
my [maɪ] *a* mi(s).; ~ **house/brother/sisters** mi casa/mi hermano/mis hermanas; **I've washed ~ hair/cut ~ finger** me he lavado el pelo/cortado un dedo; **is this ~ pen or yours?** ¿es este bolígrafo mío o tuyo?
myriad ['mɪrɪəd] *n* (*of people, things*) miríada.
myself [maɪ'sɛlf] *pron* (*reflexive*) me; (*emphatic*) yo mismo; (*after prep*) mí (mismo); *see also* **oneself.**
mysterious [mɪs'tɪərɪəs] *a* misterioso.
mystery ['mɪstərɪ] *n* misterio.
mystify ['mɪstɪfaɪ] *vt* (*perplex*) dejar per-

plejo; (*disconcert*) desconcertar.
mystique [mɪs'ti:k] *n* misterio (profesional *etc*).
myth [mɪθ] *n* mito; **~ical** *a* mítico.

N

n/a *abbr* (= *not applicable*) ≈ no interesa.
nab [næb] *vt* (*col*: *grab*) coger (*Sp*), agarrar (*LAm*); (: *catch out*) pillar.
nag [næg] *n* (*pej*: *horse*) rocín *m* // *vt* (*scold*) regañar; (*annoy*) fastidiar; **~ging** *a* (*doubt*) persistente; (*pain*) continuo // *n* quejas *fpl*.
nail [neɪl] *n* (*human*) uña; (*metal*) clavo // *vt* clavar; (*fig*: *catch*) coger (*Sp*), pillar; **to ~ sb down to doing sth** comprometer a uno a que haga algo; **~brush** *n* cepillo para las uñas; **~file** *n* lima para las uñas; **~ polish** *n* esmalte *m* or laca para las uñas; **~ polish remover** *n* quitaesmalte *m*; **~ scissors** *npl* tijeras *fpl* para las uñas; **~ varnish** *n* (*Brit*) = **~ polish**.
naïve [naɪ'i:v] *a* ingenuo.
naked ['neɪkɪd] *a* (*nude*) desnudo; (*flame*) expuesto al aire.
name [neɪm] *n* (*gen*) nombre *m*; (*surname*) apellido; (*reputation*) fama, renombre *m* // *vt* (*child*) poner nombre a; (*appoint*) nombrar; **by ~** de nombre; **in the ~ of** en nombre de; **what's your ~?** ¿cómo se llama?; **to give one's ~ and address** dar sus señas; **~less** *a* anónimo, sin nombre; **~ly** *ad* a saber; **~sake** *n* tocayo/a.
nanny ['nænɪ] *n* niñera.
nap [næp] *n* (*sleep*) sueñecito, siesta; **to be caught ~ping** estar desprevenido.
napalm ['neɪpɑ:m] *n* nápalm *m*.
nape [neɪp] *n*: **~ of the neck** nuca, cogote *m*.
napkin ['næpkɪn] *n* (*also*: **table ~**) servilleta.
nappy ['næpɪ] *n* (*Brit*) pañal *m*; **~ liner** *n* gasa; **~ rash** *n* prurito.
narcissus [nɑ:'sɪsəs], *pl* **-si** [-saɪ] *n* narciso.
narcotic [nɑ:'kɔtɪk] *a*, *n* narcótico.
narrative ['nærətɪv] *n* narrativa // *a* narrativo.
narrow ['nærəu] *a* estrecho, angosto // *vi* estrecharse, angostarse; (*diminish*) reducirse; **to have a ~ escape** escaparse por los pelos; **to ~ sth down** reducir algo; **~ly** *ad* (*miss*) por poco; **~-minded** *a* de miras estrechas.
nasty ['nɑ:stɪ] *a* (*remark*) feo; (*person*) antipático; (*revolting*: *taste, smell*) asqueroso; (*wound, disease etc*) peligroso, grave.
nation ['neɪʃən] *n* nación *f*.
national ['næʃənl] *a*, *n* nacional *m/f*; **~ dress** *n* vestido nacional; **N~ Health Service (NHS)** *n* (*Brit*) servicio nacional de salud pública; ≈ Insalud *m* (*Sp*); **N~ Insurance** *n* (*Brit*) seguro social nacional; **~ism** *n* nacionalismo; **~ist** *a*, *n* nacionalista *m/f*; **~ity** [-'nælɪtɪ] *n* nacionalidad *f*; **~ize** *vt* nacionalizar; **~ly** *ad* (*nationwide*) en escala nacional; (*as a nation*) nacionalmente, como nación.
nationwide ['neɪʃənwaɪd] *a* en escala *or* a nivel nacional.
native ['neɪtɪv] *n* (*local inhabitant*) natural *m/f*, nacional *m/f*; (*in colonies*) indígena *m/f*, nativo/a // *a* (*indigenous*) indígena; (*country*) natal; (*innate*) natural, innato; **a ~ of Russia** un(a) natural *m/f* de Rusia; **~ language** *n* lengua materna; **a ~ speaker of French** un hablante nativo de francés.
Nativity [nə'tɪvɪtɪ] *n*: **the ~** Navidad *f*.
NATO ['neɪtəu] *n abbr* (= *North Atlantic Treaty Organization*) OTAN *f*.
natural ['nætʃrəl] *a* natural; **~ gas** *n* gas *m* natural; **~ize** *vt*: **to become ~ized** (*person*) naturalizarse; (*plant*) aclimatarse; **~ly** *ad* (*speak etc*) naturalmente; (*of course*) desde luego, por supuesto; (*instinctively*) por instinto, por naturaleza.
nature ['neɪtʃə*] *n* naturaleza; (*group, sort*) género, clase *f*; (*character*) carácter *m*, genio; **by ~** por *or* de naturaleza.
naught [nɔ:t] = **nought**.
naughty ['nɔ:tɪ] *a* (*child*) travieso; (*story, film*) verde, escabroso, colorado (*LAm*).
nausea ['nɔ:sɪə] *n* náusea; **~te** [-sɪeɪt] *vt* dar náuseas a; (*fig*) dar asco a.
nautical ['nɔ:tɪkl] *a* náutico, marítimo; (*mile*) marino.
naval ['neɪvl] *a* naval, de marina; **~ officer** *n* oficial *m/f* de marina.
nave [neɪv] *n* nave *f*.
navel ['neɪvl] *n* ombligo.
navigate ['nævɪgeɪt] *vt* gobernar // *vi* navegar; **navigation** [-'geɪʃən] *n* (*action*) navegación *f*; (*science*) náutica; **navigator** *n* navegador(a) *m/f*, navegante *m/f*.
navvy ['nævɪ] *n* (*Brit*) peón *m* caminero.
navy ['neɪvɪ] *n* marina de guerra; (*ships*) armada, flota; **~(-blue)** *a* azul marino.
Nazi ['nɑ:tsɪ] *n* nazi *m/f*.
NB *abbr* (= *nota bene*) nótese.
near [nɪə*] *a* (*place, relation*) cercano; (*time*) próximo // *ad* cerca // *prep* (*also*: **~ to**: *space*) cerca de, junto a; (: *time*) cerca de // *vt* acercarse a, aproximarse a; **~by** [nɪə'baɪ] *a* cercano, próximo // *ad* cerca; **~ly** *ad* casi, por poco; **I ~ly fell** por poco me caigo; **~ miss** *n* tiro cercano; **~side** *n* (AUT) lado derecho; **~-sighted** *a* miope, corto de vista.
neat [ni:t] *a* (*place*) ordenado, bien cuidado; (*person*) pulcro; (*plan*) ingenioso;

(*spirits*) solo; **~ly** *ad* (*tidily*) con esmero; (*skilfully*) ingeniosamente.

nebulous ['nɛbjuləs] *a* (*fig*) vago, confuso.

necessarily ['nɛsɪsrɪlɪ] *ad* necesariamente.

necessary ['nɛsɪsrɪ] *a* necesario, preciso; **he did all that was ~** hizo todo lo necesario.

necessity [nɪ'sɛsɪtɪ] *n* necesidad *f*; **necessities** *npl* artículos *mpl* de primera necesidad.

neck [nɛk] *n* (ANAT) cuello; (*of animal*) pescuezo // *vi* besuquearse; **~ and ~** parejos.

necklace ['nɛklɪs] *n* collar *m*.

neckline ['nɛklaɪn] *n* escote *m*.

necktie ['nɛktaɪ] *n* (*US*) corbata.

née [neɪ] *a*: **~ Scott** de soltera Scott.

need [ni:d] *n* (*lack*) escasez *f*, falta; (*necessity*) necesidad *f* // *vt* (*require*) necesitar; **I ~ to do it** tengo que *or* debo hacerlo; **you don't ~ to go** no hace falta que vayas.

needle ['ni:dl] *n* aguja // *vt* (*fig*: *col*) picar, fastidiar.

needless ['ni:dlɪs] *a* innecesario, inútil; **~ to say** huelga decir que.

needlework ['ni:dlwə:k] *n* (*activity*) costura, labor *f* de aguja.

needn't ['ni:dnt] = **need not**.

needy ['ni:dɪ] *a* necesitado.

negative ['nɛgətɪv] *n* (PHOT) negativo; (LING) negación *f* // *a* negativo.

neglect [nɪ'glɛkt] *vt* (*one's duty*) faltar a, no cumplir con; (*child*) descuidar, desatender // *n* (*state*) abandono; (*personal*) dejadez *f*; (*of duty*) incumplimiento.

negligee ['nɛglɪʒeɪ] *n* (*nightdress*) salto de cama.

negligence ['nɛglɪdʒəns] *n* negligencia, descuido.

negligible ['nɛglɪdʒɪbl] *a* insignificante, despreciable.

negotiate [nɪ'gəuʃɪeɪt] *vt* (*treaty, loan*) negociar; (*obstacle*) franquear // *vi*: **to ~ (with)** negociar (con); **negotiation** [-'eɪʃən] *n* negociación *f*, gestión *f*.

Negress ['ni:grɪs] *n* negra.

Negro ['ni:grəu] *a, n* negro.

neigh [neɪ] *n* relincho // *vi* relinchar.

neighbour, (*US*) **neighbor** ['neɪbə*] *n* vecino/a; **~hood** *n* (*place*) vecindad *f*, barrio; (*people*) vecindario; **~ing** *a* vecino.

neither ['naɪðə*] *a* ni // *conj*: **I didn't move and ~ did John** no me he movido, ni Juan tampoco // *pron* ninguno; **~ is true** ninguno/a de los/las dos es cierto/a // *ad*: **~ good nor bad** ni bueno ni malo.

neon ['ni:ɔn] *n* neón *m*; **~ light** *n* lámpara de neón.

nephew ['nɛvju:] *n* sobrino.

nerve [nə:v] *n* (ANAT) nervio; (*courage*) valor *m*; (*impudence*) descaro, frescura; **a fit of ~s** un ataque de nervios; **~-racking** *a* desquiciante.

nervous ['nə:vəs] *a* (*anxious*, ANAT) nervioso; (*timid*) tímido, miedoso; **~ breakdown** *n* crisis *f* nerviosa.

nest [nɛst] *n* (*of bird*) nido // *vi* anidar; **~ egg** *n* (*fig*) ahorros *mpl*.

nestle ['nɛsl] *vi*: **to ~ down** acurrucarse.

net [nɛt] *n* (*gen*) red *f* // *a* (COMM) neto, líquido // *vt* coger (*Sp*) *or* agarrar (*LAm*) con red; (SPORT) marcar; **~ball** *n* básquet *m*; **~ curtain** *n* visillo.

Netherlands ['nɛðələndz] *npl*: **the ~** los Países Bajos.

nett [nɛt] *a* = **net**.

netting ['nɛtɪŋ] *n* red *f*, redes *fpl*.

nettle ['nɛtl] *n* ortiga.

network ['nɛtwə:k] *n* red *f*.

neurosis [njuə'rəusɪs], *pl* **-ses** [-si:z] *n* neurosis *f inv*; **neurotic** [-'rɔtɪk] *a, n* neurótico/a *m/f*.

neuter ['nju:tə*] *a* (LING) neutro // *vt* castrar, capar.

neutral ['nju:trəl] *a* (*person*) neutral; (*colour etc*, ELEC) neutro // *n* (AUT) punto muerto; **~ity** [-'trælɪtɪ] *n* neutralidad *f*; **~ize** *vt* neutralizar.

neutron ['nju:trɔn] *n* neutrón *m*; **~ bomb** *n* bomba de neutrones.

never ['nɛvə*] *ad* nunca, jamás; **I ~ went** no fui nunca; **~ in my life** jamás en la vida; *see also* **mind**; **~-ending** *a* interminable, sin fin; **~theless** [nɛvəðə'lɛs] *ad* sin embargo, no obstante.

new [nju:] *a* nuevo; (*recent*) reciente; **~born** *a* recién nacido; **~comer** ['nju:kʌmə*] *n* recién venido/a *or* llegado/a; **~-fangled** *a* (*pej*) modernísimo; **~-found** *a* (*friend*) nuevo; (*enthusiasm*) recién adquirido; **~ly** *ad* nuevamente, recién; **~ly-weds** *npl* recién casados *mpl*; **~ moon** *n* luna nueva.

news [nju:z] *n* noticias *fpl*; **a piece of ~** una noticia; **the ~** (RADIO, TV) las noticias *fpl*, telediario; **~ agency** *n* agencia de noticias; **~agent** *n* (*Brit*) vendedor(a) *m/f* de periódicos; **~caster** *n* presentador(a) *m/f*, locutor(a) *m/f*; **~ dealer** *n* (*US*) = **~agent**; **~ flash** *n* noticia de última hora; **~letter** *n* hoja informativa, boletín *m*; **~paper** *n* periódico, diario; **~print** *n* papel *m* de periódico; **~reader** *n* = **~caster**; **~reel** *n* noticiario; **~ stand** *n* quiosco *or* puesto de periódicos.

newt [nju:t] *n* tritón *m*.

New Year *n* Año Nuevo; **~'s Day** *n* Día *m* de Año Nuevo; **~'s Eve** *n* Nochevieja.

New York ['nju:'jɔ:k] *n* Nueva York.

New Zealand [nju:'zi:lənd] *n* Nueva Zelanda; **~er** *n* neozelandés/esa *m/f*.

next [nɛkst] *a* (*house, room*) vecino; (*bus stop, meeting*) próximo; (*page*) siguiente // *ad* después; **the ~ day** el día siguiente;

~ time la próxima vez; ~ year el año próximo *or* que viene; ~ **door** *ad* en la casa de al lado // *a* vecino, de al lado; **~-of-kin** *n* pariente *m* más cercano; ~ **to** *prep* junto a, al lado de; ~ **to nothing** casi nada.

NHS *n abbr* = **National Health Service.**

nib [nɪb] *n* plumilla.

nibble ['nɪbl] *vt* mordisquear, mordiscar.

Nicaragua [nɪkə'rægjuə] *n* Nicaragua; **~n** *a, n* nicaragüense *m/f*.

nice [naɪs] *a* (*likeable*) simpático; (*kind*) amable; (*pleasant*) agradable; (*attractive*) bonito, mono, lindo (*LAm*); (*distinction*) fino; **~-looking** *a* guapo; **~ly** *ad* amablemente; bien.

niche [ni:ʃ] *n* nicho.

nick [nɪk] *n* (*wound*) rasguño; (*cut, indentation*) mella, muesca // *vt* (*col*) birlar, robar; **in the ~ of time** justo a tiempo.

nickel ['nɪkl] *n* níquel *m*; (*US*) *moneda de 5 centavos*.

nickname ['nɪkneɪm] *n* apodo, mote *m* // *vt* apodar.

nicotine ['nɪkəti:n] *n* nicotina.

niece [ni:s] *n* sobrina.

Nigeria [naɪ'dʒɪərɪə] *n* Nigeria; **~n** *a, n* nigeriano/a *m/f*.

nigger ['nɪgə*] *n* (*col!: highly offensive*) negro/a.

niggling ['nɪglɪŋ] *a* (*trifling*) nimio, insignificante; (*annoying*) molesto.

night [naɪt] *n* (*gen*) noche *f*; (*evening*) tarde *f*; **last ~** anoche; **the ~ before last** anteanoche; **at ~, by ~** de noche, por la noche; **~cap** *n* (*drink*) *bebida que se toma antes de acostarse*; ~ **club** *n* cabaret *m*; **~dress** *n* (*Brit*) camisón *m*; **~fall** *n* anochecer *m*; **~gown, ~ie** ['naɪtɪ] *n* (*Brit*) = **~dress.**

nightingale ['naɪtɪŋgeɪl] *n* ruiseñor *m*.

nightly ['naɪtlɪ] *a* de todas las noches // *ad* todas las noches, cada noche.

nightmare ['naɪtmɛə*] *n* pesadilla.

night: ~ **porter** *n* guardián *m* nocturno; ~ **school** *n* clase(s) *f(pl)* nocturna(s); ~ **shift** *n* turno nocturno *or* de noche; **~-time** *n* noche *f*.

nil [nɪl] *n* (*Brit* SPORT) cero, nada.

Nile [naɪl] *n*: **the ~** el Nilo.

nimble ['nɪmbl] *a* (*agile*) ágil, ligero; (*skilful*) diestro.

nine [naɪn] *num* nueve; **~teen** *num* diecinueve, diez y nueve; **~ty** *num* noventa.

ninth [naɪnθ] *a* noveno.

nip [nɪp] *vt* (*pinch*) pellizcar; (*bite*) morder.

nipple ['nɪpl] *n* (ANAT) pezón *m*; (*of bottle*) tetilla.

nitrogen ['naɪtrədʒən] *n* nitrógeno.

no [nəu] ♦ *ad* (*opposite of 'yes'*) no; **are you coming? — ~ (I'm not)** ¿vienes? — no; **would you like some more? — ~ thank you** ¿quieres más? — no gracias
♦ *a* (*not any*): **I have ~ money/time/books** no tengo dinero/tiempo/libros; ~ **other man would have done it** ningún otro lo hubiera hecho; **'~ entry'** 'prohibido el paso'; **'~ smoking'** 'prohibido fumar'
♦ *n* (*pl* ~es) no *m*.

nobility [nəu'bɪlɪtɪ] *n* nobleza.

noble ['nəubl] *a* noble.

nobody ['nəubədɪ] *pron* nadie.

nod [nɔd] *vi* saludar con la cabeza; (*in agreement*) decir que sí con la cabeza // *vt*: **to ~ one's head** inclinar la cabeza // *n* inclinación *f* de cabeza; **to ~ off** *vi* cabecear.

noise [nɔɪz] *n* ruido; (*din*) escándalo, estrépito; **noisy** *a* (*gen*) ruidoso; (*child*) escandaloso.

nominal ['nɔmɪnl] *a* nominal.

nominate ['nɔmɪneɪt] *vt* (*propose*) proponer; (*appoint*) nombrar; **nomination** [-'neɪʃən] *n* propuesta; nombramiento.

nominee [nɔmɪ'ni:] *n* candidato/a.

non... [nɔn] *pref* no, des..., in...; **~-alcoholic** *a* no alcohólico; **~-aligned** *a* no alineado.

nonchalant ['nɔnʃələnt] *a* indiferente.

non-committal ['nɔnkə'mɪtl] *a* (*reserved*) reservado; (*uncommitted*) evasivo.

nonconformist [nɔnkən'fɔ:mɪst] *a* (*attitude*) heterodoxo; (*person*) inconformista *m/f*.

nondescript ['nɔndɪskrɪpt] *a* soso.

none [nʌn] *pron* ninguno/a // *ad* de ninguna manera; ~ **of you** ninguno de vosotros; **I've ~ left** no me queda ninguno/a; **he's ~ the worse for it** no está peor por ello.

nonentity [nɔ'nentɪtɪ] *n* cero a la izquierda, nulidad *f*.

nonetheless [nʌnðə'lɛs] *ad* sin embargo, no obstante.

non-existent [nɔnɪg'zɪstənt] *a* inexistente.

non-fiction [nɔn'fɪkʃən] *n* literatura no novelesca.

nonplussed [nɔn'plʌst] *a* perplejo.

nonsense ['nɔnsəns] *n* tonterías *fpl*, disparates *fpl*; ~! ¡qué tonterías!

non: **~-smoker** *n* no fumador(a) *m/f*; **~-stick** *a* (*pan, surface*) antiadherente; **~-stop** *a* continuo; (RAIL) directo // *ad* sin parar.

noodles ['nu:dlz] *npl* tallarines *mpl*.

nook [nuk] *n* rincón *m*; **~s and crannies** escondrijos *mpl*.

noon [nu:n] *n* mediodía *m*.

no-one ['nəuwʌn] *pron* = **nobody.**

noose [nu:s] *n* lazo corredizo.

nor [nɔ:*] *conj* = **neither** // *ad see* **neither.**

norm [nɔ:m] *n* norma.

ormal ['nɔ:ml] *a* normal; ~**ly** *ad* normalmente.
orth [nɔ:θ] *n* norte *m* // *a* del norte, norteño // *ad* al *or* hacia el norte; **N~ America** *n* América del Norte; **~-east** nor(d)este *m*; **~erly** ['nɔ:ðəlɪ] *a* (*point, direction*) norteño; **~ern** ['nɔ:ðən] *a* norteño, del norte; **N~ern Ireland** *n* Irlanda del Norte; **N~ Pole** *n* Polo Norte; **N~ Sea** *n* Mar *m* del Norte; **~ward(s)** ['nɔ:θwəd(z)] *ad* hacia el norte; **~-west** *n* nor(d)oeste *m*.
orway ['nɔ:weɪ] *n* Noruega; **Norwegian** [-'wi:dʒən] *a*, *n* noruego/a *m/f*.
ose [nəuz] *n* (*ANAT*) nariz *f*; (*ZOOL*) hocico; (*sense of smell*) olfato // *vi*: **to ~ about** curiosear; **~bleed** *n* hemorragia nasal; **~-dive** *n* picado vertical; **~y** *a* curioso, fisgón/ona.
ostalgia [nɔs'tældʒɪə] *n* nostalgia.
ostril ['nɔstrɪl] *n* ventana de la nariz.
osy ['nəuzɪ] *a* = **nosey**.
ot [nɔt] *ad* no; **~ that...** no es que...; **it's too late, isn't it?** es demasiado tarde, ¿verdad *or* no?; **~ yet/now** todavía/ahora no; **why ~?** ¿por qué no?; *see also* **all**, **only**.
otably ['nəutəblɪ] *ad* especialmente.
otary ['nəutərɪ] *n* notario/a.
otch [nɔtʃ] *n* muesca, corte *m*.
ote [nəut] *n* (*MUS, record, letter*) nota; (*banknote*) billete *m*; (*tone*) tono // *vt* (*observe*) notar, observar; (*write down*) apuntar, anotar; **~book** *n* libreta, cuaderno; **~d** ['nəutɪd] *a* célebre, conocido; **~pad** *n* bloc *m*; **~paper** *n* papel *m* para cartas.
othing ['nʌθɪŋ] *n* nada; (*zero*) cero; **he does ~** no hace nada; **~ new** nada nuevo; **for ~** (*free*) gratis, sin pago; (*in vain*) en balde.
otice ['nəutɪs] *n* (*announcement*) anuncio; (*dismissal*) despido; (*resignation*) dimisión *f* // *vt* (*observe*) notar, observar; **to take ~ of** tomar nota de, prestar atención a; **at short ~** con poca anticipación; **until further ~** hasta nuevo aviso; **to hand in one's ~** dimitir; **~able** *a* evidente, obvio; **~ board** *n* (*Brit*) tablón *m* de anuncios.
otify ['nəutɪfaɪ] *vt*: **to ~ sb (of sth)** comunicar (algo) a uno.
otion ['nəuʃən] *n* noción *f*, concepto; (*opinion*) opinión *f*; **~s** *n* (*US*) mercería.
otorious [nəu'tɔ:rɪəs] *a* notorio.
otwithstanding [nɔtwɪθ'stændɪŋ] *ad* no obstante, sin embargo; **~ this** a pesar de esto.
ougat ['nu:gɑ:] *n* turrón *m*.
ought [nɔ:t] *n* cero.
oun [naun] *n* nombre *m*, sustantivo.
ourish ['nʌrɪʃ] *vt* nutrir; **~ing** *a* nutritivo; **~ment** *n* alimento, sustento.
ovel ['nɔvl] *n* novela // *a* (*new*) nuevo, original; (*unexpected*) insólito; **~ist** *n* novelista *m/f*; **~ty** *n* novedad *f*.
November [nəu'vɛmbə*] *n* noviembre *m*.
novice ['nɔvɪs] *n* principiante *m/f*, novato/a; (*REL*) novicio/a.
now [nau] *ad* (*at the present time*) ahora; (*these days*) actualmente, hoy día // *conj*: **~ (that)** ya que, ahora que; **right ~** ahora mismo; **by ~** ya; **just ~**: **I'll do it just ~** ahora mismo lo hago; **~ and then, ~ and again** de vez en cuando; **from ~ on** de ahora en adelante; **~adays** ['nauədeɪz] *ad* hoy (en) día, actualmente.
nowhere ['nəuwɛə*] *ad* (*direction*) a ninguna parte; (*location*) en ninguna parte.
nozzle ['nɔzl] *n* boquilla.
nuance ['nju:ɑ:ns] *n* matiz *m*.
nuclear ['nju:klɪə*] *a* nuclear.
nucleus ['nju:klɪəs], *pl* **-lei** [-lɪaɪ] *n* núcleo.
nude [nju:d] *a*, *n* desnudo/a *m/f*; **in the ~** desnudo.
nudge [nʌdʒ] *vt* dar un codazo a.
nudist ['nju:dɪst] *n* nudista *m/f*.
nudity ['nju:dɪtɪ] *n* desnudez *f*.
nuisance ['nju:sns] *n* molestia, fastidio; (*person*) pesado, latoso; **what a ~!** ¡qué lata!
nuke ['nju:k] (*col*) *n* bomba atómica // *vt* atacar con arma nuclear.
null [nʌl] *a*: **~ and void** nulo y sin efecto.
numb [nʌm] *a* entumecido; (*fig*) insensible // *vt* entumecer, entorpecer.
number ['nʌmbə*] *n* número; (*numeral*) número, cifra // *vt* (*pages etc*) numerar, poner número a; (*amount to*) sumar, ascender a; **to be ~ed among** figurar entre; **a ~ of** varios, algunos; **they were ten in ~** eran diez; **~ plate** *n* (*Brit*) matrícula, placa.
numeral ['nju:mərəl] *n* número, cifra.
numerate ['nju:mərɪt] *a* competente en la aritmética.
numerical ['nju:'mɛrɪkl] *a* numérico.
numerous ['nju:mərəs] *a* numeroso, muchos.
nun [nʌn] *n* monja, religiosa.
nurse [nə:s] *n* enfermero/a; (*nanny*) niñera // *vt* (*patient*) cuidar, atender; (*baby*: *Brit*) mecer; (: *US*) criar, amamantar.
nursery ['nə:sərɪ] *n* (*institution*) guardería infantil; (*room*) cuarto de los niños; (*for plants*) criadero, semillero; **~ rhyme** *n* canción *f* infantil; **~ school** *n* parvulario, escuela de párvulos; **~ slope** *n* (*Brit SKI*) cuesta para principiantes.
nursing ['nə:sɪŋ] *n* (*profession*) profesión *f* de enfermera; (*care*) asistencia, cuidado; **~ home** *n* clínica de reposo.
nurture ['nə:tʃə*] *vt* (*child, plant*) alimentar, nutrir.
nut [nʌt] *n* (*TECH*) tuerca; (*BOT*) nuez *f*; **~crackers** *npl* cascanueces *m inv*; **~s**

a (*col*) loco.
nutmeg ['nʌtmɛg] *n* nuez *f* moscada.
nutritious [nju:'trɪʃəs] *a* nutritivo, rico.
nutshell ['nʌtʃɛl] *n* cáscara de nuez; **in a** ~ en resumidas cuentas.
nylon ['naɪlɔn] *n* nilón *m* // *a* de nilón.

O

oak [əuk] *n* roble *m* // *a* de roble.
O.A.P. *abbr* = **old-age pensioner.**
oar [ɔ:*] *n* remo.
oasis [əu'eɪsɪs], *pl* **-ses** [-si:z] *n* oasis *m inv.*
oath [əuθ] *n* juramento; (*swear word*) palabrota; **on** (*Brit*) *or* **under** ~ bajo juramento.
oatmeal ['əutmi:l] *n* harina de avena.
oats [əuts] *n* avena.
obedience [ə'bi:dɪəns] *n* obediencia.
obedient [ə'bi:dɪənt] *a* obediente.
obey [ə'beɪ] *vt* obedecer; (*instructions, regulations*) cumplir.
obituary [ə'bɪtjuərɪ] *n* necrología.
object ['ɔbdʒɪkt] *n* (*gen*) objeto; (*purpose*) objeto, propósito; (LING) complemento // *vi* [əb'dʒɛkt]: **to** ~ **to** (*attitude*) protestar contra; (*proposal*) oponerse a; **expense is no** ~ no importa cuánto cuesta; **I** ~! ¡yo protesto!; **to** ~ **that** objetar que; **~ion** [əb'dʒɛkʃən] *n* protesta; **I have no ~ion to...** no tengo inconveniente en que...; **~ionable** [əb'dʒɛkʃənəbl] *a* (*gen*) desagradable; (*conduct*) censurable; **~ive** *a, n* objetivo.
obligation [ɔblɪ'geɪʃən] *n* obligación *f*; (*debt*) deber *m*; **without** ~ sin compromiso.
oblige [ə'blaɪdʒ] *vt* (*do a favour for*) complacer, hacer un favor a; **to** ~ **sb to do sth** forzar *or* obligar a uno a hacer algo; **to be ~d to sb for sth** estarle agradecido a uno por algo; **obliging** *a* servicial, atento.
oblique [ə'bli:k] *a* oblicuo; (*allusion*) indirecto.
obliterate [ə'blɪtəreɪt] *vt* borrar.
oblivion [ə'blɪvɪən] *n* olvido; **oblivious** [-ɪəs] *a*: **oblivious of** inconsciente de.
oblong ['ɔblɔŋ] *a* rectangular // *n* rectángulo.
obnoxious [əb'nɔkʃəs] *a* odioso, detestable; (*smell*) nauseabundo.
oboe ['əubəu] *n* oboe *m*.
obscene [əb'si:n] *a* obsceno.
obscure [əb'skjuə*] *a* oscuro // *vt* oscurecer; (*hide: sun*) esconder.
observance [əb'zə:vns] *n* observancia, cumplimiento; (*ritual*) práctica.
observant [əb'zə:vnt] *a* observador(a).
observation [ɔbzə'veɪʃən] *n* observación *f*; (*by police etc*) vigilancia; (MED) examen *m*.
observatory [əb'zə:vətrɪ] *n* observatorio.
observe [əb'zə:v] *vt* (*gen*) obser[...] (*rule*) cumplir; **~r** *n* observador(a) *m*[...]
obsess [əb'sɛs] *vt* obsesionar; **~ive** *a* [...]sesivo; obsesionante.
obsolescence [ɔbsə'lɛsns] *n* obsolesc[...]cia.
obsolete ['ɔbsəli:t] *a*: **to be** ~ estar [...] desuso.
obstacle ['ɔbstəkl] *n* obstáculo; ([...]*sance*) estorbo; ~ **race** *n* carrera [...] obstáculos.
obstinate ['ɔbstɪnɪt] *a* terco, porfia[...] (*determined*) tenaz.
obstruct [əb'strʌkt] *vt* (*block*) obstru[...] (*hinder*) estorbar, obstaculizar; ~[...] [əb'strʌkʃən] *n* obstrucción *f*; estor[...] obstáculo.
obtain [əb'teɪn] *vt* (*get*) obten[...] (*achieve*) conseguir; **~able** *a* asequib[...]
obtrusive [əb'tru:sɪv] *a* (*person*) imp[...]tuno, entrometido; (*building etc*) de[...]siado visible.
obvious ['ɔbvɪəs] *a* (*clear*) obvio, evid[...]te; (*unsubtle*) poco sutil; **~ly** *ad* evid[...]temente, naturalmente.
occasion [ə'keɪʒən] *n* oportunidad *f*, o[...]sión *f*; (*event*) acontecimiento // *vt* o[...]sionar, causar; **~al** *a* poco frecuen[...] ocasional; **~ally** *ad* de vez en cuando.
occupant ['ɔkjupənt] *n* (*of hou*[...]) inquilino/a; (*of car*) ocupante *m/f*.
occupation [ɔkju'peɪʃən] *n* (*of house*) [...]nencia; (*job*) trabajo; (: *calling*) ofic[...] **~al hazard** *n* riesgo profesional.
occupier ['ɔkjupaɪə*] *n* inquilino/a.
occupy ['ɔkjupaɪ] *vt* (*seat, post, tim*[...]) ocupar; (*house*) habitar; **to** ~ **o.s. w**[...] *or* **by doing** (*as job*) dedicarse a hac[...] (*to pass time*) pasar el tiempo haciend[...]
occur [ə'kə:*] *vi* pasar, suceder; **to** ~ [...] **sb** ocurrírsele a uno; **~rence** [ə'kʌrə[...] *n* acontecimiento.
ocean ['əuʃən] *n* océano; **~-going** *a* [...] alta mar.
ochre, (*US*) **ocher** ['əukə*] *n* ocre *m*.
OCR *n abbr* = **optical charac[...] recognition/reader.**
o'clock [ə'klɔk] *ad*: **it is 5** ~ son las 5.
octave ['ɔktɪv] *n* octava.
October [ɔk'təubə*] *n* octubre *m*.
octopus ['ɔktəpəs] *n* pulpo.
odd [ɔd] *a* (*strange*) extraño, rar[...] (*number*) impar; (*left over*) sobran[...] suelto; **60-~** 60 y pico; **at** ~ **times** de v[...] en cuando; **to be the** ~ **one out** estar [...] más; **~s and ends** *npl* minucias *f*[...] **~ity** *n* rareza; (*person*) excéntrico; [...] **jobs** *npl* bricolaje *m*; **~ly** *ad* curios[...]mente, extrañamente; **~ments** *n*[...] (*Brit* COMM) retales *mpl*; **~s** *npl* [...] *betting*) puntos *mpl* de ventaja; **it mak**[...] **no ~s** da lo mismo; **at ~s** reñidos/as.
odometer [ɔ'dɔmɪtə*] *n* (*US*) cuentaki[...]metros *m inv*.
odour, (*US*) **odor** ['əudə*] *n* olor *n*[...]

(*perfume*) perfume *m*.

of *prep* **1** (*gen*) de; **a friend ~ ours** un amigo nuestro; **a boy ~ 10** un chico de 10 años; **that was kind ~ you** muy amable por *or* de tu parte
2 (*expressing quantity, amount, dates etc*) de; **a kilo ~ flour** un kilo de harina; **there were 3 ~ them** había tres; **3 ~ us went** tres de nosotros fuimos; **the 5th ~ July** el 5 de julio
3 (*from, out of*) de; **made ~ wood** (hecho) de madera.

off [ɔf] *a, ad* (*engine*) desconectado; (*light*) apagado; (*tap*) cerrado; (*Brit*: *food*: *bad*) pasado, malo; (: *milk*) cortado; (*cancelled*) cancelado // *prep* de; **to be ~** (*to leave*) irse, marcharse; **to be ~ sick** estar enfermo *or* de baja; **a day ~** un día libre *or* sin trabajar; **to have an ~ day** tener un día malo; **he had his coat ~** se había quitado el abrigo; **10% ~** (COMM) (con el) 10% de descuento; **5 km ~** (the road) a 5 km (de la carretera); **~ the coast** frente a la costa; **I'm ~ meat** (*no longer eat/like it*) paso de la carne; **on the ~ chance** por si acaso; **~ and on** de vez en cuando.

offal ['ɔfl] *n* (*Brit* CULIN) menudencias *fpl*.

off-colour ['ɔf'kʌlə*] *a* (*Brit*: *ill*) indispuesto.

offence, (*US*) **offense** [ə'fɛns] *n* (*crime*) delito; (*insult*) ofensa; **to take ~ at** ofenderse por.

offend [ə'fɛnd] *vt* (*person*) ofender; **~er** *n* delincuente *m/f*; (*against regulations*) infractor(a) *m/f*.

offensive [ə'fɛnsɪv] *a* ofensivo; (*smell etc*) repugnante // *n* (MIL) ofensiva.

offer ['ɔfə*] *n* (*gen*) oferta, ofrecimiento; (*proposal*) propuesta // *vt* ofrecer; (*opportunity*) facilitar; **'on ~'** (COMM) 'en oferta'; **~ing** *n* ofrenda.

offhand [ɔf'hænd] *a* informal // *ad* de improviso.

office ['ɔfɪs] *n* (*place*) oficina; (*room*) despacho; (*position*) carga, oficio; **doctor's ~** (*US*) consultorio; **to take ~** entrar en funciones; **~ automation** *n* ofimática, buromática; **~ block**, (*US*) **~ building** *n* bloque *m* de oficinas; **~ hours** *npl* horas *fpl* de oficina; (*US* MED) horas *fpl* de consulta.

officer ['ɔfɪsə*] *n* (MIL *etc*) oficial *m/f*; (*of organization*) director(a) *m/f*; (*also*: **police officer**) agente *m/f* de policía.

office worker *n* oficinista *m/f*.

official [ə'fɪʃl] *a* (*authorized*) oficial, autorizado // *n* funcionario, oficial *m*; **~dom** *n* burocracia.

offing ['ɔfɪŋ] *n*: **in the ~** (*fig*) en perspectiva.

off: **~-licence** *n* (*Brit*: *shop*) bodega, *tienda de vinos y bebidas alcohólicas*; **~-line** *a, ad* (COMPUT) fuera de línea; **~-peak** *a* (*holiday*) de temporada baja; (*electricity*) de banda económica; **~-putting** *a* (*Brit*) asqueroso; desalentador(a); **~-season** *a, ad* fuera de temporada.

offset ['ɔfsɛt] (*irg*: *like* **set**) *vt* (*counteract*) contrarrestar, compensar.

offshoot ['ɔfʃu:t] *n* (*fig*) ramificación *f*.

offshore [ɔf'ʃɔ:*] *a* (*breeze, island*) costera; (*fishing*) de bajura.

offside ['ɔf'saɪd] *a* (SPORT) fuera de juego; (AUT) del lado izquierdo.

offspring ['ɔfsprɪŋ] *n* descendencia.

off: **~stage** *ad* entre bastidores; **~-the-peg**, (*US*) **~-the-rack** *ad* confeccionado; **~-white** *a* blanco grisáceo.

often ['ɔfn] *ad* a menudo, con frecuencia; **how ~ do you go?** ¿cada cuánto vas?

ogle ['əugl] *vt* comerse con los ojos a.

oh [əu] *excl* ¡ah!

oil [ɔɪl] *n* aceite *m*; (*petroleum*) petróleo // *vt* (*machine*) engrasar; **~can** *n* lata de aceite; **~field** *n* campo petrolífero; **~ filter** *n* (AUT) filtro de aceite; **~-fired** *a* que quema aceite combustible; **~ painting** *n* pintura al óleo; **~ rig** *n* torre *f* de perforación; **~skins** *npl* impermeables *mpl* de hule, chubasquero *sg*; **~ tanker** *n* petrolero; **~ well** *n* pozo (de petróleo); **~y** *a* aceitoso; (*food*) grasiento.

ointment ['ɔɪntmənt] *n* ungüento.

O.K., okay ['əu'keɪ] *excl* O.K., ¡está bien!, ¡vale! // *a* bien // *vt* dar el visto bueno a.

old [əuld] *a* viejo; (*former*) antiguo; **how ~ are you?** ¿cuántos años tienes?, ¿qué edad tienes?; **he's 10 years ~** tiene 10 años; **~er brother** hermano mayor; **~ age** *n* vejez *f*; **~-age pensioner (O.A.P.)** *n* (*Brit*) jubilado/a; **~-fashioned** *a* anticuado, pasado de moda.

olive ['ɔlɪv] *n* (*fruit*) aceituna; (*tree*) olivo // *a* (*also*: **~-green**) verde oliva; **~ oil** *n* aceite *m* de oliva.

Olympic [əu'lɪmpɪk] *a* olímpico; **the ~ Games, the ~s** *npl* las Olimpiadas *fpl*.

omelet(te) ['ɔmlɪt] *n* tortilla, tortilla de huevo (*LAm*).

omen ['əumən] *n* presagio.

ominous ['ɔmɪnəs] *a* de mal agüero, amenazador(a).

omit [əu'mɪt] *vt* omitir.

on [ɔn] ♦ *prep* **1** (*indicating position*) en; sobre; **~ the wall** en la pared; **it's ~ the table** está sobre *or* en la mesa; **~ the left** a la izquierda
2 (*indicating means, method, condition etc*): **~ foot** a pie; **~ the train/plane** (*go*) en tren/avión; (*be*) en el tren/el avión; **~ the radio/television/telephone** por *or* en la radio/televisión/al teléfono; **to be ~ drugs** drogarse; (MED) estar a tratamiento; **to be ~ holiday/business** es-

tar de vacaciones/en viaje de negocios
3 (*referring to time*): ~ **Friday** el viernes; ~ **Fridays** los viernes; ~ **June 20th** el 20 de junio; **a week** ~ **Friday** del viernes en una semana; ~ **arrival** al llegar; ~ **seeing this** al ver esto
4 (*about, concerning*) sobre, acerca de; **a book** ~ **physics** un libro de *or* sobre física
♦ *ad* **1** (*referring to dress*): **to have one's coat** ~ tener *or* llevar el abrigo puesto; **she put her gloves** ~ se puso los guantes
2 (*referring to covering*): **'screw the lid** ~ **tightly'** 'cerrar bien la tapa'
3 (*further, continuously*): **to walk** *etc* ~ seguir caminando *etc*
♦ *a* **1** (*functioning, in operation: machine, radio, TV, light*) encendido/a, prendido/a (*LAm*); (: *tap*) abierto/a; (: *brakes*) echado/a, puesto/a; **is the meeting still** ~? (*in progress; not cancelled*) ¿todavía continúa la reunión?; **there's a good film** ~ **at the cinema** ponen una buena película en el cine
2: **that's not** ~! (*col : not possible*) ¡eso ni hablar!, ¡eso no está bien!; (: *not acceptable*) ¡eso no se hace!

once [wʌns] *ad* una vez; (*formerly*) antiguamente // *conj* una vez que; ~ **he had left/it was done** una vez que se había marchado/se hizo; **at** ~ en seguida, inmediatamente; (*simultaneously*) a la vez; ~ **a week** una vez por semana; ~ **more** otra vez; ~ **and for all** de una vez por todas; ~ **upon a time** érase una vez.

oncoming ['ɔnkʌmɪŋ] *a* (*traffic*) que viene de frente.

one [wʌn] ♦ *num* un(o)/una; ~ **hundred and fifty** ciento cincuenta; ~ **by** ~ uno a uno
♦ *a* **1** (*sole*) único; **the** ~ **book which** el único libro que; **the** ~ **man who** el único que
2 (*same*) mismo/a; **they came in the** ~ **car** vinieron en un solo coche
♦ *pron* **1**: **this** ~ éste/ésta; **that** ~ ése/ésa; (*more remote*) aquél/aquella; **I've already got (a red** ~**)** ya tengo uno/a (rojo/a); ~ **by** ~ uno/a por uno/a
2: ~ **another** os (*Sp*), se (+ *el uno al otro, unos a otros etc*); **do you two ever see** ~ **another?** ¿vosotros dos os veis alguna vez? (*Sp*), ¿se ven ustedes dos alguna vez?; **the boys didn't dare look at** ~ **another** los chicos no se atrevieron a mirarse (el uno al otro); **they all kissed** ~ **another** se besaron unos a otros
3 (*impersonal*): ~ **never knows** nunca se sabe; **to cut** ~**'s finger** cortarse el dedo; ~ **needs to eat** hay que comer.

one: ~**-armed bandit** *n* máquina tragaperras; ~**-day excursion** *n* (*US*) billete *m* de ida y vuelta en un día; ~**-man** *a* (*business*) individual; ~**-man band** *n* hombre-orquesta *m*; ~**-off** *n* (*Brit col: event*) acontecimiento único.

oneself [wʌn'sɛlf] *pron* (*reflexive*) se; (*after prep*) sí; (*emphatic*) uno/a mismo/a; **to hurt** ~ hacerse daño; **to keep sth for** ~ guardarse algo; **to talk to** ~ hablar solo.

one: ~**-sided** *a* (*argument*) parcial; ~**-to-**~ *a* (*relationship*) de dos; ~**-upmanship** *n* arte *m* de aventajar a los demás.

ongoing ['ɔngəuɪŋ] *a* continuo.

onion ['ʌnjən] *n* cebolla.

on-line ['ɔnlaɪn] *a*, *ad* (COMPUT) en línea.

onlooker ['ɔnlukə*] *n* espectador(a) *m/f*.

only ['əunlɪ] *ad* solamente, sólo // *a* único, solo // *conj* solamente que, pero; **an** ~ **child** un hijo único; **not** ~ ... **but also...** no sólo ... sino también...

onset ['ɔnsɛt] *n* comienzo.

onshore ['ɔnʃɔ:*] *a* (*wind*) que sopla del mar hacia la tierra.

onslaught ['ɔnslɔ:t] *n* ataque *m*, embestida.

onto ['ɔntu] *prep* = **on to.**

onus ['əunəs] *n* responsabilidad *f*.

onward(s) ['ɔnwəd(z)] *ad* (*move*) (hacia) adelante.

ooze [u:z] *vi* rezumar.

opaque [əu'peɪk] *a* opaco.

OPEC ['əupɛk] *n abbr* (= *Organization of Petroleum-Exporting Countries*) OPEP *f*.

open ['əupn] *a* abierto; (*car*) descubierto; (*road, view*) despejado; (*meeting*) público; (*admiration*) manifiesto // *vt* abrir // *vi* (*flower, eyes, door, debate*) abrirse; (*book etc: commence*) comenzar; **in the** ~ **(air)** al aire libre; **to** ~ **on to** *vt fus* (*subj: room, door*) dar a; **to** ~ **up** *vt* abrir; (*blocked road*) despejar // *vi* abrirse, empezar; ~**ing** *n* abertura, comienzo; (*opportunity*) oportunidad *f*; (*job*) puesto vacante, vacante *f*; ~**ly** *ad* abiertamente; ~**-minded** *a* imparcial; ~**-plan** *a*: ~**-plan office** *gran oficina sin particiones.*

opera ['ɔpərə] *n* ópera; ~ **house** *n* teatro de la ópera.

operate ['ɔpəreɪt] *vt* (*machine*) hacer funcionar; (*company*) dirigir // *vi* funcionar; (*drug*) hacer efecto; **to** ~ **on sb** (MED) operar a uno.

operatic [ɔpə'rætɪk] *a* de ópera.

operating ['ɔpəreɪtɪŋ] *a*: ~ **table/theatre** mesa/sala de operaciones.

operation [ɔpə'reɪʃən] *n* (*gen*) operación *f*; (*of machine*) funcionamiento; **to be in** ~ estar funcionando *or* en funcionamiento; **to have an** ~ (MED) ser operado; ~**al** *a* operacional, en buen estado.

operative ['ɔpərətɪv] *a* (*measure*) en vigor.

operator ['ɔpəreɪtə*] *n* (*of machine*) maquinista *m/f*, operario/a; (TEL) operador(a) *m/f*, telefonista *m/f*.

ophthalmic [ɔf'θælmɪk] *a* oftálmico.

opinion [ə'pɪnɪən] *n* (*gen*) opinión *f*; **in my ~** en mi opinión, a mi juicio; **~ated** *a* testarudo; **~ poll** *n* encuesta, sondeo.

opponent [ə'pəunənt] *n* adversario/a, contrincante *m/f*.

opportunist [ɔpə'tju:nɪst] *n* oportunista *m/f*.

opportunity [ɔpə'tju:nɪtɪ] *n* oportunidad *f*; **to take the ~ of doing** aprovechar la ocasión para hacer.

oppose [ə'pəuz] *vt* oponerse a; **to be ~d to sth** oponerse a algo; **as ~d to** a diferencia de; **opposing** *a* (*side*) opuesto, contrario.

opposite ['ɔpəzɪt] *a* opuesto, contrario a; (*house etc*) de enfrente // *ad* en frente // *prep* en frente de, frente a // *n* lo contrario.

opposition [ɔpə'zɪʃən] *n* oposición *f*.

oppress [ə'prɛs] *vt* oprimir.

opt [ɔpt] *vi*: **to ~ for** optar por; **to ~ to do** optar por hacer; **to ~ out of** optar por no hacer.

optical ['ɔptɪkl] *a* óptico; **~ character recognition/reader (OCR)** *n* reconocimiento/lector *m* óptico de caracteres.

optician [ɔp'tɪʃən] *n* óptico *m/f*.

optimist ['ɔptɪmɪst] *n* optimista *m/f*; **~ic** [-'mɪstɪk] *a* optimista.

optimum ['ɔptɪməm] *a* óptimo.

option ['ɔpʃən] *n* opción *f*; **to keep one's ~s open** (*fig*) mantener las opciones abiertas; **~al** *a* facultativo, discrecional.

or [ɔ:*] *conj* o; (*before o, ho*) u; (*with negative*): **he hasn't seen ~ heard anything** no ha visto ni oído nada; **~ else** si no.

oracle ['ɔrəkl] *n* oráculo.

oral ['ɔ:rəl] *a* oral // *n* examen *m* oral.

orange ['ɔrɪndʒ] *n* (*fruit*) naranja // *a* color naranja.

orator ['ɔrətə*] *n* orador(a) *m/f*.

orbit ['ɔ:bɪt] *n* órbita // *vt, vi* orbitar.

orchard ['ɔ:tʃəd] *n* huerto.

orchestra ['ɔ:kɪstrə] *n* orquesta; (*US*: *seating*) platea; **~l** [-'kɛstrəl] *a* de orquesta.

orchid ['ɔ:kɪd] *n* orquídea.

ordain [ɔ:'deɪn] *vt* (*REL*) ordenar, decretar; (*decide*) mandar.

ordeal [ɔ:'di:l] *n* experiencia horrorosa.

order ['ɔ:də*] *n* orden *m*; (*command*) orden *f*; (*type, kind*) clase *f*; (*state*) estado; (*COMM*) pedido, encargo // *vt* (*also*: **put in ~**) arreglar, poner en orden; (*COMM*) encargar, pedir; (*command*) mandar, ordenar; **in ~** (*gen*) en orden; (*of document*) en regla; **in (working) ~** en funcionamiento; **in ~ to do** para hacer; **on ~** (*COMM*) pedido; **to ~ sb to do sth** mandar a uno hacer algo; **~ form** *n* hoja de pedido; **~ly** *n* (*MIL*) ordenanza *m*; (*MED*) enfermero/a (auxiliar) // *a* ordenado.

ordinary ['ɔ:dnrɪ] *a* corriente, normal; (*pej*) común y corriente; **out of the ~** fuera de lo común.

ordnance ['ɔ:dnəns] *n* (*MIL*: *unit*) artillería.

ore [ɔ:*] *n* mineral *m*.

organ ['ɔ:gən] *n* órgano; **~ic** [ɔ:'gænɪk] *a* orgánico.

organization [ɔ:gənaɪ'zeɪʃən] *n* organización *f*.

organize ['ɔ:gənaɪz] *vt* organizar; **~r** *n* organizador(a) *m/f*.

orgasm ['ɔ:gæzəm] *n* orgasmo.

orgy ['ɔ:dʒɪ] *n* orgía.

Orient ['ɔ:rɪənt] *n* Oriente *m*; **oriental** [-'ɛntl] *a* oriental.

origin ['ɔrɪdʒɪn] *n* origen *m*; (*point of departure*) procedencia.

original [ə'rɪdʒɪnl] *a* original; (*first*) primero; (*earlier*) primitivo // *n* original *m*; **~ity** [-'nælɪtɪ] *n* originalidad *f*; **~ly** *ad* (*at first*) al principio; (*with originality*) con originalidad.

originate [ə'rɪdʒɪneɪt] *vi*: **to ~ from, to ~ in** surgir de, tener su origen en.

Orkneys [ɔ:knɪz] *npl*: **the ~** (*also*: **the Orkney Islands**) las Orcadas.

ornament ['ɔ:nəmənt] *n* adorno; (*trinket*) chuchería; **~al** [-'mɛntl] *a* decorativo, de adorno.

ornate [ɔ:'neɪt] *a* muy ornado, vistoso.

orphan ['ɔ:fn] *n* huérfano/a // *vt*: **to be ~ed** quedar huérfano/a; **~age** *n* orfanato.

orthodox ['ɔ:θədɔks] *a* ortodoxo; **~y** *n* ortodoxia.

orthopaedic, (*US*) **orthopedic** [ɔ:θə'pi:dɪk] *a* ortopédico

oscillate ['ɔsɪleɪt] *vi* oscilar; (*person*) vacilar.

ostensibly [ɔs'tɛnsɪblɪ] *ad* aparentemente.

ostentatious [ɔstɛn'teɪʃəs] *a* ostentoso.

osteopath ['ɔstɪəpæθ] *n* osteópata *m/f*.

ostracize ['ɔstrəsaɪz] *vt* hacer el vacio a.

ostrich ['ɔstrɪtʃ] *n* avestruz *m*.

other ['ʌðə*] *a* otro // *pron*: **the ~ (one)** el/la otro/a; **~s** (*~ people*) otros; **~ than** (*apart from*) aparte de; **~wise** *ad, conj* de otra manera; (*if not*) si no.

otter ['ɔtə*] *n* nutria.

ouch [autʃ] *excl* ¡ay!

ought [ɔ:t], *pt* **ought** *auxiliary vb*: **I ~ to do it** debería hacerlo; **this ~ to have been corrected** esto debiera de haberse corregido; **he ~ to win** (*probability*) debe *or* debiera ganar.

ounce [auns] *n* onza (*28.35g*).

our ['auə*] *a* nuestro; *see also* **my**; **~s** *pron* (el) nuestro/(la) nuestra *etc*; *see also* **mine**; **~selves** *pron pl* (*reflexive, after prep*) nosotros; (*emphatic*) nosotros mismos; *see also* **oneself**.

oust [aust] *vt* desalojar.

out [aut] *ad* fuera, afuera; (*not at home*)

fuera (de casa); (*light, fire*) apagado; ~ there allí (fuera); **he's** ~ (*absent*) no está, ha salido; **to be** ~ **in one's calculations** equivocarse (en sus cálculos); **to run** ~ salir corriendo; ~ **loud** en alta voz; ~ **of** (*outside*) fuera de; (*because of: anger etc*) por; ~ **of petrol** sin gasolina; '~ **of order**' 'no funciona'; ~**-and-**~ *a* (*liar, thief etc*) redomado, empedernido.

outback ['autbæk] *n* interior *m*.

outboard ['autbɔ:d] *a*: ~ **motor** (motor *m*) fuera borda *m*.

outbreak ['autbreɪk] *n* (*of war*) comienzo; (*of disease*) epidemia; (*of violence etc*) ola.

outburst ['autbə:st] *n* explosión *f*, arranque *m*.

outcast ['autkɑ:st] *n* paria *m/f*.

outcome ['autkʌm] *n* resultado.

outcrop ['autkrɔp] *n* (*of rock*) afloramiento.

outcry ['autkraɪ] *n* protestas *fpl*.

outdated [aut'deɪtɪd] *a* anticuado, fuera de moda.

outdo [aut'du:] (*irg*: *like* **do**) *vt* superar.

outdoor [aut'dɔ:*] *a*, ~**s** *ad* al aire libre.

outer ['autə*] *a* exterior, externo; ~ **space** *n* espacio exterior.

outfit ['autfɪt] *n* equipo; (*clothes*) traje *m*; ~**ter's** *n* (*Brit*) sastrería.

outgoing ['autgəuɪŋ] *a* (*character*) extrovertido; ~**s** *npl* (*Brit*) gastos *mpl*.

outgrow [aut'grəu] (*irg*: *like* **grow**) *vt*: **he has** ~**n his clothes** su ropa le queda pequeña ya.

outhouse ['authaus] *n* dependencia.

outing ['autɪŋ] *n* excursión *f*, paseo.

outlandish [aut'lændɪʃ] *a* estrafalario.

outlaw ['autlɔ:] *n* proscrito.

outlay ['autleɪ] *n* inversión *f*.

outlet ['autlɛt] *n* salida; (*of pipe*) desagüe *m*; (*US* ELEC) toma de corriente; (*for emotion*) desahogo; (*also*: **retail** ~) punto de venta.

outline ['autlaɪn] *n* (*shape*) contorno, perfil *m*; **in** ~ (*fig*) a grandes rasgos.

outlive [aut'lɪv] *vt* sobrevivir a.

outlook ['autluk] *n* perspectiva; (*opinion*) punto de vista.

outlying ['autlaɪɪŋ] *a* remoto, aislado.

outmoded [aut'məudɪd] *a* anticuado, pasado de moda.

outnumber [aut'nʌmbə*] *vt* exceder en número.

out-of-date [autəv'deɪt] *a* (*passport*) caducado; (*clothes*) pasado de moda.

out-of-the-way [autəvðə'weɪ] *a* (*place*) apartado.

outpatient ['autpeɪʃənt] *n* paciente *m/f* externo/a.

outpost ['autpəust] *n* puesto avanzado.

output ['autput] *n* (volumen *m* de) producción *f*, rendimiento; (COMPUT) salida.

outrage ['autreɪdʒ] *n* (*scandal*) escánd lo; (*atrocity*) atrocidad *f* // *vt* ultraja ~**ous** [-'reɪdʒəs] *a* monstruoso.

outright [aut'raɪt] *ad* (*win*) de mane absoluta; (*be killed*) en el acto; (*co pletely*) completamente // *a* ['autra completo.

outset ['autsɛt] *n* principio.

outside [aut'saɪd] *n* exterior *m* // *a* ext rior, externo // *ad* fuera // *prep* fuera d (*beyond*) más allá de; **at the** ~ (*fig*) a sumo; ~ **lane** *n* (AUT: *in Britain*) car *m* de la derecha; ~**-left/right** *n* (FOO BALL) extremo izquierdo/derecho; line *n* (TEL) línea (exterior); ~**r** (*stranger*) extraño, forastero.

outsize ['autsaɪz] *a* (*clothes*) de tal grande.

outskirts ['autskə:ts] *npl* alrededor *mpl*, afueras *fpl*.

outspoken [aut'spəukən] *a* muy franco.

outstanding [aut'stændɪŋ] *a* excepciona destacado; (*unfinished*) pendiente.

outstay [aut'steɪ] *vt*: **to** ~ **one's welcom** quedarse más de la cuenta.

outstretched [aut'strɛtʃt] *a* (*hand*) e tendido.

outstrip [aut'strɪp] *vt* (*competitors, d mand*) dejar atrás, aventajar.

out-tray ['auttreɪ] *n* bandeja de salida.

outward ['autwəd] *a* (*sign, appearance* externo; (*journey*) de ida; ~**ly** *ad* p fuera.

outweigh [aut'weɪ] *vt* pesar más que.

outwit [aut'wɪt] *vt* ser más listo que.

oval ['əuvl] *a* ovalado // *n* óvalo.

ovary ['əuvərɪ] *n* ovario.

oven ['ʌvn] *n* horno; ~**proof** *a* resisten al horno.

over ['əuvə*] *ad* encima, por encima // (*or ad*) (*finished*) terminado; (*surplu* de sobra // *prep* (por) encima d (*above*) sobre; (*on the other side of*) otro lado de; (*more than*) más de; (*du ing*) durante; ~ **here** (por) aquí; ~ **the** (por) allí *or* allá; **all** ~ (*everywher* por todas partes; ~ **and** ~ (**again**) una otra vez; ~ **and above** además de; **ask sb** ~ invitar a uno a casa; **to bend** inclinarse.

overall ['əuvərɔ:l] *a* (*length*) tota (*study*) de conjunto // *ad* [əuvər'ɔ:l] e conjunto // *n* (*Brit*) guardapolvo; ~s *n* mono *sg*, overol *msg* (*LAm*).

overawe [əuvər'ɔ:] *vt*: **to be** ~**d** (**by** quedar impresionado (con).

overbalance [əuvə'bæləns] *vi* perder equilibrio.

overbearing [əuvə'bɛərɪŋ] *a* autoritari imperioso.

overboard ['əuvəbɔ:d] *ad* (NAUT) por borda.

overbook [əuvə'buk] *vt* sobrereservar.

overcast ['əuvəkɑ:st] *a* encapotado.

overcharge [əuvə'tʃɑ:dʒ] *vt*: **to** ~ **sb** c

brar un precio excesivo a uno.
vercoat ['əuvəkəut] *n* abrigo, sobretodo.
vercome [əuvə'kʌm] (*irg*: *like* **come**) *vt* (*gen*) vencer; (*difficulty*) superar.
vercrowded [əuvə'kraudıd] *a* atestado de gente; (*city*, *country*) superpoblado.
verdo [əuvə'du:] (*irg*: *like* **do**) *vt* exagerar; (*overcook*) cocer demasiado.
verdose ['əuvədəus] *n* sobredosis *f inv*.
verdraft ['əuvədrɑ:ft] *n* saldo deudor.
verdrawn [əuvə'drɔ:n] *a* (*account*) en descubierto.
verdue [əuvə'dju:] *a* retrasado; (*recognition*) tardío.
verestimate [əuvər'ɛstımeıt] *vt* sobreestimar.
verflow [əuvə'fləu] *vi* desbordarse // *n* ['əuvəfləu] (*excess*) exceso; (*of river*) desbordamiento; (*also*: ~ **pipe**) (cañería de) desagüe *m*.
vergrown [əuvə'grəun] *a* (*garden*) invadido por la vegetación
verhaul [əuvə'hɔ:l] *vt* revisar, repasar // *n* ['əuvəhɔ:l] revisión *f*.
verhead [əuvə'hɛd] *ad* por arriba *or* encima // *a* ['əuvəhɛd] (*cable*) aéreo; (*railway*) elevado, aéreo // *n* (*US*) = **~s**; **~s** *npl* gastos *mpl* generales.
verhear [əuvə'hıə*] (*irg*: *like* **hear**) *vt* oír por casualidad.
verheat [əuvə'hi:t] *vi* (*engine*) recalentarse.
verjoyed [əuvə'dʒɔıd] *a* encantado, lleno de alegría.
verkill ['əuvəkıl] *n*: **that would be ~** eso sería sobrepasarse.
verland ['əuvəlænd] *a*, *ad* por tierra.
verlap [əuvə'læp] *vi* traslaparse.
verleaf [əuvə'li:f] *ad* al dorso.
verload [əuvə'ləud] *vt* sobrecargar.
verlook [əuvə'luk] *vt* (*have view of*) dar a, tener vistas a; (*miss*) pasar por alto; (*forgive*) hacer la vista gorda a.
vernight [əuvə'naıt] *ad* durante la noche; (*fig*) de la noche a la mañana // *a* de noche; **to stay ~** pasar la noche.
verpass ['əuvəpɑ:s] *n* (*US*) paso superior.
verpower [əuvə'pauə*] *vt* dominar; (*fig*) embargar; **~ing** *a* (*heat*) agobiante; (*smell*) penetrante.
verrate [əuvə'reıt] *vt* sobreestimar.
verride [əuvə'raıd] (*irg*: *like* **ride**) *vt* (*order*, *objection*) no hacer caso de; **overriding** *a* predominante.
verrule [əuvə'ru:l] *vt* (*decision*) anular; (*claim*) denegar.
verrun [əuvə'rʌn] (*irg*: *like* **run**) *vt* (*country*) invadir; (*time limit*) rebasar, exceder.
verseas [əuvə'si:z] *ad* en ultramar; (*abroad*) en el extranjero // *a* (*trade*) exterior; (*visitor*) extranjero.
verseer ['əuvəsıə*] *n* (*in factory*) superintendente *m/f*; (*foreman*) capataz *m*.
overshadow [əuvə'ʃædəu] *vt* (*fig*) eclipsar.
overshoot [əuvə'ʃu:t] (*irg*: *like* **shoot**) *vt* excederse.
oversight ['əuvəsaıt] *n* descuido.
oversleep [əuvə'sli:p] (*irg*: *like* **sleep**) *vi* quedarse dormido.
overspill ['əuvəspıl] *n* exceso de población.
overstep [əuvə'stɛp] *vt*: **to ~ the mark** pasarse de la raya.
overt [əu'və:t] *a* abierto.
overtake [əuvə'teık] (*irg*: *like* **take**) *vt* sobrepasar; (*Brit* AUT) adelantar.
overthrow [əuvə'θrəu] (*irg*: *like* **throw**) *vt* (*government*) derrocar.
overtime ['əuvətaım] *n* horas *fpl* extraordinarias.
overtone ['əuvətəun] *n* (*fig*) tono.
overture ['əuvətʃuə*] *n* (MUS) obertura; (*fig*) preludio.
overturn [əuvə'tə:n] *vt*, *vi* volcar.
overweight [əuvə'weıt] *a* demasiado gordo *or* pesado.
overwhelm [əuvə'wɛlm] *vt* aplastar; **~ing** *a* (*victory*, *defeat*) arrollador(a); (*desire*) irresistible.
overwork [əuvə'wə:k] *n* trabajo excesivo // *vi* trabajar demasiado.
overwrought [əuvə'rɔ:t] *a* sobreexcitado.
owe [əu] *vt* deber; **to ~ sb sth, to ~ sth to sb** deber algo a uno; **owing to** *prep* debido a, por causa de.
owl [aul] *n* búho, lechuza.
own [əun] *vt* tener, poseer // *a* propio; **a room of my ~** una habitación propia; **to get one's ~ back** tomar revancha; **on one's ~** solo, a solas; **to ~ up** *vi* confesar; **~er** *n* dueño/a; **~ership** *n* posesión *f*.
ox [ɔks], *pl* **~en** ['ɔksn] *n* buey *m*.
oxtail ['ɔksteıl] *n*: **~ soup** sopa de rabo de buey.
oxygen ['ɔksıdʒən] *n* oxígeno; **~ mask/tent** *n* máscara/tienda de oxígeno.
oyster ['ɔıstə*] *n* ostra.
oz. *abbr* = **ounce(s)**.
ozone ['əuzəun] *n*: **~ layer** capa de ozono *or* ozónica.

P

p [pi:] *abbr* = **penny, pence**.
P.A. *n abbr* = **personal assistant**; **public address system**.
p.a. *abbr* = **per annum**.
pa [pɑ:] *n* (*col*) papá *m*.
pace [peıs] *n* paso; (*rhythm*) ritmo // *vi*: **to ~ up and down** pasearse de un lado a otro; **to keep ~ with** llevar el mismo paso que; (*events*) mantenerse a la altura de *or* al corriente de; **~maker** *n* (MED) regulador *m* cardíaco, marcapa-

sos *m inv*.

pacific [pə'sɪfɪk] *a* pacífico // *n*: the P~ (Ocean) el (Océano) Pacífico.

pacify ['pæsɪfaɪ] *vt* (*soothe*) apaciguar; (*country*) pacificar.

pack [pæk] *n* (*packet*) paquete *m*; (*of hounds*) jauría; (*of thieves etc*) manada, bando; (*of cards*) baraja; (*bundle*) fardo; (*US*: *of cigarettes*) paquete *m* // *vt* (*wrap*) empaquetear; (*fill*) llenar; (*in suitcase etc*) meter, poner; (*cram*) llenar, atestar; (*fig*: *meeting etc*) llenar de partidarios; **to ~ (one's bags)** hacerse la maleta; **to ~ sb off** despachar a uno; **~ it in!** (*col*) ¡déjalo!

package ['pækɪdʒ] *n* paquete *m*; (*bulky*) bulto; (*also*: **~ deal**) acuerdo global; **~ tour** *n* viaje *m* organizado.

packed lunch *n* almuerzo frío.

packet ['pækɪt] *n* paquete *m*.

packing ['pækɪŋ] *n* embalaje *m*; **~ case** *n* cajón *m* de embalaje.

pact [pækt] *n* pacto.

pad [pæd] *n* (*of paper*) bloc *m*; (*cushion*) cojinete *m*; (*launching* ~) plataforma (de lanzamiento); (*col*: *flat*) casa // *vt* rellenar; **~ding** *n* relleno; (*fig*) paja.

paddle ['pædl] *n* (*oar*) canalete *m*; (*US*: *for table tennis*) raqueta // *vt* impulsar con canalete // *vi* (*with feet*) chapotear; **~ steamer** *n* vapor *m* de ruedas; **paddling pool** *n* (*Brit*) estanque *m* de juegos.

paddock ['pædək] *n* corral *m*.

paddy field ['pædɪ-] *n* arrozal *m*.

padlock ['pædlɔk] *n* candado.

paediatrics [pi:dɪ'ætrɪks] *n* pediatría.

pagan ['peɪgən] *a*, *n* pagano/a *m/f*.

page [peɪdʒ] *n* (*of book*) página; (*of newspaper*) plana; (*also*: **~ boy**) paje *m* // *vt* (*in hotel etc*) llamar por altavoz a.

pageant ['pædʒənt] *n* (*procession*) desfile *m*; (*show*) espectáculo; **~ry** *n* pompa.

paid [peɪd] *pt*, *pp of* **pay** // *a* (*work*) remunerado; (*official*) asalariado; **to put ~ to** (*Brit*) acabar con.

pail [peɪl] *n* cubo, balde *m*.

pain [peɪn] *n* dolor *m*; **to be in ~** sufrir; **to take ~s over/to do sth** tomarse grandes molestias con/en hacer algo; **~ed** *a* (*expression*) afligido; **~ful** *a* doloroso; (*difficult*) penoso; (*disagreeable*) desagradable; **~fully** *ad* (*fig*: *very*) terriblemente; **~killer** *n* analgésico; **~less** *a* que no causa dolor; **~staking** ['peɪnzteɪkɪŋ] *a* (*person*) concienzudo, esmerado.

paint [peɪnt] *n* pintura // *vt* pintar; **to ~ the door blue** pintar la puerta de azul; **~brush** *n* (*artist's*) pincel *m*; (*decorator's*) brocha; **~er** *n* pintor(a) *m/f*; **~ing** *n* pintura; **~work** *n* pintura.

pair [pɛə*] *n* (*of shoes, gloves etc*) par *m*; (*of people*) pareja; **a ~ of scissors** unas tijeras; **a ~ of trousers** unos pantalones, un pantalón.

pajamas [pɪ'dʒɑ:məz] *npl* (*US*) pijama *msg*.

Pakistan [pɑ:kɪ'stɑ:n] *n* Paquistán *m*; **~i** *a*, *n* paquistaní *m/f*.

pal [pæl] *n* (*col*) compinche *m/f* compañero/a.

palace ['pæləs] *n* palacio.

palatable ['pælɪtəbl] *a* sabroso; (*acceptable*) aceptable.

palate ['pælɪt] *n* paladar *m*.

palatial [pə'leɪʃəl] *a* (*surroundings, residence*) suntuoso, espléndido.

palaver [pə'lɑ:və*] *n* (*fuss*) lío.

pale [peɪl] *a* (*gen*) pálido; (*colour*) claro // *n*: **to be beyond the ~** pasarse de la raya; **to grow ~** palidecer.

Palestine ['pælɪstaɪn] *n* Palestina; **Palestinian** [-'tɪnɪən] *a*, *n* palestino/a *m/f*.

palette ['pælɪt] *n* paleta.

paling ['peɪlɪŋ] *n* (*stake*) estaca; (*fence*) valla.

pall [pɔ:l] *n* (*of smoke*) capa (de humo) // *vi* perder el sabor.

pallet ['pælɪt] *n* (*for goods*) pallet *m*.

pallor ['pælə*] *n* palidez *f*.

pallid ['pælɪd] *a* pálido.

palm [pɑ:m] *n* (ANAT) palma; (*also*: **~ tree**) palmera, palma // *vt*: **to ~ sth off on sb** (*Brit col*) encajar algo a uno; **P~ Sunday** *n* Domingo de Ramos.

palpable ['pælpəbl] *a* palpable.

palpitation [pælpɪ'teɪʃən] *n* palpitación *f*; **to have ~s** tener vahídos.

paltry ['pɔ:ltrɪ] *a* (*quantity*) irrisorio; (*person*) insignificante.

pamper ['pæmpə*] *vt* mimar.

pamphlet ['pæmflət] *n* folleto.

pan [pæn] *n* (*also*: **sauce~**) cacerola, cazuela, olla; (*also*: **frying ~**) sartén *m*; (*of lavatory*) taza // *vi* (CINEMA) tomar panorámicas.

panache [pə'næʃ] *n*: **with ~** con estilo.

Panama ['pænəmɑ:] *n* Panamá *m*; **the ~ Canal** el Canal de Panamá.

pancake ['pænkeɪk] *n* crepe *f*.

panda ['pændə] *n* panda *m*; **~ car** *n* (*Brit*) coche *m* Z.

pandemonium [pændɪ'məunɪəm] *n*: **there was ~** se armó un tremendo jaleo.

pander ['pændə*] *vi*: **to ~ to** complacer a.

pane [peɪn] *n* cristal *m*.

panel ['pænl] *n* (*of wood*) panel *m*; (*of cloth*) paño; (RADIO, TV) panel *m* de invitados; **~ling**, (*US*) **~ing** *n* paneles *mpl*.

pang [pæŋ] *n*: **~s of conscience** remordimiento *sg*; **~s of hunger** dolores *mpl* del hambre.

panic ['pænɪk] *n* (terror *m*) pánico // *vi* dejarse llevar por el pánico; **~ky** *a* (*person*) asustadizo; **~-stricken** *a* preso de pánico.

pansy ['pænzɪ] *n* (BOT) pensamiento;

(*col*: *pej*) maricón *m*.
ant [pænt] *vi* jadear.
anther ['pænθə*] *n* pantera.
anties ['pæntız] *npl* bragas *fpl*, pantis *mpl*.
antihose ['pæntıhəuz] *n* (*US*) pantimedias *fpl*.
antomime ['pæntəmaım] *n* (*Brit*) *revista musical representada en Navidad, basada en cuentos de hadas*.
antry ['pæntrı] *n* despensa.
ants [pænts] *n* (*Brit*: *underwear*: *woman's*) bragas *fpl*; (: *man's*) calzoncillos *mpl*; (*US*: *trousers*) pantalones *mpl*.
apal ['peıpəl] *a* papal.
aper ['peıpə*] *n* papel *m*; (*also*: news~) periódico, diario; (*study, article*) artículo; (*exam*) examen *m* // *a* de papel // *vt* empapelar, tapizar (*LAm*); (identity) ~s *npl* papeles *mpl*, documentos *mpl*; **~back** *n* libro de bolsillo; **~ bag** *n* bolsa de papel; **~ clip** *n* clip *m*; **~ hankie** *n* pañuelo de papel; **~weight** *n* pisapapeles *m inv*; **~work** *n* trabajo administrativo; (*pej*) papeleo.
apier-mâché ['pæpıeı'mæʃeı] *n* cartón *m* piedra.
aprika ['pæprıkə] *n* pimienta húngara *or* roja.
ar [pɑ:*] *n* par *f*; (GOLF) par *m*; **to be on a ~ with** estar a la par con.
arable ['pærəbl] *n* parábola.
arachute ['pærəʃu:t] *n* paracaídas *m inv* // *vi* lanzarse en paracaídas.
arade [pə'reıd] *n* desfile *m* // *vt* (*gen*) recorrer, desfilar por; (*show off*) hacer alarde de // *vi* desfilar; (MIL) pasar revista.
aradise ['pærədaıs] *n* paraíso.
aradox ['pærədɔks] *n* paradoja; **~ically** [-'dɔksıklı] *ad* paradójicamente.
araffin ['pærəfın] *n* (*Brit*): **~ (oil)** parafina.
aragon ['pærəgən] *n* modelo.
aragraph ['pærəgrɑ:f] *n* párrafo.
'araguay ['pærəgwaı] *n* Paraguay *m*.
arallel ['pærəlεl] *a* en paralelo; (*fig*) semejante // *n* (*line*) paralela; (*fig*, GEO) paralelo.
aralysis [pə'rælısıs] *n* parálisis *f inv*.
aralyze ['pærəlaız] *vt* paralizar.
aramedic [pærəmεdık] *n* (*US*) ambulanciero/a.
aramount ['pærəmaunt] *a*: **of ~ importance** de suma importancia.
paranoid ['pærənɔıd] *a* (*person, feeling*) paranoico.
paraphernalia [pærəfə'neılıə] *n* (*gear*) avíos *mpl*.
parasite ['pærəsaıt] *n* parásito/a.
parasol ['pærəsɔl] *n* sombrilla, quitasol *m*.
paratrooper ['pærətru:pə*] *n* paracaidista *m/f*.
parcel ['pɑ:sl] *n* paquete *m* // *vt* (*also*: ~ up) empaquetar, embalar.
parch [pɑ:tʃ] *vt* secar, resecar; **~ed** *a* (*person*) muerto de sed.
parchment ['pɑ:tʃmənt] *n* pergamino.
pardon ['pɑ:dn] *n* perdón *m*; (LAW) indulto // *vt* perdonar; indultar; **~ me!, I beg your ~!** ¡perdone usted!; **(I beg your) ~?**, (*US*) **~ me?** ¿cómo?
parent ['pεərənt] *n*: **~s** *npl* padres *mpl*; **~al** [pə'rεntl] *a* paternal/maternal.
parenthesis [pə'rεnθısıs], *pl* **-theses** [-θısi:z] *n* paréntesis *m inv*.
Paris ['pærıs] *n* París *m*.
parish ['pærıʃ] *n* parroquia.
parity ['pærıtı] *n* paridad *f*, igualdad *f*.
park [pɑ:k] *n* parque *m* // *vt* aparcar, estacionar // *vi* aparcar, estacionarse.
parking ['pɑ:kıŋ] *n* aparcamiento, estacionamiento; **'no ~'** 'prohibido estacionarse'; **~ lot** *n* (*US*) parking *m*; **~ meter** *n* parquímetro; **~ ticket** *n* multa de aparcamiento.
parlance ['pɑ:ləns] *n* lenguaje *m*.
parliament ['pɑ:ləmənt] *n* parlamento; (*Spanish*) Cortes *fpl*; **~ary** [-'mεntərı] *a* parlamentario.
parlour, (*US*) **parlor** ['pɑ:lə*] *n* sala de recibo, salón *m*, living (*LAm*).
parochial [pə'rəukıəl] *a* parroquial; (*pej*) de miras estrechas.
parody ['pærədı] *n* parodia.
parole [pə'rəul] *n*: **on ~** libre bajo palabra.
parquet ['pɑ:keı] *n*: **~ floor(ing)** parquet *m*.
parrot ['pærət] *n* loro, papagayo.
parry ['pærı] *vt* parar.
parsimonious [pɑ:sı'məunıəs] *a* tacaño.
parsley ['pɑ:slı] *n* perejil *m*.
parsnip ['pɑ:snıp] *n* chirivía.
parson ['pɑ:sn] *n* cura *m*.
part [pɑ:t] *n* (*gen*, MUS) parte *f*; (*bit*) trozo; (*of machine*) pieza; (THEATRE *etc*) papel *m*; (*of serial*) entrega; (*US*: *in hair*) raya // *ad* = **partly** // *vt* separar; (*break*) partir // *vi* (*people*) separarse; (*roads*) bifurcarse; (*crowd*) apartarse; (*break*) romperse; **to take ~ in** participar *or* tomar parte en; **to take sth in good ~** tomar algo en buena parte; **to take sb's ~** defender a uno; **for my ~** por mi parte; **for the most ~** en su mayor parte; (*people*) en su mayoría; **to ~ with** *vt fus* ceder, entregar; (*money*) pagar; (*get rid of*) deshacerse de; **~ exchange** *n* (*Brit*): **in ~ exchange** como parte del pago.
partial ['pɑ:ʃl] *a* parcial; **to be ~ to** ser aficionado a.
participant [pɑ:'tısıpənt] *n* (*in competition*) concursante *m/f*.
participate [pɑ:'tısıpeıt] *vi*: **to ~ in** participar en; **participation** [-'peıʃən] *n* participación *f*.
participle ['pɑ:tısıpl] *n* participio.

particle ['pɑ:tɪkl] *n* partícula; (*of dust*) grano; (*fig*) pizca.
particular [pə'tɪkjulə*] *a* (*special*) particular; (*concrete*) concreto; (*given*) determinado; (*detailed*) detallado, minucioso; (*fussy*) quisquilloso, exigente; ~s *npl* (*information*) datos *mpl*, detalles *mpl*; (*details*) pormenores *mpl*; in ~ en particular; **~ly** *ad* especialmente, en particular.
parting ['pɑ:tɪŋ] *n* (*act of*) separación *f*; (*farewell*) despedida; (*Brit*: *in hair*) raya // *a* de despedida.
partisan [pɑ:tɪ'zæn] *a*, *n* partidario/a.
partition [pɑ:'tɪʃən] *n* (POL) división *f*; (*wall*) tabique *m*.
partly ['pɑ:tlɪ] *ad* en parte.
partner ['pɑ:tnə*] *n* (COMM) socio/a; (SPORT, *at dance*) pareja; (*spouse*) cónyuge *m/f*; (*friend etc*) compañero/a // *vt* acompañar; **~ship** *n* (*gen*) asociación *f*; (COMM) sociedad *f*.
partridge ['pɑ:trɪdʒ] *n* perdiz *f*.
part-time ['pɑ:t'taɪm] *a*, *ad* a tiempo parcial.
party ['pɑ:tɪ] *n* (POL) partido; (*celebration*) fiesta; (*group*) grupo; (LAW) parte *f*, interesado // *a* (POL) de partido; (*dress etc*) de fiesta, de gala; ~ **line** *n* (TEL) línea compartida.
pass [pɑ:s] *vt* (*time, object*) pasar; (*place*) pasar por; (*exam*) aprobar; (*overtake, surpass*) rebasar; (*approve*) aprobar // *vi* pasar; (SCOL) aprobar, ser aprobado // *n* (*permit*) permiso; (*membership card*) carnet *m*; (*in mountains*) puerto, desfiladero; (SPORT) pase *m*; (SCOL: *also*: ~ **mark**): **to get a ~ in** aprobar en; **to ~ sth through sth** pasar algo por algo; **to make a ~ at sb** (*col*) hacer proposiciones a uno; **to ~ away** *vi* fallecer; **to ~ by** *vi* pasar // *vt* (*ignore*) pasar por alto; **to ~ for** pasar por; **to ~ on** *vt* transmitir; **to ~ out** *vi* desmayarse; **to ~ up** *vt* (*opportunity*) renunciar a; **~able** *a* (*road*) transitable; (*tolerable*) pasable.
passage ['pæsɪdʒ] *n* (*also*: ~way) pasillo; (*act of passing*) tránsito; (*fare, in book*) pasaje *m*; (*by boat*) travesía.
passbook ['pɑ:sbuk] *n* libreta de banco.
passenger ['pæsɪndʒə*] *n* pasajero/a, viajero/a.
passer-by [pɑ:sə'baɪ] *n* transeúnte *m/f*.
passing ['pɑ:sɪŋ] *a* (*fleeting*) pasajero; **in ~** de paso; ~ **place** *n* (AUT) apartadero.
passion ['pæʃən] *n* pasión *f*; **~ate** *a* apasionado.
passive ['pæsɪv] *a* (*also* LING) pasivo.
Passover ['pɑ:səuvə*] *n* Pascua (de los judíos).
passport ['pɑ:spɔ:t] *n* pasaporte *m*; ~ **control** *n* control *m* de pasaporte.
password ['pɑ:swə:d] *n* contraseña.
past [pɑ:st] *prep* (*further than*) más allá de; (*later than*) después de // *a* pasado; (*president etc*) antiguo // *n* (*time*) el pasado; (*of person*) antecedentes *mpl*; **he's ~ forty** tiene más de cuarenta años; **for the ~ few/3 days** durante los últimos días/últimos 3 días; **to run ~ sb** pasar a uno corriendo.
pasta ['pæstə] *n* pasta.
paste [peɪst] *n* (*gen*) pasta; (*glue*) engrudo // *vt* (*stick*) pegar; (*glue*) engomar.
pasteurized ['pæstəraɪzd] *a* pasteurizado.
pastille ['pæstl] *n* pastilla.
pastime ['pɑ:staɪm] *n* pasatiempo.
pastor ['pɑ:stə*] *n* pastor *m*.
pastry ['peɪstrɪ] *n* (*dough*) pasta; (*cake*) pastel *m*.
pasture ['pɑ:stʃə*] *n* (*grass*) pasto.
pasty ['pæstɪ] *n* empanada // *a* ['peɪstɪ] pastoso; (*complexion*) pálido.
pat [pæt] *vt* dar una palmadita a; (*dog etc*) acariciar.
patch [pætʃ] *n* (*of material*) parche *m*; (*mended part*) remiendo; (*of land*) terreno // *vt* (*clothes*) remendar; (**to go through) a bad ~** (pasar por) una mala racha; **to ~ up** *vt* (*mend temporarily*) reparar; (*quarrel*) hacer las paces en; **~work** *n* labor *m* de retazos; **~y** *a* desigual.
pâté ['pæteɪ] *n* paté *m*.
patent ['peɪtnt] *n* patente *f* // *vt* patentar // *a* patente, evidente; ~ **leather** *n* charol *m*.
paternal [pə'tə:nl] *a* paternal; (*relation*) paterno.
paternity [pə'tə:nɪtɪ] *n* paternidad *f*.
path [pɑ:θ] *n* camino, sendero; (*trail, track*) pista; (*of missile*) trayectoria.
pathetic [pə'θetɪk] *a* (*pitiful*) patético, lastimoso; (*very bad*) malísimo; (*moving*) conmovedor(a).
pathological [pæθə'lɔdʒɪkəl] *a* patológico.
pathology [pə'θɔlədʒɪ] *n* patología.
pathos ['peɪθɔs] *n* patetismo.
pathway ['pɑ:θweɪ] *n* sendero, vereda.
patience ['peɪʃns] *n* paciencia; (*Brit* CARDS) solitario.
patient ['peɪʃnt] *n* paciente *m/f* // *a* paciente, sufrido.
patio ['pætɪəu] *n* patio.
patriotic [pætrɪ'ɔtɪk] *a* patriótico.
patrol [pə'trəul] *n* patrulla // *vt* patrullar por; ~ **car** *n* coche *m* patrulla; **~man** *n* (*US*) policía *m*.
patron ['peɪtrən] *n* (*in shop*) cliente *m/f*; (*of charity*) patrocinador(a) *m/f*; ~ **of the arts** mecenas *m*; **~ize** ['pætrənaɪz] *vt* (*shop*) ser cliente de; (*look down on*) condescender con.
patter ['pætə*] *n* golpeteo; (*sales talk*) labia // *vi* (*rain*) tamborilear.
pattern ['pætən] *n* (SEWING) patrón *m*; (*design*) dibujo.

paunch [pɔ:ntʃ] *n* panza, barriga.
pauper ['pɔ:pə*] *n* pobre *m/f*.
pause [pɔ:z] *n* pausa; (*interval*) intérvalo // *vi* hacer una pausa.
pave [peɪv] *vt* pavimentar; to ~ the way for preparar el terreno para.
pavement ['peɪvmənt] *n* (*Brit*) acera, vereda (*LAm*).
pavilion [pə'vɪlɪən] *n* pabellón *m*; (SPORT) caseta.
paving ['peɪvɪŋ] *n* pavimento, enlosado; ~ **stone** *n* losa.
paw [pɔ:] *n* pata; (*claw*) garra.
pawn [pɔ:n] *n* (CHESS) peón *m*; (*fig*) instrumento // *vt* empeñar; ~ **broker** *n* prestamista *m/f*; ~**shop** *n* monte *m* de piedad.
pay [peɪ] *n* paga; (*wage etc*) sueldo, salario // (*vb*: *pt*, *pp* **paid**) *vt* pagar // *vi* pagar; (*be profitable*) rendir; **to ~ attention (to)** prestar atención (a); **to ~ back** *vt* (*money*) reembolsar; (*person*) pagar; **to ~ for** *vt* pagar; **to ~ in** *vt* ingresar; **to ~ off** *vt* liquidar // *vi* (*scheme*, *decision*) dar resultado; **to ~ up** *vt* pagar (de mala gana); ~**able** *a* pagadero; ~ **day** *n* día *m* de paga; ~**ee** *n* portador(a) *m/f*; ~ **envelope** *n* (*US*) = ~ **packet**; ~**ment** *n* pago; advance ~ment anticipo; monthly ~ment mensualidad *f*; ~ **packet** *n* (*Brit*) sobre *m* (de paga); ~**-phone** *n* teléfono público; ~**roll** *n* nómina; ~ **slip** *n* recibo de sueldo.
PC *n abbr* = **personal computer**.
p.c. *abbr* = **per cent**.
pea [pi:] *n* guisante *m*, chícharo (*LAm*), arveja (*LAm*).
peace [pi:s] *n* paz *f*; (*calm*) paz *f*, tranquilidad *f*; ~**able** *a* pacífico; ~**ful** *a* (*gentle*) pacífico; (*calm*) tranquilo, sosegado.
peach [pi:tʃ] *n* melocotón *m*, durazno (*LAm*).
peacock ['pi:kɔk] *n* pavo real.
peak [pi:k] *n* (*of mountain*: *top*) cumbre *f*, cima; (: *point*) pico; (*of cap*) visera; (*fig*) cumbre *f*; ~ **hours** *npl*, ~ **period** *n* horas *fpl* punta.
peal [pi:l] *n* (*of bells*) repique *m*; ~ of laughter carcajada.
peanut ['pi:nʌt] *n* cacahuete *m*, maní *m* (*LAm*).
pear [peə*] *n* pera.
pearl [pə:l] *n* perla.
peasant ['peznt] *n* campesino/a.
peat [pi:t] *n* turba.
pebble ['pebl] *n* guijarro.
peck [pek] *vt* (*also*: ~ at) picotear; (*food*) comer sin ganas // *n* picotazo; (*kiss*) besito; ~**ing order** *n* orden *m* de jerarquía; ~**ish** *a* (*Brit col*): I feel ~ish tengo ganas de picar algo.
peculiar [pɪ'kju:lɪə*] *a* (*odd*) extraño, raro; (*typical*) propio, característico; ~ to propio de; ~**ity** [pɪkju:lɪ'ærɪtɪ] *n* peculiaridad *f*, característica.
pedal ['pedl] *n* pedal *m* // *vi* pedalear.
pedantic [pɪ'dæntɪk] *a* pedante.
peddler ['pedlə*] *n* vendedor(a) *m/f* ambulante.
pedestal ['pedəstl] *n* pedestal *m*.
pedestrian [pɪ'destrɪən] *n* peatón/ona *m/f* // *a* pedestre; ~ **crossing** *n* (*Brit*) paso de peatones.
pediatrics [pi:dɪ'ætrɪks] *n* (*US*) = **paediatrics.**
pedigree ['pedɪgri:] *n* genealogía; (*of animal*) raza // *cpd* (*animal*) de raza, de casta.
pedlar ['pedlə*] *n* = **peddler.**
pee [pi:] *vi* (*col*) mear.
peek [pi:k] *vi* mirar a hurtadillas.
peel [pi:l] *n* piel *f*; (*of orange*, *lemon*) cáscara; (: *removed*) peladuras *fpl* // *vt* pelar // *vi* (*paint etc*) desconcharse; (*wallpaper*) despegarse, desprenderse.
peep [pi:p] *n* (*Brit*: *look*) mirada furtiva; (*sound*) pío // *vi* (*Brit*) piar; **to ~ out** *vi* asomar la cabeza; ~**hole** *n* mirilla.
peer [pɪə*] *vi*: to ~ at esudriñar // *n* (*noble*) par *m*; (*equal*) igual *m*; ~**age** *n* nobleza.
peeved [pi:vd] *a* enojado.
peevish ['pi:vɪʃ] *a* malhumorado.
peg [peg] *n* clavija; (*for coat etc*) gancho, colgadero; (*Brit*: *also*: **clothes ~**) pinza; (*tent ~*) estaca // *vt* (*prices*) fijar.
Peking [pi:'kɪŋ] *n* Pekín.
pekinese [pi:kɪ'ni:z] *n* pequinés/esa *m/f*.
pelican ['pelɪkən] *n* pelícano; ~ **crossing** *n* (*Brit* AUT) paso de peatones señalizado.
pellet ['pelɪt] *n* bolita; (*bullet*) perdigón *m*.
pelmet ['pelmɪt] *n* galería.
pelt [pelt] *vt*: to ~ sb with sth arrojarle algo a uno // *vi* (*rain*) llover a cántaros // *n* pellejo.
pen [pen] *n* pluma; (*for sheep*) redil *m*.
penal ['pi:nl] *a* penal; ~**ize** *vt* (*punish*: SPORT) castigar.
penalty ['penltɪ] *n* (*gen*) pena; (*fine*) multa; (SPORT) castigo; ~ **(kick)** *n* (FOOTBALL) penalty *m*.
penance ['penəns] *n* penitencia.
pence [pens] *pl of* **penny.**
pencil ['pensl] *n* lápiz *m*, lapicero (*LAm*); ~ **case** *n* estuche *m*; ~ **sharpener** *n* sacapuntas *m inv*.
pendant ['pendnt] *n* pendiente *m*.
pending ['pendɪŋ] *prep* antes de // *a* pendiente; ~ **the arrival of ...** hasta que llegue ...
pendulum ['pendjuləm] *n* péndulo.
penetrate ['penɪtreɪt] *vt* penetrar.
penfriend ['penfrend] *n* (*Brit*) amigo/a por carta.
penguin ['peŋgwɪn] *n* pingüino.
penicillin [penɪ'sɪlɪn] *n* penicilina.

peninsula [pə'nɪnsjulə] *n* península.
penis ['pi:nɪs] *n* pene *m*.
penitent ['pɛnɪtnt] *a* arrepentido; (*REL*) penitente.
penitentiary [pɛnɪ'tɛnʃərɪ] *n* (*US*) cárcel *f*, presidio.
penknife ['pɛnnaɪf] *n* navaja.
pen name *n* seudónimo.
penniless ['pɛnɪlɪs] *a* sin dinero.
penny ['pɛnɪ], *pl* **pennies** ['pɛnɪz] *or* (*Brit*) **pence** [pɛns] *n* penique *m*; (*US*) centavo.
penpal ['pɛnpæl] *n* amigo/a por carta.
pension ['pɛnʃən] *n* (*allowance, state payment*) pensión *f*; (*old-age*) jubilación *f*; ~**er** *n* (*Brit*) jubilado/a.
pensive ['pɛnsɪv] *a* pensativo; (*withdrawn*) preocupado.
pentagon ['pɛntəgən] *n*: **the P~** (*US POL*) el Pentágono.
Pentecost ['pɛntɪkɔst] *n* Pentecostés *m*.
penthouse ['pɛnthaus] *n* ático de lujo.
pent-up ['pɛntʌp] *a* (*feelings*) reprimido.
people ['pi:pl] *npl* gente *f*; (*citizens*) pueblo *sg*, ciudadanos *mpl* // *n* (*nation, race*) pueblo, nación *f* // *vt* poblar; **several ~ came** vinieron varias personas; **~ say that...** dice la gente que... .
pep [pɛp] *n* (*col*) energía; **to ~ up** *vt* animar.
pepper ['pɛpə*] *n* (*spice*) pimienta; (*vegetable*) pimiento // *vt* (*fig*) salpicar; ~**mint** *n* menta; (*sweet*) pastilla de menta.
peptalk ['pɛptɔ:k] *n*: **to give sb a ~** darle a uno una inyección de ánimo.
per [pə:*] *prep* por; **~ day/person** por día/persona; **~ annum** *ad* al año; **~ capita** *a*, *ad* per capita.
perceive [pə'si:v] *vt* percibir; (*realize*) darse cuenta de.
per cent *n* por ciento.
percentage [pə'sɛntɪdʒ] *n* porcentaje *m*.
perception [pə'sɛpʃən] *n* percepción *f*; (*insight*) perspicacia; **perceptive** [-'sɛptɪv] *a* perspicaz.
perch [pə:tʃ] *n* (*fish*) perca; (*for bird*) percha // *vi* posarse.
percolator ['pə:kəleɪtə*] *n* cafetera de filtro.
perennial [pə'rɛnɪəl] *a* perenne.
perfect ['pə:fɪkt] *a* perfecto // *n* (*also*: **~ tense**) perfecto // *vt* [pə'fɛkt] perfeccionar; ~**ly** *ad* perfectamente.
perforate ['pə:fəreɪt] *vt* perforar; **perforation** [-'reɪʃən] *n* perforación *f*.
perform [pə'fɔ:m] *vt* (*carry out*) realizar, llevar a cabo; (*THEATRE*) representar; (*piece of music*) interpretar // *vi* (*THEATRE*) actuar; (*TECH*) funcionar; ~**ance** *n* (*of task*) realización *f*; (*of a play*) representación *f*; (*of player etc*) actuación *f*; (*of car, engine*) rendimiento; (*of function*) desempeño; ~**er** *n* (*actor*) actor *m*, actriz *f*; (*MUS*) intérprete *m/f*; ~**ing** *a* (*animal*) amaestrado.
perfume ['pə:fju:m] *n* perfume *m*.
perfunctory [pə'fʌŋktərɪ] *a* superficial.
perhaps [pə'hæps] *ad* quizá(s), tal vez.
peril ['pɛrɪl] *n* peligro, riesgo.
perimeter [pə'rɪmɪtə*] *n* perímetro.
period ['pɪərɪəd] *n* período; (*HISTORY*) época; (*SCOL*) clase *f*; (*full stop*) punto; (*MED*) regla // *a* (*costume, furniture*) de época; ~**ic** [-'ɔdɪk] *a* periódico; ~**ical** [-'ɔdɪkl] *n* periódico; ~**ically** [-'ɔdɪklɪ] *ad* de vez en cuando, cada cierto tiempo.
peripheral [pə'rɪfərəl] *a* periférico // *n* (*COMPUT*) periférico, unidad *f* periférica.
perish ['pɛrɪʃ] *vi* perecer; (*decay*) echarse a perder; ~**able** *a* perecedero.
perjury ['pə:dʒərɪ] *n* (*LAW*) perjurio.
perk [pə:k] *n* extra *m*; **to ~ up** *vi* (*cheer up*) animarse; ~**y** *a* alegre, despabilado.
perm [pə:m] *n* permanente *f*.
permanent ['pə:mənənt] *a* permanente.
permeate ['pə:mɪeɪt] *vi* penetrar, trascender // *vt* penetrar, trascender a.
permissible [pə'mɪsɪbl] *a* permisible, lícito.
permission [pə'mɪʃən] *n* permiso.
permissive [pə'mɪsɪv] *a* permisivo.
permit ['pə:mɪt] *n* permiso, licencia // *vt* [pə'mɪt] permitir; (*accept*) tolerar.
pernicious [pə:'nɪʃəs] *a* nocivo; (*MED*) pernicioso.
perpetrate ['pə:pɪtreɪt] *vt* cometer.
perpetual [pə'pɛtjuəl] *a* perpetuo.
perplex [pə'plɛks] *vt* dejar perplejo.
persecute ['pə:sɪkju:t] *vt* (*pursue*) perseguir; (*harass*) acosar.
perseverance [pə:sɪ'vɪərəns] *n* perseverancia.
persevere [pə:sɪ'vɪə*] *vi* persistir.
Persian ['pə:ʃən] *a*, *n* persa *m/f*; **the (~) Gulf** el Golfo Pérsico.
persist [pə'sɪst] *vi*: **to ~ (in doing sth)** persistir (en hacer algo); ~**ence** *n* empeño; ~**ent** *a* persistente; (*determined*) porfiado; (*continuing*) constante.
person ['pə:sn] *n* persona; **in ~** en persona; ~**able** *a* atractivo; ~**al** *a* personal; individual; (*visit*) en persona; (*Brit TEL*) persona a persona; ~**al assistant (P.A.)** *n* ayudante *m/f* personal; ~**al column** *n* anuncios *mpl* personales; ~**al computer (PC)** *n* computador *m* personal; ~**ality** [-'nælɪtɪ] *n* personalidad *f*; ~**ally** *ad* personalmente; ~**ify** [-'sɔnɪfaɪ] *vt* encarnar.
personnel [pə:sə'nɛl] *n* personal *m*.
perspective [pə'spɛktɪv] *n* perspectiva.
Perspex ['pə:spɛks] *n* ® plexiglás *m*.
perspiration [pə:spɪ'reɪʃən] *n* transpiración *f*.
persuade [pə'sweɪd] *vt*: **to ~ sb to do sth** persuadir a uno para que haga algo.
pert [pə:t] *a* impertinente, fresco.
pertaining [pə:'teɪnɪŋ]: **~ to** *prep* rela-

cionado con.

pertinent ['pɜːtɪnənt] *a* pertinente, a propósito.

Peru [pə'ruː] *n* el Perú.

peruse [pə'ruːz] *vt* leer con detención, examinar.

Peruvian [pə'ruːvɪən] *a, n* peruano/a *m/f*.

pervade [pə'veɪd] *vt* impregnar, infundirse en.

perverse [pə'vɜːs] *a* perverso; (*stubborn*) terco; (*wayward*) travieso.

pervert ['pɜːvɜːt] *n* pervertido/a // *vt* [pə'vɜːt] pervertir.

pessimist ['pɛsɪmɪst] *n* pesimista *m/f*; **~ic** [-'mɪstɪk] *a* pesimista.

pest [pɛst] *n* (*insect*) insecto nocivo; (*fig*) lata, molestia.

pester ['pɛstə*] *vt* molestar, acosar.

pet [pɛt] *n* animal *m* doméstico; (*favourite*) favorito/a // *vt* acariciar // *vi* (*col*) besuquearse.

petal ['pɛtl] *n* pétalo.

peter ['piːtə*]: **to ~ out** *vi* agotarse, acabarse.

petite [pə'tiːt] *a* chiquito.

petition [pə'tɪʃən] *n* petición *f*.

petrified ['pɛtrɪfaɪd] *a* horrorizado.

petrol ['pɛtrəl] (*Brit*) *n* gasolina; (*for lighter*) bencina; **two/four-star ~** gasolina normal/súper; **~ can** *n* bidón *m* de gasolina.

petroleum [pə'trəulɪəm] *n* petróleo.

petrol: **~ pump** *n* (*Brit*) (*in car*) bomba de gasolina; (*in garage*) surtidor *m* de gasolina; **~ station** *n* (*Brit*) gasolinera; **~ tank** *n* (*Brit*) depósito (de gasolina).

petticoat ['pɛtɪkəut] *n* enaguas *fpl*.

petty ['pɛtɪ] *a* (*mean*) mezquino; (*unimportant*) insignificante; **~ cash** *n* dinero para gastos menores; **~ officer** *n* contramaestre *m*.

petulant ['pɛtjulənt] *a* malhumorado.

pew [pjuː] *n* banco.

pewter ['pjuːtə*] *n* peltre *m*.

phantom ['fæntəm] *n* fantasma *m*.

pharmacist ['fɑːməsɪst] *n* farmacéutico/a.

pharmacy ['fɑːməsɪ] *n* farmacia.

phase [feɪz] *n* fase *f* // *vt*: **to ~ sth in/out** introducir/retirar algo por etapas.

Ph.D. *abbr* = **Doctor of Philosophy**.

pheasant ['fɛznt] *n* faisán *m*.

phenomenon [fə'nɔmɪnən], *pl* **phenomena** [-nə] *n* fenómeno.

phial ['faɪəl] *n* ampolla.

philately [fɪ'lætəlɪ] *n* filatelia.

Philippines ['fɪlɪpiːnz]: **the ~** las Filipinas.

philosopher [fɪ'lɔsəfə*] *n* filósofo/a.

philosophy [fɪ'lɔsəfɪ] *n* filosofía.

phlegm [flɛm] *n* flema; **~atic** [flɛg'mætɪk] *a* flemático.

phobia ['fəubjə] *n* fobia.

phone [fəun] *n* teléfono // *vt* telefonear, llamar por teléfono; **to be on the ~** tener teléfono; (*be calling*) estar hablando por teléfono; **to ~ back** *vt, vi* volver a llamar; **to ~ up** *vt, vi* llamar por teléfono; **~ book** *n* guía telefónica; **~ box** *or* **booth** cabina telefónica; **~ call** *n* llamada (telefónica); **~-in** *n* (*Brit* RADIO, TV) programa *m* de participación (telefónica).

phonetics [fə'nɛtɪks] *n* fonética.

phoney ['fəunɪ] *a* falso // *n* (*person*) farsante *m/f*.

phonograph ['fəunəgræf] *n* (*US*) fonógrafo, tocadiscos *m inv*.

phosphate ['fɔsfeɪt] *n* fosfato.

photo ['fəutəu] *n* foto *f*.

photo... ['fəutəu] *pref*: **~copier** *n* fotocopiadora; **~copy** *n* fotocopia // *vt* fotocopiar; **~graph** *n* fotografía // *vt* fotografiar; **~grapher** [fə'tɔgrəfə*] *n* fotógrafo; **~graphy** [fə'tɔgrəfɪ] *n* fotografía.

phrase [freɪz] *n* frase *f* // *vt* expresar; **~ book** *n* libro de frases.

physical ['fɪzɪkl] *a* físico; **~ education** *n* educación *f* física; **~ly** *ad* físicamente.

physician [fɪ'zɪʃən] *n* médico/a.

physicist ['fɪzɪsɪst] *n* físico/a.

physics ['fɪzɪks] *n* física.

physiotherapy [fɪzɪəu'θɛrəpɪ] *n* fisioterapia.

physique [fɪ'ziːk] *n* físico.

pianist ['piːənɪst] *n* pianista *m/f*.

piano [pɪ'ænəu] *n* piano.

piccolo ['pɪkələu] *n* (MUS) flautín *m*.

pick [pɪk] *n* (*tool*: *also*: **~-axe**) pico, piqueta // *vt* (*select*) elegir, escoger; (*gather*) coger (*Sp*), recoger (*LAm*); (*lock*) abrir con ganzúa; **take your ~** escoja lo que quiera; **the ~ of** lo mejor de; **to ~ one's nose/teeth** hurgarse las narices/limpiarse los dientes; **to ~ pockets** ratear, ser carterista; **to ~ off** *vt* (*kill*) matar uno a uno; **to ~ on** *vt fus* (*person*) meterse con; **to ~ out** *vt* escoger; (*distinguish*) identificar; **to ~ up** *vi* (*improve*: *sales*) ir mejor; (: *patient*) reponerse; (: FINANCE) recobrarse // *vt* (*from floor*) recoger; (*buy*) comprar; (*find*) encontrar; (*learn*) aprender; **to ~ up speed** acelerarse; **to ~ o.s. up** levantarse.

picket ['pɪkɪt] *n* (*in strike*) piquete *m* // *vt* piquetear; **~ line** *n* piquete *m*.

pickle ['pɪkl] *n* (*also*: **~s**: *as condiment*) escabeche *m*; (*fig*: *mess*) apuro // *vt* encurtir; (*in vinegar*) envinagrar.

pickpocket ['pɪkpɔkɪt] *n* carterista *m/f*.

pickup ['pɪkʌp] *n* (*Brit*: *on record player*) pickup *m*; (*small truck*) furgoneta.

picnic ['pɪknɪk] *n* merienda // *vi* ir de merienda.

pictorial [pɪk'tɔːrɪəl] *a* pictórico; (*magazine etc*) ilustrado.

picture ['pɪktʃə*] *n* cuadro; (*painting*) pintura; (*photograph*) fotografía; (*film*)

película // *vt* pintar; the ~s (*Brit*) el cine; ~ **book** *n* libro de dibujos.
picturesque [pɪktʃə'rɛsk] *a* pintoresco.
pie [paɪ] *n* pastel *m*; (*open*) tarta; (*small: of meat*) empanada.
piece [pi:s] *n* pedazo, trozo; (*of cake*) trozo; (*item*): a ~ of furniture/advice un mueble/un consejo // *vt*: to ~ together juntar; (TECH) armar; to take to ~s desmontar; ~**meal** *ad* poco a poco; ~**work** *n* trabajo a destajo.
pie chart *n* gráfico de sectores *or* tarta.
pier [pɪə*] *n* muelle *m*, embarcadero.
pierce [pɪəs] *vt* penetrar en; perforar.
piercing ['pɪəsɪŋ] *a* (*cry*) penetrante.
piety ['paɪətɪ] *n* piedad *f*.
pig [pɪg] *n* cerdo, puerco; (*fig*) cochino.
pigeon ['pɪdʒən] *n* paloma; (*as food*) pichón *m*; ~**hole** *n* casilla.
piggy bank ['pɪgɪbæŋk] *n* hucha (*en forma de cerdito*).
pigheaded ['pɪg'hɛdɪd] *a* terco, testarudo.
pigskin ['pɪgskɪn] *n* piel *f* de cerdo.
pigsty ['pɪgstaɪ] *n* pocilga.
pigtail ['pɪgteɪl] *n* (*girl's*) trenza; (*Chinese*, TAUR) coleta.
pike [paɪk] *n* (*spear*) pica; (*fish*) lucio.
pilchard ['pɪltʃəd] *n* sardina.
pile [paɪl] *n* (*heap*) montón *m*; (*of carpet*) pelo // (*vb*: *also*: ~ up) *vt* amontonar; (*fig*) acumular // *vi* amontonarse; to ~ into (*car*) meterse en.
piles [paɪlz] *npl* (MED) almorranas *fpl*, hemorroides *mpl*.
pile-up ['paɪlʌp] *n* (AUT) accidente *m* múltiple.
pilfering ['pɪlfərɪŋ] *n* ratería.
pilgrim ['pɪlgrɪm] *n* peregrino/a; ~**age** *n* peregrinación *f*, romería.
pill [pɪl] *n* píldora; the ~ la píldora.
pillage ['pɪlɪdʒ] *vt* pillar, saquear.
pillar ['pɪlə*] *n* (*gen*) pilar *m*; (*concrete*) columna; ~ **box** *n* (*Brit*) buzón *m*.
pillion ['pɪljən] *n* (*of motorcycle*) asiento trasero.
pillow ['pɪləu] *n* almohada; ~**case** *n* funda.
pilot ['paɪlət] *n* piloto // *a* (*scheme etc*) piloto // *vt* pilotar; (*fig*) guiar, conducir; ~ **light** *n* piloto.
pimp [pɪmp] *n* chulo, cafiche *m* (*LAm*).
pimple ['pɪmpl] *n* grano.
pin [pɪn] *n* alfiler *m*; (TECH) perno; (: *wooden*) clavija // *vt* prender (con alfiler); sujetar con perno; ~**s and needles** *npl* hormigueo *sg*; to ~ sb down (*fig*) hacer que uno concrete; to ~ sth on sb (*fig*) colgarle a uno el sambenito de algo.
pinafore ['pɪnəfɔ:*] *n* delantal *m*; ~ **dress** *n* (*Brit*) mandil *m*.
pinball ['pɪnbɔ:l] *n* flipper *m*.
pincers ['pɪnsəz] *npl* pinzas *fpl*, tenazas *fpl*.
pinch [pɪntʃ] *n* pellizco; (*of salt etc*) pizca // *vt* pellizcar; (*col*: *steal*) birlar // *vi* (*shoe*) apretar; at a ~ en caso de apuro.
pincushion ['pɪnkuʃən] *n* acerico.
pine [paɪn] *n* (*also*: ~ tree) pino // *vi*: to ~ for suspirar por; **to ~ away** *vi* morirse de pena.
pineapple ['paɪnæpl] *n* piña, ananás *m*.
ping [pɪŋ] *n* (*noise*) sonido agudo; ~-**pong** *n* ® pingpong *m* ®.
pink [pɪŋk] *a* rosado, (color de) rosa // *n* (*colour*) rosa; (BOT) clavel *m*, clavellina.
pinnacle ['pɪnəkl] *n* cumbre *f*.
pinpoint ['pɪnpɔɪnt] *vt* precisar.
pint [paɪnt] *n* pinta (*Brit* = *0.57 l*; *US* = *0.47 l*); (*Brit col*: *of beer*) pinta de cerveza, ≈ jarra (*Sp*).
pioneer [paɪə'nɪə*] *n* pionero/a.
pious ['paɪəs] *a* piadoso, devoto.
pip [pɪp] *n* (*seed*) pepita; the ~s (*Brit* TEL) la señal.
pipe [paɪp] *n* tubo, caño; (*for smoking*) pipa // *vt* conducir en cañerías; ~s *npl* (*gen*) cañería *sg*; (*also*: **bag**~s) gaita *sg*; **to ~ down** *vi* (*col*) callarse; ~ **cleaner** *n* limpiapipas *m inv*; ~ **dream** *n* sueño imposible; ~**line** *n* tubería, cañería; (*for oil*) oleoducto; (*for gas*) gasoducto; ~**r** *n* (*gen*) flautista *m/f*; (*with bagpipes*) gaitero/a.
piping ['paɪpɪŋ] *ad*: to be ~ hot estar que quema.
piquant ['pi:kənt] *a* picante.
pique [pi:k] *n* pique *m*, resentimiento.
pirate ['paɪərət] *n* pirata *m/f*; ~ **radio** *n* (*Brit*) emisora pirata.
pirouette [pɪru'ɛt] *n* pirueta // *vi* piruetear.
Pisces ['paɪsi:z] *n* Piscis *m*.
piss [pɪs] *vi* (*col*) mear; ~**ed** *a* (*col*: *drunk*) borracho.
pistol ['pɪstl] *n* pistola.
piston ['pɪstən] *n* pistón *m*, émbolo.
pit [pɪt] *n* hoyo; (*also*: **coal** ~) mina; (*in garage*) foso de inspección; (*also*: **orchestra** ~) platea // *vt*: **to ~ A against B** oponer A a B; ~s *npl* (AUT) box *msg*.
pitch [pɪtʃ] *n* (*throw*) lanzamiento; (MUS) tono; (*Brit* SPORT) campo, terreno; (*tar*) brea; (*in market etc*) puesto // *vt* (*throw*) arrojar, lanzar // *vi* (*fall*) caer(se); (NAUT) cabecear; to ~ a tent montar una tienda (de campaña); ~-**black** *a* negro como boca de lobo; ~**ed battle** *n* batalla campal.
pitcher ['pɪtʃə*] *n* cántaro, jarro.
pitchfork ['pɪtʃfɔ:k] *n* horca.
piteous ['pɪtɪəs] *a* lastimoso.
pitfall ['pɪtfɔ:l] *n* riesgo.
pith [pɪθ] *n* (*of orange*) médula; (*fig*) meollo.
pithy ['pɪθɪ] *a* jugoso.
pitiful ['pɪtɪful] *a* (*touching*) lastimoso, conmovedor(a); (*contemptible*) lamenta-

le, miserable.
tiless ['pɪtɪlɪs] *a* despiadado.
ttance ['pɪtns] *n* miseria.
ty ['pɪtɪ] *n* compasión *f*, piedad *f* // *vt* ompadecer(se de); **what a ~!** ¡qué ena!
vot ['pɪvət] *n* eje *m*.
zza ['pi:tsə] *n* pizza.
acard ['plækɑ:d] *n* (*in march etc*) pan-arta.
acate [plə'keɪt] *vt* apaciguar.
ace [pleɪs] *n* lugar *m*, sitio; (*rank*) ran-o; (*seat*) plaza, asiento; (*post*) puesto; *home*): **at/to his ~** en/a su casa // *vt* *object*) poner, colocar; (*identify*) reco-ocer; (*find a post for*) dar un puesto a, olocar; **to take ~** tener lugar; **to be ~d** *in race, exam*) colocarse; **out of ~** (*not uitable*) fuera de lugar; **in the first ~** *first of all*) en primer lugar; **to change ~s with sb** cambiarse de sitio con al-uien.
acid ['plæsɪd] *a* apacible.
ague [pleɪg] *n* plaga; (*MED*) peste *f* // *vt* (*fig*) acosar, atormentar.
aice [pleɪs] *n*, *pl inv* platija.
aid [plæd] *n* (*material*) tartán *m*.
ain [pleɪn] *a* (*clear*) claro, evidente; (*simple*) sencillo; (*frank*) franco, abier-to; (*not handsome*) poco atractivo; (*pure*) natural, puro // *ad* claramente // *n* llano, llanura; **in ~ clothes** (*police*) vestido de paisano; **~ly** *ad* claramente, evidentemente; (*frankly*) francamente.
aintiff ['pleɪntɪf] *n* demandante *m/f*.
ait [plæt] *n* trenza // *vt* trenzar.
an [plæn] *n* (*drawing*) plano; (*scheme*) plan *m*, proyecto // *vt* (*think*) pensar; (*prepare*) proyectar, planificar // *vi* ha-cer proyectos; **to ~ to do** pensar hacer.
lane [pleɪn] *n* (*AVIAT*) avión *m*; (*tree*) plátano; (*tool*) cepillo; (*MATH*) plano.
lanet ['plænɪt] *n* planeta *m*.
lank [plæŋk] *n* tabla.
lanner ['plænə*] *n* planificador(a) *m/f*.
lanning ['plænɪŋ] *n* planificación *f*; **family ~** planificación familiar; **~ permission** *n* permiso para realizar obras.
lant [plɑ:nt] *n* planta; (*machinery*) maquinaria; (*factory*) fábrica // *vt* plantar; (*field*) sembrar; (*bomb*) colocar.
laque [plæk] *n* placa.
laster ['plɑ:stə*] *n* (*for walls*) yeso; (*also*: **~ of Paris**) yeso mate; (*Brit*: *also*: **sticking ~**) tirita, esparadrapo, curita (*LAm*) // *vt* enyesar; (*cover*): **to ~ with** llenar *or* cubrir de; **~ed** *a* (*col*) borracho; **~er** *n* yesero.
lastic ['plæstɪk] *n* plástico // *a* de plástico; **~ bag** *n* bolsa de plástico.
plasticine ['plæstɪsi:n] *n* (*Brit*) ® plastilina ®.
plastic surgery *n* cirujía plástica.
plate [pleɪt] *n* (*dish*) plato; (*metal, in book*) lámina; (*PHOT*) placa.
plateau ['plætəu], *pl* **~s** *or* **~x** [-z] *n* meseta, altiplanicie *f*.
plate glass *n* vidrio cilindrado.
platform ['plætfɔ:m] *n* (*RAIL*) andén *m*; (*stage*) plataforma; (*at meeting*) tribuna; (*POL*) programa *m* (electoral); **~ ticket** *n* (*Brit*) billete *m* de andén.
platinum ['plætɪnəm] *n* platino.
platitude ['plætɪtju:d] *n* lugar *m* común, tópico.
platoon [plə'tu:n] *n* pelotón *m*.
platter ['plætə*] *n* fuente *f*.
plausible ['plɔ:zɪbl] *a* verosímil; (*person*) convincente.
play [pleɪ] *n* (*gen*) juego; (*THEATRE*) obra, comedia // *vt* (*game*) jugar; (*instrument*) tocar; (*THEATRE*) representar; (: *part*) hacer el papel de; (*fig*) desempeñar // *vi* jugar; (*frolic*) juguetear; **to ~ safe** ir a lo seguro; **to ~ down** *vt* quitar importancia a; **to ~ up** *vi* (*cause trouble to*) dar guerra; **~boy** *n* playboy *m*; **~er** *n* jugador(a) *m/f*; (*THEATRE*) actor *m*/actriz *f*; (*MUS*) músico/a; **~ful** *a* juguetón/ona; **~ground** *n* (*in school*) patio de recreo; **~group** *n* jardín *m* de niños; **~ing card** *n* naipe *m*, carta; **~ing field** *n* campo de deportes; **~mate** *n* compañero/a de juego; **~-off** *n* (*SPORT*) (partido de) desempate *m*; **~pen** *n* corral *m*; **~school** *n* = **~ group**; **~thing** *n* juguete *m*; **~wright** *n* dramaturgo/a.
plc *abbr* (= *public limited company*) S.A.
plea [pli:] *n* (*request*) súplica, petición *f*; (*excuse*) pretexto, disculpa; (*LAW*) alegato, defensa.
plead [pli:d] *vt* (*LAW*): **to ~ sb's case** defender a uno; (*give as excuse*) poner como pretexto // *vi* (*LAW*) declararse; (*beg*): **to ~ with sb** suplicar *or* rogar a uno.
pleasant ['plɛznt] *a* agradable; **~ries** *npl* (*polite remarks*) cortesías *fpl*.
please [pli:z] *vt* (*give pleasure to*) dar gusto a, agradar // *vi* (*think fit*): **do as you ~** haz lo que quieras; **~!** ¡por favor!; **~ yourself!** ¡haz lo que quieras!, ¡como quieras!; **~d** *a* (*happy*) alegre, contento; **~d (with)** satisfecho (de); **~d to meet you** ¡encantado!, ¡tanto gusto!; **pleasing** *a* agradable, grato.
pleasure ['plɛʒə*] *n* placer *m*, gusto; (*will*) voluntad *f*; **'it's a ~'** el gusto es mío.
pleat [pli:t] *n* pliegue *m*.
pledge [plɛdʒ] *n* (*object*) prenda; (*promise*) promesa, voto // *vt* empeñar; prometer.
plentiful ['plɛntɪful] *a* copioso, abundante.
plenty ['plɛntɪ] *n* abundancia; **~ of** mucho(s)/a(s).

pliable ['plaɪəbl] *a* flexible.
pliers ['plaɪəz] *npl* alicates *mpl*, tenazas *fpl*.
plight [plaɪt] *n* situación *f* difícil.
plimsolls ['plɪmsəlz] *npl* (*Brit*) zapatos *mpl* de tenis.
plinth [plɪnθ] *n* plinto.
plod [plɔd] *vi* caminar con paso pesado; (*fig*) trabajar laboriosamente; **~der** *n* *trabajador(a) m/f diligente pero lento/a.*
plonk [plɔŋk] (*col*) *n* (*Brit*: *wine*) vino peleón // *vt*: **to ~ sth down** dejar caer algo.
plot [plɔt] *n* (*scheme*) complot *m*, conjura; (*of story, play*) argumento; (*of land*) terreno, lote *m* (*LAm*) // *vt* (*mark out*) trazar; (*conspire*) tramar, urdir // *vi* conspirar; **~ter** *n* (*instrument*) trazador *m* de gráficos.
plough, (*US*) **plow** [plau] *n* arado // *vt* (*earth*) arar; **to ~ back** *vt* (COMM) reinvertir; **to ~ through** *vt fus* (*crowd*) abrirse paso por la fuerza por; (*book, work*) roer.
ploy [plɔɪ] *n* truco, estratagema.
pluck [plʌk] *vt* (*fruit*) coger (*Sp*), recoger (*LAm*); (*musical instrument*) puntear; (*bird*) desplumar // *n* valor *m*, ánimo; **to ~ up courage** hacer de tripas corazón; **~y** *a* valiente.
plug [plʌg] *n* tapón *m*; (ELEC) enchufe *m*, clavija; (AUT: *also*: **spark(ing) ~**) bujía // *vt* (*hole*) tapar; (*col*: *advertise*) dar publicidad a; **to ~ in** *vt* (ELEC) enchufar.
plum [plʌm] *n* (*fruit*) ciruela // *a*: **~ job** (*col*) puesto (de trabajo) muy codiciado.
plumb [plʌm] *a* vertical // *n* plomo // *ad* (*exactly*) exactamente, en punto // *vt* sondar; (*fig*) sondear.
plumber ['plʌmə*] *n* fontanero/a, plomero/a.
plumbing ['plʌmɪŋ] *n* (*trade*) fontanería; (*piping*) cañería.
plume [plu:m] *n* pluma.
plummet ['plʌmɪt] *vi*: **to ~ (down)** caer a plomo.
plump [plʌmp] *a* rechoncho, rollizo // *vt*: **to ~ sth (down) on** dejar caer algo en; **to ~ for** *vt fus* (*col*: *choose*) optar por.
plunder ['plʌndə*] *n* pillaje *m*; (*loot*) botín *m* // *vt* pillar, saquear.
plunge [plʌndʒ] *n* zambullida // *vt* sumergir, hundir // *vi* (*fall*) caer; (*dive*) saltar; (*person*) arrojarse; (*sink*) hundirse; **to take the ~** lanzarse; **~r** *n* émbolo; (*for drain*) desatascador *m*.
pluperfect [plu:'pə:fɪkt] *n* pluscuamperfecto.
plural ['pluərl] *n* plural *m*.
plus [plʌs] *n* (*also*: **~ sign**) signo más // *prep* más, y, además de; **ten/twenty ~** más de diez/veinte.
plush [plʌʃ] *a* de felpa.
plutonium [plu:'təunɪəm] *n* plutonio.

ply [plaɪ] *vt* (*a trade*) ejercer // *vi* (s ir y venir; (*for hire*) ofrecerse (par quilar); **to ~ sb with drink** insisti ofrecer a alguien muchas co **~wood** *n* madera contrachapada.
P.M. *abbr* = **Prime Minister.**
p.m. *ad abbr* (= *post meridiem*) d tarde *or* noche.
pneumatic [nju:'mætɪk] *a* neumátic **drill** *n* martillo neumático.
pneumonia [nju:'məunɪə] *n* pulmonía
poach [pəutʃ] *vt* (*cook*) escalfar; (s cazar/pescar en vedado // *vi* cazar/pe en vedado; **~ed** *a* (*egg*) escalfado; *n* cazador(a) *m/f* furtivo/a; **~in** caza/pesca furtiva.
P.O. Box *n abbr* = **Post Office Box.**
pocket ['pɔkɪt] *n* bolsillo; (*of air*, *fig*) bolsa; (BILLIARDS) tronera // *vt* ter en el bolsillo; (*steal*) embol (BILLIARDS) entronerar; **to be out** salir perdiendo; **~book** *n* (*US*: *wa* cartera; **~ knife** *n* navaja; **~ mon** asignación *f*.
pod [pɔd] *n* vaina.
podgy ['pɔdʒɪ] *a* gordinflón/ona.
podiatrist [pɔ'di:ətrɪst] *n* (*US*) pedic a.
poem ['pəuɪm] *n* poema *m*.
poet ['pəuɪt] *n* poeta *m/f*; **~ic** [-'ɛtɪ poético; **~ laureate** *n* poeta *m* lau do; **~ry** *n* poesía.
poignant ['pɔɪnjənt] *a* conmovedor(a)
point [pɔɪnt] *n* punto; (*tip*) punta; (*pose*) fin *m*, propósito; (*use*) utilida (*significant part*) lo significativo; (*a* **decimal ~**): 2 ~ 3 (2.3) dos coma (2,3) // *vt* (*gun etc*): **to ~ sth at sb** a tar algo a uno // *vi* señalar con el d **~s** *npl* (AUT) contactos *mpl*; (RAIL) jas *fpl*; **to be on the ~ of doing sth** e a punto de hacer algo; **to make a ~** poner empeño en; **to get the ~** comp der; **to come to the ~** ir al me **there's no ~ (in doing)** no tiene sen (hacer); **to ~ out** *vt* señalar; **to ~** *vt fus* indicar con el dedo; (*fig*) indi señalar; **~-blank** *ad* (*also*: **at ~-b range**) a quemarropa; **~ed** *a* (*sh* puntiagudo, afilado; (*remark*) inten nado; **~edly** *ad* intencionadame **~er** *n* (*stick*) puntero; (*needle*) ag indicador *m*; **~less** *a* sin sentido; **~ view** *n* punto de vista.
poise [pɔɪz] *n* (*of head, body*) porte (*calmness*) aplomo, elegancia.
poison ['pɔɪzn] *n* veneno // *vt* envener **~ing** *n* envenenamiento; **~ous** *a* v noso; (*fumes etc*) tóxico; (*fig*) perni so.
poke [pəuk] *vt* (*fire*) hurgar, atizar; *with finger, stick etc*) empujar; (*put*) **~ sth in(to)** introducir algo en; **to about** *vi* fisgonear.
poker ['pəukə*] *n* atizador *m*; (CARD

ker *m*; **~-faced** *a* de cara impasible.
ky ['pəukɪ] *a* estrecho.
and ['pəulənd] *n* Polonia.
ar ['pəulə*] *a* polar.
e [pəul] *n* polaco/a.
e [pəul] *n* palo; (*GEO*) polo; (*TEL*) ste *m*; (*flag* ~) asta; (*tent* ~) mástil ; ~ **bean** *n* (*US*) judía trepadora; ~ **ult** *n* salto con pértiga.
ice [pə'li:s] *n* policía // *vt* vigilar; ~ **r** *n* coche-patrulla *m*; **~man** *n* policía , guardia *m*; ~ **state** *n* estado poli- l; ~ **station** *n* comisaría; **~woman** mujer *f* policía.
icy ['pɔlɪsɪ] *n* política; (*also*: **insur-** ce ~) póliza.
io ['pəulɪəu] *n* polio *f*.
ish ['pəulɪʃ] *a* polaco // *n* (*LING*) pola- .
ish ['pɔlɪʃ] *n* (*for shoes*) betún *m*; (*for or*) cera (de lustrar); (*for nails*) es- alte *m*; (*shine*) brillo, lustre *m*; (*fig*: *finement*) educación *f* // *vt* (*shoes*) npiar; (*make shiny*) pulir, sacar brillo (*fig*: *improve*) perfeccionar; **to ~ off** (*work*) terminar; (*food*) despachar; **ed** *a* (*fig*: *person*) elegante.
ite [pə'laɪt] *a* cortés, atento; (*formal*) rrecto; **~ness** *n* cortesía.
itic ['pɔlɪtɪk] *a* prudente; **~al** ə'lɪtɪkl] *a* político; **~ian** [-'tɪʃən] *n* lítico/a; ~**s** *n* política.
ka ['pɔlkə] *n* polca; ~ **dot** *n* lunar *m*.
l [pəul] *n* (*votes*) votación *f*, votos *pl*; (*also*: **opinion** ~) sondeo, encuesta *vt* (*votes*) obtener.
len ['pɔlən] *n* polen *m*.
ling ['pəulɪŋ] (*Brit*): ~ **booth** *n* cabi- de votar; ~ **day** *n* día *m* de eleccio- s; ~ **station** *n* centro electoral.
lution [pə'lu:ʃən] *n* polución *f*, conta- inación *f* del medio ambiente.
lo ['pəuləu] *n* (*sport*) polo; **~-neck** *a* cuello vuelto.
lyester [pɔlɪ'ɛstə*] *n* poliéster *m*.
lyethylene [pɔlɪ'ɛθɪli:n] *n* (*US*) polite- .
lynesia [pɔlɪ'ni:zɪə] *n* Polinesia.
lystyrene [pɔlɪ'staɪri:n] *n* poliestireno.
lytechnic [pɔlɪ'tɛknɪk] *n* ≈ escuela de rmación profesional.
lythene ['pɔlɪθi:n] *n* (*Brit*) politeno.
megranate ['pɔmɪgrænɪt] *n* granada.
mp [pɔmp] *n* pompa.
mpom ['pɔmpɔm], **pompon** ['pɔmpɔn] borla.
mpous ['pɔmpəs] *a* pomposo.
nd [pɔnd] *n* (*natural*) charca; (*arti- cial*) estanque *m*.
nder ['pɔndə*] *vt* meditar; **~ous** *a* sado.
ng [pɔŋ] *n* (*Brit col*) hedor *m*.
ntoon [pɔn'tu:n] *n* pontón *m*; (*Brit*: *rd game*) veintiuna.
ny ['pəunɪ] *n* poney *m*, jaca, potro (*LAm*); **~tail** *n* cola de caballo; ~ **trekking** *n* (*Brit*) excursión *f* a caballo.
poodle ['pu:dl] *n* caniche *m*.
pool [pu:l] *n* (*natural*) charca; (*pond*) estanque *m*; (*also*: **swimming** ~) piscina, alberca (*LAm*); (*billiards*) chapolín // *vt* juntar; **typing** ~ servicio de mecanografía; **(football) ~s** *npl* quinielas *fpl*.
poor [puə*] *a* pobre; (*bad*) de mala calidad // *npl*: **the** ~ los pobres; **~ly** *a* mal, enfermo.
pop [pɔp] *n* (*sound*) ruido seco; (*MUS*) (música) pop *m*; (*US*: *col*: *father*) papá *m*; (*lemonade*) gaseosa // *vt* (*burst*) hacer reventar // *vi* reventar; (*cork*) saltar; **to ~ in/out** *vi* entrar/salir un momento; **to ~ up** *vi* aparecer inesperadamente; ~ **concert** *n* concierto pop; **~corn** *n* palomitas *fpl*.
pope [pəup] *n* papa *m*.
poplar ['pɔplə*] *n* álamo.
poppy ['pɔpɪ] *n* amapola.
popsicle ['pɔpsɪkl] *n* (*US*) polo.
populace ['pɔpjuləs] *n* pueblo, plebe *f*.
popular ['pɔpjulə*] *a* popular; **~ize** *vt* popularizar; (*disseminate*) vulgarizar.
population [pɔpju'leɪʃən] *n* población *f*.
porcelain ['pɔ:slɪn] *n* porcelana.
porch [pɔ:tʃ] *n* pórtico, entrada.
porcupine ['pɔ:kjupaɪn] *n* puerco *m* espín.
pore [pɔ:*] *n* poro // *vi*: **to ~ over** engolfarse en.
pork [pɔ:k] *n* carne *f* de cerdo *or* chancho (*LAm*).
pornography [pɔ:'nɔgrəfɪ] *n* pornografía.
porous ['pɔ:rəs] *a* poroso.
porpoise ['pɔ:pəs] *n* marsopa.
porridge ['pɔrɪdʒ] *n* gachas *fpl* de avena.
port [pɔ:t] *n* (*harbour*) puerto; (*NAUT*: *left side*) babor *m*; (*wine*) vino de Oporto; ~ **of call** puerto de escala.
portable ['pɔ:təbl] *a* portátil.
portent ['pɔ:tɛnt] *n* presagio, augurio.
porter ['pɔ:tə*] *n* (*for luggage*) maletero; (*doorkeeper*) portero/a, conserje *m/f*.
portfolio [pɔ:t'fəulɪəu] *n* (*case*, *of artist*) cartera, carpeta; (*POL*, *FINANCE*) cartera.
porthole ['pɔ:thəul] *n* portilla.
portion ['pɔ:ʃən] *n* porción *f*; (*helping*) ración *f*.
portly ['pɔ:tlɪ] *a* corpulento.
portrait ['pɔ:treɪt] *n* retrato.
portray [pɔ:'treɪ] *vt* retratar; (*in writing*) representar.
Portugal ['pɔ:tjugl] *n* Portugal *m*.
Portuguese [pɔ:tju'gi:z] *a* portugués/esa // *n*, *pl inv* portugués/esa *m/f*; (*LING*) portugués *m*.
pose [pəuz] *n* postura, actitud *f*; (*pej*) afectación *f*, pose *f* // *vi* posar; (*pretend*): **to ~ as** hacerse pasar por // *vt* (*question*) plantear.

posh [pɔʃ] *a* (*col*) elegante, de lujo.
position [pə'zɪʃən] *n* posición *f*; (*job*) puesto // *vt* colocar.
positive ['pɔzɪtɪv] *a* positivo; (*certain*) seguro; (*definite*) definitivo.
posse ['pɔsɪ] *n* (*US*) pelotón *m*.
possess [pə'zɛs] *vt* poseer; **~ion** [pə'zɛʃən] *n* posesión *f*.
possibility [pɔsɪ'bɪlɪtɪ] *n* posibilidad *f*.
possible ['pɔsɪbl] *a* posible; as big as ~ lo más grande posible; **possibly** *ad* (*perhaps*) posiblemente, tal vez; I cannot possibly come me es imposible venir.
post [pəust] *n* (*Brit*: *letters, delivery*) correo; (*job, situation*) puesto; (*pole*) poste *m* // *vt* (*Brit*: *send by post*) echar al correo; (*MIL*) apostar; (*bills*) fijar, pegar; (*Brit*: *appoint*): to ~ to enviar a; **~age** *n* porte *m*, franqueo; **~al** *a* postal, de correos; **~al order** *n* giro postal; **~box** *n* (*Brit*) buzón *m*; **~card** *n* tarjeta postal; **~code** *n* (*Brit*) código postal.
postdate [pəust'deɪt] *vt* (*cheque*) poner fecha adelantada a.
poster ['pəustə*] *n* cartel *m*.
poste restante [pəust'rɛstɔ̃nt] *n* (*Brit*) lista de correos.
posterior [pɔs'tɪərɪə*] *n* (*col*) culo, trasero.
postgraduate ['pəust'grædjuət] *n* posgraduado/a.
posthumous ['pɔstjuməs] *a* póstumo.
post: **~man** *n* cartero; **~mark** *n* matasellos *m inv*; **~master** *n* administrador *m* de correos.
post-mortem [pəust'mɔːtəm] *n* autopsia.
post office *n* (*building*) (oficina de) correos *m*; (*organization*): the P~ O~ Administración *f* General de Correos; **P~ O~ Box (P.O. Box)** *n* apartado postal, casilla de correos (*LAm*).
postpone [pəs'pəun] *vt* aplazar.
postscript ['pəustskrɪpt] *n* posdata.
posture ['pɔstʃə*] *n* postura, actitud *f*.
postwar [pəust'wɔː*] *a* de la posguerra.
posy ['pəuzɪ] *n* ramillete *m* (de flores).
pot [pɔt] *n* (*for cooking*) olla; (*for flowers*) maceta; (*for jam*) tarro, pote *m*; (*col*: *marijuana*) costo // *vt* (*plant*) poner en tiesto; (*conserve*) conservar; to go to ~ (*col*: *work, performance*) irse al traste.
potato [pə'teɪtəu], *pl* **~es** *n* patata, papa (*LAm*); ~ **peeler** *n* pelapatatas *m inv*.
potent ['pəutnt] *a* potente, poderoso; (*drink*) fuerte.
potential [pə'tɛnʃl] *a* potencial, posible // *n* potencial *m*; **~ly** *ad* en potencia.
pothole ['pɔthəul] *n* (*in road*) bache *m*; (*Brit*: *underground*) gruta; **potholing** *n* (*Brit*): to go potholing dedicarse a la espeleología.
potion ['pəuʃən] *n* poción *f*, pócima.
potluck [pɔt'lʌk] *n*: to take ~ tomar lo que haya.
potshot ['pɔtʃɔt] *n*: to take a ~ at tirar a algo sin apuntar.
potted ['pɔtɪd] *a* (*food*) en conse (*plant*) en tiesto *or* maceta.
potter ['pɔtə*] *n* alfarero/a // *vi*: t around, ~ about hacer trabajitos; ~ cerámica; alfarería.
potty ['pɔtɪ] *a* (*col*: *mad*) chiflado orinal *m* de niño.
pouch [pautʃ] *n* (*ZOOL*) bolsa; (*fo bacco*) petaca.
poultry ['pəultrɪ] *n* aves *fpl* de co (*dead*) pollos *mpl*.
pounce [pauns] *vi*: to ~ on precipit sobre
pound [paund] *n* libra, (*weight* = 4 *16oz; money = 100 pence*); (*for dogs* rral *m*; (*for cars*) depósito // *vt* (b golpear; (*crush*) machacar // *vi* (b dar golpes.
pour [pɔː*] *vt* echar; (*tea*) servir // *vi* rrer, fluir; (*rain*) llover a cántaros; ~ **away** *or* **off** *vt* vaciar, verter; t **in/out** *vi* (*people*) entrar/salir en tr // *vt* (*drink*) echar, servir; **~ing** **~ing rain** lluvia torrencial.
pout [paut] *vi* hacer pucheros.
poverty ['pɔvətɪ] *n* pobreza, miseria; **stricken** *a* necesitado.
powder ['paudə*] *n* polvo; (*face* ~) vos *mpl*; (*gun* ~) pólvora // *vt* pc rear; to ~ one's face ponerse polvos **compact** *n* polvera; **~ed milk** *n* lec en polvo; ~ **puff** *n* borla; ~ **roor** aseos *mpl*.
power ['pauə*] *n* poder *m*; (*stren* fuerza; (*nation*, *TECH*) potencia; (*dr* empuje *m*; (*ELEC*) fuerza, energía / impulsar; to be in ~ (*POL*) estar e poder; ~ **cut** *n* (*Brit*) apagón *m*; *a*: ~ed by impulsado por; ~ **failure** ~ **cut**; **~ful** *a* poderoso; (*engine*) pc te; **~less** *a* impotente, ineficaz; **point** *n* (*Brit*) enchufe *m*; ~ **statio** central *f* eléctrica.
p.p. *abbr* (= *per procurationem*): ~ Smith p.p. (por poder de) J. Smith.
PR *n abbr* = **public relations**.
practicable ['præktɪkəbl] *a* (*scheme*) tible.
practical ['præktɪkl] *a* práctico; ~ [-'kælɪtɪ] *n* (*of situation etc*) factibil *f*; ~ **joke** *n* broma pesada; **~ly** *ad most*) casi.
practice ['præktɪs] *n* (*habit*) costumbr (*exercise*) práctica, ejercicio; (*train* adiestramiento; (*MED*) clientela // *vt* (*US*) = **practise**; in ~ (*in reality*) e práctica; out of ~ desentrenado.
practise, (*US*) **practice** ['præktɪs] (*carry out*) practicar; (*profession*) e cer; (*train at*) practicar // *vi* ejer (*train*) practicar; **practising** *a* (*Ch tian etc*) practicante; (*lawyer*) que e ce.

practitioner [præk'tɪʃənə*] *n* practicante *m/f*; (*MED*) médico/a.
prairie ['prɛərɪ] *n* (*in N. America*) pampa.
praise [preɪz] *n* alabanza(s) *f(pl)*, elogio(s) *m(pl)*; **~worthy** *a* loable.
pram [præm] *n* (*Brit*) cochecito de niño.
prance [prɑ:ns] *vi* (*horse*) hacer cabriolas.
prank [præŋk] *n* travesura.
prawn [prɔ:n] *n* gamba.
pray [preɪ] *vi* rezar.
prayer [prɛə*] *n* oración *f*, rezo; (*entreaty*) ruego, súplica; ~ **book** *n* devocionario, misal *m*.
preach [pri:tʃ] *vi* predicar.
precaution [prɪ'kɔ:ʃən] *n* precaución *f*.
precede [prɪ'si:d] *vt*, *vi* preceder.
precedence ['prɛsɪdəns] *n* precedencia; (*priority*) prioridad *f*.
precedent ['prɛsɪdənt] *n* precedente *m*.
precinct ['pri:sɪŋkt] *n* recinto; **~s** *npl* contornos *mpl*; **pedestrian ~** (*Brit*) zona peatonal; **shopping ~** (*Brit*) centro comercial.
precious ['prɛʃəs] *a* precioso.
precipice ['prɛsɪpɪs] *n* precipicio.
precipitate [prɪ'sɪpɪtɪt] *a* (*hasty*) precipitado // *vt* [prɪ'sɪpɪteɪt] precipitar.
precise [prɪ'saɪs] *a* preciso, exacto; **~ly** *ad* exactamente, precisamente.
preclude [prɪ'klu:d] *vt* excluir.
precocious [prɪ'kəuʃəs] *a* precoz.
precondition [pri:kən'dɪʃən] *n* condición *f* previa.
predator ['prɛdətə*] *n* animal *m* de rapiña.
predecessor ['pri:dɪsɛsə*] *n* antecesor(a) *m/f*.
predicament [prɪ'dɪkəmənt] *n* apuro.
predict [prɪ'dɪkt] *vt* pronosticar; **~able** *a* previsible.
predominantly [prɪ'dɔmɪnəntlɪ] *ad* en su mayoría.
preen [pri:n] *vt*: **to ~ itself** (*bird*) limpiarse (las plumas); **to ~ o.s.** pavonearse.
prefab ['pri:fæb] *n* casa prefabricada.
preface ['prɛfəs] *n* prefacio.
prefect ['pri:fɛkt] *n* (*Brit*: *in school*) monitor(a) *m/f*.
prefer [prɪ'fə:*] *vt* preferir; **~able** ['prɛfrəbl] *a* preferible; **~ably** ['prɛfrəblɪ] *ad* de preferencia; **~ence** ['prɛfrəns] *n* preferencia; (*priority*) prioridad *f*; **~ential** [prɛfə'rɛnʃəl] *a* preferente.
prefix ['pri:fɪks] *n* prefijo.
pregnancy ['prɛgnənsɪ] *n* embarazo.
pregnant ['prɛgnənt] *a* embarazada.
prehistoric ['pri:hɪs'tɔrɪk] *a* prehistórico.
prejudice ['prɛdʒudɪs] *n* (*bias*) prejuicio; (*harm*) perjuicio // *vt* (*bias*) predisponer; (*harm*) perjudicar; **~d** *a* (*person*) predispuesto; (*view*) parcial, interesado.
prelude ['prɛlju:d] *n* preludio.
premarital ['pri:'mærɪtl] *a* premarital.
premature ['prɛmətʃuə*] *a* prematuro.
premier ['prɛmɪə*] *a* primero, principal // *n* (*POL*) primer(a) ministro/a.
première ['prɛmɪɛə*] *n* estreno.
premise ['prɛmɪs] *n* premisa; **~s** *npl* local *msg*; **on the ~s** en el lugar mismo.
premium ['pri:mɪəm] *n* premio; (*COMM*) prima; **to be at a ~** ser muy solicitado; **~ bond** *n* (*Brit*) *bono del estado que participa en una lotería nacional*.
premonition [prɛmə'nɪʃən] *n* presentimiento.
preoccupied [pri:'ɔkjupaɪd] *a* (*worried*) preocupado; (*absorbed*) ensimismado.
prep [prɛp] *n* (*SCOL*: *study*) deberes *mpl*; ~ **school** *n* = **preparatory school**.
prepaid [pri:'peɪd] *a* porte pagado.
preparation [prɛpə'reɪʃən] *n* preparación *f*; **~s** *npl* preparativos *mpl*.
preparatory [prɪ'pærətərɪ] *a* preparatorio, preliminar; ~ **school** *n* escuela preparatoria.
prepare [prɪ'pɛə*] *vt* preparar, disponer // *vi*: **to ~ for** prepararse *or* disponerse para; (*make preparations*) hacer preparativos para; **~d to** dispuesto a.
preposition [prɛpə'zɪʃən] *n* preposición *f*.
preposterous [prɪ'pɔstərəs] *a* absurdo, ridículo.
prerequisite [pri:'rɛkwɪzɪt] *n* requisito.
prerogative [prɪ'rɔgətɪv] *n* prerrogativa.
preschool ['pri:'sku:l] *a* preescolar.
prescribe [prɪ'skraɪb] *vt* prescribir; (*MED*) recetar.
prescription [prɪ'skrɪpʃən] *n* (*MED*) receta.
presence ['prɛzns] *n* presencia; (*attendance*) asistencia; **~ of mind** aplomo.
present ['prɛznt] *a* (*in attendance*) presente; (*current*) actual // *n* (*gift*) regalo; (*actuality*) actualidad *f*, presente *m* // *vt* [prɪ'zɛnt] (*introduce*) presentar; (*expound*) exponer; (*give*) presentar, dar, ofrecer; (*THEATRE*) representar; **to give sb a ~** regalar algo a uno; **at ~** actualmente; **~able** [prɪ'zɛntəbl] *a*: **to make o.s. ~able** arreglarse; **~ation** [-'teɪʃən] *n* presentación *f*; (*gift*) obsequio; (*of case*) exposición *f*; (*THEATRE*) representación *f*; **~-day** *a* actual; **~er** [prɪ'zɛntə*] *n* (*RADIO*, *TV*) locutor(a) *m/f*; **~ly** *ad* (*soon*) dentro de poco.
preservation [prɛzə'veɪʃən] *n* conservación *f*.
preservative [prɪ'zə:vətɪv] *n* conservante *m*.
preserve [prɪ'zə:v] *vt* (*keep safe*) preservar, proteger; (*maintain*) mantener; (*food*) conservar; (*in salt*) salar // *n* (*for game*) coto, vedado; (*often pl*: *jam*) conserva, confitura.
president ['prɛzɪdənt] *n* presidente *m/f*;

~ial [-'dɛnʃl] *a* presidencial.
press [prɛs] *n* (*tool, machine, newspapers*) prensa; (*printer's*) imprenta; (*of hand*) apretón *m* // *vt* (*push*) empujar; (*squeeze*) apretar; (*grapes*) pisar; (*clothes: iron*) planchar; (*pressure*) presionar; (*insist*): **to ~ sth on sb** insistir en que uno acepte algo // *vi* (*squeeze*) apretar; (*pressurize*) ejercer presión; **we are ~ed for time** tenemos poco tiempo; **to ~ on** *vi* avanzar; (*hurry*) apretar el paso; **~ agency** *n* agencia de prensa; **~ conference** *n* rueda de prensa; **~ing** *a* apremiante; **~ stud** *n* (*Brit*) botón *m* de presión; **~-up** *n* (*Brit*) plancha.
pressure ['prɛʃə*] *n* presión *f*; **~ cooker** *n* olla a presión; **~ gauge** *n* manómetro; **~ group** *n* grupo de presión; **pressurized** *a* (*container*) a presión.
prestige [prɛs'ti:ʒ] *n* prestigio.
presumably [prɪ'zju:məblɪ] *ad* es de suponer que, cabe presumir que.
presume [prɪ'zju:m] *vt* presumir, suponer; **to ~ to do** (*dare*) atreverse a hacer.
presumption [prɪ'zʌmpʃən] *n* suposición *f*; (*pretension*) presunción *f*.
presumptuous [prɪ'zʌmptjuəs] *a* presumido.
pretence, (*US*) **pretense** [prɪ'tɛns] *n* (*claim*) pretensión *f*; (*pretext*) pretexto; (*make-believe*) fingimiento; **on the ~ of** bajo pretexto de.
pretend [prɪ'tɛnd] *vt* (*feign*) fingir // *vi* (*feign*) fingir; (*claim*): **to ~ to sth** pretender a algo.
pretense [prɪ'tɛns] *n* (*US*) = **pretence.**
pretension [prɪ'tɛnʃən] *n* (*claim*) pretensión *f*.
pretentious [prɪ'tɛnʃəs] *a* presumido; (*ostentatious*) ostentoso, aparatoso.
pretext ['pri:tɛkst] *n* pretexto.
pretty ['prɪtɪ] *a* (*gen*) bonito, lindo (*LAm*) // *ad* bastante.
prevail [prɪ'veɪl] *vi* (*gain mastery*) prevalecer; (*be current*) predominar; (*persuade*): **to ~ (up)on sb to do sth** persuadir a uno para que haga algo; **~ing** *a* (*dominant*) predominante.
prevalent ['prɛvələnt] *a* (*dominant*) dominante; (*widespread*) extendido; (*fashionable*) de moda.
prevent [prɪ'vɛnt] *vt*: **to ~ (sb from doing sth)** impedir (a uno hacer algo); **~ive** *a* preventivo.
preview ['pri:vju:] *n* (*of film*) preestreno.
previous ['pri:vɪəs] *a* previo, anterior; **~ly** *ad* antes.
prewar [pri:'wɔ:*] *a* de antes de la guerra.
prey [preɪ] *n* presa // *vi*: **to ~ on** vivir a costa de; (*feed on*) alimentarse de.
price [praɪs] *n* precio // *vt* (*goods*) fijar el precio de; **~less** *a* que no tiene precio; **~ list** *n* tarifa.
prick [prɪk] *n* pinchazo; (*sting*) picadura // *vt* pinchar; picar; **to ~ up one's ears** aguzar el oído.
prickle ['prɪkl] *n* (*sensation*) picor *m*; (*BOT*) espina; (*ZOOL*) púa; **prickly** *a* espinoso; (*fig: person*) enojadizo; **prickly heat** *n* sarpullido causado por exceso de calor.
pride [praɪd] *n* orgullo; (*pej*) soberbia // *vt*: **to ~ o.s. on** enorgullecerse de.
priest [pri:st] *n* sacerdote *m*; **~ess** *n* sacerdotisa; **~hood** *n* (*practice*) sacerdocio; (*priests*) clero.
prig [prɪg] *n* gazmoño/a.
prim [prɪm] *a* (*demure*) remilgado; (*prudish*) gazmoño.
primarily ['praɪmərɪlɪ] *ad* (*above all*) ante todo.
primary ['praɪmərɪ] *a* primario; (*first in importance*) principal; **~ school** *n* (*Brit*) escuela primaria.
primate ['praɪmɪt] *n* (*REL*) primado // *n* ['praɪmeɪt] (*ZOOL*) primate *m*.
prime [praɪm] *a* primero, principal; (*basic*) fundamental; (*excellent*) selecto, de primera clase // *n*: **in the ~ of life** en la flor de la vida // *vt* (*gun, pump*) cebar; (*fig*) preparar; **P~ Minister (P.M.)** *n* primer(a) ministro/a.
primer [prɔɪmə*] *n* (*book*) texto elemental; (*paint*) imprimación *f*.
primeval [praɪ'mi:vəl] *a* primitivo.
primitive ['prɪmɪtɪv] *a* primitivo; (*crude*) rudimentario.
primrose ['prɪmrəuz] *n* primavera, prímula.
primus (stove) ['praɪməs-] *n* ® (*Brit*) hornillo de camping.
prince [prɪns] *n* príncipe *m*.
princess [prɪn'sɛs] *n* princesa.
principal ['prɪnsɪpl] *a* principal, mayor // *n* director(a) *m/f*.
principle ['prɪnsɪpl] *n* principio; **in ~** en principio; **on ~** por principio.
print [prɪnt] *n* (*impression*) marca, impresión *f*; huella; (*letters*) letra de molde; (*fabric*) estampado; (*ART*) grabado; (*PHOT*) impresión *f* // *vt* (*gen*) imprimir; (*on mind*) grabar; (*write in capitals*) escribir en letras de molde; **out of ~** agotado; **~ed matter** *n* impresos *mpl*; **~er** *n* (*person*) impresor(a) *m/f*; (*machine*) impresora; **~ing** *n* (*art*) imprenta; (*act*) impresión *f*; (*quantity*) tirada; **~out** *n* (*COMPUT*) impresión *f*.
prior ['praɪə*] *a* anterior, previo // *n* prior *m*; **~ to doing** antes de hacer.
priority [praɪ'ɔrɪtɪ] *n* prioridad *f*.
prise [praɪz] *vt*: **to ~ open** abrir con palanca.
prison ['prɪzn] *n* cárcel *f*, prisión *f* // *cpd* carcelario; **~er** *n* (*in prison*) preso/a; (*under arrest*) detenido/a; (*in dock*) acusado/a.
privacy ['prɪvəsɪ] *n* (*seclusion*) soledad *f*;

(*intimacy*) intimidad *f*.
private ['praɪvɪt] *a* (*personal*) particular; (*confidential*) secreto, confidencial; (*sitting etc*) a puertas cerradas // *n* soldado raso; '~' (*on envelope*) 'confidencial'; (*on door*) 'prohibido el paso'; **in ~** en privado; **~ enterprise** *n* la empresa privada; **~ eye** *n* detective *m/f* privado/a; **~ly** *ad* en privado; (*in o.s.*) personalmente; **~ property** *n* propiedad *f* privada; **~ school** *n* colegio particular.
privet ['prɪvɪt] *n* alheña.
privilege ['prɪvɪlɪdʒ] *n* privilegio; (*prerogative*) prerrogativa.
privy ['prɪvɪ] *a*: **to be ~ to** estar enterado de; **P~ Council** *n* Consejo del Estado.
prize [praɪz] *n* premio // *a* (*first class*) de primera clase // *vt* apreciar, estimar; **~-giving** *n* distribución *f* de premios; **~winner** *n* premiado/a.
pro [prəu] *n* (SPORT) profesional *m/f*; **the ~s and cons** los pros y los contras.
probability [prɔbə'bɪlɪtɪ] *n* probabilidad *f*.
probable ['prɔbəbl] *a* probable.
probably ['prɔbəblɪ] *ad* probablemente.
probation [prə'beɪʃən] *n*: **on ~** (*employee*) a prueba; (LAW) en libertad condicional.
probe [prəub] *n* (MED, SPACE) sonda; (*enquiry*) encuesta, investigación *f* // *vt* sondar; (*investigate*) investigar.
problem ['prɔbləm] *n* problema *m*.
procedure [prə'si:dʒə*] *n* procedimiento; (*bureaucratic*) trámites *mpl*.
proceed [prə'si:d] *vi* proceder; (*continue*): **to ~ (with)** continuar *or* seguir (con); **~s** ['prəusi:dz] *npl* ganancias *fpl*, ingresos *mpl*; **~ings** *npl* acto *sg*, actos *mpl*; (LAW) proceso *sg*; (*meeting*) función *fsg*; (*records*) actas *fpl*.
process ['prəuses] *n* proceso; (*method*) método, sistema *m* // *vt* tratar, elaborar; **in ~** en curso; **~ing** *n* tratamiento, elaboración *f*.
procession [prə'seʃən] *n* desfile *m*; **funeral ~** cortejo fúnebre.
proclaim [prə'kleɪm] *vt* proclamar; (*announce*) anunciar; **proclamation** [prɔklə'meɪʃən] *n* proclamación *f*; (*written*) proclama.
procrastinate [prəu'kræstɪneɪt] *vi* demorarse.
procure [prə'kjuə*] *vt* conseguir
prod [prɔd] *vt* empujar.
prodigal ['prɔdɪgl] *a* pródigo.
prodigy ['prɔdɪdʒɪ] *n* prodigio.
produce ['prɔdju:s] *n* (AGR) productos *mpl* agrícolas // *vt* [prə'dju:s] producir; (*yield*) rendir; (*show*) presentar, mostrar; (THEATRE) presentar, poner en escena; (*offspring*) dar a luz; **~ dealer** *n* (US) verdulero/a; **~r** *n* (THEATRE) director(a) *m/f*; (AGR, CINEMA) productor(a) *m/f*.
product ['prɔdʌkt] *n* producto; (*result*) fruto, producto.
production [prə'dʌkʃən] *n* (*act*) producción *f*; (THEATRE) presentación *f*; **~ line** *n* línea de producción.
productive [prə'dʌktɪv] *a* productivo; **productivity** [prɔdʌk'tɪvɪtɪ] *n* productividad *f*.
profane [prə'feɪn] *a* profano.
profession [prə'feʃən] *n* profesión *f*; **~al** *n* profesional *m/f* // *a* profesional; (*by profession*) de profesión.
professor [prə'fesə*] *n* (*Brit*) catedrático/a; (US) profesor(a) *m/f*.
proficiency [prə'fɪʃənsɪ] *n* capacidad, habilidad *f*.
proficient [prə'fɪʃənt] *a* experto, hábil.
profile ['prəufaɪl] *n* perfil *m*.
profit ['prɔfɪt] *n* (COMM) ganancia; (*fig*) provecho; **to make a ~** obtener beneficios // *vi*: **to ~ by** *or* **from** aprovechar *or* sacar provecho de; **~ability** [-ə'bɪlɪtɪ] *n* rentabilidad *f*; **~able** *a* (ECON) rentable; (*beneficial*) provechoso; **~eering** [-'tɪərɪŋ] *n* (*pej*) explotación *f*.
profound [prə'faund] *a* profundo.
profusely [prə'fju:slɪ] *ad* profusamente; **profusion** [-'fju:ʒən] *n* profusión *f*, abundancia.
progeny ['prɔdʒɪnɪ] *n* progenie *f*.
programme, (US) **program** ['prəugræm] *n* programa *m* // *vt* programar; **~r**, (US) **programer** *n* programador(a) *m/f*; **programming**, (US) **programing** *n* programación *f*.
progress ['prəugres] *n* progreso; (*development*) desarrollo // *vi* [prə'gres] progresar, avanzar; desarrollarse; **in ~** en curso; **~ive** [-'gresɪv] *a* progresivo; (*person*) progresista.
prohibit [prə'hɪbɪt] *vt* prohibir; **to ~ sb from doing sth** prohibir a uno hacer algo.
project ['prɔdʒekt] *n* proyecto // (*vb*: [prə'dʒekt]) *vt* proyectar // *vi* (*stick out*) salir, sobresalir.
projectile [prə'dʒektaɪl] *n* proyectil *m*.
projection [prə'dʒekʃən] *n* proyección *f*; (*overhang*) saliente *m*.
projector [prə'dʒektə*] *n* proyector *m*.
proletariat [prəulɪ'teərɪət] *n* proletariado.
prologue ['prəulɔg] *n* prólogo.
prolong [prə'lɔŋ] *vt* prolongar, extender.
prom [prɔm] *n abbr* = **promenade**; (US: *ball*) baile *m* de gala.
promenade [prɔmə'nɑ:d] *n* (*by sea*) paseo marítimo; **~ concert** *n* concierto (en que parte del público permanece de pie).
prominence ['prɔmɪnəns] *n* (*fig*) importancia.
prominent ['prɔmɪnənt] *a* (*standing out*) saliente; (*important*) eminente, importante.

promiscuous [prə'mıskjuəs] *a* (*sexually*) promiscuo.
promise ['prɔmıs] *n* promesa // *vt, vi* prometer; **promising** *a* prometedor(a).
promontory ['prɔməntrı] *n* promontorio.
promote [prə'məut] *vt* promover; (*new product*) hacer propaganda por; (*MIL*) ascender; **~r** *n* (*of sporting event*) promotor(a) *m/f*; **promotion** [-'məuʃən] *n* (*advertising*) promoción *f*; (*in rank*) ascenso.
prompt [prɔmpt] *a* (*punctual*) puntual; (*quick*) rápido // *ad*: at 6 o'clock ~ a las seis en punto // *n* (*COMPUT*) aviso // *vt* (*urge*) mover, incitar; (*THEATRE*) apuntar; to ~ sb to do sth instar a uno a hacer algo; **~ly** *ad* puntualmente; rápidamente.
prone [prəun] *a* (*lying*) postrado; ~ to propenso a.
prong [prɔŋ] *n* diente *m*, punta.
pronoun ['prəunaun] *n* pronombre *m*.
pronounce [prə'nauns] *vt* pronunciar // *vi*: to ~ (up)on pronunciarse sobre; **~d** *a* (*marked*) marcado; **~ment** *n* declaración *f*.
pronunciation [prənʌnsı'eıʃən] *n* pronunciación *f*.
proof [pru:f] *n* prueba; 70° ~ graduación *f* del 70 por 100 // *a*: ~ against a prueba de.
prop [prɔp] *n* apoyo; (*fig*) sostén *m* // *vt* (*also*: ~ up) apoyar; (*lean*): to ~ sth against apoyar algo contra.
propaganda [prɔpə'gændə] *n* propaganda.
propel [prə'pɛl] *vt* impulsar, propulsar; **~ler** *n* hélice *f*; **~ling pencil** *n* (*Brit*) lapicero.
propensity [prə'pɛnsıtı] *n* propensión *f*.
proper ['prɔpə*] *a* (*suited, right*) propio; (*exact*) justo; (*apt*) apropiado, conveniente; (*timely*) oportuno; (*seemly*) decente; (*authentic*) verdadero; (*col*: *real*) auténtico; **~ly** *ad* (*adequately*) correctamente; (*decently*) decentemente; ~ **noun** *n* nombre *m* propio.
property ['prɔpətı] *n* propiedad *f*; (*personal*) bienes *mpl* muebles; (*estate*) finca; ~ **owner** *n* dueño/a de propiedades.
prophecy ['prɔfısı] *n* profecía.
prophesy ['prɔfısaı] *vt* profetizar; (*fig*) predecir.
prophet ['prɔfıt] *n* profeta *m*.
proportion [prə'pɔ:ʃən] *n* proporción *f*; (*share*) parte *f*; **~al** *a* proporcional; **~ate** *a* proporcionado.
proposal [prə'pəuzl] *n* propuesta; (*offer of marriage*) oferta de matrimonio; (*plan*) proyecto.
propose [prə'pəuz] *vt* proponer // *vi* declararse; to ~ to do sth tener intención de hacer algo.
proposition [prɔpə'zıʃən] *n* propuesta.
proprietor [prə'praıətə*] *n* propietario/a, dueño/a.
propriety [prə'praıətı] *n* decoro.
pro rata [prəu'ra:tə] *ad* a prorrateo.
prose [prəuz] *n* prosa; (*SCOL*) traducción *f* inversa.
prosecute ['prɔsıkju:t] *vt* (*LAW*) procesar; **prosecution** [-'kju:ʃən] *n* proceso, causa; (*accusing side*) acusación *f*; **prosecutor** *n* acusador(a) *m/f*; (*also*: **public prosecutor**) fiscal *m*.
prospect ['prɔspɛkt] *n* (*view*) vista; (*outlook*) perspectiva; (*hope*) esperanza // *vt* [prə'spɛkt] *vt* explorar // *vi* buscar; **~s** *npl* (*for work etc*) perspectivas *fpl*; **~ing** *n* prospección *f*; **~ive** [prə'spɛktıv] *a* (*possible*) probable, eventual; (*certain*) futuro; **~or** [prə'spɛktə*] *n* explorador(a) *m/f*.
prospectus [prə'spɛktəs] *n* prospecto.
prosper ['prɔspə*] *vi* prosperar; **~ity** [-'spɛrıtı] *n* prosperidad *f*; **~ous** *a* próspero.
prostitute ['prɔstıtju:t] *n* prostituta.
prostrate ['prɔstreıt] *a* postrado.
protagonist [prə'tægənıst] *n* protagonista *m/f*.
protect [prə'tɛkt] *vt* proteger; **~ion** [-'tɛkʃən] *n* protección *f*; **~ive** *a* protector(a).
protégé ['prəutɛʒeı] *n* protegido/a.
protein ['prəuti:n] *n* proteína.
protest ['prəutɛst] *n* protesta // *vb* [prə'tɛst] *vi* protestar // *vt* (*affirm*) afirmar, declarar.
Protestant ['prɔtıstənt] *a, n* protestante *m/f*.
protester [prə'tɛstə*] *n* manifestante *m/f*.
protracted [prə'træktıd] *a* prolongado.
protrude [prə'tru:d] *vi* salir, sobresalir.
proud [praud] *a* orgulloso; (*pej*) soberbio, altanero.
prove [pru:v] *vt* probar; (*verify*) comprobar; (*show*) demostrar // *vi*: to ~ correct resultar correcto; to ~ o.s. probar su valía.
proverb ['prɔvə:b] *n* refrán *m*.
provide [prə'vaıd] *vt* proporcionar, dar; to ~ sb with sth proveer a uno de algo; **~d (that)** *conj* con tal de que, a condición de que; **to ~ for** *vt fus* (*person*) mantener a; (*problem etc*) tener en cuenta.
providing [prə'vaıdıŋ] *conj* a condición de que, con tal de que.
province ['prɔvıns] *n* provincia; (*fig*) esfera; **provincial** [prə'vınʃəl] *a* provincial; (*pej*) provinciano.
provision [prə'vıʒən] *n* provisión *f*; (*supply*) suministro, abastecimiento; **~s** *npl* (*food*) comestibles *mpl*; **~al** *a* provisional; (*temporary*) interino.
proviso [prə'vaızəu] *n* condición *f*, estipulación *f*.
provocative [prə'vɔkətıv] *a* provocativo.

provoke [prə'vəuk] *vt* (*arouse*) provocar, incitar; (*anger*) enojar.
prow [prau] *n* proa.
prowess ['prauɪs] *n* destreza.
prowl [praul] *vi* (*also*: ~ **about,** ~ **around**) merodear // *n*: **on the** ~ de merodeo; ~**er** *n* merodeador(a) *m/f*.
proxy ['prɔksɪ] *n* poder *m*; (*person*) apoderado/a; **by** ~ por poderes.
prudence ['pru:dns] *n* prudencia.
prudent ['pru:dənt] *a* prudente.
prudish ['pru:dɪʃ] *a* gazmoño.
prune [pru:n] *n* ciruela pasa // *vt* podar.
pry [praɪ] *vi*: **to** ~ **into** entrometerse en.
PS *n abbr* (= *postscript*) P.D.
psalm [sɑ:m] *n* salmo.
pseudo- [sju:dəu] *pref* seudo-; **pseudonym** *n* seudónimo.
psyche ['saɪkɪ] *n* psique *f*.
psychiatric [saɪkɪ'ætrɪk] *a* psiquiátrico.
psychiatrist [saɪ'kaɪətrɪst] *n* psiquiatra *m/f*.
psychiatry [saɪ'kaɪətrɪ] *n* psiquiatría.
psychic ['saɪkɪk] *a* (*also*: ~**al**) psíquico.
psychoanalysis [saɪkəuə'nælɪsɪs] *n* psicoanálisis *m inv*; **psychoanalyst** [-'ænəlɪst] *n* psicoanalista *m/f*.
psychological [saɪkə'lɔdʒɪkl] *a* psicológico.
psychologist [saɪ'kɔlədʒɪst] *n* psicólogo/a.
psychology [saɪ'kɔlədʒɪ] *n* psicología.
PTO *abbr* (= *please turn over*) sigue.
pub [pʌb] *n abbr* (= *public house*) pub *m*, taberna.
puberty ['pju:bətɪ] *n* pubertad *f*.
pubic ['pju:bɪk] *a* púbico.
public ['pʌblɪk] *a*, *n* público; **in** ~ en público; ~ **address system (P.A.)** *n* megafonía.
publican ['pʌblɪkən] *n* tabernero/a.
publication [pʌblɪ'keɪʃən] *n* publicación *f*.
public: ~ **company** *n* sociedad *f* anónima; ~ **convenience** *n* (*Brit*) aseos *mpl* públicos, sanitarios *mpl* (*LAm*); ~ **holiday** *n* día de fiesta, (día) feriado (*LAm*); ~ **house** *n* (*Brit*) bar *m*, pub *m*.
publicity [pʌb'lɪsɪtɪ] *n* publicidad *f*.
publicize ['pʌblɪsaɪz] *vt* publicitar; (*advertise*) hacer propaganda para.
publicly ['pʌblɪklɪ] *ad* públicamente, en público.
public: ~ **opinion** *n* opinión *f* pública; ~ **relations (PR)** *n* relaciones *fpl* públicas; ~ **school** *n* (*Brit*) escuela privada; (*US*) instituto; ~**-spirited** *a* que tiene sentido del deber ciudadano; ~ **transport** *n* transporte *m* público.
publish ['pʌblɪʃ] *vt* publicar; ~**er** *n* (*person*) editor(a) *m/f*; (*firm*) editorial *f*; ~**ing** *n* (*industry*) industria del libro.
puce [pju:s] *a* de color pardo rojizo.
pucker ['pʌkə*] *vt* (*pleat*) arrugar; (*brow etc*) fruncir.
pudding ['pudɪŋ] *n* pudín *m*; (*Brit*: *sweet*) postre *m*; **black** ~ morcilla.
puddle ['pʌdl] *n* charco.
puff [pʌf] *n* soplo; (*of smoke*) bocanada; (*of breathing, engine*) resoplido // *vt*: **to** ~ **one's pipe** chupar la pipa // *vi* (*gen*) soplar; (*pant*) jadear; **to** ~ **out smoke** echar humo; ~**ed** *a* (*col*: *out of breath*) sin aliento.
puff pastry *n* hojaldre *m*.
puffy ['pʌfɪ] *a* hinchado.
pull [pul] *n* (*tug*): **to give sth a** ~ dar un tirón a algo; (*influence*) influencia // *vt* tirar de; (*muscle*) agarrotarse; (*haul*) tirar, arrastrar // *vi* tirar; **to** ~ **to pieces** hacer pedazos; **to** ~ **one's punches** (*fig*) no andarse con bromas; **to** ~ **one's weight** hacer su parte; **to** ~ **o.s. together** tranquilizarse; **to** ~ **sb's leg** tomar el pelo . uno; **to** ~ **apart** *vt* (*take apart*) desmontar; **to** ~ **down** *vt* (*house*) derribar; **to** ~ **in** *vi* (*AUT*: *at the kerb*) parar (junto a la acera); (*RAIL*) llegar a la estación; **to** ~ **off** *vt* (*deal etc*) cerrar; **to** ~ **out** *vi* irse, marcharse; (*AUT*: *from kerb*) salir // *vt* sacar, arrancar; **to** ~ **over** *vi* (*AUT*) hacerse a un lado; **to** ~ **through** *vi* salir adelante; (*MED*) recobrar la salud; **to** ~ **up** *vi* (*stop*) parar // *vt* (*uproot*) arrancar, desarraigar; (*stop*) parar.
pulley ['pulɪ] *n* polea.
pullover ['pulәuvә*] *n* jersey *m*, suéter *m*.
pulp [pʌlp] *n* (*of fruit*) pulpa; (*for paper*) pasta.
pulpit ['pulpɪt] *n* púlpito.
pulsate [pʌl'seɪt] *vi* pulsar, latir.
pulse [pʌls] *n* (*ANAT*) pulso; (*of music, engine*) pulsación *f*; (*BOT*) legumbre *f*.
pummel ['pʌml] *vt* aporrear.
pump [pʌmp] *n* bomba; (*shoe*) zapatilla // *vt* sacar con una bomba; (*fig*: *col*) sonsacar; **to** ~ **up** *vt* inflar.
pumpkin ['pʌmpkɪn] *n* calabaza.
pun [pʌn] *n* juego de palabras.
punch [pʌntʃ] *n* (*blow*) golpe *m*, puñetazo; (*tool*) punzón *m*; (*for paper*) perforadora; (*for tickets*) taladro; (*drink*) ponche *m* // *vt* (*hit*): **to** ~ **sb/sth** dar un puñetazo *or* golpear a uno/algo; (*make a hole in*) punzar; perforar; ~**line** *n palabras que rematan un chiste*; ~**-up** *n* (*Brit col*) riña.
punctual ['pʌŋktjuəl] *a* puntual.
punctuation [pʌŋktju'eɪʃən] *n* puntuación *f*.
puncture ['pʌŋktʃə*] (*Brit*) *n* pinchazo // *vt* pinchar.
pundit ['pʌndɪt] *n* experto/a.
pungent ['pʌndʒənt] *a* acre.
punish ['pʌnɪʃ] *vt* castigar; ~**ment** *n* castigo.
punk [pʌŋk] *n* (*also*: ~ **rocker**) punki *m/*

f; (*also*: ~ **rock**) música punk; (*US col*: *hoodlum*) rufián *m*.
punt [pʌnt] *n* (*boat*) batea.
punter ['pʌntə*] *n* (*Brit*: *gambler*) jugador(a) *m/f*.
puny ['pju:nɪ] *a* débil.
pup [pʌp] *n* cachorro.
pupil ['pju:pl] *n* alumno/a.
puppet ['pʌpɪt] *n* títere *m*.
puppy ['pʌpɪ] *n* cachorro, perrito.
purchase ['pə:tʃɪs] *n* compra // *vt* comprar; **~r** *n* comprador(a) *m/f*.
pure [pjuə*] *a* puro.
purée ['pjuəreɪ] *n* puré *m*.
purely ['pjuəlɪ] *ad* puramente.
purge [pə:dʒ] *n* (MED, POL) purga // *vt* purgar.
purify ['pjuərɪfaɪ] *vt* purificar, depurar.
puritan ['pjuərɪtən] *n* puritano/a.
purity ['pjuərɪtɪ] *n* pureza.
purl [pə:l] *n* punto del revés.
purple ['pə:pl] *a* purpúreo; morado.
purport [pə:'pɔ:t] *vi*: to ~ to be/do dar a entender que es/hace.
purpose ['pə:pəs] *n* propósito; **on ~** a propósito, adrede; **~ful** *a* resuelto, determinado.
purr [pə:*] *vi* ronronear.
purse [pə:s] *n* monedero; (*US*) bolsa, cartera (*LAm*) // *vt* fruncir.
purser ['pə:sə*] *n* (NAUT) comisario/a.
pursue [pə'sju:] *vt* seguir; **~r** *n* perseguidor(a) *m/f*.
pursuit [pə'sju:t] *n* (*chase*) caza; (*occupation*) actividad *f*.
purveyor [pə'veɪə*] *n* proveedor(a) *m/f*.
push [puʃ] *n* empuje *m*, empujón *m*; (MIL) ataque *m*; (*drive*) empuje *m* // *vt* empujar; (*button*) apretar; (*promote*) promover; (*thrust*): **to ~ sth (into)** meter algo a la fuerza (en) // *vi* empujar; (*fig*) hacer esfuerzos; **to ~ aside** *vt* apartar con la mano; **to ~ off** *vi* (*col*) largarse; **to ~ on** *vi* (*continue*) seguir adelante; **to ~ through** *vt* (*measure*) despachar; **to ~ up** *vt* (*total, prices*) hacer subir; **~chair** *n* (*Brit*) sillita de ruedas; **~er** *n* (*drug ~er*) traficante *m/f* de drogas; **~over** *n* (*col*): it's a ~over está tirado; **~-up** *n* (*US*) plancha; **~y** *a* (*pej*) agresivo.
puss [pus], **pussy(-cat)** ['pusɪ(kæt)] *n* minino.
put [put], *pt, pp* **put** *vt* (*place*) poner, colocar; (~ *into*) meter; (*say*) expresar; (*a question*) hacer; **to ~ about** *vi* (NAUT) virar // *vt* (*rumour*) diseminar; **to ~ across** *vt* (*ideas etc*) comunicar; **to ~ away** *vt* (*store*) guardar; **to ~ back** *vt* (*replace*) devolver a su lugar; (*postpone*) aplazar; **to ~ by** *vt* (*money*) guardar; **to ~ down** *vt* (*on ground*) poner en el suelo; (*animal*) sacrificar; (*in writing*) apuntar; (*suppress*: *revolt etc*) sofocar; (*attribute*) atribuir; **to ~ forward** *vt* (*ideas*) presentar, proponer; (*date*) adelantar; **to ~ in** *vt* (*application, complaint*) presentar; **to ~ off** *vt* (*postpone*) aplazar; (*discourage*) desanimar; **to ~ on** *vt* (*clothes, lipstick etc*) ponerse; (*light etc*) encender; (*play etc*) presentar; (*weight*) ganar; (*brake*) echar; **to ~ out** *vt* (*fire, light*) apagar; (*one's hand*) alargar; (*news, rumour*) hacer circular; (*tongue etc*) sacar; (*person*: *inconvenience*) molestar, fastidiar; **to ~ up** *vt* (*raise*) levantar, alzar; (*hang*) colgar; (*build*) construir; (*increase*) aumentar; (*accommodate*) alojar; **to ~ up with** *vt fus* aguantar.
putrid ['pju:trɪd] *a* podrido.
putt [pʌt] *vt* hacer un putt // *n* putt *m*, golpe *m* corto; **~ing green** *n* green *m*; minigolf *m*.
putty ['pʌtɪ] *n* masilla.
puzzle ['pʌzl] *n* (*riddle*) acertijo; (*jigsaw*) rompecabezas *m inv*; (*also*: **crossword ~**) crucigrama *m*; (*mystery*) misterio // *vt* dejar perplejo, confundir // *vi*: **to ~ about** quebrar la cabeza por; **puzzling** *a* misterioso, extraño.
pyjamas [pɪ'dʒɑ:məz] *npl* (*Brit*) pijama *m*.
pylon ['paɪlən] *n* torre *f* de conducción eléctrica.
pyramid ['pɪrəmɪd] *n* pirámide *f*.
Pyrenees [pɪrə'ni:z] *npl*: **the ~** los Pirineos.
python ['paɪθən] *n* pitón *m*.

Q

quack [kwæk] *n* (*of duck*) graznido; (*pej*: *doctor*) curandero/a.
quad [kwɔd] *n abbr* = **quadrangle**; **quadruplet**.
quadrangle ['kwɔdræŋgl] *n* (*Brit*: *courtyard*: *abbr*: **quad**) patio.
quadruple [kwɔ'drupl] *vt, vi* cuadruplicar.
quadruplet [kwɔ:'dru:plɪt] *n* cuatrillizo/a.
quagmire ['kwægmaɪə*] *n* lodazal *m*, cenegal *m*.
quail [kweɪl] *n* (*bird*) codorniz *f* // *vi* amedrentarse.
quaint [kweɪnt] *a* extraño; (*picturesque*) pintoresco.
quake [kweɪk] *vi* temblar // *n abbr* = **earthquake**.
Quaker ['kweɪkə*] *n* cuáquero/a.
qualification [kwɔlɪfɪ'keɪʃən] *n* (*ability*) capacidad *f*; (*requirement*) requisito; (*diploma etc*) título.
qualified ['kwɔlɪfaɪd] *a* (*trained, fit*) capacitado; (*professionally*) titulado; (*limited*) limitado.
qualify ['kwɔlɪfaɪ] *vt* (LING) calificar a; (*capacitate*) capacitar; (*modify*) modifi-

car // *vi* (*SPORT*) clasificarse; to ~ (as) calificarse (de), graduarse (en); to ~ (for) reunir los requisitos (para).
quality ['kwɔlɪtɪ] *n* calidad *f*; (*moral*) cualidad *f*.
qualm [kwɑ:m] *n* escrúpulo.
quandary ['kwɔndrɪ] *n*: to be in a ~ tener dudas.
quantity ['kwɔntɪtɪ] *n* cantidad *f*; ~ **surveyor** *n* aparejador(a) *m/f*.
quarantine ['kwɔrnti:n] *n* cuarentena.
quarrel ['kwɔrl] *n* riña, pelea // *vi* reñir, pelearse; ~**some** *a* pendenciero.
quarry ['kwɔrɪ] *n* (*for stone*) cantera; (*animal*) presa.
quart [kwɔ:t] *n* *cuarto de galón = 1.136 l.*
quarter ['kwɔ:tə*] *n* cuarto, cuarta parte *f*; (*of year*) trimestre *m*; (*district*) barrio // *vt* dividir en cuartos; (*MIL*: *lodge*) alojar; ~s *npl* (*barracks*) cuartel *m*; (*living* ~*s*) alojamiento *sg*; a ~ of an hour un cuarto de hora; ~ **final** *n* cuarto de final; ~**ly** *a* trimestral // *ad* cada 3 meses, trimestralmente; ~**master** *n* (*MIL*) comisario, intendente *m* militar.
quartet(te) [kwɔ:'tɛt] *n* cuarteto.
quartz [kwɔ:ts] *n* cuarzo.
quash [kwɔʃ] *vt* (*verdict*) anular.
quasi- ['kweɪzaɪ] *pref* cuasi.
quaver ['kweɪvə*] *n* (*Brit MUS*) corchea // *vi* temblar.
quay [ki:] *n* (*also*: ~**side**) muelle *m*.
queasy ['kwi:zɪ] *a*: to feel ~ tener náuseas.
queen [kwi:n] *n* reina; (*CARDS etc*) dama; ~ **mother** *n* reina madre.
queer [kwɪə*] *a* (*odd*) raro, extraño // *n* (*pej*: *col*) maricón *m*.
quell [kwɛl] *vt* (*feeling*) calmar; (*rebellion etc*) sofocar.
quench [kwɛntʃ] *vt* (*flames*) apagar; to ~ one's thirst apagar la sed.
querulous ['kwɛruləs] *a* (*person, voice*) quejumbroso.
query ['kwɪərɪ] *n* (*question*) pregunta; (*doubt*) duda // *vt* dudar de.
quest [kwɛst] *n* busca, búsqueda.
question ['kwɛstʃən] *n* pregunta; (*matter*) asunto, cuestión *f* // *vt* (*doubt*) dudar de; (*interrogate*) interrogar, hacer preguntas a; beyond ~ fuera de toda duda; it's out of the ~ imposible; ni hablar; ~**able** *a* discutible; (*doubtful*) dudoso; ~ **mark** *n* punto de interrogación; ~**naire** [-'nɛə*] *n* cuestionario.
queue [kju:] (*Brit*) *n* cola // *vi* hacer cola.
quibble ['kwɪbl] *vi* sutilizar.
quick [kwɪk] *a* rápido; (*temper*) vivo; (*mind*) listo; (*eye*) agudo // *n*: cut to the ~ (*fig*) herido en lo vivo; be ~! ¡date prisa!; ~**en** *vt* apresurar // *vi* apresurarse, darse prisa; ~**ly** *ad* rápidamente, de prisa; ~**sand** *n* arenas *fpl* movedizas; ~**-witted** *a* perspicaz.
quid [kwɪd] *n*, *pl inv* (*Brit col*) libra.
quiet ['kwaɪət] *a* tranquilo; (*person*) callado; (*discreet*) discreto // *n* silencio, tranquilidad *f* // *vt*, *vi* (*US*) = ~**en**; keep ~! ¡cállate!, ¡silencio!; ~**en** (*also*: ~**en down**) *vi* (*grow calm*) calmarse; (*grow silent*) callarse // *vt* calmar; hacer callar; ~**ly** *ad* tranquilamente; (*silently*) silenciosamente; ~**ness** *n* (*silence*) silencio; (*calm*) tranquilidad *f*.
quilt [kwɪlt] *n* (*Brit*) edredón *m*.
quin [kwɪn] *n abbr* = **quintuplet**.
quinine [kwɪ'ni:n] *n* quinina.
quintet(te) [kwɪn'tɛt] *n* quinteto.
quintuplet [kwɪn'tju:plɪt] *n* quintillizo/a.
quip [kwɪp] *n* pulla.
quirk [kwə:k] *n* peculiaridad *f*.
quit [kwɪt], *pt*, *pp* **quit** *or* **quitted** *vt* dejar, abandonar; (*premises*) desocupar // *vi* (*give up*) renunciar; (*go away*) irse; (*resign*) dimitir.
quite [kwaɪt] *ad* (*rather*) bastante; (*entirely*) completamente; ~ a few of them un buen número de ellos; ~ (so)! ¡así es!, ¡exactamente!
quits [kwɪts] *a*: ~ (with) en paz (con); let's call it ~ dejémoslo en tablas.
quiver ['kwɪvə*] *vi* estremecerse
quiz [kwɪz] *n* (*game*) concurso; (: *TV, RADIO*) programa-concurso // *vt* interrogar; ~**zical** *a* burlón(ona).
quota ['kwəutə] *n* cuota.
quotation [kwəu'teɪʃən] *n* cita; (*estimate*) presupuesto; ~ **marks** *npl* comillas *fpl*.
quote [kwəut] *n* cita // *vt* (*sentence*) citar; (*price*) cotizar // *vi*: to ~ from citar de.
quotient ['kwəuʃənt] *n* cociente *m*.

R

rabbi ['ræbaɪ] *n* rabino.
rabbit ['ræbɪt] *n* conejo; ~ **hutch** *n* conejera.
rabble ['ræbl] *n* (*pej*) chusma, populacho.
rabies ['reɪbi:z] *n* rabia.
RAC *n abbr* (*Brit*) = *Royal Automobile Club.*
race [reɪs] *n* carrera; (*species*) raza // *vt* (*horse*) hacer correr; (*person*) competir contra; (*engine*) acelerar // *vi* (*compete*) competir; (*run*) correr; (*pulse*) latir a ritmo acelerado; ~ **car** *n* (*US*) = **racing car**; ~ **car driver** *n* (*US*) = **racing driver**; ~**course** *n* hipódromo; ~**horse** *n* caballo de carreras; ~**track** *n* hipódromo; (*for cars*) autódromo.
racial ['reɪʃl] *a* racial; ~**ist** *a*, *n* racista *m/f*.
racing ['reɪsɪŋ] *n* carreras *fpl*; ~ **car** *n* (*Brit*) coche *m* de carreras; ~ **driver** *n* (*Brit*) corredor(a) *m/f* de coches.
racism ['reɪsɪzəm] *n* racismo; **racist**

[-sɪst] *a, n* racista *m/f*.
rack [ræk] *n* (*also*: **luggage ~**) rejilla; (*shelf*) estante *m*; (*also*: **roof ~**) baca, portaequipajes *m inv*; (*clothes* ~) percha // *vt* (*cause pain to*) atormentar; **to ~ one's brains** devanarse los sesos.
racket ['rækɪt] *n* (*for tennis*) raqueta; (*noise*) ruido, estrépito; (*swindle*) estafa, timo.
racquet ['rækɪt] *n* raqueta.
racy ['reɪsɪ] *a* picante, salado.
radar ['reɪdɑ:*] *n* radar *m*.
radiance ['reɪdɪəns] *n* brillantez *f*, resplandor *m*.
radiant ['reɪdɪənt] *a* brillante, resplandeciente.
radiate ['reɪdɪeɪt] *vt* (*heat*) radiar, irradiar // *vi* (*lines*) extenderse.
radiation [reɪdɪ'eɪʃən] *n* radiación *f*.
radiator ['reɪdɪeɪtə*] *n* radiador *m*.
radical ['rædɪkl] *a* radical.
radii ['reɪdɪaɪ] *npl of* **radius**.
radio ['reɪdɪəu] *n* radio *f*; **on the ~** por radio.
radio... [reɪdɪəu] *pref*: **~active** *a* radioactivo.
radio-controlled [reɪdɪəukən'trəuld] *a* teledirigido.
radiography [reɪdɪ'ɔgrəfɪ] *n* radiografía.
radiology [reɪdɪ'ɔlədʒɪ] *n* radiología.
radio station *n* emisora.
radiotherapy ['reɪdɪəuθerəpɪ] *n* radioterapia.
radish ['rædɪʃ] *n* rábano.
radius ['reɪdɪəs], *pl* **radii** [-ɪaɪ] *n* radio.
RAF *n abbr* = **Royal Air Force.**
raffle ['ræfl] *n* rifa, sorteo // *vt* rifar.
raft [rɑ:ft] *n* (*craft*) baba; (*also*: **life ~**) balsa salvavidas.
rafter ['rɑ:ftə*] *n* viga.
rag [ræg] *n* (*piece of cloth*) trapo; (*torn cloth*) harapo; (*pej*: *newspaper*) periodicucho; (*for charity*) *actividades estudiantiles benéficas* // *vt* (*Brit*) tomar el pelo a; **~s** *npl* harapos *mpl*; **~-and-bone man** *n* (*Brit*) = **~man**; **~ doll** *n* muñeca de trapo.
rage [reɪdʒ] *n* (*fury*) rabia, furor *m* // *vi* (*person*) rabiar, estar furioso; (*storm*) bramar; **it's all the ~** es lo último.
ragged ['rægɪd] *a* (*edge*) desigual, mellado; (*cuff*) roto; (*appearance*) andrajoso, harapiento.
ragman ['rægmæn] *n* trapero.
raid [reɪd] *n* (*MIL*) incursión *f*; (*criminal*) asalto; (*by police*) redada // *vt* invadir, atacar; asaltar; **~er** *n* invasor(a) *m/f*.
rail [reɪl] *n* (*on stair*) barandilla, pasamanos *m inv*; (*on bridge, balcony*) pretil *m*; (*of ship*) barandilla; (*for train*) riel *m*, carril *m*; **~s** *npl* vía *sg*; **by ~** por ferrocarril; **~ing(s)** *n*(*pl*) verja *sg*, enrejado *sg*; **~road** *n* (*US*) = **~way**; **~way** *n* (*Brit*) ferrocarril *m*, vía férrea; **~way line** *n* (*Brit*) línea (de ferrocarril); **~wayman** *n* (*Brit*) ferroviario; **~way station** *n* (*Brit*) estación *f* de ferrocarril.
rain [reɪn] *n* lluvia // *vi* llover; **in the ~** bajo la lluvia; **it's ~ing** llueve, está lloviendo; **~bow** *n* arco iris; **~coat** *n* impermeable *m*; **~drop** *n* gota de lluvia; **~fall** *n* lluvia; **~y** *a* lluvioso.
raise [reɪz] *n* aumento // *vt* (*lift*) levantar; (*build*) erigir, edificar; (*increase*) aumentar; (*doubts*) suscitar; (*a question*) plantear; (*cattle, family*) criar; (*crop*) cultivar; (*army*) reclutar; (*funds*) reunir; (*loan*) obtener; **to ~ one's voice** alzar la voz.
raisin ['reɪzn] *n* pasa de Corinto.
rake [reɪk] *n* (*tool*) rastrillo; (*person*) libertino // *vt* (*garden*) rastrillar; (*fire*) hurgar; (*with machine gun*) barrer.
rally ['rælɪ] *n* (*POL etc*) reunión *f*, mitin *m*; (*AUT*) rallye *m*; (*TENNIS*) peloteo // *vt* reunir // *vi* reunirse; (*sick person, Stock Exchange*) recuperarse; **to ~ round** *vt fus* (*fig*) dar apoyo a.
RAM [ræm] *n abbr* (= *random access memory*) RAM *f*.
ram [ræm] *n* carnero; (*TECH*) pisón *m* // *vt* (*crash into*) dar contra, chocar con; (*tread down*) apisonar.
ramble ['ræmbl] *n* caminata, excursión *f* en el campo // *vi* (*pej*: *also*: **~ on**) divagar; **~r** *n* excursionista *m/f*; (*BOT*) trepadora; **rambling** *a* (*speech*) inconexo; (*BOT*) trepador(a).
ramp [ræmp] *n* rampa; **on/off ~** *n* (*US AUT*) vía de acceso/salida.
rampage [ræm'peɪdʒ] *n*: **to be on the ~** desmandarse.
rampant ['ræmpənt] *a* (*disease etc*): **to be ~** estar extendiéndose mucho.
rampart ['ræmpɑ:t] *n* terraplén *m*; (*wall*) muralla.
ramshackle ['ræmʃækl] *a* destartalado.
ran [ræn] *pt of* **run**.
ranch [rɑ:ntʃ] *n* (*US*) hacienda, estancia; **~er** *n* ganadero.
rancid ['rænsɪd] *a* rancio.
rancour, (*US*) **rancor** ['ræŋkə*] *n* rencor *m*.
random ['rændəm] *a* fortuito, sin orden; (*COMPUT, MATH*) aleatorio // *n*: **at ~** al azar.
randy ['rændɪ] *a* (*Brit col*) cachondo.
rang [ræŋ] *pt of* **ring**.
range [reɪndʒ] *n* (*of mountains*) cadena de montañas, cordillera; (*of missile*) alcance *m*; (*of voice*) registro; (*series*) serie *f*; (*of products*) surtido; (*MIL*: *also*: **shooting ~**) campo de tiro; (*also*: **kitchen ~**) fogón *m* // *vt* (*place*) colocar; (*arrange*) arreglar // *vi*: **to ~ over** (*wander*) recorrer; (*extend*) extenderse por; **to ~ from ... to...** oscilar entre ... y....
ranger [reɪndʒə*] *n* guardabosques *m inv*.

rank [ræŋk] *n* (*row*) fila; (*MIL*) rango; (*status*) categoría; (*Brit*: *also*: **taxi ~**) parada // *vi*: **to ~ among** figurar entre // *a* (*stinking*) fétido, rancio; **the ~ and file** (*fig*) la base.
rankle ['ræŋkl] *vi* (*insult*) doler.
ransack ['rænsæk] *vt* (*search*) registrar; (*plunder*) saquear.
ransom ['rænsəm] *n* rescate *m*; **to hold sb to ~** (*fig*) hacer chantaje a uno.
rant [rænt] *vi* divagar, desvariar.
rap [ræp] *vt* golpear, dar un golpecito en.
rape [reɪp] *n* violación *f*; (*BOT*) colza // *vt* violar; **~ (seed) oil** *n* aceite *m* de colza.
rapid ['ræpɪd] *a* rápido; **~s** *npl* (*GEO*) rápidos *mpl*; **~ity** [rə'pɪdɪtɪ] *n* rapidez *f*; **~ly** *ad* rápidamente.
rapist ['reɪpɪst] *n* violador *m*.
rapport [ræ'pɔː*] *n* simpatía.
rapture ['ræptʃə*] *n* éxtasis *m*.
rare [rɛə*] *a* raro, poco común; (*CULIN*: *steak*) poco hecho.
rarely ['rɛəlɪ] *ad* pocas veces.
raring ['rɛərɪŋ] *a*: **to be ~ to go** (*col*) tener muchas ganas de empezar.
rarity ['rɛərɪtɪ] *n* rareza.
rascal ['rɑːskl] *n* pillo, pícaro.
rash [ræʃ] *a* imprudente, precipitado // *n* (*MED*) salpullido, erupción *f* (cutánea).
rasher ['ræʃə*] *n* lonja.
raspberry ['rɑːzbərɪ] *n* frambuesa.
rasping ['rɑːspɪŋ] *a*: **a ~ noise** un ruido áspero.
rat [ræt] *n* rata.
rate [reɪt] *n* (*ratio*) razón *f*; (*percentage*) tanto por ciento; (*price*) precio; (: *of hotel*) tarifa; (*of interest*) tipo; (*speed*) velocidad *f* // *vt* (*value*) tasar; (*estimate*) estimar; **to ~ as** ser considerado como; **~s** *npl* (*Brit*) impuesto *sg* municipal; (*fees*) tarifa *sg*; **~able value** *n* (*Brit*) valor *m* impuesto; **~payer** *n* (*Brit*) contribuyente *m/f*.
rather ['rɑːðə*] *ad*: **it's ~ expensive** es algo caro; (*too much*) es demasiado caro; **there's ~ a lot** hay bastante; **I would** *or* **I'd ~ go** preferiría ir; **or ~** mejor dicho.
ratify ['rætɪfaɪ] *vt* ratificar.
rating ['reɪtɪŋ] *n* (*valuation*) tasación *f*; (*standing*) posición *f*; (*Brit NAUT*: *sailor*) marinero.
ratio ['reɪʃɪəu] *n* razón *f*; **in the ~ of 100 to 1** a razón de 100 a 1.
ration ['ræʃən] *n* ración *f*; **~s** *npl* víveres *mpl* // *vt* racionar.
rational ['ræʃənl] *a* racional; (*solution, reasoning*) lógico, razonable; (*person*) cuerdo, sensato; **~e** [-'nɑːl] *n* razón *f* fundamental; **~ize** *vt* (*industry*) reconvertir; (*behaviour*) justificar.
rationing ['ræʃnɪŋ] *n* racionamiento.
rat race *n* *lucha incesante por la supervivencia*.
rattle ['rætl] *n* golpeteo; (*of train etc*) traqueteo; (*object*: *of baby*) sonaja, sonajero; (: *of sports fan*) matraca // *vi* sonar, golpear; traquetear; (*small objects*) castañetear // *vt* hacer sonar agitando; **~snake** *n* serpiente *f* de cascabel.
raucous ['rɔːkəs] *a* estridente, ronco.
ravage ['rævɪdʒ] *vt* hacer estragos en, destrozar; **~s** *npl* estragos *mpl*.
rave [reɪv] *vi* (*in anger*) encolerizarse; (*with enthusiasm*) entusiasmarse; (*MED*) delirar, desvariar.
raven ['reɪvən] *n* cuervo.
ravenous ['rævənəs] *a* hambriento.
ravine [rə'viːn] *n* barranco.
raving ['reɪvɪŋ] *a*: **~ lunatic** loco de atar.
ravishing ['rævɪʃɪŋ] *a* encantador(a).
raw [rɔː] *a* (*uncooked*) crudo; (*not processed*) bruto; (*sore*) vivo; (*inexperienced*) novato, inexperto; **~ deal** *n* injusticia; **~ material** *n* materia prima.
ray [reɪ] *n* rayo; **~ of hope** (rayo de) esperanza.
rayon ['reɪɔn] *n* rayón *m*.
raze [reɪz] *vt* arrasar.
razor ['reɪzə*] *n* (*open*) navaja; (*safety* ~) máquina de afeitar; **~ blade** *n* hoja de afeitar.
Rd *abbr* = **road**.
re [riː] *prep* con referencia a.
reach [riːtʃ] *n* alcance *m*; (*BOXING*) envergadura; (*of river etc*) extensión *f* entre dos recodos // *vt* alcanzar, llegar a; (*achieve*) lograr // *vi* extenderse; **within ~** al alcance (de la mano); **out of ~** fuera del alcance; **to ~ out for sth** alargar *or* tender la mano para tomar algo.
react [riː'ækt] *vi* reaccionar; **~ion** [-'ækʃən] *n* reacción *f*.
reactor [riː'æktə*] *n* reactor *m*.
read [riːd], *pt*, *pp* **read** [rɛd] *vi* leer // *vt* leer; (*understand*) entender; (*study*) estudiar; **to ~ out** *vt* leer en alta voz; **~able** *a* (*writing*) legible; (*book*) leíble; **~er** *n* lector(a) *m/f*; (*book*) libro de lecturas; (*Brit*: *at university*) profesor(a) *m/f* adjunto/a; **~ership** *n* (*of paper etc*) (número de) lectores *mpl*.
readily ['rɛdɪlɪ] *ad* (*willingly*) de buena gana; (*easily*) fácilmente; (*quickly*) en seguida.
readiness ['rɛdɪnɪs] *n* buena voluntad; (*preparedness*) preparación *f*; **in ~** (*prepared*) listo, preparado.
reading ['riːdɪŋ] *n* lectura; (*understanding*) comprensión *f*; (*on instrument*) indicación *f*.
readjust [riːə'dʒʌst] *vt* reajustar // *vi* (*person*): **to ~ to** reajustarse a.
ready ['rɛdɪ] *a* listo, preparado; (*willing*) dispuesto; (*available*) disponible // *ad*: **~-cooked** listo para comer // *n*: **at the ~** (*MIL*) listo para tirar; **to get ~** *vi* prepararse // *vt* preparar; **~-made** *a* confeccionado; **~ money** *n* dinero contante;

~ **reckoner** *n* libro de cálculos hechos; **~-to-wear** *a* confeccionado.
real [rɪəl] *a* verdadero, auténtico; in ~ terms en términos reales; ~ **estate** *n* bienes *mpl* raíces; **~istic** [-'lɪstɪk] *a* realista.
reality [ri:'ælɪtɪ] *n* realidad *f*.
realization [rɪəlaɪ'zeɪʃən] *n* comprensión *f*; realización *f*.
realize ['rɪəlaɪz] *vt* (*understand*) darse cuenta de; (*a project*; COMM: *asset*) realizar.
really ['rɪəlɪ] *ad* realmente; ~? ¿de veras?
realm [rɛlm] *n* reino; (*fig*) esfera.
realtor ['rɪəltɔ:*] *n* (*US*) corredor(a) *m/f* de bienes raíces.
reap [ri:p] *vt* segar; (*fig*) cosechar, recoger.
reappear [ri:ə'pɪə*] *vi* reaparecer.
rear [rɪə*] *a* trasero // *n* parte *f* trasera // *vt* (*cattle, family*) criar // *vi* (*also*: ~ up) (*animal*) encabritarse; **~guard** *n* retaguardia.
rearmament [ri:'ɑ:məmənt] *n* rearme *m*.
rearrange [ri:ə'reɪndʒ] *vt* ordenar *or* arreglar de nuevo.
rear-view ['rɪəvju:]: ~ **mirror** *n* (AUT) (espejo) retrovisor *m*.
reason ['ri:zn] *n* razón *f* // *vi*: **to ~ with sb** tratar de que uno entre en razón; **it stands to ~ that** es lógico que; **~able** *a* razonable; (*sensible*) sensato; **~ably** *ad* razonablemente; **~ed** *a* (*argument*) razonado; **~ing** *n* razonamiento, argumentos *mpl*.
reassurance [ri:ə'ʃuərəns] *n* consuelo.
reassure [ri:ə'ʃuə*] *vt* tranquilizar, alentar; **to ~ sb that** tranquilizar a uno asegurando que; **reassuring** *a* alentador(a).
rebate ['ri:beɪt] *n* (*on product*) rebaja; (*on tax etc*) descuento; (*repayment*) reembolso.
rebel ['rɛbl] *n* rebelde *m/f* // *vi* [rɪ'bɛl] rebelarse, sublevarse; **~lion** [rɪ'bɛljən] *n* rebelión *f*, sublevación *f*; **~lious** [rɪ'bɛljəs] *a* rebelde; (*child*) revoltoso.
rebound [rɪ'baund] *vi* (*ball*) rebotar // *n* ['ri:baund] rebote *m*.
rebuff [rɪ'bʌf] *n* desaire *m*, rechazo.
rebuild [ri:'bɪld] (*irg*: *like* **build**) *vt* reconstruir.
rebuke [rɪ'bju:k] *vt* reprender.
rebut [rɪ'bʌt] *vt* rebatir.
recalcitrant [rɪ'kælsɪtrənt] *a* reacio.
recall [rɪ'kɔ:l] *vt* (*remember*) recordar; (*ambassador etc*) retirar // *n* recuerdo.
recant [rɪ'kænt] *vi* retractarse.
recap ['ri:kæp] *vt, vi* recapitular.
recapitulate [ri:kə'pɪtjuleɪt] *vt, vi* = **recap.**
rec'd *abbr* (= *received*) rbdo.
recede [rɪ'si:d] *vi* retroceder; **receding** *a* (*forehead, chin*) huidizo; **receding hairline** entradas *fpl*.
receipt [rɪ'si:t] *n* (*document*) recibo; (*for parcel etc*) acuse *m* de recibo; (*act of receiving*) recepción *f*; **~s** *npl* (COMM) ingresos *mpl*.
receive [rɪ'si:v] *vt* recibir; (*guest*) acoger; (*wound*) sufrir; **~r** *n* (TEL) auricular *m*; (RADIO) receptor *m*; (*of stolen goods*) perista *m/f*; (LAW) administrador *m* jurídico.
recent ['ri:snt] *a* reciente; **~ly** *ad* recientemente; **~ly arrived** recién llegado.
receptacle [rɪ'sɛptɪkl] *n* receptáculo.
reception [rɪ'sɛpʃən] *n* (*gen*) recepción *f*; (*welcome*) acogida; ~ **desk** *n* recepción *f*; **~ist** *n* recepcionista *m/f*.
recess [rɪ'sɛs] *n* (*in room*) hueco; (*for bed*) nicho; (*secret place*) escondrijo; (POL *etc*: *holiday*) clausura; **~ion** [-'sɛʃən] *n* recesión *f*.
recharge [ri:'tʃɑ:dʒ] *vt* (*battery*) recargar.
recipe ['rɛsɪpɪ] *n* receta.
recipient [rɪ'sɪpɪənt] *n* recibidor(a) *m/f*; (*of letter*) destinatario/a.
recital [rɪ'saɪtl] *n* recital *m*.
recite [rɪ'saɪt] *vt* (*poem*) recitar; (*complaints etc*) enumerar.
reckless ['rɛkləs] *a* temerario, imprudente; (*speed*) peligroso; **~ly** *ad* imprudentemente; de modo peligroso.
reckon ['rɛkən] *vt* (*count*) contar; (*consider*) considerar; **I ~ that...** me parece que...; **to ~ on** *vt fus* contar con; **~ing** *n* (*calculation*) cálculo.
reclaim [rɪ'kleɪm] *vt* (*land*) recuperar; (: *from sea*) rescatar; (*demand back*) reclamar.
recline [rɪ'klaɪn] *vi* reclinarse; **reclining** *a* (*seat*) reclinable.
recluse [rɪ'klu:s] *n* recluso/a.
recognition [rɛkəg'nɪʃən] *n* reconocimiento; **transformed beyond ~** irreconocible.
recognizable ['rɛkəgnaɪzəbl] *a*: ~ **(by)** reconocible (por).
recognize ['rɛkəgnaɪz] *vt*: **to ~ (by/as)** reconocer (por/como).
recoil [rɪ'kɔɪl] *vi* (*person*): **to ~ from doing sth** retraerse de hacer algo // *n* (*of gun*) retroceso.
recollect [rɛkə'lɛkt] *vt* recordar, acordarse de; **~ion** [-'lɛkʃən] *n* recuerdo.
recommend [rɛkə'mɛnd] *vt* recomendar.
recompense ['rɛkəmpɛns] *vt* recompensar // *n* recompensa.
reconcile ['rɛkənsaɪl] *vt* (*two people*) reconciliar; (*two facts*) compaginar; **to ~ o.s. to sth** conformarse a algo.
recondition [ri:kən'dɪʃən] *vt* (*machine*) reacondicionar.
reconnaissance [rɪ'kɔnɪsns] *n* (MIL) reconocimiento.
reconnoitre, (*US*) **reconnoiter** [rɛkə'nɔɪtə*] *vt, vi* (MIL) reconocer.

reconsider [ri:kən'sɪdə*] *vt* repensar.
reconstruct [ri:kən'strʌkt] *vt* reconstruir.
record ['rɛkɔ:d] *n* (*MUS*) disco; (*of meeting etc*) relación *f*; (*register*) registro, partida; (*file*) archivo; (*also*: **police ~**) antecedentes *mpl*; (*written*) expediente *m*; (*SPORT*) récord *m* // *vt* [rɪ'kɔ:d] (*set down*) registrar; (*relate*) hacer constar; (*MUS: song etc*) grabar; **in ~ time** en un tiempo récord; **off the ~** *a* no oficial // *ad* confidencialmente; **~ card** *n* (*in file*) ficha; **~ed delivery** *n* (*Brit POST*) entrega con acuse de recibo; **~er** *n* (*MUS*) flauta de pico; (*TECH*) contador *m*; **~ holder** *n* (*SPORT*) actual poseedor(a) *m/f* del récord; **~ing** *n* (*MUS*) grabación *f*; **~ player** *n* tocadiscos *m inv*.
recount [rɪ'kaunt] *vt* contar.
re-count ['ri:kaunt] *n* (*POL*: *of votes*) segundo escrutinio // *vt* [ri:'kaunt] volver a contar.
recoup [rɪ'ku:p] *vt*: **to ~ one's losses** recuperar las pérdidas.
recourse [rɪ'kɔ:s] *n* recurso.
recover [rɪ'kʌvə*] *vt* recuperar; (*rescue*) rescatar // *vi* (*from illness, shock*) recuperarse; (*country*) recuperar; **~y** *n* recuperación *f*; rescate *m*; (*MED*): **to make a ~y** restablecerse.
recreation [rɛkrɪ'eɪʃən] *n* (*amusement, SCOL*) recreo; **~al** *a* de recreo.
recruit [rɪ'kru:t] *n* recluta *m/f* // *vt* reclutar; (*staff*) contratar (personal); **~ment** *n* reclutamiento.
rectangle ['rɛktæŋgl] *n* rectángulo; **rectangular** [-'tæŋgjulə*] *a* rectangular.
rectify ['rɛktɪfaɪ] *vt* rectificar.
rector ['rɛktə*] *n* (*REL*) párroco; **~y** *n* casa del párroco.
recuperate [rɪ'ku:pəreɪt] *vi* reponerse, restablecerse.
recur [rɪ'kə:*] *vi* repetirse; (*pain, illness*) producirse de nuevo; **~rence** [ri'kʌrens] *n* repetición *f*; **~rent** [ri'kʌrent] *a* repetido.
red [rɛd] *n* rojo // *a* rojo; **to be in the ~** (*account*) estar en números rojos; (*business*) tener un saldo negativo; **to give sb the ~ carpet treatment** recibir a uno con todos los honores; **R~ Cross** *n* Cruz *f* Roja; **~currant** *n* grosella roja; **~den** *vt* enrojecer // *vi* enrojecerse; **~dish** *a* (*hair*) rojizo.
redeem [rɪ'di:m] *vt* (*sth in pawn*) desempeñar; (*fig, also REL*) rescatar; **~ing** *a*: **~ing feature** rasgo bueno *or* favorable.
redeploy [ri:dɪ'plɔɪ] *vt* (*resources*) reorganizar.
red: **~-haired** *a* pelirrojo; **~-handed** *a*: **to be caught ~-handed** cogerse (*Sp*) *or* pillarse (*LAm*) con las manos en la masa; **~head** *n* pelirrojo/a; **~ herring** *n* (*fig*) pista falsa; **~-hot** *a* candente.
redirect [ri:daɪ'rɛkt] *vt* (*mail*) reexpedir.
red light *n*: **to go through a ~** (*AUT*) pasar la luz roja; **red-light district** *n* barrio chino.
redo [ri:'du:] (*irg*: *like* **do**) *vt* rehacer.
redolent ['rɛdələnt] *a*: **~ of** (*smell*) con fragancia a; **to be ~ of** (*fig*) recordar.
redouble [ri:'dʌbl] *vt*: **to ~ one's efforts** intensificar los esfuerzos.
redress [rɪ'drɛs] *n* reparación *f* // *vt* reparar.
Red Sea *n*: **the ~** el mar Rojo.
redskin ['rɛdskɪn] *n* piel roja *m/f*.
red tape *n* (*fig*) trámites *mpl*.
reduce [rɪ'dju:s] *vt* reducir; (*lower*) rebajar; **'~ speed now'** (*AUT*) 'reduzca la velocidad'; **at a ~d price** (*of goods*) (a precio) rebajado; **reduction** [rɪ'dʌkʃən] *n* reducción *f*; (*of price*) rebaja; (*discount*) descuento.
redundancy [rɪ'dʌndənsɪ] *n* desempleo.
redundant [rɪ'dʌndnt] *a* (*Brit*) (*worker*) parado, sin trabajo; (*detail, object*) superfluo; **to be made ~** quedar(se) sin trabajo.
reed [ri:d] *n* (*BOT*) junco, caña.
reef [ri:f] *n* (*at sea*) arrecife *m*.
reek [ri:k] *vi*: **to ~ (of)** apestar (a).
reel [ri:l] *n* carrete *m*, bobina; (*of film*) rollo // *vt* (*TECH*) devanar; (*also*: **~ in**) sacar // *vi* (*sway*) tambalear(se).
ref [rɛf] *n abbr* (*col*) = **referee**.
refectory [rɪ'fɛktərɪ] *n* comedor *m*.
refer [rɪ'fə:*] *vt* (*send*) remitir; (*ascribe*) referir a, relacionar con // *vi*: **to ~ to** (*allude to*) referirse a, aludir a; (*apply to*) relacionarse con; (*consult*) consultar.
referee [rɛfə'ri:] *n* árbitro; (*Brit*: *for job application*) valedor *m*; **to be a ~** (*for job application*) proporcionar referencias // *vt* (*match*) arbitrar en.
reference ['rɛfrəns] *n* (*mention*) referencia; (*for job application: letter*) carta de recomendación; **with ~ to** con referencia a; (*COMM*: *in letter*) me remito a; **~ book** *n* libro de consulta; **~ number** *n* número de referencia.
refill [ri:'fɪl] *vt* rellenar // *n* ['ri:fɪl] repuesto, recambio.
refine [rɪ'faɪn] *vt* (*sugar, oil*) refinar; **~d** *a* (*person, taste*) fino; **~ment** *n* (*of person*) cultura, educación *f*.
reflect [rɪ'flɛkt] *vt* (*light, image*) reflejar // *vi* (*think*) reflexionar, pensar; **it ~s badly/well on him** le perjudica/le hace honor; **~ion** [-'flɛkʃən] *n* (*act*) reflexión *f*; (*image*) reflejo; (*discredit*) crítica; **on ~ion** pensándolo bien; **~or** *n* (*AUT*) captafaros *m inv*; (*telescope*) reflector *m*.
reflex ['ri:flɛks] *a, n* reflejo; **~ive** [rɪ'flɛksɪv] *a* (*LING*) reflexivo.
reform [rɪ'fɔ:m] *n* reforma // *vt* reformar; **the R~ation** [rɛfə'meɪʃən] *n* la Reforma; **~atory** *n* (*US*) reformatorio; **~er** *n* reformador(a) *m/f*.
refrain [rɪ'freɪn] *vi*: **to ~ from doing** abstenerse de hacer // *n* estribillo.

refresh [rɪ'frɛʃ] *vt* refrescar; **~er course** *n* (*Brit*) curso de repaso; **~ing** *a* (*drink*) refrescante; (*change etc*) estimulante; **~ments** *npl* (*drinks*) refrescos *mpl*.
refrigerator [rɪ'frɪdʒəreɪtə*] *n* nevera, refrigeradora (*LAm*).
refuel [ri:'fjuəl] *vi* repostar (combustible).
refuge ['rɛfju:dʒ] *n* refugio, asilo; **to take ~ in** refugiarse en.
refugee [rɛfju'dʒi:] *n* refugiado/a.
refund ['ri:fʌnd] *n* reembolso // *vt* [rɪ'fʌnd] devolver, reembolsar.
refurbish [ri:'fə:bɪʃ] *vt* restaurar, renovar.
refusal [rɪ'fju:zəl] *n* negativa; **to have first ~ on** tener la primera opción a.
refuse ['rɛfju:s] *n* basura // *vb* [rɪ'fju:z] *vt* rechazar // *vi* negarse; (*horse*) rehusar; **~ collection** recolección *f* de basuras.
regain [rɪ'geɪn] *vt* recobrar, recuperar.
regal ['ri:gl] *a* regio, real.
regalia [rɪ'geɪlɪə] *n* insignias *fpl*.
regard [rɪ'gɑ:d] *n* (*esteem*) respeto, consideración *f* // *vt* (*consider*) considerar; **to give one's ~s to** saludar de su parte a; **'with kindest ~s'** 'con muchos recuerdos'; **~ing, as ~s, with ~ to** *prep* con respecto a, en cuanto a; **~less** *ad* a pesar de todo; **~less of** sin reparar en.
régime [reɪ'ʒi:m] *n* régimen *m*.
regiment ['rɛdʒɪmənt] *n* regimiento // *vt* reglamentar; **~al** [-'mɛntl] *a* militar.
region ['ri:dʒən] *n* región *f*; **in the ~ of** (*fig*) alrededor de; **~al** *a* regional.
register ['rɛdʒɪstə*] *n* registro // *vt* registrar; (*birth*) declarar; (*letter*) certificar; (*subj*: *instrument*) marcar, indicar // *vi* (*at hotel*) registrarse; (*sign on*) inscribirse; (*make impression*) producir impresión; **~ed** *a* (*design*) registrado; (*Brit*: *letter*) certificado; **~ed trademark** *n* marca registrada.
registrar ['rɛdʒɪstrɑ:*] *n* secretario/a (del registro civil).
registration [rɛdʒɪs'treɪʃən] *n* (*act*) declaración *f*; (*AUT*: *also*: **~ number**) matrícula.
registry ['rɛdʒɪstrɪ] *n* registro; **~ office** *n* (*Brit*) registro civil; **to get married in a ~ office** casarse por lo civil.
regret [rɪ'grɛt] *n* sentimiento, pesar *m*; (*remorse*) remordimiento // *vt* sentir, lamentar; (*repent of*) arrepentirse de; **~fully** *ad* con pesar; **~table** *a* lamentable; (*loss*) sensible.
regroup [ri:'gru:p] *vt* reagrupar // *vi* reagruparse.
regular ['rɛgjulə*] *a* regular; (*soldier*) profesional; (*col*: *intensive*) verdadero // *n* (*client etc*) cliente/a *m/f* habitual; **~ity** [-'lærɪtɪ] *n* regularidad *f*; **~ly** *ad* con regularidad.
regulate ['rɛgjuleɪt] *vt* (*gen*) controlar; **regulation** [-'leɪʃən] *n* (*rule*) regla, reglamento; (*adjustment*) regulación *f*.
rehearsal [rɪ'hə:səl] *n* ensayo.
rehearse [rɪ'hə:s] *vt* ensayar.
reign [reɪn] *n* reinado; (*fig*) predominio // *vi* reinar; (*fig*) imperar.
reimburse [ri:ɪm'bə:s] *vt* reembolsar.
rein [reɪn] *n* (*for horse*) rienda.
reindeer ['reɪndɪə*] *n*, *pl inv* reno.
reinforce [ri:ɪn'fɔ:s] *vt* reforzar; **~d concrete** *n* hormigón *m* armado; **~ment** *n* (*action*) refuerzo; **~ments** *npl* (*MIL*) refuerzos *mpl*.
reinstate [ri:ɪn'steɪt] *vt* (*worker*) reintegrar (a su puesto).
reiterate [ri:'ɪtəreɪt] *vt* reiterar, repetir.
reject ['ri:dʒɛkt] *n* (*thing*) desecho // *vt* [rɪ'dʒɛkt] rechazar; (*suggestion*) descartar; **~ion** [rɪ'dʒɛkʃən] *n* rechazo.
rejoice [rɪ'dʒɔɪs] *vi*: **to ~ at** *or* **over** regocijarse *or* alegrarse de.
rejuvenate [rɪ'dʒu:vəneɪt] *vt* rejuvenecer.
relapse [rɪ'læps] *n* (*MED*) recaída.
relate [rɪ'leɪt] *vt* (*tell*) contar, relatar; (*connect*) relacionar // *vi* relacionarse; **~d** *a* afín; (*person*) emparentado; **~d to** (*subject*) relacionado con; **relating to** *prep* referente a.
relation [rɪ'leɪʃən] *n* (*person*) pariente/a *m/f*; (*link*) relación *f*; **~ship** *n* relación *f*; (*personal*) relaciones *fpl*; (*also*: **family ~ship**) parentesco.
relative ['rɛlətɪv] *n* pariente/a *m/f*, familiar *m/f* // *a* relativo; **~ly** *ad* (*comparatively*) relativamente.
relax [rɪ'læks] *vi* descansar; (*unwind*) relajarse // *vt* relajar; (*mind, person*) descansar; **~ation** [ri:læk'seɪʃən] *n* (*rest*) descanso; (*entertainment*) diversión *f*; **~ed** *a* relajado; (*tranquil*) tranquilo; **~ing** *a* relajante.
relay ['ri:leɪ] *n* (*race*) carrera de relevos // *vt* (*RADIO*, *TV*, *pass on*) retransmitir.
release [rɪ'li:s] *n* (*liberation*) liberación *f*; (*discharge*) puesta en libertad *f*; (*of gas etc*) escape *m*; (*of film etc*) estreno // *vt* (*prisoner*) poner en libertad; (*film*) estrenar; (*book*) publicar; (*piece of news*) difundir; (*gas etc*) despedir, arrojar; (*free*: *from wreckage etc*) soltar; (*TECH*: *catch, spring etc*) desenganchar; (*let go*) soltar, aflojar.
relegate ['rɛləgeɪt] *vt* relegar; (*SPORT*): **to be ~d to** bajar a.
relent [rɪ'lɛnt] *vi* ablandarse; **~less** *a* implacable.
relevant ['rɛləvənt] *a* (*fact*) pertinente; **relevant to** relacionado con.
reliability [rɪlaɪə'bɪlɪtɪ] *n* fiabilidad *f*; seguridad *f*; veracidad *f*.
reliable [rɪ'laɪəbl] *a* (*person, firm*) de confianza, de fiar; (*method, machine*) seguro; (*source*) fidedigno; **reliably** *ad*: **to**

be reliably informed that... saber de fuente fidedigna que... .
eliance [rɪ'laɪəns] *n*: ~ (on) dependencia (de).
elic ['rɛlɪk] *n* (*REL*) reliquia; (*of the past*) vestigio.
elief [rɪ'li:f] *n* (*from pain, anxiety*) alivio; (*help, supplies*) socorro, ayuda; (*ART, GEO*) relieve *m*.
elieve [rɪ'li:v] *vt* (*pain, patient*) aliviar; (*bring help to*) ayudar, socorrer; (*burden*) aligerar; (*take over from*: *gen*) sustituir; (: *guard*) relevar; to ~ sb of sth quitar algo a uno; to ~ o.s. hacer sus necesidades.
eligion [rɪ'lɪdʒən] *n* religión *f*; **religious** *a* religioso.
elinquish [rɪ'lɪŋkwɪʃ] *vt* abandonar; (*plan, habit*) renunciar a.
elish ['rɛlɪʃ] *n* (*CULIN*) salsa; (*enjoyment*) entusiasmo // *vt* (*food etc*) saborear; to ~ doing gustar mucho de hacer.
elocate [ri:ləu'keɪt] *vt* cambiar de lugar, mudar // *vi* mudarse.
eluctance [rɪ'lʌktəns] *n* renuencia; **reluctant** *a* renuente; **reluctantly** *ad* de mala gana.
ely [rɪ'laɪ]: to ~ on *vt fus* confiar en, fiarse de; (*be dependent on*) depender de.
emain [rɪ'meɪn] *vi* (*survive*) quedar; (*be left*) sobrar; (*continue*) quedar(se), permanecer; **~der** *n* resto; **~ing** *a* sobrante; **~s** *npl* restos *mpl*.
emand [rɪ'mɑ:nd] *n*: on ~ detenido (bajo custodia) // *vt*: to ~ in custody mantener bajo custodia; ~ **home** *n* (*Brit*) reformatorio.
emark [rɪ'mɑ:k] *n* comentario // *vt* comentar; **~able** *a* notable; (*outstanding*) extraordinario.
emarry [ri:'mærɪ] *vi* volver a casarse.
emedial [rɪ'mi:dɪəl] *a*: ~ education educación *f* de los niños atrasados.
emedy ['rɛmədɪ] *n* remedio // *vt* remediar, curar.
emember [rɪ'mɛmbə*] *vt* recordar, acordarse de; (*bear in mind*) tener presente; **remembrance** *n*: in remembrance of en conmemoración de.
emind [rɪ'maɪnd] *vt*: to ~ sb to do sth recordar a uno que haga algo; to ~ sb of sth recordar algo a uno; she ~s me of her mother me recuerda a su madre; **~er** *n* notificación *f*; (*memento*) recuerdo.
eminisce [rɛmɪ'nɪs] *vi* recordar (viejas historias); **~nt** *a*: to be ~nt of sth recordar algo.
emiss [rɪ'mɪs] *a* descuidado; it was ~ of him fue un descuido de su parte.
emission [rɪ'mɪʃən] *n* remisión *f*; (*of sentence*) disminución *f* de pena.
emit [rɪ'mɪt] *vt* (*send: money*) remitir, enviar; **~tance** *n* remesa, envío.
emnant ['rɛmnənt] *n* resto; (*of cloth*) retazo; ~s *npl* (*COMM*) restos *mpl* de serie.
remorse [rɪ'mɔ:s] *n* remordimientos *mpl*; **~ful** *a* arrepentido; **~less** *a* (*fig*) implacable; inexorable.
remote [rɪ'məut] *a* (*distant*) lejano; (*person*) distante; ~ **control** *n* telecontrol *m*; **~ly** *ad* remotamente; (*slightly*) levemente.
remould ['ri:məuld] *n* (*Brit*: *tyre*) neumático *or* llanta (*LAm*) recauchutado/a.
removable [rɪ'mu:vəbl] *a* (*detachable*) separable.
removal [rɪ'mu:vəl] *n* (*taking away*) el quitar; (*Brit*: *from house*) mudanza; (*from office: dismissal*) destitución *f*; (*MED*) extirpación *f*; ~ **van** *n* (*Brit*) camión *m* de mudanzas.
remove [rɪ'mu:v] *vt* quitar; (*employee*) destituir; (*name*: *from list*) tachar, borrar; (*doubt*) disipar; (*abuse*) suprimir, acabar con; (*TECH*) retirar, separar; (*MED*) extirpar; **~rs** *npl* (*Brit*: *company*) agencia de mudanzas.
Renaissance [rɪ'neɪsɔ̃ns] *n*: the ~ el Renacimiento.
render ['rɛndə*] *vt* (*thanks*) dar; (*aid*) proporcionar, prestar; (*honour*) dar, conceder; (*assistance*) dar, prestar; to ~ sth + *a* volver algo + *a*; **~ing** *n* (*MUS etc*) interpretación *f*.
rendez-vous ['rɔndɪvu:] *n* cita.
renegade ['rɛnɪgeɪd] *n* renegado/a.
renew [rɪ'nju:] *vt* renovar; (*resume*) reanudar; (*extend date*) prorrogar; **~al** *n* renovación *f*; reanudación *f*; prórroga.
renounce [rɪ'nauns] *vt* renunciar a; (*right, inheritance*) renunciar.
renovate ['rɛnəveɪt] *vt* renovar.
renown [rɪ'naun] *n* renombre *m*; **~ed** *a* renombrado.
rent [rɛnt] *n* alquiler *m*; (*for house*) arriendo, renta // *vt* alquilar; **~al** *n* (*for television, car*) alquiler *m*.
renunciation [rɪnʌnsɪ'eɪʃən] *n* renuncia.
rep [rɛp] *n abbr* = **representative**; **repertory**.
repair [rɪ'pɛə*] *n* reparación *f*, compostura // *vt* reparar, componer; (*shoes*) remendar; in good/bad ~ en buen/mal estado; ~ **kit** *n* caja de herramientas.
repartee [rɛpɑ:'ti:] *n* réplicas *fpl* agudas.
repatriate [ri:pætrɪ'eɪt] *vt* repatriar.
repay [ri:'peɪ] (*irg*: *like* **pay**) *vt* (*money*) devolver, reembolsar; (*person*) pagar; (*debt*) liquidar; (*sb's efforts*) devolver, corresponder a; **~ment** *n* reembolso, devolución *f*; (*sum of money*) recompensa.
repeal [rɪ'pi:l] *n* revocación *f* // *vt* revocar.
repeat [rɪ'pi:t] *n* (*RADIO, TV*) reposición *f* // *vt* repetir // *vi* repetirse; **~edly** *ad* repetidas veces.
repel [rɪ'pɛl] *vt* (*fig*) repugnar; **~lent** *a*

repugnante // *n*: insect **~lent** crema/loción *f* anti-insectos.

repent [rɪ'pɛnt] *vi*: to ~ (of) arrepentirse (de); **~ance** *n* arrepentimiento.

repercussion [ri:pə'kʌʃən] *n* (*consequence*) repercusión *f*; to have ~s repercutir.

repertoire ['rɛpətwa:*] *n* repertorio.

repertory ['rɛpətərɪ] *n* (*also*: ~ theatre) teatro de repertorio.

repetition [rɛpɪ'tɪʃən] *n* repetición *f*.

repetitive [rɪ'pɛtɪtɪv] *a* repetitivo.

replace [rɪ'pleɪs] *vt* (*put back*) devolver a su sitio; (*take the place of*) reemplazar, sustituir; **~ment** *n* (*act*) reposición *f*; (*thing*) recambio; (*person*) suplente *m/f*.

replay ['ri:pleɪ] *n* (SPORT) desempate *m*; (*of tape, film*) repetición *f*.

replenish [rɪ'plɛnɪʃ] *vt* (*tank etc*) rellenar; (*stock etc*) reponer.

replete [rɪ'pli:t] *a* repleto, lleno.

replica ['rɛplɪkə] *n* copia, reproducción *f* (exacta).

reply [rɪ'plaɪ] *n* respuesta, contestación *f* // *vi* contestar, responder; ~ **coupon** *n* cupón-respuesta *m*.

report [rɪ'pɔ:t] *n* informe *m*; (PRESS *etc*) reportaje *m*; (*Brit*: *also*: school ~) boletín *m* escolar; (*of gun*) estallido // *vt* informar de; (PRESS *etc*) hacer un reportaje sobre; (*notify*: *accident, culprit*) denunciar // *vi* (*make a report*) presentar un informe; (*present o.s.*): to ~ (to sb) presentarse (ante uno); ~ **card** *n* (*US, Scottish*) cartilla escolar; **~edly** *ad* según se dice; **~er** *n* periodista *m/f*.

repose [rɪ'pəuz] *n*: in ~ (*face, mouth*) en reposo.

reprehensible [rɛprɪ'hɛnsɪbl] *a* reprensible, censurable.

represent [rɛprɪ'zɛnt] *vt* representar; (COMM) ser agente de; **~ation** [-'teɪʃən] *n* representación *f*; **~ations** *npl* (*protest*) quejas *fpl*; **~ative** *n* (*gen*) representante *m/f*; (*US* POL) diputado/a *m/f* // *a* representativo.

repress [rɪ'prɛs] *vt* reprimir; **~ion** [-'prɛʃən] *n* represión *f*.

reprieve [rɪ'pri:v] *n* (LAW) indulto; (*fig*) alivio.

reprimand ['rɛprɪma:nd] *n* reprimenda // *vt* reprender.

reprisal [rɪ'praɪzl] *n* represalia.

reproach [rɪ'prəutʃ] *n* reproche *m* // *vt*: to ~ sb with sth reprochar algo a uno; **~ful** *a* de reproche, de acusación.

reproduce [ri:prə'dju:s] *vt* reproducir // *vi* reproducirse; **reproduction** [-'dʌkʃən] *n* reproducción *f*.

reproof [rɪ'pru:f] *n* reproche *m*.

reprove [rɪ'pru:v] *vt*: to ~ sb for sth reprochar algo a uno.

reptile ['rɛptaɪl] *n* reptil *m*.

republic [rɪ'pʌblɪk] *n* república; **~an** *a*, *n* republicano/a *m/f*.

repudiate [rɪ'pju:dɪeɪt] *vt* (*accusatio*[n]) rechazar; (*obligation*) desconocer.

repulse [rɪ'pʌls] *vt* rechazar; **repulsiv**[e] *a* repulsivo.

reputable ['rɛpjutəbl] *a* (*make etc*) [de] renombre.

reputation [rɛpju'teɪʃən] *n* reputación *f*.

repute [rɪ'pju:t] *n* reputación *f*, fam[a]; **~d** *a* supuesto; **~dly** *ad* según dicen [o] se dice.

request [rɪ'kwɛst] *n* solicitud *f*; petición [*f*] // *vt*: to ~ sth of *or* from sb solicitar al[go] a uno; ~ **stop** *n* (*Brit*) parada discr[e]cional.

require [rɪ'kwaɪə*] *vt* (*need*: *subj*: *pe*[r]*son*) necesitar, tener necesidad de; [(]*thing, situation*) exigir; (*want*) pedi[r]; (*demand*) insistir en que; **~ment** *n* r[e]quisito; (*need*) necesidad *f*.

requisite ['rɛkwɪzɪt] *n* requisito // *a* nec[e]sario.

requisition [rɛkwɪ'zɪʃən] *n*: ~ (for) so[li]citud *f* (de) // *vt* (MIL) requisar.

rescind [rɪ'sɪnd] *vt* (LAW) abrogar; (*co*[n]*tract, order etc*) anular.

rescue ['rɛskju:] *n* rescate *m* // *vt* resc[a]tar; to ~ from librar de; ~ **party** *n* e[x]pedición *f* de salvamento; **~r** *n* salv[a]dor(a) *m/f*.

research [rɪ'sə:tʃ] *n* investigaciones *fpl* [//] *vt* investigar; **~er** *n* investigador(a) *m/f*.

resemblance [rɪ'zɛmbləns] *n* parecido.

resemble [rɪ'zɛmbl] *vt* parecerse a.

resent [rɪ'zɛnt] *vt* tomar a mal; **~ful** [*a*] resentido; **~ment** *n* resentimiento.

reservation [rɛzə'veɪʃən] *n* (*area* [of] *land, doubt*) reserva; (*booking*) reserv[a]ción *f*; (*Brit*: *also*: central ~) mediana.

reserve [rɪ'zə:v] *n* reserva; (SPORT) s[u]plente *m/f* // *vt* (*seats etc*) reservar; [~s] *npl* (MIL) reserva *sg*; in ~ de reserv[a]; **~d** *a* reservado.

reservoir ['rɛzəvwa:*] *n* (*for irrigatio*[n] *etc*) embalse *m*; (*tank etc*) depósito.

reshape [ri:'ʃeɪp] *vt* (*policy*) reforma[r], rehacer.

reshuffle [ri:'ʃʌfl] *n*: cabinet ~ (POL) [re]modelación *f* del gabinete.

reside [rɪ'zaɪd] *vi* residir, vivir.

residence ['rɛzɪdəns] *n* residencia; (*fo*[r]*mal*: *home*) domicilio; (*length of sta*[y]) permanencia; ~ **permit** *n* (*Brit*) perm[i]so de permanencia.

resident ['rɛzɪdənt] *n* (*of area*) vecino/[a]; (*in hotel*) huésped(a) *m/f* // *a* (*popul*[a]*tion*) permanente; **~ial** [-'dɛnʃəl] *a* re[si]dencial.

residue ['rɛzɪdju:] *n* resto; (*CHE*[M], *PHYSICS*) residuo.

resign [rɪ'zaɪn] *vt* (*gen*) renunciar a // [*vi*] dimitir; to ~ o.s. to (*endure*) resignar[se] a; **~ation** [rɛzɪg'neɪʃən] *n* dimisión [*f*]; (*state of mind*) resignación *f*; **~ed** *a* [re]signado.

silience [rɪ'zɪlɪəns] *n* (*of material*) lasticidad *f*; (*of person*) resistencia.
silient [rɪ'zɪlɪənt] *a* (*person*) resistente.
sin ['rɛzɪn] *n* resina.
sist [rɪ'zɪst] *vt* resistir, oponerse a; **~ance** *n* resistencia.
solute ['rɛzəlu:t] *a* resuelto.
solution [rɛzə'lu:ʃən] *n* resolución *f*.
solve [rɪ'zɔlv] *n* resolución *f* // *vt* resol·er // *vi* resolverse; to ~ to do resolver ıacer; **~d** *a* resuelto.
sort [rɪ'zɔ:t] *n* (*town*) centro turístico; *recourse*) recurso // *vi*: to ~ to recurrir ; in the last ~ como último recurso.
sound [rɪ'zaund] *vi*: to ~ (with) reso·ıar (con); **~ing** *a* sonoro; (*fig*) clamo·oso.
source [rɪ'sɔ:s] *n* recurso; **~s** *npl* re·ursos *mpl*; **~ful** *a* despabilado, ingenio·o.
spect [rɪs'pɛkt] *n* (*consideration*) respe·); **~s** *npl* recuerdos *mpl*, saludos *mpl* // *t* respetar with ~ to con respecto a; in his ~ en cuanto a eso; **~able** *a* respeta·le; (*large*) apreciable; (*passable*) tole·able; **~ful** *a* respetuoso.
spective [rɪs'pɛktɪv] *a* respectivo; **~ly** *d* respectivamente.
spite ['rɛspaɪt] *n* respiro; (*LAW*) pró·roga.
splendent [rɪs'plɛndənt] *a* resplande·iente.
spond [rɪs'pɔnd] *vi* responder; (*react*) eaccionar; **response** [-'pɔns] *n* respues·a; reacción *f*.
sponsibility [rɪspɔnsɪ'bɪlɪtɪ] *n* respon·abilidad *f*.
sponsible [rɪs'pɔnsɪbl] *a* (*character*) erio, formal; (*job*) de confianza; (*lia·le*): ~ (for) responsable (de).
sponsive [rɪs'pɔnsɪv] *a* sensible.
st [rɛst] *n* descanso, reposo; (*MUS*) pau·a, silencio; (*support*) apoyo; (*remain·er*) resto // *vi* descansar; (*be support·d*): to ~ on descansar sobre // *vt* *lean*): to ~ sth on/against apoyar algo n *or* sobre/contra; the ~ of them (*peo·le, objects*) los demás; it ~s with him lepende de él.
staurant ['rɛstərɔŋ] *n* restorán *m*, res·aurante *m*; ~ **car** *n* (*Brit RAIL*) coche·omedor *m*.
stful ['rɛstful] *a* descansado, tranquilo.
st home *n* residencia para jubilados.
stitution [rɛstɪ'tju:ʃən] *n*: to make ~ to b for sth indemnizar a uno por algo.
stive ['rɛstɪv] *a* inquieto; (*horse*) rebe·ón(ona).
stless ['rɛstlɪs] *a* inquieto.
storation [rɛstə'reɪʃən] *n* restauración ; devolución *f*.
store [rɪ'stɔ:*] *vt* (*building*) restaurar; *sth stolen*) devolver; (*health*) restable·er.
strain [rɪs'treɪn] *vt* (*feeling*) contener, refrenar; (*person*): to ~ (from doing) disuadir (de hacer); **~ed** *a* (*style*) reservado; **~t** *n* (*restriction*) restricción *f*; (*of manner*) reserva.
restrict [rɪs'trɪkt] *vt* restringir, limitar; **~ion** [-kʃən] *n* restricción *f*, limitación *f*; **~ive** *a* restrictivo.
rest room *n* (*US*) aseos *mpl*.
result [rɪ'zʌlt] *n* resultado // *vi*: to ~ in terminar en, tener por resultado; as a ~ of a consecuencia de.
resume [rɪ'zju:m] *vt* (*work, journey*) reanudar // *vi* (*meeting*) continuar.
résumé ['reɪzju:meɪ] *n* resumen *m*.
resumption [rɪ'zʌmpʃən] *n* reanudación *f*.
resurgence [rɪ'sə:dʒəns] *n* resurgimiento.
resurrection [rɛzə'rɛkʃən] *n* resurrección *f*.
resuscitate [rɪ'sʌsɪteɪt] *vt* (*MED*) resucitar.
retail ['ri:teɪl] *n* venta al por menor // *cpd* al por menor // *vt* vender al por menor; **~er** *n* detallista *m/f* ~ **price** *n* precio de venta al público.
retain [rɪ'teɪn] *vt* (*keep*) retener, conservar; (*employ*) contratar; **~er** *n* (*servant*) criado; (*fee*) anticipo.
retaliate [rɪ'tælɪeɪt] *vi*: to ~ (against) tomar represalias (contra); **retaliation** [-'eɪʃən] *n* represalias *fpl*.
retarded [rɪ'tɑ:dɪd] *a* retrasado.
retch [rɛtʃ] *vi* dársele a uno arcadas.
retentive [rɪ'tɛntɪv] *a* (*memory*) retentivo.
reticent ['rɛtɪsnt] *a* reservado.
retina ['rɛtɪnə] *n* retina.
retinue ['rɛtɪnju:] *n* séquito, comitiva.
retire [rɪ'taɪə*] *vi* (*give up work*) jubilarse; (*withdraw*) retirarse; (*go to bed*) acostarse; **~d** *a* (*person*) jubilado; **~ment** *n* (*state*) retiro; (*act*) jubilación *f*; **retiring** *a* (*leaving*) saliente; (*shy*) retraído.
retort [rɪ'tɔ:t] *n* (*reply*) réplica // *vi* contestar.
retrace [ri:'treɪs] *vt*: to ~ one's steps volver sobre sus pasos, desandar lo andado.
retract [rɪ'trækt] *vt* (*statement*) retirar; (*claws*) retraer; (*undercarriage, aerial*) replegar // *vi* retractarse.
retrain [ri:'treɪn] *vt* reciclar; **~ing** *n* readaptación *f* profesional.
retread ['ri:trɛd] *n* neumático *or* llanta (*LAm*) recauchutado/a.
retreat [rɪ'tri:t] *n* (*place*) retiro; (*MIL*) retirada // *vi* retirarse; (*flood*) bajar.
retribution [rɛtrɪ'bju:ʃən] *n* desquite *m*.
retrieval [rɪ'tri:vəl] *n* recuperación *f*; information ~ recuperación *f* de datos.
retrieve [rɪ'tri:v] *vt* recobrar; (*situation, honour*) salvar; (*COMPUT*) recuperar; (*error*) reparar; **~r** *n* perro cobrador.
retrograde ['rɛtrəgreɪd] *a* retrógrado.

retrospect ['rɛtrəspɛkt] *n*: **in ~** retrospectivamente; **~ive** [-'spɛktɪv] *a* restrospectivo; (*law*) retroactivo.

return [rɪ'tə:n] *n* (*going or coming back*) vuelta, regreso; (*of sth stolen etc*) devolución *f*; (*recompense*) recompensa; (*FINANCE: from land, shares*) ganancia, ingresos *mpl* // *cpd* (*journey*) de regreso; (*Brit: ticket*) de ida y vuelta; (*match*) de desquite // *vi* (*person etc: come or go back*) volver, regresar; (*symptoms etc*) reaparecer // *vt* devolver; (*favour, love etc*) corresponder a; (*verdict*) pronunciar; (*POL: candidate*) elegir; **~s** *npl* (*COMM*) ingresos *mpl*; **in ~ (for)** en cambio (de); **by ~ of post** a vuelta de correo; **many happy ~s (of the day)!** ¡feliz cumpleaños!

reunion [ri:'ju:nɪən] *n* reunión *f*.

reunite [ri:ju:'naɪt] *vt* reunir; (*reconcile*) reconciliar.

rev [rɛv] (*AUT*) *n abbr* (= *revolution*) revolución // (*vb: also:* **~ up**) *vt* girar // *vi* (*engine*) girarse; (*driver*) girar el motor.

revamp [ri:'væmp] *vt* (*company, organization*) reorganizar.

reveal [rɪ'vi:l] *vt* (*make known*) revelar; **~ing** *a* revelador(a).

reveille [rɪ'vælɪ] *n* (*MIL*) diana.

revel ['rɛvl] *vi*: **to ~ in sth/in doing sth** gozar de algo/con hacer algo.

revelry ['rɛvlrɪ] *n* jarana, juerga.

revenge [rɪ'vɛndʒ] *n* venganza; (*in sport*) revancha; **to take ~ on** vengarse de.

revenue ['rɛvənju:] *n* ingresos *mpl*, rentas *fpl*.

reverberate [rɪ'və:bəreɪt] *vi* (*sound*) resonar, retumbar; **reverberation** [-'reɪʃən] *n* retumbo, eco.

revere [rɪ'vɪə*] *vt* venerar; **~nce** ['rɛvərəns] *n* reverencia.

Reverend ['rɛvərənd] *a* (*in titles*): **the ~ John Smith** (*Anglican*) el Reverendo John Smith; (*Catholic*) el Padre John Smith; (*Protestant*) el Pastor John Smith.

reverie ['rɛvərɪ] *n* ensueño.

reversal [rɪ'və:sl] *n* (*of order*) inversión *f*; (*of policy*) cambio; (*of decision*) revocación *f*.

reverse [rɪ'və:s] *n* (*opposite*) contrario; (*back: of cloth*) revés *m*; (*: of coin*) reverso, (*: of paper*) dorso; (*AUT: also:* **~ gear**) marcha atrás // *a* (*order*) inverso; (*direction*) contrario // *vt* (*decision, AUT*) dar marcha atrás a; (*position, function*) invertir // *vi* (*Brit AUT*) dar marcha atrás; **~-charge call** *n* (*Brit*) llamada a cobro revertido; **reversing lights** *npl* (*Brit AUT*) luces *fpl* de marcha atrás.

revert [rɪ'və:t] *vi*: **to ~ to** volver a.

review [rɪ'vju:] *n* (*magazine, MIL*) revista; (*of book, film*) reseña; (*US: examination*) repaso, examen *m* // *vt* repa examinar; (*MIL*) pasar revista a; (*b film*) reseñar; **~er** *n* crítico/a.

revile [rɪ'vaɪl] *vt* injuriar, vilipendiar.

revise [rɪ'vaɪz] *vt* (*manuscript*) corre (*opinion*) modificar; (*Brit: study: ject*) repasar; (*look over*) revisar; **r sion** [rɪ'vɪʒən] *n* corrección *f*; modi ción *f*; repaso; revisión *f*.

revitalize [ri:'vaɪtəlaɪz] *vt* revivificar.

revival [rɪ'vaɪvəl] *n* (*recovery*) reani ción *f*; (*POL*) resurgimiento; (*of in est*) renacimiento; (*THEATRE*) reestre (*of faith*) despertar *m*.

revive [rɪ'vaɪv] *vt* resucitar; (*custo*) restablecer; (*hope, interest*) despert (*play*) reestrenar // *vi* (*person*) volve sí; (*from tiredness*) reponerse; (*b ness*) reactivarse.

revolt [rɪ'vəult] *n* rebelión *f* // *vi* rebe se, sublevarse // *vt* dar asco a, repugn **~ing** *a* asqueroso, repugnante.

revolution [rɛvə'lu:ʃən] *n* revolución **~ary** *a*, *n* revolucionario/a *m/f*.

revolve [rɪ'vɔlv] *vi* dar vueltas, girar.

revolver [rɪ'vɔlvə*] *n* revólver *m*.

revolving [rɪ'vɔlvɪŋ] *a* (*chair, door* giratorio.

revue [rɪ'vju:] *n* (*THEATRE*) revista.

revulsion [rɪ'vʌlʃən] *n* asco, repugn cia.

reward [rɪ'wɔ:d] *n* premio, recompens *vt*: **to ~ (for)** recompensar *or* prem (por); **~ing** *a* (*fig*) valioso.

rewire [ri:'waɪə*] *vt* (*house*) renovar instalación eléctrica de.

reword [ri:'wə:d] *vt* expresar en o palabras.

rewrite [ri:'raɪt] (*irg: like* **write**) *vt* r cribir.

rhapsody ['ræpsədɪ] *n* (*MUS*) rapsodia

rhetoric ['rɛtərɪk] *n* retórica; [rɪ'tɔrɪkl] *a* retórico.

rheumatism ['ru:mətɪzəm] *n* reuma mo, reúma *m*.

Rhine [raɪn] *n*: **the ~** el (río) Rin.

rhinoceros [raɪ'nɔsərəs] *n* rinoceronte

rhododendron [rəudə'dɛndrn] *n* r dendro.

Rhone [rəun] *n*: **the ~** el (río) Ródano

rhubarb ['ru:bɑ:b] *n* ruibarbo.

rhyme [raɪm] *n* rima; (*verse*) poesía.

rhythm ['rɪðm] *n* ritmo.

rib [rɪb] *n* (*ANAT*) costilla // *vt* (*mock*) mar el pelo a.

ribald ['rɪbəld] *a* escabroso.

ribbon ['rɪbən] *n* cinta; **in ~s** (*torn*) cho trizas.

rice [raɪs] *n* arroz *m*; **~ pudding** *n* a *m* con leche.

rich [rɪtʃ] *a* rico; (*soil*) fértil; (*food*) sado; (*: sweet*) empalagoso; **the ~** los ricos; **~es** *npl* riqueza *sg*; **~ly** *a* camente; **~ness** *n* riqueza; fertilidad

rickets ['rɪkɪts] *n* raquitismo.

rickety ['rɪkɪtɪ] *a* (*old*) desvencijado; (*shaky*) tambaleante.
rickshaw ['rɪkʃɔ:] *n* carro de culi.
ricochet ['rɪkəʃeɪ] *n* rebote *m* // *vi* rebotar.
rid [rɪd], *pt, pp* **rid** *vt*: **to ~ sb of sth** librar a uno de algo; **to get ~ of** deshacerse *or* desembarazarse de.
ridden ['rɪdn] *pp of* **ride**.
riddle ['rɪdl] *n* (*puzzle*) acertijo; (*mystery*) enigma *m*, misterio // *vt*: **to be ~d with** ser lleno *or* plagado de.
ride [raɪd] *n* paseo; (*distance covered*) viaje *m*, recorrido // (*vb*: *pt* **rode**, *pp* **ridden**) *vi* (*horse: as sport*) montar; (*go somewhere: on horse, bicycle*) dar un paseo, pasearse; (*journey: on bicycle, motorcycle, bus*) viajar // *vt* (*a horse*) montar a; (*distance*) recorrer; **to ~ a bicycle** andar en bicicleta; **to ~ at anchor** (NAUT) estar fondeado; **to take sb for a ~** (*fig*) engañar a uno; **~r** *n* (*on horse*) jinete/a *m/f*; (*on bicycle*) ciclista *m/f*; (*on motorcycle*) motociclista *m/f*.
ridge [rɪdʒ] *n* (*of hill*) cresta; (*of roof*) caballete *m*.
ridicule ['rɪdɪkju:l] *n* irrisión *f*, burla // *vt* poner en ridículo, burlarse de; **ridiculous** [-'dɪkjuləs] *a* ridículo.
riding ['raɪdɪŋ] *n* equitación *f*; **I like ~** me gusta montar a caballo; **~ school** *n* escuela de equitación.
rife [raɪf] *a*: **to be ~** ser muy común; **to be ~ with** abundar en.
riffraff ['rɪfræf] *n* gentuza.
rifle ['raɪfl] *n* rifle *m*, fusil *m* // *vt* saquear; **~ range** *n* campo de tiro; (*at fair*) tiro al blanco.
rift [rɪft] *n* (*fig: between friends*) desavenencia; (*: in party*) ruptura *f*.
rig [rɪg] *n* (*also*: **oil ~**: *on land*) torre *f* de perforación; (*: at sea*) plataforma petrolera // *vt* (*election etc*) amañar; **to ~ out** *vt* (*Brit*) ataviar; **to ~ up** *vt* improvisar; **~ging** *n* (NAUT) aparejo.
right [raɪt] *a* (*true, correct*) correcto, exacto; (*suitable*) indicado, debido; (*proper*) apropiado; (*just*) justo; (*morally good*) bueno; (*not left*) derecho // *n* (*title, claim*) derecho; (*not left*) derecha // *ad* (*correctly*) bien, correctamente; (*straight*) derecho, directamente; (*not left*) a la derecha; (*to the ~*) hacia la derecha // *vt* enderezar // *excl* ¡bueno!, ¡está bien!; **to be ~** (*person*) tener razón; **by ~s** en justicia; **on the ~** a la derecha; **to be in the ~** tener razón; **~ now** ahora mismo; **~ in the middle** exactamente en el centro; **~ away** en seguida; **~ angle** *n* ángulo recto; **~eous** ['raɪtʃəs] *a* justado, honrado; (*anger*) justificado; **~ful** *a* (*heir*) legítimo; **~-handed** *a* (*person*) que usa la mano derecha; **~-hand man** *n* brazo derecho; **the ~-hand side** *n* la derecha; **~ly** *ad* correctamente, debidamente; (*with reason*) con razón; **~ of way** *n* (*on path etc*) derecho de paso; (AUT) prioridad *f*; **~-wing** *a* (POL) derechista.
rigid ['rɪdʒɪd] *a* rígido; (*person, ideas*) inflexible; **~ity** [rɪ'dʒɪdɪtɪ] *n* rigidez *f*; inflexibilidad *f*.
rigmarole ['rɪgmərəul] *n* galimatías *m inv*.
rigorous ['rɪgərəs] *a* riguroso.
rigour, (*US*) **rigor** ['rɪgə*] *n* rigor *m*, severidad *f*.
rile [raɪl] *vt* irritar.
rim [rɪm] *n* borde *m*; (*of spectacles*) aro; (*of wheel*) llanta.
rind [raɪnd] *n* (*of bacon*) corteza; (*of lemon etc*) cáscara; (*of cheese*) costra.
ring [rɪŋ] *n* (*of metal*) aro; (*on finger*) anillo; (*also*: **wedding ~**) alianza; (*of people*) corro; (*of objects*) círculo; (*gang*) banda; (*for boxing*) cuadrilátero; (*of circus*) pista; (*bull ~*) ruedo, plaza; (*sound of bell*) toque *m*; (*telephone call*) llamada // *vb* (*pt* **rang**, *pp* **rung**) *vi* (*on telephone*) llamar por teléfono; (*large bell*) repicar; (*also*: **~ out**: *voice, words*) sonar; (*ears*) zumbar // *vt* (*Brit* TEL: *also*: **~ up**) llamar, telefonear (*esp LAm*); (*bell etc*) hacer sonar; (*doorbell*) tocar; **to ~ back** *vt, vi* (TEL) devolver la llamada; **to ~ off** *vi* (*Brit* TEL) colgar, cortar la comunicación; **~ing** *n* (*of large bell*) repique *m*; (*in ears*) zumbido; **~ing tone** *n* (TEL) tono de llamada; **~leader** *n* (*of gang*) cabecilla *m*.
ringlets ['rɪŋlɪts] *npl* rizos *mpl*, bucles *mpl*.
ring road *n* (*Brit*) carretera periférica *or* de circunvalación.
rink [rɪŋk] *n* (*also*: **ice ~**) pista de hielo.
rinse [rɪns] *vt* (*dishes*) enjuagar; (*clothes*) aclarar; (*hair*) dar reflejos a.
riot ['raɪət] *n* motín *m*, disturbio // *vi* amotinarse; **to run ~** desmandarse; **~er** *n* amotinado/a; **~ous** *a* alborotado; (*party*) bullicioso; (*uncontrolled*) desenfrenado.
rip [rɪp] *n* rasgón *m*, rasgadura // *vt* rasgar, desgarrar // *vi* rasgarse, desgarrarse; **~cord** *n* cabo de desgarre.
ripe [raɪp] *a* (*fruit*) maduro; **~n** *vt* madurar // *vi* madurarse.
rip-off ['rɪpɔf] *n* (*col*): **it's a ~!** ¡es una estafa!
ripple ['rɪpl] *n* onda, rizo; (*sound*) murmullo // *vi* rizarse // *vt* rizar.
rise [raɪz] *n* (*slope*) cuesta, pendiente *f*; (*hill*) altura; (*increase*: *in wages*: *Brit*) aumento; (*: in prices, temperature*) subida; (*fig: to power etc*) ascenso // *vi* (*pt* **rose**, *pp* **risen** ['rɪzn]) (*gen*) elevarse; (*prices*) subir; (*waters*) crecer; (*river*) nacer; (*sun*) salir; (*person: from bed etc*) levantarse; (*also*: **~ up**: *rebel*) sublevarse; (*in rank*) ascender; **to give ~ to**

dar lugar *or* origen a; to ~ to the occasion ponerse a la altura de las circunstancias; **rising** *a* (*increasing*: *number*) creciente; (: *prices*) en aumento *or* alza; (*tide*) creciente; (*sun*, *moon*) naciente // *n* (*uprising*) sublevación *f*.

risk [rɪsk] *n* riesgo, peligro // *vt* arriesgar; (*run the ~ of*) exponerse a; to take *or* run the ~ of doing correr el riesgo de hacer; at ~ en peligro; at one's own ~ bajo su propia responsabilidad; **~y** *a* arriesgado, peligroso.

risqué ['ri:skeɪ] *a* (*joke*) subido de color.

rissole ['rɪsəul] *n* croqueta.

rite [raɪt] *n* rito; last ~s exequias *fpl*.

ritual ['rɪtjuəl] *a* ritual // *n* ritual *m*, rito.

rival ['raɪvl] *n* rival *m/f*; (*in business*) competidor(a) *m/f* // *a* rival, opuesto // *vt* competir con; **~ry** *n* rivalidad *f*, competencia.

river ['rɪvə*] *n* río // *cpd* (*port*, *fish*) de río; (*traffic*) fluvial; up/down ~ río arriba/abajo; **~bank** *n* orilla (del río); **~bed** *n* lecho, cauce *m*.

rivet ['rɪvɪt] *n* roblón *m*, remache *m* // *vt* remachar; (*fig*) captar.

Riviera [rɪvɪ'ɛərə] *n*: the (French) ~ la Costa Azul (francesa); the Italian ~ la Riviera italiana.

road [rəud] *n* (*gen*) camino; (*motorway etc*) carretera; (*in town*) calle *f*; major/minor ~ carretera principal/secundaria; **~block** *n* barricada; **~hog** *n* loco/a del volante; **~ map** *n* mapa *m* de carreteras; **~ safety** *n* seguridad *f* vial; **~side** *n* borde *m* (del camino) // *cpd* al lado de la carretera; **~sign** *n* señal *f* de tráfico; **~ user** *n* usuario/a de la vía pública; **~way** *n* calzada; **~works** *npl* obras *fpl*; **~worthy** *a* (*car*) en buen estado para circular.

roam [rəum] *vi* vagar // *vt* vagar por.

roar [rɔ:*] *n* (*of animal*) rugido, bramido; (*of crowd*) rugido; (*of vehicle*, *storm*) estruendo; (*of laughter*) carcajada // *vi* rugir, bramar; hacer estruendo; to ~ with laughter reírse a carcajadas; to do a ~ing trade hacer buen negocio.

roast [rəust] *n* carne *f* asada, asado // *vt* (*meat*) asar; (*coffee*) tostar; **~ beef** *n* rosbif *m*.

rob [rɔb] *vt* robar; to ~ sb of sth robar algo a uno; (*fig: deprive*) quitar algo a uno; **~ber** *n* ladrón/ona *m/f*; **~bery** *n* robo.

robe [rəub] *n* (*for ceremony etc*) toga; (*also*: bath ~) bata.

robin ['rɔbɪn] *n* petirrojo.

robot ['rəubɔt] *n* robot *m*.

robust [rəu'bʌst] *a* robusto, fuerte.

rock [rɔk] *n* (*gen*) roca; (*boulder*) peña, peñasco; (*Brit*: *sweet*) ≈ pirulí // *vt* (*swing gently*: *cradle*) balancear, mecer; (: *child*) arrullar; (*shake*) sacudir // *vi* mecerse, balancearse; sacudirse; on the ~s (*drink*) con hielo; (*marriage etc*) en ruinas; **~ and roll** *n* rocanrol *m*; **~-bottom** *n* (*fig*) punto más bajo // *a*: at ~-bottom prices a precios regalados; **~ery** *n* cuadro alpino.

rocket ['rɔkɪt] *n* cohete *m*.

rocking ['rɔkɪŋ]: **~ chair** *n* mecedora; **~ horse** *n* caballo de balancín.

rocky ['rɔkɪ] *a* (*gen*) rocoso; (*unsteady*: *table*) inestable.

rod [rɔd] *n* vara, varilla; (*TECH*) barra; (*also*: fishing ~) caña.

rode [rəud] *pt of* **ride**.

rodent ['rəudnt] *n* roedor *m*.

roe [rəu] *n* (*species*: *also*: ~ deer) corzo; (*of fish*): hard/soft ~ hueva/lecha.

rogue [rəug] *n* pícaro, pillo.

role [rəul] *n* papel *m*, rol *m*.

roll [rəul] *n* rollo; (*of bank notes*) fajo; (*also*: bread ~) panecillo; (*register*) lista, nómina; (*sound*: *of drums etc*) redoble *m*; (*movement*: *of ship*) balanceo // *vt* hacer rodar; (*also*: ~ up: *string*) enrollar; (: *sleeves*) arremangar; (*cigarettes*) liar; (*also*: ~ out: *pastry*) aplanar // *vi* (*gen*) rodar; (*drum*) redoblar; (*in walking*) bambolearse; (*ship*) balancearse; **to ~ about** *or* **around** *vi* (*person*) revolcarse; **to ~ by** *vi* (*time*) pasar; **to ~ in** *vi* (*mail*, *cash*) entrar a raudales; **to ~ over** *vi* dar una vuelta; **to ~ up** *vi* (*col*: *arrive*) aparecer // *vt* (*carpet*) arrollar; **~ call** *n*: to take a ~ call pasar lista; **~er** *n* rodillo; (*wheel*) rueda; **~er coaster** *n* montaña rusa; **~er skates** *npl* patines *mpl* de rueda.

rolling ['rəulɪŋ] *a* (*landscape*) ondulado; **~ pin** *n* rodillo (de cocina); **~ stock** *n* (*RAIL*) material *m* rodante.

ROM [rɔm] *n abbr* (= *read only memory*) ROM *f*.

Roman ['rəumən] *a*, *n* romano/a *m/f*; **~ Catholic** *a*, *n* católico/a *m/f* (romano/a).

romance [rə'mæns] *n* (*love affair*) amor *m*; (*charm*) lo romántico; (*novel*) novela de amor.

Romania [ru:'meɪnɪə] *n* = **Rumania**.

Roman numeral *n* número romano.

romantic [rə'mæntɪk] *a* romántico.

Rome [rəum] *n* Roma.

romp [rɔmp] *n* retozo, juego // *vi* (*also*: ~ about) jugar, brincar.

rompers ['rɔmpəz] *npl* pelele *m*.

roof [ru:f], *pl* **~s** *n* (*gen*) techo; (*of house*) techo, tejado; (*of car*) baca // *vt* techar, poner techo a; the ~ of the mouth el paladar; **~ing** *n* techumbre *f*; **~ rack** *n* (*AUT*) baca, portaequipajes *m inv*.

rook [ruk] *n* (*bird*) graja; (*CHESS*) torre *f*.

room [ru:m] *n* (*in house*) cuarto, habitación *f*, pieza (*esp LAm*); (*also*: bed~) dormitorio; (*in school etc*) sala; (*space*) sitio, cabida; ~s *npl* (*lodging*) aloja

miento *sg*; '~s to let', (*US*) '~s for rent' 'se alquilan pisos *or* cuartos'; **single/double** ~ habitación individual/doble *or* para dos personas; **~ing house** *n* (*US*) pensión *f*; **~mate** *n* compañero/a de cuarto; ~ **service** *n* servicio de habitaciones; **~y** *a* espacioso.
oost [ru:st] *n* percha // *vi* pasar la noche.
ooster ['ru:stə*] *n* gallo.
oot [ru:t] *n* (*BOT, MATH*) raíz *f* // *vi* (*plant, belief*) arraigarse; **to ~ about** *vi* (*fig*) buscar y rebuscar; **to ~ for** *vt fus* apoyar a; **to ~ out** *vt* desarraigar.
ope [rəup] *n* cuerda; (*NAUT*) cable *m* // *vt* (*box*) atar *or* amarrar con (una) cuerda; (*climbers*: *also*: **~ together**) encordarse; **to ~ sb in** (*fig*) persuadir a uno a tomar parte; **to know the ~s** (*fig*) conocer los trucos (del oficio); **~ ladder** *n* escala de cuerda.
osary ['rəuzərı] *n* rosario.
ose [rəuz] *pt of* **rise** // *n* rosa; (*also*: **~bush**) rosal *m*; (*on watering can*) roseta // *a* color de rosa.
osé ['rəuzeı] *n* vino rosado.
ose: **~bud** *n* capullo de rosa; **~bush** *n* rosal *m*.
osemary ['rəuzmərı] *n* romero.
osette [rəu'zɛt] *n* escarapela.
oster ['rɔstə*] *n*: **duty** ~ lista de deberes.
ostrum ['rɔstrəm] *n* tribuna.
osy ['rəuzı] *a* rosado, sonrosado; **the future looks** ~ el futuro parece prometedor.
ot [rɔt] *n* (*fig*: *pej*) tonterías *fpl* // *vt, vi* pudrirse; **it has** ~ está podrido.
ota ['rəutə] *n* lista (de tandas).
otary ['rəutərı] *a* rotativo.
otate [rəu'teıt] *vt* (*revolve*) hacer girar, dar vueltas a; (*change round*: *crops*) cultivar en rotación; (: *jobs*) alternar // *vi* (*revolve*) girar, dar vueltas; **rotating** *a* (*movement*) rotativo.
ote [rəut] *n*: **by** ~ maquinalmente, de memoria.
otten ['rɔtn] *a* (*decayed*) podrido; (*dishonest*) corrompido; (*col*: *bad*) pésimo; **to feel** ~ (*ill*) sentirse muy mal.
ouge [ru:ʒ] *n* colorete *m*.
ough [rʌf] *a* (*skin, surface*) áspero; (*terrain*) quebrado; (*road*) desigual; (*voice*) bronco; (*person, manner*: *coarse*) tosco, grosero; (*weather*) borrascoso; (*treatment*) brutal; (*sea*) bravo; (*cloth*) basto; (*plan*) preliminar; (*guess*) aproximado; (*violent*) violento // *n* (*GOLF*): **in the** ~ en las hierbas altas; **to ~ it** vivir sin comodidades; **to sleep** ~ (*Brit*) pasar la noche al raso; **~age** *n* fibra(s) *f(pl)*; **~-and-ready** *a* improvisado; **~cast** *n* mezcla gruesa; ~ **copy** *n*, ~ **draft** *n* borrador *m*; **~en** *vt* (*a surface*) poner áspero; **~ly** *ad* (*handle*) torpemente; (*make*) toscamente; (*approximately*) aproximadamente.
roulette [ru:'lɛt] *n* ruleta.
Roumania [ru:'meınıə] *n* = **Rumania**.
round [raund] *a* redondo // *n* círculo; (*Brit*: *of toast*) rodaja; (*of policeman*) ronda; (*of milkman*) recorrido; (*of doctor*) visitas *fpl*; (*game*: *of cards, in competition*) partida; (*of ammunition*) cartucho; (*BOXING*) asalto; (*of talks*) ronda // *vt* (*corner*) doblar // *prep* alrededor de // *ad*: **all** ~ por todos lados; **the long way** ~ por el camino menos directo; **all the year** ~ durante todo el año; **it's just ~ the corner** (*fig*) está a la vuelta de la esquina; ~ **the clock** *ad* las 24 horas; **to go ~ to sb's (house)** ir a casa de uno; **to go ~ the back** pasar por atrás; **to go ~ a house** visitar una casa; **enough to go** ~ bastante (para todos); **to go the ~s** (*story*) circular; **a ~ of applause** una salva de aplausos; **a ~ of drinks/sandwiches** una ronda de bebidas/bocadillos; **to ~ off** *vt* (*speech etc*) acabar, poner término a; **to ~ up** *vt* (*cattle*) acorralar; (*people*) reunir; (*prices*) redondear; **~about** *n* (*Brit*: *AUT*) isleta; (: *at fair*) tiovivo // *a* (*route, means*) indirecto; **~ers** *n* (*Brit*: *game*) *juego similar al béisbol*; **~ly** *ad* (*fig*) rotundamente; **~-shouldered** *a* cargado de espaldas; ~ **trip** *n* viaje *m* de ida y vuelta; **~up** *n* rodeo; (*of criminals*) redada.
rouse [rauz] *vt* (*wake up*) despertar; (*stir up*) suscitar; **rousing** *a* (*applause*) caluroso; (*speech*) conmovedor(a).
rout [raut] *n* (*MIL*) derrota.
route [ru:t] *n* ruta, camino; (*of bus*) recorrido; (*of shipping*) derrota; ~ **map** *n* (*Brit*: *for journey*) mapa *m* de carreteras.
routine [ru:'ti:n] *a* (*work*) rutinario // *n* rutina; (*THEATRE*) número.
roving ['rəuvıŋ] *a* (*wandering*) errante; (*salesman*) ambulante.
row [rəu] *n* (*line*) fila, hilera; (*KNITTING*) pasada; [rau] (*noise*) escándalo; (*dispute*) bronca, pelea; (*fuss*) jaleo; (*scolding*) regaño // *vi* (*in boat*) remar; [rau] reñir(se) // *vt* (*boat*) conducir remando; **4 days in a** ~ 4 días seguidos; **~boat** *n* (*US*) bote *m* de remos.
rowdy ['raudı] *a* (*person*: *noisy*) ruidoso; (: *quarrelsome*) pendenciero; (*occasion*) alborotado // *n* pendenciero.
row houses (*US*) casas *fpl* adosadas.
rowing ['rəuıŋ] *n* remo; ~ **boat** *n* (*Brit*) bote *m* de remos.
royal ['rɔıəl] *a* real; **R~ Air Force (RAF)** *n* Fuerzas Aéreas Británicas *fpl*; **~ty** *n* (~ *persons*) familia real; (*payment to author*) derechos *mpl* de autor.
rpm *abbr* (= *revs per minute*) r.p.m.
R.S.V.P. *abbr* (= *répondez s'il vous plaît*) SRC.

Rt.Hon. *abbr* (*Brit*: = *Right Honourable*) *título honorífico de diputado.*

rub [rʌb] *vt* (*gen*) frotar; (*hard*) restregar // *n* (*gen*) frotamiento; (*touch*) roce *m*; to ~ sb up *or* (*US*) ~ sb the wrong way entrarle uno por mal ojo; **to ~ off** *vi* borrarse; **to ~ off on** *vt fus* influir en; **to ~ out** *vt* borrar.

rubber ['rʌbə*] *n* caucho, goma; (*Brit*: *eraser*) goma de borrar; ~ **band** *n* goma, gomita; ~ **plant** *n* ficus *m*; ~**y** *a* elástico.

rubbish ['rʌbɪʃ] *n* (*Brit*) (*from household*) basura; (*waste*) desperdicios *mpl*; (*fig*: *pej*) tonterías *fpl*; (*trash*) pacotilla; ~ **bin** *n* cubo *or* bote *m* (*LAm*) de la basura; ~ **dump** *n* (*in town*) vertedero, basurero.

rubble ['rʌbl] *n* escombros *mpl.*

ruby ['ru:bɪ] *n* rubí *m.*

rucksack ['rʌksæk] *n* mochila.

ructions ['rʌkʃənz] *npl* lío *sg.*

rudder ['rʌdə*] *n* timón *m.*

ruddy ['rʌdɪ] *a* (*face*) rubicundo; (*col*: *damned*) condenado.

rude [ru:d] *a* (*impolite*: *person*) mal educado; (: *word, manners*) grosero; (*indecent*) indecente.

rueful [ru:ful] *a* arrepentido.

ruffian ['rʌfɪən] *n* matón *m*, criminal *m*.

ruffle ['rʌfl] *vt* (*hair*) despeinar; (*clothes*) arrugar; to get ~d (*fig*: *person*) alterarse.

rug [rʌg] *n* alfombra; (*Brit*: *for knees*) manta.

rugby ['rʌgbɪ] *n* (*also*: ~ **football**) rugby *m*.

rugged ['rʌgɪd] *a* (*landscape*) accidentado; (*features*) robusto.

rugger ['rʌgə*] *n* (*Brit col*) rugby *m*.

ruin ['ru:ɪn] *n* ruina // *vt* arruinar; (*spoil*) estropear; ~s *npl* ruinas *fpl*, restos *mpl*.

rule [ru:l] *n* (*norm*) norma, costumbre *f*; (*regulation*) regla; (*government*) dominio // *vt* (*country, person*) gobernar; (*decide*) disponer // *vi* gobernar; (*LAW*) fallar; as a ~ por regla general; **to ~ out** *vt* excluir; ~**d** *a* (*paper*) rayado; ~**r** *n* (*sovereign*) soberano; (*for measuring*) regla; **ruling** *a* (*party*) gobernante; (*class*) dirigente // *n* (*LAW*) fallo, decisión *f*.

rum [rʌm] *n* ron *m*.

Rumania [ru:'meɪnɪə] *n* Rumanía; ~**n** *a*, *n* rumano/a *m/f*.

rumble ['rʌmbl] *vi* retumbar, hacer un ruido sordo; (*stomach, pipe*) sonar.

rummage ['rʌmɪdʒ] *vi*: to ~ (in *or* among) revolver (en).

rumour, (*US*) **rumor** ['ru:mə*] *n* rumor *m* // *vt*: it is ~ed that... se rumorea que... .

rump [rʌmp] *n* (*of animal*) ancas *fpl*, grupa; ~ **steak** *n* filete *m* de lomo.

rumpus ['rʌmpəs] *n* (*col*) lío, jaleo; (*quarrel*) pelea, riña.

run [rʌn] *n* (*SPORT*) carrera; (*outing*) p seo, excursión *f*; (*distance travelled*) tr yecto; (*series*) serie *f*; (*THEATRE*) te porada; (*SKI*) pista; (*in tights, stoc ings*) carrera; // *vb* (*pt* **ran**, *pp* **run**) (*operate*: *business*) dirigir; (: *compe tion, course*) organizar; (: *hotel, hous* administrar, llevar; (*COMPUT*) ejecuta (*to pass*: *hand*) pasar; (*bath*): to ~ bath llenar la bañera // *vi* (*gen*) corre (*work*: *machine*) funcionar, marcha (*bus, train*: *operate*) circular, ir; (: *tra el*) ir; (*continue*: *play*) seguir; (: *co tract*) ser válido; (*flow*: *river, bat* fluir; (*colours, washing*) desteñirse; *election*) ser candidato; there was a on (*meat, tickets*) hubo mucha deman de; in the long ~ a la larga; on the ~ fuga; I'll ~ you to the station te lleva a la estación en coche; to ~ a risk c rrer un riesgo; **to ~ about** *or* **aroun** *vi* (*children*) correr por todos lados; ~ **across** *vt fus* (*find*) dar *or* topar co **to ~ away** *vi* huir; **to ~ down** (*clock*) parar // *vt* (*production*) ir red ciendo; (*factory*) ir restringiendo la p ducción en; (*AUT*) atropellar; (*criticiz* criticar; to be ~ down (*person*: *tire* estar debilitado; **to ~ in** *vt* (*Brit*: *ca* rodar; **to ~ into** *vt fus* (*meet*: *perso trouble*) tropezar con; (*collide with*) ch car con; **to ~ off** *vt* (*water*) dejar c rrer // *vi* huir corriendo; **to ~ out** (*person*) salir corriendo; (*liquid*) irs (*lease*) caducar, vencer; (*money*) ac barse; **to ~ out of** *vt fus* quedar si **to ~ over** *vt* (*AUT*) atropellar // *vt f* (*revise*) repasar; **to ~ through** *vt f* (*instructions*) repasar; **to ~ up** (*debt*) contraer; to ~ up against (*dif culties*) tropezar con; ~**away** *a* (*hors* desbocado; (*truck*) sin frenos; (*inflatio* galopante.

rung [rʌŋ] *pp of* **ring** // *n* (*of ladder*) e calón *m*, peldaño.

runner ['rʌnə*] *n* (*in race*: *person*) c rredor(a) *m/f*; (: *horse*) caballo; (*sledge*) patín *m*; (*wheel*) ruedecilla; **bean** *n* (*Brit*) judía escarlata; ~**-up** subcampeón/ona *m/f*.

running ['rʌnɪŋ] *n* (*sport*) atletism (*race*) carrera // *a* (*water, costs*) c rriente; (*commentary*) continuo; to in/out of the ~ for sth tener/no tener p sibilidades de ganar algo; 6 days ~ días seguidos.

runny ['rʌnɪ] *a* derretido.

run-of-the-mill ['rʌnəvðə'mɪl] *a* común corriente.

runt [rʌnt] *n* (*also pej*) redrojo, enano.

run-up ['rʌnʌp] *n*: ~ to (*election et* período previo a.

runway ['rʌnweɪ] *n* (*AVIAT*) pista de at rrizaje.

pee [ru:'pi:] *n* rupia.
pture ['rʌptʃə*] *n* (*MED*) hernia // *vt*: ~ o.s. causarse una hernia.
ral ['ruərl] *a* rural.
se [ru:z] *n* ardid *m*.
sh [rʌʃ] *n* ímpetu *m*; (*hurry*) prisa; *COMM*) demanda repentina; (*BOT*) jun-o; (*current*) corriente *f* fuerte, ráfaga // *vt* apresurar; (*work*) hacer de prisa; *attack: town etc*) asaltar // *vi* correr, recipitarse; ~ **hour** *n* horas *fpl* punta.
sk [rʌsk] *n* bizcocho tostado.
ssia ['rʌʃə] *n* Rusia; ~**n** *a*, *n* ruso/a *n/f*.
st [rʌst] *n* herrumbre *f*, moho // *vi* oxi-arse.
stic ['rʌstɪk] *a* rústico.
stle ['rʌsl] *vi* susurrar // *vt* (*paper*) ha-er crujir; (*US*: *cattle*) hurtar, robar.
stproof ['rʌstpru:f] *a* inoxidable.
sty ['rʌstɪ] *a* oxidado.
t [rʌt] *n* surco; (*ZOOL*) celo; to be in a ser esclavo de la rutina
thless ['ru:θlɪs] *a* despiadado.
e [raɪ] *n* centeno; ~ **bread** *n* pan de enteno.

S

bbath ['sæbəθ] *n* domingo; (*Jewish*) ábado.
botage ['sæbətɑ:ʒ] *n* sabotaje *m* // *vt* abotear.
ccharin(e) ['sækərɪn] *n* sacarina.
chet ['sæʃeɪ] *n* sobrecito.
ck [sæk] *n* (*bag*) saco, costal *m* // *vt* *dismiss*) despedir; (*plunder*) saquear; o get the ~ ser despedido; ~**ing** *n* (*ma-erial*) arpillera.
cred ['seɪkrɪd] *a* sagrado, santo.
crifice ['sækrɪfaɪs] *n* sacrificio // *vt* sa-rificar.
crilege ['sækrɪlɪdʒ] *n* sacrilegio.
crosanct ['sækrəusæŋkt] *a* sacrosanto.
d [sæd] *a* (*unhappy*) triste; (*deplor-ble*) lamentable.
ddle ['sædl] *n* silla (de montar); (*of ycle*) sillín *m* // *vt* (*horse*) ensillar; to e ~d with sth (*col*) quedar cargado con lgo; ~**bag** *n* alforja.
distic [sə'dɪstɪk] *a* sádico.
dness ['sædnɪs] *n* tristeza.
a.e. *abbr* (= *stamped addressed en-elope*) *sobre con las propias señas de no y con sello.*
fari [sə'fɑ:rɪ] *n* safari *m*.
fe [seɪf] *a* (*out of danger*) fuera de peli-ro; (*not dangerous, sure*) seguro; (*un-armed*) ileso; (*trustworthy*) digno de onfianza // *n* caja de caudales, caja uerte; ~ **and sound** sano y salvo; (**just**) o be on the ~ side para mayor seguri-dad; ~**-conduct** *n* salvoconducto; ~-**deposit** *n* (*vault*) cámara acorazada; (*box*) caja de seguridad; ~**guard** *n* pro-tección *f*, garantía // *vt* proteger, defen-der; ~**keeping** *n* custodia; ~**ly** *ad* se-guramente, con seguridad; to arrive ~ly llegar bien.
safety ['seɪftɪ] *n* seguridad *f* // *a* de segu-ridad; ~ **first**! ¡precaución!; ~ **belt** *n* cinturón *m* (de seguridad); ~ **pin** *n* im-perdible *m*, seguro (*LAm*).
saffron ['sæfrən] *n* azafrán *m*.
sag [sæg] *vi* aflojarse.
sage [seɪdʒ] *n* (*herb*) salvia; (*man*) sa-bio.
Sagittarius [sædʒɪ'tɛərɪəs] *n* Sagitario.
Sahara [sə'hɑ:rə] *n*: **the** ~ (**Desert**) el (desierto del) Sáhara.
said [sɛd] *pt*, *pp of* **say**.
sail [seɪl] *n* (*on boat*) vela // *vt* (*boat*) go-bernar // *vi* (*travel*: *ship*) navegar; (: *passenger*) pasear en barco; (*set off*) zarpar; **to go for a** ~ dar un paseo en barco; **they ~ed into Copenhagen** arriba-ron a Copenhague; **to** ~ **through** *vt fus* (*exam*) no tener problemas para apro-bar; ~**boat** *n* (*US*) velero, barco de vela; ~**ing** *n* (*SPORT*) balandrismo; **to go ~ing** salir en balandro; ~**ing ship** *n* barco de vela; ~**or** *n* marinero, marino.
saint [seɪnt] *n* santo; ~**ly** *a* santo.
sake [seɪk] *n*: **for the** ~ **of** por.
salad ['sæləd] *n* ensalada; ~ **bowl** *n* en-saladera; ~ **cream** *n* (*Brit*) (especie de) mayonesa; ~ **dressing** *n* aliño.
salary ['sælərɪ] *n* sueldo.
sale [seɪl] *n* venta; (*at reduced prices*) li-quidación *f*, saldo; **'for ~'** 'se vende'; **on** ~ en venta; **on** ~ **or return** (*goods*) ven-ta por reposición; ~**room** *n* sala de su-bastas; ~**s assistant**, (*US*) ~**s clerk** *n* dependiente/a *m/f*; **salesman/woman** *n* vendedor(a) *m/f*; (*in shop*) dependiente/a *m/f*; (*representative*) viajante *m/f*.
salient ['seɪlɪənt] *a* sobresaliente.
saliva [sə'laɪvə] *n* saliva.
sallow ['sæləu] *a* cetrino.
salmon ['sæmən] *n*, *pl inv* salmón *m*.
salon ['sælɔn] *n* salón *m*.
saloon [sə'lu:n] *n* (*US*) bar *m*, taberna; (*Brit AUT*) (coche *m* de) turismo; (*ship's lounge*) cámara, salón *m*.
salt [sɔlt] *n* sal *f* // *vt* salar; (*put* ~ *on*) poner sal en; **to** ~ **away** *vt* (*col*: *mon-ey*) ahorrar; ~ **cellar** *n* salero; ~**water** *a* de agua salada; ~**y** *a* salado.
salutary ['sæljutərɪ] *a* saludable.
salute [sə'lu:t] *n* saludo; (*of guns*) salva // *vt* saludar.
salvage ['sælvɪdʒ] *n* (*saving*) salvamento, recuperación *f*; (*things saved*) objetos *mpl* salvados // *vt* salvar.
salvation [sæl'veɪʃən] *n* salvación *f*; **S~ Army** *n* Ejército de Salvación.
same [seɪm] *a* mismo // *pron*: **the** ~ el/la mismo/a, los/las mismos/as; **the** ~ **book as** el mismo libro que; **at the** ~ **time** (*at*

the ~ *moment*) al mismo tiempo; (*yet*) sin embargo; **all** *or* **just the** ~ sin embargo, aun así; **to do the** ~ (**as sb**) hacer lo mismo (que uno); **the** ~ **to you!** ¡igualmente!
sample ['sɑːmpl] *n* muestra // *vt* (*food, wine*) probar.
sanatorium [sænə'tɔːrɪəm], *pl* **-ria** [-rɪə] *n* (*Brit*) sanatorio.
sanction ['sæŋkʃən] *n* sanción *f* // *vt* sancionar.
sanctity ['sæŋktɪtɪ] *n* (*gen*) santidad *f*; (*inviolability*) inviolabilidad *f*.
sanctuary ['sæŋktjuərɪ] *n* santuario; (*refuge*) asilo, refugio; (*for wildlife*) reserva.
sand [sænd] *n* arena // *vt* (*also*: ~ **down**) lijar.
sandal ['sændl] *n* sandalia; ~**wood** *n* sándalo.
sand: ~**box** *n* (*US*) = ~**pit**; ~**castle** *n* castillo de arena; ~ **dune** *n* duna; ~**paper** *n* papel *m* de lija; ~**pit** *n* (*for children*) cajón *m* de arena; ~**stone** *n* piedra arenisca.
sandwich ['sændwɪtʃ] *n* bocadillo (*Sp*), sandwich *m* (*LAm*) // *vt* (*also*: ~ **in**) intercalar; ~**ed between** apretujado entre; **cheese/ham** ~ sandwich de queso/jamón; ~ **board** *n* cartelón *m*; ~ **course** *n* (*Brit*) curso de medio tiempo.
sandy ['sændɪ] *a* arenoso; (*colour*) rojizo.
sane [seɪn] *a* cuerdo, sensato.
sang [sæŋ] *pt of* **sing**.
sanitarium [sænɪ'tɛərɪəm] *n* (*US*) = **sanatorium**.
sanitary ['sænɪtərɪ] *a* (*system, arrangements*) sanitario; (*clean*) higiénico; ~ **towel**, (*US*) ~ **napkin** *n* paño higiénico, compresa.
sanitation [sænɪ'teɪʃən] *n* (*in house*) servicios *mpl* higiénicos; (*in town*) servicio de desinfección; ~ **department** *n* (*US*) departamento de limpieza y recogida de basuras.
sanity ['sænɪtɪ] *n* cordura; (*of judgment*) sensatez *f*.
sank [sæŋk] *pt of* **sink**.
Santa Claus [sæntə'klɔːz] *n* San Nicolás, Papá Noel.
sap [sæp] *n* (*of plants*) savia // *vt* (*strength*) minar, agotar.
sapling ['sæplɪŋ] *n* árbol nuevo *or* joven.
sapphire ['sæfaɪə*] *n* zafiro.
sarcasm ['sɑːkæzm] *n* sarcasmo.
sardine [sɑː'diːn] *n* sardina.
Sardinia [sɑː'dɪnɪə] *n* Cerdeña.
sash [sæʃ] *n* faja.
sat [sæt] *pt, pp of* **sit**.
Satan ['seɪtn] *n* Satanás *m*.
satchel ['sætʃl] *n* (*child's*) cartera, mochila (*LAm*).
sated ['seɪtɪd] *a* (*appetite, person*) saciado.
satellite ['sætəlaɪt] *n* satélite *m*.
satin ['sætɪn] *n* raso // *a* de raso.
satire ['sætaɪə*] *n* sátira.
satisfaction [sætɪs'fækʃən] *n* satisfacc *f*.
satisfactory [sætɪs'fæktərɪ] *a* satisfa rio.
satisfy ['sætɪsfaɪ] *vt* satisfacer; (*c vince*) convencer; ~**ing** *a* satisfactori
saturate ['sætʃəreɪt] *vt*: **to** ~ (**with**) e papar *or* saturar (de).
Saturday ['sætədɪ] *n* sábado.
sauce [sɔːs] *n* salsa; (*sweet*) crem ~**pan** *n* cacerola, olla.
saucer ['sɔːsə*] *n* platillo.
saucy ['sɔːsɪ] *a* fresco, descarado.
Saudi ['saudɪ]: ~ **Arabia** *n* Arabia Sa *or* Saudita; ~ (**Arabian**) *a*, *n* saudí *m* saudita *m/f*.
sauna ['sɔːnə] *n* sauna.
saunter ['sɔːntə*] *vi*: **to** ~ **in/out** entr salir sin prisa.
sausage ['sɔsɪdʒ] *n* salchicha; ~ **roll** empanadita de salchicha.
sautéed ['səuteɪd] *a* salteado.
savage ['sævɪdʒ] *a* (*cruel, fierce*) fer furioso; (*primitive*) salvaje // *n* salva *m/f* // *vt* (*attack*) embestir.
save [seɪv] *vt* (*rescue*) salvar, rescata (*money, time*) ahorrar; (*put by*) gu dar; (COMPUT) salvar (y guarda (*avoid: trouble*) evitar // *vi* (*also*: ~ u ahorrar // *n* (SPORT) parada // *prep* s vo, excepto.
saving ['seɪvɪŋ] *n* (*on price etc*) eco mía // *a*: **the** ~ **grace of** el único mér de; ~**s** *npl* ahorros *mpl*; ~**s account** cuenta de ahorros; ~**s bank** *n* caja ahorros.
saviour, (*US*) **savior** ['seɪvjə*] *n* sal dor(a) *m/f*.
savour, (*US*) **savor** ['seɪvə*] *n* sabor gusto // *vt* saborear; ~**y** *a* sabros (*dish: not sweet*) salado.
saw [sɔː] *pt of* **see** // *n* (*tool*) sierra // (*pt* **sawed**, *pp* **sawed** *or* **sawn**) serra ~**dust** *n* (a)serrín *m*; ~**mill** *n* aser dero; ~**n-off shotgun** *n* escopeta de ñones recortados.
saxophone ['sæksəfəun] *n* saxófono.
say [seɪ] *n*: **to have one's** ~ expresar opinión; **to have a** *or* **some** ~ **in sth** ten voz *or* tener que ver en algo // *vt* (*pt, said*) decir; **to** ~ **yes/no** decir que sí/n **that is to** ~ es decir; **that goes witho** ~**ing** ni que decir tiene; ~**ing** *n* dich refrán *m*.
scab [skæb] *n* costra; (*pej*) esquirol *m*.
scaffold ['skæfəuld] *n* (*for execution*) c dalso; ~**ing** *n* andamio, andamiaje *m*.
scald [skɔːld] *n* escaldadura // *vt* esc dar.
scale [skeɪl] *n* (*gen*, MUS) escala; *fish*) escama; (*of salaries, fees etc*) calafón *m* // *vt* (*mountain*) escala (*tree*) trepar; ~**s** *npl* (*small*) balan

; (*large*) báscula *sg*; **on a large ~** en
an escala; ~ **of charges** tarifa, lista de
ecios; **to ~ down** *vt* reducir a esca-
; ~ **model** *n* modelo a escala.
llop ['skɔləp] *n* (*ZOOL*) venera; (*SEW-*
G) festón *m*.
lp [skælp] *n* cabellera // *vt* escalpar.
lpel ['skælpl] *n* bisturí *m*.
mper ['skæmpə*] *vi*: **to ~ away, ~ off**
e corriendo.
mpi ['skæmpɪ] *npl* gambas *fpl*.
n [skæn] *vt* (*examine*) escudriñar;
lance at quickly) dar un vistazo a;
V, RADAR) explorar, registrar.
ndal ['skændl] *n* escándalo; (*gossip*)
ismes *mpl*.
ndinavia [skændɪ'neɪvɪə] *n* Escandi-
via; **~n** *a*, *n* escandinavo/a *m/f*.
nt [skænt] *a* escaso; **~y** *a* (*meal*) in-
ficiente; (*clothes*) ligero.
pegoat ['skeɪpgəut] *n* cabeza de tur-
, chivo expiatorio.
r [skɑ:] *n* cicatriz *f*.
rce [skɛəs] *a* escaso; **~ly** *ad* apenas;
arcity *n* escasez *f*.
re [skɛə*] *n* susto, sobresalto; (*panic*)
nico // *vt* asustar, espantar; **to ~ sb**
ff dar a uno un susto de muerte; **bomb**
amenaza de bomba; **~crow** *n* espan-
pájaros *m inv*; **~d** *a*: **to be ~d** estar
ustado.
rf [skɑ:f], *pl* **scarves** [skɑ:vz] *n* (*long*)
fanda; (*square*) pañuelo.
rlet ['skɑ:lɪt] *a* escarlata; **~ fever** *n*
carlatina.
rves [skɑ:vz] *pl of* **scarf**.
thing ['skeɪðɪŋ] *a* mordaz.
tter ['skætə*] *vt* (*spread*) esparcir,
sparramar; (*put to flight*) dispersar //
desparramarse; dispersarse;
brained *a* ligero de cascos.
venger ['skævəndʒə*] *n* (*person*)
surero/a; (*ZOOL*: *animal*) animal *m*
carroña; (: *bird*) ave *f* de carroña.
nario [sɪ'nɑ:rɪəu] *n* (*THEATRE*) argu-
ento; (*CINEMA*) guión *m*; (*fig*) escena-
o.
ene [si:n] *n* (*THEATRE*, *fig etc*) escena;
of crime, accident) escenario; (*sight,*
iew) panorama *m*; (*fuss*) escándalo;
ry *n* (*THEATRE*) decorado; (*landscape*)
aisaje *m*; **scenic** *a* (*picturesque*) pinto-
esco.
ent [sɛnt] *n* perfume *m*, olor *m*; (*fig*:
ack) rastro, pista; (*sense of smell*) ol-
ato.
eptic, (*US*) **skeptic** ['skɛptɪk] *n*
scéptico/a; **~al** *a* escéptico; **~ism**
skɛptɪsɪzm] *n* escepticismo.
eptre, (*US*) **scepter** ['sɛptə*] *n* cetro.
hedule ['ʃɛdju:l] *n* (*of trains*) horario;
of events) programa *m*; (*list*) lista // *vt*
visit) fijar la hora de; **to arrive on ~**
egar a la hora debida; **to be ahead of/**
ehind ~ estar adelantado/en retraso;
~d flight *n* vuelo regular.
schematic [skɪ'mætɪk] *a* (*diagram etc*)
esquemático.
scheme [ski:m] *n* (*plan*) plan *m*, proyecto; (*method*) esquema *m*; (*plot*) intriga;
(*trick*) ardid *m*; (*arrangement*) disposición *f*; (*pension ~ etc*) sistema *m* // *vt*
proyectar // *vi* (*plan*) hacer proyectos;
(*intrigue*) intrigar; **scheming** *a* intri-
gante.
schism ['skɪzəm] *n* cisma *m*.
scholar ['skɔlə*] *n* (*learned person*)
sabio/a, erudito/a; **~ly** *a* erudito; **~ship**
n erudición *f*; (*grant*) beca.
school [sku:l] *n* (*gen*) escuela, colegio;
(*in university*) facultad *f* // *vt* (*animal*)
amaestrar; **~ age** *n* edad *f* escolar;
~book *n* libro de texto; **~boy** *n* alumno; **~ children** *npl* alumnos *mpl*;
~days *npl* años *mpl* del colegio; **~girl**
n alumna; **~ing** *n* enseñanza;
~master/mistress *n* (*primary*)
maestro/a; (*secondary*) profesor(a) *m/f*;
~teacher *n* (*primary*) maestro/a; (*sec-*
ondary) profesor(a) *m/f*.
schooner ['sku:nə*] *n* (*ship*) goleta.
sciatica [saɪ'ætɪkə] *n* ciática.
science ['saɪəns] *n* ciencia; **~ fiction** *n*
ciencia-ficción *f*; **scientific** [-'tɪfɪk] *a*
científico; **scientist** *n* científico/a.
scintillating ['sɪntɪleɪtɪŋ] *a* brillante, ingenioso.
scissors ['sɪzəz] *npl* tijeras *fpl*; **a pair of**
~ unas tijeras.
scoff [skɔf] *vt* (*Brit col*: *eat*) engullir //
vi: **to ~ (at)** (*mock*) mofarse (de).
scold [skəuld] *vt* regañar.
scone [skɔn] *n pastel de pan*.
scoop [sku:p] *n* cucharón *m*; (*for flour*
etc) pala; (*PRESS*) exclusiva; **to ~ out**
vt excavar; **to ~ up** *vt* recoger.
scooter ['sku:tə*] *n* (*motor cycle*) moto
f; (*toy*) patinete *m*.
scope [skəup] *n* (*of plan, undertaking*)
ámbito; (*reach*) alcance *m*; (*of person*)
competencia; (*opportunity*) libertad *f*
(de acción).
scorch [skɔ:tʃ] *vt* (*clothes*) chamuscar;
(*earth, grass*) quemar, secar; **~ing** *a*
abrasador(a).
score [skɔ:*] *n* (*points etc*) puntuación *f*;
(*MUS*) partitura; (*reckoning*) cuenta;
(*twenty*) veintena // *vt* (*goal, point*) ganar; (*mark*) rayar // *vi* marcar un tanto;
(*FOOTBALL*) marcar (un) gol; (*keep sco-*
re) llevar el tanteo; **on that ~** en lo que
se refiere a eso; **to ~ 6 out of 10** obtener
una puntuación de 6 sobre 10; **to ~ out**
vt tachar; **~board** *n* marcador *m*; **~r** *n*
marcador *m*; (*keeping score*) tantea-
dor(a) *m/f*.
scorn [skɔ:n] *n* desprecio // *vt* despreciar;
~ful *a* desdeñoso, despreciativo.
Scorpio ['skɔ:pɪəu] *n* Escorpión *m*.
scorpion ['skɔ:pɪən] *n* alacrán *m*.

Scot [skɔt] *n* escocés/esa *m/f*.
scotch [skɔtʃ] *vt* (*rumour*) desmentir; (*plan*) abandonar; **S~** *n* whisky *m* escocés; **S~ tape** *n* ® (*US*) cinta adhesiva, celo, scotch *m* (*LAm*).
scot-free [skɔt'fri:] *ad*: to get off ~ (*unpunished*) salir impune.
Scotland ['skɔtlənd] *n* Escocia.
Scots [skɔts] *a* escocés/esa; **~man/woman** *n* escocés/esa *m/f*; **Scottish** ['skɔtɪʃ] *a* escocés/esa.
scoundrel ['skaundrl] *n* canalla *m/f*, sinvergüenza *m/f*.
scour ['skauə*] *vt* (*clean*) fregar, estregar; (*search*) recorrer, registrar.
scourge [skə:dʒ] *n* azote *m*.
scout [skaut] *n* (*MIL*, *also*: boy ~) explorador *m*; **to ~ around** *vi* reconocer el terreno.
scowl [skaul] *vi* fruncir el ceño; to ~ at sb mirar con ceño a uno.
scrabble ['skræbl] *vi* (*claw*): to ~ (at) arañar; (*also*: to ~ around: *search*) revolver todo buscando // *n*: S~ ® Scrabble *m* ®.
scraggy ['skrægɪ] *a* flaco, descarnado.
scram [skræm] *vi* (*col*) largarse.
scramble ['skræmbl] *n* (*climb*) subida (difícil); (*struggle*) pelea // *vi*: to ~ out/through salir/abrirse paso con dificultad; to ~ for pelear por; **~d eggs** *npl* huevos *mpl* revueltos.
scrap [skræp] *n* (*bit*) pedacito; (*fig*) pizca; (*fight*) riña, bronca; (*also*: ~ iron) chatarra, hierro viejo // *vt* (*discard*) desechar, descartar // *vi* reñir, armar (una) bronca; ~s *npl* (*waste*) sobras *fpl*, desperdicios *mpl*; **~book** *n* álbum *m* de recortes; **~ dealer** *n* chatarrero/a.
scrape [skreɪp] *n*: to get into a ~ meterse en un lío // *vt* raspar; (*skin etc*) rasguñar; (~ *against*) rozar // *vi*: to ~ through (*exam*) aprobar por los pelos; **~r** *n* raspador *m*.
scrap: **~ heap** *n* (*fig*): to be on the ~ heap estar acabado; **~ merchant** *n* (*Brit*) chatarrero/a; **~ paper** *n* pedazos *mpl* de papel.
scratch [skrætʃ] *n* rasguño; (*from claw*) arañazo // *a*: ~ team equipo improvisado // *vt* (*record*) rayar; (*with claw, nail*) rasguñar, arañar // *vi* rascarse; to start from ~ partir de cero; to be up to ~ cumplir con los requisitos.
scrawl [skrɔ:l] *n* garabatos *mpl* // *vi* hacer garabatos.
scrawny ['skrɔ:nɪ] *a* (*person, neck*) flaco.
scream [skri:m] *n* chillido // *vi* chillar.
scree [skri:] *n* cono de desmoronamiento.
screech [skri:tʃ] *vi* chirriar.
screen [skri:n] *n* (*CINEMA*, *TV*) pantalla; (*movable*) biombo; (*wall*) tabique *m*; (*also*: wind~) parabrisas *m inv* // *vt* (*conceal*) tapar; (*from the wind etc*) proteger; (*film*) proyectar; (*candidates etc*) investigar a; **~ing** *n* (*MED*) investigación *f* médica; **~play** *n* guión *m*.
screw [skru:] *n* tornillo; (*propeller*) hélice *f* // *vt* atornillar; **to ~ up** *vt* (*paper etc*) arrugar; (*col*: *ruin*) fastidiar; to ~ up one's eyes arrugar el entrecejo; **~driver** *n* destornillador *m*.
scribble ['skrɪbl] *n* garabatos *mpl* // *vt* escribir con prisa.
script [skrɪpt] *n* (*CINEMA etc*) guión *m*; (*writing*) escritura, letra.
Scripture ['skrɪptʃə*] *n* Sagrada Escritura.
scroll [skrəul] *n* rollo.
scrounge [skraundʒ] *vt* (*col*): to ~ off *or* from sb obtener algo de uno de gorra // *vi*: to ~ on sb vivir a costa de uno; **~r** *n* gorrón/ona *m/f*.
scrub [skrʌb] *n* (*clean*) fregado; (*land*) maleza // *vt* fregar, restregar; (*reject*) cancelar, anular.
scruff [skrʌf] *n*: by the ~ of the neck por el pescuezo.
scruffy ['skrʌfɪ] *a* desaliñado, piojoso.
scrum(mage) ['skrʌm(mɪdʒ)] *n* (*RUGBY*) melée *f*.
scruple ['skru:pl] *n* escrúpulo.
scrutinize ['skru:tɪnaɪz] *vt* escudriñar; (*votes*) escrutar.
scrutiny ['skru:tɪnɪ] *n* escrutinio, examen *m*.
scuff [skʌf] *vt* (*shoes, floor*) rayar.
scuffle ['skʌfl] *n* refriega.
scullery ['skʌlərɪ] *n* trascocina.
sculptor ['skʌlptə*] *n* escultor(a) *m/f*.
sculpture ['skʌlptʃə*] *n* escultura.
scum [skʌm] *n* (*on liquid*) espuma; (*pej*: *person*) canalla *m*.
scupper ['skʌpə*] *vt* (*plans*) dar al traste con.
scurrilous ['skʌrɪləs] *a* difamatorio, calumnioso.
scurry ['skʌrɪ] *vi*: to ~ off escabullirse.
scuttle ['skʌtl] *n* (*also*: coal ~) cubo, carbonera // *vt* (*ship*) barrenar // *vi* (*scamper*): to ~ away, ~ off escabullirse.
scythe [saɪð] *n* guadaña.
SDP *n abbr* (*Brit*) = *Social Democratic Party*.
sea [si:] *n* mar *m* // *cpd* de mar, marítimo; by ~ (*travel*) en barco; on the ~ (*boat*) en el mar; (*town*) junto al mar; to be all at ~ (*fig*) estar despistado; out to *or* at ~ en alta mar; **~board** *n* litoral *m*; **~ breeze** *n* brisa de mar; **~food** *n* mariscos *mpl*; **~ front** *n* paseo marítimo; **~gull** *n* gaviota.
seal [si:l] *n* (*animal*) foca; (*stamp*) sello // *vt* (*close*) cerrar; (: *with* ~) sellar; to ~ off *vt* (*area*) acordonar.
sea level *n* nivel *m* del mar.
seam [si:m] *n* costura; (*of metal*) juntura; (*of coal*) veta, filón *m*.
seaman ['si:mən] *n* marinero.

seamy ['si:mɪ] *a* sórdido.
seance ['seɪɔns] *n* sesión *f* de espiritismo.
sea plane ['si:pleɪn] *n* hidroavión *m*.
seaport ['si:pɔ:t] *n* puerto de mar.
search [sə:tʃ] *n* (*for person, thing*) busca, búsqueda; (*of drawer, pockets*) registro; (*inspection*) reconocimiento // *vt* (*look in*) buscar en; (*examine*) examinar; (*person, place*) registrar // *vi*: to ~ for buscar; in ~ of en busca de; **to ~ through** *vt fus* registrar; **~ing** *a* penetrante; **~light** *n* reflector *m*; **~ party** *n* pelotón *m* de salvamento; **~ warrant** *n* mandamiento (judicial).
sea: **~shore** *n* playa, orilla del mar; **~sick** *a* mareado; **~side** *n* playa, orilla del mar; **~side resort** *n* playa.
season ['si:zn] *n* (*of year*) estación *f*; (*sporting etc*) temporada; (*gen*) época, período // *vt* (*food*) sazonar; **~al** *a* estacional; **~ed** *a* (*fig*) experimentado; **~ing** *n* condimento, aderezo; **~ ticket** *n* abono.
seat [si:t] *n* (*in bus, train: place*) asiento; (*chair*) silla; (*PARLIAMENT*) escaño; (*buttocks*) culo, trasero; (*of government*) sede *f* // *vt* sentar; (*have room for*) tener cabida para; to be ~ed sentarse; **~ belt** *n* cinturón *m* de seguridad.
sea: **~ water** *n* agua del mar; **~weed** *n* alga marina; **~worthy** *a* en condiciones de navegar.
sec. *abbr* = **second(s)**.
secluded [si'klu:dɪd] *a* retirado.
second ['sɛkənd] *a* segundo // *ad* (*in race etc*) en segundo lugar // *n* (*gen*) segundo; (*AUT*: *also*: ~ **gear**) segunda; (*COMM*) artículo con algún desperfecto // *vt* (*motion*) apoyar; **~ary** *a* secundario; **~ary school** *n* escuela secundaria; **~-class** *a* de segunda clase // *ad* (*RAIL*) en segunda; **~hand** *a* de segunda mano, usado; **~ hand** *n* (*on clock*) segundero; **~ly** *ad* en segundo lugar; **~ment** [sɪ'kɔndmənt] *n* (*Brit*) traslado temporal; **~-rate** *a* de segunda categoría; **~ thoughts** *npl*: to have ~ thoughts cambiar de opinión; on ~ thoughts *or* (*US*) thought pensándolo bien.
secrecy ['si:krəsɪ] *n* secreto.
secret ['si:krɪt] *a*, *n* secreto; in ~ *ad* en secreto.
secretarial [sɛkrɪ'tɛərɪəl] *a* de secretario.
secretary ['sɛkrətərɪ] *n* secretario/a; S~ of State (for) (*Brit POL*) Ministro (de).
secretion [sɪ'kri:ʃən] *n* secreción *f*.
secretive ['si:krətɪv] *a* reservado, sigiloso.
secretly ['si:krɪtlɪ] *ad* en secreto.
sect [sɛkt] *n* secta; **~arian** [-'tɛərɪən] *a* sectario.
section ['sɛkʃən] *n* sección *f*; (*part*) parte *f*; (*of document*) artículo; (*of opinion*) sector *m*.
sector ['sɛktə*] *n* sector *m*.
secular ['sɛkjulə*] *a* secular, seglar.
secure [sɪ'kjuə*] *a* (*free from anxiety*) seguro; (*firmly fixed*) firme, fijo // *vt* (*fix*) asegurar, afianzar; (*get*) conseguir.
security [sɪ'kjuərɪtɪ] *n* seguridad *f*; (*for loan*) fianza; (: *object*) prenda.
sedan [sɪ'dæn] *n* (*US AUT*) sedán *m*.
sedate [sɪ'deɪt] *a* tranquilo; // *vt* tratar con sedantes.
sedation [sɪ'deɪʃən] *n* (*MED*) sedación *f*.
sedative ['sɛdɪtɪv] *n* sedante *m*, sedativo.
seduce [sɪ'dju:s] *vt* (*gen*) seducir; **seduction** [-'dʌkʃən] *n* seducción *f*; **seductive** [-'dʌktɪv] *a* seductor(a).
see [si:] (*pt* saw, *pp* seen) *vt* (*gen*) ver; (*understand*) ver, comprender // *vi* ver // *n* (arz)obispado; to ~ sb to the door acompañar a uno a la puerta; to ~ that (*ensure*) asegurar que; ~ you soon! ¡hasta pronto!; **to ~ about** *vt fus* atender a, encargarse de; **to ~ off** *vt* despedir; **to ~ through** *vt fus* calar // *vt* (*plan*) llevar a cabo; **to ~ to** *vt fus* atender a, encargarse de.
seed [si:d] *n* semilla; (*in fruit*) pepita; (*fig*) germen *m*; (*TENNIS*) preseleccionado/a; to go to ~ (*plant*) granar; (*fig*) descuidarse; **~ling** *n* planta de semillero; **~y** *a* (*shabby*) desaseado, raído.
seeing ['si:ɪŋ] *conj*: ~ (that) visto que, en vista de que.
seek [si:k], *pt*, *pp* **sought** *vt* (*gen*) buscar; (*post*) solicitar.
seem [si:m] *vi* parecer; there seems to be... parece que hay; **~ingly** *ad* aparentemente, según parece.
seen [si:n] *pp of* **see**.
seep [si:p] *vi* filtrarse.
seesaw ['si:sɔ:] *n* balancín *m*, columpio.
seethe [si:ð] *vi* hervir; to ~ with anger estar furioso.
see-through ['si:θru:] *a* transparente.
segregate ['sɛgrɪgeɪt] *vt* segregar.
seize [si:z] *vt* (*grasp*) agarrar, asir; (*take possession of*) secuestrar; (: *territory*) apoderarse de; (*opportunity*) aprovecharse de; **to ~ (up)on** *vt fus* aprovechar; **to ~ up** *vi* (*TECH*) agarrotarse.
seizure ['si:ʒə*] *n* (*MED*) ataque *m*; (*LAW*) incautación *f*.
seldom ['sɛldəm] *ad* rara vez.
select [sɪ'lɛkt] *a* selecto, escogido // *vt* escoger, elegir; (*SPORT*) seleccionar; **~ion** [-'lɛkʃən] *n* selección *f*, elección *f*; (*COMM*) surtido.
self [sɛlf] *n* (*pl* selves) uno mismo; the ~ el yo // *pref* auto...; **~-assured** *a* seguro de sí mismo; **~-catering** *a* (*Brit*) con cocina; **~-centred**, (*US*) **~-centered** *a* egocéntrico; **~-coloured**, (*US*) **~-colored** *a* de color natural; (*of one colour*) de un color; **~-confidence** *n* confianza en sí mismo; **~-conscious** *a*

cohibido; **~-contained** *a* (*gen*) autónomo; (*Brit*: *flat*) con entrada particular; **~-control** *n* autodominio; **~-defence**, (*US*) **~-defense** *n* defensa propia; **~-discipline** *n* autodisciplina; **~-employed** *a* que trabaja por cuenta propia; **~-evident** *a* patente; **~-governing** *a* autónomo; **~-indulgent** *a* autocomplaciente; **~-interest** *n* egoísmo; **~ish** *a* egoísta; **~ishness** *n* egoísmo; **~less** *a* desinteresado; **~-made** *a*: **~-made man** hombre *m* que se ha hecho a sí mismo; **~-pity** *n* lástima de sí mismo; **~-portrait** *n* autorretrato; **~-possessed** *a* sereno, dueño de sí mismo; **~-preservation** *n* propia conservación *f*; **~-reliant** *a* independiente, autosuficiente; **~-respect** *n* amor *m* propio; **~-righteous** *a* santurrón/ona; **~-sacrifice** *n* abnegación *f*; **~-satisfied** *a* satisfecho de sí mismo; **~-service** *a* de autoservicio; **~-sufficient** *a* autosuficiente; **~-taught** *a* autodidacta.

sell [sɛl], *pt, pp* **sold** *vt* vender // *vi* venderse; **to ~ at** *or* **for £10** venderse a 10 libros; **to ~ off** *vt* liquidar; **to ~ out** *vi* transigir, transar (*LAm*); **~-by date** *n* fecha de caducidad; **~er** *n* vendedor(a) *m/f*; **~ing price** *n* precio de venta.

sellotape ['sɛləuteɪp] *n* ® (*Brit*) cinta adhesiva, celo, scotch *m* (*LAm*).

sellout ['sɛlaut] *n* traición *f*; **it was a ~** (*THEATRE etc*) fue un éxito de taquilla.

selves [sɛlvz] *pl of* **self**.

semaphore ['sɛməfɔ:*] *n* semáforo.

semblance ['sɛmbləns] *n* apariencia.

semen ['si:mən] *n* semen *m*.

semester [sɪ'mɛstə*] *n* (*US*) semestre *m*.

semi... [sɛmɪ] *pref* semi..., medio...; **~circle** *n* semicírculo; **~colon** *n* punto y coma; **~conductor** *n* semiconductor *m*; **~detached (house)** *n* (casa) semiseparada; **~-final** *n* semi-final *m*.

seminar ['sɛmɪnɑ:*] *n* seminario.

seminary ['sɛmɪnərɪ] *n* (*REL*) seminario.

semiskilled ['sɛmɪskɪld] *a* (*work, worker*) semi-cualificado.

senate ['sɛnɪt] *n* senado; **senator** *n* senador(a) *m/f*.

send [sɛnd], *pt, pp* **sent** *vt* mandar, enviar; **to ~ away** *vt* (*letter, goods*) despachar; **to ~ away for** *vt fus* pedir; **to ~ back** *vt* devolver; **to ~ for** *vt fus* mandar traer; **to ~ off** *vt* (*goods*) despachar; (*Brit SPORT*: *player*) expulsar; **to ~ out** *vt* (*invitation*) mandar; (*signal*) emitir; **to ~ up** *vt* (*person, price*) hacer subir; (*Brit*: *parody*) parodiar; **~er** *n* remitente *m/f*; **~-off** *n*: **a good ~-off** una buena despedida.

senior ['si:nɪə*] *a* (*older*) mayor, más viejo; (: *on staff*) de más antigüedad; (*of higher rank*) superior // *n* mayor *m*; **~ citizen** *n* persona de la tercera edad; **~ity** [-'ɔrɪtɪ] *n* antigüedad *f*.

sensation [sɛn'seɪʃən] *n* sensación *f*; **~a**[l] *a* sensacional.

sense [sɛns] *n* (*faculty, meaning*) senti[do]; (*feeling*) sensación *f*; (*good ~*) senti[do] común, juicio // *vt* sentir, percibir; **~ of humour** sentido del humor; **it make[s] ~** tiene sentido; **~less** *a* estúpido, insen[sato]; (*unconscious*) sin conocimiento.

sensibility [sɛnsɪ'bɪlɪtɪ] *n* sensibilidad *f*; **sensibilities** *npl* susceptibilidades *fpl*.

sensible ['sɛnsɪbl] *a* sensato; (*rea[sonable]*) razonable, lógico.

sensitive ['sɛnsɪtɪv] *a* sensible; (*touchy*) susceptible.

sensual ['sɛnsjuəl] *a* sensual.

sensuous ['sɛnsjuəs] *a* sensual.

sent [sɛnt] *pt, pp of* **send**.

sentence ['sɛntns] *n* (*LING*) oración *f*; (*LAW*) sentencia, fallo // *vt*: **to ~ sb to death/to 5 years** condenar a uno a muerte/a 5 años de cárcel.

sentiment ['sɛntɪmənt] *n* sentimiento; (*opinion*) opinión *f*; **~al** [-'mɛntl] *a* sentimental.

sentry ['sɛntrɪ] *n* centinela *m*.

separate ['sɛprɪt] *a* separado; (*distinct*) distinto // *vb* ['sɛpəreɪt] *vt* separar; (*part*) dividir // *vi* separarse; **~s** *np[l]* (*clothes*) coordinados *mpl*; **~ly** *ad* por separado; **separation** [-'reɪʃən] *n* separación *f*.

September [sɛp'tɛmbə*] *n* se(p)tiembre *m*.

septic ['sɛptɪk] *a* séptico; **~ tank** *n* fosa séptica.

sequel ['si:kwl] *n* consecuencia, resultado; (*of story*) continuación *f*.

sequence ['si:kwəns] *n* sucesión *f*, serie *f*; (*CINEMA*) secuencia.

serene [sɪ'ri:n] *a* sereno, tranquilo.

sergeant ['sɑ:dʒənt] *n* sargento.

serial ['sɪərɪəl] *n* (*TV*) telenovela, serie *f* televisiva; **~ number** *n* número de serie.

series ['sɪəri:s] *n, pl inv* serie *f*.

serious ['sɪərɪəs] *a* serio; (*grave*) grave; **~ly** *ad* en serio; (*ill, wounded etc*) gravemente; **~ness** *n* seriedad *f*; gravedad *f*.

sermon ['sə:mən] *n* sermón *m*.

serrated [sɪ'reɪtɪd] *a* serrado, dentellado.

serum ['sɪərəm] *n* suero.

servant ['sə:vənt] *n* (*gen*) servidor(a) *m/f*; (*house ~*) criado/a.

serve [sə:v] *vt* servir; (*customer*) atender; (*subj*: *train*) pasar por; (*apprenticeship*) hacer; (*prison term*) cumplir // *vi* (*also TENNIS*) sacar; **to ~ as/for/to do** servir de/para/para hacer // *n* (*TENNIS*) saque *m*; **it ~s him right** se lo merece, se lo tiene merecido; **to ~ out, ~ up** *vt* (*food*) servir.

service ['sə:vɪs] *n* (*gen*) servicio; (*REL*) misa; (*AUT*) mantenimiento; (*of dishes*) juego // *vt* (*car, washing machine*) mantener; (: *repair*) reparar; the S~s las fuerzas armadas; to be of ~ to sb ser útil a uno; **~able** *a* servible, utilizable; ~ **area** *n* (*on motorway*) servicios *mpl*; ~ **charge** *n* (*Brit*) servicio; **~man** *n* militar *m*; ~ **station** *n* estación *f* de servicio.

serviette [sə:vɪ'ɛt] *n* (*Brit*) servilleta.

session ['sɛʃən] *n* (*sitting*) sesión *f*; to be in ~ estar en sesión.

set [sɛt] *n* juego; (RADIO) aparato; (TV) televisor *m*; (*of utensils*) batería; (*of cutlery*) cubierto; (*of books*) colección *f*; (TENNIS) set *m*; (*group of people*) grupo; (CINEMA) plató *m*; (THEATRE) decorado; (HAIRDRESSING) marcado // *a* (*fixed*) fijo; (*ready*) listo; (*resolved*) resuelto, decidido // *vb* (*pt, pp* **set**) *vt* (*place*) poner, colocar; (*fix*) fijar; (*adjust*) ajustar, arreglar; (*decide*: *rules etc*) establecer, decidir // *vi* (*sun*) ponerse; (*jam, jelly*) cuajarse; (*concrete*) fraguar; to be ~ on doing sth estar empeñado en hacer algo; to ~ to music poner música a; to ~ on fire incendiar, poner fuego a; to ~ free poner en libertad; to ~ sth going poner algo en marcha; to ~ sail zarpar, hacerse a la vela; **to ~ about** *vt fus*: to ~ about doing sth ponerse a hacer algo; **to ~ aside** *vt* poner aparte, dejar de lado; **to ~ back** *vt*: to ~ back (by) retrasar (por); **to ~ off** *vi* partir // *vt* (*bomb*) hacer estallar; (*cause to start*) poner en marcha; (*show up well*) hacer resaltar; **to ~ out** *vi*: to ~ out to do sth proponerse hacer algo // *vt* (*arrange*) disponer; (*state*) exponer; **to ~ up** *vt* (*organization*) establecer; **~back** *n* (*hitch*) revés *m*, contratiempo; ~ **menu** *n* menú *m*.

settee [sɛ'ti:] *n* sofá *m*.

setting ['sɛtɪŋ] *n* (*scenery*) marco; (*of jewel*) engaste *m*, montadura.

settle ['sɛtl] *vt* (*argument, matter*) resolver; (*accounts*) ajustar, liquidar; (*land*) colonizar; (MED: *calm*) calmar, sosegar // *vi* (*dust etc*) depositarse; (*weather*) serenarse; (*also*: ~ **down**) instalarse; tranquilizarse; to ~ for sth convenir en aceptar algo; to ~ on sth decidirse por algo; to ~ up with sb ajustar cuentas con uno; **to ~ in** *vi* instalarse; **~ment** *n* (*payment*) liquidación *f*; (*agreement*) acuerdo, convenio; (*village etc*) pueblo; **~r** *n* colono/a, colonizador(a) *m/f*.

setup ['sɛtʌp] *n* sistema *m*.

seven ['sɛvn] *num* siete; **~teen** *num* diez y siete, diecisiete; **~th** *a* séptimo; **~ty** *num* setenta.

sever ['sɛvə*] *vt* cortar; (*relations*) romper.

several ['sɛvərl] *a, pron* varios/as *m/fpl*, algunos/as *m/fpl*; ~ of us varios de nosotros.

severance ['sɛvərəns] *n* (*of relations*) ruptura; ~ **pay** *n* pago de despedida.

severe [sɪ'vɪə*] *a* severo; (*serious*) grave; (*hard*) duro; (*pain*) intenso; **severity** [sɪ'vɛrɪtɪ] *n* severidad *f*; gravedad *f*; intensidad *f*.

sew [səu], *pl* **sewed**, *pp* **sewn** *vt, vi* coser; **to ~ up** *vt* coser, zurcir.

sewage ['su:ɪdʒ] *n* aguas *fpl* residuales.

sewer ['su:ə*] *n* alcantarilla, cloaca.

sewing ['səuɪŋ] *n* costura; ~ **machine** *n* máquina de coser.

sewn [səun] *pp of* **sew**.

sex [sɛks] *n* sexo; to have ~ with sb tener relaciones (sexuales) con uno; **~ist** *a, n* sexista *m/f*.

sexual ['sɛksjuəl] *a* sexual.

sexy ['sɛksɪ] *a* sexy.

shabby ['ʃæbɪ] *a* (*person*) desharrapado; (*clothes*) raído, gastado.

shack [ʃæk] *n* choza, chabola.

shackles ['ʃæklz] *npl* grillos *mpl*, grilletes *mpl*.

shade [ʃeɪd] *n* sombra; (*for lamp*) pantalla; (*for eyes*) visera; (*of colour*) matiz *m*, tonalidad *f* // *vt* dar sombra a; in the ~ en la sombra; a ~ of un poquito de; a ~ smaller un poquito menor.

shadow ['ʃædəu] *n* sombra // *vt* (*follow*) seguir y vigilar; ~ **cabinet** *n* (*Brit* POL) *gabinete paralelo formado por el partido de oposición*; **~y** *a* oscuro; (*dim*) indistinto.

shady ['ʃeɪdɪ] *a* sombreado; (*fig*: *dishonest*) sospechoso; (: *deal*) turbio.

shaft [ʃɑ:ft] *n* (*of arrow, spear*) astil *m*; (AUT, TECH) eje *m*, árbol *m*; (*of mine*) pozo; (*of lift*) hueco, caja; (*of light*) rayo.

shaggy ['ʃægɪ] *a* peludo.

shake [ʃeɪk] *vb* (*pt* **shook**, *pp* **shaken**) *vt* sacudir; (*building*) hacer temblar; (*bottle, cocktail*) agitar // *vi* (*tremble*) temblar // *n* (*movement*) sacudida; to ~ one's head (*in refusal*) negar con la cabeza; (*in dismay*) mover *or* menear la cabeza, incrédulo; to ~ hands with sb estrechar la mano a uno; **to ~ off** *vt* sacudirse; (*fig*) deshacerse de; **to ~ up** *vt* agitar; **shaky** *a* (*hand, voice*) trémulo; (*building*) inestable.

shall [ʃæl] *auxiliary vb*: I ~ go iré; ~ I help you? ¿quieres que te ayude?; I'll buy three, ~ I? compro tres, ¿no te parece?

shallow ['ʃæləu] *a* poco profundo; (*fig*) superficial.

sham [ʃæm] *n* fraude *m*, engaño // *a* falso, fingido // *vt* fingir, simular.

shambles ['ʃæmblz] *n* confusión *f*.

shame [ʃeɪm] *n* vergüenza; (*pity*) lástima // *vt* avergonzar; it is a ~ that/to do es una lástima que/hacer; what a ~! ¡qué lástima!; **~faced** *a* avergonzado; **~ful** *a* vergonzoso; **~less** *a* descarado.

shampoo [ʃæm'pu:] *n* champú *m* // *vt* lavar con champú; ~ **and set** *n* lavado y marcado.

shamrock ['ʃæmrɔk] *n* trébol *m* (*emblema nacional irlandés*).

shandy ['ʃændɪ], (*US*) **shandygaff** ['ʃændɪgaef] *n mezcla de cerveza con gaseosa.*

shan't [ʃɑ:nt] = **shall not.**

shanty town ['ʃæntɪ-] *n* barrio de chabolas.

shape [ʃeɪp] *n* forma // *vt* formar, dar forma a; (*sb's ideas*) formar; (*sb's life*) determinar // *vi* (*also*: ~ **up**) (*events*) desarrollarse; (*person*) formarse; to take ~ tomar forma; **-~d** *suffix*: **heart-~d** en forma de corazón; **~less** *a* informe, sin forma definida; **~ly** *a* bien formado *or* proporcionado.

share [ʃɛə*] *n* (*part*) parte *f*, porción *f*; (*contribution*) cuota; (COMM) acción *f* // *vt* dividir; (*have in common*) compartir; **to ~ out (among** *or* **between)** repartir (entre); **~holder** *n* (*Brit*) accionista *m/f*.

shark [ʃɑ:k] *n* tiburón *m*.

sharp [ʃɑ:p] *a* (*razor, knife*) afilado; (*point*) puntiagudo; (*outline*) definido; (*pain*) intenso; (MUS) desafinado; (*contrast*) marcado; (*voice*) agudo; (*person: quick-witted*) astuto; (: *dishonest*) poco escrupuloso // *n* (MUS) sostenido // *ad*: **at 2 o'clock ~** a las 2 en punto; **~en** *vt* afilar; (*pencil*) sacar punta a; (*fig*) agudizar; **~ener** *n* (*also*: **pencil ~ener**) sacapuntas *m inv*; **~-eyed** *a* de vista aguda; **~ly** *ad* (*turn, stop*) bruscamente; (*stand out, contrast*) claramente; (*criticize, retort*) severamente.

shatter ['ʃætə*] *vt* hacer añicos *or* pedazos; (*fig: ruin*) destruir, acabar con // *vi* hacerse añicos.

shave [ʃeɪv] *vb* (*pt* **shaved**, *pp* **shaved** *or* **shaven**) *vt* afeitar, rasurar // *vi* afeitarse // *n*: **to have a ~** afeitarse; **~r** *n* (*also*: **electric ~r**) máquina de afeitar (eléctrica).

shaving ['ʃeɪvɪŋ] *n* (*action*) el afeitarse, rasurado; **~s** *npl* (*of wood etc*) virutas *fpl*; **~ brush** *n* brocha (de afeitar); **~ cream** *n* crema (de afeitar).

shawl [ʃɔ:l] *n* chal *m*.

she [ʃi:] *pron* ella; **~-cat** *n* gata; NB: *for ships, countries follow the gender of your translation.*

sheaf [ʃi:f], *pl* **sheaves** [ʃivz] *n* (*of corn*) gavilla; (*of arrows*) haz *m*; (*of papers*) fajo.

shear [ʃɪə*] *vb* (*pt* **sheared**, *pp* **sheared** *or* **shorn**) *vt* (*sheep*) esquilar, trasquilar; **~s** *npl* (*for hedge*) tijeras *fpl* de jardín; **to ~ off** *vi* romperse.

sheath [ʃi:θ] *n* vaina; (*contraceptive*) preservativo.

sheaves [ʃi:vz] *pl of* **sheaf.**

shed [ʃɛd] *n* cobertizo // *vt* (*pt, pp* **shed**) (*skin*) mudar; (*tears*) derramar.

she'd [ʃi:d] = **she had; she would.**

sheen [ʃi:n] *n* brillo, lustre *m*.

sheep [ʃi:p] *n, pl inv* oveja; **~dog** *n* p-rro pastor; **~ish** *a* tímido, vergonzo-; **~skin** *n* piel *f* de carnero.

sheer [ʃɪə*] *a* (*utter*) puro, comple- (*steep*) escarpado; (*material*) diáfan- *ad* verticalmente.

sheet [ʃi:t] *n* (*on bed*) sábana; (*of pape-* hoja; (*of glass, metal*) lámina.

sheik(h) [ʃeɪk] *n* jeque *m*.

shelf [ʃelf], *pl* **shelves** *n* estante *m*.

shell [ʃɛl] *n* (*on beach*) concha; (*of eg- nut etc*) cáscara; (*explosive*) proye- *m*, obús *m*; (*of building*) armazón *f* // (*peas*) desenvainar; (MIL) bombardea-

she'll [ʃi:l] = **she will; she shall.**

shellfish ['ʃɛlfɪʃ] *n, pl inv* crustáceo; (- *as food*) mariscos *mpl*.

shelter ['ʃɛltə*] *n* abrigo, refugio // (*aid*) amparar, proteger; (*give lodgi- to*) abrigar; (*hide*) esconder // *vi* ab- garse, refugiarse; **~ed** *a* (*life*) prote- do; (*spot*) abrigado.

shelve [ʃɛlv] *vt* (*fig*) aplazar; **~s** *pl* **shelf.**

shepherd ['ʃɛpəd] *n* pastor *m* // (*guide*) guiar, conducir; **~'s pie** *n* p- *tel de carne y patatas.*

sherry ['ʃɛrɪ] *n* jerez *m*.

she's [ʃi:z] = **she is; she has.**

Shetland ['ʃɛtlənd] *n* (*also*: **the ~s**, t- **~ Isles**) las Islas *fpl* de Zetlandia.

shield [ʃi:ld] *n* escudo; (TECH) blinda- *m* // *vt*: **to ~ (from)** proteger (de).

shift [ʃɪft] *n* (*change*) cambio; (*at wor-* turno // *vt* trasladar; (*remove*) quitar *vi* moverse; (*change place*) cambiar sitio; **~less** *a* (*person*) perezoso; **work** *n* (*Brit*) trabajo por turno; **~y** tramposo; (*eyes*) furtivo.

shilling ['ʃɪlɪŋ] *n* (*Brit*) chelín *m*.

shilly-shally ['ʃɪlɪʃælɪ] *vi* titubear, vac- lar.

shimmer ['ʃɪmə*] *n* reflejo trémulo // relucir.

shin [ʃɪn] *n* espinilla.

shine [ʃaɪn] *n* brillo, lustre *m* // (*vb*: *p- pp* **shone**) *vi* brillar, relucir // *vt* (*shoe-* lustrar, sacar brillo a; **to ~ a torch** - **sth** dirigir una linterna hacia algo.

shingle ['ʃɪŋgl] *n* (*on beach*) guijarra- *fpl*; **~s** *n* (MED) herpes *mpl or fpl*.

shiny ['ʃaɪnɪ] *a* brillante, lustroso.

ship [ʃɪp] *n* buque *m*, barco // *vt* (*good-* embarcar; (*oars*) desarmar; (*sen-* transportar *or* enviar por vía marítima **~building** *n* construcción *f* de buque- **~ment** *n* (*act*) embarque *m*; (*good-* envío; **~per** *n* exportador(a) *m/-* **~ping** *n* (*act*) embarque *m*; (*traffi-* buques *mpl*; **~shape** *a* en buen orden **~wreck** *n* naufragio // *vt*: **to b- ~wrecked** naufragar; **~yard** *n* astillero

shire ['ʃaɪə*] *n* (*Brit*) condado.
shirk [ʃə:k] *vt* eludir, esquivar; (*obligations*) faltar a.
shirt [ʃə:t] *n* camisa; **in ~ sleeves** en mangas de camisa.
shit [ʃɪt] *excl* (*col!*) ¡mierda! (*!*)
shiver ['ʃɪvə*] *vi* temblar, estremecerse; (*with cold*) tiritar.
shoal [ʃəul] *n* (*of fish*) banco.
shock [ʃɔk] *n* (*impact*) choque *m*; (*ELEC*) descarga (eléctrica); (*emotional*) conmoción *f*; (*start*) sobresalto, susto; (*MED*) postración *f* nerviosa // *vt* dar un susto a; (*offend*) escandalizar; **~ absorber** *n* amortiguador *m*; **~ing** *a* (*awful*) espantoso; (*improper*) escandaloso.
shod [ʃɔd] *pt, pp of* **shoe**.
shoddy ['ʃɔdɪ] *a* de pacotilla.
shoe [ʃu:] *n* zapato; (*for horse*) herradura; (*brake* ~) zapata // *vt* (*pt, pp* **shod**) (*horse*) herrar; **~brush** *n* cepillo para zapatos; **~horn** *n* calzador *m*; **~lace** *n* cordón *m*; **~ polish** *n* betún *m*; **~shop** *n* zapatería; **~string** *n* (*fig*): **on a ~string** con muy poco dinero.
shone [ʃɔn] *pt, pp of* **shine**.
shoo [ʃu:] *excl* ¡fuera!
shook [ʃuk] *pt of* **shake**.
shoot [ʃu:t] *n* (*on branch, seedling*) retoño, vástago // *vt* (*pt, pp* **shot**) *vt* disparar; (*kill*) matar a tiros; (*execute*) fusilar; (*film*) rodear, filmar // *vi* (*FOOTBALL*) chutar; **to ~ (at)** tirar (a); **to ~ down** *vt* (*plane*) derribar; **to ~ in/out** *vi* entrar corriendo/salir disparado; **to ~ up** *vi* (*prices*) dispararse; **~ing** *n* (*shots*) tiros *mpl*; (*HUNTING*) caza con escopeta; **~ing star** *n* estrella fugaz.
shop [ʃɔp] *n* tienda; (*workshop*) taller *m* // *vi* (*also*: **go ~ping**) ir de compras; **~ assistant** *n* (*Brit*) dependiente/a *m/f*; **~ floor** *n* (*Brit fig*) taller *m*, fábrica; **~keeper** *n* (*Brit*) tendero/a; **~lifting** *n* mechería; **~per** *n* comprador(a) *m/f*; **~ping** *n* (*goods*) compras *fpl*; **~ping bag** *n* bolsa (de compras); **~ping centre**, (*US*) **~ping center** *n* centro comercial; **~-soiled** *a* (*Brit*) usado; **~ steward** *n* (*Brit INDUSTRY*) enlace *m* sindical; **~ window** *n* escaparate *m*, vidriera (*LAm*); **~worn** *a* (*US*) usado.
shore [ʃɔ:*] *n* (*of sea, lake*) orilla // *vt*: **to ~ (up)** reforzar.
shorn [ʃɔ:n] *pp of* **shear**.
short [ʃɔ:t] *a* (*not long*) corto; (*in time*) breve, de corta duración; (*person*) bajo; (*curt*) brusco, seco // *n* (*also*: **~ film**) cortometraje *m*; **(a pair of) ~s** (unos) pantalones *mpl* cortos; **to be ~ of sth** estar falto de algo; **in ~** en pocas palabras; **~ of doing...** fuera de hacer...; **everything ~ of...** todo menos...; **it is ~ for** es la forma abreviada de; **to cut ~** (*speech, visit*) interrumpir, terminar inesperadamente; **to fall ~ of** no alcanzar; **to stop ~** parar en seco; **to stop ~ of** detenerse antes de; **~age** *n* escasez *f*, falta; **~bread** *n especie de mantecada*; **~-change** *vt* no dar el cambio completo a; **~-circuit** *n* cortocircuito // *vt* poner en cortocircuito // *vi* ponerse en cortocircuito; **~coming** *n* defecto, deficiencia; **~(crust) pastry** *n* (*Brit*) pasta quebradiza; **~cut** *n* atajo; **~en** *vt* acortar; (*visit*) interrumpir; **~fall** *n* déficit *m*; **~hand** *n* (*Brit*) taquigrafía; **~hand typist** *n* (*Brit*) taquimecanógrafo/a; **~ list** *n* (*Brit*: *for job*) lista de candidatos escogidos; **~ly** *ad* en breve, dentro de poco; **~-sighted** *a* (*Brit*) corto de vista, miope; (*fig*) imprudente; **~-staffed** *a* falto de personal; **~ story** *n* cuento; **~-tempered** *a* enojadizo; **~-term** *a* (*effect*) a corto plazo; **~wave** *n* (*RADIO*) onda corta.
shot [ʃɔt] *pt, pp of* **shoot** // *n* (*sound*) tiro, disparo; (*person*) tirador(a) *m/f*; (*try*) tentativa; (*injection*) inyección *f*; (*PHOT*) toma, fotografía; **like a ~** (*without any delay*) como un rayo; **~gun** *n* escopeta.
should [ʃud] *auxiliary vb*: **I ~ go now** debo irme ahora; **he ~ be there now** debe de haber llegado (ya); **I ~ go if I were you** yo en tu lugar me iría; **I ~ like to** me gustaría.
shoulder ['ʃəuldə*] *n* hombro; (*Brit*: *of road*): **hard ~** andén *m* // *vt* (*fig*) cargar con; **~ blade** *n* omóplato; **~ strap** *n* tirante *m*.
shouldn't ['ʃudnt] = **should not**.
shout [ʃaut] *n* grito // *vt* gritar // *vi* gritar, dar voces; **to ~ down** *vt* hundir a gritos; **~ing** *n* griterío.
shove [ʃʌv] *n* empujón *m* // *vt* empujar; (*col*: *put*): **to ~ sth in** meter algo a empellones; **to ~ off** *vi* (*NAUT*) alejarse del muelle; (*fig*: *col*) largarse.
shovel ['ʃʌvl] *n* pala; (*mechanical*) excavadora // *vt* mover con pala.
show [ʃəu] *n* (*of emotion*) demostración *f*; (*semblance*) apariencia; (*exhibition*) exposición *f*; (*THEATRE*) función *f*, espectáculo // *vb* (*pt* **showed**, *pp* **shown**) *vt* mostrar, enseñar; (*courage etc*) mostrar, manifestar; (*exhibit*) exponer; (*film*) proyectar // *vi* mostrarse; (*appear*) aparecer; **on ~** (*exhibits etc*) expuesto; **to ~ in** *vt* (*person*) hacer pasar; **to ~ off** *vi* (*pej*) presumir // *vt* (*display*) lucir; (*pej*) hacer gala de; **to ~ out** *vt*: **to ~ sb out** acompañar a uno a la puerta; **to ~ up** *vi* (*stand out*) destacar; (*col*: *turn up*) aparecer // *vt* descubrir; (*unmask*) desenmascarar; **~ business** *n* el mundo del espectáculo; **~down** *n* enfrentamiento (final).
shower ['ʃauə*] *n* (*rain*) chaparrón *m*, chubasco; (*of stones etc*) lluvia; (*also*: **~bath**) ducha, regadera (*LAm*) // *vi* llo-

ver // *vt*: to ~ sb with sth colmar a uno de algo; **~proof** *a* impermeable.
showing ['ʃəuɪŋ] *n* (*of film*) proyección *f*.
show jumping *n* hipismo.
shown [ʃəun] *pp of* **show.**
show: **~-off** *n* (*col*: *person*) presumido/a; **~piece** *n* (*of exhibition etc*) objeto cumbre; **~room** *n* sala de muestras.
shrank [ʃræŋk] *pt of* **shrink.**
shrapnel ['ʃræpnl] *n* metralla.
shred [ʃrɛd] *n* (*gen pl*) triza, jirón *m* // *vt* hacer trizas; (CULIN) desmenuzar; **~der** *n* (*vegetable ~der*) picadora; (*document ~der*) trituradora (de papel).
shrewd [ʃru:d] *a* astuto.
shriek [ʃri:k] *n* chillido // *vt, vi* chillar.
shrill [ʃrɪl] *a* agudo, estridente.
shrimp [ʃrɪmp] *n* camarón *m*.
shrine [ʃraɪn] *n* santuario, sepulcro.
shrink [ʃrɪŋk], *pt* **shrank**, *pp* **shrunk** *vi* encogerse; (*be reduced*) reducirse // *vt* encoger; to ~ from doing sth no atreverse a hacer algo; **~age** *n* encogimiento; reducción *f*; **~wrap** *vt* empaquetar al vacío.
shrivel ['ʃrɪvl] (*also*: ~ up) *vt* (*dry*) secar; (*crease*) arrugar // *vi* secarse; arrugarse.
shroud [ʃraud] *n* sudario // *vt*: ~ed in mystery envuelto en el misterio.
Shrove Tuesday ['ʃrəuv-] *n* martes *m* de carnaval.
shrub [ʃrʌb] *n* arbusto; **~bery** *n* arbustos *mpl*.
shrug [ʃrʌg] *n* encogimiento de hombros // *vt, vi*: to ~ (one's shoulders) encogerse de hombros; **to ~ off** *vt* negar importancia a.
shrunk [ʃrʌŋk] *pp of* **shrink.**
shudder ['ʃʌdə*] *n* estremecimiento, escalofrío // *vi* estremecerse.
shuffle ['ʃʌfl] *vt* (*cards*) barajar; to ~ (one's feet) arrastrar los pies.
shun [ʃʌn] *vt* rehuir, esquivar.
shunt [ʃʌnt] *vt* (RAIL) maniobrar.
shut [ʃʌt], *pt, pp* **shut** *vt* cerrar // *vi* cerrarse; **to ~ down** *vt, vi* cerrar; **to ~ off** *vt* (*supply etc*) interrumpir, cortar; **to ~ up** *vi* (*col*: *keep quiet*) callarse // *vt* (*close*) cerrar; (*silence*) callar; **~ter** *n* contraventana; (PHOT) obturador *m*.
shuttle ['ʃʌtl] *n* lanzadera; (*also*: ~ service: AVIAT) puente *m* aéreo.
shuttlecock ['ʃʌtlkɔk] *n* volante *m*.
shy [ʃaɪ] *a* tímido; **~ness** *n* timidez *f*.
sibling ['sɪblɪŋ] *n* hermano/a.
Sicily ['sɪsɪlɪ] *n* Sicilia.
sick [sɪk] *a* (*ill*) enfermo; (*nauseated*) mareado; (*humour*) negro; to be ~ (*Brit*) vomitar; to feel ~ tener náuseas; to be ~ of (*fig*) estar harto de; **~ bay** *n* enfermería; **~en** *vt* dar asco a // *vi* enfermar; **~ening** *a* (*fig*) asqueroso.
sickle ['sɪkl] *n* hoz *f*.
sick: **~ leave** *n* baja por enfermeda[d]; **~ly** *a* enfermizo; (*taste*) empalago[so]; **~ness** *n* enfermedad *f*, mal *m*; (*vo*[*m*]*iting*) náuseas *fpl*; **~ pay** *n* subsidio [de] enfermedad.
side [saɪd] *n* (*gen*) lado; (*of body*) cos[ta]do; (*of lake*) orilla; (*team*) equipo; [(*of*] *hill*) ladera // *cpd* (*door, entrance*) la[te]ral // *vi*: to ~ with sb tomar el partido [de] uno; by the ~ of al lado de; ~ by [~] juntos/as; from all ~s de todos lados; [to] take ~s (with) tomar partido (con[)]; **~board** *n* aparador *m*; **~boar**[**ds**] (*Brit*), **~burns** *npl* patillas *fpl*; **~ e**[**f**]**fect** *n* efecto secundario; **~light** [*n*] (AUT) luz *f* lateral; **~line** *n* (SPORT) [lí]nea lateral; (*fig*) empleo suplementari[o]; **~long** *a* de soslayo; **~saddle** *ad* a m[u]jeriegas, a la inglesa; **~ show** *n* (*sta*[*ll*]) caseta; **~step** *vt* (*fig*) esquivar; [**~**] **street** *n* calle *f* lateral; **~track** *vt* (*fi*[*g*]) desviar (de su propósito); **~walk** [*n*] (*US*) acera; **~ways** *ad* de lado.
siding ['saɪdɪŋ] *n* (RAIL) apartadero, v[ía] muerta.
sidle ['saɪdl] *vi*: to ~ up (to) acercar[se] furtivamente (a).
siege [si:dʒ] *n* cerco, sitio.
sieve [sɪv] *n* colador *m* // *vt* cribar.
sift [sɪft] *vt* cribar; (*fig*: *information*) [e]cudriñar.
sigh [saɪ] *n* suspiro // *vi* suspirar.
sight [saɪt] *n* (*faculty*) vista; (*spectacl*[*e*]) espectáculo; (*on gun*) mira, alza // *vt* [a]visar; in ~ a la vista; out of ~ fuera [de] (la) vista; **~seeing** *n* excursionismo, t[u]rismo; to go ~seeing hacer turismo.
sign [saɪn] *n* (*with hand*) señal *f*, seña; (*trace*) huella, rastro; (*notice*) letrer[o]; (*written*) signo // *vt* firmar; to ~ sth ov[er] to sb firmar el traspaso de algo a un[o]; **to ~ on** *vi* (MIL) alistarse; (*as unem*[-]*ployed*) registrarse como desempleado [//] *vt* (MIL) alistar; (*employee*) contrata[r]; **to ~ up** *vi* (MIL) alistarse // *vt* (*co*[*n*]*tract*) contratar.
signal ['sɪgnl] *n* señal *f* // *vi* (AUT) hac[er] señales // *vt* (*person*) hacer señas [a]; (*message*) comunicar por señale[s]; **~man** *n* (RAIL) guardavía *m*.
signature ['sɪgnətʃə*] *n* firma; **~ tune** [*n*] sintonía de apertura de un programa.
signet ring ['sɪgnət-] *n* anillo de sello.
significance [sɪg'nɪfɪkəns] *n* significad[o]; (*importance*) trascendencia.
significant [sɪg'nɪfɪkənt] *a* significativ[o]; trascendente.
signify ['sɪgnɪfaɪ] *vt* significar.
signpost ['saɪnpəust] *n* indicador *m*.
silence ['saɪlns] *n* silencio // *vt* hacer c[a]llar; (*guns*) reducir al silencio; **~r** *n* ([*on*] *gun, Brit* AUT) silenciador *m*.
silent ['saɪlnt] *a* (*gen*) silencioso; (*n*[*ot*] *speaking*) callado; (*film*) mudo; to r[e]main ~ guardar silencio; **~ partner**

COMM) socio/a comanditario/a.
lhouette [sɪluː'ɛt] *n* silueta.
licon chip ['sɪlɪkən-] *n* plaqueta de silicio.
lk [sɪlk] *n* seda // *cpd* de seda; **~y** *a* sedoso.
lly ['sɪlɪ] *a* (*person*) tonto; (*idea*) absurdo.
lo ['saɪləu] *n* silo.
lt [sɪlt] *n* sedimento.
lver ['sɪlvə*] *n* plata; (*money*) moneda suelta // *cpd* de plata; **~ paper** *n* (*Brit*) papel *m* de plata; **~-plated** *a* plateado; **~smith** *n* platero/a; **~ ware** *n* plata; **~y** *a* plateado.
milar ['sɪmɪlə*] *a*: **~ to** parecido *or* semejante a; **~ly** *ad* del mismo modo.
mile ['sɪmɪlɪ] *n* símil *m*.
mmer ['sɪmə*] *vi* hervir a fuego lento.
mpering ['sɪmpərɪŋ] *a* afectado; (*foolish*) bobo.
mple ['sɪmpl] *a* (*easy*) sencillo; (*foolish*, COMM: *interest*) simple; **simplicity** [-'plɪsɪtɪ] *n* sencillez *f*; **simplify** ['sɪmplɪfaɪ] *vt* simplificar.
mply ['sɪmplɪ] *ad* (*live*, *talk*) sencillamente; (*just*, *merely*) sólo.
multaneous [sɪməl'teɪnɪəs] *a* simultáneo; **~ly** *ad* simultáneamente.
n [sɪn] *n* pecado // *vi* pecar.
nce [sɪns] *ad* desde entonces, después // *prep* desde // *conj* (*time*) desde que; (*because*) ya que, puesto que; **~ then** desde entonces.
ncere [sɪn'sɪə*] *a* sincero; **~ly** *ad*: yours **~ly**, (*US*) **~ly yours** (*in letters*) le saluda atentamente; **sincerity** [-'sɛrɪtɪ] *n* sinceridad *f*.
new ['sɪnjuː] *n* tendón *m*.
nful ['sɪnful] *a* (*thought*) pecaminoso; (*person*) pecador(a).
ng [sɪŋ], *pt* **sang**, *pp* **sung** *vt* cantar // *vi* cantar.
ingapore [sɪŋə'pɔː*] *n* Singapur *m*.
inge [sɪndʒ] *vt* chamuscar.
inger ['sɪŋə*] *n* cantante *m/f*.
inging ['sɪŋɪŋ] *n* (*gen*) canto; (*songs*) canciones *fpl*.
ingle ['sɪŋgl] *a* único, solo; (*unmarried*) soltero; (*not double*) simple, sencillo // *n* (*Brit*: *also*: **~ ticket**) billete *m* sencillo; (*record*) sencillo, single *m*; **~s** *npl* (TENNIS) individual *msg*; **to ~ out** *vt* (*choose*) escoger; **~ bed** *n* cama individual; **~-breasted** *a* (*jacket*, *suit*) recto; **single-file** *n*: **in ~ file** en fila de uno; **~-handed** *ad* sin ayuda; **~-minded** *a* resuelto, firme; **~ room** *n* cuarto individual.
inglet ['sɪŋglɪt] *n* camiseta.
ingly ['sɪŋglɪ] *ad* uno por uno.
ingular ['sɪŋgjulə*] *a* (*odd*) raro, extraño; (LING) singular // *n* (LING) singular *m*.
inister ['sɪnɪstə*] *a* siniestro.

sink [sɪŋk] *n* fregadero // *vb* (*pt* **sank**, *pp* **sunk**) *vt* (*ship*) hundir, echar a pique; (*foundations*) excavar; (*piles etc*): **to ~ sth into** hundir algo en // *vi* (*gen*) hundirse; **to ~ in** *vi* (*fig*) penetrar, calar.
sinner ['sɪnə*] *n* pecador(a) *m/f*.
sinus ['saɪnəs] *n* (ANAT) seno.
sip [sɪp] *n* sorbo // *vt* sorber, beber a sorbitos.
siphon ['saɪfən] *n* sifón *m*; **to ~ off** *vt* desviar.
sir [sə*] *n* señor *m*; **S~ John Smith** Sir John Smith; yes **~** sí, señor.
siren ['saɪərn] *n* sirena.
sirloin ['səːlɔɪn] *n* solomillo.
sissy ['sɪsɪ] *n* (*col*) marica *m*.
sister ['sɪstə*] *n* hermana; (*Brit*: *nurse*) enfermera jefe; **~-in-law** *n* cuñada.
sit [sɪt], *pt*, *pp* **sat** *vi* sentarse; (*be sitting*) estar sentado; (*assembly*) reunirse // *vt* (*exam*) presentarse a; **to ~ down** *vi* sentarse; **to ~ in on** *vt fus* asistir a; **to ~ up** *vi* incorporarse; (*not go to bed*) velar.
sitcom ['sɪtkɔm] *n abbr* (= *situation comedy*) comedia de situación.
site [saɪt] *n* sitio; (*also*: **building ~**) solar *m* // *vt* situar.
sit-in ['sɪtɪn] *n* (*demonstration*) ocupación *f*.
sitting ['sɪtɪŋ] *n* (*of assembly etc*) sesión *f*; (*in canteen*) turno; **~ room** *n* sala de estar.
situated ['sɪtjueɪtɪd] *a* situado.
situation [sɪtju'eɪʃən] *n* situación *f*; '**~s vacant**' (*Brit*) 'ofrecen trabajo'.
six [sɪks] *num* seis; **~teen** *num* diez y seis, dieciséis; **~th** *a* sexto; **~ty** *num* sesenta.
size [saɪz] *n* (*gen*) tamaño; (*extent*) extensión *f*; (*of clothing*) talla; (*of shoes*) número; **to ~ up** *vt* formarse una idea de; **~able** *a* importante, considerable.
sizzle ['sɪzl] *vi* crepitar.
skate [skeːt] *n* patín *m*; (*fish*: *pl inv*) raya // *vi* patinar; **~board** *n* monopatín *m*; **~r** *n* patinador(a) *m/f*; **skating** *n* patinaje *m*; **skating rink** *n* pista de patinaje.
skeleton ['skɛlɪtn] *n* esqueleto; (TECH) armazón *f*; (*outline*) esquema *m*; **~ key** *n* llave *f* maestra; **~ staff** *n* personal *m* reducido.
skeptic ['skɛptɪk] *etc* (*US*) = **sceptic**.
sketch [skɛtʃ] *n* (*drawing*) dibujo; (*outline*) esbozo, bosquejo; (THEATRE) sketch *m* // *vt* dibujar; esbozar; **~ book** *n* libro de dibujos; **~y** *a* incompleto.
skewer ['skjuːə*] *n* broqueta.
ski [skiː] *n* esquí *m* // *vi* esquiar; **~ boot** *n* bota de esquí.
skid [skɪd] *n* patinazo // *vi* patinar.
ski: **~er** *n* esquiador(a) *m/f*; **~ing** *n* esquí *m*; **~ jump** *n* salto con esquís.
skilful ['skɪlful] *a* diestro, experto.

ski lift *n* telesilla *m*, telesquí *m*.
skill [skɪl] *n* destreza, pericia; **~ed** *a* hábil, diestro; (*worker*) cualificado.
skim [skɪm] *vt* (*milk*) desnatar; (*glide over*) rozar, rasar // *vi*: **to ~ through** (*book*) hojear; **~med milk** *n* leche *f* desnatada.
skimp [skɪmp] *vt* (*work*) chapucear; (*cloth etc*) escatimar; **~y** *a* (*meagre*) escaso; (*skirt*) muy corto.
skin [skɪn] *n* (*gen*) piel *f*; (*complexion*) cutis *m* // *vt* (*fruit etc*) pelar; (*animal*) despellejar; **~-deep** *a* superficial; **~ diving** *n* buceo; **~ny** *a* flaco; **~tight** *a* (*dress etc*) muy ajustado.
skip [skɪp] *n* brinco, salto; (*container*) cuba // *vi* brincar; (*with rope*) saltar a la comba // *vt* (*pass over*) omitir, saltar.
ski pants *npl* pantalones *mpl* de esquí.
ski pole *n* bastón *m* de esquiar.
skipper ['skɪpə*] *n* (NAUT, SPORT) capitán *m*.
skipping rope ['skɪpɪŋ-] *n* (*Brit*) cuerda (de saltar).
skirmish ['skə:mɪʃ] *n* escaramuza.
skirt [skə:t] *n* falda, pollera (*LAm*) // *vt* (*surround*) ceñir, rodear; (*go round*) ladear.
ski suit *n* traje *m* de esquiar.
skit [skɪt] *n* sátira, parodia.
skittle ['skɪtl] *n* bolo; **~s** *n* (*game*) boliche *m*.
skive [skaɪv] *vi* (*Brit col*) gandulear.
skulk [skʌlk] *vi* esconderse.
skull [skʌl] *n* calavera; (ANAT) cráneo.
skunk [skʌŋk] *n* mofeta.
sky [skaɪ] *n* cielo; **~light** *n* tragaluz *m*, claraboya; **~scraper** *n* rascacielos *m inv*.
slab [slæb] *n* (*stone*) bloque *m*; (*flat*) losa; (*of cake*) trozo.
slack [slæk] *a* (*loose*) flojo; (*slow*) de poca actividad; (*careless*) descuidado; **~s** *npl* pantalones *mpl*; **~en** (*also*: **~en off**) *vi* aflojarse // *vt* aflojar; (*speed*) disminuir.
slag [slæg] *n* escoria, escombros *mpl*; **~ heap** *n* escorial *m*, escombrera.
slain [sleɪn] *pp of* **slay**.
slam [slæm] *vt* (*throw*) arrojar (violentamente); **to ~ the door** dar un portazo // *vi* cerrarse de golpe.
slander ['slɑ:ndə*] *n* calumnia, difamación *f* // *vt* calumniar, difamar.
slang [slæŋ] *n* argot *m*; (*jargon*) jerga.
slant [slɑ:nt] *n* sesgo, inclinación *f*; (*fig*) interpretación *f*; **~ed** *a* parcial; **~ing** *a* inclinado.
slap [slæp] *n* palmada; (*in face*) bofetada // *vt* dar una palmada/bofetada a // *ad* (*directly*) exactamente, directamente; **~dash** *a* descuidado; **~stick** *n*: **~stick comedy** comedia de golpe y porrazo; **~-up** *a*: **a ~-up meal** (*Brit*) un banquetazo, una comilona.

slash [slæʃ] *vt* acuchillar; (*fig*: pri quemar.
slat [slæt] *n* tablilla, listón *m*.
slate [sleɪt] *n* pizarra // *vt* (*Brit*: *fig*: c *cize*) criticar duramente.
slaughter ['slɔ:tə*] *n* (*of animals*) tanza; (*of people*) carnicería // *vt* ma **~house** *n* matadero.
Slav [slɑ:v] *a* eslavo.
slave [sleɪv] *n* esclavo/a // *vi* (*also* away) sudar tinta; **~ry** *n* esclavitud
slay [sleɪ], *pt* **slew**, *pp* **slain** *vt* matar.
SLD *n abbr* = *Social and Liberal De crats*.
sleazy ['sli:zɪ] *a* de mala fama.
sled [slɛd] *n* (*US*) trineo.
sledge [slɛdʒ] *n* (*Brit*) trin **~hammer** *n* mazo.
sleek [sli:k] *a* (*shiny*) lustroso.
sleep [sli:p] *n* sueño // *vi* (*pt, pp* sl dormir; **to go to ~** quedarse dormido; **~ in** *vi* (*oversleep*) quedarse dorm **~er** *n* (*person*) durmiente *m/f*; (RAIL: *on track*) traviesa; (: *tr* coche-cama *m*; **~ing bag** *n* saco dormir; **~ing car** *n* coche-cama **~ing pill** *n* somnífero; **~less** *a*: **a ~ night** una noche en blanco; **~walke** sonámbulo/a; **~y** *a* soñoliento.
sleet [sli:t] *n* nevisca.
sleeve [sli:v] *n* manga; (TECH) mangu
sleigh [sleɪ] *n* trineo.
sleight [slaɪt] *n*: **~ of hand** escamoteo.
slender ['slɛndə*] *a* delgado; (*means*) caso.
slept [slɛpt] *pt, pp of* **sleep**.
slew [slu:] *vi* (*veer*) torcerse // *pt* of sl
slice [slaɪs] *n* (*of meat*) tajada; *bread*) rebanada; (*of lemon*) roda (*utensil*) pala // *vt* cortar (en tajos); banar.
slick [slɪk] *a* (*skilful*) hábil, diestro (*also*: **oil ~**) marea negra.
slide [slaɪd] *n* (*in playground*) tobog *m*; (PHOT) diapositiva; (*Brit*: *also*: h ~) pasador *m* // *vb* (*pt, pp* **slid**) *vt* rrer, deslizar // *vi* (*slip*) resbalar. (*glide*) deslizarse; **~ rule** *n* regla cálculo; **sliding** *a* (*door*) corredi **sliding scale** *n* escala móvil.
slight [slaɪt] *a* (*slim*) delgado; (*frail*) licado; (*pain etc*) leve; (*trivial*) insign cante; (*small*) pequeño // *n* desaire *m* *vt* (*offend*) ofender, desairar; **not in ~est** en absoluto; **~ly** *ad* ligeramen un poco.
slim [slɪm] *a* delgado, esbelto // *vi* adel zar.
slime [slaɪm] *n* limo, cieno.
slimming ['slɪmɪŋ] *n* adelgazamiento.
sling [slɪŋ] *n* (MED) cabestrillo; (*weapo* honda // *vt* (*pt, pp* **slung**) tirar, arrojar
slip [slɪp] *n* (*slide*) resbalón *m*; (*mistak* descuido; (*underskirt*) combinación (*of paper*) papelito // *vt* (*slide*) desliza

vi (*slide*) deslizarse; (*stumble*) resbalar(se); (*decline*) decaer; (*move smoothly*): to ~ into/out of (*room etc*) introducirse en/salirse de; to give sb the ~ eludir a uno; a ~ of the tongue un lapsus; to ~ sth on/off ponerse/quitarse algo; **to ~ away** *vi* escabullirse; **to ~ in** *vt* meter // *vi* meterse; **to ~ out** *vi* (*go out*) salir (un momento); **~ped disc** *n* vértebra dislocada.

slipper ['slɪpə*] *n* zapatilla, pantufla.

slippery ['slɪpərɪ] *a* resbaladizo.

slip: **~ road** *n* (*Brit*) carretera de acceso; **~shod** *a* descuidado; **~-up** *n* (*error*) desliz *m*; **~way** *n* grada, gradas *fpl*.

slit [slɪt] *n* raja; (*cut*) corte *m* // *vt* (*pt, pp* slit) rajar, cortar.

slither ['slɪðə*] *vi* deslizarse.

sliver ['slɪvə*] *n* (*of glass, wood*) astilla; (*of cheese etc*) raja.

slob [slɔb] *n* (*col*) patán/ana *m/f*.

slog [slɔg] (*Brit*) *vi* sudar tinta; it was a ~ costó trabajo (hacerlo).

slogan ['sləugən] *n* eslogan *m*, lema *m*.

slop [slɔp] *vi* (*also*: ~ over) derramarse, desbordarse // *vt* derramar, verter.

slope [sləup] *n* (*up*) cuesta, pendiente *f*; (*down*) declive *m*; (*side of mountain*) falda, vertiente *m* // *vi*: to ~ down estar en declive; to ~ up inclinarse; **sloping** *a* en pendiente; en declive.

sloppy ['slɔpɪ] *a* (*work*) descuidado; (*appearance*) desaliñado.

slot [slɔt] *n* ranura // *vt*: to ~ into encajar en.

sloth [sləuθ] *n* (*laziness*) pereza.

slot machine *n* (*Brit*: *vending machine*) aparato vendedor, distribuidor *m* automático; (*for gambling*) máquina tragaperras.

slouch [slautʃ] *vi*: to ~ about (*laze*) gandulear.

slovenly ['slʌvənlɪ] *a* (*dirty*) desaliñado, desaseado; (*careless*) descuidado.

slow [sləu] *a* lento; (*watch*): to be ~ atrasarse // *ad* lentamente, despacio // *vt, vi* (*also*: ~ down, ~ up) retardar; '~' (*road sign*) 'disminuir velocidad'; **~ down** *n* (*US*) huelga de manos caídas; **~ly** *ad* lentamente, despacio; **slow motion** *n*: in ~ motion a cámara lenta.

sludge [slʌdʒ] *n* lodo, fango.

slug [slʌg] *n* babosa; (*bullet*) posta; **~gish** *a* (*slow*) lento; (*lazy*) perezoso.

sluice [slu:s] *n* (*gate*) esclusa; (*channel*) canal *m*.

slum [slʌm] *n* casucha.

slumber ['slʌmbə*] *n* sueño.

slump [slʌmp] *n* (*economic*) depresión *f* // *vi* hundirse.

slung [slʌŋ] *pt, pp of* **sling**.

slur [slə:*] *n* calumnia // *vt* calumniar, difamar; (*word*) pronunciar mal.

slush [slʌʃ] *n* nieve *f* a medio derretir; **~ fund** *n* caja negra (*fondos para sobornar*).

slut [slʌt] *n* (*sloppy*) marrana.

sly [slaɪ] *a* astuto.

smack [smæk] *n* (*slap*) manotada; (*blow*) golpe *m* // *vt* dar una manotada a; golpear con la mano // *vi*: to ~ of saber a, oler a.

small [smɔ:l] *a* pequeño; **~ ads** *npl* (*Brit*) anuncios *mpl* por palabras; **~ change** *n* suelto, cambio; **~holder** *n* (*Brit*) granjero/a, parcelero/a; **~ hours** *npl*: in the ~ hours en las altas horas (de la noche); **~pox** *n* viruela; **~ talk** *n* cháchara.

smart [smɑ:t] *a* elegante; (*clever*) listo, inteligente; (*quick*) rápido, vivo // *vi* escocer, picar; **to ~en up** *vi* arreglarse // *vt* arreglar.

smash [smæʃ] *n* (*also*: ~-up) choque *m* // *vt* (*break*) hacer pedazos; (*car etc*) estrellar; (SPORT: *record*) batir // *vi* hacerse pedazos; (*against wall etc*) estrellarse; **~ing** *a* (*col*) cojonudo.

smattering ['smætərɪŋ] *n*: a ~ of Spanish algo de español.

smear [smɪə*] *n* mancha; (MED) frotis *m inv* // *vt* untar; (*fig*) calumniar, difamar.

smell [smɛl] *n* olor *m*; (*sense*) olfato // (*pt, pp* smelt *or* smelled) *vt, vi* oler; it ~s good/of garlic huele bien/a ajo; **~y** *a* maloliente.

smile [smaɪl] *n* sonrisa // *vi* sonreír; **smiling** *a* sonriente.

smirk [smə:k] *n* sonrisa falsa *or* afectada.

smith [smɪθ] *n* herrero; **~y** ['smɪðɪ] *n* herrería.

smock [smɔk] *n* blusa; (*children's*) delantal *m*; (*US*: *overall*) guardapolvo.

smog [smɔg] *n* esmog *m*.

smoke [sməuk] *n* humo // *vi* fumar; (*chimney*) echar humo // *vt* (*cigarettes*) fumar; **~d** *a* (*bacon, glass*) ahumado; **~r** *n* (*person*) fumador(a) *m/f*; (RAIL) coche *m* fumador; **~ screen** *n* cortina de humo; **~ shop** *n* (*US*) estanco, tabaquería (*LAm*); **smoking** *n*: 'no smoking' 'prohibido fumar'; **smoky** *a* (*room*) lleno de humo.

smolder ['sməuldə*] *vi* (*US*) = **smoulder**.

smooth [smu:ð] *a* liso; (*sea*) tranquilo; (*flavour, movement*) suave; (*person*: *pej*) meloso // *vt* alisar; (*also*: ~ out: *creases, difficulties*) allanar.

smother ['smʌðə*] *vt* sofocar; (*repress*) contener.

smoulder, (*US*) **smolder** ['sməuldə*] *vi* arder sin llama.

smudge [smʌdʒ] *n* mancha // *vt* manchar.

smug [smʌg] *a* presumido.

smuggle ['smʌgl] *vt* pasar de contrabando; **~r** *n* contrabandista *m/f*; **smuggling** *n* contrabando.

smutty ['smʌtɪ] *a* (*fig*) verde, obsceno.
snack [snæk] *n* bocado; ~ **bar** *n* cafetería.
snag [snæg] *n* problema *m*.
snail [sneɪl] *n* caracol *m*.
snake [sneɪk] *n* (*gen*) serpiente *f*; (*harmless*) culebra; (*poisonous*) víbora.
snap [snæp] *n* (*sound*) chasquido; golpe *m* seco; (*photograph*) foto *f* // *a* (*decision*) instantáneo // *vt* (*fingers etc*) castañetear; (*break*) quebrar; (*photograph*) tomar una foto de // *vi* (*break*) quebrarse; (*fig*: *person*) contestar bruscamente; **to ~ shut** cerrarse de golpe; **to ~ at** *vt fus* (*subj*: *dog*) intentar morder; **to ~ off** *vi* (*break*) partirse; **to ~ up** *vt* agarrar; ~ **fastener** *n* (*US*) botón *m* de presión; **~py** *a* (*col*: *answer*) instantáneo; (*slogan*) conciso; **make it ~py!** (*hurry up*) ¡date prisa!; **~shot** *n* foto *f* (instantánea).
snare [snɛə*] *n* trampa // *vt* cazar con trampa; (*fig*) engañar.
snarl [snɑ:l] *n* gruñido // *vi* gruñir.
snatch [snætʃ] *n* (*fig*) robo; **~es of** trocitos *mpl* de // *vt* (~ *away*) arrebatar; (*grasp*) coger (*Sp*), agarrar.
sneak [sni:k] *vi*: **to ~ in/out** entrar/salir a hurtadillas // *n* (*col*) soplón/ona *m/f*; **~ers** *npl* (*US*) zapatos *mpl* de lona; **~y** *a* furtivo.
sneer [snɪə*] *vi* sonreír con desprecio.
sneeze [sni:z] *vi* estornudar.
sniff [snɪf] *vi* sorber (por la nariz) // *vt* husmear, oler.
snigger ['snɪgə*] *vi* reírse con disimulo.
snip [snɪp] *n* (*piece*) recorte *m*; (*bargain*) ganga // *vt* tijeretear.
sniper ['snaɪpə*] *n* francotirador(a) *m/f*.
snippet ['snɪpɪt] *n* retazo.
snivelling ['snɪvlɪŋ] *a* llorón/ona.
snob [snɔb] *n* (e)snob *m/f*; **~bery** *n* (e)snobismo; **~bish** *a* (e)snob.
snooker ['snu:kə*] *n especie de billar*.
snoop [snu:p] *vi*: to ~ **about** fisgonear.
snooty ['snu:tɪ] *a* (e)snob.
snooze [snu:z] *n* siesta // *vi* echar una siesta.
snore [snɔ:*] *vi* roncar; **snoring** *n* ronquidos *mpl*.
snorkel ['snɔ:kl] *n* (tubo) respirador *m*.
snort [snɔ:t] *n* bufido // *vi* bufar.
snout [snaut] *n* hocico, morro.
snow [snəu] *n* nieve *f* // *vi* nevar; **~ball** *n* bola de nieve; **~bound** *a* bloqueado por la nieve; **~drift** *n* ventisquero; **~drop** *n* campanilla; **~fall** *n* nevada; **~flake** *n* copo de nieve; **~man** *n* figura de nieve; **~plough**, (*US*) **~plow** *n* quitanieves *m inv*; **~shoe** *n* raqueta (de nieve); **~storm** *n* nevada, nevasca.
snub [snʌb] *vt*: to ~ sb desairar a alguien // *n* desaire *m*, repulsa; **~-nosed** *a* chato.
snuff [snʌf] *n* rapé *m*.
snug [snʌg] *a* (*cosy*) cómodo; (*fitted*) ajustado.
snuggle ['snʌgl] *vi*: **to ~ up to sb** arrimarse a uno.
so [səu] ♦ *ad* **1** (*thus, likewise*) así, de este modo; **if ~** de ser así; **I like swimming — ~ do I** a mí me gusta nadar — a mí también; **I've got work to do — ~ has Paul** tengo trabajo que hacer — Paul también; **it's 5 o'clock — ~ it is!** son las cinco — ¡pues es verdad!; **I hope/think ~** espero/creo que sí; **~ far** hasta ahora; (*in past*) hasta este momento
2 (*in comparisons etc*: *to such a degree*) tan; **~ quickly (that)** tan rápido (que); **~ big (that)** tan grande (que); **she's not ~ clever as her brother** no es tan lista como su hermano; **we were ~ worried** estábamos preocupadísimos
3: **~ much** *a* tanto/a // *ad* tanto; **~ many** tantos/as
4 (*phrases*): **10 or ~** unos 10, 10 o así; **~ long!** (*col*: *goodbye*) ¡hasta luego!
♦ *conj* **1** (*expressing purpose*): **~ as to do** para hacer; **~ (that)** para que + *subjun*
2 (*expressing result*) así que; **~ you see, I could have gone** así que ya ves, (yo) podría haber ido.
soak [səuk] *vt* (*drench*) empapar; (*put in water*) remojar // *vi* remojarse, estar a remojo; **to ~ in** *vi* penetrar; **to ~ up** *vt* absorber.
so-and-so ['səuənsəu] *n* (*somebody*) fulano/a de tal.
soap [səup] *n* jabón *m*; **~flakes** *npl* escamas *fpl* de jabón; ~ **opera** *n* telenovela; ~ **powder** *n* jabón *m* en polvo; **~y** *a* jabonoso.
soar [sɔ:*] *vi* (*on wings*) remontarse; (*building etc*) elevarse.
sob [sɔb] *n* sollozo // *vi* sollozar.
sober ['səubə*] *a* (*moderate*) moderado; (*not drunk*) sobrio; (*colour, style*) discreto; **to ~ up** *vi* pasársele a uno la borrachera.
so-called ['səu'kɔ:ld] *a* así llamado.
soccer ['sɔkə*] *n* fútbol *m*.
social ['səuʃl] *a* social // *n* velada, fiesta; ~ **club** *n* club *m*; **~ism** *n* socialismo; **~ist** *a*, *n* socialista *m/f*; **~ize** *vi*: **to ~ize (with)** alternar (con); **~ly** *ad* socialmente; ~ **security** *n* seguridad *f* social; ~ **work** *n* asistencia social; ~ **worker** *n* asistente/a *m/f* social.
society [sə'saɪətɪ] *n* sociedad *f*; (*club*) asociación *f*; (*also*: **high ~**) buena sociedad.
sociologist [səusɪ'ɔlədʒɪst] *n* sociólogo/a.
sociology [səusɪ'ɔlədʒɪ] *n* sociología.
sock [sɔk] *n* calcetín *m*, media (*LAm*).
socket ['sɔkɪt] *n* (*ELEC*) enchufe *m*.
sod [sɔd] *n* (*of earth*) césped *m*; (*col!*) cabrón/ona *m/f* (*!*).
soda ['səudə] *n* (*CHEM*) sosa; (*also*: ~

water) soda; (*US*: *also*: ~ pop) gaseosa.
sodden ['sɔdn] *a* empapado.
sodium ['səudıəm] *n* sodio.
sofa ['səufə] *n* sofá *m*.
soft [sɔft] *a* (*not hard, lenient*) blando; (*gentle, not loud*) suave; (*stupid*) bobo; ~ **drink** *n* bebida no alcohólica; **~en** ['sɔfn] *vt* ablandar; suavizar // *vi* ablandarse; suavizarse; **~ly** *ad* suavemente; (*gently*) delicadamente, con delicadeza; **~ness** *n* blandura; suavidad *f*; **~ware** *n* (COMPUT) software *m*.
soggy ['sɔgı] *a* empapado.
soil [sɔıl] *n* (*earth*) tierra, suelo // *vt* ensuciar; **~ed** *a* sucio.
solace ['sɔlıs] *n* consuelo.
sold [səuld] *pt, pp of* sell; ~ **out** *a* (COMM) agotado.
solder ['səuldə*] *vt* soldar // *n* soldadura.
soldier ['səuldʒə*] *n* (*gen*) soldado; (*army man*) militar *m*.
sole [səul] *n* (*of foot*) planta; (*of shoe*) suela; (*fish*: *pl inv*) lenguado // *a* único.
solemn ['sɔləm] *a* solemne.
solicit [sə'lısıt] *vt* (*request*) solicitar // *vi* (*prostitute*) importunar.
solicitor [sə'lısıtə*] *n* (*Brit*: *for wills etc*) ≈ notario/a; (: *in court*) ≈ abogado/a.
solid ['sɔlıd] *a* sólido; (*gold etc*) macizo // *n* sólido.
solidarity [sɔlı'dærıtı] *n* solidaridad *f*.
solitaire [sɔlı'tεə*] *n* (*game, gem*) solitario.
solitary ['sɔlıtərı] *a* solitario, solo; ~ **confinement** *n* incomunicación *f*.
solitude ['sɔlıtju:d] *n* soledad *f*.
solo ['səuləu] *n* solo; **~ist** *n* solista *m/f*.
solution [sə'lu:ʃən] *n* solución *f*.
solve [sɔlv] *vt* resolver, solucionar.
solvent ['sɔlvənt] *a* (COMM) solvente // *n* (CHEM) solvente *m*.
sombre, (*US*) **somber** ['sɔmbə*] *a* sombrío.
some [sʌm] ♦ *a* **1** (*a certain amount or number of*): ~ **tea/water/biscuits** té/agua/(unas) galletas; **there's ~ milk in the fridge** hay leche en el frigo; **there were ~ people outside** había algunas personas fuera; **I've got ~ money, but not much** tengo algo de dinero, pero no mucho
2 (*certain*: *in contrasts*) algunos/as; ~ **people say that ...** hay quien dice que ...; ~ **films were excellent, but most were mediocre** hubo películas excelentes, pero la mayoría fueron mediocres
3 (*unspecified*): ~ **woman was asking for you** una mujer estuvo preguntando por ti; **he was asking for ~ book (or other)** pedía un libro; ~ **day** algún día; ~ **day next week** un día de la semana que viene
♦ *pron* **1** (*a certain number*): **I've got ~** (*books etc*) tengo algunos/as
2 (*a certain amount*) algo; **I've got ~** (*money, milk*) tengo algo; **could I have ~ of that cheese?** ¿me puede dar un poco de ese queso?; **I've read ~ of the book** he leído parte del libro
♦ *ad*: ~ **10 people** unas 10 personas, una decena de personas
somebody ['sʌmbədı] *pron* = **someone**.
somehow ['sʌmhau] *ad* de alguna manera; (*for some reason*) por una u otra razón.
someone ['sʌmwʌn] *pron* alguien.
someplace ['sʌmpleıs] *ad* (*US*) = **somewhere**.
somersault ['sʌməsɔ:lt] *n* (*deliberate*) salto mortal; (*accidental*) vuelco // *vi* dar un salto mortal; dar vuelcos.
something ['sʌmθıŋ] *pron* algo; **would you like ~ to eat/drink?** ¿te gustaría cenar/tomar algo?
sometime ['sʌmtaım] *ad* (*in future*) algún día, en algún momento; ~ **last month** durante el mes pasado.
sometimes ['sʌmtaımz] *ad* a veces.
somewhat ['sʌmwɔt] *ad* algo.
somewhere ['sʌmwεə*] *ad* (*be*) en alguna parte; (*go*) a alguna parte; ~ **else** (*be*) en otra parte; (*go*) a otra parte.
son [sʌn] *n* hijo.
song [sɔŋ] *n* canción *f*.
sonic ['sɔnık] *a* (*boom*) sónico.
son-in-law ['sʌnınlɔ:] *n* yerno.
sonnet ['sɔnıt] *n* soneto.
sonny ['sʌnı] *n* (*col*) hijo.
soon [su:n] *ad* pronto, dentro de poco; ~ **afterwards** poco después; *see also* **as**; **~er** *ad* (*time*) antes, más temprano; **I would ~er do that** preferiría hacer eso; **~er or later** tarde o temprano.
soot [sut] *n* hollín *m*.
soothe [su:ð] *vt* tranquilizar; (*pain*) aliviar.
sophisticated [sə'fıstıkeıtıd] *a* sofisticado.
sophomore ['sɔfəmɔ:*] *n* (*US*) estudiante *m/f* de segundo año.
soporific [sɔpə'rıfık] *a* soporífero.
sopping ['sɔpıŋ] *a*: ~ (**wet**) empapado.
soppy ['sɔpı] *a* (*pej*) bobo, tonto.
soprano [sə'prɑ:nəu] *n* soprano *f*.
sorcerer ['sɔ:sərə*] *n* hechicero.
sore [sɔ:*] *a* (*painful*) doloroso, que duele; (*offended*) resentido // *n* llaga; **~ly** *ad*: **I am ~ly tempted to** estoy muy tentado a.
sorrow ['sɔrəu] *n* pena, dolor *m*.
sorry ['sɔrı] *a* (*regretful*) arrepentido; (*condition, excuse*) lastimoso; **~!** ¡perdón!, ¡perdone!; **to feel ~ for sb** tener lástima a uno; **I feel ~ for him** me da lástima.
sort [sɔ:t] *n* clase *f*, género, tipo // *vt* (*also*: ~ **out**: *papers*) clasificar; (: *problems*) arreglar, solucionar; **~ing office** *n* sala de batalla.

SOS *n abbr* (= *save our souls*) SOS *m*.
so-so ['səusəu] *ad* regular, así así.
soufflé ['su:fleɪ] *n* suflé *m*.
sought [sɔ:t] *pt, pp of* **seek**.
soul [səul] *n* alma *f*; **~-destroying** *a* (*work*) deprimente; **~ful** *a* lleno de sentimiento.
sound [saund] *a* (*healthy*) sano; (*safe, not damaged*) en buen estado; (*reliable: person*) digno de confianza; (*sensible*) sensato, razonable // *ad*: **~ asleep** profundamente dormido // *n* (*noise*) sonido, ruido; (GEO) estrecho // *vt* (*alarm*) sonar; (*also*: **~ out**: *opinions*) consultar, sondear // *vi* sonar, resonar; (*fig*: *seem*) parecer; **to ~ like** sonar a; **~ barrier** *n* barrera del sonido; **~ effects** *npl* efectos *mpl* sonoros; **~ing** *n* (NAUT *etc*) sondeo; **~ly** *ad* (*sleep*) profundamente; (*beat*) completamente; **~proof** *a* insonorizado; **~track** *n* (*of film*) banda sonora.
soup [su:p] *n* (*thick*) sopa; (*thin*) caldo; **in the ~** (*fig*) en apuros; **~ plate** *n* plato sopero; **~spoon** *n* cuchara sopera.
sour ['sauə*] *a* agrio; (*milk*) cortado; **it's just ~ grapes!** (*fig*) ¡están verdes!
source [sɔ:s] *n* fuente *f*.
south [sauθ] *n* sur *m* // *a* del sur // *ad* al sur, hacia el sur; **S~ Africa** *n* África del Sur; **S~ African** *a, n* sudafricano/a; **S~ America** *n* América del Sur, Sudamérica; **S~ American** *a, n* sudamericano/a *m/f*; **~-east** *n* sudeste *m*; **~erly** ['sʌðəlɪ] *a* sur; (*from the ~*) del sur; **~ern** ['sʌðən] *a* del sur, meridional; **S~ Pole** *n* Polo Sur; **~ward(s)** *ad* hacia el sur; **~-west** *n* suroeste *m*.
souvenir [su:və'nɪə*] *n* recuerdo.
sovereign ['sɔvrɪn] *a, n* soberano/a *m/f*.
soviet ['səuvɪət] *a* soviético; **the S~ Union** la Unión Soviética.
sow [sau] *n* cerda, puerca // *vt* ([səu], *pt* **sowed**, *pp* **sown** [səun]) (*gen*) sembrar.
soya ['sɔɪə], (*US*) **soy** [sɔɪ] *n* soja.
spa [spɑ:] *n* balneario.
space [speɪs] *n* espacio; (*room*) sitio // *vt* (*also*: **~ out**) espaciar; **~craft** *n* nave *f* espacial; **~man/woman** *n* astronauta *m/f*, cosmonauta *m/f*; **~ship** *n* = ~craft; **spacing** *n* espaciamiento.
spacious ['speɪʃəs] *a* amplio.
spade [speɪd] *n* (*tool*) pala, laya; **~s** *npl* (CARDS: *British*) picos *mpl*; (: *Spanish*) espadas *fpl*.
spaghetti [spə'gɛtɪ] *n* espaguetis *mpl*, fideos *mpl*.
Spain [speɪn] *n* España.
span [spæn] *n* (*of bird, plane*) envergadura; (*of hand*) palmo; (*of arch*) luz *f*; (*in time*) lapso // *vt* extenderse sobre, cruzar; (*fig*) abarcar.
Spaniard ['spænjəd] *n* español(a) *m/f*.
spaniel ['spænjəl] *n* perro de aguas.
Spanish ['spænɪʃ] *a* español(a) // *n* (LING) español *m*, castellano; **the ~** *npl* los españoles.
spank [spæŋk] *vt* zurrar.
spanner ['spænə*] *n* (*Brit*) llave *f* (inglesa).
spar [spɑ:*] *n* palo, verga // *vi* (BOXING) entrenarse.
spare [spɛə*] *a* de reserva; (*surplus*) sobrante, de más // *n* (*part*) pieza de repuesto // *vt* (*do without*) pasarse sin; (*afford to give*) tener de sobra; (*refrain from hurting*) perdonar; (*details etc*) ahorrar; **to ~** (*surplus*) sobrante, de sobra; **~ part** *n* pieza de repuesto; **~ time** *n* tiempo libre; **~ wheel** *n* (AUT) rueda de recambio.
sparing ['spɛərɪŋ] *a*: **to be ~ with** ser parco en; **~ly** *ad* poco; con moderación.
spark [spɑ:k] *n* chispa; **~ plug**, (*Brit*) **~ing plug** *n* bujía.
sparkle ['spɑ:kl] *n* centelleo, destello // *vi* centellear; (*shine*) relucir, brillar; **sparkling** *a* centelleante; (*wine*) espumoso.
sparrow ['spærəu] *n* gorrión *m*.
sparse [spɑ:s] *a* esparcido, escaso.
spartan ['spɑ:tən] *a* (*fig*) espartano.
spasm ['spæzəm] *n* (MED) espasmo; (*fig*) arranque *m*, ataque *m*.
spastic ['spæstɪk] *n* espástico/a.
spat [spæt] *pt, pp of* **spit**.
spate [speɪt] *n* (*fig*): **~ of** torrente *m* de; **in ~** (*river*) crecido.
spatter ['spætə*] *vt*: **to ~ with** salpicar de.
spawn [spɔ:n] *vi* desovar, frezar // *n* huevas *fpl*.
speak [spi:k], *pt* **spoke**, *pp* **spoken** *vt* (*language*) hablar; (*truth*) decir // *vi* hablar; (*make a speech*) intervenir; **to ~ to sb/of** *or* **about sth** hablar con uno/de *or* sobre algo; **~ up!** ¡habla fuerte!; **~er** *n* (*in public*) orador(a) *m/f*; (*also*: **loud~er**) altavoz *m*; (*for stereo etc*) bafle *m*; (POL): **the S~er** (*Brit*) *el Presidente de la Cámara de los Comunes*; (*US*) *el Presidente del Congreso*.
spear [spɪə*] *n* lanza; (*for fishing*) arpón *m* // *vt* alancear; arponear; **~head** *vt* (*attack etc*) encabezar.
spec [spɛk] *n* (*col*): **on ~** como especulación.
special ['spɛʃl] *a* especial; (*edition etc*) extraordinario; (*delivery*) urgente; **~ist** *n* especialista *m/f*; **~ity** [spɛʃɪ'ælɪtɪ] *n* (*Brit*) especialidad *f*; **~ize** *vi*: **to ~ize (in)** especializarse (en); **~ly** *ad* sobre todo, en particular; **~ty** *n* (*US*) = **~ity**.
species ['spi:ʃi:z] *n* especie *f*.
specific [spə'sɪfɪk] *a* específico; **~ally** *ad* específicamente.
specify ['spɛsɪfaɪ] *vt, vi* especificar, precisar.
specimen ['spɛsɪmən] *n* ejemplar *m*; (MED: *of urine*) espécimen *m* (: *of*

blood) muestra.

speck [spɛk] *n* grano, mota.

speckled ['spɛkld] *a* moteado.

specs [spɛks] *npl* (*col*) gafas *fpl* (*Sp*), anteojos *mpl*.

spectacle ['spɛktəkl] *n* espectáculo; ~s *npl* (*Brit*) gafas *fpl* (*Sp*), anteojos *mpl*; **spectacular** [-'tækjulə*] *a* espectacular; (*success*) impresionante.

spectator [spɛk'teɪtə*] *n* espectador(a) *m/f*.

spectre, (*US*) **specter** ['spɛktə*] *n* espectro, fantasma *m*.

spectrum ['spɛktrəm], *pl* **-tra** [-trə] *n* espectro.

speculation [spɛkju'leɪʃən] *n* especulación *f*.

speech [spi:tʃ] *n* (*faculty*) habla; (*formal talk*) discurso; (*words*) palabras *fpl*; (*manner of speaking*) forma de hablar; lenguaje *m*; **~less** *a* mudo, estupefacto.

speed [spi:d] *n* velocidad *f*; (*haste*) prisa; (*promptness*) rapidez *f*; **at full** *or* **top ~** a máxima velocidad; **to ~ up** *vi* acelerarse // *vt* acelerar; **~boat** *n* lancha motora; **~ily** *ad* rápido, rápidamente; **~ing** *n* (AUT) exceso de velocidad; **~ limit** *n* límite *m* de velocidad, velocidad *f* máxima; **~ometer** [spɪ'dɔmɪtə*] *n* velocímetro; **~way** *n* (SPORT) pista de carrera; **~y** *a* (*fast*) veloz, rápido; (*prompt*) pronto.

spell [spɛl] *n* (*also*: **magic ~**) encanto, hechizo; (*period of time*) rato, período; (*turn*) turno // *vt* (*pt*, *pp* **spelt** (*Brit*) *or* **spelled**) (*also*: **~ out**) deletrear; (*fig*) anunciar, presagiar; **to cast a ~ on sb** hechizar a uno; **he can't ~** no sabe escribir bien, sabe poco de ortografía; **~bound** *a* embelesado, hechizado; **~ing** *n* ortografía.

spend [spɛnd], *pt*, *pp* **spent** [spɛnt] *vt* (*money*) gastar; (*time*) pasar; (*life*) dedicar; **~thrift** *n* derrochador(a) *m/f*, pródigo/a.

sperm [spə:m] *n* esperma.

spew [spju:] *vt* vomitar, arrojar.

sphere [sfɪə*] *n* esfera.

spice [spaɪs] *n* especia.

spick-and-span ['spɪkən'spæn] *a* aseado, (bien) arreglado.

spider ['spaɪdə*] *n* araña.

spike [spaɪk] *n* (*point*) punta; (ZOOL) pincho, púa; (BOT) espiga.

spill [spɪl], *pt*, *pp* **spilt** *or* **spilled** *vt* derramar, verter // *vi* derramarse; **to ~ over** desbordarse.

spin [spɪn] *n* (*revolution of wheel*) vuelta, revolución *f*; (AVIAT) barrena; (*trip in car*) paseo (en coche) // *vb* (*pt*, *pp* **spun**) *vt* (*wool etc*) hilar; (*wheel*) girar // *vi* girar, dar vueltas; **to ~ out** *vt* alargar, prolongar.

spinach ['spɪnɪtʃ] *n* espinaca; (*as food*) espinacas *fpl*.

spinal ['spaɪnl] *a* espinal; **~ cord** *n* columna vertebral.

spindly ['spɪndlɪ] *a* (*leg*) zanquivano.

spin-dryer [spɪn'draɪə*] *n* (*Brit*) secador *m* centrífugo.

spine [spaɪn] *n* espinazo, columna vertebral; (*thorn*) espina.

spinning ['spɪnɪŋ] *n* (*of thread*) hilado; (*art*) hilandería; **~ top** *n* peonza; **~ wheel** *n* rueca, torno de hilar.

spin-off ['spɪnɔf] *n* derivado, producto secundario.

spinster ['spɪnstə*] *n* soltera.

spiral ['spaɪərl] *n* espiral *f* // *a* en espiral; **~ staircase** *n* escalera de caracol.

spire ['spaɪə*] *n* aguja, chapitel *m*.

spirit ['spɪrɪt] *n* (*soul*) alma *f*; (*ghost*) fantasma *m*; (*attitude*) espíritu *m*; (*courage*) valor *m*, ánimo; ~s *npl* (*drink*) alcohol *msg*, bebidas *fpl* alcohólicas; **in good ~s** alegre, de buen ánimo; **~ed** *a* enérgico, vigoroso; **~ level** *n* nivel *m* de aire.

spiritual ['spɪrɪtjuəl] *a* espiritual.

spit [spɪt] *n* (*for roasting*) asador *m*, espetón *m* // *vi* (*pt*, *pp* **spat**) escupir; (*sound*) chisporrotear.

spite [spaɪt] *n* rencor *m*, ojeriza // *vt* causar pena a, mortificar; **in ~ of** a pesar de, pese a; **~ful** *a* rencoroso, malévolo.

spittle ['spɪtl] *n* saliva, baba.

splash [splæʃ] *n* (*sound*) chapoteo; (*of colour*) mancha // *vt* salpicar de // *vi* (*also*: **~ about**) chapotear.

spleen [spli:n] *n* (ANAT) bazo.

splendid ['splɛndɪd] *a* espléndido.

splint [splɪnt] *n* tablilla.

splinter ['splɪntə*] *n* (*of wood*) astilla; (*in finger*) espigón *m* // *vi* astillarse, hacer astillas.

split [splɪt] *n* hendedura, raja; (*fig*) división *f*; (POL) escisión *f* // *vb* (*pt*, *pp* **split**) *vt* partir, rajar; (*party*) dividir; (*work*, *profits*) repartir // *vi* (*divide*) dividirse, escindirse; **to ~ up** *vi* (*couple*) separarse; (*meeting*) acabarse.

splutter ['splʌtə*] *vi* chisporrotear; (*person*) balbucear.

spoil [spɔɪl], *pt*, *pp* **spoilt** *or* **spoiled** *vt* (*damage*) dañar; (*ruin*) estropear, echar a perder; (*child*) mimar, consentir; **~s** *npl* despojo *sg*, botín *msg*; **~ed** *a* (*US*: *food*: *bad*) pasado, malo; (: *milk*) cortado; **~sport** *n* aguafiestas *m inv*.

spoke [spəuk] *pt of* **speak** // *n* rayo, radio.

spoken ['spəukn] *pp of* **speak**.

spokesman ['spəuksmən] *n*, **spokeswoman** [-wumən] *n* vocero *m/f*, portavoz *m/f*.

sponge [spʌndʒ] *n* esponja // *vt* (*wash*) lavar con esponja // *vi*: **to ~ off** *or* **on sb** vivir a costa de uno; **~ bag** *n* (*Brit*) esponjera; **~ cake** *n* bizcocho.

sponsor ['spɔnsə*] *n* (RADIO, TV) patrocinador(a) *m/f*; (*for membership*) padrino/madrina; (COMM) fiador(a) *m/f* // *vt* patrocinar; apadrinar; (*idea etc*) presentar, promover; **~ship** *n* patrocinio.

spontaneous [spɔn'teɪnɪəs] *a* espontáneo.

spooky ['spu:kɪ] *a* espeluznante, horripilante.

spool [spu:l] *n* carrete *m*; (*of sewing machine*) canilla.

spoon [spu:n] *n* cuchara; **~-feed** *vt* dar de comer con cuchara a; (*fig*) tratar como un niño a; **~ful** *n* cucharada.

sport [spɔ:t] *n* deporte *m*; (*person*): **to be a good ~** ser muy majo; **~ing** *a* deportivo; **to give sb a ~ing chance** darle a uno una (buena) oportunidad; **~s car** *n* coche *m* sport; **~s jacket**, (*US*) **~ jacket** *n* chaqueta deportiva; **~sman** *n* deportista *m*; **~smanship** *n* deportividad *f*; **~swear** *n* trajes *mpl* de deporte *or* sport; **~swoman** *n* deportista; **~y** *a* deportivo.

spot [spɔt] *n* sitio, lugar *m*; (*dot: on pattern*) punto, mancha; (*pimple*) grano; (*small amount*): **a ~ of** un poquito de // *vt* (*notice*) notar, observar; **on the ~** en el acto, acto seguido; **~ check** *n* reconocimiento rápido; **~less** *a* perfectamente limpio; **~light** *n* foco, reflector *m*; (AUT) faro auxiliar; **~ted** *a* (*pattern*) de puntos; **~ty** *a* (*face*) con granos.

spouse [spauz] *n* cónyuge *m/f*.

spout [spaut] *n* (*of jug*) pico; (*pipe*) caño // *vi* chorrear.

sprain [spreɪn] *n* torcedura // *vt*: **to ~ one's ankle** torcerse el tobillo.

sprang [spræŋ] *pt of* **spring**.

sprawl [sprɔ:l] *vi* tumbarse.

spray [spreɪ] *n* rociada; (*of sea*) espuma; (*container*) atomizador *m*; (*of paint*) pistola rociadora; (*of flowers*) ramita // *vt* rociar; (*crops*) regar.

spread [spred] *n* extensión *f*; (*of idea*) diseminación *f*; (*food*) pasta para untar // *vb* (*pt, pp* **spread**) *vt* extender; diseminar; (*butter*) untar; (*wings, sails*) desplegar; (*scatter*) esparcir // *vi* extenderse; diseminarse; untarse; desplegarse; esparcirse; **~-eagled** *a* a pata tendida; **~sheet** *n* (COMPUT) hoja electrónica *or* de cálculo.

spree [spri:] *n*: **to go on a ~** ir de juerga.

sprightly ['spraɪtlɪ] *a* vivo, enérgico.

spring [sprɪŋ] *n* (*season*) primavera; (*leap*) salto, brinco; (*coiled metal*) resorte *m*; (*of water*) fuente *f*, manantial *m* // *vi* (*pt* **sprang**, *pp* **sprung**) (*arise*) brotar, nacer; (*leap*) saltar, brincar; **to ~ up** *vi* (*problem*) surgir; **~board** *n* trampolín *m*; **~-clean** *n* (*also*: **~-cleaning**) limpieza general; **~time** *n* primavera; **~y** *a* elástico; (*grass*) muelle.

sprinkle ['sprɪŋkl] *vt* (*pour*) rociar; **to ~ water** *etc* **on, ~ with water** *etc* rociar *or* salpicar de agua *etc*; **~r** *n* (*for lawn*) rociadera; (*to put out fire*) aparato de rociadura automática.

sprint [sprɪnt] *n* esprint *m* // *vi* esprintar.

sprout [spraut] *vi* brotar, retoñar; **(Brussels) ~s** *npl* coles *fpl* de Bruselas.

spruce [spru:s] *n* (BOT) pícea // *a* aseado, pulcro.

sprung [sprʌŋ] *pp of* **spring**.

spry [spraɪ] *a* ágil, activo.

spun [spʌn] *pt, pp of* **spin**.

spur [spə:*] *n* espuela; (*fig*) estímulo, aguijón *m* // *vt* (*also*: **~ on**) estimular, incitar; **on the ~ of the moment** de improviso.

spurious ['spjuərɪəs] *a* falso.

spurn [spə:n] *vt* desdeñar, rechazar.

spurt [spə:t] *n* chorro; (*of energy*) arrebato // *vi* chorrear.

spy [spaɪ] *n* espía *m/f* // *vi*: **to ~ on** espiar a // *vt* (*see*) divisar, lograr ver; **~ing** *n* espionaje *m*.

sq. *abbr* = **square**.

squabble ['skwɔbl] *vi* reñir, pelear.

squad [skwɔd] *n* (MIL) pelotón *m*; (POLICE) brigada; (SPORT) equipo.

squadron ['skwɔdrn] *n* (MIL) escuadrón *m*; (AVIAT, NAUT) escuadra.

squalid ['skwɔlɪd] *a* vil, miserable.

squall [skwɔ:l] *n* (*storm*) chubasco; (*wind*) ráfaga.

squalor ['skwɔlə*] *n* miseria.

squander ['skwɔndə*] *vt* (*money*) derrochar, despilfarrar; (*chances*) desperdiciar.

square [skwɛə*] *n* cuadro; (*in town*) plaza // *a* cuadrado; (*col: ideas, tastes*) trasnochado // *vt* (*arrange*) arreglar; (MATH) cuadrar // *vi* cuadrar, conformarse; **all ~** igual(es); **to have a ~ meal** comer caliente; **2 metres ~** 2 metros en cuadro; **a ~ metre** un metro cuadrado; **~ly** *ad* (*fully*) de lleno.

squash [skwɔʃ] *n* (*Brit: drink*): **lemon/orange ~** zumo (*Sp*) *or* jugo (*LAm*) de limón/naranja; (SPORT) squash *m*, frontenis *m* // *vt* aplastar.

squat [skwɔt] *a* achaparrado // *vi* agacharse, sentarse en cuclillas; **~ter** *n* *persona que ocupa ilegalmente una casa*.

squawk [skwɔ:k] *vi* graznar.

squeak [skwi:k] *vi* (*hinge, wheel*) chirriar, rechinar; (*shoe, wood*) crujir.

squeal [skwi:l] *vi* chillar, dar gritos agudos.

squeamish ['skwi:mɪʃ] *a* delicado, remilgado.

squeeze [skwi:z] *n* presión *f*; (*of hand*) apretón *m*; (COMM) restricción *f* // *vt* (*lemon etc*) exprimir; (*hand, arm*) apretar; **to ~ out** *vt* exprimir; (*fig*) excluir.

squelch [skwɛltʃ] *vi* chapotear.

squid [skwɪd] *n* calamar *m*.

squiggle ['skwɪgl] *n* garabato.
squint [skwɪnt] *vi* bizquear, ser bizco // *n* (*MED*) estrabismo; to ~ at sth mirar algo de soslayo.
squire ['skwaɪə*] *n* (*Brit*) terrateniente *m*.
squirm [skwə:m] *vi* retorcerse, revolverse.
squirrel ['skwɪrəl] *n* ardilla.
squirt [skwə:t] *vi* salir a chorros.
Sr *abbr* = **senior**.
St *abbr* = **saint; street**.
stab [stæb] *n* (*of pain*) pinchazo; to have a ~ at (doing) sth (*col*) intentar (hacer) algo // *vt* apuñalar.
stable ['steɪbl] *a* estable // *n* cuadra, caballeriza.
stack [stæk] *n* montón *m*, pila // *vt* amontonar, apilar.
stadium ['steɪdɪəm] *n* estadio.
staff [stɑ:f] *n* (*work force*) personal *m*, plantilla; (*Brit SCOL*) cuerpo docente; (*stick*) bastón *m* // *vt* proveer de personal.
stag [stæg] *n* ciervo, venado.
stage [steɪdʒ] *n* escena; (*point*) etapa; (*platform*) plataforma; **the** ~ el escenario, el teatro // *vt* (*play*) poner en escena, representar; (*organize*) montar, organizar; (*fig*: *perform*: *recovery etc*) efectuar; in ~s por etapas; ~**coach** *n* diligencia; ~ **door** *n* entrada de artistas; ~ **manager** *n* director(a) *m/f* de escena.
stagger ['stægə*] *vi* tambalear // *vt* (*amaze*) asombrar; (*hours, holidays*) escalonar.
stagnant ['stægnənt] *a* estancado.
stagnate [stæg'neɪt] *vi* estancarse.
stag night, stag party *n* despedida de soltero.
staid [steɪd] *a* (*clothes*) serio, formal.
stain [steɪn] *n* mancha; (*colouring*) tintura // *vt* manchar; (*wood*) teñir; ~**ed glass window** *n* vidriera de colores; ~**less** *a* (*steel*) inoxidable; ~ **remover** *n* quitamanchas *m inv*.
stair [stɛə*] *n* (*step*) peldaño, escalón *m*; ~s *npl* escaleras *fpl*; ~**case**, ~**way** *n* escalera.
stake [steɪk] *n* estaca, poste *m*; (*BETTING*) apuesta // *vt* apostar; to be at ~ estar en juego.
stale [steɪl] *a* (*bread*) duro; (*food*) pasado.
stalemate ['steɪlmeɪt] *n* tablas *fpl* (por ahogado); to reach ~ (*fig*) estancarse.
stalk [stɔ:k] *n* tallo, caña // *vt* acechar, cazar al acecho; to ~ off irse airado.
stall [stɔ:l] *n* (*in market*) puesto; (*in stable*) casilla (de establo) // *vt* (*AUT*) parar // *vi* (*AUT*) pararse; (*fig*) buscar evasivas; ~s *npl* (*Brit*: *in cinema, theatre*) butacas *fpl*.
stallion ['stælɪən] *n* semental *m*.
stalwart ['stɔ:lwət] *n* partidario/a incondicional.
stamina ['stæmɪnə] *n* resistencia.
stammer ['stæmə*] *n* tartamudeo // *vi* tartamudear.
stamp [stæmp] *n* sello, estampilla (*LAm*); (*mark, also fig*) marca, huella; (*on document*) timbre *m* // *vi* (*also*: ~ one's foot) patear // *vt* patear, golpear con el pie; (*letter*) poner sellos en; (*with rubber* ~) marcar con sello; ~ **album** *n* álbum *m* para sellos; ~ **collecting** *n* filatelia.
stampede [stæm'pi:d] *n* estampida.
stance [stæns] *n* postura.
stand [stænd] *n* (*attitude*) posición *f*, postura; (*for taxis*) parada; (*SPORT*) tribuna; (*at exhibition*) stand *m* // *vb* (*pt, pp* **stood**) *vi* (*be*) estar, encontrarse; (*be on foot*) estar de pie; (*rise*) levantarse; (*remain*) quedar en pie // *vt* (*place*) poner, colocar; (*tolerate, withstand*) aguantar, soportar; to **make a** ~ resistir; (*fig*) mantener una postura firme; to ~ for **parliament** (*Brit*) presentarse (como candidato) a las elecciones; **to** ~ **by** *vi* (*be ready*) estar listo // *vt fus* (*opinion*) aferrarse a; **to** ~ **down** *vi* (*withdraw*) ceder el puesto; **to** ~ **for** *vt fus* (*signify*) significar; (*tolerate*) aguantar, permitir; **to** ~ **in for** *vt fus* suplir a; **to** ~ **out** *vi* (*be prominent*) destacarse; **to** ~ **up** *vi* (*rise*) levantarse, ponerse de pie; **to** ~ **up for** *vt fus* defender; **to** ~ **up to** *vt fus* hacer frente a.
standard ['stændəd] *n* patrón *m*, norma; (*flag*) estandarte *m* // *a* (*size etc*) normal, corriente, estándar; ~s *npl* (*morals*) valores *mpl* morales; ~ **lamp** *n* (*Brit*) lámpara de pie; ~ **of living** *n* nivel *m* de vida.
stand-by ['stændbaɪ] *n* (*alert*) alerta, aviso; **to be on** ~ estar sobre aviso; ~ **ticket** *n* (*AVIAT*) (billete *m*) standby *m*.
stand-in ['stændɪn] *n* suplente *m/f*; (*CINEMA*) doble *m/f*.
standing ['stændɪŋ] *a* (*upright*) derecho; (*on foot*) de pie, en pie // *n* reputación *f*; of many years' ~ que lleva muchos años; ~ **order** *n* (*Brit*: *at bank*) orden *f* de pago permanente; ~ **orders** *npl* (*MIL*) reglamento *sg* general; ~ **room** *n* sitio para estar de pie.
stand: ~**-offish** *a* reservado, poco afable; ~**point** *n* punto de vista; ~**still** *n*: at a ~**still** (*industry, traffic*) paralizado; (*car*) parado; to come to a ~**still** quedar paralizado; pararse.
stank [stæŋk] *pt of* **stink**.
staple ['steɪpl] *n* (*for papers*) grapa // *a* (*food etc*) básico // *vt* engrapar; ~**r** *n* grapadora.
star [stɑ:*] *n* estrella; (*celebrity*) estrella, astro // *vi*: to ~ **in** ser la estrella *or* el astro de.

starboard ['stɑ:bəd] *n* estribor *m*.
starch [stɑ:tʃ] *n* almidón *m*.
stardom ['stɑ:dəm] *n* estrellato.
stare [stɛə*] *n* mirada fija // *vi*: to ~ at mirar fijo.
starfish ['stɑ:fɪʃ] *n* estrella de mar.
stark [stɑ:k] *a* (*bleak*) severo, escueto // *ad*: ~ naked en cueros.
starling ['stɑ:lɪŋ] *n* estornino.
starry ['stɑ:rɪ] *a* estrellado; **~-eyed** *a* (*innocent*) inocentón/ona, ingenuo.
start [stɑ:t] *n* (*beginning*) principio, comienzo; (*of race*) salida; (*sudden movement*) salto, sobresalto // *vt* empezar, comenzar; (*cause*) causar; (*found*) fundar; (*engine*) poner en marcha // *vi* (*begin*) comenzar, empezar; (*with fright*) asustarse, sobresaltarse; (*train etc*) salir; to ~ doing *or* to do sth empezar a hacer algo; **to ~ off** *vi* empezar, comenzar; (*leave*) salir, ponerse en camino; **to ~ up** *vi* comenzar; (*car*) ponerse en marcha // *vt* comenzar; (*car*) poner en marcha; **~er** *n* (AUT) botón *m* de arranque; (SPORT: *official*) juez *m/f* de salida; (: *runner*) corredor(a) *m/f*; (*Brit* CULIN) entrada; **~ing point** *n* punto de partida.
startle ['stɑ:tl] *vt* asustar, sobrecoger; **startling** *a* alarmante.
starvation [stɑ:'veɪʃən] *n* hambre *f*.
starve [stɑ:v] *vi* pasar hambre; to ~ to death morir de hambre // *vt* hacer pasar hambre; (*fig*) privar de; I'm starving estoy muerto de hambre.
state [steɪt] *n* estado // *vt* (*say, declare*) afirmar; (*a case*) presentar, exponer; to be in a ~ estar agitado; the S~s los Estados Unidos; **~ly** *a* majestuoso, imponente; **~ment** *n* afirmación *f*; (LAW) declaración *f*; **~sman** *n* estadista *m*.
static ['stætɪk] *n* (RADIO) parásitos *mpl* // *a* estático; ~ **electricity** *n* estática.
station ['steɪʃən] *n* (*gen*) estación *f*; (RADIO) emisora; (*rank*) posición *f* social // *vt* colocar, situar; (MIL) apostar.
stationary ['steɪʃnərɪ] *a* estacionario, fijo.
stationer ['steɪʃənə*] *n* papelero/a; **~'s (shop)** *n* (*Brit*) papelería; **~y** [-nərɪ] *n* papel *m* de escribir, articulos *mpl* de escritorio.
station master *n* (RAIL) jefe *m* de estación.
station wagon *n* (*US*) furgoneta.
statistic [stə'tɪstɪk] *n* estadística; ~s *n* (*science*) estadística; **~al** *a* estadístico.
statue ['stætju:] *n* estatua.
status ['steɪtəs] *n* estado; (*reputation*) estatus *m*; ~ **symbol** *n* símbolo de prestigio.
statute ['stætju:t] *n* estatuto, ley *f*; **statutory** *a* estatutario.
staunch [stɔ:ntʃ] *a* leal, incondicional.
stave [steɪv] *vt*: to ~ off (*attack*) rechazar; (*threat*) evitar.
stay [steɪ] *n* (*period of time*) estancia // *vi* (*remain*) quedar(se); (*as guest*) hospedarse; to ~ put seguir en el mismo sitio; to ~ the night/5 days pasar la noche/estar 5 días; **to ~ behind** *vi* quedar atrás; **to ~ in** *vi* (*at home*) quedarse en casa; **to ~ on** *vi* quedarse; **to ~ out** *vi* (*of house*) no volver a casa; **to ~ up** *vi* (*at night*) velar, no acostarse; **~ing power** *n* aguante *m*.
stead [stɛd] *n*: in sb's ~ en lugar de uno; to stand sb in good ~ ser muy útil a uno.
steadfast ['stɛdfɑ:st] *a* firme, resuelto.
steadily ['stɛdɪlɪ] *ad* (*improve, grow*) constantemente; (*work*) sin parar; (*gaze*) fijamente.
steady ['stɛdɪ] *a* (*fixed*) firme, fijo; (*regular*) regular; (*person, character*) sensato, juicioso // *vt* (*hold*) mantener firme; (*stabilize*) estabilizar; (*nerves*) calmar; to ~ o.s. on *or* against sth afirmarse en algo.
steak [steɪk] *n* (*gen*) filete *m*; (*beef*) bistec *m*.
steal [sti:l], *pt* **stole**, *pp* **stolen** *vt*, *vi* robar.
stealth [stɛlθ] *n*: by ~ a escondidas, sigilosamente; **~y** *a* cauteloso, sigiloso.
steam [sti:m] *n* vapor *m*; (*mist*) vaho, humo // *vt* (CULIN) cocer al vapor // *vi* echar vapor; (*ship*): to ~ along avanzar, ir avanzando; **to ~ up** *vt* empañar; **~ engine** *n* máquina de vapor; **~er** *n* (buque *m* de) vapor *m*; **~roller** *n* apisonadora; **~ship** *n* = **~er**; **~y** *a* (*room*) lleno de vapor; (*window*) empañado.
steel [sti:l] *n* acero // *cpd* de acero; **~works** *n* acería.
steep [sti:p] *a* escarpado, abrupto; (*stair*) empinado; (*price*) exorbitante, excesivo // *vt* empapar, remojar.
steeple ['sti:pl] *n* aguja.
steer [stɪə*] *vt* (*car*) conducir (*Sp*), manejar (*LAm*); (*person*) dirigir // *vi* conducir; **~ing** *n* (AUT) dirección *f*; **~ing wheel** *n* volante *m*.
stem [stɛm] *n* (*of plant*) tallo; (*of glass*) pie *m*; (*of pipe*) cañón *m* // *vt* detener; (*blood*) restañar; **to ~ from** *vt fus* ser consecuencia de.
stench [stɛntʃ] *n* hedor *m*.
stencil ['stɛnsl] *n* (*typed*) cliché *m*, clisé *m*; (*lettering*) plantilla // *vt* hacer un cliché de.
stenographer [stɛ'nɔgrəfə*] *n* (*US*) taquígrafo/a.
step [stɛp] *n* paso; (*sound*) paso, pisada; (*on stair*) peldaño, escalón *m* // *vi*: to ~ forward dar un paso adelante; ~s *npl* (*Brit*) = **~ladder**; to be in/out of ~ with estar acorde con/estar en disonancia con; **to ~ down** *vi* (*fig*) retirarse; **to ~ off** *vt fus* bajar de; **to ~ up** *vt* (*increase*) aumentar; **~brother** *n* herma

nastro; **~daughter** *n* hijastra; **~father** *n* padrastro; **~ladder** *n* escalera doble *or* de tijera; **~mother** *n* madrastra; **~ping stone** *n* pasadera; (*fig*) trampolín *m*; **~sister** *n* hermanastra; **~son** *n* hijastro.
stereo ['stɛrɪəu] *n* estéreo // *a* (*also*: **~phonic**) estéreo, estereofónico.
sterile ['stɛraɪl] *a* estéril; **sterilize** ['stɛrɪlaɪz] *vt* esterilizar.
sterling ['stə:lɪŋ] *a* (*silver*) de ley // *n* (ECON) (libras *fpl*) esterlinas *fpl*; **a pound ~** una libra esterlina.
stern [stə:n] *a* severo, austero // *n* (NAUT) popa.
stethoscope ['stɛθəskəup] *n* estetoscopio.
stew [stju:] *n* cocido, estofado, guisado (*LAm*) // *vt* estofar, guisar; (*fruit*) cocer.
steward ['stju:əd] *n* (*Brit*: AVIAT, NAUT, RAIL) camarero; **~ess** *n* azafata.
stick [stɪk] *n* palo; (*as weapon*) porra; (*walking* ~) bastón *m* // *vb* (*pt, pp* **stuck**) *vt* (*glue*) pegar; (*col*: *put*) meter; (: *tolerate*) aguantar, soportar // *vi* pegarse; (*come to a stop*) quedarse parado; **to ~ sth into** clavar *or* hincar algo en; **to ~ out, ~ up** *vi* sobresalir; **to ~ up for** *vt fus* defender; **~er** *n* (*label*) etiqueta engomada; (*with slogan*) pegatina; **~ing plaster** *n* (*Brit*) esparadrapo.
stickler ['stɪklə*] *n*: **to be a ~ for** insistir mucho en.
stick-up ['stɪkʌp] *n* asalto, atraco.
sticky ['stɪkɪ] *a* pegajoso; (*label*) engomado; (*fig*) difícil.
stiff [stɪf] *a* rígido, tieso; (*hard*) duro; (*difficult*) difícil; (*person*) inflexible; (*price*) exorbitante; **~en** *vt* hacer más rígido; (*limb*) entumecer // *vi* endurecerse; (*grow stronger*) fortalecerse; **~ neck** *n* tortícolis *m inv*; **~ness** *n* rigidez *f*, tiesura.
stifle ['staɪfl] *vt* ahogar, sofocar; **stifling** *a* (*heat*) sofocante, bochornoso.
stigma ['stɪgmə], *pl* (BOT, MED, REL) **~ta** [-tə], (*fig*) **~s** *n* estigma *m*.
stile [staɪl] *n* escalera (*para pasar una cerca*).
stiletto [stɪ'lɛtəu] *n* (*Brit*: *also*: **~ heel**) tacón *m* de aguja.
still [stɪl] *a* inmóvil, quieto // *ad* (*up to this time*) todavía; (*even*) aun; (*nonetheless*) sin embargo, aun así; **~born** *a* nacido muerto; **~ life** *n* naturaleza muerta.
stilt [stɪlt] *n* zanco; (*pile*) pilar *m*, soporte *m*.
stilted ['stɪltɪd] *a* afectado.
stimulate ['stɪmjuleɪt] *vt* estimular.
stimulus ['stɪmjuləs], *pl* **-li** [-laɪ] *n* estímulo, incentivo.
sting [stɪŋ] *n* (*wound*) picadura; (*pain*) escozor *m*, picazón *f*; (*organ*) aguijón *m* // *vb* (*pt, pp* **stung**) *vt* picar // *vi* picar, escocer.
stingy ['stɪndʒɪ] *a* tacaño.
stink [stɪŋk] *n* hedor *m*, tufo // *vi* (*pt* **stank**, *pp* **stunk**) heder, apestar; **~ing** *a* hediondo, fétido; (*fig*: *col*) horrible.
stint [stɪnt] *n* tarea, destajo // *vi*: **to ~ on** escatimar; **to do one's ~** hacer su parte.
stir [stə:*] *n* (*fig*: *agitation*) conmoción *f* // *vt* (*tea etc*) remover; (*move*) agitar; (*fig*: *emotions*) provocar // *vi* moverse; **to ~ up** *vt* excitar; (*trouble*) fomentar.
stirrup ['stɪrəp] *n* estribo.
stitch [stɪtʃ] *n* (SEWING) puntada; (KNITTING) punto; (MED) punto (de sutura); (*pain*) punzada // *vt* coser; (MED) suturar.
stoat [stəut] *n* armiño.
stock [stɔk] *n* (COMM: *reserves*) existencias *fpl*, stock *m*; (: *selection*) surtido; (AGR) ganado, ganadería; (CULIN) caldo; (FINANCE) capital *m*; (: *shares*) acciones *fpl* // *a* (*fig*: *reply etc*) clásico // *vt* (*have in* ~) tener existencias de; (*supply*) proveer, abastecer; **~s** *npl* cepo *sg*; **in ~** en existencia *or* almacén; **out of ~** agotado; **to take ~ of** (*fig*) asesorar, examinar; **~s and shares** acciones y valores; **to ~ up with** *vt fus* abastecerse de.
stockbroker ['stɔkbrəukə*] *n* agente *m/f* *or* corredor(a) *m/f* de bolsa.
stock cube *n* pastilla de caldo.
stock exchange *n* bolsa.
stocking ['stɔkɪŋ] *n* media.
stock: ~holder *n* (*US*) accionista *m/f*; **~ist** *n* (*Brit*) distribuidor(a) *m/f*; **~ market** *n* bolsa (de valores); **~ phrase** *n* cliché *m*; **~pile** *n* reserva // *vt* acumular, almacenar; **~taking** *n* (*Brit* COMM) inventario.
stocky ['stɔkɪ] *a* (*strong*) robusto; (*short*) achaparrado.
stodgy ['stɔdʒɪ] *a* indigesto, pesado.
stoke [stəuk] *vt* atizar.
stole [stəul] *pt of* **steal** // *n* estola.
stolen ['stəuln] *pp of* **steal**.
stolid ['stɔlɪd] *a* (*person*) imperturbable, impasible.
stomach ['stʌmək] *n* (ANAT) estómago; (*abdomen*) vientre *m* // *vt* tragar, aguantar; **~ache** *n* dolor *m* de estómago.
stone [stəun] *n* piedra; (*in fruit*) hueso; (*Brit*: *weight*) = *6.348kg*; *14 pounds* // *cpd* de piedra // *vt* apedrear; **~-cold** *a* helado; **~-deaf** *a* sordo como una tapia; **~work** *n* (*art*) cantería.
stood [stud] *pt, pp of* **stand**.
stool [stu:l] *n* taburete *m*.
stoop [stu:p] *vi* (*also*: **have a ~**) ser cargado de espaldas.
stop [stɔp] *n* parada, alto; (*in punctuation*) punto // *vt* parar, detener; (*break*

off) suspender; (*block*) tapar, cerrar; (*also*: **put a ~ to**) poner término a // *vi* pararse, detenerse; (*end*) acabarse; **to ~ doing sth** dejar de hacer algo; **to ~ dead** pararse en seco; **to ~ off** *vi* interrumpir el viaje; **to ~ up** *vt* (*hole*) tapar; **~gap** *n* (*person*) interino/a; **~lights** *npl* (AUT) luces *fpl* de detención; **~over** *n* parada; (AVIAT) rescala.
stoppage ['stɔpɪdʒ] *n* (*strike*) paro; (*temporary stop*) interrupción *f*; (*of pay*) suspensión *f*; (*blockage*) obstrucción *f*.
stopper ['stɔpə*] *n* tapón *m*.
stop press *n* noticias *fpl* de última hora.
stopwatch ['stɔpwɔtʃ] *n* cronómetro.
storage ['stɔ:rɪdʒ] *n* almacenaje *m*; (COMPUT) almacenamiento; **~ heater** *n* acumulador *m*.
store [stɔ:*] *n* (*stock*) provisión *f*; (*depot*; *Brit*: *large shop*) almacén *m*; (*US*) tienda; (*reserve*) reserva, repuesto // *vt* almacenar; (*keep*) guardar; **~s** *npl* víveres *mpl*; **to ~ up** *vt* acumular; **~keeper** *n* (*US*) tendero/a; **~room** *n* despensa.
storey, (*US*) **story** ['stɔ:rɪ] *n* piso.
stork [stɔ:k] *n* cigüeña.
storm [stɔ:m] *n* tormenta; (*wind*) vendaval *m* // *vi* (*fig*) rabiar // *vt* tomar por asalto; **~y** *a* tempestuoso.
story ['stɔ:rɪ] *n* historia; (*joke*) cuento, chiste *m*; (*US*) = **storey**; **~book** *n* libro de cuentos; **~teller** *n* cuentista *m/f*.
stout [staut] *a* (*strong*) sólido; (*fat*) gordo, corpulento // *n* cerveza negra.
stove [stəuv] *n* (*for cooking*) cocina; (*for heating*) estufa.
stow [stəu] *vt* meter, poner; (NAUT) estibar; **~away** *n* polizón/ona *m/f*.
straddle ['strædl] *vt* montar a horcajadas.
straggle ['strægl] *vi* (*lag behind*) rezagarse; **~r** *n* rezagado.
straight [streɪt] *a* recto, derecho; (*frank*) franco, directo // *ad* derecho, directamente; (*drink*) sin mezcla; **to put** *or* **get sth ~** dejar algo en claro; **~ away**, **~ off** (*at once*) en seguida; **~en** *vt* (*also*: **~en out**) enderezar, poner derecho; **~-faced** *a* serio; **~forward** *a* (*simple*) sencillo; (*honest*) honrado, franco.
strain [streɪn] *n* (*gen*) tensión *f*; (MED) torcedura // *vt* (*back etc*) torcerse; (*tire*) cansar; (*stretch*) estirar; (*filter*) filtrar // *vi* esforzarse; **~s** *npl* (MUS) son *m*; **~ed** *a* (*muscle*) torcido; (*laugh*) forzado; (*relations*) tenso; **~er** *n* colador *m*.
strait [streɪt] *n* (GEO) estrecho; **~-jacket** *n* camisa de fuerza; **~-laced** *a* mojigato, gazmoño.
strand [strænd] *n* (*of thread*) hebra; (*of hair*) trenza; **~ed** *a* (*person*: *without money*) desamparado; (: *transport*) colgado.
strange [streɪndʒ] *a* (*not known*) desconocido; (*odd*) extraño, raro; **~r** *n* desconocido/a; (*from another area*) forastero/a.
strangle ['stræŋgl] *vt* estrangular; **~hold** *n* (*fig*): **to have a ~hold on sth** dominar algo completamente.
strap [stræp] *n* correa; (*of slip, dress*) tirante *m* // *vt* atar con correa.
strapping ['stræpɪŋ] *a* robusto, fornido.
stratagem ['strætɪdʒəm] *n* estratagema.
strategic [strə'ti:dʒɪk] *a* estratégico.
strategy ['strætɪdʒɪ] *n* estrategia.
straw [strɔ:] *n* paja; (*drinking ~*) caña, pajita; **that's the last ~!** ¡eso es el colmo!
strawberry ['strɔ:bərɪ] *n* fresa, frutilla (*LAm*).
stray [streɪ] *a* (*animal*) extraviado; (*bullet*) perdido // *vi* extraviarse, perderse.
streak [stri:k] *n* raya; (*fig*: *of madness etc*) vena // *vt* rayar // *vi*: **to ~ past** pasar como un rayo.
stream [stri:m] *n* riachuelo, arroyo; (*jet*) chorro; (*flow*) corriente *f*; (*of people*) oleada // *vt* (SCOL) dividir en grupos por habilidad // *vi* correr, fluir; **to ~ in/out** (*people*) entrar/salir en tropel.
streamer ['stri:mə*] *n* serpentina.
streamlined ['stri:mlaɪnd] *a* aerodinámico; (*fig*) racionalizado.
street [stri:t] *n* calle *f* // *cpd* callejero; **~car** *n* (*US*) tranvía *m*; **~ lamp** *n* farol *m*; **~ plan** *n* plano; **~wise** *a* (*col*) que tiene mucha calle.
strength [streŋθ] *n* fuerza; (*of girder, knot etc*) resistencia; **~en** *vt* fortalecer, reforzar.
strenuous ['strenjuəs] *a* (*tough*) arduo; (*energetic*) enérgico.
stress [stres] *n* (*force, pressure*) presión *f*; (*mental strain*) estrés *m*; (*accent*) acento; (TECH) tensión *f*, carga // *vt* subrayar, recalcar.
stretch [stretʃ] *n* (*of sand etc*) trecho; (*of road*) tramo // *vi* estirarse // *vt* extender, estirar; (*make demands of*) exigir el máximo esfuerzo a; **to ~ to** *or* **as far as** extenderse hasta; **to ~ out** *vi* tenderse // *vt* (*arm etc*) extender; (*spread*) estirar.
stretcher ['stretʃə*] *n* camilla.
strewn [stru:n] *a*: **~ with** cubierto *or* sembrado de.
stricken ['strɪkən] *a* (*person*) herido; (*city, industry etc*) condenado; **~ with** (*disease*) afligido por.
strict [strɪkt] *a* estricto; **~ly** *ad* estrictamente; (*totally*) terminantemente.
stride [straɪd] *n* zancada, tranco // *vi* (*pt* **strode**, *pp* **stridden** ['strɪdn]) dar zancadas, andar a trancos.
strident ['straɪdnt] *a* estridente; (*colour*) chillón/ona.

strife [straɪf] *n* lucha.
strike [straɪk] *n* huelga; (*of oil etc*) descubrimiento; (*attack*) ataque *m*; (*SPORT*) golpe *m* // *vb* (*pt, pp* **struck**) *vt* golpear, pegar; (*oil etc*) descubrir; (*obstacle*) topar con // *vi* declarar la huelga; (*attack*) atacar; (*clock*) dar la hora; **on ~** (*workers*) en huelga; **to ~ a match** encender un fósforo; **to ~ down** *vt* derribar; **to ~ out** *vt* borrar, tachar; **to ~ up** *vt* (*MUS*) empezar a tocar; (*conversation*) entablar; (*friendship*) trabar; **~r** *n* huelgista *m/f*; (*SPORT*) delantero; **striking** *a* llamativo; (*obvious*: *resemblance*) notorio.
string [strɪŋ] *n* (*gen*) cuerda; (*row*) hilera // *vt* (*pt, pp* **strung**): **to ~ together** ensartar; **to ~ out** extenderse; **the ~s** *npl* (*MUS*) los instrumentos de cuerda; **to pull ~s** (*fig*) mover palancas; **~ bean** *n* judía verde, habichuela; **~(ed) instrument** *n* (*MUS*) instrumento de cuerda.
stringent ['strɪndʒənt] *a* riguroso, severo.
strip [strɪp] *n* tira; (*of land*) franja; (*of metal*) cinta, lámina // *vt* desnudar; (*also*: **~ down**: *machine*) desmontar // *vi* desnudarse; **~ cartoon** *n* tira cómica, historieta (*LAm*).
stripe [straɪp] *n* raya; (*MIL*) galón *m*; **~d** *a* a rayas, rayado.
strip lighting *n* alumbrado fluorescente.
stripper ['strɪpə*] *n* artista *m/f* de striptease.
strive [straɪv], *pt* **strove**, *pp* **striven** ['strɪvn] *vi*: **to ~ to do sth** esforzarse *or* luchar por hacer algo.
strode [strəud] *pt of* **stride**.
stroke [strəuk] *n* (*blow*) golpe *m*; (*MED*) apoplejía; (*caress*) caricia // *vt* acariciar; **at a ~** de un solo golpe.
stroll [strəul] *n* paseo, vuelta // *vi* dar un paseo *or* una vuelta; **~er** *n* (*US*: *for child*) sillita de ruedas.
strong [strɔŋ] *a* fuerte; **they are 50 ~** son 50; **~box** *n* caja fuerte; **~hold** *n* fortaleza; (*fig*) baluarte *m*; **~ly** *ad* fuertemente, con fuerza; (*believe*) firmemente; **~room** *n* cámara acorazada.
strove [strəuv] *pt of* **strive**.
struck [strʌk] *pt, pp of* **strike**.
structure ['strʌktʃə*] *n* estructura; (*building*) construcción *f*.
struggle ['strʌgl] *n* lucha // *vi* luchar.
strum [strʌm] *vt* (*guitar*) rasguear.
strung [strʌŋ] *pt, pp of* **string**.
strut [strʌt] *n* puntal *m* // *vi* pavonearse.
stub [stʌb] *n* (*of ticket etc*) talón *m*; (*of cigarette*) colilla; **to ~ one's toe** dar con el dedo (del pie) contra algo; **to ~ out** *vt* apagar.
stubble ['stʌbl] *n* rastrojo; (*on chin*) barba (incipiente).
stubborn ['stʌbən] *a* terco, testarudo.
stucco ['stʌkəu] *n* estuco.
stuck [stʌk] *pt, pp of* **stick** // *a* (*jammed*) atascado; **~-up** *a* engreído, presumido.
stud [stʌd] *n* (*shirt ~*) corchete *m*; (*of boot*) taco; (*of horses*) caballeriza; (*also*: **~ horse**) caballo semental // *vt* (*fig*): **~ded with** salpicado de.
student ['stju:dənt] *n* estudiante *m/f* // *cpd* estudiantil; **~ driver** *n* (*US AUT*) aprendiz(a) *m/f*.
studio ['stju:dɪəu] *n* estudio; (*artist's*) taller *m*; **~ flat**, (*US*) **~ apartment** *n* estudio.
studious ['stju:dɪəs] *a* estudioso; (*studied*) calculado; **~ly** *ad* (*carefully*) con esmero.
study ['stʌdɪ] *n* estudio // *vt* estudiar; (*examine*) examinar, investigar // *vi* estudiar.
stuff [stʌf] *n* materia; (*cloth*) tela; (*substance*) material *m*, sustancia; (*things, belongings*) cosas *fpl* // *vt* llenar; (*CULIN*) rellenar; (*animals*) disecar; **~ing** *n* relleno; **~y** *a* (*room*) mal ventilado; (*person*) de miras estrechas.
stumble ['stʌmbl] *vi* tropezar, dar un traspié; **to ~ across** (*fig*) tropezar con; **stumbling block** *n* tropiezo, obstáculo.
stump [stʌmp] *n* (*of tree*) tocón *m*; (*of limb*) muñón *m* // *vt*: **to be ~ed for an answer** no saber qué contestar.
stun [stʌn] *vt* dejar sin sentido.
stung [stʌŋ] *pt, pp of* **sting**.
stunk [stʌŋk] *pp of* **stink**.
stunning ['stʌnɪŋ] *a* (*news*) pasmoso; (*fabulous*) sensacional.
stunt [stʌnt] *n* (*AVIAT*) vuelo acrobático; (*publicity ~*) truco publicitario; **~ed** *a* enano, achaparrado; **~man** *n* especialista *m*.
stupefy ['stju:pɪfaɪ] *vt* dejar estupefacto.
stupendous [stju:'pɛndəs] *a* estupendo, asombroso.
stupid ['stju:pɪd] *a* estúpido, tonto; **~ity** [-'pɪdɪtɪ] *n* estupidez *f*.
sturdy ['stə:dɪ] *a* robusto, fuerte.
stutter ['stʌtə*] *vi* tartamudear.
sty [staɪ] *n* (*for pigs*) pocilga.
stye [staɪ] *n* (*MED*) orzuelo.
style [staɪl] *n* estilo; (*fashion*) moda; **stylish** *a* elegante, a la moda; **stylist** *n* (*hair stylist*) peluquero/a.
stylus ['staɪləs] *n* (*of record player*) aguja.
suave [swɑ:v] *a* cortés; (*pej*) zalamero.
sub... [sʌb] *pref* sub...; **~conscious** *a* subconsciente // *n* subconsciente *m*; **~contract** *vt* subcontratar; **~divide** *vt* subdividir.
subdue [səb'dju:] *vt* sojuzgar; (*passions*) dominar; **~d** *a* (*light*) tenue; (*person*) sumiso, manso.
subject ['sʌbdʒɪkt] *n* súbdito; (*SCOL*) tema *m*, materia // *vt* [səb'dʒɛkt]: **to ~ sb to sth** someter a uno a algo; **to be ~ to** (*law*) estar sujeto a; (*subj*: *person*) ser propenso a; **~ive** [-'dʒɛktɪv] *a* subje-

tivo; ~ **matter** *n* materia; (*content*) contenido.
subjunctive [səb'dʒʌŋktɪv] *a*, *n* subjuntivo.
sublet [sʌb'lɛt] *vt* subarrendar.
submachine gun ['sʌbmə'ʃi:n-] *n* metralleta.
submarine [sʌbmə'ri:n] *n* submarino.
submerge [səb'mə:dʒ] *vt* sumergir; (*flood*) inundar // *vi* sumergirse.
submissive [səb'mɪsɪv] *a* sumiso.
submit [səb'mɪt] *vt* someter // *vi* someterse.
subnormal [sʌb'nɔ:məl] *a* subnormal.
subordinate [sə'bɔ:dɪnət] *a*, *n* subordinado/a *m/f*.
subpoena [səb'pi:nə] (LAW) *n* citación *f* // *vt* citar.
subscribe [səb'skraɪb] *vi* suscribir; **to** ~ **to** (*opinion*, *fund*) suscribir, aprobar; (*newspaper*) suscribirse a; **~r** *n* (*to periodical*, *telephone*) abonado/a.
subscription [səb'skrɪpʃən] *n* (*to club*) abono; (*to magazine*) suscripción *f*.
subsequent ['sʌbsɪkwənt] *a* subsiguiente, posterior; **~ly** *ad* posteriormente, más tarde.
subside [səb'saɪd] *vi* hundirse; (*flood*) bajar; (*wind*) amainar; **~nce** [-'saɪdns] *n* hundimiento; (*in road*) socavón *m*.
subsidiary [səb'sɪdɪərɪ] *n* sucursal *f*, filial *f*.
subsidize ['sʌbsɪdaɪz] *vt* subvencionar.
subsidy ['sʌbsɪdɪ] *n* subvención *f*.
substance ['sʌbstəns] *n* sustancia; (*fig*) esencia.
substantial [səb'stænʃl] *a* sustancial, sustancioso; (*fig*) importante.
substantiate [səb'stænʃɪeɪt] *vt* comprobar.
substitute ['sʌbstɪtju:t] *n* (*person*) suplente *m/f*; (*thing*) sustituto // *vt*: **to** ~ **A for B** sustituir B por A, reemplazar A por B.
subtitle ['sʌbtaɪtl] *n* subtítulo.
subtle ['sʌtl] *a* sutil; **~ty** *n* sutileza.
subtract [səb'trækt] *vt* restar; sustraer; **~ion** [-'trækʃən] *n* resta; sustracción *f*.
suburb ['sʌbə:b] *n* suburbio; **the ~s** las afueras (de la ciudad); **~an** [sə'bə:bən] *a* suburbano; (*train etc*) de cercanías; **~ia** [sə'bə:bɪə] *n* barrios *mpl* residenciales.
subway ['sʌbweɪ] *n* (*Brit*) paso subterráneo *or* inferior; (*US*) metro.
succeed [sək'si:d] *vi* (*person*) tener éxito; (*plan*) salir bien // *vt* suceder a; **to** ~ **in doing** lograr hacer; **~ing** *a* (*following*) sucesivo.
success [sək'sɛs] *n* éxito; **~ful** *a* (*venture*, *person*) éxitoso; (*business*) próspero; **to be ~ful (in doing)** lograr (hacer); **~fully** *ad* con éxito.
succession [sək'sɛʃən] *n* sucesión *f*, serie *f*.
successive [sək'sɛsɪv] *a* sucesivo, consecutivo.
succinct [sək'sɪŋkt] *a* sucinto.
such [sʌtʃ] *a* tal, semejante; (*of that kind*): ~ **a book** tal libro; (*so much*): ~ **courage** tanto valor // *ad* tan; ~ **a long trip** un viaje tan largo; ~ **a lot of** tanto(s)/a(s); ~ **as** (*like*) tal como; **a noise** ~ **as to** un ruido tal que; **as** ~ *ad* como tal; **~-and-~** *a* tal o cual.
suck [sʌk] *vt* chupar; (*bottle*) sorber; (*breast*) mamar; **~er** *n* (BOT) serpollo; (ZOOL) ventosa; (*col*) bobo, primo.
suction ['sʌkʃən] *n* succión *f*.
Sudan [su'dæn] *n* Sudán *m*.
sudden ['sʌdn] *a* (*rapid*) repentino, súbito; (*unexpected*) imprevisto; **all of a** ~ *ad* de repente; **~ly** *ad* de repente.
suds [sʌdz] *npl* espuma *sg* de jabón.
sue [su:] *vt* demandar.
suede [sweɪd] *n* ante *m*, gamuza (*LAm*).
suet ['suɪt] *n* sebo.
Suez ['su:ɪz] *n*: **the** ~ **Canal** el Canal de Suez.
suffer ['sʌfə*] *vt* sufrir, padecer; (*tolerate*) aguantar, soportar // *vi* sufrir; **~er** *n* víctima; (MED) enfermo/a; **~ing** *n* sufrimiento; (*pain*) dolor *m*.
suffice [sə'faɪs] *vi* bastar, ser suficiente.
sufficient [sə'fɪʃənt] *a* suficiente, bastante; **~ly** *ad* suficientemente, bastante.
suffocate ['sʌfəkeɪt] *vi* ahogarse, asfixiarse.
suffrage ['sʌfrɪdʒ] *n* sufragio.
suffused [sə'fju:zd] *a*: ~ **with** bañado de.
sugar ['ʃugə*] *n* azúcar *m* // *vt* echar azúcar a, azucarar; ~ **beet** *n* remolacha; ~ **cane** *n* caña de azúcar; **~y** *a* azucarado.
suggest [sə'dʒɛst] *vt* sugerir; (*recommend*) aconsejar; **~ion** [-'dʒɛstʃən] *n* sugerencia.
suicide ['suɪsaɪd] *n* suicidio; (*person*) suicida *m/f*.
suit [su:t] *n* (*man's*) traje *m*; (*woman's*) conjunto; (LAW) pleito; (CARDS) palo // *vt* convenir; (*clothes*) sentar a, ir bien a; (*adapt*): **to** ~ **sth to** adaptar *or* ajustar algo a; **well ~ed** (*well matched*: *couple*) hechos el uno para el otro; **~able** *a* conveniente; (*apt*) indicado; **~ably** *ad* convenientemente; en forma debida.
suitcase ['su:tkeɪs] *n* maleta, valija (*LAm*).
suite [swi:t] *n* (*of rooms*, MUS) suite *f*; (*furniture*): **bedroom/dining room** ~ (juego de) dormitorio/comedor *m*.
suitor ['su:tə*] *n* pretendiente *m*.
sulfur ['sʌlfə*] *n* (*US*) = **sulphur**.
sulk [sʌlk] *vi* estar de mal humor; **~y** *a* malhumorado.
sullen ['sʌlən] *a* hosco, malhumorado.
sulphur, (*US*) **sulfur** ['sʌlfə*] *n* azufre *m*.
sultana [sʌl'tɑ:nə] *n* (*fruit*) pasa de Es-

mirna.
sultry ['sʌltrɪ] *a* (*weather*) bochornoso.
sum [sʌm] *n* suma; (*total*) total *m*; **to ~ up** *vt* resumir // *vi* hacer un resumen.
summarize ['sʌməraɪz] *vt* resumir.
summary ['sʌmərɪ] *n* resumen *m* // *a* (*justice*) sumario.
summer ['sʌmə*] *n* verano // *cpd* de verano; **~house** *n* (*in garden*) cenador *m*, glorieta; **~time** *n* (*season*) verano; **~ time** *n* (*Brit: by clock*) hora de verano.
summit ['sʌmɪt] *n* cima, cumbre *f*; **~ (conference)** *n* (conferencia) cumbre *f*.
summon ['sʌmən] *vt* (*person*) llamar; (*meeting*) convocar; (LAW) citar; **to ~ up** *vt* (*courage*) armarse de; **~s** *n* llamamiento, llamada // *vt* citar, emplazar.
sump [sʌmp] *n* (*Brit* AUT) cárter *m*.
sumptuous ['sʌmptjuəs] *a* suntuoso.
sun [sʌn] *n* sol *m*.
sunbathe ['sʌnbeɪð] *vi* tomar el sol.
sunburn ['sʌnbə:n] *n* (*painful*) quemadura; (*tan*) bronceado.
Sunday ['sʌndɪ] *n* domingo; **~ school** *n* catequesis *f* dominical.
sundial ['sʌndaɪəl] *n* reloj *m* de sol.
sundown ['sʌndaun] *n* anochecer *m*.
sundry ['sʌndrɪ] *a* varios/as, diversos/as; all and ~ todos sin excepción; **sundries** *npl* géneros *mpl* diversos.
sunflower ['sʌnflauə*] *n* girasol *m*.
sung [sʌŋ] *pp of* **sing**.
sunglasses ['sʌnglɑ:sɪz] *npl* gafas *fpl or* anteojos *mpl* (*LAm*) de sol.
sunk [sʌŋk] *pp of* **sink**.
sun: ~light *n* luz *f* del sol; **~lit** *a* iluminado por el sol; **~ny** *a* soleado; (*day*) de sol; (*fig*) alegre; **~rise** *n* salida del sol; **~ roof** *n* (AUT) techo corredizo; **~set** *n* puesta del sol; **~shade** *n* (*over table*) sombrilla; **~shine** *n* sol *m*; **~stroke** *n* insolación *f*; **~tan** *n* bronceado; **~tan oil** *n* aceite *m* bronceador.
super ['su:pə*] *a* (*col*) bárbaro.
superannuation [su:pərænju'eɪʃən] *n* cuota de jubilación.
superb [su:'pə:b] *a* magnífico, espléndido.
supercilious [su:pə'sɪlɪəs] *a* altanero.
superfluous [su'pə:fluəs] *a* superfluo, de sobra.
superhuman [su:pə'hju:mən] *a* sobrehumano.
superimpose ['su:pərɪm'pəuz] *vt* sobreponer.
superintendent [su:pərɪn'tɛndənt] *n* director(a) *m/f*; (*police ~*) subjefe/a *m/f*.
superior [su'pɪərɪə*] *a* superior; (*smug*) desdeñoso // *n* superior *m*; **~ity** [-'ɔrɪtɪ] *n* superioridad *f*; desdén *m*.
superlative [su'pə:lətɪv] *a*, *n* superlativo.
superman ['su:pəmæn] *n* superhombre *m*.
supermarket ['su:pəmɑ:kɪt] *n* supermercado.
supernatural [su:pə'nætʃərəl] *a* sobrenatural.
superpower ['su:pəpauə*] *n* (POL) superpotencia.
supersede [su:pə'si:d] *vt* suplantar.
supersonic ['su:pə'sɔnɪk] *a* supersónico.
superstitious [su:pə'stɪʃəs] *a* supersticioso.
supertanker ['su:pətæŋkə*] *n* superpetrolero.
supervise ['su:pəvaɪz] *vt* supervisar; **supervision** [-'vɪʒən] *n* supervisión *f*; **supervisor** *n* supervisor(a) *m/f*.
supper ['sʌpə*] *n* cena; **to have ~** cenar.
supplant [sə'plɑ:nt] *vt* suplantar.
supple ['sʌpl] *a* flexible.
supplement ['sʌplɪmənt] *n* suplemento // *vt* [sʌplɪ'mɛnt] suplir; **~ary** [-'mɛntərɪ] *a* suplementario.
supplier [sə'plaɪə*] *n* suministrador(a) *m/f*; (COMM) distribuidor(a) *m/f*.
supply [sə'plaɪ] *vt* (*provide*) suministrar; (*information*) facilitar; (*equip*): **to ~ (with)** proveer (de) // *n* provisión *f*; (*gas, water etc*) suministro // *cpd* (*Brit: teacher etc*) suplente; **supplies** *npl* (*food*) víveres *mpl*; (MIL) pertrechos *mpl*.
support [sə'pɔ:t] *n* (*moral, financial etc*) apoyo; (TECH) soporte *m* // *vt* apoyar; (*financially*) mantener; (*uphold*) sostener; **~er** *n* (POL *etc*) partidario/a; (SPORT) aficionado/a.
suppose [sə'pəuz] *vt*, *vi* suponer; (*imagine*) imaginarse; **to be ~d to do sth** deber hacer algo; **~dly** [sə'pəuzɪdlɪ] *ad* según cabe suponer; **supposing** *conj* en caso de que.
suppress [sə'prɛs] *vt* suprimir; (*yawn*) ahogar.
supreme [su'pri:m] *a* supremo.
surcharge ['sə:tʃɑ:dʒ] *n* sobretasa, recargo.
sure [ʃuə*] *a* seguro; (*definite, convinced*) cierto; **to make ~ of sth/that** asegurarse de algo/asegurar que; **~!** (*of course*) ¡claro!, ¡por supuesto!; **~ enough** efectivamente; **~ly** *ad* (*certainly*) seguramente.
surety ['ʃuərətɪ] *n* fianza; (*person*) fiador(a) *m/f*.
surf [sə:f] *n* olas *fpl*.
surface ['sə:fɪs] *n* superficie *f* // *vt* (*road*) revestir // *vi* salir a la superficie; **~ mail** *n* vía terrestre.
surfboard ['sə:fbɔ:d] *n* plancha (de surf).
surfeit ['sə:fɪt] *n*: **a ~ of** un exceso de.
surfing ['sə:fɪŋ] *n* surf *m*.
surge [sə:dʒ] *n* oleada, oleaje *m* // *vi* avanzar a tropel.
surgeon ['sə:dʒən] *n* cirujano/a.
surgery ['sə:dʒərɪ] *n* cirugía; (*Brit: room*) consultorio; **to undergo ~** operarse; **~ hours** *npl* (*Brit*) horas *fpl* de consulta.
surgical ['sə:dʒɪkl] *a* quirúrgico; **~ spir-**

it *n* (*Brit*) alcohol *m* de 90°.
surly ['sə:lɪ] *a* hosco, malhumorado.
surmount [sə:'maunt] *vt* superar, vencer.
surname ['sə:neɪm] *n* apellido.
surpass [sə:'pɑ:s] *vt* superar, exceder.
surplus ['sə:pləs] *n* excedente *m*; (*COMM*) superávit *m* // *a* excedente, sobrante.
surprise [sə'praɪz] *n* sorpresa // *vt* sorprender; **surprising** *a* sorprendente; **surprisingly** *ad* (*easy, helpful*) de modo sorprendente.
surrender [sə'rɛndə*] *n* rendición *f*, entrega // *vi* rendirse, entregarse.
surreptitious [sʌrəp'tɪʃəs] *a* subrepticio.
surrogate ['sʌrəgɪt] *n* sucedáneo; ~ **mother** *n* madre *f* portadora.
surround [sə'raund] *vt* rodear, circundar; (*MIL etc*) cercar; **~ing** *a* circundante; **~ings** *npl* alrededores *mpl*, cercanías *fpl*.
surveillance [sə:'veɪləns] *n* vigilancia.
survey ['sə:veɪ] *n* inspección *f*, reconocimiento; (*inquiry*) encuesta // *vt* [sə:'veɪ] examinar, inspeccionar; (*look at*) mirar, contemplar; (*make inquiries about*) hacer una encuesta de; **~or** *n* (*Brit*) agrimensor(a) *m/f*.
survival [sə'vaɪvl] *n* supervivencia.
survive [sə'vaɪv] *vi* sobrevivir; (*custom etc*) perdurar // *vt* sobrevivir a; **survivor** *n* superviviente *m/f*.
susceptible [sə'sɛptəbl] *a*: ~ (**to**) (*disease*) susceptible (a); (*flattery*) sensible (a).
suspect ['sʌspɛkt] *a*, *n* sospechoso/a *m/f* // *vt* [səs'pɛkt] sospechar.
suspend [səs'pɛnd] *vt* suspender; **~ed sentence** *n* (*LAW*) libertad *f* condicional; **~er belt** *n* portaligas *m inv*; **~ers** *npl* (*Brit*) ligas *fpl*; (*US*) tirantes *mpl*.
suspense [səs'pɛns] *n* incertidumbre *f*, duda; (*in film etc*) suspense *m*.
suspension [səs'pɛnʃən] *n* (*gen, AUT*) suspensión *f*; (*of driving licence*) privación *f*; ~ **bridge** *n* puente *m* colgante.
suspicion [səs'pɪʃən] *n* sospecha; (*distrust*) recelo; (*trace*) traza; **suspicious** [-ʃəs] *a* (*suspecting*) receloso; (*causing* ~) sospechoso.
sustain [səs'teɪn] *vt* sostener, apoyar; (*suffer*) sufrir, padecer; **~ed** *a* (*effort*) sostenido.
sustenance ['sʌstɪnəns] *n* sustento.
swab [swɔb] *n* (*MED*) algodón *m*; (*for specimen*) frotis *m inv*.
swagger ['swægə*] *vi* pavonearse.
swallow ['swɔləu] *n* (*bird*) golondrina // *vt* tragar; **to ~ up** *vt* (*savings etc*) consumir.
swam [swæm] *pt of* **swim**.
swamp [swɔmp] *n* pantano, ciénaga // *vt*: **to ~ (with)** abrumar (de), agobiar (de); **~y** *a* pantanoso.
swan [swɔn] *n* cisne *m*.
swap [swɔp] *vt*: **to ~ (for)** canjear (por).
swarm [swɔ:m] *n* (*of bees*) enjambre *m*; (*fig*) multitud *f* // *vi*: **to ~ (with)** pulular (de).
swarthy ['swɔ:ðɪ] *a* moreno.
swastika ['swɔstɪkə] *n* esvástika, cruz *f* gamada.
swat [swɔt] *vt* aplastar.
sway [sweɪ] *vi* mecerse, balancearse // *vt* (*influence*) mover, influir en.
swear [swɛə*], *pt* **swore**, *pp* **sworn** *vi* jurar; **to ~ to sth** declarar algo bajo juramento; **~word** *n* taco, palabrota.
sweat [swɛt] *n* sudor *m* // *vi* sudar.
sweater ['swɛtə*], **sweatshirt** ['swɛtʃə:t] *n* suéter *m*.
sweaty ['swɛtɪ] *a* sudoroso.
Swede [swi:d] *n* sueco/a.
swede [swi:d] *n* (*Brit*) nabo.
Sweden ['swi:dn] *n* Suecia.
Swedish ['swi:dɪʃ] *a* sueco // *n* (*LING*) sueco.
sweep [swi:p] *n* (*act*) barrido; (*of arm*) manotazo; (*curve*) curva, alcance *m*; (*also*: **chimney ~**) deshollinador(a) *m/f* // *vb* (*pt, pp* **swept**) *vt, vi* barrer; **to ~ away** *vt* barrer; (*rub out*) borrar; **to ~ past** *vi* pasar majestuosamente; **to ~ up** *vi* barrer; **~ing** *a* (*gesture*) dramático; (*generalized*) generalizado.
sweet [swi:t] *n* (*candy*) dulce *m*, caramelo; (*Brit*: *pudding*) postre *m* // *a* dulce; (*sugary*) azucarado; (*fig*) dulce, amable; **~corn** *n* maíz *m*; **~en** *vt* (*person*) endulzar; (*add sugar to*) poner azúcar a; **~heart** *n* novio/a; **~ness** *n* (*gen*) dulzura; ~ **pea** *n* guisante *m* de olor.
swell [swɛl] *n* (*of sea*) marejada, oleaje *m* // *a* (*US*: *col*: *excellent*) estupendo, fenomenal // *vb* (*pt* **swelled**, *pp* **swollen** *or* **swelled**) *vt* hinchar, inflar // *vi* hincharse, inflarse; **~ing** *n* (*MED*) hinchazón *f*.
sweltering ['swɛltərɪŋ] *a* sofocante, de mucho calor.
swept [swɛpt] *pt, pp of* **sweep**.
swerve [swə:v] *vi* desviarse bruscamente.
swift [swɪft] *n* (*bird*) vencejo // *a* rápido, veloz; **~ly** *ad* rápidamente.
swig [swɪg] *n* (*col*: *drink*) trago.
swill [swɪl] *n* bazofia // *vt* (*also*: **~ out, ~ down**) lavar, limpiar con agua.
swim [swɪm] *n*: **to go for a ~** ir a nadar *or* a bañarse // *vb* (*pt* **swam**, *pp* **swum**) *vi* nadar; (*head, room*) dar vueltas // *vt* pasar *or* cruzar a nado; **~mer** *n* nadador(a) *m/f*; **~ming** *n* natación *f*; **~ming cap** *n* gorro de baño; **~ming costume** *n* bañador *m*, traje *m* de baño; **~ming pool** *n* piscina, alberca (*LAm*); **~suit** *n* = **~ming costume**.
swindle ['swɪndl] *n* estafa // *vt* estafar.
swine [swaɪn] *n, pl inv* cerdos *mpl*, puercos *mpl*; (*col!*) canalla *sg* (*!*).

swing [swɪŋ] *n* (*in playground*) columpio; (*movement*) balanceo, vaivén *m*; (*change of direction*) viraje *m*; (*rhythm*) ritmo // *vb* (*pt, pp* **swung**) *vt* balancear; (*on a* ~) columpiar; (*also*: ~ **round**) voltear, girar // *vi* balancearse, columpiarse; (*also*: ~ **round**) dar media vuelta; **to be in full** ~ estar en plena marcha; ~ **bridge** *n* puente *m* giratorio; ~ **door**, (*US*) ~**ing door** *n* puerta giratoria.
swingeing ['swɪndʒɪŋ] *a* (*Brit*) abrumador(a).
swipe [swaɪp] *vt* (*hit*) golpear fuerte; (*col*: *steal*) guindar.
swirl [swəːl] *vi* arremolinarse.
swish [swɪʃ] *a* (*col*: *smart*) elegante // *vi* chasquear.
Swiss [swɪs] *a*, *n*, *pl inv* suizo/a *m/f*.
switch [swɪtʃ] *n* (*for light, radio etc*) interruptor *m*; (*change*) cambio // *vt* (*change*) cambiar de; **to** ~ **off** *vt* apagar; (*engine*) parar; **to** ~ **on** *vt* encender, prender (*LAm*); (*engine, machine*) arrancar; ~**board** *n* (TEL) centralita (de teléfonos), conmutador *m* (*LAm*).
Switzerland ['swɪtsələnd] *n* Suiza.
swivel ['swɪvl] *vi* (*also*: ~ **round**) girar.
swollen ['swəulən] *pp of* **swell**.
swoon [swuːn] *vi* desmayarse.
swoop [swuːp] *n* (*by police etc*) redada // *vi* (*also*: ~ **down**) calarse.
swop [swɔp] = **swap**.
sword [sɔːd] *n* espada; ~**fish** *n* pez *m* espada.
swore [swɔː*] *pt of* **swear**.
sworn [swɔːn] *pp of* **swear**.
swot [swɔt] (*Brit*) *vt, vi* empollar.
swum [swʌm] *pp of* **swim**.
swung [swʌŋ] *pt, pp of* **swing**.
sycamore ['sɪkəmɔː*] *n* sicomoro.
syllable ['sɪləbl] *n* sílaba.
syllabus ['sɪləbəs] *n* programa *m* de estudios.
symbol ['sɪmbl] *n* símbolo.
symmetry ['sɪmɪtrɪ] *n* simetría.
sympathetic [sɪmpə'θɛtɪk] *a* compasivo; (*understanding*) comprensivo.
sympathize ['sɪmpəθaɪz] *vi*: **to** ~ **with sb** compadecerse de uno; ~**r** *n* (POL) simpatizante *m/f*.
sympathy ['sɪmpəθɪ] *n* (*pity*) compasión *f*; (*understanding*) comprensión *f*; **with our deepest** ~ nuestro más sentido pésame.
symphony ['sɪmfənɪ] *n* sinfonía.
symposium [sɪm'pəuzɪəm] *n* simposio.
symptom ['sɪmptəm] *n* síntoma *m*, indicio.
synagogue ['sɪnəgɔg] *n* sinagoga.
syndicate ['sɪndɪkɪt] *n* (*gen*) sindicato; (*of newspapers*) agencia (de noticias).
syndrome ['sɪndrəum] *n* síndrome *m*.
synonym ['sɪnənɪm] *n* sinónimo.
synopsis [sɪ'nɔpsɪs], *pl* **-ses** [-siːz] *n* sinopsis *f inv*.
syntax ['sɪntæks] *n* sintaxis *f inv*.
synthesis ['sɪnθəsɪs], *pl* **-ses** [-siːz] *n* síntesis *f inv*.
synthetic [sɪn'θɛtɪk] *a* sintético.
syphilis ['sɪfɪlɪs] *n* sífilis *f*.
syphon ['saɪfən] = **siphon**.
Syria ['sɪrɪə] *n* Siria; ~**n** *a*, *n* sirio/a *m/f*.
syringe [sɪ'rɪndʒ] *n* jeringa.
syrup ['sɪrəp] *n* jarabe *m*, almíbar *m*.
system ['sɪstəm] *n* sistema *m*; (ANAT) organismo; ~**atic** [-'mætɪk] *a* sistemático; metódico; ~ **disk** *n* (COMPUT) disco del sistema; ~**s analyst** *n* analista *m/f* de sistemas.

T

ta [tɑː] *excl* (*Brit col*) ¡gracias!
tab [tæb] *n* lengüeta; (*label*) etiqueta; **to keep ~s on** (*fig*) vigilar.
tabby ['tæbɪ] *n* (*also*: ~ **cat**) gato atigrado.
table ['teɪbl] *n* mesa; (*of statistics etc*) cuadro, tabla // *vt* (*Brit*: *motion etc*) presentar; **to lay** *or* **set the** ~ poner la mesa; ~**cloth** *n* mantel *m*; ~ **of contents** *n* índice *m* de materias; ~ **d'hôte** [tɑːbl'dəut] *n* menú *m*; ~ **lamp** *n* lámpara de mesa; ~**mat** *n* salvamantel *m*; ~**spoon** *n* cuchara grande; (*also*: ~**spoonful**: *as measurement*) cucharada.
tablet ['tæblɪt] *n* (MED) pastilla, comprimido; (*for writing*) bloc *m*; (*of stone*) lápida.
table tennis *n* ping-pong *m*, tenis *m* de mesa.
table wine *n* vino de mesa.
tabloid ['tæblɔɪd] *n* periódico popular sensacionalista; **the ~s** la prensa amarilla.
tabulate ['tæbjuleɪt] *vt* disponer en tablas.
tacit ['tæsɪt] *a* tácito.
tack [tæk] *n* (*nail*) tachuela; (*stitch*) hilván *m*; (NAUT) bordada // *vt* (*nail*) clavar con tachuelas; (*stitch*) hilvanar // *vi* virar.
tackle ['tækl] *n* (*gear*) equipo; (*fishing* ~, *for lifting*) aparejo; (RUGBY) placaje *m* // *vt* (*difficulty*) enfrentar; (*grapple with*) agarrar; (RUGBY) placar.
tacky ['tækɪ] *a* pegajoso.
tact [tækt] *n* tacto, discreción *f*; ~**ful** *a* discreto, diplomático.
tactical ['tæktɪkl] *a* táctico.
tactics ['tæktɪks] *n, npl* táctica *sg*.
tactless ['tæktlɪs] *a* indiscreto.
tadpole ['tædpəul] *n* renacuajo.
taffy ['tæfɪ] *n* (*US*) melcocha.
tag [tæg] *n* (*label*) etiqueta; **to** ~ **along with sb** acompañar a uno.
tail [teɪl] *n* cola; (*of shirt, coat*) faldón *m*

// *vt* (*follow*) vigilar a; **to ~ away, ~ off** *vi* (*in size, quality etc*) ir disminuyendo; **~back** *n* (*Brit* AUT) cola; **~ coat** *n* frac *m*; **~ end** *n* cola, parte *f* final; **~gate** *n* (AUT) puerta trasera.

tailor ['teɪlə*] *n* sastre *m*; **~ing** *n* (*cut*) corte *m*; **~-made** *a* (*also fig*) hecho a la medida.

tailwind ['teɪlwɪnd] *n* viento de cola.

tainted ['teɪntɪd] *a* (*water, air*) contaminado; (*fig*) manchado.

take [teɪk], *pt* **took**, *pp* **taken** *vt* tomar; (*grab*) coger (*Sp*), agarrar (*LAm*); (*gain: prize*) ganar; (*require: effort, courage*) exigir; (*support weight of*) aguantar; (*hold: passengers etc*) tener cabida para; (*accompany, bring, carry*) llevar; (*exam*) presentarse a; **to ~ sth from** (*drawer etc*) sacar algo de; (*person*) coger (*Sp*) *or* tomar (*LAm*) algo a; **I ~ it that...** supongo que...; **to ~ after** *vt fus* parecerse a; **to ~ apart** *vt* desmontar; **to ~ away** *vt* (*remove*) quitar; (*carry off*) llevar; **to ~ back** *vt* (*return*) devolver; (*one's words*) retractar; **to ~ down** *vt* (*building*) derribar; (*letter etc*) apuntar; **to ~ in** *vt* (*Brit: deceive*) engañar; (*understand*) entender; (*include*) abarcar; (*lodger*) acoger, recibir; **to ~ off** *vi* (AVIAT) despegar // *vt* (*remove*) quitar; (*imitate*) imitar; **to ~ on** *vt* (*work*) aceptar; (*employee*) contratar; (*opponent*) desafiar; **to ~ out** *vt* sacar; (*remove*) quitar; **to ~ over** *vt* (*business*) tomar posesión de // *vi*: **to ~ over from sb** reemplazar a uno; **to ~ to** *vt fus* (*person*) coger cariño a (*Sp*), encariñarse con (*LAm*); (*activity*) aficionarse a; **to ~ up** *vt* (*a dress*) acortar; (*occupy: time, space*) ocupar; (*engage in: hobby etc*) dedicarse a; **~away** *a* (*Brit: food*) para llevar; **~-home pay** *n* salario neto; **~off** *n* (AVIAT) despegue *m*; **~over** *n* (COMM) absorción *f*.

takings ['teɪkɪŋz] *npl* (COMM) ingresos *mpl*.

talc [tælk] *n* (*also*: **~um powder**) talco.

tale [teɪl] *n* (*story*) cuento; (*account*) relación *f*; **to tell ~s** (*fig*) chismear.

talent ['tælnt] *n* talento; **~ed** *a* talentoso.

talk [tɔ:k] *n* charla; (*gossip*) habladurías *fpl*, chismes *mpl*; (*conversation*) conversación *f* // *vi* (*speak*) hablar; (*chatter*) charlar; **~s** *npl* (POL *etc*) conversaciones *fpl*; **to ~ about** hablar de; **to ~ sb into doing sth** convencer a uno para que haga algo; **to ~ sb out of doing sth** disuadir a uno de que haga algo; **to ~ shop** hablar del trabajo; **to ~ over** *vt* discutir; **~ative** *a* hablador(a); **~ show** *n* programa *m* magazine.

tall [tɔ:l] *a* alto; (*tree*) grande; **to be 6 feet ~** ≈ medir 1 metro 80, tener 1 metro 80 de alto; **~boy** *n* (*Brit*) cómoda alta; **~ story** *n* cuento chino.

tally ['tælɪ] *n* cuenta // *vi*: **to ~ (with)** corresponder (con).

talon ['tælən] *n* garra.

tambourine [tæmbə'ri:n] *n* pandereta.

tame [teɪm] *a* (*mild*) manso; (*tamed*) domesticado; (*fig: story, style*) mediocre

tamper ['tæmpə*] *vi*: **to ~ with** tocar, andar con.

tampon ['tæmpən] *n* tampón *m*.

tan [tæn] *n* (*also*: **sun~**) bronceado // broncear // *vi* ponerse moreno // *a* (c... *our*) marrón.

tang [tæŋ] *n* sabor *m* fuerte.

tangent ['tændʒənt] *n* (MATH) tange... *f*; **to go off at a ~** (*fig*) salirse por la tangente.

tangerine [tændʒə'ri:n] *n* mandarina.

tangle ['tæŋgl] *n* enredo; **to get in(to) a ~** enredarse.

tank [tæŋk] *n* (*water ~*) depósito, tanc... *m*; (*for fish*) acuario; (MIL) tanque *m*.

tanker ['tæŋkə*] *n* (*ship*) buque *m* cist...na; (*truck*) camión *m* cisterna.

tanned [tænd] *a* (*skin*) moreno, bronc...do.

tantalizing ['tæntəlaɪzɪŋ] *a* tentador(a)

tantamount ['tæntəmaunt] *a*: **~ to** eq...valente a.

tantrum ['tæntrəm] *n* rabieta.

tap [tæp] *n* (*Brit: on sink etc*) grifo, ca...lla (*LAm*); (*gentle blow*) golpecito; (*g... ~*) llave *f* // *vt* (*table etc*) tamborile... (*shoulder etc*) palmear; (*resources*) ...lizar, explotar; (*telephone*) interven... **on ~** (*fig: resources*) a mano; **...dancing** *n* zapateado.

tape [teɪp] *n* cinta; (*also*: **magnetic ...**) cinta magnética; (*sticky ~*) cinta ad...siva // *vt* (*record*) grabar (en cinta); **... measure** *n* cinta métrica, metro.

taper ['teɪpə*] *n* cirio // *vi* afilarse.

tape recorder *n* grabadora.

tapestry ['tæpɪstrɪ] *n* (*object*) tapiz ... (*art*) tapicería.

tar [tɑ:] *n* alquitrán *m*, brea.

target ['tɑ:gɪt] *n* (*gen*) blanco; **~ pra...tice** *n* tiro al blanco.

tariff ['tærɪf] *n* tarifa.

tarmac ['tɑ:mæk] *n* (*Brit: on road*) alq...tranado; (AVIAT) pista (de aterrizaje).

tarnish ['tɑ:nɪʃ] *vt* deslustrar.

tarpaulin [tɑ:'pɔ:lɪn] *n* alquitranado.

tart [tɑ:t] *n* (CULIN) tarta; (*Brit col: p... woman*) puta // *a* (*flavour*) agrio, ácio... **to ~ up** *vt* (*room, building*) dar tono ...

tartan ['tɑ:tn] *n* tartán *m*, escocés *m* /... de tartán.

tartar ['tɑ:tə*] *n* (*on teeth*) sarro; **~... sauce** *n* salsa tártara.

task [tɑ:sk] *n* tarea; **to take to ~** repr...der; **~ force** *n* (MIL, POLICE) grupo ... operaciones.

tassel ['tæsl] *n* borla.

taste [teɪst] *n* sabor *m*, gusto; (*als...*

after~) dejo; (*sip*) sorbo; (*fig: glimpse, idea*) muestra, idea // *vt* probar // *vi*: to ~ of *or* like (*fish etc*) saber a; you can ~ the garlic (in it) se nota el sabor a ajo; can I have a ~ of this wine? ¿puedo probar este vino?; to have a ~ for sth ser aficionado a algo; in good/bad ~ de buen/mal gusto; **~ful** *a* de buen gusto; **~less** *a* (*food*) soso; (*remark*) de mal gusto; **tasty** *a* sabroso, rico.

tatters ['tætəz] *npl*: in ~ (*also*: tattered) hecho jirones.

tattoo [tə'tu:] *n* tatuaje *m*; (*spectacle*) espectáculo militar // *vt* tatuar.

tatty ['tætɪ] *a* (*Brit col*) raído.

taught [tɔ:t] *pt, pp of* **teach.**

taunt [tɔ:nt] *n* burla // *vt* burlarse de.

Taurus ['tɔ:rəs] *n* Tauro.

taut [tɔ:t] *a* tirante, tenso.

tawdry ['tɔ:drɪ] *a* de mal gusto.

tax [tæks] *n* impuesto // *vt* gravar (con un impuesto); (*fig: test*) poner a prueba (: *patience*) agotar; **~able** *a* (*income*) imponible; **~ation** [-'seɪʃən] *n* impuestos *mpl*; ~ **avoidance** *n* evasión *f* de impuestos; ~ **collector** *n* recaudador(a) *m/f*; ~ **disc** *n* (*Brit* AUT) pegatina del impuesto de circulación; ~ **evasion** *n* evasión *f* fiscal; **~-free** *a* libre de impuestos.

taxi ['tæksɪ] *n* taxi *m* // *vi* (AVIAT) rodar por la pista; ~ **driver** *n* taxista *m/f*; (*Brit*) ~ **rank**, ~ **stand** *n* parada de taxis.

tax: ~ **payer** *n* contribuyente *m/f*; ~ **relief** *n* desgravación *f* fiscal; ~ **return** *n* declaración *f* de ingresos.

TB *n abbr* = **tuberculosis.**

tea [ti:] *n* té *m*; (*Brit: snack*) merienda; high ~ (*Brit*) merienda-cena; ~ **bag** *n* bolsita de té; ~ **break** *n* (*Brit*) descanso para el té.

teach [ti:tʃ], *pt, pp* **taught** *vt*: to ~ sb sth, ~ sth to sb enseñar algo a uno // *vi* enseñar; (*be a teacher*) ser profesor(a); **~er** *n* (*in secondary school*) profesor(a) *m/f*; (*in primary school*) maestro/a; **~ing** *n* enseñanza.

tea cosy *n* cubretetera *m*.

teacup ['ti:kʌp] *n* taza para el té.

teak [ti:k] *n* (madera de) teca.

team [ti:m] *n* equipo; (*of animals*) pareja; **~work** *n* trabajo en equipo.

teapot ['ti:pɔt] *n* tetera.

tear [tɛə*] *n* rasgón *m*, desgarrón *m* // *n* [tɪə*] lágrima // *vb* (*pt* **tore**, *pp* **torn**) *vt* romper, rasgar // *vi* rasgarse; in ~s llorando; **to ~ along** *vi* (*rush*) precipitarse; **to ~ up** *vt* (*sheet of paper etc*) romper; **~ful** *a* lloroso; ~ **gas** *n* gas *m* lacrimógeno.

tearoom ['ti:ru:m] *n* salón *m* de té, cafetería.

tease [ti:z] *n* bromista *m/f* // *vt* tomar el pelo a.

tea: ~ **set** *n* servicio de té; **~spoon** *n* cucharita; (*also*: **~spoonful**: *as measurement*) cucharadita.

teat [ti:t] *n* (*of bottle*) tetina.

teatime ['ti:taɪm] *n* hora del té.

tea towel *n* (*Brit*) paño de cocina.

technical ['tɛknɪkl] *a* técnico; **~ity** [-'kælɪtɪ] *n* detalle *m* técnico.

technician [tɛk'nɪʃn] *n* técnico/a.

technique [tɛk'ni:k] *n* técnica.

technological [tɛknə'lɔdʒɪkl] *a* tecnológico.

technology [tɛk'nɔlədʒɪ] *n* tecnología.

teddy (bear) ['tɛdɪ-] *n* osito de felpa.

tedious ['ti:dɪəs] *a* pesado, aburrido.

tee [ti:] *n* (GOLF) tee *m*.

teem [ti:m] *vi*: to ~ with rebosar de; it is ~ing (with rain) llueve a mares.

teenage ['ti:neɪdʒ] *a* (*fashions etc*) juvenil; **~r** *n* adolescente *m/f*.

teens [ti:nz] *npl*: to be in one's ~ ser adolescente.

tee-shirt ['ti:ʃə:t] *n* = **T-shirt.**

teeter ['ti:tə*] *vi* balancearse.

teeth [ti:θ] *npl of* **tooth.**

teethe [ti:ð] *vi* echar los dientes.

teething ['ti:ðɪŋ]: ~ **ring** *n* mordedor *m*; ~ **troubles** *npl* (*fig*) dificultades *fpl* iniciales.

teetotal ['ti:'təutl] *a* (*person*) abstemio.

telegram ['tɛlɪgræm] *n* telegrama *m*.

telegraph ['tɛlɪgrɑ:f] *n* telégrafo.

telepathy [tə'lɛpəθɪ] *n* telepatía.

telephone ['tɛlɪfəun] *n* teléfono // *vt* llamar por teléfono, telefonear; ~ **booth**, (*Brit*) ~ **box** *n* cabina telefónica; ~ **call** *n* llamada (telefónica); ~ **directory** *n* guía (telefónica); ~ **number** *n* número de teléfono; **telephonist** [tə'lɛfənɪst] *n* (*Brit*) telefonista *m/f*.

telephoto ['tɛlɪ'fəutəu] *a*: ~ lens teleobjetivo.

telescope ['tɛlɪskəup] *n* telescopio.

televise ['tɛlɪvaɪz] *vt* televisar.

television ['tɛlɪvɪʒən] *n* televisión *f*; ~ **set** *n* televisor *m*.

telex ['tɛlɛks] *n* télex *m* // *vt, vi* enviar un télex (a).

tell [tɛl], *pt, pp* **told** *vt* decir; (*relate: story*) contar; (*distinguish*): to ~ sth from distinguir algo de // *vi* (*talk*): to ~ (of) contar; (*have effect*) tener efecto; to ~ sb to do sth mandar a uno hacer algo; **to ~ off** *vt*: to ~ sb off regañar a uno; **~er** *n* (*in bank*) cajero/a; **~ing** *a* (*remark, detail*) revelador(a); **~tale** *a* (*sign*) indicador(a).

telly ['tɛlɪ] *n* (*Brit col*) tele *f*.

temp [tɛmp] *n abbr* (*Brit*: = **temporary**) temporero/a // *vi* trabajar de interino/a.

temper ['tɛmpə*] *n* (*mood*) humor *m*; (*bad* ~) (mal) genio; (*fit of anger*) ira; (*of child*) rabieta // *vt* (*moderate*) moderar; to be in a ~ estar furioso; to lose one's ~ enfadarse, enojarse (*LAm*).

temperament ['tɛmprəmənt] *n* (*nature*) temperamento.
temperate ['tɛmprət] *a* moderado; (*climate*) templado.
temperature ['tɛmprətʃə*] *n* temperatura; **to have** *or* **run a ~** tener fiebre.
tempest ['tɛmpɪst] *n* tempestad *f*.
template ['tɛmplɪt] *n* plantilla.
temple ['tɛmpl] *n* (*building*) templo; (*ANAT*) sien *f*.
temporarily ['tɛmpərərɪlɪ] *ad* temporalmente.
temporary ['tɛmpərərɪ] *a* provisional, temporal; (*passing*) transitorio; (*worker*) temporero.
tempt [tɛmpt] *vt* tentar; **to ~ sb into doing sth** tentar *or* inducir a uno a hacer algo; **~ation** [-'teɪʃən] *n* tentación *f*; **~ing** *a* tentador(a).
ten [tɛn] *num* diez.
tenable ['tɛnəbl] *a* sostenible.
tenacity [tə'næsɪtɪ] *n* tenacidad *f*.
tenancy ['tɛnənsɪ] *n* alquiler *m*; (*of house*) inquilinato.
tenant ['tɛnənt] *n* (*rent-payer*) inquilino/a; (*occupant*) habitante *m/f*.
tend [tɛnd] *vt* cuidar // *vi*: **to ~ to do sth** tener tendencia a hacer algo.
tendency ['tɛndənsɪ] *n* tendencia.
tender ['tɛndə*] *a* (*meat*) tierno; (*sore*) sensible; (*affectionate*) tierno, cariñoso // *n* (*COMM*: *offer*) oferta; (*money*): **legal ~** moneda de curso legal // *vt* ofrecer; **~ness** *n* ternura; (*of meat*) blandura.
tenement ['tɛnəmənt] *n* casa de pisos *or* vecinos (*Sp*).
tenet ['tɛnət] *n* principio.
tennis ['tɛnɪs] *n* tenis *m*; **~ ball** *n* pelota de tenis; **~ court** *n* cancha de tenis; **~ player** *n* tenista *m/f*; **~ racket** *n* raqueta de tenis; **~ shoes** *npl* zapatillas *fpl* de tenis.
tenor ['tɛnə*] *n* (*MUS*) tenor *m*.
tense [tɛns] *a* (*moment, atmosphere*) tenso; (*stretched*) tirante; (*stiff*) rígido, tieso; (*person*) nervioso // *n* (*LING*) tiempo.
tension ['tɛnʃən] *n* tensión *f*.
tent [tɛnt] *n* tienda (de campaña), carpa (*LAm*).
tentacle ['tɛntəkl] *n* tentáculo.
tenterhooks ['tɛntəhuks] *npl*: **on ~** sobre ascuas.
tenth [tɛnθ] *a* décimo.
tent peg *n* clavija, estaca.
tent pole *n* mástil *m*.
tenuous ['tɛnjuəs] *a* tenue.
tenure ['tɛnjuə*] *n* (*of land*) tenencia; (*of job*: *period*) ejercicio.
tepid ['tɛpɪd] *a* tibio.
term [tə:m] *n* (*COMM*: *time limit*) plazo; (*word*) término; (*period*) período; (*SCOL*) trimestre *m* // *vt* llamar; **~s** *npl* (*conditions*) condiciones *fpl*; **in the short/long ~** a corto/largo plazo; **to be on good ~s with sb** llevarse bien con uno; **to come to ~s with** (*problem*) adaptarse a.
terminal ['tə:mɪnl] *a* (*disease*) mortal // *n* (*ELEC*) borne *m*; (*COMPUT*) terminal *m*; (*also*: **air ~**) terminal *f*; (*Brit*: *also*: **coach ~**) (estación *f*) terminal *f*.
terminate ['tə:mɪneɪt] *vt* terminar // *vi*: **to ~ in** acabar por.
terminus ['tə:mɪnəs], *pl* **-mini** [-mɪnaɪ] *n* término, (estación *f*) terminal *f*.
terrace ['tɛrəs] *n* terraza; (*Brit*: *row of houses*) hilera de casas adosadas; **the ~s** (*Brit SPORT*) las gradas *fpl*; **~d** *a* (*garden*) colgante; (*house*) adosado.
terrain [tɛ'reɪn] *n* terreno.
terrible ['tɛrɪbl] *a* terrible, horrible; (*fam*) atroz; **terribly** *ad* terriblemente; (*very badly*) malísimamente.
terrier ['tɛrɪə*] *n* terrier *m*.
terrific [tə'rɪfɪk] *a* fantástico, fenomenal; (*wonderful*) maravilloso.
terrify ['tɛrɪfaɪ] *vt* aterrorizar.
territory ['tɛrɪtərɪ] *n* territorio.
terror ['tɛrə*] *n* terror *m*; **~ism** *n* terrorismo; **~ist** *n* terrorista *m/f*; **~ize** *vt* aterrorizar.
terse [tə:s] *a* (*style*) conciso; (*reply*) brusco.
Terylene ['tɛrəli:n] *n* ® (*Brit*) terylene *m* ®.
test [tɛst] *n* (*trial, check*) prueba, ensayo; (: *of goods in factory*) control *m*; (*of courage etc, CHEM*) prueba; (*MED*) examen *m*; (*exam*) examen *m*, test *m*; (*also*: **driving ~**) examen *m* de conducir // *vt* probar, poner a prueba; (*MED*) examinar.
testament ['tɛstəmənt] *n* testamento; **the Old/New T~** el Antiguo/Nuevo Testamento.
testicle ['tɛstɪkl] *n* testículo.
testify ['tɛstɪfaɪ] *vi* (*LAW*) prestar declaración; **to ~ to sth** atestiguar algo.
testimony ['tɛstɪmənɪ] *n* (*LAW*) testimonio, declaración *f*.
test: **~ match** *n* (*CRICKET, RUGBY*) partido internacional; **~ pilot** *n* piloto/mujer piloto *m/f* de pruebas; **~ tube** *n* probeta; **~ tube baby** *n* niño/a probeta.
tetanus ['tɛtənəs] *n* tétano.
tether ['tɛðə*] *vt* atar (con una cuerda) // *n*: **to be at the end of one's ~** no aguantar más.
text [tɛkst] *n* texto; **~book** *n* libro de texto.
textiles ['tɛkstaɪlz] *npl* textiles *mpl*, tejidos *mpl*.
texture ['tɛkstʃə*] *n* textura.
Thai [taɪ] *a*, *n* tailandés/esa *m/f*; **~land** *n* Tailandia.
Thames [tɛmz] *n*: **the ~** el (río) Támesis.
than [ðæn] *conj* (*in comparisons*): **more ~ 10/once** más de 10/una vez; **I have more/less ~ you/Paul** tengo más/menos que tú/Paul; **she is older ~ you think** es

mayor de lo que piensas.

thank [θæŋk] *vt* dar las gracias a, agradecer; ~ **you (very much)** muchas gracias; **~s** *npl* gracias *fpl* // *excl* ¡gracias!; **~s to** *prep* gracias a; **~ful** *a*: **~ful (for)** agradecido (por); **~less** *a* ingrato; **T~sgiving (Day)** *n* día *m* de Acción de Gracias.

that [ðæt] ♦ *a* (*demonstrative*: *pl* **those**) ese/a, *pl* esos/as; (*more remote*) aquel/aquella, *pl* aquellos/as; **leave those books on the table** deja esos libros sobre la mesa; ~ **one** ése/ésa; (*more remote*) aquél/aquélla; ~ **one over there** ése/ésa de ahí; aquél/aquélla de allí

♦ *pron* **1** (*demonstrative: pl* **those**) ése/a, *pl* ésos/as; (*neuter*) eso; (*more remote*) aquél/aquélla, *pl* aquéllos/as; (*neuter*) aquello; **what's ~?** ¿qué es eso (*or* aquello)?; **who's ~?** ¿quién es ése/a (*or* aquél/aquélla)?; **is ~ you?** ¿eres tú?; **will you eat all ~?** ¿vas a comer todo eso?; **~'s my house** ésa es mi casa; **~'s what he said** eso es lo que dijo; **~ is (to say)** es decir

2 (*relative*: *subject, object*) que; (*with preposition*) (el/la) que *etc*, el/la cual *etc*; **the book (~) I read** el libro que leí; **the books ~ are in the library** los libros que están en la biblioteca; **all (~) I have** todo lo que tengo; **the box (~) I put it in** la caja en la que *or* donde lo puse; **the people (~) I spoke to** la gente con la que hablé

3 (*relative*: *of time*) que; **the day (~) he came** el día (en) que vino

♦ *conj* que; **he thought ~ I was ill** creyó que estaba enfermo

♦ *ad* (*demonstrative*): **I can't work ~ much** no puedo trabajar tanto; **I didn't realise it was ~ bad** no creí que fuera tan malo; **~ high** así de alto.

thatched [θætʃt] *a* (*roof*) de paja; ~ **cottage** casita con tejado de paja.

thaw [θɔː] *n* deshielo // *vi* (*ice*) derretirse; (*food*) descongelarse // *vt* (*food*) descongelar.

the [ðiː, ðə] *definite article* **1** (*gen*) el, *f* la, *pl* los, *fpl* las (*NB* = el *immediately before f noun beginning with stressed (h)a*; *a + el* = al; *de + el* = del); ~ **boy/girl** el chico/la chica; ~ **books/flowers** los libros/las flores; **to ~ postman/from ~ drawer** al cartero/del cajón; **I haven't ~ time/money** no tengo tiempo/dinero

2 (+ *adjective to form noun*) los; lo; ~ **rich and ~ poor** los ricos y los pobres; **to attempt ~ impossible** intentar lo imposible

3 (*in titles*): **Elizabeth ~ First** Isabel primera; **Peter ~ Great** Pedro el Grande

4 (*in comparisons*): **~ more he works ~ more he earns** cuanto más trabaja más gana.

theatre, (*US*) **theater** [ˈθɪətə*] *n* teatro; **~-goer** *n* aficionado/a al teatro.

theatrical [θɪˈætrɪkl] *a* teatral.

theft [θɛft] *n* robo.

their [ðɛə*] *a* su; **~s** *pron* (el) suyo/(la) suya *etc*; *see also* **my, mine.**

them [ðɛm, ðəm] *pron* (*direct*) los/las; (*indirect*) les; (*stressed, after prep*) ellos/ellas; *see also* **me.**

theme [θiːm] *n* tema *m*; ~ **song** *n* tema *m* (musical).

themselves [ðəmˈsɛlvz] *pl pron* (*subject*) ellos mismos/ellas mismas; (*complement*) se; (*after prep*) sí (mismos/as); *see also* **oneself.**

then [ðɛn] *ad* (*at that time*) entonces; (*next*) pues; (*later*) luego, después; (*and also*) además // *conj* (*therefore*) en ese caso, entonces // *a*: **the ~ president** el entonces presidente; **from ~ on** desde entonces.

theology [θɪˈɔlədʒɪ] *n* teología.

theoretical [θɪəˈrɛtɪkl] *a* teórico.

theory [ˈθɪərɪ] *n* teoría.

therapist [ˈθɛrəpɪst] *n* terapeuta *m/f*.

therapy [θɛrəpɪ] *n* terapia.

there [ˈðɛə*] *ad* **1**: ~ **is, ~ are** hay; ~ **is no-one here/no bread left** no hay nadie aquí/no queda pan; ~ **has been an accident** ha habido un accidente

2 (*referring to place*) ahí; (*distant*) allí; **it's ~** está ahí; **put it in/on/up/down ~** ponlo ahí dentro/encima/arriba/abajo; **I want that book ~** quiero ese libro de ahí; **~ he is!** ¡ahí está!

3: **~, ~** (*esp to child*) ea, ea.

there: **~abouts** *ad* por ahí; **~after** *ad* después; **~by** *ad* así, de ese modo; **~fore** *ad* por lo tanto; **~'s** = **~ is; ~ has.**

thermal [ˈθəːml] *a* termal; (*paper*) térmico; ~ **printer** *n* termoimpresora.

thermometer [θəˈmɔmɪtə*] *n* termómetro.

Thermos [ˈθəːməs] *n* ® (*also*: ~ **flask**) termo.

thermostat [ˈθəːməustæt] *n* termostato.

thesaurus [θɪˈsɔːrəs] *n* tesoro.

these [ðiːz] *pl a* estos/as // *pl pron* éstos/as.

thesis [ˈθiːsɪs], *pl* **-ses** [-siːz] *n* tesis *f inv*.

they [ðeɪ] *pl pron* ellos/ellas; (*stressed*) ellos (mismos)/ellas (mismas); ~ **say that...** (*it is said that*) se dice que...; **~'d** = **they had, they would**; **~'ll** = **they shall, they will**; **~'re** = **they are**; **~'ve** = **they have.**

thick [θɪk] *a* (*liquid, smoke*) espeso; (*wall, slice*) grueso; (*vegetation, beard*) tupido; (*stupid*) torpe // *n*: **in the ~ of the battle** en lo más reñido de la batalla; **it's 20 cm ~** tiene 20 cm de espesor; **~en** *vi* espesarse // *vt* (*sauce etc*) espesar; **~ness** *n* espesor *m*, grueso; **~set** *a* fornido; **~skinned** *a* (*fig*) insensible.

thief [θi:f], *pl* **thieves** [θi:vz] *n* ladrón/ona *m/f*.
thigh [θaɪ] *n* muslo.
thimble ['θɪmbl] *n* dedal *m*.
thin [θɪn] *a* (*person, animal*) flaco; (*material*) delgado; (*liquid*) poco denso; (*soup*) aguado; (*fog*) ligero; (*crowd*) escaso // *vt*: **to ~ (down)** (*sauce, paint*) diluir.
thing [θɪŋ] *n* cosa; (*object*) objeto, artículo; (*contraption*) chisme *m*; **~s** *npl* (*belongings*) efectos *mpl* (personales); **the best ~ would be to...** lo mejor sería...; **how are ~s?** ¿qué tal?
think [θɪŋk], *pt, pp* **thought** *vi* pensar // *vt* pensar, creer; **what did you ~ of them?** ¿qué te parecieron?; **to ~ about sth/sb** pensar en algo/uno; **I'll ~ about it** lo pensaré; **to ~ of doing sth** pensar en hacer algo; **I ~ so/not** creo que sí/no; **to ~ well of sb** tener buen concepto de uno; **to ~ over** *vt* reflexionar sobre, meditar; **to ~ up** *vt* imaginar; **~ tank** *n* gabinete *m* de estrategia.
third [θə:d] *a* tercer(a) // *n* tercero/a; (*fraction*) tercio; (*Brit* SCOL: *degree*) de tercera clase; **~ly** *ad* en tercer lugar; **~ party insurance** *n* (*Brit*) seguro contra terceros; **~-rate** *a* (de calidad) mediocre; **the T~ World** el Tercer Mundo.
thirst [θə:st] *n* sed *f*; **~y** *a*: **to be ~y** tener sed.
thirteen ['θə:'ti:n] *num* trece.
thirty ['θə:tɪ] *num* treinta.
this [ðɪs] ♦ *a* (*demonstrative*: *pl* **these**) este/a; *pl* estos/as; (*neuter*) esto; **~ man/woman** este hombre/esta mujer; **these children/flowers** estos chicos/estas flores; **~ one (here)** éste/a, esto (de aquí)
♦ *pron* (*demonstrative*: *pl* **these**) éste/a; *pl* éstos/as; (*neuter*) esto; **who is ~?** ¿quién es éste/ésta?; **what is ~?** ¿qué es esto?; **~ is where I live** aquí vivo; **~ is what he said** esto es lo que dijo; **~ is Mr Brown** (*in introductions*) le presento al Sr. Brown; (*photo*) éste es el Sr. Brown; (*on telephone*) habla el Sr. Brown
♦ *ad* (*demonstrative*): **~ high/long** *etc* así de alto/largo *etc*; **~ far** hasta aquí.
thistle ['θɪsl] *n* cardo.
thong [θɔŋ] *n* correa.
thorn [θɔ:n] *n* espina.
thorough ['θʌrə] *a* (*search*) minucioso; (*knowledge, research*) profundo; **~bred** *a* (*horse*) de pura sangre; **~fare** *n* calle *f*; **'no ~fare'** 'prohibido el paso'; **~ly** *ad* minuciosamente; profundamente, a fondo.
those [ðəuz] *pl pron* ésos/ésas; (*more remote*) aquéllos/as // *pl a* esos/esas; aquellos/as.
though [ðəu] *conj* aunque // *ad* sin embargo.
thought [θɔ:t] *pt, pp of* **think** // *n* pensamiento; (*opinion*) opinión *f*; (*intention*) intención *f*; **~ful** *a* pensativo; (*considerate*) atento; **~less** *a* desconsiderado.
thousand ['θauzənd] *num* mil; **two ~** dos mil; **~s of** miles de; **~th** *a* milésimo.
thrash [θræʃ] *vt* apalear; (*defeat*) derrotar; **to ~ about** *vi* revolcarse; **to ~ out** *vt* discutir a fondo.
thread [θrɛd] *n* hilo; (*of screw*) rosca // *vt* (*needle*) enhebrar; **~bare** *a* raído.
threat [θrɛt] *n* amenaza; **~en** *vi* amenazar // *vt*: **to ~en sb with sth/to do** amenazar a uno con algo/con hacer.
three [θri:] *num* tres; **~-dimensional** *a* tridimensional; **~-piece suit** *n* traje *m* de tres piezas; **~-piece suite** *n* tresillo; **~-ply** *a* (*wool*) triple; **~-wheeler** *n* (*car*) coche *m* cabina.
thresh [θrɛʃ] *vt* (AGR) trillar.
threshold ['θrɛʃhəuld] *n* umbral *m*.
threw [θru:] *pt of* **throw**.
thrifty ['θrɪftɪ] *a* económico.
thrill [θrɪl] *n* (*excitement*) emoción *f* // *vt* emocionar; **to be ~ed** (*with gift etc*) estar encantado; **~er** *n* película/novela de suspense.
thrilling ['θrɪlɪŋ] *a* emocionante.
thrive [θraɪv], *pt* **thrived** *or* **throve** [θrəuv], *pp* **thrived** *or* **thriven** ['θrɪvn] *vi* (*grow*) crecer; (*do well*) prosperar; **thriving** *a* próspero.
throat [θrəut] *n* garganta; **to have a sore ~** tener dolor de garganta.
throb [θrɔb] *vi* (*heart*) latir; (*engine*) vibrar; (*with pain*) dar punzadas.
throes [θrəuz] *npl*: **in the ~ of** en medio de.
throne [θrəun] *n* trono.
throng [θrɔŋ] *n* multitud *f*, muchedumbre *f* // *vt* agolparse en.
throttle ['θrɔtl] *n* (AUT) acelerador *m* // *vt* estrangular.
through [θru:] *prep* por, a través de; (*time*) durante; (*by means of*) por medio de, mediante; (*owing to*) gracias a // *a* (*ticket, train*) directo // *ad* completamente, de parte a parte; de principio a fin; **to put sb ~ to sb** (TEL) poner *or* pasar a uno con uno; **to be ~** (TEL) tener comunicación; (*have finished*) haber terminado; **'no ~ road'** (*Brit*) 'calle sin salida'; **~out** *prep* (*place*) por todas partes de, por todo; (*time*) durante todo // *ad* por *or* en todas partes.
throve [θrəuv] *pt of* **thrive**.
throw [θrəu] *n* tiro; (SPORT) lanzamiento // *vt* (*pt* **threw**, *pp* **thrown**) tirar, echar; (SPORT) lanzar; (*rider*) derribar; (*fig*) desconcertar; **to ~ a party** dar una fiesta; **to ~ away** *vt* tirar; **to ~ off** *vt* deshacerse de; **to ~ out** *vt* tirar; **to ~ up** *vi* vomitar; **~away** *a* para tirar, desechable; **~-in** *n* (SPORT) saque *m*.
thru [θru:] (*US*) = **through**.
thrush [θrʌʃ] *n* zorzal *m*, tordo.

ust [θrʌst] *n* (*TECH*) empuje *m* // *vt*
t, pp **thrust**) empujar; (*push in*) intro-
ıcir.
ıd [θʌd] *n* golpe *m* sordo.
ıg [θʌg] *n* gamberro/a.
ımb [θʌm] *n* (*ANAT*) pulgar *m* // *vt*: to
a lift hacer autostop; **to ~ through**
fus (*book*) hojear; **~tack** *n* (*US*)
ıincheta, chinche *m* (*LAm*).
ımp [θʌmp] *n* golpe *m*; (*sound*) ruido
ʼco *or* sordo // *vt, vi* golpear.
ınder ['θʌndə*] *n* trueno; (*of applause*
c) estruendo // *vi* tronar; (*train etc*):
~ past pasar como un trueno; **~bolt**
rayo; **~clap** *n* trueno; **~storm** *n* tor-
ıenta; **~y** *a* tormentoso.
ursday ['θə:zdı] *n* jueves *m inv*.
ıs [ðʌs] *ad* así, de este modo.
wart [θwɔ:t] *vt* frustrar.
yme [taım] *n* tomillo.
yroid ['θaırɔıd] *n* tiroides *m inv*.
ra [tı'ɑ:rə] *n* tiara, diadema.
[tık] *n* tic *m*.
k [tık] *n* (*sound*: *of clock*) tictac *m*;
mark) palomita; (*ZOOL*) garrapata;
Brit col): **in a ~** en un instante // *vi* ha-
er tictac // *vt* marcar; **to ~ off** *vt*
ıarcar; (*person*) reñir; **to ~ over** *vi*
engine) girar en marcha lenta; (*fig*) ir
ırando.
ket ['tıkıt] *n* billete *m*, tíquet *m*, boleto
LAm); (*for cinema etc*) entrada, boleto
LAm); (*in shop*: *on goods*) etiqueta;
for library) tarjeta; **~ collector** *n* re-
isor(a) *m/f*; **~ office** *n* (*THEATRE*) ta-
uilla, boletería (*LAm*); (*RAIL*) despa-
ho de billetes *or* boletos (*LAm*).
kle ['tıkl] *n*: **to give sb a ~** hacer cos-
uillas a uno // *vt* hacer cosquillas a;
icklish *a* (*person*) cosquilloso.
dal ['taıdl] *a* de marea; **~ wave** *n* ma-
emoto.
dbit ['tıdbıt] (*US*) = **titbit**.
ddlywinks ['tıdlıwıŋks] *n juego infantil*
le habilidad con fichas de plástico.
de [taıd] *n* marea; (*fig*: *of events*) cur-
o, marcha; **high/low ~** marea alta/baja.
dy ['taıdı] *a* (*room*) ordenado; (*draw-*
ng, work) limpio; (*person*) (bien) arreglado // *vt* (*also*: **~ up**) poner en orden.
e [taı] *n* (*string etc*) atadura; (*Brit*:
neck~) corbata; (*fig*: *link*) vínculo, lazo;
(*SPORT*: *draw*) empate *m* // *vt* atar // *vi*
(*SPORT*) empatar; **to ~ in a bow** atar
con un lazo; **to ~ a knot in sth** hacer un
nudo en algo; **to ~ down** *vt* atar;
(*fig*): **to ~ sb down to** obligar a uno a;
to ~ up *vt* (*parcel*) envolver; (*dog*)
atar; (*boat*) amarrar; (*arrangements*)
concluir; **to be ~d up** (*busy*) estar ocupado.
er [tıə*] *n* grada; (*of cake*) piso.
ger ['taıgə*] *n* tigre *m*.
ght [taıt] *a* (*rope*) tirante; (*clothes,*
budget) ajustado; (*programme*) apretado; (*bend*) cerrado; (*col*: *drunk*) borracho // *ad* (*squeeze*) muy fuerte; (*shut*)
herméticamente; **~s** *npl* (*Brit*) pantimedias *fpl*; **~en** *vt* (*rope*) estirar; (*screw*)
apretar // *vi* apretarse; estirarse; **~-fisted** *a* tacaño; **~ly** *ad* (*grasp*) muy
fuerte; **~rope** *n* cuerda floja.
tile [taıl] *n* (*on roof*) teja; (*on floor*) baldosa; (*on wall*) azulejo; **~d** *a* embaldo-
sado.
till [tıl] *n* caja (registradora) // *vt* (*land*)
cultivar // *prep, conj* = **until**.
tiller ['tılə*] *n* (*NAUT*) caña del timón.
tilt [tılt] *vt* inclinar // *vi* inclinarse.
timber [tımbə*] *n* (*material*) madera;
(*trees*) árboles *mpl*.
time [taım] *n* tiempo; (*epoch*: *often pl*)
época; (*by clock*) hora; (*moment*) momento; (*occasion*) vez *f*; (*MUS*) compás
m // *vt* calcular *or* medir el tiempo de;
(*race*) cronometrar; (*remark etc*) elegir
el momento para; **a long ~** mucho tiempo; **4 at a ~** 4 a la vez; **for the ~ being**
de momento, por ahora; **from ~ to ~** de
vez en cuando; **in ~** (*soon enough*) a
tiempo; (*after some time*) con el tiempo; (*MUS*) al compás; **in a week's ~** dentro de una semana; **in no ~** en un abrir
y cerrar de ojos; **any ~** cuando sea; **on
~** a la hora; **5 ~s 5** 5 por 5; **what ~ is
it?** ¿qué hora es?; **to have a good ~** pasarlo bien, divertirse; **~ bomb** *n* bomba
de efecto retardado; **~ lag** *n* desfase *m*;
~less *a* eterno; **~ly** *a* oportuno; **~ off**
n tiempo libre; **~r** *n* (**~ switch**) interruptor *m*; (*in kitchen etc*) programador
m horario; **~ scale** *n* escala de tiempo;
~ switch *n* (*Brit*) interruptor *m* (horario); **~table** *n* horario; **~ zone** *n* huso
horario.
timid ['tımıd] *a* tímido.
timing ['taımıŋ] *n* (*SPORT*) cronometraje
m; **the ~ of his resignation** el momento
que eligió para dimitir.
timpani ['tımpənı] *npl* tímpanos *mpl*.
tin [tın] *n* estaño; (*also*: **~ plate**) hojalata; (*Brit*: *can*) lata; **~foil** *n* papel *m* de
estaño.
tinge [tındʒ] *n* matiz *m* // *vt*: **~d with** teñido de.
tingle ['tıŋgl] *vi* sentir hormigueo.
tinker ['tıŋkə*] *n* calderero/a; (*gipsy*)
gitano/a; **to ~ with** *vt fus* jugar con, tocar.
tinkle ['tıŋkl] *vi* tintinear.
tinned [tınd] *a* (*Brit*: *food*) en lata, en
conserva.
tin opener [-əupnə*] *n* (*Brit*) abrelatas
m inv.
tinsel ['tınsl] *n* oropel *m*.
tint [tınt] *n* matiz *m*; (*for hair*) tinte *m*;
~ed *a* (*hair*) teñido; (*glass, spectacles*)
ahumado.
tiny ['taını] *a* minúsculo, pequeñito.
tip [tıp] *n* (*end*) punta; (*gratuity*) propi-

na; (*Brit: for rubbish*) vertedero; (*advice*) consejo // *vt* (*waiter*) dar una propina a; (*tilt*) inclinar; (*empty*: *also* ~ out) vaciar, echar; **to ~ over** *vt* volcar // *vi* volcarse; **~-off** *n* (*hint*) advertencia; **~ped** *a* (*Brit*: *cigarette*) con filtro.
tipsy ['tɪpsɪ] *a* alegre, mareado.
tiptoe ['tɪptəu] *n* (*Brit*): **on ~** de puntillas.
tiptop ['tɪp'tɔp] *a*: **in ~ condition** en perfectas condiciones.
tire ['taɪə*] *n* (*US*) = **tyre** // *vt* cansar // *vi* (*gen*) cansarse; (*become bored*) aburrirse; **~d** *a* cansado; **to be ~d of sth** estar harto de algo; **~less** *a* incansable; **~some** *a* aburrido; **tiring** *a* cansado.
tissue ['tɪʃuː] *n* tejido; (*paper handkerchief*) pañuelo de papel, kleenex *m* ®; **~ paper** *n* papel *m* de seda.
tit [tɪt] *n* (*bird*) herrerillo común; **to give ~ for tat** dar ojo por ojo.
titbit ['tɪtbɪt], (*US*) **tidbit** *n* (*food*) golosina; (*news*) pedazo.
titillate ['tɪtɪleɪt] *vt* estimular, excitar.
titivate ['tɪtɪveɪt] *vt* emperejilar.
title ['taɪtl] *n* título; **~ deed** *n* (LAW) título de propiedad; **~ role** *n* papel *m* principal.
titter ['tɪtə*] *vi* reírse entre dientes.
titular ['tɪtjulə*] *a* (*in name only*) nominal.
TM *abbr* (= *trademark*) marca de fábrica.
to [tuː, tə] ♦ *prep* **1** (*direction*) a; **to go ~ France/London/school/the station** ir a Francia/Londres/al colegio/a la estación; **to go ~ Claude's/the doctor's** ir a casa de Claude/al médico; **the road ~ Edinburgh** la carretera de Edimburgo
2 (*as far as*) hasta, a; **from here ~ London** de aquí a *or* hasta Londres; **to count ~ 10** contar hasta 10; **from 40 ~ 50 people** entre 40 y 50 personas
3 (*with expressions of time*): **a quarter/twenty ~ 5** las 5 menos cuarto/veinte
4 (*for, of*): **the key ~ the front door** la llave de la puerta principal; **she is secretary ~ the director** es la secretaría del director; **a letter ~ his wife** una carta a *or* para su mujer
5 (*expressing indirect object*) a; **to give sth ~ sb** darle algo a alguien; **to talk ~ sb** hablar con alguien; **to be a danger ~ sb** ser un peligro para alguien; **to carry out repairs ~ sth** hacer reparaciones en algo
6 (*in relation to*): **3 goals ~ 2** 3 goles a 2; **30 miles ~ the gallon** ≈ 9,4 litros a los cien (kms)
7 (*purpose, result*): **to come ~ sb's aid** venir en auxilio *or* ayuda de alguien; **to sentence sb ~ death** condenar a uno a muerte; **~ my great surprise** con gran sorpresa mía
♦ *with vb* **1** (*simple infinitive*): **~ go/eat** ir/comer
2 (*following another vb*): **to want/t[o] start ~ do** querer/intentar/empezar a [ha]cer; *see also relevant verb*
3 (*with vb omitted*): **I don't want ~** [no] quiero
4 (*purpose, result*) para; **I did it ~ he[lp] you** lo hice para ayudarte; **he came [to] see you** vino a verte
5 (*equivalent to relative clause*): **I ha[ve] things ~ do** tengo cosas que hacer; **t[he] main thing is ~ try** lo principal es int[en]tarlo
6 (*after adjective etc*): **ready ~ go** lis[to] para irse; **too old ~ ...** demasiado vie[jo] (como) para ...
♦ *ad*: **pull/push the door ~** tirar [o] empujar la puerta
toad [təud] *n* sapo; **~stool** *n* hongo v[e]nenoso.
toast [təust] *n* (CULIN: *also*: **piece of** [~]) tostada; (*drink, speech*) brindis *m* // [*vt*] (CULIN) tostar; (*drink to*) brindar; **~**[**er**] *n* tostador *m*.
tobacco [tə'bækəu] *n* tabaco; **~nist** [*n*] estanquero/a, tabaquero/a (*LAm*); **~nist's (shop)** *n* (*Brit*) estanco, tab[a]quería (*LAm*); **~ shop** *n* (*US*) = **~nist's (shop)**.
toboggan [tə'bɔgən] *n* tobogán *m*.
today [tə'deɪ] *ad*, *n* (*also*: *fig*) hoy *m*.
toddler ['tɔdlə*] *n* niño/a (que empieza [a] andar).
toddy ['tɔdɪ] *n* ponche *m*.
to-do [tə'duː] *n* (*fuss*) lío.
toe [təu] *n* dedo (del pie); (*of shoe*) pu[n]ta; **to ~ the line** (*fig*) conformars[e]; **~nail** *n* uña del pie.
toffee ['tɔfɪ] *n* caramelo.
together [tə'gɛðə*] *ad* juntos; (*at sam[e] time*) al mismo tiempo, a la vez; **~ wi[th]** *prep* junto con.
toil [tɔɪl] *n* trabajo duro, labor *f*.
toilet ['tɔɪlət] *n* (*Brit*: *lavatory*) servici[os] *mpl*, wáter *m*, sanitario (*LAm*) // *cp[d]* (*soap etc*) de aseo; **~ bag** *n* esponjer[a]; **~ bowl** *n* taza (de retrete); **~ paper** [*n*] papel *m* higiénico; **~ries** *npl* artícul[os] *mpl* de aseo; (*make-up etc*) artícul[os] *mpl* de tocador; **~ roll** *n* rollo de pap[el] higiénico; **~ water** *n* (agua de) colonia.
token ['təukən] *n* (*sign*) señal *f*, mue[s]tra; (*souvenir*) recuerdo; (*voucher*) va[le] *m*; (*disc*) ficha; **book/record ~** (*Bri[t]*) vale *m* para comprar libros/discos.
Tokyo ['təukjəu] *n* Tokio, Tokío.
told [təuld] *pt*, *pp of* **tell**.
tolerable ['tɔlərəbl] *a* (*bearable*) soport[a]ble; (*fairly good*) pasable.
tolerance ['tɔlərns] *n* (*also*: TECH) tol[e]rancia.
tolerant ['tɔlərnt] *a*: **~ of** tolerante con.
tolerate ['tɔləreɪt] *vt* tolerar.
toll [təul] *n* (*of casualties*) número de víc[]timas; (*tax, charge*) peaje *m* // *vi* (*bell*)

olar.
nato [tə'mɑːtəu], *pl* ~**es** *n* tomate *m*.
nb [tuːm] *n* tumba.
nboy ['tɔmbɔɪ] *n* marimacho.
nbstone ['tuːmstəun] *n* lápida.
ncat ['tɔmkæt] *n* gato.
norrow [tə'mɔrəu] *ad*, *n* (*also*: *fig*) añana; the day after ~ pasado maña-; ~ morning mañana por la mañana; week ~ de mañana en ocho (días).
[tʌn] *n* tonelada (*Brit* = *1016 kg*; *US* 907 *kg*); (*metric* ~) tonelada métrica; of (*col*) montones de.
e [təun] *n* tono // *vi* armonizar; **to** ~ wn *vt* (*criticism*) suavizar; (*colour*) enuar; **to** ~ **up** *vt* (*muscles*) tonifi-r; ~-**deaf** *a* que no tiene oído musical.
gs [tɔŋz] *npl* (*for coal*) tenazas *fpl*; or *hair*) tenacillas *fpl*.
gue [tʌŋ] *n* lengua; ~ **in cheek** *ad* ónicamente; ~-**tied** *a* (*fig*) mudo; ~-wister *n* trabalenguas *m inv*.
ic ['tɔnɪk] *n* (MED) tónico; (MUS) tóni-; (*also*: ~ water) (agua) tónica.
ight [tə'naɪt] *ad*, *n* esta noche.
nage ['tʌnɪdʒ] *n* (NAUT) tonelaje *m*.
sil ['tɔnsl] *n* amígdala; ~**litis** [-'laɪtɪs] amigdalitis *f*.
[tuː] *ad* (*excessively*) demasiado; also) también; ~ **much** *ad*, *a* demasia-; ~ **many** *a* demasiados/as; ~ **bad**! mala suerte!
ok [tuk] *pt of* **take**.
ol [tuːl] *n* herramienta; ~ **box** *n* caja herramientas.
ot [tuːt] *vi* (*with car horn*) tocar la bo-na.
oth [tuːθ], *pl* **teeth** *n* (ANAT, TECH) ente *m*; (*molar*) muela; ~**ache** *n* do-r *m* de muelas; ~**brush** *n* cepillo de entes; ~**paste** *n* pasta de dientes; pick *n* palillo.
[tɔp] *n* (*of mountain*) cumbre *f*, ma; (*of head*) coronilla; (*of ladder*) lo to; (*of cupboard, table*) superficie *f*; id: *of box, jar*) tapa; (: *of bottle*) ta-ón *m*; (*of list etc*) cabeza; (*toy*) peonza *a* de arriba; (*in rank*) principal, pri-ero; (*best*) mejor // *vt* (*exceed*) exce-er; (*be first in*) encabezar; **on** ~ **of** so-re, encima de; **from** ~ **to bottom** de es a cabeza; **to** ~ **up**, (*US*) **to** ~ **off** llenar; ~ **floor** *n* último piso; ~ **hat** sombrero de copa; ~-**heavy** *a* (*ob-ect*) descompensado en la parte supe-ior.
pic ['tɔpɪk] *n* tema *m*; ~**al** *a* actual.
p: ~**less** *a* (*bather etc*) topless; ~-vel *a* (*talks*) al más alto nivel; most *a* más alto.
pple ['tɔpl] *vt* volcar, derribar // *vi* aerse.
p-secret ['tɔp'siːkrɪt] *a* de alto secreto.
psy-turvy ['tɔpsi'təːvɪ] *a*, *ad* patas rriba.

torch [tɔːtʃ] *n* antorcha; (*Brit*: *electric*) linterna.
tore [tɔː*] *pt of* **tear**.
torment ['tɔːmɛnt] *n* tormento // *vt* [tɔː'mɛnt] atormentar; (*fig*: *annoy*) fastidiar.
torn [tɔːn] *pp of* **tear**.
torrent ['tɔrnt] *n* torrente *m*.
torrid ['tɔrɪd] *a* (*fig*) apasionado.
tortoise ['tɔːtəs] *n* tortuga; ~**shell** ['tɔːtəʃɛl] *a* de carey.
torture ['tɔːtʃə*] *n* tortura // *vt* torturar; (*fig*) atormentar.
Tory ['tɔːrɪ] *a*, *n* (*Brit* POL) conservador(a) *m/f*.
toss [tɔs] *vt* tirar, echar; (*head*) sacudir; **to** ~ **a coin** echar a cara o cruz; **to** ~ **up for sth** jugar a cara o cruz algo; **to** ~ **and turn** (*in bed*) dar vueltas.
tot [tɔt] *n* (*Brit*: *drink*) copita; (*child*) nene/a *m/f*.
total ['təutl] *a* total, entero // *n* total *m*, suma // *vt* (*add up*) sumar; (*amount to*) ascender a.
totalitarian [təutælɪ'tɛərɪən] *a* totalitario.
totally ['təutəlɪ] *ad* totalmente.
totter ['tɔtə*] *vi* tambalearse.
touch [tʌtʃ] *n* tacto; (*contact*) contacto; (FOOTBALL): **to be in** ~ estar fuera de juego // *vt* tocar; (*emotionally*) conmover; **a** ~ **of** (*fig*) una pizca *or* un poquito de; **to get in** ~ **with sb** ponerse en contacto con uno; **to lose** ~ (*friends*) perder contacto; **to** ~ **on** *vt fus* (*topic*) aludir (brevemente) a; **to** ~ **up** *vt* (*paint*) retocar; ~-**and-go** *a* arriesgado; ~**down** *n* aterrizaje *m*; (*on sea*) amerizaje *m*; (*US* FOOTBALL) ensayo; ~**ed** *a* conmovido; (*col*) chiflado; ~**ing** *a* conmovedor(a); ~**line** *n* (SPORT) línea de banda; ~**y** *a* (*person*) quisquilloso.
tough [tʌf] *a* (*meat*) duro; (*difficult*) difícil; (*resistant*) resistente; (*person*) fuerte // *n* (*gangster etc*) gorila *m*; ~**en** *vt* endurecer.
toupée ['tuːpeɪ] *n* peluca.
tour ['tuə*] *n* viaje *m*, vuelta; (*also*: **package** ~) viaje *m* todo comprendido; (*of town, museum*) visita // *vt* viajar por; ~**ing** *n* viajes *mpl* turísticos, turismo.
tourism ['tuərɪzm] *n* turismo.
tourist ['tuərɪst] *n* turista *m/f* // *cpd* turístico; ~ **office** *n* oficina de turismo.
tournament ['tuənəmənt] *n* torneo.
tousled ['tauzld] *a* (*hair*) despeinado.
tout [taut] *vi*: **to** ~ **for business** solicitar clientes // *n* (*also*: **ticket** ~) revendedor(a) *m/f*.
tow [təu] *vt* remolcar; '**on** *or* (*US*) **in** ~' (AUT) 'a remolque'.
toward(s) [tə'wɔːd(z)] *prep* hacia; (*of attitude*) respecto a, con; (*of purpose*) para.
towel ['tauəl] *n* toalla; ~**ling** *n* (*fabric*)

felpa; ~ **rail**, (*US*) ~ **rack** *n* toallero.
tower ['tauə*] *n* torre *f*; ~ **block** *n* (*Brit*) torre *f* (de pisos); ~**ing** *a* muy alto, imponente.
town [taun] *n* ciudad *f*; to go to ~ ir a la ciudad; (*fig*) echar los bofes por; ~ **centre** *n* centro de la ciudad; ~ **clerk** *n* secretario/a del ayuntamiento; ~ **council** *n* ayuntamiento, consejo municipal; ~ **hall** *n* ayuntamiento; ~ **plan** *n* plano de la ciudad; ~ **planning** *n* urbanismo.
towrope ['təurəup] *n* cable *m* de remolque.
tow truck *n* (*US*) camión *m* grúa.
toy [tɔɪ] *n* juguete *m*; **to** ~ **with** *vt fus* jugar con; (*idea*) acariciar; ~**shop** *n* juguetería.
trace [treɪs] *n* rastro // *vt* (*draw*) trazar, delinear; (*locate*) encontrar; **tracing paper** *n* papel *m* de calco.
track [træk] *n* (*mark*) huella, pista; (*path*: *gen*) camino, senda; (: *of bullet etc*) trayectoria; (: *of suspect, animal*) pista, rastro; (RAIL) vía; (SPORT) pista; (*on record*) canción *f* // *vt* seguir la pista de; to keep ~ of mantenerse al tanto de, seguir; **to** ~ **down** *vt* (*person*) localizar; (*sth lost*) encontrar; ~**suit** *n* chandal *m*.
tract [trækt] *n* (GEO) región *f*; (*pamphlet*) folleto.
traction ['trækʃən] *n* (AUT, *power*) tracción *f*; in ~ (MED) en tracción.
tractor ['træktə*] *n* tractor *m*.
trade [treɪd] *n* comercio; (*skill, job*) oficio // *vi* negociar, comerciar; to ~ in sth comerciar en algo; **to** ~ **in** *vt* (*old car etc*) ofrecer como parte del pago; ~ **fair** *n* feria comercial; ~**-in price** *n valor de un objeto usado que se descuenta del precio de otro nuevo*; ~**mark** *n* marca de fábrica; ~ **name** *n* marca registrada; ~**r** *n* comerciante *m/f*; ~**sman** *n* (*shopkeeper*) tendero; ~ **union** *n* sindicato; ~ **unionist** *n* sindicalista *m/f*; **trading** *n* comercio; **trading estate** *n* (*Brit*) zona comercial.
tradition [trə'dɪʃən] *n* tradición *f*; ~**al** *a* tradicional.
traffic ['træfɪk] *n* (*gen*, AUT) tráfico, circulación *f*, tránsito (*LAm*); air ~ tránsito aéreo // *vi*: to ~ in (*pej*: *liquor, drugs*) traficar en; ~ **circle** *n* (*US*) glorieta de tráfico; ~ **jam** *n* embotellamiento; ~ **lights** *npl* semáforo *sg*; ~ **warden** *n* guardia *m/f* de tráfico.
tragedy ['trædʒədɪ] *n* tragedia.
tragic ['trædʒɪk] *a* trágico.
trail [treɪl] *n* (*tracks*) rastro, pista; (*path*) camino, sendero; (*dust, smoke*) estela // *vt* (*drag*) arrastrar; (*follow*) seguir la pista de; (*follow closely*) vigilar // *vi* arrastrarse; **to** ~ **behind** *vi* quedar a la zaga; ~**er** *n* (AUT) remolque *m*; (*caravan*) caravana; (CINEMA) trailer *m*, avance *m*; ~ **truck** *n* (*US*) ... ler *m*.
train [treɪn] *n* tren *m*; (*of dress*) c... (*series*) serie *f* // *vt* (*educate*) form... (*teach skills to*) adiestrar; (*sportsm*...) entrenar; (*dog*) amaestrar; (*point*: ... *etc*): to ~ on apuntar a // *vi* (SPORT) ... trenarse; (*be educated*) formarse; o... ~ of thought razonamiento de uno; ~... *a* (*worker*) cualificado; (*animal*) ama... trado; ~**ee** [treɪ'ni:] *n* aprendiz(a) *n*... ~**er** *n* (SPORT) entrenador(a) *m/f*; ... *animals*) domador(a) *m/f*; ~**ing** *n* ... mación *f*; entrenamiento; **to be in** ~ (SPORT) estar entrenando; (: *fit*) es... en forma; ~**ing college** *n* (*gen*) cole... de formación profesional; (*for teache*...) escuela normal; ~**ing shoes** *npl* zapa... llas *fpl* (de deporte).
traipse [treɪps] *vi* andar penosamente.
trait [treɪt] *n* rasgo.
traitor ['treɪtə*] *n* traidor(a) *m/f*.
tram [træm] *n* (*Brit*: *also*: ~**car**) tran... *m*.
tramp [træmp] *n* (*person*) vagabundo/... (*col*: *offensive*: *woman*) puta // *vi* and... con pasos pesados.
trample ['træmpl] *vt*: to ~ (**underfoot**) ... sotear.
trampoline ['træmpəli:n] *n* trampolín *m*...
tranquil ['træŋkwɪl] *a* tranquilo; ~**lizer** (MED) tranquilizante *m*.
transact [træn'zækt] *vt* (*business*) tran... tar; ~**ion** [-'zækʃən] *n* transacción ... operación *f*.
transcend [træn'send] *vt* rebasar.
transcript ['trænskrɪpt] *n* copia; ~**io**... [-'skrɪpʃən] *n* transcripción *f*.
transfer ['trænsfə*] *n* transferenci... (SPORT) traspaso; (*picture, design*) ca... comanía // *vt* [træns'fə:*] trasladar, p... sar; to ~ the charges (*Brit* TEL) llama... a cobro revertido.
transform [træns'fɔ:m] *vt* transformar.
transfusion [træns'fju:ʒən] *n* transfusió... *f*.
transient ['trænzɪənt] *a* transitorio.
transistor [træn'zɪstə*] *n* (ELEC) transis... tor *m*; ~ **radio** *n* transistor *m*.
transit ['trænzɪt] *n*: in ~ en tránsito.
transitive ['trænzɪtɪv] *a* (LING) transiti... vo.
translate [trænz'leɪt] *vt* traducir; **trans**... **lation** [-'leɪʃən] *n* traducción *f*; **transla**... **tor** *n* traductor(a) *m/f*.
transmission [trænz'mɪʃən] *n* transmi... sión *f*.
transmit [trænz'mɪt] *vt* transmitir; ~**te**... *n* transmisor *m*; (*station*) emisora.
transparency [træns'peərnsɪ] *n* (*Bri*... PHOT) diapositiva.
transparent [træns'pærnt] *a* transparente.
transpire [træns'paɪə*] *vi* (*turn out*) resultar; (*happen*) ocurrir, suceder; it ~...

that ... se supo que ...
transplant [træns'plɑ:nt] *vt* transplantar // *n* ['trænsplɑ:nt] (MED) transplante *m*.
transport ['trænspɔ:t] *n* transporte *m* // *vt* [-'pɔ:t] transportar; **~ation** [-'teɪʃən] *n* transporte *m*; (*of prisoners*) deportación *f*; **~ café** *n* (*Brit*) bar-restaurant *m* de carretera.
trap [træp] *n* (*snare, trick*) trampa; (*carriage*) cabriolé *m* // *vt* coger (*Sp*) *or* agarrar (*LAm*) en una trampa; (*immobilize*) bloquear; (*jam*) atascar; **~ door** *n* escotilla.
trapeze [trə'pi:z] *n* trapecio.
trappings ['træpɪŋz] *npl* adornos *mpl*.
trash [træʃ] *n* (*pej*: *goods*) pacotilla; (: *nonsense*) tonterías *fpl*; **~ can** *n* (*US*) cubo *or* balde *m* (*LAm*) de la basura.
travel ['trævl] *n* viaje *m* // *vi* viajar // *vt* (*distance*) recorrer; **~ agency** *n* agencia de viajes; **~ agent** *n* agente *m/f* de viajes; **~ler,** (*US*) **~er** *n* viajero/a; **~ler's cheque**, (*US*) **~er's check** *n* cheque *m* de viajero; **~ling,** (*US*) **~ing** *n* los viajes *mpl*, el viajar; **~ sickness** *n* mareo.
travesty ['trævəstɪ] *n* parodia.
trawler ['trɔ:lə*] *n* pesquero de arrastre.
tray [treɪ] *n* (*for carrying*) bandeja; (*on desk*) cajón *m*.
treachery ['trɛtʃərɪ] *n* traición *f*.
treacle ['tri:kl] *n* (*Brit*) melaza.
tread [trɛd] *n* (*step*) paso, pisada; (*sound*) ruido de pasos; (*of tyre*) banda de rodadura // *vi* (*pt* **trod**, *pp* **trodden**) pisar; **to ~ on** *vt fus* pisar.
treason ['tri:zn] *n* traición *f*.
treasure ['trɛʒə*] *n* tesoro // *vt* (*value*) apreciar, valorar.
treasurer ['trɛʒərə*] *n* tesorero/a.
treasury ['trɛʒərɪ] *n*: **the T~**, (*US*) **the T~ Department** el Ministerio de Hacienda.
treat [tri:t] *n* (*present*) regalo; (*pleasure*) placer *m* // *vt* tratar; **to ~ sb to sth** invitar a uno a algo.
treatise ['tri:tɪz] *n* tratado.
treatment ['tri:tmənt] *n* tratamiento.
treaty ['tri:tɪ] *n* tratado.
treble ['trɛbl] *a* triple // *vt* triplicar // *vi* triplicarse; **~ clef** *n* (MUS) clave *f* de sol.
tree [tri:] *n* árbol *m*.
trek [trɛk] *n* (*long journey*) expedición *f*; (*tiring walk*) caminata.
trellis ['trɛlɪs] *n* enrejado.
tremble ['trɛmbl] *vi* temblar.
tremendous [trɪ'mɛndəs] *a* tremendo; (*enormous*) enorme; (*excellent*) estupendo.
tremor ['trɛmə*] *n* temblor *m*; (*also*: **earth ~**) temblor *m* de tierra.
trench [trɛntʃ] *n* zanja; (MIL) trinchera.
trend [trɛnd] *n* (*tendency*) tendencia; (*of events*) curso; (*fashion*) moda; **~y** *a* de moda.
trepidation [trɛpɪ'deɪʃən] *n* inquietud *f*.
trespass ['trɛspəs] *vi*: **to ~ on** entrar sin permiso en; **'no ~ing'** 'prohibido el paso'.
tress [trɛs] *n* trenza.
trestle ['trɛsl] *n* caballete *m*; **~ table** *n* mesa de caballete.
trial ['traɪəl] *n* (LAW) juicio, proceso; (*test*: *of machine etc*) prueba; (*hardship*) desgracia; **by ~ and error** a fuerza de probar.
triangle ['traɪæŋgl] *n* (MATH, MUS) triángulo.
tribe [traɪb] *n* tribu *f*.
tribunal [traɪ'bju:nl] *n* tribunal *m*.
tributary ['trɪbju:tərɪ] *n* (*river*) afluente *m*.
tribute ['trɪbju:t] *n* homenaje *m*, tributo; **to pay ~ to** rendir homenaje a.
trice [traɪs] *n*: **in a ~** en un santiamén.
trick [trɪk] *n* trampa; (*conjuring ~*, *deceit*) truco; (*joke*) broma; (CARDS) baza // *vt* engañar; **to play a ~ on sb** gastar una broma a uno; **that should do the ~** a ver si funciona así; **~ery** *n* engaño.
trickle ['trɪkl] *n* (*of water etc*) chorrito // *vi* gotear.
tricky ['trɪkɪ] *a* difícil; delicado.
tricycle ['traɪsɪkl] *n* triciclo.
trifle ['traɪfl] *n* bagatela; (CULIN) *dulce de bizcocho borracho, gelatina, fruta y natillas* // *ad*: **a ~ long** un poquito largo; **trifling** *a* insignificante.
trigger ['trɪgə*] *n* (*of gun*) gatillo; **to ~ off** *vt* desencadenar.
trill [trɪl] *n* (*of bird*) gorjeo.
trim [trɪm] *a* (*elegant*) aseado; (*house, garden*) en buen estado; (*figure*) de talle esbelto // *n* (*haircut etc*) recorte *m* // *vt* (*neaten*) arreglar; (*cut*) recortar; (*decorate*) adornar; (NAUT: *a sail*) orientar; **~mings** *npl* (*extras*) accesorios *mpl*; (*cuttings*) recortes *mpl*.
trinket ['trɪŋkɪt] *n* chuchería, baratija.
trip [trɪp] *n* viaje *m*; (*excursion*) excursión *f*; (*stumble*) traspié *m* // *vi* (*stumble*) tropezar; (*go lightly*) andar a paso ligero; **on a ~** de viaje; **to ~ up** *vi* tropezar, caerse // *vt* hacer tropezar *or* caer.
tripe [traɪp] *n* (CULIN) callos *mpl*; (*pej*: *rubbish*) bobadas *fpl*.
triple ['trɪpl] *a* triple.
triplets ['trɪplɪts] *npl* trillizos/as *m/fpl*.
triplicate ['trɪplɪkət] *n*: **in ~** por triplicado.
tripod ['traɪpɔd] *n* trípode *m*.
trite [traɪt] *a* trillado.
triumph ['traɪʌmf] *n* triunfo // *vi*: **to ~ (over)** vencer.
trivia ['trɪvɪə] *npl* trivialidades *fpl*.
trivial ['trɪvɪəl] *a* insignificante, trivial.
trod [trɔd], **trodden** ['trɔdn] *pt, pp of* **tread**.

trolley ['trɔlı] *n* carrito.
trombone [trɔm'bəun] *n* trombón *m*.
troop [tru:p] *n* grupo, banda; **~s** *npl* (*MIL*) tropas *fpl*; **to ~ in/out** *vi* entrar/salir en tropel; **~er** *n* (*MIL*) soldado (de caballería); **~ing the colour** *n* (*ceremony*) presentación *f* de la bandera.
trophy ['trəufı] *n* trofeo.
tropic ['trɔpık] *n* trópico; **~al** *a* tropical.
trot [trɔt] *n* trote *m* // *vi* trotar; **on the ~** (*Brit fig*) seguidos/as.
trouble ['trʌbl] *n* problema *m*, dificultad *f*; (*worry*) preocupación *f*; (*bother, effort*) molestia, esfuerzo; (*unrest*) inquietud *f*; (*MED*): **stomach ~** problemas *mpl* gástricos // *vt* molestar; (*worry*) preocupar, inquietar // *vi*: **to ~ to do sth** molestarse en hacer algo; **~s** *npl* (*POL etc*) conflictos *mpl*; **to be in ~** estar en un apuro; **to go to the ~ of doing sth** tomarse la molestia de hacer algo; **what's the ~?** ¿qué pasa?; **~d** *a* (*person*) preocupado; (*epoch, life*) agitado; **~-maker** *n* agitador(a) *m/f*; **~shooter** *n* (*in conflict*) conciliador(a) *m/f*; **~some** *a* molesto, inoportuno.
trough [trɔf] *n* (*also*: **drinking ~**) abrevadero; (*also*: **feeding ~**) comedero; (*channel*) canal *m*.
troupe [tru:p] *n* grupo.
trousers ['trauzəz] *npl* pantalones *mpl*; **short ~** pantalones *mpl* cortos.
trousseau ['tru:səu], *pl* **~x** *or* **~s** [-z] *n* ajuar *m*.
trout [traut] *n*, *pl inv* trucha.
trowel ['trauəl] *n* paleta.
truant ['truənt] *n*: **to play ~** (*Brit*) hacer novillos.
truce [tru:s] *n* tregua.
truck [trʌk] *n* (*US*) camión *m*; (*RAIL*) vagón *m*; **~ driver** *n* camionero; **~ farm** *n* (*US*) huerto de hortalizas.
truculent ['trʌkjulənt] *a* agresivo.
trudge [trʌdʒ] *vi* caminar penosamente.
true [tru:] *a* verdadero; (*accurate*) exacto; (*genuine*) auténtico; (*faithful*) fiel.
truffle ['trʌfl] *n* trufa.
truly ['tru:lı] *ad* (*genuinely, emphatic: very*) realmente; (*faithfully*) fielmente.
trump [trʌmp] *n* triunfo; **~ed-up** *a* inventado.
trumpet ['trʌmpıt] *n* trompeta.
truncheon ['trʌntʃən] *n* (*Brit*) porra.
trundle ['trʌndl] *vt, vi*: **to ~ along** rodar haciendo ruido.
trunk [trʌŋk] *n* (*of tree, person*) tronco; (*of elephant*) trompa; (*case*) baúl *m*; (*US AUT*) maletero; **~s** *npl* (*also*: **swimming ~s**) bañador *m*; **~ call** *n* (*Brit TEL*) llamada interurbana.
truss [trʌs] *n* (*MED*) braguero; **to ~ (up)** *vt* atar; (*CULIN*) espetar.
trust [trʌst] *n* confianza; (*COMM*) trust *m*; (*LAW*) fideicomiso // *vt* (*rely on*) tener confianza en; (*entrust*): **to ~ sth to sb** confiar algo a uno; **~ed** *a* de confianza; **~ee** [trʌs'ti:] *n* (*LAW*) fideicomisario; **~ful, ~ing** *a* confiado; **~worthy** *a* digno de confianza.
truth [tru:θ], *pl* **~s** [tru:ðz] *n* verdad *f*; **~ful** *a* (*person*) veraz.
try [traı] *n* tentativa, intento; (*RUGBY*) ensayo // *vt* (*LAW*) juzgar, procesar; (*test: sth new*) probar, someter a prueba; (*attempt*) intentar; (*strain: patience*) hacer perder // *vi* probar; **to ~ to do sth** intentar hacer algo; **to ~ on** *vt* (*clothes*) probarse; **to ~ out** *vt* probar, poner a prueba; **~ing** *a* cansado; (*person*) pesado.
T-shirt ['ti:ʃə:t] *n* camiseta.
T-square ['ti:skwɛə*] *n* regla en T.
tub [tʌb] *n* cubo (*Sp*), balde *m* (*LAm*); (*bath*) tina, bañera.
tuba ['tju:bə] *n* tuba.
tubby ['tʌbı] *a* regordete.
tube [tju:b] *n* tubo; (*Brit*: *underground*) metro.
tuberculosis [tjubə:kju'ləusıs] *n* tuberculosis *f inv*.
tubing ['tju:bıŋ] *n* tubería (*Sp*), cañería; **a piece of ~** un trozo de tubo.
tubular ['tju:bjulə*] *a* tubular.
TUC *n abbr* (*Brit*: = *Trades Union Congress*) *federación nacional de sindicatos*.
tuck [tʌk] *n* (*SEWING*) pliegue *m* // *vt* (*put*) poner; **to ~ away** *vt* esconder; **to ~ in** *vt* meter dentro; (*child*) arropar // *vi* (*eat*) comer con apetito; **to ~ up** *vt* (*child*) arropar; **~ shop** *n* (*SCOL*) tienda de golosinas.
Tuesday ['tju:zdı] *n* martes *m inv*.
tuft [tʌft] *n* mechón *m*; (*of grass etc*) manojo.
tug [tʌg] *n* (*ship*) remolcador *m* // *vt* remolcar; **~-of-war** *n* lucha de tiro de cuerda.
tuition [tju:'ıʃən] *n* (*Brit*) enseñanza; (: *private ~*) clases *fpl* particulares; (*US*: *school fees*) matrícula.
tulip ['tju:lıp] *n* tulipán *m*.
tumble ['tʌmbl] *n* (*fall*) caída // *vi* caerse, tropezar; **to ~ to sth** (*col*) caer en la cuenta de algo; **~down** *a* destartalado; **~ dryer** *n* (*Brit*) secadora.
tumbler ['tʌmblə*] *n* vaso.
tummy ['tʌmı] *n* (*col*) barriga, vientre *m*.
tumour, (*US*) **tumor** ['tju:mə*] *n* tumor *m*.
tuna ['tju:nə] *n*, *pl inv* (*also*: **~ fish**) atún *m*.
tune [tju:n] *n* (*melody*) melodía // *vt* (*MUS*) afinar; (*RADIO, TV, AUT*) sintonizar; **to be in/out of ~** (*instrument*) estar afinado/desafinado; (*singer*) cantar afinadamente/desafinar; **to ~ in (to)** (*RADIO, TV*) sintonizar (con); **to ~ up** *vi* (*musician*) afinar (su instrumento);

~ful *a* melodioso; ~r *n* (*radio set*) sintonizador *m*; **piano ~r** afinador(a) *m/f* de pianos.
unic ['tju:nɪk] *n* túnica.
uning ['tju:nɪŋ] *n* sintonización *f*; (*MUS*) afinación *f*; ~ **fork** *n* diapasón *m*.
'unisia [tju:'nɪzɪə] *n* Túnez *m*.
unnel ['tʌnl] *n* túnel *m*; (*in mine*) galería // *vi* construir un túnel/una galería.
urban ['tə:bən] *n* turbante *m*.
urbine ['tə:baɪn] *n* turbina.
urbulence ['tə:bjuləns] *n* (*AVIAT*) turbulencia.
ureen [tə'ri:n] *n* sopera.
urf [tə:f] *n* césped *m*; (*clod*) tepe *m* // *vt* cubrir con césped; **to ~ out** *vt* (*col*) echar a la calle.
urgid ['tə:dʒɪd] *a* (*prose*) pesado.
Turk [tə:k] *n* turco/a.
Turkey ['tə:kɪ] *n* Turquía.
turkey ['tə:kɪ] *n* pavo.
Turkish ['tə:kɪʃ] *a* turco.
turmoil ['tə:mɔɪl] *n* desorden *m*, alboroto.
turn [tə:n] *n* turno; (*in road*) curva; (*THEATRE*) número; (*MED*) ataque *m* // *vt* girar, volver; (*collar, steak*) dar la vuelta a; (*change*): **to ~ sth into** convertir algo en // *vi* volver; (*person: look back*) volverse; (*reverse direction*) dar la vuelta; (*milk*) cortarse; (*change*) cambiar; (*become*) convertirse en; **a good ~** un favor; **it gave me quite a ~** me dio un susto; **'no left ~'** (*AUT*) 'prohibido girar a la izquierda'; **it's your ~** te toca a ti; **in ~** por turnos; **to take ~s** turnarse; **to ~ away** *vi* apartar la vista; **to ~ back** *vi* volverse atrás; **to ~ down** *vt* (*refuse*) rechazar; (*reduce*) bajar; (*fold*) doblar; **to ~ in** *vi* (*col: go to bed*) acostarse // *vt* (*fold*) doblar hacia dentro; **to ~ off** *vi* (*from road*) desviarse // *vt* (*light, radio etc*) apagar; (*engine*) parar; **to ~ on** *vt* (*light, radio etc*) encender, prender (*LAm*); (*engine*) poner en marcha; **to ~ out** *vt* (*light, gas*) apagar // *vi*: **to ~ out to be...** resultar ser...; **to ~ over** *vi* (*person*) volverse // *vt* (*object*) dar la vuelta a; (*page*) volver; **to ~ round** *vi* volverse; (*rotate*) girar; **to ~ up** *vi* (*person*) llegar, presentarse; (*lost object*) aparecer // *vt* (*gen*) subir; **~ing** *n* (*in road*) vuelta; **~ing point** *n* (*fig*) momento decisivo.
turnip ['tə:nɪp] *n* nabo.
turnout ['tə:naut] *n* concurrencia.
turnover ['tə:nəuvə*] *n* (*COMM: amount of money*) facturación *f*; (: *of goods*) movimiento.
turnpike ['tə:npaɪk] *n* (*US*) autopista de peaje.
turnstile ['tə:nstaɪl] *n* torniquete *m*.
turntable ['tə:nteɪbl] *n* plato.
turn-up ['tə:nʌp] *n* (*Brit: on trousers*) vuelta.
turpentine ['tə:pəntaɪn] *n* (*also*: **turps**) trementina.
turquoise ['tə:kwɔɪz] *n* (*stone*) turquesa // *a* color turquesa.
turret ['tʌrɪt] *n* torreón *m*.
turtle ['tə:tl] *n* galápago; **~neck (sweater)** *n* (jersey *m* de) cuello cisne.
tusk [tʌsk] *n* colmillo.
tussle ['tʌsl] *n* lucha, pelea.
tutor ['tju:tə*] *n* profesor(a) *m/f*; **~ial** [-'tɔ:rɪəl] *n* (*SCOL*) seminario.
tuxedo [tʌk'si:dəu] *n* (*US*) smóking *m*, esmoquin *m*.
TV [ti:'vi:] *n abbr* (= *television*) tele *f*.
twang [twæŋ] *n* (*of instrument*) punteado; (*of voice*) timbre *m* nasal.
tweezers ['twi:zəz] *npl* pinzas *fpl* (de depilar).
twelfth [twɛlfθ] *a* duodécimo.
twelve [twɛlv] *num* doce; **at ~ o'clock** (*midday*) a mediodía; (*midnight*) a medianoche.
twentieth ['twɛntɪɪθ] *a* vigésimo.
twenty ['twɛntɪ] *num* veinte.
twice [twaɪs] *ad* dos veces; **~ as much** dos veces más.
twiddle ['twɪdl] *vt, vi*: **to ~ (with) sth** dar vueltas a algo; **to ~ one's thumbs** (*fig*) estar mano sobre mano.
twig [twɪg] *n* ramita // *vi* (*col*) caer en la cuenta.
twilight ['twaɪlaɪt] *n* crepúsculo.
twin [twɪn] *a, n* gemelo/a *m/f* // *vt* hermanar; **~-bedded room** *n* habitación *f* con camas gemelas.
twine [twaɪn] *n* bramante *m* // *vi* (*plant*) enroscarse.
twinge [twɪndʒ] *n* (*of pain*) punzada; (*of conscience*) remordimiento.
twinkle ['twɪŋkl] *vi* centellear; (*eyes*) parpadear.
twirl [twə:l] *n* giro // *vt* dar vueltas a // *vi* piruetear.
twist [twɪst] *n* (*action*) torsión *f*; (*in road, coil*) vuelta; (*in wire, flex*) doblez *f*; (*in story*) giro // *vt* torcer, retorcer; (*roll around*) enrollar; (*fig*) deformar // *vi* serpentear.
twit [twɪt] *n* (*col*) tonto.
twitch [twɪtʃ] // *vi* moverse nerviosamente.
two [tu:] *num* dos; **to put ~ and ~ together** (*fig*) atar cabos; **~-door** *a* (*AUT*) de dos puertas; **~-faced** *a* (*pej: person*) falso; **~fold** *ad*: **to increase ~fold** doblarse; **~-piece (suit)** *n* traje *m* de dos piezas; **~-piece (swimsuit)** *n* dos piezas *m inv*, bikini *m*; **~-seater plane/car** *n* avión *m*/coche *m* de dos plazas; **~some** *n* (*people*) pareja; **~-way** *a*: **~-way traffic** circulación *f* de dos sentidos.
tycoon [taɪ'ku:n] *n*: **(business) ~** magnate *m/f*.
type [taɪp] *n* (*category*) tipo, género; (*model*) modelo; (*TYP*) tipo, letra // *vt*

(*letter etc*) escribir a máquina; **~-cast** *a* (*actor*) encasillado; **~face** *n* tipo; **~script** *n* texto mecanografiado; **~writer** *n* máquina de escribir; **~written** *a* mecanografiado.
typhoid ['taɪfɔɪd] *n* tifoidea.
typical ['tɪpɪkl] *a* típico.
typing ['taɪpɪŋ] *n* mecanografía.
typist ['taɪpɪst] *n* mecanógrafo/a.
tyranny ['tɪrənɪ] *n* tiranía.
tyrant ['taɪərnt] *n* tirano/a.
tyre, (*US*) **tire** ['taɪə*] *n* neumático, llanta (*LAm*); ~ **pressure** *n* presión *f* de los neumáticos.

U

U-bend ['ju:'bend] *n* (*AUT*, *in pipe*) recodo.
udder ['ʌdə*] *n* ubre *f*.
UFO ['ju:fəu] *n abbr* = (*unidentified flying object*) OVNI *m*.
ugh [ə:h] *excl* ¡uf!
ugly ['ʌglɪ] *a* feo; (*dangerous*) peligroso.
UK *n abbr* = **United Kingdom.**
ulcer ['ʌlsə*] *n* úlcera.
Ulster ['ʌlstə*] *n* Ulster *m*.
ulterior [ʌl'tɪərɪə*] *a* ulterior; ~ **motive** segundas intenciones *fpl*.
ultimate ['ʌltɪmət] *a* último, final; (*authority*) más alto; **~ly** *ad* (*in the end*) por último, al final; (*fundamentally*) a *or* en fin de cuentas.
ultrasound [ʌltrə'səund] *n* (*MED*) ultrasonido.
umbilical cord [ʌm'bɪlɪkl-] *n* cordón *m* umbilical.
umbrella [ʌm'brɛlə] *n* paraguas *m inv*.
umpire ['ʌmpaɪə*] *n* árbitro.
umpteen [ʌmp'ti:n] *a* enésimos/as; **for the ~th time** por enésima vez.
UN *n abbr* = **United Nations (Organization).**
unable [ʌn'eɪbl] *a*: **to be ~ to do sth** no poder hacer algo.
unaccompanied [ʌnə'kʌmpənɪd] *a* no acompañado.
unaccountably [ʌnə'kauntəblɪ] *ad* inexplicablemente.
unaccustomed [ʌnə'kʌstəmd] *a*: **to be ~ to** no estar acostumbrado a.
unanimous [ju:'nænɪməs] *a* unánime; **~ly** *ad* unánimemente.
unarmed [ʌn'ɑ:md] *a* desarmado.
unassuming [ʌnə'sju:mɪŋ] *a* modesto, sin pretensiones.
unattached [ʌnə'tætʃt] *a* (*person*) sin pareja; (*part etc*) suelto.
unattended [ʌnə'tɛndɪd] *a* (*car, luggage*) sin atender.
unauthorized [ʌn'ɔ:θəraɪzd] *a* no autorizado.
unavoidable [ʌnə'vɔɪdəbl] *a* inevitable.
unaware [ʌnə'wɛə*] *a*: **to be ~ of** ignorar; **~s** *ad* de improviso.
unbalanced [ʌn'bælənst] *a* desequilibrado; (*mentally*) trastornado.
unbearable [ʌn'bɛərəbl] *a* insoportable.
unbeknown(st) [ʌnbɪ'nəun(st)] *ad*: ~ me sin saberlo yo.
unbelievable [ʌnbɪ'li:vəbl] *a* increíble.
unbend [ʌn'bɛnd] (*irg*: *like* **bend**) (*fig*: *person*) relajarse // *vt* (*wire*) enderezar.
unbiased [ʌn'baɪəst] *a* imparcial.
unborn [ʌn'bɔ:n] *a* que va a nacer.
unbreakable [ʌn'breɪkəbl] *a* irrompible.
unbroken [ʌn'brəukən] *a* (*seal*) intacto; (*series*) continuo; (*record*) no batido; (*spirit*) indómito.
unbutton [ʌn'bʌtn] *vt* desabrochar.
uncalled-for [ʌn'kɔ:ldfɔ:*] *a* gratuito, inmerecido.
uncanny [ʌn'kænɪ] *a* extraño, extraordinario.
unceasing [ʌn'si:sɪŋ] *a* incesante.
unceremonious ['ʌnsɛrɪ'məunɪəs] *a* (*abrupt, rude*) brusco, hosco.
uncertain [ʌn'sə:tn] *a* incierto; (*indecisive*) indeciso; **~ty** *n* incertidumbre *f*.
unchecked [ʌn'tʃɛkt] *a* desenfrenado.
uncivilized [ʌn'sɪvɪlaɪzd] *a* (*gen*) inculto; (*fig*: *behaviour etc*) bárbaro.
uncle ['ʌŋkl] *n* tío.
uncomfortable [ʌn'kʌmfətəbl] *a* incómodo; (*uneasy*) inquieto.
uncommon [ʌn'kɔmən] *a* poco común, raro.
uncompromising [ʌn'kɔmprəmaɪzɪŋ] *a* intransigente.
unconcerned [ʌnkən'sə:nd] *a* indiferente, despreocupado.
unconditional [ʌnkən'dɪʃənl] *a* incondicional.
unconscious [ʌn'kɔnʃəs] *a* sin sentido; (*unaware*) inconsciente // *n*: **the ~** el inconsciente; **~ly** *ad* inconscientemente.
uncontrollable [ʌnkən'trəuləbl] *a* (*temper*) indomable; (*laughter*) incontenible.
unconventional [ʌnkən'vɛnʃənl] *a* poco convencional.
uncouth [ʌn'ku:θ] *a* grosero, inculto.
uncover [ʌn'kʌvə*] *vt* (*gen*) descubrir; (*take lid off*) destapar.
undecided [ʌndɪ'saɪdɪd] *a* (*character*) indeciso; (*question*) no resuelto, pendiente.
under ['ʌndə*] *prep* debajo de; (*less than*) menos de; (*according to*) según, de acuerdo con // *ad* debajo, abajo; ~ **there** allí abajo; ~ **construction** bajo construcción.
under... ['ʌndə*] *pref* sub; **~-age** *a* menor de edad; **~carriage** *n* (*Brit AVIAT*) tren *m* de aterrizaje; **~charge** *vt* cobrar menos de la cuenta; **~clothes** *npl* ropa *sg* interior *or* íntima (*LAm*); **~coat** *n* (*paint*) primera mano; **~cover** *a* clandestino; **~current** *n* corriente submarina; (*fig*) tendencia oculta; **~cu**

t *irg* vender más barato que; **~developed** *a* subdesarrollado; **~dog** desvalido/a; **~done** *a* (CULIN) poco echo; **~estimate** *vt* subestimar; **~exposed** *a* (PHOT) subexpuesto; **~fed** subalimentado; **~foot** *ad*: it's wet foot el suelo está mojado; **~go** *vt irg* ufrir; (*treatment*) recibir; **~graduate** estudiante *m/f*; **~ground** *n* (*Brit*: *ailway*) metro; (POL) movimiento clanestino // *a* subterráneo; **~growth** *n* naleza; **~hand(ed)** *a* (*fig*) socarrón; **~lie** *vt irg* (*fig*) ser la razón fundamenal de; **~line** *vt* subrayar; **~ling** ʌndəlıŋ] *n* (*pej*) subalterno/a; **~mine** t socavar, minar; **~neath** [ʌndə'ni:θ] d debajo // *prep* debajo de, bajo; **~paid** *a* mal pagado; **~pants** *npl* calzoncillos *mpl*; **~pass** *n* (*Brit*) paso suberráneo; **~privileged** *a* desvalido; **~rate** *vt* menospreciar, subestimar; **~shirt** *n* (*US*) camiseta; **~shorts** *npl* US) calzoncillos *mpl*; **~side** *n* parte *f* nferior, revés *m*; **~skirt** *n* (*Brit*) enaruas *fpl*.

ıderstand [ʌndə'stænd] (*irg*: *like* tand) *vt*, *vi* entender, comprender; (*asume*) tener entendido; **~able** *a* comrensible; **~ing** *a* comprensivo // *n* comrensión *f*, entendimiento; (*agreement*) ıcuerdo.

ıderstatement ['ʌndəsteıtmənt] *n* subestimación *f*; (*modesty*) modestia (excesiva).

ıderstood [ʌndə'stud] *pt*, *pp of* **undertand** // *a* entendido; (*implied*): it is ~ hat se sobreentiende que.

ıderstudy ['ʌndəstʌdı] *n* suplente *m/f*.

ıdertake [ʌndə'teık] (*irg*: *like* take) *vt* emprender; to ~ to do sth comprometere a hacer algo.

ıdertaker ['ʌndəteıkə*] *n* director(a) *n/f* de pompas fúnebres.

ıdertaking ['ʌndəteıkıŋ] *n* empresa; (*promise*) promesa.

ıdertone ['ʌndətəun] *n*: in an ~ en voz baja.

ıderwater [ʌndə'wɔ:tə*] *ad* bajo el agua // *a* submarino.

ıderwear ['ʌndəwεə*] *n* ropa interior or íntima (*LAm*).

ıderworld ['ʌndəwə:ld] *n* (*of crime*) hampa, inframundo.

ıderwriter ['ʌndəraıtə*] *n* (INSURANCE) asegurador/a *m/f*.

ıdies ['ʌndız] *npl* (*col*) ropa interior *or* íntima (*LAm*).

ıdo [ʌn'du:] (*irg*: *like* do) *vt* deshacer; **~ing** *n* ruina, perdición *f*.

ıdoubted [ʌn'dautıd] *a* indudable; **~ly** *ad* indudablemente, sin duda.

ıdress [ʌn'drεs] *vi* desnudarse.

ıdue [ʌn'dju:] *a* indebido, excesivo.

ıdulating ['ʌndjuleıtıŋ] *a* ondulante.

ıduly [ʌn'dju:lı] *ad* excesivamente, demasiado.

unearth [ʌn'ə:θ] *vt* desenterrar.

unearthly [ʌn'ə:θlı] *a* (*hour*) inverosímil.

uneasy [ʌn'i:zı] *a* intranquilo; (*worried*) preocupado.

uneducated [ʌn'εdjukeıtıd] *a* ignorante, inculto.

unemployed [ʌnım'plɔıd] *a* parado, sin trabajo // *n*: the ~ los parados.

unemployment [ʌnım'plɔımənt] *n* paro, desempleo.

unending [ʌn'εndıŋ] *a* interminable.

unerring [ʌn'ə:rıŋ] *a* infalible.

uneven [ʌn'i:vn] *a* desigual; (*road etc*) quebrado.

unexpected [ʌnık'spεktıd] *a* inesperado; **~ly** *ad* inesperadamente.

unfailing [ʌn'feılıŋ] *a* (*support*) indefectible; (*energy*) inagotable.

unfair [ʌn'fεə*] *a*: ~ (to sb) injusto (con uno).

unfaithful [ʌn'feıθful] *a* infiel.

unfamiliar [ʌnfə'mılıə*] *a* extraño, desconocido.

unfashionable [ʌn'fæʃnəbl] *a* pasado *or* fuera de moda.

unfasten [ʌn'fɑ:sn] *vt* desatar.

unfavourable, (*US*) **unfavorable** [ʌn'feıvərəbl] *a* desfavorable.

unfeeling [ʌn'fi:lıŋ] *a* insensible.

unfinished [ʌn'fınıʃt] *a* inacabado, sin terminar.

unfit [ʌn'fıt] *a* indispuesto, enfermo; (*incompetent*) incapaz; ~ for work no apto para trabajar.

unfold [ʌn'fəuld] *vt* desdoblar; (*fig*) revelar // *vi* abrirse; revelarse.

unforeseen ['ʌnfɔ:'si:n] *a* imprevisto.

unforgettable [ʌnfə'gεtəbl] *a* inolvidable.

unforgivable [ʌnfə'gıvəbl] *a* imperdonable.

unfortunate [ʌn'fɔ:tʃnət] *a* desgraciado; (*event*, *remark*) inoportuno; **~ly** *ad* desgraciadamente.

unfounded [ʌn'faundıd] *a* infundado.

unfriendly [ʌn'frεndlı] *a* antipático.

ungainly [ʌn'geınlı] *a* (*walk*) desgarbado.

ungodly [ʌn'gɔdlı] *a*: at an ~ hour a una hora inverosímil.

ungrateful [ʌn'greıtful] *a* ingrato.

unhappiness [ʌn'hæpınıs] *n* tristeza.

unhappy [ʌn'haepı] *a* (*sad*) triste; (*unfortunate*) desgraciado; (*childhood*) infeliz; ~ with (*arrangements etc*) poco contento con, descontento de.

unharmed [ʌn'hɑ:md] *a* (*person*) ileso.

unhealthy [ʌn'hεlθı] *a* (*gen*) malsano; (*person*) enfermizo.

unheard-of [ʌn'hə:dɔv] *a* inaudito, sin precedente.

unhook [ʌn'huk] *vt* desenganchar; (*from wall*) descolgar; (*undo*) desabrochar.

unhurt [ʌn'hə:t] *a* ileso.

uniform ['ju:nɪfɔ:m] *n* uniforme *m* // *a* uniforme; **~ity** [-'fɔ:mɪtɪ] *n* uniformidad *f*.
unify ['ju:nɪfaɪ] *vt* unificar, unir.
uninhabited [ʌnɪn'hæbɪtɪd] *a* desierto.
unintentional [ʌnɪn'tɛnʃənəl] *a* involuntario.
union ['ju:njən] *n* unión *f*; (*also*: **trade ~**) sindicato // *cpd* sindical; **U~ Jack** *n* bandera del Reino Unido.
unique [ju:'ni:k] *a* único.
unison ['ju:nɪsn] *n*: **in ~** (*speak*, reply) al unísono; **in ~ with** junto con.
unit ['ju:nɪt] *n* unidad *f*; (*team, squad*) grupo; **kitchen ~** módulo de cocina.
unite [ju:'naɪt] *vt* unir // *vi* unirse; **~d** *a* unido; **U~d Kingdom (UK)** *n* Reino Unido; **U~d Nations (Organization) (UN, UNO)** *n* Naciones *fpl* Unidas (ONU *f*); **U~d States (of America) (US, USA)** *n* Estados *mpl* Unidos (EE.UU.).
unit trust *n* (*Brit*) bono fiduciario.
unity ['ju:nɪtɪ] *n* unidad *f*.
universal [ju:nɪ'və:sl] *a* universal.
universe ['ju:nɪvə:s] *n* universo.
university [ju:nɪ'və:sɪtɪ] *n* universidad *f*.
unjust [ʌn'dʒʌst] *a* injusto.
unkempt [ʌn'kɛmpt] *a* descuidado; (*hair*) despeinado.
unkind [ʌn'kaɪnd] *a* poco amable; (*comment etc*) cruel.
unknown [ʌn'nəun] *a* desconocido.
unlawful [ʌn'lɔ:ful] *a* ilegal, ilícito.
unleash [ʌn'li:ʃ] *vt* desatar.
unless [ʌn'lɛs] *conj* a menos que; **~ he comes** a menos que venga; **~ otherwise stated** salvo indicación contraria.
unlike [ʌn'laɪk] *a* distinto // *prep* a diferencia de.
unlikely [ʌn'laɪklɪ] *a* improbable.
unlisted [ʌn'lɪstɪd] *a* (*US* TEL) que no consta en la guía.
unload [ʌn'ləud] *vt* descargar.
unlock [ʌn'lɔk] *vt* abrir (con llave).
unlucky [ʌn'lʌkɪ] *a* desgraciado; (*object, number*) que da mala suerte; **to be ~** tener mala suerte.
unmarried [ʌn'mærɪd] *a* soltero.
unmistakable [ʌnmɪs'teɪkəbl] *a* inconfundible.
unmitigated [ʌn'mɪtɪgeɪtɪd] *a* rematado, absoluto.
unnatural [ʌn'nætʃrəl] *a* (*gen*) antinatural; (*manner*) afectado; (*habit*) perverso.
unnecessary [ʌn'nɛsəsərɪ] *a* innecesario, inútil.
unnoticed [ʌn'nəutɪst] *a*: **to go ~** pasar desapercibido.
UNO ['ju:nəu] *n abbr* = **United Nations Organization.**
unobtainable [ʌnəb'teɪnəbl] *a* inconseguible; (TEL) inexistente.
unobtrusive [ʌnəb'tru:sɪv] *a* discreto.
unofficial [ʌnə'fɪʃl] *a* no oficial.
unpack [ʌn'pæk] *vi* deshacer las male[tas] desempacar (*LAm*).
unpalatable [ʌn'pælətəbl] *a* (*truth*) [des]agradable.
unparalleled [ʌn'pærəlɛld] *a* [un]*equalled*) sin par; (*unique*) sin [pre]cedentes.
unpleasant [ʌn'plɛznt] *a* (*disagreea*[*ble*]) desagradable; (*person, manner*) ant[ipá]tico.
unplug [ʌn'plʌg] *vt* desenchufar, de[sco]nectar.
unpopular [ʌn'pɔpjulə*] *a* poco popul[ar].
unprecedented [ʌn'prɛsɪdəntɪd] *a* [sin] precedentes.
unpredictable [ʌnprɪ'dɪktəbl] *a* impr[evi]sible.
unprofessional [ʌnprə'fɛʃənl] *a*: **~** [con]duct negligencia.
unqualified [ʌn'kwɔlɪfaɪd] *a* sin título, [no] cualificado; (*success*) total, incondi[cio]nal.
unquestionably [ʌn'kwɛstʃənəblɪ] *ad* [in]discutiblemente.
unravel [ʌn'rævl] *vt* desenmarañar.
unreal [ʌn'rɪəl] *a* irreal.
unrealistic [ʌnrɪə'lɪstɪk] *a* poco realist[a].
unreasonable [ʌn'ri:znəbl] *a* irrazo[na]ble; (*demand*) excesivo.
unrelated [ʌnrɪ'leɪtɪd] *a* sin relaci[ón]; (*family*) no emparentado.
unreliable [ʌnrɪ'laɪəbl] *a* (*person*) in[for]mal; (*machine*) poco fiable.
unremitting [ʌnrɪ'mɪtɪŋ] *a* constante.
unreservedly [ʌnrɪ'zə:vɪdlɪ] *ad* sin res[er]va.
unrest [ʌn'rɛst] *n* inquietud *f*, males[tar] *m*; (POL) disturbios *mpl*.
unroll [ʌn'rəul] *vt* desenrollar.
unruly [ʌn'ru:lɪ] *a* indisciplinado.
unsafe [ʌn'seɪf] *a* peligroso.
unsaid [ʌn'sɛd] *a*: **to leave sth ~** de[jar] algo sin decir.
unsatisfactory ['ʌnsætɪs'fæktərɪ] *a* p[oco] satisfactorio.
unsavoury, (*US*) **unsavory** [ʌn'seɪv[ərɪ]] *a* (*fig*) repugnante.
unscathed [ʌn'skeɪðd] *a* ileso.
unscrew [ʌn'skru:] *vt* destornillar.
unscrupulous [ʌn'skru:pjuləs] *a* sin [es]crúpulos.
unsettled [ʌn'sɛtld] *a* inquieto; (*situa*[*tion*]) inestable; (*weather*) variable.
unshaven [ʌn'ʃeɪvn] *a* sin afeitar.
unsightly [ʌn'saɪtlɪ] *a* feo.
unskilled [ʌn'skɪld] *a*: **~ workers** ma[no] *fsg* de obra no cualificada.
unspeakable [ʌn'spi:kəbl] *a* indecib[le]; (*awful*) incalificable.
unstable [ʌn'steɪbl] *a* inestable.
unsteady [ʌn'stɛdɪ] *a* inestable.
unstuck [ʌn'stʌk] *a*: **to come ~** des[pe]garse; (*fig*) fracasar.
unsuccessful [ʌnsək'sɛsful] *a* (*attem*[*pt*]) infructuoso; (*writer, proposal*) sin éxi[to]

be ~ (*in attempting sth*) no tener éxi-
, fracasar; **~ly** *ad* en vano, sin éxito.
suitable [ʌn'su:təbl] *a* inapropiado;
me) inoportuno.
sure [ʌn'ʃuə*] *a* inseguro, poco segu-
.
sympathetic [ʌnsɪmpə'θɛtɪk] *a* poco
mprensivo.
tapped [ʌn'tæpt] *a* (*resources*) sin ex-
otar.
thinkable [ʌn'θɪŋkəbl] *a* inconcebible,
ıpensable.
tidy [ʌn'taɪdɪ] *a* (*room*) desordenado,
ı desorden; (*appearance*) desaliñado.
tie [ʌn'taɪ] *vt* desatar.
til [ən'tɪl] *prep* hasta // *conj* hasta que;
he comes hasta que venga; ~ **now**
ısta ahora; ~ **then** hasta entonces.
timely [ʌn'taɪmlɪ] *a* inoportuno;
leath) prematuro.
told [ʌn'təuld] *a* (*story*) nunca conta-
); (*suffering*) indecible; (*wealth*) incal-
ılable.
toward [ʌntə'wɔ:d] *a* (*behaviour*) im-
opio; (*event*) adverso.
used [ʌn'ju:zd] *a* sin usar.
usual [ʌn'ju:ʒuəl] *a* insólito, poco co-
ún.
veil [ʌn'veɪl] *vt* (*statue*) descubrir.
wavering [ʌn'weɪvərɪŋ] *a* inquebran-
ıble.
welcome [ʌn'wɛlkəm] *a* (*at a bad*
me) inoportuno.
well [ʌn'wɛl] *a*: **to feel ~** estar indis-
ıesto.
wieldy [ʌn'wi:ldɪ] *a* difícil de mane-
ır.
willing [ʌn'wɪlɪŋ] *a*: **to be ~ to do sth**
star poco dispuesto a hacer algo; **~ly**
d de mala gana.
wind [ʌn'waɪnd] (*irg*: *like* **wind**) *vt*
esenvolver // *vi* (*relax*) relajarse.
wise [ʌn'waɪz] *a* imprudente.
witting [ʌn'wɪtɪŋ] *a* inconsciente.
workable [ʌn'wə:kəbl] *a* (*plan*) im-
ráctico.
worthy [ʌn'wə:ðɪ] *a* indigno.
wrap [ʌn'ræp] *vt* deshacer.
written [ʌn'rɪtn] *a* (*agreement*) táci-
); (*rules, law*) no escrito.
[ʌp] ♦ *prep*: **to go/be ~ sth** subir/estar
ubido en algo; **he went ~ the stairs/the**
ill subió las escaleras/la colina; **we**
alked/climbed ~ the hill subimos la co-
ına; **they live further ~ the street** viven
ıás arriba en la calle; **go ~ that road**
nd turn left sigue por esa calle y gira a
ı izquierda
ad **1** (*upwards, higher*) más arriba; ~
the mountains en lo alto (de la monta-
a); **put it a bit higher ~** ponlo un poco
ıás arriba *or* alto; **~ there** ahí *or* allí
ırriba; **~ above** en lo alto, por encima,
ırriba
2: **to be ~** (*out of bed*) estar levantado;
(*prices, level*) haber subido
3: **~ to** (*as far as*) hasta; **~ to now** hasta ahora *or* la fecha
4: **to be ~ to** (*depending on*): **it's ~ to**
you depende de ti; **he's not ~ to it** (*job,*
task etc) no es capaz de hacerlo; **his**
work is not ~ to the required standard
su trabajo no da la talla; (*col: be*
doing): **what is he ~ to?** ¿que estará tramando?
♦ *n*: **~s and downs** altibajos *mpl*.
up-and-coming [ʌpənd'kʌmɪŋ] *a* prome-
tedor(a).
upbringing ['ʌpbrɪŋɪŋ] *n* educación *f*.
update [ʌp'deɪt] *vt* poner al día.
upheaval [ʌp'hi:vl] *n* trastornos *mpl*;
(*POL*) agitación *f*.
uphill [ʌp'hɪl] *a* cuesta arriba; (*fig: task*)
penoso, difícil // *ad*: **to go ~** ir cuesta
arriba.
uphold [ʌp'həuld] (*irg*: *like* **hold**) *vt* sostener.
upholstery [ʌp'həulstərɪ] *n* tapicería.
upkeep ['ʌpki:p] *n* mantenimiento.
upon [ə'pɔn] *prep* sobre.
upper ['ʌpə*] *a* superior, de arriba // *n*
(*of shoe*: *also*: **~s**) pala; **~-class** *a* de
clase alta; **~ hand** *n*: **to have the ~**
hand tener la sartén por el mango;
~most *a* el más alto; **what was ~most**
in my mind lo que me preocupaba más.
upright ['ʌpraɪt] *a* vertical; (*fig*) honrado.
uprising ['ʌpraɪzɪŋ] *n* sublevación *f*.
uproar ['ʌprɔ:*] *n* tumulto, escándalo.
uproot [ʌp'ru:t] *vt* desarraigar.
upset ['ʌpsɛt] *n* (*to plan etc*) revés *m*,
contratiempo; (*MED*) trastorno // *vt*
[ʌp'sɛt] (*irg*: *like* **set**) (*glass etc*) volcar;
(*spill*) derramar; (*plan*) alterar; (*per-*
son) molestar, perturbar // *a* [ʌp'sɛt]
molesto, perturbado; (*stomach*) revuelto.
upshot ['ʌpʃɔt] *n* resultado.
upside-down ['ʌpsaɪd'daun] *ad* al revés.
upstairs [ʌp'stɛəz] *ad* arriba // *a* (*room*)
de arriba // *n* el piso superior.
upstart ['ʌpstɑ:t] *n* advenedizo/a.
upstream [ʌp'stri:m] *ad* río arriba.
uptake ['ʌpteɪk] *n*: **he is quick/slow on**
the ~ es muy listo/torpe.
uptight [ʌp'taɪt] *a* tenso, nervioso.
up-to-date ['ʌptə'deɪt] *a* moderno, actual.
upturn ['ʌptə:n] *n* (*in luck*) mejora;
(*COMM*: *in market*) resurgimiento económico.
upward ['ʌpwəd] *a* ascendente; **~(s)** *ad*
hacia arriba.
urban ['ə:bən] *a* urbano.
urbane [ə:'beɪn] *a* cortés, urbano.
urchin ['ə:tʃɪn] *n* pilluelo, golfillo.
urge [ə:dʒ] *n* (*force*) impulso; (*desire*)
deseo // *vt*: **to ~ sb to do sth** animar a
uno a hacer algo.
urgency ['ə:dʒənsɪ] *n* urgencia.

urgent ['ə:dʒənt] *a* urgente.
urinate ['juərɪneɪt] *vi* orinar.
urine ['juərɪn] *n* orina, orines *mpl*.
urn [ə:n] *n* urna; (*also*: **tea ~**) *cacharro metálico grande para hacer té*.
Uruguay ['juerəgwaɪ] *n* el Uruguay; **~an** *a*, *n* uruguayo/a *m/f*.
us [ʌs] *pron* nos; (*after prep*) nosotros/as; *see also* **me**.
US, USA *n abbr* = **United States (of America)**.
usage ['ju:zɪdʒ] *n* (LING) uso; (*utilization*) utilización *f*.
use [ju:s] *n* uso, empleo; (*usefulness*) utilidad *f* // *vt* [ju:z] usar, emplear; **she ~d to do it** (ella) solía *or* acostumbraba hacerlo; **in ~** en uso; **out of ~** en desuso; **to be of ~** servir; **it's no ~** (*pointless*) es inútil; (*not useful*) no sirve; **to be ~d to** estar acostumbrado a, acostumbrar; **to ~ up** *vt* agotar; **~d** *a* (*car*) usado; **~ful** *a* útil; **~fulness** *n* utilidad; **~less** *a* inútil; **~r** *n* usuario/a; **~r-friendly** *a* (*computer*) amistoso.
usher ['ʌʃə*] *n* (*at wedding*) ujier *m*; (*in cinema etc*) acomodador *m*; **~ette** [-'rɛt] *n* (*in cinema*) acomodadora.
USSR *n abbr*: **the ~** la URSS.
usual ['ju:ʒuəl] *a* normal, corriente; **as ~** como de costumbre; **~ly** *ad* normalmente.
utensil [ju:'tɛnsl] *n* utensilio; **kitchen ~s** batería *sg* de cocina.
uterus ['ju:tərəs] *n* útero.
utilitarian [ju:tɪlɪ'tɛərɪən] *a* utilitario.
utility [ju:'tɪlɪtɪ] *n* utilidad *f*; **~ room** *n* trascocina.
utilize ['ju:tɪlaɪz] *vt* utilizar.
utmost ['ʌtməust] *a* mayor // *n*: **to do one's ~** hacer todo lo posible.
utter ['ʌtə*] *a* total, completo // *vt* pronunciar, proferir; **~ance** *n* palabras *fpl*, declaración *f*; **~ly** *ad* completamente, totalmente.
U-turn ['ju:'tə:n] *n* viraje *m* en U.

V

v. *abbr* = **verse; versus; volt;** (= *vide*) véase.
vacancy ['veɪkənsɪ] *n* (*Brit*: *job*) vacante *f*; (*room*) cuarto libro.
vacant ['veɪkənt] *a* desocupado, libre; (*expression*) distraído; **~ lot** *n* (*US*) solar *m*.
vacate [və'keɪt] *vt* (*house, room*) desocupar; (*job*) dejar (vacante).
vacation [və'keɪʃən] *n* vacaciones *fpl*; **~er** *n* (*US*) turista *m/f*.
vaccinate ['væksɪneɪt] *vt* vacunar.
vaccine ['væksi:n] *n* vacuna.
vacuum ['vækjum] *n* vacío; **~ bottle** *n* (*US*) = **~ flask**; **~ cleaner** *n* aspiradora; **~ flask** (*Brit*) *n* termo; **~-packed** *a* empaquetado al vacío.
vagina [və'dʒaɪnə] *n* vagina.
vagrant ['veɪgrnt] *n* vagabundo/a.
vague [veɪg] *a* vago; (*blurred*: *mem*... borroso; (*ambiguous*) impreciso; ...*son*) distraído; **~ly** *ad* vagamente.
vain [veɪn] *a* (*conceited*) presu... (*useless*) vano, inútil; **in ~** en vano.
valentine ['væləntaɪn] *n* (*also*: **~** ... tarjeta del Día de los Enamorados.
valet ['vælei] *n* ayuda *m* de cámara.
valiant ['væljənt] *a* valiente.
valid ['vælɪd] *a* válido; (*ticket*) vale... (*law*) vigente.
valley ['vælɪ] *n* valle *m*.
valour, (*US*) **valor** ['vælə*] *n* valo... valentía.
valuable ['væljuəbl] *a* (*jewel*) de v... (*time*) valioso; **~s** *npl* objetos *m*... valor.
valuation [vælju'eɪʃən] *n* tasación *f*... luación *f*.
value ['vælju:] *n* valor *m*; (*importa*... importancia // *vt* (*fix price of*) tasar... lorar; (*esteem*) apreciar; **~ added** ... **(VAT)** *n* (*Brit*) impuesto sobre el v... añadido (IVA *m*); **~d** *a* (*apprecia*... apreciado.
valve [vælv] *n* (ANAT, TECH) válvula.
van [væn] *n* (AUT) furgoneta, camic... (*LAm*); (*Brit* RAIL) furgón *m* (de ... pajes).
vandal ['vændl] *n* vándalo/a; **~is**... vandalismo; **~ize** *vt* dañar, destruir.
vanilla [və'nɪlə] *n* vainilla.
vanish ['vænɪʃ] *vi* desaparecer, esfu... se.
vanity ['vænɪtɪ] *n* vanidad *f*; **~ cas**... neceser *m*.
vantage point ['vɑ:ntɪdʒ-] *n* (*for vi*... punto panorámico.
vapour, (*US*) **vapor** ['veɪpə*] *n* v... *m*; (*on breath, window*) vaho.
variable ['vɛərɪəbl] *a* variable; (*per*... voluble.
variance ['vɛərɪəns] *n*: **to be at ~** (*w*... estar en desacuerdo (con).
variation [vɛərɪ'eɪʃən] *n* variación *f*.
varicose ['værɪkəus] *a*: **~ veins** va... *fpl*.
varied ['vɛərɪd] *a* variado.
variety [və'raɪətɪ] *n* variedad *f*; **~ sh**... *n* espectáculo de variedades.
various ['vɛərɪəs] *a* varios/as, dive... as.
varnish ['vɑ:nɪʃ] *n* barniz *m* // *vt* ba... zar; (*nails*) pintar (con esmalte).
vary ['vɛərɪ] *vt* variar; (*change*) cam... // *vi* variar.
vase [vɑ:z] *n* florero.
Vaseline ['væsɪli:n] *n* ® Vaselina ®.
vast [vɑ:st] *a* enorme; (*success*) a... mador(a).
VAT [væt] *n* (*Brit*) *abbr* = **value ad... tax**.

vat [væt] *n* tina, tinaja.
Vatican ['vætɪkən] *n*: the ~ el Vaticano.
vault [vɔ:lt] *n* (*of roof*) bóveda; (*tomb*) panteón *m*; (*in bank*) cámara acorazada // *vt* (*also*: ~ **over**) saltar (por encima de).
vaunted ['vɔ:ntɪd] *a*: much ~ cacareado, alardeada.
VCR *n abbr* = **video cassette recorder**.
VD *n abbr* = **venereal disease**.
VDU *n abbr* = **visual display unit**.
veal [vi:l] *n* ternera.
veer [vɪə*] *vi* (*ship*) virar.
vegetable ['vɛdʒtəbl] *n* (*BOT*) vegetal *m*; (*edible plant*) legumbre *f*, hortaliza // *a* vegetal; ~s *npl* (*cooked*) verduras *fpl*.
vegetarian [vɛdʒɪ'tɛərɪən] *a*, *n* vegetariano/a *m/f*.
vehement ['vi:ɪmənt] *a* vehemente, apasionado.
vehicle ['vi:ɪkl] *n* vehículo.
veil [veɪl] *n* velo // *vt* velar.
vein [veɪn] *n* vena; (*of ore etc*) veta.
velocity [vɪ'lɔsɪtɪ] *n* velocidad *f*.
velvet ['vɛlvɪt] *n* terciopelo.
vending machine ['vɛndɪŋ-] *n* distribuidor *m* automático.
vendor ['vɛndə*] *n* vendedor(a) *m/f*.
veneer [və'nɪə*] *n* chapa, enchapado; (*fig*) barniz *m*.
venereal [vɪ'nɪərɪəl] *a*: ~ **disease** (**VD**) enfermedad *f* venérea.
Venetian blind [vɪ'ni:ʃən-] *n* persiana.
Venezuela [vɛnɪ'zweɪlə] *n* Venezuela; ~**n** *a*, *n* venezolano/a *m/f*.
vengeance ['vɛndʒəns] *n* venganza; **with a** ~ (*fig*) con creces.
venison ['vɛnɪsn] *n* carne *f* de venado.
venom ['vɛnəm] *n* veneno.
vent [vɛnt] *n* (*opening*) abertura; (*air-hole*) respiradero; (*in wall*) rejilla (de ventilación) // *vt* (*fig*: *feelings*) desahogar.
ventilate ['vɛntɪleɪt] *vt* ventilar; **ventilator** *n* ventilador *m*.
ventriloquist [vɛn'trɪləkwɪst] *n* ventrílocuo/a.
venture ['vɛntʃə*] *n* empresa // *vt* arriesgar; (*opinion*) ofrecer // *vi* arriesgarse, lanzarse.
venue ['vɛnju:] *n* lugar *m* de reunión.
veranda(h) [və'rændə] *n* terraza; (*with glass*) galería.
verb [və:b] *n* verbo; ~**al** *a* verbal.
verbatim [və:'beɪtɪm] *a*, *ad* palabra por palabra.
verbose [və:'bəus] *a* prolijo.
verdict ['və:dɪkt] *n* veredicto, fallo; (*fig*) opinión *f*, juicio.
verge [və:dʒ] *n* (*Brit*) borde *m*; **to be on the ~ of doing sth** estar a punto de hacer algo; **to ~ on** *vt fus* rayar en.
verify ['vɛrɪfaɪ] *vt* comprobar, verificar.
veritable ['vɛrɪtəbl] *a* verdadero, auténtico.
vermin ['və:mɪn] *npl* (*animals*) bichos *mpl*; (*insects, fig*) sabandijas *fpl*.
vermouth ['və:məθ] *n* vermut *m*.
versatile ['və:sətaɪl] *a* (*person*) polifacético; (*machine, tool etc*) versátil.
verse [və:s] *n* versos *mpl*, poesía; (*stanza*) estrofa; (*in bible*) versículo.
versed [və:st] *a*: (**well-**)~ **in** versado en.
version ['və:ʃən] *n* versión *f*.
versus ['və:səs] *prep* contra.
vertebra ['və:tɪbrə], *pl* ~**e** [-bri:] *n* vértebra.
vertical ['və:tɪkl] *a* vertical.
vertigo ['və:tɪgəu] *n* vértigo.
verve [və:v] *n* brío.
very ['vɛrɪ] *ad* muy // *a*: **the ~ book which** el mismo libro que; **the ~ last** el último de todos; **at the ~ least** al menos; ~ **much** muchísimo.
vessel ['vɛsl] *n* (*ANAT*) vaso; (*ship*) barco; (*container*) vasija.
vest [vɛst] *n* (*Brit*) camiseta; (*US*: *waistcoat*) chaleco; ~**ed interests** *npl* (*COMM*) intereses *mpl* creados.
vestibule ['vɛstɪbju:l] *n* vestíbulo.
vestige ['vɛstɪdʒ] *n* vestigio, rastro.
vestry ['vɛstrɪ] *n* sacristía.
vet [vɛt] *n abbr* = **veterinary surgeon** // *vt* repasar, revisar.
veteran ['vɛtərn] *n* veterano.
veterinary ['vɛtrɪnərɪ] *a* veterinario; ~ **surgeon**, (*US*) **veterinarian** *n* veterinario/a *m/f*.
veto ['vi:təu], *pl* ~**es** *n* veto // *vt* prohibir, vedar.
vex [vɛks] *vt* fastidiar; ~**ed** *a* (*question*) controvertido.
VHF *abbr* (= *very high frequency*) muy alta frecuencia.
via ['vaɪə] *prep* por, por vía de.
vibrate [vaɪ'breɪt] *vi* vibrar.
vicar ['vɪkə*] *n* párroco (de la Iglesia Anglicana); ~**age** *n* parroquia.
vicarious [vɪ'kɛərɪəs] *a* indirecto.
vice [vaɪs] *n* (*evil*) vicio; (*TECH*) torno de banco.
vice- [vaɪs] *pref* vice-; ~**-chairman** *n* vicepresidente *m*.
vice versa ['vaɪsɪ'və:sə] *ad* viceversa.
vicinity [vɪ'sɪnɪtɪ] *n* vecindad *f*; **in the ~ (of)** cercano (a).
vicious ['vɪʃəs] *a* (*remark*) malicioso; (*blow*) fuerte; ~ **circle** *n* círculo vicioso.
victim ['vɪktɪm] *n* víctima; ~**ize** *vt* (*strikers etc*) tomar represalias contra.
victor ['vɪktə*] *n* vencedor(a) *m/f*.
victory ['vɪktərɪ] *n* victoria.
video ['vɪdɪəu] *cpd* video // *n* (~ *film*) videofilm *m*; (*also*: ~ **cassette**) videocassette *f*; (*also*: ~ **cassette recorder**) videograbadora; ~ **tape** *n* cinta de vídeo.
vie [vaɪ] *vi*: **to ~ with** competir con.
Vienna [vɪ'ɛnə] *n* Viena.
Vietnam [vjɛt'næm] *n* Vietnam *m*.
view [vju:] *n* vista, perspectiva; (*land-*

scape) paisaje *m*; (*opinion*) opinión *f*, criterio // *vt* (*look at*) mirar; (*examine*) examinar; **on ~** (*in museum etc*) expuesto; **in full ~** (**of**) en plena vista (de); **in ~ of the fact that** en vista del hecho de que; **~er** *n* (*small projector*) visionadora; (*TV*) televidente *m/f*; **~finder** *n* visor *m* de imagen; **~point** *n* punto de vista.

vigil ['vɪdʒɪl] *n* vigilia.

vigorous ['vɪgərəs] *a* enérgico, vigoroso.

vigour, (*US*) vigor ['vɪgə*] *n* energía, vigor *m*.

vile [vaɪl] *a* (*action*) vil, infame; (*smell*) asqueroso.

vilify ['vɪlɪfaɪ] *vt* vilipendiar.

villa ['vɪlə] *n* (*country house*) casa de campo; (*suburban house*) chalet *m*.

village ['vɪlɪdʒ] *n* aldea; **~r** *n* aldeano/a.

villain ['vɪlən] *n* (*scoundrel*) malvado/a; (*criminal*) maleante *m/f*.

vindicate ['vɪndɪkeɪt] *vt* vindicar, justificar.

vindictive [vɪn'dɪktɪv] *a* vengativo.

vine [vaɪn] *n* vid *f*.

vinegar ['vɪnɪgə*] *n* vinagre *m*.

vineyard ['vɪnjɑːd] *n* viña, viñedo.

vintage ['vɪntɪdʒ] *n* (*year*) vendimia, cosecha; **~ wine** *n* vino añejo.

vinyl ['vaɪnl] *n* vinilo.

viola [vɪ'əulə] *n* (*MUS*) viola.

violate ['vaɪəleɪt] *vt* violar.

violence ['vaɪələns] *n* violencia.

violent ['vaɪələnt] *a* (*gen*) violento; (*pain*) intenso.

violet ['vaɪələt] *a* violado, violeta // *n* (*plant*) violeta.

violin [vaɪə'lɪn] *n* violín *m*; **~ist** *n* violinista *m/f*.

VIP *n abbr* (= *very important person*) VIP *m*.

viper ['vaɪpə*] *n* víbora.

virgin ['vəːdʒɪn] *n* virgen *f* // *a* virgen.

Virgo ['vəːgəu] *n* Virgo.

virile ['vɪraɪl] *a* viril.

virtually ['vəːtjuəlɪ] *ad* prácticamente.

virtue ['vəːtjuː] *n* virtud *f*; **by ~ of** en virtud de.

virtuous ['vəːtjuəs] *a* virtuoso.

virus ['vaɪərəs] *n* virus *m*.

visa ['viːzə] *n* visado, visa (*LAm*).

vis-à-vis [viːzə'viː] *prep* con respecto a.

visibility [vɪzɪ'bɪlɪtɪ] *n* visibilidad *f*.

visible ['vɪzəbl] *a* visible.

vision ['vɪʒən] *n* (*sight*) vista; (*foresight, in dream*) visión *f*.

visit ['vɪzɪt] *n* visita // *vt* (*person*) visitar, hacer una visita a; (*place*) ir a, (ir a) conocer; **~ing hours** *npl* (*in hospital etc*) horas de visita; **~or** *n* (*in museum*) visitante *m/f*; (*tourist*) turista *m/f*; **to have ~ors** (*at home*) tener visita; **~ors' book** *n* libro de visitas.

visor ['vaɪzə*] *n* visera.

vista ['vɪstə] *n* vista, panorama.

visual ['vɪzjuəl] *a* visual; **~ aid** *n* medio visual; **~ display unit (VDU)** *n* unidad *f* de presentación visual (UPV); **~ize** *vt* imaginarse; (*foresee*) prever.

vital ['vaɪtl] *a* (*essential*) esencial, imprescindible; (*dynamic*) dinámico **~ly** *ad*: **~ly important** de primera importancia; **~ statistics** *npl* (*fig*) medidas *fpl* vitales.

vitamin ['vɪtəmɪn] *n* vitamina.

vivacious [vɪ'veɪʃəs] *a* vivaz, alegre.

vivid ['vɪvɪd] *a* (*account*) gráfico; (*light*) intenso; (*imagination*) vivo; **~ly** *ad* (*describe*) gráficamente; (*remember*) como si fuera hoy.

V-neck ['viːnɛk] *n* cuello de pico.

vocabulary [vəu'kæbjulərɪ] *n* vocabulario.

vocal ['vəukl] *a* vocal; (*articulate*) elocuente; **~ chords** *npl* cuerdas *fpl* vocales.

vocation [vəu'keɪʃən] *n* vocación *f*; **~al** *a* profesional.

vociferous [və'sɪfərəs] *a* vociferante.

vodka ['vɔdkə] *n* vodka *m*.

vogue [vəug] *n* boga, moda.

voice [vɔɪs] *n* voz *f* // *vt* (*opinion*) expresar.

void [vɔɪd] *n* vacío; (*hole*) hueco // *a* (*invalid*) nulo, inválido; (*empty*): **~ of** carente *or* desprovisto de.

volatile ['vɔlətaɪl] *a* volátil.

volcano [vɔl'keɪnəu], *pl* **-es** *n* volcán *m*.

volition [və'lɪʃən] *n*: **of one's own ~** de su propia voluntad.

volley ['vɔlɪ] *n* (*of gunfire*) descarga; (*of stones etc*) lluvia; (*TENNIS etc*) volea; **~ball** *n* vol(e)ibol *m*.

volt [vəult] *n* voltio; **~age** *n* voltaje *m*.

voluble ['vɔljubl] *a* locuaz, hablador(a).

volume ['vɔljuːm] *n* (*gen*) volumen *m*; (*book*) tomo.

voluntarily ['vɔləntrɪlɪ] *ad* libremente, voluntariamente.

voluntary ['vɔləntərɪ] *a* voluntario; (*statement*) espontáneo.

volunteer [vɔlən'tɪə*] *n* voluntario/a // *vi* ofrecerse (de voluntario); **to ~ to do** ofrecerse a hacer.

vomit ['vɔmɪt] *n* vómito // *vt, vi* vomitar.

vote [vəut] *n* voto; (*votes cast*) votación *f*; (*right to* ~) derecho de votar; (*franchise*) sufragio // *vt* (*chairman*) elegir // *vi* votar, ir a votar; **~ of thanks** voto de gracias; **~r** *n* votante *m/f*; **voting** *n* votación *f*.

vouch [vautʃ]: **to ~ for** *vt fus* garantizar, responder de.

voucher ['vautʃə*] *n* (*for meal, petrol*) vale *m*.

vow [vau] *n* voto // *vi* jurar.

vowel ['vauəl] *n* vocal *f*.

voyage ['vɔɪɪdʒ] *n* (*journey*) viaje *m*; (*crossing*) travesía.

vulgar ['vʌlgə*] *a* (*rude*) ordinario, grosero; (*in bad taste*) de mal gusto; **~ity** [-'gærɪtɪ] *n* grosería; mal gusto.

vulnerable ['vʌlnərəbl] *a* vulnerable.

vulture ['vʌltʃə*] *n* buitre *m*.

W

wad [wɔd] *n* (*of cotton wool, paper*) bolita; (*of banknotes etc*) fajo.

waddle ['wɔdl] *vi* anadear.

wade [weɪd] *vi*: **to ~ through** (*water*) caminar por; (*fig*: *a book*) leer con dificultad; **wading pool** *n* (*US*) piscina para niños.

wafer ['weɪfə*] *n* (*biscuit*) galleta, barquillo; (*COMPUT, REL*) oblea.

waffle ['wɔfl] *n* (*CULIN*) gofre *m* // *vi* dar el rollo.

waft [wɔft] *vt* llevar por el aire // *vi* flotar.

wag [wæg] *vt* menear, agitar // *vi* moverse, menearse.

wage [weɪdʒ] *n* (*also*: **~s**) sueldo, salario // *vt*: **to ~ war** hacer la guerra; **~ earner** *n* asalariado/a; **~ packet** *n* sobre *m* de paga.

wager ['weɪdʒə*] *n* apuesta // *vt* apostar.

waggle ['wægl] *vt* menear, mover.

wag(g)on ['wægən] *n* (*horse-drawn*) carro; (*Brit RAIL*) vagón *m*.

wail [weɪl] *n* gemido // *vi* gemir.

waist [weɪst] *n* cintura, talle *m*; **~coat** *n* (*Brit*) chaleco; **~line** *n* talle *m*.

wait [weɪt] *n* espera; (*interval*) pausa // *vi* esperar; **to lie in ~ for** acechar a; **I can't ~ to** (*fig*) estoy deseando; **to ~ for** esperar (a); **to ~ behind** *vi* quedarse; **to ~ on** *vt fus* servir a; **~er** *n* camarero; **~ing** *n*: **'no ~ing'** (*Brit AUT*) 'prohibido estacionarse'; **~ing list** *n* lista de espera; **~ing room** *n* sala de espera; **~ress** *n* camarera.

waive [weɪv] *vt* suspender.

wake [weɪk] *vb* (*pt* **woke** *or* **waked**, *pp* **woken** *or* **waked**) *vt* (*also*: **~ up**) despertar // *vi* (*also*: **~ up**) despertarse // *n* (*for dead person*) vela, velatorio; (*NAUT*) estela; **~n** *vt, vi* = **wake**.

Wales [weɪlz] *n* País *m* de Gales.

walk [wɔ:k] *n* (*stroll*) paseo; (*hike*) excursión *f* a pie, caminata; (*gait*) paso, andar *m*; (*in park etc*) paseo, alameda // *vi* andar, caminar; (*for pleasure, exercise*) pasearse // *vt* (*distance*) recorrer a pie, andar; (*dog*) pasear; **10 minutes' ~ from here** a 10 minutos de aquí andando; **people from all ~s of life** gente de todas las esferas; **to walk out on** *vt fus* (*col*) abandonar; **~er** *n* (*person*) paseante *m/f*, caminante *m/f*; **~ie-talkie** ['wɔ:kɪ'tɔ:kɪ] *n* walkie-talkie *m*; **~ing** *n* el andar; **~ing shoes** *npl* zapatos *mpl* para andar; **~ing stick** *n* bastón *m*; **~out** *n* (*of workers*) huelga; **~over** *n* (*col*) pan *m* comido; **~way** *n* paseo.

wall [wɔ:l] *n* pared *f*; (*exterior*) muro; (*city ~ etc*) muralla; **~ed** *a* (*city*) amurallado; (*garden*) con tapia.

wallet ['wɔlɪt] *n* cartera, billetera (*LAm*).

wallflower ['wɔ:lflauə*] *n* alhelí *m*; **to be a ~** (*fig*) comer pavo.

wallop ['wɔləp] *vt* (*col*) zurrar.

wallow ['wɔləu] *vi* revolcarse.

wallpaper ['wɔ:lpeɪpə*] *n* papel *m* pintado.

wally ['wɔlɪ] *n* (*Brit*: *col*) palurdo/a.

walnut ['wɔ:lnʌt] *n* nuez *f*; (*tree*) nogal *m*.

walrus ['wɔ:lrəs], *pl* **~** *or* **~es** *n* morsa.

waltz [wɔ:lts] *n* vals *m* // *vi* bailar el vals.

wan [wɔn] *a* pálido.

wand [wɔnd] *n* (*also*: **magic ~**) varita (mágica).

wander ['wɔndə*] *vi* (*person*) vagar; deambular; (*thoughts*) divagar; (*get lost*) extraviarse // *vt* recorrer, vagar por.

wane [weɪn] *vi* menguar.

wangle ['wæŋgl] *vt* (*Brit col*): **to ~ sth** agenciarse algo.

want [wɔnt] *vt* (*wish for*) querer, desear; (*need*) necesitar; (*lack*) carecer de // *n*: **for ~ of** por falta de; **~s** *npl* (*needs*) necesidades *fpl*; **to ~ to do** querer hacer; **to ~ sb to do sth** querer que uno haga algo; **~ing**: **to be found ~ing** no estar a la altura de las circunstancias.

wanton ['wɔntn] *a* (*playful*) juguetón/ona; (*licentious*) lascivo.

war [wɔ:*] *n* guerra; **to make ~** hacer la guerra.

ward [wɔ:d] *n* (*in hospital*) sala; (*POL*) distrito electoral; (*LAW*: *child*) pupilo/a; **to ~ off** *vt* (*blow*) desviar, parar; (*attack*) rechazar.

warden ['wɔ:dn] *n* (*Brit*: *of institution*) director(a) *m/f*; (*of park, game reserve*) guardián/ana *m/f*; (*Brit*: *also*: **traffic ~**) guardia *m/f*.

warder ['wɔ:də*] *n* (*Brit*) guardián/ana *m/f*, carcelero/a.

wardrobe ['wɔ:drəub] *n* armario, guardarropa, ropero (*esp LAm*).

warehouse ['wεəhaus] *n* almacén *m*, depósito.

wares [wεəz] *npl* mercancías *fpl*.

warfare ['wɔ:fεə*] *n* guerra.

warhead ['wɔ:hεd] *n* cabeza armada.

warily ['wεərɪlɪ] *ad* con cautela, cautelosamente.

warm [wɔ:m] *a* caliente; (*thanks*) efusivo; (*clothes etc*) abrigado; (*welcome, day*) caluroso; **it's ~** hace calor; **I'm ~** tengo calor; **to ~ up** *vi* (*room*) calentarse; (*person*) entrar en calor; (*athlete*) hacer ejercicios de calentamiento; (*discussion*) acalorarse // *vt* calentar;

~-**hearted** *a* afectuoso; ~**ly** *ad* afectuosamente; ~**th** *n* calor *m*.
warn [wɔ:n] *vt* avisar, advertir; ~**ing** *n* aviso, advertencia; ~**ing light** *n* luz *f* de advertencia; ~**ing triangle** *n* (AUT) triángulo señalizador.
warp [wɔ:p] *vi* (*wood*) combarse // *vt* combar; (*mind*) pervertir.
warrant ['wɔrnt] *n* (LAW: *to arrest*) orden *f* de detención; (: *to search*) mandamiento de registro.
warranty ['wɔrəntı] *n* garantía.
warren ['wɔrən] *n* (*of rabbits*) madriguera; (*fig*) laberinto.
warrior ['wɔrıə*] *n* guerrero/a.
Warsaw ['wɔ:sɔ:] *n* Varsovia.
warship ['wɔ:ʃıp] *n* buque *m* o barco de guerra.
wart [wɔ:t] *n* verruga.
wartime ['wɔ:taım] *n*: **in** ~ en tiempos de guerra, en la guerra.
wary ['wɛərı] *a* cauteloso.
was [wɔz] *pt of* **be**.
wash [wɔʃ] *vt* lavar // *vi* lavarse // *n* (*clothes etc*) lavado; (*bath*) baño; (*of ship*) estela; **to have a** ~ lavarse; **to** ~ **away** *vt* (*stain*) quitar lavando; (*subj*: *river etc*) llevarse; (*fig*) limpiar; **to** ~ **off** *vt* quitar lavando; **to** ~ **up** *vi* (*Brit*) fregar los platos; (*US*) lavarse; ~**able** *a* lavable; ~**basin**, (*US*) ~**bowl** *n* lavabo; ~**cloth** *n* (*US*) manopla; ~**er** *n* (TECH) arandela; ~**ing** *n* (*dirty*) ropa sucia; (*clean*) colada; ~**ing machine** *n* lavadora; ~**ing powder** *n* (*Brit*) detergente *m* (en polvo); ~**ing-up** *n* fregado, platos *mpl* (para fregar); ~**ing-up liquid** *n* líquido lavavajillas; ~-**out** *n* (*col*) fracaso; ~**room** *n* servicios *mpl*.
wasn't ['wɔznt] = **was not**.
wasp [wɔsp] *n* avispa.
wastage ['weıstıdʒ] *n* desgaste *m*; (*loss*) pérdida; **natural** ~ desgaste natural.
waste [weıst] *n* derroche *m*, despilfarro; (*misuse*) desgaste *m*; (*of time*) pérdida; (*food*) sobras *fpl*; (*rubbish*) basura, desperdicios *mpl* // *a* (*material*) de desecho; (*left over*) sobrante // *vt* (*squander*) malgastar, derrochar; (*time*) perder; (*opportunity*) desperdiciar; ~**s** *npl* (*area of land*) tierras *fpl* baldías; **to lay** ~ devastar, arrasar; **to** ~ **away** *vi* consumirse; ~ **disposal unit** *n* (*Brit*) triturador *m* de basura; ~**ful** *a* derrochador(a); (*process*) antieconómico; ~ **ground** *n* (*Brit*) terreno baldío; ~**paper basket** *n* papelera; ~ **pipe** *n* tubo de desagüe.
watch [wɔtʃ] *n* reloj *m*; (MIL: *guard*) centinela *m*; (: *spell of duty*) guardia // *vt* (*look at*) mirar, observar; (: *match, programme*) ver; (*spy on, guard*) vigilar; (*be careful of*) cuidarse de, tener cuidado de // *vi* ver, mirar; (*keep guard*) montar guardia; **to keep** ~ **on sb** mantener a uno bajo vigilancia; **to** ~ **out** *vi* cuidarse, tener cuidado; ~**dog** *n* perro guardián; ~**ful** *a* vigilante, sobre aviso; ~**maker** *n* relojero/a; ~**man** *n* guardián *m*; (*also*: **night** ~**man**) sereno, vigilante *m* (*LAm*); (*in factory*) vigilante *m* nocturno; ~ **strap** *n* pulsera (de reloj).
water ['wɔ:tə*] *n* agua // *vt* (*plant*) regar // *vi* (*eyes*) hacerse agua; **in British** ~**s** en aguas británicas; **to** ~ **down** *vt* (*milk etc*) aguar; ~ **closet** *n* wáter *m*; ~**colour** *n* acuarela; ~**cress** *n* berro; ~**fall** *n* cascada, salto de agua; ~ **heater** *n* calentador *m* de agua; ~**ing can** *n* regadera; ~ **level** *n* nivel *m* del agua; ~ **lily** *n* nenúfar *m*; ~**line** *n* (NAUT) línea de flotación; ~**logged** *a* (*boat*) anegado; (*ground*) inundado; ~ **main** *n* cañería del agua; ~**mark** *n* (*on paper*) filigrana; ~**melon** *n* sandía; ~ **polo** *n* polo acuático; ~**proof** *a* impermeable; ~**shed** *n* (GEO) cuenca; (*fig*) momento crítico; ~-**skiing** *n* esquí *m* acuático; ~ **tank** *n* depósito de agua; ~**tight** *a* hermético; ~**way** *n* vía fluvial *or* navegable; ~**works** *npl* central *f* depuradora; ~**y** *a* (*colour*) desvaído; (*coffee*) aguado; (*eyes*) lloroso.
watt [wɔt] *n* vatio.
wave [weıv] *n* ola; (*of hand*) señal *f* con la mano; (RADIO, *in hair*) onda; (*fig*) oleada // *vi* agitar la mano; (*flag*) ondear // *vt* (*handkerchief, gun*) agitar; ~**length** *n* longitud *f* de onda.
waver ['weıvə*] *vi* (*flame etc*) oscilar; (*confidence*) disminuir; (*faith*) flaquear.
wavy ['weıvı] *a* ondulado.
wax [wæks] *n* cera // *vt* encerar // *vi* (*moon*) crecer; ~ **paper** *n* (*US*) papel apergaminado; ~**works** *npl* museo *sg* de cera.
way [weı] *n* camino; (*distance*) trayecto, recorrido; (*direction*) dirección *f*, sentido; (*manner*) modo, manera; (*habit*) costumbre *f*; **which** ~? — **this** ~ ¿por dónde?, ¿en qué dirección? — por aquí; **on the** ~ (*en route*) en (el) camino; **to be on one's** ~ estar en camino; **to be in the** ~ bloquear el camino; (*fig*) estorbar; **to go out of one's** ~ **to do sth** desvivirse por hacer algo; **to lose one's** ~ extraviarse; **in a** ~ en cierto modo *or* sentido; **by the** ~ a propósito; '~ **in**' (*Brit*) 'entrada'; '~ **out**' (*Brit*) 'salida'; **the** ~ **back** el camino de vuelta; '**give** ~' (*Brit* AUT) 'ceda el paso'; **no** ~! (*col*) ¡ni pensarlo!
waylay [weı'leı] (*irg*: *like* **lay**) *vt*: **I was waylaid (by)** me entretuve (con).
wayward ['weıwəd] *a* díscolo; caprichoso.
W.C. ['dʌblju'si:] *n* (*Brit*) wáter *m*.
we [wi:] *pl pron* nosotros/as.
weak [wi:k] *a* débil, flojo; (*tea*) claro; ~**en** *vi* debilitarse; (*give way*) ceder //

vt debilitar; **~ling** *n* debilucho/a; **~ness** *n* debilidad *f*; (*fault*) punto débil.
wealth [wɛlθ] *n* (*money, resources*) riqueza; (*of details*) abundancia; **~y** *a* rico.
wean [wi:n] *vt* destetar.
weapon ['wɛpən] *n* arma.
wear [wɛə*] *n* (*use*) uso; (*deterioration through use*) desgaste *m*; (*clothing*): **sports/baby~** ropa de deportes/de niños // *vb* (*pt* **wore**, *pp* **worn**) *vt* (*clothes*) llevar; (*shoes*) calzar; (*damage*: *through use*) gastar, usar // *vi* (*last*) durar; (*rub through etc*) desgastarse; **evening ~** (*man's*) traje *m* de etiqueta; (*woman's*) traje *m* de noche; **to ~ away** *vt* gastar // *vi* desgastarse; **to ~ down** *vt* gastar; (*strength*) agotar; **to ~ off** *vi* (*pain etc*) pasar, desaparecer; **to ~ out** *vt* desgastar; (*person, strength*) agotar; **~ and tear** *n* desgaste *m*.
weary ['wɪərɪ] *a* (*tired*) cansado; (*dispirited*) abatido.
weasel ['wi:zl] *n* (ZOOL) comadreja.
weather ['wɛðə*] *n* tiempo // *vt* (*storm, crisis*) hacer frente a; **under the ~** (*fig*: *ill*) indispuesto, pachucho; **~-beaten** *a* curtido; **~cock** *n* veleta; **~ forecast** *n* boletín *m* meteorológico; **~ vane** *n* = **~cock**.
weave [wi:v], *pt* **wove**, *pp* **woven** *vt* (*cloth*) tejer; (*fig*) entretejer; **~r** *n* tejedor(a) *m/f*.
web [wɛb] *n* (*of spider*) telaraña; (*on foot*) membrana; (*network*) red *f*.
wed [wɛd], *pt*, *pp* **wedded** *vt* casar // *vi* casarse.
we'd [wi:d] = **we had; we would.**
wedding ['wɛdɪŋ] *n* boda, casamiento; **silver/golden ~ anniversary** bodas *fpl* de plata/de oro; **~ day** *n* día *m* de la boda; **~ dress** *n* traje *m* de novia; **~ present** *n* regalo de boda; **~ ring** *n* alianza.
wedge [wɛdʒ] *n* (*of wood etc*) cuña; (*of cake*) trozo // *vt* acuñar; (*push*) apretar.
wedlock ['wɛdlɔk] *n* matrimonio.
Wednesday ['wɛdnzdɪ] *n* miércoles *m inv*.
wee [wi:] *a* (*Scottish*) pequeñito.
weed [wi:d] *n* mala hierba, maleza // *vt* escardar, desherbar; **~killer** *n* herbicida *m*; **~y** *a* (*person*) debilucho.
week [wi:k] *n* semana; **a ~ today/on Friday** de hoy/del viernes en ocho días; **~day** *n* día *m* laborable; **~end** *n* fin *m* de semana; **~ly** *ad* semanalmente, cada semana // *a* semanal // *n* semanario.
weep [wi:p], *pt*, *pp* **wept** *vi*, *vt* llorar; **~ing willow** *n* sauce *m* llorón.
weigh [weɪ] *vt*, *vi* pesar; **to ~ anchor** levar anclas; **to ~ down** *vt* sobrecargar; (*fig*: *with worry*) agobiar; **to ~ up** *vt* pesar.
weight [weɪt] *n* peso; (*metal ~*) pesa; **to lose/put on ~** adelgazar/engordar; **~ing** *n* (*allowance*): **(London)~ing** *dietas fpl* (*por residir en Londres*); **~ lifter** *n* levantador(a) *m/f* de pesas; **~y** *a* pesado.
weir [wɪə*] *n* presa.
weird [wɪəd] *a* raro, extraño.
welcome ['wɛlkəm] *a* bienvenido // *n* bienvenida // *vt* dar la bienvenida a; (*be glad of*) alegrarse de; **thank you — you're ~** gracias — de nada.
weld [wɛld] *n* soldadura // *vt* soldar.
welfare ['wɛlfɛə*] *n* bienestar *m*; (*social aid*) asistencia social; **W~** *n* (*US*) subsidio de paro; **~ state** *n* estado del bienestar; **~ work** *n* asistencia social.
well [wɛl] *n* fuente *f*, pozo // *ad* bien // *a*: **to be ~** estar bien (de salud) // *excl* ¡vaya!, ¡bueno!; **as ~** también; **as ~ as** además de; **~ done!** ¡bien hecho!; **get ~ soon!** ¡que te mejores pronto!; **to do ~** (*business*) ir bien; (*in exam*) salir bien; **to ~ up** *vi* brotar.
we'll [wi:l] = **we will; we shall.**
well: **~-behaved** *a* modoso; **~-being** *n* bienestar *m*; **~-built** *a* (*person*) fornido; **~-deserved** *a* merecido; **~-dressed** *a* bien vestido; **~-heeled** *a* (*col*: *wealthy*) rico.
wellingtons ['wɛlɪŋtənz] *npl* (*also*: **wellington boots**) botas *fpl* de goma.
well: **~-known** *a* (*person*) conocido; **~-mannered** *a* educado; **~-meaning** *a* bienintencionado; **~-off** *a* acomodado; **~-read** *a* leído; **~-to-do** *a* acomodado; **~-wisher** *n* admirador(a) *m/f*.
Welsh [wɛlʃ] *a* galés/esa // *n* (LING) galés *m*; **the ~** *npl* los galeses; **~man/woman** *n* galés/esa *m/f*; **~ rarebit** *n* pan *m* con queso tostado.
went [wɛnt] *pt of* **go**.
wept [wɛpt] *pt*, *pp of* **weep**.
were [wə:*] *pt of* **be**.
we're [wɪə*] = **we are.**
weren't [wə:nt] = **were not.**
west [wɛst] *n* oeste *m* // *a* occidental, del oeste // *ad* al *or* hacia el oeste; **the W~** *n* el Oeste, el Occidente; **the W~ Country** *n* (*Brit*) el suroeste de Inglaterra; **~erly** *a* (*wind*) del oeste; **~ern** *a* occidental // *n* (CINEMA) película del oeste; **W~ Germany** *n* Alemania Occidental; **W~ Indian** *a*, *n* antillano/a *m/f*; **W~ Indies** *npl* Antillas *fpl*; **~ward(s)** *ad* hacia el oeste.
wet [wɛt] *a* (*damp*) húmedo; (*~ through*) mojado; (*rainy*) lluvioso; **to get ~** mojarse; **'~ paint'** 'recién pintado'; **~ blanket** *n*: **to be a ~ blanket** (*fig*) ser un/una aguafiestas; **~ suit** *n* traje *m* de buzo.
we've [wi:v] = **we have.**
whack [wæk] *vt* dar un buen golpe a.
whale [weɪl] *n* (ZOOL) ballena.
wharf [wɔ:f], *pl* **wharves** [wɔ:vz] *n* muelle *m*.
what [wɔt] ♦ *a* **1** (*in direct/indirect ques-*

tions) qué; ~ **size is he?** ¿qué talla usa?; ~ **colour/shape is it?** ¿de qué color/forma es?
2 (*in exclamations*): ~ **a mess!** ¡qué desastre!; ~ **a fool I am!** ¡qué tonto soy!
♦ *pron* **1** (*interrogative*) qué; ~ **are you doing?** ¿qué haces *or* estás haciendo?; ~ **is happening?** ¿qué pasa *or* está pasando?; ~ **is it called?** ¿cómo se llama?; ~ **about me?** ¿y yo qué?; ~ **about doing ...?** ¿qué tal si hacemos ...?
2 (*relative*) lo que; **I saw ~ you did/was on the table** vi lo que hiciste/había en la mesa
♦ *excl* (*disbelieving*) ¡cómo!; ~, **no coffee!** ¡que no hay café!

whatever [wɔt'ɛvə*] *a*: ~ **book you choose** cualquier libro que elijas // *pron*: **do ~ is necessary** haga lo que sea necesario; **no reason ~** *or* **whatsoever** ninguna razón sea la que sea; **nothing ~** nada en absoluto.

wheat [wi:t] *n* trigo.

wheedle ['wi:dl] *vt*: **to ~ sb into doing sth** engatusar a uno para que haga algo; **to ~ sth out of sb** sonsacar algo a uno.

wheel [wi:l] *n* rueda; (*AUT*: *also*: **steering ~**) volante *m*; (*NAUT*) timón *m* // *vt* (*pram etc*) empujar // *vi* (*also*: ~ **round**) dar la vuelta, girar; **~barrow** *n* carretilla; **~chair** *n* silla de ruedas; ~ **clamp** *n* (*AUT*) cepo.

wheeze [wi:z] *vi* resollar.

when [wɛn] ♦ *ad* cuando; ~ **did it happen?** ¿cuándo ocurrió?; **I know ~ it happened** sé cuándo ocurrió
♦ *conj* **1** (*at, during, after the time that*) cuando; **be careful ~ you cross the road** ten cuidado al cruzar la calle; **that was ~ I needed you** fue entonces que te necesité
2 (*on, at which*): **on the day ~ I met him** el día en qué le conocí
3 (*whereas*) cuando.

whenever [wɛn'ɛvə*] *conj* cuando; (*every time*) cada vez que.

where [wɛə*] *ad* dónde // *conj* donde; **this is ~** aquí es donde; **~abouts** *ad* dónde // *n*: **nobody knows his ~abouts** nadie conoce su paradero; **~as** *conj* visto que, mientras; **~by** *pron* por lo cual; **~upon** *conj* con lo cual, después de lo cual; **~ver** [-'ɛvə*] *ad* dondequiera que; (*interrogative*) dónde; **~withal** *n* recursos *mpl*.

whet [wɛt] *vt* estimular.

whether ['wɛðə*] *conj* si; **I don't know ~ to accept or not** no sé si aceptar o no; **~ you go or not** vayas o no vayas.

which [wɪtʃ] ♦ *a* **1** (*interrogative: direct, indirect*) qué; ~ **picture(s) do you want?** ¿qué cuadro(s) quieres?; ~ **one?** ¿cuál?
2: **in ~ case** en cuyo caso; **we got there at 8 pm, by ~ time the cinema was full** llegamos allí a las 8, cuando el cine estaba lleno
♦ *pron* **1** (*interrogative*) cual; **I don't mind ~** el/la que sea
2 (*relative*: *replacing noun*) que; (: *replacing clause*) lo que; (: *after preposition*) (el/la) que *etc*, el/la cual *etc*; **the apple ~ you ate/~ is on the table** la manzana que comiste/que está en la mesa; **the chair on ~ you are sitting** la silla en la que estás sentado; **he said he knew, ~ is true/I feared** dijo que lo sabía, lo cual *or* lo que es cierto/me temía.

whichever [wɪtʃ'ɛvə*] *a*: **take ~ book you prefer** coja el libro que prefiera; ~ **book you take** cualquier libro que coja.

whiff [wɪf] *n* bocanada.

while [waɪl] *n* rato, momento // *conj* durante; (*whereas*) mientras; (*although*) aunque; **for a ~** durante algún tiempo; **to ~ away the time** pasar el rato.

whim [wɪm] *n* capricho.

whimper ['wɪmpə*] *vi* (*weep*) lloriquear; (*moan*) quejarse.

whimsical ['wɪmzɪkl] *a* (*person*) caprichoso.

whine [waɪn] *vi* (*with pain*) gemir; (*engine*) zumbar.

whip [wɪp] *n* látigo; (*POL*: *person*) *encargado/a de la disciplina partidaria en el parlamento* // *vt* azotar; (*snatch*) arrebatar; (*US*: *CULIN*) batir; **~ped cream** *n* nata *or* crema montada; **~-round** *n* (*Brit*) colecta.

whirl [wə:l] *vt* hacer girar, dar vueltas a // *vi* girar, dar vueltas; (*leaves, water etc*) arremolinarse; **~pool** *n* remolino; **~wind** *n* torbellino.

whirr [wə:*] *vi* zumbar.

whisk [wɪsk] *n* (*Brit*: *CULIN*) batidor *m* // *vt* (*Brit*: *CULIN*) batir; **to ~ sb away** *or* **off** llevar volando a uno.

whisker [wɪskə*] *n*: **~s** (*of animal*) bigotes *mpl*; (*of man*: *side* **~s**) patillas *fpl*.

whisky, (*US, Ireland*) **whiskey** ['wɪskɪ] *n* whisky *m*.

whisper ['wɪspə*] *vi* cuchichear, hablar bajo // *vt* decir en voz muy baja.

whistle ['wɪsl] *n* (*sound*) silbido; (*object*) silbato // *vi* silbar.

white [waɪt] *a* blanco; (*pale*) pálido // *n* blanco; (*of egg*) clara; ~ **coffee** *n* (*Brit*) café *m* con leche; **~-collar worker** *n* oficinista *m/f*; ~ **elephant** *n* (*fig*) maula; ~ **lie** *n* mentirilla; **~ness** *n* blancura; ~ **noise** *n* sonido blanco; ~ **paper** *n* (*POL*) libro rojo; **~wash** *n* (*paint*) jalbegue *m*, cal *f* // *vt* (*also fig*) encubrir.

whiting ['waɪtɪŋ] *n*, *pl inv* (*fish*) pescadilla.

Whitsun ['wɪtsn] *n* (*Brit*) pentecostés *m*.

whittle ['wɪtl] *vt*: **to ~ away, ~ down** ir reduciendo.

whizz [wɪz] *vi*: **to ~ past** *or* **by** pasar a toda velocidad; ~ **kid** *n* (*col*) prodigio.

who [hu:] *pron* **1** (*interrogative*) quién; ~ **is it?**, **~'s there?** ¿quién es?; ~ **are you looking for?** ¿a quién buscas?; **I told her ~ I was** le dije quién era yo
2 (*relative*) que; **the man/woman ~ spoke to me** el hombre/la mujer que habló conmigo; **those ~ can swim** los que saben *or* sepan nadar.

whodun(n)it [hu:'dʌnɪt] *n* (*col*) novela policíaca.

whoever [hu:'ɛvə*] *pron*: ~ **finds it** cualquiera *or* quienquiera que lo encuentre; **ask ~ you like** pregunta a quien quieras; ~ **he marries** no importa con quién se case.

whole [həul] *a* (*not broken*) intacto; (*all*): **the ~ of the town** toda la ciudad, la ciudad entera // *n* (*total*) total *m*; (*sum*) conjunto; **on the ~, as a ~** en general; **~hearted** *a* sincero, cordial; **~meal** *a* integral; **~sale** *n* venta al por mayor // *a* al por mayor; (*destruction*) sistemático; **~saler** *n* mayorista *m/f*; **~some** *a* sano; **~wheat** *a* = **~meal**; **wholly** *ad* totalmente, enteramente.

whom [hu:m] *pron* **1** (*interrogative*): ~ **did you see?** ¿a quién viste?; **to ~ did you give it?** ¿a quién se lo diste?; **tell me from ~ you received it** dígame de quién lo recibió
2 (*relative*): *direct object*) que; **to ~** a quien(es); **of ~** de quien(es), del/de la que *etc*; **the man ~ I saw/to ~ I wrote** el hombre que vi/a quien escribí; **the lady about/with ~ I was talking** la señora de/con quien *or* (la) que hablaba.

whooping cough ['hu:pɪŋ-] *n* tos *f* ferina.

whore [hɔ:*] *n* (*col: pej*) puta.

whose [hu:z] ♦ *a* **1** (*possessive: interrogative*): ~ **book is this?**, ~ **is this book?** ¿de quién es este libro?; ~ **pencil have you taken?** ¿de quién es el lápiz que has cogida?; ~ **daughter are you?** ¿de quién eres hija?
2 (*possessive: relative*) cuyo/a, *pl* cuyos/as; **the man ~ son you rescued** el hombre cuyo hijo rescataste; **those ~ passports I have** aquellas personas cuyos pasaportes tengo; **the woman ~ car was stolen** la mujer a quien le robaron el coche
♦ *pron* de quién; ~ **is this?** ¿de quién es esto?; **I know ~ it is** sé de quién es.

why [waɪ] ♦ *ad* por qué; ~ **not?** ¿por qué no?; ~ **not do it now?** ¿por qué no lo haces (*or* hacemos *etc*) ahora?
♦ *conj*: **I wonder ~ he said that** me pregunto por qué dijo eso; **that's not ~ I'm here** no es por eso (por lo) que estoy aquí; **the reason ~** la razón por la que
♦ *excl* (*expressing surprise, shock, annoyance*) ¡hombre!, ¡vaya! (*explaining*): ~, **it's you!** ¡hombre, eres tú!; ~, **that's impossible** ¡pero sí eso es impossible!

wick [wɪk] *n* mecha.

wicked ['wɪkɪd] *a* malvado, cruel.

wicker ['wɪkə*] *n* (*also*: **~work**) artículos *mpl* de mimbre // *cpd* de mimbre.

wicket ['wɪkɪt] *n* (CRICKET) palos *mpl*.

wide [waɪd] *a* ancho; (*area, knowledge*) vasto, grande; (*choice*) grande // *ad*: **to open ~** abrir de par en par; **to shoot ~** errar el tiro; **~-angle lens** *n* objetivo granangular; **~-awake** *a* bien despierto; **~ly** *ad* (*differing*) muy; **it is ~ly believed that...** hay una convicción general de que...; **~n** *vt* ensanchar; ~ **open** *a* abierto de par en par; **~spread** *a* (*belief etc*) extendido, general.

widow ['wɪdəu] *n* viuda; **~ed** *a* viudo; **~er** *n* viudo.

width [wɪdθ] *n* anchura; (*of cloth*) ancho.

wield [wi:ld] *vt* (*sword*) manejar; (*power*) ejercer.

wife [waɪf], *pl* **wives** [waɪvz] *n* mujer *f*, esposa.

wig [wɪg] *n* peluca.

wiggle ['wɪgl] *vt* menear // *vi* menearse.

wild [waɪld] *a* (*animal*) salvaje; (*plant*) silvestre; (*rough*) furioso, violento; (*idea*) descabellado; **~s** *npl* regiones *fpl* salvajes, tierras *fpl* vírgenes; **~erness** ['wɪldənɪs] *n* desierto; **~-goose chase** *n* (*fig*) búsqueda inútil; **~life** *n* fauna; **~ly** *ad* (*roughly*) violentamente; (*foolishly*) locamente; (*rashly*) descabelladamente.

wilful ['wɪlful] *a* (*action*) deliberado; (*obstinate*) testarudo.

will [wɪl] ♦ *auxiliary vb* **1** (*forming future tense*): **I ~ finish it tomorrow** lo terminaré *or* voy a terminar mañana; **I ~ have finished it by tomorrow** lo habré terminado para mañana; ~ **you do it?** — **yes I ~/no I won't** ¿lo harás? — sí/no
2 (*in conjectures, predictions*): **he ~** *or* **he'll be there by now** ya habrá *or* debe (de) haber llegado; **that ~ be the postman** será *or* debe ser el cartero
3 (*in commands, requests, offers*): ~ **you be quiet!** ¿quieres callarte?; ~ **you help me?** ¿quieres ayudarme?; ~ **you have a cup of tea?** ¿te apetece un te?; **I won't put up with it!** ¡no lo soporto!
♦ *vt* (*pt, pp* **willed**): **to ~ sb to do sth** desear que alguien haga algo; **he ~ed himself to go on** con gran fuerza de voluntad, continuó
♦ *n* voluntad *f*; (*testament*) testamento.

willing ['wɪlɪŋ] *a* (*with goodwill*) de buena voluntad; complaciente; **he's ~ to do it** está dispuesto a hacerlo; **~ly** *ad* con mucho gusto; **~ness** *n* buena voluntad.

willow ['wɪləu] *n* sauce *m*.

will power *n* fuerza de voluntad.

willy-nilly [wɪlɪ'nɪlɪ] *ad* quiérase o no.

wilt [wɪlt] *vi* marchitarse.

wily ['waɪlɪ] *a* astuto.

win [wɪn] *n* (*in sports etc*) victoria, triun-

to // *vb* (*pt, pp* **won**) *vt* ganar; (*obtain*) conseguir, lograr // *vi* ganar; **to ~ over**, (*Brit*) **~ round** *vt* convencer a.
wince [wɪns] *vi* encogerse.
winch [wɪntʃ] *n* torno.
wind [wɪnd] *n* viento; (*MED*) gases *mpl* // *vb* [waɪnd] (*pt, pp* **wound**) *vt* enrollar; (*wrap*) envolver; (*clock, toy*) dar cuerda a // *vi* (*road, river*) serpentear // *vt* [wɪnd] (*take breath away from*) dejar sin aliento a; **to ~ up** *vt* (*clock*) dar cuerda a; (*debate*) concluir, terminar; **~fall** *n* golpe *m* de suerte; **~ing** *a* (*road*) tortuoso; **~ instrument** *n* (*MUS*) instrumento de viento; **~mill** *n* molino de viento.
window ['wɪndəu] *n* ventana; (*in car, train*) ventanilla; (*in shop etc*) escaparate *m*, vitrina (*LAm*), vidriera (*LAm*); **~ box** *n* jardinera de ventana; **~ cleaner** *n* (*person*) limpiacristales *m inv*; **~ ledge** *n* alféizar *m*, repisa (*LAm*); **~ pane** *n* cristal *m*; **~sill** *n* alféizar *m*, repisa (*LAm*).
windpipe ['wɪndpaɪp] *n* tráquea.
windscreen ['wɪndskri:n], (*US*) **windshield** ['wɪndʃi:ld] *n* parabrisas *m inv*; **~ washer** *n* lavaparabrisas *m inv*; **~ wiper** *n* limpiaparabrisas *m inv*.
windswept ['wɪndswɛpt] *a* azotado por el viento.
windy ['wɪndɪ] *a* de mucho viento; **it's ~** hace viento.
wine [waɪn] *n* vino; **~ cellar** *n* bodega; **~ glass** *n* copa (para vino); **~ list** *n* lista de vinos; **~ merchant** *n* vinatero; **~ tasting** *n* degustación *f* de vinos; **~ waiter** *n* escanciador *m*.
wing [wɪŋ] *n* ala; (*Brit AUT*) aleta; **~s** *npl* (*THEATRE*) bastidores *mpl*; **~er** *n* (*SPORT*) extremo.
wink [wɪŋk] *n* guiño, pestañeo // *vi* guiñar, pestañear; (*light etc*) parpadear.
winner ['wɪnə*] *n* ganador(a) *m/f*.
winning ['wɪnɪŋ] *a* (*team*) ganador(a); (*goal*) decisivo; **~s** *npl* ganancias *fpl*; **~ post** *n* meta.
winter ['wɪntə*] *n* invierno // *vi* invernar; **~ sports** *npl* deportes *mpl* de invierno.
wintry ['wɪntrɪ] *a* invernal.
wipe [waɪp] *n*: **to give sth a ~** pasar un trapo sobre algo // *vt* limpiar; **to ~ off** *vt* limpiar con un trapo; **to ~ out** *vt* (*debt*) liquidar; (*memory*) borrar; (*destroy*) destruir; **to ~ up** *vt* limpiar.
wire ['waɪə*] *n* alambre *m*; (*ELEC*) cable *m* (eléctrico); (*TEL*) telegrama *m* // *vt* (*house*) instalar el alambrado en; (*also*: **~ up**) conectar.
wireless ['waɪəlɪs] *n* (*Brit*) radio *f*.
wiring ['waɪərɪŋ] *n* alambrado.
wiry ['waɪərɪ] *a* enjuto y fuerte.
wisdom ['wɪzdəm] *n* sabiduría, saber *m*; (*good sense*) cordura; **~ tooth** *n* muela del juicio.
wise [waɪz] *a* sabio; (*sensible*) juicioso.
...wise [waɪz] *suffix*: **time~** en cuanto a *or* respecto al tiempo.
wisecrack ['waɪzkræk] *n* broma.
wish [wɪʃ] *n* (*desire*) deseo // *vt* desear; (*want*) querer; **best ~es** (*on birthday etc*) felicidades *fpl*; **with best ~es** (*in letter*) saludos *mpl*, recuerdos *mpl*; **to ~ sb goodbye** despedirse de uno; **he ~ed me well** me deseó mucha suerte; **to ~ to do/sb to do sth** querer hacer/que alguien haga algo; **to ~ for** desear; **~ful** *n*: **it's ~ful thinking** eso sería soñar
wishy-washy ['wɪʃɪwɔʃɪ] *a* (*col*: *colour, ideas*) desvaído.
wisp [wɪsp] *n* mechón *m*; (*of smoke*) voluta.
wistful ['wɪstful] *a* pensativo.
wit [wɪt] *n* (*wittiness*) ingenio, gracia; (*intelligence*: *also*: **~s**) inteligencia; (*person*) chistoso/a.
witch [wɪtʃ] *n* bruja.
with [wɪð, wɪθ] *prep* **1** (*accompanying, in the company of*) con (*con* + *mí, ti, sí* = *conmigo, contigo, consigo*); **I was ~ him** estaba con él; **we stayed ~ friends** nos hospedamos en casa de unos amigos; **I'm (not) ~ you** (*understand*) (no) te entiendo; **to be ~ it** (*col*: *person*: *up-to-date*) estar al tanto; (: *alert*) ser despabilado
2 (*descriptive, indicating manner etc*) con; de; **a room ~ a view** una habitación con vistas; **the man ~ the grey hat/blue eyes** el hombre del sombrero gris/de los ojos azules; **red ~ anger** rojo/a de ira; **to shake ~ fear** temblar de miedo; **to fill sth ~ water** llenar algo de agua.
withdraw [wɪθ'drɔ:] (*irg*: *like* **draw**) *vt* retirar, sacar // *vi* retirarse; (*go back on promise*) retractarse; **to ~ money (from the bank)** retirar fondos (del banco); **~al** *n* retirada; **~n** *a* (*person*) reservado, introvertido.
wither ['wɪðə*] *vi* marchitarse.
withhold [wɪθ'həuld] (*irg*: *like* **hold**) *vt* (*money*) retener; (*decision*) aplazar; (*permission*) negar; (*information*) ocultar.
within [wɪð'ɪn] *prep* dentro de // *ad* dentro; **~ reach** al alcance de la mano; **~ sight of** a la vista de; **~ the week** antes de acabar la semana.
without [wɪð'aut] *prep* sin.
withstand [wɪθ'stænd] (*irg*: *like* **stand**) *vt* resistir a.
witness ['wɪtnɪs] *n* (*person*) testigo *m/f*; (*evidence*) testimonio // *vt* (*event*) presenciar; (*document*) atestiguar la veracidad de; **~ box**, (*US*) **~ stand** *n* tribuna de los testigos.
witticism ['wɪtɪsɪzm] *n* occurencia.
witty ['wɪtɪ] *a* ingenioso.
wives [waɪvz] *npl of* **wife**.
wizard ['wɪzəd] *n* hechicero.

wk *abbr* = **week.**
wobble ['wɔbl] *vi* tambalearse; (*chair*) ser poco firme.
woe [wəu] *n* desgracia.
woke [wəuk], **woken** ['wəukən] *pt, pp of* **wake.**
wolf [wulf], *pl* **wolves** [wulvz] *n* lobo.
woman ['wumən], *pl* **women** *n* mujer *f*; ~ **doctor** *n* médica; **women's lib** *n* (*pej*) la liberación de la mujer; **~ly** *a* femenino.
womb [wu:m] *n* (ANAT) matriz *f*, útero.
women ['wɪmɪn] *npl of* **woman.**
won [wʌn] *pt, pp of* **win.**
wonder ['wʌndə*] *n* maravilla, prodigio; (*feeling*) asombro // *vi*: **to ~ whether** preguntarse si; **to ~ at** asombrarse de; **to ~ about** pensar sobre *or* en; **it's no ~ that** no es de extrañarse que + *subjun*; **~ful** *a* maravilloso; **~fully** *ad* maravillosamente, estupendamente.
won't [wəunt] = **will not.**
woo [wu:] *vt* (*woman*) cortejar.
wood [wud] *n* (*timber*) madera; (*forest*) bosque *m*; ~ **alcohol** *n* (*US*) alcohol *m* desnaturalizado; ~ **carving** *n* tallado en madera; **~ed** *a* arbolado; **~en** *a* de madera; (*fig*) inexpresivo; **~pecker** *n* pájaro carpintero; **~wind** *n* (MUS) instrumentos *mpl* de viento de madera; **~work** *n* carpintería; **~worm** *n* carcoma.
wool [wul] *n* lana; **to pull the ~ over sb's eyes** (*fig*) dar a uno gato por liebre; **~len**, (*US*) **~en** *a* de lana; **~lens** *npl* géneros *mpl* de lana; **~ly**, (*US*) **~y** *a* lanudo, de lana; (*fig*: *ideas*) confuso.
word [wɔ:d] *n* palabra; (*news*) noticia; (*promise*) palabra (de honor) // *vt* redactar; **in other ~s** en otras palabras; **to break/keep one's ~** faltar a la palabra/cumplir la promesa; **~ing** *n* redacción *f*; ~ **processing** *n* proceso de textos; ~ **processor** *n* procesador *m* de palabras.
wore [wɔ:*] *pt of* **wear.**
work [wɔ:k] *n* trabajo; (*job*) empleo, trabajo; (ART, LITERATURE) obra // *vi* trabajar; (*mechanism*) funcionar, marchar; (*medicine*) ser eficaz, surtir efecto // *vt* (*shape*) trabajar; (*stone etc*) tallar; (*mine etc*) explotar; (*machine*) manejar, hacer funcionar; **to be out of ~** estar parado, no tener trabajo; **~s** *n* (*Brit*: *factory*) fábrica // *npl* (*of clock, machine*) mecanismo *sg*; **to ~ loose** *vi* (*part*) desprenderse; (*knot*) aflojarse; **to ~ on** *vt fus* trabajar en, dedicarse a; (*principle*) basarse en; **to ~ out** *vi* (*plans etc*) salir bien, funcionar // *vt* (*problem*) resolver; (*plan*) elaborar; **it ~s out at £100** suma 100 libras; **to ~ up** *vt*: **to get ~ed up** excitarse; **~able** *a* (*solution*) práctico, factible; **workaholic** *n* trabajador(a) obsesivo/a *m/f*; **~er** *n* trabajador(a) *m/f*, obrero/a; **~force** *n* mano *f* de obra; **~ing class** *n* clase *f* obrera; **~ing-class** *a* obrero; **~ing order** *n*: **in ~ing order** en funcionamiento; **~man** *n* obrero; **~manship** *n* (*art*) hechura, arte *m*; (*skill*) habilidad *f*, trabajo; **~mate** *n* compañero/a de trabajo; **~sheet** *n* hoja de trabajo; **~shop** *n* taller *m*; ~ **station** *n* puesto *or* estación *f* de trabajo; **~-to-rule** *n* (*Brit*) huelga de brazos caídos.
world [wɔ:ld] *n* mundo // *cpd* (*champion*) del mundo; (*power, war*) mundial; **to think the ~ of sb** (*fig*) tener un concepto muy alto de uno; **~ly** *a* mundano; **~-wide** *a* mundial, universal.
worm [wɔ:m] *n* gusano; (*earth* ~) lombriz *f*.
worn [wɔ:n] *pp of* **wear** // *a* usado; **~-out** *a* (*object*) gastado; (*person*) rendido, agotado.
worried ['wʌrɪd] *a* preocupado.
worry ['wʌrɪ] *n* preocupación *f* // *vt* preocupar, inquietar // *vi* preocuparse; **~ing** *a* inquietante.
worse [wɔ:s] *a, ad* peor // *n* lo peor; **a change for the ~** un empeoramiento; **~n** *vt, vi* empeorar; ~ **off** *a* (*fig*): **you'll be ~ off this way** de esta forma estarás peor que nunca.
worship ['wɔ:ʃɪp] *n* (*organized* ~) culto; (*act*) adoración *f* // *vt* adorar; **Your W~** (*Brit*: *to mayor*) señor alcalde; (: *to judge*) señor juez.
worst [wɔ:st] *a* el/la peor // *ad* peor // *n* lo peor; **at ~** en lo peor de los casos.
worsted ['wustɪd] *n*: (**wool**) ~ estambre *m*.
worth [wɔ:θ] *n* valor *m* // *a*: **to be ~** valer; **it's ~ it** vale *or* merece la pena; **to be ~ one's while (to do)** merecer la pena (hacer); **~less** *a* sin valor; (*useless*) inútil; **~while** *a* (*activity*) que merece la pena; (*cause*) loable.
worthy [wɔ:ðɪ] *a* (*person*) respetable; (*motive*) honesto; ~ **of** digno de.
would [wud] *auxiliary vb* **1** (*conditional tense*): **if you asked him he ~ do it** si se lo pidieras, lo haría; **if you had asked him he ~ have done it** si se lo hubieras pedido, lo habría *or* hubiera hecho
2 (*in offers, invitations, requests*): ~ **you like a biscuit?** ¿quiere(s) una galleta?; (*formal*) ¿querría una galleta?; ~ **you ask him to come in?** ¿quiere(s) hacerle pasar?; ~ **you open the window please?** ¿quiere *or* podría abrir la ventana, por favor?
3 (*in indirect speech*): **I said I ~ do it** dije que lo haría
4 (*emphatic*): **it WOULD have to snow today!** ¡tenía que nevar precisamente hoy!
5 (*insistence*): **she ~n't behave** no quiso comportarse bien
6 (*conjecture*): **it ~ have been midnight** sería medianoche; **it ~ seem so** parece

ser que sí

7 (*indicating habit*): **he ~ go there on Mondays** iba allí los lunes.

would-be ['wudbi:] *a* (*pej*) presunto.

wouldn't ['wudnt] = **would not.**

wound [waund] *pt, pp of* **wind** // *n* [wu:nd] herida // *vt* herir.

wove [wəuv], **woven** ['wəuvən] *pt, pp of* **weave.**

wrangle ['ræŋgl] *n* riña // *vi* reñir.

wrap [ræp] *n* (*stole*) chal *m* // *vt* (*also*: ~ **up**) envolver; **~per** *n* (*Brit*: *of book*) sobrecubierta; **~ping paper** *n* papel *m* de envolver.

wrath [rɔθ] *n* cólera.

wreak [ri:k] *vt*: **to ~ havoc (on)** hacer estragos (en); **to ~ vengeance (on)** vengarse (de).

wreath [ri:θ], *pl* **~s** [ri:ðz] *n* (*funeral* ~) corona; (*of flowers*) guirnalda.

wreck [rɛk] *n* (*ship*: *destruction*) naufragio; (: *remains*) restos *mpl* del barco; (*pej*: *person*) ruina // *vt* (*ship*) hundir; (*fig*) arruinar; **~age** *n* (*remains*) restos *mpl*; (*of building*) escombros *mpl*.

wren [rɛn] *n* (ZOOL) reyezuelo.

wrench [rɛntʃ] *n* (TECH) llave *f* inglesa; (*tug*) tirón *m* // *vt* arrancar; **to ~ sth from sb** arrebatar algo violentamente a uno.

wrestle ['rɛsl] *vi*: **to ~ (with sb)** luchar (con *or* contra uno); **~r** *n* luchador(a) *m/f* (de lucha libre); **wrestling** *n* lucha libre.

wretched ['rɛtʃɪd] *a* miserable.

wriggle ['rɪgl] *vi* serpentear.

wring [rɪŋ], *pt, pp* **wrung** *vt* torcer, retorcer; (*wet clothes*) escurrir; (*fig*): **to ~ sth out of sb** sacar algo por la fuerza a uno.

wrinkle ['rɪŋkl] *n* arruga // *vt* arrugar // *vi* arrugarse.

wrist [rɪst] *n* muñeca; ~ **watch** *n* reloj *m* de pulsera.

writ [rɪt] *n* mandato judicial.

write [raɪt], *pt* **wrote**, *pp* **written** *vt, vi* escribir; **to ~ down** *vt* escribir; (*note*) apuntar; **to ~ off** *vt* (*debt*) borrar (como incobrable); (*fig*) desechar por inútil; **to ~ out** *vt* escribir; **to ~ up** *vt* redactar; **~-off** *n* pérdida total; **the car is a ~-off** el coche quedó para chatarra; **~r** *n* escritor(a) *m/f*.

writhe [raɪð] *vi* retorcerse.

writing ['raɪtɪŋ] *n* escritura; (*hand-~*) letra; (*of author*) obras *fpl*; **in ~** por escrito; ~ **paper** *n* papel *m* de escribir.

written ['rɪtn] *pp of* **write.**

wrong [rɔŋ] *a* (*wicked*) malo; (*unfair*) injusto; (*incorrect*) equivocado, incorrecto; (*not suitable*) inoportuno, inconveniente // *ad* mal; equivocadamente // *n* mal *m*; (*injustice*) injusticia // *vt* ser injusto con; (*hurt*) agraviar; **you are ~ to do it** haces mal en hacerlo; **you are ~ about that, you've got it ~** en eso estás equivocado; **to be in the ~** no tener razón, tener la culpa; **what's ~?** ¿qué pasa?; **to go ~** (*person*) equivocarse; (*plan*) salir mal; (*machine*) estropearse; **~ful** *a* injusto; **~ly** *ad* injustamente.

wrote [rəut] *pt of* **write.**

wrought [rɔ:t] *a*: ~ **iron** hierro forjado.

wrung [rʌŋ] *pt, pp of* **wring.**

wry [raɪ] *a* irónico.

wt. *abbr* = **weight.**

X

Xmas ['ɛksməs] *n abbr* = **Christmas.**

X-ray [ɛks'reɪ] *n* radiografía; **~s** *npl* rayos *mpl* X.

xylophone ['zaɪləfəun] *n* xilófono.

Y

yacht [jɔt] *n* yate *m*; **~ing** *n* (*sport*) balandrismo; **~sman/woman** *n* balandrista *m/f*.

Yank [jæŋk], **Yankee** ['jæŋkɪ] *n* (*pej*) yanqui *m/f*.

yap [jæp] *vi* (*dog*) aullar.

yard [jɑ:d] *n* patio; (*measure*) yarda; **~stick** *n* (*fig*) criterio, norma.

yarn [jɑ:n] *n* hilo; (*tale*) cuento, historia.

yawn [jɔ:n] *n* bostezo // *vi* bostezar; **~ing** *a* (*gap*) muy abierto.

yd(s). *abbr* = **yard(s).**

yeah [jɛə] *ad* (*col*) sí.

year [jɪə*] *n* año; **to be 8 ~s old** tener 8 años; **an eight-~-old child** un niño de ocho años (de edad); **~ly** *a* anual // *ad* anualmente, cada año.

yearn [jə:n] *vi*: **to ~ for sth** añorar algo, suspirar por algo; **~ing** *n* ansia, añoranza.

yeast [ji:st] *n* levadura.

yell [jɛl] *n* grito, alarido // *vi* gritar.

yellow ['jɛləu] *a, n* amarillo.

yelp [jɛlp] *n* aullido // *vi* aullar.

yeoman ['jəumən] *n*: **Y~ of the Guard** *alabardero de la Casa Real.*

yes [jɛs] *ad, n* sí *m*; **to say/answer ~** decir/contestar que sí.

yesterday ['jɛstədɪ] *ad, n* ayer *m*; ~ **morning/evening** ayer por la mañana/tarde; **all day ~** todo el día de ayer.

yet [jɛt] *ad* todavía // *conj* sin embargo, a pesar de todo; **it is not finished ~** todavía no está acabado; **the best ~** el/la mejor hasta ahora; **as ~** hasta ahora, todavía.

yew [ju:] *n* tejo.

yield [ji:ld] *n* producción *f*; (AGR) cosecha; (COMM) rendimiento // *vt* producir, dar; (*profit*) rendir // *vi* rendirse, ceder; (*US* AUT) ceder el paso.

YMCA *n abbr* (= *Young Men's Christian*

Association) Asociación *f* de Jóvenes Cristianos.
yoga ['jəugə] *n* yoga *m*.
yog(h)ourt, yog(h)urt ['jəugət] *n* yogur *m*.
yoke [jəuk] *n* yugo.
yolk [jəuk] *n* yema (de huevo).
yonder ['jɔndə*] *ad* allá (a lo lejos).
you [ju:] *pron* **1** (*subject*: *familiar*) tú, *pl* vosotros/as (*Sp*), ustedes (*LAm*); (*polite*) usted, *pl* ustedes; ~ **are very kind** eres/es *etc* muy amable; ~ **French enjoy your food** a vosotros (*or* ustedes) los franceses os (*or* les) gusta la comida; ~ **and I will go** iremos tú y yo
2 (*object*: *direct*: *familiar*) te, *pl* os (*Sp*), les ((*LAm*); (*polite*) le, *pl* les, *f* la, *pl* las; **I know** ~ te/le *etc* conozco
3 (*object*: *indirect*: *familiar*) te, *pl* os (*Sp*), les (*LAm*); (*polite*) le, *pl* les; **I gave the letter to ~ yesterday** te/os *etc* di la carta ayer
4 (*stressed*): **I told YOU to do it** te dije a ti que lo hicieras, es a ti a quien dije que lo hicieras; *see also* **3, 5**
5 (*after prep*: *NB*: *con* + *ti* = contigo: *familiar*) ti, *pl* vosotros/as (*Sp*), ustedes (*LAm*); (: *polite*) usted, *pl* ustedes; **it's for** ~ es para ti/vosotros *etc*.
6 (*comparisons*: *familiar*) tú, *pl* vosotros/as (*Sp*), ustedes (*LAm*); (: *polite*) usted, *pl* ustedes; **she's younger than** ~ es más joven que tú/vosotros *etc*
7 (*impersonal*: *one*): **fresh air does ~ good** el aire puro (te) hace bien; ~ **never know** nunca se sabe; ~ **can't do that!** ¡eso no se hace!
you'd [ju:d] = **you had, you would**.
you'll [ju:l] = **you will, you shall**.
young [jʌŋ] *a* joven // *npl* (*of animal*) cría *sg*; (*people*): **the** ~ los jóvenes, la juventud *sg*; ~**er** *a* (*brother etc*) menor; ~**ster** *n* joven *m/f*.
your [jɔ:*] *a* tu; (*pl*) vuestro; (*formal*) su; *see also* **my**.
you're [juə*] = **you are**.
yours [jɔ:z] *pron* tuyo; (: *pl*) vuestro; (*formal*) suyo; *see also* **faithfully, mine, sincerely**.
yourself [jɔ:'sɛlf] *pron* (*reflexive*) tú mismo; (*complement*) te; (*after prep*) tí (mismo); (*formal*) usted mismo; (: *complement*) se; (: *after prep*) sí (mismo); **yourselves** *pl pron* vosotros mismos; (*after prep*) vosotros (mismos); (*formal*) ustedes (mismos); (: *complement*) se; (: *after prep*) sí mismos; *see also* **oneself**.
youth [ju:θ] *n* juventud *f*; (*young man*: *pl* ~s [ju:ðz]) joven *m*; ~ **club** *n* club *m* juvenil; ~**ful** *a* juvenil; ~ **hostel** *n* albergue *m* de juventud.
you've [ju:v] = **you have**.
YTS *n abbr* (*Brit*: = *Youth Training Scheme*) *plan de inserción profesional juvenil*.
Yugoslav ['ju:gəuslɑ:v] *a*, *n* yugo(e)slavo/a *m/f*.
Yugoslavia [ju:gəu'slɑ:vɪə] *n* Yugoslavia.
yuppie ['jʌpɪ] (*col*) *a*, *n* yuppie *m/f*.
YWCA *n abbr* (= *Young Women's Christian Association*) Asociación *f* de Jóvenes Cristianas.

Z

zany ['zeɪnɪ] *a* estrafalario.
zap [zæp] *vt* (COMPUT) borrar.
zeal [zi:l] *n* celo, entusiasmo.
zebra ['zi:brə] *n* cebra; ~ **crossing** *n* (*Brit*) paso de peatones.
zenith ['zɛnɪθ] *n* cénit *m*.
zero ['zɪərəu] *n* cero.
zest [zɛst] *n* ánimo, vivacidad *f*.
zigzag ['zɪgzæg] *n* zigzag *m*.
zinc [zɪŋk] *n* cinc *m*, zinc *m*.
zip [zɪp] *n* (*also*: ~ **fastener**, (*US*) ~**per**) cremallera, cierre *m* (*LAm*) // *vt* (*also*: ~ **up**) cerrar la cremallera de; ~ **code** *n* (*US*) código postal.
zodiac ['zəudɪæk] *n* zodíaco.
zone [zəun] *n* zona.
zoo [zu:] *n* (jardín *m*) zoológico.
zoologist [zu'ɔlədʒɪst] *n* zoólogo/a.
zoology [zu:'ɔlədʒɪ] *n* zoología.
zoom [zu:m] *vi*: **to ~ past** pasar zumbando; ~ **lens** *n* zoom *m*.
zucchini [zu:'ki:nɪ] *n*(*pl*) (*US*) calabacín(ines) *m*(*pl*).

SPANISH VERBS

1 Gerund *2* Imperative *3* Present *4* Preterite *5* Future *6* Present subjunctive *7* Imperfect subjunctive *8* Past participle *9* Imperfect. *Etc* indicates that the irregular root is used for all persons of the tense, e.g. **oír** *6* oiga *etc* = oigas, oigamos, oigáis, oigan. Forms which consist of the unmodified verb root + verb ending are not shown, e.g. acertamos, acertáis.

acertar *2* acierta *3* acierto, aciertas, acierta, aciertan *6* acierte, aciertes, acierte, acierten

acordar *2* acuerda *3* acuerdo, acuerdas, acuerda, acuerdan *6* acuerde, acuerdes, acuerde, acuerden

advertir *1* advirtiendo *2* advierte *3* advierto, adviertes, advierte, advierten *4* advirtió, advirtieron *6* advierta, adviertas, advierta, advirtamos, advirtáis, adviertan *7* advirtiera *etc*

agradecer *3* agradezco *6* agradezca *etc*

aparecer *3* aparezco *6* aparezca *etc*

aprobar *2* aprueba *3* apruebo, apruebas, aprueba, aprueban *6* apruebe, apruebes, apruebe, aprueben

atravesar *2* atraviesa *3* atravieso, atraviesas, atraviesa, atraviesan *6* atraviese, atravieses, atraviese, atraviesen

caber *3* quepo *4* cupe, cupiste, cupo, cupimos, cupisteis, cupieron *5* cabré *etc* *6* quepa *etc* *7* cupiera *etc*

caer *1* cayendo *3* caigo *4* cayó, cayeron *6* caiga *etc* *7* cayera *etc*

calentar *2* calienta *3* caliento, calientas, calienta, calientan *6* caliente, calientes, caliente, calienten

cerrar *2* cierra *3* cierro, cierras, cierra, cierran *6* cierre, cierres, cierre, cierren

COMER *1* comiendo *2* come, comed *3* como, comes, come comemos, coméis, comen *4* comí, comiste, comió, comimos, comisteis, comieron *5* comeré, comerás, comerá, comeremos, comeréis, comerán *6* coma, comas, coma, comamos, comáis, coman *7* comiera, comieras, comiera, comiéramos, comierais, comieran *8* comido *9* comía, comías, comía, comíamos comíais, comían

conocer *3* conozco *6* conozca *etc*

contar *2* cuenta *3* cuento, cuentas, cuenta, cuentan *6* cuente, cuentes, cuente, cuenten

costar *2* cuesta *3* cuesto, cuestas, cuesta, cuestan *6* cueste, cuestes, cueste, cuesten

dar *3* doy *4* di, diste, dio, dimos, disteis, dieron *7* diera *etc*

decir *2* di *3* digo *4* dije, dijiste, dijo, dijimos, dijisteis, dijeron *5* diré *etc* *6* diga *etc* *7* dijera *etc* *8* dicho

despertar *2* despierta *3* despierto, despiertas, despierta, despiertan *6* despierte, despiertes, despierte, despierten

divertir *1* divirtiendo *2* divierte *3* divierto, diviertes, divierte, divierten *4* divirtió, divirtieren *6* divierta, diviertas, divierta, divirtamos, divirtáis, diviertan *7* divirtiera *etc*

dormir *1* durmiendo *2* duerme *3* duermo, duermes, duerme, duermen *4* durmió, durmieron *6* duerma, duermas, duerma, durmamos, durmáis, duerman *7* durmiera *etc*

empezar *2* empieza *3* empiezo, empiezas, empieza, empiezan *4* empecé *6* empiece, empieces, empiece, empecemos, empecéis, empiecen

entender *2* entiende *3* entiendo, entiendes, entiende, entienden *6* entienda, entiendas, entienda, entiendan

ESTAR *2* está *3* estoy, estás, está, están *4* estuve, estuviste, estuvo, estuvimos, estuvisteis, estuvieron *6* esté, estés, esté, estén *7* estuviera *etc*

HABER *3* he, has, ha, hemos, han *4* hube, hubiste, hubo, hubimos, hubisteis, hubieron *5* habré *etc* *6* haya *etc* *7* hubiera *etc*

HABLAR *1* hablando *2* habla, hablad *3* hablo, hablas, habla, hablamos, habláis, hablan *4* hablé, hablaste, habló, hablamos, hablasteis, hablaron *5* hablaré, hablarás, hablará, hablaremos, hablaréis, hablarán *6* hable, hables, hable, hablemos, habléis, hablen *7* hablara, hablaras, hablara, habláramos, hablarais, hablaran *8* hablado *9* hablaba, hablabas, hablaba, hablábamos, hablabais, hablaban

hacer *2* haz *3* hago *4* hice, hiciste, hizo, hicimos, hicisteis, hicieron *5* haré *etc* *6* haga *etc* *7* hiciera *etc* *8* hecho

instruir *1* instruyendo *2* instruye *3* instruyo, instruyes, instruye, instruyen *4* instruyó, instruyeron *6* instruya *etc* *7* instruyera *etc*

ir *1* yendo *2* ve *3* voy, vas, va, vamos, vais, van *4* fui, fuiste, fue, fuimos, fuisteis, fueron *6* vaya, vayas, vaya, vayamos, vayáis, vayan *7* fuera *etc* *8* iba, ibas, iba, íbamos, ibais, iban

jugar *2* juega *3* juego, juegas, juega, juegan *4* jugué *6* juegue *etc*

leer *1* leyendo *4* leyó, leyeron *7* leyera *etc*

morir *1* muriendo *2* muere *3* muero, mueres, muere, mueren *4* murió, murieron *6* muera, mueras, muera, muramos, muráis, mueran *7* muriera *etc* *8* muerto

mostrar *2* muestra *3* muestro, muestras, muestra, muestran *6* muestre, muestres, muestre, muestren

mover *2* mueve *3* muevo, mueves, mueve, mueven *6* mueva, muevas, mueva, muevan

negar *2* niega *3* niego, niegas, niega, niegan *4* negué *6* niegue, niegues, niegue, neguemos, neguéis, nieguen

ofrecer *3* ofrezco *6* ofrezca *etc*

oír *1* oyendo *2* oye *3* oigo, oyes, oye, oyen *4* oyó, oyeron *6* oiga *etc* *7* oyera *etc*

oler *2* huele *3* huelo, hueles, huele, huelen *6*

huela, huelas, huela, huelan
parecer *3* parezco *6* parezca *etc*
pedir *1* pidiendo *2* pide *3* pido, pides, pide, piden *4* pidió, pidieron *6* pida *etc 7* pidiera *etc*
pensar *2* piensa *3* pienso, piensas, piensa, piensan *6* piense, pienses, piense, piensen
perder *2* pierde *3* pierdo, pierdes, pierde, pierden *6* pierda, pierdas, pierda, pierdan
poder *1* pudiendo *2* puede *3* puedo, puedes, puede, pueden *4* pude, pudiste, pudo, pudimos, pudisteis, pudieron *5* podré *etc 6* pueda, puedas, pueda, puedan *7* pudiera *etc*
poner *2* pon *3* pongo *4* puse, pusiste, puso, pusimos, pusisteis, pusieron *5* pondré *etc 6* ponga *etc 7* pusiera *etc 8* puesto
preferir *1* prefiriendo *2* prefiere *3* prefiero, prefieres, prefiere, prefieren *4* prefirió, prefirieron *6* prefiera, prefieras, prefiera, prefiramos, prefiráis, prefieran *7* prefiriera *etc*
querer *2* quiere *3* quiero, quieres, quiere, quieren *4* quise, quisiste, quiso, quisimos, quisisteis, quisieron *5* querré *etc 6* quiera, quieras, quiera, quieran *7* quisiera *etc*
reír *2* ríe *3* río, ríes, ríe, ríen *4* rio, rieron *6* ría, rías, ría, riamos, riáis, rían *7* riera *etc*
repetir *1* repitiendo *2* repite *3* repito, repites, repite, repiten *4* repitió, repitieron *6* repita *etc 7* repitiera *etc*
rogar *2* ruega *3* ruego, ruegas, ruega, ruegan *4* rogué *6* ruegue, ruegues, ruegue, roguemos, roguéis, rueguen
saber *3* sé *4* supe, supiste, supo, supimos, supisteis, supieron *5* sabré *etc 6* sepa *etc 7* supiera *etc*
salir *2* sal *3* salgo *5* saldré *etc 6* salga *etc*
seguir *1* siguiendo *2* sigue *3* sigo, sigues, sigue, siguen *4* siguió, siguieron *6* siga *etc 7* siguiera *etc*
sentar *2* sienta *3* siento, sientas, sienta, sientan *6* siente, sientes, siente, sienten
sentir *1* sintiendo *2* siente *3* siento, sientes, siente, sienten *4* sintió, sintieron *6* sienta, sientas, sienta, sintamos, sintáis, sientan *7* sintiera *etc*
SER *2* sé *3* soy, eres, es, somos, sois, son *4* fui, fuiste, fue, fuimos, fuisteis, fueron *6* sea *etc 7* fuera *etc 9* era, eras, era, éramos, erais, eran
servir *1* sirviendo *2* sirve *3* sirvo, sirves, sirve, sirven *4* sirvió, sirvieron *6* sirva *etc 7* sirviera *etc*
soñar *2* sueña *3* sueño, sueñas, sueña, sueñan *6* sueñe, sueñes, sueñe, sueñen
tener *2* ten *3* tengo, tienes, tiene, tienen *4* tuve, tuviste, tuvo, tuvimos, tuvisteis, tuvieron *5* tendré *etc 6* tenga *etc 7* tuviera *etc*
traer *1* trayendo *3* traigo *4* traje, trajiste, trajo, trajimos, trajisteis, trajeron *6* traiga *etc 7* trajera *etc*
valer *2* val *3* valgo *5* valdré *etc 6* valga *etc*
venir *2* ven *3* vengo, vienes, viene, vienen *4* vine, viniste, vino, vinimos, vinisteis, vinieron *5* vendré *etc 6* venga *etc 7* viniera *etc*
ver *3* veo *6* vea *etc 8* visto *9* veía *etc*
vestir *1* vistiendo *2* viste *3* visto, vistes, viste, visten *4* vistió, vistieron *6* vista *etc 7* vistiera *etc*
VIVIR *1* viviendo *2* vive, vivid *3* vivo, vives, vive, vivimos, vivís, viven *4* viví, viviste, vivió, vivimos, vivisteis, vivieron *5* viviré, vivirás, vivirá, viviremos, viviréis, vivirán *6* viva, vivas, viva, vivamos, viváis, vivan *7* viviera, vivieras, viviera, viviéramos, vivierais, vivieran *8* vivido *9* vivía, vivías, vivía, vivíamos, vivías, vivían
volver *2* vuelve *3* vuelvo, vuelves, vuelve, vuelven *6* vuelva, vuelvas, vuelva, vuelvan *8* vuelto

VERBOS IRREGULARES EN INGLÉS

present	pt	pp
arise	arose	arisen
awake	awoke	awaked
be (am, is, are; being)	was, were	been
bear	bore	born(e)
beat	beat	beaten
become	became	become
begin	began	begun
behold	beheld	beheld
bend	bent	bent
beset	beset	beset
bet	bet, betted	bet, betted
bid	bid, bade	bid, bidden
bind	bound	bound
bite	bit	bitten
bleed	bled	bled
blow	blew	blown
break	broke	broken
breed	bred	bred
bring	brought	brought
build	built	built
burn	burnt, burned	burnt, burned
burst	burst	burst
buy	bought	bought
can	could	(been able)
cast	cast	cast
catch	caught	caught
choose	chose	chosen
cling	clung	clung
come	came	come
cost	cost	cost
creep	crept	crept
cut	cut	cut
deal	dealt	dealt
dig	dug	dug
do (3rd person; he/she/it does)	did	done
draw	drew	drawn
dream	dreamed, dreamt	dreamed, dreamt
drink	drank	drunk
drive	drove	driven
dwell	dwelt	dwelt
eat	ate	eaten
fall	fell	fallen
feed	fed	fed
feel	felt	felt
fight	fought	fought
find	found	found
flee	fled	fled
fling	flung	flung
fly (flies)	flew	flown
forbid	forbade	forbidden
forecast	forecast	forecast
forego	forewent	foregone
foresee	foresaw	foreseen
foretell	foretold	foretold
forget	forgot	forgotten
forgive	forgave	forgiven
forsake	forsook	forsaken
freeze	froze	frozen
get	got	got, (*US*) gotten
give	gave	given
go (goes)	went	gone
grind	ground	ground
grow	grew	grown
hang	hung, hanged	hung, hanged
have (has; having)	had	had
hear	heard	heard
hide	hid	hidden
hit	hit	hit
hold	held	held
hurt	hurt	hurt
keep	kept	kept
kneel	knelt, kneeled	knelt, kneeled
know	knew	known
lay	laid	laid
lead	led	led
lean	leant, leaned	leant, leaned
leap	leapt, leaped	leapt, leaped
learn	learnt, learned	learnt, learned
leave	left	left
lend	lent	lent
let	let	let
lie (lying)	lay	lain
light	lit, lighted	lit, lighted
lose	lost	lost
make	made	made
may	might	—
mean	meant	meant
meet	met	met
mistake	mistook	mistaken
mow	mowed	mown, mowed
must	(had to)	(had to)
pay	paid	paid
put	put	put
quit	quit, quitted	quit, quitted
read	read	read
rid	rid	rid
ride	rode	ridden

present	pt	pp
ring	rang	rung
rise	rose	risen
run	ran	run
saw	sawed	sawn
say	said	said
see	saw	seen
seek	sought	sought
sell	sold	sold
send	sent	sent
set	set	set
shake	shook	shaken
shall	should	—
shear	sheared	shorn, sheared
shed	shed	shed
shine	shone	shone
shoot	shot	shot
show	showed	shown
shrink	shrank	shrunk
shut	shut	shut
sing	sang	sung
sink	sank	sunk
sit	sat	sat
slay	slew	slain
sleep	slept	slept
slide	slid	slid
sling	slung	slung
slit	slit	slit
smell	smelt, smelled	smelt, smelled
sow	sowed	sown, sowed
speak	spoke	spoken
speed	sped, speeded	sped, speeded
spell	spelt, spelled	spelt, spelled
spend	spent	spent
spill	spilt, spilled	spilt, spilled
spin	spun	spun
spit	spat	spat
split	split	split
spoil	spoiled, spoilt	spoiled, spoilt
spread	spread	spread
spring	sprang	sprung
stand	stood	stood
steal	stole	stolen
stick	stuck	stuck
sting	stung	stung
stink	stank	stunk
stride	strode	stridden
strike	struck	struck, stricken
strive	strove	striven
swear	swore	sworn
sweep	swept	swept
swell	swelled	swollen, swelled
swim	swam	swum
swing	swung	swung
take	took	taken
teach	taught	taught
tear	tore	torn
tell	told	told
think	thought	thought
throw	threw	thrown
thrust	thrust	thrust
tread	trod	trodden
wake	woke, waked	woken, wake
waylay	waylaid	waylaid
wear	wore	worn
weave	wove, weaved	woven, weaved
wed	wedded, wed	wedded, wed
weep	wept	wept
win	won	won
wind	wound	wound
withdraw	withdrew	withdrawn
withhold	withheld	withheld
withstand	withstood	withstood
wring	wrung	wrung
write	wrote	written

LOS NÚMEROS		NUMBERS
un, uno(a)	1	one
dos	2	two
tres	3	three
cuatro	4	four
cinco	5	five
seis	6	six
siete	7	seven
ocho	8	eight
nueve	9	nine
diez	10	ten
once	11	eleven
doce	12	twelve
trece	13	thirteen
catorce	14	fourteen
quince	15	fifteen
dieciséis	16	sixteen
diecisiete	17	seventeen
dieciocho	18	eighteen
diecinueve	19	nineteen
veinte	20	twenty
veintiuno	21	twenty-one
veintidós	22	twenty-two
treinta	30	thirty
treinta y uno(a)	31	thirty-one
treinta y dos	32	thirty-two
cuarenta	40	forty
cuarenta y uno(a)	41	forty-one
cincuenta	50	fifty
sesenta	60	sixty
setenta	70	seventy
ochenta	80	eighty
noventa	90	ninety
cien, ciento	100	a hundred, one hundred
ciento uno(a)	101	a hundred and one
doscientos(as)	200	two hundred
doscientos(as) uno(a)	201	two hundred and one
trescientos(as)	300	three hundred
trescientos(as) uno(a)	301	three hundred and one
cuatrocientos(as)	400	four hundred
quinientos(as)	500	five hundred
seiscientos(as)	600	six hundred
setecientos(as)	700	seven hundred
ochocientos(as)	800	eight hundred
novecientos(as)	900	nine hundred
mil	1 000	a thousand
mil dos	1 002	a thousand and two
cinco mil	5 000	five thousand
un millón	1 000 000	a million

LOS NÚMEROS / NUMBERS

primer, primero(a), 1º, 1er (1ª, 1^{era})	first, 1st
segundo(a) 2º (2ª)	second, 2nd
tercer, tercero(a), 3º (3ª)	third, 3rd
cuarto(a), 4º (4ª)	fourth, 4th
quinto(a), 5º (5ª)	fifth, 5th
sexto(a), 6º (6ª)	sixth, 6th
séptimo(a)	seventh
octavo(a)	eighth
noveno(a)	ninth
décimo(a)	tenth
undécimo(a)	eleventh
duodécimo(a)	twelfth
decimotercio(a)	thirteenth
decimocuarto(a)	fourteenth
decimoquinto(a)	fifteenth
decimosexto(a)	sixteenth
decimoséptimo(a)	seventeenth
decimoctavo(a)	eighteenth
decimonoveno(a)	nineteenth
vigésimo(a)	twentieth
vigésimo(a) primero(a)	twenty-first
vigésimo(a) segundo(a)	twenty-second
trigésimo(a)	thirtieth
centésimo(a)	hundredth
centésimo(a) primero(a)	hundred-and-first
milésimo(a)	thousandth

Números Quebrados etc / Fractions etc

un medio	a half
un tercio	a third
dos tercios	two thirds
un cuarto	a quarter
un quinto	a fifth
cero coma cinco, 0,5	(nought) point five, 0.5
tres coma cuatro, 3,4	three point four, 3.4
diez por cien(to)	ten per cent
cien por cien	a hundred per cent

Ejemplos / Examples

va a llegar el 7 (de mayo)	he's arriving on the 7th (of May)
vive en el número 7	he lives at number 7
el capítulo/la página 7	chapter/page 7
llegó séptimo	he came in 7th

N.B. In Spanish the ordinal numbers from 1 to 10 are commonly used; from 11 to 20 rather less; above 21 they are rarely written and almost never heard in speech. The custom is to replace the forms for 21 and above by the cardinal number.

LA HORA	THE TIME
¿qué hora es?	*what time is it?*
es/son	*it's o it is*
medianoche, las doce (de la noche)	midnight, twelve p.m.
la una (de la madrugada)	one o'clock (in the morning), one (a.m.)
la una y cinco	five past one
la una y diez	ten past one
la una y cuarto *or* quince	a quarter past one, one fifteen
la una y veinticinco	twenty-five past one, one twenty-five
la una y media *or* treinta	half-past one, one thirty
las dos menos veinticinco, la una treinta y cinco	twenty-five to two, one thirty-five
las dos menos veinte, la una cuarenta	twenty to two, one forty
las dos menos cuarto, la una cuarenta y cinco	a quarter to two, one forty-five
las dos menos diez, la una cincuenta	ten to two, one fifty
mediodía, las doce (de la tarde)	twelve o'clock, midday, noon
la una (de la tarde)	one o'clock (in the afternoon), one (p.m.)
las siete (de la tarde)	seven o'clock (in the evening), seven (p.m.)
¿a qué hora?	*(at) what time?*
a medianoche	at midnight
a las siete	at seven o'clock
en veinte minutos	in twenty minutes
hace quince minutos	fifteen minutes ago